Grundriss der Musikpädagogik

Sigrid Abel-Struth

Grundriss der Musikpädagogik

www.schott-music.com

SCHOTT

Mainz · London · Madrid · New York · Paris · Prag · Tokyo · Toronto

Bestellnummer: ED 7243
2., ergänzte Auflage 2005

Umschlagfotos:
Mitte: Harry Weber, Wien;
links und rechts: Ursula Markus, Zürich
Printed in Germany · BSS 45576
ISBN 3-7957-2052-4

Gesamtverzeichnis

Vorwort

Der menschliche Umgang mit Musik wird seit eh und je – in unterschiedlicher Weise und Intensität – von einem pädagogischen Umgang mit Musik vorbereitet und begleitet. Dieser pädagogische Umgang mit Musik ist unser Problem. Die gegenwärtigen Phänomene menschlichen Umganges mit Musik haben zu pädagogischen Reaktionen geführt, die nicht nur immer vielfältiger, sondern auch widersprüchlich und gegensätzlich wurden. Die aus der Geschichte hervortretende Aufforderung nach Überschaubarkeit pädagogischen Umganges mit Musik, nach Begründung der hier zu treffenden Entscheidungen, nach Einsicht in die anstehenden Probleme ist darum in der Gegenwart zunehmend dringlicher geworden.

Die sich eröffnenden Aufgaben ließen sich bisher noch nicht durch hohe Worte vom Sinn der Musik, nicht durch methodische Ratschläge für Musikunterricht und nicht durch Einzeluntersuchungen lösen; sie lassen sich auch gewiß nicht durch Festlegung und Ordnung des Feldes um pädagogischen Umgang mit Musik erfüllen. Solchen Versuchungen muß man widerstehen, denn pädagogischer Umgang mit Musik ist ein vielfältiges, sich weit verzweigendes Geschehen, das Offenheit und Vielseitigkeit der Sichtweisen erfordert. Doch man wird versuchen dürfen, in diesem pädagogischen Umgang mit Musik Kontakte zwischen Herkunft und Gegenwart herzustellen, die zentralen Fragen freizulegen, Meinungen und Wissen zu scheiden, Möglichkeiten theoretischer Ansätze zu erproben und einen fachlichen Zusammenhang weit und offen zu umreißen. Aus dem Wunsch, einen solchen Versuch zu unternehmen, entstand in vieljähriger Arbeit dieser „Grundriß der Musikpädagogik". Ich weiß um das Wagnis, doch der Wunsch war stärker als die Vorsicht.

Es ist nicht die Absicht, mit diesem „Grundriß der Musikpädagogik" der praktischen Musikpädagogik direkte Hilfen für die Durchführung von Musikunterricht zu geben, denn dies ist mit einem theoretischen Ansatz nicht möglich. Der Sinn der Schrift für die praktische Musikpädagogik könnte – so hoffe ich – darin liegen, über die Erweiterung von Wissen und Einsichten hinaus Zurückhaltung gegenüber unbegründeten Meinungen und Generalisierungen zu entwickeln und die Urteilsfähigkeit bei Entscheidungen für den eigenen Unterricht zu verstärken, den Blick vom Einzelnen auf die Mannigfaltigkeit des Gesamten zu lenken. Um dazu beizutragen, wird eine wissenschaftliche Musikpädagogik entwickelt, die, gelöst von dem Dogma direkten Praxisbezugs, auf eigene Aufgaben hin angelegt ist. Ihre Sache sind die kleinen Fortschritte des Wissens, das Erproben und Ausbauen geeigneter Forschungsmethoden, die zunehmende Genauigkeit des Fachgesprächs, die stetige Vertiefung fachlichen Nachdenkens und die Korrespondenz mit anderen Disziplinen. Denn praktische und wissenschaftliche Musikpädagogik haben verschiedene Funktionen zu erfüllen. Die Funktion praktischer Musikpädagogik ist Fortschritt des Schülers im Umgang mit Musik; der Maßstab ist hier das Ergebnis des praktischen Vollzugs von pädagogischem Umgang mit Musik. Die Funktion wissenschaftlicher Musikpädagogik ist dagegen Erkenntnisgewinn im Bereich pädagogischen Umganges mit Musik, ihr Maßstab der kreativ-methodische Gewinn an Wahrheit und Einsicht. Von diesem Unterschied der Funktionen wird ausgegangen, er wird als Voraussetzung effektiver Arbeit in beiden musikpädagogischen Bereichen wie auch für deren Zusammenarbeit gesehen.

Methodisch beruht der „Grundriß der Musikpädagogik" auf zwei Verfahrensweisen, die in ständiger Korrespondenz eingesetzt werden. Einerseits wird beschreibend verfahren, werden Geschichte und Gegenwart musikpädagogischer Begründung und Phänomene gemäß vorliegender Materialien dargestellt, werden bei jedem Einzelansatz, wenn auch mitunter nicht in der gebührenden Ausführlichkeit und Vertiefung, Herkunft und gegenwärtige Situation entwickelt und in ihrem Bezug beschrieben. Andererseits wird analytisch-strukturierend vorgegangen; der aus der Analyse geschichtlicher Begründungsprobleme freigelegte Mangel an musikpädagogischem Gegenstandsbewußtsein wird durch Rückführung auf die zentralen musikpädagogischen Gegenstände Musik-Lernen, Musik-Lehren und Musikunterricht beantwortet, die nach Versuchen der begrifflichen Annäherung als theoretische Ansätze entworfen und in vorläufigen systematischen Zusammenhang gebracht werden. Insofern verbindet der „Grundriß der Musikpädagogik" die Darstellung erschlossenen musikpädagogischen Wissens und sein Bedenken mit der Entwicklung eines offenen musikpädagogischen Zusammenhanges theoretischer Teilstücke um die konstitutiven musikpädagogischen Gegenstände Musik-Lernen, Musik-Lehren und Musikunterricht. Eine Meinung wird nicht vertreten, auch keine Entscheidung in dem vielen Pro und Kontra des Musikunterrichts getroffen; wenn dies im Verlauf der Schrift geschehen sein sollte – und die Lücken des Wissens in wesentlichen Sachfragen, mitunter auch Groll über herrschende Vorurteile könnten dazu verführt haben –, wäre es zu kritisieren.

Der „Grundriß der Musikpädagogik" wird in acht Kapiteln abgehandelt, die umrahmt sind von einer Einführung in die Problematik und einem vorläufigen Schluß aus den theoretischen Ansätzen. Die Einführung „Über die Schwierigkeiten pädagogischen Umganges mit Musik" ist ein Versuch, einleitend die historische Herkunft dieser Schwierigkeiten zu zeigen und auf ihre zentral erscheinenden Ursachen zurückzuführen: die tradierten pädagogischen Ideen der Musik, die vielfältigen und wechselhaften gesellschaftlichen Aufträge an Musik und die unterschiedlichen Erwartungen an Musikunterricht, die in Widerstreit gerieten und damit den historischen Mangel an musikpädagogischem Zusammenhang, die Vernachlässigungen wissenschaftlicher Erschließung und die tradierten Unterscheidungsschwächen zwischen wissenschaftlicher und praktischer Musikpädagogik immer mehr bewußt werden lassen.

Nach dieser einführenden Analyse der Ursachen historischer und gegenwärtiger Schwierigkeiten pädagogischen Umganges mit Musik wird Musikpädagogik im Sinne eines offenen Zusammenhangs von Beiträgen zu theoretischen Teilstücken entwickelt. Zunächst wird, nach der Darstellung historischer Begründungsversuche und deren Mißerfolg durch die Verhaftung an intentionalen Zielbegriffen, nach konkreten, theoretisch tragfähigen Gegenstandsbegriffen der Musikpädagogik gefragt, die die spezifisch musikpädagogischen Fragestellungen zu präzisieren und zu umgreifen vermögen. Als Möglichkeit solcher, die Probleme pädagogischen Umganges mit Musik umfassenden und erfassenden Gegenstandsbereiche werden Musik-Lernen, Musik-Lehren und Musikunterricht entwickelt; die begrifflichen Bestimmungen werden eingeleitet, ihre Tragfähigkeit als Gegenstandsbegriffe bedacht und ihre verbindende Kraft zwischen den Bereichen praktischer und wissenschaftlicher Musikpädagogik gezeigt. Diese Begründung der Musikpädagogik schließt mit einem Aufriß des theoretischen Feldes um Musik-Lernen, Musik-Lehren und Musikunterricht (Kapitel I).

Dieser Aufriß wird in den nachfolgenden Kapiteln ausgeführt, beginnend mit theoretischen Teilstücken zu drei Merkmal-Komplexen des Musik-Lernens: den Bedingungen des Musik-Lernens, den musikalischen Lernvorgängen und den Ergebnissen des Musik-Lernens. Die Bedingungen musikalischen Lernens sind das Gesamt aller Faktoren, allgemeiner wie spezifisch musikalischer Art, die auf musikbezogene Lernvorgänge einwirken und sich in musikalischen Lernergebnissen auswirken können. Es sind Faktoren, die auf Grundtendenzen menschlichen Umganges mit Musik beruhen, Faktoren der sog. musikalischen Begabung, in hohem Maß von vorausgegangenem Lernen abhängig, mit Faktoren allgemeiner Befähigung wie der Intelligenz in Zusammenhang stehend, die wiederum sozial abhängig sind; auch durch Alter ist musikalisches Lernen bedingt. Dazu treten die im musikalischen Material selbst liegenden Bedingungsfaktoren musikalischen Lernens, die in der Gegenwart vor allem als Möglichkeiten der Motivation für Musikunterricht genutzt werden. Die Bedingungen musikalischen Lernens werden als spezielles musikpädagogisches Forschungsgebiet erkennbar (Kapitel II).

In einem theoretischen Ansatz des Musik-Lernens stellen die musikalischen Lernvorgänge das Herzstück dar. Für Musik-Lernen ist charakteristisch, daß es nicht nur einen, sondern mehrere musikalische Lernvorgänge gibt, die nach den jeweils auszubildenden Fähigkeiten außerordentlich unterschiedlich sind und zugleich einen besonders weiten Bereich menschlicher Persönlichkeitsmerkmale umschließen. Nach der Art des Umganges mit Musik sind dazu zwei Gruppen von musikalischen Lernvorgängen zu unterscheiden: die auf geplantem und die auf ungeplantem Umgang mit Musik beruhenden Lernvorgänge. Ihre Korrespondenz gibt zusätzliche Probleme auf. Es werden einige als bestimmend erachtete musikalische Lernvorgänge entwickelt: Hören als musikpropädeutischer Lernvorgang, Lernvorgänge im praktischen Umgang mit Musik, die Aneignung musikalischer Einstellungen als Lernvorgang, der Lernvorgang musikalische Intelligenz, der Lernvorgang Musikrezeption; dazu wird Musik als Medium allgemeiner Lernvorgänge dargestellt. Die theoretischen Ansätze dieser Lernvorgänge gehen jeweils von der Realsituation praktischer Musikpädagogik aus, erschließen und ordnen Wissen über die Regelhaftigkeiten der einzelnen Lernvorgänge und versuchen abschließend eine Erklärung des jeweiligen musikalischen Lernvorganges (Kapitel III).

Daß musikalische Lernvorgänge (unter verschiedenen Bedingungen musikalischen Lernens) stattgefunden haben, ist erkennbar an den Ergebnissen des Musik-Lernens. Der Begriff musikalisches Lernergebnis meint alle Resultate musikalischer Lernvorgänge, die nicht auf natürliche Reifung zurückzuführen und die relativ dauerhaft sind; die Definition läßt bereits die methodische Problematik der Feststellung von musikalischen Lernergebnissen durchscheinen. Musikalische Lernergebnisse zeigen sich sowohl als musikalische Einstellungen wie als spezielle musikalische Leistungsfähigkeiten; ihre Wechselseitigkeit gibt zusätzliche Probleme auf. Nach der Darstellung musikalischer Einstellungen als Lernergebnisse werden die musikalischen Leistungsfähigkeiten hier parameterspezifisch gegliedert nach rhythmisch-metrischen, melodischen, harmonischen und klanglichen Unterscheidungsfähigkeiten. Abschließend werden die Methoden zur Feststellung von musikalischen Lernergebnissen beschrieben (Kapitel IV).

Nach diesen Teilstücken zu drei Merkmal-Komplexen des Musik-Lernens wird ein Ansatz zu Musik-Lehren versucht. Musik-Lehren wird gemäß den vorläufigen, ermittelten Merkmalen des Begriffes nach Intentionen musikalischer Lehre, der Planung musikalischer Lehre, den Prinzipien und Konzepten musikalischer Lehre und an dem speziellen Problem der Musik als Lehrstoff dargestellt. Die Intentionen musikalischer Lehre werden mit einem zieltheoretischen Ansatz faßbar, der Ziel-Aufstellung, Ziel-Systematik und Ziel-Typen beschreibt. Die Planung musikalischer Lehre ist gegenwärtig nur durch erste Erschließung der historischen Dimension der Lehrplan-Forschung darstellbar. Die umfangreiche Vermittlungsliteratur für musikalische Lehre gibt die

Schwierigkeit auf, daß zwar eine Fülle immer neuer Ratschläge auf den Markt kommt, Präskription für den Musiklehrer, kaum begründet und rasch wechselnd. Doch diese Präskriptionen sind bisher mehr verbraucht als monographisch (in ihren historischen und sachlichen Dimensionen) erschlossen worden. Die Beschreibung ausgewählter Prinzipien und Konzepte musikalischer Lehre, die hier vorgelegt wird, ist ein Versuch zur Entwicklung beschreibender Untersuchung der Vermittlungsliteratur. Auch der abschließende Ansatz zu Musik als Lehrstoff zeigt die bisherige Vernachlässigung der Untersuchung von Musik als Lehre gegenüber einem Überhang historischer und gegenwärtiger Präskriptionen auf; es wird ein Versuch zur sprachlichen Vermittlung musikalischer Lehrstoffe entwickelt (Kapitel V).

Nach dem Musik-Lehren wird dem Musiklehrer ein eigener theoretischer Ansatz gewidmet, der mit einer berufsgeschichtlichen Darstellung beginnt; sowohl für den Schul-Musiklehrer wie auch für den privaten Musiklehrer liegen erste Quellenerschließungen zur Berufsgeschichte vor. Doch die Erforschung des Berufsstandes, der in so hohem Maß in gesellschaftliche Prozesse eingebunden ist, drängt weiter in berufssoziologische Fragestellungen. Deren Diskussion wird mit einem Beitrag zur Professionalisierung des Musiklehrers aufgegriffen, historische Professionalisierungsbestrebungen, Merkmale der Berufsrolle und Berufsbewußtsein beschreibend. Er führt weiter in die Entwicklung der Ausbildungsproblematik, verbunden mit der Darstellung der Institutionen der musikpädagogischen Berufsausbildung und der Methode der Berufsfeld-Analyse zur Feststellung von Bedürfnissen musikpädagogischer Berufsausbildung (Kapitel VI).

Mit dem letzten der drei einen theoretischen Ansatz fordernden musikpädagogischen Gegenstände, dem Musikunterricht, wird der Vollzug der Wechselbeziehungen zwischen Musik-Lernen und Musik-Lehren angesprochen; doch ist dieser Vollzug nicht nur Addition von Wissen und Einsicht betreffs Musik-Lernen und Musik-Lehren, sondern zugleich auch ein spezifische Merkmale entwickelndes Zusammenspiel. Musikunterricht ist ein phantastisch kompliziertes und unabsehbar komplexes Geschehen aus Aktionen und Reaktionen der Lernenden und Lehrenden in gegenseitiger Bedingtheit, durchsetzt von Wirkungen musikalischer Materialfaktoren. Als Vorläufer eines noch nicht abzusehenden theoretischen Ansatzes für Musikunterricht werden der bildungspolitische Rahmen pädagogischen Umganges mit Musik (nach Altersstufen) und die Unterrichtsgegenstände der Musik (die sich als dauerhaft erwiesen), schließlich auch die Arbeitsmittel für den Musikunterricht und die Institutionen des Musikunterrichts beschrieben. Abschließend werden die bisher zur Erforschung von Musikunterricht unternommenen Bemühungen mit den eingesetzten Methoden dargestellt. Der Bestimmungsansatz von Musikunterricht als Wechselbeziehung von Musik-Lernen und Musik-Lehren gibt eine erste Kontur (Kapitel VII).

Die Lehren für die Erteilung von Musikunterricht stellen das letzte Teilstück des (vorläufigen) musikpädagogischen Zusammenhanges dar. Es beginnt mit der Geschichte der Methodik des Musikunterrichts, die nach ihrem Verlauf und gemäß ihrer theoretischen Substanz dargestellt wird. Die Beschreibung der musikdidaktischen Reformen, jede einzelne nach weiterführender monographischer Erschließung verlangend, zeigt die Bemühung, den Zielbereich musikalischen Lernens und Lehrens immer wieder neu mit Hilfe wechselnder Setzungen zu fassen. Erst die jüngere musikpädagogische Unterrichtsforschung i.e.S., vor allem ihre Methode systematischer Beobachtung, erbringt Voraussetzungen einer Entwicklung von musikpädagogischer Unterrichtstheorie, die die traditionelle, mit Setzung und Ratschlag arbeitende

Unterrichtslehre des Faches Musik nicht ablösen, aber unterstützen könnte (Kapitel VIII).

Nach diesen acht Kapiteln, die einen „Grundriß der Musikpädagogik" versuchen, wird mit dem Schluß „Musikpädagogik als Forschungs- und Lehrgebiet" der mit der Einführung in die Schwierigkeiten pädagogischen Umganges mit Musik geöffnete Kreis geschlossen. Hier wird die eingangs gestellte Frage, ob die eigenen musikpädagogischen Gegenstände Musik-Lernen, Musik-Lehren und Musikunterricht theoretische Ansätze der Musikpädagogik zumindest in Teilstücken und in vorläufiger Weise erbringen können, mit einer zusammenfassenden Darstellung des Nachdenkens über die Wissenschaftsgeschichte der Musikpädagogik, ihre Begriffsforschung, Methodologie und Theoriebildung in den Ansatz musikpädagogischer Systematik mit Musik-Lernen, Musik-Lehren und Musikunterricht geleitet, abschließend mit den Konsequenzen für Musikpädagogik als Lehrgebiet.

Der „Grundriß der Musikpädagogik" ist nur ein Versuch. Vieles bleibt zu erschließen, zu bedenken, zu untersuchen; jeder Abschnitt der Schrift impliziert Notwendigkeiten vertieften Nachforschens und Weiterdenkens. Vielleicht dient dieser Versuch als kleiner Beitrag zur künftigen Konkretisierung der so lange und oft geforderten Musikpädagogik und hilft, die Einsicht zu verstärken, daß dafür rationale Diskussion, Spezialisierung der Wissensermittlung und Theoriebildung um die genuin musikpädagogischen Fragestellungen unverzichtbar sind. Nur auf solchem Stand kann Musikpädagogik den Rückhalt für die Lehre des Faches geben, können wir unsere Studenten in sinnvoller Weise in das Fach einführen und von ihnen Problemverständnis und methodische Beiträge zur Lösung dieser Probleme erwarten. Es soll gewiß nicht Musikpädagogik statt Musik betrieben werden, auch nicht unbedingt mehr Musikpädagogik, nur sachlichere und sachgemäßere und damit effektivere Musikpädagogik. Vielleicht kann der „Grundriß der Musikpädagogik" die offenen Aufgaben in den Vordergrund rücken und Lust machen, weiterzuarbeiten.

Eschborn/Taunus, im Januar 1984
Sigrid Abel-Struth

Vorwort zur Neuauflage

„Insgesamt ergibt sich ziemlich viel Arbeit." Mit diesem programmatischen Appell schloß die Frankfurter Inhaberin des Lehrstuhls für Musikpädagogik 1985 ihr opulentes Werk, das sie bescheiden einen „Grundriß der Musikpädagogik" titelte, das in Wirklichkeit aber ein (für Ausbilder und Auszubildende obligates) Grundlagenwerk unseres Faches ist – auf hoher Informations-, Reflexions- und Repräsentationsstufe angelegt. Leider konnte Sigrid Abel-Struth, von schwerer Krankheit gezeichnet, sich nicht mehr an dieser Arbeit im Fach beteiligen, starb sie schon 1986, nur ein Jahr nach Veröffentlichung dieses gewichtigen Bandes, der wie die Summe eines Lebenswerks und für uns als Vermächtnis erscheint.

Um im Bilde zu bleiben: Abel-Struth beschreibt nicht nur den Grundriß des Hauses der Wissenschaft „Musikpädagogik", sondern sie gestaltet höchst kenntnisreich jede der acht Etagen (Kapitel), ja sie möbliert fleißig mit einer beeindruckenden Fülle und Kompetenz bis in kleinste Nischen einzelner Zimmer. Der als „Versuch" deklarierte Grundriß zentriert sich dabei um Musik-Lernen, Musik-Lehrer und Musikunterricht als Schlüsselbegriffe wissenschaftlicher Musikpädagogik. Auf 700 Seiten stellt sich eine Systematik dar, die bis heute vergleichlos das weite Spektrum musikpädagogischer Fragen umfasst und zu einer Überschaubarkeit facheigener Themen beiträgt. In der triadischen Ausleuchtung (Lehren – Lernen – Musikunterricht) musikpädagogischen Denkens und Handelns fordert sie als zentrale Vermittlungsinstanz jenen Musiklehrer, der befähigt sein sollte, „durch Wissen und Denkfähigkeit im Bereich der Musikpädagogik selbständig urteilen und handeln zu können" (S. 624). Und dieser Anspruch war für Abel-Struth nicht ohne Wissenschaft und Forschung im Lehrerstudium einzulösen.

Abel-Struth hat mit ihrem Grundriß die sich entfaltende Wissenschaftsorientierung als Wissenschaft der Lehrinhalte als auch als Wissenschaft vom Lernen in Schule und Unterricht wie kein(e) Zweite(r) vorangetrieben. Theorielosigkeit in der Ausbildung würde nämlich sprachlos machen, unfähig zum schöpferischen Fragenkönnen und Dialog. Gerade der Student muß doch gelernt haben, „Fragen zu formulieren, Probleme zu entwickeln, Begriffe überlegt zu gebrauchen, er muß Verständnis für die methodischen Schwierigkeiten bei der Lösung eines Problems erwerben, größere Zusammenhänge überschauen lernen, um alle Aspekte eines Problems sehen und sich vor Einseitigkeit bewahren zu können" (S. 624).

Abel-Struths analytischer Intellekt, ihr divergentes und außerordentlich produktives Denken, ihre Klarheit in der Problemerfassung, ihre auch besessen kompromißlose Haltung, wenn es um Musikpädagogik als Wissenschaft ging, machte sie „anstößig" in doppeltem Sinne. Unreflektierter Konvention, fachlicher Verkrustung, unbegründeten Meinungen und Generalisierungen hat sie sich stets verweigert. Die Neuauflage des „Grundrisses", für die man dem Verlag Schott Musik International danken muß, bestätigt die inhaltliche Aktualität der Fragen und Antworten einer der prägenden Gestalten der Musikpädagogik des 20. Jahrhunderts. So gesehen wirkt ihr Vermächtnis in den Folgegenerationen nach, „ihr Werk und Wirken sind dem Bewußtsein musikpädagogischer Zeitgeschichte deutlich eingeschrieben" (Heinz Antholz).

Über eine sorgsame Detailforschung, Quellenanalyse, Faktengeschichte oder monographische Aufarbeitung werden geschichtliche Zusammenhänge nicht übersehen und aktuelle Erkenntnisgewinne aufgewiesen. Gerade „gelöst vom Dogma direkten

Praxisbezuges" dient Musikpädagogik der Praxis. Kritische Rationalität war für Sigrid Abel-Struth keine intellektuelle oder gar intellektualistische Angelegenheit, sondern eine moralische Verpflichtung. Immer wieder, bisweilen zäh und unbequem (die „streitbare Dame aus Frankfurt"), setzte sie dem Gewissen der Musikpädagogik zu, belegte sie die Notwendigkeit historischer u n d systematischer Grundlagenforschung, die beide im Grundriß zu ihrem Recht kommen, sowie einer wissenschaftstheoretischen Darstellung der Musikpädagogik. Methodisch angelegt ist der Grundriß durch Deskription und Analyse, geprägt von der Spannbreite historisch-hermeneutischer und empirisch-analytischer Wissenschaft.

Doch wo und wann auch immer heute und morgen „Schwierigkeiten des pädagogischen Umgangs mit Musik" (S. 23f.) aufkommen und zur Diskussion stehen, rückt der Grundriß der Frankfurter Professorin zur Legitimations- und Konstitutionsthematik der Musikpädagogik nach wie vor und unvergessen in die Erinnerung und unabweisbar in die Mitte der Reflexion. Sigrid Abel-Struth hat mit diesem Werk unzweifelhaft Fachgeschichte geschrieben und sich um die Musikpädagogik verdient gemacht, weil ihr erstmals gelungen ist, „eine umfassende Darstellung und theoriebildende Ordnung vorhandenen musikpädagogischen Wissens" (Eckhard Nolte) zu leisten – auch des Wissens um Lücken und notwendig weitergehende Forschungsbemühungen. Daraus folgt wiederum:

„Insgesamt ergibt sich ziemlich viel Arbeit." Mit diesem nach wie vor aktuellen Appell hat uns Abel-Struth bewusst in die Pflicht zur Weiterentwicklung von Musikpädagogik als Wissenschaft nehmen wollen.

August 2005
Hans Günther Bastian

Inhaltsverzeichnis

Zur Einführung: Über die Schwierigkeiten pädagogischen Umganges mit Musik

Kapitel I
Begründung der Musikpädagogik

Kapitel II
Bedingungen des Musik-Lernens

Kapitel III
Musikbezogene Lernvorgänge

Kapitel IV
Ergebnisse des Musik-Lernens

Kapitel V
Musik-Lehren

Kapitel VI
Musiklehrer

Kapitel VII
Musikunterricht

Kapitel VIII
Lehren für die Erteilung von Musikunterricht

Als Schluß: Musikpädagogik als Forschungs- und Lehrgebiet

Zur Einführung:

Über die Schwierigkeiten pädagogischen Umganges mit Musik

1. Musik als pädagogische Idee

1.1 Erziehung durch das Ethos der Musik

Die Frage nach dem, was sich in der Begegnung von Mensch und Musik ereignet, hat uns eine Fülle historisch gebundener Versuche der Beantwortung und viele, aus der Geschichte herausragende Gedanken gebracht. Die Menschen haben sich Lösungen und Losungen zu eigen gemacht, diese – sich des Vorganges kaum bewußt – als Wahrheit genommen. Wissenschaftliche Disziplinen haben Zugänge gesucht, Anthropologen, Ästhetiker, Psychologen, Philosophen, Physiker, Astronomen haben jeweils in ihrer besonderen Denkweise zu erklären und zu ordnen versucht, was in dieser Begegnung von Mensch und Musik geschehe. Aus diesem Nachdenken über Mensch und Musik ist früh eine Idee entstanden, die den pädagogischen Umgang mit Musik bis in die Gegenwart beeinflußt: die Idee nämlich, daß Musik (auch) die Möglichkeit erziehender Wirkung für den Menschen habe. Welcher Art diese Erziehung sei, welche Musik erzieherisch sei, für welche Menschen und Altersstufen dies zutreffe – darüber hat sich die pädagogische Idee der Musik zerfasert, in ihrer bisherigen Geschichte einen weiten Spielraum des Möglichen entwickelnd. Man mag darüber streiten, wo aus der Idee Ideologisierung wurde.

Die Ursprünge dieser pädagogischen Idee der Musik liegen in vorgeschichtlichem Dunkel. Uralte Mythen belegen die frühe menschliche Erfahrung der Wirkungen von Musik, der Ergriffenheit durch Musik, der Suche des Menschen nach deren Erklärung aus kosmischem Geschehen und als göttliches Geschenk. Man wird diese Ursprünge zurückdenken dürfen in frühe Kulturen, in denen Menschen den sie bedrohenden Gewalten, Dämonen und Göttern mit Gesang und Tanz, Spruch und Spiel bannend und beschwörend zu begegnen versuchten. Diese kultischen Ursprünge des Umganges mit Musik werden in einem langen Prozeß, einer kaum vorstellbaren Wendung angstvoller Abwehr zur Vergeistigung der Urgewalten, zu der Vorstellung eines durch Musik ansprechbaren Seelenvermögens des Menschen. Es sind höchst reizvolle und zugleich zu Spekulationen verführende anthropologische Fragen, ob Zusammenhänge zwischen der uralten menschlichen Vorstellung von der universalen Macht der Musik und gegenwärtig noch gültigen Funktionen der Musik zu finden sind, ob vielleicht Musikbedürfnisse junger Menschen unserer Zeit auch von hier aus einer Erklärung nahegebracht werden können.

Wir wissen nicht, wann in diesem langwierigen Prozeß wachsender Fähigkeit, die Ergriffenheit durch Musik als Geschehen in der menschlichen Seele zu begreifen, Absichten entstanden, diese Wirkungsmöglichkeiten einzuplanen, um menschliches Verhalten in einem pädagogisch gewünschten Sinne durch Musik zu beeinflussen. Doch eben dies war die Geburtsstunde musikpädagogischen Denkens, der Beginn von Musik als pädagogischer Idee. Die Geschichtsschreibung faßt diesen Beginn der pädagogischen Idee der Musik im griechischen Altertum. Doch diese Idee befindet sich hier, in der Ethoslehre der Musik, bereits auf einem eine lange Vorgeschichte voraussetzenden Stand der Differenzierung und Systematik. Der grundlegende Gedanke für die antike pädagogische Idee der Musik ist, daß das Ethos der Musik auf die sittliche Bildung des Menschen übertragbar sei, ein Gedanke, der bis in gegenwärtige Erwartungen an Musik nachwirkt. Die Musikhistorik erschloß, übertrug und interpretierte die Quellen (Georgiades, 1958; Abert, 1968 c), die Erziehungswissenschaften zeigten pädagogische Dimensionen (Marrou, 1957); durch die Musikpädagogik wurden spezielle musikpädagogische Fragestellungen entwickelt (Antholz, 1980 und 1981).

Die Lehre vom Ethos in der (griechischen) Musik beruht auf dem Gedanken, daß sich nicht nur die ganze Natur, sondern auch die menschliche Seele in einer ständigen, nach bestimmten Zahlenverhältnissen geordneten Bewegung befinde. Die Zahlenverhältnisse der Bewegungen der menschlichen Seele und der Musik stehen in Übereinstimmung, und darum entspricht jeder melodischen und jeder rhythmischen Bewegung eine ganz bestimmte menschliche Seelenbewegung. Dies gibt der Musik ihre ethische Kraft: Musik kann durch die Entsprechung der Zahlenverhältnisse ihrer Bewegungen mit den menschlichen Seelenbewegungen der Seele zu Gleichgewicht verhelfen. Ebenso wird eine Übereinstimmung der Zahlenverhältnisse der Musik und des Weltganzen angenommen. All dies begründet und verstärkt die Vorstellung von der Allmacht der Musik und erklärt ihren hervorragenden Platz unter den Künsten. Die antike Lehre vom Ethos in der Musik ist der Versuch, eine empirische Erklärung für die Macht der Musik über die menschliche Seele zu finden, die zugleich zur Begründung eines musikalischen Bildungsprogrammes dienen soll; dies wird getragen von der Erwartung, daß die so mächtige Musik in der Lage sei, junge Menschen zum richtigen Verhalten zu führen und für ihre Aufgaben im Staat auszurüsten. In der Ethoslehre der Musik wird die Vorstellung von dem hohen Stellenwert der Musik für die Bildung der Jugend, die pädagogische Idee der Musik, bereits differenziert formuliert und zweckdienlich umgesetzt.

Die Musikgeschichtsschreibung hat die Modifikationen der Lehre bei den verschiedenen antiken Autoren dargestellt, die Herkunft spezieller musikästhetischer Aspekte. Dies ist ein weites Feld. Die pädagogische Idee der Musik wird in der Regel konkret auf Zitate aus Platonisch-Aristotelischem Denken zurückgeführt, das als musikalisch-ethisches System erscheint. Musikalische Stilformen und ihre Elemente werden auf ihre Brauchbarkeit für sittliche Bildungszwecke überprüft und erzieherisch Taugliches und Untaugliches streng geschieden. Das der pädagogischen Idee der Musik implizite Ziel der Jugenderziehung heißt, daß man zu lernen habe, gute Einflüsse der Musik auf sich wirken zu lassen und sich den schädlichen zu entziehen. Die besondere Aufmerksamkeit gilt der Jugendzeit als der Lebensphase, in der sich der Charakter noch in der Entwicklung befindet und die Möglichkeiten der musikalischen Einwirkung größer sind. Nur diese Veredelung der Seele durch Musik ist die Absicht, verbunden mit der Entwicklung künstlerischen Geschmacks, damit die sittliche Wirkung der Musik in umso höherem Maße eintreten kann; doch niemals geht es um musiktechnische Fertigkeiten, die – gemäß dem herrschenden ständischen System – dem sozial niedrig stehenden Fachmusiker zur Aufgabe gestellt sind.

Plato, nach H. Abert der „schroffste und einseitigste Vertreter" der Ethoslehre der Musik, hat die über Jahrtausende wirksam gebliebene pädagogische Idee der Musik geprägt: daß Musik in der Lage sei, den jungen Menschen sittlich zu beeinflussen und zu einem moralisch vollkommenen Menschen zu erziehen; daß Musik den jungen Menschen zu der Anständigkeit hinzuführen vermöge, die Voraussetzung für das Zusammenleben im Gemeinwesen, im Staat, sei; daß Musik den jungen Menschen zu den Kardinaltugenden der Tapferkeit und Besonnenheit führen könne (die durch die über philosophisch-akademische Bildung zu vermittelnden Tugenden der Weisheit und Gerechtigkeit ergänzt werden; Abert, 1968 c). Die Bedeutung, die Plato der Musik im Staats- und Erziehungswesen beimißt, gipfelt in seinem Satz, daß der Staat auf dem Grund der Musik errichtet werden müsse – einem der meistgebrauchten Zitate aus der

Lehre vom Ethos in der Musik. Auch auf die erste Stufe des Platonischen Bildungsganges, die musische Stufe, auf die eine mathematische und die philosophisch-akademische Stufe folgen, hat man sich in der Geschichte der Musikpädagogik stets gern berufen, Platos Ideen als Argument für das ganzheitliche musische Tun in der Praxis des beginnenden Lernens des Kindes wendend, während die parameterspezifischen Grundsätze der Platonischen Lehre, auch seine Unterscheidungen nach Instrumentenklassen, kaum in musikpädagogischem Denken Anklang fanden.

Als charakteristisch für Aristoteles sieht man an, daß die Musik von Einseitigkeiten eines Dienstes im Interesse von Gesellschaft und Staat befreit und ihre Bedeutung für die Entwicklung des Individuums erkannt wird. Aristoteles berücksichtigt bei der Verwendung von Musik die Unterschiedlichkeit der Lebensalter. Für die Jugend gilt unverändert der ethische Gesichtspunkt; die ernste Tätigkeit des Lernens schließt den Unterhaltungszweck aus. Für den Erwachsenen zählt dagegen die unterhaltende Macht der Musik als Beschäftigung zur Muße, gilt ihre Fähigkeit, das Gemüt aus krankhafter Erregung zur Beruhigung zu führen, tritt neben die sittliche Wirkung auch der Genuß an Musik. Die rechte Erfüllung der Muße gewinnt bei Aristoteles Bedeutung; in der Zeit der Muße, in der allein der Mensch ganz Mensch sein kann, erlebt er Musik und Tragödie, widmet er sich der denkenden Betrachtung der Welt. Doch die Voraussetzungen dafür vermittelt die musische Bildung, die das Herz bildet, die Sitten veredelt und den Menschen dazu erzieht, sich der Kunst erfreuen zu können. Der Banause sieht nur Nützliches, der Musisch-Gebildete erfährt Freude und erkennt Wahrheit. Bei Aristoteles soll der Schüler darum auch lernen, mit den Ausdrucksmitteln der Musik umgehen zu können, aber nur soweit, daß er das in der Musik vermittelte Geistige zu erfassen vermag. Doch bei allem Unterschied zu Plato sieht auch Aristoteles musische Bildung niemals im Sinne einer Ausbildung zu Virtuosentum, er zielt auf Befähigung zu Urteil (Georgiades, 1958; Abert, 1968 c).

Die musikpädagogische Rezeption dieser ethisch-pädagogischen Idee der Musik bedarf noch der methodischen Erschließung der Quellen auf dem langen Weg vom griechischen Altertum bis zur Gegenwart. Die Herkunft ist bewußt, wie insbesondere der häufige Verweis auf Plato zeigt, der auf diesem langen Weg freilich oft durch zitable Größen der jüngeren Geistesgeschichte, die antike Ideen in die Sprache ihrer Zeit ummünzten, abgelöst wurde. Musikhistoriker wie große Pädagogen haben die Schulmusik immer wieder auf die antiken Ideen über den Zusammenhang von Musik und Ethos verwiesen. Präambeln von Bildungsplänen, Festreden, Kongreß-Eröffnungen geben den literarischen Beleg für eine aus antikem Denken übernommene ethisch-pädagogische Idee der Musik; in dieser Rezeption überwiegt die Zitaten-Lese, und einzelne Gedanken vor allem von Plato, auch von Aristoteles, werden mitunter nur herangezogen, um Pathos für die Bedeutung von Musikunterricht, akademischen Glanz für die Festrede oder auch Argumente für einen musischen Musik-Begriff zu gewinnen. Doch schon seit Beginn unseres Jahrhunderts sind kritische Einwände der Musikpädagogik gegen solche Ableitung von Musik als ethisch-pädagogische Idee aus dem Denken des klassischen Altertums zu verzeichnen. R. Wicke lehnt die Begründung des ethischen Wertes der Musik und ihrer versittlichenden Kraft bei der Erziehung aus der griechischen Ethoslehre mit einer sozialgeschichtlichen Begründung ab; man übersehe, „daß die innere Organisation des modernen Staates nicht mehr darin zu suchen ist, Möglichkeiten für das kultivierte Dasein einer Oberschicht zu schaffen", die Veränderung der ständischen Gliederung der Gesellschaft hebe die Übertragung antiker Erziehungsethik auf (Wicke, 1931 b). H. Antholz verweist auf Probleme der

„Satz-Rezeption“, zeigt vor allem aber auch für die pädagogische „magna charta“ von Musikerziehung als wichtigstem Teil der Erziehung Übersetzungs- und Interpretationsvielfalt Platonischer Texte (Antholz, 1980), macht auf die unausgeschöpften musikpädagogischen Implikate gerade bei Aristoteles aufmerksam, die weitaus aktueller sind als die pathetischen Bekenntniszitate nach Plato; Aristoteles zeige die Vielschichtigkeit der Musik, die Möglichkeit musikalischer Hörigkeit, die Sinnfrage musikalischer Erfahrung, die erzieherische Verantwortlichkeit von Musikunterricht, die Notwendigkeit ausgewählter ästhetischer Erfahrung, „damit ein enger, wirksamer Zusammenhang zwischen fachlichen und überfachlichen allgemeinen Erziehungszielen besteht, welcher der Musikerziehung erst die Chance gesicherter Begründung und Berechtigung gibt“ (Antholz, 1981). Vor allem hat der Beginn musikpädagogischer Forschung mit empirischen Methoden konkrete Bezüge zwischen Musik und menschlicher Bildung in ethisch-sozialem Sinne nachhaltig in Frage gestellt; allerdings möchte darum wohl niemand – zumal dies der Forschungsstand gar nicht zuließe – solche Bezüge in individueller, hochdifferenzierter und situativ abhängiger Weise völlig ausschließen.

Die antike Begründung der Musik für die Erziehung junger Menschen, gewonnen aus der Vorstellung, daß Musik die menschliche Seele beeinflussen könne, wurde in den vergangenen Jahrhunderten zunehmend auf die Formeln von musikalischer Bildung und von Erziehung durch Musik verengt. Wenn man in der Gegenwart auch gegenüber volltönigen Bekenntnissen mit Zitaten aus dem antiken Schrifttum betreffs des Ethos’ der Musik empfindlicher wurde, wenn sich auch Aversionen gegenüber dem epigonalen Pathos einer ethisch-pädagogischen Idee der Musik zeigen, so werden doch auch heute noch generalisierte Formeln aus einer pädagogischen Idee von Musik in Argumentationen für pädagogischen Umgang mit Musik tradiert. Spezielle musikpädagogische Quellenuntersuchungen und die Monographie der Rezeption der pädagogischen Idee der Musik blieben demgegenüber vernachlässigt.

1.2 Humanisierung durch Musik

Die Idee der Humanisierung durch Musik entstammt dem Denken des deutschen Idealismus. Doch so reich die philosophische und pädagogische Literatur über diesen Zeitraum wuchs, so wenig zeichnete man bisher die spezifische Struktur der Idee einer Humanisierung durch Musik in ihren pädagogischen Konsequenzen nach; umso mehr konnte der Gemeinplatz, daß Musik Menschen „besser“ mache, um sich greifen und zugleich als Empfehlung dafür dienen, daß Musik „in der Pädagogik“ angebracht sei. Eine kurz zusammenfassende Darstellung idealistischen Bildungsdenkens kann der philosophischen Problementwicklung und den bildungstheoretischen Entwürfen des Zeitalters, der individuellen Differenzierung der einzelnen Denker, nicht annähernd gerecht werden; sie dient lediglich der Skizzierung des Hintergrundes für einen einführenden Versuch in die hier (nicht ohne Zusammenhang mit antiken musikalisch-pädagogischen Ideen) entstehenden Vorstellungen einer Humanisierung durch Musik in ihren musikalisch-pädagogischen Konsequenzen.

Bestimmend für idealistisches Bildungsdenken ist die Wendung gegen bestehende politisch-gesellschaftliche Verhältnisse und das Streben nach einer neuen – menschlicheren – Gesellschaft; politische Absicht und pädagogische Hoffnung verbinden sich.

Der Mensch wird neu bestimmt als ein Wesen der Freiheit, und über die Bildung der Individualität soll die Verbesserung der gesellschaftlichen Verhältnisse erreicht werden (Menze, 1970). In der Absicht, den Menschen durch Bildung zu fördern, stimmt das idealistische Bildungsdenken mit dem vorausgegangenen aufklärerischen Denken überein. Doch gegenüber der Aufklärung, für die Vorstellungen von „Machbarkeit" durch erzieherische Einwirkung dominant sind, die durch Eingreifen des Erziehers den Zögling zu festgelegten Zielen bringen will, wird idealistisches Bildungsdenken durch Vorstellungen eines Sich-Bildens, einer Bildung von Individualität, bestimmt. Im Denken der Aufklärung wird der Mensch durch äußere erzieherische Einwirkung zu den gewünschten Tugenden geführt, nach idealistischem Denken bildet sich der Mensch selbst, ohne äußere Einwirkung, durch einen Prozeß der Entfaltung seiner Kräfte. Solches Denken über menschliche Bildung greift weit über Kindergarten und Schule hinaus; es fragt nach menschlichem Werden, und noch weiter: nach der Geschichte der Menschheit, ihrem Entfaltungsprozeß als Menschheit. In solchem Sinne spricht J.G. Herder von der Bewegung der Menschen und Völker auf Humanität hin, und hier gibt er auch den Künsten jenen vielzitierten Zweck der Humanisierung: „Alle Einrichtungen der Menschen, alle Wissenschaften und Künste können, wenn sie rechter Art sind, keinen anderen Zweck haben, als uns zu humanisieren, d.h. den Unmenschen oder Halbmenschen zum Menschen zu machen, und unserem Geschlecht zuerst in kleinen Teilen die Form zu geben, die die Vernunft billigt, die Pflicht fordert, nach der unser Bedürfnis strebet" (Herder, 1877 bis 1913).

Mit J.G. Herder beginnt die Reihe der klassischen Denker, die vor solchem weitgreifenden Entwurf der Humanisierung der Menschheit besondere Funktionen der Musik beschreiben, damit die Möglichkeit bietend, Humanisierung durch Musik als eine pädagogische Idee von Musik zu deuten, diese wieder voll verführerischer Möglichkeiten zu Zitat und Plagiat im Dienste pädagogischen Einsatzes von Musik. Wie alle Künste, doch in besonderem Maße, vermag Musik zu humanisieren, weil sie Bildung von Individualität ermöglicht; Musik ist der idealen Welt zugehörig, doch gerade dadurch hilft sie dem Menschen, zur Individualität emporzusteigen. „Durch Musik ist unser Geschlecht humanisiert worden, durch Musik wird es noch humanisiert ... Mit Recht ist Orpheus' Leier unter die Sterne versetzt; sie hat mehr getan als Herkules' Keule; sie macht den Unmenschen menschlich", sagt J.G. Herder. Er sieht Musik mit dem weiten Blick seiner „Ideen zu einer Philosophie der Geschichte der Menschheit". Aber er stellt auch die Frage nach den hier waltenden Phänomenen, wenn er Gehörserscheinungen beschreibt und das menschliche Ohr als Tür der Seele auffaßt, weil Musik „am tiefsten in die Seele zu dringen und sie am stärksten zu bewegen" vermag (Herder, 1877 bis 1913). Seine persönliche Liebe zur Musik, der er in Briefen an seine Braut Ausdruck gibt – sie ist verbunden mit der Betrübnis über „die ungeschicktesten, gröbsten Hände zum Klavier" – mag zu seiner tiefen und vielfältigen Betrachtung dieser Kunst beigetragen haben (Wiora, 1953).

Doch in der musikpädagogischen Geschichte gehen die Ideen J.G. Herders nach dem Pflichtstück der „Musik als Menschenbildung" in intentionalen Belegen für Praxis und Theorie unter. Dies beginnt mit Aufforderungen von J.G. Herder selbst in seiner Schrift „Vom Zweck der eingeführten Schulverbeßerung", Frucht der Tätigkeit des Weimarer Generalsuperintendenten und Oberkonsistorialrats, der Gymnasien und Lehrerseminare zu inspizieren hatte und sich dabei über den Schülerchor freut: „Ihr Schüler des Chors, wirket mit zu dieser löblichen Absicht eures Lehrers. Musik ist eine schöne Kunst; bestrebt euch, daß euer Chor in Stimme, in Gesang, in Sitten, in Ordnung, in Übung ein darstellendes Bild dieser schönen Kunst werde" (zit. nach Schünemann, 1931). Eben solche praktischen Hinweise wurden von der musikpädagogischen Geschichtsschreibung aufgegriffen; auf solche Weise hat sich nur ein recht begrenztes Bild der Musik als pädagogische Idee J.G. Herders im Fach tradiert. Dies gilt auch für seine Zuordnung zu den Stammvätern der musischen Idee (Wiora, 1958).

W. v. Humboldts Versuch, philosophisches und ästhetisches Denken seiner Zeit zu einer Theorie der Bildung zu fügen, führt zu einem J.G. Herders Denken ähnlichen idealistischen Modell von Erwartungen an die Künste, auch an die Musik, nun verbunden mit der Konsequenz, daß, gemäß ihrer Bedeutung für den Menschen, die Künste in der Bildung junger Menschen einen entsprechend bedeutsamen Platz zu erhalten haben (Menze, 1965). Aber es ist nicht das äußerliche Tun und Treiben, das Handeln, sondern „die allgemeine Menschennatur", die W. von Humboldts Interesse am Menschen erregt, nicht die Mannigfaltigkeit der Wirklichkeit, nicht die zahllose Menge ihrer Zufälligkeiten, sondern die aus der Wirklichkeit hervorstrahlende Idee. Der am meisten gebildete Mensch prägt die Idee seines Menschseins am deutlichsten aus. Die Bedeutung der Künste liegt in W. von Humboldts Entwurf darin, daß sie der menschlichen Individualität zum Emporsteigen zu ihrer Idealität verhelfen können; die Künste sind Mittel zur Vollendung der Individualität und erfüllen sich, indem sie in den Dienst der Bildung des Menschen treten. Musik ist für W. v. Humboldt die Kunst, die anfängt, wo das Wort aufhört, und die weiter reicht als der Gedanke.

Doch nicht an W. von Humboldt, kaum an F. v. Schiller, der die Kunst als die große Erzieherin der Menschheit sieht, die sie sittlich vernünftig und damit politisch handlungsfähig macht, nur vorübergehend an F.E.D. Schleiermacher, an J. Paul, an G.W.F. Hegel, vor allem hat sich die musikpädagogische Rezeption idealistischen Denkens an der „Pädagogischen Provinz" J.W. von Goethes in „Wilhelm Meisters Wanderjahren" orientiert. Die mitunter als pragmatisches Konzept mißverstandene Erziehungsutopie J.W. von Goethes beruht auf den Bildungsideen seiner Zeit, ist bestimmt von der Bedeutung der Künste für die Individualisierung des Menschen. Doch die als Handlung dargestellte Einführung des jungen Felix in die pädagogische Gemeinschaft und ihre musikalischen Stationen gewinnt, verbunden mit der Autorität des Klassikers und der Bestätigung der Bedeutung von Musik in der Pädagogik am praktischen Beispiel, inhaltlich-programmatischen Rang, erscheint als „ideales" Konzept für Musikpädagogik. Von L. van Beethoven bis A. von Webern haben die Musiker die musikpädagogische Bedeutung der „Pädagogischen Provinz" gepriesen, und R. Strauss testiert, daß der Musiker „aus diesem Buch" mehr lernen könne als aus dem engen Fachstudium. Die musikpädagogische Geschichtsschreibung hat voll in diesen Lobpreis eingestimmt. Im Gegensatz zu den Erziehungswissenschaften, die die „Pädagogische Provinz" als der Welt des Romans zugehörig, gestaltet vor dem Hintergrund der Bildungsideen der Zeit mit Einschluß der jungen Erfahrungen J.W. Pestalozzis werten, hat man in der Musikpädagogik der Versuchung nicht widerstehen können, die musikalischen Vorschläge der „Pädagogischen Provinz" als bare Münze zu nehmen. G. Schünemann liest aus der „Pädagogischen Provinz" Goethes unbedingten Glauben an die bildende Macht der Musik, die Empfehlung der Musik als erstem und wichtigstem Mittel einer planvollen Erziehung, konkretisiert in musikalischer Selbsttätigkeit: „Seine (Goethes) Gedanken über Musikerziehung als Grundlage jeden Unterrichtes stehen auf dem festen Boden Pfeiffers, Nägelis und ihrer Gefolgschaft", stellt G. Schünemann fest, den Bildungsentwurf Goethes als musikpädagogische Realität nehmend (Schünemann, 1968). Das gleiche gilt für E. Preußners Darstellung der musikpädagogischen Aspekte der „Pädagogischen Provinz", dem bisher umfassendsten fachlichen Ansatz zum Thema. Hier wird die „Pädagogische Provinz" als „im Grunde so etwas wie ein neuzeitliches musisches Landerziehungsheim" verstanden, als konkretes Exempel „elementarer Musikerziehung". Kunststudenten wird der Roman als „Lebens- und Kunstbegleiter" empfohlen, in Schulreformen wird die Anerkennung der Grundsätze der „Pädagogischen Provinz" nahegelegt, J.W. von Goethes Text als „Oase in der Wüste so mancher pädagogischen Ungläubigkeit" gepriesen (Preußner, 1959). Musik als pädagogische Idee zeigt in der musikpädagogischen Rezeption die Tendenz, die Unterschiede von pädagogischer Idee und Realität von Musikunterricht zu übersehen.

Die jüngere pädagogische Geschichtsschreibung hat die Zusammenhänge zwischen politischen und Bildungsreformen aufgearbeitet. Das idealistische Prinzip der allgemeinen Menschenbildung entsprach den Forderungen nach gleicher Bildung für alle gegenüber der Tradition ständischer Bildungsbeschränkungen. Doch offensichtlich hatten die in der Geschichtsschreibung so glorifizierten pädagogischen Ideale weniger reale Chancen als das Schrifttum vermuten läßt. J.H. Pestalozzis Prinzip der Selbsttätigkeit paßte am besten in freigesetzte Ideale der Bildung, auch des Volkes, und zu den Hoffnungen auf Entfaltung menschlicher Kräfte. Doch im übrigen blieb man die Antwort auf die Postulate der allgemeinen Menschenbildung schuldig. Die Koppelung von höherer Bildung und Staatsdienst, das entsprechende Prüfungswesen, die Auseinanderentwicklung von niederem und höherem Schulwesen, die Verfestigung getrennter Lehrerstände sprechen hier eine deutliche Sprache (Herrlitz u.a., 1981). Trotz aller Lobpreisung der Musik und ihrer menschenbildenden Kräfte geschieht insgesamt doch wenig für den Musikunterricht und die musikalische Chance aller. Vielmehr entwickeln sich im Schulwesen auch höhere musikalische Bildung und das Treffsingen der Volksschulen auseinander; ebenso belegt die institutionelle Separierung der (Musik grundsätzlich einbeziehenden) Volksschullehrer-Ausbildung Unterschiede musikalisch-pädagogischer Idee und der Realität der Schulmusik. Die Formel von dem Bildungswert der Musik verkündet einen einsamen Anspruch – wobei die Unmöglichkeit der Konkretisierung und des Nachweises von Ergebnis wahrscheinlich sogar das Konzept förderte.

Solche Erfahrungen haben Abwehr gegenüber allen Vorstellungen einer Humanisierung durch Musik in der Gegenwart erzeugt; man mag das Pathos der großen Worte nicht mehr, zumal sie – dem Anschein nach – Bezüge zu einer Bildungs-Auslese musikalischer Werke enthalten. Was nun, in der jüngeren Vergangenheit, als Wortverbindung mit „human" wieder in die musikpädagogische Diskussion gelangte, läßt keinen Zusammenhang mehr mit den einst hohen ideengeschichtlichen Humanisierungshoffnungen erkennen; jetzt geht es um pragmatische Reformvorstellungen für eine als inhuman empfundene Schule. Die „humane Schule" ist die Formel des Tages, von der Musikpädagogik 1978 als Frage nach der „Musik in einer humanen Schule" zum Thema einer Bundesschulmusikwoche erhoben (Kraus, 1979). Seitdem ist die Musikpädagogik wieder zunehmend von der Frage bewegt, was sie zur „Humanisierung" beitragen könne (Ehrenforth, 1981b); sicher schwingen hier alte Traditionen des Denkens mit, die der Musik gerade im Kanon der Schulfächer durch Berufung auf ihre humanitären Möglichkeiten Legitimation verschaffen wollen. Alte Vorstellungen der menschenbildenden Kraft der Musik tauchen wieder auf, pathetisch mit säkularisierten musikalischen Heilserwartungen verbunden. Auch Ausgleichsfunktionen der Musik im allgemeinen Schulstreß finden in der Beschreibung einer künftigen humanen

Schule Raum. Manche alten Formeln werden hier wieder ins Gespräch gebracht. Doch werden auch, vor dem Hintergrund anthropologischer Denkweise, Versuche unternommen, aus der Musik selbst sachlich Möglichkeiten der Verwirklichung von Humanität zu entwickeln. Das Aufeinanderangewiesensein von rationalem und emotionalem Zugang zu Musik, die vielen Möglichkeiten, der Musik Funktion im Leben zu geben, der Reichtum der Musik und das Verhalten des Musiklehrers, der „humanen Instanz", werden als Chance der Humanisierung der Schule durch Musikunterricht gesehen, die freilich durch die Medienmusik nicht gerade erhöht wird (Richter, 1981).

1.3 Erneuerung durch das Musische

Das Wort musisch und Wortverbindungen wie musische Idee, musische Bewegung, musische Bildung, musische Erziehung, musische Fächer oder auch musischer Mensch werden in der Umgangssprache wie in pädagogischer Fachliteratur ständig gebraucht. Doch Definitionen des Musischen sind schwerlich zu finden; auch eine Enzyklopädie wie „Die Musik in Geschichte und Gegenwart" spart das Stichwort musisch aus. Das hat guten Grund: Diejenigen, die in ihren Schriften für „das Musische" eingetreten sind, gerade die repräsentativen Vertreter musischer Bildung, haben dieses definitorische Defizit zu einem „Merkmal" des Begriffes musisch erhoben. „Die begriffliche Definition würde zum Panzer verhärten, was nur ein loser Schutzmantel sein will", schreibt G. Götsch (1953), man müsse „drinstehen" und „nicht darüber", könne nur Aufgaben umschreiben, Ziele, aber weniger einzelne Merkmale konkret fassen und begrifflich definieren (Götsch, 1956). O. Haase begründet in seinem theoretischen Versuch „Musisches Leben" den Verzicht auf definitorische Bestimmung des Musischen damit, daß dem „Griff der Sprache nicht alle Wahrheiten zugänglich (seien), aber allen ungefähren Wahrheiten . . . die Strahlungskraft, die den fruchtbaren Erkenntnissen innewohnt", fehle; eben darum schreibt er, wie er bescheiden voranstellt, „Vorbemerkungen zu einer künftigen Phänomenologie des Musischen" (Haase, 1951). Auch ein Historiker musischer Erziehung, F. Seidenfaden, hält fest: „Es ist kein Zufall, daß die eindeutige Bestimmung des Wesens musischer Erziehung Schwierigkeiten bereitet. Das Musische entzieht sich dem Zugriff bindender Definitionen" (Seidenfaden, 1966).

Die sich aus solchem definitorischen Verzicht ergebende begriffliche Offenheit erlaubt vielfältige Rückbezüge in der geschichtlichen Dimension. Man kann unschwer – und es wird gern getan – die Ursprünge der musischen Idee im klassischen Altertum finden. Man spürte diese Ursprünge in der griechischen Mythologie auf, in dem Glaubenskreis um Apollon und die Musen (Wiora, 1958). Die hier wurzelnden Urkräfte des Dichtens, Tanzens und Musizierens, die sich den Menschen erschließen, wenn sie sich ihnen öffnen – hier glaubte man die Idee des Musischen in ihren Ursprüngen fassen zu können (Otto, 1955). Demgemäß wird frühgriechische Erziehung zum Exempel musischer Erziehung idealisiert, mit der Verweigerung des Gedankens der Unwiederholbarkeit einer (vermuteten) historischen Erziehungswirklichkeit dem Musischen wehmütige Ferne von Realität und Gegenwart eingebend. Immer wieder nimmt die musische Idee in der abendländischen Geschichte neue Gestalt an. Man glaubt sie in der heiligen Cäcilia des christlichen Glaubens zu erkennen, in der Frau Musica des Humanismus. J.G. Herders Idee der Humanisierung durch Musik läßt Musik in der musischen Idee zu einem Mittel der Menschenbildung werden. Doch erst durch die kulturkritischen Anstöße des ausgehenden 19. Jahrhunderts und die Verbindung mit den reformpädagogischen Strömungen der ersten beiden Jahrzehnte des 20. Jahrhunderts gewinnt der Sinn des Musischen Kontur, zeichnen sich Theoreme ab und beginnt die für die Musikpädagogik so bestimmende Entwicklung eines musischen Leitbildes für Musikunterricht. Das mit dem Ende des 19. Jahrhunderts einsetzende, sich bis heute im deutschen Sprachraum (und fast nur hier) reich ausbreitende Schrifttum zu der Thematik des Musischen beschreibt insbesondere unter drei Aspekten: dem aus Kulturkritik herrührenden Wunsch nach menschlicher Erneuerung, der Absicht, diese durch musische Bildung zu verwirklichen und der Vorstellung von einer „Ganzheit der Künste" als dafür geeignetem Material.

Die Literatur der musischen Bewegung ist voller Klagen über das Zeitalter und voller emphatischer Erneuerungssucht. O. Haase spricht von den „Wurzeln des menschlichen Seins", die „verkümmert und verdorrt" seien, von der Langeweile als dem „ziellosen Unlustgefühl der Massen", der typischen Erkrankung eines unmusischen Zeitalters, er diagnostiziert „Einbruch in das Lebensgefüge" und „seelische Kreislaufstörungen" (Haase, 1951). Ebenso beklagt G. Götsch, „daß unser Volk bis in die Wurzel hinunter gefährdet ist" (Götsch, 1953). Was mit F. Nietzsche und A.J. Langbehn aus tiefer Einsicht in die Geschichte der Kultur als Kritik an Stillstand und Verfall zeitgenössischer Kultur entstand, wird zu vereinfachendem Einrasten auf als besonders störend empfundene Veränderungen des Lebens und Denkens. Musische Zeitkritik sammelt sich vor allem um Kritik an Wissenschaftsgläubigkeit, konstruiert eine Gegensätzlichkeit des Emotionalen und des Rationalen. E. Krieck wertet es als Zeichen des Niederganges, daß „die Führung" von der musischen Bildung auf „das rationale Bildungs- und Unterrichtssystem" überging (Krieck, 1933). K. Seidelmann spricht noch 1965 von der „mythischen Mächtigkeit" der Wissenschaft, von dem „Neu-Rationalismus", der „den seelischen Haushalt" der Zeitgenossen in Unordnung gestürzt habe, und warnt vor den „ungesunden Phänomenen", die immer auftreten, wenn das „Gleichgewicht zwischen Logos und Ethos, zwischen Verstandes- und Gemütskultur" gestört werde (Seidelmann, 1965 b).

Aus dieser negativen Beurteilung der Ablösungsbewegungen des 20. Jahrhunderts von der Vergangenheit erwächst die für die musische Bewegung so konstitutive pädagogische Intention, die sog. musische Bildung: Man denkt – und steigert sich in Glaube und Bekenntnis –, daß nur über die Verwirklichung des Musischen in der Menschenbildung die notwendige Erneuerung geleistet, das Versagen, der Niedergang der Gesittung aufgehalten werden könne. Darum ist das Musische von Haus aus pädagogisch gerichtet. „Der neue Mensch" ist die Hoffnung musischen Glaubens, die Formel musischen Erziehungs-Schrifttums. Alte Gedanken über Harmonie von Kosmos, Mensch und Musik klingen wieder an; das Musische ist es nun, was diese Harmonie zu bilden vermag. „Es geht um mehr als um neue Kunst", sagt G. Götsch, „es geht um die Erneuerung von Mensch und Erde nach dem Ebenbild Gottes" (Götsch, 1953). Und O. Haase formuliert: „Nicht die rationale, nicht die logische, auch nicht die demokratische, sondern die musische Erziehung ist das Kernstück der Menschenbildung. Sie garantiert zwar nicht, aber sie ermöglicht die Wiedergeburt der Gesittung" (Haase, 1951). Die Intensität der pädagogischen Intentionen des Musischen führt zu den nur in deutscher Sprache zu findenden Bezeichnungen musische Bildung und musische Erziehung, die im gleichen Sinne gebraucht werden. Seit Th. Warners Vermutung aus der Erinnerung, die Bezeichnung musische Erziehung sei von H. Freyer geprägt worden, wird dies als Tatsache tradiert (Warner, 1954). H. Freyer verwendet jedoch noch 1929 die Bezeichnung Musikerziehung (Freyer, 1930), während E. Krieck bereits 1928 von musischer Erziehung spricht (Krieck, 1928); seit Beginn der dreißiger Jahre kommen die Bezeichnungen musische Bildung und musische Erziehung im musischpädagogischen Schrifttum zunehmend in Gebrauch.

Musische Sehnsucht nach dem neuen Menschen und musische Intention, diesen neuen Menschen zu bilden, zentrieren sich auf die Künste; ihre Funktion soll es sein, „das Musische" zu verkörpern, durch das der neue Mensch gebildet werden kann. Das Musische erhält durch die Künste einen speziellen Sinn, und die Künste erhalten Sinn im Musischen. Viele Vorstellungen ästhetischer, ethischer und pädagogischer Art durchdringen sich hier in einer bisher wenig analysierten Weise. Wiederum zurückgreifend auf alte Gedanken über den Menschen und die Künste finden sich die führenden Vertreter der musischen Bewegung zusammen in Bemühungen um die Einheit der Künste, die Ganzheit der Künste. „Wir betrachten die Musik nicht als abgesonderte Kunst, sondern stellen sie wieder in den Zusammenhang des festlichen Volkslebens, in die alte Einheit mit den anderen Künsten", stellt G. Götsch 1934 fest, damit einen Unterschied zwischen musischer und musikalischer Erziehung begründend (Götsch, 1953).

Die Vorstellung von einer Ganzheit der Künste ist ein Merkmal allen musischen Denkens, sie zeigt sich aber in recht verschiedenen Brechungen. Am Ausgang stehen Gedanken von der Gemeinsamkeit der Künste als einer Gemeinsamkeit ihrer Wirkung. Unter ihnen sind es drei Künste, die „Künste der rhythmischen Bewegung", nämlich Tanz, Musik und Dichtung, die besonders „eng verschwistert" sind, denn „sie sind sinnlich und geistig zugleich, und gemeinsam unterstehen sie dem Rhythmus, in dem sich die Irrationalität der ekstatischen Funktion mit mathematischer Gesetzmäßigkeit auf geheimnisvolle Weise vereint" (Krieck, 1927). Diese Künste kommen unmittelbar aus Bewegung und bewirken Bewegung, „sind unmittelbare Tätigkeit, die den Hörenden und Schauenden mächtig andringen, ihn unter Wirkungszwang nehmen, dem er sich nicht entziehen kann" (Krieck, 1928). Hier beginnt bereits die Hervorhebung der Musik in musischer Bildung, ein Hineinsteigern in „wesenhafte Aufgaben der Musik", die darin bestehen, „die Seele in große Schwingung zu versetzen, ihr aus der Welt der Begriffe, der Zwecke und des Zwanges einen Zugang zu eröffnen zu einem Jenseits, einem Reich der Freiheit, ohne das ein volles Leben, ein in höchstem Sinne menschenwürdiges Dasein nicht möglich ist". Doch wird hier noch gesprochen von einer „Musik zur Beseelung, nicht zur Versittlichung" (Krieck, 1927).

Aus solcher Gemeinsamkeit rhythmischer Künste, an ihrer Spitze der Musik, entsteht erst bei späteren Autoren der musischen Bewegung eine Vorstellung von der Ganzheit aller Künste, zu denen O. Haase nun auch die bildende Kunst zählt, schließlich auch Sport und Gymnastik; sie alle werden zugleich als Ganzheit wie als „musische Elemente" gesehen. Daraus resultiert der hohe Rang, den das Laienspiel in der musischen Bewegung erhält; es ist „der geometrische Ort, in dem sich die Koordinaten treffen, wo sich Spiel und Sprache, Musik und Bewegung vereinen" (Haase, 1951). Ganzheit der Künste wird hier zur Formel für alles Bindende im Gegensatz zu trennendem Spezialistentum, das auf musikalischem Gebiet schuld daran ist, daß „Volk und Musik jäh auseinander" klafften; ganzheitliches musikalisches Denken wird zum Instrument sozialpolitischer Argumentation. E. Pfannenstiel will die „Gesundung und Wiedergeburt unseres musikalischen Volkslebens", eine Musik, „die mit Kind und Volk eins werden kann" (Pfannenstiel, 1925). Dies gibt den Hintergrund der „Einheit der Künste" bei G. Götsch, einer Einheit, die die Voraussetzung des von ihm empfohlenen

„festlichen Volkslebens“ darstellt. Ihr Boden ist für G. Götsch das „Volkstum“; Volkstum wird zum „gemeinsamen musischen Lebensgrund“: „Volkstum ist Vorbild . . . , Volkstum ist Quelle“, und Volksmusik und Kunstmusik sind eben darum „auf Leben und Tod verbunden“ (Götsch, 1953). Dazu wird die Bezeichnung Ganzheit auch im Sinne von Ganzheitlichkeit des Erlebens der Künste im Menschen eingesetzt; die Künste vermögen den Menschen „als Ganzes“ zu erfassen. Für E. Spranger geht es bei der Erziehung zur Musik oder zum Zeichnen weniger darum, „Fertigkeiten, wie es in der traurigen Lehrplansprache heißt“, zu vermitteln, „es geht um den Menschen als Ganzes, um seine Rettung vom Druck der bloßen Sachwelt, um die Flügel, die ihm den Aufschwung zum Idealen erst ermöglichen“ (Spranger, 1956). Das Kind wird zum Symbol dieser musischen Ganzheit des Erlebens; O. Haase verweist auf die „kleinen Wunder“, wie sie die Bewegungen eines Kindes, seine Zeichnung, sein Spiel, zeigen und – hier beginnt die Abgrenzung musischer Bildung von der „großen Kunst“ – die wichtiger seien als das Erkennen existenzieller Unsicherheit (Haase, 1951).

Die musische Idee hebt sich hervor als eine pädagogische Idee oder auch Ideologie der Musik, die seelische Erneuerung durch Musik empfiehlt und verwirklichen möchte, der es um die emotionalen Kräfte von Musik geht. Die seelisch-emotionalen Bereiche werden von den künstlerischen geschieden, die wie die rationalen zurückstehen müssen. Das Musische wird auf diese Weise im Zusammenhang pädagogischen Denkens zur therapeutischen Chance gegenüber den Gefahren eines künstlerischen Spezialistentums. F. Pöggeler beschreibt musische Bildung als „Pflege der seelischen und nicht bloß der künstlerischen Fähigkeiten und Anlagen“, die als Erziehung musisch sei, „weil sie sich dabei der Mittel des Musischen, des Stiles, der Gestalthaftigkeit, der Euphorie, der seelischen Heiterkeit, der Vergeistigung des körperlichen und materiellen Geschehens bedient“ (Pöggeler, 1952). „Musische Bildung ist zum großen Teil Bildung der Sinne und über die Sinne der Seele“, charakterisiert F. Messerschmid (1954). Es sind bekenntnishafte, postulative Vorstellungen von Menschenbildung durch das Musische, getragen von Hoffnung auf den neuen Menschen, eine neue Gesittung. In den jungen Wissenschaften zu Beginn des Jahrhunderts problematisierte neue Begriffe werden übernommen, der Ganzheits-Begriff und der Erlebnis-Begriff der Psychologie, der Gemeinschafts-Begriff der Soziologie; sie werden transferiert zu Ziel-Utopien musischer Bildung, im Durchlauf durch eine üppige Tertiärliteratur rasch zu Gemeinplatz und Schlagwort inflationierend, durch die Ansiedlung in Unterrichtspraxis jegliche Konkretheit verlierend und breite Verunsicherung auslösend.

Schon in den zwanziger Jahren wird aus der musischen Idee die Empfehlung und schließlich die „Verwirklichung“ musischer Schulreform. Durch die Aktivitäten der musikalischen Jugendbewegung, die so bestimmenden Persönlichkeiten L. Kestenberg und F. Jöde, wird die musische Idee der Menschenbildung auch zu einem musisch-musikalischen Programm für die Jugend, für die Schule. Die Pädagogen drängen auf Verwirklichung in der Erziehung, bezwingen mit dem Pathos ihrer musischen Überzeugung Bildungsplanung und Kulturverwaltung, überreden Diskrepanzen zwischen einer pädagogischen Idee und der Schulwirklichkeit, die alte „Lernschule“ mit neuen Zauberformeln aus musischem Vokabular in den historischen Winkel stellend. Die „Ganzheit“ überholt das „Fach“, das „Erlebnis“ das „Lernen“, die „Gemeinschaft“ den „Spezialisten“. Am stärksten wirkt sich die Umstellung in den künstlerischen Fächern aus, die nun „musische Erziehung“ werden. „Wir treiben im Musikheim nicht Musikerziehung, sondern musische Erziehung“, sagt G. Götsch, „wir zeigen unseren Schülern nicht nur Wege in die Musik, sondern darüber hinaus zu einer musischen Bewegtheit des ganzen Menschen“ (Götsch, 1953). Die Ganzheit der Künste wird bestimmend für die Praxis des Musikunterrichts: „An die Stelle eines reinen Musikunterrichts ist für uns also die Einheit von Musik, Sprache und Bewegung getreten . . . Alle drei Gebiete sind auf den gleichen Mittelpunkt bezogen, auf den inneren Bewegungssinn . . . Die Weckung und Stärkung und Ausreifung dieses inneren Bewegungssinnes, dieses Dynamos im Menschen, ist das eigentliche Ziel musischer Erziehung“ (Götsch, 1953). Eine pädagogische Idee der Musik verliert auf dem Wege in die Praxis ihren Gegenstand, die Musik, aus dem Blick. Idee wird zur Ideologie. Nach 1945 erscheint die musische Idee den Pädagogen der Restauration wiederum als die Chance, die Erneuerung des Menschen einzuleiten. Th. Heuss empfiehlt 1953 dem Deutschen Ausschuß für das Erziehungs- und Bildungswesen: „Dafür (mehr Raum für musische Fächer) habe ich gefochten und damals zwischen den ernsthaften Schulmännern wohl etwas ungeziemend gewirkt, als ich das Plädoyer für das 'Allotria' hielt, nämlich für die Fächer des schöpferischen Spiels, in denen die Freudigkeit und das individuelle Selbstbewußtsein aufblühen können. Würde ich den Worten, die zu sprechen ich gebeten wurde, eine Ausrichtung geben, . . . so würde ich eben diesen Komplex – also das 'Allotria' – als eine Kraft der Menschenbildung, eine Stufe, die wesentliche zur Menschenselbstbildung, Ihnen ans Herz legen“ (vgl. Bohnenkamp u.a., 1966).

Die Kritik an musischem Denken aus den eigenen Reihen (Ehmann, 1950; Warner, 1954) wie von Th. W. Adorno (1982) und seiner Nachfolge (Hodek, 1977; Kolland, 1979) richtet sich mehr auf die Übertragung der musischen Idee in die musikalische Praxis durch die Vertreter der musikalischen Jugendbewegung einst und heute als auf die musische Idee selbst, ihren Sinn für gesellschaftliche Erneuerung und Menschenbildung. Der Rückblick auf die historische Herkunft musischen Denkens, die Nähe zu den älteren Ausprägungen von Musik als pädagogischer Idee, doch ebenso ein erstes Nachdenken über gegenwärtige Tendenzen pädagogischen Umganges mit Musik zeigen, daß die musische Idee historisch durchgängige pädagogisch-musikalische Erwartungen enthält. Die Neigung, Musik in polyästhetischen Zusammenhängen als „Erlebnis“ und zwar in der „Gemeinschaft“ zu empfehlen, die zunehmenden Bedürfnisse nach „Musik in Funktion“ verbunden mit Abwehrhaltungen gegenüber „autonomer Musik“, belegen dies für unsere Zeit; vor allem aber zeigt sich diese historische Durchgängigkeit – und neue Bezeichnungen können es nicht verdecken – an den gegenwärtigen sozialen und therapeutischen Hoffnungen auf Musik, an der Abwehr rationaler zu Gunsten emotionaler Zugänge zu Musik, den Einschränkungen des Künstlerischen für die Hoffnungen auf musikalische Lebenshilfe. Gegenwärtige ideologie- und wirkungsgeschichtliche Versuche zur musischen Erziehung, die das Musische als „Ausbruchsversuch aus einer weitgehend fremdbestimmten Industrie- und Arbeitswelt“ deuten, lenken den Blick auch auf Zusammenhänge mit der „Hippie- und Opiatenkultur . . . als Folgeerscheinungen größerer Flucht- und Ausstiegsbewegungen“ (Kossolapow, 1975). Jüngere Arbeiten wenden sich von den allein ideologiekritischen Ansätzen ab; sie erschließen Daten und Fakten zu den geistigen Hintergründen musischer Bewegung (Reiss, 1981) und beginnen mit der monographischen Erarbeitung spezieller Fragen, beispielsweise der Position der Musikinstrumente, ihrer Setzung zu Symbolen musikalischen Verhaltens mit entsprechender Wechselhaftigkeit ihres Gebrauchs (Böhle, 1982). Nicht das Hin und Her der Bejahung oder Ablehnung des einzelnen Gedankens, sondern die Aufarbeitung und Interpretation der grundlegenden musikalisch-pädagogischen Ideen aus der Kenntnis ihrer gedanklichen und historischen Zusammenhänge führt zu den Problemen pädagogischen Umganges mit Musik.

2. Gesellschaftliche Aufträge für Musikunterricht

2.1 Aufträge der Kirche

Aufträge der Kirche an die Musik mit pädagogischen Implikaten begannen schon in der Frühzeit des Christentums. Man benötigte musikalisch ausgebildete Priester und Kirchensänger, die mit Gesang der Verbreitung christlicher Lehre dienen und die Einführung der jungen Generation in diese Lehre durchführen konnten. Dies blieb das Prinzip aller kirchlichen Erziehungsaufträge an die Musik: Religiöse Lehre mit Hilfe der Mittel der Musik und ihrer besonderen Wirksamkeit zu verbreiten. Die daraus erwachsende Verbindung von Kirchen- und Schulmusik war für Jahrhunderte Nutzen und Schaden pädagogischen Umganges mit Musik, denn sie förderte einerseits die institutionelle Sicherung der Schulmusik, behinderte aber andererseits ihre Begründung durch die Musik selbst als Gegenstand von Unterricht.

Die Geschichte der Verordnungen und Pläne für Musikunterricht bis zum Ende des 19. Jahrhunderts ist eine Folge von Aussagen zur Aufgabe der Schule für die Musik in der Kirche. Alte Singordnungen geben Beleg über Denkweise und Genauigkeit der getroffenen Vorschriften: „Nicht nur zur Erweckung einer Gott-gefälligen Andacht", sondern auch weil „in Musicis bezeigter Fleiß einen Weg zur leibseliigen Glückseligkeit bahnet", werden „dem beym fürstlichen Darmstädtischen Paedagogio befindlichen choro Musico und denen darinnen befindlichen Subjectis" sehr genaue „leges hiemit intimiren und einzuschärffen vor nöthig geachtet": ein ehrbarer Lebenswandel, höchster Fleiß im Musikunterricht, „um als tüchtige Subjecta zur Ehre Gottes bey offentlichem Gottes-Dienst, so dann auch bey dem choro Musico selbst auf denen Gassen nützlich gebraucht zu werden", jeden Morgen pünktlich sein, damit die Gemeinde „einen reinen musicalischen Thon halten" kann, beim Fehlen an Sonn- und Feiertagen sechs Kreutzer Buße zahlen, die beim Rektor eingehenden Chorgelder zählen und ins Chorbuch eintragen, „was sowohl von Leichen als auch von andern ordinären Chor-Tagen einkommt", sonntags, mittwochs, donnerstags und sonnabends auf den Gassen singen, wobei immerhin „ein starcker anhaltender Regen oder eine excessive Hitze, oder zur Winters-Zeit eine harte Kälte" dazu berechtigen, sich in zwei Chöre aufzuteilen usf. (Darmstädter Singordnung von 1721, 1903). Die Unterschiede des Singunterrichts der Mädchen und Jungen werden genau festgelegt. Für Mädchen werden die Kirchengesänge als ausreichend erachtet, wobei darauf zu achten ist, „daß sie beides, die Worte und die Melodien der Lieder recht fassen, und soviel in der Kürze geschehen kann, auch vom rechten Verstande derselben unterrichtet werden"; in den Knabenschulen sind dazu die Prinzipien der Figuralmusik zu lehren (Francke, 1885). Auch ein für seine Zeit so fortschrittlicher Pädagoge wie F.W. Lindner bleibt in der ihm selbstverständlich erscheinenden Bindung an kirchliche Aufgaben. F.W. Lindner tritt für den frommen Musiklehrer ein („denn dieser Unterricht muß mit frommer und heiliger Wärme gegeben werden") und schlägt kühne Brücken zu seinen Hoffnungen musikalischer Volksbildung („Man will das reine Gefühl bey unsern religiösen Gottesverehrungen mehr in Anspruch genommen wissen: wodurch kann dies mehr geschehen, als durch erhebende Gesänge, welche zweckmäßig sowohl vom Spieler als Sänger vorgetragen werden?"). Und demgemäß bekennt er: Musik „ist göttlichen Ursprungs: dahin muß sie wieder zurückkehren, wenn wir anders ihren Werth fühlen und schätzen lernen sollen" (Lindner, 1805).

Dieser sich hier andeutende Zusammenhang von pädagogischer Idee und christlichem Erziehungsauftrag der Musik weist zurück auf mittelalterliche Auffassungen der Übereinstimmung von religiöser und musikalischer Bildung. H. Abert stellt die aus ständigen Überkreuzungen antik-philosophischen, christlich-theologischen und musik-theoretischen Denkens sich langsam vollziehende Entwicklung eines neuen Musikideals der ersten christlichen Kirche umfassend dar (Abert, 1964). Die grundlegende Arbeit über den Niederschlag dieser Entwicklung in der mittelalterlichen Klosterschule ist G. Pietzsch zu danken (Pietzsch, 1932). Antike Ethos-Lehre der Musik und mittelalterliche religiöse Bildung stimmen in der Auffassung überein, daß Musik vor allem die Fähigkeit besitze, die menschliche Seele zu bewegen. Gemäß antiker Überlieferung liegt der Urgrund dieser Wirkung der Musik in den Zahlenverhältnissen, die das Zusammenklingen der Töne in mathematischem Sinne regeln. Darum wird Musiktheorie zu den Wissenschaften gezählt und unter die sieben freien Künste eingereiht; Musik wird Teil von Bildung, und gebildet ist nur der, der die Theorie der Musik in Verbindung mit den anderen Disziplinen beherrscht. Da Musik und Musizieren aber auch Ausdruck christlicher Frömmigkeit sind, wird Musik zugleich Erziehungsauftrag in christlichem Sinn. Bei Augustin wird diese Zweiheit deutlich: Musik als Teil von Bildung, als Wissenschaft, und ebenso Musik als Mittlerin zwischen Gott und Mensch, als Ausdruck christlicher Frömmigkeit und Mittel christlicher Erziehung. Antik-ethische Idee der Musik und christlich-religiöser Erziehungsauftrag treffen zusammen, werden die Wurzel einer spezifisch christlichen pädagogischen Idee der Musik. Antike und kirchliche Huldigung der Musik verbinden sich in ihrer Anerkennung der Musik für Menschenbildung, als philosophisch-wissenschaftlichem Gegenstand und Erziehungsmittel für die Jugend; dies sichert der Musik in der mittelalterlichen Klosterschule eine geistige Bedeutung, die weit tiefer reicht als die religiösen Erziehungsabsichten mit Hilfe der Musik in den nachfolgenden Jahrhunderten. Den Nachhall solcher Verbindung ethischen und theologischen Denkens in Musikästhetik und Musikpädagogik verspürte man noch lange. Man wird ihn wohl aus H.G. Nägelis Worten hören können: „Und so führt die ächt musikalische Bildung dahin, wohin alle wahre ästhetische Bildungskunst führen kann und soll, zur lebendigsten und innigsten Verschmelzung einer heiligen Stimmung und Gesinnung, zur Religiosität" (Nägeli, 1809). Dies alles wirkt bis in unser Jahrhundert nach. Noch F. Jöde mag solche Traditionen gespürt und seinem pathetischen Bedürfnis als angemessen erachtet haben, wenn er die Kunst J.S. Bachs als die Wegstation nennt, „wo Musik als ein kosmisches Geschehen erscheint und ihre Verbindung mit der Religion sucht" (Jöde, 1926).

Doch die Praxis der Schulmusik der vergangenen Jahrhunderte war bestimmt von konkreten, kirchlichen Aufträgen. In einem sehr langwierigen Prozeß, in vorsichtigen kleinen Schritten, vollzieht sich erst im 19. Jahrhundert die Ablösung der Schulmusik von der praktischen Beauftragung durch die Kirchenmusik. Zunächst ist die alleinige Bestimmung der Schulmusik durch den Kirchengesang unumstößlich, Zweck, Material wie Aufsicht betreffend. Das Konsistorium zu Münster hält 1817 fest, daß bei der Erteilung von Musikunterricht in den Schulen ständig ihr „Hauptzweck" im Auge zu behalten sei, nämlich „daß dadurch der Kirchengesang veredelt werde". Die Pfarrer haben die einzuübenden Stücke auszuwählen und vorzuschreiben; sie werden wohltun, heißt es, „diejenigen Melodien, welche sie des Sonntags in der Kirche wollen singen lassen, in der Woche vorher in der Schule einüben zu lassen" (Nolte, 1975 a). In den preußischen Regulativen von 1854 beginnen Öffnungen des nur der Kirche dienenden schulischen Musikunterrichts; doch noch wahrt man inhaltlich die Dominanz der

Kirchenmusik. Der Gesangunterricht in den Volksschulen soll zwar im allgemeinen „als Erziehungsmittel" dienen, im besonderen aber „zur Läuterung des Volks- und Kirchengesanges"; der Verweis in den Regelungen für den Musikunterricht in den Lehrerseminaren, daß dieser Unterricht sowohl für den Gesangunterricht in den Elementarschulen wie für den Kantoren- und Organistendienst in den Kirchen ausbilden solle, zeigt ebenfalls, daß Kirchen- und Schulmusik unverändert eng miteinander verbunden sind (von Rönne, 1855). In den allgemeinen Bestimmungen für den Gesangunterricht in der Volksschule von 1872 werden erstmals geistliches und weltliches Lied gleichberechtigt nebeneinander angeführt: „In dem Gesangunterricht wechseln Choräle und Volkslieder ab". Als Ziel wird das richtige und sichere Singen, das Singen-Können, nun in den Vordergrund gestellt und die sichere Beherrschung der Lieder (Nolte, 1975 a). Auch in den preußischen Lehrplänen von 1914 werden sowohl geistliche wie weltliche Lieder angeführt und als Ziel die Vorbereitung auf gesangliche Betätigung „im späteren kirchlichen und bürgerlichen Leben" genannt. Erst mit den Schulmusikverordnungen der zwanziger Jahre tritt das geistliche Lied in der Schule gegenüber dem weltlichen in den Hintergrund. Die musikpädagogische Geschichtsschreibung hat in einem sehr umfangreichen Schrifttum die historische Bestimmung der Schulmusik durch die Kirche umfassend wie auch in regionalen und lokalen Untersuchungen behandelt.

2.2 Politische Aufträge

Daß und in welchem Maße gesellschaftliche Aufträge an Musik politischen (staatsbezogenen) Charakter annehmen können, belegte man einst gern mit den Verweisen Platos auf die für kriegerische Zwecke wirksamen Tongeschlechter. Die Musikästhetik hat solche „besonderen Anwendungen der Musik" in ihre Reflexionen aufgenommen. Man erinnere sich an J.G. Sulzers „Allgemeine Theorie der schönen Künste", seine Beschreibung der Fähigkeiten der Musik, „gewisse Empfindungen bey öffentlichen sehr wichtigen Gelegenheiten, in den Gemüthern zu einem bestimmten Zwek lebhaft zu erweken, und eine Zeitlang zu unterhalten. Da wird sie als ein Mittel gebraucht, den Menschen durch ihre unwiderstehliche Kraft zu Entschließungen oder Unternehmungen aufzumuntern, und seine Würksamkeit zu unterstützen. Diesen Gebrauch kann man bey verschiedenen Gelegenheiten von der Musik machen". J.G. Sulzer verweist auch auf die Kriegsgesänge, wo Musik „den Muth anzuflammen" vermag (solche Stücke sollen durch weniger Regeln eingeschränkt sein als sonstige Musik), und auf Nationalgesänge zu politischen Feierlichkeiten, wie sie bei den römischen Säkularfesten üblich waren: „So wird man begreifen, daß nichts möglich ist, wodurch der wahre patriotische Geist in stärkere Flammen könne gesetzt werden, als hier durch Musik, und damit verbundene Poesie geschehen kann" (Sulzer, 1967).

Doch was hier Nachdenken über Wirkungsmöglichkeiten der Musik ist, wandelt sich in den Lehrplänen und Lehrschriften für den Musikunterricht zu konkreter Absichtserklärung mit Anweisung. Die jeweiligen politischen Autoritäten bestimmen die Richtung. Den Anfang machen die Stiehlschen Regulative, Erlaßtrias von 1854, die für die Elementarschule die besondere Berücksichtigung der Vaterlandslieder empfehlen; sie sollen „zu einem zugleich das Gemüt und den Willen der Schüler umfassenden Unterricht verwendet werden" (Die drei Preußischen Regulative, 1854). Kaiser Wilhelm II. verkündet am 29. Januar 1895: „Deutsches Lied und deutscher Sang haben allezeit auf die Veredelung der Volksseele einen segensreichen Einfluß ausgeübt und die Nation in Treue gegen Gott, Thron, Vaterland und Familie gestärkt" (Wilhelm II., 1895; vgl. Schoppe, 1909), damit die Nationallieder für die Liedkataloge der Lehrpläne empfehlend (Lemmermann, 1984 b).

Das drastische wie bedrückende Beispiel politischer Beauftragung des Musikunterrichts ist die Zeit des Nationalsozialismus von 1933 bis 1945. Sie wurde von der musikpädagogischen Geschichtsschreibung in ihren Entwicklungslinien, ihren Verflechtungen mit dem gesamten Erziehungsprogramm in und außerhalb der Schule, in Bildungsplanung, Lehrerausbildung und Schulpraxis umfassend dargestellt und dokumentiert (Günther, 1967; vgl. Günther, 1983). Man erschrickt über die sich vor allem in den Lehrschriften zeigende Willfährigkeit von Pädagogen, politische Aufträge überhaupt und dazu so töricht-gefährlicher Art für den Musikunterricht zu übernehmen. Es wird mit „Rassenanlagen" argumentiert: „Es ist darum in erster Linie die Aufgabe einer nationalen Musikerziehung, in ihrer musikalischen Persönlichkeitsformung die Musikalität als eine einheitlich vorhandene und vereinheitlichende Rassenanlage zu sehen". Der Auftrag der Musikerziehung „aus dem Gefühl und Verständnis für die vorzugsweise nordisch-dinarische Artung unserer deutschen Musik" beschäftigt die Fachliteratur, „die ganze Bedeutung einer auf rassischer Eigenart und auf geistige Bindung und Vereinheitlichung in deren Sinne hinauslaufende . . . Musikerziehung" (Günther, 1933). Zur Entwicklung entsprechender musikerzieherischer Programme werden pädagogische Ideen der Musik dienstbar gemacht. R. Schäfke stellt mit seiner programmatischen Schrift „Schulmusikerziehung und deutsche Erhebung" von 1933 sogar eine Direktverbindung zwischen Antike und Nationalsozialismus her, indem er den Reichsminister J. Goebbels zum „Träger solcher pythagoreischen musikalischen Lebensphilosophie, die in der Musik die Erscheinungsweise der Harmonie, Gesetzlichkeit, Ordnung und Disziplin schlechthin erblickt", erhebt, weil er „den Politiker als den musikalisch-künstlerischen Menschen sieht, der den rohen Stoff der Masse zum organischen Gebilde des Volkes formt, indem er Krankes beseitigt und Gesundem freie Bahn schafft" (Schäfke, 1933).

Die in dem politischen Erziehungsauftrag des Nationalsozialismus an Musik wirksame nationalistische Komponente hat ihren Ursprung in dem glühenden National- und Volksempfinden jugendbewegter Kreise der zwanziger Jahre. W. Hensel tritt für „die Verjüngung, Neugestaltung unseres Volkes, insbesondere unseres Geisteslebens" ein. Für ihn ist die Musik „eine Haupterweckerin unserer schlummernden Volkskräfte . . ., weil sie ins Seelenleben am tiefsten eingreift . . ., weil sie selbst Gestalt und Ordnung im höchsten Maß ist". Darum bezeichnet W. Hensel „die höchste Entfaltung und Vollendung des volks-eingeborenen Wesens als national", sieht er Musik als Widerspiegelung deutschen Wesens" (Hensel, 1923 a). F. Jöde will sogar aufhören zu singen, wenn dies für den Staat nützlich wäre: „Keinen Ton sollten wir mehr singen, wenn wir nicht im Singen eines der grundlegenden Aufbauprinzipien für die innere und äußere Gestaltung eines Staatswesens sähen" (Jöde, 1930). Hier liegen die Nahtstellen zwischen musikalischer Jugendbewegung und politischer Erziehung durch Musik nach 1933. Die Lehrschriften und -pläne der Zeit wimmeln von Bekenntnissen zu einer national-völkischen Zielen dienenden Musikerziehung. Dies zeigen in extremer Weise die Schriften von W. Kühn nach 1933. Er bestimmt Sinn und Ziel der Musikerziehung u.a. als seelischen „Aufbau des deutschen Volkes . . . durch die Einsenkung völkischen Gedankengutes in die Seelen der deutschen Menschen", erklärt Musikkultur an sich und um ihrer selbst willen als „Sinnlosigkeit". Musikerziehung erhält für W. Kühn erst dann eine „Sinngebung, die ihr nach vielen Jahren des Abseitsstehens den Wert verleiht", wenn sie auf nationalsozialistischer Weltanschauung beruht und mitwirkt am „seelischen Aufbau einer deutschen Volksgemeinschaft". W. Kühns Methode der Begründung des politischen Erziehungsauftrages der Musik durch logikfreie Kausalanschlüsse kann man nur mit Gruseln vor solchen Möglichkeiten erzieherischer Beauftragung von Musik (und vor allem vor deren Rezeption) beobachten: „Es handelt sich um eine Erziehungsaufgabe, also tritt der neue Grundsatz deutscher Menschenformung in Geltung . . . Gegenstand der Einwirkung ist die Musik, darum bietet die deutsche Musikauffassung die Grundlage" (Kühn, 1939).

Die Musiklehrpläne der Zeit fügen solche politischen Aufträge glatt in die generalisierenden Reformpläne aus den zwanziger Jahren ein; die Allgemeinheit der Sprache und die Außerachtlassung von Begründungen aus der Sache ermöglichen die reibungslose Einfügung nationalsozialistisch-politischer Intentionen in die vorliegenden Ziel-, Methodik- und Materialangaben. Die Musik soll gemäß den Volksschullehrplänen für Musikunterricht von 1939 das Leben der Kinder nicht mehr nur „mit Freude und Frohsinn erfüllen", sie soll nun auch „durch ihre völkische und gemeinschaftsbildende Kraft dazu mithelfen, die Kinder zu deutschbewußten Menschen zu erziehen, die sich ihrer Heimat und ihrem Volke verbunden fühlen". In der Singmethodik geht es nicht mehr nur darum, „schön, bewußt und freudig" zu singen, es soll hier nun auch der „Eindruck von der Musikfreudigkeit des deutschen Volkes und seiner schöpferischen Leistung" vermittelt werden. Als Material des Singens behält das deutsche Volkslied seine zentrale Stellung. Doch den Kindern soll nun auch „eine Anzahl von Liedern der nationalsozialistischen Bewegung, von Heimat-, Marsch-, Fahrten- und Soldatenliedern" vertraut werden; demgegenüber wird „das eigentliche Kirchenlied" vom Musikunterricht ausgeschlossen (Nolte, 1975 a).

Doch so extrem der politische Auftrag für Musikunterricht in der nationalsozialistischen Zeit auftritt, so wenig wird man aus dem Blick verlieren dürfen, daß politische Erziehungsaufträge für die Musik in mehr oder weniger deutlicher Form auch in anderen Zeiten, auch in der Gegenwart, zu beobachten sind. Solcher Einsatz der Musik ist offensichtlich in totalitären Staatssystemen die Regel. Doch auch die Demokratien liegen in dieser Tradition, die einen mehr national gerichtet, die anderen mehr auf Verwirklichung gesellschaftlicher Veränderungen zielend. Als politischer Auftraggeber zeigt sich heute oft nicht mehr der Staat, sondern die politisch mächtige Gruppe in unterschiedlicher Verflechtung mit Staat, Partei oder Richtung. Man erschrickt, wenn man verfolgt, wie unterschiedliche politische Richtungen sich immer wieder und auch heute das Recht nehmen, politische Aufträge an Musikunterricht zu delegieren; man erschrickt noch mehr über die Bereitschaft vieler Musikpädagogen und Musiklehrer, solche Aufträge zu übernehmen. Es wäre eine wesentliche Aufgabe historischer und vergleichender Musikpädagogik, Fakten und Regelhaftigkeiten der Entstehung und Rezeption politischer Aufträge für Musikunterricht umfassend zu erschließen, damit umso nachdrücklicher die grundsätzliche Frage nach der Berechtigung politischer Aufträge an den Musikunterricht gestellt werden kann.

2.3 Therapeutische Aufträge

Die Menschen haben nicht erst in unserer Zeit, sondern bereits im Altertum angenommen, daß Musik durch ihre Fähigkeit, auf die Seele des Menschen einzuwirken, auch der kranken Seele Hilfe und Heilung bringen könne. Diese Hoffnung auf heilende Wirkungen der Musik hat sich im Laufe der Jahrhunderte verfestigt, hat den Anschein berechtigter Beauftragung gewonnen. In der Umgangssprache der Gegenwart sind unterschiedliche Bezeichnungen für die Möglichkeiten einer musikalischen Behandlung im psychischen Bereich zu finden: Musiktherapie, musikalische Heilpädagogik, Musik in der Sonderpädagogik, Musik als emotionaler Ausgleich, auch pädagogische Musiktherapie. Diese Bezeichnungen überschneiden sich im gegenwärtigen Sprachgebrauch. Von der Sache aus ist vor dem gemeinsamen Hintergrund des Einsatzes von Musik als Hilfe bei psychischen Leiden des Menschen zwischen dem spezifisch medizinischen Bereich, dem Bereich der Sonder- und Heilpädagogik und einem allgemeinen Bereich menschlicher Erwartungen auf heilend-kompensatorische Hilfe durch Musik mit entsprechenden Aufträgen für Musikunterricht zu unterscheiden.

Der Bereich der medizinischen Musiktherapie hat sich in den vergangenen beiden Jahrzehnten intensiv entwickelt. Wohl zu Recht wird die Auffassung vertreten, daß nur dieser Bereich als Musiktherapie zu bezeichnen sei, da Therapie ein von Haus aus der Medizin zugehöriger Begriff ist und jede therapeutische Behandlung des Menschen, auch die mit Musik, nur von einem Arzt verantwortet werden könne. Denn wie jede Therapie verlangt auch die Musiktherapie, daß sie diagnosespezifisch gehandhabt wird und die Indikation nach einer speziellen Methode erfolgt, also nur vom Arzt selbst oder von einem nach ärztlicher Anweisung handelnden Musiktherapeuten ausgeführt werden kann. Doch wird hier offensichtlich innerhalb der „Gesellschaft für Musiktherapie" und in den neuen Fachzeitschriften für Musiktherapie unterschiedlich gewichtet. Insbesondere stellt sich die Frage, wie weit auch der ausgebildete Psychologe Musik therapeutisch einsetzen kann. Hier bleibt jedoch zunächst beschreibend festzuhalten, daß es den spezifisch medizinischen Forschungs- und Behandlungsansatz der Musiktherapie bereits in beachtlichem Ausmaß gibt. Berichte über die Behandlung von chronifizierten Neurosen, funktionellen Störungen und psychogen überlagerten Organstörungen mit Musiktherapie legte Ch. Schwabe vor; er geht stets von der psychophysischen Einheit des Menschen aus, emotionalen, kommunikativen und organregulatorischen Aspekten in gleicher Weise Beachtung schenkend (Schwabe, 1974). Der Psychotherapie bei psychotischen Erkrankungen, insbesondere Schizophrenien und dem kindlichen Autismus, wurde mit einer interdisziplinären Arbeit unter medizinischer Federführung nachgegangen (Willms, 1975). An zahlreichen Spezialkliniken hat man die Arbeit mit Musiktherapie aufgenommen. Die Berichterstattung erfolgt vorwiegend in medizinischen Fachzeitschriften. Umfassende Einführungen in die hier anstehenden Erfahrungen und Fragen verfaßten H.R. Teirich (1958), H.J. Möller (1971) und vor allem G. Harrer (1975). Vielerorts hat man mit der Ausbildung von Musiktherapeuten begonnen. Doch das Berufsfeld des Musiktherapeuten ist noch recht unklar, demgemäß sind die Ausbildungen, abgesehen von der nicht überraschenden Gemeinsamkeit sowohl musikalischer wie medizinischer Studienteile, auch hinsichtlich der Bindung an medizinische Anweisung, höchst unterschiedlich. Musiktherapie zeigt sich daher heute sowohl in ihrem engeren Sinne als ärztlicher Tätigkeits- und Forschungsbereich wie auch im Sinne eines „Heilhilfsberufes" bzw. „nichtärztlichen medizinischen Fachberufes". Innerhalb der sich entwikkelnden medizinischen Musiktherapie sieht man zunehmend die Gefahren von Kritiklosigkeit und Unsicherheit bei allem guten Willen zum Helfen-Wollen durch Musik; man begründet dies „mit den narzißtischen Erlebnisanteilen beim musikalischen Erlebnis . . . und dem häufig damit verbundenen Omnipotenzgefühl" (Willms, 1975).

Für die musikalische Arbeit in Sonderschulen hat sich die Bezeichnung musikalische Heilpädagogik eingebürgert. In der Vergangenheit sah man die Aufgabe der Musik bei behinderten Kindern mehr in einer musisch reduzierten Musikübung, auf helfende Wirkungen einfachen Umganges mit Musik bauend; Musik selbst trat gegenüber dem spielerischen Umgang mit Instrument und Bewegung in den Hintergrund (Jussen, 1967). In der Gegenwart hat man mit gutem Grund ein neues Konzept entwickelt, das davon ausgeht, auch dem behinderten Kind sein Recht auf die Entwicklung musikalischer Fähigkeiten zu geben, damit es Musik in ihren verschiedenen Ausprägungen erleben und den Umgang mit Musik erlernen kann. Darum wurde ein fachspezifischer Musikunterricht auch für Sonderschulen eingerichtet, der dazu die Besonderheiten der jeweiligen Behinderungsarten modifizierend berücksichtigt (Probst, 1975; Kemmelmeyer und Probst, 1981). In zahlreichen Einzelbeiträgen wurden konzeptionelle Entwürfe und Arbeitsanregungen für die unterschiedlichen Behinderungen entwickelt, für Sehbehinderte, Schwerhörige, Körperbehinderte, Lernbehinderte und geistig Behinderte (Josef, 1967). In besonderem Maße hat sich ein Ansatz rhythmisch-musikalischer Erziehung für sprachgestörte Kinder entwickelt, mitunter auf musische Einheit von Bewegung, Sprache und Musik zurückgreifend, um logopädische Hilfen im Zwischenfeld von Therapie und Pädagogik zu finden (Reckling, 1965). Auch spezielle musikalische Arbeitsprinzipien wie die Arbeit mit elementaren Instrumenten nach C. Orff wurden unter Berufung auf die Förderung aller Sinne durch diese Arbeit für die pädagogische Musiktherapie empfohlen (Orff, 1974). Man begegnet auch einer Unterscheidung zwischen Musik in der Sonderpädagogik und einer musikalischen Heilpädagogik i.e.S., die speziell bei hirngeschädigten Kindern durch Therapien mit hohem erzieherischen Anteil Sekundärschäden verhindern will; hier wird Musik eingesetzt, um Mängel durch die Behinderung auszugleichen, beispielsweise durch Schulung der Motorik, durch Konzentrations- und Reaktionsübungen, Sinnesübungen u.a. (Willms, 1975). Eine spezielle musikpädagogische Forschungsrichtung erschließt Grundlagen und Realsituation des Musikunterrichts in Sonderschulen (Fritze, 1979; Amrhein, 1983; u.a.).

Der letzte, weite allgemeine Aufträge für heilend-kompensatorische Hilfe durch Musik umfassende Bereich führt in die alte Tradition menschlicher Hoffnungen auf Musik, meint musikalische Lebenshilfe im weitesten Sinne, bedient sich dabei aller anstehenden Bezeichnungen zwischen Therapie, Pädagogik, Kompensation und Lebenshilfe und nimmt den Musiklehrer in die Pflicht. Es gibt viele Varianten dieses Denkens über musikalische Lebenshilfe, gleitende Übergänge zwischen einem mehr therapeutischen, mehr erzieherischen oder kompensatorischen Denken. Gerade Singen wird immer wieder als „Arzenei" zum Vertreiben menschlicher Sorge und Mühsal gepriesen, als Mittel, die menschliche Seele im Zaum zu halten (Wilfflingseder von Braunau, 1579; Mainzer, 1836). Musikalisches Lernen soll der Rekreation dienen (wie – nach den Schulordnungen für die Franckeschen Stiftungen – auch das Sammeln von Heilkräutern, das Glasschleifen, das Ausstopfen von Tieren; Francke, 1885); es ist „wichtigstes Mittel . . . zur Bewirkung neuer Ganzheit und Gesundheit deutschen Lebens" (Götsch, 1953). Kompensation der Alltags-Sorgen durch Singen sieht F. Jöde als ein Ziel an: „Heute bin ich schon zufrieden und freue mich des Glücks, wenn ich im Ablauf einer solchen Singstunde, bei deren Beginn die meisten Väter und Mütter mit Mienen, die von Sorgen und Lasten des Tages hart und kalt geworden sind, erreiche, daß Lachen durch den Saal geht und man eine Stunde fröhlich miteinander ist" (Jöde, 1929). Die Literatur aus dem Umkreis der musikalischen Jugendbewegung ist voller Verweise auf heilende, helfende Wirkungen vor allem des Singens und entsprechender Aufträge an den Musiklehrer. „Um Grundwerte geht es, darum, daß uns das Lied gesund und lauter erhält", schreibt E. Pfannenstiel noch 1953 (Pfannenstiel, 1953).

In der Gegenwart sind es der Streß der Schule, der Druck der „richtigen" Schulfächer, die Eltern, Erzieher, Ärzte gerade vom Musikunterricht Kompensation erhoffen (und fordern) lassen und gegen jeden Leistungsanspruch musikalischen Lernens einstellen. Die Forderungen der Elternvertreter in politischen Gremien betreffs des Musikunterrichts sprechen hier eine deutliche Sprache: „Die durch den Deutschen Ärztetag festgestellten Verhaltens- und Gesundheitsstörungen können ohne Bedenken als Streßerscheinungen bezeichnet werden ... Sicher wäre es nun völlig verfehlt, von der Schule zu verlangen, auf geistige Forderungen, auch auf erhöhte Anforderungen überhaupt verzichten zu wollen ... Hier sollte der Musikunterricht seine Aufgabe und Chance sehen. Faszination und Gefahren der Medien, die überreiche Vielfalt musikalischer Angebote, die therapeutische Macht (und Verführung) von Musik im weitesten Sinne, die fördernde und ausgleichende Kraft von Musik bei Sozialisation und Individuation der sich orientierenden Persönlichkeit und die Möglichkeit des Menschen, in einer Welt der Rationalität (und schlimmer: der Irrationalität) und des Existenzkampfes 'überzähliges Dasein' zu gewinnen, das sollte Argumentation genug sein, das Schulfach Musik in einer sich humanitär verstehenden Schule neu zu gewichten. Hier ist der allseits geforderte 'Ausgleich' fachimmanent" (Tischbein, 1976). Und ein zweiter Elternvertreter sekundiert: „Allgemein erwarten wir Eltern von der Schulmusik, daß sie neben der Vermittlung von Fachwissen die emotionalen Bereiche unserer Kinder anspricht . . . Die Mehrzahl der Eltern wünscht vielmehr gewissermaßen die 'befreiende Aktion', das aktive Musizieren" (Plambeck, 1976). Hier verquicken sich kompensatorische Aufträge für die Schulmusik mit praktizistisch-begrenzten Vorstellungen von Musik und führen bis zur kurzschlüssigen Empfehlung für die Zielaufstellung im Musikunterricht. Solche Stellungnahmen liegen im Trend der Zeit. Heute sind es führende Psychotherapeuten, die Musik aus ihrer „helfenden Funktion" für „die Entwicklung der Persönlichkeit" begründen, wobei solches Helfen in der Freigabe des Affektiven im Menschen mit Hilfe der Musik gesehen wird; das Emotionale und das Leibliche erscheinen als die neue Ganzheitlichkeit unserer Tage (Affemann, 1978).

Im Zusammenhang kompensatorischer Zielvorstellungen für Musikunterricht ist „Erlebnis" ein vielgebrauchter Terminus, ein nichtdefinierter Sammelbegriff für alles Emotionale, Entspannende, Subjektive, Nicht-Analysierte im Zusammenhang mit Musik, dem gern auch Funktionen eines Gegenbegriffs zu dem „Rationalen" zugewiesen werden. In der Musikpädagogik hat sich schon R. Wicke mit der Abgrenzung von Erlebnis und Arbeit auseinandergesetzt, der Relation „Erlebnis und Arbeit im Musikunterricht", die er nicht als Gegensatz, sondern in fruchtbarer Wechselwirkung sieht (gemäß dem Prinzip der Arbeitsschule). „Erlebnis" ist den Zielvorstellungen R. Wickes für musikalisches Lernen immanent, doch er sieht, daß Erlebnisse im umgangssprachlichen Sinn auf keinem Gebiet und durch keine didaktische Kunst organisierbar, also durch keine Unterrichtsplanung zuverlässig herbeizuführen sind. Als konkrete Zielvorstellungen bzw. als Aufgaben der Musikerziehung nennt er darum die

Entwicklung von Erlebnis-Bereitschaft und die Einrichtung von Erlebnis-Gelegenheiten (Wicke, 1927 und 1929; vgl. Wyneken, 1918). In der gegenwärtigen musikpädagogischen Erlebnis-Forschung überwiegen Fragen des Gefühlsausdrucks in der Musik (Revers, 1970; Behne, 1982 a).

Für allen pädagogischen Umgang mit Musik haben die musiktherapeutischen Aufträge, die in der Gegenwart neue Intensität gewonnen haben (Linke, 1977 a), in verschiedener Hinsicht Bedeutung. Der Bereich spezifisch medizinischer Musiktherapie führt an eine der Quellen menschlicher Begegnung mit Musik, zeigt Möglichkeiten menschlicher Hilfe durch Musik und erbringt Erfahrungen und Wissen über Wirksamkeiten der Musik auf den Menschen, die für den Musikpädagogen Grundlagen auch seines pädagogischen Umganges mit Musik bedeuten. In den Bereichen musikalischer Heilpädagogik begegnen sich Medizin und Musikpädagogik in gemeinsamen Fragestellungen und Erfahrensbereichen. Die musiktherapeutischen Aufträge insgesamt, auch in ihrem weitreichenden heilend-kompensatorischen Bereich, lenken die Aufmerksamkeit auf die emotionalen Bereiche des Umganges mit Musik, lassen die Pendelbewegungen des Musikunterrichts zwischen kognitiven wie aber auch emotionalen Einseitigkeiten der Zielsetzung bewußt werden. Offensichtlich bewegt sich die Gegenwart in ihrer musikalischen Einstellung wieder stärker auf eine musikalische „Gefühlskultur" zu. Rationale Sperren sind erkennbar, aktive musikalische Hingabe steht höher im Kurs als Erarbeitung musikalischen Sachwissens. Eine breite Gefühlszuwendung zu Musik ist spürbar, Freude an Gemeinsamkeit in Musik, an „Gemütlichkeit" mit Musik, an Hinwendung zum „menschlichen" musikalischen Star; man greift nach musikalischen Gefühlsangeboten und zeigt wenig Neigung für musikalische Kognition. Von dem, der Musik pädagogisch zu bedenken hat, fordern solche Veränderungen geschärfte Aufmerksamkeit. Neue Akzente verstärken Möglichkeiten zu Moden und können Druck auf den einzelnen Musiklehrer ausüben. Auch therapeutische Aufträge an Musikunterricht sind darum stets in ihrer historischen Wechselhaftigkeit und in ihrem vielfältigen, oft gegensätzlichen Gesamt bewußt zu halten, damit nicht modische Trends, sondern sachliche Aktualisierungen Veränderungen des Musikunterrichts in einer sinnvollen Weise bewirken.

2.4 Soziale und sozialpädagogische Aufträge

Soziale, erzieherische Aufträge an die Musik und sozialpädagogische Aufträge i.e.S. an Musik haben fließende Übergänge. Das klassische Beispiel eines sozialen Auftrags für Musikunterricht ist der, durch Musik zu Gemeinschaft zu erziehen. Dieser Auftrag erlangte im Zuge der musischen Reform-Bewegung und der Kestenberg-Reform zentrale Bedeutung. Durch Musik, durch Singen und Musizieren, sollte zu „Gemeinschaft" geführt werden; neue menschliche Gemeinschaft, „Gemeinschaftserlebnis", sollten durch den Musikunterricht in den Schulen entwickelt werden.

Die Entstehung dieses Erziehungsauftrags „Gemeinschaft durch Musik" zeigt typische Regelhaftigkeiten der Entstehung eines Auftrags für Musikunterricht. Zu Anfang des Jahrhunderts breitete sich in den Gesellschaftswissenschaften der Begriff Gemeinschaft aus. Die gesellschaftswissenschaftliche Diskussion geht auf Anstöße von F. Tönnies zurück, der seine Arbeit über Grundbegriffe der reinen Soziologie unter den Haupttitel „Gemeinschaft und Gesellschaft" stellt. Ihm geht es um die Abgrenzung dieser beiden Begriffe; „Gemeinschaft ist alles vertraute, heimliche, ausschließliche Zusammenleben", „Gesellschaft ist die Öffentlichkeit, ist die Welt". Er begründet eine Theorie der Gemeinschaft, die von Gemeinschaft als „der vollkommenen Einheit menschlicher Willen als einem ursprünglichen oder natürlichen Zustande" ausgeht; Gesellschaft ist demgegenüber eine Konstruktion, die Menschen zwar miteinander leben läßt, doch ohne daß diese „wesentlich verbunden" sind. Daraus folgt seine in das reformpädagogische Denken der Zeit wirkende kulturkritische Mahnung: Weil Gemeinschaft die bleibenden Gestaltungen von Zusammenleben enthält, während Gesellschaft Mechanismen willkürlicher Macht zeigt, bedeutet das ein vergangenes Zeitalter der Gemeinschaft ablösende neue Zeitalter der Gesellschaft Gefahr des Unterganges unserer Kultur, „es sei denn, daß ihre zerstreuten Keime lebendig bleiben, daß Wesen und Ideen der Gemeinschaft wiederum genährt werden und neue Kultur innerhalb der untergehenden heimlich" sich entfalten kann (Tönnies, 1935).

Die Verbindung zwischen gesellschaftswissenschaftlichem Denken und der musikalischen Jugendbewegung schloß offensichtlich der der Jugendbewegung nahestehende Leipziger Soziologe H. Freyer, der — in unverkennbarem Anschluß an F. Tönnies — Gemeinschaft als „Strukturgesetz der sozialen Ordnung" darstellt, als „Schicksalsraum, in dem wir alle leben und der zugleich in allen lebt, von dem alle geprägt werden und dem alle verpflichtet sind". Hier beginnt die Sprache der musischen Bewegung, die Verklärung der Gemeinschaft: „Dieses Zusammenrücken und Zusammengedrängtwerden zum Wir durch die Wirkung des einheitlichen Schicksalsraumes macht die Gemeinschaft zu einem eigenen Wesen, das mit dem Merkmal der Dauer, der Unsterblichkeit ausgestattet ist" (Freyer, 1931). In dieser Interpretation übernehmen die der musischen Bewegung nahestehenden Pädagogen und Psychologen den ursprünglich sozialwissenschaftlicher Analyse dienenden Begriff der Gemeinschaft, setzen ihn zum Erziehungsideal, das der Musik in Auftrag gegeben wird. Den Anfang macht H. Nohl: „Es gibt keine Kunst, die so zur Gemeinschaft führt, wie die Musik. Vor dem Bilde, vor der Bühne sind wir immer einsam, zwischen allen Menschen doch im letzten allein. Die ganz einfache Funktion der Musik ist, daß ihre Zaubertöne binden, im Gemeindegesang wie in der Marseillaise: alle Menschen werden Brüder. Und diese Macht erreicht ihren Höhepunkt, wo ein Chor oder Orchester zusammen musizieren; da ist der einzelne eingereiht in ein Ganzes, weiß sich nur als ein Stück und Glied und ist doch getragen zu einer Höhe und Kraft, deren er allein nicht fähig wäre" (Nohl, 1919). Dies wird der Auftakt einer nun in die praktische Pädagogik einströmenden „Gemeinschaftspädagogik", gebunden vor allem an die Namen von P. Natorp und H. Lietz.

Auf die musikalische Jugendbewegung wirkt das Wort Gemeinschaft wie eine Zauberformel. Alle erzieherischen Ziele, alle Utopien einer neuen Gesittung, glaubt man durch „Gemeinschaft" verwirklichen zu können. Die Wandervögel wanderten noch fröhlich und gemeinsam, aber in den Singwochen der zwanziger Jahre wird „Gemeinschaft" erzieherisches Programm und Musik das Mittel seiner Verwirklichung. Im Aufruf zur „Finkensteiner Woche" von 1923 heißt es: „Es soll das erstemal versucht werden, durch längeres Zusammenleben und Zusammenarbeiten junger Menschen die Musik in den Dienst der Erneuerung zu stellen, in dem wir durch ihre gemeinschaftsbildende Kraft gleiche Kräfte in uns wecken und zu gemeinsamem Erleben führen" (Klein, 1924). Die musikalische Jugendbewegung macht es sich zur Aufgabe, durch gemeinsames Singen die kritisierte Entwicklung zur „Gesellschaft" aufzuhalten und wieder zu menschlicher „Gemeinschaft" zurückzuführen, dies wird zum selbstgestellten Erziehungsziel junger Menschen. In den verschiedensten Wortbildungen wird der Wille zur Gemeinschaft durch Singen zum Ausdruck gebracht. Es gab eine Zeitschrift mit dem Titel „Die Singgemeinde". Die Chöre nannten sich „Singkreis" oder „Chorgemeinschaft". W. Ehmann bezeichnet rückblickend die musikalische Jugendbewegung nicht ohne Selbstironie als „Spezialverband zum Zwecke der Gemeinschaftsbildung" (Ehmann, 1950).

Der führende Geschichtsschreiber der musikalischen Jugendbewegung, H. Höckner, greift Probleme des Erziehungszieles „Musik und Gemeinschaft" schon 1925 auf. Er stellt die Frage nach dem „gemeinschaftsbildenden Wert" der Musik; ein Schlagwort entstand damit, das seitdem durch die musikpädagogische Literatur geistert. Modell einer Gemeinschaft durch Musik ist für H. Höckner das Zusammenmusizieren von Dilettanten: „Hier fühlt sich jeder Spieler vor eine musikalisch sinnvolle Aufgabe gestellt und mit Recht als lebendiges Glied im Ganzen; hier herrscht Begeisterung! Und hier ist auch Gemeinschaft, Gemeinschaft durch Musik!" (Höckner, 1925). Das Erziehungsziel Gemeinschaftsbildung, dem Musik dienen soll, breitete sich rasch über die gesamte musikpädagogische Literatur im Zuge der musikalischen Jugendbewegung aus. F. Jöde teilt den Musiklehrern mit, daß Musik „nicht mehr um des Musikstoffes" willen da sei, sondern als klingender Ausdruck dafür stehe, „daß Menschen beieinander sind" (Jöde, 1926). E. Pfannenstiel preist den Gesang als „Bindeglied der Gemeinschaft": „Und so fand diese Jugend übergangslos, nur dem naturhaften Trieb und Instinkt folgend, den verlorengegangenen Volksgesang zurück, der nun einmal für das Bestehen einer Gemeinde Notwendigkeit ist", weil „dort jeder, der an der Musik Anteil gewinnt, die Lösung von seinem 'Ich' vollzieht und dem 'Bindenden' entgegenlebt, das Schrankenhaftigkeit und Zufälligkeit des Lebens überwindet mit dem Ziel einer innerlich verbundenen, weil kosmisch eingestellten Menschheit" (Pfannenstiel, 1925). Auch hier greift F. Jöde gewaltig aus: „Denn im rechten Singen offenbart sich, auf welchem Grunde allein Volk wird. Rechtes Singen überwindet die Zahl, die Partei, den Nebenmann, die Masse und findet den Menschen, den Mitmenschen, die Schar, die Gemeinsamkeit" (Jöde, 1930). In L. Kestenbergs Denkschrift wird „ein neues Menschenbild unter dem Gesetz der Gemeinschaft und der Musik" aufgestellt (Kestenberg, 1921). Damit wird aus dem Auftrag das durch den Lehrplan dem schulischen Musikunterricht aufgegebene Ziel. Die Lehrpläne der zwanziger Jahre für den Musikunterricht legen die Richtung der Wünsche für diesen erzieherischen Beitrag der Musik auch über die Schule hinaus fest. Der Volksschullehrplan für Musik von 1927 enthält einen Absatz unter der Überschrift Schule und Haus, in dem „gemeinschaftliches Singen und Spielen" dem Elternhaus zur Aufgabe gestellt wird, die entlassenen Schüler aufgefordert werden, weiterhin mit ihrer Schule „gemeinschaftlich zu singen und zu musizieren: So entwickelt sich leicht eine Schulgemeinschaft mit Eltern, entlassenen und jüngeren Schülern, Lehrern und Angehörigen. Gemeinsame Musikveranstaltungen tragen die Musik aus der Schulgemeinschaft in die Gemeinde..." (Nolte, 1975 a). Vorsichtige Verweise auf Probleme zwischen Persönlichkeit und Gemeinschaft bleiben ohne Wirkung (Moser, 1931 b).

Der soziale Auftrag an Musik, Gemeinschaft zu bilden und zu fördern und damit zu einer gewünschten Erneuerung beizutragen, läßt sich von seinen sozialwissenschaftlichen Ursprüngen aus beobachten; aus der begrifflichen Eingrenzung wird kulturkritische Argumentation und schließlich Setzung von erzieherischem Ideal und dessen Delegation an den Musikunterricht. Die seit Th. W. Adorno heftig gerade an diesem Ziel musikalischer Gemeinschaft geübte Kritik hat die Gefahren eines zu direkten Anschlusses von Musikunterricht an Erziehungsaufgaben aufgezeigt, die vor allem in der Vernachlässigung der Musik selbst liegen (Kolland, 1979). Die Notwendigkeit, solche Aufträge an die Musik kritisch abzuwägen, ist in der Musikpädagogik bewußt geworden, wenn auch deren Erscheinen im Gewand neuer Zeiten leicht das alte Phänomen so verhüllt, daß es nicht erkannt wird.

Die sozialpädagogischen Aufträge an Musik in der Gegenwart sind einerseits musiktherapeutischer und andererseits musikpädagogischer Art; sie haben sich insgesamt in ihren therapeutisch-musikalisch-sozialen Komponenten vielfältig verschränkt. Im Menschen unserer Zeit liegen Ängste, Angst vor der Gewalt überhandnehmender Mächte in Technik und Verwaltung, Angst vor nicht durchschauten oder bedrückenden Leistungsforderungen, Angst vor der durch die Medien freigelegten Brutalität, Angst vor der emotionalen Verarmung der nächsten menschlichen Umgebung, vor Isolation und Einsamkeit. Musik erscheint als eine Chance, solche Ängste zu überwinden, die auch aus sozialen Defiziten herrührenden Ängste zu mildern. Solche an die Musik gerichteten Erwartungen versucht heute die Sozialpädagogik zu erfüllen, mit therapeutisch-sozialer Intention und mit musikalisch-sozialen Mitteln. Ein vielfältiges, noch wenig untersuchtes Zwischenfeld musikalisch-therapeutisch-sozialer Aktivitäten entwickelt sich, eine spezielle „Musik in der Sozialpädagogik". Diese Sozialpädagogik wandelt sich in unserer Zeit von der einstigen Sozialarbeit zu einer modernen Spezialisierung der Pädagogik, dabei die Akzente von der sozial-pflegerischen Arbeit auf eine sozial-kulturelle verlagernd. Sie entdeckt Lücken im sozialkulturellen Berufsfeld, die sowohl eine sich vornehmlich als „medizinische Hilfsmethode" verstehende Musiktherapie (Voigt, 1981) als auch eine sich allein auf Vermittlung von musikalischem Können und Wissen verstehende Musikpädagogik nicht zu schließen vermögen. Musik in der Sozialpädagogik befriedigt daher gegenwärtig einen neuen Bereich der Erwartungen an Musik in unserer Gesellschaft, deren Ziele und Verfahren wohl berechtigt sind, deren Problemen jedoch auch die spezielle musikpädagogische Aufmerksamkeit gebührt. Denn einerseits ist die Musik in der Sozialpädagogik vor der Euphorie einer musikbezogenen Berufsfeld-Ausweitung ohne ausreichende musikalische Ausbildung der Kandidaten zu warnen; andererseits kann aber auch die Musikpädagogik nicht länger die Augen vor den musiksozialen Aufträgen verschließen, die die psychosozialen Bewegungen unserer Zeit und die daraus erwachsenden musiksozialen, pädagogischen Erwartungen über die traditionellen Erwartungen hinaus auch an den künftigen Musikpädagogen stellen.

Etwa Mitte der siebziger Jahre setzten sozialkulturelle Tendenzen in der Sozialpädagogik ein; ihr erstes musikbezogenes Programm – Konsequenz dieser sozialkulturellen Umstellung der Sozialpädagogik – formuliert A. Seidel (1976 a). Schon 1979 folgt ein „Handbuch Musik und Sozialpädagogik", das ein Füllhorn sozialpädagogischer Aufträge, zu verwirklichen durch das „Medium Musik", über die pädagogische Welt ausschüttet. Die hier beschriebenen Wirkungsbereiche erstrecken sich von Musik in der „psychologischen Therapie", in der Gruppendynamik", in der Früherziehung, über Entwicklung von Kreativität, Musikarbeit mit Jugendlichen in Heimen, in der offenen Jugendarbeit, im Jugendhaus, in der „pädagogisch initiierten Diskothek", mit Randgruppen, mit Süchtigen bis zur sozialpädagogischen Sicht der Schulmusik, der Musik in der Erwachsenenbildung, mit Behinderten, in der Altenhilfe und in der „Resozialisierung" (Finkel, 1979). Seitdem ist die Bewegung sozialer Musikarbeit rasch angewachsen. Tagungen, Fortbildungskurse, Einrichtungen an neuen Fachhochschulen breiten sich aus; doch vor allem wächst in der studentischen Jugend das Interesse an sozialer Musikarbeit wie gleichermaßen an Musiktherapie. Das mag Ursachen auch darin haben, daß Musiklehrer an Schulen kaum noch gesucht werden und der musiksoziale Bereich sich als Ersatz anbietet; doch gibt es auch manchen Schulmusiker, der seine künstlerisch vorzügliche Ausbildung bewußt in die soziale Arbeit einbringen möchte. Und es gibt Studenten, die sich darüber Gedanken machen, daß Musik doch irgendwie wirklich für alle Menschen da sein müsse, und die deshalb mit ihren musikalischen Fähigkeiten Hilfe bringen wollen.

Inzwischen setzten Versuche ein, die bestimmenden Absichten zu klären, das Feld der Musik in der Sozialpädagogik zu ordnen und seine Eigenarten zu bestimmen, das hier mit musikalischen Mitteln Mögliche einzugrenzen. Eine im Rahmen von Sozialpädagogik entwickelte Kulturarbeit mit Musik unter sozialen Aspekten versteht sich als eine neue Dimension sozialer und zugleich pädagogischer Arbeit, offensiv und präventiv zugleich. Diese sozialkulturelle Perspektive soll der Sozialarbeit ihren „Gebrauchswert" wiedergewinnen, soll Sozialarbeit da wieder ermöglichen, wo ihre traditionellen Methoden versagen. Denn mit „Beratungen" hat das Sozialwesen der Gegenwart tatsächlich die akuten Probleme des Menschen von heute kaum lösen können. Durch die neue Verbindung von Sozialarbeit und -pädagogik mit kulturellen Praktiken (wie der Musik) vollzieht sich eine grundlegende Veränderung des sog. Sozialwesens, das mit diesem neuen Ansatz in die „kulturelle Gemeinwesenarbeit" (Seidel, 1980) vorstößt. Dies verschafft dem neuen sozialpädagogischen Auftrag für Musik auch kommunalpolitische und institutionelle Repräsentanz; er paßt in die Formel „Kultur für alle". Die noch schmalen musikalischen Anteile der Berufsausbildung von Sozialpädagogen, die vor allem an Fachhochschulen stattfindet, richten sich speziell auf diese neuen gesellschaftlichen Aufgaben der Musik; die künftigen Sozialpädagogen lernen, den unterschiedlichen Gruppen, die eigener sozialer Betreuung bedürfen, auch mittels der Musik aus ihren Defiziten herauszuhelfen.

Zur Förderung der sozialpädagogischen Aufträge der Musik entwickelt sich gegenwärtig eine spezielle Literatur, gerichtet auf didaktisch-methodische Hilfen zur Musikarbeit mit den unterschiedlichen sozialpädagogisch zu betreuenden Gruppen. Die Spanne der Angebote reicht von musikalischen Hilfeleistungen für Gruppen mit besonderen sozialen Schwierigkeiten wie Gastarbeiterkindern, gefährdeten Jugendlichen oder Menschen im Strafvollzug (Berghaus u.a., 1981; Meder, 1981) bis zu musikpädagogisch vernachlässigten Gebieten wie der musikalischen Frühpädagogik. Die speziellen Ziele der Arbeit bestimmen die Musikauswahl, vor allem auch die musikalischen Arbeitsweisen. Charakteristisch ist die Tendenz zu neuerlichen Kombinationen von Musik, Bewegung, Spiel und Sprache, die in der Gruppenarbeit als soziale Medien, auch in sozialpsychologischem Sinne, lösend und ordnend wirksam werden sollen (Roscher, 1976). Die Gruppe der beteiligten Fächer wird demgemäß als „Medienpädagogik" zusammengefaßt; mit dieser Bezeichnung „wird verwiesen auf den instrumentalen und medialen Charakter eines pädagogischen Handelns, das sich durch (die betreffenden) Disziplinen realisiert" (Seidel, 1976). Damit wird ausgesagt, daß hier nicht die Sache Musik selbst, sondern das sozialpädagogische Handeln mit Hilfe der Musik entscheidend ist. Dies läuft zurück in die Ausbildung der Sozialpädagogen: „Pädagogik mit oder über Medien will bildnerisches Gestalten, Musik, Sprache, Theater, Spiel und Bewegung sowie die technischen Massenkommunikationsmittel medial mit der pädagogischen Zielsetzung verwenden, dem Studenten durch Selbsterfahrung und Fremdbeobachtung Einsicht in sein eigenes und das von anderen geübte Kommunikationsverhalten vermitteln und dem Studenten die didaktischen Möglichkeiten des Einsatzes der Medien . . . aufzeigen . . . Der Gegenstand der Medienpädagogik ist also nicht das Gestalten, das Musikmachen, das Spielen und Sichbewegen als solches, sondern es sind die mitmenschlichen Prozesse, die Verhaltensstrategien, die in den genannten Tätigkeiten als wissenschaftlich erfaßbare Abläufe sichtbar und durch pädagogisches Handeln beeinflußbar werden" (Arbeitspapier Medienpädagogik, 1976).

Hier zeigt sich die neue kulturell gerichtete Sozialpädagogik in der Nachfolge der musischen Bewegung, die musischen Hoffnungen auf einen neuen Menschen nun pragmatisch in Lebenshilfe für den heutigen Menschen wendend, dabei nicht frei bleibend von politischen Absichten gesellschaftlicher Veränderung durch Musik. Auch die Bescheidung auf einen pädagogisch reduzierten Musikbegriff zeigt die soziale Pädagogik in der Nachfolge musischer Bewegung. Man spricht von einer „erweiterten Funktionszuschreibung" des Kulturbegriffes, faßt ihn zusammen als „Begriffswechsel von einem ästhetischen zu einem eher soziodynamischen Kulturbegriff", der Kultur als „Hilfe zur Einbindung des Menschen in seine unmittelbare soziale Umwelt" auffaßt (Seidel, 1980). Musik ist „für die Adressaten der Sozialpädagogik also nicht – nicht in erster Linie, wie es korrekterweise immer heißen muß – wichtig als Kulturphänomen unserer Zeit oder vergangener Zeiten (wie der Lerngegenstand in der Schule), nicht Bildungsinteresse... Sie ist vielmehr Teil der Erfahrung des Einzelnen von sich selbst und von anderen Menschen . . ., Teil der Gruppe, die Musik macht oder hört, Teil des jeweiligen Kontextes, in dem Musik gemacht oder gehört wird . . ., Teil der allgemeinen Lebenssituation, auf die Musik bezogen werden muß". Die methodische Folge einer solchen Eingrenzung des Musikbegriffes ist vor allem die Förderung von „Gruppenimprovisation", die von experimentierendem Umgang mit Instrumenten, Stimme, klingenden Materialien und „Klangerzeugern" (selbstgebauten Instrumenten bzw. Geräten) ausgeht und über Gestaltungsübungen und Klangspiele die freie Improvisation „als Ziel-und Endpunkt anstrebt". A. Seidel stellt fest: „An diesem Punkt ist eine nun nicht mehr musik-, sondern sozialpädagogische Begründung für die Wahl der Gruppenimprovisation als musikpädagogischer Methode erreicht" (Seidel, 1980).

Die Musikpädagogik hat sich den hier auf sie zukommenden Problemen noch kaum gestellt. Die einen rümpfen esoterisch die Nase, die andern brausen mit vollen Segeln ins weite Meer außerkünstlerischen Vergnügens. Die einen sehen nicht, daß Musik tatsächlich soziale Aufgaben stellt, die andern ahnen nichts davon, daß schlechte Musikgewohnheiten kaum noch abzulernen sind. Mit einer Gleichsetzung von musikalischer Sozialpädagogik und Musikpädagogik verneint man die sachlichen Ziele der Musikpädagogik. Wenn man musikalische Sozialpädagogik als die praktische Musikpädagogik nur für die Hauptschule setzt, prolongiert man eine standesspezifische Aufteilung der Musik – ganz abgesehen davon, daß man die Bedeutung des musikalischen Lernens im Jugendalter für das musikalische Verhalten des Erwachsenen unterschätzt. Den sozialpädagogischen Aufträgen an Musik, in der Praxis schon weit um sich greifend, fehlt noch die beschreibend-analytische Differenzierung und die relativierende Klärung ihrer Position im Gesamt pädagogischen Umganges mit Musik.

3. Erwartungen an Musikunterricht

3.1 Schüler-Erwartungen an Musikunterricht

Die Musik ist durch die Massenmedien in unserer Gesellschaft in einer bisher kaum vorstellbaren Weise verbreitet worden. Durch die Massenmedien Funk, Fernsehen und Schallplatte ist Musik heute jedem, jederzeit und jeden Orts verfügbar geworden. Das Verhalten der Menschen zur Musik hat sich dadurch grundlegend geändert, aber auch die Musik; diese beiden Vorgänge durchdringen sich gegenseitig, und viele weiter- und tieferreichende Veränderungen des Menschen unserer Zeit wirken in diesen musikbezogenen Veränderungen mit. Die Veränderungen des musikalischen Verhaltens der Menschen von heute und ihrer musikalischen Gewohnheiten und Erwartungen wirken erheblich auf die Erwartungen an Musikunterricht ein, nicht nur der Schüler, sondern der heutigen Gesellschaft insgesamt, damit auch der Verleger, der Behörden, und eben auch der Musiklehrer.

In der um die Mitte unseres Jahrhunderts voll einsetzenden Literatur zu Massengesellschaft und Massenkultur bildete sich ein Konsensus hinsichtlich des Begriffs der Massenkultur. Man grenzt ihn ein auf kulturelle Produkte, die nur für den Massenmarkt hergestellt werden, und sieht als die beiden bestimmenden Eigenarten die Standardisierung sowohl der Produkte wie des Verhaltens zu diesen Produkten an (Prokop, 1975; vgl. Prokop, 1975–1977). Massenkultur wird durch populäre Geschmacksrichtungen geprägt, denn sie zielt darauf ab, dem Durchschnittsgeschmack zu gefallen. Man sieht heute, daß diese Definition keine Abgrenzung zwischen Massenkultur und höherer Kultur gibt und ebenso die Bedingungen der gegenseitigen Beeinflußung ausläßt. Empirische Materialien haben zu der These geführt, daß die kulturelle Uniformität zunimmt, daß die moderne Gesellschaft, ohne die sozialen Unterschiede zu verwischen, zu kultureller Standardisierung tendiert; ebenso wurden Belege dafür erbracht, daß die Einflüsse von Massenbildung, Massenmedien und zentralisiertem Staat auf die kulturellen Wertvorstellungen einwirken und auf Dauer stärker werden als die Einflüsse struktureller Faktoren wie Arbeit, Religion, Alter und Wohnort. Man ist sich bewußt, daß die bisherige Untersuchungsweise der Rezeption über Massenmedien durch die anspruchsvollere Untersuchung der sozialen Strukturen, auf die die Medien einwirken, abgelöst werden müsse, um sichere Erkenntnis über Massenkultur und Massengesellschaft gewinnen zu können. Das Fernsehen ist als Medium von größtem Einfluß für die gegenwärtige Massenkultur erkannt worden. Wir befinden uns im Zuge zunehmender Homogenisierung der Strukturen von Politik, Bildung und Massenkommunikation, in einer Entwicklung zunehmender kultureller Uniformität (Wilensky, 1975).

Ein sozialpsychologisch orientierter Ansatz der Massenkommunikationsforschung hat besonders die Effekte von Massenkommunikation für den Menschen herausgearbeitet (Hovland, 1953 und 1956; Lazarsfeld und Menzel, 1964; Klapper, 1966; Sturm, 1968; Bessler, 1980; u.a.). Durch diese Arbeiten wird die Kalkulation massenmedialer Produzenten mit den Bedürfnissen des Menschen der Massengesellschaft deutlich. Diskrepanzen zwischen Tatsachen und Wünschen, Angst des Versagens, der Isolierung, der beruflichen Stagnation – all dies versucht der Mensch auch durch intensivierten Medienkonsum zu regulieren. Massenkommunikation wird zur Lebenshilfe, weil sie bei Konkurrenz- und Leistungsangst, bei Apathie wie Depression, bei Schwächung des

Selbstwertgefühls zu helfen vermag. Produkte der Massenkommunikation ersparen dem Menschen, seine konkreten, mit Angst und Leid verbundenen Erfahrungen zu verarbeiten, behüten ihn davor, „das Senkblei bis auf den Boden seiner Seele herabzulassen". Denn er weiß „um das Schlimmste, das einer von sich wissen kann: das Ungenügen, das Nichtbestehen vor den eigenen Ansprüchen". Massenkommunikation verschafft den Genuß der „Tauschabstraktion", der Verdrängung implizit ist (Peters, 1975). Die Problematik ist komplex. Denn offensichtlich ergibt sich der Charakter der Medienprodukte nicht aufgrund des psychischen Phänomens der Reduktion kognitiver Dissonanz, sondern durch die Vermittlung der Bedürfnisse und Ansprüche über den Markt; die Institutionen der Massenkommunikation entstehen also nicht aus den Bedürfnisdimensionen der Menschen, sondern die undurchschauten Institutionen erheischen von den Individuen Anpassung, die dann mittels Reduktion kognitiver Dissonanz individuell gelöst wird (Prokop, 1975–1977).

In den musikbezogenen Wissenschaften hat man die neuen massenkommunikatorischen Probleme der Gegenwart einerseits unter besonderer Beachtung des Objektes Musik betrachtet. Am weitesten gehen die Argumentationen für die Veränderung des traditionellen Musik-Begriffes durch die Einwirkung der technischen Medien: seine Erweiterung durch die Erfahrung, daß europäische Tonkunst nicht mehr länger als Zentrum und alleiniger Maßstab für Musik gelten kann, sondern durch die nun erreichte Verfügbarkeit außereuropäischer Traditionen Relativierung erfährt, seine grundsätzliche Veränderung durch die neue Position des Zuhörens, das durch die nahezu beliebige Reproduzierbarkeit von Musik neue Situationen, neue Gewohnheiten, die Lösung von der historischen Bindung an festgelegte Ausführungsbedingungen gewonnen hat (Reinecke, 1979). In Sammelschriften wird die ganze Palette musikbezogener Probleme der Massenmedien ausgebreitet (Schmidt, 1976). Schwerpunkte liegen auf der Opernübertragung im Fernsehen (Bertz-Dostal, 1970 und 1971; Fischer, 1979) sowie auf der Übertragung „ernster Musik" (Augustin und Sailer, 1976; Rocholl, 1976), auf Problemen der Filmmusik (Kühn, 1976 b; Pauli, 1976; de la Motte und Emons, 1980) sowie auf Fragen der musikalischen Programmgestaltung in den Massenmedien (Gerhartz, 1976; Kühn, 1976 a). K. Blaukopf untersucht die qualitative Veränderung musikalischer Mitteilungen in den technischen Massenmedien (Blaukopf, 1969). Doch hat sich andererseits neben diesen objektbezogenen Betrachtungen musikalischer Probleme der Massenmedien auch eine subjektbezogene Forschung entwikkelt, die nach den Veränderungen der Wahrnehmung bei massenmedialer Musik fragt (Rösing, 1976; Schmidt, 1976 a und b), H. Rösing beschreibt detailliert medienspezifische Formen des Hörverhaltens, die Vorteile neuer visueller Perspektiven für das Verständnis der akustischen, doch auch die Realität eines Musikkonsums, „der trotz der vollen Hinwendung an die Darbietung ein Maximum an eigener Passivität nicht nur ermöglicht, sondern verlangt" (Rösing, 1976).

Die musikpädagogischen Fragen angesichts dieser so weit in die gesellschaftliche Situation der Gegenwart hineinreichenden Probleme der Massenkommunikation sind im Zusammenhang allgemeiner erzieherischer Diskussionen zu sehen, die eine Fülle von reflexiver Literatur (Furian und Wittemann, 1982; u.a.), empirischer Untersuchungen (Sturm u.a., 1972; u.a.) sowie praktische Empfehlungen aller Art (Holzer, 1974; Kelmer und Stein, 1978) hervorbrachten. Beiträge zu speziellen musikpädagogischen Fragestellungen im Zusammenhang der Massenkommunikation sind vor allem H.Ch. Schmidt zu danken, der nach grundlegenden Einführungen (Schmidt, 1976 a und b) die bestimmenden Fragen strukturiert und didaktische Ansatzmöglichkeiten zeigt (Schmidt, 1977, 1978, 1980, 1983 a; u.a.). Die große Zahl der musikpädagogischen Beiträge zu Musik als Phänomen von Massenkommunikation beschränkt sich auf eine generationsspezifische Dimension: die Jugendlichen, ihre Musik und ihr musikalisches Verhalten. Daß Jugendliche offensichtlich in popularer Musik die zentrale Komponente ihres Umganges mit Massenmedien sehen – Jugendliche verbringen mehr Zeit mit Hören popularer Musik in Gruppen von Gleichaltrigen als mit Fernsehen im Familienkreis –, hat die Aufmerksamkeit der Musikpädagogik für populare Musik und das Verhalten der Jugendlichen zu popularer Musik in besonders hohem Maße erregt. Die massenmedialen, popularmusikalischen Angebote, auch die begleitenden technischen Möglichkeiten, haben den musikalischen Erwartungen vor allem der Jugendlichen nach Material, Interpretation, Interpret, nach Art wie Gewohnheit des Hörens eine spezifische, auf die Massenmedien eingestellte Richtung gegeben. Soziale Abgrenzungsbedürfnisse der Jugendlichen und neue gefühlskulturelle Bedürfnisse wirken in der Wahl dieses jugendspezifischen Mittels zu musikalischer Massenkommunikation mit.

Die Eigenarten massenmedialer popularer Musik, ihre Stilrichtungen, ihre in Produktion und technischer Vermittlung liegenden Besonderheiten, sind in einer Fülle von Literatur gezeigt worden. Auch die besonderen Verhaltensweisen der Jugendlichen im Umgang mit dieser Musik konnten mit Hilfe erhobener Daten aus einer wahren Flut von Befragungen in Zahlen gefaßt werden, die die alltägliche Erfahrung mit jugendlichen Popfans bestätigen. Die musikalischen Erwartungen der Jugendlichen zeigen demgemäß unverkennbar die bestimmenden Züge einer Massenkultur. Die musikalischen Objekte sind Produkte, die speziell für den Massenmarkt hergestellt werden; seit dem Aufstieg des Rock and Roll in den fünfziger Jahren mit seinem Boom im Plattengeschäft sind die Jugendlichen ein lukrativer Markt für die Medienunternehmer geworden, die diesen Jugendmarkt nach allen Regeln des Geldverdienens bis heute fest im Griff haben. Rascher Wechsel in der Standardisierung von musikalischem Material und verhaltensbezogenen Attributen sichert den fortdauernden Absatz auf diesem Markt – im ständigen Wechselspiel sozialpsychologischer Bedürfnisse der Jugendlichen und marktpsychologischer Strukturierung von musikalischen Bedürfnissen.

Die Phänomene der Massenkultur in einer Massengesellschaft mit Massenkommunikation erweisen sich als ein weites, komplexes Feld der Ursachen und Wirkungen. Gewiß werden die Erwartungen an den Musikunterricht von diesen Phänomenen nachhaltig beeinflußt. Die Musikpädagogik hat bisher vor allem den Niederschlag dieser Beeinflussung in den Erwartungen der Schüler an ihren Musikunterricht festgestellt. Man arbeitete mit Befragungsmethoden. Doch schon in dem methodischen Ansatz stecken manche Probleme. Denn indem man in Fragebögen traditionelle musikalische Lernziele und Vokabeln aus dem massenkulturellen Bereich nebeneinander stellte, ließ sich zwar aufzeigen, daß die Schüler-Erwartungen an Musikunterricht der massenkulturellen Entwicklung entsprechen; doch enthalten die Stichwort-Kataloge in der Regel von Haus aus eher emotional belegte als rational geklärte Sammelbezeichnungen und geben damit dem Befragten mehr Gelegenheit zur Bestätigung von Vorurteil als zu individueller Entscheidung.

Vor allem aber sind die aus solchen Befragungen gezogenen Schlüsse höchst problematisch. Sie sind es zunächst wegen der Beschränkung auf die Erwartungen an Musikunterricht aus einer einzigen Gruppe, der Gruppe der Schüler. Denn diese Schüler-Erwartungen wären zu relativieren zumindest durch fachmusikalische wie auch pädagogische Erwartungen. Wer einschränkend feststellt, daß pädagogische

Erwartungen gegenwärtig mit Schüler-Erwartungen identisch seien, wird die Mechanismen der Entstehung solcher Identität zu prüfen haben, den Meinungsdruck auf Lehrer beispielsweise aus den Erwartungen an Musikunterricht in den Medien oder in musiktechnischen Industrien, den Meinungsdruck auch durch angepaßte Curricula einer Kultusbehörde. Doch die aus Erhebungen von Schüler-Meinungen gezogenen Schlüsse betreffs der Erwartungen an Musikunterricht sind auch von grundsätzlicher Problematik. Denn so gewiß man Schüler-Erwartungen bei Motivationsüberlegungen für eine Musikstunde einbeziehen wird, so ungewiß ist der Stellenwert der Schüler-Erwartungen bei der Entscheidung über Ziele des Musikunterrichts. Diesem Fragenkomplex ging man bisher in der Musikpädagogik in wesentlich geringerem Maße nach als der Erhebung von Schülermeinungen.

Dem einzelnen Musiklehrer erwächst aus den bisherigen Einseitigkeiten und Defiziten eine Fülle von Schwierigkeiten bei der eigenen Entscheidung über den Stellenwert der Schüler-Erwartungen in seinem Musikunterricht. Die Diskrepanzen zwischen den anscheinend eindeutigen Fakten aus Erhebungen und vertieftem Wissen über die Entstehung musikalischer Schüler-Erwartungen, über Relationen zwischen musikalischer Sachbegegnung und Schüler-Erwartung, auch über Anpassungszwänge zwischen musikalischen Schüler- und Lehrer-Erwartungen verursachen Verunsicherung. Darum auch gehen die Lehrmeinungen über Rang und Funktion massenkultureller Musik im Musikunterricht so weit auseinander. Die extremen Positionen reichen von der Erwartung, daß Musikunterricht eine Parallele massenkultureller Musik und massenkommunikativen musikalischen Umganges sei bis zu der Erwartung, daß man im Musikunterricht die Gegenposition von Massenkultur zu entwickeln habe. Zwischen diesen Positionen breitet sich eine Fülle aufklärerisch-ausweichend-vermittelnder Lehrabsichten aus; bestimmend wurde die (unerwiesene) Annahme, daß man durch Analyse massenmediale Musik desillusionieren, und daß man durch praktisches Musikmachen, gleich mit welcher Musik, in jedem Falle einen Bezug zur Musik schaffen könne.

Die gegenwärtig von den Massenmedien bestimmten musikalischen Erwartungen bei Erwachsenen und Jugendlichen berühren und überschneiden sich mit Freizeit-Erwartungen. Doch bringen die Freizeit-Erwartungen auch eigene Fragen ein, vor allem auch eine historische Dimension, mit der sich die Sozialgeschichtsschreibung der Freizeitforschung befaßt. Man sieht das Freizeit-Problem hier als Resultat der industriellen Revolution und als Kennzeichen einer neuen technischen Zivilisation, denn erst durch diese Entwicklungen traten Arbeitsbereich und häuslicher Bereich auseinander, trennten sich Arbeits- und Familienleben und damit auch Arbeitszeit und arbeitsfreie Zeit. Für die vergangenen Zeiten vor der industriellen Revolution werden natürliches Zeitsystem (bestimmt durch die kosmischen Zyklen und die Wachstumsvorgänge in der Natur) und das rituelle Zeitsystem (in der Abfolge von Sonn- und Feiertagen) als charakteristisch angesehen. Erst durch die Industrialisierung wird alle Zeit des Menschen zur Verrechnungseinheit für menschliches Tun; die Zeit wird nach festen Arbeitseinheiten eingeteilt, „freie Zeit wird erst jetzt von Arbeitszeit strikt abgegrenzt“. Wer sozial abhängig ist, kann nicht frei über seine Zeit verfügen. Die arbeitsfreie Zeit wird zugleich zu der Zeit, in der alle Bedürfnisse, die in der Arbeitszeit unterdrückt werden müssen, sich frei entfalten wollen (Huck, 1980). Sie reichen vom Fußballplatz bis zum Bedürfnis nach aggressiven Fernsehspielen und abendlichen Trinkorgien. Illusionierende Unterhaltungsmusik, anreizende Popularmusik sind eben darum auch typische Freizeit-Musik.

Die Sozialgeschichte der Freizeit-Musik weist eine starke Differenzierung nach Ständen auf. Das „Volk" hatte seine Volksmusik, verwoben in die Funktionen sozialen Lebens; idyllisch verklärend wurde gerne der winterliche Feierabendbrauch der Spinnstube als typisch für die ländlich-dörfliche musikalische Volkskultur angesehen (Böckel, 1913). Seinen eigenen musikalischen Stil für gesellschaftliche Zwecke und zur Unterhaltung pflegte ebenso der Adel, vom Bürgertum in der Breite übernommen und nachgeahmt. Vom 19. Jahrhundert an entwickelt der entstehende Arbeiterstand in eigenen Vereinen ebenfalls eine ständisch-spezielle musikalische Betätigung für die freie Zeit.

In der Zeit des Kaiserreichs wird zunehmend die soziale Problematik der Freizeit bewußt. 1892 findet die erste „Freizeitkonferenz" in Deutschland statt, organisiert von der Berliner Zentralstelle für Arbeiter-Wohlfahrtseinrichtungen und bestimmt von der Absicht, die Arbeitszeit zu verkürzen. Wilhelm II. warnt 1890 vor den Gefahren zu großer Freizeit; eine Beschränkung der Arbeitszeit wird mit dem Verweis auf die Gefahren einer Förderung des Müßigganges abgewehrt. Die Pädagogen regen sich und überlegen, wie auf die Gestaltung der arbeitsfreien Zeit der Arbeiterschaft eingewirkt werden könne, damit die arbeitsfreien Stunden "zu Weihestunden und Erfrischungsstunden für Körper, Geist und Gemüth" werden können. Den politischen Absichten der Regierung gemäß spricht man nicht für Vermehrung der Freizeit, sondern für ihre Veredlung, plädiert für die Erhebung der Arbeiter „aus rohen, sinnlichen Genüssen zu reineren, geistigen Freuden" (zit. nach Huck, 1980). In der Weimarer Republik wird aus diesen Anfängen eine Verquickung von sozialem Denken und Kulturoptimismus, entstehen die Programme kultureller Veranstaltungen für Bürger und Arbeiter, die zu einer Volksbildungsbewegung anwachsen. Ihre musikalische Variante initiiert bereits H. Kretzschmar. Doch erst in den zwanziger Jahren, mit dem Beginn der Weimarer Republik und den von ihr getragenen musikalischen Reformprogrammen, entwickelt sich ein umfassendes musikalisches Volksbildungsprogramm für die Freizeit; man richtet die ersten Volksmusikschulen ein, organisiert Kurse „musikalischer Volksbildung", veranstaltet „Volkskonzerte". Aus den hier entwickelten Intentionen rührt wohl die bis heute nachwirkende Unterscheidung innerhalb musikalischer Freizeit her: eine Vorstellung von negativ verbrachter Freizeit im Sinne passiven Musikkonsums gegenüber einer als positiv bewerteten musikalischen Freizeit, die aktive Beschäftigung mit Musik auszeichnet.

Neben der sozialgeschichtlichen Freizeitforschung hat sich auch die empirische Freizeitforschung stark entwickelt. Man untersucht das Zeitbudget, stellt fest, wieviel Zeit der Mensch für seine Freizeit zur Verfügung hat und wie er sie verteilt. Auch das Geldbudget für Freizeitbeschäftigungen wird durchforstet, mit Massenmedien, Ferien und Tourismus in systematischen Zusammenhang gebracht. Die Freizeitsoziologie hat begonnen, über Ermittlung und Interpretation hinaus die strukturellen Probleme der Freizeit in hochdifferenzierten Gesellschaften zu fassen, ihre Bedeutung für den einzelnen wie die Gesellschaft (Scheuch, 1977). Die musikpädagogische Forschung erhob Daten zu musikalischen Freizeitaktivitäten; der hohe Stellenwert der Musik in der Freizeit ist vielfältig belegt, insbesondere bei Jugendlichen (Wiechell, 1977). Einerseits sind die Veränderungen der Freizeit in einer neuen technischen Welt bewußt geworden (Bausinger, 1961), immer mehr auch die Veränderungen des Denkens über Arbeit, Leistung und Anspruch an die Gesellschaft, andererseits wirken unverändert Vorstellungen von positiver bzw. negativer musikalischer „Freizeitgestaltung" nach. Hinsichtlich der Erwartungen an Musik im Unterricht ist wohl besonders problematisch geworden, daß durch die Ausbreitung massenkommunikativen Umganges mit Musik die Unterschiede von Musik als Freizeit und Musik im Unterricht verwischt werden. Allerdings tut man sich im pädagogischen Umgang mit Musik auch schwer damit, zwischen öffentlichem Musikleben und massenkommunikativ verstandenem Musikkonsum aktuell-anregende und zugleich musikalisch förderliche Angebote zu entwikkeln und Musiklehrer für solche Aufgaben zu interessieren und auszubilden.

3.2 Fachliche Erwartungen an Musikunterricht

Wir sind gegenwärtig mit dem Musikunterricht, vor allem dem in der Schule, nicht zufrieden; es gibt positive Ausnahmen einer funktionierenden Schulmusik, die man bewundert, wenn man auch nicht ganz frei ist von der Skepsis, daß solches „Funktionieren" aus nicht allein gültigen Kategorien – wie beispielsweise dem Schülerkonzert – abgelesen werde. Das Mißvergnügen ist über alle Beteiligten verteilt, über Schüler wie Eltern und auch die Lehrer selbst. Die recht hohe Zahl von Musiklehrern, die lieber in einem anderen Fach als Musik unterrichten oder nach Abschluß der Ausbildung in einen anderen Beruf gehen – wozu die außerschulischen Möglichkeiten des Musikunterrichts Anreize bieten – zeigt, daß gerade der schulische Musiklehrer mit seiner gegenwärtigen Berufsrolle unzufrieden ist; doch auch hier gibt es Ausnahmen. Eine der Ursachen von Unzufriedenheit und Unlust ist die Vielfalt und Unterschiedlichkeit der Erwartungen, die von den verschiedenen gesellschaftlichen Gruppen auf den Musikunterricht gerichtet werden; ihnen allen gerecht zu werden, ist für den Musiklehrer schier unmöglich. Nicht nur massenkulturell ausgerichtete Schüler-Erwartungen, auch Eltern-Erwartungen, Erwartungen von unterschiedlich musikalisch erfahrenen bzw. interessierten Vertretern anderer Lehrfächer und von Behördenleitern werden auf seinen Musikunterricht gerichtet.

Gegenpol aller Massenkultur- und Freizeiterwartungen an Musikunterricht sind die spezifisch fachlichen Erwartungen an Musik im Unterricht. Sie kommen von allen, die ein Interesse an fachmusikalischer Vorbildung durch Musikunterricht haben. Dies sind vor allem die Institutionen musikalischer Berufsausbildung, die ihre Aufgaben ohne rechtzeitige und zureichende musikalische Vorbildung im Schulalter nicht befriedigend erfüllen können und ohne diese, auch für alle anderen Berufe durch die Schule gesicherten Voraussetzungen, qualitative Defizite in den zahlreichen Musikberufen befürchten müssen, dazu negative Auswirkungen im internationalen Wettbewerb.

Die große Zahl der Musikberufe läßt sich grob gliedern nach künstlerischen, pädagogischen, wissenschaftlichen und technischen Musikberufen (Jakoby, 1977). Bei einer solchen Gliederung wird man davon ausgehen müssen, daß ein Musiker zwei verschiedene Musikberufe vertreten kann, beispielsweise, wenn neben einer künstlerischen Tätigkeit auch eine pädagogische ausgeübt wird. Man wird auch mitzudenken haben, daß innerhalb der Gruppen weitere starke und wesentliche Differenzierungen der Berufsausübung vorliegen; das gilt gerade für die pädagogische Berufsgruppe innerhalb der Musikberufe, die die auch musikalisch ausgebildete Kindergärtnerin wie die unterschiedlichen Arten schulischer und außerschulischer Musiklehrer wie auch den mit zusätzlicher künstlerischer Reifeprüfung umgreift.

Für die zahlreichen, verschiedenen Musikberufe gibt es jeweils spezifische musikalische Berufsausbildungen, die an unterschiedlichen Institutionen stattfinden. Teilweise wird eine Aufnahmeprüfung im Fach Musik verlangt. In der Vergangenheit waren solche Aufnahmeprüfungen für eine größere Zahl musikalischer Berufsausbildungen als heute vorgeschrieben; gegenwärtig sind sie in der Regel auf die künstlerischen Ausbildungsgänge und zwei pädagogische Berufe, den Schulmusiker an der höheren Schule und den außerschulischen Musiklehrer, beschränkt, während in der Vergangenheit auch der Volksschullehrer vor dem Beginn seiner Ausbildung (in bescheidenem Maß) nachweisen mußte, daß er über musikalische Voraussetzungen für seinen Beruf verfüge. Im Zuge der durch die sog. Kestenberg-Reform zum vorläufigen Abschluß gelangten Professionalisierung des Musiklehrers wurde der Nachweis der musikalischen Eignung bei Beginn des Studiums als ein entscheidendes Mittel zur Konsolidierung des Berufsstandes angesehen. Gegenwärtige Bestrebungen, diese Sicherung musikalischer Voraussetzungen auch für die an Grund-, Haupt-, Real- und Sonderschulen tätigen Lehrer mit Fach Musik durch eine Feststellung der Eingangsvoraussetzungen bei Studienbeginn wieder zu erreichen, scheitern (bisher mit wenigen Ausnahmen) daran, daß für die nun an wissenschaftlichen Hochschulen stattfindenden Studiengänge grundsätzlich das Abitur als einziger Studienzugang festgelegt wurde und der Gesetzgeber Ausnahmeregelungen und ihre Konsequenzen scheut.

Die Erwartungen an das musikalische Können bei Studienbeginn sind für die einzelnen musikalischen Berufsgruppen graduell und prinzipiell unterschiedlich. Bei jeder Ausbildung zu einem Musikberuf setzt man jedoch voraus, daß grundlegende Leistungsfähigkeiten musikalischer Art vorhanden sind, zumindest betreffs der musikalischen Vorstellungsfähigkeit, des Gehörs, im Instrumentalspiel und in bezug auf Elementaria der Musiklehre und der Musikgeschichte. Während man davon ausgeht, daß die Vorbildung auf einem Instrument durch außerschulischen Instrumentalunterricht bis zu dem Stand gebracht wird, an dem eine spezielle künstlerische Berufsausbildung ansetzen kann, erwartet man, daß die grundlegenden musikalischen Leistungsfähigkeiten, die für alle sonstigen musikbezogenen Berufsausbildungen vorausgesetzt werden müssen, im Rahmen des Musikunterrichts der allgemeinbildenden Schulen erworben werden. Auf diese Prämisse beruft man sich auch stets, wenn es um Verhandlungen zur Sicherung musikalischer Eingangsvoraussetzungen beispielsweise künftiger Musiklehrer an Hauptschulen geht, jenem musikalischen Berufsstand also, in dessen Händen die musikalische Betreuung der weitaus größten Zahl aller Schüler liegt. Man geht davon aus, daß mit dem Abitur eine grundlegende musikalische Ausbildung gesichert werde, die als Basis einer künftigen Berufsausbildung für einen teilkünstlerischen, pädagogischen Beruf mit dem Fach Musik tragfähig sei.

Diese Erwartungen an den beruflichen Nachwuchs im Fach Musik treffen nicht zu. Wer nicht auf Grund besonderer musikalischer Eignung und rechtzeitigen außerschulischen Instrumentalunterrichts zu den wenigen gehören darf, die eine Aufnahmeprüfung an einer künstlerischen Hochschule bestehen, sondern auf der Basis schulmusikalischer Unterweisung und sporadischen Instrumentalspiels an einer wissenschaftlichen Hochschule ein Studium für einen musikbezogenen pädagogischen Beruf aufnehmen möchte, darf zwar studieren – da es hier zu Studienbeginn keines künstlerischen Leistungsnachweises bedarf –, aber die von der Schule mitgebrachten Fähigkeiten und Kenntnisse auf musikalischem Gebiet reichen in der Regel nicht annähernd als Basis für einen musikalischen Lehrberuf aus. Die Erwartungen, die man in diesen Ausbildungsinstitutionen an die Erstsemester im Interesse einer effektiven Berufsausbildung mit dem Ziel der Berufsfähigkeit stellen muß, werden in der Regel nicht erfüllt. Es liegen Untersuchungen vor, die den musikalischen Leistungsstand bei Studienbeginn detailliert darlegen (Abel-Struth und Roske, 1980). Die Unterschiede nach Bundesländern und nach Schulen scheinen hoch zu sein. Aber man darf von weitreichender Übereinstimmung der Beobachtungen sprechen, daß die Erwartungen an die Studienanfänger mit dem Fach Musik (so weit es sich nicht um besonders geförderte künstlerische Hochbegabungen handelt) in hohem Maße unerfüllt bleiben.

Die Ursachen dieser Situation liegen wohl im weiten Bereich der gesellschaftlichen Veränderung des Musiklebens und seiner Auswirkungen auf die Schulmusik. Insbesondere hat wohl der Sog musikalischer Massenkommunikation, haben auch therapeutische und sozialpädagogische Erwartungen an Musik, haben die Aktualisierungszwänge des Musikunterrichts dazu geführt, daß ein systematischer Musikunterricht, der parallel zur Ausbildung in Schreiben, Lesen, Rechnen und Denken auch eine grundlegende musikalische Ausbildung vermittelt, kaum noch möglich ist. Viele Aspekte haben ein Anrecht im Musikunterricht. Doch es bleibt zu bedenken, daß ein Musikunterricht, der das Gewicht auf die Diskussion gesellschaftlicher Phänomene der Musik legt, in der knappen zur Verfügung stehenden Zeit kaum dazu auch das grundlegende Können und Wissen in der Sache Musik vermitteln kann. Darauf aber gerade richten sich die Erwartungen der Ausbildungsinstitutionen für Musikberufe. Man kann nicht verstehen, daß ein Schüler „noch nicht einmal die Noten in der Schule gelernt hat“. Gerade der schulische Musikunterricht, so bemüht, die Schüler durch aktuelle Thematik, durch „Abholen“ bei eigenen Fragen und Interessen noch soweit als möglich für Musikunterricht zu interessieren, ist heute dem Vorwurf ausgesetzt, daß er die unverzichtbaren Erwartungen der Ausbildungsinstitutionen an grundlegender Propädeutik in der Regel nicht mehr erfülle.

Die gleiche Klage kommt auch aus den zahlreichen Verbänden der Laienmusikpflege. Dort, wo gesungen, in den verschiedensten Ensembles musiziert wird, wo Musik Können verlangt, um Freude zu ermöglichen, sucht man junge Sänger und Instrumentalisten, die mitwirken und die Tradition weiterführen. Auch hier hört man immer wieder von enttäuschten Erwartungen, auch hier kann man nicht begreifen, warum die Kinder in der Schule „noch nicht einmal richtig singen lernen“. Alles, was die moderne Schulmusik versuchte, um junge Menschen zum Nachdenken über die gesellschaftliche Realität der Musik in unserer Zeit zu bringen, schlägt hier in enttäuschte Erwartung um, weil man keinen Nachwuchs hat, der „vom Blatt“ singen kann. Es gibt große Unterschiede hinsichtlich der musikalischen Erwartungen in der Laienmusik, nach Landschaft, nach Stadtgröße, nach Tradition. Der Trend geht auf die Bildung eigener Nachwuchsgruppen, wo gelernt wird, was in der Schule versäumt wurde. Die gänzlich andersartigen Lehrbedingungen einer vereinsgetragenen Nachwuchsgruppe und einer Schulklasse werden über den enttäuschten Erwartungen und der Befangenheit im eigenen Vorurteil wenig gesehen. Sowohl musikalische Berufsausbildung wie Laienmusik haben ihre – berechtigten – Erwartungen an schulischen Musikunterricht als Fachunterricht; daß sie enttäuscht werden, wird der Schulmusik angekreidet. In welcher Gegensätzlichkeit der Erwartungen an Musik sich der Musiklehrer befindet, wird darüber gern übersehen. Doch hat man sich wohl auch bei pädagogischem Umgang mit Musik ein wenig zu sehr angepaßt, hat man sich musikfremden Zwängen ausgeliefert; darüber hat das Augenmaß für Musik als Fachunterricht, als Einführung in die Sache Musik gelitten. In der Gegensätzlichkeit und Übertreibung sowohl massenmedialer wie fachspezifischer Erwartungen anregenden wie sachgerechten Musikunterricht für den künftigen musikalischen Laien zu entwickeln – das ist tatsächlich keine leichte Aufgabe für den Schul-Musiklehrer von heute.

4. Ursachen der Schwierigkeiten pädagogischen Umganges mit Musik

4.1 Wechselhaftigkeit und Widerstreit von Ideen, Aufträgen und Erwartungen

Die so weit in die Geschichte zurückreichenden pädagogischen Ideen der Musik wirken auf mannigfache Weise und bestimmend in unserem gegenwärtigen Denken über pädagogischen Umgang mit Musik, von dort auf schwer faßbare Weise die musikpädagogische Praxis unserer Zeit beeinflussend. Wenn es um Bekenntnisse zu Musik geht, um Proklamationen zu ihrer Unterstützung im pädagogischen Alltag durch Repräsentanten des öffentlichen Lebens, stets darf man mit Zitaten und ihren Umformulierungen aus dem Repertoire des klassischen Altertums, des deutschen Idealismus wie der musischen Bewegung rechnen. Viele, die nicht beruflich mit Musik pädagogisch umgehen, ergreifen das Wort zur Verkündung idealer pädagogischer Möglichkeiten der Musik, die tradierte gedankliche Substanz als Wahrheit setzend und weitergebend. Als Beispiel für viele stehe hier G. Pichts Charakteristik der „Stellung der Musik im Aufbau unserer Bildung", die 1965 mit dem Untertitel „Die Verantwortung des Geistes" erschien: „Ich wage deshalb die These aufzustellen, daß die Musik die Gabe ist, die die Organe des geistigen Lebens aufschließt. Sie geht deshalb allen anderen geistigen Tätigkeiten und Erkenntnissen voraus. Sie erschließt den Raum, innerhalb dessen die anderen Künste und innerhalb dessen sich auch das Denken bewegt . . . Wenn diese Überlegungen richtig sind, dann geht es bei der Pflege der Musik nicht um die Einführung eines Schulfaches neben anderen, sondern darum, den Schülern durch Musik jenen geistigen Raum zu erschließen, in dem sich sämtliche Fächer bewegen müssen, bei denen sich mehr ereignen soll als nur der Erwerb von Kenntnissen . . . Diesen Raum des Geistes zu öffnen und in seinen vielfältigen Dimensionen auszumessen, ist das einzige Thema der Musik . . . In einer musikalischen Bildung, die diesen Namen verdient, entwickelt sich jene wache Sensibilität, jene subtile Beweglichkeit der Empfindung und jener Sinn für geistige Ordnung, für weitgespannte Analogien und für die unermeßliche Fernwirkung der leisesten Erschütterungen, an denen man den geistigen, den gebildeten Menschen erkennt" (Picht, 1965). Welche Hypotheken werden hier dem pädagogischen Umgang mit Musik aufgebürdet, wie wird im Namen idealer Hoffnungen jegliche sachlich-musikalische Verantwortung übergangen! Solche – wohlgemeinten – Bekenntnisse zur Bildungsbedeutung der Musik sind bis in unsere Zeit überaus zahlreich abgelegt worden. Ihr Ort sind vor allem bildungspolitische Verlautbarungen. Die musikpädagogische Dokumentation hat begonnen, die Materialien zugänglich zu machen (Abel-Struth, 1979 a).

Charakteristisch für die gegenwärtigen Äußerungen über Musik als pädagogische Idee ist, daß die gedankliche Herkunft aus verschiedenen Denkzusammenhängen, aus Ethoslehre, Humanitätsideal wie musischer Idee, weitgehend eingeebnet wurde, auch wenn sprachlich mitunter formelhaft ein Bezug gewahrt bleibt. Die philosophisch-ästhetische Differenzierung der Begründungen des pädagogischen Sinnes von Musik ist heute im wesentlichen eingemündet in eine generalisierte Proklamation der Bedeutung von Musik für den Menschen aus der Kombination von Elementen aller historischen Ideen. Ein pädagogisch nachdenklicher und engagierter Künstler wie P. Hindemith zeigt in seiner Auffassung pädagogischen Umganges mit Musik die aus solchen Verquickungen rührende Undeutlichkeit und Mißverständlichkeit. P. Hindemith bekennt sich mit seiner „historischen und philosophischen Einführung" in die Schrift „Komponist in seiner Welt" zur Augustinischen Musikanschauung, zum Auftrag der Wandlung von Musik in moralische Stärke, verweist auf Leitsätze der Musikphilosophie des Boethius und läßt den Zusammenhang der Musik mit Gesetzen planetarischer Bewegungen, Thema seiner Kepler-Oper, anklingen. In seinem Kapitel über Instrumente entspricht er mit Äußerungen über den „nur in einer Atmosphäre allgemeiner Gesittung" wachsenden A-Cappella-Gesang jugendbewegter Singargumentation im Gefolge der musischen Bewegung (Hindemith, 1959). Seine Chorkompositionen und Spielmusiken, seine frühen Bekenntnisse zur musikalischen Laienarbeit (Hindemith, 1931) brachten ihn praktisch und persönlich in so nahe Beziehung zur musikalischen Jugendbewegung (Sannemüller, 1976 und 1977), daß er auch darum von Th.W. Adorno heftig in die Kritik genommen wurde (Briner, 1971 und 1976). Der Tradition des Ethos in der Musik folgt P. Hindemith vor allem mit Überlegungen im Zusammenhang der Arbeiten an der „Unterweisung im Tonsatz" (Rubeli, 1975).

Die Einebnung der geistigen Herkunft musikalisch-pädagogischer Ideen, ihre Verquickungen in persönlichen Bekenntnissen, vor allem aber die Reduzierung auf proklamatorische Erklärungen für die Notwendigkeit von Musikunterricht, zeigt in der Gegenwart Rückwirkungen, vor allem durch die Formelhaftigkeit der großen Worte, die aus der Ablösung von dem jeweiligen philosophisch-ästhetischen Zusammenhang entstand; was einst Idee war, findet sich zunehmend auf der Ebene der Gemeinplätze, gebraucht, doch nicht mehr mitgedacht, und bestimmt nicht mehr überzeugend. Diesen Prozeß verstärkt der die Begriffe Bildung und Erziehung begleitende Verschleiß, der zunehmend erkannte Mißerfolg der Bemühungen, sie zu konkretisieren. Auch die deutend-interpretierende Methode geistesgeschichtlicher Pädagogik erwies sich als wenig geeignet zur Erklärung und Versachlichung des Gesprächs über den Zusammenhang von Musik und menschlicher Bildung. Dies gilt noch mehr für musisches „Denken", die hier bestimmenden antirationalen Tendenzen, „wo der dunklen Gefühle Gewalt im Herzen wunderbar schläft", und nicht die Frage an die Wissenschaft, sondern „die Leitung an der Hand des Dichters" den Suchenden belohnt (Haase, 1951). Doch solche Denkweise mindert nicht nur den Gedanken zu pathetischer Proklamation und Gemeinplatz, sie nimmt dem Nachdenken über Musik und Menschenbildung auch ihre Argumentationskraft, wird törichtes Klischee und Gegenstand kritischen Argwohns. Pädagogischer Umgang mit Musik scheint von Haus aus für Philosophen und Pädagogen außerordentliche Anziehungskraft zu besitzen; er scheint eine Versuchung zur Entwicklung hoher Gedanken darzustellen. Dies verführt jedoch den Musikpädagogen leicht dazu, allgemeine Empfehlungen beim Wort zu nehmen, die ideale Vermutung als reales Ziel zu setzen, zumal die Wertschätzung der Musik bildungspolitisch wie sozial höchst willkommen ist. Es stellt sich die Frage, ob das neue, um gesellschaftliche Begriffe gruppierte Vokabular gegenwärtiger Musikpädagogik zwar eine Ablösung des inflationierten Bildungs-Vokabulars darstellt, doch zugleich auch das traditionelle Prinzip der Legitimation von Musikunterricht aus außermusikalischen Denkzusammenhängen fortführt.

Doch daß solche Bedürfnisse zur Rechtfertigung pädagogischen Umganges mit Musik überhaupt bestehen, dies ist bereits das weiter- und tieferreichende Symptom der Dauerhaftigkeit und unveränderten Wirksamkeit pädagogischer Ideen der Musik. Dieser Ideenkomplex ist offensichtlich so stabil im Nachdenken über pädagogischen

Umgang mit Musik verhaftet, daß es fast als selbstverständlich erscheint, pädagogischer Umgang mit Musik bedürfe solcher Rechtfertigung. Die Argumentation aus der Sache Musik selbst blieb darüber bedeutungslos, unentwickelt. Aber diese Verhaftung des Nachdenkens über pädagogischen Umgang mit Musik, die unversehens zur Rechtfertigungspflicht pädagogischen Umganges mit Musik wuchs, ist zur Hypothek geworden. Viel zu sehr geriet aus dem Blick, daß Musik selbst als Sachziel Musikunterricht rechtfertigt, daß alle erhoffte Wirkung von Musik zunächst Zugang zu Musik voraussetzt, Zugang durch sachliches Können und Wissen; hier hätte das Nachdenken über pädagogischen Umgang mit Musik seinen sachspezifischen Ansatz. Die pädagogischen Ideen der Musik und ihr Pathos verweisen die Sachargumentation für Musikunterricht ins zweite Glied – bis heute.

Und schließlich: Die Bildungshypothek der Musik hat Gegenargumentationen, daß Musik Funktionen menschlicher Bildung nicht erfüllen könne, die Tür geöffnet. Solche Sinn-Diskussionen, vor allem an Materialfragen absolviert, verdecken die zentralen, pragmatischen Fragen pädagogischen Umganges mit Musik, die Frage nach seinen Eigenarten und den Konsequenzen daraus. Hier liegen die tieferreichenden Folgen einer pathetisch und hohl gewordenen Befürwortung hoher pädagogischer Ideen der Musik in der Sprache von gestern und ohne die Kraft, einen Sinn für heute überzeugend begreiflich machen zu können.

Wie die großen pädagogischen Ideen der Musik, so haben auch die gesellschaftlichen Aufträge für Musikunterricht nicht nur das Nachdenken über pädagogischen Umgang mit Musik angeregt und befruchtet, sondern zugleich auch das Prestige des Musikunterrichts vor allem in der Schule maßgeblich gehoben, wahrscheinlich auch seine Erhaltung im Fächerkanon der Schule ermöglicht. Aber es ist auch die Frage zu stellen, wie stark sich der Einfluß solcher Aufträge (und der Auftraggeber) auf die inhaltlichen Ziele von Musikunterricht auswirkte. Wie aller Unterricht ist auch Musikunterricht von gesellschaftlich-erzieherischen Bewegungen abhängig, wie in allem Unterricht ist auch im Musikunterricht die Spannung zwischen geschichtlichen Situationen und „Bildungsgütern" immer wieder neu auszutragen. Aber jedes Fach hat auch die Aufgabe, die Regelhaftigkeiten solcher „spannenden" Beziehungen zu ergründen und zu beschreiben und damit die fachliche Diskussion weiterzuführen.

Das klassische Material zur Erfüllung gesellschaftlicher Aufträge durch Musik ist das Lied. Durch die Texte kann die Intention des Auftrags dem Schüler vermittelt, und durch die Verbindung mit Singen können zugleich – wie man annimmt – Einprägsamkeit und Wirksamkeit verstärkt werden. A. Diesterweg bringt die Chance der Verwirklichung gesellschaftlicher Verhaltensvorstellungen durch Erziehung mit Hilfe von Singen und Gesangunterricht in der Schule zum Ausdruck. Er beschreibt den Wert „dieses Unterrichtsmittels" (des Gesangunterrichts) für die Schule: „Der Gesang wirkt veredelnd auf das Gemüth der Kinder. Er flößt sanfte Gefühle ein, stimmt das Gemüth rein und heiter, und macht empfänglich für gute Einwirkungen jeglicher Art". Damit „der Unterricht rechter Art ist", wird dem Lehrer für die Praxis empfohlen: „Bei der Einübung eines Liedes und einer Melodie verfährt der Lehrer so: Er spricht den Schülern den Text in einzelnen Strophen vor; die Schüler sprechen diese Theile einzeln und im Chore so lange nach, bis sie den Text gut im Kopfe haben. Der Inhalt wird den Kindern einfach erläutert und ihrem Herzen nahe gebracht. Hierauf singt oder spielt der Lehrer die Melodie vor, in der Regel gleich mit dem Gebrauch des Textes. Die Kinder hören ruhig und in stiller Sammlung zu. Hierauf singen die besseren die einzelnen Strophen leise mit; nachher nehmen alle Kinder Antheil daran, bis die ganze Melodie rein, geläufig, wohlklingend und sanft gesungen wird . . . Der Inhalt der Gesänge sei ernster, würdiger Art, und verständlich dem Kopf und dem Herzen der Kinder. Er enthalte Gebete, sittliche Grundsätze und fromme Gesinnungen, und rege zu einer höheren Ansicht der Natur und des Menschenlebens an. Die Melodien seien lieblich, angenehm und leicht" (Diesterweg, 1828). Belege gleicher Art, den Einsatz von Liedern in der Erziehung (bei wechselnden Intentionen) empfehlend, sind zahlreich in der pädagogischen Literatur der vergangenen Jahrhunderte zu finden. Die Produktion von Kinderliedern mit Absichten erzieherischer Beeinflussung in den Texten reicht in das Mittelalter zurück und ist überaus umfangreich und vielfältig; einer der Schwerpunkte liegt bei F. Fröbel (Kurz, 1984).

Bereits in der frühen Kindheit dient das Kinderlied als Hilfe bei motorischen Lernvorgängen; überlieferte Lieder zum Laufen-Lernen und für das Spiel mit den Fingern zeigen es. Vor allem aber dient es hier zum Sprechen-Lernen; Klangwörter und Unsinn-Verse nutzen der sich entwickelnden Artikulation, die Inhalte vermitteln die sprachlichen Bezeichnungen für alles, was das Kind umgibt, dazu die Eingewöhnung in syntaktische Regelhaftigkeiten. Mit Hilfe des Kinderliedes geschieht auch die Vermittlung elementarer Sozialregeln, über Tisch-Manieren, die Antizipation von Erwachsenenrollen (wie in den Berufsliedern) bis zur Einübung geschlechtsspezifischer Verhaltensweisen reichend. Gegenwärtige Protest-Kinderlieder attackieren diese Verhaltensnormierung des jungen Kindes durch das traditionelle Kinderlied. Sie machen sich über das ständige Brav-Sein-Sollen, über Verbote, in der Nase zu bohren, über „das schöne Händchen" und die Reinlichkeitserziehung lustig, wenden sich gegen die Tradierung geschlechtsspezifischer Rollen und die übertriebenen Geborgenheitsangebote für das Kind, deren autoritäre Komponente gezeigt wird. Doch diese Protest-Kinderlieder implizieren ihrerseits mit den Aufforderungen, sich zu wehren, Befehlen nicht zu gehorchen und sich zu Gruppen zusammenzutun, bereits neue Normen, die durch Kinderlied-Erziehung verwirklicht werden sollen; die Inhalte ändern sich, aber das Prinzip der Verbreitung von Erziehungsnormen über das Kinderlied erweist sich als dauerhaft.

Die Zeitgebundenheit der erzieherischen Inhalte des sog. Schulliedes (das vom volkstümlichen Lied schwer abzugrenzen ist) wurde in der Literatur vielfach beschrieben (Wehrhan, 1909; Göpel, 1935; Abel-Struth, 1974 d und 1977 a; von Wedel-Wolff, 1982). Kinderlied, Schullied, geistliches Volkslied und Kirchenlied spiegeln in langer Tradition alle Wandlungen der Zielvorstellungen religiöser Erziehung von M. Luther über den Pietismus bis zur Gegenwart. Die Aufklärungszeit entwickelt mit dem Tugendlied eine Fülle säkularisierter Erziehungswünsche zum Singen. Ch.F. Gellert gelingt es, bei aller Rationalität seiner Texte, dem Gemüt junger Menschen nahezukommen, zumal seinen Dichtungen vielfach bekannte Melodien unterlegt werden. Bei Ch.F. Weisse bleibt kein Lied ohne unmißverständliche moralische Nutzanwendung, ohne Schilderung der Gefahren des Lasters und des Lohns der Tugend. J.A.P. Schulz und J.F. Reichardt verwenden Texte, deren menschenbildende Absicht durch Schlichtheit und künstlerische Gestaltung, auch der Musik, verklärt wird. Was hier in einem Einklang von bildendem Sinn und künstlerischer Gestaltung zum Kunstwerk der Erziehung erwachsen konnte, fand im 19. Jahrhundert flache Nachahmung in den sog. volkstümlichen Liedern, deren kindertümelnd-erzieherische Lehrhaftigkeit in einfachster sprachlicher und musikalischer Struktur pädagogisch penetrant erscheint. Bedrükkend lang und stark ist die Tradition politischer Lieder im Musikunterricht (Neitmann, 1982). In gegenwärtigen erzieherischen Absichten mit Hilfe des Liedes zeigt sich ein

Trend, im Zuge der Erziehung zu Mündigkeit die erzieherischen Absichten von Liedern zu desillusionieren, durch Text-Analyse die Mächte aufzuzeigen, die über Lieder Einfluß auch auf die Erziehung nehmen (Breckoff u.a., 1975 b); das Lied als Vermittler gesellschaftlich-erzieherischer Aufträge wird zum Vermittler von Kritik an gesellschaftlich-erzieherischen Aufträgen von Liedern, damit aber nichtsdestotrotz selbst wiederum einen gesellschaftlich-erzieherischen Auftrag erfüllend.

Selbst das Instrumentalspiel in der Schule, textfrei und darum zunächst objektiv erscheinend, ist der Wechselhaftigkeit gesellschaftlicher Aufträge unterworfen, insbesondere das für schulisches Instrumentalspiel charakteristische instrumentale Ensemblespiel. In der Schulmusik vergangener Jahrhunderte gibt es zunächst nur wenige, Ausnahme bleibende Versuche mit Instrumenten. Instrumentalspiel war Domäne privaten Unterrichts – wenn auch oft genug Schullehrer und Privatlehrer identisch waren – und blieb damit dem privaten Bereich und zahlungsfähigen Ständen vorbehalten. Das daraus resultierende Sozialprestige des Instrumentalunterrichts wirkte mit bei seiner weiten Ausbreitung in unserem Jahrhundert, die Entwicklung der Musikschulen stützend. Instrumentalunterricht ist in der Regel die Voraussetzung instrumentaler Ensembles der allgemeinbildenden Schulen. In einer im wesentlichen unverändert auf Vokalmusik und die Erziehung zu gemeinschaftlicher Musikpflege gerichteten Schulmusik in der Zeit musikalischer Jugendbewegung wird folgerichtig im Lehrplan für die Volksschulen von 1927 vorgeschrieben: „Der Unterricht kann auch nach Maßgabe der Verhältnisse instrumentale Musik berücksichtigen. Es wird in der Hauptsache darauf ankommen, diejenigen Schüler der Anstalt, die sich im Privatunterricht eine gewisse Fertigkeit im Instrumentalspiel . . . angeeignet haben, zusammenzufassen und sie zu selbständigem Instrumentalspiel oder zur Begleitung von Liedern und Chören heranzuziehen". Der konsequenter mit einer Erziehung nicht nur durch Musik, sondern auch zu Musik Ernst machende Lehrplan für die höhere Schule (1925) nennt als weitere Aufgabe der Instrumentalisten in der Schule die Bereitstellung von Beispielen für die „Charakteristik musikalischer Formen, Stilarten und Epochen" (Nolte, 1975 a).

Andere Funktionen des Instrumentalspieles in der Schule werden genannt, als im Zuge einer Desillusionierung pädagogisch gegängelter Schulmusik in den sechziger Jahren eine sog. Kunstwerk-Didaktik entwickelt wird. Instrumentalspiel erscheint hier als eine Chance der Elitebildung im musikalischen Bereich („Es sind aber Bedenken anzumelden, wenn man versucht, möglichst die gesamte Schülerschaft an das Instrument zu binden, um ohne eigentliche Ausbildung am Instrument musikalische Bildung zu erzielen. Durch die dann notwendige künstlerische Einebnung und Ausrichtung auf die letzte Schulbank wird der Gedanke der Auslese, der Begabtenförderung im Sinne individuell steigerungsfähiger Leistung untergraben, ehe er überhaupt zur Auswirkung kommen kann"). Wenn Instrumentalspiel in der Schule betrieben wird – und hier erscheinen Gedanken aus der „Kritik des Musikanten" von Th.W. Adorno (1982 a) –, dann im Interesse künstlerischer Wiedergabe von Werken, ihres gestalteten Nachvollzugs (Alt, 1977). Wird der Blick nicht auf erzieherische Wirkungen, sondern auf Musik-Verstehen gerichtet, dann verändert sich der Auftrag für das schulische Instrumentalspiel; alles Reproduzieren tritt in den Dienst kunstmusikalischer Übung. Hier tritt am Beispiel schulischen Instrumentalspiels die Gegensätzlichkeit erzieherischer Aufträge für Musik und der sachbezogenen Aufgaben an Musik voll in das Blickfeld.

Daraus erklärt sich zugleich die Schärfe der Angriffe gegen musikalische Kunstwerk-Didaktik. Sie mußte überzeugten Erziehern als Gefahr des Verlustes ihrer als zentral empfundenen Aufgabe der allgemeinen Erziehung aller Schüler mit Hilfe der

Musik erscheinen. Als darum Ende der sechziger Jahre mit der allgemeinen Curriculum-Reform eine Pädagogik der Verhaltensänderung die erzieherischen Absichten mit neuen Zielen und Hoffnungen so bestimmend in den Mittelpunkt der Bildungs- und Schulpolitik rückt, schlägt auch dem kunstwerkbezogenen Instrumentalspiel in der Schule die Stunde. Auch das Instrumentalspiel erhält wieder erzieherische Aufträge, diesmal mit Blick auf Verhaltensänderung, auf Beitrag zur Erziehung des mündigen Menschen. Das Schlüsselwort wird „musikalische Kreativität"; ein auch technikfreies Instrumentalspiel in musikalischer Improvisation wird mit der Formel vom kreativen Verhalten legitimiert, die die Frage nach dem Produkt dieses musikalischen Tuns in den Hintergrund treten läßt. Zudem gerät Instrumentalspiel in die Abwehr von Leistungsdruck, der eben auch bei musikalischer Improvisation vermeidbar erscheint. Sozialpsychologische Hoffnungen auf Selbstverwirklichung, verbunden mit therapeutischen und sozialpädagogischen Aufträgen, unterstützen den veränderten Auftrag für schulisches Instrumentalspiel. Man sieht: Auch ein so objektiv und konkret scheinendes Gebiet wie das schulische Instrumentalspiel erweist sich in seiner kurzen Geschichte bereits als höchst anfällig für die Wechselhaftigkeiten gesellschaftlicher Aufträge.

Doch nicht die Entscheidung für das eine oder andere Modell pädagogischen Umganges mit Singen und Instrumentalspiel in der Schule ist die offene Frage; sie wird aus zeitspezifischen Anregungen immer wieder neu zu bedenken sein. Es geht vielmehr um Einsicht in das sich offenbarende überzeitliche Problem gesellschaftlicher Aufträge für den pädagogischen Umgang mit Musik, ihre Wechselhaftigkeit und Widersprüchlichkeit. Am Beispiel des Singens in der Schule wie am schulischen Instrumentalspiel werden Wirksamkeit wie Wechselhaftigkeit dieser Aufträge sowie ihre Tendenz zur Konkurrenz mit fachspezifischen Aufgaben offenkundig. Wechselhaftigkeit, Widersprüchlichkeit und Sachferne der Aufträge an Musik im Unterricht führen zu Unsicherheiten, gehören zu den Ursachen der Schwierigkeiten pädagogischen Umganges mit Musik. Die gesellschaftlichen Aufträge an Musikunterricht lassen sich zudem durch die weiten Formulierungen der pädagogischen Ideen der Musik als deren pragmatische Wendung auslegen, selbst wenn sie von diesen Ideen weit entfernt sind oder ihnen sogar widersprechen. Sie sind nutzbar für unterschiedliche gesellschaftliche Absichten und verwenden Musik, um die Erziehungsvorstellungen jeweiliger gesellschaftlicher Situationen, verkleidet mit Musik, besser verwirklichen zu können. Immer neue Aufträge verstellen im pädagogischen Umgang mit Musik den Blick auf die bleibenden Aufgaben.

Dazu haben sich nun in der Gegenwart gegensätzliche Erwartungen an Musik im Unterricht entwickelt. Sie sind verschiedenartig, oft gegensätzlich, reichen von massenmedialen Beeinflussungen bis zu sachspezifischen Erwartungen der Institutionen für Berufsausbildung wie der Laienmusik. Durch Anbindung an verschiedene Gruppierungen des Musiklebens und deren jeweilige Interessen und Intentionen verleiten diese vielfältigen Erwartungen den Musikunterricht an die bildungs- und machtpolitische Front. Der einzelne Musiklehrer hat nicht nur das Problem, sich mit den Erwartungen der verschiedenen gesellschaftlichen Gruppen an Musikunterricht abzustimmen. Nicht zuletzt erwecken Fachliteratur und -diskussion auch in ihm selbst Erwartungen, die er zu erfüllen versucht, nicht immer die Zwänge musikalischer Unterrichtslehren durchschauend. In eine Fülle verwirrender Unterschiede und Gegensätze von Erwartungen ist der Musikunterricht heute geraten. Der Musiklehrer befindet sich permanent in Konflikten. Man wünscht, daß es wenigstens im Musikunterricht die emotionale Bereicherung gebe, die man ansonsten nicht mehr von der

Schule erwarten kann, erwartet aber andererseits, daß Schulchor und Schulorchester oder sonstige Ensembles mit vorzüglichen musikalischen Leistungen zu gegebenem Anlaß dem Ansehen der Schule dienen. Die öffentliche Meinung sieht unverändert in solchen Kundgebungen den Beleg eines guten Musikunterrichts – von Musik und Musikunterricht kann man doch wohl erwarten, daß man etwas zu hören bekommt. Aber den langsamen Erwerb musikalischer Vorstellungsfähigkeit und musikalischen Verständnisses im Klassenunterricht, diese entscheidende Leistung des Musiklehrers, kann man nicht auf der Schulbühne präsentieren.

Pädagogische Ideen der Musik, gesellschaftliche Aufträge an Musik und die vielfältigen, oft gegensätzlichen Erwartungen an Musikunterricht sind Sache von Meinungen und Wandel, beheimatet im gesellschaftlich-politisch-pädagogischen Feld. Deren Unstimmigkeiten in sich und gegeneinander, ihre Widersprüchlichkeit, Wechselhaftigkeit wie auch Sachferne verursachen permanent Schwierigkeiten pädagogischen Umganges mit Musik. Es ist Sache eines Fachgebietes um pädagogischen Umgang mit Musik, Geschichte und Eigenarten dieser Ideen, Aufträge und Erwartungen zu analysieren, zu beschreiben und zu ordnen und sie gegen die sachspezifischen Aspekte pädagogischen Umganges mit Musik abzuwägen. Denn der Musiklehrer wird sich so lange den immer zeitgenössischen Ideen, Aufträgen und Erwartungen der bestimmenden Gruppen anpassen, wie ihm die spezifische Orientierungsmöglichkeit in diesem weit reichenden Feld pädagogischen Umganges mit Musik nicht gegeben wird. Der traditionelle und gegenwärtige Widerstreit von Ideen, Aufträgen und Erwartungen macht es ihm schwer, abwägende Lösungen zwischen den vielen Möglichkeiten zu finden, seine eigene Position in pädagogischem Umgang mit Musik einzusehen.

4.2 Mangel an fachlichem Zusammenhang

Der pädagogische Umgang mit Musik hat sich als ein Thema erwiesen, über das seit antiken Zeiten nachgedacht wird. Die pädagogische Idee der Musik, Hoffnungen auf menschliche Bildung, auf Humanisierung, auf Erneuerung durch Musik, führen weit und differenziert in die Geschichte zurück. Gesellschaftliche Aufträge verschiedener Art, von alten kirchlichen, überdauernden politischen bis zu heutigen sozialpädagogischen Aufträgen reichend, haben die Musik durch die Jahrhunderte begleitet; Ideen und Autoritäten gaben in der Vergangenheit dem pädagogischen Umgang mit Musik Sinn und gesellschaftlichen Rückhalt, begründeten seine Position im Erziehungssystem. Der pädagogische Umgang mit Musik wurde von Leitbildern und Normen bestimmt; der Musikunterricht suchte den wechselnden Denkweisen und Aufträgen wie den aktuellen Erwartungen, sich immer wieder umstellend, recht und schlecht gerecht zu werden.

Nach dieser langen Geschichte pädagogischen Umganges mit Musik, bestimmt von pädagogischen Ideen der Musik und gesellschaftlichen Aufträgen für Musikunterricht, in der gegenwärtigen Entwicklung auseinanderdriftend in vielfältig-unterschiedliche Erwartungen an Musikunterricht, tritt heute mehr und mehr der Mangel an gedanklicher Transparenz und Orientierungsmöglichkeiten in einem fachlichen Zusammenhang als Musikpädagogik zutage. Man möchte das, was an Wissen und Nachdenken in diesem weiten Feld pädagogischen Umganges mit Musik faßbar wird, und was sich als Möglichkeit methodischen Erkenntnisgewinnes für dieses Feld in zunehmender Deutlichkeit abzeichnet, beurteilen, anwenden und weiterentwickeln können; die veränderten, erweiterten Wünsche der Menschen unserer Zeit nach Musik und die damit wachsende Aktualität pädagogischer Hilfen wirken hier ebenso verstärkend wie die zunehmend bewußt werdende Verhaftung musikbezogenen pädagogischen Denkens an unbegründeten, tradierten Urteilen, die zu Sicherung und Klärung grundlegenden Wissens und zur Versachlichung musikpädagogischen Denkens auffordern.

Die Notwendigkeit fachlichen Zusammenhangs zeigt sich zunächst in den bereits traditionellen Verunsicherungen der Unterrichtspraxis. In allen praktischen Bereichen pädagogischen Umganges mit Musik haben sich in weit zurückreichenden Traditionen Fixierungen betreffs der anzustrebenden Ziele, der Gewichtung der einzelnen musikalischen Unterrichtsgegenstände, der methodischen Wege angesammelt, fanden Reformen und Anpassungen an zeitgebundene Denkweisen statt. Im gegenwärtigen Musikunterricht ist daher bereits ein Gemisch aus Erfahrungen und Vorurteilen aus der Geschichte wirksam, gespeist eben aus pädagogischen Ideen, gesellschaftlichen Aufträgen für Musik und abhängig von unterschiedlichen Erwartungen. Die Musik im Schulwesen ist am stärksten von den aus der Vielfalt der Auffassungen entstandenen Konflikten betroffen. Dies erscheint Außenstehenden mitunter als unverständlich; sie halten die gerade hier besonders zugespitzte Auseinandersetzung zwischen höchst unterschiedlichen musikpädagogischen Positionen bereits für ein Versagen der Schulmusik. Doch wer so urteilt, übersieht, daß die Schulmusik und das damit verbundene staatliche Ausbildungswesen der Ort sind, an dem Neuerungen eingeführt und diskutiert bzw. durchgesetzt werden, daß gerade Schulmusik über die Lehrerausbildung im Fach Musik die musikpädagogische Front darstellt, wo die Gegensätze und Veränderungen musikalischer Lehre zum Austrag kommen. Je mehr das musikpädagogische Geschehen insgesamt überschaubar ist, umso sachlicher können die unvermeidbaren Auseinandersetzungen geführt werden, umso effektiver kann auch das Wechselspiel zwischen Wandlungen des Denkens und Konkretisierung pädagogischen Umganges mit Musik gehalten werden, kann blinder Unterwerfung unter Zeitgeist aus Einsicht in die eigene Sache entgegnet werden. Um die Bewegungen im pädagogischen Umgang mit Musik fassen und verfolgen, Traditionen, gegenwärtiges Denken und konkrete Aufgaben in ihrem Wechselbezug durchschauen zu können, sind Möglichkeiten des Rückbezuges auf einen umfassenden fachlichen Zusammenhang nötig; dies orientiert und relativiert und dient damit der Versachlichung unterrichtspraktischer Entscheidungen.

Die gegenwärtigen Entwicklungen des Umganges mit Musik verstärken diese Notwendigkeit musikpädagogischen Zusammenhangs; in einer in früheren Zeiten weniger zutage getretenen Dringlichkeit macht die musikalische Realität der Gegenwart einen Bezugsrahmen pädagogischen Umganges mit Musik notwendig. Denn das Musikleben ist reicher und vielfältiger als uns die simple Polarisierung in subkulturelle Bewegung und klassische Musizier-Nische weismachen will. Die Öffnung der Medien wird von den Musikpädagogen noch viel mehr Bereitschaft zur Auseinandersetzung mit Phänomenen der Musik, mit menschlichem Verhalten gegenüber der Musik, zur Entdeckung vielfältiger pädagogischer Umgangsweisen mit Musik fordern. Vor einem Fach Musikpädagogik liegt die Aufgabe, ohne Preisgabe seiner Erfahrungen Lösungen eines aktuellen sinnvollen pädagogischen Umganges mit Musik zu entwickeln. Dies geht nicht mit hurtigen Anpassungen, dies hat nur Chancen, wenn ein Fundament sicheren Wissens errichtet und weitblickende Einsicht in das differenzierte Feld pädagogischen Umganges mit Musik gewonnen und weitergegeben wird. Das, was praktische Musikpädagogik in der gegenwärtigen Realsituation der Musik an Aufgaben zu erfüllen hat, läßt sich in Umfang und Vielfalt nicht mehr durch Postulation und Ratschlag bewußt halten; es bedarf mehr denn je der Begründung in einem methodisch gewonnenen Wissens- und Denkzusammenhang. Wie aus der Handwerkslehre der Musik einst ein wissenschaftlicher Zusammenhang um Musik erwuchs, so treten nun Erfahrungswissen über pädagogischen Umgang mit Musik und historische Dimensionen musikpädagogischer Phänomene und Probleme in eine aktuelle Phase der Notwendigkeit theoretisch-systematischen Zusammenhangs, angestoßen von der Aufgabe, einen für die Gesellschaft bedeutsam wie auch unübersichtlich gewordenen Bereich in seinem vollen Umfang wie seiner speziellen Differenzierung einsichtiger werden zu lassen.

Gegen Versuche, geordneten Zusammenhang herzustellen, ist im Zuge der siebziger Jahre verstärkt Widerstand entwickelt worden; hinter solchen Versuchen sah man Gefahren der Festlegung und Normierung. Es bildete sich eine Sperre gegenüber systematischen Ansätzen; man fürchtete den Ruf nach Ordnung. Rückblickend erscheint die Auseinandersetzung als ein – vielleicht für die Problematik der Entwicklung fachlichen musikpädagogischen Zusammenhangs charakteristisches – Mißverständnis: Im Zuge der Mahnrufe nach Offenheit des musikpädagogischen Geschehens wurde Systematik blockiert, die doch Voraussetzung von sachlich transparenter Offenheit ist, da sie das Gesamt der Dimensionen und Beziehungen in den Blick bringt. Um von der Beziehungslosigkeit historischer Pendelbewegungen und der Zufälligkeit der Entscheidungen im pädagogischen Umgang mit Musik zu einer Transparenz des gesamten sich hier vollziehenden Geschehens zu gelangen, erscheint die Entwicklung eines zusammenhängenden Fachgebietes Musikpädagogik als Voraussetzung. Nur ein solcher Zusammenhang im Fachgebiet Musikpädagogik kann das Konstitutive wie das Exzeptionelle, die Repetition wie die Novität, Übereinstimmungen und Unterschiede hervortreten lassen und in die Korrespondenz mit anderen Fachgebieten eintreten.

Ein solcher musikpädagogischer Zusammenhang ist letztlich auch die Voraussetzung befriedigender musikpädagogischer Präsenz in der Musikpolitik. Zwar haben es die Musikpädagogen und ihre Sprecher schon im 19. Jahrhundert verstanden, ihre Belange in der kulturpolitischen Szene zu vertreten. Berühmtestes Beispiel einer solchen Wirksamkeit ist H. Kretzschmar, der mit seiner Interpretation des englischen Aktenstückes von J. Hullah über Defizite deutscher Schulmusik das nationale Interesse an der Korrektur der so negativ beschriebenen deutschen Situation zu wecken vermochte (Kretzschmar, 1910 a). Daraus entstand eine Tradition der Verantwortlichkeit für Musikpädagogik in der deutschen Musikwissenschaft, sich vor allem mit der Autorität des Universitätsfachs auf Empfehlungen zur Förderung praktischer Musikpädagogik richtend, bei Kongreß-Eröffnungen die Bedeutung musikalischer Bildung hervorhebend, in speziellen Kommissionen das Nachdenken über musikpädagogische Fragen mentorierend. Doch eine Musikpolitik im Sinne von standespolitischer Interessenvertretung mit entsprechendem Ausbau spezieller Gruppierungen entwickelte sich nur langsam und verspätet. Für die Bildung einer gemeinsamen Vertretung innerhalb des demokratischen Systems dürfte das entscheidende Datum das Jahr 1953 sein, in dem der Deutsche Musikrat (DMR) unter Mitwirkung der deutschen UNESCO-Kommission von führenden Persönlichkeiten des deutschen Musiklebens als Deutsche Sektion des Internationalen Musikrates gegründet und in den Internationalen Musikrat aufgenommen wurde. Er entwickelte sich zum Dachverband der Gruppierungen des deutschen Musiklebens; 1982 gehörten ihm mit 66 Verbänden, Organisationen und

Institutionen und berufenen Einzelpersönlichkeiten nahezu alle Einrichtungen und Richtungen des deutschen Musiklebens an (Kowalski, 1981). Durch Begründung und Entwicklung des Deutschen Musikrates wird das Instrument geschaffen, das gemeinsame und spezielle Belange des deutschen Musiklebens, einschließlich der musikpädagogischen Interessen, in der Musik- und Kulturpolitik sowie darüber hinaus in Wirtschaft und Politik, auch in der auswärtigen Kulturpolitik, vertreten kann.

Die Musikpädagogik, in den fünfziger Jahren politisch besonders aktiv und mit ihrer Arbeitsgemeinschaft Musikerziehung und Musikpflege die Gründung des Deutschen Musikrates entscheidend initiierend, ist heute im Deutschen Musikrat mit unterschiedlichen Verbänden und sonstigen Institutionen vertreten. Neben starken und einflußreichen Verbänden für musikpädagogische Berufsgruppen wie dem Verband Deutscher Musikerzieher und konzertierender Künstler, dem Verband deutscher Musikschulen und dem Verband Deutscher Schulmusikerzieher stehen speziellere Gruppierungen wie der Arbeitskreis Musikpädagogische Forschung, die Bundesfachgruppe Musikpädagogik, der Bundesverband Rhythmische Erziehung und die Gesellschaft für Musikpädagogik. Dazu treten besondere Interessenvertretungen wie die Arbeitsgemeinschaft der Leiter musikpädagogischer Seminare (womit Seminare zur Ausbildung von privaten Musiklehrern gemeint sind), eine Arbeitsgemeinschaft der Musikakademien, Konservatorien und Hochschulinstitute, eine Konferenz der Direktoren der evangelischen kirchenmusikalischen Ausbildungsstätten und Landeskirchenmusikdirektoren wie auch die Rektorenkonferenz der Staatlichen Musikhochschulen; auch eine große Zahl spezieller Verbände der Laienmusikpflege impliziert musikpädagogische Aufgaben und deren Vertretung. Die besondere musikpädagogische Situation im Verbandswesen und die musikpädagogische politische Vertretung ist jedoch gegenwärtig nicht voll befriedigend. Die notwendige Spezialisierung des Bereiches ist erkennbar, doch scheinen eher konkurrierende Tendenzen als Toleranz angesichts der unterschiedlichen Aufgaben zu walten. Vielleicht hat auch die heftige musikpädagogische Curriculum-Diskussion der siebziger Jahre und die sie begleitende Skepsis im künstlerisch-pragmatischen Bereich eine musikpolitisch geeignete Darstellung des umfassenden musikpädagogischen Feldes gehemmt. Denn dafür sind Respektierung spezieller Denkweisen wie Konsensus in grundlegenden Intentionen und offene systematische Bezugsmöglichkeit notwendig. Begründeter musikpädagogischer Zusammenhang ist Voraussetzung auch für die musikpädagogische Präsenz in der Musikpolitik.

Daß ein solcher musikpädagogischer Zusammenhang notwendig sei, ist keine neue Einsicht; sie begegnet bereits im musikpädagogischen Schrifttum des frühen 19. Jahrhunderts und gewinnt in den zwanziger Jahren unseres Jahrhunderts systematische Konturen. Dennoch ist ein Zusammenhang musikpädagogischen Denkens und Tuns zu einem umfassenden differenzierten Fachgebiet Musikpädagogik der anstehenden Phänomene und Probleme in Inhalten und Positionen bisher kaum befriedigend gelungen; es gibt noch keine musikpädagogische Systematik aus eigener Sache. Dieser Mangel ist im pädagogischen Umgang mit Musik spürbar, ist eine der Ursachen unserer Schwierigkeiten und wird als solche zunehmend erkannt.

4.3 Vernachlässigung wissenschaftlicher Erschließung

Professionelles Nachdenken über pädagogischen Umgang mit Musik entzündete sich an den Schwierigkeiten, Musik in Unterricht umzusetzen. Im Schoß der Geschichte ruhen Schätze von Wegweisern und Leitfäden, wie man Lieder, Tonvorstellung und Musikstücke am geschicktesten dem Schüler vermitteln könne, immer wieder neu angepaßt an die jeweils herrschenden pädagogischen Denkmodelle. Die Vernachlässigung eines über diese Aufgaben hinausführenden musikpädagogischen Nachdenkens, einer methodisch-wissenschaftlichen Erschließung des Bereiches, ist eine weitere Ursache der Schwierigkeiten gerade im heutigen pädagogischen Umgang mit Musik.

Jeder weiß, wie sich im Zuge der politischen, sozialen und musiktechnischen Veränderungen unseres Jahrhunderts die musikalische Szene gewandelt hat. Es entstanden politisch-ästhetische Frontenbildungen in Sachen Musik, sozial bedingte oder beabsichtigte Unterschiede musikalischer Interessen, massenmediale musikalische Suggestionen der Kinder und Jugendlichen, rascher Wechsel musikalischer Ideologien, Bedürfnisse nach musikemotionalem Freiraum und musiksozialer Gruppenzugehörigkeit. Nicht die Musikhochschulen und die Musikschulen, sondern die allgemeinbildenden Schulen hat die volle Breitseite all dieser Veränderungen getroffen, und vor der Schulzeit wie über die Schulzeit hinaus alle Menschen, die ohne Schutz und Schild privater musikalischer Ausbildung der Musik-Wirklichkeit von heute überlassen sind. Darum kommt pädagogischer Umgang mit Musik nicht länger aus mit Belehrung über Musik und Ratschlägen für den Musikunterricht; auch die Bonbons der sog. musikalischen Motivation zergehen recht rasch. Wegen der grundlegenden Veränderungen des Musiklebens in unserem Jahrhundert wurden die Fragen nach dem menschlichen Verhalten zu Musik, nach Bedingungen und Regelhaftigkeiten pädagogischen Umganges mit Musik so drängend, und mit diesen Fragen auch das Bedürfnis nach tieferer Einsicht in seinen Sinn unter gegenwärtigen und zukünftigen Bedingungen.

An dieser Stelle beginnt sich abzuzeichnen, daß sich pädagogischer Umgang mit Musik bisher im allgemeinen Bewußtsein als ein zeitlichen Wandlungen ausgeliefertes Geschehen darstellt, bestimmt von hohen Ideen und Aufträgen und durch den Druck gesellschaftlicher Erwartungen. Doch die Regelhaftigkeiten dieses Geschehens stellen ein eigenes, in der Gegenwart erst in seiner vollen Bedeutung bewußt gewordenes Feld der Fragen dar: die Musikpädagogik. Es ist ein Feld, in dem es nicht um Verkünden und Beauftragen geht, sondern um Beschreiben und Erklären, nicht um Reagieren und Adaptieren, sondern um Beobachtung, Analyse und Interpretation, nicht um Meinung, sondern um Begründung aus Sachwissen und -logik. Pädagogischer Umgang mit Musik und das Nachdenken darüber bleiben in Zufälligkeit und Abhängigkeit, wenn sie nicht das Ziel wachsender Einsicht in die hier waltenden Regelhaftigkeiten verfolgen und auf der Basis sachspezifischer Analyse transparent gehalten werden.

Eine in weitem Sinn als wissenschaftlich anzusehende Auseinandersetzung mit musikpädagogischen Fragen reicht in das vorige Jahrhundert zurück. Empirischen Methoden, beheimatet in psychologischen Disziplinen, ist der erste Schwerpunkt musikpädagogischer Forschung zu Beginn unseres Jahrhunderts zu danken; diese Methoden erbrachten eine bis heute ständig wachsende Zahl musikpädagogisch relevanter Daten. Die musikhistorische Forschung hat, ganz abgesehen von ihrer Funktion als Sachwissenschaft für das musikalische Material des Unterrichts, die historische Dimension wissenschaftlicher Musikpädagogik erschlossen, Quellen aufgespürt, Dokumente ediert, Verbindungen zu geistesgeschichtlicher Epochalgliederung hergestellt und die Biographien von oft kaum noch bekannten komponierenden, lehrenden und schreibenden Musiker-Pädagogen erstellt, geschichtliche Situation erhellend und Hilfe zum Verständnis der gegenwärtigen gebend. Ein drittes methodisches Zentrum der Musikpädagogik, der geistesgeschichtliche Ansatz, rührt aus alter, in die Antike zurückreichender Tradition, lief durch die Entwicklung philosophischer Disziplinen, wurde in der Aufklärung mit pädagogischen Zielen versehen, im Idealismus als humaner Auftrag verklärt und mündete schließlich in hermeneutisches Denken ein. Für diesen geistesgeschichtlichen Ansatz der Musikpädagogik waren Erziehungswissenschaften und historische Musikwissenschaft die Mentoren.

Der unterschiedliche disziplinäre Ausgang dieser musikpädagogisch relevanten wissenschaftlichen Ansätze bedeutet verschiedenartige Terminologien und Methoden, vor allem auch eine nicht genuin musikpädagogische Forschungsthematik innerhalb der Bemühungen, den pädagogischen Umgang mit Musik in wissenschaftlicher Weise zu erschließen. In der Unterschiedlichkeit der wissenschaftlichen Herkunft musikpädagogischer Forschungsansätze mit ihren gelegentlich konkurrierenden methodischen Tendenzen sind wohl entscheidende Ursachen dafür zu suchen, daß der pädagogische Umgang mit Musik so schwer zu wissenschaftlicher Grundlegung findet. Fast scheint es, als werde die umgreifende musikpädagogische Grundlegung dadurch beeinträchtigt, daß diese verschiedenen Ansätze mitunter Neigung zeigen, jeweils allein die Wissenschaftlichkeit von Musikpädagogik vertreten zu wollen. Doch jeder Anschluß an eine einzelne oder mehrere fremde Disziplinen bedeutet nicht nur die Gefahr vorschneller Analogien und Abseitigkeit der Fragestellungen; er hemmt vor allem die Entwicklung eines eigenen fachlichen Wissensgebietes und dessen Systematik. Der große Bereich pädagogischen Umganges mit Musik reicht tatsächlich in weiten Dimensionen in musik- und humanwissenschaftliche Bereiche hinein, steht sogar in der Spannung dieser Disziplinen und ihrer unterschiedlichen Gegenstände und Theorien, ihrer unterschiedlichen Terminologien und gegensätzlichen Methoden. Das Schwanken zwischen diesen Bereichen und ihren theoretischen Feldern hat die Entwicklung der Musikpädagogik zur eigenen Disziplin verzögert. Doch nur von eigenen Fragestellungen aus kann Musikpädagogik ihr eigenes Gebiet ohne verfälschende Beeinflussung entwickeln und Lösungen mit einem Höchstmaß an Wahrheit finden. Nur in einem fachspezifisch entwickelten Zusammenhang können Zuordnungen vorgenommen und Orientierungen gewonnen werden, können Einseitigkeiten und Lücken erkennbar und Beziehungen zu Nachbardisziplinen sinnvoll werden. Versäumnisse in der Entwicklung eigenständiger wissenschaftlicher Erschließung im musikpädagogischen Feld tragen die Schuld an der mangelnden Konturierung eines Fachgebietes Musikpädagogik und damit auch an Schwierigkeiten bei pädagogischem Umgang mit Musik.

Aber nicht geringere Schwierigkeiten bereitet sich der pädagogische Umgang mit Musik selbst bei der Entwicklung von wissenschaftlicher Grundlegung. Wir beanspruchen zwar parallel zu künstlerischen und musikwissenschaftlichen Professuren besondere musikpädagogische Lehrstühle an Hochschulen, bilden wissenschaftlichen Nachwuchs für unser Fach aus, tagen und publizieren im Namen wissenschaftlicher Musikpädagogik – und doch erschallen weithin Klagerufe, daß sich die Musik in ihrer pädagogischen Dimension vor Verwissenschaftlichung hüten solle, daß wissenschaftlich-musikpädagogische Arbeit eine Engführung sei, eine Gefährdung des Sinnes von Kunst für den Menschen, in dem letztlich allein der Auftrag für Musikpädagogik liege. Was macht diese Vorbehalte gegen wissenschaftliche Musikpädagogik so dauerhaft, und sind sie berechtigt?

Unser Problem ist alt; schon in den zwanziger Jahren haben jugendbewegte Musikpädagogen den Theoretikern unseres Faches die Unzulänglichkeit von Wissenschaft gegenüber Musik-Erleben mit gewaltigen Worten zu erklären versucht. Solche antirationalen Einstellungen in bezug auf Musik wurden stets von fachfremden Disziplinen verstärkt. Gerade für naturwissenschaftliches Denken ist der kompensierende Aus- oder Höhenflug in das emotionale Refugium der Künste charakteristisch, auch in der Philosophie der Erziehung sieht man in den Künsten den letzten „Spielraum“ emotional-schöpferischer Kräfte, das Herzstück aller Erziehungsutopien. In den jeweils eigenen Wissenschaften bleibt man exaktem Denken verpflichtet, doch in der Welt der Künste wehrt man sich gegen die Zwänge strengen Denkens. Heute wird solche Abwehr eines wissenschaftlichen Ansatzes für pädagogischen Umgang mit Musik von einer breiten Zeitströmung antirationaler Einstellungen getragen, von antitechnischen, antifachlichen, antiwissenschaftlichen Tendenzen, genährt von Vorwürfen über das wissenschaftliche Versagen im sozialen, ökologischen, wirtschaftlichen wie auch kulturpolitischen Bereich. Musik ist eine der wenigen Spuren in der ausweglos scheinenden Szene, die in Freiräume individuellen Erlebens, ja vielleicht sogar humaner Hoffnungen führen kann. Wer sich gegen das Vordringen rationaler Tendenzen im musikpädagogischen Bereich wehrt, darf gerade heute wieder einer breiten Zustimmung sicher sein.

Die musikpädagogische Realität der vergangenen Jahre, vor allem der Musikunterricht in Schulen, schien den antirationalen Tendenzen in der Musikpädagogik Recht zu geben. Das Prinzip der „Wissenschaftsorientierung“, welch ein unglücklicher Begriff, wurde allerdings völlig falsch verstanden. Jeder zeitungslesende Bürger sank zurück in Ängste seiner Schulzeit, während letztlich nur gemeint war, daß der Unterricht schon in der Grundschule so beginnen solle, daß er später in seinen grundlegenden Richtungen nicht mehr geändert werden müsse. Doch daraus wurde im Musikunterricht – wie auch in anderen Schulfächern – ein Wust aus Stoff, Pseudowissenschaft und Überforderungen; die konkreten Unterrichtsgegenstände der Musik gingen gelegentlich in Lehrprinzipien, Konzepten und Projekten völlig unter. Aus „Wissenschaftsorientierung“ wurde „Verwissenschaftlichung“, zwar auf Mißverständnis und Analyse-Defizit beruhend, aber als Schlagwort vorzüglich wirksam. Doch: Intellektualisierung von Musikunterricht und Erkenntnissuche im musikpädagogischen Bereich gerieten in den gleichen Topf, und unversehens wurde ein aktueller Mißstand zur neuen Variante antirationaler Konventionen musikpädagogischen Denkens.

Doch solchen Vorbehalten ist auf den Grund zu gehen. Weil Musik im Unterricht eine künstlerische Erfahrung ist (oder sein könnte), sollen Bedingungen, Vorgänge und Ergebnisse dieses Unterrichts nicht auf der rationalen Ebene untersucht und erörtert werden? Es will nicht einleuchten, warum emotio und humanitas im Umgang mit Musik einerseits und rational-methodische Untersuchung der Probleme pädagogischen Umganges mit Musik andererseits eine Antithese darstellen sollen – ganz abgesehen davon, daß auch rationaler Umgang mit Musikpädagogik aus individuellem Bezug zu Musik seinen Sinn schöpft. Das Problem der Rationalität der Musikpädagogik ist letztlich nur ein Schein-Problem. Daß Musik der zentrale Gegenstand von Musikunterricht ist (trotz mancher Anfechtungen), und Musik in der Tradition unseres Geisteslebens wie auch heute von Hoffnungen der Humanisierung begleitet wird, steht in keiner Weise in Widerspruch dazu, daß Fragen und Probleme pädagogischen Umganges mit Musik auf rationaler Ebene und gemäß deren Regelhaftigkeiten bedacht und untersucht werden. Die gegenwärtige musikpädagogische Situation hat diese Aufgaben mehr denn je bewußt werden lassen. Doch sollte man dem pädagogischen Umgang mit Musik auch das grundsätzliche Recht jeden Fachgebiets zugestehen, Grundlagen zu klären, spezielles Wissen zu ermitteln, nachzudenken, zu untersuchen, zu ordnen, Bezugsmöglichkeit und größeren Zusammenhang zu schaffen.

4.4 Unterscheidungsschwächen zwischen wissenschaftlicher und praktischer Musikpädagogik

Zeigt bereits das Verhältnis zwischen Musik und Wissenschaften eine wechselhafte Geschichte der Probleme gegenseitigen Verstehens wie auch langsamer Annäherung, so ist auch das Verhältnis zwischen praktischem pädagogischem Umgang mit Musik und den historischen Formen des Nachdenkens und Erforschens dieses pädagogischen Umganges mit Verständnisschwierigkeiten verschiedener Art belastet, die sich gerade in der Gegenwart intensiv bemerkbar machen. Sie sind nicht unbedingt rational erklärbar und werden durch historisch bedingte Faktoren unterschiedlicher Art immer wieder neu entfacht; deren Untersuchung wäre einer eigenen Studie wert, auch zur Erhellung der gegenwärtigen Situation. Wahrscheinlich potenzieren sich die Probleme durch Rollenschwierigkeiten des künstlerischen Pädagogen gegenüber den rein künstlerischen Berufsgruppen; mit umso nachdrücklicherem Verweis auf Zugehörigkeit zum künstlerischen Bereich versucht man sie zu bewältigen (statt eigenes Rollenbewußtsein zu entwickeln).

Vorbehalte gegen „Wissenschaftlichkeit", was immer darunter verstanden wird, sind in der Musikpädagogik, in ihren praktischen Bereichen, seit langem und häufig zu beobachten. Doch sie beruhen auf einem Schein-Problem. Es löst sich auf, wenn man in den Blick nimmt, daß Musikpädagogik zum einen ein wissenschaftlicher Bereich, zum anderen ein Feld praktischer Durchführung von Musikunterricht ist. Dem Oberbegriff Musikpädagogik für den Gesamtbereich werden darum die Begriffe wissenschaftliche Musikpädagogik und praktische Musikpädagogik nachgeordnet. Wissenschaftliche Musikpädagogik ist der Bereich, in dem untersuchbare Fragen pädagogischen Umganges mit Musik methodisch einer Klärung näher gebracht werden, praktische Musikpädagogik leistet die Realisierung pädagogischen Umganges mit Musik vom musikalischen Beginn bis zur musikalischen Erwachsenenbildung. Die beiden Bereiche unterscheiden sich durch ihre unterschiedlichen Funktionen. Die Funktion wissenschaftlicher Musikpädagogik ist Erkenntnisgewinn im Bereich pädagogischen Umganges mit Musik, und bestimmender Maßstab ist hier der kreativ-methodische Gewinn an Wahrheit und Einsicht. Die Funktion praktischer Musikpädagogik ist Fortschritt des Schülers im Umgang mit Musik; der Maßstab ist hier das Ergebnis des praktischen Vollzugs von pädagogischem Umgang mit Musik.

Diese Unterscheidung wissenschaftlicher und praktischer Musikpädagogik nach Funktionen zeigt, daß die Korrespondenz zwischen beiden Bereichen kompliziert ist, daß sie sich nicht auf die Erwartung praktischer Musikpädagogik beschränkt, durch wissenschaftliche Musikpädagogik anwendbare Auskünfte zu erhalten. Denn wissenschaftliche Musikpädagogik ist von Haus aus nicht auf direkte Lieferung von Hilfen für Unterrichtspraxis angelegt. Gerade da, wo sie Problemen am detailliertesten und methodisch mit höchstem Maße an Genauigkeit nachgeht, steht sie der Praxis scheinbar am fernsten, wie sie andererseits dann, wenn sie direkt für Unterrichtspraxis produziert, sich von wissenschaftlichen Gesetzmäßigkeiten am weitesten enfernt. Sache der wissenschaftlichen Musikpädagogik sind die kleinen Fortschritte des Wissens, das

Erproben und Ausbauen geeigneter Forschungsmethoden, die zunehmende Genauigkeit des Fachgesprächs, die stetige Vertiefung des fachlichen Nachdenkens. Man erfaßt die Funktion wissenschaftlicher Musikpädagogik erst, wenn man sich von dem Dogma des direkten Praxisbezuges, der unmittelbaren Anwendbarkeit löst. Gerade um letztlich der praktischen Musikpädagogik von Nutzen sein zu können, ist Voraussetzung, daß die traditionell weitreichende Kongruenz des wissenschaftlichen und des praktischen Bereiches aufgehoben und die jeweilige Eigenart beschrieben wird; nur auf solche Weise können tradierte Konflikte aus Theorie-Praxis-Beziehungen in der Musikpädagogik relativiert werden. In der traditionellen Unterscheidungsschwäche zwischen den beiden Bereichen, entstanden vor allem aus kurzschlüssigen Theorie-Praxis-Verquickungen in der Lehrerausbildung, ist wohl eine weitere Ursache unserer Schwierigkeiten betreffs pädagogischen Umganges mit Musik zu suchen.

Wissenschaftliche und praktische Musikpädagogik haben verschiedene Funktionen. Doch beide zeigen Neigung, sich zu rasch zu umarmen. Die besonders großen methodischen Schwierigkeiten einer Musikstunde lassen Musiklehrer immer wieder auf neue Hinweise, auf „gesicherte" Auskünfte für die Unterrichtstätigkeit hoffen. Seitens der wissenschaftlichen Musikpädagogik führen Wünsche nach rascher Wirksamkeit und greifbaren Ergebnissen zu manchen unechten Präsenten an die Praktiker; doch hat man hier solche Präsente auch stets ungeprüft konsumiert, nachträglich erst die Folgen beklagend. Manche gegenwärtige Emotion in den Theorie-Praxis-Beziehungen der Musikpädagogik ist daraus zu erklären, die Neigung, praxisferne „Theorie" zum Sündenbock heutiger Schwierigkeiten der Schulmusik zu machen; auch manches Alibi für theoretische Abstinenz fand hier seine Nahrung. Doch schwerer wiegt wohl, daß die traditionell zwischen Nachdenken und Praxis gleitende Vermittlungsliteratur Vorstellungen von Kongruenzen wissenschaftlicher und praktischer Musikpädagogik enthält und damit den Blick für die spezifischen Funktionen beider Bereiche und die jeweils eigenen Maßstäbe trübt; die Eigenarten wissenschaftlicher und praktischer Musikpädagogik bleiben verwischt. Der Sinn wissenschaftlicher für praktische Musikpädagogik führt über die Erweiterung von Wissen und Einsichten hinaus in die Entwicklung von Vorsicht gegenüber unbegründeten Meinungen, gegenüber Generalisierungen, in die Ausbildung von Urteilsfähigkeit bei den eigenen Unterrichtsentscheidungen, von Fähigkeiten, das Einzelne einordnen und beurteilen und stets die Mannigfaltigkeit der Gesamtheit der Aufgaben im Blick behalten zu können.

Das musikpädagogische Theorie-Praxis-Problem wird wohl auf Dauer nur zu lösen sein, wenn praktische und wissenschaftliche Musikpädagogik ihre jeweils eigenen Funktionen wahrnehmen und verantworten. Gerade der Theoretiker, der Musik liebt und genauso wie der Praktiker den Sinn seiner Arbeit in der vermittelnden Weitergabe von Musik sieht, müßte ja die Praxis mißachten, wenn er ihr nur die Durchführung vorgegebener Denk- und Unterrichtsmodelle zumutet. Wissenschaftliche Musikpädagogik steht in einem künstlerisch intentionierten und pädagogisch beobachtenden Spannungsverhältnis zur praktischen Musikpädagogik, das Nachdenken über pädagogischen Umgang mit Musik instrumentalisierend, doch ohne einen Zauberzylinder voller musikpädagogischer Grundsätze. Wir haben heute mitunter Musiklehrer, die sich wissenschaftlich gerieren, und Wissenschaftler, die sich als Praktiker gerieren. Doch wir brauchen Musiklehrer, die unterrichten können, und Musikpädagogen, die an der Entwicklung wissenschaftlicher Musikpädagogik mithelfen. Dazu wünschte man, daß die Musiklehrer durch ihre Ausbildung in der Lage seien, die Eigengesetzlichkeiten wissenschaftlicher Musikpädagogik zu verstehen, Probleme zu entwickeln und

Ergebnisse sachgerecht zu diskutieren, und daß die Wissenschaftler Ursprünge ihrer Fragestellungen in der musikpädagogischen Praxis kennen. Die Eigenarten sind zu sehr eingeebnet worden. Man erweist aber wohl dem Musiklehrer in der Praxis mehr Respekt, wenn man seine eigene Verantwortung im Unterricht hervorhebt, statt ihn an der Leine kurzschlüssiger vorwissenschaftlicher Überraschungen zu führen. Im Grunde gibt es kein Theorie-Praxis-Problem der Musikpädagogik, es gibt vielmehr ein Theorie-Problem und ein Praxis-Problem, beide von beträchtlichem Ausmaß. Das Theorie-Problem reicht von der sprachlichen Exaktheit bis zur Zuordnung methodischer Beiträge der Forschungsarbeit, das Praxis-Problem von der Effektivität des Musikunterrichts bis zur Einsicht in die Eigenart wissenschaftlicher Fragestellung und die Beurteilungsfähigkeit für Fachliteratur. Diese beiden Probleme bestimmen die Funktionen wissenschaftlicher und praktischer Musikpädagogik. Deren Unterschiede werden ausgesprochen, weil die Einsicht in diese Unterschiedlichkeit die Voraussetzung effektiver Arbeit in beiden Bereichen und damit sinnvoller Korrespondenz im musikpädagogischen Zusammenhang bedeutet.

Kapitel I:
Begründung der Musikpädagogik

1. Historische Begründungsversuche

1.1 Postulate

Die Wissenschaftsgeschichte der Musikpädagogik beginnt mit Postulaten nach einer – sehr allgemein verstandenen – theoretischen Grundlegung musikpädagogischer Praxis und führt in einer mit Beginn des 19. Jahrhunderts einsetzenden Entwicklung zu sich immer mehr verdichtenden Forderungen nach musikpädagogischer Theorie und schließlich nach Begründung musikpädagogischer Wissenschaft, auch diese in sehr genereller Weise verstanden. Erste monographische Arbeiten zur Wissenschaftsgeschichte der Musikpädagogik belegen die lange Tradition dieser Postulate in Schrifttum unterschiedlicher Art, von musikästhetischen Schriften bis zu Lehrwerken reichend, ihre Spannweite von Klagen über den Mangel an fachlichem Zusammenhang mit entsprechenden Forderungen bis zu Katalogen dringlicher Forschungsaufgaben und die in den Postulaten enthaltenen Unterschiede der inhaltlichen Vorstellungen von wissenschaftlicher Musikpädagogik (Abel-Struth, 1970).

Beginnt man die Beobachtung solcher Postulate in der ersten musikpädagogischen Reform im Zeichen J.H. Pestalozzis zu Beginn des 19. Jahrhunderts, so stößt man schon bei H.G. Nägeli auf Belege. Dessen Schriften implizieren, daß Methode von Gesangunterricht aus einem höheren geistigen Zusammenhang abzuleiten sei. Eben darin sehen die Zeitgenossen die herausragende Leistung H.G. Nägelis; sein erster Biograph, H. Löbmann, würdigt diesen Ansatz mit dem Titel seiner Arbeit: „Die Gesangbildungslehre ... in ihrem Zusammenhange mit der Ästhetik, der Geschichte der Pädagogik und der Musik“ (Löbmann, 1908). Und in seiner Ankündigung der Gesangbildungslehre betont H.G. Nägeli diesen Aspekt besonders, indem er den Musiker darauf aufmerksam macht, daß er „seinen alten Standpunkt ganz und gar verlassen (muß), um sonach ins Gebiet der Kunst und Kunstwissenschaft von einer ganz neuen Seite Eingang zu finden“; ihm wird Erkenntnis von „einem neuen, höheren Standpunkt“ aus versprochen (Nägeli, 1809). Tatsächlich hat H.G. Nägeli seine Forderungen bereits mit einer konzeptionellen Darlegung selbst zu verwirklichen versucht (Pfeiffer und Nägeli, 1810). H.J. Schattner verweist in seiner Nägeli-Arbeit auf diese neue konzeptionelle Zusammenschau H.G. Nägelis (Schattner, o.J. [1961]).

Zahlreiche Schriften des 19. Jahrhunderts implizieren solche Postulate mit Versuchen einer wissenschaftlichen Grundlegung des Musikunterrichts. K.Ch.F. Krause nennt die für Unterrichtsmethodik nötigen theoretischen Sachverhalte (Krause, 1808) und wird darum von W. Clemens (1959) und F. Reuter (1962) als Begründer wissenschaftlicher Musikpädagogik angesehen; doch rügt man andererseits auch, daß K.Ch.F. Krause noch keinerlei Zusammenhang des Fachgebietes zu stiften vermochte (Strauss in Krause, 1938). In der Mitte des 19. Jahrhunderts häufen sich die Postulate. Die Unzulänglichkeit von unreflektierter Unterrichtsmethode wird immer mehr bewußt, die Notwendigkeit des Denkbezugs immer deutlicher vertreten. O. Lange fordert im letzten Kapitel seiner Schrift „Die Musik als Unterrichtsgegenstand“, aus der Philosophie als wissenschaftlicher Grundlage der Musik Zusammenhänge auch mit der Musikdidaktik zu entwickeln (Lange, 1841). Auffällig stark zeigen sich solche Tendenzen im außerschulischen Musikunterricht. Im Zuge zunehmender Professionalisierung des privaten Musiklehrers und damit verbundenen Bedürfnissen nach Konsolidierung der beruflichen Ausbildung wächst die Einsicht, daß nicht nur das Spielen-Können, sondern auch das Lehren-Können mit dem gemäßen Wissen besonderer Ausbildung bedürfen (Roske, 1985). Die Denkschrift von A.B. Marx über die Organisation des Musikwesens im preußischen Staate und seine Schrift über „Die Musik des 19. Jahrhunderts und ihre Pflege" sind hier bedeutsam. Sie stellen einen hohen Anspruch an den Lehrenden, nicht nur hinsichtlich der fachlichen Kenntnisse und Geschicklichkeiten, sondern auch betreffs der „Empfänglichkeit für andere Künste (besonders Dichtkunst)", der „Einsicht in sie und ihre Werke, Geschichtskenntnisse, überhaupt allgemeinere Bildung betreffend ... Diese Vielseitigkeit ist Mittel und Bürgschaft für höhere Befähigung überhaupt, und gewährt dem Lehrer die unentbehrliche Geschicklichkeit, eine Sache von verschiedenen Seiten anschaulich zu machen" (Marx, 1848 und 1855). Während A.B. Marx die Geschicklichkeit des Musiklehrers als Folge einer vielseitigen Bildung sieht, nicht mit lehrspezifischer Theorie, sondern vielmehr durch allgemeine Bildung den Musiklehrer für seinen Unterricht geistig fördern möchte, strebt L. Ramann fachlichen Zusammenhang, die Verbindung von Erfahrungen und Grundsätzen an; „das Bewährte und Bleibende der musikalischen Unterrichtsmethoden (soll) zusammengefaßt und durch den Anschluß an die allgemeine Erziehungslehre erziehlich vertieft", praktische und theoretische Bestrebungen sollen integriert werden. Daraus erwächst ihre Forderung, die im Rückstand befindliche theoretisch-praktische Vorbereitung auf den Beruf durch eine allgemeine musikalische Erzieh- und Unterrichtslehre zu verbessern (Ramann, 1898). Doch spricht bei ihrer Forderung nach fachlichem Zusammenhang von musikalischer Unterrichtsmethode und Erziehungslehre auch das für ihre Zeit bestimmende Bestreben nach Anschluß des Musikunterrichts an allgemeine Erziehungsaufgaben mit.

Höchst nachdrücklich postuliert G. Schilling um die Mitte des 19. Jahrhunderts musikpädagogische Wissenschaft. Hier wird nun konkret die Eigenständigkeit eines theoretischen Umfeldes für Musikunterricht gefordert: „Und der Inbegriff dieser Regeln oder die eigentliche Theorie des Unterrichts heißt die Didaktik oder die Lehr- und Unterrichtswissenschaft, so wie der Inbegriff aller jener, von einem gewissen natürlichen Talent getragenen Fertigkeiten, die zur Ausübung oder Anwendung dieser Theorie gefordert werden, die eigentliche Lehrkunst oder Lehrgeschicklichkeit genannt wird". Und zugleich wird geklagt, daß nur in der musikalischen Literatur kein Buch über eine solche Unterrichtswissenschaft zu finden sei, während für alle anderen Bereiche des Wissens bis zum Lesen und Schreiben „sogenannte Pädagogiken, Didaktiken oder Methodologien" vorliegen. Musik brauche dies aber, weil sie nur dadurch – so sei es auch in den anderen Künsten und Wissenschaften – gefördert werden könne. Zu den weiteren Argumenten G. Schillings für eine musikpädagogische Wissenschaft gehört, daß nur durch solche Studien der Lehrer in den Stand versetzt werde, nicht mechanisch die einmal gelernten Methoden zu wiederholen, sondern sie flexibel zu handhaben. Auch die Notwendigkeit theoretischer Sicherheit als Voraussetzung für die Überwachung von Unterricht wird Mitte des 19. Jahrhunderts von G. Schilling als Argument zur Unterstützung seiner Forderungen nach musikpädagogischer Wissenschaft herangezogen (Schilling, 1851). R. Hasenclever fügt solchen Argumenten bei seiner Forderung nach einer theoretischen Grundlegung des Musikunterrichts hinzu, daß man zunächst Zweck und Methode der musikerzieherischen Aufgaben zu untersuchen und zu bestimmen habe, bevor man sich über unbillige Behandlung seitens der Behörde beklage (Hasenclever, 1873).

Seit Beginn unseres Jahrhunderts vollzieht sich zunehmend musikpädagogisch relevante Forschungsarbeit. Die vielfältige disziplinäre Beteiligung an dieser Forschung wendet nun die facheigenen Postulationen in Richtung auf eine spezifisch musikpädagogische Forschung. Die damit beginnenden Probleme sah G. Schünemann in seinem Beitrag zu „Gegenwartsfragen der Musikerziehung" weise voraus: „Es gibt Musikerzieher, die alles Heil von der praktischen Arbeit erwarten und jedem Theoretisieren und Wertesetzen aus dem Wege gehen, und es gibt wieder Musikwissenschaftler, die eine drohende neue Disziplin der Musikerziehung nicht ernst nehmen wollen" (Schünemann, 1928 a). Doch trotz Ablehnung und Skepsis zeigt neben der Forschungsliteratur auch die breitere Diskussionsliteratur der zwanziger Jahre, daß das eigene wissenschaftliche Fachgebiet, wenn auch mit unterschiedlichen Vorstellungen, zunehmend selbstverständlicher vertreten bzw. vorausgesetzt wird. Maßgebliche Musikpädagogen der zwanziger Jahre vertreten die Notwendigkeit grundlegender musikpädagogischer Forschungsarbeit in disziplinärem Zusammenhang; dies gilt nicht nur für die Exponenten einer rational und konkret arbeitenden Musikpädagogik wie F. Reuter oder R. Wicke, sondern auch für einen Reformer aus dem Geist der Jugendbewegung wie L. Kestenberg, der für seine Musikpädagogische Akademie auch ein Musikpädagogisches Forschungsinstitut vorsieht (Kestenberg, 1921). Die Forderung nach einer musikpädagogischen Wissenschaft — so unterschiedlich auch die Vorstellungen im einzelnen waren — ist in den zwanziger Jahren fachliches Allgemeingut.

Nach dem zweiten Weltkrieg wird die Musikpädagogik der Bundesrepublik stark von restaurativen Tendenzen, Bemühungen um Wiederbelebung einer „heilen Musikerziehung" der musischen Jahre bestimmt. Die Überwindung musischer Restauration führt zu einer materialbezogenen und materialwissenschaftlich orientierten Musikdidaktik. Erst mit der Gründung des Arbeitskreises Musikpädagogische Forschung und durch dessen ersten Kongreß 1969 in Köln treten die Forderungen nach einer wissenschaftlichen Musikpädagogik wieder voll in das fachliche Blickfeld. Als neue Form der Postulate erscheinen Kataloge der Forschungsaufgaben (Alt, 1964; Noll, 1964; Friedrichs, 1975). Beginnende Auseinandersetzungen über die Berechtigung der Postulate werden durch die praktische Entwicklung überrollt. Die seit Beginn des 19. Jahrhunderts erhobenen Forderungen nach dem eigenen wissenschaftlichen Fachgebiet Musikpädagogik erfüllen sich zumindest formal durch die Einrichtung des Faches Musikpädagogik an pädagogischen, dann wissenschaftlichen sowie künstlerischen Hochschulen, dem zunächst durch die Lehrerausbildung im Fach Musik eine spezifische Aufgabe gestellt wird. Das Fach Musikpädagogik wurde in den Fächerkatalog von Hochschulen aufgenommen und hat sich damit in Forschung und Lehre zu erweisen.

1.2 Bemühungen um Institutionalisierung musikpädagogischer Forschung

Die Forderungen nach einer musikpädagogischen Wissenschaft reichen weit ins 19. Jahrhundert zurück. Doch Bestrebungen, musikpädagogische Forschung zu institutionalisieren, ihr feste Einrichtungen zu schaffen, scheinen erst mit der sog. Kestenberg-Reform der zwanziger Jahre aufgekommen zu sein. L. Kestenberg selbst gibt in seiner „Denkschrift" die ersten Anstöße. Er geht von einer strikten Aufgabentrennung zwischen der „die reine Wissenschaft pflegenden Universität, der die künstlerisch-professionelle Elite ausbildenden Musikhochschule und einer Musikpädagogischen Akademie" aus, in der die „pädagogisch-musikalischen Aufgaben" im Mittelpunkt stehen.

Noch in seinen Lebenserinnerungen von 1961 tritt L. Kestenberg für eine solche eigenständige musikpädagogische Institution ein (Kestenberg, 1961).

Die musikpädagogische Akademie soll die Ausbildung von Musiklehrern für alle Schultypen übernehmen und insgesamt praktisch, auf das Berufsziel hin, angelegt sein. Sie soll nach L. Kestenbergs Vorstellung in folgende Abteilungen gegliedert werden: Praktische Fächer, pädagogische Fächer, theoretische Fächer und musikpädagogisches Forschungsinstitut. Den Auftrag dieses musikpädagogischen Forschungsinstitutes sieht er in experimentellen Versuchen und psychologischen Beobachtungen im Sinne von Grundlagenforschung für eine wissenschaftlich begründete Musikpädagogik: „Der Umkreis der Aufgaben, die hier zu erforschen sind, scheint unbegrenzt. Steht doch die Musikpädagogik nach der experimentellen, psychologischen und physiologischen Seite hin noch in den ersten Anfängen und fehlt doch noch immer eine Stelle, bei der alle Fragen und Interessenkreise zusammenlaufen". Die Forschungsarbeit soll in Kontakt mit der Lehrtätigkeit erfolgen und Fragen der Unterrichtstätigkeit einbeziehen. Welche Bedeutung L. Kestenberg diesem vorgeschlagenen musikpädagogischen Forschungsinstitut beimißt, zeigt eine abschließende Bemerkung: „Das Musikpädagogische Forschungsinstitut könnte eine gemeinsame Grundlage und damit eine Zentralstelle für die gesamte musikpädagogische Bewegung schaffen" (Kestenberg, 1921).

Intention und Argumente L. Kestenbergs haben zu ihrer Zeit ein kräftiges Echo gefunden; wir begegnen in der zeitgenössischen Literatur Wiederholungen und Abwandlungen seiner Grundgedanken. Das 1915 gegründete Zentralinstitut für Erziehung und Unterricht, von L. Kestenberg selbst als der verlängerte Arm des Ministeriums bezeichnet, entwickelte Initiativen. Seine 1921 eingerichtete Musikabteilung begründete die Tradition der Reichsschulmusikwochen. In deren Rahmen entwickelte G. Schünemann seine Unterscheidung experimenteller und erkenntnistheoretischer Musikerziehung, hier berichtet er auch von einer an der Hochschule für Musik eingerichteten Zentralstelle für Fragen der Musikbegabung, spezialisiert auf musikalische Eignungsprüfungen, die sich allerdings nach seiner eigenen Aussage keiner längeren Lebensdauer erfreute (Schünemann, 1927). Das Zentralinstitut richtete eine ständige Musikberatungsstelle ein, die Auskunft in allen Fragen der musikalischen Berufsausbildung und des Musikunterrichts erteilte. Die Musikabteilung des Zentral-Instituts nahm auch die Pflege der Beziehungen zum Ausland auf musikpädagogischem Gebiet wahr, verbunden mit Informationskursen für Ausländer (Braun, 1957). Wie man auch bereits bestehende Institutionen auf Aufgaben musikpädagogischer Forschung zu lenken verstand, zeigt der Kongreßbericht der Reichsschulmusikwoche von 1922, wo Forschungsergebnisse der Akustik in den Zusammenhang der „Lösung von Aufgaben eines künftigen Musikpädagogischen Forschungsinstitutes" gebracht werden (Schaefer, o.J. [1922]). Auch W. Kühn plädiert im gleichen Zeitraum für die Notwendigkeit staatlicher Finanzierung eines musikpädagogischen Forschungsinstitutes, dazu für die Einrichtung von Lehrstühlen für Musikpädagogik bzw. musikpädagogischer Abteilungen an Hochschulen und Konservatorien; er verweist auch auf die Notwendigkeit einer „geeigneten Stelle zur Sammlung und Fruchtbarmachung" von musikpädagogisch relevanten Forschungsergebnissen (Kühn, 1925).

Im Zuge musikpädagogischer Restauration nach dem zweiten Weltkrieg wird auch der Aspekt institutionalisierter musikpädagogischer Forschung wieder aufgegriffen, doch unter veränderten Vorzeichen. G. Götsch setzt sich 1927 mit einer Denkschrift für die Gründung eines „Volkshauses" ein, das „kaum eine Pflegestätte der Wissenschaft, vielmehr ein Ort der Besinnung und Ordnung der Kräfte sein" solle. Das daraus erwachsene Musikheim in Frankfurt/Oder wird gemäß der Ansprache G. Götschs zur Grundsteinlegung im Dienst von „Ergänzungsbildung, Erwachsenenbildung" gesehen, als „Sammelstätte der Musikbewegung" (Götsch, 1980 a und b). Erst in der „Denkschrift zur Errichtung einer Musischen Akademie" klingen andere Töne an: „Sie (die Ziele und Aufgaben einer Musischen Akademie) können sich nicht begnügen mit dem Neuesten, das rasch veraltet, mit zeitverhafteten Doktrinen, die bald in ihr Gegenteil umschlagen, sondern müssen sich gründen auf das Dauerhafte im Menschen, auf das mächtige, wenn auch erst Wenigen vollbewußte geistige Streben unseres Jahrhunderts, das nach Erfüllung drängt. Das Nahe und Greifbare soll gewiß ganz nüchtern gemeistert, aber es muß zugleich auf weite Horizonte ausgerichtet werden. Deshalb muß eine Musische Akademie nicht bloß Stätte der Lehre und Übung, sondern auch der Forschung, Erprobung und Begegnung sein". Die einzigen spezielleren Angaben über den Charakter solcher Forschung sind in den Verweisen zu finden, daß sich „unerwartete Energien" bei der Begegnung von Kunst und Wissenschaft bilden können und eine gültige Theorie der musischen Bildung entwickelt werden müsse (Götsch, 1956). Auch in der Einstellung zum wissenschaftlichen Bereich und seiner Institutionalisierung scheint die Restauration „musischer" gewesen zu sein als die Reformbewegung selbst. Demgemäß entwickeln sich die nach dem zweiten Weltkrieg entstandenen Musischen Akademien konsequent als Pflegestätten praktischer Arbeit. Der Gedanke eigener Forschungsinstitute oder von Forschungsabteilungen an den Akademien wird nicht mehr aufgegriffen. In Österreich kann 1965 an der Akademie für Musik und darstellende Kunst ein musikpädagogisches Forschungsinstitut gegründet werden, das seinen Schwerpunkt in musiksoziologischer Forschung sieht (Blaukopf, 1965/1966).

Seit Ende der sechziger Jahre beginnen Fachverbände und Organisationen zunehmend für wissenschaftliche Musikpädagogik einzutreten. Während in den Aufrufen und Denkschriften der Arbeitsgemeinschaft für Musikerziehung und Musikpflege des Deutschen Musikrates zwischen 1953 und 1964 unter den dringlichsten Forderungen kein Hinweis auf Notwendigkeiten wissenschaftlich-musikpädagogischer Arbeit zu finden ist, wird 1967 in den (in Freiburg/Brsg. erarbeiteten) Vorschlägen des Verbandes Deutscher Schulmusikerzieher zu der Empfehlung der Kultusministerkonferenz zur Förderung der Musikpflege und der Musikausbildung erstmals die Notwendigkeit musikpädagogischer Forschung und entsprechender Einrichtungen ausgesprochen (Präsidium des Deutschen Musikrates, 1968); unter den langfristigen Planungen werden Institutionalisierung und Konzentrierung von Forschung in der Musikerziehung und die Errichtung eines zentralen Instituts für musikpädagogische Forschung in jedem Bundesland gefordert. Auf der 10. Generalversammlung des Deutschen Musikrates 1968 in Stuttgart wird der Antrag eingebracht: „Der Deutsche Musikrat wird gebeten, sich verstärkt um den Aufbau einer Institution zu bemühen, die sich in Angliederung an eine Musikhochschule oder Universtität wissenschaftlicher musikpädagogischer Grundlagenforschung widmet" (Deutscher Musikrat, 1968). Seitdem ist der Gedanke eines speziellen musikpädagogischen Forschungsinstitutes nicht mehr verfolgt worden; die Forschungsarbeit an den einzelnen musikpädagogischen Hochschulinstituten entwickelt sich je nach Auffassung und Initiative der dort tätigen Hochschullehrer.

Eine von vielen fachlichen Hoffnungen begleitete Einrichtung ist der Arbeitskreis musikpädagogische Forschung (AMPF), der 1964 dank des Einsatzes von M. Alt als Arbeitskreis Forschung in der Musikerziehung seine Arbeit aufnahm, zunächst getragen von der Arbeitsgemeinschaft Musikerziehung und Musikpflege des Deutschen Musikrates. 1969 veranstaltete der Arbeitskreis seine erste öffentliche Tagung unter dem Thema „Empirische Forschung in der Musikpädagogik". Seit 1969 veröffentlicht der Arbeitskreis Berichte seiner Arbeitstagungen, zunächst unter dem Titel „Forschung in der Musikerziehung", seit 1980 unter dem Titel „Musikpädagogische Forschung". Auch andere Fachverbände haben auf Kongressen Themen wissenschaftlicher Musikpädagogik aufgegriffen, so die Bundesfachgruppe Musikpädagogik und der Verband Deutscher Schulmusikerzieher, der 1982 im Rahmen seiner Bundesschulmusikwoche in Berlin ein Symposium „Musikpädagogik als Wissenschaft" veranstaltete (Ehrenforth, 1983). 1984 nahm die „Wissenschaftliche Sozietät Musikpädagogik" ihre Arbeit auf; sie hat sich neben Symposien zur Förderung wissenschaftlicher Musikpädagogik und entsprechenden Auslandskontakten auch die Einrichtung musikpädagogischer Forschungsstellen an Hochschulen zur Aufgabe gesetzt.

Auf internationaler Ebene wird wissenschaftliche Musikpädagogik durch die Internationale Gesellschaft für Musikerziehung (ISME) vertreten, die im Juni 1934 in Prag ihre Tätigkeit aufnahm, dort 1936 ihren ersten Kongreß veranstaltet, dem 1937 ein zweiter Kongreß zum Thema Jugendkonzert und noch ein dritter Kongreß zu musikalisch-heilpädagogischen Fragen folgt. Erst 1953 kann von der wieder gegründeten Internationalen Gesellschaft für Musikerziehung die Reihe der Kongresse fortgesetzt werden. Seit 1968 besteht im Rahmen der Gesellschaft ein spezielles Seminar für musikpädagogische Forschung, das seit einer ersten, von A. Bentley initiierten Veranstaltung in Reading, in zweijährigen Abständen jeweils in einem anderen Land ein Forschungsseminar veranstaltet, das einem geladenen Kreis internationalen Austausch ermöglicht. Bis 1984 konnten insgesamt zehn Forschungsseminare veranstaltet werden. Die Forschungsberichte erscheinen jeweils in Fachpublikationen des gastgebenden Landes.

1.3 Typologie musikpädagogischer Begründungsversuche[1)]

Der Versuch, aus der geschichtlichen Entwicklung des Faches Musikpädagogik dauerhafte, charakteristische Ansatzweisen herauszulösen, stößt auf die Schwierigkeit, daß jeweiliges wissenschaftliches Selbstverständnis weniger formuliert als vielmehr exemplifiziert wurde, und dadurch ein Material zur Betrachtung ansteht, das nicht nur zahlreiche Überschneidungen, sondern auch erhebliche Interpretationsprobleme enthält; Wechselhaftigkeiten in der Position der einzelnen Autoren im Zusammenhang sich wandelnder gesellschaftlicher Situationen bringen zusätzliche Fragen ein. Dennoch kann die Aufstellung typischer historischer Begründungsversuche gegenwärtige Positionen wissenschaftlicher Musikpädagogik aus ihrer Herkunft erhellen, vielleicht auch ihr Selbstverständnis als traditions- oder gruppenbedingt aufweisen. Die Untersuchung des historischen Materials hat die Rückführung auf fünf unterschiedliche Typen des wissenschaftlichen Selbstverständnisses der Musikpädagogik veranlaßt.

Aus den Bemühungen um eine wissenschaftliche Musikpädagogik wird zunächst der Typus herausgelöst, für den die Vorstellung charakteristisch ist, daß eine theore-

1) Veränderte, stark gekürzte und zusammenfassende Wiedergabe von Kapitel III, Musikpädagogische Anfänge in struktureller Darstellung, meiner Schrift: Materialien zur Entwicklung der Musikpädagogik als Wissenschaft. Zum Stand der deutschen Musikpädagogik und seiner Vorgeschichte. Mainz 1970. S. 81 ff. = Musikpädagogik, Forschung und Lehre. Hrsg. von S. Abel-Struth. Bd. 1

tische Grundlegung zu gewinnen sei, wenn man die sachlich in Frage kommenden Ergebnisse anderer Disziplinen zusammenfasse. Dies ist der Typus einer Musikpädagogik als Addition. Der Ansatz ist alt. Er begegnet beispielsweise bei dem in der Fachliteratur gelegentlich (deshalb) als Begründer wissenschaftlicher Musikpädagogik bezeichneten Philosophen und Ästhetiker K.Ch.F. Krause. Dessen Schriften umfassen einen „Abriß der Ästhetik oder der Philosophie des Schönen und der schönen Kunst", ein „System der Ästhetik" und „Anschauungen oder Lehren und Entwürfe der Höherbildung des Menschheitslebens", dazu „Darstellungen aus der Geschichte der Musik", „Anfangsgründe der allgemeinen Theorie der Musik" und schließlich eine „Anleitung zum Klavierspiel". Doch sind diese Gebiete jeweils für sich abgehandelt, ohne Bezug aufeinander, so daß sie insgesamt eine lediglich additive Reihung von Ästhetik, Akustik, musikalischer Fachlehre mit einer (sehr subjektiven) Klaviermethodik darstellen (Krause, 1808, 1882, 1890 – 1902, 1911, 1937 und 1938). Auch ein Lehrwerk wie I. Loehners „Musik als human-erziehliches Bildungsmittel" vertritt einen additiven Typus von Musikpädagogik, eine Reihung von physikalischen, physiologischen und psychologischen Tonlehren, von theoretischen und geschichtlichen Lehren, von Musikgeschichte, musikalischer Biographik, Ästhetik und schließlich Fragen richtiger Reproduktion und „wissenschaftlichen Studiums des Klaviers"; die Forderung I. Loehners nach Wissenschaftlichkeit der Musikpädagogik ist letztlich Aufforderung, die Erforschung dieser einzelnen Zweige zu verstärken und die Ergebnisse dieser Forschungen zugänglich zu machen (Loehner, 1886).

Am stärksten scheint diese Vorstellung, daß sich aus der Zusammenfassung anderer Disziplinen oder ihrer Teilergebnisse Musikpädagogik gewinnen lasse, im Umkreis der Ausbildung und Fortbildung von Musiklehrern verbreitet zu sein; dies ist aus der speziellen Literatur vielfach zu belegen. Als charakteristisches Beispiel dürfen die „Handbücher der Musiklehre" angesehen werden, die von 1908 bis 1937 auf Anregung des Musikpädagogischen Verbandes zum Gebrauch an Musiklehrer-Seminaren und für den Privatunterricht von X. Scharwenka herausgegeben wurden (Below, 1907; Scharwenka, 1917). Typisch ist insbesondere J. Belows „Leitfaden", in dem ohne jeden Bezug aufeinander und ohne jeden Bezug zu Musikpädagogik oder Musikunterricht Ausschnitte aus dem System und Ergebnisse der genannten Disziplinen aneinandergereiht werden, offensichtlich in der Vorstellung, daß deren stoffliche Addition der Ausbildung des Musiklehrers diene (Below, 1907). Ein weiteres Beispiel solcher additiv-enzyklopädischer Vorstellung von Musikpädagogik ist auch die „Pädagogik für Musiklehrer" von A. Herget und H. Wolf. A. Herget, der Pädagoge, schreibt den ersten, der „Psychologie und damit in Beziehung stehenden Grundwissenschaften" gewidmeten Teil, H. Wolf als Musikpädagoge den zweiten Teil: „Musikalische Erziehungslehre", „Musik-Unterrichtslehre" und „Einführung in das technische Studium". Charakteristisch für das hier zugrunde liegende wissenschaftliche Selbstverständnis von Musikpädagogik dürfte sein, daß trotz der im Vorwort hervorgehobenen Absicht, den psychologischen Teil „vom musikpädagogischen Standpunkt aus" darbieten zu wollen, letztlich eine rein psychologische Abhandlung geleistet wird, der eine knappe Seite mit der Überschrift „Musikpädagogisches zu dem Gesagten" angefügt wird. Im pädagogischen Teil der Schrift wird ein System musikalischer Didaktik angezielt, doch das Ergebnis ist eine allgemeine Didaktik mit gelegentlichen musikdidaktischen Folgerungen. Dennoch sehen die beiden Autoren ihr Buch als den ersten Versuch an, „das notwendige didaktische Wissen auf rein musikalischer Grundlage, andererseits die technische Erziehung und darüber hinaus die Erziehung zu seelischer Betätigung und die damit zusammenhängenden musiktheoretischen Probleme . . . auf didaktischer Grundlage“ darzustellen (Herget und Wolf, 1929). Mehr als das Ergebnis anderer Disziplinen, und dies knapp zusammengefaßt und mit einigen musikdidaktischen Folgerungen versehen, wird von Musikpädagogik nicht erwartet.

Die additive Vorstellung von Musikpädagogik im Sinne einer zusammenfassenden Sammlung alles dessen, was ein Musiklehrer im ästhetischen, musikgeschichtlichen, psychologischen und pädagogischen Bereich können und wissen solle, ist durchaus auch in den Reformjahren wirksam. Sie hat den Inhalt der „Musikpädagogischen Bibliothek“ bestimmt, als deren Programm L. Kestenberg im Geleitwort von 1928 angibt, daß sie „den werdenden und den im Beruf bereits stehenden Musikpädagogen auf eine möglichst 'gesammelte' und übersichtliche Art das Material zum Studium“ verschaffen solle (Preußner, 1929 und 1959). Die gleiche additive Vorstellung von Musikpädagogik ist nun unschwer auch als das Prinzip zahlreicher nach 1945 entstandener Publikationen sowie von Tagungsprogrammen zu erkennen. Es bestimmt bis heute auch musikalische Ausbildungspläne, wenn die Reihung Pädagogik – Psychologie – Ästhetik – Soziologie usw. die musikpädagogische Lehre und Forschung vertritt. Die Problematik des additiven Typus von Musikpädagogik wird wohl in der Lehre am deutlichsten erkennbar. Die genannten Wissenschaften sind zunächst eigene Disziplinen mit eigener Systematik und Methode. Dazu können sie auch Hilfswissenschaft für eine andere Disziplin sein, doch nur, wenn diese spezielle Problementwicklungen und Lösungsansätze aus dem eigenen Gegenstand leistet. Denn man kann andere Wissenschaften nicht in direkter Weise „anwenden“, ohne sich der Gefahr auszusetzen, durch Anschluß an fremde Systeme und Methoden die eigenen Inhalte zu verfälschen, ganz zu schweigen von den Gefahren, die dadurch entstehen, daß mit einer Reihung von sogenannten Einführungen in wissenschaftliche Disziplinen diese selbst nur dilettantisch aufgefaßt werden können und dadurch zusätzliche Ausbildungsprobleme formaler Art entstehen.

Ein zweiter Typus der Begründung des Faches Musikpädagogik zeigt sich in Vorstellungen einer Kooperation von Musik und Pädagogik, die sich auf beiden Seiten entwickelten und bereits eine lange Geschichte aufweisen. Der kooperative Schwerpunkt beider Fachgebiete ist in der Didaktik entstanden, wobei sich sehr unterschiedliche Arten des gegenseitigen Bezugs ergaben und noch ergeben. Um diese unterschiedlichen Arten vollständig erfassen und ordnen zu können, bedarf es noch vieler historischer Studien; doch sind Modelle bereits erkennbar. H.G. Nägeli hat nichts geringeres versucht als die Konzeption einer (musikalischen) Kunstwissenschaft, der Menschenbildung immanent sei. Sein pädagogisch-ästhetischer Ansatz ist das gemeinsame System von Menschen- und Kunstbildung, sein didaktischer das Aufschließen des Menschen für Kunst. Die Kooperation in der Theorie wird jedoch in der Praxis, nämlich durch seine Methodik, negativ gewendet, da H.G. Nägeli im Anschluß an Pestalozzis Elementarmethode auch im Gesangunterricht mit „Elementen“ (hier Einzeltönen) beginnt, in der Kooperation mit der Pädagogik also letztlich das Phänomen Musik selbst mißachtet und dadurch im praktischen Bereich statt Kooperation von Musik und Pädagogik eine Reduzierung von Musik durch Pädagogik vollzogen wird (Nägeli, 1809 und 1983; Pfeiffer und Nägeli, 1810). Die meisten historischen Bemühungen um Bezüge zwischen Musikpädagogik und Erziehungswissenschaft gehen jedoch von der viel pragmatischeren Auffassung von Musik als einem Erziehungsmittel aus. Charakteristisch für diese Vorstellung sind in der älteren Literatur L. Ramanns Schriften (Ramann, 1868, 1873 und 1898). Mit dem Erziehungsziel der

Musik wird von ihr der Anschluß an die allgemeine Didaktik begründet; der musikalische Unterricht ist dann fruchtbar, wenn er „als allgemeines Erziehungsmittel gesehen wird“, und eben darum muß er sich „in seinem Ideal und Ziel“ der Erziehungsidee einordnen und sich mit ihr vereinen (Ramann, 1868). Die gleichen Gedanken sind bei I. Loehner zu finden: „Der wahre Werth des Musicierens besteht nicht darin, daß man musiciere, sondern wie und was man musiciere. Deshalb wird die richtige Verwertung der musikalischen Bildung zu einem integrierenden Bestandteil der allgemeinen Bildung erst dann voll und wahr erreicht werden, wenn einseitige Gesichtspunkte mechanischer Fertigkeiten verlassen und die Erlangung einer allgemeinen musikalischen Bildung angestrebt wird, welche die Gemüths- und Verstandeskräfte der Ausübenden gleichzeitig und gleichheitlich in Anspruch nimmt, angespannt und erziehlich vertieft“ (Loehner, 1886). Diese Denkweise, die Auffassung von Musik als einem Bildungs- und Erziehungsmittel, die darum Gegenstand kooperativer Bemühungen von Kunst und Pädagogik ist, hat seit dem 19. Jahrhundert die Musikpädagogik begleitet; es änderten sich lediglich die erzieherischen Zielvorstellungen und der Grad der begrifflichen bzw. systematischen Abhängigkeit. Doch hat die Musikpädagogik des 19. Jahrhunderts die Hinwendung zum Erziehungsdenken als ihre Leistung empfunden, als die „Reform“ gegenüber einem als mechanisch empfundenen musikalischen Ausbildungsstil des 18. Jahrhunderts.

Die Verbindung von Musikpädagogik und erzieherischem Denken verengt sich zu Beginn unseres Jahrhunderts einerseits auf begriffliche Verknüpfung und methodische Regelung, andererseits führt sie die Entwicklung musikalischer Bildungstheorie weiter. Die auf Methodik reduzierende Literatur ist außerordentlich umfangreich. Charakteristische Beispiele geben G. Rolle, der allgemeindidaktische Begriffe wie Lehrverfahren, Lehrgang, Lehrmittel u.a. zum Ausgang seiner Gliederung wählt (Rolle, 1924), sowie C. Eitz, der terminologische Hilfe von der Pädagogik beansprucht, damit eine gemeinverständliche Basis für alle Pädagogen ermöglicht werden könne. „Der Zweck dieser Arbeit ist es“, sagt C. Eitz, „die so notwendige Wechselwirkung zwischen allgemeiner Pädagogik und der Methodik des Schulgesangunterrichts herzustellen“ (Eitz, 1924). Für die eine weiterreichende Theorie anzielende Kooperation von Musikpädagogik und allgemeiner Pädagogik ist charakteristisch, daß sie zu praktizierter Kooperation auch eine Reflexion über das Verhältnis zwischen Musikpädagogik und Pädagogik einführt. Diese Diskussion ist schon um die Jahrhundertwende wach geworden. Den zahlenmäßig weit überwiegenden Stimmen für Kooperation mit der Pädagogik stehen bereits solche entgegen, die musikalische Bildung aus dem Aufbau der Musik selbst und ihrer Theorie entwickeln wollen. Hier ist P. Natorp der frühe Verfechter einer Denkweise, die musikalische Bildung aus Musik selbst und ihrer Theorie entwickeln will: „Die ästhetische Bildung hilft zur sittlichen so und nur so, wie in ihrem harmonischen Verein alle seeelischen Kräfte einander helfen; aber eben zu dieser Harmonie ist, wie zur musikalischen, erforderlich, daß die Elemente, unter denen die Harmonie stattfinden soll, sich nicht verwirren, sondern deutlich gegeneinander abheben. Gerade je reiner die ästhetische Wirkung als solche zur Geltung kommt, um so reiner wird sie zur harmonischen Entfaltung des ganzen menschlichen Wesens, und damit auch zur sittlichen Bildung beitragen. Wenn dagegen das Ästhetische als solches nicht zu seiner reinen Wirkung gebracht wird, indem man es ganz ins Sittliche hinüberzieht und den sittlichen Maßstab, der ihm an sich fremd ist, unterwirft, so wird es als Ästhetisches überhaupt zunichte gemacht“ (Natorp, 1927). Seitdem sind, bei aller Befürwortung der Kooperation mit allgemeiner Pädagogik, die Fragen nur immer zahlreicher geworden, auf welche Weise eine solche Kooperation möglich sei (Abel-Struth, 1969). Seit den

Jahren der ersten musikpädagogischen Reform wird für den Musiklehrer die Kenntnis allgemeinen Erziehungsdenkens bzw. -willens als notwendig gesehen und zugleich davor gewarnt, sich nicht an „ein klug errechnetes System" anzuschließen, sondern durch die Erziehungswissenschaften „die wichtigsten Ideen zu begreifen, um sie als innerliches Ziel jeder Erziehungsabsicht zu pflegen" (Preußner, 1929).

Für die Gegenwart ist charakteristisch, daß der enge Anschluß an die Erziehungswissenschaften an Problematik nichts verloren, aber dennoch an Selbstverständlichkeit gewonnen hat. Zunehmend ist neben die Pädagogik aber auch die Musikwissenschaft als Partner der Musikpädagogik getreten. Diese, schon bei P. Natorp anklingende Relativierung der Pädagogik hat M. Alt am differenziertesten formuliert. M. Alt schließt eng an die Erziehungswissenschaften an („die Didaktik der Musik ist also eine Disziplin wissenschaftlicher Pädagogik"), aber er warnt zugleich davor, die Prinzipien der allgemeinen Didaktik unkritisch auf die Musik zu übertragen („eine unkritische Übertragung der Prinzipien der allgemeinen Didaktik auf den Gegenstandsbereich Musik kann diese einheimischen Fragestellungen nicht beantworten, wenn auch deren inzwischen erreichter Bewußtseinsstand Richtschnur für eine fachliche Didaktik sein müßte"). Doch zusätzlich wird nun von M. Alt das Wechselverhältnis zur Musikwissenschaft hervorgehoben: „Aber das Wechselverhältnis zu ihr kann nicht fest genug geknüpft werden. Jede Verdünnung des Fachwissenschaftlichen würde eine verhängnisvolle Desintegration der Musikdidaktik nach sich ziehen". Bei M. Alt hat sich die traditionelle Kooperation der Musikpädagogik mit der allgemeinen Pädagogik geweitet zu einer Kooperation des Faches sowohl mit Pädagogik als mit Musikwissenschaft (Alt, 1965 und 1977). Doch damit beginnt zugleich das musikpädagogische Dilemma, das, verwoben in unendlich viele sprachliche, theoretische und methodische Mißverständnisse, gern auf hie Didaktik – hie Musikwissenschaft vereinfacht wird. Die Verteilung der Musiklehrerausbildung auf hie wissenschaftliche Hochschulen – hie Musikhochschulen verschärft wohl solche Zuspitzungen. Für M. Alt war schon 1964 selbstverständlich, daß nicht die Kooperation mit Pädagogik nun durch Kooperation mit Musikwissenschaft abgelöst werden solle, sondern vielmehr der „akzentlose Zusammenstand" und ein „wissenschaftlich geschlossener Zusammenhang" die zukünftige Aufgabe sei (Alt, 1964). Von der Kompendien-Literatur für Unterrichtsvorbereitung bis zur musikalischen Bildungstheorie hat die Kooperation von Musik und Pädagogik eine lange Geschichte durchlaufen, von der alleinigen Partnerschaft mit Pädagogik bis zur Einbeziehung der Musikwissenschaft reichend. Die Autorität dieser historisch älteren und systematisch differenzierten Partner hat die Musikpädagogik in der Kooperation sowohl theoretisch gefördert wie auch disziplinär in Unselbständigkeit gehalten.

Dem Typus einer Musikpädagogik als Kooperation mit Pädagogik ist benachbart der Typus von Musikpädagogik als Adaption an Pädagogik, als Anpassung an pädagogisches Denken; man kann von Adaption sprechen, wenn in den Zielsetzungen für Musikunterricht außermusikalisch-pädagogische Vorstellungen überwiegen. Eine solche Adaption stellt bereits die Methodik H.G. Nägelis dar, da sie aus der Elementar-Methode Pestalozzis ein Verfahren für Musikunterricht ableitet, das erst in einer späten Phase der Eigenart des musikalischen Gegenstandes gerecht wird; pädagogisches Denken hat hier musikalisches adaptiert. Auch konzeptionelle Entscheidungen der sog. Kestenberg-Reform und der ihr zugehörigen Jugendmusik sind in ihrer theoretischen Substanz auf pädagogische Theoreme zurückzuführen, die musikpädagogisch adaptiert wurden. Dies gilt beispielsweise für die Theoreme der Selbsttätigkeit, des musikalischen Erlebens, der schöpferischen Kräfte und der Ganzheitlichkeit. Wie vielschichtig diese Problematik ist, wie viele Mißverständnisse bereits durch adaptierende Rezeption eines Theorems in die Musikpädagogik ausgelöst wurden, ist am Beispiel des Kreativitätsbegriffes dargestellt worden (Vollmer, 1980). Doch es ist nicht leicht, pädagogische und sachmusikalische Erfordernisse differenziert in Zusammenhang zu bringen, wie beispielsweise die Erörterung musikalischer Eigentätigkeit zeigt (Adorno, 1982). Der Mangel an spezifischer musikpädagogischer Theorie und Grundlegung hat nicht nur dazu geführt, daß Theoreme unkritisch adaptiert wurden; er hat auch vielfach falsche Interpretationen aus geschichtlich bedingter und als solcher nicht erkannter Abhängigkeit verschuldet. Auch in der Gegenwart ist es unverändert möglich, daß Theoreme aus dem pädagogischen Bereich zur theoretischen Begründung von Musikunterricht eingesetzt werden, und zwar so weitgehend, daß Musikunterricht mit Erziehungsaufgaben bzw. Erziehungsintentionen identifiziert, daß die Musikpädagogik von Pädagogik adaptiert wird. Neben die traditionelle pädagogische Adaption von Musikpädagogik tritt in der Gegenwart auch Anpassung an andere Disziplinen und deren Methoden, insbesondere an Soziologie und Psychologie.

Ein Typus wissenschaftlicher Begründung von Musikpädagogik, der insbesondere im musikwissenschaftlichen Denken begegnet, ist der von Musikpädagogik als Partizipation; die Wissenschaftlichkeit von Musikpädagogik wird in ihrer Partizipation an Musikwissenschaft gesehen. H. Riemann gibt das charakteristische Modell einer Musikwissenschaft, die ihren demgemäßen Beitrag für die Musikpädagogik in der „musikalischen Fachlehre“, der Musiktheorie, sieht. Weil ihre praktische Bestimmung einerseits weitausholende ästhetische Begründungen entbehrlich erscheinen lasse und andererseits Spezialisierungen im Detail benötige, die die wissenschaftliche Musikästhetik entbehren könne, habe die musikalische Satzlehre eine eigene Literatur erhalten. Die Notwendigkeit einer engen Verflechtung der musikalischen Fachlehre mit der wissenschaftlichen Untersuchung der Elemente der Tonkunst erhält bei H. Riemann letztlich eine didaktische Argumentation: Um überzeugend die musikalische Fachlehre unterrichten zu können, müsse der Lehrer mehr sein als bloßer Routinier, er müsse an das Phänomen Kunst heranführen können (Riemann, 1928). Bei H. Kretzschmar und G. Schünemann weitet sich die Partizipation von Musikpädagogik an Musikwissenschaft zu einer Partnerschaft, pädagogische Funktionen der Musikwissenschaft hervorhebend. So sieht H. Kretzschmar die Musikwissenschaft im Dienst musikalischer Bildung: „Die Musikwissenschaft hat in erster Linie nicht anderen Wissenschaften, sondern sie hat der Musik und den Musikern zu nutzen. Ihre Hauptaufgabe ist, das Verständnis der Tonkunst nach allen gegebenen Richtungen hin zu vertiefen, und Musiker und Musikfreunde zu erziehen, die mit den Ergebnissen wissenschaftlicher Arbeit ausgerüstet an die Kunst herantreten“. Und er fährt postulativ-pragmatisch fort: „Wird der Grundsatz, daß die Musikwissenschaft zuerst der Musik wegen da ist, überhaupt anerkannt, so gilt es vor allem, die gesunkene musikalische Bildung zu heben“ (Kretzschmar, 1903 b). G. Schünemann, schon geprägt durch die musikalische Erneuerungsbewegung der zwanziger Jahre, hat diese Kretzschmarsche Zielsetzung einer Musikwissenschaft im Dienste des Musiklebens ideologisiert: „Von den Disziplinen der Musikgeschichte und Musikästhetik bis zur Jugendbewegung wurde ein einziges, alles umspannendes Band gezogen: die Idee einer musikalischen Erneuerung unserer Lebensformen“ (Schünemann, 1928 b). Wie die Musikwissenschaft im Zuge der Reformbegeisterung Musikpädagogik als eigene Aufgabe sah, belegt auch M. Schneiders Vortrag „Universität und Schulmusik“ auf der Dresdner Schulmusikwoche. „Schulmusik", gleichgesetzt mit „Musikerziehung", wird als ein der Musikwissenschaft zugehöriger Gegenstand angesehen (Schneider, 1928). Eine wissenschaftstheoretisch konsequent durchgeführte Einbeziehung der Musikpädagogik in die Musikwissenschaft hat A. Wellek entwickelt; in seiner Schrift „Musikpsychologie und Musikästhetik" unterscheidet er zwischen einer Musikpädagogik oder Musikerziehung, die zur angewandten Musikwissenschaft gehört („ein weites, dabei wissenschaftlich noch sehr wenig geordnetes Feld"), und einer philosophischen Musikpädagogik, zu den Zweigen der systematischen Musikwissenschaft gehörend (Wellek, 1963).

Sehr verbreitet sind Auffassungen von Musikpädagogik als Doppelpartizipation sowohl an Musikwissenschaft als auch an Erziehungswissenschaft. Eine solche Auffassung ist beispielsweise K.G. Fellerers Schriften zu entnehmen: „Die Eigenart der Musikerziehung in ihren verschiedenartigen Gegebenheiten und Voraussetzungen ist Gegenstand musikwissenschaftlicher Forschung". Und: „Die Musikerziehung ist ein Teil der allgemeinen Pädagogik und damit ebenso ihrem Wandel unterworfen wie dem der Musikentwicklung" (Fellerer, 1953). Die Vorstellungen einer solchen Doppelpartizipation von Musikpädagogik an Musikwissenschaft und Erziehungswissenschaft reichen von konkreten Forderungen nach Kooperation der Hochschuldisziplinen Musikwissenschaft und Pädagogik bis zu eigenen Versuchen der Bildungsreflexion innerhalb der Musikwissenschaft. Forderung nach Kooperation zwischen Musikwissenschaft und Pädagogik zwecks Begründung von Musikpädagogik vertritt schon 1928 K. Hasse auf der Süddeutschen Tagung für Musikerziehung in Stuttgart (Hasse, 1929). Eigene musikwissenschaftliche Bildungsreflexion hat sich vor allem in Eröffnungsreferaten für musikpädagogische Kongresse niedergeschlagen, von H. Aberts Eröffnung der ersten Schulmusikwoche im Jahr 1922 (Abert, o.J. [1922]) bis zu den gegenwärtigen Schulmusikwochen reichend. Vielfach sieht es die Musikwissenschaft auch als ihre Aufgabe an, selbst wissenschaftliche Musikpädagogik zu fördern und zu entwickeln. So rief H.J. Moser im Rahmen des Bamberger Kongresses 1953 „die Mithilfe der Musikwissenschaft" zur „eigentlichen Fundamentierung der Musikerziehung als Wissenschaft" auf (Moser, 1954). Insgesamt sieht man wohl in der Musikwissenschaft Musikpädagogik vor allem als ein pragmatisches Feld, einen Teil des Musiklebens. Man hält sich mehr oder weniger an F. Blumes abwägende Worte, daß der einzelne Musikwissenschaftler den Antagonismus zwischen Musikforschung und Musikleben, der in der Natur seiner Disziplin liege, nur lösen könne, wenn er sich bei dem Eingriff (z.B. in organisatorische oder pädagogische Gebiete des Musiklebens) bewußt sei, in andere Bereiche der Verantwortlichkeit hinüberzuwechseln: „Der Antagonismus zwischen Musikforschung und Musikleben wird als innerer Antagonismus im Gewissen des Einzelnen spürbar" (Blume, 1954). In der Musikpädagogik selbst wird heute die Partizipation an historischer Musikwissenschaft außerordentlich verschieden gesehen. Einerseits hält man Musikwissenschaft noch für „die eigentliche Wissenschaft" des Faches, andererseits grenzt man sie ein als die musikalische Sachwissenschaft, unentbehrlich hinsichtlich des Wissens über das Material für Musikunterricht, doch nicht zuständig für die Erforschung des pädagogischen Umganges mit diesem musikalischen Material. Die sog. systematische Musikwissenschaft leitet aus ihren Gegenständen im Zusammenhang psychischer Phänomene parameterspezifischer Musikrezeption mitunter Ansprüche wissenschaftlicher Vertretung von Musikpädagogik ab (Kleinen und de la Motte-Haber, 1983). Wer (vernünftigerweise) Musikwissenschaft als die umfassende Gesamtdisziplin musikbezogener Wissenschaften sieht, kann ihr wissenschaftliche Musikpädagogik als Bereich mit speziellen Gegenständen zuordnen.

Der letzte Typus, die autonome Musikpädagogik, ist mehr als Forderung, denn als ausgeführtes Konzept vorhanden. G. Schünemann hat nicht nur mit seinen beiden zentralen Schriften zur Geschichte der Musikpädagogik und ihrer Grundlagenforschung bestimmende Ansätze fachspezifischer Musikpädagogik geleistet (Schünemann, 1930 und 1968); er sieht auch bereits das wissenschaftstheoretische Problem der Musikpädagogik, ihre traditionelle Anbindung an andere Wissenschaften bei gleichzeitigem Mangel an eigenem autonomen Ansatz, der aus dem besonderen Gegenstand der Musikpädagogik herrührt: „Uns fehlen aufbauende Arbeiten, die den Gesamtkreis der Fragen vom Standpunkt des Musikerziehers einführen, und der praktischen Arbeit des Schulmusikers und Privatmusiklehrers die sichere wissenschaftliche Grundlage geben". In seiner Unterscheidung experimenteller und erkenntnistheoretischer Musikpädagogik spricht er zugleich die beiden grundlegenden Methoden dieses Faches an. Er sucht den systematischen Ansatz: „Wenn wir eine Stelle finden, bei der alle Arbeiten auf diesem Gebiet zusammenfließen, dann können wir dem Musikerzieher mit sicheren Erkenntnissen zur Seite stehen, dann erst werden wir von einer Wissenschaft der Musikerziehung sprechen können" (Schünemann, 1927).

R. Wicke verfolgt über mehr als vier Jahrzehnte das Problem des Verhältnisses von Musikunterricht zur Wissenschaftlichkeit seiner Grundlagen. Zunächst ist seine Position von pädagogischem Denken bestimmt (Wicke, 1912); doch nach seinen Leipziger Studien der Psychologie wendet er sich diesem Fachgebiet als der grundlegenden Disziplin der Musikpädagogik zu. Nach zahlreichen Einzelstudien entwickelt er auf dieser Grundlage sein Konzept von „Psychologie und Musikerziehung" (Wicke, o.J. [1931]); die umfassendste entwicklungspsychologische Begründung des Musikunterrichts durch R. Wicke und ein tiefgründendes Abwägen der Möglichkeiten der Entwicklungspsychologie für die Musikpädagogik sind in dem Aufsatz „Die Musikerziehung im Bildungszusammenhang und ihre psychologischen Grundlagen" zu finden. Hier wird die Notwendigkeit wissenschaftlicher Begründung des Musikunterrichts dargelegt und sorgfältig zwischen den Möglichkeiten von Pädagogik und Psychologie unterschieden (Wicke, 1931 b). Die späte Position R. Wickes zeigt ihn als Exponenten einer „Musikerziehung als Wissenschaft", die wieder mehr in politisch-pädagogisches Denken weist, zugleich aber wissenschaftstheoretisch den Schritt in die autonome Musikpädagogik darstellt; ihr Gegenstand ist Planung und Organisation des musikalischen Bildungsweges, für dessen systematische Planung andere Disziplinen und ihre Methoden helfend herangezogen werden (Wicke, 1955).

Auch W. Kühn vertritt etwa im gleichen Zeitraum eine auf Autonomie zielende Musikpädagogik, gibt jedoch sein wissenschaftliches Prestige zunehmend durch ideologisch-politische Ziele preis. In seinen „Grundlinien zu einer Theorie der musikalischen Erziehung" formuliert er den Gegenstand der Musikpädagogik als musikalische Erziehung im Sinne von Menschenbildung durch das Mittel der Musik (Kühn, 1925 und 1926); doch schon in seiner Schulmusik-Schrift von 1923 differenziert er zwischen dem Wissenschaftsgebiet Musikpädagogik und den ihr zugrunde liegenden Hilfswissenschaften: „Als diese Hilfswissenschaften betrachte ich neben der Musikwissenschaft (im ganzen Umfange) die Philosophie, die Ästhetik, die Ethik, die Pädagogik, die Soziologie, die Psychologie, die Physiologie und die Akustik" (Kühn, 1923). Auch auf der 7. Reichsschulmusikwoche in München und im Rahmen seiner „Geschichte der Musikerziehung" tritt W. Kühn wiederum nachdrücklich für eine alle Ergebnisse der

Grundwissenschaften benutzende Theorie der musikalischen Erziehung im Sinne eines eigenen Fachgebietes Musikpädagogik ein (Kühn, 1929 und o.J. [1931]).

Bei F. Reuter sind ebenfalls zwei unterschiedliche Positionen zu erkennen, die, ähnlich wie bei R. Wicke, nicht in Gegensatz zueinander stehen, sondern vielmehr eine zunehmende Differenzierung durch jahrzehntelange Auseinandersetzung mit dem Gegenstand darstellen, bei der freilich auch die Einwirkungen politischer Entwicklung unverkennbar sind. Die frühe Position F. Reuters der zwanziger Jahre ist in seiner „Musikpädagogik in Grundzügen" niedergelegt. Er fordert Wissenschaftlichkeit der Musikpädagogik, doch nur insoweit, als Ergebnisse anderer Wissenschaften für musikalischen Unterricht nützlich sein können. Nicht der Pädagogik, sondern der Musik will er dabei die zentrale Stellung einräumen. F. Reuter sieht es als aktuelle Aufgabe der Musikpädagogik an, alle Gebiete von der Musik aus zu erfassen; die entscheidende Hilfe erwartet er von der Psychologie, die F. Reuter als Grundlage aller Pädagogik ansieht (Reuter, 1926). Die späte Position F. Reuters, die vor allem seinen „Grundlagen der Musikerziehung" zu entnehmen ist, weist den gleichen engen Bezug zur Praxis, doch eine gewandelte Stellung zur Wissenschaftlichkeit der Musikpädagogik auf. Musikerziehung (als der jetzt von F. Reuter für das Fachgebiet verwendete Terminus) ist „die jüngere Schwester der Musikwissenschaft", sie ist eine junge Wissenschaft und hat als solche mit Widersachern zu rechnen. Doch vor allem ist Musikerziehung für F. Reuter „eine lebendige Wissenschaft", weil es die Praxis ist, die anregt und Aufgaben stellt: „Wenn erst die Wissenschaft der Musikerziehung die Aufgaben stellen müßte, dann sähe das Bild für die Musikerziehung nicht so günstig aus" (Reuter, 1955; vgl. auch 1962). Wissenschaftstheoretische Probleme noch und noch häufen sich in den Schriften der Begründer autonomer Musikpädagogik der zwanziger Jahre, vor allem in ihren späten Schriften; doch die Vorstellung eines selbständigen Fachgebietes hat Konturen erhalten. Die eigene Einschätzung der Ansätze reicht von der Erkenntnis, nur erste Voraussetzungen einer künftigen selbständigen Musikpädagogik geschaffen zu haben bis zu der Illusion der eigenen Konzeption des Faches.

Die Versuche, wissenschaftliche Musikpädagogik zu begründen, können bereits eine eigene Geschichte vorweisen. In dieser Geschichte stehen Postulate, Versuche der Abgrenzung eines theoretischen Bereichs, Anstrengungen um theoretische Ansätze unterschiedlicher Art, immer wieder neue Ausrichtungen mit neuen systematischen Vorstellungen, auch Versuche der Institutionalisierung nebeneinander. Doch von einer musikpädagogischen Wissenschaft im engeren Sinne, konkret, begrifflich verständlich, von methodischem Anspruch getragen, Theorien entwickelnd, überschaubar und bezugsoffen, kann man letztlich auch heute noch nicht sprechen. Zwar wurde Musikpädagogik als Hochschulfach mit dem Auftrag zu Forschung und Lehre in den Hochschulen aller Bundesländer eingeführt; doch diese Etablierung fand noch keine zureichende Entsprechung inhaltlicher und systematischer Art. Daß den bisherigen Ansätzen wissenschaftlicher Musikpädagogik noch kein wirklich befriedigender Erfolg beschieden war, hat Ursachen gewiß darin, daß die wissenschaftlichen Bemühungen insgesamt gesehen noch jung sind. Doch man hat sich auch mit der Frage auseinanderzusetzen, ob weitere, tiefere Ursachen nicht im Wesen der bisherigen wissenschaftlichen Begründungsversuche selbst zu suchen sind.

2. Musikpädagogische Begriffe

2.1 Das begriffliche Defizit der Musikpädagogik und seine Ursachen

Fragt man zunächst, welche Probleme der musikpädagogischen Terminologie diskutiert werden, so tritt hervor, daß dies vor allem die Unverständlichkeit der Fachsprache ist. Die fachterminologische Diskussion dreht sich um Klagen, Klagen über zu viele Fremdwörter, Klagen über eine praxisferne, unklare Sprache der Theoretiker. Vorträge, Lektüre, Gespräche zeigen dazu: Wir sind von ungeklärten wie widersprüchlich gebrauchten Bezeichnungen umgeben und haben Satzgebilde zu studieren, die mehr über die Schwierigkeit des Denkens als zum Gegenstand aussagen. Eine Flut anspruchsvoll-nichtssagender Aussagen, mit Schaumkronen modischer Schlagwort-Begriffe, schwappte über in Lehr- und Schulbücher und verführt schon Schüler zum Sprechen über nichtverstandene Vorgänge mit unverstandenen Worten. In der Musikpädagogik hat sich Skepsis gegenüber der eigenen Fachsprache ausgebreitet, die für das schwierige Theorie-Praxis-Problem des Faches eine zusätzliche Belastung darstellt.

Die Musikpädagogik befindet sich jedoch nicht allein in dieser Situation; in vielen Fächern sind parallele Phänomene zu beobachten, insbesondere in den sog. Geisteswissenschaften. Die Ursachen solcher Tendenzen zu mangelnder Verständlichkeit bei gleichzeitiger Ungenauigkeit liegen sicher in der raschen Entwicklung disziplinärer Ausgliederungen oder auch gruppenspezifischer Intentionen und Strukturierungen, vor allem aber wohl auch im Bedarf an Generalisierung wie Autorität im Dienst von Programmen und ihrer Durchsetzung. Insgesamt wird Klage über fachsprachliche Unverständlichkeiten erhoben, sowohl über die Entrücktheit einer hochdifferenzierenden Wissenschaftssprache wie über die Verzerrungen eines pseudowissenschaftlichen Jargons. In dieses Klagelied haben vielerorts Musikpädagogen eingestimmt, damit musikpädagogische Fachsprache generell negativ wertend.

Doch es ist in den Blick zu nehmen, daß Fachsprachen ihre eigenen Entwicklungen durchlaufen; es macht einen Unterschied, ob eine wohlbegründete, auf grundsätzlichen, begrifflichen Übereinstimmungen beruhende Fachsprache oder eine sich gerade erst ausbildende Fachsprache von differenzierenden, verändernden oder negierenden Tendenzen bewegt wird. Die Musikpädagogik zumindest wurde von der Woge begrifflicher Neubildungen und Freizügigkeiten erreicht, als ihre Begriffe weder ein Minimum an Klärung und Konsensus besaßen, noch eine bezugsfähige Begriffssystematik vorlag. Doch was noch nachhaltiger wirkt: Die Kritik an der sich ausbreitenden fachsprachlichen Unverständlichkeit schließt in Bausch und Bogen auch fachsprachliche Verstehensbemühung ein. Die Fremdwörter-Schimpfe macht wenig Unterschied zwischen Schlagwort und eingeführtem Begriff; das Schelten wegen Praxisferne trifft pseudowissenschaftlichen Jargon wie begriffliche Bemühung in gleicher Weise. Die Pauschalierung berechtigter Kritik an einer Pseudo-Fachsprache hat eine negative Einstellung zur Entwicklung musikpädagogischer Fachsprache gefördert und die Notwendigkeit einer solchen Fachsprache – parallel zur Fachsprache der Musik und der musikwissenschaftlichen Fachsprache – als Instrument einer differenzierten, beziehungsreichen Darstellung der Gegenstände und Probleme der Musikpädagogik verdeckt. Darum ist auf das begriffliche Defizit der Musikpädagogik und seine Auswirkung zu verweisen. In Lektüre und Gespräch der ständige Gast, äußert es sich zunächst darin, daß die Musikpädagogik kaum historisch und systematisch entwickelte Bestimmungen fachspezifischer Begriffe vorweisen kann. Daraus folgt, daß für die gleiche Sache vielfach unterschiedliche Bezeichnungen und für verschiedene Gegenstände die gleiche Bezeichnung verwendet werden; dies läßt sich sowohl an den Bezeichnungen des Faches selbst wie an denen für Unterrichtsgegenstände, Berufe sowie Institutionen beobachten. Schließlich zeigt sich das begriffliche Defizit in der Vieldeutigkeit der verwendeten Begriffe, wie es die vielbemühte Kreativität belegt. Dieses begriffliche Defizit der Musikpädagogik hat nicht nur Schuld an der Undeutlichkeit von Aussagen und der verhedderten fachlichen Diskussion, sondern vor allem auch an den Begründungsschwierigkeiten des Fachgebietes Musikpädagogik.

Die Ursachen des begrifflichen Defizites der Musikpädagogik sind zunächst in der Geschichte des Faches zu suchen. Musikpädagogik ist als wissenschaftliches Fach jung. In ihrer Vorgeschichte, bestimmt von methodischen Erörterungen der Vermittlung musikalischen Sachwissens und praktischer Fertigkeiten, konnte sie sich auf die Fachsprache der Musik selbst beschränken. Die mit dem Durchdenken der musikalischen Lernvorgänge im Menschen einsetzende wissenschaftliche Entwicklung des Faches verursachte eine rasche terminologische Ausweitung durch Begriffe aus den verschiedensten Humanwissenschaften, die dort hoch different oder noch unzureichend definiert sind, gewiß aber bei der Übertragung in die Musikpädagogik umfassender Bestimmung bedurft hätten, um ihren Sinn im speziellen musikpädagogischen Erkenntniszusammenhang und in einer terminologischen Systematik der Musikpädagogik zeigen zu können. Die tradierten musikbezogenen Fachbegriffe bedeuten gegenüber den neuen, im Schub grundlegender Veränderungen des Denkens unserer Zeit auch in die Musikpädagogik einströmenden humanwissenschaftlichen Begriffsbildungen ein Eldorado an begrifflicher Klarheit. Doch wäre es eben wegen dieser unterschiedlichen zeitlichen Herkunft der Begriffe des Musikfaches und der Begriffe des Humanbereiches billig, den unterschiedlichen definitorischen Grad der Begriffe beider Bereiche gegeneinander ausspielen zu wollen. Musikpädagogik hat eine junge Geschichte und trägt die begriffliche Last der humanwissenschaftlichen Bezüge, die zudem in die Begriffsfelder unterschiedlicher Disziplinen reichen, in denen sie wiederum unterschiedlich gebraucht werden. Die musikpädagogische Schwäche liegt darin, daß zu rasch nach immer wieder neuen Begriffen gegriffen wird, daß der modische Begriff offensichtlich wichtiger ist als der geklärte Begriff. Die Musikpädagogik hatte zwar noch wenig Zeit, hat sich aber auch noch wenig Zeit genommen, die neuen humanwissenschaftlichen Begriffe als musikpädagogische Begriffe zu klären und in musikpädagogischen Zusammenhang zu bringen.

In dieser Kurzschlüssigkeit ist eine zweite Ursache der begrifflichen Schwäche der Musikpädagogik zu suchen. Durch rasche Übernahme eines fachlich relevanten Begriffs unter Vernachlässigung der Reflexion der Bedeutungsinhalte kommt es vielfach nur zum Begriffstausch; ein neuer Begriff wird mit dem Schein einer neuen Bedeutung eingeführt, eine Erscheinung, die in der Musikpädagogik häufig zu beobachten ist und das Fach so wirr erscheinen läßt. Dahinter stecken Aktualisierungszwänge, denen jedes Fach, das praktisch-pädagogische Bezüge impliziert, unterworfen ist. Als symptomatisch für den Umgang der Musikpädagogik mit ihren Grundbegriffen in einer vorwissenschaftlichen Phase ist die Titel-Auswechslung bei Neuauflagen von Fachbüchern anzusehen, zu beobachten an der weitverbreiteten Musikmethodik M. Asts. Diese vor der preußischen Reform unter dem Titel „Schulgesang" publizierte Schrift erhält in ihrer 3. Auflage von 1929, in hurtigem Anschluß an die Reform, den neuen

Titel „Schulmusikunterricht", mit dem Verweis, daß diese Auflage „auf Grund der Richtlinien vom 26. 3. 1927 umgearbeitet" sei. Diese Umarbeitung bedeutet konkret die Aufnahme der Kestenbergschen „Denkschrift" und der „Richtlinien für den Musikunterricht an Volksschulen" als neue Buchkapitel und geringfügige Umarbeitung; „im ganzen ist die Anlage des Buches die gleiche wie in früheren Auflagen", beteuert der Verfasser denn auch in seinem Vorwort. In der gleichen Weise verfährt E. Preussner mit seinen Schriften von 1929 und 1959. Aktualisierungsbestreben hat immer wieder die musikpädagogischen Begriffe labil gehalten und ihren freizügigen Gebrauch unterstützt. Doch führt begriffliche Wechselhaftigkeit auch zu Verunsicherungen und zur Offenheit gegenüber ideologischen Intentionen, die sich hinter ungeklärten oder mehrsinnigen Bezeichnungen nur allzu leicht zu verbergen vermögen. Insgesamt ist festzuhalten, daß die Labilität der Begriffe im fachlichen Sprachgebrauch, die Anfälligkeit für den Reiz neuer Bezeichnungen, einen circulus vitiosus darstellen, der für die Entwicklung des Faches von höchst nachteiliger Wirkung ist; Begriffe werden mit Schlagworten, verarmten Begriffen oder emotional aufgeladenen Ideologien verwechselt, gebunden an Brocken aus der Geistesgeschichte, die zur ständigen Polemik reizen und damit die definitorische Entwicklung der Fachsprache aufhalten (Abel-Struth, 1973 b).

Zu den Ursachen des begrifflichen Defizites der Musikpädagogik gehört schließlich auch, daß – während die Entwicklung von Unterrichtskonzepten blüht – Begriffsstudien wissenschaftlich unpopulär blieben. Dies mag in der Tradition des Faches begründet sein, das zu Beginn unseres Jahrhunderts eine Reform von antirationalem Charakter durchführte und einer ganzen Generation auf den musikpädagogischen Weg mitgab, daß, wenn es um Musik gehe, Begriffe und Wissen nicht von höchster Wichtigkeit seien; hier hat sich wohl das emotionalisierte Syndrom der Gegensätze von Theorie und Praxis gebildet. Für uns heute ist es dabei ein schwacher Trost, daß man bei der Ausbildung von Musiklehrern anno 1929, wie M. Steinitzer berichtet, Sperren gegenüber „Fremdwörtern" wie „dynamisch-agogisch" hatte, und daß es nur mit Hilfe der Bezeichnungen Dynamomaschine und Dynamit möglich gewesen sei, den Begriff Dynamik bei Studenten der Musik einzuführen (Steinitzer, 1929). Auch heute geht noch das Gerücht, daß es zur Eigenart vieler Begriffe des musikalischen Tuns gehöre, daß sie für begriffliche Klärung sperrig seien und rationale Bemühung auf solchem Gebiet auch letztlich nicht so wichtig sei. Diese historische wie auch grundsätzliche Situation hat in der Musikpädagogik die Entwicklung einer positiven Einstellung zur Klärung der Fachbegriffe behindert. Als Lehre und Forschung der Musikpädagogik in den sechziger Jahren ihren zweiten Start begannen, war auf dem Gebiet der musikpädagogischen Terminologie kaum Vorarbeit geleistet und die Forschungsaufgabe als solche wenig bewußt. Völlig ungeschützt traf daher auf das Hochschulfach Musikpädagogik die Welle des „Pädagogendeutsch". Doch was schwerwiegender war: die Welle der Antipathie gegen jenes Pädagogendeutsch verstärkte die traditionelle antirationale Einstellung der Musikpädagogik gegen begriffliche Klarheit und Klärung. Die notwendige Aufgabe jeder wissenschaftlichen Entwicklung, die fachterminologische Klärung, erhielt zur Unzeit eine negative Verstärkung. Aber es spielt natürlich auch mit: Es ist mühsam und (anscheinend) undankbar, sich mit Begriffsgeschichte und Merkmalbestimmung zu plagen, wenn alle Welt nach „Praxisbezug" und „Handlung" verlangt.

2.2 Geschichte der Fachbezeichnungen

Ist es symptomatisch für die Einstellung zu begrifflicher Arbeit in unserem Fach, daß man sich so schwer damit tut, einen Konsensus für die Bezeichnung des Faches zu finden? Der Wechsel der Bezeichnungen, die jeweils einspielenden konzeptionellen Intentionen, der langsame Prozeß zunehmender Unterscheidung praktischer und theoretischer Bereiche des Faches mit Verharren auf identischen und Bestreben nach unterscheidenden Bezeichnungen – all dies eröffnet umfangreiche spezielle Forschungsaufgaben. Bisherige Untersuchungen gingen dem Prozeß an Hand von Lexikon-Stichworten und ausgewählter Literatur nach (Abel-Struth, 1970).

Insgesamt scheint sich für das 19. Jahrhundert die Bezeichnung Musikunterricht (auch „Unterricht in Musik“) als die am meisten gebrauchte Bezeichnung innerhalb des fachlichen Bereiches nachweisen zu lassen. Der gesamte anstehende Sachbereich wird in den Lexika des vorigen Jahrhunderts unter dem Stichwort Musikunterricht subsumiert. Unter diesem Stichwort werden in der Regel praktische sowie auch theoretische Probleme abgehandelt, doch stets deutlich voneinander abgesetzt. Daß für das zusammenfassende Stichwort die Bezeichnung Musikunterricht gewählt wird, kann als Beleg dafür genommen werden, daß die praktische Seite des Musikunterrichts der eigentliche Gegenstand des Interesses und Informationsbedürfnisses war. Die Fachliteratur vollzog im Laufe des 19. Jahrhunderts bereits den Schritt von den nur methodischen Ratschlägen für die Unterrichtspraxis zu der Forderung musikdidaktischer Theoriebildung. Doch die Lexika, als die Hüter und Vermittler des bereits als gesichert geltenden Wissensstandes, verharren mit der Subsumierung von Praxis und Theorie unter dem gleichen Stichwort noch auf einem historisch älteren Entwicklungsstand – eine Beobachtung, der wir uns bei der Analyse der gegenwärtigen musikpädagogischen Situation zu erinnern haben. Trotz des Vorpreschens in einer beginnenden, auf Eigenständigkeit des theoretischen Bereiches zielenden Literatur, ist im allgemeinen Verständnis, wie es die Lexika widerspiegeln, das Stichwort Musikunterricht noch ausreichend, um Praxis wie auch beginnende Theorie abhandeln zu können; allerdings wird in den Texten zu dem Stichwort inhaltlich kenntlich gemacht, ob man den praktischen oder den theoretischen Bereich des Faches meint (Schmid, 1859 – 1878; Mendel, 1890 – 1900). Doch bleibt im Blick zu halten, daß insgesamt gerade führende Musik-Lexika sich bei dem Stichwort Musikunterricht höchst rar machen (Schilling, 1840–1847; Gassner, 1849).

In der musikpädagogischen Fachliteratur des 19. Jahrhunderts ist dagegen eine schon recht scharfe terminologische Unterscheidung zwischen theoretischem und praktischem Bereich zu erkennen. Für den theoretischen Bereich werden die Bezeichnungen Musikpädagogik und musikalische Didaktik verwendet; der praktische Bereich wird fast durchweg als „Musikunterricht“ bezeichnet. Wie differenziert die Trennung zwischen praktischem und theoretischem Bereich im Gebrauch der Begriffe nachvollzogen wird, zeigen beispielsweise die Schriften von G. Schilling: Der praktische Bereich heißt „Musikunterricht“, der theoretische Bereich „Theorie des Musikunterrichts“; für „Theorie des Musikunterrichts“ setzt er auch die Bezeichnung musikalische Didaktik. Inhaltlich meint er mit dem theoretischen Bereich im wesentlichen das Was und Wie des Unterrichts. Doch was versteht G. Schilling unter „Musikpädagogik“? Diese Bezeichnung wird von ihm ebenfalls für den theoretischen Bereich verwendet. Doch der Begriff wird dem der musikalischen Didaktik übergeordnet; er wird verwendet, wenn außer der Theorie zusätzlich Lehrforschung angesprochen wird.

Für G. Schilling darf man insgesamt einen konsequenten Gebrauch unterschiedlicher Begriffe für die verschiedenen anstehenden Bereiche feststellen: „Musikunterricht" für den praktischen Bereich, „Theorie des Musikunterrichts" oder „musikalische Didaktik" für die auf den Unterricht bezogenen theoretischen Überlegungen und „Musikpädagogik" im Sinne eines höchsten Begriffes innerhalb des Systems, der den erweiterten theoretischen Umkreis meint (Schilling, 1851 und 1854).

Es bleibt die Frage nach historischem Gebrauch und Sinn der Bezeichnung Musikerziehung. Diese Bezeichnung steht eindeutig im 19. Jahrhundert im Hintergrund. Dies ist umso erstaunlicher, als in der zweiten Hälfte des 19. Jahrhunderts, im Zuge des Herbartianismus, auch im Musikunterricht die Frage der Erziehung durch Musik eine zentrale Stellung einnahm. Man hat sogar diese Wendung von der Methodik des Noten-Lernens zu musikalischem Erziehungsdenken zu Ende des 19. Jahrhunderts als die aktuelle, entscheidende Reform des Musikunterrichts der Zeit angesehen (Ramann, 1868, 1873 und 1898; Loehner, 1886).

Doch warum wird in der zweiten Hälfte des 19. Jahrhunderts das Erziehen durch Musik nachdrücklich reflektiert, aber der Begriff Musikerziehung so auffallend ausgespart? Gerade G. Schilling, der fast nur von „Musikunterricht", „musikalischer Didaktik" und „Musikpädagogik" spricht, betont immer wieder, daß dem Musikunterricht sittliche Kraft innewohne, daß er erziehend dorthin reiche, wo kein anderer Unterricht etwas auszurichten vermöge, verwendet aber kaum die Bezeichnung Musikerziehung: „Wir lehren das Volk denken, lesen, schreiben, rechnen . . ., suchen seinen Geist, seinen Verstand zu bilden: lehren wir es auch recht empfinden, suchen wir auch sein Gefühl, seine Seele zu bilden, und wir werden, aber auch nur erst dann, ganze Menschen erziehen. Dazu bietet kein – ich sage noch einmal: kein Unterricht so viele, so zweckmäßige, so höchst wirksame Mittel als der rechte Musikunterricht. Alles directe Lossteuern auf Moralien verfehlt seinen Zweck: hier allein wird die Seele erzogen, weil in sich selbst, elementarisch entwickelt, erwärmt, unmittelbar eingenommen für alles Schöne, Gute, Rechte, Erhabene . . ." (Schilling, 1854). Der Gedanke der Erziehung durch Musik ist vorhanden, doch werden die Termini von der Realität aus, nämlich dem Unterricht und der Lehre des Unterrichtens, und nicht von einer inhaltlichen Zielvorstellung her, dem Erziehen durch Musik, gewählt. Die konsequente Unterscheidung der Bezeichnungen Unterricht und Erziehung im Zusammenhang mit Musik tritt auch in den Titeln der Schriften von L. Ramann zutage: „Die Musik als Gegenstand des Unterrichts und der Erziehung" (Ramann, 1868) und „Allgemeine musikalische Erzieh- und Unterrichtslehre der Jugend" (Ramann, 1873). In unserem Zusammenhang ist nicht nur die klare Unterscheidung von Unterricht und Erziehung innerhalb der Titel von Interesse, sondern auch die zunehmende Differenzierung zwischen praktischem und theoretischem Bereich. Musik wird einerseits pragmatisch als Gegenstand von Unterricht und von Erziehung gesehen, doch dazu tritt auch der sich entwickelnde theoretische Bereich im Sinne einer Erzieh- und Unterrichtslehre. Es gibt den praktischen Vollzug, und es gibt die Lehre dieses praktischen Vollzugs, die als der theoretische Bereich angesehen wird.

Die im 19. Jahrhundert recht strikt eingehaltene terminologische Trennung des praktischen und des theoretischen Bereichs von Musikpädagogik wird zu Beginn des 20. Jahrhunderts durch die Ausuferung des neuen Modewortes Musikerziehung gekappt. Während im 19. Jahrhundert auch die Bezeichnung Erziehung in musikalischen Zusammenhängen entweder die Praxis anspricht oder – als Erziehlehre – einen eigenen Terminus für ihre theoretischen Fragen aufweist, läßt sich für den Terminus

Musikerziehung im 20. Jahrhundert nicht nur eine erstaunlich rasche Ausbreitung, sondern zugleich auch der Gebrauch sowohl für praktische wie auch für theoretische Fachgebiete pädagogischen Umganges mit Musik beobachten. Die rasche quantitative Ausbreitung der Bezeichnung Musikerziehung belegt die Wahl der Stichwörter der pädagogischen und musikalischen Lexika in der ersten Hälfte des 20. Jahrhunderts. Verfolgt man die mehrfach aufeinanderfolgenden Neuauflagen des Herder-Lexikons für Pädagogik unter diesem Aspekt, so zeigt sich besonders anschaulich die Ablösung der Stichworte Musikunterricht und Musikpädagogik (nach der Einbeziehung von Teilkapiteln zu Musikerziehung) durch das alleinige Stichwort Musikerziehung (Roloff u.a., 1913 - 1917; Deutsches Institut 1930 - 1932 und 1952 - 1955). Auch in weiteren Lexika dieser Zeit und ihrem Fachschrifttum läßt sich eine deutliche Zunahme der Bezeichnung Musikerziehung beobachten. So sind beispielsweise auch in dem von H. Nohl und L. Pallat herausgegebenen „Handbuch der Pädagogik" nur noch wenige Sätze über den Musikunterricht zu finden; dafür gibt es eine ausführliche Darstellung der Kunsterziehung von L. Pallat, in die Musikerziehung einbezogen ist (Nohl und Pallat, 1928 - 1933). Auch im „Handbuch der deutschen Lehrerbildung" von 1933 ist in dem von F. Noack geschriebenen Teil über Singen und Musikpflege die neue Terminologie (Allgemeine Richtlinien der Musikerziehung) in den Vordergrund getreten (Vogelhuber, 1933).

Diese auffällige und rasche Ausbreitung des Terminus Musikerziehung in den ersten Jahrzehnten des 20. Jahrhunderts entspringt der für Reformpädagogik und musikalische Jugendbewegung programmatischen Zielintention, durch Musik erziehen zu wollen. Während in der Tradition des 19. Jahrhunderts die dominanten Bezeichnungen solche sind, die entweder den praktischen oder den theoretischen Bereich meinen, wird nun in den zwanziger Jahren nicht nur eine pauschale Fachbezeichnung, sondern damit zugleich auch ein Terminus bestimmend, der eine inhaltliche Absicht, eine Zielintention bedeutet. Zunächst sind im Sprachgebrauch Differenzierungen noch erhalten. In einem so bedeutungsvollen Dokument der musikpädagogischen Reform wie L. Kestenbergs Denkschrift „Musikerziehung und Musikpflege" wird in Titel und Zwischenüberschriften als Postulat der Reform die Bezeichnung Musikerziehung eingesetzt, während innerhalb der Sachangaben des Textes fast nur der Terminus Musikunterricht gebraucht wird (Kestenberg, 1921). Auch in L. Kestenbergs Reform-Bestimmungen für die preußische Schulmusik, den Musik-Curricula der zwanziger Jahre, ist deutlich ablesbar, daß er von Musikerziehung nur spricht, wenn er seine didaktische Idee oder Ideologie von der menschlichen Erziehung durch Musik verständlich machen will, und die Bezeichnung Musikunterricht konsequent für die praktische Unterweisung einsetzt.

Während also zunächst der Gebrauch der Bezeichnung Musikerziehung quantitativ zunimmt, aber qualitativ deutlich gegen den Terminus Musikunterricht abgegrenzt bleibt, setzt offenkundig mit den Schriften F. Jödes eine Wandlung ein. Die Idee des neuen Menschen durch Musik oder die Emphase, mit der diese Idee verkündet wird, erweisen sich nun als so drängend, daß der in diese Idee verwobene Terminus Musikerziehung zunehmend hypertrophiert: Er wird vom Begriff für eine inhaltliche Zielrichtung zum Oberbegriff des gesamten Raumes von Praxis und Theorie des Musikunterrichts und damit zur Bezeichnung des gesamten Fachgebietes. F. Jöde breitet die musikerzieherischen Ziele der Erlebnisfähigkeit, der Gemeinschaft und der schöpferischen Kräfte mit charismatischer Emphase aus; Abgrenzungen der Fachtermini versinken in der Flut der musikerzieherischen Begeisterung, und „Musikerziehung" inflationiert zum Modewort. Der Terminus Musikunterricht erhält sogar pauschal negative Vorzeichen: „... durch Übung im Sinne eines Unterrichtes (können) nur die äußeren Kräfte, die Fertigkeiten entwickelt werden ..., nicht aber die inneren Kräfte. Diese werden allein durch die Übung des Lebens selbst, nämlich die eigene Erfahrung, zum Wachstum geführt, niemals jedoch durch die Übung eines Unterrichts. Übung im unterrichtlichen Sinne führt hier nur zur Routine ..." (Jöde, 1925). Bei F. Jöde taucht auch m.W. erstmals die Bezeichnung Jugendmusik auf, breit und emphatisch vielfach gepriesen, doch nicht definiert. Die Bezeichnung Jugendmusik steht bei F. Jöde sowohl für den praktischen Bereich als auch für einen pseudotheoretischen, wenn er schreibt, daß die Jugendmusik „wie ein Gewissen auf die Schulmusik" wirken solle (Jöde, 1954 b). Vorsichtig zusammenfassend darf für F. Jödes Sprachgebrauch gesagt werden, daß die Bezeichnung Musikunterricht eine Abwertung erfährt, „Musikerziehung" quantitativ nun am meisten vertreten, doch zugleich qualitativ labil geworden ist; die Bezeichnung steht nun für den praktischen Bereich, bedeutet auch Methodik und reicht bis zu einer Praxis und Theorie zusammenfassenden Fachbezeichnung. Dazu wird eine nicht näher definierte Bezeichnung Jugendmusik eingeführt, die ebenfalls Praxis wie Theorie bedeuten kann und als Symbol für die Reform-Idee gegen „Musikpädagogik" als Symbol für traditionelle Bestrebungen ausgespielt wird. Insgesamt jedoch wird bei F. Jöde deutlich, wie konzeptionelle Wandlungen keineswegs etwa nur den Gebrauch bestehender Begriffe quantitativ und qualitativ ändern. Es zeigt sich vielmehr auch, wie durch Ideologien weitreichender Bedeutungswandel eines Begriffes vollzogen wird und damit zugleich wesentliche Vorgänge verdeckt werden können: Durch den Gebrauch einer praktischen Zielbezeichnung als Fachbezeichnung verliert der theoretische Bereich nicht nur an Selbstverständnis seiner Funktionen, er wird auch – als Ort von Zielsetzung – in seiner Methode „verkehrt".

Besonders aufschlußreich ist darum der Bedeutungswandel der Bezeichnung Musikpädagogik im gleichen Zeitraum. Denn in Fortführung der begonnenen theoretischen Grundlegung des Musikunterrichts im 19. Jahrhundert zeigen sich zu Beginn des 20. Jahrhunderts verstärkt Bestrebungen einer Entwicklung wissenschaftlicher Musikpädagogik. Doch die von Haus aus antirationale Haltung der musikalischen Jugendbewegung mußte solche sachlich-wissenschaftliche Arbeit als Störung ihrer praktisch-programmatischen Neuerungen auffassen. Die Bezeichnung Musikpädagogik erhält das Odium des Rückständigen, Konservativen gegenüber der neuen Bezeichnung Musikerziehung. Die dennoch weiterlaufende Entwicklung musikpädagogischer Forschung erscheint nun ebenfalls unter der Bezeichnung Musikerziehung oder – wie bei G. Schünemann – als „Wissenschaft der Musikerziehung". Solche Anpassung geht so weit, daß E. Preußner seiner „Allgemeinen Pädagogik und Musikpädagogik" von 1929 bei der Neuauflage nun den Titel „Allgemeine Musikerziehung" gibt (Preußner, 1959).

Das Fachgebiet um den pädagogischen Umgang mit Musik gewann erst in den letzten beiden Jahrzehnten seine gegenwärtig charakteristischen Strukturen, während es sich in der Phase von 1945 bis etwa 1960 im wesentlichen an den Denkmodellen der ersten drei Jahrzehnte unseres Jahrhunderts orientierte. Die Ursachen liegen auf der Hand: In den Jahren nach politischer Diktatur und Krieg suchte man bei dem politischen und pädagogischen Wiederaufbau den Anschluß an die heil erscheinende Vergangenheit vor 1933. Demgemäß blieb nach 1945 „Musikerziehung" Fachbezeichnung, praktische und theoretische Bereiche des Faches umschließend. Doch als mit den sechziger Jahren eine Abwendung von solcher musikerzieherischer Restauration beginnt, setzen auch Wandlungen im Sprachgebrauch ein. Allerdings bleibt man vielfach trotz der Wandlungen des Denkens und der damit eingetretenen Divergenz von Gegenstand und Bezeichnung an dem Terminus Musikerziehung haften: Man spricht auch heute noch von musikalischer Früherziehung, elementarer Musikerziehung, führt Seminare für Musikerziehung durch und gebraucht die Berufsbezeichnung Musikerzieher. Wie weit die Bezeichnung Musikerziehung hier ohne Reflexion des Wortsinnes Musik als Erziehung angewendet wird, wie weit sie inhaltliche Entscheidungen ausdrückt und wie weit schließlich der Gebrauch der Bezeichnung Musikerziehung die Zielrichtungen des Musiklehrers unbewußt beeinflußt, bedarf eigener Untersuchung, ganz abgesehen davon, daß mit Ende der siebziger Jahre erzieherisch-heilende Erwartungen an Musik wieder neues Gewicht erhielten und damit den Terminus Musikerziehung neu als Ziel-Begriff stützen, aber eben nur als solchen. Einen Ziel-Begriff als Fachbezeichnung zu setzen oder fortzuführen verletzt jedoch die für die Bezeichnung des gesamten Faches gebotene historische und inhaltliche Neutralität.

Für die gegenwärtige Situation ist inzwischen eine zusätzliche Komplikation durch das Auseinanderdriften unterschiedlicher Ansätze innerhalb des musikpädagogischen Bereichs entstanden, dessen Anweisungen im Sinne von Unterrichtslehre mit der Entwicklung von wissenschaftlicher Arbeit im strengeren Sinne des Wortes nicht mehr auf einen gemeinsamen Begriff von Theorie zu bringen sind. In den heute gebräuchlichen Musik-Lexika ist diese Unsicherheit zu fassen; auch die nachhaltige Wirksamkeit des Terminus Musikerziehung spiegelt sich wider. Moser-Lexikon (Moser, 1955 b) und Riemann-Lexikon (Riemann, 1967) stimmen darin überein, daß sie den gesamten Komplex auf die beiden Stichworte Schulmusik und Musikerziehung verlegen und kein Stichwort Musikpädagogik bringen; sie unterscheiden sich jedoch darin, daß im Riemann-Lexikon mit „Musikerziehung" nur die Gesamtheit des praktischen Bereiches gemeint ist („Musikerziehung hat die Entfaltung und Lenkung der musikalischen Anlagen im Menschen zum Ziel . . ."; Haack, 1967), während im Moser-Lexikon mit „Musikerziehung" außer diesem praktischen Bereich auch der theoretische gemeint ist („Musikerziehung ist der der Tonkunst zugewandte Teil der allgemeinen Pädagogik und zeigt sich daher im Grundsätzlichen . . . den gleichen Gesetzen wie diese . . . unterworfen . . .; Moser, 1955). Lediglich die Enzyklopädie „Die Musik in Geschichte und Gegenwart" trennt zwischen „Musikerziehung" und „Pädagogik der Musik". Der Artikel „Musikerziehung" ist auf historische, inhaltliche und organisatorische Fragen gerichtet (Federhofer-Königs, Federhofer und Oberborbeck, 1949 ff.), während der Artikel „Pädagogik der Musik" auch wissenschaftstheoretische Problematik beinhaltet. Es wird (unter Hinweis auf die parallele Erscheinung in den Erziehungswissenschaften) die zweifache Bedeutung des Terminus im Sprachgebrauch aufgezeigt: zum einen für die praktische Tätigkeit im Unterricht und zum anderen für die Unterrichtslehre und die Theorie dieser Tätigkeit. Um die Doppeldeutigkeit zu vermeiden, wird für den theoretischen Aspekt im Anschluß an die Erziehungswissenschaft der Terminus Musikerziehungswissenschaft als sinnvoll bezeichnet. Bei dem Versuch, auch Relationen zum Terminus Musikerziehung herzustellen, wird in fast grotesker Weise das ganze terminologische Dilemma der Gegenwart enthüllt: der Lehrer im Schul- und Laienbereich sei Musikerzieher, der spezielle musikalische Ausbilder habe sich auf die Vermittlung von Können und Kennen zu konzentrieren, doch „erst wenn er mehr leistet als dieses Beibringen, ist er Pädagoge, weil er dann zugleich Erzieher ist". Und: „Als Musikpädagogik bezeichnen wir also eine fachlich spezialisierte Tätigkeit; ihr ideeller Gehalt wird jedoch erst wirksam werden, wenn sie im elementaren oder gehobenen Bereich zugleich als Musikerziehung verstanden wird". Eine weitere terminologische Verunsicherung wird im gleichen Artikel dadurch ausgelöst, daß im folgenden eine „Allgemeine Musikpädagogik" als notwendig erachtet wird, die als Wissenschaft deklariert wird, jedoch „eine Wissenschaft von Grundprinzipien und Systematik des musikalischen Lehrens" mit Darstellung der „Vielfältigkeit der möglichen musikpädagogischen Tätigkeiten". Wer nun meint, daß damit musikalische Unterrichtslehre angesprochen sei, erfährt jedoch sogleich: „Methodik und Didaktik der verschiedenen Unterrichtszweige gehören zur speziellen Musikpädagogik oder zur Musikerziehung". Und als lapidarer Abschluß: „Es ist nicht wichtig, hier genaue Grenzen zu ziehen" (Doflein, 1949 ff.).

Nun – die Geschichte zeigt, wieviel Verwirrung entsteht, wenn eine Bezeichnung nicht abgegrenzt wird und in mehrfachem Sinne gebraucht werden kann; praktische Zielvorstellungen werden unversehens mit theoretischem Nachweis gleichgesetzt. Aus diesen Erfahrungen hat man in der gegenwärtigen Fachliteratur Konsequenzen gezogen und, auch terminologisch, Trends zur Abgrenzung des theoretischen Bereiches entwickelt. H. Antholz hat seiner grundlegenden Musikdidaktik von 1970 den eindeutigen Titel gegeben: „Unterricht in Musik. Ein historischer und systematischer Aufriß seiner Didaktik". Er setzt sich in mehreren Abschnitten mit dem Sprachgebrauch von Fachbezeichnungen auseinander und empfiehlt, den – zu stark musisch vorbelasteten – Begriff Musikerziehung durch „Musikunterricht" zu ersetzen. Demgemäß verwendet er in seinem historischen Teil über die musische Bewegung den Terminus Musikerziehung, spricht aber im aktuellen Teil nur von Unterricht in Musik (Antholz, 1976 a). Auch M. Alt hat sich in seiner „Didaktik der Musik" von 1968 zu Fragen der Fachbezeichnungen geäußert, wenn auch die von ihm selbst bestimmten Begriffe im Verlauf des Textes nicht konsequent gebraucht werden – ein Beleg für die gerade während der Entstehungszeit des Buches angelaufene Veränderung des Sprachgebrauchs. M. Alt hat mehrfach die Problematik des Terminus Musikerziehung angesprochen („... da der Begriff der Musikerziehung durch solcherlei geistige Eskapaden vorbelastet ist...") und zugleich die Empfehlung gegeben, man solle lieber nur von „Musikunterricht" sprechen und dazu von „Musikpädagogik" als „wissenschaftlicher Reflexionsstufe". In den Anmerkungen ist als Vorschlag mitgegeben, den Terminus Musikpädagogik für die erziehungswissenschaftlich begründete Theorie des Faches zu setzen, den Terminus Musikdidaktik für Theorie der Bildungsinhalte des Musikfaches und dessen Unterrichtsformen und Methoden, den Terminus Musikunterricht für lehrgangsmäßige Unterweisung in Musik (Alt, 1977). Eine ebenso deutliche terminologische Entscheidung trifft auch E. Valentin in seiner Arbeit über „Musikwissenschaft und Musikpädagogik"; „Musikerziehung" wird als ein Terminus von nicht ausreichender Eindeutigkeit erkannt und „Musikpädagogik" als der klare und zugleich umfassende bevorzugt: „Es ist mit Absicht bei der Formulierung das Wort Musikpädagogik gewählt worden, weil es umfassender und mehr aussagend erscheint als der landläufige Begriff Musikerziehung" (Valentin, o.J. [1959]).

Insgesamt geht der fachsprachliche Trend heute dahin, das gesamte Fachgebiet als Musikpädagogik zu bezeichnen; in diesem Sinne faßt man auch zunehmend umgangssprachlich die Bezeichnung Musikpädagogik auf. Andererseits entwickeln sich auch Unterscheidungen von „wissenschaftlicher Musikpädagogik" bzw. „musikpädagogischer Forschung" gegenüber „praktischer Musikpädagogik". Bezeichnend ist die Umbenennung des „Arbeitskreises Forschung in der Musikerziehung" in „Arbeitskreis für musikpädagogische Forschung" (AMPF); man löst sich von Bezeichnungen, die von Haus aus bereits inhaltliche Entscheidungen darstellen, bzw. man verwendet sie, wenn eine solche inhaltliche Zielabsicht aus der Tradition musischen Denkens oder gegenwärtiger erzieherischer Intentionen mit Hilfe des Mediums Musik angesprochen werden soll. Auch ein Berufsverband, die Bundesfachgruppe Musikpädagogik, hat den umfassenden Begriff der Musikpädagogik aufgegriffen, während andere Verbände, aus Tradition oder auch als Bekenntnis zur erzieherischen Aufgabe im Rahmen des Schulfaches, die Bezeichnung Musikerziehung weiterführen. Fast alle gegenwärtigen fachlichen Publikationsreihen, auch Zeitschriften, verwenden im Titel die Bezeichnung Musikpädagogik.

Demgemäß darf man für die Gegenwart wohl sagen, daß sich mit der zunehmenden Entwicklung eines Fachgebietes um den pädagogischen Umgang mit Musik für dessen Bezeichnung der umgreifende Terminus Musikpädagogik wieder eingeführt hat, daß man innerhalb dieses Fachgebietes zwischen wissenschaftlichem und praktischem Bereich unterscheidet, was durch das nachgeordnete Begriffspaar wissenschaftliche und praktische Musikpädagogik zum Ausdruck gebracht wird. Die ebenfalls als Fachbezeichnungen begegnenden Termini Musikerziehung und Musikdidaktik erweisen sich vor dem Hintergrund der historischen Begriffsstudie als spezielle Teilbezeichnungen: „Musikerziehung" ist ein zielintentional-inhaltlicher Begriff, auf eine spezielle Absicht pädagogischen Umganges mit Musik gerichtet und bei dem Gebrauch als Fachbezeichnung letztlich das gesamte Fach auf die spezielle Zielintention festsetzend (wodurch auch der gelegentlich für den wissenschaftlichen Bereich eingesetzte Terminus Musikerziehungswissenschaft begrenzt wäre auf die Untersuchung eben des erzieherischen Teiles von pädagogischem Umgang mit Musik); „Musikdidaktik" ist bereits von Wortsinn und allgemeinem Sprachgebrauch her nicht identisch weder mit dem umfassenden Oberbegriff Musikpädagogik noch mit praktischer oder wissenschaftlicher Musikpädagogik; „Musikdidaktik" bezeichnet ein Lehrgebiet zwecks Ausbildung für praktische Musikpädagogik, dessen Übergänge zu wissenschaftlicher Musikpädagogik sich in ständiger, nachfolgend näher zu beschreibender Bewegung befinden. Gerade durch die speziellen Bedeutungen der Bezeichnungen Musikerziehung und Musikdidaktik wird deutlich, daß die begriffliche Studie zur Klärung der Fachbezeichnung mehr ist als eine Diskussion um Worte: Gegenüber intentionalen und sektorierenden Bezeichnungen mit entsprechenden Rückwirkungen auf das fachliche Selbstverständnis gibt „Musikpädagogik" als neutrale und umfassende Fachbezeichnung die Möglichkeit zur beschreibenden Nachordnung von Teilgebieten und speziellen Auffassungen.

2.3 Begriffsstudien. Zum Musik-Lernen

Die in pädagogischem Umgang mit Musik tradierten Begriffe erwiesen sich für eine Begründung der Musikpädagogik als wenig tragfähig. Darum darf man fragen, ob nicht Bezeichnungen, die konkrete Vorgänge im pädagogischen Umgang mit Musik betreffen, dafür besser geeignet seien: Es sind Musik-Lernen (als Vorgang im Lernenden), Musik-Lehren (als Funktion des Lehrenden) und Musikunterricht (als das Geschehen, in dem sich Musik-Lernen und Musik-Lehren vollziehen). Doch man stößt schon mit dem Bemühen, zu sagen, was Musik-Lernen, Musik-Lehren und Musikunterricht denn genauer seien, auf erhebliche Schwierigkeiten. Die Begriffe sind noch nicht eingegrenzt worden, und solche Eingrenzung kann auch nicht durch einen raschen, definitorischen Kraftakt geleistet werden. Dazu sind die zu beachtenden Aspekte zu tiefreichend, zu zahlreich und zu widersprüchlich, dazu ist die Aufgabe zu wesentlich; hier wird ein erster Ansatz versucht. Diese einleitenden begrifflichen Studien zu Musik-Lernen, Musik-Lehren und Musikunterricht gehen davon aus, daß der jeweilige umgangssprachliche Konsensus zu bedenken, der Kontakt zu dem begrifflichen Bewußtsein betreffs der allgemeinen Begriffe Lernen, Lehren und Unterricht zu wahren und eine Analyse spezieller Merkmale der musikbezogenen Begriffe zu unternehmen sei. Auf diese Weise kann man wohl den hochkomplexen Begriffen Musik-Lernen, Musik-Lehren und Musikunterricht näher kommen als durch strikten Anschluß an ein einzelnes Denkmodell oder gar an einen einzelnen Forschungsansatz; nur auf solche Weise kann man wohl auch die behavioristische Hypothek des Musik-Lernens, die didaktische des Musik-Lehrens und die pragmatische des Musikunterrichtes relativieren.

Um Musik-Lernen haben sich spezielle umgangssprachliche Gewohnheiten gebildet. Fragt man zunächst nach der Bedeutung, die wir dem Wort Lernen bei solchem umgangssprachlichen Gebrauch geben, so denkt man an bestimmte Fähigkeiten konkreter Art, die man durch Lernen erwirbt, beispielsweise Schreiben, Lesen und Rechnen, dazu an bestimmte Kenntnisse, die man – eben wenn man lernt – sich aneignen kann. In der Regel stellen sich, wenn man in dieser Weise über Lernen nachdenkt, Vorstellungen an Unterricht ein, wo dieses Lernen geplant und organisiert wird, auch Vorstellungen von Anstrengung, wenn nicht Mühsal, die sich mitunter, meist erst im Rückblick schriftlicher Memoiren, in eine Lust am Lernen wenden. Musik-Lernen ist in unserer Umgangssprache mit Redewendungen wie „Flöte lernen“ oder „Klavier lernen“ vertreten. Diese umgangssprachlichen Verbindungen von Instrument und Lernen sind aufschlußreich; denn hier, beim „Erlernen“ eines Instrumentes, geht es um den Erwerb konkreter Fertigkeiten, spielt die Anstrengung eine Rolle, ist das Ergebnis feststellbar. Wie insgesamt umgangssprachlich Lernen mit Vorstellungen von Anstrengung, Arbeit, Übung und Erreichen von festen Zielen verbunden ist, so werden auch umgangssprachlich gerade die Bereiche des Musik-Lernens, die solche Voraussetzungen besonders deutlich aufweisen, nämlich die Aneignung von Fähigkeiten des Instrumentalspiels, als Lernen bezeichnet. „Flöte lernen“ bedeutet, Flötenunterricht haben, „Flöte spielen“ meint dagegen, daß man es „gelernt“ hat und nun Flöte „spielen“ kann. Auffällig ist, daß im musikalischen Zusammenhang Lernen umgangssprachlich fast ausschließlich an die Aneignung instrumentaler Technik gebunden ist, während ansonsten das Gehör „gebildet“ wird und Musikverständnis eine besondere „Gabe“ ist. In allen anderen Bereichen wird Lernen offensichtlich sowohl als Erwerb von Techniken als auch von Kenntnissen, schließlich auch im Sinne tieferen Verstehens der Sache und selbständigen Umganges mit ihr aufgefaßt.

Der Bemühung, zur Klärung des Begriffes Musik-Lernen einen umfassenden allgemeinen Lernbegriff dingfest zu machen und hinsichtlich seiner Kontaktmöglichkeiten zu Musik-Lernen zu prüfen, stellen sich erhebliche Schwierigkeiten entgegen, die im Lernbegriff selbst liegen. Sie beginnen mit der Unterschiedlichkeit der Sichtweisen der verschiedenen mit Lernen befaßten Disziplinen. Aus anthropologischer Sicht gehört Lernen wesentlich zum Menschen, ist Merkmal menschlicher Verfassung. Die traditionelle Auffassung, daß Lernen Vorspiel zum Leben sei, gilt als überholt; eine durchgehende Lernverfassung gehört zu den Wesensmerkmalen des Menschen. Sie setzt viel früher ein als das schulische Lernen und begleitet den Menschen bis in sein Alter. Als charakteristisches Merkmal anthropologischer Auffassung des Lernens, der menschlichen Lernverfassung, wird die „offene Bestimmtheit“ gesehen; nur was in der ständigen Differenz und Bezogenheit zu einem größeren Ganzen bewahrt bleibt, ist eigentlich gelernt (Rombach, 1969). Aus sozialwissenschaftlicher Sicht gewinnen alle Aspekte des sozialen Kontextes von Lernen, Sozialisationsbedingungen und Interaktionsvorgänge, bestimmende Bedeutung. Die Biologen fragen nach der Eigenart menschlichen Lernens gegenüber tierischem Lernen, die Pädagogen reflektieren Sinn von Lernen, stellen Lernmodelle auf, suchen nach Wegen effektiven Lernens, hoffen auf Lernerfolg. Dieser Katalog zeigt bereits die Schwierigkeiten eines allgemein anerkannten Lernbegriffes.

Dazu treten die Auffassungen von Lernen in den psychologischen Disziplinen, wo menschliches Lernen zu den zentralen Problemen gehört. Auch hier, in der Geschichte der Psychologie und ihrer sich abspaltenden Einzeldisziplinen, erweist sich der Lernbegriff als höchst variabel. Die sich seit Ende des vorigen Jahrhunderts entwickelnde Lernpsychologie versucht, mit empirischen Methoden Lernvorgänge zu klären. Es gibt unterschiedliche theoretische Ansätze, von denen die des Behaviorismus und des Kognitivismus am bekanntesten sind und international vertreten werden; auch in der Tiefenpsychologie wird Lernen, insbesondere die Lernhemmung, untersucht. Am populärsten wurde die behavioristische Lernforschung; sie löste schließlich Identifizierung von Lernen und Verhaltensregelung gemäß Tierversuchen aus und verursachte Abwehr einer auf Lernen ausgerichteten pädagogischen Forschung. Die behavioristische Lernforschung sieht Lernen in einer zweifachen Möglichkeit von Verhaltensänderung: als Erlangung gewünschter Verhaltensmuster und als Abänderung bereits vorhandenen, aber nicht erwünschten Verhaltens. Dafür wurden zwei Typen von Lernvorgängen gebildet: der bedingte Reflex (klassische Konditionierung) und das Lernen am Erfolg (instrumentale Konditionierung). Für beide Lerntypen gilt als entscheidendes Merkmal, daß Lernen, die Verhaltensänderung, nur mit der Wirkung früherer Erfahrungen begründet werden kann. Kognitive lerntheoretische Ansätze basieren auf gestaltpsychologischen Erkenntnissen, befassen sich insbesondere mit Wahrnehmung, Informationsverarbeitung, Bewußtsein und Verstehen und wenden sich gegen die behavioristische Lernforschung. E.A. Lunzer vor allem warnt vor der „falschen Richtung“, die die Lernforschung einschlug, als sie durch Bestehen auf experimenteller Verifikation die Komplexität der Verhaltenssteuerungen vernachlässigte (Lunzer, 1971). R.M. Gagné sieht die anregende Bedeutung der aus experimentellen Situationen mit Tieren gewonnenen Einsichten in Lernvorgänge, die jedoch nicht als repräsentativ für die Gesamtheit der Lernphänomene zu verstehen seien. In seinen Situationsklassen menschlichen Lernens versucht er eine Integration behavioristischer und kognitiver Lerntheorien (Gagné, 1980). Vielleicht sind es die Vorbehalte gegenüber dem populär gewordenen behavioristischen Lernbegriff, die auch in der Musikpädagogik Zurückhaltung gegenüber sprachlichen Verknüpfungen von Musik und Lernen auslösten. Tatsächlich wird ein behavioristisch oder allein kognitiv ansetzender Begriff von Musik-Lernen die Vielfalt der in musikalischem Lernen mitwirkenden Verhaltensmechanismen wohl kaum zu fassen vermögen; ein Ansatz nur aus Reaktionskonditionierung und instrumenteller Konditionierung oder nur aus Kognition wird schwerlich zur Erklärung der komplexen Lernvorgänge dienen können, die Musik-Lernen umschließt.

Die Auseinandersetzung mit dem Lernbegriff im musikpädagogischen Zusammenhang wird darum — so weit und schwierig der Bereich ist und so vorläufig alle Bemühungen nur sein können (Abel-Struth, 1975 a; Meißner, 1978; Behne, 1982) — den Blick über behavioristisch-kognitive Positionen hinaus auf die umfassende neue Lernpsychologie zu richten haben. Hier werden neue, andere Einsichten hinsichtlich des Lernens vetreten: Lernen bezieht sich auf den ganzen Menschen, auf die Bereiche des Gefühls wie des Denkens, der Fertigkeiten, Bedürfnisse, Leistungen wie der Werterlebnisse. Wir lernen nicht nur „Richtiges“, sondern auch „Falsches“, wir lernen, etwas als richtig oder falsch anzusehen. Lernen und Reifen sind zwei verschiedene Vorgänge. Reifen geschieht ohne unser Zutun, spontan, ist vorgegeben; Lernen geschieht durch unsere eigene Aktivität, angeleitet durch einen organisierten Plan oder ohne Anleitung durch Geschehnisse unserer Umgebung. Aber Reifen und Lernen stehen in einem Zusammenhang, durchdringen sich gegenseitig: Reifen schafft die Bereitschaft zum Lernen, und Lernen wiederum wirkt zurück auf den Reifungsprozeß. Bei J. Piaget treffen viele Ansatzmöglichkeiten und die ganze Fülle methodisch gewonnener Einsichten zusammen. Seine Theorie der kognitiven Entwicklung des Menschen ist – wenn auch in der Beschränkung auf diesen Bereich – grundlegendes Modell für alles Nachdenken über Lernen (Piaget, 1972). Seitens der Erziehungswissenschaften hat man längst den Anschluß an die neue lerntheoretische Situation hergestellt (Roth, 1973; Schröter, 1981). Es entwickelte sich eine lerntheoretische Didaktik, die sich zunächst als (polemische) Wendung gegen bildungstheoretische Denkweise verstand (Blankertz, 1970). Sie hat inzwischen einen Ansatz entwickelt, demgemäß alle im Unterricht auftretenden Erscheinungen der wissenschaftlichen Kontrolle zugänglich werden sollen; dieser Forschungsabsicht dient auch die in der Praxis mitunter mißverstandene Entwicklung operational zu definierender Lernziele.

Das Bemühen, Kontakt zu dem psychologischen Lernbegriff zu finden, führt angesichts der Vielfalt der Denkansätze in ein weites offenes Feld (Skowronek, 1969; Steindorf, 1981). Man kann sich lediglich einer sehr breiten Eingrenzung anschließen, die in der Psychologie Konsensus fand. Sie geht von Lernen als Verhaltensänderung aus und ist insgesamt bei weitem nicht in der Lage, das breite Spektrum der Bedeutungen von Lernen zu decken. Der breite definitorische Konsensus für den Begriff des Lernens heißt: Lernen bezieht sich auf solche Veränderungen des Verhaltens, die nicht durch angeborene Verhaltenstendenzen, durch Reifung oder andere zeitlich begrenzte Einflüsse erklärt werden können (Angermeier, 1977; vgl. auch Bredenkamp und Bredenkamp, 1974). Ausgang dieser Definitionen ist die von E.R. Hilgard und G.H. Bower angebotene: „Lernen ist der Vorgang, durch den eine Aktivität im Gefolge von Reaktionen des Organismus auf eine Umweltsituation entsteht oder verändert wird. Dies gilt jedoch nur, wenn sich die Art der Aktivitätsänderung nicht auf der Grundlage angeborener Reaktionstendenzen, von Reifung oder von zeitweiligen organismischen Zuständen (z.B. Ermüdung, Drogen usw.) erklären läßt“ (Hilgard und Bower, 1970).

Dazu heben sich in der psychologischen Literatur weitere übereinstimmend beschriebene Merkmale des Lernbegriffes ab. Dies ist zunächst das Merkmal des prozeßhaften Vorganges von Lernen, eines Vorganges, den der Mensch unter Einsatz vieler unterschiedlicher psychischer Funktionen vollzieht, und der von Einfluß ist auf die individuelle Persönlichkeit; Lernen wird nicht als isolierte psychische Funktion aufgefaßt. Die methodische Schwierigkeit der Untersuchung der Lernprozesse liegt darin, daß es keine Möglichkeit einer direkten und unmittelbaren Kontrolle der Vorgänge gibt, außer bei den einfachsten Lernarten, die wohl aus diesem Grund in dem behavioristischen Ansatz dominieren konnten. Die methodische Schwierigkeit liegt aber auch darin, daß sich der auf Lernprozessen begründete Lernbegriff auf Handlungen bezieht; es werden Handlungsmerkmale zu verschiedenen Zeitpunkten verglichen und die dadurch gewonnenen Feststellungen über Verhaltensänderungen bewertet, indem erfolgte oder eben nicht erfolgte Fortschritte notiert werden. Dieser Bezug auf Handlungen bedeutet aber, daß schwerlich zwischen eigentlichen Lernprozessen und Verhaltensaspekten zu unterscheiden ist, daß vor allem das zu Beobachtende an Lernprozessen auf das in Verhaltensänderungen Beobachtbare beschränkt bleibt. Lernen ist ein prozeßhafter Vorgang, in dem jedoch nicht das Lernen selbst, sondern lediglich die Veränderung einzelner Verhaltensweisen zu verschiedenen Zeitpunkten innerhalb des Lernvorganges beobachtbar ist.

Auch das Merkmal der Dauerhaftigkeit wird bei der Erörterung des allgemeinen Lernbegriffes vielfach herangezogen, bleibt aber definitorisch vage. Die Begründung, mit der Dauerhaftigkeit als Merkmal des Lernens vielfach ausgeschlossen wird, ist gewichtig: Es ist nicht möglich festzustellen, wie groß und dauerhaft eine Verhaltensänderung sein muß, um auf Lernen zurückgeführt werden zu können, und darum würde sie in eine Definition unzulässige Unklarheit einbringen. Man kann darum wohl negativ definieren: Zum Lernen gehören alle nicht kurzfristigen Verhaltensänderungen (eingeschränkt durch die bereits genannten anderweitigen Ursachen von Verhaltensänderungen). Oder man schließt sich dem vagen Konsensus an, daß nur relativ dauerhafte Verhaltensänderungen als Lernen zu bezeichnen seien. Hier klingt auch bereits der spezifisch pädagogische, wertbezogene Lernbegriff an: Veränderung-Abwandlung im Sinn von Lernen kann nicht eine äußerlich veranlaßte, kurzfristige sein; denn eine solche könnte keine tiefgreifende, einsichtige Wandlung des Individuums mit sich bringen. Nur die dauerhafte Veränderung-Abwandlung bedeutet helfende, lebensbewältigende Wirkung für den Menschen und gilt daher als Lernen.

Hinsichtlich des Ortes, an dem Lernen stattfindet, gibt es eine umfangreiche Literatur mit definitorischen Zügen. Hier steht das Problem ins Haus, wie zwischen „pädagogischem" und „natürlichem" Lernen zu unterscheiden sei. Die Unterschiede zwischen beiden Lernsituationen werden differenziert beschrieben. Sie liegen vor allem in Unterschieden der Reizlage und des Zielantriebes. In der „pädagogischen Lernsituation" werden Reize geplant, dosiert und präpariert, wird der Schüler einer „Fremdsteuerung" unterworfen, müssen Motivation und Interesse des Schülers durch Anknüpfen an seinen natürlichen Interessen und Bedürfnissen oft mühsam genug erst aufgebaut werden. Für die Bewegung auf Ziele des Lernens hin müssen in der „pädagogischen Lernsituation" besondere, fremde Kräfte eingesetzt werden, bis zu Zwang, Druck und Barrieren zur Festlegung der Zielrichtung reichend; einst Bestrafung und Belohnung, heute die „Entwicklung und Lösung von Konfliktlagen", haben hier ihren Platz. Die „natürliche Lernsituation" außerhalb der Schule enthält dagegen „geschehensimmanente" Motivationen, breite Reizangebote, die oft hohe Lernbereitschaft und nachhaltige Lerneffekte mit sich bringen. Im Unterschied zum Lernen in „pädagogischen Situationen" fehlt in den „natürlichen Lernsituationen" das Moment des Widerstandes. Dieses natürliche Lernen verlangt nicht, daß man sich ausdrücklich auf das zu Lernende richtet; es ist ein entlastetes Lernen, weil es nicht unter dem Druck des Lernen-Sollens oder Lernen-Wollens steht. Der Zielantrieb bleibt in der „natürlichen Lernsituation" frei von Zwängen jeder Fremdsteuerung. Man pflegt beide Orte des Lernens, die „pädagogische" wie die „natürliche Situation", definitorisch dem Lernen zuzuzählen. Doch man trägt auch dem Unterschied Rechnung, indem man die „pädagogische Lernsituation" als Lernen i.e.S., die "natürliche Lernsituation" dagegen als Lernen i.w.S. bezeichnet (Winnefeld, 1969).

Faßt man den Lernbegriff in dieser Weite, so impliziert dies, daß Lernen – vor allem in „natürlichen Lernsituationen“, doch auch in „pädagogischen“ – nicht nur erwünschte Lernergebnisse, sondern durchaus auch unerwünschte Lernergebnisse erbringen kann. Hier ist eine unterschiedliche Auffassung des Lernbegriffes zu beobachten. Vor allem in der empirisch arbeitenden Verhaltensforschung neigt man dazu, alle der Beobachtung zugänglichen Verhaltensänderungen dem Lernbegriff zuzuordnen. In den Erziehungswissenschaften wehrt man diese Denkweise häufig ab. Hier grenzt man Lernen vielfach auf positiv gemeintes Lernen ein. Man zeigt Bedenken, negative Zusammenhangsbildungen (etwa mit neurotischen Symptombildungen) als Lernen zu bezeichnen, weil solches Lernen in Widerspruch zu jedem wertbezogenen, pädagogischen Lernbegriff stehe, doch auch mit Verweis darauf, daß ein so weitgefaßter Lernbegriff sich von dem Gebrauch der Bezeichnung Lernen in unserer Umgangssprache entfernt habe. Die Hilgard-Bowersche Definition des Lernens trägt dieser Diskrepanz der Auffassungen in etwa Rechnung. Insgesamt schließt aber auch die pädagogische Auffassung des Lernens nicht aus, daß man auch „Negatives“ erlernen kann. Tatsächlich wird darum der Pädagoge schwerlich auf den Wertbezug seines Lernbegriffes verzichten können.

Der Begriff des Musik-Lernens nun stellt eine Spezialisierung des allgemeinen Lernbegriffes, doch auch eine Potenzierung seiner Probleme dar. Dies zeigt sich bereits bei der Anknüpfung an die Hilgard-Bowersche Lernformel. Bei schlichter Komplettierung mit Musik wäre hier Musik-Lernen zunächst als ein Vorgang definiert, durch den eine Aktivität im Gefolge von Reaktionen des Organismus auf eine musikalische Umweltsituation entsteht oder verändert wird. Doch beide definitorischen Aspekte, Aktivität wie musikalische Umweltsituation, zeigen die Problematik einer solchen Verfahrensweise. Zunächst ist die entstehende Aktivität auf die spezifisch musikalische Aktivität einzugrenzen. Denn die durch Musik ebenfalls auslösbaren allgemeinen Aktivitäten außermusikalischer Art sind nicht musikalisches Lernen, sondern allgemeines Lernen; eine häufig unterlaufende Verwechslung beim Einsatz von Musik als Medium allgemeiner Lernziele kann durch diese definitorische Klärung vermieden werden. Für die allein musikalisches Lernen bestimmenden musikalischen Aktivitäten ist zudem festzuhalten, daß damit gewiß nicht praktisches Agieren gemäß traditioneller musikpädagogischer Unterscheidung von den sog. passiven musikalischen Verhaltensweisen gemeint ist, sondern alle musikalische Aktivitätsmöglichkeit in ihrem weitesten Sinne. Die Entstehung außermusikalischer Aktivitäten als Reaktion auf musikalische Umweltsituationen, beispielsweise in der Therapie belegt, wäre definitorisch dahingehend einzubeziehen, daß musikalische Umweltsituationen auch außermusikalische Aktivitäten auslösen können, die nicht Musik-Lernen, sondern allgemeines Lernen darstellen, die aber in enger, noch zu klärender Beziehung zu Musik-Lernen stehen können. In einer Definition des Musik-Lernens wäre demnach zunächst festzuhalten, daß die im Gefolge von Reaktionen des Organismus auf eine musikalische Umweltsituation entstehende oder sich verändernde Aktivität eine musikalische Aktivität ist (nicht im traditionellen Sinne auf musikalisches Agieren beschränkt, sondern alle musikalische Aktivitätsentfaltung umfassend), die ebenfalls durch musikalische Umweltsituationen entstehenden sonstigen Aktivitäten jedoch begrifflich zu allgemeinem Lernen gehören, wenn auch Korrespondenzen zwischen den musikalischen und den außermusikalischen Aktivitäten nicht auszuschließen sind.

Der definitorische Aspekt Umweltsituation, vorläufig aufgegriffen als musikalische Umweltsituation, erschließt sich in seiner vollen Bedeutung durch die für musikalisches Lernen konstitutive Unterscheidung zwischen „pädagogischen" und „natürlichen musikalischen Umweltsituationen". Die (theoretische) Unterscheidung zeigt die gegenwärtige Tatsache der (praktischen) Einebnung dieser unterschiedlichen musikalischen Umweltsituationen auf, das Phänomen des historischen Wechselns zwischen der Dominanz „pädagogischer" und „natürlicher Umweltsituationen" in musikpädagogischem Denken. „Pädagogische" und „natürliche musikalische Umweltsituationen" sind in komplexer Weise mit der Aufstellung von Lernzielen und der Bewertung von Lernergebnissen des Musikunterrichts verquickt. Der Ort des Musik-Lernens als Bestimmungsmerkmal von Musik-Lernen, „die musikalische Umweltsituation", bedeutet darum für Musik-Lernen ein weites Feld schwer einkreisbarer Faktorenbereiche, die Musik-Lernen nicht nur auslösen und lenken, sondern vielfältig und wechselseitig bedingen, die die verschiedenen musikalischen Lernvorgänge in jeweils unterschiedlicher Weise betreffen. Der Begriff des Musik-Lernens umschließt somit sowohl die kaum bewußten Vorgänge in „natürlichen" wie die bewußten Vorgänge in „pädagogischen musikalischen Umweltsituationen". Das weiterreichende Problem sind die Überschneidungen dieser unterschiedlichen musikalischen Umweltsituationen, die in die Lernbereitschaft des Lernenden wie in das Lehrkonzept des Lehrenden hineinreichen. Die definitorische Studie legt die Aufgabe frei, die Gemeinsamkeiten und Unterschiede „pädagogischer" und „natürlicher musikalischer Umweltsituationen" für musikalisches Lernen sowie in den Vorstellungen musikalischer Lehre in empirischen und historischen Dimensionen zu untersuchen.

Auch der zweite Teil der Definition allgemeinen Lernens von E.R. Hilgard und G.H. Bower verweist bei einem Versuch definitorischer Bezüge zu dem Begriff des Musik-Lernens auf musik-spezifische Eigenarten, und zwar zunächst bei dem Ausschluß solcher Arten von Aktivitätsänderungen, die sich auf der Grundlage angeborener Reaktionstendenzen erklären lassen. Auch wenn man davon ausgeht, daß für den allgemeinen Lernbegriff der Ausschluß angeborener Reaktionstendenzen (worunter man Reflexe, Tropismen und Instinkte versteht) theoretischer Art ist und das Denkmodell gleitende Übergänge zwischen ausschließlich angeborenen und erlernten Reaktionstendenzen zuläßt, so geben doch die angeborenen Reaktionstendenzen in bezug auf musikalisches Lernen besondere Probleme auf. Im Musik-Lernen zeigen sich auffällig früh musikalische Aktivititätsänderungen. Das weite Feld solcher menschlichen Eigentümlichkeiten im musikalischen Verhalten eröffnet sich, von denen wir nicht wissen, ob sie einer ursprünglichen menschlichen Grundausstattung zum Überleben durch Hören-Können und Sich-Äußern-Können zugehören oder im Verlauf der ersten Lebenswochen erlernt werden. Man wird bei einer Bestimmung musikalischen Lernens darum auf die (im einzelnen noch zu klärende) Eigenart früher musikalischer Prägungen zu verweisen haben, musikalischen Prägungen im Sinne eines musikalischen Lernens, das in sehr enger Beziehung zu instinktiven Dispositionen in bezug auf Musik als Höraufmerksamkeit und -fähigkeit sowie als Ausdrucksbedürfnis mit Stimme oder Gerät steht. Deren Bedeutung liegt jedoch nicht nur in der Frühzeitigkeit ihres Auftretens im menschlichen Lebenslauf, sondern — viel weiterreichend — in lebenslangen Nachwirkungen der Reaktionen auf musikalische Umweltsituationen. Darum wird für den Begriff des Musik-Lernens festzuhalten sein, daß zwar angeborene, auditive Reaktionstendenzen nicht als Musik-Lernen anzusehen sind, daß jedoch das (allerdings wenig abgeklärte) Verhältnis zwischen angeborenen auditiven Reaktionstendenzen und den auditiven Lernvorgängen der ersten Lebenswochen eine nur angeborene Reaktionstendenz auf Hörbares in Frage stellt und damit die Frühzeitigkeit des auditiven Lernbeginnes und seine in der Nähe zu instinktiver Disposition liegende Eigenart als Merkmal musikalischen Lernens, wenn auch in seinem propädeutischen Sinne, Wahrscheinlichkeit gewinnt. Angesichts der Wechselhaftigkeit präskriptiver Literatur hinsichtlich des rechtzeitigen musikalischen Lernbeginns, sprachlich zudem belastet durch den unsachgemäßen Begriff musikalische Früherziehung, ist die Beschreibung dieses Merkmals von Musik-Lernen, sein Beginn als natürlicher Lernvorgang bereits in den ersten Lebenswochen, von besonderer Bedeutung; verspäteter Einsatz musikalischer Entwicklungsreize impliziert die Gefahr einer zu niedrigen Endausprägung musikalischer Fähigkeiten und von mitunter lebenslänglich regressivem musikalischem Verhalten gegenüber einfachen Hörreizen.

Ähnlich ist die definitorische Situation des Musik-Lernens bezüglich des Ausschlusses von Reifung. Daß Reifen und Lernen zwar zwei verschiedene Vorgänge sind, sich jedoch vielfältig gegenseitig durchdringen, gehört zu den grundlegenden Einsichten der Lernpsychologie; Reifung wirkt auf die Bereitschaft zum Lernen ein, und dies wiederum fördert die Reifung. Der Ausschluß von Aktivitätsänderungen auf der Grundlage von Reifung für die Definition eines allgemeinen Lernbegriffes ist demgemäß im Zusammenhang mit der Einsicht zu sehen, daß die Separierung einer Aktivitätsänderung nur durch Reifung auch im allgemeinen Lernen kaum möglich sei. Dennoch gibt auch der Aspekt der Reifung für die Definition musikalischen Lernens besondere Probleme auf. Denn während die Definition eines allgemeinen Lernbegriffes Möglichkeiten eines Wechselspiels von Lernen und Reifen in bezug auf den Wirkungszusammenhang von Lernbereitschaft und Reifungsprozeß zuläßt, steht bei der Definition des Begriffes Musik-Lernen über eine solche Wechselwirkung auch musikalischer Lernbereitschaft und musikalischer Reifung hinaus der Realzusammenhang von musikalischem Lernen und Reifung spezieller musikalischer Fähigkeiten an. Daß eine solche Unterschiedlichkeit der Reifungsvorgänge bei den verschiedenen musikalischen Fähigkeiten vorliegt, belegen die Musiktests, die mit hohem Grad von Übereinstimmung aufzeigen, daß einzelne musikalische Fähigkeiten, wie die Unterscheidung von Tonhöhen oder das rhythmische Gedächtnis, nicht nur im Durchschnitt der Altersstufen ansteigen, sondern darüber hinaus für solche Fähigkeiten durch Leistungssprünge in jeweils besonderen Altersstufen „optimale Lernphasen" erkennbar sind. Diese Phänomene sind in jenem komplizierten Wechselspiel zwischen musikalischer Reifung und musikalischem Lernen begründet. Ein Kind erlernt bestimmte musikalische Fähigkeiten insbesondere in bestimmten Lebensabschnitten, doch dies nur, wenn ihm demgemäß Musik begegnet. Daß sich jedoch auch Alterskontinua musikalischer Fähigkeiten unabhängig von der Art musikalischer Unterrichtsangebote und zudem altersabhängige Egalisierungseffekte nach viel und wenig Musikunterricht einstellen, belegt, daß auch musikalische Reifungsregelhaftigkeiten bestehen. Offenbar wirken bei der gleichen musikalischen Leistungsfähigkeit musikalische Reifungsvorgänge, musikalisches Lernen durch musikalisches Lernangebot und zugleich das Wechselspiel zwischen musikalischer Reifung und musikalischem Lernen mit; über diese Relationen und Wirkungszusammenhänge in bezug auf die verschiedenen musikalischen Leistungsfähigkeiten und wiederum über deren Wechselspiel untereinander wissen wir kaum etwas. Man wird daher wohl für Musik-Lernen definitorisch festhalten müssen, daß Musik-Lernen begrifflich die musikalische Reifung ausschließt, daß aber die Ausgrenzung von musikalischer Reifung wegen des frühen auditiven Lernbeginns und wegen der unterschiedlichen Reifungstermine der verschiedenen musikalischen Fähigkeiten in ihrer jeweiligen Umweltabhängigkeit, der Abhängigkeit von jeweiligen musikalischen Lernanreizen, die nur zu besonderen Terminen optimal wirksam werden, spezielle und weitreichende Probleme musikalischen Lernens aufzeigt.

Auch die Ausgrenzung zeitweiliger organismischer Zustände aus der Definition allgemeinen Lernens nach E.R. Hilgard und G.H. Bower gibt einer Definition musikalischen Lernens eigene Probleme auf, faßbar an der sog. musikalischen Droge. Für den Juristen sind Drogen Betäubungsmittel und Narkotika, der Psychologe wird alles einbeziehen, was auf das bewußte Erleben verändernd einwirkt, auf Wahrnehmung, Gedächtnis, Denken und gefühlsmäßige Befindlichkeit. Während in dem Hilgard-Bowerschen Lern-Modell Aktivitätsänderungen, die durch einen organismischen Zustand (wie die Wirkung von Drogen) entstanden sind, ausdrücklich aus dem Lernbegriff ausgeschlossen werden, wird in behavioristischem Denken das Modell operanter Lernprozesse für die Entstehung von Drogenabhängigkeit herangezogen, das Lernen durch Verstärkung und Belohnung. Für die Chronifizierung von Drogenabhängigkeit wird die klassische Konditionierung bemüht; Reize aus der Umgebung des Drogenkonsumenten werden zu konditionellen Reizen, werden sie vorenthalten, so entstehen Entziehungserscheinungen. Hier liegt vielleicht eine definitorische Möglichkeit, für Musik-Lernen Unterschiede zwischen einer „natürlichen musikalischen Umweltsituation" und Abhängigkeiten von musikalischer Droge zu fassen. Geht man – versuchsweise – davon aus, daß es Musik gibt, die als Droge oder wie Droge auf die Psyche einwirkt, daß musikalische Drogenabhängigkeit im operanten Lernprozeß, durch Belohnung der Gruppenzugehörigkeit beispielsweise, entsteht, und daß ein Vorenthalten solcher musikalischer Drogen etwa im Musikunterricht einer Entzugsabsicht gleichkommt (mit der Folge der hinlänglich bekannten Entzugserscheinungen), dann wäre diese Komponente „natürlicher musikalischer Umweltsituation" aus dem Bereich dessen, was man unter musikalischem Lernen versteht, auszuschließen. Was „musikalischer Droge" zuzuzählen ist, stellt demgemäß kein musikalisches Lernen dar, weil es auf das bewußte Erleben in bezug auf Musik verändernd einwirkt. Diese Veränderung bewußten musikalischen Erlebens behindert wohl zugleich musikalisches Lernen. Aber die gleitenden Übergänge in die Bereiche affektiven musikalischen Verhaltens geben auch definitorisch noch wesentliche offene Fragen auf.

Die Hilgard-Bowersche allgemeine Lerndefinition und die zusätzlichen, auf weitgehender Übereinstimmung beruhenden Merkmal-Beschreibungen allgemeinen Lernens, den Prozeßcharakter des Lernens, seine relative Dauerhaftigkeit, die Unterschiedlichkeit der Lernsituationen und die Arten der Aktivitätsänderungen betreffend, zeigen für den Begriff des Musik-Lernens in gleicher Weise Korrespondenzmöglichkeiten wie Modifikationsnotwendigkeiten. Angesichts der Offenheit unseres Wissens über Musik-Lernen wird damit zugleich kräftig hypothetisches, begriffliches Nachdenken mit nützlichen kategorialen Hilfen angestoßen. Insgesamt läßt sich aus dem Kontakt mit der allgemeinen Lerndefinition und dem Konsensus in Einzelmerkmalen bei Berücksichtigung wahrscheinlicher Besonderheiten musikalischen Lernens mit gebotener Vorsicht eine vorläufige Definition des Musik-Lernens versuchen:

Musik-Lernen ist ein Vorgang, durch den eine musikalische Aktivität im Gefolge von Reaktionen des Organismus auf musikalische Umweltsituationen entsteht oder verändert wird. Diese entstehende oder sich verändernde musikalische Aktivität meint nicht nur musikalisches Agieren, sondern alle Aktivitäten im Zusammenhang mit Musik. Ebenfalls als Reaktion auf musikalische Umweltsituationen entstehende außermusikalische Aktivitäten stellen nicht Musik-Lernen dar, wenn auch Korrespondenzen mit diesem nicht auszuschließen sind. Musikalische Aktivitäten und Aktivitätsänderungen nur auf der Grundlage angeborener musikbezogener Reaktionstendenzen sind nicht als Musik-Lernen zu bezeichnen. Auch ist definitorisch der Vorgang musikalischer Reifung nicht unter dem Begriff musikalischen Lernens zu subsumieren; musikalisches Lernen schließt den allein auf musikalischer Reifung bestehenden Vorgang aus. Die gleitenden Übergänge, das Wechselspiel zwischen Reifung und Lernen, komplizieren sich im Musik-Lernen durch die enge Beziehung zu instinktiven Dispositionen des Hörens und Sich-Äußerns in besonders hohem Maße, zugleich auf die Frühzeitigkeit als auch auf die Unterschiedlichkeit der optimalen Korrespondenztermine zwischen Reifung und Lernen bei den verschiedenen musikalischen Fähigkeiten verweisend. Die Reaktionen auslösende musikalische Umweltsituation stellt sich für musikalisches Lernen als ein ganzes Feld von Faktorenbereichen dar, die Musik-Lernen nicht nur auslösen, sondern vielfältig und wechselseitig bedingen. Die Unterscheidung nach „natürlichen“ und „pädagogischen Lernsituationen“ führt zur Unterscheidung zwischen musikalischem Lernen, das durch breite Reizangebote von hohem Motivationswert bestimmt und frei vom Druck des Lernen-Sollens bleibt, gegenüber solchem musikalischen Lernen, das gezielt, geplant und gelenkt verläuft. Durch die massenmediale musikalische Umweltsituation sind natürliches Musik-Lernen und pädagogisches Musik-Lernen in Konflikt geraten; Musik-Lernen in der „pädagogischen Situation“ ist der Gefahr der Verwechslung mit Musik-Lernen in der „natürlichen Situation“ ausgesetzt. Die Ausgrenzung zeitweiliger organismischer Zustände aus der Lern-Definition empfiehlt den Ausschluß solcher musikalischer Umweltsituationen aus dem Begriff Musik-Lernen, die im Sinne musikalischer Drogen Veränderungen bewußten Erlebens in bezug auf Musik und Behinderung musikalischen Lernens bewirken. Das musikalische Lernen wird von vielfältigen Lernbedingungen betroffen, die in der Musik selbst, in der Unterschiedlichkeit der musikalischen Umwelt- und Lernsituationen, im Bereich der Grundtendenzen menschlichen Umganges mit Musik und in Persönlichkeitsmerkmalen liegen. Musik-Lernen läuft in Prozeßform ab, wobei unterschiedliche Arten musikalischer Lernvorgänge in Verquikkung mit unterschiedlichen Reifungsprozessen und -terminen stattfinden. Daraus ergibt sich die Unterschiedlichkeit musikalischer Lernergebnisse. Musikalische Lernergebnisse sind die durch keine anderweitige Ursache als die zwischenzeitlich vollzogenen musikalischen Lernvorgänge zu erklärenden beobachtbaren, relativ dauerhaften Verhaltensänderungen. Aus der wertenden Sicht der Lehre können musikalische Lernergebnisse positiver wie auch negativer Art sein.

Dieser mit viel Skrupeln unternommene Versuch einer ersten Annäherung an den Begriff musikalischen Lernens steht in engem Kontakt mit psychologischen, begrifflichen Bestimmungen, mit denen er das Merkmal der Verhaltensänderung, soweit diese nicht durch angeborene Verhaltenstendenzen bedingt ist, gemeinsam hat. Doch im übrigen wird die Eigenart musikalischen Lernens für seine begriffliche Bestimmung zum Ausgang genommen, auch wenn diese Eigenart bisher nur unzureichend untersucht und beschrieben wurde. Dazu berechtigt vielleicht die in der Psychologie selbst vertretene Auffassung, daß die bisher aufgestellten Prototypen des Lernens nicht alle Fälle von möglichem Lernen repräsentieren, daß man an Varianten des Lernens zu denken habe, die im Rahmen der bisherigen Standardbeispiele nicht berücksichtigt wurden (Gagné, 1980). Die Notwendigkeit spezifischer Entwicklung von Merkmalbestimmungen wird aus dem Umgang mit Musik begründet, der für musikalisches Lernen konstitutiv ist und die Eigenart dieses musikalischen Lernens ausmacht. Um dem Begriff mehr und speziellere definitorische Kraft zu geben, konnten hier zunächst nur mit großer Vorsicht Beobachtungen und vermutete Zusammenhänge angesprochen werden, deren detaillierte Untersuchung, Betrachtung und schließliche Verdichtung zur Bestimmung eines Merkmals musikalischen Lernens langfristige Aufgaben des Faches Musikpädagogik sind. Doch auf diese eben ist zu verweisen.

Gegenüber den traditionellen Begriffen des Faches wird jedoch für den Begriff des Musik-Lernens bereits jetzt erkennbar, daß er entscheidend mehr Möglichkeiten einer konkreten Bestimmung bietet. Musikalische Erziehung, musische Erziehung und musikalische Bildung sind Begriffe, die allein von einem Programm der Lehrenden (im weitesten Sinne verstanden) ausgehen. Der Erziehungsbegriff, und ebenso der Begriff musischer und musikalischer Erziehung, implizieren von Haus aus die Absicht von Führung und Formung des educandus. Erziehung ist letztlich ein Programmbegriff, mit dem die Aufgabe von gesellschaftlichen Gruppen zur Anpassung der nachwachsenden Generation an das gruppentypische Verhalten bezeichnet wird. Erziehung ist darum grundsätzlich an Absichten gebunden. Erziehungsprogramme sind auch stets gruppenspezifisch, d.h. auf gesellschaftliche Situationen, deren Wechselhaftigkeit und Konkurrenzwillen, bezogen. Auch der Bildungsbegriff impliziert grundsätzlich die Absicht, auf den educandus einzuwirken. Wir verbinden mit dem Bildungsbegriff, auch dem musikalischen Bildungsbegriff, weniger die gruppenspezifische Absicht (des Erziehungsbegriffes) als vielmehr die programmatische Bedeutung von den die Epoche bestimmenden kulturellen Tendenzen. Musische und musikalische Erziehung wie musikalische Bildung sind darum als Begriffe anzusehen, die die – wenn auch mitunter idealen – Absichten der Lehrenden im richtunggebenden wie Unterricht ausführenden Sinne betreffen, die stets vorgegebene Vorstellungen meinen, die der Planung oder Durchführung von entsprechenden Handlungen am educandus dienen sollen. Musisch-musikalische Erziehung und musikalische Bildung sind, sieht man von der Selbsterziehung oder der selbst initiierten Weiterbildung des Erwachsenen ab, stets Absicht eines Vorganges am educandus, angestrebte Veränderung seines Verhaltens. Hier wird die Wurzel der ständigen Zieldiskussionen musisch-musikalischer Erziehung und Bildung freigelegt; denn Absichten für musisch-musikalische Erziehung und Bildung implizieren historischen Wandel, ständigen Wechsel und damit verbundene Ablösungs- und Reformdiskussion, sie zwingen das musikpädagogische Fachgespräch zu Zielsetzung und Zielreflexion.

Ganz anders der Lernbegriff. Der Begriff des Lernens wie auch des Musik-Lernens ist nicht an Absichten für den Lernenden gebunden, ist frei von Idealen und Postulaten. Gegenüber dem musikalischen Erziehungs- und Bildungsbegriff, deren Ausgang von Absichten der Lehrenden, bezieht sich der musikalische Lernbegriff einzig „nur" auf das Geschehen musikalischen Lernens, auf die sich bei musikalischem Lernen zeigenden Regelhaftigkeiten. Dies schließt nicht die Korrespondenz mit musikalischen Bildungs- und Erziehungsabsichten aus, wie näher zu erörtern sein wird; doch bei dem Ausgang von musikalischem Lernen her werden Absichten als solche stets erkennbar gehalten, und in bezug auf Musik-Lernen werden sie beobachtbar und beschreibbar. Der Ausgang der Bildungs- und Erziehungsbegriffe von Absichten der Lehrer und Erzieher hat – im Zusammenhang mit dem jeweiligen Bildungsdenken ihrer Zeit – Reflexionen, Programme und emphatische Erklärungen hervorgebracht, zeitgebunden, intentional, subjektiv immer neue Werte zitierend. Musik-Lernen, von Haus aus frei von Intentionen, ist demgegenüber ein wertneutraler Begriff; Absichten haben sich an den neutralen Gegebenheiten der Lernmöglichkeiten zu erweisen. Mit Musik-Lernen wird darum ein Begriff an den Ausgang musikpädagogischer Begründung gestellt, der neutral ist und neben seiner Konkretheit die Chance der Offenheit für alle anstehenden Phänomene und für ihre weitgehend objektive Untersuchung, Beschreibung und Zuordnung bietet.

2.4 Zum Begriff Musik-Lehren

Ein Versuch der begrifflichen Annäherung an Musik-Lehren führt in eine andere Situation als Musik-Lernen, das Ausmaß der Aussagen wie den Stand der Begriffsuntersuchung betreffend. Musik-Lernen und Musik-Lehren zeigen sich in einer „verkehrten" Situation: Während über Musik-Lernen wenig Äußerungen in der Literatur vorliegen, seine Bedeutung eher gering veranschlagt wird, aber die begriffliche Annäherung methodische Möglichkeiten gibt, nimmt Musik-Lehren in der Fachliteratur den wesentlichen und breiten Raum ein, ohne bestimmende Ansätze begrifflicher Art erkennen zu lassen. Während der Begriff des Lernens vor dem Hintergrund zahlreicher Versuche zum menschlichen Lernen, wenn auch in weitgefaßter Definition, Merkmale erschließen läßt, die eine erste Abgrenzung auch von Merkmalen des Musik-Lernens – teilweise in Übereinstimmung mit dem allgemeinen Lernbegriff, teilweise eigenständig – erlauben, liegen für Lehren zwar allgemeine Anweisungen vor, doch kaum in bezug auf Musik-Lehren diskutable Merkmalbestimmungen. Lehren ist bis in die Gegenwart etwas, was der Lehrer plant und tut, wofür Erfahrungen und Ratschläge bereitgestellt werden; doch Lehren ist, abgesehen von jüngsten Ansätzen, kaum etwas, was man untersucht. Für das Lehren stützt man sich auf normative Aussagen, Präskriptionen, aber nicht auf Untersuchung – das Lehren blieb bis in die Gegenwart hinein weitgehend außerhalb des Bereiches der Merkmaluntersuchung und der Merkmalbestimmung.

Die Ursache dieser Dominanz von Präskription auch im Umkreis des Musik-Lehrens liegt darin, daß Lehren entscheidend durch Intention und Planung des Lehrenden bestimmt wird, von Vorstellungen des Lehrenden abhängig ist, die er sich bildet oder von anderen übernimmt, die für ihn Intentionen formulieren und Planungen vorschreiben. Die Dominanz von Präskription im Bereich musikalischer Lehre gibt sich als Konsequenz von Merkmalen der Intention und Planung in dem zu bestimmenden Begriff des Musik-Lehrens zu erkennen; dabei ist davon auszugehen, daß Intention und Planung auch musikalischer Lehre kaum unabhängig von subjektiven, gruppenspezifischen Vorstellungen und Vorurteilen gehalten werden können. Diese haben in den praktischen Aufgaben der Lehrvorbereitung und -durchführung ihr Recht. Doch Intention und Planung musikalischer Lehre sind nicht nur präskriptiv-praktisch zu verwirklichen. Sie geben auch Fragen auf in geschichtlicher und vergleichender Sicht, Fragen nach den Möglichkeiten der Objektivierung der Lehrintentionen, der Ökonomie der Lehrplanung, nach den Relationen objektiver Vorgaben und subjektiver Entscheidungen in der musikalischen Lehre. Intention und Planung musikalischer Lehre sind, herausgelöst aus ihrer Fixierung nur auf der praktisch-präskriptiven Ebene, auch – eben als begriffliche Merkmale des Musik-Lehrens – auf der Ebene der Beschreibung und Untersuchung, der Darlegung der in ihnen wirksamen Regelhaftigkeiten, zu erörtern.

Während die Merkmale Intention und Planung Lehrvoraussetzungen betreffen, ist für den Lehrvorgang selbst als bestimmendes Merkmal die Veranlassung zum Lernen hervorzuheben. In den Aussagen der Pädagogen und pädagogischen Psychologen über das Lehren gibt es eine alte Tradition der Verweise auf den Zusammenhang von Lehren mit Wissen über Lernen. Hier wird von Lehren als „Lernhilfe" gesprochen (Riedel, 1964), wird Lehren als „Lernenmachen" bezeichnet (Willmann, 1957). Doch wird „Lehren" auch ohne Bezug zu „Lernen" gesehen und daraus eine begriffliche Unterscheidung zwischen „Lehren" und „Unterrichten" entwickelt, die wir auch in der Musikpädagogik finden: „Unter Lehren verstehen wir jene erzieherischen Maßnahmen, die darauf ausgehen, Fertigkeiten und Kenntnisse so darzubieten, daß sie vom Schüler aufgenommen werden können. Kommt dazu die Obsorge, daß der Schüler sich dieses dargebotene Bildungsgut wirklich gut aneigne – also, daß er lernt, so nennt man das Unterrichten" (Herget und Wolf, 1929). In den gegenwärtigen allgemeinen Beschreibungen des Lehrens wird der Bezug des Lehrens zu Lernvorgängen im Sinne eines Merkmals von Lehren fast durchweg hervorgehoben; Lehren ist das, was Lehrer tun, wenn sie „absichtsvolle Lernprozesse einleiten, fördern oder korrigieren, um Einsichten, Erlebnisse, Verhaltensmuster schneller, lückenloser und sicherer, mithin ökonomischer lernen zu lassen, als das bloße Mitleben in Natur und Gesellschaft dies gestatten würde" (Schulz, 1969). Die neue musikpädagogische Formel vom „Abholen des Schülers" ist ein Beitrag zu Lehren als Lernhilfe, mit allerdings oft nur materialbezogener Berufung auf den Wunsch der Schüler, der Lernenden.

Die Einsicht musikalischer Lehre, daß Musik-Lernen zu berücksichtigen sei, beschränkt sich einstweilen auf Rücksicht auf die Musik-Lernenden, statt auf Vor-Sicht für Musik-Lernen; in den Anweisungen für musikalische Lehre wird Wissen über musikalisches Lernen und seine Gesetzmäßigkeiten bisher deutlich geringer veranschlagt als motivational gemeinte Materialauswahl und Unterrichtsorganisation. Die Aussagen über den Zusammenhang von Musik-Lehren und Musik-Lernen bleiben allgemein, weil die Anbindung des Musik-Lehrens an Musik-Lernen noch zu wenig bewußt (und gewußt) ist, dieser Zusammenhang in Beschreibung und Untersuchung des Musik-Lehrens über den Postulaten und Präskriptionen für die Lehre der Musik zu kurz kommt, vielleicht auch in seiner konstitutiven Bedeutung für den Begriff des Musik-Lehrens und die Konkretion von Musik-Lehren noch nicht voll erkannt wird. Doch des Lehrers Mutmaßung über Effektivität musikalischer Lehre ist nicht identisch mit der Realität musikalischen Lernens. Umso nachdrücklicher ist auf den Rückbezug des Musik-Lehrens auf Musik-Lernen als Merkmal des musikalischen Lehrvorganges zu verweisen; ständiger Bezug auf Musik-Lernen ist bestimmendes Merkmal des Begriffes Musik-Lehren.

Diese Anbindung von Musik-Lehren an Musik-Lernen wiederholt sich in dem materialen Merkmal des musikalischen Lehrvorganges, dem spezifischen musikalischen Lehrstoff; er begründet bestimmend die Eigenart musikalischer Lehre. Daß auch Musik-Lernen an Material-Merkmale gebunden ist, läßt durch den Vergleich des materialen Merkmals in Musik-Lernen und Musik-Lehren ein für Musikunterricht zentrales Problem fassen: die Unterschiedlichkeit der musikmaterialen Erwartungen des Musik-Lernenden und der musikmaterialen Notwendigkeiten des Musik-Lernens und des Musik-Lehrens. Die Aufarbeitung dieser definitorischen Unterscheidungen könnte zur Klärung spezifischer Konflikte im Musikunterricht beitragen; die starken Pendelbewegungen zwischen Verhaftung nur an motivatorischen Aspekten des Musikmaterials oder nur an sachsystematischen Aspekten werden als Polarisierungen musikmaterialen Lehrdenkens erkennbar, entstanden aus dem Defizit an relativierenden Bezügen zu musikalischem Lernen.

Doch in den Vorgang des Musik-Lehrens wirken auch lernunabhängige Faktoren ein. Sie sind noch nicht konkretisiert worden. Sie liegen im Feld der Persönlichkeitsfaktoren des Musiklehrers, bei Faktoren seiner fachlichen Kompetenz oder Eigenart, in seinem individuellen Lehrverhalten. So ungenau das Wissen über die Verhaltensfaktoren des Musiklehrers, die in den Lehrvorgang einwirken, auch sein mag, so ist doch die Mitwirkung solcher Faktoren im musikalischen Lehrvorgang gewiß nicht ausschließbar; der musikalische Lehrvorgang ist kaum allein aus musikalischen Lernvorgängen, Musikmaterial und demgemäßen Reaktionen des Lehrenden erklärbar. Darum ist für die begriffliche Bestimmung des Musik-Lehrens in Vorsicht festzuhalten, daß neben dem Merkmal des Rückbezuges auf Musik-Lernen lernunabhängige Faktoren bestimmend einwirken.

Die größte Aufmerksamkeit im Zusammenhang des Lehrens widmete man bisher dem Lehrergebnis, dem Lehrerfolg als Merkmal von Lehren. Insbesondere die amerikanische pädagogische Forschung ist reich an Bemühungen, Kriterien für Lehrerfolg zu entwickeln. Man ging Kriterien wie der Einschätzung von Lehrern im Dienst, der Einschätzung der Gleichgestellten, der Beurteilung der Schülerleistungen, der Einschätzung durch Schüler, der Beurteilung von Probeunterricht und diversen Kombinationen solcher Kriterien nach, untersuchte Korrelationen in großer Zahl, um doch immer wieder Mangel an Signifikanz und Inkonsistenz in kurzen Zeiträumen feststellen zu müssen. Letztlich ließ sich nicht herausfinden, was ein guter Lehrer können muß, was Lehrerfolg sichert. H. Levin folgert, daß die endgültige Beschreibung eines „guten" Lehrers von einer Wahl abhänge, die im Idealfall die Ergebnisse der Forschung einbeziehe, nicht aber ausschließlich durch sie determiniert werden könne (Levin, 1954). Dies sind die Gründe, warum man mit dem Merkmal des Lehrerfolges, insbesondere in bezug auf Schülerleistung, vorsichtig umgeht und die Aufmerksamkeit zunehmend auf Beobachtung und Beschreibung des Lehrer- und Schülerverhaltens und der hier sich abspielenden Interaktion richtet; damit tritt der Unterricht in den Vordergrund des Interesses.

Für die Bestimmung eines Begriffes des Musik-Lehrens bleiben damit zunächst Lehrintention und Lehrplanung als Merkmale der Lehrvoraussetzungen. Für den Lehrvorgang selbst wird als Merkmal der Rückbezug auf Musik-Lernen hervorgehoben. Die Korrespondenz von Musik-Lernen und Musik-Lehren wiederholt sich in dem für Musik-Lehren (wie für Musik-Lernen) konstitutiven Merkmal des spezifischen Lehrstoffes, des musikalischen Materiales. Dazu treten im Lehrvorgang lernunabhängige Merkmale, vornehmlich solche der Lehrerindividualität. Durch das bestimmende Merkmal des Musik-Lehrens, den Rückbezug auf das Musik-Lernen, zeichnen sich künftige Möglichkeiten begrifflicher Konkretisierung des Musik-Lehrens und objektiver Beschreibung von musikalischen Lehrvorgängen ab. Die Erschließung gesicherten Wissens über Musik-Lehren gibt sich um so deutlicher als offene Aufgabe der Musikpädagogik, auch zur Relativierung der herrschenden präskriptiven Denk- und Verfahrensweise, zu erkennen. Aber dieser erste Versuch einer vorläufigen Bestimmung des Begriffes Musik-Lehren erhellt auch, daß Intention und Planung dem Lehren eigentümlich sind, daß zum Lehren gehört, andere Menschen auf etwas richten zu wollen. Lehre ist demgemäß von Haus aus nicht wertfrei. Selbst perfektes Wissen über Musik-Lernen kann Musik-Lehren nicht davon entbinden, Ziele aufzustellen; und dies bedeutet grundsätzlich Wertung. Die Einsicht in die Tatsache der Wertungsimplikate des Musik-Lehrens und deren Beschreibung hält jedoch die Wertbindung bei allen Lehrentscheidungen bewußt, erlöst von der Utopie wertfreien Lehrens gerade im Fach

Musik und berechtigt zu der Entwicklung von (als solche zu kennzeichnenden) wertungsabhängigen, präskriptiven Lehrprinzipien und Lehrkonzepten.

2.5 Zum Begriff Musikunterricht

Es gibt Berge erziehungswissenschaftlicher Literatur mit Versuchen zu dem Begriff Unterricht. Diese Versuche haben ein umfangreiches Repertoire an Aussagen über Unterricht, ja bereits Kataloge der verbreiteten Unterrichtsbegriffe (Schramm, 1975) hervorgebracht. Diese Aussagen verschleiern mitunter den Unterrichtsbegriff, weil sie – insbesondere durch gleitende Übergänge zum Begriff des Erziehens – in den Unterrichtsbegriff auch die dem Wechsel unterworfenen programmatischen Zielvorstellungen für Erziehung und Unterricht einbringen. Noch in der Mitte unseres Jahrhunderts gibt es solche absichtsvollen Definitionen: „Schulunterricht ist nach Wesen, Ziel und Aufgaben wesentliche Führungshilfe an der personalen Entfaltung junger Menschen, die in einer organisierten und instituierten Lehr- und Lerngemeinschaft durch Vermittlung repräsentativer Gehalte der Wirklichkeit in der Ordnung Weltbild und Weltanschauung den Stand freier Persönlichkeiten erlangen sollten mit der Fähigkeit und Bereitschaft, ihre zukünftigen Lebensaufgaben im Dienste Gottes, der Menschen und der Welt zu erfüllen“ (Reiring, 1955). Solche Definitionsversuche verweisen auf eine Tradition des Nachdenkens über inhaltlich-programmatische Funktionen von Unterricht, nicht frei von der Konsequenz, Unterricht dem Wechselspiel gesellschaftlicher Kräfte grundsätzlich freizugeben. Doch von diesem Hintergrund heben sich die Bemühungen um Klärung verhältnismäßig dauerhafter und wertfreier Merkmale von Unterricht als umso notwendiger ab; denn nur in deren Zusammenhang lassen sich schließlich auch die jeweiligen zeitspezifischen Unterrichtsinteressen und -tendenzen erkennen und beschreiben.

Solche Bemühungen um die Klärung von Merkmalen des Unterrichtsbegriffes, um seine Konkretisierung, sind in der erziehungswissenschaftlichen Literatur der vergangenen Jahrzehnte in immer größerer Zahl und mit ersten Übereinstimmungen vertreten. Als eine solche grundlegende Übereinstimmung tritt hervor, daß Unterricht ein Lehr-Lernprozeß ist. Erste Probleme beginnen mit Aussagen, daß dieser Prozeß auf der Korrespondenz von Lernen und Lehren beruhe. Die Konkretisierung von Eigenart und Merkmalen dieser Korrespondenz ist mühsam und wurde erst in geringem Maße eingeleitet. Die Problematik liegt in dem einbezogenen Korrespondenz-Begriff, der von Haus aus eine Gegenseitigkeit in vollem Umfang meint. Gerade für Unterricht stellt sich aber zumindest die Frage, ob nicht dem Lernen eine bestimmende Kompetenz zukommt, auf die das Lehren nicht nur, aber doch hauptsächlich abzustimmen ist; doch kann, historisch, sachlich oder durch die Lehrerindividualität begründet, auch Lehren Richtschnur für den Vollzug von Lernen sein. Die Betrachtung des Verhältnisses von Lernen und Lehren im Unterricht zeigt auf, daß traditionelles Unterrichts-Denken in recht hohem Maße davon ausging, daß am Beginn des Unterrichts das Vorhaben der Lehre stehe, dem das Lernen zu folgen habe; gewiß sprachen hier auch Vorstellungen einer implizit berücksichtigten Erfahrung vom Lernen mit, das man ungefähr – aber doch ausreichend – zu kennen glaubte. Tatsächlich wird aber heute wohl auch noch zu wenig die Einsicht in die Lernvorgänge als konstitutiv für Lehren anerkannt. F. Loser und E. Terhart stellen kritisch fest: „Lehren und Lernen stehen ... in einer quasi-kausalen Beziehung; Lehren ist ein unilateraler Prozeß; der Lernende ist Objekt von Beeinflussung ... der psychologische Standort des Lernenden wird unangemessen ... berücksichtigt" (Loser und Terhart, 1977). Die Korrespondenz-Formel als Bestimmungsmerkmal verdeckt diese konstitutive Bedeutung des Lernens im Unterrichtsgeschehen genauso wie die konstitutive Dominanz des Lehrens in Intention und Planung für den Unterricht (Scheffler, 1960; Macke, 1978).

Neben solchen offenen Fragen aus dem Korrespondenz-Merkmal ist im Blick zu behalten, das außer der Bestimmung von Unterricht als Lern-Lehrprozeß schließlich auch anderweitige Lern-Lehrprozesse vorliegen, die nicht als Unterricht zu bezeichnen sind, etwa die Belehrungen des Kindes durch seine Eltern. Dies macht die Herauslösung von besonderen Merkmalen des Unterrichts als Lern-Lehrprozeß nötig. Hier zeigt sich ein Konsensus dahingehend, daß Unterricht ein Lern-Lehrprozeß ist, der als besondere Merkmale die Planmäßigkeit, die Institutionalisierung und die Professionalisierung der Lehrenden aufweist (Achtenhagen, 1982). Der Planungsaspekt, die Nicht-Zufälligkeit, spielt bei der Bestimmung des Unterrichtsbegriffes eine besondere Rolle. Gerade durch die wachsende Einsicht in die Eigenarten des Lernens, das von dem unterrichtlich geplanten Vorgang bis in die Weite aller erworbenen Verhaltensänderungen reicht, wird für den Unterricht festgehalten, daß er gezielt und geplant veranstaltet wird; dies schließt nicht aus, daß sich im Unterricht zusätzlich auch nicht-geplante, zufällige Merkmale zeigen. Die Planbarkeit als Merkmal von Unterricht bringt diesen aber zugleich auch durch die Herausforderung von Planung in die Abhängigkeit von Planenden. Aller Unterricht ist darum von Haus aus von gesellschaftlichen Bedingungen abhängig; Unterricht ist ein System, auf das allgemeinere, höhere Systeme Einfluß nehmen. Es sind jedoch keineswegs nur die Lehrenden, die solche Einflüsse in den Unterricht einbringen, sondern auch die Lernenden, die seit Ausbreitung der Medien gesellschaftlichen Einfluß in erhöhtem Maße aufnehmen und in den Unterricht tragen. Mit dem Merkmal der Planung sind die Unterrichtsmerkmale Dauer und Zusammenhang verknüpft, wenn sie auch zu verschiedenen Zeiten unterschiedliche Gewichtung (bis zum Verzicht eines Merkmals) erfahren. Im Vollzug von Unterricht zeigen sich diese Merkmale in dem methodischen Vorgehen, der Zielausrichtung und der Kontrolle, wobei wiederum historische Unterschiede in Akzent und Defizit auftreten. Gegenüber dem bestimmenden Merkmal der Planung erscheinen die Unterrichtsmerkmale Institutionalisierung und Professionalisierung eher als aus der Sicht von Schulunterricht entstandene Vorgaben, als Merkmale, die durch die Organisation von Unterricht in schulischer Form entstanden.

Alle genannten Merkmale des Unterrichts, Planmäßigkeit, Institutionalisierung und Professionalisierung der Lehrenden, bergen in sich ein hohes Maß an gradueller Differenzierung (faßbar für Musikunterricht vor allem an Unterschieden von schulischem und privatem Unterricht), dazu eine Fülle kaum separierter Faktoren, im einzelnen so wenig geklärt wie in ihrem Zusammenspiel. Unterricht wird erkennbar als ein hochkomplexer Vorgang, an dem ungezählte, kaum beschriebene Faktoren beteiligt sind, in ständigem Wechsel ihrer Kombination, ihrer graduellen Ausprägung und ihrer wechselseitigen Abhängigkeit. Damit ist der definitorische Rückzug auf die Formel, daß Unterricht ein Lern-Lehrprozeß von hoher Faktorenkomplexion sei, erklärt und begründet. Dieses Merkmal der Faktorenkomplexion wird in der gegenwärtigen erziehungswissenschaftlichen Diskussion des Unterrichtsbegriffes in hoher Übereinstimmung – vor allem im Umkreis der Lerntheoretiker – zitiert (Winnefeld, 1969; Heimann u.a., 1969; Vorsmann, 1972). Dem Merkmal der Faktorenkomplexion wird deshalb besondere Bedeutung beigemessen, weil es nicht nur Vielzahl, sondern auch Gleichgewichtigkeit und Interdependenz aller am Unterricht beteiligten Merkmale einschließt. Die Analyse dieser Faktorenkomplexion ist die verbindende Aufgabe der vielfältigen Ansätze gegenwärtiger Unterrichtsforschung.

Auch Musikunterricht ist zunächst als Lern-Lehrprozeß, als zwischen Musik-Lernen und Musik-Lehren ablaufender Prozeß bestimmbar. Doch in der Konstitution dieses Merkmals von Musikunterricht, dem musikalischen Lern-Lehrprozeß, tritt die Unsicherheit hinsichtlich der Relationen der Komponenten musikalischen Lernens und musikalischen Lehrens voll zutage, die Vernachlässigung des Wissens über Musik-Lernen wie die Dominanz von Musik-Lehren in allen Intentionen und Planungen. Wenn in der Vergangenheit so viel Zeit auf die Erforschung musikalischer Lernvorgänge verwendet worden wäre, wie man sie für die Entwicklung immer neuer Lehrmethoden, Lehrmaterialien und Lehrpläne aufbrachte, dann hätten wir es heute wohl mit dem Musikunterricht leichter. Man beginnt sich zu fragen, ob Musikunterricht deshalb eine so herbe Diskrepanz zwischen Wollen und Sein aufweist, weil das musikalische Lernen fast nur von dem (ja wohlgemeinten und von der musikalischen Sache her legitimierten) Wollen des Lehrers, seiner immer ausgetüftelteren Planung des Unterrichts her konzipiert wurde, der musikalische Lernvorgang im Schüler selbst aber vernachlässigt blieb. Die neue Berücksichtigung der Schülerwünsche für Musikunterricht ist nur ein Alibi für das zunehmend erkannte Defizit; denn der Wunsch des Schülers an den Musikunterricht ist nicht identisch mit der ganzen Palette seiner musikalischen Lernmöglichkeiten und mit den Mechanismen der Veränderung musikalischen Verhaltens, den Regelhaftigkeiten musikalischer Lernvorgänge. Die Deskription musikalischer Lernvorgänge ist wesentlich schwieriger als die Präskription musikalischer Lehre. Musikunterricht als praktischer Vollzug der Wechselbeziehungen zwischen Musik-Lernen und Musik-Lehren benötigt jedoch konkretes Wissen, wachsende Einsicht in musikalisches Lernen, als Voraussetzung für Reaktionen musikalischen Lehrens und demgemäße Verwirklichung von Musikunterricht als musikalischem Lern-Lehrprozeß.

Wie Unterricht insgesamt, so zeigt auch Musikunterricht besondere Merkmale, die ihn als musikalischen Lern-Lehrprozeß von anderweitigen musikalischen Lern-Lehrprozessen unterscheiden. Gerade die besondere Beanspruchung musikalischen Lernens im erzieherischen Raum und Zusammenhang, in praktischer Musikpflege und sozialpädagogisch-therapeutischem Umgang mit Musik, macht den Verweis auf die spezifischen Unterrichtsmerkmale des Musikunterrichts neben anderweitigen musikalischen Lern-Lehrprozessen so wichtig. Musik-Lernen ist in so hohem Maße in außerunterrichtliche Lebenszusammenhänge eingebracht worden, daß man nicht nur dort Gleichsetzungen aller musikalischen Umgangsweisen mit Musikunterricht begegnet, sondern daß auch umgekehrt im Musikunterricht in immer stärkerem Maße freizeitgemäßer Umgang mit Musik mit Musikunterricht identifiziert wird. Formeln wie der „Lebenszusammenhang der Musik auch im Unterricht" unterstützen solche Identifikation aller musikalischen Lern-Lehrprozesse mit Musikunterricht. Doch die spezifischen Merkmale von Unterricht, zielgerichtete Planung, Institutionalisierung und Professionalisierung, gelten auch für Musikunterricht, ihn von sonstigen musikalischen Lern-Lehrprozessen abhebend. Nur dann ist von Musikunterricht zu sprechen, wenn es sich um zielgerichtete, geplante musikalische Lern-Lehrprozesse durch professionelle Musiklehrer handelt. Der Grad der Planung kann unterschiedlich sein, vom schweigenden Gewährenlassen, vom Materialangebot bis zur detaillierten Führung der

Lernschritte reichen; doch von Musikunterricht wird man nur dann sprechen können, wenn dahinter ein dem musikalischen Lernen dienendes Ziel steht, für das der Planungsgrad sinnvoll ist. Auch die Unterrichtsmerkmale Institutionalisierung und Professionalisierung der Lehrenden sind für Musikunterricht besonders zu bedenken. Die Auslegung des Begriffes Institutionalisierung nur im Sinne von großen, umfassenden Institutionen wie Schule, Musikschule und Musikhochschule wäre irreführend. Auch der musikalische Privatunterricht ist eine Institution; die zunehmende Verbindung der privaten Musiklehrer untereinander, die Entwicklung entsprechender Zusammenschlüsse und gemeinsamer Veranstaltungen, offenbart die institutive Tendenz auch des Privatmusiklehrers. Die bis zur sog. Kestenberg-Reform gradlinig verlaufende Entwicklung der Professionalisierung der Musiklehrer verzweigt sich in der Gegenwart zunehmend in die Öffnung des Berufsfeldes für musikpädagogische Teil- oder auch Randberufe. Gerade von hier aus wird die zielgerichtete Planung von Musikunterricht mitunter in Frage gestellt. Dem Merkmal der Professionalisierung und seiner Auffassung in der künftigen Gesellschaft wird man darum besondere Aufmerksamkeit zu widmen haben. Die begriffliche Auseinandersetzung mit den besonderen Merkmalen von Musikunterricht als musikalischer Lern-Lehrprozeß läßt aktuelle musikpädagogische Probleme fassen und hilft zu größerer Sachlichkeit in den anstehenden Diskussionen. In der Rechtsprechnung wird – gemäß Gewerbefreiheit – für Musikunterricht das Merkmal der Professionalisierung der hier Lehrenden außer Betracht gelassen.

Die definitorische Zuflucht des Unterrichtsbegriffes in der Faktorenkomplexion wird in bezug auf Musikunterricht nicht gerade sicherer. Denn in die Komplexion wird nun das gesamte Faktorenbündel des musikalischen Lern-Lehrmaterials eingebracht, erweitert durch spezielle Faktoren des pädagogischen Umganges mit diesem Material. Dennoch kann wohl die begriffliche Annäherung Ursachen tradierter Konflikte in der Diskussion des Musikunterrichts aufzeigen. Die vorangegangene begriffliche Feststellung von Merkmalen eines speziellen musikalischen Lern-Lehrprozesses zeigt, daß die Verweise auf den alleinigen Ausgang des Musikunterrichts von der Sache Musik mit einer Anlage des Musikunterrichts gemäß der sachwissenschaftlichen Strukturierung von Musik einer einseitigen Festlegung auf die Lehrkomponenten von Musikunterricht entspringen, wie genauso alleiniger Ausgang etwa von der musikalischen Material-Präferenz des Schülers die einseitige Stützung auf Motivationskomponenten, vermutlich auf nicht effektiv-förderliche Lernkomponenten, darstellt. Musik ist im Musikunterricht Lernmaterial und Lehrstoff; die Problematik und Unklarheit der Lern-Lehr-Beziehungen des Musikunterrichts wiederholen sich in seinem Material und komplizieren nur noch mehr die Faktorenkomplexion als Merkmal von Musikunterricht.

Für Musikunterricht läßt sich somit gegenwärtig begrifflich – bei gleicher Vorsicht und Vorläufigkeit wie bei den begrifflichen Versuchen zu Musik-Lernen und Musik-Lehren – festhalten: Musikunterricht ist ein Begriff, dessen Geschichte zeigt, daß er in Verquickung und in Konkurrenz mit pädagogischen Zielbegriffen geraten kann. Sein bestimmendes Merkmal ist der prozeßhafte Ablauf des Korrespondierens von musikalischem Lernen und Lehren; zusätzliche spezielle Merkmale sind Planung (unterschiedlichen Grades), Institutionalisierung und – nicht mehr in Konsequenz vertretene – Professionalisierung des Musiklehrers. Der gegenwärtig weitreichende menschliche Lebenszusammenhang mit Musik hat begonnen, den Musikunterricht dem allgemeinen menschlichen Umgang mit Musik in der Freizeit anzunähern. Damit werden die speziellen Merkmale von Musikunterricht, insbesondere in der Schule, mitunter eingeebnet. Das für allen Unterricht geltende Merkmal der Faktorenkomplexion potenziert sich für Musikunterricht durch das musikalische Material wie auch durch die unterschiedlichen musikalischen Umgangsweisen und die Vielfältigkeit menschlichen Verhaltens zu Musik. Diese Faktorenkomplexion, die nur durch Entwicklung von musikpädagogischer Unterrichtsforschung und Unterrichtstheorie langsam gemindert werden kann, ist vermutlich Ursache der gegenwärtigen Unsicherheiten im Musikunterricht, denn die Unterrichtsentscheidungen sind nicht hinreichend begründbar und können dadurch mehrheitlich, unterschiedlich, widersprüchlich und wechselhaft getroffen werden. Dies ist auch die Ursache der Korrespondenzschwäche von Lern- und Lehrkomponenten im Musikunterricht und der Schwierigkeit ihrer effektiven Gegenseitigkeit.

3. Musikpädagogisches Gegenstandsbewußtsein

3.1 Probleme musikpädagogischen Gegenstandsbewußtseins

Als eine der Ursachen traditioneller Begründungsprobleme wissenschaftlicher Musikpädagogik erscheint der Mangel an Denk- und Fragezentren des Fachgebietes, die weite Streuung von Postulaten, Gedanken, Untersuchungsergebnissen, auch von wenig bestimmten und vereinzelten Bezeichnungen ohne Möglichkeiten gegenseitigen Bezuges. Der Musikpädagogik fehlen die zentralen Gegenstände, es fehlt vor allem an Gegenstandsbewußtsein, an Einsicht in die Notwendigkeit spezifischer Fachgegenstände, die jedoch letztlich allein – als Zentren der nur in diesem Fach anstehenden Fragestellungen – die Berechtigung eines speziellen wissenschaftlichen Fachgebietes belegen und seine Korrespondenz mit tangierenden Fachgebieten und deren Fragestellungen ermöglichen.

Daß die Notwendigkeit der Klärung und Definition der fachspezifischen Gegenstände der Musikpädagogik noch wenig gesehen wird, hat die Entwicklung des Fachgebietes nachhaltiger gehemmt als man auf den ersten Blick annimmt. Dies läßt sich an der musikpädagogischen Diskussion der Musik als wissenschaftlichem Gegenstand beobachten. Es wird allseits akzeptiert, daß Musik als wissenschaftlicher Gegenstand in der Musikwissenschaft ansteht. Doch weil Musik die zentrale Aufgabe praktischer Musikpädagogik ist und der Musiklehrer Können und Wissen in bezug auf Musik benötigt, hat man den Schluß gezogen, daß für die theoretischen Bereiche des pädagogischen Umganges mit Musik, eben wegen dieser Notwendigkeit musikalischer Sachkenntnis, Musik der Gegenstand auch wissenschaftlicher Musikpädagogik sei; man identifiziert das Objekt von Musikunterricht mit dem von der Musikwissenschaft vertretenen wissenschaftlichen Gegenstand Musik. Damit wird nicht nur die wissenschaftliche Begründung des eigenen Tuns an eine andere Disziplin delegiert bzw. als Musikwissenschaft aus zweiter Hand betrieben; es entfällt vielmehr auch die Bemühung um die speziellen wissenschaftlichen Fragestellungen im pädagogischen Umgang mit Musik. Die Vermittlung von Musik wird (allein) auf Objekt-Wissen und unterrichtsmethodischen Annahmen begründet; doch die Klärung des musikpädagogisch konstitutiven Vermittlungsprozesses in seinen vielfältigen Dimensionen und damit die Entwicklung eines hier ansetzenden eigenen Fachgebietes werden vernachlässigt. Mitunter werden die hier anstehenden Phänomene als „eine spezifische Sichtweise" (der Musikologie) abgetan: „Nach dem Gesagten gibt es keinen eigenen Gegenstandsbereich der Musikpädagogik. Es gilt vielmehr die musikerzieherischen Momente aufzuspüren, die in der musikologischen Forschung und Lehre implizit enthalten sind. Die Erscheinungen der Musikerziehung werden vielmehr durch eine spezifische Sichtweise zusammengehalten, die ebenso von ihrem pädagogischen Ausgangspunkt her bestimmt ist wie von ihrer Blickrichtung, dem Gegenstand, auf den sie zielt" (Gurlitt, 1954). Die Hochschul-Musikpädagogik akzeptiert vielfach die wissenschaftliche Vertretung durch Musikwissenschaft und repetiert deren Forschung in der musikpädagogischen Lehre, wenn auch zunehmend erkannt wird, daß die Probleme musikpädagogischer Praxis mit der Vermittlung von Musik Berge ungelöster wissenschaftlicher Probleme vor der eigenen Haustür aufgeschüttet haben.

Und diese Situation ist Folge der Vernachlässigung der spezifisch musikpädagogischen Gegenstände im Bereich pädagogischen Umganges mit Musik. Daß Musik die

Aufgabe von Musikunterricht ist, diese Prämisse allen Nachdenkens über pädagogischen Umgang mit Musik, bedeutet zwar, daß der Musiklehrer so viel Musik als irgend möglich in seiner Ausbildung erfährt; hier dient die Musikwissenschaft mit ihrem wissenschaftlichen Gegenstand, der Musik, als Sachwissenschaft. Aber um Musik im Unterricht und darüber hinaus in unserer heutigen Gesellschaft pädagogisch vertreten zu können, sind auch die im pädagogischen Umgang mit Musik gegebenen wissenschaftlichen Gegenstände hervorzuheben und zu entwickeln. Diese wissenschaftlichen Gegenstände der Musikpädagogik sind nicht eine simplifizierte Miniaturausgabe der Musik als wissenschaftlichem Gegenstand der Musikwissenschaft, versehen mit Vermittlungsratschlägen, sondern sind in dem weiten Feld pädagogischen Umganges mit Musik zu suchen und zu entwickeln, im menschlichen Umgang mit Musik und seinen pädagogischen Konsequenzen. Durch diese speziellen Gegenstände wird aus pädagogischem Umgang mit Musik das eigene wissenschaftliche Fachgebiet Musikpädagogik. Gerade wer es mit Musik im Unterricht ernst nimmt, muß sich um die im pädagogischen Umgang mit Musik liegenden wissenschaftlichen Gegenstände bemühen, um auch der speziellen Aufgabe der Vermittlung von Musik bessere Grundlagen zu verschaffen. Ein sich entwickelndes Bewußtsein der Notwendigkeit einer Zentrierung um das Spezifische des Faches, den auf menschlichen Umgang mit Musik begründeten pädagogischen Umgang mit Musik, zeigen die zentralen Diskussionsbegriffe musikalische Bildung und musikalische Erziehung. Doch liegen in der Eigenart dieser Begriffe charakteristische Probleme einer musikpädagogischen Gegenstandsklärung.

Der Begriff der Bildung, so viel und so tief auch in der Geistesgeschichte über Bildung, auch über musikalische Bildung, nachgedacht wurde, blieb doch insgesamt unklar und vieldeutig; daß das Wesen von Bildung konkret nicht „feststellbar“ ist, gehört wohl letztlich zu ihren Merkmalen. Die Weite des Bildungsbegriffes beginnt bereits damit, daß die Bildung sowohl als Vorgang in einem Menschen als auch objektbezogen verstanden wird. Bemühungen um einen eingrenzenden Konsensus akzentuieren in der Regel pädagogische Komponenten des Begriffes, stets ideal und weit gesehen wie auch formuliert; Bildung wird in großem Wurf etwa als ein „durch Personalität, Bewußtseinserhellung und soziale Verantwortung ausgezeichneter Modus des menschlichen In-der-Welt-Seins“ bestimmt (Lichtenstein, 1971). Solche Umschreibungen mußten „Bildung“ dem kulturpolitischen Verschleiß ausliefern; als „Bildungskatastrophe“, als „Recht auf Bildung“, als „Bildungswesen“ wie als „Bildungsplan“, wurden Wortverbindungen mit „Bildung“ zu Schlagworten, den Bildungsbegriff selbst in ihren Sog ziehend.

In das Denken um musikalische Bildung sind solche allgemeinen Vorstellungen einer personellen Bildung eingegangen, Musik als ein Mittel eben solcher Bildung preisend. Musik erhielt einen Platz in der „Allgemeinbildung“. Bei A. Schering ist musikalische Bildung ein Leitbegriff pädagogischen Umganges mit Musik, basierend auf dem „Zusammenschluß aller Anlagen und Fähigkeiten“, die Nachempfindung und Beurteilung von Musik ermöglichen (Schering, 1924). Hier beginnt der Weg der Musik als Bildungsgut. Dem elitären Trend solcher musikalischen Bildung werden seit dem 19. Jahrhundert, vor allem seit den zwanziger Jahren unseres Jahrhunderts, Programme einer sog. volkstümlichen musikalischen Bildung gegenübergestellt; musikalische Bildung verlangt stets nach ihrer Demokratisierung, in gleichbleibender Absicht, aber auf unterschiedlichen Wegen. Doch hinter dem Ziel personaler Bildung zu Musik steht stets die Vorstellung von Möglichkeiten einer formalen Bildung durch Musik, die Hoffnung, den Menschen besser zu machen durch die Begegnung mit Musik.

Dazu begegnet man aber gerade in musikalischen Zusammenhängen einem Bildungsbegriff, der nicht material-formale Aspekte der Bildung meint, sondern einem Bildungsbegriff im Sinne selbsttätiger, innerer Wandlung des Menschen näher steht. Wir begegnen Wortverbindungen mit „bilden" in diesem, den Menschen innerlich wandelnden Sinne, etwa in den Bezeichnungen Gehörbildung und Stimmbildung. Spezielle begriffsgeschichtliche Studien werden wohl – mit hoher Wahrscheinlichkeit – aufdecken können, daß die Entstehung dieser Bezeichnungen oder zumindest ihre breite Verbreitung in eine Epoche fällt, in der musikpädagogisches Denken weniger auf die Stringenz der Anleitungen zu musikalischem Lernen gerichtet war als auf die Hoffnung der Entfaltung einer im Menschen liegenden „Bildsamkeit". Der Sprachgebrauch resultiert aus der Vorstellung, daß das Gehör und die Stimme sich entwickeln, sich bilden lassen, daß Gehör und Stimme sich mit dem Menschen entwickeln. Das Instrument dagegen lernt man, es ist auf kontinuierliche Lernanstrengung angewiesen. Implizieren solche Bezeichnungen – hier „Klavier lernen", dort „Gehör- und Stimmbildung" – nicht Vorurteil hinsichtlich der pädagogischen Anleitung? Neben der begriffsgeschichtlichen Studie kann auch die Analyse gegenwärtigen Sprachgebrauchs hilfreich für die Transparenz musikpädagogischen Denkens werden.

Doch wie immer man zu dem Begriff der Bildung steht, ob man ihn in seiner Allgemeinheit gebrauchen oder wegen seiner Allgemeinheit vermeiden möchte – sicher ist, daß der Bildungsbegriff nicht nur vor große definitorische Probleme stellt, sondern auch von Haus aus gegen Eingrenzungen sperrig ist und zudem modischen Wortverbindungen den Anschein pädagogischer Legitimität geben kann; der Begriff ist wenig konkret und vieldeutig. Dies gilt ebenso für den Begriff musikalische Bildung. Doch aus diesen im Begriff liegenden Ursachen konnte „musikalische Bildung" nicht die musikpädagogischen Fragestellungen auf sich zentrieren und ordnen; der Begriff war zu ungenau, zu anfällig, zu intentional, um als Gegenstand der Musikpädagogik tragfähig sein zu können. Der Sprachgebrauch in der Musikpädagogik zeigt, wie viele unterschiedliche Bedeutungen er annehmen kann, wie er unterschiedlichen pädagogischen Denksystemen zu dienen und inhaltliche Vorurteile zu fixieren vermag.

Ähnlich ist die begriffliche Situation von „Musikerziehung". Der zugrunde liegende Erziehungsbegriff ist von Haus aus der zentrale Begriff der Erziehungswissenschaften, dort aber in ständiger Revision befindlich (Klauer, 1973). Der unermeßlichen pädagogischen Literatur über Erziehung darf man in Vorsicht den Konsensus entnehmen, daß Erziehung ein geplanter Vorgang ist, der dauerhafte Veränderungen in Gesinnung und Handeln des zu Erziehenden bewirken soll. J.H. Pestalozzis Wort vom Leben lernen als dem Endzweck aller Auferziehung fügt sich diesem Rahmen ebenso wie die gegenwärtige Formel von der Erziehung zur Mündigkeit. E.A. Lunzer hat, alle Zielabsichten zurückstellend, den Erziehungsbegriff in einer knappen, beschreibenden Formel gefaßt: „Erziehung ist der Prozeß, durch den eine Gesellschaft ihr Wissen, ihre Fertigkeiten und ihre Einstellungen weitergibt" (Lunzer, 1971). Zentrale Probleme aller Erziehung werden in diesem Rahmen in der Wechselhaftigkeit ihrer geschichtlichen Wandlungen gesehen; es sind die Probleme der Relation von autoritärer Führung und freiem Wachsenlassen, von individueller Gestaltung und kollektiver Bindung, von allgemeiner Bildung und sachspezifischer Ausbildung. Recht übereinstimmend wird als grundlegend angesehen, daß Erziehung immer einen Vorgang der Planung wie auch der Durchführung meint, der in der Aktivität der Erziehenden ihren Ausgang nimmt und damit ein Zielbild von Erziehung vorgibt; dieses wiederum ist nicht nur ständigem geschichtlichen Wandel unterworfen, sondern auch der Entscheidung derjenigen gesellschaftlichen Gruppen, die die Macht ausüben.

Musikerziehung als Wortverbindung von Musik mit Erziehung ist demgemäß begrifflich in etwa ein Vorgang, der von Musikerziehern geplant wird, deren Absichten zum Ausgang nimmt und in Abhängigkeit steht von vorgegebenen Zielen der Erziehung, die durch Musik verwirklicht werden sollen. Die Sache Musik wird in den Dienst von Erziehung genommen. Dieser Rezeption des Erziehungsbegriffes in Musikerziehung entspricht es, daß die Bezeichnung innerhalb der Musikpädagogik immer dann gebraucht wird, wenn tatsächlich eine erzieherische Absicht mit Musik im Vordergrund der Intentionen steht. So konnte aufgezeigt werden, daß die Bezeichnung Musikerziehung im 19. Jahrhundert keine Bedeutung hat; hier dominiert für den praktischen Vorgang die Bezeichnung Musikunterricht. Doch mit dem Einsetzen der erzieherischen Absichten der Gesinnungserneuerung durch Musik im Zuge der Reformpädagogik und der Musik für sie ummünzenden musischen Bewegung setzt eine auffällige quantitative Zunahme der Bezeichnung Musikerziehung ein (Abel-Struth, 1970). Die nationalsozialistische Zeit präferiert gemäß ihren Intentionen mit Musik auffällig die Bezeichnung Musikerziehung (Günther, 1967). Wenn „ästhetische Erziehung" als „politische Erziehung mittels sensorischen Materials" bezeichnet wird, ist die Aufforderung nach einem kritischen Gebrauch auch der Bezeichnung Musikerziehung wohl berechtigt (Schwencke, 1972).

Wie die Bezeichnung musikalische Bildung erweist sich auch „Musikerziehung" als zwar viel gebraucht, aber nicht geeignet zur Zentrierung der musikpädagogischen Fragestellungen. Als Wortverbindung von Musik und Erziehung ist die Bezeichnung Musikerziehung nicht nur vage; ihr fehlen vor allem Objektivität und Sachlichkeit. Denn sie enthält bereits inhaltliche Programmatik; sie impliziert, daß mit Hilfe von Musik erzogen werden soll, sie bietet sogar die Möglichkeit, Musik als Mittel von Erziehung zu verabsolutieren. Natürlich sind Hoffnung und Absicht, daß Musik in der Erziehung helfen solle, berechtigt; aber Hoffnung oder Absicht müssen als solche erkennbar sein. Gerade dies entfällt jedoch, wenn man Musikerziehung als grundlegenden Gegenstand von Musikpädagogik (oder auch als Bezeichnung des Faches) ansieht. Die Bezeichnung Musikerziehung erfüllt nicht die Voraussetzungen, die an einen die Fragestellungen des Faches Musikpädagogik zentrierenden Schlüsselbegriff von einiger Dauerhaftigkeit zu stellen wären: sie ist nicht sachlich-neutral, sondern programmatisch.

Doch gibt es nicht andere Bezeichnungen im Umkreis pädagogischen Umganges mit Musik, die zentrale Fragestellungen des Faches auffangen und Ansätze musikpädagogischen Gegenstandsbewußtseins erkennen lassen? Es liegt an den historischen Inhalten und Formen des Nachdenkens über pädagogischen Umgang mit Musik, den hier wirkenden Ideen, Erziehungsaufträgen und Erwartungen, daß nicht nur die Zielvorstellungen für praktische Musikpädagogik sich als so außerordentlich wechselhaft erwiesen, sondern auch die Sprache, in der man sich auf allen Ebenen über pädagogischen Umgang mit Musik äußert, kaum durchlaufende Begriffe zeigt. Die Bezeichnungen wechseln, auch wenn keine inhaltliche Neuerung vorliegt; jede inhaltliche Neuerung führt einen Schwarm neuer Vokabeln mit sich. Die theoretische Herkunft oder Verknüpfung mit Nachbardisziplinen bringt deren Terminologie ins Spiel, aus ursprünglichen begrifflichen Zusammenhängen gelöst und doch vorausgegangenes Denken ohne fachlichen Bezug und ungeklärt enthaltend, oft nur verbal transferierend. Auch die Geschichte der Fachbezeichnungen, das Bemühen um terminologische Ausgrenzung des theoretischen Bereiches der Musikpädagogik zeigt, wie, nach beginnender Entwicklung terminologischer Konsequenz im 19. Jahrhundert, durch Praktizismus und Antirationalismus im Zuge der Reformpädagogik zu Beginn des 20. Jahrhunderts der pädagogische Umgang mit Musik sprachlich mit Modevokabeln, doch nicht mit geklärten Begriffen erörtert wurde.

Die gegenwärtige Musikpädagogik schleppt ein historisches Erbe an Bezeichnungen mit sich: für Details und das Gesamt, aus verschiedenen gedanklichen und diziplinären Bereichen, aus höchst unterschiedlichen Zusammenhängen stammend, subjektiv und widersprüchlich gebraucht, vor allem aber kaum begrifflich bestimmt und nirgends geordnet. Man wird wohl schwerlich den hier gern zitierten Nachwirkungen musischen Denkens allein die Schuld geben können, wenn sie in unserem Fach auch die Polarisierung des Künstlerischen und des Rationalen verstärkten und musische Vorbehalte gegenüber sprachlicher Exaktheit eine Behinderung aller rationalen Auseinandersetzung mit musikpädagogischen Grundlagen, auch mit der Entwicklung eines terminologischen Minimal-Konsensus, tradieren. Denn die Polarisierung Künstlerisch-Rational liegt in tieferen Bereichen musikpädagogischen Empfindens begründet. Das unsichere Berufsbewußtsein des Musiklehrers, seine Leidenschaft für Spielen-Können, seine Unterschätzung von Lehren-Können, der unerfüllte Wunsch nach Künstlertum, der „das Pädagogische" gering schätzen läßt, diese wenig klaren, sozialpsychologisch festzustellenden Faktoren musikpädagogischen Verhaltens bedeuten von Haus aus eine Abwehrhaltung gegenüber Ausweitung und Ausbreitung musikpädagogischen Denkens und seiner Regelhaftigkeiten. Die hier beheimateten Ursprünge antirationaler Einstellungen in der Musikpädagogik, verstärkt durch musisches Denken, sind in der Gegenwart zudem von einer allgemeinen Welle der Befreiung von strengen Denkweisen und exaktem Sprachgebrauch erfaßt worden, die über die Musikpädagogik hinweg schwappte. Hier war jedoch durch den traditionellen, terminologischen Mangel noch kein Grundbestand begrifflicher Bestimmungen gesichert. Was in älteren Disziplinen als neues Vokabular in bezug zu traditionellen Begriffen sortiert und diskutiert werden konnte, dies konnte in einer begrifflich kaum existenten und nicht überschaubaren Musikpädagogik zu raschem Wechsel immer neuer, fachlich beziehungsloser Leitbegriffe hypertrophieren.

Diese begriffliche Situation wissenschaftlicher Musikpädagogik erklärt den Stand musikpädagogischen Gegenstandsbewußtseins. Die Fülle der in der Fachdiskussion verwendeten Bezeichnungen, die Wechselhaftigkeit der Schlüsselbegriffe des Faches, die Vieldeutigkeit von Bezeichnungen zur Benennung des Faches, als Zielvorstellung oder als praktischer Vorgang, dazu der Mangel an Begriffsgefüge, der die formale Position einer Bezeichnung erkennen ließe oder doch eine Einordnung ermöglichen könnte – all dies hat die Konturierung der zentralen Gegenstände der Musikpädagogik behindert, ja sogar den Blick für die Notwendigkeit der Formulierung der konstitutiven Gegenstände der Musikpädagogik getrübt. Die wissenschaftlichen Gegenstände des Fachgebietes konnten sich nicht abklären, ja, selbst das Gegenstandsbewußtsein entwickelte sich nur schwach. Fehlende Trennschärfe zwischen Aufgaben praktischer Musikpädagogik und Gegenständen wissenschaftlicher Musikpädagogik, Anschluß an Wortverbindungen von Musik und erziehungswissenschaftlichen Begriffen wie Bildung und Erziehung, vage bleibend und durch implizite inhaltliche Programmatik raschem Wechsel der Bedeutungen ausgesetzt, dazu eine durch musische Traditionen verstärkte Vernachlässigung an fachsprachlicher Exaktheit – dies gab zwar immer neue musikpädagogische Leitbegriffe, doch keine Zentrierung der fachspezifischen Fragestellungen um relativ dauerhafte wissenschaftliche Gegenstände mit der Chance von theoretischen und systematischen Ansätzen.

Doch auch für wissenschaftliche Musikpädagogik stehen Gegenstandsbewußtsein und Abklärung der wissenschaftlichen Gegenstände des Faches am Ausgang der fachlichen Entwicklung. Formale Voraussetzung dieser wissenschaftlichen Gegenstände ist jedoch, daß sie begrifflich zureichend bestimmbar sind, um der fachlichen Weiterentwicklung und Diskussion eine vorläufige Sicherheit, eine sachliche Sprache und den Einsatz logischen Denkens ermöglichen zu können. Die wissenschaftlichen Gegenstände der Musikpädagogik können nur solche sein, die die zentralen Probleme des Faches treffen, die einen grundsätzlichen begrifflichen Konsensus erlauben und einen systematischen Ausgang fachlicher Entwicklung ermöglichen. Es können nicht Gegenstände sein, die anderen Disziplinen zugehörig sind oder in erheblichen Anteilen aus außerfachlichen Denkzusammenhängen stammen. Es können auch nicht Gegenstände sein, deren Bezeichnungen umgangs- wie fachsprachlich so zerfleddert sind, daß sie keiner sachlichen Bestimmung mehr zugänglich sind, keine Aufgliederung in Einzelprobleme und Untersuchungsansätze ermöglichen. Die traditionell in der Musikpädagogik dominierenden Bezeichnungen konnten in ihrer Verknüpfung mit außerfachlichen Denkzusammenhängen, ihrer Wechselhaftigkeit und ihrer Vieldeutigkeit eine solche gegenständliche Grundlegung des Faches Musikpädagogik nicht leisten. Benötigt werden Gegenstände, die das spezielle Problem der Musikpädagogik betreffen, das nur in diesem Fach anstehende Problem, Gegenstände, die begrifflich bestimmbar sind und die Möglichkeit der sachlichen Vertiefung bieten, Gegenstände, die das Detail der musikpädagogischen Einzelfragen in eine spezifisch musikpädagogische Theoriebildung einbringen und systematisch nachordnen lassen.

Die Klärung dieser wissenschaftlichen Gegenstände der Musikpädagogik wird als Voraussetzung ihrer Begründung erkennbar. Wo liegen in dem weiten Feld pädagogischen Umganges mit Musik die zentralen Gegenstände, die insgesamt das Fachgebiet umfassen können und seine spezifischen Fragen und Probleme darstellen, die neutral sind, keine historischen oder gruppenspezifischen Intentionen einbringen, solche aber erkennbar werden lassen, die so konkret und bestimmbar sind, daß ihnen Einzelgegenstände nachgeordnet werden können, und theoretische Ansätze wie systematischer Zusammenhang aus ihnen entwickelbar sind?

3.2 Musik-Lernen, Musik-Lehren und Musikunterricht als Gegenstände wissenschaftlicher Musikpädagogik

Wir stehen vor dem weiten Feld pädagogischen Umganges mit Musik, das durch die gegenwärtigen Phänomene menschlichen Umganges mit Musik und die Vielfältigkeit und Widersprüchlichkeit pädagogischer Reaktionen auf diese Phänomene nunmehr mit gesellschaftlicher Dringlichkeit danach verlangt, der in der Geschichte immer stärker hervortretenden Aufforderung nach Überschaubarkeit dieses pädagogischen Umganges mit Musik und begründeten Einsichten in die hier anstehenden Entscheidungen und Probleme nachzukommen. Praktischer Umgang mit Musik und pädagogischer Ratschlag reichen nicht mehr aus; es hat sich ein Fragenfeld eröffnet, das methodische Klärung und damit den Ausgang von für dieses Feld pädagogischen Umganges mit Musik spezifischen Gegenständen verlangt.

Man neigt leicht dazu, die Entwicklung spezifischer wissenschaftlicher Gegenstände der Musikpädagogik als überzogene Wissenschaftlichkeit anzusehen. Denn wissenschaftliche Musikpädagogik besitzt noch wenig Selbstverständlichkeit im öffentlichen wie im universitären Denken. Wissenschaft scheint hier entbehrlich zu sein, weil man die anstehenden Probleme als rein pragmatische auffaßt oder auch die wissenschaftliche Fragestellung allein vom Gegenstand Musik aus sieht, der in der Musikwissenschaft ansteht. Doch wenn man das musikpädagogische Gegenstandsproblem historisch betrachtet, erkennt man die Folgerichtigkeit der gegenwärtigen Aktualität spezifisch musikpädagogischer Gegenstände. Denn die Entwicklung des Musik-Wissens und Musik-Denkens stellt insgesamt einen von jeweiligen Zeitströmungen angestoßenen Prozeß zunehmender Ausdifferenzierung musikbezogener wissenschaftlicher Gegenstände dar. Am Beginn standen allein die Lehre von den Grundlagen der Musik und die Philosophie der Musik. Im 17. Jahrhundert erfolgt eine entscheidende Erweiterung, als im Zuge der Entwicklung der Naturwissenschaften die induktive Erforschung musikalischer Grundlagen und damit die Akustik beginnt. Als sich im 18. Jahrhundert das Denken dem geschichtlichen Werden zuwendet, tritt die Musikgeschichte als neuer Gegenstand in die Entwicklung ein. Schließlich strebt im letzten Drittel des 19. Jahrhunderts das Musik-Wissen über die Historie hinaus; mit den einsetzenden „positiven Wissenschaften“ gewinnen musikpsychologische und musikethnologische Gegenstände zunehmend Interesse; mit der „sozialen Tatsache Musik“ folgen die Gegenstände einer Soziologie der Musik. In der Gegenwart hat dieser Prozeß der Ausdifferenzierung musikbezogener Gegenstände im Zuge zunehmender Spezialisierung des Wissens und Nachdenkens über pädagogischen Umgang mit Musik zu der Notwendigkeit der Entwicklung von wissenschaftlichen Gegenständen dieses musikbezogenen pädagogischen Bereiches geführt; wissenschaftliche Gegenstände des pädagogischen Umganges mit Musik geben sich als historische Konsequenz zu erkennen. Musikpädagogik löst sich von einem nur praxis- und materialbezogenen Denken, spezifische Forschung setzt ein, immer mehr tritt die Weite und Bedeutung des Forschungsfeldes ins Bewußtsein und verlangt schließlich nach der Orientierung an fachspezifischen wissenschaftlichen Gegenständen.

Auf der Basis der vorangegangenen Begriffsstudien darf man wohl aus mehreren Gründen Musik-Lernen, Musik-Lehren und Musikunterricht in vorläufiger Weise als die zentralen Gegenstände wissenschaftlicher Musikpädagogik aufstellen. Ein erster Grund liegt in dem Umfang der durch Musik-Lernen, Musik-Lehren und Musikunterricht umfaßten Gegenstandsbereiche. Diese Gegenstände geben die Möglichkeit, das weite Feld pädagogischen Umganges mit Musik insgesamt zu umfassen und in seinen vielfältigen Dimensionen aufzuschließen. Diese musikpädagogischen Gegenstandsbegriffe sind weitreichend genug, um die in dem weiten Feld pädagogischen Umganges mit Musik waltenden Regelhaftigkeiten einzuschließen, doch auch im Zusammenhang der zugrunde liegenden Phänomene menschlichen Umganges mit Musik zu halten. Die musikpädagogischen Gegenstände Musik-Lernen, Musik-Lehren und Musikunterricht reichen weit genug, um über das Geschehen im Musikunterricht hinaus und dessen Grundlagen die die Menschen so unterschiedlich treffende Begegnung mit Musik mit ihren im weitesten Sinne pädagogischen Aspekten einbeziehen zu können. Musik-Lernen und Musik-Lehren sowie der auf ihrem Wechselspiel beruhende Musikunterricht umgreifen in ihren in Geschichte und gegenwärtige Realität reichenden Dimensionen, in der Fülle der hier zu fassenden Fakten und zu beschreibenden Phänomene, ein für den Menschen höchst wesentliches Erkenntnisgebiet, über das man in kleinen Fortschritten des Wissens und Bedenkens zu ein wenig mehr Wahrheit gelangen kann.

Ein zweites für die Begründung wissenschaftlicher Musikpädagogik auf den Gegenständen Musik-Lernen, Musik-Lehren und Musikunterricht überaus schwerwiegendes Argument ist der Grad der Konkretheit dieser Begriffe, wenn auch teilweise gegenwärtig nur als Grad möglicher Konkretion erkennbar. Denn die Möglichkeit zunehmender Konkretion der musikpädagogischen Gegenstände Musik-Lernen, Musik-Lehren und Musikunterricht korrespondiert mit der methodologischen Entwicklung des Fachgebietes Musikpädagogik, ein besonders gewichtiger Grund für deren Empfehlung bei der Begründung wissenschaftlicher Musikpädagogik. Empirischer, historischer und weitfassender geistesgeschichtlicher Ansatz – drei methodische Zentren, miteinander konkurrierend, bestimmen die methodologische Situation der Musikpädagogik. Sie erweisen sich bei einem Rückblick als Fortführung der unterschiedlichen Verfahrensweisen derjenigen Disziplinen, die einst musikpädagogische Wissenschaft inaugurierten. Die Bedeutung der facheigenen Gegenstände der Musikpädagogik liegt darin, daß sie eine Chance bieten, traditionelle methodische Fixierungen und Beschränkungen zu durchbrechen und – ohne Verlust an „Methode" – die methodische Öffnung der Musikpädagogik im Interesse der Erforschung eben der spezifisch musikpädagogischen Gegenstände des Musik-Lernens, des Musik-Lehrens und des Musikunterrichts zu vollziehen und zugleich auch tradierte Methoden für die Erforschung dieser facheigenen Gegenstände zu modifizieren. Die Entwicklung drängt nicht nur zur eigenen musikpädagogischen Fragestellung, sondern auch zu methodischer Öffnung gemäß diesen spezifischen Fragestellungen. Mit dem Wachsen musikpädagogischen Gegenstandsbewußtseins und der Entwicklung konkretisierbarer wissenschaftlicher Gegenstände kann sich methodische Phantasie entfalten und langsam die Emanzipation wissenschaftlicher Musikpädagogik von den ihre Ursprünge bestimmenden Disziplinen vollziehen. Es geht dabei nicht um Geringschätzung vorangegangener musikpädagogisch relevanter Forschungsarbeit oder um Aufplustern der schmalen, spezifisch musikpädagogischen Forschungsansätze. Wesentlich ist allein, daß wohl nur von den fachspezifischen Gegenständen aus und mit entsprechender methodischer Vielseitigkeit die musikpädagogische Forschungsarbeit verstärkt entwickelt werden kann, die für musikpädagogische Theoriebildung und damit zur Begründung von Musikpädagogik notwendig ist.

Über diese, das Feld pädagogischen Umganges mit Musik mit seinen Aspekten menschlichen Umganges mit Musik umschließende Reichweite und Konkretheit der Gegenstände Musik-Lernen, Musik-Lehren und Musikunterricht hinaus zeichnen sich auch deren systematische Kräfte ab – ein dritter Grund für die Aufstellung dieser Gegenstände. Die musikpädagogische Geschichte zeigt, daß die Abhängigkeit von Schlüsselbegriffen nicht nur die Wechselhaftigkeit praktischer Musikpädagogik in Zielen, Aufträgen und Erwartungen sowie Verzögerungen wissenschaftlicher Musikpädagogik bedingte, sondern auch die Entwicklung musikpädagogischer Fachsystematik im Sinne originärer Gliederung des Fachgebietes behinderte. Mit den Gegenstandsbereichen Musik-Lernen, Musik-Lehren und Musikunterricht stehen jedoch fachspezifische und umfassende Kategorien für einen systematischen Ansatz der Musikpädagogik bereit, die eine Möglichkeit bieten, das Fachgebiet so zu gliedern, daß ein umfassender musikpädagogischer Zusammenhang aus eigenen Gegenständen die Fülle der Einzelphänomene in dem weiten Feld pädagogischen Umganges mit Musik in ihren wechselseitigen Beziehungen hervortreten läßt, Binnendifferenzierung und Zuordnung von Einzelergebnissen ermöglichend. Diese drei Gegenstandsbereiche können als systematischer Ansatz der Musikpädagogik die oft entbehrten Bezugsmöglichkeiten und Binnenorientierungen geben.

3.3 Die Doppelfunktion von Musik-Lernen, Musik-Lehren und Musikunterricht als Praxisbegriffe und wissenschaftliche Gegenstandsbegriffe

Die Begriffe Musik-Lernen, Musik-Lehren und der auf den Wechselbeziehungen von Musik-Lernen und Musik-Lehren begründete Begriff des Musikunterrichts werden umgangs- wie fachsprachlich in sehr verschiedener Weise gebraucht. Dieser unterschiedliche Sprachgebrauch ist darauf zurückzuführen, daß mit den Bezeichnungen einerseits Fragen und Probleme wissenschaftlicher Natur angesprochen werden, andererseits aber auch – mit den gleichen Bezeichnungen – Fragen oder Entscheidungen praktischer Art gemeint sein können.

Diese Unterschiedlichkeit des Gebrauchs läßt sich an allen drei Begriffen, dem Musik-Lernen, dem Musik-Lehren wie dem Musikunterricht beobachten. Wenn Musik-Lernen und Musik-Lehren untersucht werden, wenn die Begriffe bestimmt, Bedingungen und Merkmale der Vorgänge untersucht, Ergebnisse musikalischen Lernens und Lehrens gemessen werden, dann werden die Begriffe für wissenschaftliche Gegenstände eingesetzt, dann wird wissenschaftliche Erkenntnis gesucht und zwar mit Hilfe wissenschaftlicher Methoden. In der praktischen Musikpädagogik meint man mit Musik-Lernen eine praktische Aufgabe, die im Wechselspiel mit der ebenfalls praktischen Aufgabe des Musik-Lehrens durch Musikunterricht erfüllt werden soll. Dabei geht Wissen über den wissenschaftlichen Gegenstand Musik-Lernen in praktische Entscheidungen des Musik-Lehrens ein, und Erfahrungen mit den praktischen Aufgaben des Musik-Lernens und des Musik-Lehrens im Musikunterricht fließen hypothetisch in die wissenschaftlichen Gegenstände Musik-Lernen und Musik-Lehren zurück.

Ebenso ist Musikunterricht Begriff wissenschaftlicher und praktischer Musikpädagogik; er bedeutet einerseits, in der wissenschaftlichen Musikpädagogik, einen zentralen wissenschaftlichen Gegenstand, die höchst komplexe, schwer analysierbare Wechselbeziehung zwischen den unüberschaubar zahlreichen Faktoren des Musik-Lernens und des Musik-Lehrens bezeichnend, und bedeutet andererseits, in der praktischen Musikpädagogik, den realen Vollzug eben dieser Wechselbeziehung. Der wissenschaftliche Gegenstand Musikunterricht wird allerdings kaum jemals so vollständig erschließbar sein, daß er der praktischen Musikpädagogik die komplette Begründung aller Unterrichtsentscheidungen liefern könnte. Doch das Wissen über diesen Gegenstand wird, über theoretische Teilstücke, der praktischen Musikpädagogik konkretere Maßstäbe bieten können als die traditionelle Anweisung aus der Unterrichtslehre des Faches Musik; es wird diese zunehmend relativieren.

Damit beginnt sich der tiefere Sinn einer Beschreibung dieser grundlegenden musikpädagogischen Begriffe in ihrer Doppelfunktion, einerseits als Bezeichnung für einen wissenschaftlichen Gegenstand, andererseits als Bezeichnung für einen praktischen Vollzug, abzuzeichnen. Die Gemeinsamkeit der grundlegenden Begriffe wissenschaftlicher und praktischer Musikpädagogik sichert den thematischen Zusammenhang beider Bereiche, ihren ständigen Kontakt. Doch im fachsprachlichen Gebrauch der Bezeichnungen ist es notwendig, kenntlich zu machen, in welcher Funktion ein Begriff jeweils gebraucht wird, damit der Leser oder Hörer erkennen kann, ob der wissenschaftliche Gegenstand oder der praktische Vorgang zur Erörterung ansteht; denn sonst würde er nicht unterscheiden können, ob ihm eine Aussage mit wissenschaftlichem Anspruch im Bereich musikalischen Lernens und Lehrens oder eine einzelne unterrichtspraktische Erfahrung oder vielleicht eine persönliche Meinungsäußerung aus diesem Bereich vermittelt wird. Eine lange Tradition nicht geklärter Aussagebereiche belegt die Notwendigkeit solcher Unterscheidung im Interesse einer zeitökonomischen und sachlich geführten Fachdiskussion. Die Unterscheidung von wissenschaftlicher Untersuchung und Vermittlungsliteratur beginnt mit eben dieser unterschiedlichen Funktion musikpädagogischer Grundbegriffe und ihrer Kennzeichnung. Beide literarischen Bereiche haben ihren spezifischen Sinn; sie können ihn nur erfüllen, wenn jeweils begriffsfunktional klar ist, ob Hypothese bzw. Untersuchungsergebnis oder aber praktische Anweisung für Musik-Lernen, Musik-Lehren und Musikunterricht gegeben werden.

Das Aufdecken der Doppelfunktion musikpädagogischer Grundbegriffe in wissenschaftlicher und praktischer Musikpädagogik vermag zudem das Verständnis der Unterschiedlichkeit dieser beiden Bereiche der Musikpädagogik und damit ihre Korrespondenzmöglichkeiten zu erleichtern. Wissenschaftliche Musikpädagogik zielt auf Erweiterung und Verbesserung des Wissens über musikalisches Lernen, Lehren und über Musikunterricht, auf Erkenntnisgewinn in diesen Bereichen; praktische Musikpädagogik zielt auf Lernergebnisse durch effektives Lehren im Musikunterricht. Selbstverständlich reflektiert der Musiklehrer seinen Unterricht. Aber er veranstaltet ihn nicht, um mit methodischen Mitteln der Wahrheit musikalischen Lernens und Lehrens und deren Wechselbeziehungen im Musikunterricht näher zu kommen, sondern um den Schüler, die Klasse, zu Erfahrung und Erkenntnis zu bringen. Die Unterscheidung der beiden Bereiche und ihrer jeweils spezifischen Denk- und Sprechweise kann für die praktische Musikpädagogik die Gefahr aufzeigen, die darin liegt, daß ein detailwissenschaftliches Nachdenken als solches in die praktische Musikpädagogik transferiert wird. Denn die Separation eines einzelnen Faktors oder einzelner Daten, als wissenschaftliches Ergebnis von hohem Interesse, bedeutet bei direktem Transfer in die praktische Musikpädagogik, verstanden als aktuelle Unterrichtspraxis, die Gefahr einseitiger Präferenz, vielleicht sogar die Reduzierung des Gesamts der Aufgaben von Musikunterricht, begleitet von Verlust an Effektivität des Musikunterrichts.

Der tiefere Sinn des Aufweises der Doppelfunktion der Begriffe Musik-Lernen, Musik-Lehren und Musikunterricht je nach Gebrauch der Bezeichnungen in wissenschaftlicher oder in praktischer Musikpädagogik bzw. in wissenschaftlichen oder in praxisbezogenen Zusammenhängen liegt darum letztlich darin, daß die Einsicht in die Eigenart der wissenschaftlichen Gegenstände der Musikpädagogik wächst und damit das Urteilsvermögen für musikpädagogische Aussagen. Es ist eine schwere, aber die entscheidende Aufgabe der musikpädagogischen Lehre, künftigen Musiklehrern und Musikpädagogen den Unterschied wissenschaftlicher Arbeit und praktischer Durchführung im Bereich von Musik-Lernen, Musik-Lehren und Musikunterricht bewußt zu machen. Diese Unterscheidungsfähigkeit ist Voraussetzung selbständigen Umganges mit dem Wissen über Musik-Lernen und Musik-Lehren, Voraussetzung künftiger Reduzierung der traditionellen kurzschlüssigen Rezeption zusammenhangloser Details neuer Unterrichtslehren, Voraussetzung aber auch eines wachbleibenden Interesses an dem die Berufstätigkeit begleitenden eigenen Weiterstudium. Nur so kann der Musiklehrer wohl die nötige Vorsicht gewinnen gegenüber vorschnellen, unbegründeten Anweisungen aus der musikalischen Unterrichtslehre. Wenn er während des Studiums den Unterschied zwischen wissenschaftlichem Gegenstand und praktischer

Aufgabe erkannte und die Möglichkeiten ihres Wechselbezuges differenzieren lernte, kann er die Erweiterung seines Wissens, die Vertiefung seiner Einsicht gemäß den methodischen Maßstäben seines Studiums in seiner beruflichen Tätigkeit fortführen; begriffliche Transparenz wird es ihm erleichtern, die Beziehungen zwischen den wissenschaftlichen Gegenständen seines Faches und ihrem Fortschritt zu den Aufgaben des praktischen Vollzugs im Musikunterricht herzustellen.

4. Methodische und theoretische Ansätze

4.1 Tradierte Forschungsmethoden

Trotz aller historischen Bemühungen um die Begründung des eigenen Fachgebietes Musikpädagogik ist für die beginnende wissenschaftliche Musikpädagogik charakteristisch, daß ihre Forschungsaufgaben zunächst in bereits bestehenden Disziplinen, vor allem in Musikwissenschaft und Psychologie, wahrgenommen werden. Mit deren speziellen thematischen Interessen, relevant als musikpädagogisches Grundlagenwissen, werden auch die Methoden der Mentorendisziplinen im musikpädagogischen Bereich bestimmend. Dies ist die Ursache, daß sich bis in die Gegenwart drei verschiedene methodische Zentren in der Musikpädagogik tradieren; es sind methodische Zentren um historische, um empirische und um breitere, geistesgeschichtliche Ansätze.

Eine umfangreiche, ins 19. Jahrhundert zurückreichende Tradition bilden die Arbeiten zu musikpädagogischer Thematik, die auf historischer Forschung beruhen. Ein erster Schwerpunkt entstand hier durch die Erschließung von Fakten und deren Zusammenordnung in epochalgeschichtliche Darstellungen (Schipke, 1913; Stahl, 1913; Epstein, 1929; Schünemann, 1968; u.a.). Nach der ersten Ausschöpfung der sich anbietenden reichen Grundlagen-Quellen wandte man sich in der jüngeren Vergangenheit zunehmend der Quellenerschließung spezieller Gebiete regionaler wie fachspezifischer Art zu (Höckner, 1927; Lüdeke, 1958; Niemöller, 1969; Roske, 1978 und 1985; u.a.). In den letzten Jahrzehnten begann auch die biographische Forschung (Knab, 1933; Graetschel, 1976; u.a.). Eine beginnende thematische Verdichtung spezieller musikpädagogischer Historiographie zeigt sich in monographischen Beiträgen zu historischen Ausbildungssituationen (Gundlach, 1969; Niederau, 1970; Vogelsänger, 1973), zu sozialgeschichtlichen Ansätzen wie auch an begriffsgeschichtlichen und theoriegeschichtlichen Studien. Auch die musikpädagogische Quellendokumentation ist begonnen worden (Heise u.a., 1973; Nolte, 1975 a, 1982 b und i. Vorb. a und b; Hemming, 1977; Abel-Struth, 1979 a). Jüngeren Datums ist auch der Beginn der Auseinandersetzung mit musikpädagogischem Geschichtsbewußtsein (Abel-Struth, 1973 a und b; Antholz, 1979). Insgesamt reicht demgemäß die historiographische Dimension der Forschungstradition mit musikpädagogischer Thematik zeitlich weit zurück. Doch das anstehende Quellenmaterial ist noch nicht annähernd erschlossen, und die Faktensammlung und -auswertung mit speziellem Schwerpunkt auf musikpädagogischer Fragestellung steht noch am Beginn. Der insgesamt nicht geschichtsfreundliche Trend der jüngeren Vergangenheit mag verschuldet haben, daß gerade die spezifisch musikpädagogisch gerichteten historiographischen Forschungsansätze des vergangenen Jahrzehntes schmal blieben.

Seit Ende des 19. Jahrhunderts entwickelt sich ein weiterer Forschungsansatz mit Bezug auf pädagogischen Umgang mit Musik; er steht in engem Zusammenhang mit psychologischen Disziplinen, deren empirische Methoden für ihn charakteristisch sind. Je nach engerer Bindung an Tonpsychologie, Entwicklungspsychologie und Hörpsychologie entstehen Schwerpunkte um akustische Fragen, Fragen der musikalischen Entwicklung des Kindes und Jugendlichen sowie Fragen des menschlichen Hörens von Musik, auch diese vor allem an Kindern untersucht. Die zwanziger Jahre zeigen diese Forschungen auf einem ersten Höhepunkt. Im Rückblick tritt hervor, daß es in dieser Phase der empirischen Forschungstradition im musikpädagogischen Feld vor allem um Feststellungen betreffs der Leistungsfähigkeiten im Bereich spezieller musikalischer Phänomene geht. Die Frage, wie solche Leistungsfähigkeiten pädagogisch zu beeinflussen seien, tritt demgegenüber zurück. Die Feststellung musikalischer Leistungsfähigkeiten zielt vielmehr vor allem auf die Sicherung von Kriterien der sog. Musikalität; der musikpädagogische Nutzen wird darin gesehen, die Prognose für Musikunterricht geben zu können, d.h. rechtzeitig klären zu können, ob Effektivität des Unterrichts auf einem Instrument erwartet werden kann (Révész, 1920 und 1982). Andererseits werden gewonnene Daten über musikalische Leistungsfähigkeiten in bestimmten Altersstufen auch zur Markierung musikalischer Entwicklungsstufen des Kindes und des Jugendlichen eingesetzt, wobei jedoch der als zwingend empfundene Anschluß an entwicklungspsychologische Forschung die Methoden und die Fakten eines musikalisch-entwicklungspsychologischen Ansatzes überforderte (Schünemann, 1930).

Während bei uns in den mittleren Jahrzehnten des Jahrhunderts im Zuge restaurativer musikalischer Unterrichtslehre nur der spezielle Ansatz aus musikalisch-entwicklungspsychologischem Denken fortgeführt wird, entwickeln sich, vor allem in den angelsächsischen Ländern, im gleichen Zeitraum musikalische Testliteratur und Forschungsansätze aus speziellen Problemen des Musikunterrichts. Mit der Überwindung musikpädagogischer Restauration in den sechziger Jahren entsteht auch bei uns ein neuer Schwerpunkt empirischer Forschung mit musikpädagogischem Bezug. Die Frage nach den Bedingungen pädagogischen Umganges mit Musik tritt in den Vordergrund, dem Zuge der Zeit gemäß vor allem mit der Frage nach sozioökonomischen Bedingungen und Unterschiedlichkeiten nach Schultypus. Mit der musikalischen Sozialisations- und Einstellungsproblematik beginnen Einflüsse sozialpsychologischen Denkens wirksam zu werden. Doch wie in der historiographischen Forschungstradition zeigt auch die psychologisch-empirische im musikpädagogischen Feld nun zunehmend Tendenzen einer Verdichtung spezifisch musikpädagogischer Thematik, von der Lernerfolgsmessung bis zur Untersuchung der Bedingungen des Schülerurteils reichend. Und wie auch in der historiographischen Forschung erkennt man, daß sich damit erst die Fülle der offenen Forschungsaufgaben abzuzeichnen beginnt.

Der älteste Komplex wissenschaftlicher Traditionen im Feld pädagogischen Umganges mit Musik ist die Sinn-Reflexion dieses Geschehens, deren Zugehörigkeit zum Bereich der Forschung nicht unangefochten ist. Denn ihre Spanne reicht von originärem Nachdenken über den Sinn der Musik für den Menschen (wie in den Ansätzen einer musikpädagogisch bezogenen Hermeneutik) bis zu Traktaten aus Schlagworten und Gemeinplätzen – wobei der Unterschied offensichtlich schwer objektiv dingfest zu machen ist. Es besteht eine enge Verbindung zu der präskriptiven Literatur, die mit Präambeln aus dem Bereich der Sinn-Reflexion häufig Konzepte zu legitimieren versucht. Wegen ihrer Verflechtungen mit allen Strömungen abendländischen Denkens ist diese reflexive Literatur zum ideologischen Sündenbock der Musikpädagogik geworden. Ihr historisches Verdienst ist jedoch unverkennbar: Sie hielt der Gesellschaft aller Zeiten bewußt, welchen Platz Musik in der menschlichen Bildung einnehmen kann.

Die in der gegenwärtigen Wirklichkeit pädagogischen Umganges mit Musik wirksamen Forschungstraditionen reichen alle weit in die Geschichte zurück. Sie haben Wissen erbracht und den Zusammenhang mit dem wechselnden Denken der Epochen hergestellt. Doch sie zeigen in ihren jeweiligen Ansätzen die disziplinäre Herkunft, ihren engen Zusammenhang mit historisch-musikhistorischem, mit empirischpsychologischem und philosophischem Denken. Nicht nur Ergebnisse und Einsichten, gewonnen aus den verschiedenen Forschungstraditionen, blieben zusammenhanglos nebeneinander stehen, auch zwischen den einzelnen Forschungsbereichen selbst ist bisher kaum eine theoriestiftende Zusammenarbeit im Interesse der Eigenart pädagogischen Umganges mit Musik entstanden. Erst in der jüngsten Vergangenheit läßt sich die musikpädagogische thematische Spezialisierung sowohl bei historischen wie empirischen Forschungen erkennen, eine Wende von der thematisch und methodisch bedingten Separierung einzelner Forschungsansätze mit musikpädagogischer Relevanz zu der thematischen Spezialisierung auf genuin musikpädagogische Fragestellungen unter Einsatz tradierter wie auch neuer Methoden. Erst dadurch wird die Entwicklung des speziellen Forschungsgebietes Musikpädagogik möglich, von der Klärung der Fachterminologie und der Konkretisierung der Fachgegenstände über die Entwicklung erster theoretischer Teilstücke zu Systematik reichend, wie sie benötigt wird, um die vielfältigen Bewegungen im pädagogischen Umgang mit Musik in Geschichte und Gegenwart vor dem fachspezifischen Hintergrund und in seinem Zusammenhang fassen, beschreiben, untersuchen und zuordnen zu können.

4.2 Gegenwärtige methodische Entwicklung[2)]

Vielleicht bewertet man, noch befangen in der aktuellen Bewegung, die gegenwärtige Entwicklung wissenschaftlicher Musikpädagogik zu positiv? Doch wenn man auf das letzte Jahrzehnt zurückblickt, ist ein Aufschwung des Fachgebietes zu erkennen, der nur jenem um 1930 vergleichbar ist, als nach einer rasch angewachsenen Zahl von Einzeluntersuchungen mit musikpädagogisch relevanter Thematik erstmals auch Versuche unternommen wurden, die Geschichte der Schulmusik in geistesgeschichtlichem Zusammenhang theoretisch zu begründen, eine Theorie musikalischer Entwicklung als Basis des Musikunterrichts aufzustellen und Musikpädagogik wissenschaftstheoretisch zu bedenken. Der gegenwärtige Aufschwung erhielt bestimmende Impulse durch die sich ausbreitende Einsicht, daß heute der menschliche Umgang mit Musik, und demgemäß auch der pädagogische, Probleme aufweisen, die sich nicht mehr mit Idealen, Ratschlag und Unterrichtsmethode lösen lassen, sondern einer differenzierenden Entwicklung und methodischer Lösungsversuche bedürfen. Heute wie einst wächst rasch die Zahl der musikpädagogischen Forschungsarbeiten, nun verstärkt durch die Breite der internationalen Entwicklung musikpädagogischer Forschung und herausgefordert durch institutionelle Umstellungen des Faches Musikpädagogik. Auch die Dogmen des direkten Praxisbezuges musikpädagogischer Forschung sowie der Identität von wissenschaftlicher Musikpädagogik und Musiklehrer-Ausbildung beginnt man langsam zu überwinden, damit das Hochschulfach Musikpädagogik über seine pragmatischen Aufgaben hinaus in vollem Sinne der Forschung und Lehre öffnend. Musikpädagogik mit ihrer an gegenwärtig so bedeutsam gewordene Fragen menschlichen Umganges mit Musik anschließenden Thematik des pädagogischen Umganges mit Musik, zu fassen in den zentralen wissenschaftlichen

2) Veränderte Fassung meines Beitrages: Methodik der Musikpädagogik. Versuch zur methodologischen Situation musikpädagogischer Forschung. In: Musikpädagogik. Historische, systematische und didaktische Perspektiven. Festschrift zum 65. Geburtstag von Heinz Antholz. Hrsg. von H.G. Bastian; D. Klöckner. Ratingen 1982. S. 39 ff.

Gegenständen des Musik-Lernens, des Musik-Lehrens und des Musikunterrichts, löst sich in ihrem gegenwärtigen Aufschwung zunehmend von den sie in der Tradition bestimmenden Disziplinen und schlägt eine eigene Entwicklung ein, herauswachsend aus tradierter Forschungsthematik. Diese Thematik bestimmte – und beschränkte – die musikpädagogische Methodenwahl um geistesgeschichtliche, historische und psychologische Denk- und Verfahrensweisen. Die eingesetzten quantifizierenden und historischen Methoden gaben die Sicherheit und das Prestige der bewährten Methode; vor allem die empirischen Methoden waren wohl nicht frei von der verführerischen Wirkung des garantiert wissenschaftlichen Verfahrens. Doch in der Gegenwart nehmen musikpädagogische Forschungsthemen zu, die auf den musikalischen Lernprozeß im weitesten Sinne und auf die spezielle musikpädagogisch-historische Monographie zielen, und die mit dem sozialen Umfeld konkrete Bedingungsfaktoren musikalischen Lernens und Lehrens sowie den Musikunterricht selbst mit seinen Faktoren in den Blick nehmen. Man darf von einer zunehmenden Entwicklung wissenschaftlicher Fragestellungen aus den fachspezifischen Gegenständen der Musikpädagogik sprechen. Und diese, durch wachsendes Gegenstandsbewußtsein angestoßenen fachspezifischen Fragestellungen haben auch eine methodische Konsequenz: Es zeichnet sich der Beginn einer gegenstandsspezifischen methodischen Öffnung und Differenzierung wissenschaftlicher Musikpädagogik ab. Die allgemeine methodologische Entwicklung, die Lösung der disziplinären Bindung von Methoden und der Einsatz gleicher Forschungstypen und Techniken der Datenerhebung in ganz unterschiedlichen Fächern, hat wohl zu dieser Entwicklung der Musikpädagogik beigetragen. Die methodische Öffnung und Differenzierung modifiziert und erweitert die traditionellen methodischen Zentren des Faches, führt darüber hinaus aber auch zu neuen methodischen Ansätzen.

Der Prozeß vollzieht sich intensiv im empirischen Forschungsbereich; nur wenige exemplarische Beispiele können dies hier belegen. International weit gestreut werden Verfahrensweisen zur Klärung von Merkmalen musikalischer Lernvorgänge entwickelt (Bentley u.a., 1973 b), Untersuchung (und Methodenerprobung) im Bereich musikalischer Einstellungen (Behne, 1974); im Anschluß an sozialpsychologische Versuche (Hofstätter, 1966) wird das Polaritätsprofil in der musikpädagogischen Forschung erprobt (Brömse und Kötter, 1971). Vor allem öffnet sich die musikpädagogische Forschung zunehmend (und zu rasch Schlüsse für die Praxis ziehend) den Techniken der Befragung. Dabei entwickelte sich ein besonderer Schwerpunkt auf der musikalischen Präferenzenforschung, der Befragung betreffs der Bevorzugung oder Ablehnung bestimmter musikalischer Gattungen, doch auch bereits in bezug zu Schultypen, musikalischer Vorbildung, Musikunterricht u.a. (Pape, 1974). Die gleichfalls eingesetzte Befragung durch Schüleraufsätze, deren Auswertungsmöglichkeiten im Präzisionsgrad hinter denen einer Befragung mit genormten Fragen zurücksteht, zeigt bereits, wieviel individuelle Meinung durch vorgegebene Fragen verdeckt, wenn nicht angepaßt wird. Die noch wenig eingesetzte Interviewtechnik, auch die tiefenpsychologisch ansetzende, könnte hier methodisch anregend sein.

Doch ist andererseits der Einsatz von Beobachtungsmethoden für Musikunterricht noch recht offen geblieben, wenn sie auch immer wieder im musikpädagogischen Forschungsprogramm genannt werden (Noll, 1970 und 1974). Methodische Ansätze zur Untersuchung des Musikunterrichts gruppieren sich gegenwärtig um Feststellungen zur Realsituation des Musikunterrichts, um Beurteilung des Musikunterrichts und um die Feststellung von Lernerfolg im Musikunterricht. Die Feststellungen zur Realsituation des Musikunterrichts sind lokal recht begrenzt, differenzieren nach Schultypen, zeigen Lehrerwechsel und Lehrermangel auf, haben aber noch nicht die Koordination mit den Daten der Grundlagenforschung sowie der speziellen musikbezogenen Lern- und Lehrforschung leisten können. Die Befragungen zur Beurteilung des Musikunterrichts können als Beispiel von Trendbildung und Trendverstärkung durch Fragestellung dienen; denn sie sind gegenwärtig fast nur auf die Feststellung bevorzugter Musikarten gerichtet und dienen dem Beleg, daß die Beliebtheit des Musikunterrichts von dem Beliebtheitsgrad der eingesetzten Musik abhängig sei. Methoden retrospektiver Befragung zeigen die Altersbedingtheit der Beurteilung von Musikunterricht. Die hier einzusetzenden Befragungsmethoden bedürfen offensichtlich noch der Verfeinerung, um das komplizierte Zusammenspiel der mitwirkenden Beurteilungsfaktoren in ausreichendem Maße fassen zu können. Auch die Methoden zur Feststellung von Lernerfolg im Musikunterricht geben noch viele Aufgaben auf. Diese Methoden sind an das sperrige Problem der Lernzieldefinition gebunden. Die „informellen Tests", die in der Schulpraxis bereits vielfach eingesetzt werden, um das Erreichen des vorgegebenen Lernzieles festzustellen, sind noch vage; die praktischen Anwendungen haben hier die notwendige methodische Entwicklung überrollt. Die amerikanische Musikpädagogik, die den Anstoß zur Entwicklung von Methoden zur Messung von Lernerfolg im Musikunterricht gab (Colwell, 1970), hat diesen Ansatz auch am weitesten methodisch differenziert. Doch insgesamt werden wohl die Möglichkeiten einer musikpädagogischen Forschung mit Methoden der Unterrichtsbeobachtung, der systematischen Beobachtung von Schülerverhalten wie Lehrerverhalten wie ihres Zusammenspiels im Musikunterricht, noch nicht voll erkannt, obwohl hier eines der für das Fach Musikpädagogik konstitutiven Forschungsgebiete liegt (Froehlich, 1977, 1979, 1981 und Froehlich-Rainbow, 1984). Die traditionelle Bindung musikpädagogischer Empirik an psychologische Disziplinen mit den Akzenten auf Persönlichkeitsmerkmalen und Leistungsmessungen bringt methodische Hilfe, wirkt aber auch thematisch hemmend auf genuine fachliche Forschung im Zusammenhang mit Musikunterricht.

In dem um historische Methoden entwickelten musikpädagogischen Forschungsbereich zeigt sich die thematisch-methodische Öffnung an Forschungsarbeiten über spezifisch musikpädagogische Gegenstände mit ihren eigenen Fragestellungen. Die lokale musikpädagogische Geschichtsschreibung beginnt (Finkel, 1973 und 1976). Die Geschichtsschreibung musikpädagogischer Institutionen entwickelt über Faktenerschließung und deren Interpretation hinaus Untersuchungsansätze zur Klärung historischer Lehrprogramme und -methoden (Sowa, 1973). Neue historische Forschungsdimensionen wie die der Musiklehrerausbildung eröffnen nach den traditionellen Quellen nun auch Seminar-Archive, Prüfungsrichtlinien sowie amtliche Schulbesichtigungsprotokolle für die musikpädagogische Forschung. Auch die musikpädagogische Lehrplanforschung beginnt sich zu entwickeln. Sie setzte mit kommentierten Dokumentationen ein, vor allem die Geschichte der schulischen Musiklehrpläne betreffend (Nolte, 1975 a, 1982 a und in Vorb. a und b), doch auch für den Bereich der Musikschulen. In engem Zusammenhang mit dieser musikpädagogisch-historischen Thematik steht auch die mit Analyse und Dokumentation begonnene zielgeschichtliche Untersuchung des Musikunterrichts (Abel-Struth, 1978 b und 1979 a). Dazu ist die Öffnung musikpädagogischer Historiographie für sozialgeschichtliche Thematik zu erkennen; die Berufsgeschichte des Musiklehrers, die Geschichte der Berufsbezeichnungen, der Wandel des Sozialprestiges, Zusammenhänge mit ökonomischen Fragen melden sich als Forschungsaufgaben der Musikpädagogik an, lösbar nur durch die Einbeziehung und Abwandlung sozial- und wirtschaftswissenschaftlicher Begriffe und Methoden (Abel-Struth, 1981 a; Roske, 1981 und 1985). Diese Fragestellungen haben historische Vorläufer (Lach, 1923), wurden aber erst in der jüngsten Vergangenheit sozialgeschichtlich (Salmen, 1971) sowie nach speziellen fachlichen Aspekten methodisch differenziert (Buchhofer u.a., 1974; Klinkhammer und Weyer, 1977). Doch vor allem beginnt nach den zahlreichen Beiträgen zur Faktenerschließung historischen Musikunterrichts nun auch die Untersuchung der Theoreme, die historische Phänomene des Musikunterrichts, die ermittelten Fakten, zu erklären vermögen (Nolte, 1982 b).

Bei Themen wie Musiklehrerausbildung, Lehrplanforschung und Zielanalyse im Fach Musik zeigen sich Möglichkeiten mehrerer Methoden für das gleiche musikpädagogische Forschungsthema. Der Musiklehrer ist sowohl Thema empirischer Beobachtung wie historischer Untersuchung, das Lernziel im Fach Musik sowohl Thema historischer Erschließung wie unterrichtsanalytischer Beobachtung wie schließlich auch der Untersuchung nach Aufstellungsverfahren oder Grad der Präzision. Vor allem zeigen wohl die Vorgänge musikalischen Lernens und musikalischen Lehrens, ihre in gleichem Maße bedeutsamen Fragen nach historischer Herkunft und empirischer Realität, daß bei aller Respektierung methodischer Eigengesetzlichkeiten die Theoriebildung der Musikpädagogik gerade dieser mit unterschiedlichen Methoden gewonnenen Forschungsergebnisse zum gleichen Thema bedarf. Auch Musikunterricht als Forschungsgegenstand, Berufsfeldanalyse, Lehrprinzipien oder das Musik-Schulbuch verlangen nach Klärung mit vielfältigen Methoden, bevor ein theoretischer Ansatz möglich wird; die Gegenstände der Musikpädagogik eröffnen sich theoretisch erst, wenn unterschiedliche Methoden zu ihrer Untersuchung eingesetzt werden und die Fixierung der einzelnen Gegenstände auf jeweils spezielle Methoden aufgehoben wird.

Der hermeneutisch-reflexive Arbeitsbereich der Musikpädagogik leidet, bei aller Fülle der sich hier zentrierenden Arbeiten, unter einem traditionellen Mangel an Methode. Dafür ist die Allgemeinheit der Reflexion von Sinn und Aufgabe pädagogischen Umganges mit Musik verantwortlich wie auch die Gegenseitigkeit von Erwartung wie Angebot betreffs Ratschlägen für die praktische Musikpädagogik. Die Bedürfnisse nach Zielsetzungen, Meinungen über Musikunterricht und Normen zur Durchführung von Musikunterricht zeigen mitunter konkurrierende Tendenzen gegenüber den Bemühungen um methodische Erschließung eines Sachverhaltes. Doch wächst das Verständnis für eine in objektivierender Form entwickelte Erfahrungssicherung, für methodische Konsolidierung des Nachdenkens über Musikpädagogik, die Bemühung um eine Reflexionsebene, die von rationalem Wahrheitswert bestimmt wird. In diesem Sinne ist zu verstehen, daß sich Verständnis für die Notwendigkeit musikpädagogischer Begriffsforschung langsam auszubreiten beginnt. Während in den zwanziger Jahren der unsystematische Gebrauch der Fachsprache fast unbemerkt blieb – nur R. Wicke klagt über „terminologische Ungründlichkeit und Wandelbarkeit" (Wicke, 1930) –, zeigt die musikdidaktische Trias um 1970 (Venus, 1969; Antholz, 1976 a; Alt, 1977) deutlich definitorische Bestrebungen, zeigen Sachwortartikel einer Fachzeitschrift wie „Musik und Bildung" und die Entwicklung spezifisch musikpädagogischer Nachschlagewerke das wachsende Bedürfnis nach Begriffserklärung und Begriffssystematik. Vor allem aber setzten begriffsgeschichtliche Studien ein, eine neue methodische Dimension musikpädagogischer Forschung erschließend (Abel-Struth, 1970; Nolte, 1975 b, 1977 und 1982 b). Auf diesem Gebiet hat H. Antholz – weit in die

Ästhetik ausgreifend – seine jüngsten, für unser Fach grundlegenden Arbeiten geleistet (Antholz, 1980 und 1981). Die methodische Analyse tradierter musikpädagogischer Theoreme wurde mit Arbeiten über „Schöpferische Kräfte" (Ludwig, 1970) und „Die Rezeption des Kreativitätsbegriffs" (Vollmer, 1980) sowie ansatzweise auch über das Spiel (dies objektbezogen im Sinne von „Musik als Spiel") angebahnt (Richter, 1975). Auch auf den Beginn der Geschichtsschreibung im Bereich der Wissenschaftsgeschichte der Musikpädagogik darf verwiesen werden (Abel-Struth, 1970), ebenso auf die Reflexion des Geschichtsbewußtseins in der Musikpädagogik, das im Zusammenhang mit dem Reform- und Aktualitätsbedürfnis des Faches untersucht wurde (Abel-Struth, 1973 a; Antholz, 1979).

Die ideologiekritische Methode, die auch in der Musikpädagogik hermeneutisch-reflexives Denken in kritische Betrachtung der Abhängigkeiten des Faches wendet, breitet sich in den fünfziger Jahren zunächst stark, heute relativiert, aus (Wietusch, 1981). Als ergiebiges Untersuchungsobjekt erweist sich die musikalische Jugendbewegung, nach dem Anstoß Th.W. Adornos immer wieder hinsichtlich ihres Ideales, des Musikantentums, auch in bezug auf ihr Gemeinschaftstheorem, ihre Faschismustendenzen und ihre musikpädagogische Verführung durch naive Musik analysiert oder auch nur gerügt (Hodek, 1977; Kolland, 1979). Ideologiekritik ist gegenwärtig auch (noch) die bestimmende Methode der Schulbuch-Analyse im Fach Musik – einem Gebiet, das zu systematischen, textanalytischen Verfahren einlädt. Die Analyse von Schulliederbüchern gab den ideologiekritischen Anstoß (Segler und Abraham, 1966); es folgen gründliche Dissertationen, die Ideologieimplikate auch in den Sachgebieten der Schulbücher für das Fach Musik (Hoffmann, 1974) und die Abhängigkeit dogmatischer oder undogmatischer Rezeption von der Darstellungsweise eines Musik-Schulbuches (Kokemohr, 1976) zeigen. Das methodische Instrumentarium für die Analyse der Schulbücher des Faches Musik ist in Entwicklung begriffen; doch, weiterreichend in Singbücher und Instrumentalschulen sowie musikpädagogische Kinderbücher und Schallplatten, wartet hier noch viel und vielseitige methodische Entwicklungsarbeit.

Auch wenn der musikpädagogische Aufschwung der Gegenwart und das zunehmende Gegenstandsbewußtsein im Fach eine methodische Öffnung und Differenzierung mit sich brachten, bleibt doch zu beachten, daß viele methodische Aufgaben und Möglichkeiten noch kaum oder gar nicht bewußt wurden. Eine Herausforderung methodischen Denkens in der Musikpädagogik ist beispielsweise der gesamte Forschungsbereich vergleichender Musikpädagogik, der nach ersten Anstößen (Kraus, 1962) und Ansätzen (Gieseler, 1969) eine Fülle von Aufgaben und Problemen betreffs der einzusetzenden Methoden erkennen läßt. Beispiel einer Methode, die trotz hervorragender Möglichkeiten musikpädagogischen Erkenntnisgewinns in unserem Fach bisher unbeachtet blieb, ist die biographische Methode. Diese in Polen entwickelte und in der deutschen Psychologie erprobte Methode bietet Möglichkeiten, die den Lernvorgang bedingenden Faktoren über einen längeren Zeitraum rückblickend zu untersuchen bzw. die wenig bewußten Ursachen individuellen Lernverhaltens festzustellen; die biographische Methode sucht aus dem individuellen Lebenslauf Ursachen von Einstellungen und Lernverhalten zu erkennen und neue Materialien zum musikalischen Lernen aus bisher kaum beachteten Quellenmaterialien (wie Biographien und Autobiographien) und mit speziellen Befragungstechniken zu erschließen.

4.3 Historische Theorieansätze

Es wird immer wieder – zuletzt im Rahmen des Kongresses der Bundesfachgruppe Musikpädagogik in Köln 1981 – wie selbstverständlich davon ausgegangen, daß das Nachdenken über pädagogischen Umgang mit Musik bisher keinerlei Theorie erbracht habe. Das mag zutreffen, wenn man von einem Begriff perfekter, abgeschlossener Theorie ausgeht, womit auch andere Fächer ihre Probleme haben. Doch man kann mit einem bescheideneren Anspruch auch in unserem Bereich von Theorien sprechen; theoretische Ansätze im Sinne von Versuchen, die Lösung von Problemen durch methodisch gewonnene Erkenntnisse und deren Ordnung anzustreben, sind in der jüngeren Geschichte pädagogischen Umganges mit Musik mehrfach vorgelegt worden. Sie weisen formal und inhaltlich große Unterschiede auf und wurden bisher weder im einzelnen, noch zusammengefaßt genannt oder beschrieben, auch noch nicht unter wissenschaftstheoretischen Aspekten erörtert. Die besondere Schwierigkeit einer historiographischen Darstellung theoretischer Ansätze der Musikpädagogik liegt in dem Mangel an Bezug zu Theorie-Begriffen und daraus rührender Unterschiedlichkeit der Kategorien betreffs des Theorie-Ranges in der eigenen Beurteilung der Autoren.

Demgemäß in Vorsicht betrachtet, gibt es als solche bezeichnete musikpädagogische Theorie zunächst im Sinne einer umfassenden theoretischen Grundlegung des Faches Musikpädagogik; dies ist musikpädagogische Theorie in ihrem formal und inhaltlich weitesten Sinne. Exempel einer solchen Gesamttheorie ist W. Kühns in „Grundlinien" dargestellte „Theorie der musikalischen Erziehung", die er auf dem musikwissenschaftlichen Kongreß 1925 in Leipzig entwickelt und ein Jahr später in der Zeitschrift „Musikerziehung" publiziert. Wenn auch in höchst großzügig generalisierter Weise, so werden hier doch Elemente einer Theorie zusammengestellt. Terminologisch wird geklärt, daß diese Theorie der musikalischen Erziehung „am besten als Musikpädagogik zu bezeichnen" sei; damit wird die umfassende Absicht des Ansatzes belegt. Die „Inhaltsbestimmung" zielt auf die Gegenstände der Musikpädagogik, zu denen pauschal „alle Fragen der Musik unter dem Gesichtspunkt der Menschenbildung" gezählt werden. Als „Zweck" der Theorie wird der Dienst für die Praxis der Musikerziehung angegeben. Die Diskussion der möglichen Forschungsmethoden weist in die Zukunft; W. Kühn nennt neben psychologischen und ästhetischen Experimenten auch bereits didaktische Experimente, systematische Beobachtung, Umfragen, Erhebungen sowie die „Sammlung von Schülerleistungen". Die weitere Entwicklung der Kühnschen Theorie ist unsystematisch. W. Kühn bleibt in dem seiner Zeit vertrauten Raum von Klagen über die Widersprüchlichkeiten der Vermittlungsliteratur, über die Blindheit gegenüber den tatsächlichen Problemen; die Klagen werden zum Argument für die Notwendigkeit der Entwicklung musikpädagogischer Wissenschaft gewendet. Für diese wird die geisteswissenschaftliche Psychologie als grundlegend beschrieben, wird übergangslos die „Liebe zu dem Menschen" ins Spiel gebracht und schließlich auch für die Verankerung in der „Gesamterziehung" plädiert. Als Kernstück seiner Theorie entwickelt W. Kühn „allgemeine Ziele der Musikerziehung", gefolgt von Bekenntnissen zur musikerzieherischen Formel seiner Zeit, der „Weckung und Ausbildung der schöpferischen Kräfte". Abschließend wird die Theorie bzw. das Fachgebiet Musikpädagogik wissenschaftstheoretisch reflektiert und festgehalten, daß Musikpädagogik nicht als Gebiet anzusehen sei, „das nur Ergebnisse anderer Wissenschaften zusammenzutragen hätte" („das tut sie nur nebenbei"); „dadurch, daß Musik als Bildungsmittel Verwendung findet, ergeben sich die mannigfachen Beziehungen zwischen

Bildungsziel, Bildungsweg und zu bildender Persönlichkeit und runden sich organisch zu einem selbständigen Erkenntnisgebiet einheitlicher Prägung“ (Kühn, 1925 und 1926).

So wenig W. Kühns Ansatz einer umfassenden „Theorie der musikalischen Erziehung“ im einzelnen bekannt geworden sein mag, so wird man doch beobachten, daß seine Grundgedanken über „Theorie“, die mit der damaligen Denkweise auch hinsichtlich der wissenschaftstheoretischen Prämissen übereinstimmten, noch in heutigem Denken innerhalb des Faches Entsprechungen erkennen lassen; dies betrifft beispielsweise die Gleichsetzung von „Theorie“ mit „Fach“, die Verquickung von Forderungen nach methodisch gewonnenem Wissen mit außermethodischen, subjektiven Zielüberlegungen gemäß den Denkmoden der Zeit, vor allem aber auch die Selbstverständlichkeit des Anwendungsanspruchs für die Unterrichtspraxis. Erst langsam beginnt sich heute die Einsicht auszubreiten, daß eine so weit und allgemein gefaßte Theorie im Sinne einer Ordnung des gesamten Fachgebietes den Rahmen dessen, was eine Theorie leisten kann, grundsätzlich sprengt.

Von solchen umfassenden Theorieentwürfen hebt sich eine zweite Gruppe ab, inhaltlich konkreter und formal begrenzter als die Versuche von Gesamttheorie. Es ist die Gruppe der „Leihtheorien“. Sie entstanden aus Bemühungen von Musikpädagogen, der praktischen Musikpädagogik die als notwendig erkannte theoretische Grundlegung dadurch zu geben, daß eine andernorts als hinreichend begründet verabschiedete Theorie als Grundlage musikalischen Unterrichts ausgeliehen wird. Solche Leihtheorien der Musikpädagogik sind zahlreich und haben der Unterrichtspraxis viele Anregungen, doch auch manchen Irrweg beschert.

Klassische Beispiele solcher musikpädagogischen Leihtheorien sind die auf der psychologischen Entwicklungstheorie beruhenden musikalischen Entwicklungstheorien. R. Wicke leistete einen Entwurf musikalischer Entwicklungstheorie, gegliedert nach: Entwicklungsphasen; Musikalität; Ganzheit, Struktur, Gestalt; Gefühl und Wille. Die hier anstehenden psychologischen Einsichten werden als Ergebnisse für „Aufbau und Anlage des Gesamtbildungsplanes“ der Musikerziehung gewertet. Die Entwicklung bestimmt die zeitliche Gliederung des musikalischen Bildungsplanes, die Erkenntnisse über die psychologische Bedeutung von Ganzheit, Struktur und Gestalt ermöglichen die Prüfung der „Bildungs- und Arbeitsmittel“ auf ihre sachlichen und psychischen Bedingtheiten hin, Einsichten in die strukturelle Bedeutung von Gefühl und Bedingtheiten führen zur Kennzeichnung musikalischer Erziehungsarbeit (Wicke, 1931 e). Mit zahlreichen Einzelarbeiten hat R. Wicke seine psychologisch begründete Theorie musikalischer Unterrichtspraxis ausgebaut (Wicke, 1927, 1928 a und b, 1929, 1931 a und o.J. [1931]). Welche Gründe auch immer mitwirken mochten, nach 1945 sah R. Wicke seinen theoretischen Ansatz als zu schmal an („Musikerziehung ist angesichts ihrer humanistischen und ethischen Bedeutung mehr als nur angewandte Psychologie“; Wicke, 1955).

Noch enger an das entwicklungspsychologische Theoriemodell schließt sich G. Schünemann mit seiner Musikerziehungspsychologie als theoretischer Grundlage praktischer Musikpädagogik an. Mit seinen an die entwicklungspsychologische Schule seiner Zeit, K. und Ch. Bühler, anschließenden Experimenten und deren Ergebnisordnung nach musikalischen Entwicklungsstufen versucht er, der Praxis eine theoretische Grundlegung zu schaffen (Schünemann, 1930). Er möchte, „vom Versuch ausgehend, zu einer Grundlegung der musikalischen Anlagen und Eigenschaften, der Aufnahme, Wiedergabe und Hervorbringung musikalischer Zusammenhänge gelangen“, daraus

Erkenntnis gewinnen, um „die musikalischen Äußerungen zu verstehen, sie sinnvoll aufzufassen und höheren Kategorien einzuordnen“, um schließlich „in den Gesamtkreis der Fragen vom Standpunkt des Musikerziehers einführen und der praktischen Arbeit des Schulmusikers und Privatmusiklehrers die sichere wissenschaftliche Grundlage geben zu können“ (Schünemann, 1927).

Der enge Anschluß an entwicklungspsychologische Theorie bestimmt auch theoretische Ansätze der Musikpädagogik nach 1945. G. Kubes „Kind und Musik“ belegt dies ebenso (Kube, 1958; vgl. auch Kube, 1966) wie die in ihrer Aktualität noch nicht voll erkannte Arbeit H. Papes, der die entwicklungspsychologische und gestaltpsychologische Theorie (auf deren Bedeutung für den Musikunterricht bereits R. Wicke verwies; Wicke, 1929 und o.J. [1931]) zur theoretischen Grundlegung musikalischen Anfangsunterrichts verband, sowohl mit Einzelarbeiten (Pape, 1950, 1956, 1958 und 1959 b) wie in einem Theorieentwurf mit praktischer Anwendung (Pape, 1959 a). Doch reflektiert H. Pape in seinen letzten Arbeiten zunehmend die Bedeutung der Psychologie für die Musikpädagogik. Er schränkt die Möglichkeiten der Psychologie für eine musikpädagogische Grundlegung ein, entwickelt Gedanken zu der Grundlegung einer „musikpädagogischen Psychologie“ als Sondergebiet pädagogischer Psychologie, um den Zusammenhang mit musikpädagogischer Praxis sichern zu können (Pape, 1961). In zahlreichen Arbeiten wird bis zur Gegenwart die unterrichtspraktische Anwendung von Erkenntnissen aus der psychologischen Gestalttheorie empfohlen (Wilbert, 1967).

Zur Gruppe der Leihtheorien zählen auch zahlreiche musikpädagogische Ansätze, die in der Pädagogik bzw. in den Erziehungswissenschaften beheimatet sind. Sie beginnen bereits im 19. Jahrhundert. So stellen die theoretischen Begründungen der Gesangbildungslehren im Anschluß an J.H. Pestalozzis Elementarlehre historisch gesehen den Beginn musikpädagogischer Leihtheorie aus der Pädagogik dar, die theoretische Begründung eines musikmethodischen Lehrganges für die Unterrichtspraxis aus der pädagogischen Elementartheorie (in Verquickungen mit „kunstwissenschaftlicher“ Theorie; Nägeli, 1809; Pfeiffer und Nägeli, 1810). Ein zweites Beispiel pädagogischer Leihtheorie der Musikpädagogik des 19. Jahrhunderts stellt der Transfer Herbartschen Denkens in die Musikpädagogik dar. Sein Grundgedanke, die Ableitung des Erziehungszieles aus der Ethik, doch des dazu erforderlichen Verfahrens aus der Psychologie, findet sich bei führenden Musikpädagogen des 19. Jahrhunderts, so bei L. Ramann. Oberster Zweck des Musikunterrichts ist auch in ihren Theorie-Beiträgen die Ausbildung des sittlichen Charakters mit Mitteln der Musik; das Verfahren wird aus der Psychologie der Zeit übernommen. „Erziehender Unterricht“ soll auch im Fach Musik Gefühle und Willensentscheidungen durch das Bewußtsein lenken und ordnen (Ramann, 1868 und 1898).

Ein komplizierter Ansatz ist die musische Theorie. Sie ist nicht konkret formuliert worden, ihre strengsten Anhänger haben sich im Schrifttum gegen einen solchen Versuch gewandt, ihn als dem Musischen wesensfremd angesehen (Götsch, 1953 – 1956). Doch man hat dennoch aus den Reihen der musischen Bewegung heraus versucht, sich Phänomenen des Musischen anzunähern (Haase, 1951). Und rückblickend wird man heute sagen dürfen, daß die Theorie des Musischen dem Schrifttum der Zeit immanent ist, vorsichtig herausgelöst werden kann. Vom Ausgang her ist solche musische Theorie eine pädagogische Theorie. Aus Kulturkritik wird das Ziel der Bildung des neuen Menschen, der neuen Gesittung geboren. Alle Literaten und Praktiker musischen Tuns zeigen sich als in höchstem Maße pädagogisch inspiriert und engagiert; kein Bereich menschlichen Lebens ist zu sehen, der frei blieb von musisch-pädagogischen Intentionen. Der weiterreichende reformpädagogische Zusammenhang läßt die tiefe pädagogische Verwurzelung musischen Denkens und seine Ausstrahlung in alle Lebensphasen und alle pädagogischen Bereiche erkennen (Nohl, 1970; Röhrs, 1980). Die pädagogische Theorie des Musischen gibt der Musik einen höchst wesentlichen Platz in allen Bereichen musischer Bildung. Doch: Wenn Musikpädagogik diese pädagogische Theorie des Musischen mit vorgegebenem Stellenwert der Musik zum musikpädagogisch-theoretischen Ansatz erhebt, dann wird aus der transferierten musischen Theorie eine musikpädagogische Leihtheorie. Mit der frühen Darstellung des musischen Ansatzes speziell aus musikalischer Sicht (Höckner, 1927) setzt eine Tendenz zur Hervorhebung des Musikalischen im Musischen ein. Sie verstärkt sich mit der schon aus den eigenen Reihen der Jugendbewegung her ansetzenden Kritik an Veränderungen des Musikalischen durch das Musische (Ehmann, 1950; Warner, 1954) sowie die Versuche zur Korrektur (Adorno, 1982), die Versuche zur Analyse einzelner Theoreme des Musischen unter musikalischem Aspekt (Hodek, 1977; Kolland, 1979). Doch konnte sich aus solcher Verteidigung des Musikalischen gegenüber dem Musischen bisher noch keine genuine musikpädagogische Theorie des Musischen entwickeln. Die Erschließung und Dokumentation der Quellen schreitet fort (Archiv der Jugendmusikbewegung, 1980); die Darstellung der musischen Theorie mit ihren spezifisch pädagogischen wie auch spezifisch musikpädagogischen Dimensionen ist höchst schwierig, aber möglich.

Eher noch größer sind die Probleme, die sich aus den Relationen zwischen Bildungstheorie und musikalischer Bildungstheorie ergeben. Traditionelle Bildungstheorie setzt Bildungsgüter und die bildende Wirkung dieser Bildungsgüter voraus. Musik erwies sich als willfährig: sie wurde – in Ausschnitten, über die die Diskussion niemals abriß – zum Bildungsgut. Die gegenwärtige Erziehungswissenschaft hat den von Haus aus formalen Charakter der Bildungstheorie erkannt, ihre Ausrichtung auf Verhaltensziele, und betont darum heute die Notwendigkeit der Integration geistesgeschichtlicher, formaler und sozialkritischer Positionen (Klafki, 1970). Hier wurde wohl der „bildungstheoretische“ Ansatz M. Alts gründlich mißverstanden oder überlesen; man faßte ihn objekt-theoretisch auf. M. Alts theoretischer Ansatz ist bildungstheoretischer Art; er geht vom Kunstwerk aus, das er jedoch mit der Hoffnung verbindet, über die Erfahrung des Kunstwerkes, des musikalischen Bildungsgutes, sei auch menschliche Bildung, gewünschtes Verhalten, zu vermitteln. Musikunterricht soll die als ideal empfundenen Persönlichkeitswerte schulen und entwickeln. Aber diese Hoffnung wird bei M. Alt nicht nur mit Vermittlung von Sachwissen und Hörerfahrung kombiniert (die Hoffnung auf menschliche Bildung durch Musik ist das ideale Ziel, aber nicht das Unterrichtsziel), sondern auch psychologisch-empirisch, mit Wissen über die Bedingungen vor allem der Musikrezeption, abgestützt. Wie bereits um die dreißiger Jahre bei M. Alt empirische Forschung und „geistesgeschichtliche Aufgabe“ (Alt, 1931) nebeneinander stehen, wie er in den fünfziger und sechziger Jahren stets die Zweiheit der Forschungsaufgaben sieht (Alt, 1955, 1964 und 1966), so begründet er auch sein Lehrbuch sowohl auf musikalisch-bildungstheoretischer Verpflichtung als auch auf Grundlagenwissen über die musikbezogenen Verhaltens-Voraussetzungen, die in dem Schüler gegeben sind (Alt, 1977).

Bieten bereits historische gesamttheoretische Versuche und die bisherigen Leihtheorien der Musikpädagogik eine Fülle offener Aufgaben an historisch-monographischer Forschungsarbeit, so erweitern und komplizieren sich diese Aufgaben umso mehr, wenn man sich der Gegenwart nähert. Dies erklärt sich aus der allgemeinen wissenschaftlichen Entwicklung mit ihrer zunehmenden Differenzierung in Fragen der Theoriebildung. Für musikpädagogische Theoriebildung ist die Situation besonders schwierig, weil sie in dieser Phase sich differenzierender und komplizierender Theorieauffassung zu wenig auf historische Theoriestrukturen zurückgreifen kann. Hier liegen die Ursachen eines Phänomens gegenwärtigen Theoriegebrauchs in der Musikpädagogik, das sich vielleicht am besten als Rezeption von Einzeltheoremen bezeichnen läßt. Ihre Eigenart liegt darin, daß ohne Bezug untereinander einzelne, aus verschiedenen Disziplinen stammende Theoreme von der Musikpädagogik rezipiert, mitunter sprachlich für den musikpädagogischen Bereich modifiziert und mit Argumentationen umgeben werden, die vornehmlich auf praktische, unterrichtliche Innovation zielen; Theorem und zugesetzte Praxis-Argumentation weiten sich dabei mitunter in der Art eines theoretischen Teilstückes.

Die musikpädagogische Rezeption von Einzeltheoremen reicht zurück in den Anfang des Jahrhunderts. Ein solches rezipiertes Einzeltheorem ist beispielsweise die musikalische Selbsttätigkeit oder Eigentätigkeit, übernommen aus begründeten theoretischen Ansätzen der Psychologie des Kindes sowie der pädagogischen Arbeitsschultheorie, und in der Musikpädagogik zu einem dominierenden Lehrprinzip avanciert, doch einstweilen noch nicht hinsichtlich seiner Möglichkeiten und Grenzen im Umgang mit Musik theoretisch begründet. Auch das Theorem der Gemeinschaft durch Musik, in der musischen Reform zum Ziel von Musikunterricht deklariert, in den sechziger Jahren desillusioniert und in der Gegenwart aus sozialpädagogischen Erwartungen wieder zur (praktischen) Norm erhoben, hat bereits Rezeptionsgeschichte. In der jüngeren Vergangenheit traten Theoreme wie musikalische Emanzipation, musikalische Kommunikation (auch auditive Kommunikation) oder musikalische Sozialisation vorübergehend in den Vordergrund musikpädagogischer Diskussionen. Betrachtet man die musikdidaktischen Reformen hinsichtlich ihrer theoretischen Substanzen, so darf man aussagen, daß sie sich eben jeweils auf solche Einzeltheoreme stützen, die aus verschiedenen Disziplinen oder aus der aktuellen Diskussion übernommen werden; sie bilden unterschiedlich große theoretische Höfe, werden jedoch vor allem immer rasch reformerisch in der praktischen Musikpädagogik umgesetzt. Hier verbrauchen sie sich allerdings als Lehrprinzipien mehr oder weniger rasch und finden bald ihre Ablösung in neuen Einzeltheoremen. Die Regelhaftigkeit dieses Geschehens ist die Ursache der permanenten musikdidaktischen Reformen. Daß diese wenig Fortschritt bringen, liegt in der Eigenart dieser Einzeltheoreme begründet. Sie sind weder aus spezifischen musikpädagogischen Phänomenen entwikkelt, noch sind sie in musikpädagogischem Zusammenhang erprobt und begründet – es sind übernommene Einzeltheoreme, aber keine musikpädagogischen Theorieansätze.

Die wechselvolle Gechichte des Spiels als musikalisches Lehrprinzip, beruhend auf unterschiedlichen, ja gegensätzlichen Spiel-Theoremen, gibt hier ein eindrucksvolles Beispiel ab: Die Spanne des Einsatzes von „Spiel“ in der musikalischen Lehre reicht von der Rezeption des Theorems „Musik als Spiel“ (Richter, 1975) über die Übernahmen musisch-pädagogischer Antithetik von Spiel und Arbeit, die Propagierung des Spielerischen (Seidelmann, 1965 a und b), Vorstellungen einer Symbiose von Spiel und Arbeit im Instrumentalspiel bis zu beginnendem Interesse an Spiel als „Aktivierungszirkel“ gemäß H. Heckhausens Theorieansatz (Heckhausen, 1964 und 1973). All dies Denken über Spiel in Musikästhetik, Anthropologie, Pädagogik und Psychologie wurde in bruchstückhaften Einzeltheoremen von der Musikpädagogik rezipiert und für die Praxis empfohlen, dort – wie in der musischen Phase – mitunter verabsolutiert; doch es fehlt der musikpädagogische Theorieansatz, der ausgehend von musikpädagogischen Phänomenen den Niederschlag historischer Spieltheorien in der Lehre vom Musikunterricht beschreibt, und die Eigenarten des Spiels mit ihren Konsequenzen im pädagogischen Umgang mit Musik untersucht, analysiert und schließlich theoretisch geordnet in den musikpädagogischen Zusammenhang einzubringen weiß.

In bezug auf das Theorem musikalischer Kreativität ist die Entwicklung von rezipierten Einzeltheoremen zum spezifisch musikpädagogischen Theoriekonstrukt bereits weiter fortgeschritten. S. Vollmer untersucht in ihrer Dissertation die „Rezeption des Kreativitätsbegriffs durch die Musikpädagogik", zeigt systematisch den historischen Weg der musikpädagogischen Beeinflussung durch die Kreativitätskonzepte verschiedener Disziplinen und kann damit eine musikpädagogische Theorie der Kreativität umreißen (Vollmer, 1980). Es liegen weitere Versuche vor, unter spezifisch musikpädagogischem Aspekt grundlegende Teilstücke des Fachgebietes durch thematische Einordnung vereinzelter Untersuchungsergebnisse zu erschließen, insbesondere auf dem Gebiet musikalischer Fähigkeiten (Abel-Struth, 1979 e; Shuter-Dyson, 1982), doch auch durch Textanalyse mit historischer Zuordnung und Beschreibung von Rahmenbedingungen (beispielsweise des Ziel-Komplexes; Abel-Struth, 1978 b).

Die große Gruppe der Konzepte musikalischer Unterrichtslehre, angesiedelt um die musikdidaktischen Reformen, diese auslösend, verstärkend und schließlich wieder ablösend, wird gern mit „Theorie des Musikunterrichts" gleichgesetzt. Doch diese Gruppe ist nicht den musikpädagogischen Theorieansätzen zuzuzählen. Denn hier ist ein Theoriebegriff wirksam, der sich als schlichter Gegensatz von Praxis versteht; es handelt sich dabei um „Scheintheorien", weil ihnen in der Regel keine begründeten, logisch zugeordneten Erkenntnisse zugrunde liegen; die Konzepte sind scheintheoretische Anweisung für die Unterrichtspraxis.

Insgesamt läßt der Versuch, bisherige theoretische Ansätze im Zusammenhang eines entstehenden Fachgebietes Musikpädagogik darzustellen, nur vorsichtige Aussagen zu. Ein Bestreben nach „Theorie" ist vorhanden, der verwendete oder immanente Theorie-Begriff wird jedoch wenig problematisiert, auch ein Anschluß an die gegenwärtige Theorie-Diskussion wird kaum hergestellt. Aus der Literatur ergibt sich, daß die Autoren „Theorie" in den bisherigen Ansätzen verschieden auffassen. Neben einem Begriff von musikpädagogischer Theorie für das Gesamt des Faches steht ein Theoriebegriff, der sich auf transferierte Theorien anderer Disziplinen stützt. Diese hier als Leihtheorien bezeichneten Ansätze stellen die weitaus größte Gruppe musikpädagogischer Theorieansätze. Zahlreich sind auch die ebenfalls übernommenen Einzeltheoreme, von denen sich mitunter mehrere um den gleichen Begriff gebildet haben – eine Ursache mancher Verunsicherung musikalischer Lehre. Man kann sich des Bildes nicht erwehren: Der gesamte geisteswissenschaftlich-pädagogisch-psychologische Theoriebereich diente in der bisherigen Geschichte des Faches als Steinbruch, aus dem sich Musikpädagogik für jeweils aktuelle Absichten passende Stücke rasch herausbrach, statt sich auf die mühsame Suche nach den Theorie-Adern des eigenen Fachgebietes zu begeben. Ein zusätzliches Problem der Unterrichtspraxis stellen die als Scheintheorien zu bezeichnenden Konzepte dar, die mit dem Schein von Theorie Anweisung für die Praxis geben, aber keine theoretisch stichhaltige Argumentation bieten. Doch sind in der jüngsten Vergangenheit auch erste Beiträge zu fachspezifischen Theoriekonstrukten zu erkennen.

4.4 Aufriß des theoretischen Feldes um Musik-Lernen, Musik-Lehren und Musikunterricht

Die historischen Versuche musikpädagogischer Theoriebildung in ihrer inhaltlichen und formalen Unterschiedlichkeit haben noch nicht vermocht, zentrale Fragen pädagogischen Umganges mit Musik in Wissen und Problemen differenzierend und ordnend auszubreiten. Vielmehr läßt sich nicht übersehen, daß gerade die immer neuen Leihtheoreme, das hurtige Überlaufen zu immer neuen, in anderen Bereichen entwikkelten Denkmodellen, Musikpädagogik mitunter zum ideologischen Tummelplatz wechselnder „Richtungen" werden ließen. Wir müssen heute als entscheidende Ursache der Schwierigkeiten mit der Entwicklung des Fachgebietes Musikpädagogik ansehen, daß über allen Ideen, Aufträgen und Erwartungen die sachliche Klärung und Beschreibung der im pädagogischen Umgang mit Musik konstitutiven Phänomene und Vorgänge so vernachlässigt blieben, daß die Voraussetzungen für genuine, tragfähige Theorieansätze der Musikpädagogik nicht gegeben waren. Das Fehlen musikpädagogischen Gegenstandsbewußtseins zeigt sich als Ursache auch des Mangels an Entwicklung von Denk- und Fragezentren des musikpädagogischen Bereiches, es wird zur Erklärung einer weiteren Schwäche musikpädagogischer Entwicklung: des Defizites an fachspezifischer Theoriebildung. Nur die eigenen Gegenstände eines Faches zwingen den Blick auf die fachspezifischen, offenen Fragen, ermöglichen erste Zuordnungen gewonnenen Wissens und erste Konturierung von speziellen Zusammenhängen. Die bisherigen theoretischen Versuche der Musikpädagogik zeigen sehr deutlich dieses Defizit an gegenständlicher Bezugsmöglichkeit auf; sie kompensieren es durch den Anschluß an in anderweitigen Disziplinen entwickelte Theorien, die jedoch – eben wegen des Mangels an facheigenen Gegenständen – keine fachspezifischen Theorieansätze ersetzen können.

In den nachfolgenden Kapiteln werden die Gegenstände Musik-Lernen, Musik-Lehren und Musikunterricht, einleitend entwickelt als die grundlegenden, eigenen Gegenstände der Musikpädagogik, als Ausgang theoretischer Ansätze erprobt – mit ersten, vorläufigen Beiträgen zu theoretischen Teilstücken. Am Ausgang steht der Gegenstand Musik-Lernen. Er ist von einer Fülle einzelner Phänomene umgeben, die definitorisch abzugrenzen sind, die zu beschreiben sind, die verschiedenartige methodische Untersuchungsmöglichkeiten anregen, die in ihrer historischen Dimension zu ergründen, in ihren Beziehungen untereinander zu untersuchen sind. Musik-Lernen besitzt vermittelnde Kraft zwischen praktischer und wissenschaftlicher Musikpädagogik. Doch vor allem ist Musik-Lernen als wissenschaftlicher Gegenstand zureichend wertneutral, frei von Zielen und Wertungen, offen für grundlegende Strategien zur methodischen Bewältigung seiner Fragenkomplexe. Für einen theoretischen Ansatz erweist Musik-Lernen Möglichkeiten, die Weite des den Gegenstand umgebenden Feldes nach seinen Bedingungen, dem konkreten Vollzug und den Ergebnissen zu ordnen; daraus ergibt sich für den nachfolgenden Versuch eines theoretischen Entwurfes um Musik-Lernen die Gliederung nach musikalischen Lernbedingungen, musikbezogenen Lernvorgängen und musikalischen Lernergebnissen.

Musik-Lehren, präskriptiv-literarisch gegenüber Musik-Lernen stark bevorzugt, ist durch das umso größere Forschungsdefizit – gegenwärtig – nur in wenigen Aspekten theoretisch zugänglich. In dem hier vorgelegten Ansatz wird zwischen Musik-Lehren und Musiklehrer geschieden. Musik-Lehren wird theoretisch mit Beiträgen zu den

Teilstücken der Intentionen musikalischer Lehre, der Planung musikalischer Lehre, der Prinzipien musikalischer Lehre, den Konzepten musikalischer Lehre und der Musik als Lehrstoff angelegt; jedes Teilstück offenbart eine Fülle offener monographischer Aufgaben an dem Gegenstand Musik-Lehren. Die Probleme um den Musiklehrer werden mit Beiträgen zur Berufsgeschichte, zu der Professionalisierungsproblematik sowie zu Ausbildungsgeschichte, Institutionengeschichte und Berufsfeld-Analyse in vorläufiger Weise theoretisch strukturiert.

Doch als Aschenputtel musikpädagogischer Forschung und damit der Möglichkeit von Theoriebildung gibt sich der abschließend theoretisch strukturierte Musikunterricht zu erkennen: Gerade dieser musikpädagogische Gegenstand Musikunterricht, der zugleich die zentrale Aufgabe praktischer Musikpädagogik darstellt, hat in seiner konstitutiven Wechselbeziehung aus Musik-Lernen und Musik-Lehren noch wenig Aufmerksamkeit der Wissenschaftler des Faches gefunden. In jüngster Zeit hat man aber begonnen, Musikunterricht in der Vielfalt der sich hier ergebenden Einzelgegenstände als Forschungsthema zu entdecken; um den wissenschaftlichen Gegenstand Musikunterricht beginnt sich zunehmend der spezielle Bereich musikpädagogischer Unterrichtsforschung zu entwickeln. Ein theoretischer Ansatz um Musikunterricht kann gegenwärtig bei der Beschreibung des Systems pädagogischen Umganges mit Musik und der Unterrichtsgegenstände des Faches ansetzen, die Entwicklung der Arbeitsmittel, insbesondere der Schulbücher des Faches und die Geschichte der Institutionen für Musikunterricht verfolgen, dazu die Fakten der Realsituation erheben und deren Beurteilung beschreiben. Der Musikunterricht selbst, das konkrete Geschehen, ist für musikpädagogische Theorieansätze ein Feld der offenen Aufgaben. Nach der Darlegung des hier nur aufgerissenen theoretischen Feldes um Musik-Lernen, Musik-Lehren und Musikunterricht in den nachfolgenden Kapiteln wird als Schluß die Tragfähigkeit dieses theoretischen Ansatzes und seiner vorläufigen Teilstücke zu diskutieren sein.

Die Besonderheit des hier versuchten theoretischen Ansatzes liegt in dem Ausgang von den beschriebenen eigenen Gegenständen der Musikpädagogik; denn nur ein hier ansetzender theoretischer Versuch kann der Gefahr von Einseitigkeit, Auslassung, Verfehlung der zentralen Fragestellung und Verfälschung entgehen. Theoretische Bereiche der Musik selbst können kaum stellvertretend musikpädagogische Theorie ansetzen; die spezielle Diskussion der ja auch andere Fächer betreffenden theoretischen Nähe von Sache und spezieller Pädagogik hat den grundsätzlichen Unterschied von Sach- und Lerntheorien aufgearbeitet und insbesondere aufgezeigt, daß der logische Weg zu einem System nicht mit dem genetischen Weg identisch ist (Wagenschein, 1962). Auch pädagogische Theorien können schwerlich als Stellvertreter-Theorien für Musikpädagogik fungieren. Den musikpädagogischen Theorien würde damit die Möglichkeit der originären Auseinandersetzung mit den viel umfassenderen Theorien vom Menschen in den verschiedenen mit Menschen befaßten Disziplinen genommen, zu denen Teildisziplinen der Erziehungswissenschaften ihrerseits selbst in Abhängigkeit geraten sind. Jeder einseitige Theorieanschluß bedeutet Selektion und Reduzierung der umfassenden Auseinandersetzung musikpädagogischer Theorie mit den Denkereignissen der Geschichte und ihrer Zeit. Hier liegt für musikpädagogische Theoriebildung die Bedeutung des Ausgangs von dem eigenen Gegenstandsbereich, wobei musikalisch-theoretische wie humanwissenschaftliche Erfahrungen und Erkenntnisse einbezogen werden, doch aufgewiesen nach inhaltlicher wie historischer Herkunft und mit originären Bezügen aus musikpädagogischer Fragestellung. Die

Betonung des fachspezifischen Ausgangs musikpädagogischer Theoriebildung bedeutet nicht Separierung gegenüber der theoretischen Entwicklung der Gegenwart; der Theoriekontakt zu musik- und humanwissenschaftlichen Fachgebieten ist für musikpädagogische Theoriebildung ebenso unverzichtbar wie der Zusammenhang mit der wissenschaftstheoretischen Theoriediskussion. Dies verspricht nicht nur für musikpädagogische Theoriebildung vielschichtige, anregende Differenzierung, sondern läßt musikpädagogische Erfahrungen und Erkenntnisse auch für Theorien außerhalb des musikpädagogischen Feldes interessant werden.

Angesichts der gegenwärtigen Theoriediskussion muß gerade heute ein solcher theoretischer Versuch als besonders problematisch erscheinen. Jeder theoretische Ansatz im musikpädagogischen Bereich kann gegenwärtig nicht mehr sein als eine vorläufige Strukturierung, die sich zunächst in einer ebenfalls provisorischen und offenen Weise an Binnenstrukturen, deren Konkretisierungs- und Bezugsmöglichkeiten zu erweisen hätte. Führende Lerntheoretiker der Gegenwart gehen davon aus, daß die Darstellung eines zusammenfassenden allgemeinen lerntheoretischen Systems heute noch nicht möglich sei (Hilgard und Bower, 1970); für das theoretische Umfeld von Musik-Lernen, Musik-Lehren und Musikunterricht potenziert sich die Aufgabe durch die zusätzliche Kompliziertheit des musikalischen Materials und seine in der Korrespondenz mit Lernen, Lehren und Unterricht entstehenden speziellen (kaum bekannten) Regelhaftigkeiten. Wenn daher auch der theoretische Ansatz aus Musik-Lernen, Musik-Lehren und Musikunterricht vermessen erscheint und gewiß mit eigener Skepsis, vorläufig und versuchsweise vorgenommen wird, so spricht eben doch für ihn die Chance, daß das sich hier auftuende Feld beobachtbar und beschreibbar sein kann, daß sich hier Regelhaftigkeiten abzeichnen, nach denen man methodisch forschen kann, daß von hier aus Musikpädagogik wissenschaftlich erschließbar und praktisch überschaubar werden könnte. Das theoretische Umfeld um Musik-Lernen, Musik-Lehren und Musikunterricht zeigt zumindest Chancen, theoretische Teilstücke und deren Beziehungsgefüge in offener Form anlegen zu können, mit der Suche nach den hier liegenden Regelhaftigkeiten systematisch zu beginnen und Musikpädagogik begründen zu können.

Kapitel II
Bedingungen des Musik-Lernens

1. Bedingungen musikalischen Lernens aus Grundtendenzen menschlichen Umganges mit Musik

1.1 Zur Forschungssituation

In der breiten Diskussion des Musiklebens unserer Zeit hört man Bekenntnisse zur ursprünglichen menschlichen Bedeutung der Musik, man sieht das Mitgerissenwerden von Musik, muß Musik anhören, weil andere offensichtlich ohne Musik weder Café noch Coiffeur bewältigen – und auch die Formel von der alle Menschen verbindenden Macht der Musik ziert noch manche Eröffnungsrede. Welche Kraft, welcher Trieb, welche menschliche Grundtendenz ist Musik, daß sie den Menschen so binden kann, fragt man sich. Oder vielmehr: Was ist es eigentlich im Menschen, das solche Bindung an Musik schafft? Was in uns ist es, das uns so dauerhaft und allgemein Umgang mit Musik suchen läßt?

Die weitreichende Fragestellung nach der Menschbezogenheit der Musik ist das Forschungsgebiet der Musikanthropologie. Man darf – sehr grob – zwischen ihren ethnologischen, philosophischen und ethologischen Ansätzen unterscheiden. Weit umfassend sind die Forschungsarbeiten der Musikethnologen, musikalisches Material – vor allem der Naturvolkkulturen – nach seinen Phänomenen, nach Instrumenten, Gebrauch und Funktion untersuchend. Hier, in „musikalischer Völkerkunde" als Gebiet systematischer Musikwissenschaft, liegt das bestimmende Interesse, in diesem Bereich wurde umfassend mit Musikaufzeichnungen und Filmen dokumentiert. Beginnende Ordnung und vergleichende Interpretation eröffnen einen weiten Blick in Gemeinsamkeiten und Eigenarten menschlichen Umganges mit Musik (Merriam, 1964), angestoßen von so grundlegenden Arbeiten wie R. Benedicts „Urformen der Kultur" mit ihrem Versuch, „patterns" der Kultur, ursprüngliche Einheiten aller Fragen nach dem Menschen, zu erhalten (Benedict, 1963). Von besonderem Interesse für den Musikpädagogen sind die im Rahmen musikethnologischer Forschungen beobachteten Formen allgemeiner Ausbildung und Erziehung mit Hilfe musikalischer Mittel (Ramseyer, 1970). Die philosophisch orientierte Kulturanthropologie hat ihren Schwerpunkt im deutschsprachigen Bereich, doch nur mit schmalen musikbezogenen Perspektiven (Gehlen, 1962 und 1965; Plessner, 1981). Man darf es wohl auch als symptomatisch ansehen, daß in einer jüngst erschienenen Kulturanthropologie die musikalische Fragestellung lediglich mit einem mehr instrumentenkundlichen Beitrag vertreten ist (Greither, 1973). Denn die Frage nach den Regelhaftigkeiten und Eigenarten menschlichen Umganges mit Musik steht in der philosophischen Kulturanthropologie weit hinter dem Grübeln über dem Humanum der Musik.

Man blickt darum hoffnungsvoll auf Kontakte zwischen Kulturanthropologie und Humanethologie, die Wurzeln menschlichen Verhaltens und menschliche Evolution, auch unter Einbeziehung psychologischer Methoden, zu klären versuchen (Schmidtbauer, 1974). In solchen Zusammenhängen steht auch der jüngste Ansatz musikanthropologischer Arbeit, der, im Anschluß vor allem an O. Koenigs Konzept eines Zusammenhanges von „Kultur und Verhaltensforschung" (Koenig, 1970), der Musik als wesentlichem Reagens menschlicher Selbstverwirklichung nachspürt, Fragen aufwirft nach den Gründen der Notwendigkeit des Verbundenseins von Mensch und Musik, Gesellschaft und Musik, nach der Berechtigung der tradierten Meinung, daß der Mensch Musik „brauche“, fragt (Suppan, 1984). Aus solchen verbindenden Ansätzen in Kulturanthropologie und musikalischer Verhaltensforschung kann Musikanthropologie i.e.S. entstehen, langsam Grundtendenzen menschlichen Umganges mit Musik nachzeichnend.

Unter den Bindestrich-Anthropologien interessiert den Musikpädagogen auch die pädagogische Anthropologie, die sich einerseits vor allem im Gefolge philosophischer Pädagogik bewegt, doch andererseits, vor allem seit H. Roth, eine „empirische Wendung“ zumindest versucht (Roth, 1965 a, 1976 und 1980). Die anthropologische Dimension der Pädagogik eröffnet sich sogleich bei historischer Betrachtung; das jeder Pädagogik immanente Nachdenken über den Menschen enthält die Frage nach dem Bild vom Menschen in den verschiedenen Epochen und ihren pädagogischen Strömungen, die Frage, in welcher Gestalt Erziehung in den einzelnen Phänomenen menschlichen Lebens zum Vorschein komme und wie, umgekehrt, Erziehung die verschiedenen menschlichen Phänomene bedinge (Loch, 1963), kreist um die Fragen, was am Menschen Phänomen der Erziehung ist und wie andererseits der Mensch unter Erziehungseinwirkung Mensch wird (Dienelt, 1966; Rombach, 1969). H. Roth hat gute Gründe für die Bedeutung einer pädagogischen Anthropologie angeführt. Sie solle nämlich, im Gegensatz zu einer „bloßen Adaptation der Pädagogik an Zeitfragen“, sicherstellen, daß der Mensch im Mittelpunkt bleibe, “im Sinne einer Realanthropologie, die die Abgründe und Untiefen des Menschen nicht umgeht und beschönigt, sondern durchforscht und durchdenkt, und im Sinne einer Idealanthropologie, die ebenso um die Fragwürdigkeit wie um die Unentbehrlichkeit von Normen für menschliches Verhalten weiß . . .“ (Roth, 1965 a). Auch M.J. Langeveld bringt einen als wesentlich erachteten Gedanken in die anthropologische Diskussion der Pädagogen ein, wenn er in dem homo educandus – eben aus anthropologischer Sicht – mehr sieht als Ergebnis von leiblich-organischem Reifungsprozeß und psychisch-funktionierendem Strukturierungsvorgang, nämlich den frei entscheidenden und im Rahmen geschichtlicher Normen wertenden Menschen (Langeveld, 1956). Als zentrale Dimension pädagogischer Anthropologie wird man den Konsensus betreffs einer dem Menschen zugehörigen Erziehungsbedürftigkeit ansehen dürfen. Solche Lern- und Erziehungsbedürftigkeit des Menschen beginnt im biologisch-physischen Bereich und reicht in den Aufbau menschlichen Sozialverhaltens wie seines gesamten kulturellen Lebens bis zum Verstehen von Kultur.

1.2 Äußerungsformen menschlicher Bezogenheit zu Musik

Die musikethnologische Forschung hat nicht nur eine Fülle unterschiedlicher Umgangsweisen des Menschen mit Musik aufgezeigt und dargestellt; in der Literatur gibt es auch Ansätze zur Strukturierung dieser menschlichen Umgangsweisen mit Musik, die Herausarbeitung von offensichtlich durchgängigen Äußerungsformen menschlicher Bezogenheit zu Musik, die zudem Gemeinsamkeiten von musikalischen Äußerungsformen in einfachen Volkskulturen und musikalischen Äußerungsformen der gegenwärtigen Industrienationen erkennen lassen. Gerade diese durchgängigen Äußerungsformen menschlicher Bezogenheit zu Musik beanspruchen das musikpädagogische Interesse, weil sie als ursprüngliche, verbreitete und tradierte Äußerungsformen menschlichen Umganges mit Musik auf tiefreichende affektive Wirksamkeiten im Umgang mit Musik schließen lassen, die musikalisches Verhalten in spezifischer Weise determinieren und damit auch Bedingung musikalischen Lernens bedeuten (Suppan, 1984).

Als eine dieser Strukturen erscheint Musik als Kontakt. Dies ist eine offensichtlich stammesgeschichtlich sehr weit zurückführende Struktur menschlichen Umganges mit Musik, bis in die Gegenwart reichend. In der anthropologischen Literatur findet man zahlreiche Hinweise auf das Alter von Kontaktrufen. R. Bilz führt in seinen palaeoanthropologischen Studien die Entstehung von Kontaktrufen auf die Notwendigkeit alter Sammler-Sozietäten zurück, durch lautlichen Kontakt das Zusammenbleiben der Gruppe zu sichern; er nimmt schon für früheste Kulturen solche akustischen Kontaktrufe sowohl vokal als auch instrumental an. Daß im Kinderspiel so häufig vom Verlieren gehandelt wird (vgl. alle Blindekuh-Spiele), wird von R. Bilz als Effigial-Prinzip aufgefaßt: Im Spiel wird die vermeintliche Katastrophe, das Verlieren, dargestellt und dadurch zugleich überwunden (Bilz, 1971). Auch bei G. Révész findet sich eine Theorie über die Entstehung der Musik aus Kontaktbedürfnis (Révész, 1982). In die gleiche Richtung weist A. Greithers Erklärung der Entstehung der Musikinstrumente aus dem Bedürfnis nach besonderen akustischen Hilfen zur Verstärkung der menschlichen Stimme, insbesondere zur Erweiterung der Reichweite der menschlichen Stimme (Greither, 1973). Innerhalb des weiten, ungeklärten Bereiches musikalischen Verhaltens erscheint Musik bis heute als ein Kontaktmedium offensichtlich besonders hohen Ranges. Im gemeinsamen Singen scheint eine solche emotionale, angstlösende Wirkung zu liegen; sie ist wohl eine Ursache der Wünsche, musikalische Gemeinsamkeit herzustellen. Tendenzen in unserer Kultur, Hemmungen gegenüber einem entpersönlichenden Aufgehen in musikalischem Gruppenleben zu entwickeln, lassen sich offensichtlich durch allgemeine festliche Stimmung oder auch durch Alkohol leicht abbauen (Klusen, 1969). Dem entspricht auch F. Klausmeiers Beobachtung, daß Jugendliche mit Tendenz zu stärkerer Individualisierung mehr Neigung zeigen, sich aus singenden Gemeinschaften zurückzuziehen, als die übrigen Jugendlichen (Klausmeier, 1978). Die gegenwärtig so zunehmende Neigung der Jugendlichen zum Musizieren in Gruppen läßt sich auf unterschiedliche Weise interpretieren; sie kann Reaktion sein auf eine fremdgebliebene Kunstwerk-Zuwendung (als Wiederholung der Sozialität musikalischer Jugendbewegung in Reaktion auf das individualisierende Musikverhalten des 19. Jahrhunderts), sie kann aber auch Regression sein, ein Rückwenden zu ursprünglichen Bedürfnissen musikalischen Kontaktes. Vor allem blieb jedoch die alte Struktur der Musik als eines akustischen Kontaktmittels in unserem heutigen System akustischer Signale bewahrt. Auch die ursprüngliche Bedeutung des Signals als Warnung ist vielfach erhalten geblieben, im Nebelhorn, in Schiffssirenen und Feuersirenen. Daß auch der heutige Mensch akustische Signale als Warnlaute auffaßt, zeigen prompte Reaktionen auf Warnrufe mit Zusammenzucken. Doch haben wir heute akustische Signale häufiger im Sinne nonverbaler Kurzmitteilungen als im Sinne von Warnungen. Solche verbalen akustischen Kurzmitteilungen sind die Sendezeichen von Rundfunksendern, sind auch die Signalisierungen der Werbemusik. Doch gerade hier wird deutlich: Signalerwartungen sind bei uns vorprogrammiert, die Werbung kennt ihre Wirkungen und rechnet mit unserer Rezeptionsfähigkeit für Signale.

Die stammesgeschichtlich alte Struktur der Musik als Kontakt, mit dem akustischen Signal wohl am weitesten in die Vergangenheit zurückreichend und zugleich bis in die Gegenwart führend, äußert sich heute auch in manchen verdeckten Formen. Musikalische Kontaktbedürfnisse des Menschen zeigen sich heute noch recht unverblümt im musikalischen Vereinswesen; doch steckt offensichtlich auch in dem Bedürfnis nach stundenlanger akustischer Berieselung über die musiktechnischen Medien manches mit musikalischen Mitteln zu befriedigende Kontaktbedürfnis des Menschen. Das gerade bei Jugendlichen so verbreitete Bedürfnis, ständig über die Medien Musik hören zu können, ist durch die alte Komponente des Kontaktbedürfnisses auf akustischem Wege besonders stark im menschlichen Verhalten verankert. Die Einsamkeitsempfindungen, durch Mechanisierung und Rationalisierung in der gegenwärtigen Gesellschaft in besonders hohem Maße ausgeprägt, potenzieren die alten akustischen Kontaktbedürfnisse. Daß der Musikkonsum gerade bei Jugendlichen bis zur Sucht reicht, mag sich auch daraus erklären, daß Musikkonsum über Medien letztlich niemals echter akustischer Kontakt ist, sondern lediglich den Schein des Kontaktes herzustellen vermag. Das Bedürfnis, diesen musikalischen Konsum an Stars anzubinden, erklärt sich damit als ein Bedürfnis nach direktem, persönlichem Kontakt auf dem Weg über musiktechnische Medien.

Eine stammesgeschichtlich ebenfalls sehr alte Mensch-Musik-Beziehung stellt die Arbeitsmusik dar, von der Musik-Ethnologie und -Anthropologie in ihrer weiten Verbreitung in allen Naturvolkkulturen sowie in ihrer Eigenart als Gebrauchswert von Musik, unabhängig von wertästhetischen Qualitäten funktionierend, dargestellt. Im Vordergrund steht die arbeitsfördernde Wirkung von Musik, vor allem durch ihre rhythmisch-reglementierende Kraft. Über die vielfachen und vielfältigen rhythmischen Koordinationen von Arbeitsvorgängen gibt es zahlreiche gesammelte Materialien (Bücher, 1924). Die weite Verbreitung dieses Prinzips der Musik als Arbeit rhythmisch ordnende Kraft in Naturvolkkulturen beschreibt auch U. Ramseyer (1970). Musikethnologische Filmmaterialien belegen jedoch, daß Musik während der Arbeit auch ohne rhythmische Bezüge erklingt; Musik hält hier in psychologisch-magischem Sinne zur Arbeit an. Hier werden suggestive Kräfte der Musik in ihrer arbeitsfördernden Wirkung genutzt. Eine suggestiv-unterhaltende Modifikation solcher Koordinationen von Musik und Arbeit haben wir gegenwärtig in musikalischen Lautsprecherübertragungen, die zur Arbeit animieren sollen; spezielle Musikproduktionen, die über Telefonleitungen in Arbeitsräume gespielt werden, sollen stimulierend auf die Arbeitenden einwirken. Über der sozialen Problematik dieses Verfahrens ist die Erinnerung an alte stammesgeschichtliche Funktionen der Musik, ihre rhythmisch aktivierende Bedeutung für den Menschen, in den Hintergrund getreten.

Eine ebenfalls alte Struktur menschlichen Umganges mit Musik, zurückreichend in animalische Systeme, ist die Struktur, die man zusammenfassend mit Musik als erotische Lockung bezeichnen kann. Diese Thematik ist von zentralem Interesse hinsichtlich des gegenwärtigen Musikverhaltens gerade der Jugendlichen; auf den Zusammenhang verweisen vor allem die durch Popsänger ekstatisierten jungen Mädchen, auch die körperliche Bewegungsweise der Popmusik-Spieler und die physische Wirkung von Beatrhythmen. Auch andere Jugendgenerationen haben die Musik in erotischem Sinne eingesetzt und verstanden. Die klavierspielende höhere Tochter mag die „Elise“ in sich zwar sublimiert oder auch verdeckt haben, auch die Jugendbewegten der zwanziger Jahre unseres Jahrhunderts mögen mit alten Volksliedern wie „Kum, kum, Geselle min“ einen Versuch zur Neutralisierung von Erotik mit musikalischen Mitteln unternommen haben. Im musikalischen Verhalten der Jugendlichen von heute tritt die Struktur der Musik als erotische Lockung unverstellter zu Tage. Auch der gegenwärtige Starkult enthält, über musikalisches Kontaktbedürfnis hinausgehend, erotische

Komponenten; der Star wird zum Stellvertreter des eigentlichen Werbers, er wird aus einer ebenfalls stellvertretenden erotischen Hoffnung heraus angehimmelt. Die alte Struktur der Musik als erotische Lockung wirkt stark in das gegenwärtige musikalische Verhalten der Jugendlichen ein; erotische Wirkung von Musik stärkt zusätzlich die stilistische musikalische Fixierung von Jugendlichen.

Auch die alte stammesgeschichtliche Struktur der Musik als Medium von Magie und Kult läßt sich in heutigen Äußerungsformen menschlichen Musikverhaltens wiedererkennen. Es geht nicht nur um das alte Bannen von Unheil durch Geräusche, das – bei längst vergessenem Ursprung – im Lärm der Silvesternacht fortbesteht, dort auch längst schon durch das Vergnügen an Lärm und Spektakel abgelöst wurde. Ein Zusammenhang ist eher zu erkennen, wenn man den Sinn aller kultischen Musik, durch musikalische Mittel mit außermenschlichen Kräften in Verbindung zu treten, in den Blick nimmt. Musik ist ein Medium zur Verständigung mit anderen Welten, Musik soll zu Hilfe und Heil im weitesten Sinne verhelfen. Musik kann das Persönlichkeitsbewußtsein reduzieren, kann zum Zustand der Trance hinführen, aus der Gebundenheit alltäglicher menschlicher Situation befreien und andere Welten erkennen lassen. Was bei Riten aller Art in Naturvolkkulturen erkennbar ist, was mit dem Tanz auch in unsere Gesellschaft hineinreicht, was die Neigung zu Drogen erkennen läßt, zu Narkotika und Rausch, all dies belegt eine ursprüngliche menschliche Struktur, mit Hilfe auch von Musik Probleme abzudrängen, das Lebensgefühl zu steigern und andere erlösende Welten zu betreten. Musik eröffnet den Weg oder begleitet auf dem Weg in Bereiche gesteigerten Lebensgefühls – eine tiefreichende Wurzel des musikalischen Verhaltens gerade der Jugendlichen, die sich an Musik, wenn auch in der Regel nicht allein an ihr, zu berauschen vermögen.

Man kann in der menschlichen Stammesgeschichte eine ganze Reihe von Gründen dafür finden, warum der Mensch sich musikalisch äußert: Musik aus Kontaktbedürfnis, Musik als erotische Lockung, Musik als Medium von Magie und Kult – all dies erklärt, warum im Menschen von Haus aus offensichtlich ein Bestreben nach musikalischer Äußerung liegt. Doch erschöpfen sich mit solchen Zwecken die menschlichen Bedürfnisse nach Musik? E. Klusen hat in einer anthropologischen Grundlegung des Singens versucht, menschliches Singen als ein Bedürfnis des Menschen sich zu äußern, sich auszudrücken, zu erklären; der Mensch habe dieses Bedürfnis nach singendem Ausdruck, weil er durch einen solchen Akt der Selbstäußerung ein Hochgefühl seiner Existenz erlebe, eine Welt um sich schaffe, die ihm durch ihre Existenz ständig beweise, daß er, der Mensch, Träger schöpferischen Willens sei. Singen wird hier nicht nur als musikalischer Kontakt mit dem anderen Menschen, sondern auch als Ruf des Menschen an sich selbst verstanden, als das Erlebnis des Menschen, seine Eingeschränktheit, seine Vergänglichkeit zu überwinden; das Lied wird aus solcher Sicht zum Ergebnis menschlichen musikalischen Ausdruckswunsches (Klusen, 1969). Die so verstandene musikalische Selbstäußerung schafft die Brücke zur musiktherapeutischen Intention: „Wenn er singt und tanzt, entdeckt der Mensch in sich selbst ein alldurchdringendes Element, dessen steigernde, befreiende oder heilende Kraft ihm im Alltag unbekannt ist" (Schneider, 1954 ff.).

Voller Fragen steckt das Problem der Musik als ästhetisches Bedürfnis des Menschen in anthropologischer Sicht. Dieses ästhetische musikalische Bedürfnis des Menschen ist vorhanden, es bestätigt sich in der Tatsache, daß auch Musik immer kunstvoller entwickelt wurde als es für ihre ursprünglichen Zwecke notwendig wäre. In der Kulturanthropologie wird dieses Phänomen als „künstlerischer Überschuß" (Narr, 1973) bezeichnet. Schon frühe Bildwerke zeigen Gestaltungsphänomene, die nicht nur aus kultischen oder magischen Zwecken zu erklären sind, die vielmehr künstlerischen Überschuß beweisen, nämlich Freude am künstlerischen Gestalten und an der Befriedigung ästhetischer Bedürfnisse. Eben dies spricht dafür, daß im Menschen von Haus aus auch ein künstlerischer Gestaltungswille vorhanden ist, der auf Befriedigung drängt und auf Stilisierung zielt. In diesem künstlerischen Gestaltungswillen wirkt offensichtlich auch ein frühes Bestreben nach künstlerisch Neuem, Unverbrauchtem mit, ein Bestreben, die künstlerischen Möglichkeiten ständig zu erweitern, dem aber auch ein Bestreben des Festhaltens am Vorhandenen entgegensteht. In dieser Polarität liegt wahrscheinlich ein Regulativ der ästhetischen Weiterentwicklung, der ständigen Verfeinerung der ursprünglich im Menschen liegenden Bedürfnisse nach Ausschmückung. In den verschiedenen Jugendgenerationen ist offensichtlich – unter welchen Einflüssen auch immer – das Bedürfnis nach Weiterführung der ästhetischen Verfeinerung und nach Regression, nach Rückwendung zu elementaren Formen, außerordentlich unterschiedlich ausgeprägt.

1.3 Zur Korrespondenz musikalischer Grundtendenzen des Menschen und musikalischen Lernens

So wenig es bisher geschehen ist, so grundlegend ist es doch für musikpädagogisches Denken und Handeln, Grundtendenzen menschlichen Umganges mit Musik als Bedingungsfaktoren einzubeziehen und einzukalkulieren. Gerade wenn mit dem Ausgang von musikalischem Lernen die im Menschen sich vollziehenden Vorgänge in der lernenden Begegnung mit Musik befragt und deren Bedingungen beobachtet werden, dann hat wohl die Frage nach solchen Bedingungen musikalischen Lernens, die in Grundtendenzen menschlichen Umganges mit Musik liegen, besondere Bedeutung – oder doch wenigstens Aufmerksamkeit, Wünsche nach mehr Einsicht in diesen Bereich zu beanspruchen. Für die Musikpädagogik sind die Grundtendenzen menschlichen Umganges mit Musik wichtig, weil sie bedingend auf musikalisches Lernen einwirken.

Ein Blick auf Äußerungsformen menschlicher Bezogenheit zu Musik zeigt, daß in ihnen musikalische Grundtendenzen von teilweise hohem stammesgeschichtlichen Alter liegen. Hierhin gehören die alten Kontakt- und Verständigungshilfen mit akustischen Mitteln, gehören Ausdrucks- und Überhöhungsbedürfnisse mit Stimme und Instrument, gehört auch der Einsatz der Musik als Stimulans wie als Mittel erotischer Annäherung. Man wird zu bedenken haben, daß diese stammesgeschichtlich alten Bezüge des Menschen zu Musik in ihrem weitesten Sinne wohl besonders tief und fest im Menschen verwurzelt sind, in musikalischem Verhalten latent und leicht aktivierbar gegeben sind, und darum eben in allen musikalischen Lernvorgängen in einer noch kaum bekannten Weise und wohl auch graduell unterschiedlich mitwirken. Daß es auch musikbezogene Grundtendenzen gibt wie etwa ein Bedürfnis nach musikalischer Ausschmückung, nach Stilisierung und Verfeinerung, die stammesgeschichtlich gesehen jünger sind, könnte erklären – was musikpädagogisch höchst relevant wäre –, daß manche Grundtendenzen labil sind und leicht von anderen, stabileren dominiert werden.

Am Beispiel des Singens und des Hörens ist zu erörtern, welche Modifikationen musikpädagogischen Denkens sich durch musikanthropologische Aspekte ergeben können. Wie in der Vergangenheit Singen Akzente aus einem Modell erzieherischen Gemeinschaftsdenkens erhielt, läßt sich gegenwärtig – auch angestoßen durch psychoanalytische Deutungen (Klausmeier, 1978) – die Akzentuierung einer Singvorstellung beobachten, für die der Ausdruck durch die Stimme bestimmend ist, und zwar nicht der musikalische Ausdruck, sondern das sich Ausdrücken des einzelnen Menschen selbst durch seine Stimme. Ein therapeutischer Effekt dient als Begründung: Sich mittels der Stimme Ausdruck geben können, baut innerpsychische Spannungen ab und gibt Lust durch das Erlebnis des Ausdrucks freudiger oder trauriger Gefühle. Durch psychische Mechanismen verschiedener Art hat sich gegenwärtig in der Jugendgeneration dazu ein Stimmideal entwickelt, demgemäß die Singstimme alltäglich sein soll, nicht der ausgebildeten Singstimme entsprechend. Dieses Stimmideal, unterstützt durch Implikate vokaler Aggression und musiktechnischer Verstärkermöglichkeiten, läßt manchen Auftrag und Wunsch des Musiklehrers, Stimmbildung im Musikunterricht einzubeziehen, scheitern. Doch musikanthropologische Sichtweise kennt auch die im Menschen liegenden Bedürfnisse nach ästhetischer Verfeinerung und bringt die Fragestellung ein, ob die jüngere musikalische Grundtendenz zunehmender Differenzierung von tiefer verankerten, elementaren Ausdrucksbedürfnissen regressiv unterdrückt wird, durch entsprechende Lehre aber auch zu verstärken wäre.

Das Hören des Menschen ist aus anthropologischer Sicht zunächst eine Fähigkeit, die (nicht nur) der Mensch zum Überleben benötigte. Das Hörorgan hat sich für die Rezeption von Schall entwickelt, als Voraussetzung für Kontakt wie vor allem auch für rasche Flucht. Die menschlichen Hörorgane mußten sich an wechselnde Milieus anpassen; besser hören können war die günstigere menschliche Verhaltensweise, ein Instrument sozial-kultureller Auslese (Portmann, 1970). Bis zu welcher Schärfe sich das menschliche Gehör entwickelte, zeigen eindrucksvoll vor allem die Leistungsmessungen auf dem Gebiet der Tonhöhenunterscheidung. Doch führt diese Entwicklung weiter oder läuft sie zurück? Wenn A. Portmann von dem Verfall des Sehens spricht, drängen sich – vielleicht zu kulturpessimistisch? – Vergleiche mit Veränderungen menschlicher Hörfähigkeit auf. Die Veränderungen des Hörens rühren daher, daß die Elementarbedürfnisse des Hörens durch das Überangebot an Hörbarem längst übersättigt sind, und daß Hören zwar durchaus sozialer Anpassungsmechanismus geblieben ist, aber nicht im Sinne scharfer Unterscheidung des lautlichen Vorganges als vielmehr für den Zweck der Sinnerfassung übermittelter Information. Aus solcher Sicht könnte tatsächlich das sensible Rezipieren von Hörbarem einen Bedeutungsverlust erleiden, während in der Riesenfülle des Hörangebotes nur das durchdringt, was die stärksten Reize bietet oder auf die raffinierteste popular-demagogische Weise Information gibt. Je mehr Musik zu hören ist und je stärker ihre Reizhaftigkeit wird, desto weniger wird musikalische Hörsensibilität benötigt und geübt. Wie beim Singen ist die Frage zu stellen, ob auch im Hören elementare Reaktionen wieder aufbrechen, weil die entwickelteren Formen einer musikalischen Hörfähigkeit nicht angesprochen werden. Jeder weiß um die Vagheit solcher Überlegungen, aber jeder Musiklehrer sucht auch nach Erklärungen für das musikalische Hörverhalten seiner Schüler.

Solche Vagheiten der Korrespondenz musikalischer Grundtendenzen des Menschen und musikalischen Lernens verweisen den gesamten Ansatz in den vorwissenschaftlichen Bereich. Aber dies mindert nicht die Bedeutung des Aspektes an sich; sie liegt zumindest darin, daß die Notwendigkeit der Berücksichtigung menschlicher Grundtendenzen im Umgang mit Musik relativierend auf Denkkanalisierungen durch das methodisch Mögliche und darum wissenschaftlich befriedigend Erscheinende einwirkt, und musikpädagogisches Denken Relikte elementarer Mensch-Musik-Beziehungen als Bedingung musikalischer Lernvorgänge zu erkennen beginnt. Denn alle Fragen menschlich-musikalischer Bedingtheit wurden in der Musikpädagogik bisher in einem eher metahypothetischen Sinne beantwortet und festgelegt auf die grundsätzliche Feststellung, daß Musik ein Humanum sei bzw. dazu beitrage, menschliche Entwicklung und Erziehung zu einem Humanum zu führen. Ein so verstandenes musikalisches Humanum entspringt mehr idealer Zielsetzung als realer Kenntnis menschlichen Verhaltens. Was H. Roth für die pädagogische Anthropologie sagt, trifft voll auf den musikpädagogisch-anthropologischen Ansatz zu: Daß „die ganze Person" Gegenstand der Forschung ist, und jene „Verkürzung des Menschen" aufzuheben sei, „deren sich die idealistische Philosophie und Pädagogik mehr als die Theologie schuldig gemacht haben" (Roth, 1965 a).

Umgekehrt ist aber auch mit Vorsicht zu betrachten, wenn musikanthropologische Einsicht unversehens in musikpädagogischen Rat umschlägt. Im Rahmen musikalischer Verhaltensforschung läßt sich wohl beobachten, daß „das Musikverständnis in den westeuropäischen Industriekulturen" Wandlungen unterworfen ist, daß Musizieren „immer weniger als reine Bildungsaufgabe, als prestigemehrendes Gesellschaftsspiel elitärer Klassen" betrachtet, sondern „in die allgemeinen Aufgaben menschlichen Zusammenlebens" integriert wird. Man kann auch bedenken, ob die musikalischen Verhaltensweisen der gegenwärtigen Jugendgeneration, die zunächst als Subkultur erschienen, nicht in Wirklichkeit „primäre/naturvölkische Verhaltensweisen" sind, „die unter der Kruste von Tradition und Erziehung bewahrt blieben und nun hervorbrechen" (Suppan, 1975). Doch nun, wie vorher Pädagogik, historische Musikwissenschaft, Entwicklungspsychologie, Sozialwissenschaften, die Musikpädagogik mit erhobenem Zeigefinger zu ermahnen, daß sie an solcher Realität nicht vorübergehen dürfe, wenn sie weiterhin ernstgenommen werden wolle, ist wohl nicht angebracht.

Die musikpädagogische Aufgabe liegt vielmehr im Abwägen konkurrierender Prinzipien. Die Erziehungsbedürftigkeit des Menschen gilt auch für den Aufbau seines Musikverstehens. Der einzelne Musiklehrer steht in der Spannung zwischen den zum Menschen gehörenden primär-elementaren, unter der Schwelle musikalischen Bewußtseins schlummernden Verhaltenskomponenten mit ihren in Erscheinung tretenden Verhaltenskonsequenzen und den, ebenfalls zum Menschen gehörenden, doch wohl jüngeren und darum labileren Wünschen nach Stilisierung, Verfeinerung, Differenzierung auch im musikalischen Bereich. Der einzelne Musiklehrer steckt im Musikunterricht zwischen Elementarität mit Bedürfnissen musikalischer Regression und der Weiterführung „musikalischer Ausschmückung". Die gegenwärtige Gesellschaft neigt unter dem adaptiven Drängen der Musikindustrie dazu, sich immer mehr auf Musikkonsum mit regressiven Zügen einzulassen, unter Einschluß einiger musiktherapeutischer Hoffnungen. Die Korrespondenz der Musikpädagogik mit der Musikanthropologie könnte – über die Formel musikalischer Humanität hinausgehend – den Blick schärfen für die unterschiedlichen Grundtendenzen im musikalischen Verhalten des Menschen, aus der Kenntnis der Natur des Menschen und seines Wesens auch seine musikalische Eigenart besser verstehend und diese als Bedingung musikalischen Lernens eindenkend. Das Interesse der Musikpädagogik an den anthropologischen Bedingungen musikalischen Lernens ist in Bewegung gekommen (Schneider, 1981; Suppan, 1984).

2. Die sog. musikalische Begabung als Bedingung musikalischen Lernens

2.1 Das Begriffsfeld

Wir sprechen viel über Musikalisch-Sein oder Unmusikalisch-Sein, von hoher musikalischer Begabung oder musikalischem Talent. Von sich selbst bekennen manche Menschen bereitwillig – und ihres darüber ungeschmälerten sozialen Prestiges sicher –, daß sie völlig unmusikalisch seien. Doch sie bewundern das musikalisch begabte Kind ihres Kollegen und räumen dem berühmten Künstler, dem musikalisch Hochbegabten, einen hohen Rang ein. Dieser umgangssprachliche Gebrauch und die hinter ihm stehende Denkweise spiegeln zurück, daß die unterschiedlichen Bezeichnungen letztlich die Menschen in musikalischer Hinsicht in Gruppen einteilen, nämlich die Musikalischen und die Unmusikalischen; dazu wird den künstlerischen Hochbegabungen ein Sonderstatus eingeräumt. Auch wird offenkundig, daß unmusikalisch sein kein Übel bedeutet; man kann ja schließlich nichts dazu. Ein bißchen Koketterie mag bei solchem Bekenntnis, das einen ja umso deutlicher im Lager ernsthafter Aufgaben zeigt, wohl auch gelegentlich mitspielen.

Dieser umgangssprachliche Gebrauch von Bezeichnungen im Zusammenhang musikalischer Begabung ist auch im fachlichen Sprachgebrauch und bei den Versuchen ihrer begrifflichen Bestimmung noch erkennbar. In der frühen Zeit musikalischer Begabungsforschung steht zunächst mit dem als vorrangig angesehenen Problem der Vererbung die Bezeichnung musikalische Veranlagung im Vordergrund (Feis, 1910), auch wechselnd mit der Bezeichnung musikalische Beanlagung (Haecker und Ziehen, 1922). Eine Unterscheidung zwischen „musikalischer Begabung" und „Musikalität" hat G. Révész vorgenommen, der unter „musikalischer Begabung" die hohe Leistungsfähigkeit auf einzelnen oder mehreren Gebieten der Musik, mit der Produktivität (in ihrem weitesten Sinne als jede Art schöpferischer Tätigkeit) als der bestimmenden Äußerung, meint, während für seinen Begriff der Musikalität charakteristisch ist, daß sie eben nicht allein auf Grund musikalischer Leistungen bestimmt werden kann, sondern aus Verhalten bei musikalischen Erlebnissen und bei musikalischer Betätigung; hier wird insbesondere die Fähigkeit genannt, Musik ästhetisch zu genießen. Für die „musikalische Begabung" sieht G. Révész allein die musikalische Leistung – und zwar die überragende – als bestimmend an, während sich „Musikalität" sowohl aus musikalischer Leistung wie musikalischem Verhalten erklärt (Révész, 1920). Diese Unterscheidung differenziert er ein Vierteljahrhundert später; „musikalische Begabung" wird nun gegen „musikalische Anlage" bzw. „Disposition" abgegrenzt. „Anlagen", hier noch mit „Disposition" gleichgesetzt, sind angeborene potentielle Kräfte, die sich unter Mitwirkung von Umgebung und Unterricht als Fähigkeiten aktualisieren. Während die „musikalische Anlage" also musikalische Leistungsbereitschaft bedeutet, sind unter „musikalischer Begabung" „ausgereifte, übernormale Leistungsfähigkeiten" zu verstehen. Die „Musikalität" wird gegenüber der „musikalischen Begabung" nun in vorläufigem Sinne definiert als „das Bedürfnis und die Fähigkeiten . . ., die autonomen Wirkungen der Musik zu erleben und die musikalischen Äußerungen auf ihren ästhetischen Wert (Gehalt) hin zu beurteilen" (Révész, 1982). Definitionen wie diese sind geeignet, die subjektive Wertung des einzelnen

Forschers bei seiner Bestimmung der Begriffe musikalische Begabung und Musikalität bewußt zu halten.

In der Literatur begegnet auch gelegentlich die Bezeichnung musikalisches Talent. W. Stern führt die Bezeichnung Talent im Sinne einer inhaltlich begrenzten Fähigkeit ein (Stern, 1916); von G. Révész wird sie für den Bereich der musikalischen Begabung demgemäß eingeschränkt auf eine Fähigkeit, „die in einem begrenzten Gebiet der menschlichen Tätigkeit den Durchschnitt weit übertreffende Leistungen hervorzubringen vermag" (Révész, 1952). Schließlich sei auf die dominierende Bezeichnung in der englischsprachigen Literatur, die musikalische Befähigung bzw. die musikalischen Fähigkeiten, verwiesen („musical ability" bzw. „musical abilities"). Die in der deutschen Literatur so dringlich scheinende Unterscheidung zwischen der (hohen) „musikalischen Begabung" und einer (breit) vertretenen „Musikalität" wird hier mit einem gemeinsamen, umgreifenden Begriff gefaßt. Dieser Begriff der musikalischen Befähigung korrespondiert mit einem Begriff, den H.D. Wing als „general factor of musicality" bezeichnet (Wing, 1961), und der in R. Shuters theoretischem Ansatz als „general musical ability" den „specific capacities" gegenübergestellt wird (Shuter, 1968). Der Begriff meint die ganz normale, allgemeine Befähigung zur Musik, die etwa wie die sprachliche Befähigung oder die Befähigung zu Bewegung in der Regel jedem Menschen gegeben ist, so unterschiedlich auch immer die vielfältigen Möglichkeiten in dem einzelnen Individuum sich verbunden haben mögen, und so graduell unterschiedlich auch immer — wie das genauso bei der sprachlichen Befähigung ist — sich diese allgemeine musikalische Befähigung in dem einzelnen Individuum darstellt.

2.2 Zum Begriff der musikalischen Begabung

Das allgemeine Verständnis von musikalischer Begabung entspricht dem breiteren Verständnis von Begabung insgesamt, für das drei Kriterien herangezogen werden: die Höchstleistung, die Frühleistung und die rasche Leistung (Ewert, 1970). Auch in bezug auf die musikalische Begabung gilt die Meinung, daß man sie an der musikalischen Höchstleistung, der besonders hohen Leistung etwa auf dem Gebiet des Singens oder Klavierspielens, erkennen könne. Ebenso wird stets auch die besonders frühe Leistung im musikalischen Bereich als Kennzeichen musikalischer Begabung bewertet. Wer im Vergleich zum Altersdurchschnitt entscheidend früher Musikwerke bestimmter Schwierigkeitsgrade interpretieren kann, auch wer schon früh rein singen kann, gilt als musikalisch; bei besonders hervorragenden frühen musikalischen Leistungen sprechen wir vom Wunderkind. Doch auch die besonders rasche Leistung, die rasch erworbene Leistungsfähigkeit, gilt als Kriterium musikalischer Begabung, nachgewiesen beispielsweise durch rasches Auswendigkönnen eines Stückes (im Vergleich zur durchschnittlichen Lerndauer). Auch die allgemein bei speziellen Begabungen angenommenen Eigenschaften, die besondere und intensive Erlebnisweise eben durch die Richtung dieser Begabung, der besondere Anspruch an sich selbst betreffs der Höhe der Leistung innerhalb des Gebietes, für das der Einzelne „begabt" ist, gelten in vielleicht besonders hohem Maße für das Bild, das man sich gemeinhin von dem musikalisch Begabten macht. Denn man toleriert bei ihm leicht alle Schwächen lebenspraktischer Art (solche Schwächen sind sogar Statussymbol für manchen Musiker) und schreibt sie der Absorption durch die Musik zu; auch das Streben nach immer höherer technischer Perfektion, die Bereitschaft zu stundenlangem täglichem Üben, stimmen zu diesem Bild von der besonderen musikalischen Begabung.

Die begrifflichen Bestimmungen der musikalischen Begabung sind groß an Zahl, stammen aus unterschiedlichen Disziplinen und sind zudem im Zusammenhang der Forschungsgeschichte der musikalischen Begabung zu halten; Aspekte des vorwissenschaftlichen Verständnisses von musikalischer Begabung gehen in die Bestimmung der begrifflichen Merkmale mit wechselnden Akzenten im Verlauf der Forschungsgeschichte ein. Zudem wird man bei allen begrifflichen Bestimmungen der musikalischen Begabung im Blick zu behalten haben, daß sie in engem Zusammenhang mit den jeweils angewendeten Prüfverfahren stehen und diese wiederum auf einem Vorverständnis des einzelnen Forschers oder Autors von dem, was musikalische Begabung sei, beruhen. Denn alle Prüfverfahren gehen davon aus, bei den zu prüfenden Personen den Grad der Ausprägung bestimmter musikpotenter Eigenschaften, ihre Leistungsfähigkeit in bezug auf einen isolierten musikalischen Parameter, festzustellen und mit berechneten durchschnittlichen Leistungen zu vergleichen. Dies bedeutet die Beschränkung auf faßbare musikpotente Eigenschaften (wie Tonhöhenunterscheidung), bedeutet auch die Anerkennung der aktuellen Leistung ohne Berücksichtigung des vorangegangenen musikalischen Lernens sowie die Möglichkeit sehr unterschiedlicher Kombinationen von Einzelprüfungen zum Musikalitätstest – und eben hier werden solche Tests zum Exempel des persönlichen Vorverständnisses bei der Erforschung musikalischer Begabung. Darum können die Tests musikalischer Begabung zwar über aktuelle musikalische Leistungsfähigkeiten betreffs eines oder mehrerer musikalischer Parameter aussagen, doch keineswegs über reale Leistungsfähigkeiten auf einem bestimmten musikalischen Gebiet in Zusammenhang mit Lerngeschichte und -situation, und ganz gewiß nicht über die gesamte, bei der einzelnen Versuchsperson gegebene musikalische Begabung; man kann nur annehmen, daß die getesteten Fähigkeiten irgendwie in Zusammenhang mit dem stehen, was man als musikalische Begabung voraussetzt und weitere zu testende Fähigkeiten, auch allgemeiner Art, die Leistung in der getesteten Fähigkeit nicht allzuweit beeinflußt haben.

Doch die Schwierigkeit, den Begriff der musikalischen Begabung zu bestimmen, liegt nicht nur in dem methodischen Problem, die große Zahl anstehender Einzelleistungen mit einer noch größeren Zahl von Bedingungsfaktoren und situativen Variablen nicht durch Meßverfahren fassen zu können, obwohl man doch weiß, daß dieser oder jener musikalisch ist (de la Motte-Haber, 1969 und 1977). Die Schwierigkeit umfassender Prüf- und Definitionsversuche liegt vor allem in der Eigenart musikalischer Begabung selbst begründet, die in einer Fülle verschiedenster Ausprägungen erscheinen kann; ein Komponist, ein Solist, ein Konzerthörer, ein jugendlicher Musik-Fan – jeder ist auf eine andere Art musikalisch. Schon zu Beginn der musikalischen Begabungsforschung wird es als nicht möglich angesehen, alle Menschen in die zwei Klassen der Musikalischen und Unmusikalischen aufzuteilen, und wird die unübersehbare Fülle von Formen und Arten des Musikalischen beschrieben (van Kries, 1926). Die gesuchte einzige „bestimmte" Musikalität gibt es nicht; man wird davon auszugehen haben, daß „die Qualität Musikalität nicht immer nur eine sei" (Wellek, 1963). Auch wenn man weiß, daß dieser oder jener musikalisch sei, so fehlt dennoch der Katalog der Kriterien zur Begründung des Urteils. Wir können „musikalische Begabung" nicht präzise definieren. Sie ist ein komplexes Merkmal aus menschlichen Eigenschaften, die direkt oder indirekt auf Musik bezogen, graduell unterschiedlich ausgeprägt und in verschiedener Weise kombiniert sind. Die Musikpädagogik hat begonnen, zentrale Fragen musikalischer Begabung zu strukturieren (Nauck-Börner, 1983).

In der langen und vielfältigen Bemühung, das Wesen der musikalischen Begabung erkennen und bestimmen zu können, heben sich unscharf drei unterschiedliche Positionen hinsichtlich Auffassung, experimentellen Ansätzen und entsprechendem definitorischen Ansatz zur Bestimmung der musikalischen Begabung ab. Die erste Position stellen die additiven Versuche einer Bestimmung von musikalischer Begabung dar. Sie beruhen auf der Auffassung, wie sie beispielsweise bei C.E. Seashore begegnet: Musikalität wird als ein Bündel voneinander relativ unabhängiger Einzelbegabungen gesehen (Fähigkeiten zur Unterscheidung von Tonhöhen, Lautstärken, Tondauern, Rhythmen, Klangfarben und Tongedächtnis), die man (fast) unabhängig voneinander messen kann (Seashore, 1960). Für die zweite Position zur Bestimmung musikalischer Begabung, den komplexen Ansatz, ist charakteristisch, daß nicht nur einzelne Fähigkeiten als von Haus aus interferent angesehen werden, sondern zudem auch „eine gegliederte ganzheitliche Erlebnisweise durch das Gestaltungsmoment, das allen diesen Teilleistungen übergeordnet ist“, angenommen wird (Vidor, 1931). Von den zwanziger Jahren bis zur Gegenwart haben sich zahlreiche Autoren, insbesondere aus dem Bereich der Musikpädagogik, für den komplexen Ansatz der Bestimmung musikalischer Begabung ausgesprochen und betont, daß musikalische Begabung "keineswegs die einfache Summe einzelner Fähigkeiten, sondern das dialektische Zusammenwirken eines Komplexes spezifisch-musikalischer Fähigkeiten“ sei (Michel, 1960). Diese Auffassung ging auch in Tests zur Messung musikalischer Begabung ein, so bei E. Gordon, der – neben den traditionellen Fähigkeiten der Tonvorstellung – der musikalischen Sensitivität und ästhetischen Ausdrucks- und Interpretationsfähigkeiten ein stärkeres Gewicht gibt (Gordon, 1965), und bei E.Th. Gaston, der an komplexen Musikbeispielen mißt und durch zusätzliche Befragung Bedingungsfaktoren und Selbstbeurteilung einbezieht (Gaston, 1957). Eine dritte besondere Position innerhalb der Bestimmungen musikalischer Begabung ist der dynamische Ansatz. Er wurde in der pädagogischen Psychologie von H. Roth entwickelt, der Begabung als „eine dynamische Veränderliche in einem Netz von Bezugsgrößen“ sieht, „die alle mitentscheiden, ob Potentialitäten entwickelt werden oder nicht entwickelt werden“ (Roth, 1973), und mit Begabung im Sinne von Begaben als pädagogische Forderung aufstellt: „Begabung . . . bedeutet immer auch Begaben, Begabung stiften, Begabung aufbauen, eine Gabe verleihen, aufwecken, wecken“ (Roth, 1980). Für diesen dynamischen Begabungsbegriff, der in der Musikpädagogik vorschulisches Musik-Lernen begründete und (zumindest in der Theorie) die gesamte Schulklasse als musikalisches Begabungspotential aufzeigt, ist charakteristisch, daß Anlagen und Lernen in Zusammenhang gebracht werden und Begabung als dynamischer Prozeß des Begabens aufgefaßt wird, der durch Lernen bewegt wird. Die Erkenntnis ist nicht neu; in der „Morgenröte“ formulierte F. Nietzsche (1969): „Was ist denn Begabung anderes als ein Name für ein älteres Stück Lernens, Erfahrens, Einübens, Einverleibens, sei es auf der Stufe unserer Väter oder noch früher! Und wiederum: der, welcher lernt, begabt sich selbst“.

2.3 Zum Begriff der musikalischen Disposition

Gegenüber Alter und Breite der Diskussion musikalischer Begabung, gegenüber der Popularität dieses allerdings präzise nicht bestimmbaren Begriffes, blieb die Bezeichnung musikalische Disposition im Schatten – was bereits symptomatisch ist. Denn der Komplex musikalische Begabung ist von Haus aus von der Aura des Außergewöhnlichen, mit der Möglichkeit der Personalisierung von Wunschvorstellungen, mit der Chance der Bewunderung ohne eigenen Prestigeverlust umgeben, während die Bezeichnung musikalische Disposition, im Anschluß an den allgemeinen Sprachgebrauch von Disposition, sachlich, ohne jede Wertung, eine Anordnung von auf Musik zu beziehenden Bereitschaften und Fähigkeiten meint. Als Disposition wird bezeichnet, was ein Individuum dazu „disponiert", sich in einer bestimmten Situation mit erhöhter Wahrscheinlichkeit in einer bestimmten Weise zu verhalten. Die Disposition meint die verhältnismäßig stabilen, zeitüberdauernden und individuumspezifischen Merkmale, die Grundlage der beobachtbaren Verhaltensweisen, der meßbaren Leistungen sind. Formal gesehen ist die Disposition ein hypothetisches Konstrukt, das der deskriptiven Bestimmung und Interpretation der empirischen Sachverhalte und dem „Netzwerk von empirischen Beziehungen" dient (Herrmann, 1972), das jedoch selbst nicht willkürlich gesetzt, sondern unter ständiger Kontrolle empirischer Sachverhalte entwickelt wird. Die musikalische Disposition ist damit zunächst Basis zur Beschreibung und Interpretation von Einzelfähigkeiten und deren Bezugsmöglichkeiten untereinander. Der Begriff der musikalischen Disposition vermag von der tradierten Fixierung auf anlagebedingte und erworbene musikalische Fähigkeiten zu lösen, ist der neutrale Begriff für die Anordnung möglicher menschlicher Bereitschaften und Fähigkeiten für Musik, in denen die mitgebrachten musikalischen Anlagen bereits durch Umwelterfahrungen moduliert wurden. Vorgegebene und erworbene musikalische Eigenschaften werden nicht getrennt, sondern stellen ein Gesamt dar. Die musikalische Disposition ist die Aufstellung von durch bereits erfahrene musikalische Umwelteinflüsse bewegten Anlagen mit der Möglichkeit zu verschiedener Aktualisierung mit entsprechender Spielraumbreite, sie ist die angeborene wie erworbene musikalische Reaktionsbasis aus relativ dauerhaften musikalischen Bereitschaften des einzelnen Menschen, die sich im aktuellen Leben erschließt, das Gesamt der genetisch vorgegebenen und erworbenen Eigenschaften mit Musikpotenz.

Doch darüber hinaus, außer einer Basis zur Anordnung musikalischer Fähigkeiten in ihrer aktuellen Erscheinungsweise ohne die (unrealistische) Trennung angeborener und erworbener Merkmale, bedeutet die musikalische Disposition ein Denkmodell, das eine Vielzahl interner Beziehungen zwischen empirischen Sachverhalten, einen ständigen Prozeß der Entwicklung von Zusammenhängen aus Testdaten und immer auch die Erklärung für das Zustandekommen derartiger Zusammenhänge fordert, das weit über die besonderen musikalischen Merkmale hinausgreifen läßt in den Bereich der Persönlichkeitsmerkmale von der Intelligenz bis etwa zur Angst (vor musikalischer Äußerung). Während das Modell der musikalischen Begabung auf speziellen musikalischen Fähigkeiten, den meßbaren Leistungen beruht, hält das Denkmodell der musikalischen Disposition alle psycho-physischen Interferenzen offen, gibt die individuellen Kombinationsmöglichkeiten einzelner musikalischer Merkmale mit kognitiven, physischen wie affektiven Faktoren frei, bringt das, was das tradierte Bild der musikalischen Begabung isolierte, wieder in umfassende psychische Einheit. In diesem Denkmodell entfällt (durch die Aufstellung aller relevanten Merkmale) die tradierte Trennung zwischen musikalischer Hochbegabung und allgemeiner Musikalität sowie die Isolierung des Unmusikalischen unter Berufung auf bestimmte Leistungen oder deren spezifische Bündelungen; der Blick richtet sich auch auf Voraussetzungen musikalischer Fähigkeiten im physischen wie situativen Bereich, um die gemessene Leistung interpretieren und differenziert als Bedingung musikalischen Lernens verstehen zu können. Wegen dieser methodischen Möglichkeiten ist der Begriff der musikalischen Disposition für die musikpädagogische Diskussion wohl tragfähiger als der traditionelle, doch belastete Begriff der musikalischen Begabung.

2.4 Entwicklung der musikalischen Begabungsforschung

Als 1895 ein Buch erschien, dessen Titel die Frage stellte, „Wer ist musikalisch?" (womit hier der Beginn der Geschichte musikalischer Begabungsforschung gesehen wird), verbarg sich dahinter eine weit umfassende Erörterung von Fragen der musikalischen Veranlagung, musikalischer Leistungen, der Beziehungen musikalischer Parameter zu unserem Organismus, von Fragen betreffs der Musik in Verbindung zu anderen Künsten, der Wirkungen, die Musik auf uns hat; Th. Billroths Aufsätze, nach Publikationen und nachgelassenen Schriften von E. Hanslick herausgegeben, stellen die Frage nach der menschlichen Musikalität in großzügigem physiologisch-psychologischem Zusammenhang (Billroth, 1895). Auch die zentralen, speziellen Schriften der zwanziger Jahre zum Problem der musikalischen Begabung zeichnen bereits ein nuancenreiches, vielfältig ausdifferenziertes Bild. J. van Kries, der Th. Billroths Fragestellung aufgreift und wie dieser von Beruf Mediziner ist, reflektiert das Phänomen des Musikalischseins ebenfalls aus weiter physiologischer und psychologischer Sicht, doch zugleich mit einer detaillierten Systematik musikalischer Fähigkeiten und Tätigkeiten sowie der musikalischen Parameter und ihrer Beziehungen zueinander; zahlreiche methodisch anregende Beobachtungen stehen bei J. van Kries neben Verallgemeinerungen betreffs des Naturells großer Komponisten wie Bekenntnissen der eigenen Motivation, „daß die der Musik entstammenden Eindrücke zu den höchsten Gemütswerten gehören", die ihm das Leben gewährt habe (van Kries, 1926). Für die frühen Auseinandersetzungen mit musikalischer Begabung bzw. musikalischer Veranlagung bleibt festzuhalten, daß sie in der Medizin angesiedelt waren; zwischen Th. Billroth und J. van Kries schrieb wieder ein Arzt, der Frankfurter O. Feis, eine grundlegende Studie zur musikalischen Veranlagung (Feis, 1910). Mit V. Haecker und Th. Ziehen verbinden sich ein Zoologe und ein Philosoph zu gemeinsamer Untersuchung musikalischer Begabung (Haecker und Ziehen, 1923). Für diese Forschergruppe ist, eben wegen ihrer wissenschaftlichen Herkunft, die Vererbung musikalischer Begabung das zentrale Problem. Man darf wohl auch das besondere Interesse am musikalischen Genie als nicht uncharakteristisch für diese Berufsgruppe ansehen. Aus dieser ersten Phase musikalischer Begabungsforschung sind daher wohl die sich tradierenden Interessen an musikalischer Hochbegabung und ihrer Vererbung zu erklären.

Vor allem seit dem zweiten Jahrzehnt unseres Jahrhunderts tritt aber auch bereits die Prüfung einzelner musikalischer Fähigkeiten, durchgeführt vornehmlich von Psychologen, hervor; das Kind tritt in den Mittelpunkt des wissenschaftlichen Interesses, die Ausprägung seiner unterschiedlichen musikalischen Fähigkeiten wird untersucht, so von J.A. Gilbert (1892/1893), H. Meissner (1914/1915), H. Rupp (1915), C.E. Seashore (1915), S. Kovács (1916), H. Werner (1917), W. Heinitz (1919), W. Kühn (1919) u.a. Eine erste zusammenfassende Darstellung der frühen Versuche gibt G. Révész in einem Bericht über seine 1914 in Budapest durchgeführten Experimente (Révész, 1920). Von hier aus wird über die folgenden Jahrzehnte ein sich immer mehr differenzierendes und verfeinerndes Methoden-Arsenal zur Messung von musikalischen Leistungen im Bereich jeweils dessen, was für musikalische Begabung oder Musikalität als entscheidend angesehen wird, entwickelt. Untersucht werden einzelne Fähigkeiten im melodischen, rhythmischen, tonal-harmonischen wie im Gedächtnisbereich. Bei der Untersuchung der musikalischen Begabung werden jeweils spezielle Bündelungen unterschiedlicher Fähigkeiten vorgenommen. Diese Messungen individueller musikalischer Leistungen und die Reflexion der Frage, welche Kombination von Fähigkeiten Aufschluß über die sog. musikalische Begabung geben könne, haben sich zahlreich und mit zunehmender Differenzierung bis in die Gegenwart fortgesetzt (vgl. Bibliographie in Abel-Struth und Groeben, 1979).

Bereits in den zwanziger Jahren beginnt die Auseinandersetzung um den atomistischen oder ganzheitlichen Begriff musikalischer Begabung, wobei die von dem Leipziger psychologischen Institut um F. Krueger entwickelte ganzheitliche Auffassung dominiert. Für die Untersuchung musikalischer Begabung wird der Ausgang von der Erlebnisganzheit empfohlen: „In ihrem Sinne kann die Musikalität nur an wirklich musikalischen Gegebenheiten erforscht werden und nicht an ausgegliederten akustischen Elementen. Den Ausgangspunkt der Forschung müssen überall geschlossene, musikalische Gestalten, insonderheit die Melodien bilden“ (Vidor, 1931). Durch die Forschungsarbeit R. Wickes an dem psychologischen Institut der Universität Leipzig ist der ganzheitliche Ansatz der musikalischen Begabungsforschung gerade in der Musikpädagogik der zwanziger Jahre und der Restauration nach 1945 bestimmend geworden (Wicke, 1931 a und o.J. [1931]; Reuter, 1925; Schünemann, 1930; u.a.).

Der Musikunterricht dient vielfach als Anlaß für die Entwicklung musikalischer Begabungsprüfungen. Man erhofft sich von Messungen die Möglichkeit der Vorhersage von Unterrichtserfolg oder -mißerfolg, insbesondere im Instrumentalunterricht. R. Shuter betont diese Funktion der musikalischen Tests (Shuter, 1968), ebenso P.R. Farnworth, der Mindestanforderungen an die musikalische Begabung kennen möchte, um einen Ausbildungserfolg abschätzen zu können, auch um die Chancen neuer Unterrichtstechniken konkret absehen zu können (Farnworth, 1976). Bei R. Shuter wird der Gedanke H.D. Wings aufgegriffen, daß Kinder durch einen erfolgreich bestandenen Test einen Anreiz für Musiklektionen erhalten (Wing, 1948 und 1971). Von besonderem Interesse sind auch Untersuchungen, die auf einen Vergleich von gemessenen musikalischen Leistungen des Schülers mit der Beurteilung der musikalischen Befähigung des Schülers durch seinen Lehrer zielen. Sie haben nicht nur Bedeutung für die Einschätzung des Lehrerurteils, sie zeigen vielmehr vor allem an, ob die zur Messung herangezogenen musikalischen Fähigkeiten tatsächlich für die musikalische Befähigung aussagekräftig sind. Schon S. Belaiew-Exemplarsky berichtet von der „schlagenden Koinzidenz“ bei einem derartigen Vergleich. Der Vergleich ihrer in Versuchen gewonnenen Daten mit den Charakteristiken der die Kinder betreuenden Pädagogen erreicht in 23 von 26 Fällen vollständige Koinzidenz, in drei Fällen Verschiebungen um einen Grad (Belaiew-Exemplarsky, 1926).

2.5 Anlage- und Milieuhypothesen

In der Geschichte der musikalischen Begabungsforschung haben sich zwei Hypothesen als verhältnismäßig dauerhaft erwiesen, die Hypothese von der erblichen Determinierung musikalischer Begabung, der Vererbung musikalischer Anlagen, und die Hypothese von der bestimmenden Bedeutung des Milieus für alle musikalische Begabung. Es gibt sowohl die Polarisierung beider Auffassungen, den Anspruch auf Ausschließlichkeit jeder der Hypothesen, wie auch gleitende Übergänge von der Priorität der erblichen Anlage bzw. des Milieus bis zur Anerkennung gegenseitiger Einwirkung.

Historisch älter ist die Hypothese von der Erblichkeit musikalischer Anlagen. Mit dem Begriff der Anlage wird die angeborene musikalische Potenz bezeichnet, die genetisch gegebene musikalische Befähigung im Gegensatz zu der durch Lernen erworbenen. Doch ist im Blick zu behalten, daß in der Genetik die Anlage zwar als das definiert wird, was bei der Geburt mitgebracht (oder intrauterin erworben) wird, daß aber zugleich vor dem Denkfehler gewarnt wird, Anlage und Erbanlage gleichzusetzen und auf die Notwendigkeit der Aszendenzforschung für den Nachweis tatsächlicher Vererbung einer Anlage verwiesen wird (Dürken, 1949). Gerade im Bereich musikalischer Begabung übt der Gedanke der Vererblichkeit der musikalischen Begabung offensichtlich eine besondere Faszination aus, verursacht wahrscheinlich durch den Wunsch nach Erklärung so außerordentlicher Phänomene wie musikalischer Früh- oder Höchstleistungen. Im vorwissenschaftlichen Verständnis von musikalischer Begabung wie in der Reflexion des Phänomens in der musikpsychologischen Literatur hat sich die Hypothese von der Erblichkeit der musikalischen Anlage wohl auch aus diesem Grund in der Breite und dauerhaft erhalten.

Während die Väter der musikalischen Begabungsforschung, Th. Billroth und J. van Kries, bereits vorsichtig zwischen dem, was „im Keime wohl immer als psychologische und ästhetische Anlage angeboren ist“ und seiner Entwicklung „unter günstigen Bedingungen durch Übung an verschiedenen Tonobjekten“ unterscheiden (Billroth, 1895), zielen zu Beginn unseres Jahrhunderts bereits auch spezielle Untersuchungen auf den Nachweis der Erblichkeit musikalischer Anlagen mit Hilfe von Befragungen (Haecker und Ziehen, 1922). In genealogischen Studien wird auf Grund schlichter Beobachtungen bereits von der als selbstverständlich erscheinenden Vererblichkeit künstlerischer Anlagen ausgegangen: „Die Frage wird ein jeder ohne weiteres bejahen, weiß man doch aus der nächsten Umgebung, daß Intelligenz und Verstand in einer Familie von den Erzeugern auf die Nachkommen . . . übertragen werden; auch fehlt es keinem an Beispielen, in welchen künstlerisch-musikalische Begabung von den Eltern auf Kinder und Kindeskinder vererbt wurde. So erscheinen vielleicht manchem die nachstehenden Untersuchungen über die Vererbung der musikalischen Anlage überflüssig, da sie doch nur längst Bekanntes zu wiederholen scheinen“ (Feis, 1910). Solche Auffassungen führen bis zu M. Schoens Aussage, daß nichts an musikalischen Fähigkeiten im Leben erworben werde, der Mensch habe sie von Geburt oder eben nicht; Übung könne nur entfalten, was potentiell vererbt wurde: „Deshalb ist die musikalische Begabung auch auf die einzelnen Menschen von Natur aus sehr unterschiedlich verteilt“ (Schoen, 1940). Auch bei den musikalischen Entwicklungspsychologen in der ersten Hälfte des 20. Jahrhunderts wird die „Urzelle musikalischer Begabung“, die sich gemäß der Strukturgesetzlichkeit der jeweiligen Persönlichkeit entwickelt, „wahrscheinlich im Gemütsgrund verankert und als vererbungsmäßige Tatsache gegeben“ (Nestele, 1930). Ein so sorgfältiger Vertreter früher musikpädagogischer Theorie wie R. Wicke fragt vorsichtiger, ob „in jedem Menschen die Fähigkeit schlummert, an Musik teilzuhaben“, und ob die musikalische Leistungs- und Erlebnisstufe, die von bestimmten ererbten Begabungsfaktoren abhängig sei, genügend von den Fähigkeiten zum „Miterleben von Musik“ geschieden werde (Wicke, o.J. [1931]). Welche musikpädagogischen Konsequenzen jedoch in der Hypothese der Erblichkeit musikalischer Anlagen stecken, hat G. Révész unumwunden aufgezeigt: „Es ist eine unliebsame Tatsache, daß unzählige Kinder, die es in der Musik niemals zu etwas bringen werden, Musikunterricht erhalten . . . Zwar ist es eine schöne Idee, es allen Menschen ermöglichen zu wollen, die wunderbaren Schöpfungen der Musik zu genießen, allein das muß ein frommer Wunsch bleiben, weil der häufig anzutreffende Mangel an Musikalität seine Erfüllung verhindert" (Révész, 1982).

Die Milieuhypothese wird kaum in ihrer extremen Form, der Auffassung, daß jedes Kind nur durch die Umwelt seine persönlichen Eigenschaften erfahre, vertreten, auch nicht in ihrer musikalischen Dimension. Wie im Zusammenhang der Hypothese der Erblichkeit musikalischer Anlagen – zumindest in geringem Grade – auch die Bedingungen der Umwelt für die Ausbildung musikpotenter Eigenschaften mitgesehen werden, so wird auch bei der Auffassung von einer graduell hohen Beteiligung des Milieus, seiner Bewertung als dem Hauptfaktor bei der Ausbildung dieser musikbezogenen Eigenschaften, stets mitgesehen, daß ein „angeborenes Programm" vorgegeben ist, das durch das Milieu entscheidend gefördert oder eben gehemmt werden kann. Vor allem im erziehungswissenschaftlichen Umkreis hat wohl vor allem der Wunsch nach mehr Gerechtigkeit der Bildungschancen in den sechziger Jahren Reformbestrebungen mit einem neuen milieutheoretischen Verständnis von Begabung begründen lassen: „Begabung ist keine von Geburt an feststehende und von Umwelteinflüssen nur bedingt abhängige Größe, sondern in hohem Maße von Herausforderungen und ‚Bildungsreizen' abhängig" (Furck, 1965); man beruft sich auf J. Habermas, der Bildungsfähigkeit und -willigkeit, einschließlich gemessener Intelligenz, in so hohem Maße als von der jeweiligen soziokulturellen Umwelt abhängig erklärt, daß über die Grenzen ihrer Entfaltung zuverlässig nur die Herausforderung und Erprobung der in Gang gesetzten Lernprozesse selber entscheiden könne. Auch Psychologen schließen sich diesem Denkmodell an (Lückert, 1967: „Intelligenz und Begabung sind keine starre Mitgift, die man hat oder nicht hat. Diese Fähigkeiten sind sozialkulturell mitbedingt, sie sind weitgehend das Ergebnis von Lernprozessen"). Im musikpädagogischen Denken schlägt sich diese milieutheoretische Hypothese in der Auffassung nieder, daß musikpotente Eigenschaften in wesentlich höherem Maße als in der populären Erblichkeitshypothese anerkannt, durch die musikalische Umwelt beeinflußt werden, daß die rechtzeitige Anregung entscheidend auf die späteren musikalischen Verhaltensweisen einwirkt.

Zwei Forschungszweige haben wesentlich zur Relativierung von Anlage- und Milieuhypothesen musikalischer Begabung beigetragen: die musikalische Familienforschung und die musikalische Zwillingsforschung. Das klassische Beispiel musikalischer Familienforschung, das auch in der allgemeinen Familienforschung herangezogen wird (Ritter und Engel, 1980), ist die Familie Bach. Der speziellen Studie G. Révészs verdanken wir die differenzierte Darstellung der hier anstehenden Phänomene. Er unterscheidet zwischen den kompositorisch hervorragenden Bach-Söhnen, die der Vererbung „viel zu danken haben", und den weniger begabten Mitgliedern der Familie Bach, deren Lebensschicksale viel stärker „durch die Umgebung und die materiellen Verhältnisse" bestimmt waren als durch Vererbung. Gerade die musikalisch durchschnittlich veranlagten Mitglieder der Familie Bach entschieden sich nicht dank ihrer Erbmasse für den Musikerberuf, sondern vielmehr deshalb, weil sie durch den Namen und die gute Ausbildung hier besonders gute Chancen hatten. Der Bachsche Stammbaum ist nicht nur Beleg für Vererbung der musikalischen Begabung, sondern auch für den mächtigen Einfluß von Umgebung, Tradition und entsprechender materieller Chance. Die gleiche Relativierung der Erblichkeit musikalischer Begabung vollzieht G. Révész an den Familien Strauß und Couperin. Der populäre Gedanke, daß musikalische Begabung erblich sei, weil in der gleichen Familie mehrere musikalisch Begabte über Generationen erscheinen, erweist sich als nicht stichhaltig, wenn auch einzelne Anlagen erblich sein können (Révész, 1952). Zusammenfassend darf man wohl sagen, daß die musikalische Familienforschung wenig zur Stützung der Hypothese der Erblichkeit musikpotenter Eigenschaften erbringt, daß sie vielmehr ebenso heranzuziehen wäre für die milieutheoretische Hypothese. Oder: Wenn musikalische Eltern musikalische Kinder haben, so sind auf eine im einzelnen kaum klärbare Weise sowohl Vererbung wie Umwelt beteiligt.

In ähnliche Richtung weisen spezielle Forschungen zur Feststellung der Bedeutung von Vererbung und Umwelt für die musikalische Begabung eineiiger Zwillinge. Zwar tritt bei der Untersuchung der eineiigen Zwillinge zutage, daß sie hinsichtlich ihrer musikalischen Begabung ähnlicher sind als zweieiige Zwillinge oder Geschwister, doch muß man sofort die Frage anschließen, ob die größere Übereinstimmung der eineiigen Zwillinge nicht auch darauf beruht, daß sie sich ähnlichere Umweltbedingungen schaffen als Geschwister (Shuter, 1964).

2.6 Aktuelle Aspekte

Für alle praktische Musikpädagogik bedeutet es einen entscheidenden Unterschied, ob am Ausgang des Denkens und Tuns das Modell einer (besonderen) musikalischen Begabung oder – vor dem Hintergrund des Konstruktes der Disposition – einer (allgemeinen) musikalischen Befähigung steht. Wie die Versuche begrifflicher Bestimmung und die bisherige Forschungsgeschichte aufzeigen, ist im allgemeinen wie im fachlichen Bewußtsein das Modell der musikalischen Begabung dominant. Diese Tradition ist so stark wirksam, daß in bezug auf Musik so etwas wie ein Zwei-Klassen-System der Menschen allseits toleriert wird: hier musikalische Menschen, dort unmusikalische Menschen (de la Motte-Haber, 1970). Trotz früher Kritik an diesem System (Fechter, 1927) ist die Polarisierung von Begabten einerseits und Unbegabten andererseits gerade im Fach Musik bestimmend geblieben. Während man etwa in sprachlichen oder mathematischen Fächern zwar graduelle Unterschiede der einzelnen Schüler akzeptiert, aber dennoch das Erreichen des jeweiligen Klassenzieles für alle als grundsätzlich möglich ansieht, gilt in bezug auf die musikalischen Befähigungen innerhalb einer Schulklasse unverändert das tradierte Vorurteil von vorhandener oder nicht vorhandener „musikalischer Begabung". Mangel an bestimmten, vom Lehrer – manchmal schon von den Eltern – als wesentlich erachteten, speziellen musikalischen Leistungen, führt zu dem Urteil „unmusikalisch" und wird zum auch von Familie und Schule anerkannten Alibi für Verzicht auf alle musikalische Bemühung im Unterricht wie im persönlichen Bereich.

Der Ausgang musikpädagogischen Denkens von dem Modell einer allgemeinen musikalischen Befähigung bedeutet, daß (auch) für musikalisches Lernen eine allgemeine Befähigung vorausgesetzt werden kann, die – wenn der Unterricht danach ist – es jedem Schüler ermöglicht, das jeweilige Klassenziel zu erreichen und am Ende seiner Schulzeit so viel musikalische Ausbildung erhalten zu haben, daß eine fachliche Basis für musikalische Interessen gemäß den wechselnden Altersphasen angelegt ist. Die jahrhundertealte Einrichtung von Musik als Schulfach beruht schließlich darauf, daß es auch im Bereich der Musik etwas zu lernen gibt, das allen erreichbar ist. Der Ausgang von dem Modell der allgemeinen musikalischen Befähigung richtet den Blick auf diese Prämisse aller praktischen Musikpädagogik und schließt zugleich die Möglichkeit besonders hoher Leistungen bei speziellen Fähigkeiten ein, für deren vorberufliche Ausbildung zusätzliche Möglichkeiten in und außerhalb der Schule notwendig sind. Doch diese hohen Grade musikalischer Leistungen und ihre besondere Attraktion können nicht gegen die allgemeine musikalische Befähigung, die hier liegenden pädagogischen Möglichkeiten und Aufgaben, ausgespielt werden. Nicht nur musikalische Drückeberger kneifen vor den gelegentlichen Anstrengungen im Fach Musik, indem sie sich (ohne jede Gefahr eines Prestigeverlustes) als unmusikalisch erklären; es gibt auch viele Menschen, die Musik gern haben, sich aber nicht in ihren Bereich wagen, weil sie sich für unmusikalisch halten. Irgendeine negative musikalische Lernerfahrung gibt Anlaß, sich zu dispensieren. Aus solchen Gründen ist das Denkmodell der allgemeinen musikalischen Befähigung nicht nur sachlich richtiger, sondern auch psychisch hilfreicher für alle musikpädagogische Arbeit als das so leicht mißzuverstehende Denkmodell der musikalischen Begabung. Das Denkmodell der musikalischen Befähigung hebt (ohne die musikalische Sonderbegabung aus dem Blick zu lassen) die Scheidung der Schüler in musikalische und unmusikalische auf; die Unterschiede der individuellen Disposition sind in bezug auf Musik die gleichen wie in allen anderen Schulfächern. Musikalisches Lernen wird nicht bedingt durch vorhandene oder nicht vorhandene musikalische Begabung, sondern durch kombinatorische und graduelle Unterschiede der musikalischen Disposition, die durch musikalisches Lernen und Lehren zu verändern sind.

Die traditionellen Meßverfahren verlieren dadurch an musikpädagogischer Relevanz. Hinter deren Ansatz steht das Bestreben, durch eine Aussage über die musikalische Begabung des Probanden eine Prognose hinsichtlich seiner musikalischen Möglichkeiten, auch hinsichtlich der Effektivität einer musikalischen Ausbildung stellen zu können. Es handelt sich um Verfahren, die für künftige Berufsmusiker wesentliche Auskünfte erbringen können, die auch für den einzelnen Schüler betreffs eines bestimmten Merkmals, beispielsweise der Tonhöhenunterscheidung, zeigen können, ob seine Leistung dem Durchschnitt entspricht bzw. wie weit sie von diesem Durchschnitt entfernt liegt. Doch diese Messungen und Tests sagen in der Regel wenig über den Stellenwert eines solchen Details im Rahmen der umfassenden musikalischen Befähigung aus. Eine solche Einzelgröße oder auch die Reihe mehrerer Einzelgrößen verunsichert eher hinsichtlich der tatsächlich gegebenen musikalischen Befähigung. Denn während die Meßverfahren das spezielle parameterbezogene musikalische Merkmal eines Menschen zu einem bestimmten Zeitpunkt, in einer zufälligen Phase der musikalischen Lerngeschichte unter gerade zutreffenden situativen Bedingungen prüfen und mit entsprechenden Leistungen anderer aus der gleichen oder auch einer anderen Altersstufe vergleichen, richtet sich die Fragestellung des Musiklehrers auf die gesamte persönliche Situation des Schülers in bezug auf Musik, auf die musikalische Befähigung als Bedingung musikalischen Lernens; der Musiklehrer fragt nach der Eigenart der musikalischen Disposition des Schülers als der Voraussetzung aller musikalischen Lehrentscheidungen. Bei allem Respekt vor den Leistungen der traditionellen musikalischen Begabungsforschung wird darum doch der musikpädagogische Schwerpunkt auf solchen Fragen liegen, die auf individuelle musikalische Lerngeschichte zielen, auf allgemeine Persönlichkeitsmerkmale (und ihre Kombinationsmöglichkeiten mit musikalischen Merkmalen), auf typische Abhängigkeiten musikalischer Persönlichkeitsmerkmale von physischen, affektiven oder kognitiven Merkmalen, auf solche musikalischen Merkmale, die Interesse an Musik, Zuwendungsbereitschaft zu Musik und Freude an Musik bedingen. Die musikalische Befähigung als Gegenstand der Musikpädagogik läßt Lücken auf dem Gebiet der Erforschung der musikalischen Disposition und in dem Bereich der musikalischen Persönlichkeitsforschung als Bedingungen musikalischen Lernens bewußt werden. Mit dem Begriff der allgemeinen musikalischen Befähigung tritt die besonders hohe Wertung sensorieller Leistungen zurück und wird der Blick frei für die Vielfältigkeit der individuellen musikalischen Disposition, ihre Einbindung in allgemeine Persönlichkeitsmerkmale, ihre weit in emotionale und kognitive Bereiche ragenden Dimensionen, für ihre Chancen und Behinderungen in der gegenwärtigen Umwelt schon im Kindesalter.

3. Zur Altersbedingtheit musikalischen Lernens

3.1 Theorie musikalischer Entwicklung

Eine Binsenweisheit: Wie alle Lernvorgänge sind auch die musikalischen vom Lebensalter abhängig. Die musikalischen Verhaltensweisen variieren nach Alter, zeigen altersbedingte Unterschiede der Einstellungen wie der Leistungsfähigkeiten. Altersbedingt erscheinen Präferenzen für musikalisches Material wie Entscheidungen für bestimmte Umgangsweisen mit Musik. Wenn auch direkte Altersabhängigkeit und indirekte Abhängigkeit durch generationsbedingte vorausgegangene Einflüsse schwerlich zu separieren sind, so wird man doch davon ausgehen können, daß insgesamt eine große Zahl altersspezifischer Faktoren musikalisches Lernen bedingt. Fragen nach den hier geltenden Regelhaftigkeiten haben sich bisher fast ausschließlich auf die musikalische Eigenart von Kindheit und Jugendalter gerichtet, da bisher die Musikpädagogik ihre Aufgaben fast nur bei Kindern und Jugendlichen sah; zunehmend wird bewußt, daß man auch über die Besonderheiten des musikalischen Lernens im Erwachsenenalter mehr wissen sollte.

Die Altersbedingtheit musikalischen Lernens, die Unterschiede des Lernens in den verschiedenen Phasen von der frühen Kindheit bis zum späten Jugendalter, wurden im Musikunterricht stets berücksichtigt. Allerdings sind graduelle Unterschiede dieser Berücksichtigung zu beobachten. In den zwanziger Jahren unseres Jahrhunderts waren beispielsweise die Auffassungen von einer eigenen Welt des Kindes, auch in musikalischer Hinsicht, intensiver als in den sechziger Jahren, als man im Zuge einer sog. Wissenschaftsorientierung der Schule begann, das Lernen des Kindes von Naivisierungen zu befreien und spezifisch „kindgemäße“ Methoden einzuebnen. Wegen des Interesses praktischer Musikpädagogik an Wissen über die altersspezifischen Bedingungen musikalischen Lernens wurden schon früh (und recht häufig seit der Epoche der Aufklärung) Beobachtungen über das musikalische Verhalten von Kindern, die Unterschiede der kindlichen Altersphasen im Hören und Singen, aufgeschrieben. So wundert es nicht, daß mit dem Beginn musikpädagogischer Forschung zu Anfang unseres Jahrhunderts sich hier ein Schwerpunkt systematischer Forschung entwikkelte, der sogar zu einer ersten musikpädagogischen Theoriebildung führte.

Dies fällt in eine Zeit, in der die Entwicklungspsychologie einen ihrer Höhepunkte erreicht und bestimmend auf das pädagogische Denken einwirkt. In der Darstellung der Geschichte der Entwicklungspsychologie sieht man, nach frühen Ansätzen im 18. und 19. Jahrhundert sowie einem ersten Aufblühen entwicklungspsychologischer Untersuchungen im letzten Jahrzehnt des 19. Jahrhunderts, diesen Höhepunkt entwicklungspsychologischer Forschung nach dem ersten Weltkrieg, vorbereitet und hervorgerufen durch die zu Ende des 19. Jahrhunderts einsetzende breite pädagogische Reformbewegung, die eine stärkere Berücksichtigung der seelischen Eigenart des Kindes fordert und – damit verbunden – eine bessere kinderpsychologische Ausbildung der Lehrer (Höhn, 1972). Es entstehen unterschiedliche entwicklungspsychologische Schulen, von denen die um K. und Ch. Bühler sowie die um O. Kroh auf die Musikpädagogik entscheidenden Einfluß gewinnen (Bühler, 1930; Kroh, 1940 und 1967). Nicht nur zahlreiche Entwicklungspsychologen der Zeit, vor allem auch die Väter spezifisch musikpädagogischer Forschung, greifen Fragen nach der musikalischen Entwicklung des Kindes und des Jugendlichen auf. Aus der Bühlerschen Schule werden die Hinweise auf Zusammenhänge körperlicher und seelischer Entwicklung, auf die Eigenart musikalischer Verhaltensweisen bei Jungen und Mädchen und vor allem die experimentelle Methode übernommen, dazu auch das Bestreben nach Einteilung in Phasen der Entwicklung, die in der Phasenlehre O. Krohs konsequent – durch die Auffassung vom Eigenwert jeder Entwicklungsstufe (mit Perioden sprunghafter Wandlung als Zäsuren im Entwicklungsrhythmus) – durchgeführt wird. Der Eigenwert jeder einzelnen Entwicklungsstufe, nicht das kontinuierliche Fortschreiten zum Erwachsenenalter, bestimmt das Denkmodell; angestoßen durch die Beobachtung der Eigenart kindlicher Eidetik, geht man davon aus, daß die vor dem Erwachsenenalter liegenden Stufen nicht unvollkommene Vorstufen, sondern eigene Stufen mit besonderen Fähigkeiten seien, die dem Erwachsenen nicht mehr gegeben sind.

Gibt es auch auf musikalischem Gebiet eine solche Entwicklung im Bühler-Krohschen Sinne? Gibt es vielleicht, parallel zu den eidetischen Entdeckungen, auch musikalische Besonderheiten der einzelnen Stufen? Lassen sich stufenspezifische Eigenarten des Kindes auf melodischem, rhythmischem oder rezeptivem Gebiet beobachten? Dies sind, grob umrissen, die Fragestellungen, die die junge musikpädagogische Forschung, angestoßen durch entwicklungspsychologisches Denken, bewegt. Die Entdeckung frühkindlicher Leierformeln, der zentralen Funktion der Rufterz, der kindlichen Gleichgültigkeit gegenüber Dissonanzen, der melodischen Produktionslust des Kindes, die zahlreiche Untersuchungen dieser Zeit belegen (Brehmer, 1925; Belaiew-Exemplarsky, 1926; Reimers, 1927; Nestele, 1930; u.a.), gewinnen in der musikpädagogischen Forschungsgeschichte solche Bedeutung, weil sie die musikalische Bestätigung stufenbezogenen Entwicklungsdenkens darstellen. Dem ersten Teil von G. Schünemanns „Musikerziehung", seiner „Musik in Kindheit und Jugend" von 1930, kommt vor diesem Hintergrund – trotz aller methodischen Bedenken aus heutiger Sicht – die Bedeutung einer ersten musikpädagogischen Theorie, einer Theorie der musikalischen Entwicklung des Kindes und des Jugendlichen zu. Ausgehend von dem Stufenmodell Ch. Bühlers und einem Riesenmaterial aus eigenen Experimenten bzw. Beobachtungen, versucht er, „das Gebiet zum ersten Mal im Zusammenhang darzustellen". Der Säugling, das Spielkind, das naive Kind, der Realist und der Jugendliche werden erstmals nach spezifisch musikalischen Kategorien in generalisierter Weise beschrieben. G. Schünemann will mit diesen Erkenntnissen zu den musikalischen Eigenschaften und Fähigkeiten des Kindes der Unterrichtsmethodik zu gesicherten Grundlagen verhelfen: „Wir müssen erst wissen, wie die Musik im Leben des Kindes steht, was ein Kind leisten und geben kann, bevor wir uns methodischen Vorschlägen zuwenden können" (Schünemann, 1930). Man wüßte gerne – da er noch 15 Jahre nach Erscheinen dieses ersten Bandes lebte –, ob es auch ihm unmöglich war, die Umsetzung seiner Beobachtungen in Unterrichtsmethode zu vollziehen, und ob darum der versprochene zweite Teil der „Musikerziehung" nie erschien.

Über methodische Schwächen der Versuche G. Schünemanns und seiner Zusammenschau psychologischer Beobachtungen und musikalischer Äußerungen wurde oft genug gesprochen; doch darüber wird man das Verdienst der Schünemannschen Arbeit, die Fülle hypothetisch anregender Beobachtungen und vor allem den Versuch der Zusammenordnung, nicht übersehen dürfen. Die folgenreiche Schwäche des Ordnungsversuchs von G. Schünemann liegt in der Fixierung musikalischer Leistungen auf Altersjahrgänge, durch die in der nachfolgenden Musikpädagogik ein bis in die Gegenwart tradiertes Bild vorgegebener musikalischer Entwicklungsschritte in jeder Altersstufe des Kindes entstand. Der wesentlich tiefer reichende theoretische Ansatz

R. Wickes aus den gleichen Jahren fand viel geringere Resonanz. Er ist ebenfalls entwicklungspsychologischem Denken verpflichtet, faßt aber nach den drei umfassenden Entwicklungseinheiten zusammen (vorschulisch, schulpflichtig, Reifezeit), um aus deren Erfahrungen psychologische Grundbegriffe wie Entwicklung, Ganzheit, Gestalt, Musikalität u.a. zu problematisieren (Wicke, o.J. [1931]). Exempel für das Weiterwirken des theoretischen Ansatzes musikalischer Entwicklung aus der Zeit der Reformpädagogik in der Zeit musikpädagogischer Restauration nach dem zweiten Weltkrieg ist G. Kubes Schrift über „Kind und Musik", der dem Unterricht die beste Förderung der musikalischen Fähigkeiten der Kinder in Aussicht stellt, „wenn seine Bemühungen abgestimmt sind auf die in den einzelnen Entwicklungsabschnitten möglichen und zur Entfaltung drängenden musikalischen Gestaltensweisen" (Kube, 1958).

Die Auswirkungen der Theorie musikalischer Entwicklung sind bis in die Gegenwart spürbar. Schriften zur Lehre des Musikunterrichts, Handbücher noch aus dem Beginn der siebziger Jahre setzen, wenn „die psychologischen Grundlagen der Musikerziehung" beschrieben werden sollen, auf das so eingängige Modell musikalischer Entwicklungsphasen in ungefährer Parallelisierung allgemeiner Entwicklungsstufen. Das Modell ist so eingängig, so geeignet, die Fülle der Erscheinungen im musikalischen Verhalten von Kindern und Jugendlichen übersichtlicher zu machen, das Bedürfnis praktischer Musikpädagogik nach Leitfaden zu erfüllen. Die Problematik dieses Modells für die Lehre vom Musikunterricht und dessen Praxis liegt darin, daß es zu der Vorstellung verleitet, der Weg des Schülers in die Musik sei in seinen aufeinanderfolgenden Schritten vorprogrammiert, sei so festgelegt wie etwa das körperliche Wachstum. Die Annahme eines natürlichen, sich von selbst vollziehenden musikalischen Wachstumsprozesses ist wohl letztlich die Ursache der musikalischen Vernachlässigung des Kindergartens und der Grundschule; denn mag auch inzwischen die Einsicht gewachsen sein, daß gerade diese Altersstufen ein vielfältig reizvolles Musikangebot brauchen, so wirkt sich in der Ausbildung der Erzieher und Grundschullehrer, die Musik nur in einfachen Formen und eine spezielle musikalische Unterrichtslehre nur gelegentlich und in Andeutungen enthält, noch die tradierte Denkweise aus, daß für junge Kinder auf einen besonderen musikalischen und musikdidaktischen Aufwand eben wegen der sich hier wie von selbst vollziehenden musikalischen Entwicklung, dem natürlichen musikalischen Reifungsprozeß, verzichtet werden könne. Wir wissen heute noch nicht sehr viel, aber wir wissen doch mit Sicherheit, daß das volle musikalische Angebot gerade für junge Kinder von entscheidender Bedeutung für ihr späteres musikalisches Verhalten ist. Es ist recht wahrscheinlich, daß durch die Autorität der Entwicklungspsychologie und die verhältnismäßig ungesicherte Übertragung des Stufenmodells auf die musikalische Entwicklung des Kindes ein musikalisches Lehrkonzept für Vorschule und Grundschule entstand, das auch die gegenwärtigen Defizite verschuldet. Die noch heute in der Diskussion vertretene Auffassung, Kinder vor „musikalischen Überforderungen" zu bewahren und die „natürliche Entwicklung" ihrer „musikalischen Begabung" abzuwarten, ist Erbe musikalischer Entwicklungstheorie.

3.2 Fragen eines musikalischen Veränderungskontinuums

Nach einer inzwischen wohl durchweg als überholt angesehenen Auffassung, daß – wie alles Lernen – auch musikalisches Lernen allein durch entsprechende Lernangebote bestimmt werde, hat sich nun eine breite und sehr allgemeine Übereinstimmung dahingehend gebildet, daß grundsätzlich von einem Zusammenwirken von natürlicher Reifung und von Lernangeboten auszugehen sei. Man unterscheidet zwischen einem biologisch bedingten und einem erfahrungsabhängigen Stand musikalischer Entwicklung, die jedoch in der Realität einen schwer analysierbaren Zusammenhang darstellen. H. Aebli sieht alle geistige Entwicklung „als Funktion von Anlage, Reifung, Umwelt- und Erziehungsbedingungen". Alters- und Wachstumsfaktoren werden keineswegs geleugnet, doch werden mit zunehmendem Alter des Kindes die vorausgegangenen Lernerfahrungen höher gewichtet. Je komplizierter, komplexer und abstrakter die Lernprozesse werden, desto mehr ist ihre Bewältigung von vorausgegangenen Lernprozessen abhängig. Reifebedingte Lernbereitschaften für bestimmte Lernvorgänge, die nur in einer bestimmten Phase und nicht früher oder später am besten gelingen (wie die phonetische Imitation von Wörtern), werden nur für frühe Altersstufen gesehen. „In Wirklichkeit gibt es kaum einen Bereich des Verhaltens, bei dem nicht gezeigt werden könnte, daß bei allen vermeintlichen Reifungsfortschritten das Lernen mindestens auch mitbeteiligt ist" (Aebli, 1980).

Noch weiter geht H. Thomae. Er führt auf die Problematik des Entwicklungsbegriffes zurück, zeigt, daß er gemäß seinem Sinn als Ausfaltung von Anlagen nur auf wenige Funktionsabläufe im Bereich der Psychomotorik anwendbar ist und sinnvoll nur verwendet werden kann, wenn man ihn von jeder Einengung auf Geschehen im Sinne von Entfaltung frei macht und „konzentriert auf den Sachverhalt einer in sich zusammenhängenden Veränderungsreihe, die einem bestimmten Zeitkontinuum als Bezugssystem zugeordnet werden kann". Dieser von problematischen Kriterien „gereinigte" Entwicklungsbegriff bestimmt als Gegenstand der Entwicklungspsychologie „ein Kontinuum von Veränderungen in seiner Zuordnung zum zeitlichen Zusammenhang eines Lebenslaufes" (Thomae, 1972). Die pädagogische Psychologie der Gegenwart hat sich von dem traditionellen Modell altersabhängiger Entwicklungsphasen gelöst. Man geht von einem Veränderungskontinuum und seiner Zuordnung zum individuellen Lebenslauf aus, ohne spezielle Entwicklungen auf bestimmte Altersphasen zu fixieren. Dem Entwicklungsgeschehen im Sinne eines individuellen Veränderungskontinuums liegen sowohl Vorgänge des Reifens wie solche des Lernens zugrunde. Doch Reifen ist nicht identisch mit Anlage und Lernen nicht mit Umwelt. Reifen und Lernen sind gerichtete menschliche Änderungsprozesse, die die beobachtbare Entwicklung erklären, während Anlage und Umwelt zwei verschiedene Arten von Bedingungsfaktoren darstellen, deren Interaktion einerseits die Entwicklungsprozesse des Reifens und Lernens ermöglicht und andererseits auch deren Grenzen festlegt (Heckhausen, 1974 a; vgl. Nickel, 1975 und 1979).

Diese (hier sehr gerafft dargestellten) Veränderungen des Denkens über die Entwicklung von Kind und Jugendlichem haben sich in Schule und Lehrerausbildung ausgebreitet. In der praktischen Musikpädagogik führen die Veränderungen allgemeinen pädagogischen Denkens zur Lösung von dem alten Modell der musikalischen Entwicklung, doch zugleich auch – ohne den Schutz einer neuen Theorie des musikalischen Veränderungskontinuums – zu einer recht weitgehenden Aufhebung eines Kontinuums musikalischer Lernangebote. In der wissenschaftlichen Musikpädagogik gewann die Frage nach sensiblen Lernphasen für einzelne musikalische Fähigkeiten besonderes Gewicht und führte zu zahlreichen Untersuchungen. Beide Bereiche fanden bisher auffallend wenig Kontakt zueinander. Es sind bereits Aussagen über sensible musikalische Lernphasen und deren sachbezogene Differenzierung möglich.

Doch für den neuen theoretischen Ansatz ist noch dringlicher, herauszuarbeiten, daß musikalisches Lernen durch seine zahlreichen Implikate psychomotorischer und auditiver Art wahrscheinlich in besonders hohem Maße mit einer Ausfaltung von Funktionsabläufen beginnt, die vermutlich Voraussetzung alles weiteren musikalischen Lernens sind. Diese Zusammenhänge sind noch wenig geklärt. Doch was sich im Bereich der Wahrnehmungsleistungen (Spitz, 1957) und für den Erwerb der primären Sprache (Lenneberg, 1967) abzeichnet, ist auffällig genug, um in der Musikpädagogik die Frage nach Zusammenhängen von Audition und Reifung des zentralen Nervensystems, vor allem aber nach der Abweichungsmöglichkeit individueller Lebensläufe von einem (zunehmend zu klärenden) regelhaften musikalischen Veränderungskontinuum im Erwerb des praktischen und hörenden Umganges mit Musik zu stellen. Die Variationsbreite musikalischer Leistungen nach Altersstufen ist auffällig (Zimmerman, 1971; vgl. auch Schulten, 1983). Vor diesem Hintergrund können aufeinander aufbauende musikalische Lernfolgen, wie sie bei der Ablösung des entwicklungspsychologischen Modells aufgegeben wurden, offener und variabler wieder entstehen. Es ist nicht auszuschließen, daß die theoretisch ungeschützte Übernahme eines allgemeinen Modells der Lockerung phasenspezifischer Lernbedingungen, die im Musikunterricht ohne die Regulierung der in anderen Fächern vorgegebenen konkreten Schuljahr-Lernergebnisse blieb, den Blick auf die Selbstverständlichkeit auch eines musikalischen Veränderungskontinuums verstellte und die sich einstellende Unverbindlichkeit zum Abbau der für allen Unterricht notwendigen altersbezogenen Kontinuierlichkeit im Fach Musik beitrug.

3.3 Untersuchungen der Altersbedingtheit musikalischer Leistungen

Das Untersuchungsmaterial mit Daten zur Altersabhängigkeit spezieller musikalischer Leistungen ist außerordentlich umfangreich. Seit G. Révészs frühen Arbeiten werden Zusammenhänge von Alter und musikalischen Leistungen gesehen, wenn auch weniger in ihren Konsequenzen für die unterrichtspraktische Frage, in welchem Alter eine spezielle musikalische Sache am angemessensten zu lernen sei. Doch recht übereinstimmend findet man in diesen frühen Forschungen die Auffassung, daß Alter „einen recht deutlichen Einfluß“ auf die musikalischen Leistungsfähigkeiten ausübe (Révész, 1920). Man sucht diesen Einfluß zu fassen durch die Feststellung des ersten Auftretens bestimmter musikalischer Leistungen und die Feststellung der Altersstufe, in der solche Leistungen (in der traditionellen Auffassung als „musikalische Anlage“ bezeichnet) bei besonders vielen Probanden ansteigen. G. Révész hat seine Ergebnisse entsprechender Untersuchungen in den nachfolgend zitierten Tabellen vorgelegt.

Entwicklung der musikalischen Anlage

Lebensalter	8	9	10	11	12	13	14
Nachsingen	80,0 %	89,0 %	94,3 %	83,3 %	97,6 %	97,7 %	94,3 %
Melodiegedächtnis	10,0 %	14,3 %	19,0 %	25,7 %	29,0 %	54,3 %	59,0 %
Analyse einer Quinte	13,3 %	15,7 %	23,3 %	27,7 %	44,3 %	49,0 %	77,7 %
Analyse einer gr. Terz	50,0 %	51,0 %	75,7 %	72,3 %	91,0 %	90,0 %	96,7 %
Unterscheidungsfähigkeit	37,7 %	44,3 %	61,0 %	73,3 %	75,7 %	81,0 %	84,3 %

Erstes Auftreten der musikalischen Anlage

Lebens-alter in Jahren	unter 2	2	3	4	5	6	7	8	9	10	11	12	13	14	15	16	17	18	19	20 und mehr	Total
Knaben	18	28	30	18	37	26	15	19	16	30	3	16	9	8	2	3	2	0	1	3	284
Mädchen	17	18	10	13	16	12	11	12	13	20	1	7	2	2	1	1	0	1	0	0	157

Diese Tabellen zeigen zumindest, daß „musikalische Anlagen“ im Alter von zwei bis zehn Jahren auftreten mit einer ersten Spitze im Alter von fünf Jahren (Knaben), und daß für unterschiedliche Leistungsfähigkeiten Leistungssprünge in unterschiedlichen Lebensjahren liegen (Révész, 1982).

Das entscheidende Material über optimale Lernphasen liefert die Testliteratur. Die Tests zeigen in Prozentzahlen auf, wieviele Versuchspersonen der verschiedenen Lebensalter eine bestimmte musikalische Leistung zu erbringen vermögen. Liegt zwischen zwei Altersstufen eine unverhältnismäßig große Differenz, so deutet dies auf eine sprunghafte Steigerung der besonderen musikalischen Leistungsfähigkeit in diesem Alter, auf eine sensible Phase für den Erwerb dieser musikalischen Leistungsfähigkeit, die gleichwohl von anderen Menschen auch schon früher, von wieder anderen auch später erreicht werden kann. Eine sensible Lernphase im rhythmischen Bereich darf man gemäß dem Bentley-Test um das achte Lebensjahr vermuten. Denn die Durchschnittswerte mit dem Rhythmus-Gedächtnis-Test für Altersgruppen von sieben bis vierzehn Jahren zeigen eine Entwicklung der Punktzahlen von 3.9 bei 7jährigen Kindern zu 5.5 bei 8jährigen, 5.7 bei 9jährigen, 6.4 bei 10jährigen, 6.9 bei 11jährigen, 7.3 bei 12jährigen, 8.0 bei 13jährigen und 8.8 bei 14jährigen Kindern; der größte Sprung in der Steigerung der Punktzahlen liegt zwischen dem Alter von sieben und acht Jahren (Bentley, 1973 a). Einen ähnlich auffallenden Sprung in der Fähigkeit, eine Tonleiter nachsingen zu können, belegt W.S. Monroe zwischen dem sechsten und siebten Lebensjahr; während in den vorangegangenen Lebensjahren Mädchen sich jeweils um 5% verbessern (Jungen um 2–3%), gibt es in dieser vermutlich für den speziellen Lernvorgang sensiblen Phase bei den Mädchen einen Sprung um 12% (Jungen um 6%) (Monroe, 1903). Auch A. Bentleys Tonhöhenunterscheidungs-Test läßt eine sensible Lernphase für diesen Lernvorgang vermuten. Die von A. Bentley festgestellten Normwerte führen von 8 Punkten (sieben Jahre), 8.8 Punkten (acht Jahre), 9.7 Punkten (neun Jahre), 10.4 Punkten (zehn Jahre), 11.1 Punkten (elf Jahre) zu 12.3 Punkten (zwölf Jahre), 12.7 Punkten (dreizehn Jahre) und 13.5 Punkten (vierzehn Jahre). Die prozentual höchste jährliche Zunahme der Punktzahlen liegt demgemäß mit 6% zwischen dem elften und zwölften Lebensjahr (Bentley, 1973 a). A Zenatti prüft die Altersabhängigkeit tonaler Fähigkeiten; sie stellt eine deutliche Steigerung tonaler Leistungen vom achten Lebensjahr an fest (Zenatti, 1969). Aus dem Test- und Untersuchungsmaterial sind noch viele Daten zu dem Zusammenhang von Lebensalter und musikalischem

Lernen, insbesondere auch betreffs optimaler musikalischer Lernphasen zu erschließen. Der Vergleich der Daten aus den verschiedenen Forschungsarbeiten ist wegen der Unterschiede der Aufgabenstellungen in den einzelnen musikalischen Leistungsbereichen und wegen der methodischen Vielfalt nicht problemfrei. Eine studentische Hausarbeit erbrachte bei einem Vergleich recht widersprüchliche Ergebnisse betreffs besonderer musikalischer Leistungen nach Altersstufen (Kurz, 1980). Spezielle Untersuchungen optimaler Lernphasen sind bisher wenig unternommen worden. Für die Fähigkeit zum Erwerb eines absoluten Gehörs wurde eine optimale Phase im dritten und vierten Lebensjahr festgestellt (Sergeant und Roche, 1973); der Versuch erbrachte auch, daß die Erfolgsziffer besonders hoch liegt, wenn die Wahrnehmung von Tonhöhenunterschieden mit kräftigen visuellen, verbalen und motorischen Verstärkern kombiniert und in der kritischen Phase ein Instrument erlernt wird.

Einige spezifisch musikpädagogische Ansätze sind noch recht offen, verdienen aber wohl besondere Beachtung. Dazu zählen Versuche, durch Tests Einzelheiten des musikalischen Veränderungskontinuums in Erfahrung zu bringen. Hierhin gehören die Ergebnisse von M. Stamback, die nicht nur um das sechste Lebensjahr eine auffallende Leistungssteigerung im Wiederholen rhythmischer Muster feststellt, sondern diese auch als die Voraussetzung für das Nachvollziehen rhythmischer Untergruppierungen in einem späteren Lernvorgang sieht (Stamback, 1960). Auch R. Wagners Test gewinnt dadurch an Bedeutung, daß er Aufgaben stellt, die sich in Prätests als Reihung zunehmender Schwierigkeitsgrade ergaben (Wagner, 1970). O.K. Duell und C. Anderson haben entsprechende Versuche mit Intervallen eingeleitet; in diesen Versuchen wird nicht primär nach dem Alter, sondern nach dem Lernkontinuum, der Reihe zunehmender Schwierigkeit, gefragt (Duell und Anderson, 1967).

Unter den zahlreichen Arbeiten, die insgesamt belegen, daß (wenn auch unregelmäßig) Kinder mit zunehmendem Alter ihre musikalischen Leistungsfähigkeiten verbessern, ist die Langzeituntersuchung von R. Petzold hervorzuheben, der über 500 Kinder in ihren ersten sechs Schuljahren beobachtet und jedes Jahr prüft. Auch R. Petzold stellt eine stetige Verbesserung der musikalischen Leistungen mit steigendem Alter fest; doch dazu teilt er mit, daß Kinder, die im ersten Schuljahr hohe oder niedrige Leistungen auf musikalischem Gebiet zeigen, auch in den folgenden Jahren im wesentlichen auf der jeweils gleichen Leistungsstufe bleiben. Damit hat R. Petzold die Blickrichtung auf das musikpädagogische Problem gelenkt, ob durch frühes oder rechtzeitiges musikalisches Lernen bei Kindern musikalische Fortschritte erreicht werden, die sich jedoch bei zunehmendem Alter auch ohne Lernen „von selbst" einstellen (Petzold, 1966). Hinweise geben auch die Ergebnisse der Langzeituntersuchung von R.B. Smith: 3–4jährige Kinder erhalten Singunterricht und erweisen sich in Tests als musikalischer als eine gleichaltrige Kontrollgruppe ohne Singunterricht. Doch im Alter von fünf bis sechs Jahren lassen sich keine signifikanten Unterschiede mehr zwischen den beiden Gruppen feststellen: Die Kontrollgruppe hat die Differenz aufgeholt (Smith, 1963). Für die Musikpädagogik liegt in diesen Fragen nach der Möglichkeit der musikalischen Leistungsabhängigkeit vom Lebensalter, der vorgegebenen Leistungsbegrenzung wie der Möglichkeit eines Reifungsegalisierungseffektes eine wesentliche künftige Forschungsaufgabe. Die mögliche Variationsbreite der Altersstufen für einzelne musikalische Leistungen gibt der praktischen Musikpädagogik schwierige unterrichtsmethodische Aufgaben.

4. Sozialschicht und Intelligenz als Bedingungen musikalischen Lernens

4.1 Über soziale Bedingungsfaktoren musikalischen Lernens

Die sozialen Bedingungsfaktoren stellen ein so komplexes Gefüge (der verschiedenen Familienmitglieder, der Berufe der Eltern, der Wohnverhältnisse, des Prestigebedürfnisses, der Freizeitinteressen usw.) dar, daß das Instrumentarium zum Erschließen von Bezügen zu musikalischen Lernvorgängen insgesamt als recht grob erscheinen muß. Es gibt umfassende, gründliche Erhebungen von Fakten (Hartwich-Wiechell, 1974; u.a.), doch erhebliche Schwierigkeiten bei einer differenzierenden Interpretation der Fakten. Ebenso gibt es von F. Klausmeier (1968) zu A. Silbermann (1976) erheblich divergierende Resultate hinsichtlich der Bedeutung sozialer Faktoren für das musikalische Verhalten von Kindern und Jugendlichen. In welcher Weise bei solchen Befragungen auch zeitgenössische Erziehungssituationen wirksam werden, zeigen die frühen Beobachtungen E. Walkers: Kinder und Jugendliche scheuen sich in den zwanziger Jahren, ihre musikalischen Neigungen etwa für den Schlager zuzugeben, weil sie damit in Widerspruch zu den Erwartungen ihrer Erzieher geraten (Walker, 1927). Heute werden umgekehrt schon Kinder schwerlich zugeben, daß sie klassische Musik mögen, da sie nun den Gegensatz zu ihrer Altersgruppe fürchten. Auch in der Testliteratur gibt es recht widersprüchliche Auffassungen. E. Gordon geht davon aus, daß Milieufaktoren wie beispielsweise der sozio-ökonomische Status geringe oder keine Relation zur musikalischen Begabung aufweisen (Gordon, 1965). E. Th. Gaston hält dagegen in der Einführung seines Testmanuals fest, daß man alle Bedingungsfaktoren musikalischen Verhaltens kennen müsse, um einen Menschen musikalisch beurteilen zu können (Gaston, 1957).

Forschungsgeschichtlich gesehen ist die Erkenntnis der Bedeutung sozialer Faktoren für musikalisches Lernen bereits alt. Die älteste Diskussion dieser Fragen finden wir zu Beginn unseres Jahrhunderts, und zwar in der Gegenpoligkeit von genetischer Theorie und milieutheoretischem Ansatz. Schon F. Brehmer und E. Walker verweisen in ihren musikpädagogischen Untersuchungen (auch) auf die Milieubedingtheit der erhobenen Daten (Brehmer, 1925; Walker, 1927). Auch G. Schünemann betont auf den letzten Seiten seiner „Musikerziehung“, daß neben Persönlichkeitsfaktoren wie Charakter, Fleiß, Willen und Energie in alle musikalischen Äußerungen der Kinder, die er beobachtet habe, auch Milieu, soziale Verhältnisse, persönliche und körperliche Voraussetzungen mit hineinspielen (Schünemann, 1930). Auch bei den späteren Vertretern einer Theorie musikalischer Entwicklung wie bei G. Kube fehlen nicht die Hinweise auf den Einfluß der häuslichen musikalischen Atmosphäre (Kube, 1958).

Wenn in der jüngeren musikpädagogischen Forschung soziale Faktoren musikalischen Lernens untersucht werden, so wohl am meisten unter sozio-ökonomischem Aspekt (vgl. Klausmeier, 1968; Kleinen, 1972; u.a.). Die breite erziehungswissenschaftliche Diskussion und Untersuchung sozio-ökonomischer Determinanten des Lernens verweisen auf Zusammenhänge zwischen Merkmalen der Persönlichkeitsstruktur des Kindes und dem sozio-ökonomischen Status der Eltern (vgl. Gottschalch u.a., 1971; Neidhardt, 1977). Die sozio-linguistische Forschung wies auf schichtspezifische Determination des frühen Sprache-Lernens hin (Bernstein, 1959). Neben solchen, zumindest zeitweilig in den Vordergrund einer allgemeinen pädagogisch-kulturpolitischen Diskussion tendierenden Untersuchungen gibt es zahlreiche Einzelarbeiten, die weiterreichende Relevanz für die Frage eines Zusammenhanges von musikalischem Lernen und sozio-ökonomischem Status des Elternhauses haben könnten. H.H. Hyman zeigt auf, daß sich in den sog. unteren Klassen ein vermindertes Erfolgsstreben und eine verhältnismäßig niedrige Bewertung von Bildung und Ausbildung zeigen, eine Tendenz, die sich in einem nicht als wichtig angesehenen Lerngebiet wie der Musik potenziert auswirken würde (Hyman, 1969). Durch B. Barber wird die geringe Neigung unterer Klassen zur Teilnahme an Aktivitäten belegt (Barber, 1961). J. Newman und P. Lazarsfeld untersuchen die sozio-ökonomischen Abhängigkeiten des über ästhetische Qualitäten im engeren Sinne hinausgehenden Geschmackes und zeigen, daß untere Klassen hungrig sind nach deutlichen, angenehmen sinnlichen Reizen, während die Oberklassen ihren „sensorischen“ Wohlstand durch Nicht-Konsum starker Reize anzeigen (Newman, 1957; Lazarsfeld, 1959). Spezielle musikpädagogische Forschungen zur Frage des Zusammenhanges von sozio-ökonomischen Faktoren und musikalischem Lernen setzen schon früh ein. G.M. Gilbert ermittelt bereits eine soziale Differenzierung innerhalb seiner Testergebnisse; Kinder sozial höherer Klassen zeigen die besseren musikalischen Leistungen als Kinder unterer Klassen (Gilbert, 1942). Ebenso belegt C.W. Valentine bei Schülerinnen der sozial höherrangigen Preparatory School drei Jahre früher als bei Kindern der Elementary School die Unterscheidungsfähigkeit für Kon- und Dissonanzen (Valentine, 1962). E.L. Rainbow beobachtet Korrelationen zwischen sozio-ökonomischem Status, häuslicher Ausschmückung (enrichment) und musikalischen Fähigkeiten (Rainbow, 1965).

Ein besonderer Schwerpunkt hat sich in der Forschung entwickelt, die nach Zusammenhängen zwischen sozio-ökonomischen Faktoren und musikalischen Präferenzen fragt. So haben W. Kral u.a. ihre Versuche mit Hörpräferenzen bei Kindern der ersten und zweiten österreichischen Schulstufe mit einer sozio-ökonomischen Erhebung verbunden. Sie bringen die Daten für Hörpräferenzen in Relation zu drei Milieutypen (I – III; I = höchstes Milieu; III = niedrigstes Milieu). Das Ergebnis ist aufschlußreich: Innerhalb der beiden Schulstufen sind keine milieubedingten Unterschiede zwischen den Hörpräferenzen nachweisbar. Beobachtet man aber gesondert die Verschiebungen zwischen den Präferenzen der ersten und der zweiten Schulstufe, so ist nachzuweisen, daß statistisch signifikante Veränderungen nur bei Milieutyp II und Milieutyp III zu erkennen sind, aber nicht bei Milieutyp I. Die Autoren folgern daraus wohl zu Recht, daß in den Milieutypen II und III die Zunahme der Beliebtheit von Pop und Beat auf die Hörgewohnheiten im elterlichen Haushalt zurückzuführen sind, was bei den Kindern des Milieus I weniger zutrifft, obwohl diese sicher ebenfalls potentielle Pop- und Beat-Hörer wären (Kral u.a., 1973). H. Schaffrath hat in seinen Versuchen über den Einfluß von Information auf das Musikurteil als zusätzliche Kategorie die Wohnungsgröße eingeführt. Das aus Relationen zwischen Schichtzugehörigkeit (der Eltern) und musikalischen Präferenzen gewonnene Datenmaterial belegt in der Regel das stärkere Interesse sozial höherer Schichten an sog. klassischer Musik (Schaffrath, 1975). Eine Arbeit von W.Ch. von Schönburg-Waldenburg verweist auf sozialabhängige Verhaltensunterschiede beim Musikhören. Er stellt bei Berufsschülern eine ausgeprägtere Komponente „kompensatorischen Verhaltens“ gegenüber Musik fest als bei Gymnasiasten, deren Musikverhalten verstärkt „kreative, kogitative Aspekte“ aufweist (von Schönburg-Waldenburg, 1976).

Nach P. Brömse, der die Mitwirkung sozialer Faktoren bei musikalischen Präferenzen durch Befragung von Gymnasial-, Real- und Berufsschulklassen im Vergleich aufzeigen konnte (Brömse, 1975), hat vor allem auch K.E. Behne im Zusammenhang des Konzept-Modelles die Schichtspezifität musikalischer Präferenzen untersucht. Er bildet nach vorgegebenen Einschätzungen von Berufsbezeichnungen neun verschiedene Klassen nach unterschiedlichem Sozialstatus, aus denen die extremen Gruppen, die Klassen 1 bis 2 (niederer Status) und die Klassen 7 bis 8 (hoher Status) in ihren musikalischen Einstellungen (im Sinne von Wertungen) verglichen werden. Die Einstellungen werden mit zwei Verfahren ermittelt, der Skala „interessant-langweilig" des semantischen Differentials und mit Fragebogen, auf denen jeweils drei Musikrichtungen nach Gefallen oder Nicht-Gefallen anzukreuzen sind. Für die klassische Musik steigen die Positivvoten von den unteren zu den oberen Sozialrängen von 27% auf 69%, recht ähnlich sehen die Präferenzen im Bereich der geistlichen Musik aus. Bei der Oper dagegen scheint die positive Entscheidung schichtunabhängig zu sein, während die Abneigung gegen Oper schichtabhängig bleibt. Während die Abneigung gegen die Oper mit steigendem Sozialstatus abnimmt, verhalten sich die Negativvoten gegenüber der Operette genau umgekehrt (Anstieg von 33% auf 58%); in den niedrigeren Sozialrängen wird die Operette als kunstvoll angesehen, in den höheren Rängen dagegen als sentimental. Am deutlichsten zeigen sich schichtspezifische Präferenzen bei dem Schlager: Die Positivvoten sinken von 28% auf 7%, die Negativvoten steigen von 30% auf 63%. Die für die praktische Musikpädagogik wichtigsten Ergebnisse stecken im Detail. Beispielsweise zeigt sich im Konzept Klassische Musik, das eine deutliche schichtspezifische Diskrepanz zwischen niederen und höheren Sozialrängen aufweist, daß bei der Darstellung im Polaritätsprofil, Skala interessant-langweilig, die beiden Kurven bei unterschiedlichem Sozialstatus wenig Abweichung zeigen, doch ihre größte Differenz bei der Polarität fremd-vertraut liegt. Weitere Unterschiede liegen bei den wertenden Adjektivpaaren (schön-häßlich) und bei der Wahrnehmung: Untere Sozialränge empfinden die klassische Musik als langsam, nicht so lebhaft, eher klagend und zart, obere Ränge dagegen als schnell, farbig und lebhaft. Der Effekt des elterlichen Sozialstatus hat sich als um so stärker erwiesen, je ausgeprägter der Kunst- bzw. Nichtkunstcharakter der jeweiligen Kategorie ist. Unterschiede in bezug auf Vertrautheit, gruppenspezifische sprachliche Stereotype in bezug auf diese Kategorien stecken die Aufgaben im Musikunterricht ab (Behne, 1975 und 1976).

Der ursprünglich enge Ansatz, durch Bezüge zwischen musikalischen Leistungsfähigkeiten und sozio-ökonomischen Faktoren Einblicke in die sozialen Bedingungen musikalischen Lernens zu gewinnen, hat sich schon durch die Verknüpfung mit der musikalischen Präferenzenforschung wesentlich geweitet. Darüber hinaus ist nun in den Blick zu nehmen, daß die sozialen Aspekte recht weit über die separierten sozio-ökonomischen Faktoren hinausreichen. Sie umfassen auch besondere Aktivitäten der Eltern, auch eines Elternteils, die Elterneinstellungen, angelernte Vorurteile und vollzogene Anpassung an Fremdurteile von Einzelnen wie von Gruppen u.a. Diese Faktoren, und ihre kaum lösbare Verquickung miteinander und zugleich auch mit sozio-ökonomischen Bedingungen, sind ein riesiger offener Fragenkomplex der Musikpädagogik (Zenatti, 1981). W. Kirckpatricks Feststellung von dem signifikanten Einfluß mütterlicher Singwilligkeit für die Singleistung des Kindes (Kirckpatrick, 1962) sowie J.St. Sheltons Beschreibung von Bezügen zwischen häuslicher, musikalischer Umgebung und Singfähigkeit sowie darüber hinaus zu weiteren musikalischen Fähigkeiten bis zur Bereitschaft, sich an musikalischen Aktivitäten zu beteiligen (Shelton, 1965), sind einige der wenigen gesicherten Belege dessen, was hinsichtlich der Bedeutung des familiären Musikklimas seit Jahrhunderten offenes musikpädagogisches Geheimnis ist.

Eine entscheidende Sozialbedingung musikalischen Lernens liegt – wobei auch historische Wandlungen mitwirken – in der Beeinflußbarkeit der subjektiven Meinung über Musik, vom speziellen Urteil bis zur Einstellung gegenüber einer Gattung wie einem Instrument und einer musikbezogenen Aktivität. Diese Beeinflußbarkeit ist gerade im Bereich musikalischen Lernens von so weitreichender Bedeutung, weil vermutlich die Bereitschaft zu Musizieren wie Zuhören von emotionaler Hinwendung oder Abwendung in erheblichem Maß abhängig ist. J. Hansberger gibt Hinweise darauf, daß sich seine 10–11jährigen Schüler vor allem bei Ablehnung einer musikalischen Gattung auf die Meinung des Vaters oder der ganzen Familie berufen; gattungsmäßige Festlegungen werden hier als „soziale Frontbildung" aufgezeigt (Hansberger, 1968). K. Hartjes Versuche enthalten Beobachtungen über Einflüsse von Peerleadern auf die musikalische Präferenz bereits bei jungen Kindern, ebenso die Versuche von R.F. Schuckert und McDonald sowie von H. Schaffrath, die im Zusammenhang der Veränderbarkeit musikalischer Urteile zu erörtern sein werden (Schuckert und McDonald, 1968; Hartje, 1973; Schaffrath, 1978; u.a.). Zahlreiche Beobachtungen sprechen dafür, daß die musikalischen Präferenzen der Jugendlichen soziale und nicht musikalische Entscheidung darstellen – die man darum vielleicht auch als solche behandeln sollte.

4.2 Zusammenhänge von Intelligenz, Sozialschicht und musikalischem Lernen

Die Fragen nach Zusammenhängen zwischen Intelligenz und musikalischem Lernen gruppieren sich traditionsgemäß um mehrere unterschiedliche Themen. Ein Thema von besonders hoher wissenschaftlicher Popularität (deren Ursachen in das antike Denkmodell von Musik als mathematischer Disziplin und ein daraus entstandenes wissenschaftsgeschichtliches Kontinuum führen) ist die Beziehung zwischen der sog. musikalischen Begabung und der mathematischen Begabung. Zahlreiche Forscher, insbesondere G. Révész (1982), haben den vermuteten Zusammenhang beider Begabungsarten als Vorurteil aufgezeigt und zugleich auch die Umstände, die zu der Entstehung dieses Vorurteils vermutlich führten, analysiert. Das Thema Musik und Mathematik gehört in den weiterreichenden Fragenkreis zum Verhältnis zwischen musikalischen und allgemeinen geistigen Leistungsfähigkeiten. In den zahlreichen Untersuchungen (Feis, 1910; Pannenborg und Pannenborg, 1915; Bartsch, 1920) ließen sich keine Zusammenhänge nachweisen, abgesehen von deutlichen Beziehungen zwischen musikalischer und zeichnerischer bzw. dichterischer Begabung (Haecker und Ziehen, 1922).

Die spezielle Frage nach der Bedingtheit musikalischen Lernens durch geistige Leistungsfähigkeiten kompliziert sich durch die hier in hohem Maße mitwirkenden Bedingungsfaktoren des sozialen Umfeldes einschließlich der sozio-ökonomischen Faktoren, die ihrerseits nicht nur das musikalische Lernen, sondern vermutlich ebenso den Erwerb der geistigen Fähigkeiten gerade in frühen Lernphasen mitbedingen. Natürlich kann auch die Psychologie nicht die perfekte Analyse von beziehbaren Faktoren der Intelligenz liefern. Nach traditionellen Verfahren der Intelligenzerfassung durch Kurzaufgaben, wobei die Zahl der richtigen Antworten das Ausgangsmaß zur Schätzung der Intelligenz bildet, leitete J.P. Guilford ein neues Verständnis von Intelligenz ein, das den prozessualen Charakter des Problemlösens bei Intelligenzaufgaben in den Vordergrund rückte (Guilford, 1967). Doch das Problem der widersprüchlichen Resultate bei Querschnittsvergleichen blieb. „Erst die Kombination von Längsschnitt-, Querschnitt- und Generationseffekten" läßt Aussagen über mögliche Verläufe zu (Oerter, 1977). Doch auch eine grundlegende Frage wie die des Bezugs zwischen spezifisch kognitiven Komponenten und solchen, die sich in der Bewältigung von Alltagssituationen bewähren, zur Erklärung von Intelligenz ist unterschiedlichen Auffassungen unterworfen. R. Wicke hat einen Begriff musikalischer Intelligenz entwickelt, der „unmittelbare Einsicht in musikalische Zusammenhänge und Gesetzmäßigkeiten" meint, die sich „entfaltet . . . an den spezifisch musikalischen Inhalten" (Wicke, o.J. [1931]) — ein Ansatz, der in der Musikpädagogik aus diagnostischen wie aus didaktischen Gründen wohl mehr Beachtung verdient hätte.

Die Aussagen über die Bedingtheit des kindlichen musikalischen Lernens durch geistige Leistungsfähigkeiten sind vor dem Hintergrund dieser methodischen Problematik zu sehen, die zugleich auch manche Widersprüchlichkeiten der Untersuchungsergebnisse und Aussagen erklärt. Auf noch völlig offene, aber nicht auszuschließende Zusammenhänge verweisen die Ergebnisse U. Oevermanns, der auf positive Relationen zwischen dem Artikulationsvermögen des Kindes im Alter von sechs bis acht Monaten und seinem Intelligenzquotienten im Alter von drei Jahren verweist (Oevermann, 1966). R. Shuter zeigt in ihrer Dissertation von 1964 an Material von H.D. Wing, daß die Unterschiede der musikalischen Befähigung nach sozio-ökonomischem Status nicht signifikant seien, und betont auch 1968, daß die besseren Musiktest-Ergebnisse bei Kindern aus sozial höheren Klassen durch deren (durch den Test geprüfte) höhere Intelligenz verursacht seien; hier gibt es auch Verweise auf die (gegenwärtig vielfach beobachtbare) Diskrepanz zwischen höherem Sozialstatus und musikalischem Interesse (Shuter, 1964). Daß die Variablengruppe musikalische Elterneinstellung unabhängig sei von der Variablengruppe ökonomische Situation, hat der englische Plowden-Report mit riesigem Zahlenmaterial beispielsweise an der Zahlenrelation von Bücherbestand im Elternhaus und Umfang des Gebrauchs von Leihbüchern aufgewiesen (Belser u.a., 1972). In gleiche Richtung weist die Untersuchung von R.H. Dave, der zwischen gemessener Intelligenz und Anregungspotential des Elternhauses eine Korrelation von .68 errechnete, dazu eine wesentlich geringere gegenüber dem Sozialstatus der Eltern (Dave, 1963).

Die Frage nach Zusammenhängen zwischen musikalischen Hörfähigkeiten und Intelligenz ist schon früh gestellt worden. Doch gibt es bis heute mehr Einzelbeobachtungen und Meinungsäußerungen als systematische Untersuchungen. H. Meißner prüft bereits Relationen zwischen rezeptiv-musikalischen Leistungen und dem Intelligenzquotienten und stellt dabei für Schüler vom ersten bis achten Schuljahr enge kausale Zusammenhänge fest (Meißner, 1914/1915). S. Belaiew-Exemplarsky entnimmt ihren Versuchen, daß „die intellektuelle Begabung von der musikalischen streng geschieden" aufgetreten sei. Bei ihren 6–7½jährigen Versuchskindern erfaßt sie die intellektuelle Begabung durch den Grad der „Vollkommenheit des sprachlichen Ausdrucks, seine Verständlichkeit", die Musikalität durch die Genauigkeit der Entsprechung von Aussage und musikalischem Material. Ihr Material enthält Belege, daß Kinder mit geringem allgemeinen Entwicklungsstand dennoch einen hohen Grad der Musikalität erkennen lassen können (Belaiew-Exemplarsky, 1926). Die Gegensätzlichkeit der Ergebnisse wiederholt sich bei den Untersuchungen von H. Schüssler und K. Bartsch. H. Schüssler stellt fest, daß unmusikalische Schüler in den Schulfächern durchschnittlich ein tieferes Leistungsniveau aufweisen. Er vergleicht 200 musikalische und 200 unmusikalische Schüler an Elementar- und Mittelschulen und kommt zu dem Ergebnis, daß die Ergebnisse der musikalischen Schüler in den Schulfächern um 15% höher liegen als die der unmusikalischen Schüler, die der Halbmusikalischen um 6,6%. Von den unmusikalischen Schülern erreichen nach H. Schüssler nur 41%, von den halbmusikalischen 57% das Schulziel, während die musikalischen Schüler mit 79% dieses Schulziel erreichen. „Die Unmusikalischen gehören den Musikalischen gegenüber im Durchschnitt einem niederen Begabungstypus an", stellt H. Schüssler demgemäß als ein Ergebnis seiner Untersuchung fest (Schüssler, 1916). Doch schon seine Zeitgenossen beurteilen diese Folgerungen skeptisch. K. Bartsch setzt seine Kritik an der Methode H. Schüsslers an, seiner ungesicherten Zuordnung von Probanden in musikalische Begabungsgruppen (die offensichtlich nur auf Schulnoten in Gesang beruhte) und der nicht weniger fragwürdigen Kategorie des „Sitzenbleibens" in der Schule als Kriterium von (allgemeiner) Begabung; „wenn ein Kind von den Eltern zu häuslichen Arbeiten den ganzen Tag über in Anspruch genommen wird . . ., dann kann es einfach das Klassenziel nicht erreichen". Als Material zur Feststellung einer spezifischen Relation von „musikalischer Begabung und wissenschaftlicher Begabung" verwendet K. Bartsch seinerseits die Zeugnisse von 200 Schülern eines sächsischen Volksschullehrer-Seminars im Durchschnittsalter von neunzehn Jahren. Der Grad der „musikalischen Begabung" wird aus zwei Noten, für Gesang und Instrumentalspiel, festgestellt, die „wissenschaftliche Leistung" aus den Noten für zwölf außermusikalische Lehrgebiete. Dazu wird eine „technische Leistung" (Schreiben, Zeichnen, Turnen) ermittelt. Der Vergleich der Leistungen auf musikalischem und wissenschaftlichem Gebiet erbringt nach K. Bartsch: „Musikalische und wissenschaftliche Begabung stehen in keinem besonderen Verhältnis zueinander" (Bartsch, 1920).

Wieviel methodische Problematik hinter solchen Ergebnissen steht, ist bei diesen pauschalen Ansätzen auf den ersten Blick deutlich. Aus jüngerer Zeit gibt es einzelne Beobachtungen. Für H. Höchel ist der Stand des analytischen Denkens einer der Faktoren, von denen das Niveau der harmonischen Hörfähigkeiten des Kindes abhängt (Höchel, 1960). In von H. Moog referierten Vergleichen körperlich behinderter Kinder, nichtbehinderter und schwach intelligenter Kinder (jeweils 25 Kinder im Alter von zehn bis elf Jahren), werden spezielle rhythmische Leistungen (Länge der rhythmischen Folge, Kombination von Rhythmus und Tonhöhe, Grad der Differenziertheit eines Rhythmus) dem Intelligenzquotienten gegenübergestellt. Sowohl die körperlich behinderten Kinder wie die schwach intelligenten Kinder unterscheiden sich signifikant von den nichtbehinderten (Moog, 1979). Von besonderer Bedeutung sind wohl Ergebnisse von A. Geelhaar. Sie führt vergleichende Untersuchungen zur Musikalität sehgeschädigter und normalsichtiger Kinder durch und kommt zu dem Ergebnis, daß bei der sehgeschädigten Gesamtgruppe die Beziehung zwischen Musiktest und Intelligenz stärker ist, während bei den normalsichtigen Kindern eine etwas höhere Abhängigkeit der Musikleistungen vom Lebensalter vorherrscht. Man kann die Interpretation, daß durch besondere Beanspruchung musikalischer Fähigkeiten allgemeine Fähigkeiten beeinflußt werden, nicht von der Hand weisen. Denn die musikalischen Leistungen der Sehgeschädigten unterscheiden sich in allen Testteilen signifikant positiv von denen normalsichtiger Kinder (eine Ausnahme bildet bezeichnenderweise nur der rhythmische Test; Geelhaar, 1971).

5. Lernbedingungen im musikalischen Material

5.1 Zur Forschungssituation

Die Frage nach Beziehungen zwischen Merkmalen des musikalischen Materials und musikalischem Lernen, Kriterien für Eignung oder Nicht-Eignung musikalischer Materialien für bestimmte Lernvorgänge und spezielle Lernschritte, materialbedingte Ursachen gradueller Unterschiede von Lernergebnissen – dies sind zentrale musikpädagogische Probleme. Erfahrungen mit Schülern beim Singen und Musizieren haben Rangordnungen von leicht zu schwer hervorgebracht. Diese Rangordnung begegnet auch im Hörunterricht, wo leicht gern mit kurz, formal übersichtlich und harmonisch einfach gleichgesetzt und mit eben diesen Kategorien ein Lernkontinuum entwickelt wird. In der Forschung haben die spezifischen Lernbedingungen des musikalischen Materials, des komplexen Musikmaterials, bisher nur in erstaunlich geringem Maße Beachtung gefunden. In der jüngsten Vergangenheit wurden Fragen nach Motivation durch musikalisches Material und Präferenz bestimmter musikalischer Gattungen von der Forschung aufgegriffen. Diese Forschungen zielen jedoch mehr auf Feststellung von Meinung über Musik und nicht auf die Untersuchung von im musikalischen Material liegenden Bedingungsfaktoren musikalischen Lernens. Daß diese für den musikalischen Lernvorgang so wichtigen materialen Faktoren einer Erforschung mehr methodische Schwierigkeiten entgegenstellen als die Erfragung von Präferenzen, liegt auf der Hand und ist wohl eine der Ursachen des noch unzureichenden Forschungsstandes.

5.2 Untersuchungen zum Bezug zwischen musikalischen Materialien und musikalischem Lernen

Ein Ansatz der Erforschung materialspezifischer Bedingungen des musikalischen Lernens ist auf die Bedeutung der Bekanntheitsqualität, der Vertrautheit, für eine positive Einstellung zu bestimmter Musik gerichtet. Nach E. Jost (1969) haben P. Brömse und E. Kötter die spezielle Frage aufgegriffen, in welchem Verhältnis der Bekanntheitsgrad von Musik bei Jugendlichen zu ihrer Differenzierungsfähigkeit bei der Rezeption steht. Die Versuche wurden mit Versuchspersonen im Alter von elf bis vierzehn Jahren in den Jahren 1967 bis 1969 durchgeführt, und zwar mit der Methode des Polaritätsprofiles. Es wird ein Profil mit 26 Polaritäten eingesetzt, die stärker auf assoziative als auf sachliche Bezüge abzielen, auch Wertungen möglichst vermeiden wollen. Der Intensitätsgrad der jeweils angesprochenen Eigenschaften des Materials kann unter sechs zwischen den Polaritäten liegenden Bewertungen ausgewählt werden. Als musikalisches Material dient eine Gruppe von Musik mit hoher Bekanntheitsqualität (Schlager, Beat- und Popmusik sowie „Klassische“ Musik) und eine Gruppe von Musik mit niedriger Bekanntheitsqualität (Musik aus dem Mittelalter, europäische und außereuropäische Folklore-Musik, elektronische Musik und musique concrète). Die sehr sorgfältige Auswertung mit Objekt- und Personenvergleich und ihrer Kombination, mit Darstellung der Korrelationen und mit Faktorenanalyse erbringt, daß die Bekanntheitsqualität von Musik bei jugendlichen Hörern in keinem direkt proportionalen Verhältnis zum Differenzierungsgrad der Rezeption steht. Es zeigt sich vielmehr, daß sehr bekannte und so gut wie unbekannte Musik bei Schülern eine ähnliche Wirkung hervorrufen; hier ist das Differenzierungsvermögen gering. Aber bei Musik von mittlerer Bekanntheitsqualität lassen die Jugendlichen ein bemerkenswert hohes Differenzierungsvermögen erkennen. Dazu zeigt sich, daß Bekanntheitsqualität und Wohlgefallen bzw. Mißfallen in einem engen Verhältnis zueinander stehen. Wenn Jugendliche Musik als „merkwürdig“ (unbekannt) beurteilen, dann wird sie auch als „häßlich“ eingestuft, umgekehrt stimmen die Beurteilungen „vertraut“ (bekannt) und „schön“ überein. Bei einer Vergleichsgruppe von Studenten tritt gerade diese Relation nicht auf. Hier kommt vielmehr eine Zuwendung zum Neuen, Ungewohnten zutage, während von den Schülern feste Erwartungen gegenüber Musik gehegt werden; wenn diese nicht erfüllt werden, reagieren die Schüler mit Unlust (Kötter, 1970; Brömse und Kötter, 1971). Auf den besonderen Effekt der Bekanntheit für die Aufgeschlossenheit gegenüber moderner Musik macht schon K.H. Mull aufmerksam, der eine positivere Einstellung nur nach wiederholtem Anhören beobachtete (Mull, 1957).

In engem Zusammenhang mit diesem Ansatz, Material musikalischen Lernens unter dem Aspekt der Relation von Bekanntheit und Wohlgefallen zu untersuchen, hat sich ein Untersuchungsansatz aus der Materialproblematik der Neuen Musik für musikalisches Lernen entwickelt. Die beiden grundlegenden Arbeiten von H.Ch. Schmidt und H.G. Bastian untersuchen vor allem die Auswirkung von Unterricht für die Einstellung zum musikalischen Material, erbringen aber auch Ergebnisse zu grundsätzlichen Materialproblemen mit Neuer Musik im Musikunterricht. In H.Ch. Schmidts Versuchsmaterial sind hier die schriftlichen Antworten seiner 60 Versuchspersonen im Durchschnittsalter von siebzehn Jahren und zehn Monaten (Schüler) auf die Frage nach den Eindrücken von acht Ausschnitten moderner Orchesterwerke von Bedeutung; denn sie erbringen, daß Neue Musik wegen ihrer Fremdartigkeit abgelehnt wird, diese Fremdartigkeit aber genau in den Kategorien (wie Komplexität, „Unwirklichkeit“, imaginärem Raumcharakter oder offener Form) empfunden wird, denen der Schüler hilflos gegenübersteht, weil er sie nicht versteht. H.Ch. Schmidt interpretiert die negative Einstellung der Schüler aus der Unfähigkeit zum strukturellen Hören dieser Musik, verweist auch auf die Tendenzen der Schüler, die eigene Unfähigkeit zum beziehenden Hören durch Aggression oder Furcht zu kompensieren (Schmidt, o.J. [1975]). H.G. Bastian kommt – mit einer andersartigen Versuchskonstruktion – zu recht abweichenden Ergebnissen. Seine Versuchspersonen sind 11jährige Schüler; sie hören nur drei Musikbeispiele und erfüllen außer der Prüfung musikalischer Einzelmerkmale auch eine Direkt-Wertung. Daß bei seinem Versuch kein Zusammenhang zwischen der Polarität Fremdartig-Vertraut und wertenden Polaritäten erkennbar wird, daß Ablehnung eines Stückes mit Wunsch nach Unterrichtung verbunden sein kann, läßt zunächst zumindest auf erhebliche Unterschiede nach Altersstufen, aber auch auf hohen Einfluß der Versuchsmethode (freie schriftliche Äußerung gegenüber vorgegebenen Fragen) schließen (Bastian, 1980; vgl. auch Bastian, 1977 und 1981 b).

Auch manche Einzelergebnisse enthalten Hinweise auf materiale Aspekte musikalischer Lernbedingungen, die Beobachtung verdienen. B. Dopheide macht nach Erfahrungen in Unterrichtsversuchen darauf aufmerksam, daß Kinder Musikbeispiele bevorzugen, die deutlich gegliedert sind, entweder in gut erkennbare Abschnitte oder in gut hörbare Schallebenen (Dopheide, 1976). C.B. Valentine prüft in verschiedenen Altersstufen die Präferenz für konsonante oder dissonante Akkorde. Die Altersstufe zwischen sechs und vierzehn Jahren prüft er an 195 Kindern aus zwei Elementary Schools sowie 76 Mädchen einer Privileged Preparatory School. Beide Gruppen weichen im Ergebnis deutlich voneinander ab. Während die Kinder der Elementary Schools erst ab neun Jahren den Unterschied feststellen und mit zwölf bis dreizehn Jahren den Stand der Erwachsenen erreichen, zeigen die Mädchen der Privileged Preparatory School im Alter von sieben Jahren bereits Abneigung gegen dissonante Akkorde und erreichen mit neun Jahren den Stand der Erwachsenen (Valentine, 1962). E. Payne macht darauf aufmerksam, daß die Bereitschaft für bestimmte musikalische Materialien auch von der individuellen Konstitution abhängig ist; vegetativ anfällige Menschen bzw. Neurotiker neigen stärker zu romantischer Musik als vegetativ-sensibel weniger anfällige Menschen (Payne, 1965). In einem der Frankfurter Versuche zu Hörfähigkeiten 5–7jähriger Kinder von S. Abel-Struth und U. Groeben wird auch die Frage nach dem Interesse dieser Altersstufe für spezielle musikalische Merkmale gestellt. Es wird mit musikalischem Material experimentiert, das (mit je zwei Beispielen) in Vorversuchen den musikalischen „Dominanzmerkmalen" signalartig, gesanglich, Imitation von Tierstimmen, Klangband und marschartig zugeordnet worden war. Die Ergebnisse zeigen, daß man bei der Darbietung komplexer Musik bereits in dieser Altersstufe, schon vor Schulbeginn, davon ausgehen muß, daß diese Kinder manche Musik mehr und andere weniger mögen, und dies unabhängig von musikalischen Gattungen, aber offensichtlich bestimmt von spezifischen gattungsübergreifenden musikalischen Merkmalen (Abel-Struth und Groeben, 1979).

Insgesamt bleibt der komplexes musikalisches Material in bezug zu musikalischem Lernen bringende Forschungsansatz erstaunlich schmal, insbesondere im Vergleich mit der so umfangreichen parameterspezifischen musikalischen Leistungsmessung. Doch liegt gerade hier, im Bereich der Bezüge zwischen Musik-Lernen und dem musikalischen Material, der Musik selbst, die Ansatzmöglichkeit für genuin musikpädagogische Fragestellungen. Ihre traditionelle Vernachlässigung ist nur forschungsgeschichtlich zu erklären. Der systematische Versuch zu Bedingungen des Musik-Lernens zeigt das Defizit an Klärung der Lernbedingungen auf, die im musikalischen Material selbst liegen, obwohl doch gerade dieses Material, die Musik, die Eigenart allen Musik-Lernens begründet.

6. Motivation als Bedingung musikalischen Lernens

6.1 Zur Diskussion unterrichtsbezogener Motivation

Angesichts der Schwierigkeiten, in denen sich (vor allem der schulische) Musikunterricht in unserer Zeit befindet, wurde der von Haus aus psychologische Terminus Motivation nach manchen Zwischenstationen in pädagogischer Psychologie, Pädagogik und der sog. allgemeinen Didaktik erwartungsvoll in die Musikpädagogik aufgenommen. Nunmehr in seinem umgangssprachlichen Sinne verwendet, bedeutet er die Intention, dem Schüler mehr Lust auf Musikunterricht (und durch diesen auch auf Musik?) zu machen. Während in der Vergangenheit die Frage dominierte, wie der musikalische Lehrstoff am besten dem Schüler zu vermitteln sei, tritt nun die Frage in den Vordergrund, wie man Schüler dazu bringt, für musikalisches Lernen oder überhaupt nur für Musikunterricht bereit zu sein; die Motivation musikalischen Lernens tritt in die Diskussion ein.

Die Frage, wie man Schüler im Musikunterricht motivieren, wie man ihre musikalische Lernbereitschaft verbessern könne, wird gerne damit beantwortet, daß man den Schüler bei dessen eigenem musikalischen Stand und Verständnis abholen müsse. Diese musikdidaktische Zauberformel hat entscheidend zu materialen Veränderungen im Musikunterricht der Schule beigetragen. Leichte Unterscheidungsaufgaben an „Klängen und Geräuschen" geben dem Schüler (wie dem Lehrer) dem Schein nach Erfolgserlebnisse. Vor allem wird der Schüler bei seiner musikalischen Lust, der Popularmusik, abgeholt, die nur leicht Trübung erfährt, wenn der Musiklehrer versucht, diese Musik auch zur Erklärung weiterreichender musikalischer Phänomene einzusetzen. Motivation erhält hier die Funktion von materialer Stimulation des Schülers.

In der Diskussion unterrichtsbezogener Motivation spielen außer materialen Stimulanzien auch die Aktions-Stimulation und die methodische Stimulation eine erhebliche Rolle. Jeder Musiklehrer weiß, daß man jüngere Kinder durch Bewegung zur Musik unterrichtlich gesehen vorzüglich motiviert. Der stimulierende Charakter des Bewegens im Zusammenhang mit Musik hat der Bewegungserziehung zu einem Siegeszug im Musikunterricht des Elementar- und Primarbereiches verholfen. Jeder Musiklehrer weiß auch, daß ältere Schüler wie auch Studenten durch musikalische Aktion leichter für musikalisches Lernen motiviert werden können; Singen und Musizieren sind bei Schülern und Lehrern beliebt. Sicher liegt in der Stimulation durch Aktion auch eine der Ursachen des zunehmenden Interesses an Improvisation. Musikalische Aktion wirkt stimulativ, kognitive musikalische Lernvorgänge bedürfen offenbar in höherem Maße zusätzlicher methodischer Stimulanzien. Hier liegt die besondere Bedeutung der (wohl auch darum) so erfolgreichen graphischen Notationsmethode im musikalischen Hörunterricht; sie verschafft dem Lernenden durch Veranschaulichung von Musik bei Verzicht auf die komplizierten und schwer lesbaren musikalischen Symbole eine (visuelle) Entlastung. Die zahlreichen Möglichkeiten einer methodischen Stimulation im Musikunterricht kennt der Praktiker, ohne daß sie ihm vielleicht als solche bewußt sind: Es sind persönliche Stimulanzien durch eigenen instrumentalen Vortrag des Lehrers, durch sein dem medialen popularmusikalischen Brauch angepaßtes Sprachverhalten; stimulativ ist auch die Einbeziehung gerade modischer Themen (woraus sich u.a. die Beliebtheit der Werbemusik als „Unterrichtsprojekt“ erklärt). Dadurch, daß Musik in so hohem Maße öffentlich geworden ist, sind auch ihre stimulierenden Komponenten freigelegt worden, die weit über materiale Stimulanzien hinaus in den Bereich der Darbietungsweise, den Stil der Erklärung, die Anpassung an gängige Bewertung, in eine Stimulation durch Übereinstimmung von öffentlichem Konsum der Musik und Stil des Musikunterrichts reichen, der daraus Chancen zur Motivation des Schülers ableitet. Hier liegen die besonderen Schwierigkeiten des Musikunterrichts in der Gegenwart, die wohl kein anderes Schulfach in solchem Maße zu bewältigen hat. Der Musikunterricht geriet in die Gefahr, die stimulierenden Möglichkeiten, die Faktoren, die dazu verhelfen, den Schüler zur Beteiligung am Musikunterricht zu bringen, über die Zielfrage des Musikunterrichts zu stellen bzw. Ziele und Stimulanzien im Zeichen einer zum Schlagwort gewordenen musikalischen Motivation zu verquicken.

Die Diskussion unterrichtsbezogener Motivation ist einerseits – wobei sie sich auf Ergebnisse musikalischer Präferenzforschung und Schülerbefragungen zum Beliebtheitsgrad von Musikunterricht beruft – in die Entwicklung von Unterrichtsmethodik auf der Basis von Stimulanzien für den Schüler ausgelaufen. Andererseits entwickeln sich jedoch, nach ersten Verweisen auf die Bedeutung der Motivation für den Musikunterricht (Meyer, 1969) und als musikpädagogisches Forschungsthema (Noll, 1973), zunehmend spezifische Untersuchungen (Behne, 1982 b). Neben Arbeiten, die die Musikpädagogik über spezielle psychologische Forschungen belehren (und in denen B. Weiners Modell der Kausalattribuierung von 1975 gern herangezogen wird), bleiben vor allem Methode und Material bestimmende Aspekte musikpädagogischer Motivationsforschung. K. Hörmann konzentriert auf die motivierenden Implikate musikbezogener Körperbewegung, ein „psychophysisch aktiviertes Musikverstehen“, womit zugleich Popmusik als „motivationsstimulierend“ erklärt wird (Hörmann, 1977). U. Spahlinger-Ditzig zeigt im Zusammenhang zeitgenössischer Musik im Unterricht „Rückmeldungen“, Erklärung über den Sinn eines Vorhabens und Besprechung des Ergebnisses, als „einen wesentlichen Teil des Motivationsgeschehens (Spahlinger-Ditzig, 1979). G. Reinhard trifft dagegen mit ihren Untersuchungen zur Leistungsmotivation im musikalischen Bereich zentral in das Problem musikpädagogischer Motivforschung (Reinhard, 1979).

6.2 Das Motiv als Erklärungsbegriff menschlichen Handelns

Dem umgangssprachlichen Gebrauch des Wortes Motivation mit seiner Bedeutung des Anregens, des Entwickelns von Bereitschaft für etwas, das ein Mensch von selbst nicht ohne weiteres akzeptiert oder vollzieht, steht die Bedeutung von Motivation in ihrem engeren psychologischen Sinne gegenüber. Hier hat sich um die Vielfalt der Probleme und Antwortversuche um Motivation bereits eine hochdifferenzierte Motivationspsychologie entwickelt (Heckhausen, 1980; Keller, 1981). Grundlegende Bedeutung hat hier ein auf dem Motivbegriff basierender Motivationsbegriff. Recht übereinstimmend versteht man unter Motiven zeitlich relativ überdauernde Dispositionen, die sich im Lauf lebensgeschichtlicher Erfahrungen, insbesondere in der frühen Kindheit, entwickelt und verfestigt haben (Weiner, 1975). Motive darf man als den Hintergrund ansehen, aus dem unserem Handeln Richtung gegeben wird, der das Handeln antreibt und leitet. Motive sind „hochgeneralisierte Wertungsdispositionen für einzelne Grundsituationen", in denen sich jeder Mensch im Laufe seines Lebens immer wieder vorfindet (Heckhausen, 1974 c). Der Begriff Motiv ist als ein hypothetisches Konstrukt zu verstehen, das in seinen Faktoren beschreibbar ist, ein Erklärungsbegriff, der zwischen den beobachtbaren Faktoren einer Situation und den ebenfalls beobachtbaren individuellen Verhaltensweisen aus Anlaß solcher Situationen erklärend vermitteln soll.

Eine Handlung wird kaum von einem einzigen Motiv bestimmt, meist gehen ihr ganze Bündel emotional wie kognitiv bestimmter Motive voraus. Die bisher untersuchten Motive sind vor allem das Leistungsmotiv (Weiner, 1975), das Anschlußmotiv, das Machtmotiv und das Aggressionsmotiv (Heckhausen, 1977). Doch ist von einer noch zu erforschenden Vielzahl weiterer solcher Motive auszugehen. Die stärkeren Motive bestimmen das Geschehen, schwächere werden abgedrängt. Die Motive von Personen sind relativ stabil, sie erfahren nur langfristig Änderungen durch neu hinzukommende Erfahrungen.

Gegenüber den Motiven im Sinne relativ stabiler Persönlichkeitsfaktoren meint Motivation (auch Motivierung) als psychologischer Begriff situativ angeregte, mehr oder weniger kurzfristige Handlungstendenzen. Diese entstehen aus dem Zusammenwirken von überdauernden Motiven (der Person) und augenblicklichen Gegebenheiten (der Situation). Motivationen im Sinne momentaner Handlungstendenzen können sich in wechselnden situativen Gegebenheiten schnell ändern (Weiner, 1975). Während Motive individuelle Unterschiede des Verhaltens in gleichbleibenden Situationen erklären, die Voreingenommenheit, mit der Menschen die gleiche Situation und den Ausgang ihres Handelns unterschiedlich auffassen und bewerten, beschreibt die Motivation kurzfristiges, situationsabhängiges Geschehen, das zu Handlungen führt oder diese in Bewegung hält. Motive sind Persönlichkeitsfaktoren, Motivation ist die „Wechselwirkung (von) Situations- und Motivfaktoren" (Heckhausen, 1974). Aus (latenten) Motiven wird (aktuelle) Motivation durch die Anregung von Situationsfaktoren, weil sie „wertgeladene Folgen möglicher Handlungsergebnisse verheißen" (Heckhausen, 1977). Das heißt: Motive wirken auf die Motivation ein, bestimmen sie aber keineswegs allein; die Situationsfaktoren wirken entscheidend mit. Um die vor dem Handeln liegenden Zwischenprozesse, die das einzelne Motiv nicht erklären kann, fassen zu können, wird auch der Begriff des Motivationsparameters gebraucht (Jopt, 1979), der auf ein prozessuales Motivationskonzept verweist, das neben Motiven und situativen Faktoren zusätzliche Zwischenprozesse und Elemente zu bedenken aufgibt.

6.3 Zum Leistungsmotiv im musikalischen Lernen

Das bisher besonders umfassend und differenziert untersuchte Motiv, das Leistungsmotiv, ist zugleich das einzige, das auch im musikalischen Bereich systematisch geprüft wurde. Es wird als nicht angeboren, sondern erlernt angesehen, herausgebildet in verschiedenen leistungsthematischen Situationen eines Menschen. Als Merkmale leistungsmotivierten Handelns werden genannt: daß das Handeln zu einem objektivierbaren Ergebnis führen kann, nach Tüchtigkeitsmaßstäben beurteilbar ist, zu Erfolg oder Mißerfolg führen kann (für den Handelnden also weder zu schwer noch zu leicht ist), daß der Handelnde seinem Ergebnis einen bestimmten Tüchtigkeitsgrad abverlangt und den Effekt seiner Handlung auf sich selbst als Urheber zurückführen kann

(Heckhausen, 1974 und 1977). Einige spezielle Untersuchungen führen zu dem Ergebnis, daß Kinder schon mit drei Jahren zu leistungsthematischem Erleben fähig sind und mit vier Jahren individuelle Motivausprägungen zeigen. Zumindest deuten sich in diesem Alter bereits Hoffnung auf Erfolg und Furcht vor Mißerfolg, entscheidende Tendenzen des Leistungsmotives, an (Heckhausen und Wagner, 1965; Heckhausen und Wasna, 1965). Zahlreiche spezielle Untersuchungen, die hier bei weitem nicht erschöpfend gefaßt werden können, weisen auf Zusammenhänge zwischen Leistungsmotiv und Selbständigkeitserziehung (Meyer, 1973) sowie zwischen Leistungsaufgeschlossenheit der Mutter und größerer Leistungsinitiative des Kindes in den Aktivitäten des Kindergartens (Crandall u.a., 1960).

Ein weitreichender Forschungsschwerpunkt bei B. Weiner ist die Wirkung von Erfolg und Mißerfolg auf die Leistung, wobei die Fragestellung auf das Ausmaß der momentanen Wirkung von Erfolg und Mißerfolg zielt, deren „dynamische oder motivierende Auswirkungen“, doch nicht auf den Einfluß von Erfolg und Mißerfolg auf die Entstehung oder Änderung überdauernder Motive. Erfolg und Mißerfolg, die bei B. Weiner nicht mit Belohnung und Bestrafung gleichgesetzt, sondern als Emotionen im Sinne von Stolz (auf Erfolg) und Beschämung (über Mißerfolg) aufgefaßt sind, werden zwar nicht in ihren konkreten Auswirkungen auf Lernen (als „Verstärkung vorauslaufender Reaktionen“) als vielmehr in einem weiteren Sinne an den mit ihnen verbundenen Beeinflussungen von Richtung, Stärke und Dauer nachfolgenden Verhaltens untersucht (Weiner, 1975). Die hier nur skizzierten Mitteilungen öffnen den Blick für eine Fülle hypothetischer Materialen zur Leistungsmotivation auch im musikalischen Bereich. Erfolgs- und Mißerfolgserlebnisse sind weniger an bestimmte Leistungen gebunden als an die Relation der Leistung eines Menschen zu dem von ihm angestrebten Ziel; es ist Bedingung für das Erleben von Erfolg oder Mißerfolg, daß ein Anspruchsniveau besteht, an dem der Mensch den Effekt seiner Handlung als Erfolg oder Mißerfolg feststellen kann. Offensichtlich sind jedoch die motivationalen Wirkungen von Leistungsresultaten durch die unterschiedliche Beteiligung von Persönlichkeitsmerkmalen bei dem einzelnen Menschen unterschiedlich; dies beginnt bereits bei der Wahl der Aufgabenschwierigkeit als Ziel der Leistung. Theoretische Ansätze halten fest, daß überwiegend Erfolgsmotivierte am stärksten bei Aufgaben mittlerer Schwierigkeit motiviert sind, Mißerfolgsmotivierte dagegen bei solchen Aufgaben am meisten gehemmt sind. Bei Erfolgsmotivierten wird die Motivierung durch Erfolg bei leichten Aufgaben und durch Mißerfolg bei schweren gesenkt, während Mißerfolgsmotivierte das umgekehrte Verhalten zeigen. Insgesamt werden Erfolgsmotivierte durch Mißerfolg motiviert, nicht jedoch durch Erfolg, während Mißerfolgsmotivierte durch Erfolg motiviert, durch Mißerfolg dagegen in ihrem Leistungsverhalten beeinträchtigt werden (Weiner, 1976).

Vor diesem theoretischen Hintergrund wird die Ursachenzuschreibung („Kausalattribuierung“) im Zusammenhang mit Genese und Stabilität des Leistungsmotivs und Leistungsverhaltens von G. Reinhard in den musikalischen Bereich übertragen. Sie geht von B. Weiners Modell der grundlegenden Kausalelemente aus: Ein Resultat, das von einem Menschen als Erfolg oder Mißerfolg erlebt wird, kann entweder auf eigene Anstrengung und Begabung (internale Faktoren) oder auf den Schwierigkeitsgrad der Aufgabe und Glück/Pech (externale Faktoren) zurückgeführt werden. Die 332 9–14jährigen Versuchspersonen aus Grund- und Hauptschulen werden dem Bentley-Test unterzogen; nach jedem Subtest werden sie befragt, wie stark sie das von ihnen erzielte Resultat auf diese internalen und externalen Faktoren zurückführen. Zusätzlich werden Variablen der Persönlichkeit, insbesondere der musikalischen Einstellung, auch solche der jeweiligen Eltern und Lehrer in die Erhebung einbezogen. Die Untersuchung erbringt zahlreiche Einzelergebnisse, die weiter zu verfolgen sind. Es gibt Zusammenhänge zwischen Erfolgsmotivation und musikalischer Präferenz: Schüler, die im musikalischen Bereich weniger stark erfolgsmotiviert sind, weisen einen sehr engen, emotionalen Bezug zum Schlager auf. Die dominierende Persönlichkeit eines Musiklehrers steht im Zusammenhang mit der Erfolgsmotivation der Schüler; Schüler mit einem geringeren Maß an Erfolgsmotivation bezeichnen ihren Musiklehrer als stärker und weniger offen. Enge Zusammenhänge zwischen Erfolgsmotivationen im musikalischen und im allgemeinen schulischen Bereich werden nachgewiesen. Schüler mit zusätzlichem außerschulischem Musikunterricht zeigen eine höhere Motivation im musikalischen Bereich als solche ohne privaten Unterricht. Hohe mütterliche Erziehungsintensität läßt ein hohes Maß an musikalischer Motivation erwarten; diese mütterliche Erziehungsintensität erweist sich als der mit Abstand bedeutsamste Faktor einer Erfolgsmotivation im musikalischen Bereich. Der in den Versuch eingebaute Bezug zu dem Bentleyschen Musikalitätstest ergibt den signifikanten Zusammenhang zwischen Furcht vor Mißerfolg im musikalischen Bereich und schlechter musikalischer Leistung. Zu den wesentlichen Ergebnissen darf man auch die Feststellung zählen, daß Kinder die Wertschätzung des Faches Musik von ihrem Musiklehrer positiv wie negativ übernehmen. Aufschlußreich sind auch die Beobachtungen im Zusammenhang der Kausalattribuierung: So erzielen Schüler, die den Anstrengungsfaktor im musikalischen Bereich für wesentlich halten, bessere Ergebnisse im Musikalitätstest als Schüler, die der eigenen Anstrengung geringe oder keine Bedeutung im Fach Musik geben. Als besonders ungünstig erweist es sich, wenn musikalische Mißerfolge des Schülers auf mangelnde Begabung zurückgeführt werden, während sich umgekehrt die Möglichkeiten erfolgsmotivierten musikalischen Verhaltens erhöhen, wenn musikalische Leistungsresultate eigener Anstrengung zugeschrieben werden können (Reinhard, 1981; vgl. auch Reinhard, 1979).

6.4 Aktuelle Aspekte

Man wird über die Diskrepanzen zwischen dem Motivationsverständnis in der Literatur zum Musikunterricht und der Motivationsforschung nachzudenken haben, wobei die Motivationsforschung zumindest instrumentelle Analysehilfen bereitstellt. Die Bezeichnung Motivation wird in der unterrichtsbezogenen musikpädagogischen Diskussion viel gebraucht, sie reicht in Lehrbücher und Lehrpläne. Doch die Bedeutung, die Motivation hier zugeschrieben wird, ist die von Anregung zur Beteiligung am Musikunterricht. Stimulanzien des Materials, der Aktion oder der Methode werden eingesetzt, um dem Schüler Lust am Musikunterricht zu machen. Hohe Lautstärke, Beat-Schlag, extreme Klänge, erotische Texte popularer Musik sind Stimulanzien, Erregungsmittel, Bewegung zu Musik ein Anregungsmittel. Merkmale einer musikalischen Motivation in ihrem engeren Sinne sind nicht gegeben, weil die mit überdauernden Motiven der Person zusammenwirkenden momentanen, situativen Gegebenheiten nicht die übergreifenden besonderen Gegebenheiten von Musik darstellen, und die entstehenden Handlungstendenzen höchstens ausschnitthaft auf ein musikalisches Handeln verweisen, eher Züge außermusikalischen Handelns aufweisen. Was im

Musikunterricht als Motivation angesehen wird, ist von den material-situativen und aktions-situativen Faktoren und den daraus rührenden Handlungstendenzen her weniger Motivation als vielmehr Stimulation.

Die in musikalischer Motivation mitwirkenden, überdauernden personalen Motive sind – mit Ausnahme des Ansatzes um das musikalische Leistungsmotiv – nicht bekannt. Dieses musikalische Leistungsmotiv wird jedoch in der Musikpädagogik wenig in seiner praktischen Bedeutung anerkannt und blieb darum auch als wissenschaftlicher Gegenstand unpopulär; es ist im musikalischen Bereich durch eine öffentliche Diskussion überschattet, die Musik für den Schüler von „Leistung" freihalten möchte. So sehr man frühe musikalische Leistung bei der musikalischen Hochbegabung, bei Wettbewerben, schätzt, so pauschal will man „das Kind" davor bewahren. Auch hier spielen begriffliche Mißverständnisse dem musikalischen Lernen von Kindern und Jugendlichen einen bösen Streich. Denn man verwechselt gern Leistung und Zwang mit dem für alles Lernen unverzichtbaren Wissen um anzustrebende Ziele, um ein Anspruchsniveau, an dem der Lernende den Effekt seiner Bemühung als Erfolg oder Mißerfolg feststellen kann. Die mitwirkenden, individuell unterschiedlichen Persönlichkeitsfaktoren zu erforschen, ist offene Aufgabe der Musikpädagogik. Man sollte auch mehr wissen über die (positiven wie auch negativen) Auswirkungen früher Leistungsmotivation durch häusliches, instrumentales Üben etwa, durch Korrektur von Singschwächen durch die Eltern, durch die (gemäße) Unterstützung entstehender musikalischer Leistungsmotive im Kindergarten, über die Defizite an musikalischer Motivation in der Schule durch die musikalische Leistungsmotivation drosselnden Denkmodelle aus musischer und kompensatorisch-therapeutischer Tradition. In der öffentlichen Meinung hat ein musikalisches Leistungsmotiv für Amateure kaum Raum. Die populäre Vorstellung, daß Musik nur etwas für musikalisch Begabte sei, verdeckt, daß auch im musikalischen Bereich die menschliche Grundtendenz Leistung wirksam ist. Wenn dem Schüler im Musikunterricht der Gütemaßstab vorenthalten wird, mit dessen Hilfe er erkennt, ob er sich mit oder ohne Erfolg bemühte, wenn ihm Einsicht in den konkreten Effekt seiner Bemühungen im Musikunterricht vorenthalten wird, wenn im Fach Musik sein Leistungsmotiv gar nicht gefragt ist, dann eben entfallen doch wohl entscheidende Anstöße musikalischen Lernens. Man wird nicht ausschließen können, daß mancher Mißerfolg heutigen Musikunterrichts daraus rührt, daß das vermutlich auch auf musikalischem Gebiet wache Leistungsmotiv des Schülers verdeckt wurde. Musikalische Motivation ist nicht momentane Stimulation des Schülers mit mehr oder weniger musikalischen Mitteln, sondern eine aus der Kombination situativer Faktoren mit dauerhaften, die weitreichenden Eigenarten von Musik ansprechenden Persönlichkeitsfaktoren entstehende bewegliche Handlungstendenz, die bedingend im individuellen musikalischen Lernvorgang mitwirkt.

Kapitel III
Musikbezogene Lernvorgänge

1. Hören als musikpropädeutischer Lernvorgang

1.1 Hörwahrnehmung als Gegenstand der Musikpädagogik

Musikbezogenes Hören-Lernen ist als einer der zentralen Unterrichtsgegenstände des Faches Musik allseits erkannt und anerkannt. Man versteht darunter die Ausbildung des Gehörs zur Fähigkeit unterscheidender Wahrnehmung musikalischer Vorgänge. Zunehmend – doch reichen die Vorläufer solcher Denkweise in die Aufklärungszeit zurück – wird das frühe musikalische Hörinteresse junger Kinder, deren Vergnügen an bunten Klängen, in die Planung musikalischen Lernens einbezogen; noch vor wenigen Jahrzehnten wurde musikalisches Hören-Lernen allein als Aufgabe der Mittel- und Oberstufe, in dem Unterscheiden melodisch-harmonisch-formaler Phänomene der Musik, gesehen. Hören-Lernen im Sinne von Hinführung zu Musikrezeption ist als Aufgabe praktischer Musikpädagogik etabliert; die Unterschiedlichkeit der Auffassungen bezieht sich auf die Anteiligkeit gegenüber anderen musikalischen Unterrichtsgegenständen sowie in den verschiedenen Altersstufen und auf die Auswahl der musikalischen Materialien für das Hören-Lernen.

Die wissenschaftliche Musikpädagogik richtete ihr Interesse bisher vor allem auf empirische Feststellungen betreffs der Hörleistungen an einzelnen musikalischen Parametern. Die hier gewonnenen Daten sind aufschlußreich als Lernergebnisse am separierten Detail. Gegenüber dieser empirischen Detailforschung am musikalischen Parameter blieb die Auseinandersetzung mit den am Hörvorgang beteiligten Persönlichkeitsmerkmalen schmal. Der Zusammenhang früher Förderung der Hörwahrnehmung mit späteren Leistungen im musikalischen Hören wird gesehen (wie auch der mit der Sprachentwicklung), auch die Bedeutung der Hörwahrnehmung für das Gesamt des Lernens. Doch es unterblieb bisher weitgehend die Beschreibung der Korrespondenzen nicht-musikbezogener Hörwahrnehmung mit musikalischem Hören, ihre Erörterung im weiteren Zusammenhang der Wahrnehmungsforschung. Diese Fragen sind von praktischer Relevanz, weil im elementaren Musikunterricht Hörerziehung gerade an nicht spezifisch musikalischen Hörereignissen betrieben wird.

Die Wahrnehmung als wissenschaftlicher Gegenstand steht in mehreren Disziplinen in der Diskussion, vor allem jedoch in der Psychologie, wo sie zu den zentralen Forschungsgegenständen zählt. In dem umfassenden Schrifttum der Psychologie zum Thema Wahrnehmung lassen sich grundlegende Übereinstimmungen erkennen. Als wesentlich bei der Zeichnung eines Hintergrundes für die spezielle Wahrnehmung über das Gehör, die Hörwahrnehmung, und deren pädagogischer Dimension erscheint vor allem die Übereinstimmung darin, daß das Wahrnehmungserlebnis nicht ein auf ein Sinneserlebnis reduziertes „Abbild" der Umwelt darstelle, sondern eine auf Erfahrung, auf individuellem Gedächtnis beruhende Strukturierung von Umweltinformation (Hajos, 1977). Wahrnehmen ist nicht (passives) „Photographieren" einer objektiven Realität, ihre passive Spiegelung, sondern ist ein (aktiver) Prozeß der Aneignung (Stadler u.a., 1977). Wahrnehmung wird als „komplexe, aus Sinnesempfindungen und Erfahrungskomponenten bestehende psychische Erscheinung" gesehen (Rohracher, 1965). Mit dieser grundlegenden Auffassung stehen zwei weitere, besonders durch die pädagogische Psychologie verbreitete Aspekte in engem Zusammenhang. Dies ist einerseits die Auffassung von Wahrnehmung und Denken als „kontinuierlich ineinander übergehende(n) Akte(n)" (Skowronek, 1968), weiterreichend in die Akzentuierung der Wahrnehmung in ihrer Bedeutung auch für alle kognitiven Prozesse des Lernens. Andererseits führt die grundlegende Auffassung des Zusammenspiels von Wahrnehmung und Erfahrung zu der pädagogischen Betonung der Abhängigkeit der Wahrnehmung von sozialen Faktoren. Insbesondere von S.L. Rubinstein wurde die Bedingtheit menschlicher Wahrnehmung durch Erfahrungen aus der gesellschaftlichen Praxis beschrieben (Rubinstein, 1968).

Als weiterer beziehungsreicher Aspekt wahrnehmungstheoretischen Denkens sei die Auffassung von Wahrnehmung als „evolutionäres Produkt der Interaktion zwischen Individuum und Umwelt zum Zwecke erfolgreichen Verhaltens" gezeigt. Die Wahrnehmung beschränkt sich auf solche Mitteilungen, die das Individuum in die Lage versetzen, erfolgreich auf seine Umwelt zu reagieren; im Wahrnehmungsprozeß hat sich nur dies durch Optimalisierung etabliert. Die Entstehung der Wahrnehmungsstruktur über einen evolutionären Optimalisierungsprozeß stellt eine Anpassungsleistung des Individuums an seine Umwelt dar, niemals abgeschlossen und keineswegs auf die frühe Kindheit beschränkt. Sinnesstruktur entstand „nicht nur in der Entwicklungsgeschichte der Art, sondern auch in der Entwicklungsgeschichte des Individuums". Schließlich sei noch auf den Aspekt der „perzeptiven Abstraktion" im Sinne einer Zusammenfassung von Details zu verhaltensrelevanten Sinnes- bzw. Perzeptionskategorien sowie auf den Aspekt der „intermodalen Konvergenz" der einzelnen Sinneseindrücke verwiesen, die eine objektbezogene Kombination von Sinneseindrücken ermöglicht, um mit A. Hajos' Definition der Wahrnehmung die allgemeine Einleitung abschließen zu können: „Wahrnehmung ist also ein räumlich, zeitlich und nach intermodalen Parametern organisierter Informationsgewinn des Individuums über die Umwelt zum Zwecke des erfolgreichen Agierens und Reagierens, formuliert in der anschaulichen, überwachten und stabilisierten Sprache der zur Einheit strukturierten Sinneserlebnisse" (Hajos, 1977).

Die über das Gehör erfolgende Wahrnehmung, die Hörwahrnehmung, wird kaum in der psychologischen Literatur (die sich vergleichsweise mit visueller Wahrnehmung in wesentlich höherem und intensiverem Maße befaßt hat), eher noch in anthropologischen und gehirnpsychologischen Forschungen aufgegriffen. Für den Anthropologen ist die hörende Wahrnehmung mit den Anfängen menschlicher Stammesgeschichte verknüpft und ursprüngliche existentielle Notwendigkeit des Menschen. Hörend unterscheiden können, ist menschliche Grundausstattung, notwendig zu Flucht und Kontakt, ist Bedingung des Überlebens. In der gehirnpsychologischen Literatur gibt es Verweise darauf, daß zu den ersten Informationen, die das Gehirn des Säuglings aufnimmt, neben denen, die durch Tasten und Riechen aufgenommen werden, auch bereits solche sind, die über das Gehör aufgenommen wie auch eingeordnet werden. Dazu wird in der pädagogischen Literatur der Gegenwart vielfach auf die Zusammenhänge zwischen Hörwahrnehmung und Lernen – dem allgemeinen, über spezifisch musikalisches Lernen hinausreichenden Lernen – verwiesen. In musikdidaktischen Zusammenhängen wird häufig auch die Bezeichnung auditive Wahrnehmung verwendet, wenn die Unterscheidungsfähigkeit für Geräusche und klangliche Elemente, die in frühen Altersstufen ausgebildet werden soll, angesprochen wird. Andererseits wird mit der Bezeichnung auditive Wahrnehmung im Zusammenhang ästhetischer Intentionen zur Erweiterung eines als konventionell empfundenen Musikbegriffes gearbeitet; die Bezeichnung auditive Wahrnehmung wird hier zum Ersatz des traditionellen Begriffes Musik-Hören und impliziert, daß eben nicht nur „Musik" im Sinne von Kunstwerk, sondern vielmehr darüber hinaus alles Hörbare in einem als

„auditive Wahrnehmungserziehung" verstandenen Musikunterricht einzubeziehen sei. Auditive Wahrnehmung ist gegenüber Hörwahrnehmung als Bezeichnung für eine intentionale musikdidaktische Position abzugrenzen.

Für die Hörwahrnehmung gilt, wie für alle Wahrnehmungen, daß hier nicht nur ein sensorieller Vorgang stattfindet, durch den Hörumwelt „auf Band" aufgenommen wird. Hörwahrnehmung ist vielmehr ein aktiver Prozeß der Aneignung durch Hören, eine psychische Erscheinung, in der Sinnesempfindung und vorgegebene Erfahrungen sich verquicken und individuell unterschiedlich strukturieren. Eine Definition der Hörwahrnehmung wie die von Ch. Fritze mag sehr weit gefaßt sein: „Sie ist zu verstehen als die Fähigkeit, Hörphänomene jeglicher Art (Musik, Sprache, Umweltschall) differenziert wahrzunehmen, sich vorzustellen, erlebnismäßig-emotional zu erfassen, zu verbalisieren und selbst zu produzieren" (Fritze, 1974). Doch sicher ist, daß Hörwahrnehmung nicht auf rein sensorielle Fakten zu reduzieren ist, sondern in komplexem Zusammenhang mit aus anderen Erlebnisweisen rührenden Erfahrungen steht.

Die Bindung sensorieller Leistungen an kognitive wie affektive Vorgaben im Prozeß der Hörwahrnehmung legt entscheidende Aspekte der Hörwahrnehmung als Lernvorgang frei. Die Hörwahrnehmung entwickelt sich nicht im Sinne eines in vorgegebenem Ablauf sich verbessernden Sensoriums für Hörbares, auch ist die Vielfalt hörbarer Stimulanzien nicht allein verantwortlich für den Erfolg des Wahrnehmungs-Lernens über das Gehör. Hörwahrnehmung bedarf vielmehr wie alles Lernen der Hilfen zur Förderung von Neugier, von Höraufmerksamkeit und -konzentration, zur Förderung langsam entstehender Orientierung durch Erfahrungen, durch Benennung und Zuordnung. Die langsame Differenzierung der Hörwahrnehmung ist nicht nur Schärfung des Gehörs, sondern die Folge aus einer Kombination von Lernangeboten für Hören mit affektiven und kognitiven Lernbeiträgen. Dies gibt den pädagogischen Verweisen auf die soziokulturellen Bedingungen frühen Lernens auch im Bereich der Hörwahrnehmung ihr Recht, wobei zugleich auch auf die Abhängigkeit des Hörens von jeweiligen geschichtlichen Situationen zu verweisen ist. Auch die Hörwahrnehmung bildet sich zu menschlicher Potenz „nur in der Auseinandersetzung mit den Möglichkeiten, die ihnen durch die äußere Welt und die inneren Bedürfnisse wechselweise zugespielt werden. Darum bildet sich auch das Gehör als menschliches Organ erst im Medium der gesamten Kultur . . ." (Bräuer, 1969). Umgekehrt verweist die Wirksamkeit der Kombination sensorieller, kognitiver und affektiver Lernaufgaben in der Differenzierung von Hörwahrnehmung auch auf mögliche Gründe der Wirksamkeit von Hörwahrnehmung in allgemeinen Lernvorgängen affektiver wie kognitiver Dimensionen.

Daß sich bei der Beobachtung des Kindes Hörwahrnehmung als Kontinuum zunehmender Differenzierungsfähigkeit zeigt, wirft die Frage nach den in den Leistungssteigerungen wirksamen Anteilen von Reifung und Lernen auf. Im Zuge ganzheitspsychologischen Denkens wird auch für Hörwahrnehmung eine fortschreitende Entwicklung vom Diffusen zum Gegliederten, vom Einfachen zum Differenzierten im Sinne qualitativ neuer Stufen angenommen. In deren Folge nimmt man auch für Hörwahrnehmung eine bis ins Schulalter reichende Ganzheitlichkeit der Hörauffassung an (Schenk-Danzinger, 1972). Durch den Nachweis höranalytischer Fähigkeiten schon des jungen Kindes (Schmalohr, 1968; u.a.) in Parallele zu allgemeinen wahrnehmungsanalytischen Fähigkeiten (Rubinstein, 1968; Ljublinskaja, 1975) kann das Modell nur reifungsbedingter Stufen der Hörwahrnehmung, der Beginn auf der ganzheitlichen Hörstufe, widerlegt werden. Auch die gegenteilige Auffassung, die Vorstellung einer im wesentlichen lernbedingten Entwicklung der Hörwahrnehmung, wird vertreten (Fritze, 1979). Man wird davon ausgehen dürfen, daß auch bei der Entwicklung der Hörwahrnehmung Reifung und Lernen in einem komplexen Wechselbezug stehen, wobei den Eigenarten des Lernens wohl mehr Aufmerksamkeit zukommt als dies bisher geschah. Gewiß handelt es sich bei den einzelnen Wahrnehmungsleistungen im Bereich des Hörbaren nicht um eine feste Stufenfolge, sondern um individuell unterschiedlich einsetzende und jeweils ineinander übergehende Akte hörender Wahrnehmung.

Man darf grob sechs solcher ineinander übergehenden Akte der Ausbildung der Hörwahrnehmung unterscheiden. Schon in der ersten Phase ist die Fähigkeit der Hörwahrnehmung vorhanden; das Kind kann nach der Geburt hörend wahrnehmen. Man hat unterschiedliche körperliche Reaktionen auf plötzliche Geräusche und laute Geräusche schon in den ersten Lebenstagen des Kindes beaobachtet. Diese frühesten Reaktionen des Säuglings auf Geräusche werden als automatische Reaktionen im Sinne angeborener Reflexreaktionen aufgefaßt (Vernon, 1971). Der menschliche Säugling bringt solche Fähigkeiten mit, weil sie es ihm ermöglichen, sich ankündigende Hilfe für seine Erwartungen auf Nahrung, Pflege und Kontakt wahrzunehmen; in den ersten Lebenswochen spielen Reflexreaktionen im Zusammenhang der Nahrungsaufnahme die wichtigste Rolle. Für die erste Phase ist charakteristisch, daß das Kind eine von Haus aus gegebene Ausstattung aufweist, die es ihm ermöglicht, auf Geräusche seiner Umwelt zu reagieren. Das Hörorgan wird gereizt und löst automatische Reaktionen aus. Diese Reaktionen werden auch als orientierende Reflexe bezeichnet, womit ihre Funktion als Motivationsbasis für die Verarbeitung von Umwelteindrücken charakterisiert wird. Damit wird zugleich ein erster Entwicklungsabschnitt akustischen Neugierverhaltens abgegrenzt, bestimmt durch Lauschen im Sinne eines orientierenden Reflexes auf akustischen Reiz (Oerter, 1980).

Doch bereits sehr früh zeigen sich auch Verhaltensweisen hörender Wahrnehmung beim Kind, die nur durch Lernen erklärbar sind. Es sind die lautlichen Reaktionen des Kindes auf Gehörtes. P. Michel beobachtet sie beim Einmonatskind, stellt im dritten Lebensmonat unterschiedliche Einzellaute fest und beschreibt schließlich bei dem sechsmonatigen Säugling eine ganze Reihe unterschiedlicher lautlicher Äußerungen (Michel, 1975). Sie sind nach J. Piaget als Koordinationsversuche aufzufassen. Wahrgenommene Laute, zufällige Laute der Umwelt wie eigene Laute, werden mit dem Stimmorgan wiederholt; der Säugling versucht, die stimmliche Äußerung dem hörend Wahrgenommenen anzupassen, er stellt Koordinationen zwischen dem Wahrgenommenen und seiner Stimme her. Diese vor allem für den Spracherwerb so wichtigen Koordinationen, deren Bedeutung auch für späteres Singen sich einstweilen nur vermuten läßt, sind nach J. Piaget bereits im zweiten Lebensmonat vorhanden. In unserem Zusammenhang des Lernvorganges der Hörwahrnehmung bedeuten sie ein erstes Anpassungsprogramm des Gehörs; zu den angeborenen Reflexreaktionen treten, bereits im zweiten Lebensmonat erkennbar, lernend erworbene Koordinationen von Gehör und eigener Stimme (Piaget, 1975).

Eine weitere durch Lernen bewirkte Differenzierung der Hörwahrnehmung sind die Fähigkeiten, Unterschiede der Hörreize zunehmend erfassen zu können. Der großen Zahl systematischer Untersuchungen beginnender Wahrnehmungsdifferenzierung im visuellen Bereich (wo insbesondere mit Helligkeitsmodifikationen gearbeitet wird) steht im akustischen Bereich eine ungleich geringere Zahl an detaillierenden Untersuchungen gegenüber. Hier ist zudem das Interesse mehr auf Unterschiede der

Reaktionen als auf solche des akustischen Materials gerichtet. Doch lassen die zahlreichen Beobachtungen von Hörreaktionen des Kindes in der psychologischen wie musikpädagogischen Literatur von G. Schünemann (1930) bis P. Michel (1975) zahlreiche Unterschiede der Reaktionen bei unterschiedlichen Hörreizen ablesen. Als gesichert darf angesehen werden, daß bereits in den ersten Lebenswochen die Differenzierung der Hörwahrnehmung in bezug auf menschliche Stimmen beginnt (Hetzer und Tudor-Hart, 1927). Versuche mit bedingten Reflexen erbringen den Nachweis, daß bereits von einem zwei bis drei Monate alten Kind zwei Töne unterschiedlicher Klangfarbe nach einer verhältnismäßig geringen Zahl von Bekräftigungen unterschieden werden können; doch kann diese Fähigkeit bei Kindern zu recht verschiedenen Zeitpunkten auftreten (Michel, 1975). Auf wieviel Lernen diese Differenzierung der Hörwahrnehmung des Kindes beruht, welche Zahlen und Arten von Geräuschen und Klängen das Kind schon im ersten Lebensjahr aufnimmt und unterscheiden kann, zeigt ein Blick auf den akustischen Tageslauf einer Familie, ihrer Gespräche, ihrer Bewegungen, den Geräuschen ihrer Schritte, der Türen, Fenster und Stühle, der technischen Geräte im Haushalt, der Straßengeräusche und der alles übertönenden Musikgeräte der Familienmitglieder. Der Säugling ist bereits von einer geräuschvollen Umwelt umgeben, der er sich durch Ausbildung seiner Hörwahrnehmung anpaßt. Vom ersten groben Unterscheiden aus gelingt ihm eine sich zunehmend differenzierende Hörwahrnehmung, mit deren Hilfe er auf seine Umwelt reagieren kann. E.J. Gibson beschreibt das Lernen in den ersten Lebensjahren darum als ein Wahrnehmungslernen im Sinne zunehmender Differenzierungsfähigkeit für Umweltmomente (Gibson, 1969).

Aus dem Prozeß zunehmender Differenzierung der Hörwahrnehmung heben sich drei weitere besondere Fähigkeiten heraus, Lernergebnisse der Hörwahrnehmung, basierend auf akustischen Erfahrungen. Schon früh ist zu beobachten, daß Kinder sich der Schallquelle zuwenden. P. Michel beschreibt diese Fähigkeit der Schallokalisation bereits bei Kindern im dritten Lebensmonat (Michel, 1975). Zunehmend wird auch die Koordination von Geräusch und Geräuschquelle möglich, die Identifikation eines Gerätes als Geräuschobjekt. Vermutlich spielen explorativ gewonnene Hörerfahrungen bei der Ausbildung dieser akustischen Identifikationsfähigkeit eine besonders große Rolle; eigenes Ausprobieren des Geräuschobjektes auf seine Geräuscheigenschaften hin verbessert die Möglichkeiten, Verbindung zwischen Gerät und Geräusch herzustellen. J. Piaget hat solche frühen Identifikationsversuche des jungen Kindes beobachtet. Sie beginnen mit Greifen, Betrachten und mit dem Hantieren an Objekten, wenn die Kinder etwa drei bis vier Monate alt sind. Es sind vertraute Objekte, nach denen das Kind zuerst greift (Piaget, 1974). Der musikpädagogische Beobachter stellt in dieser Phase das sich vielfach wiederholende Schütteln und Schlagen von Geräuschgeräten fest; es ist die Zeit der Rasseln und Klappern, in der das Kind die Unterschiedlichkeit von Geräuschen je nach Art und Behandlung des akustischen Spielzeugs herausfindet. Mit diesen Erfahrungen lernt das Kind die Vielfalt des akustischen Bereiches kennen, erwirbt erste Fähigkeiten, durch eigene Aktivitäten produzierend und modifizierend in diesem akustischen Bereich zu wirken. Schallokalisation und -identifikation werden im ersten Lebensjahr gelernt. Doch hinter diesen beobachtbaren Hörfähigkeiten steht, daß schon im ersten Lebensjahr – nach der selektiven Aufmerksamkeit für einzelne Reize – Hörfähigkeiten durch Erfahrungen gefördert werden. In die Hörwahrnehmung wird ein akustisches Explorationsverhalten integriert. Dazu ist in den Blick zu nehmen, daß Identifikation, gegenüber einfacher Unterscheidung, auch im akustischen Bereich bereits Erinnerung an frühere Erfahrungen mit dem Objekt voraussetzt, nämlich akustisches Gedächtnis (Francès, 1962). Die im ersten Lebensjahr erkennbare Fähigkeit akustischer Identifikation schließt ein, daß bereits in dieser Phase akustisches Gedächtnis erworben wurde.

Die mit akustischem Explorationsverhalten und akustischem Gedächtnis bereits angesprochenen kognitiven Komponenten im Prozeß zunehmender Differenzierung der Hörwahrnehmung werden auch beansprucht, wenn das hörend Wahrgenommene in eine erste Ordnung im Sinne von Orientierungshilfe in der Vielfalt des Wahrnehmbaren gebracht wird. Es scheint, als gebe ein solcher Ordnungsbeginn im Bereich der Hörwahrnehmung besondere Schwierigkeiten auf, weil die mit den verschiedenen Objekten verbundenen Geräusche und Klänge nicht anschaulich sind, sondern „nur" hörbar. Bedenkt man aber, welche Leistungen der differenzierten Hörwahrnehmung das Kind beim Erlernen der Sprache erbringt, so werden die Fähigkeiten des Kindes für Hören-Lernen als Wahrnehmungsdifferenzierung wieder bewußt, und werden die Gruppierungsversuche um Lautstärke, Klangfarbe, Klangdauer als Parallele anderer früher Objektgruppierungen relativiert. Auch der Sinn solcher ersten Klassifizierungen im hörbaren Bereich ist Parallele zu allen anderen Gruppierungsanfängen mit Wahrnehmungsobjekten: daß dem Kind in der zunehmenden Fülle des Wahrzunehmenden eine Orientierungshilfe gegeben ist, daß Neues, das es wahrnimmt, vorangegangenen Erfahrungen zugeordnet werden kann. Außer einer reichen Erfahrung an Gehörtem schließen akustische Ordnungsfähigkeiten die schon früh in der vorschulischen Phase belegten analytischen Hörfähigkeiten ein, die Wahrnehmung des Details und Zusammenordnung von Elementen über das Gehör ermöglichen. Daß auch für frühe Gliederungs- und Ordnungsfähigkeiten im Bereich der Hörwahrnehmung Benennungen als sprachliche Hilfe dienen können, belegen zahlreiche Versuche (Cantor, 1955; Weir und Stevenson, 1959; Lurija, 1977; u.a.).

1.2 Untersuchungen der Höraufmerksamkeit

Der Begriff der Höraufmerksamkeit ist noch kaum bestimmt. Mit E. Kurth begann eine Abgrenzung des Aufmerksamseins gegenüber dem Eingestelltsein (Kurth, 1947), die von M. Krudewig (1949) und ihren Schülern W. Probst (1960) und H. Moog (1967) aufgegriffen wird. Während für Eingestelltsein Merkmale bestimmend sind, die auf zukünftige Bezüge, auf Dauerhaftigkeit verweisen, ist Aufmerksamkeit auf etwas gerade Gegenwärtiges bezogen. Für Höraufmerksamkeit ist charakteristisch, daß sie auf gerade konkret Hörbares gerichtet oder nicht gerichtet ist. Höraufmerksamkeit läßt sich zumindest teilweise beobachten, weil es zum menschlichen Verhalten gehört, in der Regel Reaktionen zu zeigen, wenn man auf Hörbares aufmerksam geworden ist; solche Reaktionen im Sinne von Handlungen, die eine Hinwendung der Aufmerksamkeit auf gerade konkret Hörbares belegen können, reichen vom Blick zur Schallquelle bis zu körperlichem Mitvollzug von Gehörtem. Im Zusammenhang unserer Fragen um zunehmende Wahrnehmungsdifferenzierung für Hörbares als musikpropädeutischem Lernvorgang gibt die Möglichkeit, Höraufmerksamkeit zu beobachten, ein Instrument zur Hand, zumindest die altersabhängigen Veränderungen der Äußerungen von Höraufmerksamkeit zu untersuchen, und mit Vorsicht auch deren Aussagefähigkeit für eine zunehmende Differenzierung der Hörwahrnehmung mitzubedenken.

Am Beginn steht die Frage, in welchem Alter das Kind erstmals Reaktionen zeigt, die Höraufmerksamkeit belegen können. Hier ergeben die Beobachtungen und Untersuchungen ein verhältnismäßig einheitliches Bild. Schon G. Schünemann teilt entsprechende Beobachtungen an allerdings nur wenigen Versuchskindern (Berichte der Eltern und eigene Experimente) mit. Für den ersten Lebenstag berichtet er (ohne Einzelangaben zum Versuch), daß von mehreren tausend Neugeborenen 75% körperliche Reaktion auf Lärm zeigen. Von der fünften Woche ab beobachtet er Zuhörreaktionen bis zur Hinwendung zur Schallquelle (Schünemann, 1930). In der psychologischen Literatur der zwanziger und dreißiger Jahre wird diese frühe Reaktion des Säuglings auf Hörbares bestätigt. Ch. Bühler und H. Hetzer beobachten die Hinwendung zur akustischen Reizquelle nach dem vollendeten zweiten Lebensmonat; sie beschreiben die Reaktion als ein Aufmerken und Ruhigwerden (Bühler und Hetzer, 1927). Daß „das sprachlose Kind" schon gespannt auf Musik hört, hält auch W. Stern fest (Stern, 1981), ebenso H. Jürgens (1929). R. Wicke verweist in seiner zusammenfassenden Darstellung der „Musik in der Entwicklung des vorschulpflichtigen Kindes" von 1931 bereits auf musikdidaktisch besonders relevante Aspekte: daß alle Säuglinge auf Hörbares reagieren, daß sie jedoch unterschiedlich reagieren. Das von ihm zitierte Material zeigt große Unterschiede in Dauer und Art der Aufmerksamkeitszuwendungen bei unterschiedlichen musikalischen Ereignissen auf (Wicke, 1931 a). Auch in der detailliertesten Untersuchung des ersten Auftretens einer Aufmerksamkeitszuwendung bei akustischen Darbietungen, den Versuchen von H. Moog, wird die frühe Aufmerksamkeit des Kindes für Hörbares belegt; er beobachtet ihr erstes Einsetzen zwischen dem vierten und sechsten Lebensmonat, in Ausnahmefällen im drittem Lebensmonat (Moog, 1967). Mit physiologischen und neurophysiologischen Forschungsmethoden konnten Daten auch über die Hörleistungen noch jüngerer Kinder gewonnen werden. Für die Neugeborenen haben die Forschungen von H.J. Lenard eine hohe akustische Wahrnehmungsleistung durch Aufnahme von Herzschlagintervallen und mit EEG-Audiometrie belegt; der Schwellenwert des Neugeborenen für akustische Reize liegt bei den Erwachsenenwerten (Lenard u.a., 1969; Lenard, 1972).

Ein besonderes Verdienst der Untersuchungen H. Moogs ist die Beobachtung der Unterschiedlichkeit der Reaktionen des Kindes auf Hörereignisse. Er stellt eine Regelhaftigkeit der Abfolge unterschiedlicher Aufmerksamkeitszuwendungen des jungen Kindes beim Hören fest. Die frühesten Reaktionen des 0,6jährigen Kindes sind Aufmerksamkeitszuwendungen wie Unterbrechung der Motorik oder Hinwendung zur Reizquelle, auch Lächeln. Etwa zwei bis acht Wochen nach diesen ersten Aufmerksamkeitszuwendungen treten motorische Reaktionen auf. Die Bewegungen sind jedoch nicht synchron mit dem Rhythmus der Darbietungen. Die besondere Eigenart dieser frühen Bewegungsreaktionen liegt darin, daß sie repetierend sind. H. Moog erklärt diese in sich rhythmisierten, aber nicht dem musikalischen Rhythmus entsprechenden Bewegungen aus dem Vergnügen des Sich-Bewegens, das zu dem sensitiven Vergnügen des Hörens tritt. In der gleichen Altersstufe beobachtet H. Moog – und zwar nachdem Aufmerksamkeitszuwendungen und motorische Reaktionen erfolgt sind – als dritte Phase die lautliche Reaktion auf musikalische Darbietungen, vor allem Sprechlallen oder bereits Singlallen (mit Tonhöhenunterschieden). Nach den Beobachtungen H. Moogs, die sich vor allem auch auf Elternmitteilungen stützen, tritt diese Phase der lautlichen Reaktionen stets nur ein, wenn zuvor Aufmerksamkeitszuwendungen und motorische Reaktionen beim Hören stattfanden. Daß hier eine Phasenfolge vorliegt, geht wohl auch daraus hervor, daß zwar motorische Reaktionen ohne Lautäußerungen beobachtet werden, aber in der Altersphase keine lautliche Äußerung geschieht, die nicht mit Motorik verbunden ist.

Diese, vorwiegend zwischen dem vierten und sechsten Lebensmonat beobachtete zeitliche Aufeinanderfolge unterschiedlicher, vorhandene Höraufmerksamkeit belegender Reaktionen des Kindes, die einfache Aufmerksamkeitszuwendung, motorische und schließlich lautliche Reaktionen, setzt sich offensichtlich in den nachfolgenden Lebensjahren in charakteristischer Weise fort. H. Moog beobachtet für das dritte Lebensvierteljahr eine quantitative Zunahme der motorischen Reaktionen auf Hörbares, dazu aber auch eine qualitative Ausweitung; wesentlich erscheint vor allem, daß nun neben ganzkörperlicher Bewegung auch Bewegungen einzelner Gliedmaßen auftreten. Verfolgt man speziell die motorischen Reaktionen auf Hörereignisse anhand des Moogschen Materiales kontinuierlich bis zum sechsten Lebensjahr, so ergibt sich – soweit Generalisierungen bei der geringen Zahl der Versuchspersonen und der beschreibenden Methode möglich sind – doch recht deutlich eine Abfolge. Bei 1,6jährigen Kindern beginnt die Anzahl der motorischen Bewegungen zu Musik zurückzugehen (was H. Moog mit der Entwicklung der Denkfähigkeiten begründet). In der gleichen Altersphase begegnen die ersten Kinder, die ihre Bewegungen nun mit der gehörten Musik zu koordinieren beginnen. Damit ist der Trend hinsichtlich der Bewegung zu Musik bis zum sechsten Lebensjahr angelegt: Die Gesamtzahl der beobachtbaren Bewegungen nimmt ständig weiter ab, doch die Zahl der Versuchsteilnehmer, die ihre Bewegungen rhythmisch mit der Musik koordinieren, nimmt mit zunehmendem Alter zu.

Verfolgt man in gleicher Weise auch die lautlichen Äußerungen des 1–6jährigen Kindes zu Musik anhand der Beschreibungen H. Moogs, so ergeben sich ebenfalls Konturen eines Kontinuums der Fähigkeiten. Lautliche Äußerungen als zeitlich dritte Reaktion nach Aufmerksamkeitszuwendung und motorischer Reaktion sind schon bei 0,6jährigen Kindern zu beobachten. Sie steigern sich bis etwa zum Ende des ersten Lebensjahres in ganz auffälligem Maße. H. Moog gibt eine Steigerung von 30% der lautlichen Äußerungen bei 0,6jährigen Kindern zu 100% bei 0,9jährigen Kindern an. Auffällig ist der Rückgang der lautlichen Äußerungen bei 1,6jährigen Kindern; doch diese Erscheinung wird verständlicher, wenn man beobachtet, daß in dieser Phase die bei 1jährigen Kindern gelegentlich schon vorhandene Fähigkeit, die lautliche Äußerung in annähernd erkennbare Ähnlichkeit mit der dargebotenen Musik zu bringen, nun bei den 1,6jährigen schon „Anfänge des Koordinierens der Gesänge mit musikalischen Darbietungen“ erkennen läßt. Diese Fähigkeiten zeigen sich verstärkt bei 2jährigen Kindern. Von hohem didaktischen Interesse sind erste, weiterzuverfolgende Beobachtungen H. Moogs, daß 0,8–0,9jährige Kinder beim Hören von Musik zur Hälfte mit lautlichen Äußerungen ohne Tonhöhenunterschiede und zur anderen Hälfte mit Lallgesängen bzw. Gesängen (mit Tonhöhenunterschieden) reagieren. Von diesem Zeitpunkt an nehmen die rein lautlichen Äußerungen zu Musik rapide ab und die gesangsähnlichen Äußerungen ebenso rapide zu; beim etwa 2,1jährigen Kind gibt es zum Musikhören nur noch die gesanglichen Äußerungen zu Musik. Dazu begegnet beim 2jährigen Kind erstmals die sprachliche Äußerung zu dargebotener Musik, die in aller gebotenen interpretatorischen Vorsicht erstmals so etwas wie eine Meinung des Kindes zu Gehörtem erkennen lassen kann.

In psychologischen Untersuchungen der kindlichen Bewegungsreaktionen auf akustisch-musikalische Reize werden in der Regel die Bewegungsreaktionen des Kindes differenzierter kategorisiert als die materialen Merkmale des musikalischen Objekts. H. Moog führt für seine Versuche eine Materialdifferenzierung nach sechs Versuchskomplexen durch: 1. Kinderlieder, 2. Text-Rhythmus-Verbindungen (rhythmischer Text, textierte Rhythmen, sinnfreier Textrhythmus), 3. „Reine Rhythmen" (Rhythmen mit verschiedenen rhythmischen Instrumenten, Klatsch-Stampf-Rhythmen, Trommel-Rhythmen), 4. Instrumentalmusik (dodekaphonische Melodie, A. Bruckner, Seemann-Schlager, Streichquartettsatz, Kinderlied), 5. Kakophonien und 6. Nicht-musikalische Geräusche. Die Reaktionen auf Hörmusik innerhalb der verschiedenen Altersstufen-Beobachtungen variieren in hohem Maße je nach materialer Zugehörigkeit zu den sechs Versuchskomplexen. Bei den jüngsten Versuchsteilnehmern, den 0,6jährigen Kindern, werden Aufmerksamkeitszuwendungen nur bei Komplex 1 und 4 beobachtet; wenn ein Kind auf zwei Komplexe reagiert, dann sind es stets diese beiden, wenn es auf mehrere Komplexe reagiert, so sind Komplex 1 und 4 stets beteiligt. H. Moog sieht, wohl richtig, die Ursache der besonderen Wirkung von Kinderliedern und Instrumentalmusik in ihrem Wohlklang; er betont in seiner Interpretation, daß eben nicht das Sinnenhaft-Klangliche schlechthin, sondern gerade das sinnenhaft-klanglich Schöne die ersten Aufmerksamkeitszuwendungen hervorrufe. Bei aller Vorsicht angesichts der geringen Zahl an Versuchskindern und der methodischen Situation wird man auch übernehmen dürfen, daß in der nächsten Altersstufe bereits auf eine große Zahl von Musikkomplexen reagiert wird und die Zahl der Unbehagens-Reaktionen auf unschöne Musik etwas abnimmt. Auffällig ist in dieser Altersstufe die Reaktion auf Versuchskomplex 2, die Text-Rhythmus-Verbindungen: Rhythmische Texte und textierte Rhythmen lösen gegenüber den sinnfreien Textrhythmen, die demgemäß vielleicht allein als „Musik" erlebt werden, eine geringere Aufmerksamkeitszuwendung aus; die Aufmerksamkeit für den sinnfreien Textrhythmus zeigt zugleich, daß das Fehlen von Tonhöhenunterschieden offensichtlich in dieser Altersstufe noch nicht von Bedeutung ist. Noch bei den 2jährigen Kindern ist diese Reaktionsweise bestimmend. Ein Versuch mit Kindern im dritten Lebensjahr mit Versuchskomplex 3, den textlosen Rhythmen, bringt zutage, daß nur 14% der Kinder auf das Gehörte wie auf Musik reagieren, während von allen anderen das Material offensichtlich nicht als „Musik" aufgefaßt wird (Moog, 1967 und 1968).

K. Hartje hat im Rahmen seiner Versuche Relationen zwischen Aufmerksamkeitszuwendung und Lautstärke beobachtet (ohne Zahlenangaben). Es zeigte sich, daß Schlager- und Beatmusik, wenn sie mit etwas geringerer als mittlerer Lautstärke während des Spiels von Kindergartenkindern eingeschaltet wurde, überhaupt keine Aufmerksamkeit erregte, während die Sinfonia aus dem Weihnachtsoratorium von J.S. Bach schon bei leiser Darbietung „Neugier erweckte" (Hartje, 1973).

Die Aufmerksamkeitsreaktionen des jungen Kindes auf ein besonderes musikalisches Medium, die menschliche Stimme, sind mehrfach beobachtet worden, und mit recht übereinstimmenden Ergebnissen. H. Hetzer und B.H. Tudor-Hart stellen eine positive Wirksamkeit des Reizes durch den Sprechton beim ganz jungen Kind fest. Sie können spezifische Reaktionen auf die menschliche Stimme eindeutig beobachten (Hetzer und Tudor, 1927). G. Schünemann berichtet von Kindern im Alter von zwei und vier Monaten, die bereits von der Mutter vorgesungene Töne nachahmen (ein 1,2jähriges Kind singt auch bereits seinem Vater ein Lied richtig nach) (Schünemann, 1930). Auch die besonders frühzeitigen Aufmerksamkeitszuwendungen (0,6jährige Kinder) zu Kinderliedern in den Versuchen H. Moogs stehen in diesem Zusammenhang (Moog, 1967). Von besonderer Bedeutung sind die Untersuchungen von H.G. Lenard. Er beobachtet akustische Reizungen neugeborener Kinder und zwar mit physiologischen Methoden, mit Messung der Zahl und Stärke der Bewegungsreaktionen, der Veränderungen der Herzfrequenz und im Elektroencephalogramm. Als akustische Reize verwendet er Sinustöne, gemischte Töne und die menschliche Stimme. Am schwächsten sind die Reaktionen der Kinder auf Sinustöne, am stärksten auf gemischte Töne mit ähnlichen physikalischen Charakteristika wie die Stimme mit einer Basisfrequenz von 125–150 Hz; nur geringfügig schwächer sind die Reizantworten auf die menschliche Stimme. H.G. Lenard folgert, daß also offensichtlich das menschliche Gehör so gebaut sei, daß das Kind bereits bei der Geburt auf solche Signale besonders stark reagiere, die für das Kind biologisch bedeutsam sind. Daß Neugeborene auf die künstlichen Signale mit ähnlichen Charakteristika wie die menschliche Stimme etwas stärker reagieren als auf die menschliche Stimme selbst, erklärt H.G. Lenard damit, daß es sich bei den künstlichen Reizen um sog. supernormale Reize handelt, bei denen die Charakteristika der menschlichen Stimme besonders deutlich ausgeprägt sind (Lenard, 1972).

Weil aus der Sicht des Musikunterrichts die Relation zwischen Grad der Höraufmerksamkeit und Musikmerkmalen als zentrales Problem erscheint, wurde in einem Versuch zur musikalischen Höraufmerksamkeit im Rahmen von Frankfurter Hörversuchen mit 5–7jährigen Kindern geprüft, ob graduelle Unterschiede der Höraufmerksamkeit gegenüber verschiedenen Musikmerkmalen bei 5–7jährigen Kindern feststellbar sind. Die Vorentscheidung für die Auswahl des musikalischen Materials hieß: komplexe Musik, und deren Untergliederung nicht nach (als in zu starkem Maße generalisiert erscheinenden) musikalischen Gattungen, sondern nach musikalischen Dominanzmerkmalen. In Vorversuchen, wobei mehrfach Auswechseln von Stücken nötig wurde, bis sich auffällige Mehrheitsentscheidungen ergaben, wurden zunächst Stücke mit deutlichem Dominanzmerkmal und solche ohne deutliches Dominanzmerkmal geschieden. Anschließend wurde in weiteren Vorversuchen die musikalische Eigenart der musikalischen Dominanzmerkmale für die Stücke formuliert. Als deutlichste Dominanzmerkmale ergaben sich dabei: 1. signalartig, 2. gesanglich, 3. Imitation von Tierstimmen, 4. Klangband, 5. marschartig, 6. tänzerisch. Erst nach diesen Vorarbeiten war es möglich, die Versuchstonbänder zu erstellen, und zwar nach dem Prinzip der unregelmäßigen Verteilung von sechs Ausschnitten mit jeweils einem der Dominanzmerkmale und sechs Ausschnitten ohne musikalisches Dominanzmerkmal; parallel zum Versuchsband wurde ein Kontrollband erstellt. Da für diesen Versuch mehr die mögliche Unterschiedlichkeit der Aufmerksamkeitsreaktionen je nach musikalischem Material als die Katalogisierung und Beschreibung aller auftretenden Reaktionen bestimmend war, wurde eine (methodisch nicht voll befriedigende) Zuordnung von jeweils sechs für Zuhören sprechenden Reaktionen zur Gruppe der „Zuhörreaktionen“ und sechs auf Nicht-Zuhören weisenden Reaktionen zur Gruppe der „Weghörreaktionen“ vorgenommen. Das Ergebnis zeigt mit statistischer Signifikanz die stärkere Ausprägung der Zuhörreaktionen für Musikabschnitte mit musikalischen Dominanzmerkmalen und der Weghörreaktionen für solche ohne musikalische Dominanzmerkmale auf. Beim Vergleich der Ausprägung der Zuhörreaktionen bei den sechs verschiedenen musikalischen Dominanzmerkmalen erweist sich, daß marschartige und tänzerische Musik die höchste Höraufmerksamkeit erregen. Eine mittlere Ausprägung zeigt sich bei den Dominanzmerkmalen Signal und Klangband, die geringste bei den Merkmalen Gesang und Tierstimmenimitation. Daß die 5–6jährigen Kinder stärkere Reaktionen zeigen als die 6–7jährigen Kinder, kann zu Lasten der angewendeten Methode gedeutet werden; doch könnte sich dieses Ergebnis auch als Bestätigung der Ergebnisse H. Moogs erweisen, der eine Abnahme der Bewegungsreaktionen (quantitativ) vom zweiten zum sechsten Lebensjahr feststellt (Moog, 1967 und 1968); auch schulsozialisatorische Effekte werden hier mitsprechen. Die entscheidende Frage ist, in welchem Alter die Aufmerksamkeitszuwendungen und -modifikationen des jungen Kindes sich über vormusikalische Ereignisse hinaus auch nach spezifisch musikalischen Details differenzieren, wann durch unterschiedliche Verhaltensweisen erste musikalische Unterscheidungsfähigkeit erkennbar wird, und welche musikalischen Merkmale zuerst die Aufmerksamkeit auf sich zu ziehen vermögen. Der Frankfurter Versuch zeigt, daß Aufmerksamkeitsunterschiede gegenüber spezifisch musikalischen Merkmalen beim 5jährigen Kind vorhanden sind (Abel-Struth und Groeben, 1979).

1.3 Untersuchungen der Hörkonzentration

Wie die Höraufmerksamkeit ist auch die Hörkonzentration auf etwas gerade Hörbares gerichtet. Gegenüber der musikalischen Höraufmerksamkeit ist die musikalische Hörkonzentration eine psychische Leistung, bei der das Bewußtsein in höchstem Maße auf die Beobachtung von Musik durch Hören gerichtet ist, und zwar so intensiv, daß keine Ablenkung durch andere Aufmerksamkeitsreize eintritt. In der Musikpädagogik wurde bisher nur vereinzelt die Bedeutung der Hörkonzentration für musikalisches Lernen gesehen (vgl. Höchel, 1960). Die Eigenart der Fähigkeit, sich beim Hören von Musik auf den musikalischen Ablauf konzentrieren zu können, wurde m. W. bisher nicht definiert, untersucht oder in Relation zu allgemeinen Fähigkeiten der Konzentration gebracht. Auch H. Moog trifft nur eine Unterscheidung zwischen Aufmerksamkeitszuwendungen des Kindes (Hinwendung, Motorik, lautliche Äußerung) und einer bei etwa 3jährigen Kindern beobachteten Eigenart, konzentriert, d.h. bewegungslos lauschend auf Musik gerichtet zu sein; in der genannten Altersstufe beobachtet er „auffallend viele Kinder", die fünf Minuten und noch länger völlig still Musik zuhören können (Moog, 1968).

Die Bedeutung dieser Fähigkeit musikalischer Hörkonzentration und ihrer Ausbildung als Voraussetzung musikalischen Lernens ist unverkennbar; denn alle analytischen Fähigkeiten des Hörens sind davon abhängig, daß ein Lernender zunächst konzentriert zuhören kann. Ein Frankfurter Versuch zur musikalischen Hörkonzentration mit 5–7jährigen Kindern zielt auf ein erstes Wissen über die mögliche zeitliche Dauer der Hörkonzentration auf einen musikalischen Ablauf und eventuelle Bezüge zwischen Hörkonzentration und musikalischem Material. Darum wird von drei Stükken ausgegangen, die sich in ihrer zeitlichen Dauer und hinsichtlich des Grades an Höranreiz durch unterschiedlich starke Naturalistik innerhalb des musikalischen Ablaufes unterscheiden. Es sind „Le coucou au fond du bois (118", stark naturalistisch), „Personnages à longues oreilles" (37", mittlere Naturalistik) und „Pianistes" (68", reduzierte naturalistische Komponenten) aus dem „Carneval des animaux" von C. Saint-Saëns. Nach Einübung in die Methode wird die Hörkonzentration der Kinder dadurch geprüft, daß sie die auffälligen Hörereignisse der Stücke (Kuckucksrufe, Eselsschreie und f-Akkorde der Pianisten) für den ganzen Ablauf der Stücke schriftlich auf Arbeitsblättern mit entsprechenden Symbolen simultan mitvollziehen. Mit einem zusätzlichen Taktleisten-System verfolgen Versuchshelfer, ob die Eintragungen der Kinder willkürlich oder an der richtigen Stelle erfolgen. Als besonders wesentlich aus den Ergebnissen ist festzuhalten, daß die 5–7jährigen Kinder eine geschlossene und breite Leistung auf dem Gebiet der Hörkonzentration zeigen. Diese Leistungen sind graduell nicht von der Länge der Stücke, sondern von dem Schwierigkeitsgrad, d.h. hier: dem Grad der Stilisierung abhängig. Das lange Kuckucksstück verfolgen richtig oder mit geringer Fehlleistung 96% der Kinder, bei dem Eselsstück sind es noch 95%, bei den „Pianisten" steigt die Fehlleistungsquote auf 35% (was kaum als Nachlassen der Hörkonzentration, sondern vielmehr auf Grund der Akkord-Häufungen am Schluß des Stückes zu erklären ist). Die Auswertung nach den beiden Altersstufen, den 5–6 und den 6–7jährigen Kindern, erbringt eine deutliche Leistungssteigerung in der höheren Altersstufe. In diesem Versuch zeigt sich auch ein deutlicher geschlechtsspezifischer Unterschied: Die Zahl der Fehlleistungen bei Mädchen ist auffällig geringer als bei gleichaltrigen Jungen. Die Erklärung für diese Erscheinung kann wohl nur in den geschlechtsspezifischen Sozialisationskonzepten des Elternhauses liegen (Abel-Struth und Groeben, 1979).

1.4 Erklärungsversuch: Hörwahrnehmung als musikalisches Propädeutikum

Die beschriebenen Untersuchungen und Beobachtungen der kindlichen Hörwahrnehmung zeigen eine von angeborenen Reflexreaktionen und ihrer Funktion als „Motivationsbasis" zur Verarbeitung akustischer Umwelteindrücke ausgehende Entwicklung vorläufig abgrenzbarer Leistungsfähigkeiten des Hörens: der Fähigkeit zu Differenzierung unterschiedlicher Hörreize, der Fähigkeit zu Schallokalisierung, der Identifikationsfähigkeit für Geräusche, die bereits Hörgedächtnis impliziert, und der beginnenden Ordnungsfähigkeit für Gehörtes. Die Leistungsfähigkeiten der Hörwahrnehmung treten nicht als feste Stufen gemäß Alter auf, sondern erscheinen als individuell verschieden einsetzende und ineinander übergehende Akte hörender Wahrnehmung. Dieser Prozeß der Ausbildung kindlicher Hörwahrnehmung enthält jedoch eine Reihe von Aspekten, die zur Erklärung späterer spezifisch musikalischer Leistungsfähigkeiten des Kindes herangezogen werden können, die vielleicht sogar auch der Erklärung von Eigenarten musikalischen Hörverhaltens von Erwachsenen dienen könnten.

Dies ist zunächst die außerordentlich hohe Leistungsfähigkeit im Hören spezifisch musikalischer Phänomene bei Kindern im Schuleintrittsalter, die aus den Durchschnittswerten der zahlreichen Tests „musikalischer Begabung" abzulesen ist. Beispielsweise zeigen die Testwerte A. Bentleys, daß Siebenjährige mit Tonpaaraufgaben zur Tonhöhenunterscheidung (wo es um Bruchteile eines Halbtones bis zu 3 Hz geht) im Durchschnitt von 20 möglichen Punkten bereits 8 Punkte erreichen; bis zu den 14jährigen Schülern (13.5 Punkte) findet ein ständiger Zuwachs statt (Erwachsene: 14.3 Punkte; Bentley, 1973 a). Diese hohen Leistungsfähigkeiten der Hörwahrnehmung für parameterbezogene musikalische Phänomene bei Schuleintritt lassen sich wohl nur dadurch erklären, daß in den ersten Lebensjahren die Differenzierungsfähigkeit für Hörreize bereits in vielen Dimensionen erworben wurde und in diesen Akten zunehmender Hördifferenzierung die musikalischen Kategorien bereits enthalten sind. Jede Stimmunterscheidung geht (auch) von Höhenunterschieden der Stimmlage aus, jede hörende Unterscheidung von Schritten berücksichtigt bereits die Kategorie Tempo, vor allem aber spielen bei der Identifikation von klingenden Geräten bereits Lautstärken und Klangfarben ihre Rolle. Nur durch diese Erfahrungen können die Messungen musikalischer Hörwahrnehmung bereits bei Kindern im Schuleintrittsalter solche hohen Durchschnittsleistungen erbringen; in diese Ergebnisse ist allerdings einzudenken, daß in die musikalischen Hörleistungen auch zunehmende Fähigkeiten an Aufmerksamkeit, Konzentration sowie an Kognition und motorischen Geschicklichkeiten einspielen. Insgesamt erweist sich jedoch die allgemeine Hörwahrnehmung angesichts der hohen Leistungsfähigkeiten des jungen Kindes im musikbezogenen Hören als Propädeutikum (auch) des musikalischen Hörens; die Differenzierung der Hörwahrnehmung impliziert die Vorbereitung auf musikalisches Hören.

Doch nicht nur die durchschnittlich hohe Leistungsfähigkeit im Hören musikalischer Phänomene wie Tonhöhe, Tempo, Dynamik und Klangfarbe erklärt sich aus dem früh einsetzenden Prozeß der Entwicklung von Hörwahrnehmung. Auch ihre weitgespannte individuelle Unterschiedlichkeit berechtigt zu der Frage, ob und wieweit diese durch unterschiedliche Ausbildung der Hörwahrnehmung in verschiedenartigen Hörumwelten bedingt sein könnte; denn Verschiedenartigkeit der Hörumwelt bedeutet zugleich Verschiedenartigkeit der akustischen Lernangebote. Die Motivation zum Lauschen ist gegeben, das junge Kind lernt gerne hören und begrüßt freudig alle akustischen Lernangebote; Geräuschgeräte aller Art und Leute, die „ansprechen", sind im Kinderzimmer immer hochwillkommen. Doch dieses erste Hören-Lernen der ersten Lebensjahre liegt ganz in der Hand der Familie, und dies bedingt naturgemäß die ersten, entscheidenden Verschiedenartigkeiten des akustischen Lernangebotes. So sehr auch die Bedeutung früher Lernangebote im Zuge einer für Chancengerechtigkeit eintretenden Frühpädagogik verallgemeinert wurde, so ist doch aus den Beobachtungen des frühen Wahrnehmungslernens unverkennbar, daß Zusammenhänge zwischen Wahrnehmungsleistungen und vorangegangenen Wahrnehmungserfahrungen bestehen (Nickel, 1968 und 1969). Auch im akustischen Bereich wird sich Unterschiedlichkeit von Hörleistungen aus Unterschieden der Hörerfahrungen erklären lassen. W. und S. Moog haben als Ursachen gestörter oder verminderter Hörwahrnehmung auch solche Faktoren beschrieben, die zu dem Bereich der Milieuschädigung gezählt werden: daß die notwendige Stimulation ganz oder teilweise vorenthalten wurde, und daß die Stimulation in einer Form geboten wurde, die die Hörwahrnehmung des Kindes nicht förderte (Moog und Moog, 1972). Man wird davon ausgehen dürfen, daß niedrige Leistungen der Hörwahrnehmung auch auf Defizite des akustischen Lernangebotes in der frühen Entwicklung der Hörwahrnehmung zurückzuführen sind, und daß diese Defizite sich nicht nur in schwächeren Hörleistungen in bezug auf Musik, sondern auch in schwächeren allgemeinen Lernleistungen auswirken. In der frühen Phase des Wahrnehmungslernens können aus Mangel an Hörstimulation und durch unzureichende Form der Hörstimulation bereits Schwächen der Hörwahrnehmung entstehen, die von weitreichender und nachhaltiger Wirkung (auch) für musikalisches Lernen sein können.

Doch über der Klage um die sozial bedingte Verschiedenartigkeit der akustischen Lernangebote wird leicht die allgemeine Abstinenz betreffs des frühen akustischen Lernangebotes übersehen. Eltern, Geschwister, Tanten sind stets bereit, dem kleinen Kind etwas zu zeigen, was es sehen kann; „sieh mal", sagt man viel häufiger zu Kindern als „hör mal". Daß die spezifischen Aufgaben von Hör-Lernvorgängen insgesamt weniger beachtet werden als solche der Seh-Lernvorgänge, belegen auch experimentelle Untersuchungen (Gibson, 1950 und 1969). Doch vor allem scheint man solche Hilfen zu vernachlässigen, die über das schlichte Hörangebot hinaus die Entwicklung von Fähigkeiten der Hörwahrnehmung fördern können. Solche Hilfen liegen vor allem in der Unterstützung der Handlungslust, der Identifikationswünsche und des Orientierungsbedürfnisses in einer als diffus empfundenen Hörwelt. Handlungslust im akustischen Bereich äußert sich in der ständigen Aktivität des Kindes mit Geräten und der Stimme während des Prozesses sich differenzierender Hörwahrnehmung; solche Handlungslust bedarf der Unterstützung. Eigenes Ausprobieren-Können stärkt und sichert die zunehmende Hörwahrnehmung. M.D. Vernon verweist zu Recht darauf, daß die im ersten Wahrnehmungslernen zutage tretende Handlungskomponente auch im späteren Wahrnehmen enthalten sei, auch wenn dort diese Handlungslust (in der Regel) nicht mehr in Handlung umgesetzt wird (Vernon, 1971). Doch in der frühen Phase des Lernens im Bereich der Hörwahrnehmung spielt die Handlungslust, realisiert durch eigene Aktivitäten, eine entscheidende Rolle. Beim Umgang mit akustischen Geräten erfüllt der haptisch-taktile Umgang mit dem Geräusche hervorbringenden Gegenstand zugleich im Sinne „intermodaler Konvergenz" die Möglichkeit, das hörende Wahrnehmen mit der haptischen Wahrnehmung zu kombinieren. Beim Umgang mit der eigenen Stimme erfüllen stimmotorische Prozesse ähnliche Funktionen; der Zusammenhang zwischen der Fähigkeit, Tonhöhen zu bestimmen, und motorischen Reaktionen der Stimmwerkzeuge ist zudem durch Untersuchungen nachgewiesen worden (Leontew, 1973). Man darf annehmen, daß gerade für das Erlernen von Hörwahrnehmung als einem Prozeß, der sich mit von Haus aus nicht „faßbaren" und nicht dauerhaften Phänomenen befaßt, die Unterstützung durch anderweitige Wahrnehmungsmöglichkeiten besonders hohen Stellenwert hat.

Die Bedeutung motorischer Fähigkeiten für die Entwicklung der Hörwahrnehmung wird von vergleichenden Untersuchungen der musikalischen Fähigkeiten sehgeschädigter und normalsichtiger Kinder von A. Geelhaar belegt. Es geht hier nicht um die häufig behandelte Frage des Zusammenhanges zwischen Blindheit und erhöhter musikalischer Leistungsfähigkeit, sondern um die bei A. Wellek aufgegriffene Problematik, ob Erblindete, vor allem solche mit Sehresten, eine spezifische Art musikalischen Hörens gewissermaßen als Korrektur ihres Sinnesdefizites entwickeln (Wellek, 1963). A. Geelhaar prüft sehgeschädigte und normalsichtige Schüler mit dem Bentley-Test und stellt, nach Bildung vergleichbarer Gruppen, zunächst fest, daß die sehgeschädigten Schüler insgesamt einen besseren Stand musikalischer Leistungsfähigkeiten aufweisen als die normalsichtigen Schüler; die Mittelwerte liegen bei 33,3% für die sehgeschädigte und 28,3% für die normalsichtige Probandengruppe. Doch die Untertests ergeben auffällige Unterschiede zu den Gesamt-Mittelwerten; denn während bei der Tonhöhenunterscheidung, dem Tongedächtnis und der Akkordanalyse die Mittelwerte der sehgeschädigten Schüler stets über denen der normalsichtigen Schüler liegen, zeigt sich nur beim Rhythmusgedächtnis ein gegenteiliger Befund: Hier liegen die Mittelwerte der Sehgeschädigten etwa in gleichem Maße unter denen der Normalsichtigen, wie sie in allen anderen Subtests über diesen lagen. Die Interpretation dieser Daten ist problematisch, da auch Zusammenhänge mit Alter, Intelligenz u.a. bei beiden Probandengruppen gesondert zu prüfen wären. Doch bestätigt das Ergebnis vorläufig, daß visuelle Unterstützung, hier die Fähigkeit sehen zu können, keinen positiven Einfluß auf die musikalischen Leistungen hat, daß vielmehr die Reduzierung der sensoriellen Möglichkeiten beim Sehgeschädigten wohl durch Konzentration auf das Hörbare die auditiven Fähigkeiten zu verbessern vermag. Diese Interpretation wird letztlich gestützt durch das umgekehrte Ergebnis bei dem Untertest für rhythmisches Gedächtnis. Geht man nämlich davon aus, daß bei der Ausbildung dieser Fähigkeit eine räumlich-körperliche Komponente mitwirkt, die dem Sehgeschädigten nicht in gleicher Weise offen steht wie dem Normalsichtigen, dann läßt sich das schwache Ergebnis bei Sehgeschädigten gerade in diesem Untertest erklären. Der fehlende Gesichtssinn ist Ursache eines Mangels an motorisch-räumlicher Übung oder Vorstellungsfähigkeit, und dieser verursacht das rhythmische Defizit (Geelhaar, 1971).

Doch nicht nur die Handlungslust, verstärkt durch Wahrnehmungen auch anderer Sinnesbereiche und vor allem durch Motorik, sondern auch die Identifikation (der Geräuschquelle wie ihrer Eigenarten) und die Orientierung im Hörbaren bedürfen wohl im Lernprozeß der Hörwahrnehmung solcher Unterstützung. Man darf vermuten, daß der im visuellen Bereich nachgewiesene Zusammenhang zwischen der sprachlichen Kodifizierbarkeit von Farbwerten und der sprachfreien Finde- und Wiedererkennungsleistung (Oevermann, 1980) Parallelen im Bereich der Hörwahrnehmung erbringen könnte, daß Mangel an sprachlicher Begleitung der Hörwahrnehmung Hörfähigkeiten kappt. Nur über verbale Unterstützung können schließlich erste Begriffe gewonnen werden, mit deren Hilfe in der vielfältig-diffusen Hörwelt erste Orientierung und Ordnung hergestellt werden können und „perzeptive Abstraktion“ die Zuordnung wahrgenommenen Details zu verhaltensrelevanten Kategorien ermöglicht. Sprechen über Gehörtes, durch das Kind selbst und durch den helfenden Erwachsenen, hilft dem Hörgedächtnis und damit der Höridentifikation, bereitet Orientierung und Überblick im Bereich des Hörbaren vor. Visuelle Hilfen können bei der Hördifferenzierung, vor allem auch bei der Identifizierung und Zuordnung unterstützen; sie parallelisieren mit den Möglichkeiten eines anderen Wahrnehmungsbereiches, durch „Veranschaulichung“. Aus solcher Sicht bedürfen wohl manche musikdidaktischen Besorgnisse über zu frühes Reden über Musik und über zu frühe intellektuelle Belastungen durch Verwendung visueller Zeichen für Hörbares neuer Überprüfung.

Wie sich die Unterschiedlichkeit der musikalischen Hörleistungen aus einem Zusammenhang mit dem frühen Erwerb der Hörwahrnehmung erklären ließe, so möchte man – allerdings ebenso ungesichert – auch besondere gegenwärtige Tendenzen des allgemeinen komplexen Hörverhaltens im Zusammenhang des frühen Erlernens von Hörwahrnehmung sehen: Tendenzen wie Stumpfheit gegenüber hochdifferenzierter Musik und Bedürfnis nach reizstarker Musik. Wir haben uns die Frage zu stellen, ob die Veränderungen der Umwelt auch in bezug auf das Hörbare eine veränderte Lernsituation für die Wahrnehmungsdifferenzierung des Kindes bedingen. Dieser Frage ist man bisher nirgends systematisch nachgegangen. Man wird jedoch darauf verweisen dürfen, daß es einige Faktoren in der gegenwärtigen Hörumwelt des Kindes gibt, die der „natürlichen“ Entwicklung der Differenzierung der Hörwahrnehmung des Kindes Probleme aufgeben könnten. Diese liegen weniger in der quantitativen Dimension (auch der Säugling vergangener Zeiten war von einer Vielzahl unterschiedlicher Geräusche umgeben) als in der qualitativen: der Lautstärke, Reizmonotonie und Anonymität der die Hörumwelt beherrschenden Konsummusik. Für die Entwicklung im muttersprachlichen Bereich gibt es Verweise darauf, daß Kinder, die in einer besonders lauten Umgebung aufwachsen, schlechter Unterscheidungsfähigkeiten für feinere akustische Nuancen entwickeln (Valtin, 1970). So sehr man vor grobem Transfer warnen möchte, muß doch zumindest die Frage gestellt werden, ob die gegenwärtige Hörumwelt, zumindest in extremen Konstellationen, die Entwicklung kindlicher Hörwahrnehmung in der frühen Phase behindern kann. Lautstärke und Monotonie verdecken die Differenzierungen der Hörumwelt, die einer sich langsam verfeinernden Befähigung, Modifikationen von Geräuschereignissen wahrzunehmen, dienen könnten. Auch die Identifikation des ersten bestimmenden Hörereignisses, der menschlichen Stimme, wird kompliziert dadurch, daß nicht nur menschliche Stimmen der häuslichen Umgebung wahrzunehmen sind, sondern auch die zahlreichen Stimmen aus den technischen Medien, deren Urheber teilweise unsichtbar bleiben; werden „unsichtbare Stimmen" mit „dem Kasten" identifiziert, so hat schon das ganz kleine Kind einen identifikatorischen Widerspruch zu bewältigen bzw. eine Verunsicherung seiner frühen Hörerfahrung in Kauf zu nehmen. Gravierender erscheint, daß der frühe Identifizierungs- und Ordnungsprozeß am Geräuschmaterial der Umgebung dadurch erschwert wird, daß zu den Geräuschen, die spezifische Geräusche darstellen und erkennbare, klassifikationsfähige Ordnungsmöglichkeiten bieten, neue „Supergeräusche", Geräuschmischungen mit ständigem Wechsel (nämlich Medienmusik aller Art) treten, die das Gehör reizen, aber kaum Orientierungsmöglichkeiten bieten, wie sie für den stetigen Identifizierungs- und Zuordnungsfortschritt des kleinen Kindes im Interesse der zunehmenden Ausdifferenzierung seiner Hörwahrnehmung notwendig sind. Es mag sein, daß Anpassungsmöglichkeiten solche Defizite ausgleichen. Doch das Problem ist aus musikpädagogischer Sicht einstweilen noch kaum entwickelt. Wir können nur vage vermuten, daß ein Zusammenhang zwischen der gegenwärtigen Hörumwelt, den daraus erwachsenden Defiziten früher Hörwahrnehmung an Differenzierungsfähigkeit und -lust, an Identifikations- und Orientierungsbedürfnis im akustischen Bereich, zwischen früher Gewöhnung betreffs Lautstärke sowie akustischer Monotonie und späterem musikalischem Verhalten besteht.

Doch, wird man einwenden können, ist nicht mit den Übungen auditiver Wahrnehmung, wie sie sich mit Heftchen und Kassetten in den vergangenen Jahren über Kindergarten, Vorklassen und Grundschulen ergossen haben, gerade diese Lücke, die bisherige Vernachlässigung der „Hörerziehung" des jungen Kindes geschlossen worden? Wahrscheinlich vergrößern sie jedoch nur die entstandenen Defizite. Wie die zahlreichen Messungen musikalischer Hörleistungen an Kindern vor dem Eintritt in die Schule zeigen, sind schon in dieser frühen Altersstufe feinste Diskriminationen auf dem Gebiet der Tonhöhen- wie auch der Tondauerunterscheidung möglich, ebenso auf dem Gebiet der Klangunterscheidung. Die geräuschdidaktischen Konzepte für den vorschulischen Bereich übersehen die hohen Leistungsfähigkeiten des jungen Kindes auf dem Gebiet der Hörwahrnehmung und fördern leicht – verdeckt durch die Klanglust der Kinder – deren hörsensorielle Regressierung. Auch die Grundschule neigt dazu, in ihrem Musikunterricht die tonsensoriellen Fähigkeiten des Kindes zu unterschätzen. Aufgaben wie die Laut-Leise-Unterscheidung oder die grobe Hoch-Tief-Unterscheidung bedeuten angesichts der längst ausgebildeten Fähigkeiten der Hörwahrnehmung des 6jährigen Kindes eine musikdidaktisch bedenkliche Unterforderung, führen zurück auf Leistungen der Hörwahrnehmung, die bereits im ersten Lebensjahr beobachtbar sind. Auch die Einbeziehung lautstarker und überreizender Popularmusik als „musikalische Motivation" wäre unter dem Gesichtspunkt didaktischer Regression zu überprüfen. Die Erklärung der Hörwahrnehmung als musikalisches Propädeutikum läßt viele Fragen offen, vor allem hinsichtlich eines belegten Zusammenhanges zwischen früher Entwicklung der Hörwahrnehmung und späterem musikalischen Hörverhalten. Aber dennoch wird Hörwahrnehmung als Lernvorgang mit Bezugsmöglichkeiten zum späteren musikalischen Hörverhalten erkennbar, und weit über musikdidaktische Aktualisierungsbestrebungen hinausreichende musikpädagogische Fragestellungen werden aufgedeckt. Doch ist auch im Blick zu behalten, daß

Hörwahrnehmung nicht nur für Musik-Lernen ein Propädeutikum von vermutlich hohen Graden darstellt, sondern darüber hinaus auch für allgemeine Lernvorgänge (insbesondere im sprachlichen Bereich) grundlegende Bedeutung besitzt.

2. Lernvorgänge im praktischen Umgang mit Musik

2.1 Psychisch-physische Komponenten im praktischen Umgang mit Musik

Der praktische Umgang mit Musik ist in unserer eigenen kulturellen Umgebung wie in anderen Kulturen, auch in einfachen Volkskulturen, in seinen beiden dominanten Formen, dem Singen und dem Instrumentalspiel, überall verbreitet und dies in vielfältiger Weise. Von dem schlichten Wort Singen aus verzweigen sich die praktischen vokalen Umgangsweisen in Chorsingen verschiedener Art, in Kinder- und Schulsingen, in neue populäre Singgewohnheiten, künstlerischen Gesang wie die vielen Singgelegenheiten bei Fest und Feier von Weihnachten bis Karneval. Und instrumentales Spiel hat sich in noch mehr verschiedenartige Stilbereiche und Besetzungen mit großer ethnologischer Spannweite ausgebreitet. Praktischer Umgang mit Musik erfreut sich einer so selbstverständlichen Beliebtheit, daß man Unlust – insbesondere am Singen – zu erklären hat; sie kann physiologische Gründe haben, kann als Singscham des Pubertierenden altersbedingt sein oder auf psychische Gründe wie eine aus Ich-Schwäche zu erklärende Singangst zurückzuführen sein. Und immer wieder hört man Erwachsene bedauern, daß sie es in der Kindheit versäumt haben, ein Instrument zu lernen.

Wie wir vor allem durch bildnerische und sprachliche Zeugnisse wissen, reichen die beiden praktischen Umgangsweisen mit Musik weit in die menschliche Geschichte zurück. Die Funktionen der Musik haben sich im Laufe der Geschichte der Menschheit gewandelt, doch lassen die menschlichen Verhaltensweisen im heutigen praktischen Umgang mit Musik Zusammenhänge mit den alten Funktionen der Musik für den Menschen erkennen; zusammen Singen und Musizieren schafft Kontakt, bringt Entlastung, bedeutet Kompensation seelischer Belastung, Ausdruck seelischer Hochstimmung, bringt Stimulation, Beruhigung und Wohlbehagen. Hier stimmen die mehr anthropologisch ansetzende Betrachtung (Klusen, 1969; Bilz, 1971; Suppan, 1984) und tiefenpsychologisch inspirierte Interpretation (Klausmeier, 1978) überein. Im praktischen Umgang mit Musik liegt gewiß eine umfangreiche, intensive affektive Komponente, die zahlreiche, noch kaum separierte, doch bereits unterschiedlich diskutierte Merkmale umfaßt.

Ähnlich verhält es sich mit der motorischen Komponente im praktischen Umgang mit Musik: Sie ist umfassend und enthält zahlreiche Einzelmerkmale, die wiederum nach Relevanz für Singen oder Instrumentalspiel (und hier zudem nach Instrumentengruppen verschieden) als spezifisch gebündelt anzusehen sind. Dazu tritt auch hier die Differenzierung nach Material und Situation. Die individuelle Unterschiedlichkeit der bei Singen und instrumentalem Spiel jeweils geforderten Motorik wurde noch kaum beobachtet; daraus erklärt sich die vor allem in traditionellem Instrumentalunterricht verbreitete Annahme, alle Eleven nach der gleichen „Schule" oder an Hand eines gleichbleibenden Kontinuums von Übungen und Stücken zu Lernerfolgen führen zu können. Als der äußerst fragwürdige hypothetische Hintergrund dieser Verfahrensweise gibt sich die Auffassung zu erkennen, Instrumentalunterricht sei ein lediglich motorisches Training und die physischen Voraussetzungen dafür seien bei allen Menschen identisch. Die Separierung einzelner motorischer Merkmale in der Psychologie ist schon fortgeschritten. Sie erfolgte vor allem innerhalb der Dimensionen Feinmotorik – Grobmotorik, Bewegungskontinuum – gesonderte Bewegung und geschlossene Bewegungen – offene Bewegungen (i.S. der Abhängigkeit von [interner] Rückmeldung aus Muskeln oder [externer] Rückmeldung aus Außenreizen; Gagné, 1980). Isoliert wurden vor allem Einzelmerkmale der Körperstärke, des Stoßvermögens, der Geschwindigkeit, der Genauigkeit wie auch der Bewegungskoordination und der Gelenkigkeit (Guilford, 1967).

Die Rückmeldung aus Außenreizen im Zusammenhang motorischer Reaktionen verweist auf die bei allem praktischen Umgang mit Musik konstitutiven Beziehungen zwischen der motorischen und einer sensoriellen Komponente. Innerhalb dieser sensoriellen Komponente kommt den auditiven Merkmalen die größte Bedeutung zu (Manturzewska, 1980). Mögen auch visuelle Merkmale beispielsweise bei der Auffassung musikalischer Symbole oder Bewegungsabläufe, mag auch der Tastsinn im Instrumentalspiel motorische Leistungen beeinflussen, so ist doch keine vokale oder instrumentale Umgangsweise mit Musik möglich ohne gleichzeitige Mitwirkung des Hörsinnes; er bedeutet letztlich die musikalische Regulation der motorischen Produktion des Kehlkopfes und der Hände. Die Bedeutung der auditiven Fähigkeiten für praktischen Umgang mit Musik ist längst bewußt. Sog. Musikalitätsprüfungen mit dem Zweck der Feststellung einer Eignung für Instrumentalunterricht gehen von Tests auditiver Unterscheidungsfähigkeiten aus. P.R. Farnworth betont die Notwendigkeit sensorieller Musiktests im Interesse der Effektivität von Instrumentalunterricht wie auch des Einsatzes spezieller Unterrichtstechniken je nach individueller Befähigung (Farnworth, 1976); es scheint eher, als habe man über den sensoriellen Prüfungen den motorischen Aspekten als Voraussetzungen praktischen Umganges mit Musik bisher zu wenig Aufmerksamkeit gewidmet. R. Shuter reflektiert diese ungleiche Erkundung sensorieller und motorischer Merkmale in den üblichen Musiktests; sie empfiehlt neben den sensoriellen auch muskuläre Messungen, insbesondere hinsichtlich der für instrumentale Musikausübung unerläßlichen muskulären Koordination (Shuter, 1968).

Tatsächlich blieb die Literatur, die speziellen Einzelfragen der Bewegung im Instrumentalspiel nachgeht, schmal. Abgesehen von manchen Verweisen in der psychologischen, auch der neuro-physiologischen Literatur, die relevant sein könnten, gibt es Anregungen in der Arbeitspsychologie, die nach der Regulation von Arbeitstätigkeiten fragt (Hacker, 1978). Spezielle physische Eignung für Instrumentalspiel ist seit langem das Forschungsthema von Ch. Wagner (1975). Dazu haben sich in der jüngsten Vergangenheit Arbeiten gemehrt, die aus der Erfahrung des Instrumentalspiels heraus und mit Blick auf die Instrumentaldidaktik nach Hilfsmitteln zur Erforschung physischer Voraussetzungen des Instrumentalspiels fragen (Wagner, 1981) oder physisch bedingte Probleme spezieller Art für einzelne Instrumente untersuchen (Bartusch, 1981).

Die ebenfalls am praktischen Umgang mit Musik beteiligte oder zu beteiligende kognitive Komponente bleibt in Reflexion und Forschung recht vernachlässigt. Doch spielen zweifellos bei Raschheit der Korrektur und Aneignung von Technik auch Intelligenzmerkmale eine Rolle. In Musikalitätsprüfungen an Stimme und Instrument wird auch das musikalische Gedächtnis zum Testgegenstand – doch als Musikalitätsmerkmal, nicht als kognitives Merkmal. Charakteristisch dürfte die Auffassung von G. Révész sein: „Das Nachsingen eines Liedes und das Erkennen von Intervallen schienen mir am besten geeignet zur Erprobung des musikalischen Sinnes". Sein früher Versuch, das Nachsingen des „Abendsterns" von R. Schumann (op. 13 Nr. 1) mit 59 Kindern im Alter von sieben bis zwölf Jahren, wird ihm zur Bestätigung seiner Auffassung: „Bei keiner Aufgabe zeigte sich der echte musikalische Sinn der Kinder in so auffälliger Weise als bei diesem Versuch. Wer musikalisch war, konnte dieser Aufgabe mit Leichtigkeit gerecht werden . . .“. Der mögliche Zusammenhang mit dem kognitiven Merkmal Gedächtnis bleibt hier aus dem Blick.

Für die Musikpsychologie liegt das Gedächtnis-Interesse bei der Memorierfähigkeit der Instrumentalisten, ihrer Fähigkeit, auswendig zu spielen, und bei der besonderen Frage, mit welcher Methode dieses Auswendigspielen am raschesten oder am zuverlässigsten erworben werden kann (Révész, 1920). S. Kovács hat schon 1916 im Rahmen der Untersuchung des musikalischen Gedächtnisses geprüft, ob für das Erlernen eines Klavierstückes die Lesemethode (d.h. das Erfassen des Stückes ohne Instrument) günstiger sei. Das Ergebnis ist, daß das Erlernen mit Hilfe der Lesemethode länger dauert als mit Hilfe der Spielmethode, daß aber dafür bei der Lesemethode eine geringere Zahl von Wiederholungen zum Einprägen des Stückes notwendig ist (Kovács, 1916). G. Révész, der außer Lese- und Spielmethode noch die Hörmethode, das Erlernen eines Stückes durch Hören, nennt, verweist auf die Voraussetzungen für eine erfolgreiche Anwendung der Lesemethode: „ein durchgebildetes inneres Gehör“, d.h. Tonvorstellungsfähigkeit auf der Basis eines geübten relativen Gehörs (Révész, 1982). Das kognitive Merkmal Gedächtnis bleibt auch hier im Hintergrund, wie die kognitive Komponente insgesamt im Rahmen aller am praktischen Umgang mit Musik beteiligten Komponenten bisher das geringste Interesse fand.

2.2 Lernpotenzen im praktischen Umgang mit Musik

Daß praktischer Umgang mit Musik allemal der beste Musikunterricht sei, gilt als musikpädagogisches Axiom. Für den Beginn musikalischen Lernens in der Kindheit galt praktischer Umgang mit Musik bisher als die einzige Möglichkeit; erst die Beobachtung der Hörfähigkeiten junger Kinder in unserer musiktechnischen Zeit hat diese Auffassung relativiert. Tatsächlich sprechen viele Erfahrungen dafür, daß für den späteren Berufsmusiker ein intensiver, früher praktischer Umgang mit Musik unersetzlich ist. Auch für den späteren Musikfreund sieht man in frühem Musizieren die beste Chance eines dauerhaften, befriedigenden Umganges mit Musik sowie einer positiven Einstellung zu Musik. Lernpotenzen im praktischen Umgang mit Musik werden sowohl für musikalische Einstellungen wie für musikalische Leistungen als selbstverständlich vorausgesetzt.

Das Forschungsinteresse an der Untersuchung der Lernpotenzen im praktischen Umgang mit Musik blieb indessen auffallend schwach, und demgemäß ist unser gesichertes Wissen zu dieser wesentlichen musikpädagogischen Fragestellung schmal geblieben. Das geringe, betreffs grundlegender Wirkungen des Instrumentalunterrichts für allgemeine musikalische Leistungsfähigkeiten zur Verfügung stehende Untersuchungsmaterial zeigt zunächst ein frühes Forschungsinteresse an der Frage der Effektivität von instrumentalem Unterricht des Kindes für die Förderung seiner allgemeinen musikalischen Fähigkeiten. G. Révész hat 1920 in der Prüfung der Musikalität seiner 63 Versuchskinder im Alter von sieben bis zwölf Jahren auch den Aspekt beobachtet, ob Kinder, die Instrumentalunterricht erhalten, in der Musikalitätsprüfung bessere Leistungen zeigen als Kinder ohne solchen Unterricht. Tatsächlich sind alle Kinder mit Instrumentalunterricht unter den ersten 35 Kindern seiner Rangordnung nach musikalischer Leistung zu finden. Auch die ersten drei Kinder seiner Skala sind solche, die Instrumente spielen gelernt haben (unter den ersten zehn Kindern sind sechs Instrumentalisten). Beim Vergleich der Spezialleistungen der insgesamt achtzehn Instrumentalisten mit den ersten achtzehn Nicht-Instrumentalisten zeigt sich, daß die Instrumentalisten bei rhythmischen Aufgaben, beim Nachspielen und bei Akkordanalysen bessere Leistungen zeigen als die Nichtspieler, daß aber beispielsweise bei den Nachsingleistungen keine Differenz zwischen beiden Gruppen zu erkennen ist. G. Révész stellt bereits fest, daß die besseren Leistungen von Instrumentalisten schließlich auch dadurch zu erklären seien, daß diese bereits von Haus aus musikalisch waren; man kann nicht mit Gewißheit sagen, ob sie ihre Leistungsfähigkeit durch die mit dem Instrumentalspiel verbundenen Übungen, durch den praktischen Umgang mit Musik, verbessert haben. Daß die instrumentale Übung diesen Einfluß zumindest nicht allein ausübt, zeigt sich etwa darin, daß sich auch Kinder ohne Instrumentalunterricht auszeichnen und hohe Rangplätze bei der Musikalitätsprüfung erlangen. Daß die instrumentale Übung nur von geringem Einfluß auf die Resultate der musikalischen Leistungsmessung sein kann, zeigt sein Vergleich der Gesamtleistung der achtzehn Musizierenden und der achtzehn Musikunkundigen, wobei die musikalische Gesamtleistung der Musizierenden nur ganz unbeträchtlich von der der Musikunkundigen abweicht. G. Révész führt für seine Auffassung, daß instrumentale Übung nicht entscheidend die Musikalität erhöhe, auch Vergleiche zwischen Kindern und Akademieschülern an: „Es scheint also, daß auf die Äußerung der untersuchten musikalischen Fähigkeiten der vorangehende musikalische Unterricht einen geringeren Einfluß haben kann, als man von vornherein annehmen möchte, und daß die Musikalität durch die herrschende Art der musikalischen Ausbildung viel weniger entwickelt wird, als man es zu glauben pflegt“ (Révész, 1920). Wenn auch G. Révészs Ergebnisse durch die Methode seiner Musikalitätsprüfung, dazu durch sein Interesse an dem Nachweis angeborener musikalischer Fähigkeiten zu relativieren sein werden, so wird doch andererseits durch sie auch die tradierte Sicherheit solcher Auffassungen in Frage gestellt, die im Erlernen eines Instrumentes die Garantie für allgemeinen musikalischen Lernfortschritt sehen. Vor allem bedenken wir heute, daß die Qualität des Instrumentalunterrichts von entscheidender Bedeutung für die weiterreichenden musikalischen Lernpotenzen des Instrumentalunterrichts ist – und hier beginnen zugleich die methodischen Schwierigkeiten der Untersuchung des Problems.

Wenn es auch mit Sicherheit nicht allein die musikalischen Übungseffekte sind, die die Lernpotenz im praktischen Umgang mit Musik grundsätzlich und insgesamt ausmachen, so stellen doch mit einiger Wahrscheinlichkeit einzelne im praktischen Umgang mit Musik liegende Komponenten Lernpotenzen dar. Dies sind zunächst die Bewegungskomponenten, die von Haus aus in der Regel als angenehm empfundene Möglichkeiten des Ausdrucks und damit der Entlastung bieten. Der mit Bewegung vollzogene Umgang mit Musik ist offensichtlich grundsätzlich mit positiveren Reaktionen verbunden als etwa der nur kognitive. Auch ältere Schüler zeigen erfahrungsgemäß eine Vorliebe für praktischen Umgang mit Musik aller Art. B. Dopheide beschreibt in dem Protokoll eines Schulversuches, daß bei einer Lernsequenz mit dem Ziel, Kinder zu ungewöhnlichen Schallkombinationen und analytisch-polyphonem Hören von Gestaltungselementen moderner Musik zu führen, die Lerneffektivität zu erhöhen ist, wenn entsprechende eigene (praktische) musikalische Gestaltungsversuche zur gleichen Thematik vorausgehen (Dopheide, 1976). Auch bei anderen Versuchen (Bastian, 1980; u.a.) bestätigt sich immer wieder, daß die Einbeziehung praktischen Umganges mit Musik auch noch bei älteren Schülern die Lerneffektivität verbessert. Auf die Frage nach den hier bestimmenden Faktoren zielt erstmals ansatzweise eine Untersuchung von St. und B. Schaub, die mit zwei verschiedenen Unterrichtsstrategien arbeiten, einer verbal-erklärenden und einer stärker affektiv-psychomotorischen; das vorsichtig entwickelte Ergebnis zeigt, daß bei Einsatz affektiv-psychomotorischer Strategien zumindest positive Gefühlsreaktionen ausgelöst werden (Schaub und Schaub, 1980). Die im praktischen Umgang mit Musik liegenden musikalischen Lernpotenzen wirken sich auch bei höheren Altersstufen und im Zusammenhang verschiedenartiger Ziele aus. Unter dem Aspekt eines umfassenden, weiterreichenden musikalischen Lernvorganges bleibt jedoch zu beachten, daß der praktische Umgang mit Musik mit zunehmendem Alter auch zunehmende Leistungen im Singen wie im Spielen verlangt. Unter Berufung auf eine grundsätzliche Bedeutung praktischen Umganges mit Musik allen Musikunterricht nur auf einfache instrumentale oder vokale Formen – und damit auf die nur affektiv-bewegungsmäßigen Komponenten des Musizierens – zu beschränken, birgt daher die Gefahr musikpädagogischer Unterstützung regressiver Verhaltenstendenzen.

Die affektive Aufladung allen praktischen Umganges mit Musik wirkt sich wahrscheinlich – auch hier ist nur die hypothetische Überlegung möglich – in positivem Sinne auf die Einprägung musikalischer Muster aus dem praktizierten Material aus. Der Lernende eignet sich über das Musizieren tonale, formale und stilistische Vorstellungen an, die für alles weiterführende musikalische Lernen konstitutiv werden; auch musikalisches Gedächtnis, Verständnis musikalischer Zusammenhänge und musikalisches Urteil werden auf diese Weise, im praktischen Umgang mit Musik, fundiert. Doch kann damit ebenso, beim Verharren in einfachstem Material oder bei Tolerierung musikalisch-technischer Schwächen, ein regressives, negatives Lernergebnis entstehen. Dies gilt wohl auch dann, wenn affektive Komponenten im praktischen Umgang mit Musik so „hochgespielt" werden, daß kognitive Komponenten zum Verstehen von Musik als störend erscheinen, ja Aggressionen auslösen. Erst die Möglichkeit, das Gesamt der im Musik-Praktizieren steckenden musikalischen Lernpotenzen nicht affektiv-angepaßt, sondern musikalisch-fördernd zu aktivieren, gibt dem Singen und Musizieren des Schülers seinen musikpädagogischen Rang über motorisch-affektive Befriedigung hinaus und bannt die Gefahren eines reinen Praktizismus und ideologisierter Musikpraxis, die das Musikverständnis verkürzen und das musikalische Gefühl sentimentalisieren. Der praktische Umgang mit Musik ist musikpädagogisch populär. Er ist musikpädagogisch auch effektiv, wenn die Lernbreite praktischen Umganges mit Musik voll ausgeschöpft wird, wenn eine nach Menschen, Zielen und Funktionen differenzierte Kombination der im Singen und Musizieren liegenden Potenzen musikalischen Lernens stattfindet.

2.3 Untersuchungen des audiomotorischen Lernbeginns

Aus verständlichen methodischen Gründen, doch zum Bedauern praktischer Musikpädagogik, gibt es nur wenige Untersuchungen, die – gegenüber einer umfangreichen Forschungsliteratur zum Beginn motorischen Lernens und zum Beginn des Hören-Lernens – diese beiden Leistungskomplexe und Lernvorgänge in ihrem Zusammenhang betrachten. Darum kommt Untersuchungen wie denen von E.L. Rainbow besondere Bedeutung zu. Sie wurden mit 3–4jährigen Kindern unternommen, die zwei- bis dreimal in der Woche für 15 Minuten Rhythmikunterricht erhielten. Für diesen Unterricht ist verabredet worden, daß die rhythmischen Aufgaben motorisch (große Muskulatur), mit kleinen Instrumenten und mit der Stimme geübt werden sollen. Die Kinder werden im Abstand von vier Monaten geprüft, wobei ein Videogerät sie aufnimmt und jeweils drei Rater mit einer Fünfpunkteskala die Leistungen der Kinder bewerten (die Rater-Übereinstimmung liegt durchschnittlich bei 94%). Den Kindern wird die Aufgabe gestellt, zu Klaviermusik Grundschläge mit Händen und/oder Füßen oder Klangstäben zu schlagen, einen Rhythmus zu sprechen, dann zu klatschen und einen Ostinato zu Klavierspiel durchzuhalten. Für die 3jährigen Kinder sind die Sprechrhythmen am leichtesten (45–60% erfolgreich, 3–11% nicht erfolgreich). Die nächstbesten Leistungen zeigen sich beim Durchhalten eines Grundschlages mit Klangstäben und mit Klatschen (37% erfolgreich, 11% nicht erfolgreich). Offensichtlich wird das Klatschen eines Rhythmus' besser, wenn vorher der Rhythmus gesprochen wurde. Besonders schwer ist das Halten eines Ostinato zu Klavierspiel; Klatschen zum Laufen erscheint als extrem schwierig (3,7% erfolgreich, 65,4% nicht erfolgreich; Rainbow, 1979). Bei der Wiederholung der Prüfung zeigen sich keine signifikanten Unterschiede. Doch die Differenz in den Leistungen der 4jährigen Kinder gegenüber den 3jährigen ist signifikant. Man sieht, daß tatsächlich die Differenz zwischen Hörleistung und Bewegungsleistung auch hier deutlich wird; die Reproduktion von Rhythmen mit Musikinstrumenten und Sprache fällt deutlich leichter als der Einsatz der großen Muskulatur. E.L. Rainbow hat diese Forschungen fortgeführt und konnte inzwischen zeigen, daß 3jährige Kinder die gleiche rhythmische Aufgabe bei einer sprachrhythmischen Antwortmöglichkeit wesentlich besser lösen (40%) als bei einer geklatschten, mit Klangstäben geschlagenen oder „gelaufenen" Beantwortungsmöglichkeit (Rainbow, 1980).

Es gibt einige Langzeitversuche, die Aufschlüsse über die Bedeutung von Singunterricht für die spezielle Singfähigkeit geben, so von A.T. Jersild und S.B. Bienstock. Sie üben mit achtzehn Kindern im Durchschnittsalter von drei Jahren und zwei Monaten sechs Monate lang in insgesamt vierzig Lehreinheiten von je zehn Minuten Dauer das Singen einzelner Töne und Intervalle. Nach dieser Zeit werden die Singleistungen mit denen von achtzehn gleichaltrigen Kindern ohne Singtraining verglichen: Es zeigt sich ein signifikanter Unterschied zwischen den beiden Gruppen. Zwei Jahre später werden alle Kinder nochmals getestet: Auch jetzt noch zeigt die zum früheren Zeitpunkt unterrichtete Gruppe eine zuverlässige Überlegenheit ihrer Leistungen gegenüber der Kontrollgruppe. Die vierzig Lehreinheiten haben sich hier als von dauerhafter Wirkung erwiesen (Jersild und Bienstock, 1931 und 1934).

Die Ergebnisse von A.T. Jersild und S.B. Bienstock werden im wesentlichen durch die Untersuchungen von R. Updegraff, I. Heilegerund J. Learned bestätigt. Sie prüfen 3-, 4- und 5jährige Kinder, die wenig im Singen geübt sind, und zwar in folgenden Fähigkeiten: Nachsingen eines Tones, Nachsingen eines Intervalles und Nachsingen einer melodischen Phrase. Die Kinder sind nicht fähig, einen Ton nachzusingen, der ihnen vom Instrument gegeben wird, doch einen vorgesungenen Ton können sie nachsingen. Während die 3jährigen Kinder noch in ihren Leistungen täglich wechseln, erreichen die 5jährigen Kinder gute Werte für das Nachsingen von Tönen und Intervallen. Die gleiche Prüfung wird nun im Abstand von fünfzehn, dreißig und vierzig Tagen (für die 5jährigen Kinder) wiederholt. In der Zwischenzeit erhält ein Teil der Gruppe Unterricht, der andere Teil nicht. Auch hier zeigt sich deutlich, daß die unterrichtete

Gruppe gegenüber der Kontrollgruppe ohne Unterricht ihre Leistungen verbessert hat. Bei den 3jährigen Kindern ist der Fortschritt zwischen dem fünfzehnten und dem dreißigsten Tag am größten, bei den 5jährigen Kindern während der ersten fünfzehn Tage. Im Rahmen des Versuches wird auch die Aktivität der beiden Gruppen bei musikalischen Aufgaben im Kindergarten beobachtet; der Grad ihres Interesses und die Bereitwilligkeit zum Mitmachen wird von unabhängigen Beobachtern aufgezeichnet. Es erweist sich, daß in allen Altersstufen die Kinder der Experimentalgruppe zunehmend Interesse an musikalischen Aktivitäten entwickeln, während die Kinder der Kontrollgruppe kaum oder keinerlei Wechsel ihres Verhaltens zeigen. Am Ende der Unterrichtsphase wird ein signifikanter Unterschied zwischen den Kindern von Experimental- und Kontrollgruppe festgestellt (Updegraff u.a., 1937).

Auch jüngere Versuche belegen den Effekt von sachgerechtem Unterricht. R.B. Smith untersucht Schulanfänger, getrennt nach einer jüngeren und einer älteren Gruppe. Beide Gruppen werden zweimal je sechzehn Wochen lang unterrichtet, und zwar vor allem im Singen, doch gibt es dazu auch Musikhören, Bewegungserziehung und Instrumentalspiel. Die Kinder werden erstmals nach einer kurzen Einführungszeit, zum zweiten Mal nach dem Übungsprogramm geprüft. Als Kontrollgruppen werden Kinder von zwei lokalen Kindergärten, mit ähnlichem sozialen Hintergrund wie die Versuchspersonen, herangezogen. Nach dem Übungsprogramm ergibt sich: Von der jüngeren Gruppe (zwanzig Kinder) können zwölf Kinder innerhalb eines geringeren Tonumfanges rein singen, während dies in der Kontrollgruppe nur drei Kinder können. Bei größerem Tonumfang lassen sich für die Kinder des Übungsprogrammes keine Fortschritte erkennen. In der älteren Gruppe sind erhebliche Verbesserungen festzustellen: Alle Kinder können bei geringerem Tonumfang vollkommen sauber singen und haben sich auch im größeren Stimmumfang erheblich verbessert. Als Konsequenz seiner Beobachtungen empfiehlt R.B. Smith, zunächst Lieder im Tonumfang von c' bis f' (oder von d' bis g') zu singen, anschließend auf den Umfang von c' zu a' zu gehen; erst wenn Kinder in diesem Tonbereich Sicherheit gewonnen haben, sei die Ausweitung des Raumes in der Höhe zu empfehlen (Smith, 1963). Unter den Versuchsgruppen, mit denen E. Boardman arbeitet, befinden sich auch Kinder des zweiten Schuljahres, die in ihrem ersten Schuljahr an dem Übungsprogramm von R.B. Smith teilnahmen. Bei der Auswertung nach Altersstufen (Kindergarten, erstes und zweites Schuljahr), jeweils getrennt nach Versuchs- und Kontrollgruppen, zeigt sich hinsichtlich der Richtigkeit des Singens zwischen Versuchs- und Kontrollgruppen kein signifikanter Unterschied. Die Folgerung E. Boardmans, daß das frühe Übungsprogramm den Versuchskindern nur so lange Vorteil bringe, bis es durch den normalen Reifungsvorgang eingeholt werde (Boardman, 1964), ist gründlicher zu prüfen, zumal die Singarbeit auch der Kontrollgruppen zunächst in Ansatz zu bringen wäre.

Während solche Versuche die Möglichkeit erhöhter gesanglicher Leistungen durch speziellen Unterricht zeigen und durch Methode und Ergebnisse Aspekte vokaler Lernhierarchien aufzeigen, zielen Versuche wie die von A. Gesell und F. Ilg auf Feststellungen betreffs unterrichtsunabhängiger Leistungsveränderungen auf vokalem Gebiet. Sie stellen eine Teilhierarchie der Fähigkeit des Nachsingens für Kinder von zwei bis vier Jahren auf: Mit zwei Jahren werden einzelne Liedphrasen nachgesungen, gewöhnlich nicht auf den richtigen Tonhöhen, mit drei Jahren singen die Kinder in der gleichen Weise ganze Lieder, mit vier Jahren beginnen die Kinder mit der Reproduktion einiger vollständiger Lieder bei korrektem Treffen der Töne (Gesell und Ilg, 1952). Wie schwierig für diese Altersstufe das Lied aber noch ist, zeigt ein Versuch E.N. Drexlers mit dreiundzwanzig Vorschulkindern im durchschnittlichen Alter von vier Jahren und fünf Monaten. Er übt in fünfzehn Übungsperioden von je fünfzehn Minuten Dauer zwei vorher unbekannte Lieder ein. Erst sechs von diesen dreiundzwanzig Kindern können danach eine exakte Wiedergabe der Lieder leisten. Solche Versuche verweisen auf fortschreitende Lernmöglichkeiten, sind jedoch einstweilen noch viel zu schmal, um sich in didaktische Regeln umsetzen zu lassen (Drexler, 1938).

Neuere Untersuchungen bestätigen die melodische Lernhierarchie. H. Gardner, L. Davidson und P. McKernon untersuchen mit neun Kindern in einer 5jährigen Längsschnittuntersuchung die Fähigkeit, Lieder zu erlernen. Kleinkinder experimentieren mit Tonhöhen. Mit einem Jahr, sieben Monaten sind die Kinder in der Lage, klare Tonhöhen zu singen. In der Folgezeit zeigen die Kinder vor allem Neigung, spontan melodisch zu erfinden, vermutlich mit Anwendung dessen, was sie hören. Mit zwei Jahren, sechs Monaten ist bei den Kindern die Beherrschung melodischer Phrasen zu beobachten; das Kind zeigt eine besondere Lust, diese Phrasen ständig zu wiederholen. Mit etwa drei Jahren zeigen die Kinder die Fähigkeit, die melodische Hauptlinie eines Liedes zu erlernen. Während die Kinder zwischen vier und viereinhalb Jahren den Text, die wesentlichen Rhythmen und die Gliederung eines Liedes nachvollziehen, sind sie in melodischer Hinsicht zwar in der Lage, der melodischen Bewegungsrichtung gemäß zu singen, zeigen aber noch kaum Sinn für Tonalität. Bei Kindern zwischen fünf und sechs Jahren wird der Sinn für Tonalität zunehmend erkennbar, doch werden die Intervalle auch in diesem Alter noch nicht völlig richtig gesungen. Für alle Phasen dieses melodischen Lernkontinuums betonen die Autoren den Zusammenhang mit dem, was aus der musikalischen Umgebung aufgenommen wird, wenn auch ebenso das eigene Repertoire des Kindes mitwirke. Dieser frühe melodische Lernvorgang wird als Wechselwirkung zwischen musikalischer Umgebung und eigenem Repertoire verstanden; zugleich wird gesehen, daß die größere Bedeutung der Umgebung oder des kindlichen Repertoires wahrscheinlich sowohl vom Kind wie von der Umgebung abhängen (Gardner u.a., 1979).

Zu der Frage der Lern-Reihenfolge für Bewegen, Singen und instrumentales Musizieren geben die eingangs genannten Untersuchungen von E.L. Rainbow erste Auskünfte, die allerdings angesichts der populären Meinungen über die Bedeutung von Bewegungserziehung für frühe musikalische Lernvorgänge besondere Beachtung verdienen. Auch bei A.L. Fregas Experimenten mit musikalischen Wiederholungen, die Kinder singend, mit elementaren Instrumenten und mittels Bewegung zu erbringen haben, erweist sich Singen als die Möglichkeit, mit deren Hilfe die musikalisch besten Lösungen erbracht werden, gefolgt von instrumentalen Lösungen, während die bewegungsmäßigen Lösungen an letzter Stelle eingruppiert werden. A.L. Frega folgert zu Recht, daß bei Kindern bis zum Alter von fünf Jahren vokale Aufgaben die leichtesten musikalischen Lernaufgaben darstellen; sie stehen am Beginn einer musikalischen Lernhierarchie, gefolgt von instrumentalen Lernaufgaben (Frega, 1979).

Übertreibungen methodischer Festlegung in der Geschichte des Musikunterrichts, dann als Reaktion die Öffnung des Unterrichts für eigene Wünsche des Schülers sowie manche Zeitströmungen haben in sehr starkem Maße das systematische Lernkontinuum im Musikunterricht abgebaut. Für den praktischen Umgang mit Musik wird man diese Fragen um eine lernlogische Folge insbesondere im vokalen sowie im instrumentalen Bereich für den künftigen Amateur neu bedenken müssen. Die Auslassung von Lernschritten, die Voraussetzung weiteren Fortschreitens bedeuten, können zu lebenslänglichen musikalischen Defiziten führen; bestimmte musikpraktische

Fähigkeiten nicht erworben zu haben, bedeutet nicht nur, daß die speziellen Lernfortschritte im vokalen und instrumentalen Lernen gekappt werden, sondern vor allem auch, daß musikpraktische Möglichkeiten für weiterführendes musikalisches Lernen nicht zur Verfügung stehen. Spezielle Untersuchungen unter musiksozialem Aspekt verweisen auf die Entstehung solcher musikalischen Lerndefizite. W. Kirkpatrick versucht Auskünfte über den Zusammenhang zwischen der Singfähigkeit von Kindern und ihrer häuslichen musikalischen Umgebung zu erhalten. Er klassifiziert 100 Kinder im Alter von fünf Jahren nach ihrem Liedrepertoire in Sänger, d.h. Kinder, die 90% der Töne korrekt wiedergeben können und in der Tonart bleiben, in Teil-Sänger, die 75% bis 89% der Töne mit geringer Tonartschwankung singen können, und schließlich in Nicht-Sänger, die weniger als 75% der Töne richtig singen können und keine Tonalität einhalten. Nur wenige der Kinder, die unter die Nicht-Sänger eingeordnet werden, kommen aus Familien, die als eine sehr gute oder gute musikalische Umgebung eingestuft wurden. Aus musikalisch ungünstiger Umgebung kommt keiner der Sänger; W. Kirkpatrick stellt jedoch auch Kinder fest, die nicht durch ihre häusliche Umgebung in ihrer Singleistung beeinflußt sind. Als signifikante Einflüsse auf die Singfähigkeit der Kinder erweisen sich: Mütter, die für ihre Kinder oder mit ihren Kindern singen, musikalische Hilfe anderer Bezugspersonen, Singen und Instrumentalspiel in der Familie und Eltern mit musikalischen Interessen. Ältere Geschwister und Kindergärten können nicht als Einflußfaktoren auf die Singfähigkeit des Kindes festgestellt werden (Kirkpatrick, 1962).

J.St. Sheltons Untersuchung reicht über die Feststellung von Bezügen zwischen häuslicher, musikalischer Umgebung und Singfähigkeit hinaus in die Auswirkungen auf sensorielle Fähigkeiten, körperliche Bewegungsfähigkeit zu Musik, Instrumentalspiel, auch auf analytische Hörfähigkeiten (Tempokontraste und Stimmungskontraste) und die freiwillige Bereitschaft, sich an musikalischen Aktivitäten zu beteiligen. Die unter diesen Kategorien geprüften Kinder (erstes Schuljahr) werden in musikalische Kinder (achtzehn) und unmusikalische Kinder (zwölf) geteilt. Diese beiden Gruppen werden nun in bezug auf die Daten verglichen, die durch Interviews mit den Eltern über die häusliche Musiksituation gewonnen wurden. Nach diesen Daten werden für das häusliche Milieu in bezug auf Musik drei Kategorien gebildet: Musikalische Umgebung, durchschnittlich musikalische Umgebung und unmusikalische Umgebung. J.St. Shelton stellt einen signifikanten Zusammenhang zwischen der gezeigten musikalischen Leistung der Kinder und dem Musikalitätsgrad des Elternhauses fest (Shelton, 1965).

2.4 Spezielle Probleme der Bewegungserziehung mit Musik

In den Untersuchungen des Zusammenhanges von Hören und Bewegen wird übereinstimmend festgestellt, daß schon Säuglinge auf Musik mit Bewegung reagieren. H. Jürgens stellte bei ½jährigen Säuglingen fest, daß sie zu Musikdarbietungen motorisch agieren (Jürgens, 1929). G. Schünemann beschreibt solche Reaktionen für die ersten Lebenswochen (Schünemann, 1930). In der Gegenwart hat vor allem H. Moog Kinder in den ersten beiden Lebensjahren auch unter diesem Aspekt beobachtet. Er stellt für ½jährige Säuglinge nicht nur Aufmerksamkeitszuwendung bei Musik fest, sondern auch motorische Aktionen, Schaukelbewegungen, die nicht synchron mit dem Rhythmus der gehörten Musik erfolgen. Die Beobachtungen H. Moogs an wenigen Kindern, daß sich diese Schaukelbewegung am stärksten bei Instrumentalmusik, überhaupt nicht bei Kakophonien und Geräuschen, auch – entgegen aller Erwartung – nur wenig bei reinen Rhythmen zeigen, wären es wert, in umfassenderen Versuchsreihen geprüft zu werden. Die Relationen zwischen Hör-Freude und Bewegungs-Freude sind offen. Bei Kindern im Alter von neun Monaten beobachtet H. Moog eine Zunahme der repetierenden (nicht synchronen) Bewegungen sowohl in der Zahl wie in der Dauer, auch in der Größe und Intensität der Bewegung; die meisten motorischen Aktionen werden schon mit dem ganzen Körper ausgeführt. Bei 1jährigen Kindern zeigt sich eine weitere Zunahme der motorischen Aktionen, die nun auch von lautlichen Äußerungen begleitet werden. Das für das 1/2jährige Kind charakteristische Schaukeln wird in dieser Altersstufe zu einem unverändert nicht-synchronen Wiegen oder Schaukeln im Stehen durch Gewichtsverlagerung von einem Bein aufs andere. Es gibt auch Hopsen, Stampfen, Dirigierbewegungen der Hände. Bei 1 1/2jährigen Kindern reduziert sich die Zahl der Bewegungen zugunsten ihrer Varietät. Bei 2jährigen Kindern nimmt die Zahl der Bewegungsvarianten nochmals zu (Moog, 1967). Aus den Beobachtungen H. Moogs für die folgenden Lebensjahre ist unter methodischem Aspekt vor allem auffällig, daß das Klatschen erst an achter Stelle der Bewegungsaktionen zu Musik steht; wesentlich häufiger sind Aktionen wie Fußwippen, rhythmische Mundbewegungen, Kopfbewegungen, Armbewegungen und Trommelschlagen zu beobachten. Bei 5- und 6jährigen Kindern nimmt die Zahl der spontanen Bewegungen zu Musik, dazu nun auch die Varietät der Bewegungen deutlich ab. Das Klatschen ist nun die häufigste Bewegungsform (wobei die Auswirkung der Spiellieder mit Klatschen zu prüfen wäre; Moog, 1968).

Besonderes Interesse hat man stets der Frage geschenkt, in welchem Alter Kinder die Fähigkeit zeigen, sich synchron zu Musik zu bewegen. C.P. Heinlein beauftragte 8 Kinder im Alter von drei bis fünf Jahren „in time of the music“ zu gehen, wobei mit einer technischen Einrichtung durch elektrische Kontakte ihre Schritte aufgezeichnet werden konnten. Nur eines der Kinder zeigt annähernd Übereinstimmung zwischen Musik und Bewegung. C.P. Heinlein beschreibt, daß es gerade derjenige Junge gewesen sei, der bei einer vorangegangenen ähnlichen Aufgabe als schwächster Schüler erschienen war; ein anderer Junge, der bei der vorangegangenen Aufgabe besonders gut reagiert hatte, kann kein einziges Mal sein Gehen mit den musikalischen Schlägen synchronisieren, weil offensichtlich nun seine motorische Aktivität stark angeregt ist (Heinlein, 1929). A.T. Jersild und S.F. Bienstock prüfen mit photographischen Methoden Kinder von zwei bis fünf Jahren sowie Erwachsene auf die Genauigkeit, mit der sie im Takt gehen oder Handbewegungen durchführen können. Die höchstmöglich erreichbare Punktzahl liegt bei 200 Punkten. 2jährige Kinder erreichen 41.8 Punkte, 3jährige Kinder 56.3 Punkte, 4jährige Kinder 82.3 Punkte und 5jährige Kinder 97.5 Punkte; die 17 zum Vergleich beobachteten Erwachsenen erreichen die durchschnittliche Punktzahl 174 (Jersild und Bienstock, 1935). R. Leibold beobachtet für die 3jährigen Kinder noch keine Fähigkeiten der Synchronisierung von gehörtem Rhythmus und Bewegung. Um das „vierte Lebensjahr herum“ beobachtet er eine solche Festigung und Kräftigung der Gehbewegungen, daß „akustische Sukzessivganze“ – noch unsicher – den Gehbewegungen untergeordnet werden. Daraus entwickelt sich zunehmend die Fähigkeit, Klopfschläge mit Gehbewegungen zu koordinieren (Leibold, 1936). In den Versuchen von V.E. Boekelheide erweisen von 8–9jährigen Kindern 81%, daß sie in der Lage sind, rhythmische Modelle mit körperlicher Bewegung korrekt wiederzugeben (Boekelheide, 1960).

Man sieht aus diesen Ergebnissen, daß die Fähigkeit zur Koordination von gehörten Rhythmen und körperlicher Bewegung vereinzelt schon sehr früh auftreten kann, daß aber andererseits auch 8–9jährige Kinder noch Schwierigkeiten mit solchen Koordinationen haben; eine Verbesserung der Fähigkeit mit zunehmendem Alter zeichnet sich jedoch recht deutlich ab. H. Moog hat diese Ergebnisse durch Beobachtung der Relationen mit Bewegungsvarietät und Material modifiziert. Er stellt erstmals zeitweilige Koordination zwischen gehörten Rhythmen und Bewegung bei 1½jährigen Kindern fest. Bei 2jährigen Kindern nimmt die Zahl der Bewegungsvarianten zu, doch keineswegs auch die Fähigkeit, gehörte Rhythmen und Bewegung zu koordinieren. Dies ist besonders auffällig, weil H. Moog für die gleiche Altersstufe eine deutliche Zunahme der Koordinationsfähigkeit für Text, Rhythmus und Tonhöhenveränderung im Singen feststellen kann (Moog, 1967). Dem Zahlenmaterial H. Moogs für die folgenden Lebensjahre, das nicht prozentual aufgerechnet ist, läßt sich entnehmen, daß die Fähigkeit zu synchroner Bewegung mit dem gehörten Rhythmus (der Grad der Genauigkeit bei H. Moogs Begriff der „koordinierten Bewegung“ ist nicht angegeben) erst nach dem vierten Lebensjahr auffällig und nochmals nach dem fünften Lebensjahr ansteigt. Dazu hält H. Moog fest, daß die ersten Anpassungen von Bewegungen an Musik bei 3jährigen Kindern durchweg zu eigenen Gesängen erfolgen. Bei dieser Altersstufe beobachtet er auch synchrone Bewegungen zu Hörmusik, ebenfalls zu rein rhythmischem Material; doch kann er solche Bewegungen niemals beim ersten Hören, sondern erst bei weiteren Darbietungen feststellen (Moog, 1968). Aus diesen Beobachtungen H. Moogs ist insbesondere im Blick zu behalten, daß sich die Zahl der Versuchskinder, die ausschließlich koordinierte Bewegungen zu den musikalischen Darbietungen ausführen, vom fünften zum sechsten Lebensjahr verdoppelt. Die Koordination von Musik und Bewegung gelingt besser bei selbst ausgeführten Gesängen als bei nur gehörter Musik. Auch auf die Beobachtung von G.A. Il'ina ist zu verweisen, daß ältere Kinder eher fähig sind, sich selbst zu korrigieren und ihre Bewegung mit der Musik zu wechseln, während jüngere Kinder auf eine Änderung mit einem intensiven Wechsel ihres Tempos reagieren; dieser Versuch wurde mit 130 Kindern im Alter von drei bis elf Jahren durchgeführt (Il'ina, 1961).

Die frühen bewegungsmäßigen Aktionen des Kindes zu Musik haben außer dem wissenschaftlichen Interesse auch ein besonderes unterrichtsmethodisches Interesse ausgelöst. Die offenkundige Freude des Kindes an Bewegen zu Musik, dazu die unterrichtsmethodische Regel vom besseren Lernen durch Handlungen, haben den Einsatz von körperlicher Bewegung im ersten Musik-Lernen verstärkt und weithin legitimiert. Doch vorliegende Forschungsberichte relativieren die daraus erhoffte Effektivität. Wie schon G. Révész 1920 aufzeigt, reagieren musikalisch schwächer und musikalisch stärker befähigte Kinder unterschiedlich bei rhythmischen Aufgaben, je nachdem, ob es sich um nur-rhythmische oder um melodisch-rhythmische Aufgaben handelt. Die nur-rhythmischen Aufgaben können Kinder mit im übrigen schwächeren musikalischen Leistungen gut lösen, während die stärker musikalisch begabten Kinder, die an diesen Aufgaben teilweise versagt haben, die im musikalischen Zusammenhang stehenden rhythmischen Aufgaben besser lösen können (Révész, 1920). In die gleiche Richtung weisen die Beobachtungen von C.P. Heinlein (1929). R. Shuter referiert Forschungsergebnisse (R.R. Bentley, 1955; Franklin, 1956; Rainbow, 1965), die den Rhythmus als „odd man out“ aufzeigen. Rhythmische Tests haben die geringste

Gewichtung im Rahmen der musikalischen Begabung. Wenn jedoch der rhytmische Test Aufgaben in musikalischem Kontext gibt, wird der Rhythmus merklich gewichtiger für die musikalische Leistungsfähigkeit (Shuter, 1968). Beispielsweise zeigen auch die Gordon-Tests für Tempo und Metrum unterschiedliche Beziehungen zu seinen tonalen Tests (Gordon, 1965). In bezug auf musikalische Fähigkeiten wird man Rhythmus, der in Musik enthalten ist, und Rhythmus außerhalb von Musik deutlich zu unterscheiden haben.

Hier liegt das unterrichtsmethodische Interesse. Wenn Kinder sich zu Musik bewegen und Koordination von Rhythmus und Bewegung angestrebt wird, dann ist damit zu rechnen, daß Konzentration auf Rhythmus die Konzentration auf weitere Merkmale der Musik, ihre Eigenarten, beeinträchtigt, die Wahrnehmungsfähigkeit für Musik einschränkt. K. Hartje beobachtet bei 60 Kindern im Alter von fünf bis sieben Jahren, daß ihre Bereitschaft, sich zu Musik zu bewegen, je nach Musikstück sehr unterschiedlich ist. Er gibt folgende Beispiele: 1: „Come together (Beatles)", 2: „Rock around the Clock (B. Haley)", 3: „Tanz" aus „Carmina Burana" von C. Orff, 4: „Rumänischer Tanz" von B. Bartók, 5: 3. Satz (Allegro vivace) aus der „Tanzsuite" von B. Bartók, 6: „Tanz der Kutscher" aus „Petruschka" von I. Strawinsky, 7: 2. Brandenburgisches Konzert (Schlußsatz) von J.S. Bach. Zu den beiden ersten Stücken bewegen sich die Kinder, ohne Koordination mit Rhythmus zu zeigen. Bei den nachfolgenden Stücken nimmt die Bewegungsfreudigkeit ab, die Kinder äußern, daß man zu dieser Musik nicht tanzen könne. Einen der Faktoren für diesen Verlust an Bewegungsbereitschaft bei Stücken, die deutlich als stark motorisch wirkend anzusehen sind, sieht K. Hartje im „Komplexitätsgrad der Musik". Er wendet J. Piagets Hypothese an, daß Kinder nicht in der Lage seien, den Ganzheitsaspekt einer Sache zu bewahren, wenn sich ihre Aufmerksamkeit auf einen Teilaspekt richtet, und folgert demgemäß, „... daß die Kinder in dem Moment, wo sie aufhören, sich spontan zu bewegen, die Musik als Ganzes wahrnehmen. Denn die Richtung der Aufmerksamkeit auf das Ganze macht die gleichzeitige Wahrnehmung des Teilaspektes 'Rhythmus' unmöglich" (Hartje, 1973). Doch weisen H. Moogs neuere Beobachtungen wiederum in die entgegengesetzte Richtung. Er vergleicht in drei Versuchsreihen je 25 behinderte, schwach intelligente und normale Kinder im Alter von zehn bis elf Jahren. In unserem Zusammenhang ist von besonderem Interesse, daß Bewegungseinschränkungen seit der frühesten Kindheit deutlich die Wahrnehmungsfähigkeit für Rhythmen reduzieren, und zwar bei Kindern, die hinsichtlich ihrer Intelligenz als normal gelten bis nahe zu dem Stand von schwach intelligenten Kindern (Moog, 1979). Die von R. Shuter referierten Beobachtungen J. Mainwarings unter altersspezifischem Aspekt zeigen einen Unterschied auf, je nachdem ob bewegungsmäßig oder nur gehörsmäßig geprüft wird, J. Mainwaring untersucht 83 Jungen im Alter von sieben bis vierzehn Jahren. Ab einem Alter von neun Jahren steigen die rhythmischen Leistungen (wie auch die melodischen), aber von zwölf Jahren an fällt die Leistung wieder ab, doch nur bei Aufgaben, die bewegungsmäßig zu lösen sind. Die nur gehörsmäßig zu erbringenden rhythmischen Leistungen steigen jedoch weiter an, sie steigen zwischen zwölf und vierzehn Jahren sprunghaft an (Mainwaring, 1931).

2.5 Spezielle Probleme der Singschwäche

Bei Schülern aller Altersstufen, am meisten bei Schülern unter zehn Jahren, sind Singschwächen beobachtet worden; sie äußern sich vor allem als Beeinträchtigung des gemeinsamen Singens in einer Schulklasse. Die hier auffälligen Schüler werden in der deutschen Sprache traditionell als „Brummer" bezeichnet, doch wird zunehmend auch die von A. Bentley eingeführte, im angelsächsischen Sprachgebeit ausgebreitete Bezeichnung monotonal (i.S. von „eigener Tonalität" des Schülers) gebraucht (Bentley, 1966; vgl. auch Joyner, 1969). Hier wird der Terminus Singschwäche eingeführt, weil er einerseits das Phänomen, Schwächen in der Fähigkeit zu singen, kennzeichnet und andererseits eine Binnendifferenzierung nach unterschiedlichen Arten von Singschwächen erlaubt.

In der Fachliteratur werden graduelle Unterschiede von Singschwächen beschrieben. R. Shuter verweist nach Beobachtungen an Studenten auf den Unterschied zwischen Monotonalität als der Unfähigkeit, mit anderen zusammen zu singen, gegenüber einer Monotonalität als Mangel an Intonationsfähigkeit bei Singen ohne Klavierbegleitung (Shuter, 1968). W. Möhl unterscheidet zwischen „Brummern" und „Falschsingern". „Brummer" können weder einen vorgegebenen Ton noch eine kleine Melodie reproduzieren, sie beschränken sich auf einen geringen Tonumfang, singen meist zu tief und treffen weder die einzelne Tonhöhe noch Intervalle genau. Schüler, die den Anfangston treffen können, aber dann die Orientierung verlieren, grenzt W. Möhl als „Falschsinger" von den (richtigen) „Brummern" ab (Möhl, 1957). Den Ansatz einer Systematik von Singschwächen leistet D. Gleß. Er unterscheidet zwischen den zwei Hauptgruppen der „Falschsinger" und der „Scheinfalschsinger". In der Hauptgruppe der Falschsinger stellt er zunächst als „echte" Falschsinger solche Schüler fest, die eine mehrfach vorgegebene Melodie nicht richtig nachsingen können, die die melodische Orientierung verlieren, die Melodierichtung nicht erkennen und Einzeltöne nicht treffen können. Die „Ungenausinger" sind solche Schüler, deren Schwäche im Treffen der einzelnen Intervalle (sie werden meist im Umfang verringert), doch auch im Treffen von Einzeltönen liegt. „Sprechsinger" nivellieren Tonhöhenunterschiede auf die Stimmlage der Sprechstimme. Die letzte Teilgruppe der „echten Falschsinger" stellen nach D. Gleß die „Mischtypen" dar, bei denen Schwächen der Falschsinger kombiniert auftreten. Bei der zweiten Hauptgruppe, den „Scheinfalschsingern", unterscheidet D. Gleß zwischen den „Tiefsingern", die nur in einer tieferen Stimmlage treffen und oft auf die Sprechlage ausweichen, weil sie mit der Stimmlage der Klasse nicht übereinstimmen, und den Gruppen der psychisch gehemmten Kinder; diese können von Haus aus sauber intonieren, singen aber dennoch ungenau oder kaum hörbar, weil sie durch mangelndes Selbstvertrauen, Mißerfolgserlebnisse oder auch allgemeine Labilität gestört werden (Gleß, 1974; vgl. auch Gleß, 1972).

Hinsichtlich der Zahl der singschwachen Schüler, ihrer Alters- und ihrer Geschlechtsverteilung sind die Ergebnisse der Beobachtungen und Untersuchungen recht übereinstimmend. Die umfangreichsten Erhebungen hat wohl A. Bentley durchgeführt, der bei insgesamt 16699 Kindern zwischen sieben und dreizehn Jahren die Relationen zwischen normalen und monotonalen Sängern prüft, dazu die Unterschiede nach Alter und Geschlecht. Die monotonalen Sänger wurden durch die jeweiligen Lehrer festgestellt, die aufgefordert waren, solche Schüler gesondert zu benennen, die fortlaufend einen Ton oder einige Töne falsch singen (wobei Schüler mit beginnendem Stimmbruch auszuschließen waren). A. Bentley stellt auf Grund dieser

Mitteilungen unter 7jährigen Mädchen 11% monotonale Sänger fest, unter den gleichaltrigen Jungen 24%. Im Alter von zehn Jahren hat sich die Zahl der monotonalen Jungen auf 14% verringert. Bei den 11–13jährigen Mädchen ist die Zahl der monotonalen Sänger auf 2% gesunken, bei den 11–13jährigen Jungen auf 8%. Die Gesamtzahl der monotonalen Sänger in der Gruppe der 11–13jährigen Schüler beträgt gegenüber der Gesamtzahl der untersuchten Schüler 4,4% (Bentley, 1963). A. Bentley stellt diese Zahl dem 1948 von D. Fry festgestellten Anteil von 5% „Tontauben" in der Gesamtbevölkerung gegenüber (Fry, 1948). Während diese Ergebnisse annähernd übereinstimmen, beobachtet D. Gleß bei einer Untersuchung von 1365 Schulanfängern, daß nur 60,1% der Kinder annähernd richtig singen, gemäß seiner Systematik der singschwachen Kinder verteilen sie sich jedoch auf 29,2% Falschsinger, 4,9% Sprechsinger und 5,2% Tiefsinger (Gleß, 1970), (womit die Zahlen von D. Gleß wieder in die Nähe der Bentley-Fryschen Zahlen rücken, zumal noch ein Altersunterschied zwischen den 7jährigen Kindern bei A. Bentley und den Schulanfängern bei D. Gleß in Ansatz zu bringen ist).

Über die Ursachen von Singschwächen gibt es mehr Vermutungen als belegte Zusammenhänge; es scheint wohl vor allem eine in hohem Maße individuelle Kombination physischer und psychischer Faktoren wirksam zu sein. W. Möhl verweist im Zusammenhang der Frage nach Ursachen des Falschsingens auf die Komplexität des beim Singen sich abspielenden Prozesses, an dem Gedächtnis, Klangvorstellung, motorisches Zentrum des Gehirns, bestimmte Nervenbahnen, die Kehlkopfmuskulatur, das Atmungszentrum, das Ohr als Kontrollorgan, die Hilfe des Auges sowie die Formung des Ansatzrohres mit Gaumen, Nasenraum, Lippen- und Kieferstellung beteiligt sind. Falschsingen wird als Folge einer Störung im Zusammenwirken der Organe aufgefaßt. Insbesondere treten folgende Ursachen auf: Die Funktion der Nerven für die Singmuskulatur ist gestört; das Gehör versagt als Kontrollorgan; die Funktion des Kehlkopfes ist gestört; die Singmuskulatur ist verkrampft. Dazu treten psychische Ursachen wie die Singhemmung des Schülers oder eingebildete Unmusikalität, oder auch eine ablehnende Einstellung zum Singen. Tatsächlicher Mangel an musikalischer Befähigung kann – neben diesen anderen Faktoren – auch eine der Ursachen sein (Möhl, 1957).

Die Schwäche an musikalischer Befähigung als spezifische Ursache des falschen Singens hat A. Bentley untersucht, indem er normale und monotonale Schüler in bezug auf musikalisches Gedächtnis und Unterscheidungsvermögen für Tonhöhen vergleicht. Die Versuche mit 312 „normalen" und 88 monotonalen Kindern im Alter von neun bis elf Jahren führen zu dem Ergebnis, daß die Monotonalen in auffälligem Maße schwächere Leistungen auf dem Gebiet des musikalischen Gedächtnisses und des Tonhöhenunterscheidungsvermögens zeigen als die normal singfähigen Schüler (Bentley, 1966). In einem zweiten Versuch verfolgt A. Bentley die gleiche Frage nochmals und differenzierter, nun mit dem Einsatz des Bentley-Testes und eines Intelligenztestes. Der Versuch wird mit 349 „normalen" und 52 monotonalen Schülern durchgeführt. Er erbringt als Ergebnis, daß es zwischen beiden Gruppen keinen wesentlichen Unterschied hinsichtlich der Intelligenz und des Gedächtnisses für Rhythmus gibt, aber einen erheblichen Unterschied betreffs der Fähigkeit der Tonhöhenunterscheidung und des melodischen Gedächtnisses. Der zweite Versuch bestätigt also die Ergebnisse des ersten Versuches, zeigt aber zusätzlich auf, daß speziell melodische Fähigkeiten (Unterscheidungsfähigkeit und Gedächtnis) für die Singschwäche der Monotonalen verantwortlich sind (Bentley, 1973 a). Zusätzlich untersucht A. Bentley die Unterscheidungsfähigkeit für Tonhöhen bei „Normalen“ und bei Monotonalen an vier Unterscheidungsaufgaben für Tonhöhen: an Tonhöhen mit 26, 12, 6 und 3 Schwingungen. Die beiden Gruppen gleichen sich im Ergebnis umso mehr, je schwieriger die Aufgaben sind, nämlich bei 6 und 3 Schwingungen; hier sind auch die „Normalen“ mehr oder weniger am Raten. Bei 26 und 12 Schwingungen gibt es jedoch große Unterschiede zwischen den Gruppen; bei 12 Schwingungen können 80% der „Normalen“ die Aufgaben lösen, aber nur noch 50% der Monotonalen (Bentley, 1966).

Die für den Musikunterricht wesentliche Frage ist die nach Therapie- bzw. Lernmöglichkeiten für Kinder mit Singschwächen. D. Gleß, der 1365 Schulanfänger auf ihre Singfähigkeiten untersucht und für 39,9% unterschiedliche Singschwächen feststellt, prüft seine Probanden auch unter dem Aspekt der musikalischen Vorbildung, für die er als unterscheidende Kategorie den Besuch eines Kindergartens festlegt. Der Vergleich der Kinder mit und ohne Kindergarten-Besuch erbringt, daß die Absolventen eines Kindergartens zu 13,2% häufiger richtig singen und zu 3,9% häufiger zu tief singen (Gleß, 1970). E. Roberts und A.D.M. Davies unternehmen einen Versuch mit 90 Kindern, die nach Beschreibung ihrer Lehrer als in hohem Maße singschwach anzusehen sind. Sie werden in drei Gruppen eingeteilt, von denen eine Sonderunterricht im Singen erhält, die zweite herkömmlich unterrichtet wird und die dritte, im Sinne einer Kontrollgruppe, gemäß dem an der Schule üblichen Musikunterricht betreut wird. Zusätzlich wird eine Kontrollgruppe mit singnormalen Kindern geprüft. Die Prüfung besteht aus einer Reihe von Aufgaben zur Unterscheidung und zum Reproduzieren. Die Unterscheidungsfähigkeit wird an Beispielpaaren mit Einzeltönen, Intervallen und mehrtönigen Tonfolgen geprüft, das Reproduzieren an Aufgaben gleicher Art, die durch Nachsingen zu lösen sind. Die singschwachen und singnormalen Kinder zeigen signifikante Unterschiede bei allen Aufgaben, mit Ausnahme der Unterscheidung von Einzeltönen; die höchste Differenzierung zeigt sich bei der Reproduktion von Einzeltönen. Die Gruppe der singschwachen Kinder, die Sonderunterricht erhalten hat (Arbeit mit dem persönlichen Ton jeden Kindes, systematische Erweiterung des Singvokabulars des Kindes, Arbeit mit Echo, Umweltgeräuschen, Feedback-Übungen über Kopfhörer), zeigt statistisch signifikante Verbesserungen nur beim Singen eines Einzeltons und von Intervallen; beim Singen von Liedern ist keine signifikante Verbesserung erkennbar, doch wird hier die Dauer des Sonderunterrichts (acht Wochen) eine Rolle spielen. Die zusätzlichen Singstunden nach herkömmlicher Weise für die zweite Gruppe bleiben größtenteils ohne Wirkung (Roberts und Davies, 1975). Man wird insgesamt wohl auf Grund dieser Versuche sagen dürfen, daß bei speziellem Unterricht und ausreichender Zeit auch singschwachen Kindern geholfen werden könnte.

Daß Falschsingen des Kindes auf der Unterlassung der rechtzeitigen Singübung beruhen könne, ist aus physiologischer Sicht zumindest teilweise einleuchtend. Wenn nach W. Möhl Falschsingen auch, und zwar zu einem großen Anteil, auf einer Störung im Zusammenwirken der beteiligten Organe beruht, so ist die Bedeutung des rechtzeitigen Singens mit jungen Kindern darin zu sehen, daß in dieser Phase Muskeln und Knorpel des Stimmapparates noch beeinflußbar sind. W. Möhl verweist auch auf einen weiteren Aspekt der Bedeutung des rechtzeitigen Singens mit jungen Kindern. Er betont nämlich die Bedeutung des frühkindlichen Nachahmungstriebes für das Zusammenspiel im Stimmapparat. In dieser Phase ist das Singen Teil des Sich-Mitteilen-Wollens, der Stimmapparat stellt sich unbewußt auf vokale Äußerung ein. Später, in der Schule, ist Singen eine mehr oder weniger bewußte Handlung, begleitet von Hemmungen und Verkrampfungen. Jetzt ist es schwerer, richtig singen zu lernen; die fehlende Erfahrung aus der frühkindlichen Phase kann bereits zur Folge haben, daß eine Melodie nicht richtig nachgesungen werden kann. W. Möhl berichtet auch von einem Langzeitversuch mit einem neunten Schuljahr (Oberschule). Zu Beginn des Schuljahres singen 20% der Jungen falsch und 5% der Mädchen. Nach einjährigem Unterricht mit Notensingen und Stimmbildung singen nur noch 10% der Jungen und 1% der Mädchen falsch (Möhl, 1957). Dies ist ein bescheidener Beleg dafür, daß offenbar auch bei älteren Schülern Lernprozesse auf dem Gebiet des Singens zu initiieren sind, wofür es auch genügend Beispiele aus der Schulpraxis geben dürfte.

Für die Behandlung des Falschsingens gibt es eine Fülle von praktischen Ratschlägen, von denen hier nur einige Folgerungen aus speziellen Beobachtungen genannt werden. A. Bentley empfiehlt spezielle Singübungen mit Monotonalen, deren Prinzip eine melodische Orientierungshilfe durch zusätzliche Benennung der Töne ist (Bentley, 1966). D. Gleß entwickelt ein System von Fördermaßnahmen; sie beginnen mit einer Vorstufe (Glissandoübungen, optische Hilfen, Entwicklung der Kopfstimme), einer Hauptstufe (systematische Übung melodischer Beziehungen) und einer Rehabilitationsstufe (Einübung in den Stand der Klasse; Gleß, 1970). R. Shuter verweist auf die mit dem HMSO Report Music in Schools (1960) gewonnene Erfahrung, daß instrumentale Begleitung (Klavier) durch den Lehrer bei Kindern schließlich auch zur richtigen Intonation bei unbegleitetem Singen führen könne. Sie vermutet, daß das in Schulen für Kinder unter zehn Jahren übliche Singen ohne Instrumentalbegleitung Monotonalität verursachen könne (Shuter, 1968). V. Brody hat sich mit dem Problem der älteren Falschsinger befaßt. Er verweist darauf, daß diese langsamer richtiges Singen erlernen als Kinder, und empfiehlt, gemäß der Stufe des jungen Kindes mit einfachsten Beispielen anzufangen (Brody, 1953).

2.6 Erklärungsversuch für Lernvorgänge im praktischen Umgang mit Musik

Das Erlernen von Singen und Instrumentalspiel wurde bisher gern mit Verhaltensketten erklärt – ein Versuch, das behavioristische Reiz-Reaktionsmodell auch musikpädagogisch anzuwenden. Ein jüngerer Versuch, die einzelne Note als Reiz anzusehen, auf den der Spieler reagiert, zeigt die Gefahr überzogener Elementarisierung. Aus dem gleichen Grund bleibt auch das klassische Verstärkungsmodell unbefriedigend (wobei die Verstärkung in der Befriedigung über den richtig intonierten Klang liegen soll, die den Reiz zu weiterem Tun gibt). Hier wird ein Erklärungsversuch unternommen, der von dem Begriff audiomotorische Geschicklichkeit ausgeht. Er erscheint als geeignet zur Entwicklung eines Erklärungskonstruktes für Lernen durch praktischen Umgang mit Musik, weil er von Haus aus das Zusammenwirken von Hören und Motorik darstellt, das als konstitutive Komponente aller Lernvorgänge im praktischen Umgang mit Musik angenommen wird. Dieser Ausgang läßt die Möglichkeit der Separierung auditiver wie motorischer Merkmale und ihrer Korrespondenzmöglichkeiten wie auch die Bezüge zu den affektiven und kognitiven Merkmalen im praktischen Umgang mit Musik zu.

Für den hier eingeführten Begriff audiomotorischer Geschicklichkeit ist zunächst der Begriffsteil Geschicklichkeit zu klären. Die Bezeichnung Geschicklichkeit hat wie ihre englische Entsprechung skill umgangssprachlich vielerlei Bedeutung. Geschicklichkeit meint technische wie sportliche Fertigkeiten, kann sich aber auch auf das Geschick des Lehrers im Umgang mit Schülern oder auch auf taktisches Talent zur Förderung eigenen oder politischen Nutzens beziehen. Im Zusammenhang der Lernpsychologie meinen skill und Geschicklichkeit, daß man eine bestimmte Tätigkeit gut erlernt hat, wobei die Schwierigkeit unverkennbar darin liegt, Lernen und Geschicklichkeit in Schärfe zu trennen. Diese definitorische Schwäche hat bis zu weitreichenden Unterschieden auch im fachsprachlichen Gebrauch des Terminus Geschicklichkeit geführt, der mitunter ausschließlich im Sinn motorischer Leistungen gebraucht wird, anderenorts aber auch – aus Einsicht in den Zusammenhang von Wahrnehmen und Handeln – für psychomotorische (auch sensomotorische) Leistungen steht. Vorläufige Definitionen zielen mehr auf Geschicklichkeit als Ergebnis („... die erlernte Fähigkeit, festgelegte Ergebnisse mit maximaler Sicherheit hervorzubringen, oft unter minimalem Aufwand von Zeit und Energie ...“; Knapp, 1963) oder mehr auf den psychischen Prozeß („... Verhalten ..., in welchem rezeptorische, effektorische und Rückkoppelungsprozesse zwischen beiden räumlich wie zeitlich in hohem Grade organisiert sind“; Fitts, 1964). In der Definition ist stets eine Unterschiedlichkeit der Lernmöglichkeiten nach Art der angestrebten Geschicklichkeit mitzudenken, auch die Unterschiedlichkeit optimaler Lernphasen für einzelne Geschicklichkeiten (Gesell und Thompson, 1929; McGraw, 1935). So scheint es von der Art der Bewegung abzuhängen, ob eine Beschleunigung durch Lernen möglich ist; Bewegungen, die man normalerweise benötigt (wie Gehen), sind am wenigsten durch Lernen zu beschleunigen, Bewegungen, die nicht eigentlich notwendig sind (wie Rollschuhlaufen), lassen sich mehr durch Lernen beschleunigen.

Auch im musikpädagogischen Zusammenhang schlägt sich der umgangssprachlich breite Gebrauch der Bezeichnung Geschicklichkeit nieder, wenn man sowohl vom geschickten Blattspieler, von virtuoser Geschicklichkeit als auch vom Lehrgeschick spricht. Eine fachsprachliche Eingrenzung des Begriffes audiomotorische Geschicklichkeit hebt als deren Eigenart das Zusammenspiel von Hören und Motorik hervor. Sowohl im Hören wie im Bewegen sind durch vorausgegangenes Lernen bereits grundlegende Fähigkeiten auditiver und motorischer Geschicklichkeit erworben worden; deren Korrespondenz, die für allen praktischen Umgang mit Musik bestimmenden ständigen Rückkoppelungsprozesse zwischen Wahrnehmen und Handeln, machen audiomotorische Geschicklichkeit aus. Der Begriff umschließt die fortschreitenden Möglichkeiten des Zusammenwirkens von musikalischem Hören und vokal/instrumentalem Handeln, die zahlreichen, kleinen, sich gegenseitig bedingenden Fortschritte. Der Beginn liegt bei der frühen auditiv-vokalen Koordination, weitgestecktes Ziel ist die Sicherheit künstlerischer Interpretation, deren „Mühelosigkeit“ den langen Prozeß der auditiv-motorischen Koordinationen vergessen läßt. Die Mitwirkung affektiver und kognitiver Komponenten reicht von der Freude am richtig getroffenen Ton und entsprechender Urteilsfähigkeit bis zum Wunsch nach audiomotorischer Perfektion und zur Einsicht in die Freiheit und Begrenzung individueller Interpretation.

Ausgehend von diesem Begriff audiomotorischer Geschicklichkeit wird hier ein Versuch der Beschreibung und Erklärung von Lernvorgängen im praktischen Umgang mit Musik entwickelt. Das Erlernen audiomotorischer Geschicklichkeit für Singen oder Instrumentalspiel (wobei von vornherein viele Grade des Könnens bis zur Perfektion anzusetzen sind) hängt zunächst von speziellen Fähigkeiten im auditiven wie im motorischen Bereich ab, die ihrerseits bereits Lernergebnisse sind. Während Messungen im musikalisch-auditiven Bereich überaus zahlreich sind, blieben spezifisch musikalisch-motorische Fähigkeiten vernachlässigt. Doch hat man beispielsweise ein spezielles Merkmal für die mehr feinmotorischen Tätigkeiten separiert (Fleishman und Hempel, 1956), auch ein besonderes „Fingergeschick" (Fleishman, 1954; Hempel und Fleishman, 1955). Daß motorische Geschicklichkeit als Bedingungsfaktor künstlerischer Leistung anzunehmen ist, läßt beispielsweise die Untersuchung von N.C. Meier anklingen. Er weist für Kinder mit künstlerischer Begabung (im bildnerischen Bereich) nach, daß in ihrer Ahnenreihe häufiger als im Durchschnitt gute Handwerker vorkommen (Meier, 1939).

Der musikbezogene Lernvorgang audiomotorischer Geschicklichkeit liegt, nach der Grundlegung auditiver und motorischer Fähigkeiten, in dem Fortschritt der Befähigung zur Koordination spezieller auditiver und motorischer Leistungen; er meint die Prozesse, durch die sich der Lernende dem für ihn optimalen Resultat auditiv-motorischer Koordination im praktischen Umgang mit Musik annähert. Der Vorgang läßt sich im Anschluß an G.S. Reed als Entwicklung des Geschicks zur Bewegungskoordination beschreiben (Reed, 1971). Nach Untersuchungen von F.C. Bartlett beginnt dieses Geschick mit zunehmender Unterdrückung falscher Bewegungen gemäß Information des Lehrers, die immer mehr durch Selbstkontrolle (d.h. hier: die gehörte Feststellung einer Fehlbewegung) ausgeführt wird. Der Lernfortschritt liegt in der Verringerung der Zeit, die zum Hören des Effektes der Fehlbewegung und die darauf folgende Bewegungskorrektur benötigt wird. F.C. Bartlett verweist auf den mutmaßlich hier liegenden Zusammenhang mit kognitiven Persönlichkeitsmerkmalen; er sieht die Geschwindigkeit, mit der der Mensch einen Fehler feststellt und korrigiert, als bestes Einzelmaß kognitiver Fähigkeiten. Ein weiterer Lernfortschritt liegt in der zunehmenden Fähigkeit zur Antizipation, d.h. zur Vorwegnahme künftiger Möglichkeiten (und damit der Vermeidung möglicher Fehlerquellen). Für die Verbesserung der vokalen und instrumentalen Geschicklichkeit ist vor allem die sich durch Übung im beschriebenen Sinne langsam einstellende Automatisierung der Reaktionen bedeutsam, d.h. die zunehmende Minderung bewußter Kontrollen. Durch Automatisierung wird ein weiterer Fortschritt möglich: die Zuverlässigkeit der vokalen und instrumentalen Leistung, die darin liegt, daß der Sänger oder Instrumentalist unter schwierigen Bedingungen nicht in seiner Leistungsfähigkeit absinkt, sondern auch hier die Gleichmäßigkeit seiner Leistung beibehält (Bartlett, 1947). Doch besagt dies nicht, daß Erlernen audiomotorischer Geschicklichkeit im musikpraktischen Bereich einfache Gewohnheitsbildung sei, es stellt aber „einen dynamischen Prozeß selektiver Reaktionsbeschäftigung und -generalisierung dar" (Reed, 1971).

Die Besonderheit audiomotorischer Geschicklichkeit im praktischen Umgang mit Musik – dies sei nochmals hervorgehoben – liegt darin, daß die zunehmend durch das eigene Hören festgestellten Fehler durch die zunehmend automatisierte Bewegungskorrektur schließlich sogar antizipatorisch vermieden werden können. Der sich hier abspielende, schließlich nicht mehr erkennbare, doch stets im audiomotorischen Wechselspiel vorhandene hochkomplexe Prozeß läßt sich schwerlich mit dem zur Analyse elementarer Lernprozesse vertretbaren Reiz-Reaktions-Typ des Lernens fassen. Hilfreicher scheint eine von E.C. Poulton getroffene Unterscheidung zwischen geschlossenen Fertigkeiten (im Sinne von Fertigkeiten, die auf minimalen oder eindeutigen Voraussetzungen beruhen) und offenen Fertigkeiten, die vielfältige Anpassungen an komplexe Bedingungen erfüllen (Poulton, 1957). Zweifellos sind die audiomotorischen Geschicklichkeiten im praktischen Umgang mit Musik als solche offenen Fertigkeiten anzusehen; ihre Offenheit rührt aus der im Material Musik begründeten Vieldimensionalität der sensoriell-motorischen Verbindungen, die für audiomotorische Geschicklichkeit nicht nur Komplexität, sondern ein Kontinuum der ständigen Veränderungen und Korrekturen, höchst dynamische Prozesse annehmen läßt. Dies kennzeichnet die Funktion der Übung für Instrumentalspiel, deren Optimierung in Lernvorgängen zunehmend von der Instrumentalpädagogik als lernpsychologisches Problem erkannt wird (Verband deutscher Musikerzieher und konzertierender Künstler, 1982).

Hier wird F.C. Bartletts dynamische Theorie aktuell. Sie besagt, daß dort, wo wir Regelhaftigkeit in einem Verhalten beobachten, eine einzelne Reaktion nur deshalb zustande kommt, weil sie in Beziehung zu ähnlichen Verhaltensakten steht; diese sind zwar seriell organisiert, wirken sich jedoch nicht wie isoliert aufeinanderfolgende Elemente, sondern wie eine Einheit aus. F.C. Bartletts Exempel Tennisschläger läßt sich auf den Violinbogen übertragen: Bei der Ausführung eines Bogenstriches wird weder etwas absolut Neues produziert, noch etwas ausschließlich Altes wiederholt; der Bogenstrich entsteht in einem dynamischen Prozeß aus Hören und Bewegen und ihren Wechselbeziehungen. Alle Bewegungen im Verlauf des Bogenstriches sind eine Folge gleichartiger Bewegungen, die nicht isolierte Elemente, sondern einheitlich sind, und dennoch in Druck, Tempo und Artikulation einen dynamischen Prozeß aus Hören und Bewegen darstellen. Aus Sicht der dynamischen Theorie F.C. Bartletts, der man sich hier zur Erklärung audiomotorischer Geschicklichkeit und ihres Erlernens anschließt (Bartlett, 1932), ist der musikbezogene audiomotorische Lernvorgang als Entwicklung dynamischer Strategien (Reed, 1971) zu verstehen, durch die Auswahl und Integration entsprechender Maßnahmen gesteuert werden.

Die Erklärung des Lernvorganges im praktischen Umgang mit Musik als Aneignung audiomotorischer Geschicklichkeit begründet die Übung als das Verfahren für eine solche Aneignung und verweist dazu auf spezielle Aspekte solcher Übung. Für den Begriff der Übung ist kennzeichnend, daß ein Verfahren wiederholt wird, durch das der Lernende mit Hilfe von Wiederholung eine Leistungsverbesserung zu erreichen versucht, wobei er durch „Rückmeldungen" Informationen zur Konkretisierung seiner Absicht erhält (Gagné, 1980). Über typische Bedingungen der Übung gibt es eine spezielle Literatur, aus der hervorgeht, daß das Ausmaß der Verbesserung von Durchgang zu Durchgang allmählich abnimmt, daß die Lernkurve für eine motorische Fertigkeit zunächst ansteigt und bei Fortdauer der Übung allmählich abflacht (Melton, 1947). Eine verstärkte Rückmeldung, wozu man etwa eine Tonbandkontrolle zählen könnte, kann als Hilfsmittel dienen (Mathews und Mc Daniel, 1962). Es gibt auch Verweise auf die Bedeutung von in frühen Altersstufen erworbener Ausführungsroutine; wenn eine solche Routine erst in der mittleren Lernphase erworben wird, muß der Lernende ständig überlegen, was er tut, d.h. er muß die Routine stets aktiv aus dem Gedächtnis zurückgewinnen (Fitts und Posner, 1967). Der wesentliche pragmatische Aspekt der Übung im audiomotorischen Lernvorgang als einem Zusammenspiel auditiver und motorischer Komponenten ist, daß die motorisch-technische Übung uneffektiv bleibt, wenn die Übung des Gehörs – und diese im umfassenden Sinne der eigenen, hörenden Kontrolle aller Faktoren des musikalisch Hörbaren durch den Schüler – nicht in den Unterricht einbezogen wird.

Ob man tatsächlich aus dem beobachteten späteren Leistungsausgleich untrainierter Kinder auf Nutzlosigkeit früher Übung und die Annahme lernunabhängiger Reifung schließen darf, wird sehr angezweifelt. Denn die Effekte bei den nichttrainierten Kindern können auch auf anderen (kognitiven) Merkmalen beruhen. Zudem verweisen einzelne Untersuchungen doch auf recht langfristige und transferierte Lerneffekte bei trainierten Kindern, die sich als Folge des frühen Trainings interpretieren lassen (Mc Graw, 1935). Für die auditiven wie die motorischen Lernvorgänge des frühen Kindesalters ist darum im Blick zu behalten, daß die hier sich ausprägenden Grundfähigkeiten von Einfluß auf die späteren vokalen und instrumentalen Möglichkeiten des einzelnen Kindes sein können.

Beginn und früher Verlauf vokalen und instrumentalen Lernens wurden bisher in wesentlich geringerem Maße untersucht als der eher als vormusikalisch anzusehende Lernbeginn des Hörens und der Bewegung, obwohl gerade dieses Wissen für den Musikunterricht so aufschlußreich wäre. Wir kennen den vokalen Beginn mit den ersten stimmlichen Reaktionen des Kindes, und wir kennen die höchste Stufe der künstlerischen Meisterschaft; das gleiche gilt für den instrumentalen Lernvorgang. Doch die Vielzahl der auf diesen Wegen zu absolvierenden Lernschritte wird aufgrund von Erfahrung und Auffassung der Lehrenden in irgendeiner Weise bis zu irgendeinem Ende angeleitet. Aus guten Erfahrungen haben sich einige Methoden oder auch Lernkontinua verfestigt. Es sind Instrumentalschulen, eine festgelegte Folge von Stücken (Suzuki-Methode), von Blattsingübungen (Kodály-Methode) oder auch fixierte Unterrichtsabläufe in schulmethodischen Schriften und Zeitschriften. Ein Konstrukt audiomotorischer Geschicklichkeit läßt Möglichkeiten konkreter Beschreibung der Lernvorgänge im praktischen Umgang mit Musik erkennen, allerdings mit einer kaum überschaubaren Fülle offener und schwieriger Forschungsaufgaben, sicher aber auch mit unterrichtsmethodischen Denkanstößen.

3. Die Aneignung musikalischer Einstellungen als Lernvorgang

3.1 Musikalische Einstellung. Begriff, Begriffsfeld und Forschungsstand

Einstellungen sind von Haus aus ein sozialpsychologisches Thema. Sie werden jedoch zunehmend, über die Sozialpsychologie hinausführend, auch in anderen psychologischen Disziplinen, insbesondere auch in der Persönlichkeitspsychologie und der pädagogischen Psychologie, zum Gegenstand erhoben und entsprechend häufig, vielfältig und unterschiedlich begrifflich bestimmt. Doch lassen sich in dieser Vielfalt der Bestimmungen auch übereinstimmend gesehene Merkmale erkennen. Der spezielle Begriff der musikalischen Einstellung wartet dagegen noch auf seine Abgrenzung und Bestimmung, wenn er auch bereits viel gebraucht und diskutiert wird. Man wird ihn nur auf der Grundlage der annähernd allseits anerkannten Merkmale des allgemeinen Einstellungsbegriffes entwickeln können, dabei nach seinen speziellen Eigenarten in bezug auf diese grundlegenden Merkmale suchend.

Die sozialpsychologische Dominanz in der Erforschung von Einstellungen, beginnend mit der frühen Definition der Sozialpsychologie als der Wissenschaft von den Einstellungen (Thomas und Znaniecki, 1958), reicht bis in die Gegenwart (Triandis, 1975). Im Schrifttum beruft man sich auf eine Definition G.W. Allports, dergemäß unter einer Einstellung ein Bereitschaftszustand zu verstehen ist, „der durch die Erfahrung strukturiert ist, und einen steuernden oder dynamischen Einfluß auf die Reaktionen eines Individuums gegenüber allen Objekten und Situationen hat, mit denen dieses Individuum eine Beziehung eingeht" (Allport, 1935). H.C. Triandis gibt eine pragmatische Beschreibung der Wirkung von Einstellungen: Es gibt Situationen, in denen einige Sachverhalte gemeinsam vorkommen und dazu soziale Verhaltensweisen, die ein einzelner Mensch in diesen sozialen Situationen zeigt. Wenn dabei zwischen diesen sozialen Verhaltensweisen gegenüber den Situationen mit gemeinsamen Sachverhalten Ähnlichkeiten zutage treten, kann man daraus schließen, daß dieser Mensch eine Einstellung gegenüber den gemeinsamen Sachverhalten der sozialen Situation besitzt (Triandis, 1975). Neben dem Einstellungsmerkmal der Bereitschaft zu Reaktion, strukturiert durch Erfahrung und von steuerndem oder dynamischem Einfluß auf die erfolgenden Reaktionen, tritt in der Beschreibung von H.C. Triandis noch das Merkmal der Ähnlichkeit der Reaktionen gegenüber sozialen Situationen mit gemeinsamen Sachverhalten, das durch D.T. Campbells Definition als „Reaktionskonsistenz gegenüber sozialen Sachverhalten" ein treffendes Stichwort erhält (Campbell, 1963). Diese genannten Merkmale der Einstellung werden in der Literatur in hoher Übereinstimmung wiederholt.

Auch hinsichtlich der Konkretisierung der einzelnen Bestandteile der genannten Merkmale läßt sich recht weitreichende Übereinstimmung erkennen. Als Sachverhalte, die in sozialen Situationen Gemeinsamkeit erweisen, können jede Person, jedes Produkt oder von Menschen Geschaffene oder jedes soziale Ereignis fungieren. Die konsistenten Reaktionen werden beschrieben als: Neigung von Individuen, soziale Objekte mit anderen sozialen Objekten in konsistenter Weise zu verknüpfen, die Neigung, konsistente Gefühle gegenüber Einstellungsobjekten zu entwickeln und die

Neigung zu konsistenten Handlungen gegenüber Einstellungsobjekten. H.C. Triandis formuliert demgemäß drei miteinander in Beziehung stehende Komponenten der Einstellung: kognitive, affektive und Verhaltenskomponenten. Für die kognitive Komponente ist der Kategorisierungsvorgang durch den einzelnen Menschen und seine Herstellung von Beziehungen zwischen seinen Kategorien charakteristisch, für die affektive Komponente die Art und Weise seiner Bewertungen, die in ihm im Zusammenhang der Kategorisierung erwachsenden positiven oder negativen Zustände; die Verhaltenskomponente meint die Intentionen, die sich im Verhalten des einzelnen Menschen gegenüber den Einstellungsobjekten zeigen (Triandis, 1975). E. Witte konkretisiert die Komponenten der Einstellung in paralleler Weise, wenn er von in systematischer Weise ausgelösten Prozessen „im Bereich des Erkennens, Erlebens und Handelns" spricht, zugleich auch die soziale Situation als „sozial vermittelte Stellungnahme" fassend (Witte, 1977).

Im Zusammenhang dieses Komponentensystems sind, bereits im Blick auf die musikalische Einstellung, einige Unterschiede der Auffassungen und zusätzliche definitorische Anmerkungen zu nennen. Die Unterschiede liegen in der Gewichtung der affektiven und der kognitiven Komponenten. Ein Autor wie L.L. Thurstone betont für Einstellungen die Gefühlskomponente, die Intensität der positiven und negativen Affekte für oder gegen ein Objekt (Thurstone, 1931), eine Auffassung, die auch J.P. Guilford vertritt, daraus ein unterscheidendes Kriterium gegenüber „Interessen" gewinnend (Guilford, 1971). E.L. Hartley und R.E. Hartley verweisen demgegenüber auf die Bedeutung des kognitiven Aspektes (Hartley und Hartley, 1969), in der Gegenwart unterstützt von R. Wakenhut (1974); wenn ein Einstellungsobjekt nicht wenigstens in Ansätzen kognitiv repräsentiert sei, könne es schwerlich wahrgenommen werden und affektive Bereitschaften der Reaktion entwickeln. Zusätzliche definitorische Anmerkungen gelten der „Verflochtenheit" der drei Komponenten (Hartley und Hartley, 1969), ihrer gegenseitigen Bezogenheit in einem überdauernden System gegenseitiger Abhängigkeiten (Süllwold, 1969). Auch die schon angesprochene Dauerhaftigkeit von Einstellungen, das Merkmal eines überdauernden Systems, sei nochmals hervorgehoben (Krech u.a., 1962).

Nur sehr schwer läßt sich der Begriff der Einstellung gegen weitere Erklärungsbegriffe menschlichen Verhaltens abgrenzen. Ein Versuch solcher Abgrenzung zeigt, daß Begriffe wie Bewußtseinslage, Gesinnung, Meinung, Überzeugung, doch vor allem Vorurteil, Stereotyp und Konzept zunächst mehr Gemeinsamkeiten als Differenzen mit dem Einstellungsbegriff aufweisen (Roth, 1967 und 1969). Meinungen werden gegenüber Einstellungen dadurch abgegrenzt, daß man Meinungen als spezifisch, Einstellungen dagegen als relativ generell ansieht (Hartley und Hartley, 1969). Auf die Problematik der Relation zwischen Meinung und Einstellung verweist u.a. J.P. Guilford; geäußerte Meinungen und Einstellungen korrelieren zwar hoch, aber ebenso gibt es die Möglichkeit eines Unterschiedes zwischen der vertretenen Meinung und der für sich bewahrten tatsächlichen Einstellung (Guilford, 1971). Vorurteile sind in besonderem Maße „mit zentralen Haltungen und schwer verständlichen, weil im Umkreis von Defensivmechanismen der Persönlichkeit liegenden Strukturen verknüpft" (Thomae, 1960). Wie die Einstellungen werden sie (nicht angeboren, sondern) gelernt und ohne bewußte Absicht vermittelt. Überzeugungen unterscheiden sich von Einstellungen durch den höheren Grad der Intensität, sind aber in sich differenziert, von einem Typus der elementaren Überzeugungen, den früh übernommenen und mit den Menschen der Umwelt geteilten Überzeugungen, über Typen einer zur Umwelt im

Gegensatz stehenden Überzeugung und nur mit Bezugspersonen oder Bezugsgruppen geteilten Überzeugungen sowie von Autoritäten übernommenen Überzeugungen bis zu einem Typus reichend, der unverbindliche Geschmacks- und Modemeinungen zum Inhalt hat (Wakenhut, 1974). Eine Abgrenzung zwischen Werten und Einstellungen ist R. Wakenhut zu danken. Werte sind für das Individuum von höherer, bestimmenderer Bedeutung als Einstellungen, ihre aktionale Komponente ist stärker, sie sind unabhängiger von der Spezifität von Situationen, Objekten und Personen als Einstellungen und geben dem Individuum Maßstäbe zur Beurteilung eigenen und fremden Verhaltens (Wakenhut, 1974). Diese Hinweise zeigen, daß hier die Abgrenzung des Einstellungsbegriffes gegenüber verwandten Begriffen nur knapp zusammenfassend vorgenommen werden konnte, aber doch jeweils spezieller Studien wert wäre, insbesondere vor dem Eintritt in die Einzeluntersuchung.

Der besondere Ansatz der Persönlichkeitspsychologie, mit ihr und in ihrem Gefolge der pädagogischen Psychologie (Roth, 1967 und 1969; Krohne, 1977), liegt in der Auffassung von Persönlichkeit als einem System von Einstellungen: Es umfasse den Organismus-Umwelt-Bezug, die Entwicklung aus der Eigengesetzlichkeit des Organismus unter dem Einfluß seiner Lerngeschichte und in bezug auf die Umwelt. Dazu werde der Einstellungsbegriff dem Einzelwesen, eben dem (ansonsten als vernachlässigt angesehenen) Gegenstand der Persönlichkeitspsychologie, gerecht; denn die Bildung von Einstellungen, deren Eigenart und Struktur, stelle Merkmale menschlicher Individualität dar und mache zugleich die Beobachtung und Beschreibung von Gesetzmäßigkeiten der Entstehung, Veränderung und Funktion von Einstellungen möglich. Dazu gestatte der Einstellungsbegriff schließlich, auch kulturelle, schicht- und gruppenspezifische Determinanten von Einstellungen und damit von menschlichem Verhalten faßbar zu machen und durch das Einstellungen zugrunde liegende Komponentensystem insbesondere Kognition und Affekt in gemeinsamer Funktion zu sehen.

Wie sorgfältig jedoch die individuellen Komponenten gegenüber sozialen abzuwägen sind, zeigt die Betrachtung der Frage nach der Entstehung von Einstellungen. Vor dem Hintergrund der durchgängigen Auffassung, daß sie lernend angeeignet werden, den „bekannten Gesetzmäßigkeiten des Lernens, des Wachstums und der Entwicklung“ folgend (Newcomb, 1943; Roth, 1967 und 1969), wird unterstrichen, daß Einstellungen stets etwas sind, das sozial vermittelt und übernommen wird, wobei das Individuum seine Eigenart durch den Anschluß an die Personen und Gruppen zeigt, von denen es Einstellungen übernimmt; dieser „Eigenbeitrag“ wird aber bereits eingegrenzt durch die Bindung an nahestehende und starke Gruppen (Hartley und Hartley, 1969). Demgegenüber betont wiederum H. Thomae, daß „nicht die situativen Faktoren oder die Arten der Information, denen das Individuum ausgesetzt ist, sondern die Beziehungen dieser Faktoren zu den beim Individuum gegebenen Motivationsstrukturen“ für die Auslösung einer Einstellung entscheidend seien (Thomae, 1960).

Daß die Entstehung von Einstellungen in der frühen Kindheit anzusetzen sei, wird übereinstimmend festgestellt. Die früh von den Eltern und der nächsten Umgebung übernommenen Einstellungen reichen in das Erwachsenenalter. Wenn das Kind heranwächst und zunehmend dem elterlichen Einfluß entwächst, beginnt der Einfluß sozialer Gruppen, die nun in die Umwelt des Kindes und vor allem des Jugendlichen eintreten. Damit beginnt ein neuer Vermittlungs- und Übernahmeprozeß von Einstellungen, diesmal bestimmt durch Gruppenzugehörigkeit und Bedürfnis nach Gruppenidentifizierung. G.W. Allport beschreibt vier Aspekte, die die Entstehung einer Einstellung bedingen: Die Integration mehrerer spezifischer Erfahrungen gleicher Art, deren Aussonderung von allseitigen, allgemeinen Reaktionen auf bestimmte Situationen, tiefgreifende emotionale Erlebnisse und direkte Übernahme der Einstellungen von Vorbildern (Allport, 1935).

Das den Pädagogen besonders interessierende Problem der Veränderungsmöglichkeit von Einstellungen ist vielfach – auch experimentell – untersucht und bedacht worden. Mit Konstanz von Einstellungen ist demgemäß dann zu rechnen, wenn die äußeren und persönlichen Bedingungen eines Menschen konsistent sind. B. Berelson und G.A. Steiner sehen eine sehr harte Konstanz: „Bei einer konsistenten Unterstützung von Eltern, von Gruppen und Schichten ist eine Änderung von Einstellungen generell unwahrscheinlich ... Nachdem eine Person sich einmal auf eine Position festgelegt hat, wird diese Festlegung selbst zu einem Hindernis gegen Veränderungen, auch wenn Gegeneinflüsse unmittelbar zur Wirkung kommen" (Berelson und Steiner, 1971 und 1972). Die Intensität einer Einstellung hat zusätzlichen Einfluß darauf, ob jemand mit größerer oder geringerer Wahrscheinlichkeit seine Einstellung ändern wird (Hartley und Hartley, 1969). In der experimentellen amerikanischen Forschung ist mehrfach gemäß dem Modell instrumenteller Konditionierung der Versuch unternommen worden, Einstellungen (durch belohnende Ereignisse) zu verändern. H.J. Hummel beschreibt in seinem zusammenfassenden Bericht zwei Arten der Veränderung von Einstellungen. Die erste Art ist, daß durch direkten Kontakt mit dem Objekt oder durch Information neue Verbindungen zu anderen besetzten Objekten und Werten hergestellt werden; sind diese konsistent, verstärkt sich die ursprüngliche Einstellung, sind sie ungleich, so kommt ein Prozeß zur Beseitigung der Ungleichheit in Gang. Die zweite Art einer Änderung von Einstellungen besteht darin, daß durch Prestigesuggestion, Identifikationsangebot oder Hypnose die Bewertung des Einstellungsobjektes plötzlich verändert wird, obwohl eine völlige Vorzeichenänderung eines Wertes als unwahrscheinlich anzusehen ist: „Eine Einstellungsänderung wird immer dann nicht in Frage kommen, wenn . . . die (positive oder negative) Einstellung durch eine Menge von kognitiven Vorstellungen, die jede das fragliche Objekt mit verschiedenen Werten in Beziehung setzt, als begründet erscheint. Eine Änderung in der Akzeptierung des abstrakten Wertes ist ebenfalls unwahrscheinlich, da solche Werte gleichfalls immer mit einer Vielzahl anderer Objekte verbunden sind" (Hummel, 1969). In gleiche Richtung weisen die Erklärungen der Einstellungsänderung von E.A. Lunzer und J.F. Morris. Einstellungen eines Menschen, die ja in sich ein System bilden, können einerseits im Sinne der Gleichgewichtstheorien durch das Bedürfnis nach Gleichgewicht innerhalb des individuellen Einstellungssystems geändert werden, andererseits gemäß den Regelhaftigkeiten der Gruppendynamik: Wenn ein Einstellungswandel von allen Mitgliedern einer Gruppe akzeptiert wird, kann er anschließend auch für einzelne Gruppenmitglieder gültig werden (Lunzer und Morris, 1974). Theorien der Einstellungsänderung haben diese mit lerntheoretischen, wahrnehmungstheoretischen, gleichgewichtstheoretischen und attributionstheoretischen Prinzipien erklärt. E. Witte legt eine Systematik der Bedingungen der Einstellungsänderung und -resistenz vor (Witte, 1977).

Vor diesem Hintergrund werden zunächst die mögliche Bedeutung musikalischer Einstellungen für das Gesamt musikalischer Lernvorgänge und der bisherige Mangel an Erarbeitung und Klärung in gleichem Maße erkennbar. Zu dessen Behebung ist zunächst die Frage zu stellen, ob und wieweit von einer speziellen musikalischen Einstellung überhaupt gesprochen werden kann. Nun sind Einstellungen grundsätzlich stets auf etwas gerichtet, beziehen sich auf Sachverhalte und zwar auf verschiedene gemeinsame Sachverhalte in sozialen Situationen. Musikalische Einstellungen lassen sich von hier aus gesehen grob definieren als Verhaltensbereitschaft zu ähnlichen Reaktionen, als „Reaktionskonsistenz" gegenüber musikbezogenen Sachverhalten in verschiedenen Sozialsituationen. Die Reaktionskonsistenz äußert sich dadurch, daß sowohl kognitive wie affektive wie Handlungsreaktionen gegenüber musikbezogenen Sachverhalten Ähnlichkeiten aufweisen. Die musikbezogenen Sachverhalte reichen vom einzelnen Musikstück bis zu ganzen musikalischen Stilbereichen, betreffen aber auch den einzelnen Künstler wie den musikpädagogischen Mittler, lassen auch spezielle Kompositionsmerkmale und Aufführungspraktiken, ja auch Stimmcharaktere und Instrumentalfarben sowie deren Kombinationen einbeziehen; die Objekte musikalischer Einstellungen reichen vom musikalischen Konsumartikel bis zum musikalischen Wertsystem. Doch sind diese musikalischen Einstellungen nur in dem Maße als solche zu separieren, als die musikbezogenen Sachverhalte selbst separiert erscheinen; diese Separierung musikbezogener Sachverhalte ist aber in der Regel, wenn auch in unterschiedlichem Maße, schon dadurch aufgehoben, daß die musikbezogenen Sachverhalte dem einzelnen Menschen nicht in einer autonomen musikalischen Situation, sondern in einer sozialen Situation vermittelt werden. Die vorläufige Definition musikalischer Einstellungen als Reaktionskonsistenz gegenüber musikbezogenen Sachverhalten bedarf darum des Zusatzes, daß diese spezielle Reaktionskonsistenz Teil einer umfassenden, über Musikbezüge hinausreichenden Reaktionsbereitschaft sein kann. Doch Einstellungen haben insgesamt den Status des hypothetischen Konstruktes; man kann sie nicht direkt beobachten, sondern nur aus beobachtbaren Verhaltensweisen auf sie rückschließen. So läßt sich auch das hypothetische Konstrukt einer musikalischen Einstellung – stets mit Blick auf den sozialen Vermittlungsprozeß und die über Musik hinausreichenden Reaktionszusammenhänge – vertreten. Der Musikpädagogik könnte mit der musikalischen Einstellung ein Erklärungsbegriff erschlossen werden, mit dessen Hilfe das Beschreiben menschlichen Verhaltens zu Musik insbesondere in der Dimension musikalischen Lernens konkrete und methodisch vielseitige Möglichkeiten gewinnt.

Im allgemeinen Verständnis von musikalischer Einstellung scheint die affektive Komponente eine dominierende Rolle zu spielen; oft genug begegnet man Vorstellungen, als sei die positive oder negative Einstellung zu Musik nur von gefühlsmäßigen Faktoren abhängig. Diese auch in der Geschichte der Sozialpsychologie vertretene Auffassung (vgl. Thurstone, 1931) wird man im musikpädagogischen Zusammenhang speziell zu bedenken haben. Der Ursprung dieser Dominanz ist wohl in tradierten Vorstellungen über die Entstehung musikalischer Einstellungen zu suchen. Gemäß den Schwerpunkten der Entstehung auch allgemeiner Einstellungen zunächst in einer Phase der frühen Kindheit, bestimmt durch die sozialen Situationen der familiären Umgebung, dann in einer Phase jugendlicher Umorientierung auf die als gemäß angesehenen Sozialgruppen eines erweiterten Umfeldes, hat auch die Entstehung musikalischer Einstellungen Schwerpunkte in der Phase der frühen Kindheit und in der Jugendphase, die jeweils spezieller Erörterung bedürfen. Doch gerade die Vermittlung musikbezogener Sachverhalte in diesen beiden Phasen wird traditionell affektiv akzentuiert. Seit Comenius' Zeiten sind frühe musikalische Begegnungen des Kindes mit Frohsinn und allerlei akustischen Vergnüglichkeiten affektiv aufgeladen, und nicht erst seit der Jugendbewegung erhält die Musik in Jugendgruppen affektive Unterstützung durch Empfindungen gemeinsamen Erlebens. In der Gegenwart haben grundlegende gefühlskulturelle Strömungen und insbesondere die musiktherapeutische Denkweise, die auf die Funktion der Emotionen bei Umgang mit Musik abstellt, die affektive Komponente im allgemeinen Verständnis musikalischer Einstellungen verstärkt. Dies klingt in Formulierungen wie der von der „emotionalen Generalisierung" (Bober, 1965) an, die allein im Erkenntnisprozeß eine echte Beziehung des Menschen zu bestimmten Objekten der Wirklichkeit (eben auch der Musik) ermögliche. Diese mutmaßliche Dominanz der affektiven Komponente im System musikalischer Einstellungskomponenten könnte der Erklärung des beobachtbaren starren Festhaltens an musikalischen Einstellungen dienen; denn gemäß der Einstellungstheorie sind stark emotional geprägte Einstellungen nur schwer modifizierbar (Schwabe, 1974). Insbesondere ist die Veränderung gerade solcher Einstellungen schwerlich durch Information, durch Erweiterung von Wissen, zu verändern. Hier zeichnet sich ab, daß ein ganzes musikalisches Lehrkonzept, die Hoffnung auf Loslösung Jugendlicher von der für sie affektiv hochbesetzten gängigen Popularmusik durch musiksachliche Informationen, zumindest in Frage steht und wohl eher als Alibi des angepaßten Musiklehrers verständlich werden könnte. Zumindest darf man wohl annehmen, daß das gesetzte Ziel, die Lösung von musikalischer Beschränkung auf populare Musik und die Öffnung für die historische Vielfalt der Musik, nur Chancen erhält, wenn die hier gegebene Aufgabe musikalischer Einstellungsänderung als solche bewußt wird, und für eine solche musikalische Einstellungsänderung, ausgehend von der starken affektiven Bindung der gegebenen musikalischen Einstellung, außer rationaler Aufklärung auch der Notwendigkeit einer Veränderung im emotionalen Bereich Rechnung getragen wird. Vielleicht hat die vielfach empfohlene ästhetische Gleichberechtigung aller Musik gerade eine gegenteilige Auswirkung. Sie egalisiert die im musikalischen Einstellungsbegriff impliziten, über Musikbezüge hinausreichenden Reaktionsbereitschaften und gleichfalls die nicht auf Musik begrenzten unterschiedlichen sozialsituativen Dimensionen.

Insgesamt wird man für den Begriff musikalische Einstellung in Korrespondenz zum sozialpsychologischen Einstellungsbegriff vorläufig und vorsichtig einige Merkmale bestimmend festhalten dürfen. Musikalische Einstellungen sind Determinanten menschlichen Verhaltens, auch des besonderen musikalischen Verhaltens. Sie zeigen sich als Verhaltensbereitschaft zu in sich ähnlichen Reaktionen gegenüber Gemeinsamkeiten in musikbezogenen Sachverhalten, die sich nicht nur auf musikalische Objekte selbst, sondern auch auf Träger und Vermittler von Musik und musikalische Ereignisse im weitesten Sinne beziehen können, und sind reaktionskonsistent. Sie sind nie direkt zu beobachten, sie lassen sich nur aus Verhaltensweisen erschließen. Die Vermittlung musikalischer Einstellungen vollzieht sich insbesondere in einer frühen Kindheitsphase und in der Jugendphase. Der Prozeß der sozialen Vermittlung verweist auf eine über spezifisch musikbezogene Objekte hinausreichende Reaktionsbereitschaft. Wie alle Einstellungen haben auch die musikalischen zunächst orientierende Funktionen. Der Mensch wird von einer Fülle von Musik umgeben, Musik verschiedener Art, verschiedener Funktion, verschiedener Interpretation, und erhält durch die ihm vermittelten Einstellungen die Möglichkeit, „zu wissen", was er von Musik hält. Hier ist die Wurzel affektiver Einstellungskomponenten: Durch Annahme der musikalischen Einstellungen der Umgebung erhält man das angenehme Gefühl, mit dieser Umgebung in Übereinstimmung zu leben, dazu die Entlastung durch vorgegebene Argumentationen. Die Bedeutung der musikalischen Einstellungen liegt darin, daß – gerade durch die Stärke der affektiven Komponente in musikalischen Einstellungen – der einzelne Mensch durch die ihm als Kind und als Jugendlichem übermittelten musikalischen Einstellungen musikalisch – meist unbewußt und meist für immer – prädisponiert und auf

Stellungnahmen zu musikalischen Sachverhalten in ihrem weitesten Sinne festgelegt wird. Dazu zeigen auch musikalische Einstellungen wohl eine Tendenz nach Verallgemeinerung im Sinne eines Bestrebens, die erworbene Einstellung auch auf weiterreichende musikbezogene und darüber hinausreichende Zusammenhänge zu übertragen. Hier kündigt sich einerseits die Bedeutung musikalischer Einstellungen für den musikalischen wie den Wertbereich insgesamt an, andererseits die Notwendigkeit der Unterscheidung verbal geäußerter Meinung und tatsächlicher musikalischer Einstellungen. Doch vor allem erweisen sich die musikalischen Einstellungen in ihrer unbewußten und affektiv-kognitiven Eigenart mit aktionalen Bedürfnissen als Triebfeder musikalischen Schülerverhaltens und damit als höchst bedeutsame Dimension praktischer Musikpädagogik (Behne, 1981).

3.2 Die Aneignung musikalischer Einstellungen in der Kindheit

Die Aneignung musikalischer Einstellungen in der Kindheit ist viel beobachtet und auch bereits untersucht worden. Doch die Bedeutung dieses frühen musikalischen Lernvorganges läßt sich gegenwärtig erst – und für die Möglichkeit der Übertragbarkeit spricht die gemeinsame Einbettung früher Einstellungen in den Vermittlungsprozeß durch die Eltern – in vorläufiger Weise aus hypothetischen Parallelen zu Forschungsergebnissen allgemeiner Einstellungsforschung aufzeigen. Man darf mit hoher Wahrscheinlichkeit davon ausgehen, daß die „Eingangskanäle“ für unsere Wahrnehmungen und die Grundmuster für diese in den ersten Lebensmonaten gebildet werden. Die von der Gesellschaft entwickelten Normen zur Bewältigung des uns umgebenden Geschehens werden in einer frühen Phase dem Kind durch soziale Vermittlung „angewöhnt“ und begleiten nun den Heranwachsenden. Schon im vorschulischen Alter haben Kinder die relevanten Normen ihrer Umgebung weitgehend verinnerlicht (Kohlberg, 1964).

Umfassende Untersuchungen zur Aneignung von Einstellungen wurden insbesondere auf den Gebieten politischer und moralischer Entwicklung unternommen. Die Arbeiten von H. Hyman (1959), R.E. Dawson und K. Prewitt (1969), K.P. Langton (1969), H. Hirsch (1971) u.a. beweisen die Familie als Ursprungsort der politischen Einstellung, dazu – bei stärkerer emotionaler Bindung – den stärkeren Einfluß der mütterlichen Einstellung. J. Porter belegt, daß schon Vorschulkinder die rassische Einstellung der Umgebung übernommen haben (Porter, 1971), R.G. Simmons und M. Rosenberg, daß im 3. Schuljahr die soziale Prestige-Struktur bereits angeeignet ist (Simmons und Rosenberg, 1971). Bei B. Berelson und G.A. Steiner wird gezeigt, wie sich eine Diskrepanz zwischen Belehrung und elterlichem Verhalten schwächend auf die Einstellung des Kindes auswirkt (Berelson und Steiner, 1971). Daß Kinder bereits im vorschulischen Alter die moralischen Regeln, die in ihrer Umgebung gültig sind, als unveränderbare Gesetze ansehen, die Gehorsam verlangen, weist eine Untersuchung von L. Berkowitz (1964) nach. Eine mit Zeichnungen arbeitende Methode bringt für Kinder des vierten Schuljahres zutage, wie Kinder die Meinungen ihrer Eltern über Parteien und Politiker adaptieren (Wasmund, 1974).

Solche Detailuntersuchungen werfen nur Schlaglichter auf die außerordentlich komplexen Vorgänge der Vermittlung und Aneignung von Einstellungen im frühen Kindesalter. Beispielsweise spielt die Sprache in diesen Vorgängen eine besondere

Rolle. Während das Kind sich auf die Denknormen seiner Umgebung zubewegt, benutzt es die Hilfe der Sprache, um den Weg zu den geläufigen Mustern der Einstellung zu finden. K. Lewin zeigt, daß dabei weder vorhandene Einstellungen verbalen Mustern zugeordnet, noch durch Wörter bestimmt Einstellungen ins Leben gerufen werden. Das Kind übernimmt gängige sprachliche Wendungen, die auf seine Einstellungen zurückwirken, es entwickelt aber auch für seine Einstellungen eigene sprachliche Ausdrücke (Lewin, 1935). Aus einem breiten Gegensatz von Unbehagen und Zufriedenheit entwickeln sich ästhetische und ethische Haltungen, an die sich das Kind mit der Übernahme von Bezeichnungen einpaßt. Ein bestimmtes Wort kann die Erwartung auf ein angenehmes Erlebnis auslösen; die Übernahme von Ausdrücken der Zustimmung oder Mißbilligung erfolgt, weil das Kind die Billigung seines Verhaltens durch andere erfahren möchte („Schöne Musik"). Hier wirkt Sprache ein auf die Aneignung ästhetischer Einstellungen. Das Zusammenwirken dieser Aneignung von Einstellungen und der Ausprägung individueller Eigenart, die Formung des Denkens durch den Umgang mit anderen und das „Selbst denken lernen", sind wohl ein höchst kompliziertes Geschehen, eine ständige und individuell höchst unterschiedliche Bewegung, und ganz gewiß nicht eine mechanische Regelhaftigkeit.

Sicher dürfte aber wohl sein, daß der Erwerb von Einstellungen in der frühen Kindheit von besonderer Bedeutung ist, weil frühe Einflüsse fester haften als spätere, weil früher Einfluß und resistente Geformtheit miteinander verbunden sind (Claessens, 1972). A. Kardiners Konzept der basic personality geht davon aus, daß durch sog. Primär-Institutionen mit der emotionalen Ausrichtung im Hinblick auf materielle und soziale Objekte die frühe Grundstrukturierung der Persönlichkeit erfolgt; sie erwirkt die „Einfärbung" der Welt in der von der betreffenden Kultur gewünschten Weise, wobei Einordnung und Wertung nicht zu trennen sind (Kardiner, 1945). Dies ist in zahlreichen Arbeiten an Ausschnitten kleiner Kulturbereiche verifiziert worden (Dubois, 1960; Schoene, 1966; u.a.).

Unser Problem bleibt, ob in diesem Grundbereich der Ausbildung einer Basis-Persönlichkeit auch Schlüsselsituationen für die Aneignung musikalischer Einstellungen zu suchen sind. Musik wäre gemäß dem von D. Claessens (in Anlehnung an E. Cassirer, 1958) eingeführten Begriff als Erlebnissymbol aufzufassen, als komplexe, bedeutungserfüllte Konfiguration, die über einen sozialen Vermittlungsprozeß weitergegeben und angeeignet wird und damit zur Voraussetzung für Handlung in musikbezogenen Situationen sowie zur Bewertung von Musik wird. Durch die in früher Kindheit angeeignete Einstellung zu Musik entwickelt sich ein musikalisches Grundverhalten, das dauerhafte Verhaltensweisen gegenüber Musik, zu Musik vertretenden Menschen und auf Musik bezogenen Situationen im weitesten Sinne produziert und koordiniert. Schon im ersten Lebensjahr stellt sich das Kind auf Stimmen ein, auf laute Stimmen, leise Stimmen, gleichzeitige Stimmen. Lange vor dem Eintritt in die Schule erlebt es mit, daß musiktechnische Geräte ständig oder sporadisch in Betrieb sind, erfährt es, daß der Vater in seinen Chor geht, ältere Geschwister über „Oma-Musik" albern, irgendein Familienmitglied vielleicht gerne Klavier spielt; schon in dieser Phase übernimmt es den Wunsch der Eltern, später ein Instrument zu lernen, lernt es zuzuhören oder wegzuhören, gewöhnt es sich an die Musik betreffenden Wertvorstellungen seiner Umgebung. Es entstehen Einstellungen zum praktischen Musizieren, zum Zuhören, zur Freude an Musik, zur Bereitschaft in ein Konzert zu gehen und zur Abwehr von Musik, zu musikstilistischer Einseitigkeit oder Offenheit, zum Musik-Konsumieren oder zur musikalischen Aufmerksamkeit. Ein breites Spektrum früher

Aneignung musikalischer Einstellungen eröffnet sich, wenn man die Möglichkeiten musikalischen Verhaltens innerhalb einer Familie, von Gewohnheiten bis zu sprachlichen Äußerungen, in Ansatz bringt. Wenn diese musikalischen Einstellungen gemäß der Auffassung allgemeiner Einstellungsforschung – und die hypothetische Bedeutung dieser Materialien liegt bei aller Unterscheidung zwischen sozialen und ästhetischen Einstellungen auf der Hand – durch soziale Vermittlung in der frühen Kindheit entstehen, dann ist damit zu rechnen, daß sie dauerhaft sind und so stabil, daß sie die gesamte Bereitschaft gegenüber Musik bestimmen, und zwar mit hoher Wahrscheinlichkeit auch im späteren Leben des einzelnen Menschen. Sie sind wohl grundlegend gültig für sein späteres Verhältnis zu Musik. Dies stellt musikpädagogischer Forschung eine zentrale Aufgabe. Man wird viel mehr darüber in Erfahrung bringen müssen, wie musikalische Einstellungen, die in der frühen Kindheit durch die familiäre Umgebung oder auch durch Kindergarten und Vorklassen übermittelt werden, spätere musikalische Verhaltensweisen des einzelnen Menschen determinieren.

Diese familiäre Umgebung ist bisher vor allem unter sozio-ökonomischem Aspekt untersucht worden. Im Zusammenhang der Einstellungsforschung ist jedoch die Elterneinstellung, so auch die musikalische Elterneinstellung, von grundlegender Bedeutung. Daß hier wohl Vernachlässigungen der bisherigen Forschung liegen, lassen beispielsweise Ergebnisse des englischen Plowden-Reports erkennen; hier wird an der Zahlenrelation von Bücherbestand im Elternhaus und Umfang des Gebrauchs von Leihbüchern deutlich, daß Elterneinstellungen unabhängig von der ökonomischen Situation zu halten sind (Belser, 1972). Ebenso erbringen die Untersuchungen von R.H. Dave, daß die Korrelationen zwischen an Kindern gemessener Intelligenz und Anregungspotential des Elternhauses wesentlich höher liegen als die zwischen Intelligenz der Kinder und Sozialstatus der Eltern (Dave, 1963). Auch die Motivationsforschung gibt Belege für den Zusammenhang von Elterneinstellung und entsprechenden Leistungen der Kinder (Heckhausen, 1965). Bedenkenswert sind auch Forschungsergebnisse zur Auswirkung gefühlsmäßiger Anteilnahme von Eltern auf bestimmte Einstellungen des Kindes. Je schwächer die gefühlsmäßige Anteilnahme von Eltern an einer Thematik ist, umso geringer ist der Einfluß auf entsprechende Einstellungen des Kindes. Und wie geringe Konsistenz der Belehrung der Eltern, Diskrepanzen zwischen ihrer Belehrung des Kindes und ihrem eigenen Verhalten, Schwächen in entsprechenden Einstellungen des Kindes bedingen, so wirken sich auch Mangel an elterlicher Wärme und hohes Strafmaß reduzierend auf die Entwicklung moralischer Einstellungen aus (Berelson und Steiner, 1971 und 1972). Dies entspricht J. Piagets Verweisen auf die Bedeutung einer Autorität für die frühe Anerkennung von Regeln als absolut und moralisch richtig (Piaget, 1981).

Die spezifisch musikpädagogischen Untersuchungen zur Relevanz elterlicher Einstellungen für die musikalische Einstellung ihrer Kinder sind noch recht schmal. H.D. Wing stellt bei 333 Jungen, die zu Hause Musik hören, einen signifikanten Unterschied der musikalischen Fähigkeiten fest, je nachdem ob die Eltern des Kindes oder andere Personen spielen (Wing, 1971). Dazu treten die Untersuchungen von W.S. Graves: Zwei Gruppen von 9–17jährigen Schülern, in allen Merkmalen gemischt, unterschieden nur dadurch, daß eine Gruppe Musikunterricht erhält und die andere nicht, zeigen hinsichtlich ihrer Einstellung zu Musik keinen Unterschied; doch die Kinder der Gruppe mit Musikunterricht leben ohne Konflikt mit den Eltern, werden durch die Eltern zur Musik ästimiert und zeigen sich emotional besser ausgestattet als die Kinder ohne Musikunterricht (Graves, 1947). Nicht nur das Sachverständnis der Eltern wirkt auf kindliche Einstellungen zurück. Doch in bezug auf musikalische Einstellungen ist selbst dies in der heutigen Kleinfamilie, die in der Regel nur musikalische Konsum- und Fernsehgemeinschaft ist, nicht vorhanden (Graml und Reckziegel, 1982). Die musikalischen Präferenzen, die von Kindern freimütig geäußert und von musikalischen Meinungsforschern gezählt und in musikdidaktische Empfehlung umgesetzt werden, sind demgemäß gar nicht die Meinungen der Kinder selbst, sie sind die Präferenz der das Kind umgebenden Familie, die es sich aneignet. J. Hansberger verweist darauf, daß seine befragten 10–11jährigen Schüler sich vor allem bei der Ablehnung einer musikalischen Gattung auf die Meinung des Vaters oder der ganzen Familie berufen (Hansberger, 1968).

Doch bei den Kindern haben diese als „Präferenzen", d.h. als musikalische Urteile erscheinenden Einstellungen eine tiefere Wirkung. Sie bestimmen ihr weiteres musikalisches Lernen, blockieren Musikinteresse, Offenheit für stilistische Vielfalt, Lernbereitschaft und Bewertung von Musik. Sie stellen ein negatives Lernergebnis dar, das schon Barrieren für das Musik-Lernen in der Schule aufbaut und dadurch meist auch dem musikalischen Verhalten des Erwachsenen lebenslange Fesseln anlegt, ohne daß es der betroffene Mensch selbst versteht. Darum eben sind ein rechtzeitiger Beginn musikalischen Lernens in Kindergarten, Vorklassen und in sog. musikalischen Früherziehungskursen der Musikschulen so bedeutsam. Hier kann die musikalische Einstellung des Kindes auf Musizieren und Musik-Hören gerichtet werden, kann ein beginnendes musikalisches Selbstbewußtsein aus Können und Verstehen den musikalischen Weg in die individuellen Möglichkeiten des Erwachsenen vorbereiten (Reinecke, 1982). Doch wird man – angesichts unseres schmalen Wissens über die Aneignung musikalischer Einstellungen in der Kindheit – stets den hypothetischen Charakter solcher praxisbezogenen Hoffnungen und umso mehr die Dringlichkeit des speziellen Forschungsbereiches im Blick behalten müssen.

3.3 Die Aneignung musikalischer Einstellungen im Jugendalter

Während zu Beginn unseres Jahrhunderts das wissenschaftliche Interesse vor allem dem Kind galt, hat es sich heute in gleichem, wenn nicht höherem Maße auch auf den Jugendlichen gerichtet. Zwei Standardwerke über den Jugendlichen aus den zwanziger Jahren sind E. Spranger (1930) und Ch. Bühler (1927) zu danken. Das grundlegende Werk über den (skeptischen) Jugendlichen der fünfziger Jahre schrieb H. Schelsky (1957). Von diesem Zeitpunkt an stieg die Zahl der Schriften zur Jugendforschung rapide an und bildete einen Schwerpunkt auf Beiträgen zur Jugendsoziologie (Flitner, 1963; u.a.), in denen teilweise auch das musikalische Verhalten der Jugendlichen aus soziologischer Sicht aufgegriffen oder bereits zentral behandelt wurde (Baacke, 1968 und 1972).

Schon diese drei wissenschaftsgeschichtlichen Stationen der Untersuchung und Beschreibung des Jugendlichen werfen die Frage auf, was am Verhalten des Jugendlichen zeitspezifisch und was zeitübergreifend ist, eine Frage, die in den relevanten Disziplinen recht unterschiedlich beantwortet wird. Aus entwicklungspsychologischer Sicht treten generationsübergreifende Übereinstimmungen der Jugendlichen hervor. W. Küppers zeigt in ihrer Studie über Tagebücher junger Mädchen, deren psychische Merkmale sie mit den Beobachtungen Ch. Bühlers an drei Generationen vergleicht (Bühler, 1934), eine generationsübergreifende Konstanz seelischer Grundbedürfnisse junger Mädchen auf, die auch in den Bereich der Auseinandersetzung Jugendlicher mit kulturellen Werten reicht; Unterschiede zeigen sich in der Einstellung zu Eltern und Erziehern, in der Lebens- und Berufsplanung und vor allem im sprachlichen Ausdruck (Küppers, 1964). In der von Haus aus mehr auf die Feststellung der aktuellen Situation gerichteten soziologischen Jugendforschung treten unter generationsspezifischen Aspekten die jeweils zeitgebundenen Eigenarten stärker hervor. Hier spielen auch die methodischen Unterschiede ein: Die auf Fakten gerichteten soziologischen Erhebungen und Befragungen mit vorgegebenen Fragen zielen auf andere Tatbestände als die individuellen, spontan niedergeschriebenen und nur für den Jugendlichen selbst gedachten Tagebuch-Notizen, zumal Jugendliche, die Tagebücher schreiben, im wesentlichen auf mittlere und höhere Bildungsschichten beschränkt sind.

Aus anthropologischer Sicht ist für die Reifungsphase des Menschen vom Beginn der Pubertät bis zum Abschluß der körperlichen Reifung ein sehr frühes Entstehen von Tendenzen zur Verlängerung der Jugendphase als typisch anzusehen und zwar als Rückschluß aus der Scheu vor Inzest (Narr, 1973). Als Ursache der biologischen Akzeleration der Jugendlichen, der zunehmenden Entwicklungsbeschleunigung der Jugend, die seit der Mitte des vorigen Jahrhunderts die biologische Reife in Mitteleuropa um mehr als drei Jahre vorverlegte, nimmt man soziale Ursachen an, die zugleich auch die fehlende Synchronität von biologischer und geistiger Reife bedingen. Dieser Mangel erscheint als zentrales Phänomen des Jugendalters. Doch zeigt gerade die anthropologische Forschung auf, daß es Zivilisationen gibt, in denen der Vorgang der körperlichen Reifung des Jugendlichen auch ohne begleitende Phänomene von Unrast und Zwiespältigkeit abläuft (Mead, 1928). Man wird darum tatsächlich über die reifungsbedingten Veränderungen im Drüsensystem hinaus die sozialen Phänomene des Jugendalters gerade in unserem geographischen Raum als ursächliche Bedingung jugendlichen Verhaltens in Ansatz bringen müssen.

In der Sozialpsychologie wird in diesem Zusammenhang darauf verwiesen, daß der Moment der Trennung des Jugendlichen von der Elternfamilie nicht deutlich gekennzeichnet ist, obwohl die Bindung längst minimalisiert wurde; der Jugendliche ist lange nicht mehr Kind und doch nicht erwachsen. Unsere Gesellschaft hat die Rolle des Jugendlichen unzureichend sozial charakterisiert. Aber der Jugendliche selbst drängt auch gar nicht zu der Erwachsenenrolle, er dehnt die Ausbildungsphase aus und entlastet sich von beruflicher Arbeit (in jüngster Zeit hat sich dieses Problem komplex mit der Situation des Arbeitsmarktes verquickt). Doch liegt in sozial-psychologischer Sicht die Regelhaftigkeit darin, daß die Ausdehnung der Jugendphase von dem Wohlstand einer Gesellschaft abhängig ist; das Ausmaß der Freistellung, Schonung und Entlastung, das man der Jugendgruppe zukommen läßt, wird demgemäß von der Gruppe der Erwachsenen bestimmt (Rommetveit, 1955; Hofstätter, 1966; Deutsch und Krauss, 1976).

Die Pädagogik hat die Probleme um soziale Eigenart und Integration der Jugendgeneration nicht vereinfacht. Seit der Antike haben philosophisch-pädagogisches Denken, christliche Lehre und politische Absichten, stets von Pädagogen vermittelt, der Jugend Leitbilder aufgestellt. Diese, stets von Erwachsenen fixiert, diktiert von Fürsorge, Verantwortung und Besser-Wissen (-Wollen), haben zusätzliche Konflikte in die Auseinandersetzung der Generationen getragen. Erst seit der Aufklärungszeit begann das Nachdenken über die Eigenart des jungen Menschen. Die Säkularisierung bedeutete die Delegation der bisher christlichen Verantwortung für die Erziehung junger Menschen; die Macht des Staates im Erziehungswesen begann sich auszubreiten. Eine entscheidende Etappe für die Entwicklung der eigenen Sozialgestalt des Jugendlichen bedeutete auch die Industrialisierung; sie brachte die Auflösung der bäuerlichen Großfamilie und die Chance eigener Verdienstmöglichkeiten des Jugendlichen. Es scheint, als nehme Umfang und Geschwindigkeit der gesellschaftlichen Veränderungen, die der Jugend ein Ausscheren aus der Bindung an die Gesellschaft insgesamt ermöglichen, immer mehr zu. Ihre Leitbilder erhält die Jugend längst von Instanzen weit ab von Erziehungswesen und Familie. Waren Defizite entstanden? Sie hat bereits soziale Abgrenzungsriten – wie die Musik – entwickelt. So ist es zu verstehen, daß die Jugend (heute in wahrscheinlich besonders hohem Maße) sich als Jugendgeneration – im Sinne einer Altersgenossenschaft – abgrenzt; modische, technische, musikalische, psychische Gemeinsamkeiten werden, mehr oder weniger bewußt, aus solcher Abgrenzungsabsicht heraus kultiviert.

Vor diesem Hintergrund wird erkennbar, wie schwer die Frage zu beantworten ist, welche Verhaltensweisen des Jugendlichen jugendspezifisch sind, und welche dieser Verhaltensweisen zeitspezifische Anpassungen an eine jeweilige gesellschaftliche Situation darstellen. Doch über die besondere Fragestellung hinaus enthält der Bereich jugendlichen Verhaltens, auch wenn einzelne Konturen erkennbar sind und sich vorläufig und vorsichtig nachzeichnen lassen, eine Menge komplexer Problematik. Daß das Jugendalter eine eigene Lebensphase ist, bestimmt durch das Absetzen des Jugendlichen sowohl von der eigenen Kindheit wie auch von der vorangehenden Generation, wird dabei übereinstimmend gesehen. Die Geschichte der Jugend zeigt, daß, zumindest seit der Zeit beginnender Einsicht in die Eigenart der Jugendphase und eines zureichenden ökonomischen Rückhaltes zur Ermöglichung des Auslebens jugendspezifischer Eigenarten, Jugend stets spezifische Verhaltensweisen entwickelte, mit denen sie sich von der zurückliegenden Kindheit und dem sich eröffnenden Dasein als Erwachsener mit seinen vollen Verantwortungen auf stets recht nachdrückliche Weise absetzt. Doch wenn auch das Prinzip jugendlicher Abgrenzung durchgängig ist, so hat sich doch die Erscheinungsweise dieser Abgrenzung der Jugendlichen immer wieder gewandelt. Die besondere Zielrichtung und der sprachliche Ausdruck stehen in Abhängigkeit zu der jeweiligen gesellschaftlichen Situation. In der Aufklärungszeit protestierte Jugend gegen die tradierten ideologischen Autoritäten und setzte sich selbst zum Exempel eines neuen, natürlichen Lebens; die Sturm- und Drang-Epoche ist der Aufbruch junger Intellektueller für ihre humanistischen Ideale, die Jugendbewegten unseres Jahrhunderts wehren sich gegen den „alten Zopf" und prägen die Formel von der eigenen Bestimmung, der eigenen Verantwortlichkeit und der inneren Wahrhaftigkeit (Gillis, 1980).

Dieses biologisch wie sozial-psychisch normale Abgrenzungsbestreben des Jugendlichen potenziert sich unter bestimmten Bedingungen bis zur Protestbewegung gegen alle Autoritäten, gegen Eltern, Lehrer wie politische Führung. Die Spanne reicht von protestfreien Jugendgenerationen in Naturvolkkulturen über nach Region und Sozialschicht graduell außerordentlich unterschiedliche Protesthaltungen bis zu Jugendrevolten. Wahrscheinlich wirkt rechtzeitige soziale Freigabe der Jugendlichen reduzierend auf diese Protesttendenzen, Hinauszögerung dieser Freigabe durch lange Ausbildung wie auch Befreiung von sozialer Verantwortung dagegen steigernd. In den Industrienationen ist der Autoritätsprotest der Jugendlichen inzwischen etabliert worden: Schulen, Universitäten wie politische Parteien kalkulieren in besonderen Institutionen zur Interessenvertretung der Jugendlichen doch wohl den Protest gegen sich selbst, die von der Erwachsenengeneration geschaffenen Institutionen, von vornherein ein. Der Autoritätsprotest sucht auch darum neue Wege: durch zunehmende Steigerung der Mittel und inhaltlich (wie beispielsweise in den ökologischen Protesten, in denen zugleich der Generationsgegensatz sich einzuebnen beginnt). Die Ablehnung großer Meister der Musik, eine Formulierung, die dem Generationsdialekt der heutigen Jugend so widerspricht, daß sie bereits zur Herausforderung wird, ist Teil des jugendlichen Autoritätsprotestes, Abwehr musikalischer Autorität; der populare Musik-Star ist ja eben nicht Autorität, sondern wie Du und ich.

Daß Abgrenzungsbedürfnisse der Jugendlichen auch die Ursache jugendspezifischer Sprache, Mode und Freizeitgestaltung sind, ist offenkundig und gerade dem Musiklehrer bekannt. Wie die alten Pennälersprachen den Trieb nach Geheimbündelei befriedigten, so sind auch heute Abkürzungsfimmel und rascher Wechsel von Modewörtern (besonders für höchsten Zustimmungs- und Ablehnungsgrad) das sprachliche Mittel, um sich als Jugend zusammenzuschließen und von der älteren Generation abzusetzen. Im Verhältnis der Jugend zur Mode zeigen sich ebenfalls grundsätzliche wie zeitgebundene Tendenzen. Erst seit die Jugendlichen selbst über zureichende finanzielle Mittel verfügen, wird Mode als Mittel der Abgrenzung eingesetzt. In der Zeit der Jugendbewegung wurde die spezifische Jugendmode von Trachten angeregt, im Laufe der zwanziger Jahre geriet sie unter den Einfluß der Sportkleidung. Heute ist die Tendenz zum Saloppen, Ungepflegten als Reaktion gegen die Zwänge des „Gepflegtseins“ bestimmend, dazu eine Tendenz der Einebnung aller geschlechtsspezifischen Unterschiede der Kleidung. Doch den Jugendlichen ist wenig bewußt, daß ihre Jugendmode weniger Protest als auch bereits wieder Zwang ist; sie ist Mode aus Protest gegen die Mode der Gesellschaft und doch selbst bereits wieder Mode: Man kleidet sich so, wie man im Rahmen der gesellschaftlichen Situation erscheinen will, und gehorcht damit modischen Normen. Doch gravierender ist, daß die Erwachsenen sich befleißigen, in Sprache und Kleidung die Jugendlichen nachzuahmen und die Konfektion höchst kunstvoll den Eindruck des jugendlichen saloppen Erscheinungsbildes produziert; mit Haarspray wird eine künstlich wilde Frisur festgeklebt. Dieses Erwachsenenverhalten treibt die Jugend zu immer neuen und immer kräftigeren Mitteln der Abgrenzung.

Zu dem jugendspezifischen Verhalten gehört wohl auch, daß der Protest des Einzelnen rar ist, daß er vielmehr – den Einzelnen verbergend? – in der Gruppe stattfindet. Die Gruppe war für den Jugendlichen stets wesentlich. In den Jugendgenerationen der beobachteten Zeiten, von den alten Spinnstuben ab (Medick, 1980), haben die Jugendgenerationen stets Kontaktwillen untereinander, Bedürfnisse nach Gemeinsamkeit in ihrer Altersgruppe gezeigt; die heutige Gesellschaft wird diesen Wünschen in besonders hohem Maße durch besondere Freizeiteinrichtungen für Jugendliche gerecht. Merkmale sozialer Gruppen, und insbesondere von Jugendgruppen, wurden durch sozialpsychologische Forschungen gründlich untersucht und beschrieben. In Gruppen entwickelt sich spezifische Binnenloyalität, die aber, bereits mit Spannung gegenüber anderen Gruppen, auch Gefahrenkeime birgt, die zum Druck auf die einzelne Persönlichkeit werden kann; durch eine als selbstverständlich empfundene Loyalität zur Gruppe kann der Einzelne zu einem relativ unselbständigen Verhalten veranlaßt werden. Gut integrierte Gruppen vergrößern den Abstand zwischen sich und anderen durch Entwicklung gruppenspezifischer Zeichen, Verhaltensnormen und Ausdrucksweisen, durch die Adaption dieser Zeichen die Uniformität der Gruppe verstärkend. Man neigt dazu, die eigene Gruppe als „besser“ anzusehen und das Recht immer auf der Seite seiner Gruppe zu sehen, zugleich den „Gegner“ abwertend. Je stärker sich ein

Mitglied einer Gruppe mit dieser identifiziert, desto bedingungsloser fordert es auch die gruppenspezifische Loyalität anderer Angehöriger der Gruppe (Hofstätter, 1966). J.F. Morris, der vor der methodischen Unterschätzung des Problemfeldes und vor der Überschätzung der „Gesellschaft der Jugendlichen" warnt, sieht die Bedeutung von Gruppierungen bei Jugendlichen darin, daß sie „bestimmte Bedürfnisse befriedigen, die von den formellen und dauerhaften Institutionen heute nicht genügend berücksichtigt werden", ein Gefühl der Solidarität vermitteln, Schutz in nicht vertrauter sozialer Umgebung, Bereitstellung von Richtsätzen und Gelegenheit, mit mäßigem Risiko zu experimentieren (Morris, 1971). Einerseits implizieren die Gruppenbedürfnisse des Jugendlichen eine Gefahr sich verzögernder Selbständigkeit des Jugendlichen, die Gefahr einer Pseudo-Mündigkeit; aber seit H. Schelsky und D. Riesman denken wir auch über den Wandel vom individualistischen Gewissen zum „sozialen" Gewissen nach, das eben nicht nur „ethische Korruption", sondern ebenso Folge eines zunehmenden Anschlusses an andere Menschen ist; der Wunsch, die Sucht nach human relations führen zu einer Haltung, in der Nivellierung und Opportunismus als gebilligte Grundausstattung des Menschen angesehen werden – wenn auch nicht von jedermann (Schelsky, 1956; Riesman, 1977).

Die Schwierigkeit des einzelnen Jugendlichen in der Gruppe ist es, den Weg aus der Imitation zur Identifikation zu finden. In dem Jugendlichen ist der Impuls nach Selbständigkeit, nach eigener Stellungnahme zu Menschen und Welt drängend; die sich entwickelnde Persönlichkeit ist auf der Suche nach ihrer Ich-Identität. In diesem Prozeß gerät der Jugendliche – verstärkt durch soziale Bedingungen der spätindustriellen Zeit – in eine tiefe Verunsicherung. Die Entwicklungspsychologen charakterisieren sie als pubertäre Identitätskrise (Erikson, 1968), die Sozialpsychologen beschreiben den Prozeß als Rollenkonfusion und Rollendisfusion, und in der Tiefenpsychologie wird er als Selbstentfremdung gesehen, als ein pathologischer Zustand der Ungewißheit über die eigene Erfahrung. Die Suche nach der eigenen Identität äußert sich bei den Jugendlichen (und nicht mehr nur bei ihnen) in verschiedenen Formen, die wohl durchgängig vorhanden sind, aber doch nach Epoche wie auch nach Sozialschicht und Intelligenz unterschiedlich akzentuiert erscheinen. Es gibt eine Identifikation mit großen Persönlichkeiten, heute vor allem auf Stars gerichtet, es gibt eine Identifikation durch Bindung an Gleichaltrige, an Gruppendenken und -verhalten, es gibt auch die Flucht in Outsider-Gruppen und Sucht. Kontaktbedürfnisse werden als Folge der Identitätssuche des Jugendlichen erkennbar, der aus Unsicherheit in Zwangsgeselligkeit flüchtet, der meint, ohne andere Menschen nicht leben zu können und die Anerkennung der anderen braucht. Während es sich bei Imitation nur um die Nachahmung beobachtbaren Verhaltens handelt, impliziert Identifikation, daß aus dem Verhalten anderer Menschen Einstellungen und Gefühle, zentrale dispositionelle Zustände erschlossen werden. Auch das Identifikationsproblem des Jugendlichen erweist sich als weites komplexes Feld, definitorisch in der Vielfalt der speziellen disziplinären Ansätze schwer zu fassen, doch mit dem zentralen Merkmal der Übernahme eines oder mehrerer Motive anderer Personen mit dem Ziel der Minderung eigener Isolation und Frustration und dem Bestreben nach Ich-Entwicklung, der Suche nach dem Ich zwischen der Realität der Welt und der Normativität ihrer Gesellschaft, vorläufig zu ordnen. Dies sagt freilich letztlich, daß erst nach der erfolgten Ich-Entwicklung Fähigkeiten zum Diskurs voll verfügbar werden.

Man wird die musikalischen Einstellungen des Jugendlichen stets mißverstehen, wenn man sie separiert betrachtet. Denn (auch) alle auf Musik bezogenen Verhaltensweisen des Jugendlichen sind eingebettet in die komplexen Eigenarten und Äußerungsformen dieser Altersgruppe, die vielfach zeitüberdauernd und zugleich gemäß gesellschaftlichen Gegebenheiten und Wandlungen kultur- und zeitspezifisch modifiziert sind. Das Schrifttum über das musikalische Verhalten der Jugendlichen unserer Zeit mit Erklärungen dieses Verhaltens ist bereits außerordentlich umfangreich. Während der Blick in die historische Dimension der Fragestellung Ausnahme blieb (Keldany-Mohr, 1977), entwickelte sich stark der sozialwissenschaftliche Ansatz (Muchow, 1962; Baacke, 1968 und 1972; Blaukopf, 1974), gefolgt von zahlreichen, methodisch unterschiedlich ansetzenden empirischen Einzeluntersuchungen von Musikpädagogen (Klausmeier, 1968; Menzel, 1969; Gröning, 1970, Brömse und Kötter, 1971; Zimmerschied, 1971; Hartwich-Wiechell, 1974 a; Pape, 1974; Jost, 1976; Kötter und Jansen-Heck, 1977; Wiechell, 1977). Außerordentlich umfangreich entwickelte sich auch – in der Absicht, dem Musiklehrer in die neue Aufgabe einzuhelfen – eine musikdidaktische Literatur, als deren Ausgang man Arbeiten von W. Hahn und H. Rauhe (1970), H. Rauhe (1972 a), G. Rebscher (1973) und D. Wiechell (1975) sehen darf.

Die durch Befragung erschlossenen Fakten und Meinungen der Untersuchungen bringen gleiche Ergebnisse. Die Präferenzenforschung zeigt, in welchem hohen Maße Jugendliche populare Musik der komplizierten Musik vorziehen. Die immer wieder erwiesenen speziellen Kenntnisse betreffs der Stars, der auf dem Markt vertretenen Titel wie der Besonderheiten bestimmter Ensembles belegen, wie nah diese Musik und ihre Interpreten den Jugendlichen stehen. Die Fragen nach Freizeitbeschäftigungen der Jugendlichen zeigen, daß Musik – diese Musik – sich höchster Beliebtheit, mehr noch als Fernsehen/Kino, Sport, Auto/Moped und Tanzen erfreut (Wiechell, 1977). Das eigene Spielen fällt dabei weit gegenüber dem Hören popularer Musik ab. Als tägliche Dauer des Musikhörens der Jugendlichen nennen die Erhebungen recht übereinstimmend einen Durchschnitt von zwei Stunden täglich, was jedoch de facto bedeutet, daß es zwar Jugendliche gibt, die nur eine halbe Stunde Musik hören, doch andere, die bis zu fünf oder sechs Stunden täglich mit Musikhören verbringen. Dabei zeigt sich ein Gefälle zwischen Gymnasiasten und Schülern von Haupt- und Berufsschulen, auch eine Parallele der Hördauer bei den Jugendlichen und ihren Eltern (Wiechell, 1977). In den zusammen Musik machenden Gruppen zeigen sich Regelhaftigkeiten hinsichtlich der Art der musikalischen Vorbildung, der Rollen der Geschlechter, der Dringlichkeit der technischen/elektrotechnischen Ausstattung, der präferierten Instrumente, des Alters, in dem die Mitwirkung in der Gruppe beendet wird, wie der Sound getroffen wird usw. (Blaukopf, 1974). Auch ohne Befragungen kennt man inzwischen diese und weitere Fakten der jugendlichen Musikszene, die Medien demonstrieren sie und der Medienmarkt hält sie in Bewegung. Wie wenig die Fakten sagen, wieviel Aufgaben differenzierender Untersuchung und Interpretation hier offen stehen, lassen Arbeiten wie die von R.G. Klausmeier erkennen (Klausmeier, 1973). Sie interpretiert die Lautstärke des Beat als Mittel der „Selbstkontinuität"; zusätzliches Erleben über den Vibrationssinn (Tastsinn) gibt die Möglichkeit der Kompensation altersbedingter Depersonalisierungserscheinungen durch starke äußere Reize.

Doch alle diese musikalischen Verhaltensweisen der Jugendlichen, in so fleißiger, verdienstvoller Weise in Zahlen faßbar gemacht, präsentieren uns nur das, was am musikalischen Verhalten der Jugendlichen beobachtbar ist. Diese beobachtbaren musikalischen Verhaltensweisen werden determiniert durch die musikalischen Einstellungen, die Verhaltensbereitschaften gegenüber musikbezogenen Situationen im weitesten Sinne, im Zusammenhang allgemeiner Verhaltensbereitschaften des Jugendlichen in dieser Jugendphase angeeignet; Regelhaftigkeiten allgemeiner jugendlicher Einstellungen wirken mit hoher Wahrscheinlichkeit in die Aneignung musikalischer Einstellungen des Jugendlichen ein. Aus solcher Sicht ist auch die Entstehung musikalischer Einstellungen in der Jugendphase veranlaßt aus einem sozialen Abgrenzungsbedürfnis der Jugendlichen gegenüber anderen Altersgruppen. Wie die Jugendmusik der zwanziger Jahre ist heutige Jugendmusik stets (auch) sozial intendiert; wer sie nur nach ästhetischen Kategorien beurteilt, geht darum an einem bestimmenden Merkmal vorbei. Die Popularmusik als die Jugendmusik der Gegenwart, von der Jugend selbst als „musikalischer Fluchtraum" verstanden, ist ein Mittel der Jugendgeneration zur Abgrenzung von der Erwachsenengeneration, wobei weitere jugendspezifische Bedürfnisse mitwirken, von der Eigenart in Sprache und Kleidung bis zu musikalisch ausgelösten Ausdrucks-und Identifikationschancen reichend. Und wiederum, nun in noch stärkerem Maße kommerziell gesteuert, greift die (pädagogische) Erwachsenengeneration mit musikalischen Lehrkonzepten in eine aus sozialen Abgrenzungs- und Kontaktbedürfnissen der Jugendlichen entstandene musikalische Einstellung der Jugendlichen ein.

Der einzelne Jugendliche eignet sich die gängige musikalische Einstellung seiner Jugendgeneration durch die soziale Vermittlung der Gruppen, zu denen er sich hingezogen fühlt, an. Mit dieser Gruppe will er in dem angenehmen Gefühl übereinstimmenden Fühlens und Denkens leben, darum paßt er sich ihren musikalischen Einstellungen an. Zudem enthebt ihn die in der Gruppe vorgegebene musikalische Einstellung der Mühe, in der Vielfalt seiner musikalischen Umgebung durch eigene Anstrengungen eine Orientierung finden zu müssen. Doch was für die Aneignung der Einstellungen des Kindes gilt, trifft auch für den Jugendlichen zu: Sozial vermittelte Einstellungen einer frühen Lebensphase, angeeignet über Menschen und Gruppen, zu denen man sich hingezogen fühlt, wirken besonders nachhaltig. Auch die in der Jugendphase angeeigneten musikalischen Einstellungen prädisponieren den Menschen oft für sein ganzes Leben. Das bedeutet, daß die populare Musik, auf die der Jugendliche eingestellt ist, zwar späterhin ihre Anziehungskraft verliert und eher als Geräuschkulisse mitläuft. Doch die gerade aus dem sozialen Abgrenzungsbedürfnis gegenüber der Erwachsenengeneration mit der jugendlichen Einstellung auf populare Musik kombinierte Einstellung gegen die in der Jugendphase als Erwachsenenmusik empfundene komplizierte Musik kann die Ursache werden, daß in dem Erwachsenenalter kein musikalischer Bezug mehr zu dieser komplizierten Musik aufgebaut werden kann; wie eine nur auf die Kindheitsphase bezogene pädagogische Musik materiale Einseitigkeit bedeutet, so auch eine nur auf die Jugendphase bezogene populare Musik. Die schwierige Aufgabe praktischer Musikpädagogik ist es, musikmateriale Bedürfnisse der Kindheit und Jugend mit der musikalischen Vorbildung des künftigen Erwachsenen in Einklang zu bringen. Wissenschaftliche Musikpädagogik wird dafür Merkmale musikalischer Einstellung in Kindheit und Jugend und ihre Wirksamkeit im musikalischen Lernen aller Altersstufen aufzuzeigen haben. Für die musikalischen Einstellungen des Jugendlichen darf man davon ausgehen, daß sie keine ästhetischen Urteile darstellen, sondern sozial vermittelte und auf soziale Bedürfnisse zielende Eigenart des Jugendalters sind, exemplifiziert an Musik, Parallele jugendlicher Äußerungsformen in bezug auf Sprache, Mode, Technik, Idole, Gemeinschaft, Bewegung, Sucht, Sex und Ausdruckswünsche mit dem Medium Musik, damit auch die Stimmung repetierend, in die gegenwärtige jugendliche Verhaltensweisen eingebettet sind.

3.4 Musikpädagogische Präferenzenforschung

Musikalische Präferenzen sind Urteile über die von einzelnen oder von Gruppen bevorzugte Musik. Die musikpädagogische Forschung hat seit den zwanziger Jahren den musikalischen Präferenzen besonderes Interesse gewidmet. In den letzten beiden Jahrzehnten richtete es sich vor allem auf die von Jugendlichen angegebene Rangskala der musikalischen Gattungen. Dazu wird auch die Erstellung von Rangskalen der von Kindern und Jugendlichen für das eigene Musizieren bevorzugten Instrumente Forschungsgegenstand. Die Methode, mit deren Hilfe solche Rangskalen erstellt werden, ist in der Regel die Befragung. Die durch Befragung gewonnenen Präferenzdaten können dem Musiklehrer zwar die Wünsche seiner Schüler aufzeigen und damit beliebte Unterrichtsgegenstände bekanntgeben, doch sie sind nicht zu verwechseln mit Zielangaben für Musikunterricht, die auf vieldimensionalen Voraussetzungen beruhen. Zudem bedürfen durch Erfragung erhobene Daten stets der Interpretation vor dem Hintergrund umfassender psychisch-sozialer Determinanten der Präferenzangaben (Duerksen, 1977).

Die Daten, die zu musikalischen Präferenzen erhoben wurden, sind zahlreich und verhältnismäßig übereinstimmend; sie wurden bereits im Zusammenhang der Bedingungen musikalischen Lernens unter den sozialen und den materialen Bedingungsfaktoren angesprochen. Daß Kinder bereits sehr früh zwischen den verschiedenen Hörangeboten unterscheiden, ist vielfach belegt. H. Moog beobachtet unterschiedliche Aufmerksamkeitszuwendung auf Hörbares bereits bei 0,6jährigen Kindern; im Alter von acht bis neun Monaten sind erstmals Unterscheidungen durch Freude oder Unbehagen beim Hören von unterschiedlichen Musikdarbietungen zu erkennen (Moog, 1967). Die Frankfurter Hörversuche mit 5–6jährigen Kindern zu Höraufmerksamkeit und Hörinteresse zeigen unterschiedliche Grade der Zuwendung zu Musik mit unterschiedlichen Dominanzmerkmalen auf (Abel-Struth und Groeben, 1979). Die älteren Versuche haben die Präferenzen von Kindern insbesondere am Kinderlied geprüft. E. Walker fragt etwa 380 Schüler nach ihren Lieblingsliedern. Während die Kinder der ersten beiden Schuljahre Kinderlieder nennen, die sie in der Schule gelernt haben, werden vom dritten Schuljahr an vor allem Volkslieder genannt, und zwar solche, die nicht in der Schule erlernt wurden. Für E. Walker ist es noch ein nennenswertes Beobachtungsergebnis, daß im vierten Schuljahr von 38 Versuchspersonen nur noch drei ein Kinderlied als Lieblingslied angeben und vom fünften Schuljahr ab ganz auf Kinderlieder verzichtet wird (Walker, 1927). R. Wicke stellt „Lieblingslieder" schon bei Kindern vor deren zweitem Geburtstag fest; im dritten Lebensjahr gibt es so deutliche Bevorzugungen, daß ein Lied wie „Summ, summ, summ" fünfzehnmal hintereinander gefordert wird; er berichtet auch von der Beobachtung eines ausgesprochenen Widerwillens im musikalischen Bereich bei jungen Kindern, etwa gegen den Ton einer Kindertrompete oder auch gegen das Schlagen der Uhr (Wicke, 1931 a).

Auch in Tests wird mit der Prüfung von Präferenzen gearbeitet; als methodisches Prinzip gilt, daß der Prüfling von zwei Beispielen das bevorzugte zu nennen hat. So enthält beispielsweise E. Gordons Test drei Subtests für Präferenzen. Sie werden für 10–18jährige Schüler mit besonderer Vorbildung genormt und zielen auf die Prüfung musikalischer Sensitivität. Es ist zu wählen zwischen verschieden phrasierten Musikbeispielen, zwischen Musikbeispielen mit verschiedenen Schlüssen und schließlich zwischen in zwei verschiedenen Tempi gespielten Musikbeispielen, bei denen die Versuchsperson entscheidet, welche der Tempofassungen stilistisch bzw. ausdrucksmäßig mehr zusagt (Gordon, 1965).

Auf eine Besonderheit bei Hörpräferenzen von Grundschulkindern macht B. Dopheide in seinen Unterrichtsbeobachtungen aufmerksam. Die Kinder präferieren solche Beispiele, die eindeutig gegliedert sind, entweder in gut hörbare Abschnitte oder durch deutlich hörbare Trennung der Schallebenen (Dopheide, 1976). C.W. Valentine prüft – wie bereits beschrieben – in verschiedenen Altersstufen und Schultypen die Präferenz für konsonante oder dissonante Akkorde. Während die Kinder der Elementary Schools erst ab neun Jahren den Unterschied feststellen und mit zwölf bis dreizehn Jahren den Stand der Erwachsenen erreichen, zeigen die Mädchen der Privileged Preparatory School im Alter von sieben Jahren bereits Abneigung gegen dissonante Akkorde und erreichen mit neun Jahren den Stand der Erwachsenen. Es bleibt die Schwierigkeit, zu beurteilen, ob häusliche musikalische Anregung oder besserer (anderer) Musikunterricht in der Schule diesen Unterschied herbeiführte. Doch zeigt der Unterschied in jedem Fall auf, daß die harmonische Präferenz durch geplantes oder ungeplantes Musik-Lernen schon vor dem achten Lebensjahr erworben werden kann (Valentine, 1962).

In den letzten beiden Jahrzehnten sind Erhebungen zur Bevorzugung musikalischer Gattungen bei Jugendlichen in den Vordergrund getreten; sie werden gern mit der Prüfung schichten- und schulspezifischer Aspekte verbunden. Charakteristisches Beispiel ist die Untersuchung von P. Brömse in den Jahren 1973 und 1974. Er ermittelt durch Befragung 14–18jähriger Schüler aus Gymnasial-, Real- und Berufsschulklassen die nicht unerwartete Rangskala der Präferenzen für musikalische Gattungen: Am beliebtesten sind Beat – Pop – Underground (85,2%), Schlager (53,7%) und Tanzmusik (42,3%); es folgen Jazz (26,8%), Klassische Musik (25,8%), experimentelle Musik (17,7%), Folklore (17,6%), dann Oper – Operette (10,5%), Märsche (10,3%) und Chormusik (4,5%). Die Beliebtheit von Beat – Pop – Underground liegt dabei nicht nur bei der Gesamtheit, sondern auch in allen Gruppierungen nach Geschlecht und Schularten bei weitem an der Spitze (Brömse, 1975). Die zur gleichen Zeit von W. Pape mit 1500 Hauptschülern durchgeführte Untersuchung zeigt zwar die gleiche Bevorzugung der Popularmusik, die wieder mit 55,8% an der Spitze liegt, gefolgt von dem Schlager (18,5%); doch fallen bei den Hauptschülern Klassische Musik (0,2%) und Opernmusik (mit 0,1%) weit zurück (Pape, 1974). Auch die Erhebungen von D. Wiechell, die an rund 5000 Schülern aller Schulgattungen vorgenommen werden, zeigen die gleiche Tendenz; 58,4% der Jugendlichen präferieren Beat-, Pop- und Undergroundmusik; es folgen Schlager (mit 20,8%) und – mit großem Abstand – Sinfonik (4%), Jazz (4%), Folklore (3,8%), Marsch (2,5%), Operette (1,6%), Kammermusik (1,5%), Oper (1,2%) und Chormusik (1,1%; Wiechell, 1977).

Auch W. Kral, K.H. Rudloff und M. Teiner haben bei ihren Versuchen zu Hörpräferenzen (mit rund 1500 Kindern der ersten und zweiten österreichischen Schulstufe) zunächst mit gattungsspezifischem Musikmaterial angesetzt. Trotz der hohen Zahl der Versuchskinder sind die Ergebnisse wegen der Beschränkung auf nur vier Musikbeispiele (Beat – Pop, „höhere" Unterhaltungsmusik, volkstümliche Blasmusik, populäre Opernmusik) nicht ohne weiteres zu verallgemeinern. Auffällig ist, daß bei den Kindern der ersten Schulstufe volkstümliche Blasmusik (40,6%) an der Spitze liegt, bei Kindern der zweiten Schulstufe dagegen bereits die Beat-Pop-Musik (39,1%); in der zweiten Schulstufe ist auch bereits das Interesse an populärer Opernmusik geringer als in der ersten Schulstufe. Besonders aufschlußreich wird jedoch für die Untersuchung der drei österreichischen Musikpädagogen die Einbeziehung von Sonagrammen ihrer Musikbeispiele. Deren Auswertung läßt für die Präferenzen der Kinder auch etwa folgende Erklärung zu: Musik mit breit aufgefächertem Frequenzspektrum und hohen Frequenzspitzen wird eher bevorzugt als Musik mit wenig gegliedertem Spektrum und frequenzarme Musik; Musik mit starken rhythmischen Akzenten und Musik mit heftigen Pegelschwankungen wird gegenüber rhythmisch wenig akzentuierter Musik und Musik mit wenig sich veränderndem Pegel bevorzugt. Die Autoren betonen die von ihnen beobachtete hohe Leistungsfähigkeit der Kinder dieser Altersstufe bei der Differenzierung der verschiedenen Genres und bedauern die geringe Berücksichtigung dieser kindlichen Fähigkeiten im Unterricht (Kral u.a., 1973).

K.E. Behne hat musikalische Präferenzen als den sichtbaren Ausfluß musikalischer Konzepte erklärt (er grenzt den Konzeptbegriff gegen die Begriffe der Einstellung und des Stereotyps ab und weist auf die evaluativen, kognitiven, affektiven und synästhetischen Elemente der musikalischen Konzepte hin). Als die möglicherweise wirksamste Determinante musikalischer Präferenzen wird das Alter angenommen, das seinerseits nicht als einheitliche Variable anzusehen sei, sondern vielmehr einen entwicklungspsychologischen und einen zeitgeschichtlichen Aspekt aufweise. K.E. Behne ermittelt durch eine Befragung von 883 Versuchspersonen im Alter von fünfzehn bis siebzig Jahren insgesamt dreiundzwanzig verschiedene musikalische Konzepte, die er in die drei Gruppen der Musikkonzepte, Musikerkonzepte und Hörerkonzepte gliedert. Wenn auch in der Untersuchung die hier beschriebenen Altersstufen nicht einbezogen werden, wenn auch dazu die Stichproben der Altersstufen ungleichmäßig groß und in der Beteiligung der jeweiligen Vorbildungen ungleichmäßig sind, so kommt der Untersuchung dennoch eine besondere Bedeutung zu. Der Vergleich der Konzepte wie Oper, Geistliche Musik, Beatmusik, Operette, Klassische Musik usw. unter altersspezifischem Aspekt belegt recht eindringlich die Abhängigkeit der Präferenzen von dem Lebensalter. Wenn es sich um eindeutig kunstmusikalische Konzepte handelt, verläuft der Effekt des Alters linear, bei Schlager und Operette dagegen kurvenlinear. Im Verlauf des dritten Lebensjahrzehntes stellt K.E. Behne einen „Sentimentalitätsknick" fest, der zur Übereinstimmung einiger Präferenz-Aspekte bei 16–17jährigen und bei über 40jährigen Befragten führt. Die musikpädagogische Bedeutung der Untersuchung liegt darin, daß die materialen Unterrichtswünsche von Altersgruppen der Schüler als phasenspezifisch und in Wandlung befindlich erkennbar werden, dazu aber auch der Blick auf den Zusammenhang zwischen musikalischen Einstellungen bzw. Konzepten verschiedener Generationen gelenkt wird (Behne, 1975). Eine weitere Untersuchung von K.E. Behne gilt – ebenfalls mit Hilfe des Konzept-Modelles und an dem gleichen Erhebungsmaterial – den Alters- und Schichtspezifitäten musikalischer Präferenzen (Behne, 1976).

Der schon als Beleg frühen musikalischen Interesses genannte Frankfurter Versuch zum musikalischen Hörinteresse 5–7jähriger Kinder zielt zunächst auf Feststellungen, ob und in welchem Maße die Kinder dieser Altersstufe für komplexe Hörmusik Abneigung oder Zuneigung zeigen, und wie diese Einstufungen bei unterschiedlichen Musikausschnitten variieren. Doch außerdem geht es darum, als Material für die unterschiedlichen Musikangebote nicht wie üblicherweise verschiedene musikalische Gattungen einzusetzen, sondern gattungsübergreifende musikalische Phänomene selbst. Darum wird musikalisches Material mit unterschiedlichen Dominanzmerkmalen herangezogen; es sind je zwei Stücke mit den Dominanzmerkmalen signalartig, gesanglich, Imitation von Tierstimmen, Klangband, tänzerisch und marschartig. Die jeweils zweiten Stücke des gleichen Dominanzmerkmales dienen der Kontrolle des Ergebnisses. Es wird eine der Altersstufe angepaßte graphische Methode mit einer fünfstufigen Skala zur Feststellung des Interessegrades angewendet. Zunächst wird durch das Ergebnis dieses Versuchs aufgewiesen, daß die 5–7jährigen Kinder sehr wohl in der Lage sind, Musikabschnitte mit spezifischen Dominanzmerkmalen differenziert zu hören und ihre unterschiedlichen affektiven Einstufungen bekanntzugeben. Musikabschnitte mit den Dominanzmerkmalen signalartig und marschartig finden die stärkste Zuwendung (4.30 bzw. 4.31 Punkte bei der Höchstzahl 5). Die nächste Ebene des Gefallens stellen die Musikabschnitte mit den Dominanzmerkmalen gesanglich, Tierstimmen-Imitation und tänzerisch dar; die Punktzahlen reichen hier von 3.80 bis 3.59. In signifikantem Maße davon abgesetzt findet das Dominanzmerkmal Klangband mit 2.95 Punkten die niedrigste Zuwendung. Diese Bewertung der Musikabschnitte gemäß unterschiedlichen Dominanzmerkmalen entspricht sich in beiden Altersstufen (5–6jährige und 6–7jährige Kinder) in verhältnismäßig hohem Maße. Das wesentliche Ergebnis dieses Versuches ist, daß Kinder von fünf bis sieben Jahren deutlich gattungsunabhängige musikalische Präferenzen (oder Ablehnungen) zeigen und dabei bereits in der Lage sind, ihre Bewertung graduell abzustufen (Abel-Struth und Groeben, 1979).

Befragungen, die auf Bevorzugung bestimmter Instrumente zielen, sind wesentlich geringer an Zahl. Daß die instrumentale Präferenz historischem Wandel unterliegt, ist hinlänglich bekannt (Boehle, 1982). Die Berichte über den Privatunterricht zu Ende des vergangenen Jahrhunderts und zu Beginn des unsrigen belegen die Bevorzugung des Klaviers, vor allem bei Mädchen. Gegenwärtige Erhebungen weisen die zeitgenössische Bevorzugung der Gitarre und den auffallenden Niedergang der Streichinstrumente nach. Die Untersuchung W. Papes zeigt die Gitarre als beliebtestes Instrument mit 47,6% gegenüber der Violine mit 0,3%. Die Blockflöte, mit der man Kindern musikalisches Vergnügen bereiten möchte, ist bei Jugendlichen denkbar unbeliebt; wenn Jugendliche befragt werden, wie es W. Pape getan hat, ob sie die Blockflöte als Instrument wählen würden, dann liegt die Zustimmung bei 0,4%, also kaum höher als bei der Violine (Pape, 1974). Eine Befragung der Studenten eines ersten Semesters im Institut für Musikpädagogik der Goethe-Universität in Frankfurt, von Studenten also, die Musiklehrer an einer Schule werden wollen, zeigt einen auffälligen geschlechtsspezifischen Unterschied. Insgesamt steht bei den Studenten das Klavier an erster Stelle (46,7%); es folgt die Gitarre (mit 24%). Aber bei der Aufschlüsselung nach Geschlechtern ergibt sich, daß bei den Damen 56% Klavier spielen, bei den Herren nur 36%, während die Gitarre nur von 13% der Damen genannt wird, doch von 36% der Herren. Dies zeigt, in welchem Maße die Gitarre das „männliche" Lieblingsinstrument ist (und bei den Studenten bleibt), während sich bei den Damen wahrscheinlich das Zurückweisen von Beat-Gruppen als Verzicht gegenüber der Gitarre auswirkt. Aber auch bei diesen Studenten ist die Violine nur noch mit 4% vertreten, das Violoncello nur noch mit 1,3% (Abel-Struth und Roske, 1980).

3.5 Die Erklärung musikalischer Einstellungen als Richtungsdispositionen

Eine ganze Schulklasse horcht auf, wenn Gitarrenmusik vorgeführt wird, und wendet sich – wiederum einträchtig – mit Grausen ab, wenn klassische Violinmusik aufgelegt wird. Schon der Grundschullehrer weiß einigermaßen im voraus, ob seine Kinder ein Musikstück als Oma-Musik oder als Klasse bezeichnen werden. Dies ist ja der Grund, warum heute der schulische Musiklehrer mehr Überlegungen darauf verwendet, auf welche Weise er Musik an seine Schüler heranbringen kann, als auf die sachliche Erarbeitung des Unterrichtsgegenstandes selbst. Jeder Musiklehrer weiß, daß er mit „dem musikalischen Verhalten" seiner Schüler rechnen muß, daß ein Überbau von Meinungen, Vorurteilen, unbewußten Neigungen und Ablehnungen, Einflüssen aus Elternhaus und Klassengruppe nachhaltig auf den Musikunterricht einwirkt.

Was wir heute mit Hilfe des theoretischen Konstruktes der musikalischen Einstellung zu klären versuchen, ist als Phänomen musikalischen Verhaltens von Kindern und Jugendlichen in der neuzeitlichen Unterrichtslehre des Faches stets vorausgesetzt und mitunter auch bereits beschrieben worden. Schon A. Comenius, schon J.H. Pestalozzi und die Musikmethodiker des 19. Jahrhunderts haben immer wieder darauf verwiesen, daß man Ohren und Gemüt der Kinder nicht früh genug an Musik gewöhnen könne, daß man das Vergnügen junger Kinder an Geräuschen und Klängen wecken und erhalten solle, weil es nur dann über das ganze Leben auszustrahlen vermöge; in der „Mutterschule" spricht A. Comenius von dem mehr als 5jährigen Kursus des Anschauungs- und Sprechunterrichts, den Kinder beim Eintritt in die Schule bereits absolviert haben. Die moderne pädagogische Psychologie faßt auch darum den Begriff des Lernens sehr weit, nämlich im Sinne jeder Verhaltensänderung, die als Folge von Erfahrungen eintritt (Schlüter, 1970). Nicht nur der Erwerb von Wissen und Können, sondern auch die Aneignung von Einstellungen, auch der Abbau von Einstellungen sind unter diesem weitgefaßten Lernbegriff subsumierbar. Diese Aneignung, die vor allem durch soziale Vermittlung, d.h. durch sog. nicht-angeleitete Lernvorgänge erfolgt, vollzieht sich aber auch im Unterricht, in den angeleiteten Lernvorgängen, doch – sowohl beim Lernenden wie beim Lehrenden – in einer wenig bewußten Weise. Tatsächlich gibt es wohl kaum einen musikalischen Lernvorgang, in dem nicht ständig auch musikalische Einstellungen mitwirken, und zwar in einer zweifachen Weise: als bereits angeeignete musikalische Einstellung (im Sinne eines Lernergebnisses) und als sich vollziehende Aneignung musikalischer Einstellung (im Sinne eines mitwirkenden musikalischen Lernvorganges).

Diese zweifache Funktion der musikalischen Einstellungen wird in der Lehre der Musik wohl gegenüber motivatorischen Intentionen und Vermittlung von Techniken und Wissen vernachlässigt. Doch ist die Bedeutung der musikalischen Einstellungen in Wirklichkeit sehr hoch zu veranschlagen. Sowohl die frühen musikalischen Einstellungen, die in der Kindheit entstehen, als auch die in der Jugendphase angeeigneten, bestimmen letztlich die Tendenzen des gesamten musikalischen Verhaltens, auch im musikalischen Unterricht. Was das kleine Kind zu Hause an musikalischen Verhaltensweisen, an sprachlichen Äußerungen über Musik aufnimmt, was und wie man dort Musik hört, das bleibt als Tendenz seines musikalischen Verhaltens auch im Musikunterricht existent. Was der Jugendliche aus Kontakt- und Identifikationsbedürfnis, gemäß altersspezifischen Ausdruckswünschen und Anpassungen, wie er zu seiner sozialen Abgrenzung musikalisches Material präferiert und anderes musikalisches Material dementiert – all dies wird Tendenz seines musikalischen Verhaltens mit Relevanz auch für den Musikunterricht. Aus musikpädagogischer Sicht wird man darum musikalische Einstellungen im Sinne von „Richtungsdispositionen" erklären dürfen. Der Begriff wurde von W. Stern (1935) eingeführt und von R. Meili (1965) aufgegriffen, und geht auf die in jeder Disposition anzunehmende Unterschiedlichkeit von Potenz und Tendenz ein. Die Richtungsdisposition spricht das Tendieren auf bestimmte Ziele hin an, während die Rüstungsdisposition (in instrumentellem Sinne) die Potenzen selbst anspricht. Musikalische Einstellungen können als Richtungsdispositionen für musikbezogenes Verhalten angesehen werden, weil sie eine die Richtung von Interessen festlegende Kraft aufweisen.

Diese Erklärung musikalischer Einstellungen ist für die praktische Musikpädagogik von weiterreichender Bedeutung als es auf den ersten Blick erscheinen mag. Während zunächst das Konstrukt der musikalischen Einstellung diese in ihrer Verquickung mit sozialen Prozessen und in altersspezifischen Abhängigkeiten aufzeigt, auch in ihrer durch den sozialen Vermittlungsprozeß bedingten Stabilität bei jedoch nur geringem Bewußtsein von der Befangenheit in Einstellungen, zeigt nun die Erklärung musikalischer Einstellungen als Richtungsdispositionen, daß musikalische Einstellungen für den Schüler (und für den Musiklehrer) nicht unabwendbares Schicksal, sondern vielmehr nur Tendenz zu musikalischem Verhalten bedeuten, zudem Tendenz, die nicht ästhetisch, sondern sozial verursacht ist. Das bedeutet für die Menschen in der häuslichen Umgebung des Kindes, daß sie große Verantwortung für die musikalische Entwicklung des Kindes tragen, weil sie grundlegenden Einfluß auf sein gesamtes nachfolgendes Musik-Lernen haben. Weil ein Bewußtsein dieser Verantwortung bei jungen Eltern kaum zu finden ist, liegt bei der Musikpädagogik die Pflicht zur Aufklärung, d.h. zur Konkretisierung von Informationsmöglichkeiten für Eltern, wie sie teilweise schon an Volkshochschulen zu finden sind (Merget, 1976).

Für den Musiklehrer der Schule bedeutet die Erklärung musikalischer Einstellungen als Richtungsdispositionen vielleicht ein grundsätzliches Umdenken. Denn musikalische Einstellungen, die mehr als soziale Abgrenzungsabsicht denn als ästhetisches Urteil, und mehr als Gerichtetsein denn als bereits Fixiertsein im jugendlichen Schüler disponiert sind, lassen musikalische Materialentscheidungen für den Musikunterricht in anderem Licht erscheinen. Die Aufmerksamkeit des Lehrenden ist nicht nur auf Strategien zur Motivation des Schülers mit entsprechender materialer Rücksicht zu richten, sondern vor allem auf Veränderung von Fehltendenzen musikalischer Einstellung mit entsprechendem materialen Anspruch. Es geht weniger um die Anpassung des Lehrers an den Schüler als um die Aufhebung von musikalischen Anpassungsvorgängen des Schülers. Wenn Schulmusik sich als Fach versteht, das durch Unterrichtung dem späteren Erwachsenen das Optimum seiner musikalischen Möglichkeiten erschließen möchte, dann wird der Musiklehrer vor dem Hintergrund der Erklärung der Merkmale musikalischer Einstellung dem Jugendlichen, auch der Haupt- und Realschulen, den nur über viel eigene Erfahrungen führenden Weg in die musikalischen Aussagemöglichkeiten eröffnen müssen. Das kann der Musiklehrer kaum, wenn er alters- und sozialbedingte Einstellungstendenzen des Jugendlichen legitimiert und verstärkt, statt sie als solche dem Jugendlichen transparent zu machen, die jugendspezifischen Einstellungen in ästhetisches Wertdenken des erwachsenen Menschen überzuleiten, und aus musikalischen Gruppenzwängen zur Entwicklung musikalischer Individualität zu führen.

Die musikpädagogische Forschung hat in den siebziger Jahren die Problematik aufgegriffen, und zwar von musikalischer Sozialisationsforschung (Abel-Struth, 1974 b und c; Kleinen, 1975) und von dem Theorem des musikalischen Konzeptes aus (Behne, 1975). Anstöße kamen von der Testentwicklung. E.Th. Gaston plädiert seit den vierziger Jahren dafür, in der Entwicklung der Musiktests nicht nur isolierte sensorische Fähigkeiten zu prüfen, sondern auch Fakten der musikalischen Umgebung des Schülers, Bedingungsfaktoren seines musikalischen Verhaltens einzubeziehen. Denn: „Wenn seine musikalische Einstellung negativ oder neutral ist, dann ist alles nur von geringem Nutzen. Wenn sie positiv ist, dann wird er sich sein Leben lang über Musik freuen". Demgemäß entwickelt E.Th. Gaston das Beispiel eines Musiktests, der soziale, sozialisatorische und sonstige „musikfreie" Bedingungsfaktoren, auch die Einbeziehung physischer Eigenarten (unter dem Aspekt instrumentaler Eignung), zumindest empfiehlt. Seine Befragung der Probanden bezieht die musikalischen Anregungen der Familie ein, Fragen nach vorangegangener musikalischer Ausbildung, nach musikalischen Interessen wie auch nach dem Stellenwert der Musik gegenüber anderen Freizeitbeschäftigungen (Gaston, 1957). Gerade hat eine Frankfurter Dissertation die Frage nach möglichen Relationen zwischen musikalischen Leistungsfähigkeiten und musikalischen Einstellungen untersucht und eine hohe Korrelation nachgewiesen (Schaub, 1984). Die Eigenarten musikalischer Einstellungsänderung wurden in der Musikpädagogik bisher noch nicht untersucht.

4. Lernvorgang musikalische Intelligenz

4.1 Musikalische Intelligenz in der Sicht praktischer Musikpädagogik

Über musikalische Intelligenz wissen wir so wenig und ist bisher so wenig nachgedacht worden, daß man sich Mut machen muß, diesen Terminus – weil er eben doch auf etwas verweist, ohne das musikalische Lernvorgänge schwerlich stattfinden können – zu gebrauchen. Der Terminus musikalische Intelligenz begegnet zwar, doch bleibt er definitorisch als „eine unmittelbare Einsicht in musikalische Zusammenhänge und Gesetzmäßigkeiten" (Wicke, o.J. [1931]) sehr allgemein, zielt auch offensichtlich mehr auf ein Lernergebnis, die erreichte Einsicht in musikalische Regelhaftigkeiten, als auf die Bestimmung von Merkmalen im Lernenden und im Lernvorgang, die solche Einsichten ermöglichen könnten.

Hier wird zunächst beobachtet, ob und in welcher Weise in der praktischen Musikpädagogik Annahmen begegnen, die musikalische Intelligenz in einem weitgefaßten Sinn implizit voraussetzen. Man hat dabei zu unterscheiden zwischen solchen Annahmen, die durch aufgegebene Lernstoffe musikalische Intelligenz komplex voraussetzen, und solchen, die in den auszubildenden Fähigkeiten des Lernenden auch musikintelligente Fähigkeiten sinngemäß ansprechen. Die lernstoff-implizite, unreflektierte Annahme musikalischer Intelligenz überwiegt ganz erheblich und auffällig die subjekt-spezifische Annahme musikintelligenter Fähigkeiten.

Lernstoff-implizite Voraussetzungen musikalischer Intelligenz stecken vor allem in den Bereichen der sog. Musiklehre und der sog. Musikkunde, die unter unterschiedlichen Bezeichnungen, mit unterschiedlichen Sachansprüchen und inhaltlich different doch wohl in allen Schul- und Lehrbüchern der Musik sowie in allen Lehrplänen in irgendeiner Weise ihren Platz haben. Prüft man einmal die musikdidaktische Trias um 1970 unter dem Aspekt, wie Musiklehre und Musikkunde in bezug auf Aspekte musikalischer Intelligenz des Lernenden gesehen werden, so lassen sich recht aufschlußreiche Tendenzen im Denken für die praktische Musikpädagogik erkennen. M. Alt faßt die beiden Gebiete im Raster seiner vier Funktionsfelder des Musikunterrichts als das Funktionsfeld der Theorie, das Funktionsfeld der Interpretation und das Funktionsfeld Information. Diese Bezeichnungen sind Begriffe für eine Teildisziplin (Theorie), für eine Methode der Werkbetrachtung (Interpretation) und für eine Lehrtätigkeit (Information); alle Bezeichnungen erweisen sich damit als sach- oder lehrbezogen, doch nicht als Ansatz vom Lernvorgang im Subjekt aus. Aber wie M. Alt beispielsweise in dem Funktionsfeld Interpretation Schichten des musikalischen Kunstwerkes und Stufen der geistigen Aneignung in Beziehung zu bringen versucht, zeigt, daß er den Zusammenhang von Objekt und Subjekt stiften möchte; seine Stufen bleiben dabei aber stets an der Erarbeitung des Kunstwerkes orientiert („Wenn man der Mehrschichtigkeit des musikalischen Kunstwerkes gerecht werden will, verlangt das nach einer den einzelnen Schichten des Werkes angepaßten Ausstufung des Musikhörens und der geistigen Erarbeitung"). Dies bleibt bei M. Alt dominant und systembestimmend, während einzelne, als musikintelligente Fähigkeiten aufzufassende Möglichkeiten des Lernenden mitunter im Text formuliert, aber nicht in ihrer Gemeinsamkeit und nicht in ihrer Möglichkeit eines systematischen Ansatzes erkannt werden. So nennt M. Alt beispielsweise die Fähigkeit des Symboldenkens im musikalischen Zusammenhang oder die Notwendigkeit der Einübung von Hör- und Auffassungsschemata, unterscheidet zwischen Kategorien-, Orientierungs- und Funktionswissen, nennt eine Unterscheidungsfähigkeit für die Herkunft des Gehörten aus den verschiedenen Bereichen der Musik und transferiert die Fähigkeit zum Perspektivenwechsel in den Bereich musikalischen Lernens – doch das System wird stets vom Musikwerk und nicht vom lernenden Schüler aus angelegt (Alt, 1977).

Die Unterrichtslehren von H. Antholz und D. Venus lassen ebenfalls spezifische Tendenzen in der Voraussetzung musikalischer Intelligenz bei der Behandlung von Musiklehre und Musikkunde erkennen. H. Antholz nennt den educandus als den „zuerst und stets" mitzudenkenden genus objectivus des von ihm gesetzten Zieles der Introduktion in Musikkultur. Aber die Anleitung im Sinne von Führung des educandus bleibt bestimmend. Introduktion als Anleitung will und kann nicht die ganze Vermittlung leisten; sie kann nur hinführen, impliziert aber doch „Führungsansprüche intentionaler Erziehung". Doch wie H. Antholz mit der Unterscheidung objektiver und subjektiver Musikkultur Objekt und Subjekt gleichermaßen sieht, so läßt er auch innerhalb seiner Unterrichtsfelder Instruktion, Rezeption und Information neben seine Lehrpläne mit Unterrichtsinhalten gemäß der Sache zumindest teilweise auch die gewünschten Fähigkeiten der Schüler treten. Hier werden einige musikintelligente Fähigkeiten in allgemeiner Weise angesprochen, wenn beispielsweise in der Instruktion von Einsicht-Gewinn in Hörphänomene, von Vermerken und Einordnen von Hörwissen gesprochen wird, oder wenn mit dem Sich-Merken von Hörphänomenen und ihrem System durch wiederholendes und variierendes Üben die musikalischen Gedächtnisfähigkeiten des Lernenden als Unterrichtsaufgabe erkannt werden (Antholz, 1976 a). D. Venus ist bekanntlich mit seiner Einführung von fünf Verhaltensweisen gegenüber der Musik dem Ausgang vom lernenden Subjekt am nächsten gekommen. Musikintelligente Fähigkeiten des Lernenden werden als Reflexion über Musik und als Aneignung theoretischer Kenntnisse allgemein angesprochen, doch werden im methodischen Teil seiner Schrift auch grundlegende musikintelligente Fähigkeiten wie das musikalische Gedächtnis genannt, ebenso speziellere Fähigkeiten der Musikintelligenz wie Ableitung von Klangerwartung aus dem Notentext, Zuordnung von akustischen Phänomenen zum Notenbild, Erfassen von Notationsprinzipien sowie zur Ausbildung von Hörgewohnheiten, alles Fähigkeiten, die speziell dem besseren Verstehen von Musikwerken dienen sollen (Venus, 1969).

Zusammenfassend darf man – auf Grund der drei Musikdidaktiken – für die praktische Musikpädagogik, vor allem den schulischen Musikunterricht und seine Zielsetzungen, in vorläufiger Weise sagen, daß theoretische Lehrstoffe vorgesehen werden, die zu deren Bewältigung durch den Lernenden notwendigen intelligenten Fähigkeiten jedoch entweder pauschal vorausgesetzt oder als Einzelfähigkeiten für Rezeption von Musik eingebracht werden; am Ausgang stehen die Erfordernisse des musikalischen Materials, daraus werden Zielangaben entwickelt und in den Zusammenhang mit intelligenten Fähigkeiten zum besseren Verstehen von Musik eingebracht. Ein zwar rezeptionsbezogener, doch genuiner Bereich musikalischer Intelligenz und die Aufgabe systematischer Ausbildung musikintelligenter Fähigkeiten werden nicht gesehen; immer stehen die Kategorien des musikalischen Materials am Ausgang. Stufenfolgen für den Lernenden werden von einem Kontinuum analytischer Hörfähigkeiten bestimmt, mit einer Rangfolge von Emotion zu Kognition im Gefolge tradierter Denkweisen der Musikästhetik stehend.

Es scheint, als habe die lange Tradition der Stoffverteilung den Blick auf denjenigen verstellt, der den Stoff zu rezipieren hat. Wie viele Lehrbücher wurden schon in dem Bemühen geschrieben, die Musiklehre, die Musikkunde, die Formenlehre für den Unterricht zu organisieren. Was hat man nicht alles in solche Stoffsammlungen hineingepackt! Doch wie wenig von all diesem Stoff bleibt in den Köpfen der Schüler zurück. Die Bezeichnungen für diese Stoffgebiete zeigen, daß sie stets vom Stoff aus gedacht sind, als materiale Handreichung für den Lehrenden. Das, was im Verstand des Lernenden vorgeht, wenn musiktheoretische Stoffe in ihrem weitesten Sinn von der Musiklehre zu Musikgeschichte und Werkanalyse angeeignet werden (sollen), ist kaum bekannt. Hier hat die musikpädagogische Forschung tatsächlich eine weiße Fläche gelassen. Wir wissen – abgesehen von wenigen Studien zur Verbalisierungsfähigkeit in musikalischem Zusammenhang und zum musikalischen Gedächtnis – kaum etwas über die musikintelligenten Fähigkeiten, die den Menschen zur Denkfähigkeit über Musik führen, über ihre Zusammenhänge mit Faktoren der Intelligenz, über die Möglichkeit, sie lernend zu erwerben und zu verbessern.

4.2 Funktionen der Sprache in musikalischen Lernvorgängen

In der Vergangenheit war das musikpädagogische Interesse hinsichtlich der Sprache im Musikunterricht – abgesehen von dem musikwissenschaftlichen Thema der Bezüge zwischen Musik und Sprache als Aufgabe im Musikunterricht (Gruhn, 1978) – vor allem auf die Sprache des Lehrenden gerichtet; man betrachtete die Fragestellungen des Lehrers im Unterricht, die „Kindgemäßheit" seiner Darstellungsweise, die Methoden der Einführung fachsprachlicher Begriffe, die „Sozialisierungseffekte" naivisierender Darstellungen von Musikgeschichte und vor allem von Musiker-Biographien. In jüngster Zeit wurde auch die Frage nach affektiv-motivierenden Effekten der Lehrsprache, seien es die des Lehrers wie der Lehrmaterialien, gefragt (Loos, 1981). Die Probleme der musikalischen Lehre, wie Schülern musikalische Sachverhalte in der sprachlich geeigneten Form zu zeigen und wie ihnen die musikalischen Fachbegriffe zu vermitteln seien, stehen auch heute noch im Vordergrund, wenn das Problem der Sprache im Musikunterricht – selten genug – diskutiert wird. Doch unsere Fragestellung zielt auf Funktionen der Sprache des Lernenden in musikalischen Lernvorgängen.

Unsere Frage, ob und wie das Sprechen des Lernenden in musikalischen Lernvorgängen wirksam ist, steht vor dem weitreichenden Hintergrund der Bezüge von Sprache und Lernen, und darüber hinaus von Sprache und Denken. Dieses Forschungsgebiet hat in den vergangenen Jahrzehnten im Zuge einer internationalen Hinwendung nicht nur anthropologischer, pädagogischer und psychologischer, sondern auch sozialwissenschaftlicher Disziplinen zu Bedingung und Eigenart sprachlicher Leistungen einen außerordentlichen literarischen Umfang erreicht. Die Forschungen gruppieren sich um zwei thematische Bereiche: die sprachliche Entwicklung des Kindes, sein Sprechen-Lernen, und die Funktion der Sprache in der geistigen Entwicklung des Kindes, sein Lernen durch Sprechen (Foppa, 1965; Britton, 1970; Lewis, 1975; u.a.). Aus dieser umfangreichen Literatur geht eindrucksvoll die Bedeutung des Sprechens für Denken und Persönlichkeitsentwicklung des Kindes, für alles Lernen, hervor. Beispielhaft ist die Zwillingsuntersuchung von A.R. Lurija und F.J. Judowitsch. Nachdem die Forscher im Laufe von zehn Monaten das sprachliche Vermögen der untersuchten Zwillinge (die sich als eineiige Zwillinge mit einer eigenen Sprache untereinander verständigt hatten und dadurch in ihrer sprachlichen Entwicklung zurückgeblieben waren) jeweils spezifisch verbessert hatten, änderte sich zugleich mit der Sprachfähigkeit auch die Struktur der geistigen Prozesse zu den der Altersstufe gemäßen; zunehmende Fähigkeiten der Verbalisierung erwiesen sich als regulativ für die Struktur der geistigen Aktivität der Zwillinge (Lurija und Judowitsch, 1977). Die Bedeutung des Sprechens für alles Lernen impliziert die Frage nach der Bedeutung des Sprechens auch in speziellen Lernvorgängen wie den musikalischen. Hier wird eine vorsichtige Annäherung an die bisher kaum behandelte Thematik versucht und zwar durch eine erste Eingrenzung einzelner Funktionen der Sprache für musikalisches Lernen.

Eine frühe Funktion der Sprache in musikalischen Lernvorgängen zeigt sich in der übereinstimmend beobachteten Neigung des Kindes, mit musikalischen Geräten aller Art in seiner Reichweite zu sprechen, auch über sie zu sprechen und sie zu benennen. Das junge Kind hat offensichtlich ein Bedürfnis, das, womit es umgeht, auch zu „besprechen" und zu „benennen". Der praktische Umgang des Kindes mit seinen ersten akustischen Geräten und Musikinstrumenten ist kombiniert mit sprachlichen Bedürfnissen. Hier beginnt ein musikalischer Lernvorgang, der neben audiomotorischen, wahrnehmenden und musikrezeptiven Dimensionen auch eine sprachliche aufweist: Es wird über elementare musikalische Hör-Erfahrungen gesprochen. Das Sprechen-Lernen durch musikbezogene Hör-Erfahrung und das Musik-Lernen durch Sprache sind schwer zu separieren. Wie dem jungen Kind hier geholfen wird, ist vermutlich bereits von erheblicher Bedeutung für seine weitere musiksprachliche und musikkognitive Entwicklung. Man kann das frühe Sprechen im Zusammenhang mit Musik fördern oder drosseln, man kann erste individuelle Benennungen musikbezogener Gegenstände und Erfahrungen gutheißen oder übergehen oder auslachen. Das Sprechen über die frühen musikalischen Erfahrungen ist eng verwoben mit entsprechender Aktivität: Sprache und Handlung regen sich wohl gegenseitig an. Als frühe kognitive Funktion der Sprache in dieser Phase darf man wahrscheinlich annehmen, daß erste konfuse musikalische Erfahrungen durch Unterscheidung und Benennung sortiert werden, daß der Aufbau von musikalischer Umweltgliederung, die Zuordnung musikalischer Ereignisse und musikalischer Bezeichnungen aus der unmittelbaren Erfahrung eingeleitet werden. Durch die Sprache werden musikalische Ereignisse als solche und mit erster Unterscheidung nach Eigenart erfaßt und gemäß den langsam wachsenden sprachlichen Fähigkeiten zunehmend begriffen.

Die emotiv-befreiende Funktion der Sprache wird als weitere sprachliche Funktion in musikalischen Lernvorgängen abgegrenzt. Insbesondere im Zuge ethnologischer und sozialwissenschaftlich-linguistischer Forschung wurde die Annahme bekräftigt, daß von einer Divergenz kognitiver und emotiver Sprachformen auszugehen sei, daß zwischen ihren vorwiegend rational-instrumentellen Funktionen und ihrem mehr emotiv-kommunikativen Gebrauch zu unterscheiden sei. Gerade an die Künste delegiert man angesichts dieser Divergenz gern die emotiv-befreienden Funktionen der Sprache, und zwar vor allem – hier treffen tradierte musische Auffassungen und Einflüsse soziolinguistischer Forschungsinterpretationen zusammen – an das musikalische Lernen der Kinder, das (auch) in sprachlicher Hinsicht als emotiv-befreiendes Refugium erhalten bleiben soll. Vor diesem Hintergrund sind die in der praktischen Musikpädagogik empfohlenen freien sprachlichen Äußerungen der Schüler zu verstehen. Die freie Schüleräußerung wird als Unterrichtsmethode entwickelt, die dem

Schüler den Einstieg in Musikrezeption erleichtern soll (Lemmermann, 1984 a). Freie sprachliche Äußerung wird angesehen als eine Möglichkeit, die Lust des Schülers an Musik zu wecken oder zu verstärken und ein exploratives Verhalten gegenüber Musik anzustoßen, für das ein Selbständig-an-Musik-Herangehen charakteristisch ist, eine Entdecker-Einstellung gegenüber Musik, in der auch die möglichst treffende eigene Benennung ihren Platz hat. Man darf eine Untersuchung von M. Pflederer und L. Sechrest dabei nicht aus dem Blick verlieren. Sie fanden, daß freie Benennungen empfundener musikalischer Ausdrucksgehalte gerade bei Kindern fixierende Wirkungen haben, weil sie dazu verführen, sich auf bestimmte Hörerwartungen festzulegen (Pflederer und Sechrest, 1968). Dies wirft bereits die auch in der Musikpädagogik relevante Frage auf, wie die emotiv-befreiende Funktion der Sprache im Musikunterricht gefördert und doch zugleich ihr Zusammenwirken mit der kognitiven Fachsprache erreicht werden kann.

Die kognitive Funktion der Sprache in musikalischen Lernvorgängen wurde bisher sehr einseitig als Frage nach den Möglichkeiten des Schülers zur Rezeption fachsprachlicher Terminologie und Systematik gesehen. Doch die tiefer führende Frage liegt darin, ob und wie der Schüler mit Hilfe von Sprache, auch von Fachsprache, Musik besser verstehen kann. Wörter helfen uns, Musik bewußt aufnehmen zu können, ermöglichen uns die Vorstellung eines spezifischen Phänomens, erleichtern die Erinnerung an gehörte Musik und helfen, Beziehungen zwischen Musikstücken herstellen zu können. Sicher können nicht-verbale Symbole ähnliche Funktionen erfüllen, aber die Sprache liefert die wirksamsten Symbole (Bartlett, 1958), weil sie systematisch ist und unser menschliches Leben von Sprache durchdrungen ist (Lewis, 1971), weil verbales Verständnis in unserer Kultur „eine fundamentale Persönlichkeitseigenschaft“ ist (Guilford, 1971), der gegenüber andere Intelligenzfaktoren ins Hintertreffen geraten. Wie Versuche im visuellen Bereich zeigen, lernen Kinder, die zusätzlich mit einem sprachlichen Muster arbeiten, rascher Wahrnehmungsunterscheidungen; das sprachliche Muster scheint die Unterschiedswahrnehmung sowie die Möglichkeit späterer Erinnerung zu erleichtern (Simon, 1957; Lurija, 1961).

Die zentrale Frage nach der Lernbedeutung sprachlicher Benennung wird wenigstens annähernd durch solche Versuche beantwortet, die auf die Feststellung von Diskrepanzen zwischen sprachlicher Fähigkeit der Benennung und den entsprechenden Hörfähigkeiten selbst gerichtet sind. So prüft beispielsweise A. Hitchcock den Gebrauch der Adjektive hoch und tief bei visueller und auditiver Perzeption. Ihre 3jährigen Versuchskinder setzen die Bezeichnungen hoch und tief als groß oder klein zu sich selbst in Beziehung. Das Bild eines kleinen Flugzeuges hoch in den Wolken wird von den Kindern als tief bezeichnet, weil es ihnen in bezug zu sich selbst als klein im Sinne von tief erscheint (Hitchcock, 1942). Untersuchungen von D.A. Riley und J.P. McKee sowie von H.M. Williams u.a. bestätigen diese sprachliche Ursache für die musikalische Unterscheidungsschwäche junger Kinder. Bei 4jährigen Kindern beobachten sie, daß sie genau unterschiedliche Grade von Lautstärke beurteilen können; für Kinder des ersten Schuljahres erweisen sich diese Aufgaben als sehr leicht. Als einer der Gründe für dieses Ergebnis wird angegeben, daß – anders als die Bezeichnungen hoch und tief – die Bezeichnungen laut und leise in der Umgebung der Kinder viel gebraucht und konkret zugeordnet werden, daß der richtige Gebrauch der Bezeichnungen laut und leise im Gegensatz zu den Bezeichnungen hoch und tief den Kindern daher vertraut ist (Williams u.a., 1932; Riley und McKee, 1963).

Nachweise der sprachlichen Schwierigkeiten des Kindes bei Aussagen über Musik finden sich auch bei F.M. Andrews und N.C. Deihl sowie bei G.E. Laverty. F.M. Andrews und N.C. Deihl prüfen Hörfähigkeiten für Tonhöhen, Tondauern und Lautstärken mit verbalen, gehörsmäßigen, reproduktiven und sonstigen Messungen an Kindern des vierten Schuljahres. Sie betonen in ihrem Ergebnis die Diskrepanz zwischen der Hörfähigkeit und dem Sprachschatz zur Aussage über das Gehörte. Vor allem belegen sie aber durch ihre multimodale Meßtechnik, daß Kinder Hörfähigkeiten besitzen können und dennoch wegen mangelndem Sprachvermögen als nicht hörfähig erscheinen. Am häufigsten werden die Bezeichnungen hoch, laut und weit verwechselt sowie die Bezeichnungen tief, leise und langsam (Andrews und Deihl, 1967). Eine Bestätigung stellt die Dissertation von G.E. Laverty dar, die mit sprachlichen und gehörsmäßigen Methoden Kinder verschiedener Altersstufen vergleicht. Sie zeigt auf, daß zwar nicht die Hörfähigkeiten der verschiedenen Altersstufen signifikant differieren, daß jedoch die Unterschiede in der Anwendung der richtigen Terminologie auffallend sind (Laverty, 1969). Ein Versuch von K. Hartje gibt einen direkten Beleg der Lernbedeutung von sprachlicher Benennungsfähigkeit. Kinder im Alter von fünf bis sieben Jahren haben das Prinzip der Zweiteiligkeit von Musik durch Hören und Benennen erlernt. Sie sind in der Lage, die Zweiteiligkeit in Musikstücken zu erkennen und zu benennen, während eine Gruppe ohne die vorangegangene Unterrichtung beim Hören dieser Musik nicht nur bei der richtigen Benennung versagt, sondern auch keinen anderweitigen Beleg für ein Erkennen des formalen Ablaufs zu geben vermag (Hartje, 1973).

Auch die kognitive Fähigkeit, im musikalischen Bereich Klassifikationen aufzugreifen und zu gebrauchen, weist auf Funktionen der Sprache im musikalischen Lernvorgang. Erst durch Benennungen, sprachliche Symbole, werden Kinder dazu befähigt, das Gemeinsame verschiedener Situationen zu erfassen. Beispielsweise nehmen Kinder unterschiedliche Tonhöhen wahr, doch erst durch die Hilfe eines begrifflichen Systems für Tonhöhen und ihre Unterschiedlichkeit entfaltet sich die von der Wahrnehmung ausgegangene volle Differenzierung; erst mit Hilfe der Sprache wird die Wahrnehmung auf die Stufe eines höheren Allgemeinheitsgrades gebracht. Durch fachliche Studien haben wir uns fachspezifische Klassifikationen, z.B. im Bereich der Formenlehre, angeeignet und die Gewohnheit entwickelt, sie vorauszusetzen oder anderen als solche vermitteln zu wollen. Doch die Fähigkeit, Wortbedeutungen in Beziehung zueinander setzen zu können, und zwar im Falle der Musik Bedeutungen, die auf musikalischer Hörerfahrung und umfangreicher vergleichender Materialerfahrung beruhen, setzt komplizierte, kognitive, musikalische Lernvorgänge voraus. Kategorien aus eigener Erfahrung zu finden und benennen zu können, Gemeinsamkeiten und Unterschiede, Überordnung und Nachordnung erfassen zu können, gibt über die Sprache kognitive Einsicht in Musik. Hier liegen Funktionen der Sprache im Musikunterricht, die über die Lernbedeutung sprachlicher Benennungsfähigkeit hinaus darauf zielen, die Vielfalt der musikalischen Erfahrungen in Ordnung und Zusammenhang zu bringen. Diese kognitiven Funktionen der Sprache im Musikunterricht können sich wohl nur erfüllen, wenn nicht Klassifikationsschemata als Stoff vorgegeben werden, sondern wenn durch Entwicklung von Beziehungen zwischen Wortbedeutungen langsam Kategorien und Hierarchien gebildet und als Klassifikationen einsichtig werden. Hier beginnt die Sprache in hohem Maße der Ausbildung musikintelligenter Fähigkeiten zu dienen.

Die Sprache erhält schließlich in den die musikalische Intelligenz ausbildenden Lernvorgängen auch eine spezifische objektivierende Funktion. Gerade das Verhältnis der

Jugendlichen zu Musik, bestimmt mehr durch die Verteidigung eigener Ansichten, individueller Bedürfnisse und entsprechender Erfahrungen, auch diktiert von der für diese Altersphase charakteristischen Neigung zu Veränderung des Bestehenden gemäß eigenen Wünschen, läßt die Notwendigkeit erkennen, sich in der Musikpädagogik Gedanken zu machen über die objektivierende Funktion von Sprache, die über der motivierenden vernachlässigt blieb. Ein erster Schritt wäre, daß man im Musikunterricht über völlig andere Verhaltensweisen als die der Jugendlichen spricht, über historische, ethnologische, altersspezifische Verhaltensformen gegenüber Musik, daß man auch über die nicht den jugendlichen Wünschen entsprechenden Musikformen nicht entschuldigend, sondern distanziert informierend spricht. Die Sprache kann hier distanzierend-objektivierende Funktionen erfüllen und über die Beanspruchung musikintelligenter Fähigkeiten den Einstieg in eine musikalische Werteerziehung versuchen.

Die Funktionen der Sprache in musikalischen Lernvorgängen beginnen mit dem Aufbau musikalischer Umweltgliederung durch Zusammenordnung musikalischer Ereignisse und musikalischer Bezeichnungen aus der unmittelbaren Erfahrung des Kindes. Die Sprache zeigt eine emotiv-befreiende Funktion im Musik-Lernen wie auch spezifische kognitive Funktionen, diese vor allem durch sachgerechte Benennung und Klassifikation im musikalischen Bereich. Auch einer objektivierenden Funktion der Sprache in musikalischen Lernvorgängen gebührt besondere Aufmerksamkeit. Gewiß sind die Grenzen der Sprache im Verhältnis des Menschen zu Musik zu respektieren. Im Zusammenhang des Erlernens musikintelligenter Fähigkeiten läßt sich jedoch wohl festhalten, daß auch im Musik-Lernen zwischen Sprechen über Musik und musikalischer Intelligenz eine bewegte Gegenseitigkeit besteht, deren Konkretisierung und Differenzierung ein erregendes eigenes Forschungsgebiet der Musikpädagogik darstellen könnten, das hohe Relevanz für die praktische Musikpädagogik hat. Sprechen-Lernen über Musik und die Funktion des Sprechens für die Entwicklung musikintelligenter Fähigkeiten erscheinen als zwei zwar stets korrespondierende, für die Untersuchung jedoch zu separierende Ansätze. Neben dem besonderen Interesse an der Frage, ob und wie man über das Sprechen musikalisch lernen kann, darf auch die Frage Aufmerksamkeit beanspruchen, ob Sprechen über Musik einen Beitrag zu allgemeinem Sprechen-Lernen leisten kann. Doch vor allem wird man aus den unterschiedlichen Funktionen von Sprache in musikalischen Lernvorgängen ablesen können, daß ihre Vernachlässigung im Musikunterricht auch Vernachlässigung der Ausbildung musikintelligenter Fähigkeiten bedeutet, damit Barrieren gegen Musik errichtend, die der Betroffene erst lange nach der Schulzeit — wenn überhaupt — erkennt.

4.3 Untersuchungen zum musikalischen Gedächtnis

Die Bezeichnung musikalisches Gedächtnis wird in der Versuchsliteratur sehr unterschiedlich verwendet. Sie begegnet im Zusammenhang der Messung vokaler und instrumentaler Reproduktionsleistungen, die — und dies belegt bereits die Überschneidung der Merkmale — teilweise unter Wahrnehmungs- und teilweise unter Gedächtnisleistungen eingeordnet werden. Man wird Übereinstimmung darin voraussetzen dürfen, daß jede Reproduktion mit Stimme oder Instrument, die nicht nach Noten, sondern gehörsmäßig erfolgt, auch die Voraussetzung von musikalischem Gedächtnis einschließt. Auch bei Versuchen mit rhythmischen, melodischen oder harmonischen Vergleichspaaren, bei denen Probanden festzustellen haben, ob das zweite Beispiel des Paares mit dem ersten identisch ist oder nicht, wird in der Regel davon ausgegangen, daß bereits für die Durchführung eines solchen Vergleichs musikalisches Gedächtnis Vorbedingung ist. Wir sprechen jedoch auch von einem guten musikalischen Gedächtnis, wenn jemand beim Hören eines nicht mit Titel angekündigten Musikwerkes angeben kann, um welches Werk es sich handelt, d.h. wenn er es aus dem Gedächtnis erkennt bzw. wiedererkennt. Man wird musikalisches Gedächtnis daher als Fähigkeit ansehen dürfen, die es uns möglich macht, einen musikalischen Vorgang im Bewußtsein zu behalten bzw. zurückzurufen. Wahrscheinlich spielen bei diesem Prozeß Merkmale des Materials, situative Faktoren sowie affektive und kognitive Merkmale des einzelnen Menschen eine wesentliche Rolle.

Übereinstimmend wird das musikalische Gedächtnis als wesentlicher Forschungsgegenstand angesehen. Die traditionelle musikpsychologische Forschung hat seit Beginn des Jahrhunderts den Rang betont, den das musikalische Gedächtnis bei der Feststellung der sog. musikalischen Begabung hat. J. van Kries zählt musikalisches Gedächtnis neben dem Sinn für Rhythmus und musikalischem Gehör zu den drei Eigenschaften, die vor allem als Merkmale der Musikalität anzusehen seien (van Kries, 1926). Für die gegenwärtige praktische Musikpädagogik, der gegenüber vergangenen Zeiten das hörende Verstehen von Musik zur zentralen Problematik geworden ist, ist zumindest dies sicher: daß musikalisches Gedächtnis affektive und kognitive Voraussetzungen für den Zugang zu Musik zu schaffen vermag und der Ausbildung bedarf. Eine wesentliche, doch noch sehr offene Forschungsfrage ist, ob, wie weit und unter welchen Bedingungen Zusammenhänge zwischen allgemeinen Gedächtnisleistungen und spezifisch musikalischem Gedächtnis bestehen, vor allem ob eine Förderung im jeweiligen Bereich sich auch für den anderen auswirkt.

Das erste Auftreten von musikalischem Gedächtnis beim Kinde legt man gern in das Ende der Grundschulzeit. Tatsächlich sind jedoch sehr viel frühere gedächtnisabhängige musikalische Leistungen bei Kindern beobachtet worden. G. Schünemann berichtet von einem Kind, das ein vom Vater vorgesungenes Lied im Alter von einem Jahr und zwei Monaten am nachfolgenden Tag noch „nachsingen" konnte (Schünemann, 1930). Mag dies vielleicht ein Einzelfall sein, vergleichbar A. Dvořáks Sohn, der schon als 1jähriges Kind den Fatinitzamarsch nachsingen konnte (Schünemann, 1930), so gibt es doch auch nach H. Moog 1jährige Kinder, die zwar nicht melodisch reproduzieren können, die aber doch durch Reaktionen zu erkennen geben, daß sie bestimmte Lieder wiedererkennen. Auch unter den 1½jährigen Kindern beschreibt H. Moog mehrere, die deutlich das Wiedererkennen eines Liedes zeigen (z.B. durch Reproduzieren der Situation des Zubettgehens, wenn ein ihnen vertrautes Schlafliedchen gesungen wird; Moog, 1967). Bei den 2jährigen Kindern stellt H. Moog 10% fest, die ein ihnen vertrautes Kinderlied auch wiedererkennen, wenn es auf einem Instrument gespielt wird. 11% sind im gleichen Alter in der Lage, ein Instrument an der Klangfarbe wiederzuerkennen (Moog, 1968). Dies alles spricht dafür, daß die Schulmeinung von dem späten Beginn musikalischer Gedächtnisleistungen zu überprüfen ist und vor allem die Frage eines musikalischen Angebotes für die Erhaltung und weitere Ausbildung von musikalischem Gedächtnis zu überdenken sein wird.

In den Musiktests wird nach alter Tradition das musikalische Gedächtnis im Zusammenhang mit melodischer und mit rhythmischer Unterscheidungsfähigkeit geprüft. Charakteristisch sind Seashore-Test und Bentley-Test. C.E. Seashore testet an melodischem Material die besondere Fähigkeit, gleich und ungleich feststellen zu können. Er gibt 30 Paare melodischer Tonfolgen aus jeweils drei bis fünf Tönen. In der zweiten Tonfolge wird jeweils ein Ton verändert; die Versuchsperson hat die Position des Tones anzugeben, der verändert wurde. Die Tonbeispiele werden auf der Hammond-Orgel gegeben (im Bereich von 18 Halbtonschritten und bei konstant gehaltener Lautstärke). Insgesamt sind bei diesem Test 30 Punkte erreichbar. Das Mittel liegt für die 10–11jährigen Kinder bei 16.3 Punkten, für 12–14jährige Kinder bei 20.3 Punkten, für 15–22jährige Versuchspersonen bei 25 Punkten (Seashore, 1966). A. Bentleys Tongedächtnistest ist in engem Anschluß an C.E. Seashores Tonal-Memory-Test entwickelt worden. Auch er arbeitet mit Vergleichspaaren (10), die aus jeweils fünf Tönen bestehen, im jeweils zweiten Beispiel einen Ganz- oder Halbtonschritt verändern, in einer dem Gehör vertrauten Tonlage und ohne dynamische Akzente produziert werden. Bei der Tonveränderung werden alle fünf Töne gleichmäßig (aber in unregelmäßiger Reihenfolge) berücksichtigt. Die Tonveränderungen des Bentley-Testes fallen stark auf (diese Absicht wird nicht ausgesprochen), weil sie tonal auffällig sind. Die Ergebnisse belegen einen geringen, aber stetigen Zuwachs an Punktzahlen vom achten bis zum vierzehnten Lebensjahr. Die durchschnittliche Punktzahl wächst von 2.6 (sieben Jahre), über 3.9 (acht Jahre), 4.7 (neun Jahre), 5.6 (zehn Jahre), 6.4 (elf Jahre), 6.9 (zwölf Jahre), 7.5 (dreizehn Jahre) zu 8.2 (vierzehn Jahre). Die höchste erreichbare Punktzahl liegt bei 10. Die Vergleichsgruppe der Erwachsenen erreicht mit 8.6 Punkten nur 0.4 Punkte mehr als die der Vierzehnjährigen (Bentley, 1973 a).

A. Bentley hat auch das musikalische Gedächtnis speziell auf rhythmischem Gebiet getestet. Er arbeitet mit zehn Aufgaben aus Vergleichspaaren ohne Tonhöhenunterschiede, die zwei mal vier Zählzeiten enthalten. Die Versuchspersonen haben festzustellen, ob die Vergleichspaare in rhythmischer Hinsicht gleich oder verschieden sind; falls ein Unterschied erkannt wird, ist anzugeben, auf welche Zählzeit die Veränderung fällt. Bei einer erreichbaren Höchstpunktzahl 10 bewegt sich die durchschnittliche Punktzahl von 3.9 bei 7jährigen Kindern in verhältnismäßig gleichmäßiger jährlicher Zunahme auf 8.8 Punkte bei 14jährigen Kindern. Die 14jährigen Kinder überschreiten dabei mit 0.2 Punkten die durchschnittliche Punktzahl der Vergleichsgruppe der Erwachsenen, ein Ergebnis, das in keinem der anderen Tests von A. Bentley auftritt (Bentley, 1973 a). R. Wagner führt im Rahmen seines Tests auch einen Versuch durch, in dem er das Gedächtnis 7-12jähriger Kinder für Akkorde prüft. Drei Akkorde sind bei der Wiederholung in veränderter Reihenfolge wiederzuerkennen. Nur etwa 10% der 7jährigen Kinder können diese Aufgabe lösen. Noch die 9jährigen Kinder bleiben unter der 30%-Grenze, die Elfjährigen erreichen knapp die 40%-Grenze. Diese Leistungen bleiben recht erheblich hinter den Ergebnissen der jeweils gleichaltrigen Kinder in zwei weiteren klanganalytischen Aufgaben zurück (Wagner, 1970). Zahlreiche weitere Tests arbeiten mit dem gleichen Verfahren: J. Kwalwasser und P. Dykema, 1930 (zehn bis zweiundzwanzig Jahre, 25 Tonfolgenpaare); E.Th. Gaston, 1957 (zehn bis achtzehn Jahre); J. Kwalwasser, 1953 (zehn bis zwölf Jahre); R. Drake, 1957 (acht bis zweiundzwanzig Jahre, 12 Beispiele mit zwei- bis siebenmaliger Veränderung); R. Colwell, 1968–1970 (zehn bis achtzehn Jahre; Vergleich von Akkorden); H.D. Wing, 1971 (acht bis siebzehn Jahre, 30 Tonfolgenpaare mit drei bis zehn Tönen); u.a. Am weitaus häufigsten wird die Aufgabe gestellt, zwei (melodische oder rhythmische) Beispiele zu vergleichen und den eventuellen Unterschied zu nennen. Teilweise muß dabei die Position des veränderten Tones genannt werden. Bei J. Kwalwasser (1953) und R. Drake (1957) ist anzugeben, an welchem Parameter die Veränderung vorgenommen wurde.

Bei R. Colwell wird die Wiedererkennungsfähigkeit für eine Melodie im mehrstimmigen Satz geprüft (Colwell, 1968–1970). Die Ergebnisse, die vorliegen, lassen die zusammenfassende Aussage zu, daß Kinder von sieben Jahren an – die Tests beginnen mit dieser Altersstufe – einen auf musikalischen Gedächtnisleistungen beruhenden Vergleich von paarigen Tonbeispielen, die in kurzem zeitlichem Abstand (direkte Folge) dargeboten werden, in der Regel durchführen können und diese Fähigkeit in den folgenden Lebensjahren stetig verbessern.

Bei musikalischen Gedächtnis-Untersuchungen, die mit Vergleichspaaren arbeiten, stellt sich die zusätzliche Frage nach dem Einfluß der Position des veränderten Tones. Nach den Untersuchungen von O. Ortmann und R. Francès sind der jeweils erste und letzte Ton in melodischen Beispielen leichter zu behalten als die Zwischenraumtöne (Ortmann, 1926; Francès, 1954 und 1962). A. Bentley stellt in seinem Melodiegedächtnistest für die Positionen 1–5 als durchschnittliche Fehlerzahlen fest: 41,6% (1), 30,6% (2), 38,3% (3), 33,4% (4), 19,5% (5). Das ergibt einen nicht sehr hohen Unterschied, wenn man die jeweils zusammengefaßten Positionen 1 und 5 mit den Positionen 2, 3 und 4 vergleicht, und läßt auch deutlich werden, daß bei A. Bentleys Versuchen die Fehlerzahl bei Position 1 wesentlich höher liegt als bei Position 5. Doch kann dieser Faktor der Position der Tonveränderung in Gedächtnis-Untersuchungen nur nach weiteren Versuchen geklärt werden, die auch die Auffälligkeit der Veränderung unter tonalem Aspekt zu berücksichtigen hätten (Bentley., 1973 a).

Es gibt einen frühen Versuch von W.S. Monroe, in dem einerseits nach den musikalischen Gedächtnisleistungen der Altersstufen zwischen zwei und sechs Jahren, andererseits nach der Unterschiedlichkeit der Gedächtnisfähigkeit für Lieder gegenüber Tonleiterbewegungen gefragt wird. Die Behaltensquote wird nach einem zeitlichen Abstand von zwei Wochen geprüft, und zwar mit dem Ergebnis, daß die Gedächtnisfähigkeit für Lieder erheblich über der Gedächtnisfähigkeit für Tonleiterbewegungen liegt, mit jedem Lebensjahr die Leistungen besser werden und die Mädchen den Jungen erheblich überlegen sind:

	Jungen		Mädchen	
Alter	Leiter	Lieder	Leiter	Lieder
2–3	19 %	43 %	23 %	59 %
3–4	27 %	50 %	33 %	61 %
4–5	29 %	47 %	45 %	62 %
5–6	40 %	50 %	57 %	71 %

(Monroe, 1903; zit. nach Shuter, 1968).

M. Pflederer prüft das musikalische Gedächtnis 5jähriger und 8jähriger Kinder ebenfalls unter einem besonderen Aspekt. Sie fragt nach dem Gedächtnis für ein musikalisches Modell bei nur rhythmischer und bei melodischer Veränderung. In ihrem Versuch mit je acht Kindern für jede Altersstufe werden vier rhythmische Beispiele gegeben; eines der Beispiele wird bei der Wiederholung verändert. Anschließend werden die gleichen Modelle in einer melodischen Fassung gegeben; bei der Wiederholung wird auch hier eines der Beispiele melodisch verändert. Das Ergebnis zeigt, daß durch melodische Veränderung das Wiedererkennen eines Beispiels schwieriger wird als durch rhythmische Veränderung. Die 5jährigen Kinder haben große Schwierigkeiten, bei melodischer Veränderung das Ausgangsmodell wiederzuerkennen. Die 8jährigen Kinder können zu 90% die erste (rhythmische) Aufgabe lösen, aber nur zu 75% die zweite (melodische; Pflederer, 1964).

Vier Jahre später hat M. Pflederer-Zimmerman zusammen mit L.L. Sechrest nochmals eine musikalische Gedächtnisprüfung unternommen, diesmal an 679 Schülern von Elementary und Junior High Schools. Das Prinzip dieses Versuchs ist, ein einfaches Musikbeispiel zu geben, es systematisch zu verändern und dann festzustellen, ob sich die Versuchsperson an die einzelnen Elemente des Beispiels erinnern kann. Das Ergebnis zeigt die mit dem Alter zunehmende Leistungsfähigkeit. Es ist schwieriger, Metrum und Rhythmus zu behalten als tonale Muster. Der Wechsel von Instrumenten, Tempo und die Beigabe von Harmonik mischen sich nicht so stark in die Identifikation unveränderter Elemente ein wie der Wechsel von Tongeschlecht, Umkehrung und rhythmischer Wechsel. Es ist leichter, einen gleichbleibenden Rhythmus wiederzuerkennen, wenn er in Moll als wenn er atonal oder in Dur dargestellt wird (Zimmerman und Sechrest, 1968).

J. Ribke untersucht musikalische Gedächtnisleistungen von 7-8jährigen Kindern an bereits komplexerem Musikmaterial. Die Aufgabe, eine vorgegebene Melodiephrase in einem nachfolgenden Musikwerk wiederzuerkennen, wird mit einem Mittelwert von 9.22 bei vierzehn möglichen Richtigantworten gelöst. Ein zweiter Versuch prüft das Wiedererkennen auf einer nochmals komplexeren Ebene. Eine Melodie, die mehrmals in einem Musikstück auftaucht, und zwar in verschiedenen Stimmlagen und durch verschiedene Instrumente, ist wiederzuerkennen. Nun liegt der Mittelwert bei 7.76 (16 mögliche Richtigantworten). In einem dritten Versuch wird die Fähigkeit geprüft, musikalische Verläufe als ähnlich oder verschieden zu erleben. Für jeweils zwei Musikstücke ist festzustellen, ob ein variationsgemäßer Zusammenhang oder keine auffällige Gemeinsamkeit besteht. Dieser Versuch liegt im Schwierigkeitsgrad offensichtlich zwischen den beiden vorangegangenen Versuchen; das Ergebnis erbringt einen Mittelwert von 8.27 (bei einem Maximum von 14.–). Es ist unverkennbar, daß die Leistungsfähigkeiten der Kinder im Wiedererkennen von Musik hoch liegen, daß aber Schwierigkeiten bestehen, Fähigkeiten der Wiedererkennung und der Unterscheidungsfähigkeit zu trennen (Ribke, 1979).

In die gleiche Richtung weisen die Versuche von W.J. Dowling und J.C. Bartlett. Sie prüfen mit vier Versuchen die Bedeutung der Kenntnis melodischer Bewegungsrichtungen und von Tonhöhen-Abständen für die Fähigkeit, Melodien wiederzuerkennen. An Ausschnitten aus Beethoven-Quartetten werden die Versuchspersonen darin geprüft, inwieweit sie die Melodien selbst und verwandte Melodien, die die melodische Bewegung, aber nicht die Intervalle beibehalten, wiedererkennen können. Die Melodien selbst werden signifikant besser erkannt als die abgewandelten Melodien, die nur leicht besser identifiziert werden als ganz fremde Melodien aus anderen Quartetten. Der Unterschied durch Informationen über die melodische Bewegungslinie und die genauen Intervall-Bedingungen wird auch hinsichtlich des Kurzzeit- und Langzeitgedächtnisses geprüft. Es zeigt sich, daß die Kenntnis der melodischen Bewegung bei kurzem Zeitabstand das Wiedererkennen stützt, daß aber für das Langzeit-Gedächtnis die – von Haus aus schwierigere – Intervall-Kenntnis effizienter ist (Dowling und Bartlett, 1981).

Ein Frankfurter Versuch zum musikalischen Gedächtnis bei 5–7jährigen Kindern verfolgt zwei verschiedene Intentionen: die Frage nach den Relationen zwischen musikalischem Gedächtnis und Eigenarten des musikalischen Materials und die Frage nach eventuellen Unterschieden der Gedächtnisleistungen je nach zeitlichem Abstand zwischen musikalischer Darbietung und ihrer Wiederholung. Methodisch wird auf jede Verbindung mit der Prüfung von Reproduktionsfähigkeiten verzichtet. Wegen der begrenzten verbalen und graphischen Fähigkeiten der untersuchten Altersstufe wird ein spezielles „Malverfahren" eingesetzt, in dem der Gebrauch der roten Farbe musikalisches Wiedererkennen bekannt gibt. Das musikalische Material für den Versuch wird getrennt in Viertakter, die auf fünf unterschiedlichen Parametern variieren (Material I), und zwölf Ausschnitten komplexer Musik mit jeweils zwei Beispielen zu den Dominanzmerkmalen signalartig, gesanglich, Imitation von Tierstimmen, Klangband, tänzerisch und marschartig (Material II). Der zeitliche Abstand zwischen Darbietung und Wiederholung ist festgelegt auf 1 bis 3 Minuten (Terminrelation I) und eine Woche (Terminrelation II). Als das wesentliche Ergebnis des Versuches ist vorauszustellen, daß die 5–7jährigen Kinder in hohem Maße fähig sind, zwischen bereits gehörter und noch nicht gehörter Musik zu unterscheiden. Für die Terminrelation I mit Material I lösen 81,4% der Kinder, mit Material II 87,1% der Kinder die Aufgabe der Unterscheidung zwischen gehört und nicht gehört richtig. Die musikalische Gedächtnisleistung bei Terminrelation II zeigt einen Rückgang von insgesamt nur 1,5% (nur bezogen auf Material II); dies rechtfertigt, von fast identischen Wiedererkennungsleistungen bei sofortiger Wiederholung und bei Wiederholung mit einwöchigem Abstand zu sprechen. Insgesamt darf man wohl hier von einer unerwartet hohen Leistungsfähigkeit der Altersstufe für das Wiedererkennen von Musik sprechen. Dies trifft umso mehr zu, als bei den Stücken mit Dominanzmerkmalen ja nicht nur Stücke wiederzuerkennen waren, sie waren auch noch zu unterscheiden von den Stücken mit parallelen Dominanzmerkmalen, die als zusätzliche Schwierigkeit eingebaut worden waren. Daß die Kinder das gehörte Stück in so hohem Maße richtig von einem ähnlichen Stück unterscheiden können, zeigt, daß sie ein Stück keineswegs nur an einem auffälligen musikalischen Merkmal wiedererkennen, sondern vielmehr so viel musikalisches Gedächtnis wie Unterscheidungsvermögen besitzen, daß sie das bereits gehörte Stück auch beim Vergleich mit einem ähnlichen Stück zu identifizieren vermögen. Auch ein Frankfurter Hörversuch zur Steigerung höranalytischer Fähigkeiten impliziert eine Prüfungsmethode und Aussagen über das musikalische Gedächtnis von Kindern im Alter von fünf bis sieben Jahren: Es ist der Versuch „Thematik unterscheiden". Hier ist es Aufgabe der Probanden, drei unterschiedliche thematische Teile, die mehrfach und unregelmäßig in einem Stück Klaviermusik von fünf Minuten Dauer wiederkehren, zu identifizieren. Es werden drei musikalisch gegensätzliche thematische Teile, eine Signal-Thematik, eine Crescendo-Decrescendo-Thematik und eine kantable Thematik entwickelt und an musikalisch sinnvollen Stellen mehrfach in einem improvisierten komplexen Klavierstück zitiert. Die Kinder zeigen mit Bildkärtchen, die jeweils symbolische graphische Darstellungen der drei Thematik-Typen enthalten, ob sie und welches Thema sie wiedererkannt haben. Der auf Feststellung der Leistungsverbesserung durch eine Lernsequenz zielende Versuch zeigt wohl deshalb nicht durchwegs signifikante Unterschiede zwischen den Leistungen vor und nach der Lernsequenz, weil die Wiedererkennungsleistungen der Kinder bereits ohne jede Lernsequenz unerwartet hoch liegen. Die Versuchsgruppe erreicht bei der ersten Erhebung von 14 richtigen Ablagen bereits 9.14; d.h.: Von 14 Wiedererkennungsmöglichkeiten für die insgesamt drei Themen erkennen die 5–7jährigen Kinder 9.14 Wiederholungen richtig, die Kontrollgruppe sogar 9.19 Wiederholungen. Wenn auch die Versuche zur Prüfung von musikalischem Gedächtnis mit komplexem musikalischem Material zu gering an Zahl sind, um ein solches Ergebnis zu verallgemeinern, so ist doch im Blick zu halten, daß die Leistungen unerwartet hoch liegen (Abel-Struth und Groeben, 1979).

4.4 Erklärungsversuch des Lernvorganges musikalische Intelligenz

Es gibt Versuche, Ergebnisse allgemeiner Intelligenz- und Lernforschung in Lehrverfahren für den Musikunterricht umzusetzen und – ohne Frage nach der Eigenart musikalischer Intelligenz – allgemeine Lernmodelle und die ihnen zugrunde liegenden lerntheoretischen Erklärungsversuche zu übertragen. Dies gilt beispielsweise für die instrumentelle Konditionierung. Der Erwerb einer neuen Verhaltensweise wird durch Abwandlung einer oder mehrerer älterer Verhaltensweisen erklärt. Positive Nacheffekte, Erfolgserlebnisse, verstärken die Verhaltensweise, Mißerfolgserlebnisse schwächen sie. Der Schüler lernt dadurch, daß er Erfolg erfährt, positive Konsequenzen seines Verhaltens. Schon die Paarwort-Methode, das Angebot, zwei Angaben miteinander zu verknüpfen (z.B. 1756 und Mozart), ebenso die Multiple-Choice-Methode mit ihren erhöhten Chancen richtiger Lösungen, wirken durch das angenehme Gefühl für den Lernenden, seine Aufgabe meistern zu können, verstärkend. Solche Aufgaben haben sich in Musik-Schulbüchern ausgebreitet. Die konsequenteste Form instrumenteller Konditionierung durch Erfolg im Lernvorgang ist die auch im Musikunterricht erprobte programmierte Unterweisung. Ein differenziertes Exempel auf dem Gebiet des Notenhörens von E. Woll beruht auf dem Prinzip, musikalisches Wissen in kleinstmögliche Lernschritte mit langsamster Zunahme an Lernanforderungen aufzugliedern. Der Lernstoff wird ein ausgeklügeltes lernlogisches Kontinuum, das von dem Lernenden, der auch sein Lerntempo bestimmen kann, so leicht zu bewältigen ist, daß er ein Maximum an Verstärkungen und ein Minimum an Schwächungen erfährt (Woll, 1968; Woll u.a., 1971 und 1972). Abgesehen von einem neueren Versuch (Hirsch und Weigmann, 1979) ist es seltsam still geworden um diesen engagierten Versuch, Schülern das Lernen der musikalischen Elementaria mit eigener Dosierung des Lerntempos und bei eigener Lernkontrolle zu vermitteln. Dieses auf Verstärkung beruhende lerntheoretische Modell ist auf die Vermittlung von Stoff und Lernkontrolle begrenzt und bleibt damit an der Peripherie des weiten Feldes musikalischer Intelligenz und der Erklärung eines hier möglichen Lernvorganges.

Ein zweiter umfassender Ansatz, allgemeine Denk- und Lernforschung in musikpädagogische Fragestellungen zu übertragen, wurde von M. Pflederer-Zimmerman versucht. Diese Versuchsserien und Überlegungen gingen von J. Piagets Theorien zur Entwicklung der kindlichen Intelligenz aus. M. Pflederer-Zimmerman prüft die von J. Piaget dargestellte Fähigkeit der Konservation, der Erhaltung eines Elementes bei Veränderung anderer umgebender Elemente. Diese Fähigkeit, von J. Piaget der Entwicklungsstufe der konkreten Operationen (zwischen der präoperationalen Stufe und der Stufe der formalen Operationen stehend) zugeordnet, meint Fähigkeiten eines Kindes, beispielsweise die „Erhaltung" zu erkennen, wenn eine Plastilinkugel in der Form, aber nicht im Gewicht verändert wird. Auf den musikalischen Bereich übertragen, kann „Erhaltung" etwa gezeigt werden, wenn man eine Melodie auch bei Veränderung beteiligter Parameter erkennen kann (Piaget, 1961 und 1976). Die Reihe der in Zusammenhang der Gedächtnis-Untersuchungen bereits genannten Pflederer-Sechrest-Versuche beginnt damit, daß in zwei Versuchsgruppen von je acht Kindern im Alter von fünf bis acht Jahren die Fähigkeit getestet wird, einen bestimmten musikalischen Parameter auch in unterschiedlicher musikalischer Umgebung erkennen zu können. Im ersten Versuch soll das Metrum bei veränderter Tondauer erkannt werden;

die Leistungen steigern sich von den 5jährigen (29%) zu den 8jährigen Kindern (54%). Besser als die nur rhythmischen Beispiele können die melodischen Beispiele gelöst werden (5jährige Kinder: 44%; 8jährige Kinder: 75%). In dem zweiten Versuch wird die „Erhaltung“ eines rhythmischen Musters bei Veränderung des melodischen Ablaufs getestet; diese Aufgaben können nur die 8jährigen Kinder zu mehr als 50% lösen. Das Wiedererkennen einer Melodie bei veränderter Tondauer, die Aufgabe des dritten Versuchs, lösen 50% der 5jährigen und, mit einer Ausnahme, fast alle der 8jährigen Kinder. Zwei Kinder dieser älteren Gruppe versuchen die Unterschiedlichkeit der Tempi zu beschreiben. Ein vierter Versuch, der auf Tonhöhenveränderung abstellte, zeigt, daß beide Altersstufen die melodische Bewegungsrichtung, aber kaum die intervallischen Beziehungen wahrnehmen. In einem fünften Versuch ist eine Melodie bei verändertem Rhythmus wahrzunehmen. Die 5jährigen Kinder können diese Aufgabe fast so gut (50%) lösen wie die 8jährigen Kinder (56%). In weiteren Versuchen (1968) mit mehr als 600 Kindern werden auch Neun- und Dreizehnjährige einbezogen; die Leistungsfähigkeiten in den beschriebenen Aufgaben steigern sich parallel zum Altersfortschritt. Ein Versuch mit systematischen Veränderungen an komplexer Musik (aus B. Bartóks „Musik für Kinder“) zeigt, daß 5jährige Kinder zwar die unveränderte Wiederholung gut erkennen, aber noch nicht über Fähigkeiten verfügen, um auch bei Veränderungen ein Stück wiedererkennen zu können. In einem Versuch, der die „Erhaltung“ rhythmischer und tonaler Folgen vergleicht, erweisen sich die tonalen Aufgaben als die leichteren (Pflederer und Sechrest, 1964; Zimmerman und Sechrest, 1968; Pflederer, 1970; Zimmerman, 1972).

W.B. Sloan greift den Forschungsansatz auf, nun mit Stabspielen experimentierend, deren Stäbe als gleich und verschieden zu unterscheiden, schließlich als Tonhöhenfolge zu ordnen und dann nach Größe gehörter Intervalle zu legen sind. Als schwerste Aufgabe folgt: Die Kinder haben gehörte Tonhöhen nachzuspielen, doch an anderen Instrumenten und demgemäß mit sich ändernden Klangfarben und Lautstärken. Diese Aufgaben können die Kinder nur nach mehrfachem Ausprobieren lösen. Die von W.B. Sloan gewonnenen Daten der 70 Kinder im Alter von sieben bis elf Jahren lassen eine Interpretation nach drei Entwicklungsphasen gemäß J. Piaget zu: eine präoperationale Phase (mit unsicheren „Erhaltungen“), eine operationale Phase (eine auditive Reihenfolge wird durch Prüfung möglich) und schließlich eine fortgeschrittene (in den Bereich der formalen Operationen führende) Phase, in der Kinder Intervalle zusammenfügen können (Sloan, 1973). Auch R.L. Larsen und M.L. Serafine stellen einen musikpädagogischen Bezug zu J. Piagets Theorie der Intelligenzentwicklung her. R.L. Larsen kann eine Alters-Parallele zu J. Piagets Stufen mit einem Tonhöhenversuch belegen (Larsen, 1973). Die größte Bedeutung kommt wohl den Versuchen von M.L. Serafine zu, weil hier auf das zentrale methodische Problem aller musikpädagogischen Ansätze in der Piaget-Nachfolge verwiesen wird, die Notwendigkeit der Berücksichtigung auditiver Fähigkeiten in den getesteten kognitiven Leistungen. M.L. Serafine prüft 103 Kinder im Alter von vier, fünf, sieben und neun Jahren auf „Erhaltung“ von Metrum, trennt aber in einen auditiven Testteil (das Metrum wird durch ein Klick-Geräusch gegeben) und einen visuellen Testteil (Stimulus durch aufleuchtendes Licht), dem das Testbeispiel aus regelmäßigem Klicken zusammen mit wiederholten Tönen in verschiedenen Rhythmen folgt. 56 Kinder können in der auditiv-auditiven Fassung das Metrum nicht „erhalten“, von diesen bestehen aber 11 die auditiv-visuelle Fassung. Auch von den 45 verbleibenden Kindern können in einem Nachtest 38 das Metrum im auditiv-auditiven Test nicht „erhalten“, aber wiederum 9 in der auditivvisuellen Fassung. M.L. Serafine zeigt ebenfalls, daß musikalische Entwicklungsphasen im Zusammenhang der Intelligenzphasen von J. Piaget nachzuweisen sind, verweist aber auch durch die Versuchsanordnung, die Beschränkung auf einen einzelnen musikalischen Parameter und die Einschaltung eines visuellen Stimulus, auf die spezielle Problematik des Bezuges zwischen Stufen allgemeiner intelligenter Entwicklung und musikalischen Entwicklungsstufen (Serafine, 1975 und o.J.).

Die pragmatischen Übernahmen aus Lernerklärungen mittels instrumenteller Konditionierung wie auch die Forschungsbeiträge zur Feststellung musikalischer Entwicklungsstufen in Parallele zu den aufeinanderfolgenden Denkphasen J. Piagets geben zwar Einblick in Verstärkungsmöglichkeiten musikkognitiven Lernens und Fragestellungen musikintelligenter Entwicklung, machen aber letztlich doch das theoretische Defizit im Bereich musikalischer Intelligenz deutlich, die Dominanz von Denkadaption und den Mangel an Definitionen, Wissen und Bezugsmöglichkeit. Allzu kurzschlüssig werden wohl (auch) hier Denkmodelle auf den musikalischen Bereich übertragen und dabei die Eigenarten der musikalischen Intelligenz übergangen. Die Merkmale musikalischer Intelligenz und deren Beeinflußbarkeit durch Lernen freizulegen, stellt der Forschung umfangreiche, langwierige Aufgaben, die bisher nur im sprachlichen Bereich und am musikalischen Gedächtnis aufgegriffen wurden. Doch wird man für ein theoretisches Konstrukt musikalischer Intelligenz drei Eigenarten voraussetzen dürfen. Als erste Eigenart musikalischer Intelligenz wird angenommen, daß sie nicht ein einzelnes umfassendes Merkmal darstellt, sondern ein Bündel unterschiedlicher und unterschiedlich miteinander korrespondierender Fähigkeiten. Dazu tritt als zweite vorauszusetzende Eigenart musikalischer Intelligenz, daß die verschiedenen musikintelligenten Fähigkeiten kognitive Fähigkeiten sind, die sich an dem spezifischen Inhalt Musik aktualisieren, an Musik als einem besonderen Erkenntnis- und Erlebnisinhalt. Als dritte Eigenart musikalischer Intelligenz wird anzunehmen sein, daß die sich an Musik aktualisierenden kognitiven Fähigkeiten nicht identisch sind mit allgemeinen kognitiven Persönlichkeitsmerkmalen des Menschen, aber doch mit diesen in verschiedenartigen und graduell unterschiedlichen Zusammenhängen stehen, die besonders zu klären sind.

Vor diesem definitorischen Hintergrund darf man vorläufig festhalten: daß auch musikintelligentes Lernen die Beobachtung und Förderung besonderer und unterschiedlicher Fähigkeiten bedeutet, daß diese musikintelligenten Fähigkeiten, da sie sich speziell an Musik aktualisieren, auch der speziellen Förderung im Zusammenhang mit musikalischen Aufgabenstellungen bedürfen, die kognitive wie die emotive Dimension von Musik einsetzend, und daß die musikintelligenten Fähigkeiten nicht mit allgemeinen kognitiven Merkmalen des Menschen gleichzusetzen sind, wenn auch verschiedenartige Verknüpfungen bestehen. Musikintelligentes Lernen ist ein Lernvorgang, der nicht identisch ist mit allgemein-kognitiven Lernvorgängen, sondern durch die Aktualisierung an Musik seine bestimmende Eigenart erhält. Doch weil es sich um einen Lernvorgang mit eigenartigen Regelhaftigkeiten handelt, entwickeln sich die hier beanspruchten musikintelligenten Fähigkeiten auch keineswegs von selbst oder durch Transfer kognitiver Fortschritte in wissenschaftlichen Fächern. Die musikintelligenten Fähigkeiten benötigen vielmehr spezifische Anregungen und Lernangebote.

Betrachtet man nur die Fähigkeit, über Musik sprechen zu können, so zeigt sich schon – so kontrovers die Meinungen in der praktischen Musikpädagogik sind – eine Ansatzmöglichkeit zur Erklärung musikintelligenten Lernens. Bereits die Benennung zunächst nur einfachster musikalischer Ereignisse ist nicht ohne weiteres als intellektuelle Überlastung des Kindes anzusehen, sondern kann auch eine Lernerleichterung sein. Die Benennung eines musikalischen Ereignisses stellt als Symbolisierung durch Sprache eine Vorstellungshilfe dar und bedeutet zugleich als Kodierung die Möglichkeit der besseren Einprägung mit gleichzeitig verbesserter Chance, klassifizierend in den größeren Zusammenhang einordnen zu können. Wahrscheinlich unterschätzen wir auch die Freude des Kindes daran, eine Bezeichnung richtig anwenden zu können (das Erfolgsgefühl beim Benennen von Autotypen ist bekannter). Umgekehrt lösen wohl „Nicht-Sagen-Können" und „Keinen-Zusammenhang-Sehen" mehr Frustrierung und damit Denkblockaden im Musikunterricht aus als die gefürchteten Intellektualisierungen. Rechtzeitig erworbenes Wissen über Musik ist eine der Möglichkeiten, Verhaltensbarrieren gegenüber Musik zu verhindern oder abzubauen, ist Voraussetzung zum Denken und Sprechen über Musik, zum Verstehen von Musik. Doch intelligenter Umgang mit Musik kann wohl nur erworben werden, wenn er in musikalischen Lernvorgängen nicht mit Lehre von Begriffen und Stoffen identifiziert wird, sondern als Ausbildung musikalischer Intelligenz stringent angeleitet wird. Die Fähigkeit, die Sprache im Zusammenhang mit Musik gebrauchen zu können, wird mit großer Wahrscheinlichkeit auch das musikalische Gedächtnis und das weiterreichende musikalische Vorstellungsvermögen unterstützen. Kinder können schon früh Musik wiedererkennen; Beobachtungen lassen die Vermutung zu, daß ein „Stützwort" (wie ein selbstgefundener Name für ein Stück) diesen Prozeß fördert, wie ebenso das Vorstellungsvermögen des Kindes für Musik durch sprachliche Hilfen erleichtert wird; das Notensymbol für eine Triole, konkretisiert in gehörten Musikbeispielen, wird durch die sprachliche Bezeichnung in die verallgemeinernde Vorstellung und in das Gedächtnis überführt.

Die spezifisch musikintelligente Fähigkeit, über Musik sprechen zu können, spielt auch ein in die Fähigkeit, in Musik objektive Beziehungen herstellen und entsprechende Zuordnungen vornehmen zu können. Diese musikkognitive Fähigkeit beruht auf dem vorangegangenen Lernvorgang, durch Hörerfahrung und Benennung fachspezifische Bezeichnungen gebrauchen zu können und durch Begriffe die musikalische Realität fassen zu können. J. Piaget haben wir spezielle Untersuchungen zu danken, die die Schwierigkeiten des Kindes aufzeigen, einen Sinnzusammenhang zu finden und Erfahrungen und Informationen in einen zusammenhängenden Bezugsrahmen einzuordnen (Piaget, 1955; Piaget und Szeminska, 1972). Jedes systematische Denken in Zusammenhängen beruht in hohem Maße darauf, daß exakte Begriffe zur Verfügung stehen und zwischen diesen wiederum exakte Beziehungen. Um musikalische Denkfähigkeit erwerben zu können, benötigt darum der Lernende die Fähigkeit, die musikalischen Fachbegriffe präzis anwenden und mit den musikbezogenen Begriffssystemen umgehen zu können. Diese Fähigkeiten, die so tragend für den gesamten Bereich musikalischer Kognition sind, werden wohl gegenwärtig im Musikunterricht vernachlässigt. Sie werden gern als typisch für wissenschaftsorientierten Musikunterricht bezeichnet und damit aus der Diskussion gezogen, während sie wahrscheinlich die Grundlage eines denkenden Umganges mit Musik darstellen und damit einen hohen Stellenwert im Musikunterricht beanspruchen dürfen.

Für die Erklärung des musikintelligenten Lernens eröffnet sich außer dem sprachlichen Ansatz eine Fülle von Forschungsthematik. Dies ist – nur als Beispiel – die Entwicklung systematischen Denkens über Musik, beginnend bei planlosem Sortieren, über Koordination nach Inhalten und Umfang sowie Fähigkeit der Gruppierung auf Grund gemeinsamer Merkmale bis zur Ausbildung der Fähigkeit systematischen

Umganges mit Beziehungen zwischen musikalischen Phänomenen führend (vgl. Lovell, 1971). Die Besonderheit der Dialektik emotiv-kommunikativer und kognitiv-operativer Sprachfunktionen ist ein musikpädagogisches Thema, auch die interpretative Funktion der Sprache, ihre Möglichkeiten menschlicher Subjektivität gegenüber Musik, die Entwicklung von der egozentrischen zur sozialisierten Sprache über Musik (Loch, 1977). Zudem fordert die Annahme der Korrespondenz musikintelligenter Fähigkeiten mit allgemein-kognitiven Merkmalen auch die Untersuchung eventueller Rückwirkung musikintelligenter Lernvorgänge auf allgemein-kognitives Lernen (und umgekehrt). All dies beleuchtet ein Konstrukt musikalischer Intelligenz, das weit über die Aneignung musiktheoretischer Stoffe hinaus einen Lernvorgang im Sinne der Entwicklung musikalischer Denkfähigkeiten in Korrespondenz mit allgemeinen kognitiven Persönlichkeitsmerkmalen meint, für den der praktischen Musikpädagogik grundlegende wissenschaftliche Klärung zu geben ist.

5. Lernvorgang Musikrezeption

5.1 Zur historischen Situation der Musikrezeption im Unterricht

Neben der umfassenden musikwissenschaftlichen Literatur zur Musikrezeption (Faltin und Reinecke, 1973; Rösing, 1983; u.a.) nimmt sich die spezielle musikpädagogische schmal aus. Es gibt historische Verweise darauf, daß das Hören von Musik in den Musikunterricht einzubeziehen sei (wie im Umkreis der Philanthropinisten), doch erst im Zuge der sog. Kestenberg-Reform, der Umbenennung des schulischen Gesangunterrichts in Musikunterricht und dem nun verordneten Ziel Musikverständnis für alle Schultypen, wendet sich die musikpädagogische Aufmerksamkeit musikrezeptiven Lernvorgängen zu. Aber bevor noch grundlegendes Wissen über die Voraussetzungen des Hörens komplexer Musik bei Kindern und Jugendlichen geklärt und demgemäß Lernkontinua begründet und in den Gesamtzusammenhang musikalischen Lernens eingebracht werden können, breiten sich die musiktechnischen Medien aus und stülpen sich mit ihren eigenen Regelhaftigkeiten über den Musikunterricht. Seitdem haben die Folgen der musiktechnischen Ausbreitung der Musik, ihre tiefgreifenden musiksozialen Einwirkungen schon auf Kinder und vor allem auf Jugendliche, die Musikpädagogik mehr beschäftigt als die Grundlagenforschung für musikrezeptive Lernvorgänge und die Entwicklung spezifisch musikrezeptiver Lerncurricula. Die Defizite musikpädagogischen Wissens und unterrichtspraktischer Planung um den Lernvorgang Musikrezeption sind nicht zureichend bewußt, weil das Fachinteresse durch Materialforschung bzw. -aufbereitung für Unterricht absorbiert ist. Doch auch die Eigenart dieser musikrezeptiven Lernvorgänge selbst erschwert ihre Erforschung und unterrichtspraktische Planung. Denn musikpraktische Leistungen sind hörbar, hörsensorielle Leistungen sind meßbar, Leistungskomponenten im musikalisch-intellektuellen Bereich feststellbar. Aber die im Subjekt sich vollziehenden Prozesse beim Hören komplexer Musik und die damit verquickten Lernvorgänge sind nicht nur schwer beobachtbar; sie sind auch stark situationsbedingt und von besonders vielen Faktoren abhängig. Denn die Fülle der Merkmale des musikalischen Materials trifft auf eine Fülle von allgemeinen wie auch musikspezifischen Persönlichkeitsfaktoren, die ihrerseits wieder durch bereits stattgefundene Lernvorgänge und -ergebnisse modifiziert sind. Letztlich haben alle anderen hier beschriebenen musikalischen Lernvorgänge propädeutische Funktion für den musikrezeptiven Lernvorgang, der seinerseits auf alle anderen Lernvorgänge zurückwirkt. Diese komplexe Problematik ist bisher kaum dargelegt worden, war in sich kaum verstanden, als außermusikalische Denkströmungen in der jüngsten Vergangenheit alle Werte, auch die ästhetischen, in Frage stellten und Musikhören als Lernvorgang abwerteten.Wahrscheinlich hängt es von der Entwicklung musikrezeptiver Lernkontinua ab, ob Musik auf Dauer als Schulfach eine reale Funktionsmöglichkeit nachweisen kann.

Der musikrezeptive Lernvorgang, von Haus aus belastet durch Mangel an Grundlagenwissen wie an Erfahrung mit durchgängigen Lernkontinua, mit der Schwierigkeit kämpfend, hier erworbene Lernergebnisse nachweisen zu können (weil das Schulkonzert als Ergebnis aus Lernvorgängen des praktischen Umganges mit Musik in der öffentlichen Meinung immer die Palme effektiven Musikunterrichts davontragen wird), hat zudem das tradierte Vorurteil zu tragen, daß für Kinder bis zum Ende des Primarschulalters ein Unterricht im Musikhören unangebracht sei. Die zahlreichen

Nachweise empirischer Forschung, die die frühen Fähigkeiten des Kindes für Musikhören und Hören-Lernen aufzeigen, vermochten die Auffassung noch nicht umzuwenden, daß musikrezeptives Lernen von Kindern unter zehn Jahren weder gewünscht noch bewältigt werden könne; sie beruht auf dem Vorurteil, daß Musikrezeption des Kindes intellektuelle Überlastung des Musikunterrichts bedeute und Kinder lieber singend und spielend als hörend mit Musik umgehen. Ob Kinder Musik lieber praktizieren oder hören, ist von S. Abel-Struth und U. Groeben geprüft worden: Musikalische Situationen, jeweils gedoppelt als Hör- und als Praktiziersituation, werden 5- und 6jährigen Kindern in fünf Varianten auf Bildkarten zur Auswahl nach Präferenz übergeben; ein spezielles Beobachtungs- und Ablagesystem sichert Verständnis und jeweils individuelle Entscheidung mit graduellen Unterschiedsmöglichkeiten. Das Ergebnis des Versuches ist, daß im Gesamt der geprüften Kinder die Mittelwerte bei Zuhör- und Praktiziersituationen völlig übereinstimmen (3.71 Punkte bei einer Höchstpunktzahl von 5). Es zeigt sich allerdings ein geringer geschlechtsspezifischer Unterschied; die Jungen präferieren mit geringem Punktabstand die Zuhörsituation (3.78), während die Zuhörsituationen bei den Mädchen nur eine geringere Punktzahl erreichen (3.67; Abel-Struth und Groeben, 1979). Der Termin des Beginns musikrezeptiver Lernvorgänge wird zu prüfen sein; der gegenwärtige späte Beginn könnte Ursache dauerhafter Defizite sein.

Die Bedeutung des musikrezeptiven Lernvorganges ist weitreichend; so viel Freude Singen und Musizieren machen, so grundlegend die Bildung des Gehörs und die Einführung in die Musiktheorie sind – die musikalische Erfahrung des Werkes ist der höchste Sinn musikalischen Lernens. In dem musikalischen Lerngegenstand Musikrezeption fügen sich sensorielle und kognitive musikalische Lernerfahrungen konstitutiv zusammen, in ungeplanten Lernvorgängen angeeignete Einstellungen spielen ein, oft unbewußt bleibende, affektive Verhaltensweisen zu Musik fixierend; es wirken allgemeine intellektuelle Fähigkeiten vom Symbolverständnis über Regel-Erkennen und Gedächtnis bis zur Fähigkeit der Entwicklung kognitiver Strategien (Gagné, 1980) für das eigene Auffinden und Lösen neuer Probleme mit. Musikalische Rezeption ist zweifellos ein besonders komplexer, schwer systematisierbarer musikalischer Lernvorgang voller individueller, sozialer und sachlicher Probleme, der noch nicht annähernd beschrieben, auch wohl noch nicht zureichend in Bedeutung und Umfang als facheigene Aufgabe bewußt ist.

5.2 Hörertypologien als Zielquelle musikalischer Hörausbildung

Die in die Antike zurückreichende, hier bereits sowohl medizinisch (als physiologisch gemeinte Lehre von den vier Temperamenten) als auch philosophisch (bei Plato) ansetzende Orientierung an Typen, ist überaus vielfältig auf musikalisches Verhalten angewendet worden, und hier wiederum in besonders hohem Maße auf Hörverhalten. Die Hilfen, die typologische Betrachtungsweise bieten kann, nämlich besseres Verstehen von Bereichen, deren Eigenarten mit rein rationalem Denken nicht oder noch nicht zu durchdringen sind, müssen in dem so schwer überschaubaren Gelände musikalischen Verhaltens, insbesondere musikalischen Hörens, hoch willkommen sein. Typen sind Muster, Modelle, Grundformen, die Lebewesen oder Gegenständen bleibend gemeinsam sind, Wesenskerne, die erfaßt werden, und zwar mehr durch Intuition als durch Abstraktion. Die psychologische Typenlehre, die die Fruchtbarkeit einer Typologie vor allem nach dem Sicherheitsgrad diagnostischer Schlüsse bemißt und typologische Ansätze mit Blick auf wissenschaftliche Begriffsbildung beurteilt, steht einer Bildung von Typenbegriffen kritisch gegenüber, die lediglich großzügig in Ähnlichkeitsgruppen zusammenfaßt. Tatsächlich werden solche auf genaue Definition verzichtenden Ordnungen höchst problematisch, wenn ihre Angaben als normative Aussagen aufgefaßt werden und – beispielsweise – der Ableitung musikpädagogischer Zielangaben dienen.

Im Bereich musikalischen Verhaltens sind Typologien um unterschiedliche Gegenstände entwickelt worden. Zu den wohl bekanntesten unter ihnen zählen A. Welleks Typologie der musikalischen Begabung mit ihren Binnendifferenzierungen (Wellek, 1939 und 1963), eine Typologie rhythmischer Ablauf-Formen G. Beckings (Becking, 1928) und W. Danckerts Typologie personaler Melodiestile (Danckert, 1933). Auch die idealtypischen Verhaltensweisen für alles soziale Handeln, wie sie M. Weber beschrieb, implizieren Merkmale typischen Verhaltens im musikalischen Bereich (Weber, 1956). Den Beginn musikalischer Hörertypologien darf man bei F.J. Rochlitz ansetzen, wenn es auch zuvor schon manchen Stoßseufzer von Komponisten und Interpreten gab, die ihr Konzertpublikum in weiße und schwarze Schafe teilten, oder, wie Mozart es mit dem Publikum der concerts spirituels tat, dem Mangel an Leuten mit Ohren, mit Herz zum Empfinden und „nur ein wenig" Verstand für Musik den Überfluß von „lauter vieher und bestien was die Musique anbelangt" gegenüberstellte.

Mit J.F. Rochlitz beginnt die klassische Form der musikalischen Hörertypologie, die auf eigener Erfahrung und Wertung beruhende, in der Regel hierarchisch nach Hörniveaus vorgenommene Einteilung der Musikhörer. J.F. Rochlitz entwickelt eine vierstufige Hierarchie. Auf der niedrigsten Stufe steht der Hörer, der „nur aus Eitelkeit und Mode" Musik hört; ihm ist „Opernhaus und Conzertsaal nichts als ein geräumiger Platz, wo hübsche Leute sich wohlgekleidet und unbeschwert versammeln . . .". Nach dem Hörer, der „bloß mit dem Verstande hört", und denen, die Musik lieben, „weil durch sie ihr Blut in eine leichtere Wallung versetzt . . ." wird, stellt J.F. Rochlitz die Hörer auf die höchste Stufe, „die beim sinnlichen Genuß auch den geistigen" wollen, „beim Hören auch das Empfinden; und bei beiden auch das Denken: denn auch das Denken schafft ihnen Genuß" (Rochlitz, 1824). Der Weg führt – bei Aktualisierung in materialen und situativen Aspekten – direkt zu Th.W. Adornos Idealtypen der Musikhörer. Auch Th.W. Adorno bildet vom musikalisch Gleichgültigen, dem Unterhaltungshörer, dem Jazz-Experten und Jazz-Fan, dem Ressentimentshörer, dem emotionalen Hörer, dem Bildungskonsumenten und schließlich dem guten Zuhörer eine auf den Experten zulaufende Rangfolge, die auch nicht frei ist von jeweiligen Charakter-Bewertungen, die zu Hörerverhalten in vermutete Beziehungen gebracht werden (Adorno, 1980). H. Besselers Typologie, letztlich mehr ein Ordnungsansatz für musikalisches Hören als für musikalische Hörer, beschreibt dagegen Hörtypen gemäß und in Konsequenz des historischen Wandels der Musik (Besseler, 1959).

Den spezifischen Hörertypologien ist über ihre ordnende Funktion hinaus auf Grund ihrer hierarchischen Struktur von Haus aus eine musikpädagogische Komponente implizit. Denn die höchste Stufe für Hörer sagt durch solche Wertung, daß sie Ziel für musikalisches Lernen sein solle. Es wird zumindest ein Leitbild erzeugt, das für Musikunterricht Zielfunktion übernimmt. Die von H. Riemann vertretene Typisierung von passivem Hören und aktivem Hören wurde bestimmend für die Verpflichtung zu musikalischem Hören im Sinne eines „scharfen Auffassen(s) der kleinsten Gebilde in ihren richtigen Beziehungen aufeinander“, das zugleich als dominierendes Ziel musikalischer Hörausbildung in musikpädagogischem Denken rezipiert wurde (Riemann, 1890). Diese pädagogisch inspirierte und wirksame typologische Setzung eines als richtig angenommenen musikalischen Hörens spricht ebenso aus Th.W. Adornos hörtypologischem Entwurf mit seiner Lenkung auf den Experten, definiert als der zu gänzlich adäquatem Hören Befähigte, der strukturell hört und versteht, was er wahrnimmt, weil „sein Horizont“ die „konkrete musikalische Logik“ ist. Auch wenn Th.W. Adorno jede Absicht, aus allen Musikhörern Experten machen zu wollen als „inhuman utopistisch“ bezeichnet und (darum) auch den guten Zuhörer legitimiert, ist es doch gerade diese Duldung eines solchen, „der technischen und strukturellen Implikationen nicht oder nicht voll“ Bewußt-Seins, die den Musikfreund auf das höhere Ziel eines Experten verpflichtet (Adorno, 1980). Auf solche Weise sind Hörertypologien zur Quelle für Ziele musikalischer Hörausbildung geworden und entstand eine auf historisch-formales Wissen und dessen höranalytische Anwendung gerichtete Zielvorstellung für schulischen Musikunterricht. Der inhaltliche und terminologische Niederschlag in musikpädagogischen Schriften, Richtlinien und Schulbüchern ist nachweisbar, auch die Problematik des methodischen Mißverständnisses, wenn man aus einer der Ordnung und Orientierung dienenden Typologie (inhaltliche) Ziele für Musikunterricht „abzuleiten“ versucht (Nauck-Börner, 1980). Es ist kein Zufall, daß insgesamt in der allgemeinen Pädagogik Typenbegriffe eine bedeutsame Rolle spielten. Der Gentleman ist ein kollektiver Personentypus, in dessen Wesenszügen das erzieherische Ziel – für eine bestimmende Personengruppe – liegt. Auch „der musische Mensch“ ist ein solcher Personentypus, der als sozial-erzieherisches Leihziel schon recht lange, wenn nicht dauerhaft, die gegenstandsspezifischen Lernziele des Musikunterrichts usurpiert. Man wird damit zu rechnen haben, daß gerade in so offenen Bereichen wie denen der Erziehung und des musikalischen Verhaltens immer wieder solche Personentypen Zieldominanz für Unterricht gewinnen, sei es der kreative Typ oder der singende Gitarrist.

Versuche der Zielableitung für Musikunterricht zeigen sich noch stärker in von Haus aus musikpädagogischen Typologien; solche Typologien tendieren von dem Versuch G. Schünemanns an nach Ordnung der Vielfalt musikalischen Verhaltens und deren Anwendung als Ersatztheorie eines Unterrichtskonzeptes. G. Schünemann versucht, „gleichsam typische Erscheinungen des musikalischen Menschen“ nach zehn nicht scharf abgegrenzten Typen zu charakterisieren, wobei teilweise entwicklungspsychologisches Denken einfließt. In bezug auf Musikhören unterscheidet er zwischen dem Typus des Liebhabers (der Musik hört und selbst spielt), dem Typus des Rezeptiven (der leidenschaftlich gern Musik hört, aber sie nicht praktiziert) und dem Typus des Passiven (der teilnahmslos ein Musikstück über sich ergehen läßt); die Aktiv-Passiv-Polarität H. Riemanns erscheint hier kombiniert mit der zeitspezifisch hohen Wertung eigenen Tuns. Die Möglichkeit einer unterrichtspraktischen Anwendung wird nicht als Problem gesehen, sondern vielmehr als selbstverständlich angesehen: „Man wird hierbei auf die typische Veranlagung . . . genau achten müssen, um möglichst leicht Verbindungen anknüpfen zu können“ (Schünemann, 1930).

M. Alt versucht sehr vorläufig Typen des Musikhörens aus Schüleräußerungen zu gewinnen; er spricht vorsichtig von der Verschiedenartigkeit der seelischen Einstellungen zu Musik, von der Möglichkeit typischer Auffassung. Die von ihm aufgestellten Typen des Musikhörens möchte er demgemäß im Sinne von Prävalenz einer bestimmten Einstellung verstanden wissen: Für den sensiblen Hörer ist die Auffassung von Musik als Klangreiz charakteristisch, für den ästhetischen Musikhörer eine auf das Musikwerk zielende Erkenntniskraft und für den beseelenden Musikhörer die Fähigkeit der Ausdrucksauffassung der Musik. M. Alts musikpädagogische Folgerungen aus der Beschreibung dreier typischer, aber im Menschen stets (unterschiedlich) kombinierter Haltungen zielen vor allem darauf, den Blick des Lehrenden für Einseitigkeiten zu schärfen und konzeptionell einen Lehrgang zu entwerfen; bei aller Vorsicht der Formulierungen scheint auch für M. Alt hörtypologisches Denken einen Begründungszusammenhang für Unterrichtsziele abzugeben, und zwar speziell für die Ziele seines eigenen Kunstwerk-Konzeptes (Alt, 1935 und 1977).

H. Rauhe hat für seine didaktische Arbeit zu Popularmusik und musikalischem Konsumverhalten auf der Basis seiner „Analyse spezifischer Rezeptionsweisen und ihrer sozialisations- und situationsbedingten tendenziellen Korrespondenz mit entsprechenden Strukturmerkmalen der gehörten Popularmusik“ ebenfalls, zunächst hypothetisch, Rezeptionskategorien entwickelt. Es sind: unbewußte, zerstreute Rezeption, sich auf der elementarsten Ebene subjektiver Wahrnehmung als unstrukturierte, unverarbeitete Perzeption klang-sinnlicher Komponenten bewegend; motorisch-reflektorische Rezeption, die sich im unwillkürlichen Reagieren auf bestimmte rhythmisch-motorische Phänomene der Musik äußert; assoziativ-emotionale Rezeption, korrespondierend mit besonders hörauffälligen Musikkomponenten; emphatische Rezeption im Sinne bewußter Hingabe an stimmungsvolle, verzaubernde Musik; strukturanalytische und struktursynthetische Rezeption und subjektionierte Rezeption. Dazu tritt die Möglichkeit der Integration (Kombination) der Rezeptionsweisen. Diese Typologie will nicht als strenge Hierarchie verstanden sein, sondern soll – wohl im Blick auf populare Musik – die Überbetonung kognitiven Hörens mindern. Insbesondere will diese Typologie Anstoß für eine Verknüpfung mit sozialisatorischen Lernvorgängen sein, Versuch eines der Konzepte möglicher Zusammenhänge von Rezeptionsweisen, popularem Musikmaterial und Sozialisation (Rauhe, 1975; vgl. Rauhe, 1970 und 1974 b).

Hörertypologien sind insgesamt häufig und mit inhaltlichem Nachdruck Quellen für die Zielfindung und -aufstellung im Lernbereich musikalischen Hörens; ihre vor allem in hierarchischen Typologien gegebenen Bewertungen bieten den Transfer eines hochstufigen Typus' in ein Lernziel an. Über ihre Bedeutung als orientierende Ordnung dieses so hochkomplexen wie wissenschaftlich offenen Bereiches hinaus dienen Hörertypologien damit – und zwar mit dem Schein von Theorie – als musikdidaktische Zielquelle. Doch abgesehen davon, daß Typologien nicht Theorie, sondern wenig präzisierte Ordnungsansätze darstellen, ist auch ein daraus entnommenes Ziel unverändert nur Postulat, aber nicht logische Ableitung. Die Lücke an Methode zur Zielfindung (auch) für musikalisches Hören kann auf solche Weise nicht geschlossen werden. Eine zusätzliche Schwäche dieser aus Hörertypologien übernommenen Ziele liegt darin, daß sie auf eine feste, endgültige Leistung in Richtung auf Lernutopien abstellen, ohne jede Angabe über die Etappen des Zielweges, des Lernvorganges selbst und der Lernbedingungen. Schließlich zeigen gerade die Hörertypologien von Musikpädagogen eine besondere Anfälligkeit für große Unterschiedlichkeit in Systematik und Typus-Definition, je nach angeschlossenen Unterrichtskonzepten; darin äußert sich das hier noch mögliche hohe Maß an Subjektivität und situativer Modifikation. Ch. Nauck-Börner hat mit ihrer Dissertation nicht nur traditionelle Schwächen der Typenkonstruktion aufgezeigt und im Anschluß an Vertreter der Neuen Logik

Brücken zur Begriffsbildung geschlagen; sie zeigt auch die Mißverständnisse musikpädagogischer Typologie-Rezeption (bei der Verwendung als Zielquelle wie als Unterrichtsgegenstand) auf (Nauck-Börner, 1980). So nützlich es wäre, einen Denkzusammenhang zwischen musikalischem Hörverhalten und Zielen des Hören-Lernens zu finden, so erweisen sich Hörertypologien doch als dafür ungeeignet. Wahrscheinlich haben sie sogar durch Anspruch und methodische Verlockung die Lernziel-Aufstellung für eine musikalische Hörausbildung und den Blick auf die im Musikunterricht realistischen und effektiven Lernmöglichkeiten behindert. Das Mißverständnis von Hörertypologien als deskriptives Wissen über die Realität des Musikhörens zeigt das Defizit an gesicherter Zielvorstellung für Musikhören auf. Doch dies ist nur über empirische Forschung und Theoriebildung langsam abzubauen.

5.3 Untersuchungen zur Erfassung musikalischer Ausdruckscharaktere

Die Frage nach den höranalytischen Fähigkeiten des Kindes für komplexe Musik, eine zentrale, musikpädagogische Fragestellung, die durch die Wirksamkeit der musikalischen Massenmedien ständig ihre Dimensionen erweitert, ist – und dies bleibt aus methodischen Gründen durchaus verständlich – bisher nur wenig aufgegriffen worden. Das traditionelle Interesse lag hier vor allem auf der entwicklungspsychologisch als vordergründig angesehenen Frage nach den altersspezifischen Bedingungen des Wechsels von einer mehr synthetischen Musikauffassung (Walker, 1927) zu analytischen Fähigkeiten. Doch es gibt auch einen – in Zusammenhang mit der Assoziationsforschung stehenden – Ansatz zur Erforschung der Fragen um die Fähigkeiten des Kindes, den Ausdruckscharakter von Musik zu hören.

Die Frage, ob Kinder bereits in der Lage sind, „den" Ausdruckscharakter eines Musikwerkes zu erfassen, hat man in traditionellen Versuchen vor allem durch die Aufforderung an Kinder, zum Hören von Musik zu malen, zu klären versucht. In der jüngsten musikpädagogischen Forschung geht man methodisch einen anderen Weg: Man fordert die Versuchskinder auf, vorgegebenes Bildmaterial angebotenen Hörbeispielen zuzuordnen. Ein Zusammenhang zwischen Malen/Bild und Musik wird bei jungen Kindern allgemein angenommen, wenn auch offen bleibt, in welchem Maße er durch entsprechende Anregungen von Erziehern zustande kommt. Schon S. Belaiew-Exemplarsky beobachtet bei ihren 6½–7½jährigen Versuchskindern den Wunsch, zu Musik zu malen. Sie stellt keine inhaltlichen Zusammenhänge zwischen gehörter Musik und gleichzeitig entstandenen Bildern der Kinder fest. Sie spricht von dem zu langen Umweg für ein Kind dieses Alters, wenn es seinem musikalischen Empfinden mit einer Zeichnung Ausdruck geben soll, und von der Ablenkung des Kindes durch das Zeichnen, das als eigener Prozeß neue selbständige Ziele und Interessen zutage bringt und die vielleicht vorhandene Absicht, die Musik zu malen, verdrängt (Belaiew-Exemplarsky, 1926).

Bei den Beobachtungen zum Malen des Kindes bei gleichzeitigem Hören von Musik tritt die musikpädagogische Fragestellung in die Problembereiche der Assoziationsforschung ein. G. Schünemann versucht, Assoziationen der Kinder während des Musikhörens durch die bildlichen Darstellungen ihrer musikalischen Eindrücke zu fassen und weist vom vierten Lebensjahr an eine entsprechende Fähigkeit, die das

Erfassen musikalischer Ausdrucksinhalte impliziert, nach (Schünemann, 1930). M. Zimmerman beschreibt die Kindheit als „the great period of synaestesia" (Zimmerman, 1971). K.E. Behne stellt ein Absinken der Assoziationsfreudigkeit des Kindes mit zunehmendem Alter fest (Behne, 1974). Ein sehr wichtiger, doch noch wenig aufgegriffener Ansatz musikalischer Assoziationsforschung ist der Zusammenhang assoziierter außermusikalischer Inhalte mit spezifischen Medienerfahrungen an Hörmusik: Bruckners Sinfonik wird zu Musik, die sich anhört „wie wenn 'ne Frau ermordet wird wie im Fernsehen" (Herrmann, 1968).

Der neue methodische Weg, die Bild-Methode, ist bereits mehrfach gegangen worden. Hier werden die Versuchskinder aufgefordert, verschiedenen Musikbeispielen unterschiedliche Bilder zuzuordnen. Im wesentlichen wird damit die spezielle Fähigkeit geprüft, „den Ausdruckscharakter" eines Musikstückes erfassen zu können. E. Walker, der wohl als erster mit dieser Methode arbeitet, spielt insgesamt 123 Versuchspersonen aus acht Schuljahren sechs Melodien vor, die über Marsch, Kinderlied, Signal und Folklore zu der Melodie eines Schubert-Menuettes reichen. Nach Darbietung der Melodien und einem Gespräch über Melodien und Bilder werden die Versuchspersonen aufgefordert, zu jeder Melodie ein bestimmtes Bild auszuwählen. Das Verhältnis richtiger zu falschen Zuordnungen in den einzelnen Schulklassen für alle Melodien (wobei im einzelnen recht erhebliche Unterschiede vorliegen) ergibt das folgende Bild:

Klasse	I. 22 : 66	II. 32 : 54	III. 74 : 132	IV. 47 : 72
	V. 27 : 54	VI. 85 : 120	VII. 56 : 72	VIII. 85 : 108

Es zeigt sich also insgesamt ein Anstieg der Leistungen, der jedoch nicht kontinuierlich ist (Klasse V.) Die höchste Zahl richtiger Zuordnungen ergeben Wiegenlied (mit Bild: Mutter an der Wiege) und Marsch (marschierende Soldaten); am schwersten fällt den Versuchspersonen die Zuordnung eines Tanzbildes zu einem Kindertanzlied (Walker, 1927).

P. Brömse und E. Kötter haben das Verfahren der Bild-Zuordnung in sorgfältig modifizierter Form bei Untersuchungen an 10jährigen Kindern angewendet. Sie prüfen die Fähigkeit der Kinder, zwanzig Musikbeispielen Märchenfiguren zuordnen zu können. Kasper, König, Wolf, Prinzessin und Zwerge, als der kindlichen Vorstellungswelt eigene Stereotype, fungieren demgemäß als Zuordnungsobjekte. Die Musikbeispiele gehören verschiedenen Stilrichtungen an und entstammen dem 18.–20. Jahrhundert. Als Ergebnis ist ein hoher Übereinstimmungsgrad der Koordinierungen bei insgesamt 109 Versuchspersonen feststellbar. Dies zeigt nicht nur, daß Kinder verhältnismäßig einheitlich etwas von dem Ausdruckscharakter der Musikbeispiele erfassen; man darf darüber hinaus festhalten, daß 10jährige Kinder offensichtlich bereits ein ausgeprägtes Differenzierungsvermögen für komplexe Musik haben, und daß sie zumindest im Bereich der fünf durch die Märchen-Typen vorgegebenen Ausdrucksqualitäten zu unterscheiden und zuzuordnen vermögen (Brömse und Kötter, 1970). Eine weitere Modifizierung dieses Ansatzes stellt ein von K.E. Behne referierter Bielefelder Versuch dar. K.E. Behne überträgt das Verfahren auf eine jüngere Altersgruppe (neunzehn 5-jährige und dreiunddreißig 6jährige Kinder). Von besonderem Interesse ist, daß K.E. Behne nicht nur mit gegenständlichen Bilddarstellungen, sondern darüber hinaus mit Bildern arbeitet, die die musikalische Ausdrucksqualität seiner Beispiele in einer entsprechenden abstrakten Darstellung zeigen. In einem Vorversuch mit Erwachsenen erwies sich, daß nicht alle Bilder, vor allem nicht die aus der Gruppe der abstrakten

Darstellungen, zwingend einem Musikstück zuzuordnen waren, doch in den meisten Fällen eine gute Übereinstimmung bestand. Das Ergebnis des Versuchs mit Kindern zeigt, daß in allen beteiligten Altersgruppen die Zuordnung gegenständlicher Bilder bevorzugt und eindeutiger durchgeführt wird. Vor allem aber wird deutlich, daß 5jährige Kinder in Einzelfällen durchaus in der Lage sind, den Ausdruckscharakter bzw. einen erzählenden Inhalt in der Musik zu erkennen und dies durch die sinnvolle Wahl eines geeigneten Bildes zu belegen. K.E. Behne macht aus gutem Grund auf zwei Aspekte dieser Versuchsanordnung aufmerksam: daß eine richtige Zuordnung auch abhängig ist davon, daß angesprochene Kategorien in bildlichen Darstellungen erkannt werden können, und daß eine allgemeine Intelligenzkomponente notwendig ist, um den Vergleich der Dekodierungen der visuellen und der akustischen Ereignisse leisten zu können (Behne, 1974). K. Hartje hat versucht, die Fähigkeit der Unterscheidung musikalischer Ausdrucksqualitäten durch die Zuordnung von schematischen Darstellungen von Gesichtern mit unterschiedlichem Ausdruck zu (entsprechenden) Musikstücken zu prüfen. Er arbeitet mit zweiundsechzig 3–8jährigen Kindern. Der Versuchsbeschreibung ist kein Hinweis zu entnehmen, ob die Eindeutigkeit der schematischen Gesichtsdarstellungen in Vorversuchen gesichert wurde. 3–4jährige Kinder wählen offensichtlich das ihnen gefallende Gesicht aus, dem dann alle Musikstücke zugeordnet werden; erst mit viereinhalb Jahren beginnen Kinder erste Differenzierungen der Zuordnung. Von größerem Interesse als die methodisch nicht voll gesicherten Versuchsergebnisse sind Beobachtungen K. Hartjes über die Beeinflussung der kindlichen Entscheidungen durch andere Kinder, d.h. zur Entstehung ästhetischer Urteile (Hartje, 1973).

Der Untersuchung der Fähigkeiten zur Unterscheidung musikalischer Ausdruckscharaktere gebührt eine besondere musikpädagogische Aufmerksamkeit. Die auf „Verstehen von Musik“ gerichteten Forschungen fragten bisher vor allem nach der formalstrukturbezogenen Bedeutungsebene der Musik. H. Rösing entwickelte einen Ansatz, die „außermusikalischen Informationsebenen“ der musikalischen Ausdrucksmodelle für praktische Musikpädagogik zu erschließen. Er führt formale und inhaltliche Gestaltungen musikalischer Ausdrucksmodelle auf einige Grundtypen menschlicher Verhaltensweisen zurück, zu denen jeder Musikhörende leicht Zugang finden kann, „da er die ihnen zugrunde liegenden Verhaltensweisen und deren Äußerungsformen kennt“ und darum die „Sonderwelt Musik“ in seinen „gesellschaftlichen und individuellen Erfahrungs- und Erkenntnisbereich“ problemloser über solche musikalischen Ausdrucksmodelle als über die so im Vordergrund stehenden formalästhetischen Kategorien einbeziehen kann (Rösing, 1981).

5.4 Untersuchungen höranalytischer Fähigkeiten an komplexer Musik

Gegenüber den zahlreichen Prüfungen hörsensorieller Unterscheidungsfähigkeiten am musikalischen Parameter blieb die Untersuchung der höranalytischen Fähigkeiten an komplexer Musik auffällig schmal. Doch für den Musikpädagogen ist es notwendig, daß er mehr über die Eigenart der Hörfähigkeiten gerade für komplexe Musik weiß; denn diese ist sein Lehrstoff im Musikunterricht. Hinsichtlich der methodischen Problematik darf man sich keinen Illusionen hingeben. Musikalisches Hören in seinem engeren Sinne, d.h. eben in bezug auf Musikwerke, ist ein komplizierter, in seinen Merkmalen wenig bekannter und angesichts der vielfältig beteiligten psychischen, sozialen und situativen Dimensionen ein kaum systematisch separierbarer Vorgang. Und ebenso ist komplexe Musik in ihren Merkmalen als Hörereignis nicht systematisch faßbar. Dazu treten noch die besonderen methodischen Probleme, Daten von Kindern zu gewinnen: Diese sind in ihren sprachlichen und graphischen Aussagemöglichkeiten beschränkt; ihre bewegungsmäßigen Äußerungen unterliegen Gesetzlichkeiten eigener Art und spiegeln zudem die tatsächlichen Hörfähigkeiten nicht voll zurück. Doch die Bedeutung der Fähigkeiten des Musik-Hörens für den Lernvorgang Musikrezeption verlangt nach Wegen, zu mehr Wissen über diesen Bereich zu gelangen; sie muß auf einen langsamen Fortschritt der Methoden setzen und die bisherigen, verstreuten Forschungen einander anzunähern versuchen.

Im Zusammenhang wahrnehmungs- und ganzheitspsychologischer Forschungen galt auch die musikpädagogische Fragestellung der zwanziger Jahre zunächst den „spezifischen Ganzeigenschaften" der „Wahrnehmungsgebilde" (Ehrenfels, 1890). Charakteristisch ist der Versuch E. Walkers zur Frage der komplexen Auffassung im musikalischen Bereich. Er prüft, wiederum nur an Kinderliedern und Volksliedern, die Unterscheidungsfähigkeit von Kindern an ähnlichen Melodien. Synthetische Auffassung des Kindes wird für ihn dadurch belegt, daß ein Kind Ähnlichkeiten nicht erkennt (weil es das ganze Lied, nicht Teile auffaßt). Analytische Fähigkeiten kommen (für E. Walker) darin zum Ausdruck, daß ein Kind die nur in Liedteilen vorhandene Ähnlichkeit als Ähnlichkeit konstatieren kann. In seinem mit 212 Kindern des ersten bis achten Schuljahres durchgeführten Versuch zeigt E. Walker als (methodisch recht anfechtbares) Ergebnis auf, daß Kinder der ersten beiden Schuljahre noch völlig von einer synthetischen musikalischen Auffassung bestimmt seien, während im fünften und sechsten Schuljahr deutlich eine eher analytische Auffassung zutage trete, die sich im siebten und achten Schuljahr nochmals steigere (Walker, 1927). Von solchen verdienstvollen Frühstudien rühren musikdidaktische Auffassungen her, die sich auf ein geringes höranalytisches Vermögen von Kindern noch im Grundschulalter gründen, teilweise auch Bezüge zu ganzheitlichen Bedingungen des Leseunterrichts herstellen (vgl. Pape, 1959 a).

Vor diesem Hintergrund hat die musikpädagogische Forschung vor allem Versuche entwickelt, die auf Feststellungen zielen, welche Einzelheiten für das Kind in komplexen musikalischen Zusammenhängen wahrnehmbar sind. S. Belaiew-Exemplarsky spielt ihren 6½–7½jährigen Versuchskindern das gleiche musikalische Thema zuerst in einem schlichten Satz, dann in variierenden Begleitungen vor. Ein hoher Prozentsatz der wenigen Versuchspersonen kann die Identität des Themas oder zumindest die partielle Ähnlichkeit der Stücke erfassen. Besonders hervorzuheben ist, daß ein Drittel der Kinder sich als fähig erweist, das Thema als solches aus dem musikalischen Ganzen auszusondern und mit einer früher gehörten Melodie zu identifizieren. Die gleiche Leistungsfähigkeit zeigen Kinder dieser Altersstufe bei dem Versuch, einige Takte aus zwei Märschen (F. Chopin, R. Wagner), die jeweils zweimal, aber im Wechsel vorgetragen werden, zu unterscheiden und wiederzuerkennen. Im Rahmen der gleichen Versuchsserie werden die Kinder angeregt, „ihr Verhältnis einem musikalischen Werke gegenüber in irgendeiner Weise zu äußern", es wird versucht, sie zum Sprechen, zur Beschreibung ihres Erlebnisses, zur Mitteilung zu bewegen. Da direkte Fragen wenig Erfolg zu versprechen scheinen, wird den Kindern Musik als ein musikalisches Rätsel vorgeführt, verbunden mit der Aufforderung: Ratet, was es ist! Dazu werden die

Kinder aufgefordert zu sagen, was sie gerne tun würden: zeichnen, bauen, tanzen usw. S. Belaiew-Exemplarsky ist sich aller methodischen Probleme des Kollektiv-Versuches, eines Kindergärtnerinnen-Protokolls, der Gefahren, Antworten ohne jeden Zusammenhang mit der gehörten Musik zu bekommen, natürlich bewußt. Als Beobachtungen während der drei (fortschreitend korrigierten) Versuchsserien hält sie fest: Die Kinder können das gegebene Stück mit einem von früher her bekannten Musikstück identifizieren oder eine Ähnlichkeit mit einem früher gehörten Stück finden, sie können eine charakteristische Eigenart des Stückes, z.B. in bezug auf Tempo, ansprechen, sie können einen Ausdruckscharakter der Musik aufnehmen und eine „ästhetische Bewertung" geben. Tempo, „Melodieähnlichkeit" und Rhythmus sind die Eigenarten der Musikstücke, die am meisten Aufmerksamkeit erregen und das Urteil beeinflussen. S. Belaiew-Exemplarsky stellt fest, daß die 6½–7½jährigen Kinder bereits eine klare Auffassung von dem motorischen Charakter eines Tanzstückes haben (Belaiew-Exemplarsky, 1926).

R. Wagner versucht festzustellen, ob junge Kinder bereits in der Lage sind, den melodischen Bewegungsablauf einer ihnen bekannten Liedmelodie in einer graphischen Notation zu erkennen. Er zielt auf Auskünfte über den Zeitpunkt, zu dem diese Fähigkeit bei Kindern auftritt; denn sie bedingt den Zeitpunkt, zu dem die Arbeit mit graphischer Notation oder auch Notenschrift bei Kindern einsetzen kann. R. Wagner prüft 150 Kinder in drei gleich großen Altersgruppen von drei, vier und fünf Jahren (Jungen und Mädchen). Die Kinder haben zwölf Kinderlied-Melodien (in Vorversuchen in eine Progression nach Schwierigkeitsgrad gebracht) an zehn Versuchstagen in einer Vornotenschrift mit angedeuteten Tonhöhen und Tondauern wiederzuerkennen. Wenn eine Melodie bei zwei Wiederholungen und am darauffolgenden Versuchstag wiedererkannt wird, scheidet sie aus und wird durch die nächstfolgende ersetzt. Bei den 3jährigen Kindern liegt die Bestleistung bei fünf wiedererkannten Melodien, bei den 4jährigen bei neun, erst 5jährige Kinder erreichen die Bestleistung von zwölf Liedern. Von Interesse ist auch die Zahl der Lieder, die jeweils von der größten Zahl der Kinder einer Altersgruppe erreicht wird. Es sind zwei Lieder bei den 3jährigen Kindern (22%), vier Lieder bei den 4jährigen (30%) und acht Lieder bei den 5jährigen Kindern (28%; Wagner, 1968).

K. Hartje hat in seinen Versuchen mit Kindergartenkindern von fünf bis sieben Jahren auch ihre Hörfähigkeiten für komplexe Musik unter formalem Aspekt beobachtet. Die Kinder sind (bei altersstufengerechter Anleitung) in der Lage, Zweiteiligkeit zu erkennen (an dem „Air d'Echo" der „Suite pour les Pâtres" von J.B. Lully), ebenso die Kombination der Wiederholung mit einem Lagenwechsel (in einem „Rumänischen Tanz" für Violine und Klavier von B. Bartók) und schließlich auch eine A-B-A-Form aus den „Carmina Burana" von C. Orff (Hartje, 1973). A. Zenatti hat im Bereich der Fähigkeiten im Hören komplexer Musik speziell die Fähigkeit zur Unterscheidung polyphoner Linien in einer Fuge geprüft. Sie stellt für die Altersstufen von sechs bis sechzehn eine ständige Entwicklung der geprüften Fähigkeit fest, eine deutliche Verbesserung mit zunehmendem Alter (Zenatti, 1969).

Bezüglich der Fähigkeit, rhythmische Ereignisse in komplexer Musik wahrzunehmen, haben Forschungsinterpretationen zu einem Theorem geführt, demgemäß die Wahrnehmung von rhythmischen Ereignissen von Kindern am frühesten zu beobachten sei. Zunehmend wird aufmerksam gemacht, daß diese Auffassung auf der Verwechslung von rhythmischen Fähigkeiten mit motorischen Reaktionen beruhen könne. Der Rhythmus hat einerseits im Rahmen der gesamten musikalischen Fähigkeiten eine Außenseiter-Stellung, weil er sowohl als Nur-Rhythmus (d.h. ohne Musik) wie auch in musikalischem Zusammenhang erscheint. Andererseits haben Forschungsinteresse und didaktische Neigung für die Einbeziehung körperlicher Bewegung in den Musikunterricht des Kindes das Problem deutlich gemacht, daß durch Absorption der Höraufmerksamkeit durch Rhythmus, und dies ist notwendig, um synchrone Bewegungen entwickeln zu können, die Gefahr entsteht, daß die Musik nicht als komplexes Hörereignis wahrgenommen wird (Hartje, 1973). Es wird nicht ohne weiteres möglich sein, den traditionellen pädagogischen Ganzheitsbegriff oder auch den modernen psychologischen (J. Piaget) auf Musikwerke zu übertragen, die eben nicht eine „ganzheitliche", gleichbleibende Einheit sind, sondern vielfältig wechselnde, einzelne und verquickte Reize aufweisen. Wahrscheinlich kann die Festlegung auf die Wahrnehmung eines Parameters im Unterricht Höraufmerksamkeit drosseln und der Ausgang von einem dominanten Höranreiz andererseits zu Höraufmerksamkeit motivieren. Hier liegt ein besonders weites Feld offener Fragen vor uns.

Ein Frankfurter Versuch zur Höranalyse außermusikalischer Inhalte prüft die höranalytischen Fähigkeiten 5–7jähriger Kinder für außermusikalische Inhalte. Die bei diesem Versuch eingesetzten Bildkarten stellen optische Parallelen zu den programmatischen Beschreibungen mit musikalischen Mitteln dar. Um den Grad der analytischen Fähigkeiten für außermusikalische Fähigkeiten deutlicher feststellen zu können, werden die durchweg zur Programm-Musik zählenden Stücke in Vorversuchen – allerdings mit Erwachsenen – in eine Rangliste nach dem Grad ihrer Stilisierung gebracht. Bei Stücken, die fast ohne jede Stilisierung bleiben (wie G. Rossinis „Katzenduett"), können fast alle Kinder beider Altersstufen offensichtlich ohne Schwierigkeit diese außermusikalischen Inhalte erkennen und ihre Bildkarten entsprechend zuordnen. Bei geringer Stilisierung (wie N. Rimsky-Korssakows „Hummelflug") bleiben nur 43% der Kinder fehlerfrei, bei den Stücken mit stärkerem Stilisierungsgrad steigt die Zahl der richtigen Zuordnungen wieder auf 76%. Der Versuch erbringt bei dem Vergleich der Ergebnisse für jedes einzelne Stück eine zusätzliche Erfahrung über das unterschiedliche Hören von Kindern und Erwachsenen. Während im Experten-Rating der Erwachsenen C. Saint-Saëns „Hühnerhof" leicht als Hühnergegacker erkannt wird und demgemäß unter dem mittleren Stilisierungsgrad eingeordnet wird, können die Kinder zu 80% keinen Bezug zu einem Hühnerhof erkennen. Umgekehrt ist bei den Erwachsenen G. Bizets „Marsch" aus den „Jeux d'enfants" bei einem wesentlich höheren Stilisierungsgrad einzuordnen, während die Kinder zu 56% die entsprechende Bildkarte richtig zuzuordnen vermögen. Dies erklärt die Diskrepanz zwischen den Ergebnissen für die Musikstücke mit mittlerem und mit stärkerem Stilisierungsgrad bei den Kindern. Doch erbringen für beide Gruppen zusammen 58,5% der Kinder richtige Zuordnungen; zählt man die Gruppe der leichten, naturalistischen Aufgaben dazu, so erhöht sich die Zahl der richtigen Zuordnungen auf 72,25%.

Ein weiterer, schon genannter Frankfurter Versuch zur Prüfung der (angenommenen) Steigerung höranalytischer Fähigkeiten durch eine Lernsequenz wurde in der Absicht konzipiert, einen Ansatz zur Feststellung der Effektivität von Hörunterricht zu erproben. Die methodischen Probleme dieses Versuchs sind besonders groß. Denn eine Lernsequenz zum Hören-Lernen an komplexer Musik läßt sich schwerlich auf isolierbare Trainingselemente bringen; es steht auch nur je eine Wochenstunde Musik über den Zeitraum von vier Wochen zur Durchführung einer Lernsequenz zur Verfügung. Die höranalytische Fähigkeit, die geprüft und nach der Lernsequenz neu untersucht werden soll, wird für den Versuch eingegrenzt auf die Fähigkeit zum gehörsmäßigen Identifizieren von drei unterschiedlichen thematischen Klangereignissen: Signal-Thematik, Crescendo-Decrescendo-Thematik und Cantabile-Thematik. Diese Klangereignisse sind mehrfach und in unregelmäßiger Folge in eine improvisierte Klaviermusik von fünf Minuten Dauer eingestreut. Die Kinder geben durch Bildkarten mit der symbolischen Darstellung der drei unterschiedlichen thematischen Gebilde bekannt, ob sie in der komplexen Klavierimprovisation die jeweiligen Themen erkennen. Nach einer vierwöchigen Lernsequenz mit Aufgaben zum Musikhören wird der Versuch wiederholt, und zwar für die unterrichtete Experimentalgruppe wie auch für die nichtunterrichtete Vergleichsgruppe. Trotz der genannten methodischen Probleme, vor allem auch trotz einer unerwartet hohen Leistungsfähigkeit der Gruppen schon beim ersten Durchgang, zeigt sich doch zumindest im Trend die Versuchsgruppe bei der Wiederholungsprüfung nach vier Wochen als erfolgreicher gegenüber der Vergleichsgruppe, bei einzelnen thematischen Aufgaben sogar in signifikanter Weise. Auch die weiteren Frankfurter Hörversuche mit 5–7jährigen Kindern brachten neben der Lernmöglichkeit an komplexer Musik unerwartet hohe musikrezeptive Leistungsfähigkeiten für komplexe Musik zutage. Diese Leistungshöhe der jungen Kinder auf musikrezeptivem Gebiet erweist sich nicht nur an höranalytischen Fähigkeiten, sondern auch im Erfassen des musikalischen Ausdrucks (Abel-Struth und Groeben, 1979).

Methodische Details im Zusammenhang der Rezeption komplexer Musik werden bei B. Dopheide beschrieben. Er stellt bei einem Unterrichtsversuch mit ungewöhnlichen Schallkombinationen und Aufgaben zu analytisch-polyphonem Hören in bezug auf Gestaltungselemente Neuer Musik fest, daß der Lernvorgang effektiver verläuft, wenn der gleiche Gegenstand zuvor mit eigenen Gestaltungsversuchen eingeführt wird, wenn vor dem Hören ein eigener Gestaltungsversuch der Schüler am gleichen musikalischen Phänomen steht (Dopheide, 1976). In die gleiche Richtung tendieren die Beobachtungen von H.G. Bastian an Unterrichtsversuchen mit Neuer Musik; die 11jährigen Versuchspersonen beurteilen Unterricht dann mehrheitlich positiv, wenn Schüleraktivitäten in Experiment und Improvisation breiter Raum gelassen wird (Bastian, 1980). Andererseits zeigen die Ergebnisse von R. Herberger, der die Effektivität unterschiedlicher Methoden im Hörunterricht (an einem Violinkonzert von S. Matthus) zum speziellen Forschungsgegenstand erhebt, daß 17jährige Schüler einen problemorientierten methodischen Ansatz des Hörunterrichts am positivsten beurteilen (Herberger, 1980). Die Fülle der offenen Fragen ist immens.

5.5 Untersuchungen zur Veränderung des musikalischen Urteils

Dem musikalischen Urteil des Schülers, den Bedingungen der Entstehung und vor allem den Möglichkeiten seiner Veränderung, gilt mit guten Grund ein besonderes Interesse der Musikpädagogik. Das Ziel musikalischer Urteilsfähigkeit, in Hörertypologien angebunden an den Typus des Musikkenners bzw. des Experten, läßt sich bis zum „Elementarwerk" J.B. Basedows zurückverfolgen, der das Erlernen der Fähigkeit zu musikalischem Urteil als Ziel des Musikunterrichts angibt (Basedow, 1785). Im 20. Jahrhundert hat H. Kretzschmar die didaktische Funktion der Musikgeschichte damit begründet, daß sie „durch positives Wissen, durch die Bekanntschaft mit bereits erprobten Ideen und mit historischen Tatsachen" das sichere Urteil als „Krone aller Kunstbildung" ermögliche (Kretzschmar, 1903 a und 1973 b). Unter sozialpsychologischem Aspekt ist für das musikalische Urteil bedeutsam, daß negative Beurteilung einer Musik Sperren bildet wie ebenso positive Beurteilung zu Wünschen führt, die Zwang auch auf den Musikunterricht ausüben. Mit Sicherheit ist davon auszugehen, daß das Urteil des Schülers (wie auch wohl vielfach noch des Erwachsenen) in Sachen Musik nur anscheinend ein musikalisches Urteil ist; es ist offensichtlich in hohem Maße von weitgreifenden psychisch-sozialen Faktoren abhängig, die als solche dem Einzelnen jedoch kaum bewußt sind. Dies gilt, wie insbesondere an Bildbeurteilungen nachgewiesen wurde (Kaufmann, 1970), für die ganze Breite ästhetischer Urteile. Bei der musikpädagogischen Beobachtung des musikalischen Urteils hat man den Lernbereich der offenkundigen, aber so schwer konkretisierbaren Auswirkungen musikalischer Einstellungen und ihrer sozialen Bedingungen mitzubedenken.

Man wird wohl auf Grund der vorliegenden Untersuchungen davon ausgehen dürfen, daß die in der allgemeinen Verhaltensforschung festgestellte frühe Prägung von urteilsbedingenden Einstellungen auch in bezug auf die Entstehung musikalischer Urteile bei Kindern gilt. K. Hartjes Versuche enthalten Beobachtungen über Einflüsse von Peerleadern auf das musikalische Urteil bereits bei Kindern. Er bringt Kinder in ein Gespräch über ihre Zuordnungen von Musikstücken zu mimischen Typen. Die Erwartung, daß mit zunehmendem Alter die Konstanz der Urteile zunehmen werde, erweist sich nur als teilweise richtig. Der Einfluß der Peerleader nimmt vielmehr in dem Maße zu, wie die Entscheidungen der Gruppenmitglieder bewußt getroffen werden; wo mit Argumenten diskutiert werden kann, ist man eher zur Änderung des ursprünglichen Urteils bereit. Besondere Beachtung gebührt der Beobachtung K. Hartjes, daß schon Kinder von viereinhalb Jahren feste Einstellungen erworben haben, besonders das Vorurteil gegen klassische Musik; sie wird schon von Kindern dieser Altersstufe als Oma-Musik oder Trauermusik bezeichnet bzw. abgelehnt (Hartje, 1973).

R.F. Schuckert und R.L. McDonald prüfen in einem Versuch mit allerdings nur zwanzig Kindern zwischen vier und sechs Jahren, ob positive Beurteilung von Vertrautheit mit der bevorzugten Musik abhängt. Den Kindern werden zwei verschiedene Stücke vorgespielt, aus denen sie das bevorzugte Stück auswählen. In weiteren Sitzungen, in denen die Kinder spielen, gibt es als musikalischen Hintergrund das jeweils nicht-bevorzugte Stück. Bei der Wiederholung des Versuchs in der sechsten Sitzung zeigt sich eine Tendenz, die Präferenzen zu ändern, d.h. nun das vormals nicht-bevorzugte Stück zu präferieren. Doch sind Zahl der Versuchspersonen und Beschränkung auf zwei Stücke gewiß noch nicht ausreichend, um aussagen zu können, daß sich tatsächlich durch Vertrautheit mit einem Stück auch die Wertschätzung für dieses Stück positiv verändert (Schuckert und McDonald, 1968). Im Anschluß an die Versuche von R.F. Schuckert und McDonald (1968) experimentiert K. Hartje auch mit Möglichkeiten der Veränderung des musikalischen Urteils. Zwei Gruppen von Kindern (viereinhalb bis sieben Jahre) werden Popmusik und die „Sinfonia" aus dem Bachschen „Weihnachtsoratorium" vorgespielt: Sie bevorzugen erwartungsgemäß das Popmusikbeispiel. Nachdem an drei folgenden Tagen J.S. Bachs Stück während des Spiels mehrfach dargeboten wurde, in Gruppe A die Musik als Oma-Musik, in Gruppe B dagegen als Lieblingsstück des Lehrers bezeichnet, verändert sich die Häufigkeitsverteilung für negative und positive Einschätzung des Bachwerkes, doch nicht etwa in der erwarteten Weise: Die positiven Aussagen lösen Ablehnung (als Zeichen der Resignation vor dem hohen Anspruch?) aus, die negativen Aussagen verhindern, daß eine Distanz zu dem nun vertrauteren Stück entsteht und die Einstellung der Kinder sich auf das Stück zubewegt (Hartje, 1973).

Das besondere Interesse gilt der Frage, ob musikalische Urteile durch musikalische Unterrichtung verändert werden können. Die Forschungsergebnisse auf diesem Gebiet zeigen keine Übereinstimmung und offenbaren damit vor allem, wie schwierig es methodisch ist, musikalischen Unterricht mit seinen vielen, schwer isolierbaren Variablen in ein Experiment einzubeziehen. H. de la Motte und S. Jehne beobachten eine zunehmende Stabilisierung von musikalischen Werturteilen unter dem Einfluß von Musikunterricht, und zwar bis zum Ende der Grundschulzeit (de la Motte und Jehne, 1976). Welche Bedeutung dem Alter der Schüler zukommt, daß vermutlich die Möglichkeit, durch Musikunterricht frühe Ausprägung musikalischer Vorurteile zu verändern, mit zunehmendem Alter des Schülers geringer wird, können die Beobachtungen von H. Schaffrath belegen, der bei 15jährigen Gymnasiasten eine so weitgehende Verfestigung musikalischer Stereotype feststellt, daß Information im Unterricht nur noch wenig bewirken kann; hier entsteht die Auffassung, daß die Möglichkeiten einer Änderung des musikalischen Urteils stärker vom Ausgangsurteil bedingt werden als von späterer Information (Schaffrath, 1978). Auch U. Spahlinger-Ditzig kommt zu Ergebnissen, die verbaler Information und wiederholter Darbietung wenig Chancen zur Wendung eines negativen Urteils lassen; die negative Beurteilung kann auf solche Weise sogar verstärkt werden. Insgesamt zeigen ihre Versuche eine Tendenz zur Urteilsverfestigung auf; doch ist im Blick zu behalten, daß sie den Lernvorgang in der Gruppe prüft und zudem „Information“ und „Wiederholung“ nicht identisch mit Musikunterricht sind (Spahlinger-Ditzig, 1978).

Die beiden jüngsten grundlegenden Arbeiten über Neue Musik im Urteil der Schüler von H.Ch. Schmidt und H.G. Bastian kommen zu Ergebnissen, die die Bedeutung von Musikunterricht für musikalische Werturteile belegen. H.Ch. Schmidts sorgfältiges Prüfungsverfahren mit 150 jugendlichen Probanden erbringt, daß Schüler mit überdurchschnittlichem Vorwissen über Neue Musik positiver urteilen als Schüler mit unterdurchschnittlichem Vorwissen. H.Ch. Schmidt kann auch den Nachweis führen, daß die Einschätzung Neuer Musik umso positiver ist, je mehr Informationen die Schüler über Neue Musik bekommen: „Mangelnde Auseinandersetzungsbereitschaft, fehlendes Interesse, Geringschätzung und indifferentes Verhalten hinsichtlich Neuer Musik sind Folgen eines Mangels an Informations-Bereitschaft zur Auseinandersetzung; Interesse, Wertschätzung und entschiedene Urteilskompetenz sind Folgen gezielter Information zur Neuen Musik. Das Werturteil über Neue Musik ist abhängig von sachlichem Wissen, das in Lernprozessen erworben wird“ (Schmidt, o.J. [1975]). Auch H.G. Bastian zeigt mit dem Vergleich der Schülerurteile vor und nach speziellem Unterricht, daß nach Unterricht positiver gewertet und differenzierter beurteilt wird, hinlenkend auf die zusätzliche Frage, ob die positive Veränderung der Einstellung zu Neuer Musik auf höheres Kenntnisniveau oder Gewöhnung zurückzuführen ist. Er erschließt auch Zusammenhänge zwischen den Sozialdaten seiner Versuchspersonen und ihrer Beeinflußbarkeit durch Musik; grob zusammengefaßt sind Schüler mit „positiven“ Sozialdaten (wie einem positiv stimulierenden Elternhaus) durch Unterricht signifikant bzw. tendenziell besser positiv beeinflußbar als Schüler mit negativen Sozialdaten (Bastian, 1980).

R. Meißner ist nach ebenso umfassenden wie gründlichen Arbeiten über die musikalische Urteile beeinflussenden Faktoren (Meißner, 1977 und 1979) eine erste zusammenfassende Darstellung des musikalischen Urteils zu danken, die an Hand der zentralen Untersuchungen des musikalischen Urteils seinen Merkmalen, seinen Materialbezügen wie seiner Variabilität durch unterschiedliche Lernvorgänge nachgeht. Die hier zutage tretenden Notwendigkeiten der Differenzierung in Urteilsprozessen, der Notwendigkeit auch, unterschiedliche empirische Methoden für die gleiche Fragestellung einzusetzen, veranlassen zu höchster Vorsicht bei der Interpretation bisheriger Ergebnisse zur Möglichkeit von Änderungen des Musik-Urteils und führen hin zu der alten neuen Frage, wie zwischen Veränderungen des Urteils und Änderungen der Wahrnehmung zu unterscheiden sei (Meißner, 1983).

5.6 Erklärungsversuch des Lernvorganges Musikrezeption

Der Musikhistoriker fragt nach der Rezeption bestimmter musikalischer Werke in historischen Situationen, Philosophen und Ästhetiker versuchen zu beschreiben, was Musikrezeption und „Verstehen von Musik" bedeuten (Faltin und Reinecke, 1973), Psychologen und Musikpsychologen versuchen zu erklären, was Musikrezeption an psychischen Leistungen impliziert und an Einzelmerkmalen fassen läßt. Vor diesem vielschichtigen Hintergrund von Problemen und ungelösten Fragen steht der Musikpädagoge, der den Lernvorgang, der zu Musikrezeption befähigt, kennen und demgemäße Wege für den Musikunterricht aufbauen möchte. Doch angesichts des speziellen Wissensstandes kann ein musikpädagogischer Erklärungsversuch des Lernvorganges Musikrezeption gegenwärtig nur ein Versuch in Richtung des prinzipiell Möglichen und lediglich hypothetischer Art sein, auf vorläufige Konturierung des spezifisch musikpädagogischen Problems zielend.

Bisher lassen sich vor allem zwei Ansätze musikpädagogischen Nachdenkens über Musikrezeption erkennen oder zumindest im Bereich der musikalischen Unterrichtslehre als Prämisse beobachten, ein objektbestimmter und ein subjektorientierter Ansatz. Die objektbestimmte Auffassung äußert sich in Intentionen, im Musikunterricht Musik gemäß ihrer Ordnung nach stilistisch-formalen Merkmalen geschichtlich umfassend zu vermitteln und zu erklären. Der führende Hördidaktiker der ersten Hälfte unseres Jahrhunderts, P. Mies, nennt das Erkennen musikalischer Formen als das Mittel der Erziehung zum Hören und Verstehen musikalischer Kunstwerke (Mies, o.J. [1930]). Für die alte Volksschule sekundiert M. Ast: „Unsere Aufgabe wird es nun sein, den Kindern Ohr und Auge zu öffnen für diese Gesetzmäßigkeit in der Kunst" (Ast, 1929). Auch H. Mersmann, der immerhin das zusätzliche Ziel der „Erfüllung des inneren Gehalts des Kunstwerks" aufstellt, geht für die Entwicklung musikalischer Hörfähigkeit davon aus, „daß auch dem willigen Hörer gerade die Unordnung seiner Eindrücke das Verstehen von Musik und das Verhältnis zu ihr in Frage stellt" (Mersmann, 1952). Bis zur Gegenwart hat sich ein gewaltiges Repertoire demgemäß angelegter Werkinterpretation im Musikunterricht (Schmidt-Brunner, 1979) angesammelt, insgesamt nach einem neuen Genre zwischen Werkanalyse und Unterrichtsbeispiel tendierend. Der Zusammenhang der Zielvorstellungen differenzierender und ordnender musikalischer Wahrnehmung mit dem hochgestuften guten Zuhörer-Typus hierarchischer Hörertypologien ist unverkennbar. Das Interesse der musikalischen Unterrichtslehre ist auf den ästhetischen Pol des Objektiv-Formalen (Müller-Freienfels, 1910 und 1922/1923) gerichtet. Man legt in der Zeit erster Entwicklung von Unterrichtslehren für Musikrezeption bewußt für alle Vermittlung von Kunstwerken die Betonung auf die formalen Vorgänge. S. Günther begründet diese „letzte Wendung der Pädagogik" damit, daß formale, konventionelle Faktoren als „feste, greifbare Bestandteile von Unterricht" dienen können (Günther, 1931). Aus diesem objektbestimmten Ansatz entwickelte sich ein auch heute noch mitunter vertretener schulischer Lehrgang des Musikhörens, der von der kleinen Liedform zur Sinfonik und von dort in die polyphonen Formen und zur modernen Musik führt.

Der zweite, am Subjekt orientierte Ansatz musikpädagogischen Nachdenkens über Musikrezeption geht von Entwicklungsstufen (auch) der musikalischen Hörfähigkeit des Kindes und des Jugendlichen aus. Die seit Anfang des Jahrhunderts vorliegenden und bis heute erheblich angewachsenen Untersuchungen betreffs der verschiedenen musikalischen Hörfähigkeiten vor allem des Kindes sind bisher erstaunlich wenig zur Stützung dieses Ansatzes herangezogen worden. Die durch Messungen gewonnenen Daten erbringen insgesamt für Kinder als Ergebnis jeweils vorausgegangenen Lernens hohe Leistungsfähigkeiten auf dem Gebiet des Musikhörens. Dies betrifft vor allem Einzelfähigkeiten parameterbezogener Hörwahrnehmung, doch auch die noch weniger untersuchten Leistungen beim Hören komplexer Musik. Die musikalische Unterrichtslehre zeigt sich jedoch in ihren Auffassungen des Lernvorganges Musikrezeption vor allem einem entwicklungspsychologischen Stufenmodell verhaftet, das griffig auf Schulstufen zu transferieren ist. Dem ersten Musikunterricht in der Grundstufe ordnet man Musik-Erleben im Sinne naiven Musikhörens, elementarisches Vergnügen am Klang zu, in der Mittelstufe beginnt das Begreifen musikalischer Formen, das analytische Erfassen von musikalischen Strukturen; erst in der Oberstufe erfolgen historisch-stilistische Zuordnungen und ästhetische Problematisierung, wird das Wesen eines Musikwerkes einsichtig. Belege dieses den Musikhör-Unterricht bestimmenden Vorurteils ziehen sich durch die Lehrschriften unseres Jahrhunderts, von Warnungen vor der musikkognitiven Belastung des Kindes (Ast, 1929: „Man verfalle nun aber ja nicht in den Fehler, diese Belehrungen zu früh zu bringen. Erfahrungsgemäß ist erst das reifere Alter imstande, ein Kunstwerk . . . zu analysieren") bis zur Ableitung eines Stufen-Lehrganges reichend, wie ihn M. Alt mit Stufen der geistigen Aneignung aus Schichten des musikalischen Kunstwerkes nach N. Hartmann (1966) versuchte – eine Schein-Ableitung, weil die Ableitung eines Unterrichtsmodelles nach Altersstufen aus einem ästhetischen Erklärungsversuch des musikalischen Kunstwerkes nicht möglich ist (Alt, 1977). Wie fragwürdig dieses tradierte Stufenmodell für den Lehrgang der Musikrezeption ist, offenbart ein Blick auf die Grundstufe. Kinder im Vorschul-und Grundschulalter befinden sich in der Phase des intensiven Wahrnehmungs-Lernens. Hier werden die Kinder auf emotionales Klangerleben beschränkt, während die musikalische Rezeptionsfähigkeit bereits hoch ausgebildet ist, die Kinder auf hörendes Lernen eingestellt sind und demgemäß darauf drängen, Musik selbst zu erfahren. Und umgekehrt ist der Jugendliche vor allem auf erlebende Begegnung mit Musik, auf soziale Abgrenzung durch Musik eingestellt; Musik ist ihm wesentlich, weil sie Empfindungen vermittelt, seien sie nun vulgär oder kultiviert, grober oder sublimierter Art. Man könnte demgemäß durchaus die tradierte, klassische Stufenfolge umwenden: Im Lernvorgang Musikrezeption beginnt die Reihenfolge mit der Differenzierung der musikalischen Wahrnehmung beim Kinde, das Jugendalter ist die Zeit des musikalisch-emotionalen Erlebens und seiner Sublimierung.

Sowohl der materialgeleitete wie der (angenommene) entwicklungsstufengeleitete Ansatz mit ihren immanenten Erklärungsversuchen des Lernvorganges Musikrezeption gemäß zunehmender formaler Differenzierung des musikalischen Objektes bzw. gemäß zunehmender Hörfähigkeit des Subjektes, des Schülers, erweisen sich zur Erklärung des Lernvorganges Musikrezeption nicht als schlüssig. Doch sie werden in der praktischen Musikpädagogik vorausgesetzt, sind in Lehrgängen des Musikhörens implizit gegeben; dies gilt auch für musikalische Unterrichtslehren mit aktualisierten Materialien und Rezeptionskategorien. Vielleicht liegt hier eine der Ursachen der so überaus großen Schwierigkeiten, in musikalischem Hörunterricht zu befriedigenden Ergebnissen zu gelangen. Hier wird darum die tradierte Vorstellung einer Kombination von Leistungsfähigkeit nach Altersstufe und Materialanspruch nach formalästhetischen Kategorien verlassen und ein Erklärungsversuch der Musikrezeption als Zusammenspiel zuvor erworbener Lernergebnisse unternommen. Die Frage nach dem Lernvorgang Musikrezeption wird nicht aus (angenommenen) Zusammenhängen zwischen Altersstufe und (zu analysierenden) Schwierigkeiten des musikalischen Materials gestellt, sondern in den Zusammenhang vorausgegangener Lernvorgänge.

Die Prämisse eines solchen Erklärungsansatzes für Musikrezeption als Lernvorgang liegt darin, daß Musikrezeption ein Vorgang ist, der nicht auf einer Nullstufe des Noch-Nichts-Könnens beginnt, sondern stets auf bereits vorangegangenem Lernen basiert. Diese vorausgegangenen Lernvorgänge sind jedoch keineswegs nur solche auf dem Gebiet des geplanten musikalischen Lernens, sondern gerade auch solche im Bereich der ungeplant verlaufenden Aneignung musikalischer Einstellungen. Die Unterschiedlichkeit der Menschen von heute in bezug auf Musikrezeption rührt aus der Vielfalt der vorausgegangenen Einflüsse auf musikalischem Gebiet her, eben nicht nur aus früherem Musikunterricht, sondern gerade aus unbewußt gebliebenen Erfahrungen in musiksozialen Situationen stammend. Die Lernergebnisse aus den meist unbewußt verlaufenden Lernvorgängen der Aneignung musikalischer Einstellungen spielen in den Lernvorgang musikalischer Rezeption entscheidend ein. Wie grundlegend frühe musikalische Einstellungen auf Hörgewohnheiten, Stil- und Werkpräferenzen, auf Instrumentenwahl, auf Bereitschaft zum Konzertbesuch einwirken, können wir gegenwärtig noch nicht voll ermessen; nicht geringer wirken die Ergebnisse gruppenspezifischer musikalischer Meinungen aus im Jugendalter erworbenen Einstellungen auf die Bereitschaft zur sachgerechten Auseinandersetzung mit Musik ein. Auch wenn Musik als Medium allgemeiner Lehrvorgänge eingesetzt wird, können sich Gewohnheiten im Sinne von musikalischen Lernergebnissen bilden – beispielsweise die Einstellung zu Musik als einem Therapeutikum –, die bestimmend auf den Lernvorgang Musikrezeption zurückwirken, von der Werkpräferenz bis zum Verzicht auf hörende Analyse reichend. Zur Erklärung des Lernvorganges Musikrezeption sind diese Lernergebnisse mit in Ansatz zu bringen. Es sind nicht nur die Ergebnisse von Hörtraining, die über Erfolg oder Mißerfolg des Lernvorganges Musikrezeption entscheiden, sondern ebenso und wohl entscheidend die Ergebnisse aus den unbewußt verlaufenden Einstellungsvorgängen. Nur davon zu wissen, nutzt wohl weder Lehrer noch Schüler; man wird, wenn man auf einen effektiven Lernvorgang der Musikrezeption zielt, zuvor die entsprechenden musikalischen Einstellungen zu lernen haben. Es sind Erwartungsmuster für Musik aufzubauen, die differenzierte Musikrezeption ermöglichen, die Entwicklung der Fähigkeit für Werterlebnisse auf musikalischem Gebiet wird neu zu bedenken sein.

Doch der Erklärungsversuch des Lernvorganges Musikrezeption aus vorangegangenen Lernergebnissen schließt auch ein, daß Musikrezeption als Lernvorgang angewiesen ist auf die Ergebnisse aus vorangegangenen geplanten musikalischen Lernvorgängen. Gerade Musikrezeption läßt sich als musikalischer Lernvorgang nur in Bewegung bringen, wenn andere musikalische Lernvorgänge Erfahrungen aus Umgang mit Musik bereitgestellt haben. Dies beginnt mit Hörerfahrungen musikpropädeutischer Art. Wenn die propädeutischen Fähigkeiten der Höraufmerksamkeit und der Hörkonzentration nicht erworben wurden, fehlen entscheidende Voraussetzungen für das Erlernen von Musikrezeption. Nicht nur die Behinderung dieser musikpropädeutischen Lernvorgänge im Medien- (Wohn-)zimmer von heute wird hier erkennbar, sondern auch die Vernachlässigung musikalischer Frühpädagogik, die oft mehr auf Entlastung und anspruchslose Geräuschunterscheidungen ausgerichtet ist als auf Versuche zur Einübung in Zuhören. Zu diesem Hörpropädeutikum tritt die Bedeutung der Lernergebnisse aus dem praktischen Umgang mit Musik wie aus Lernvorgängen musikalischer Intelligenz. Unser Wissen darüber ist noch unzureichend. Aber die Ansprüche, die Musikrezeption an den Menschen stellt, und die gegenwärtige Entwicklung einer Unfähigkeit zu rezipieren verweisen zumindest darauf, daß der Lernvorgang Musikrezeption tiefer und weiter reicht, als es theoretische Begründungen für Lehrgänge aus materialer oder entwicklungsgemäßer Hierarchie leisten. Gewiß sind es nicht nur die Lernvorgänge im praktischen Umgang mit Musik mit ihren Ergebnissen, die die Voraussetzungen einer gelernten Musikrezeption darstellen – auch die Einseitigkeit, mit der Musik-Machen mitunter noch als beste Voraussetzung der Musikrezeption bezeichnet wird, relativiert sich hier. Der Lernvorgang Musikrezeption beruht auf einer Vielzahl vorausgegangener Lernergebnisse aus verschiedenartigen Lernvorgängen, diese anregend weiterführend und daraus selbst wieder neue Impulse erhaltend; der Lernvorgang Musikrezeption erweist sich als ein überaus komplexes, empirisch kaum faßbares Zusammenspiel und Wechselspiel alles dessen, was der einzelne Mensch im Zusammenhang mit Musik gelernt hat. Versagen und Verweigerung im musikrezeptiven Lernvorgang wird bei diesem Erklärungsansatz des Lernvorganges als Zusammenspiel von Lernergebnissen zurückführbar auf sehr verschiedenartige vorausgegangene Lernausfälle oder negative Lernergebnisse. Und andererseits wird erkennbar, daß ein erfolgreicher musikrezeptiver Lernvorgang auf eine entsprechende, wenn nicht zielgerichtete Vorbereitung durch alle anderen musikalischen Lernvorgänge angewiesen ist. Die didaktische Analyse und „Zubereitung" des einzelnen Musikstückes, des musikalischen Materials, kann den musikrezeptiven Lernvorgang nicht retten, wenn nicht aus allen Bereichen musikalischen Lernens, von dem Hörpropädeutikum über die Entwicklung musikalischer Einstellungen bis zum Zusammenhang mit Musik-Machen und Musik-Wissen der Lernvorgang Musikrezeption erschlossen wird. In allen musikalischen Lernvorgängen ist, wenn Musikunterricht zur Teilhabe am Musikleben führen soll, der Effekt für den umgreifenden Lernvorgang Musikrezeption mitzubedenken, die Chance, ihn vorzubereiten, und die Gefahr, ihn zu behindern. Einseitigkeit musikalischer Präferenzen der Schüler und Hörverweigerung nach Stilbereichen sind in einem Erklärungsmodell des Lernvorganges Musikrezeption als Zusammenspiel vorangegangener Lernergebnisse nicht ein Faktum für Lehreranpassung oder Motivationsausrede, sondern eher Kriterien für Mängel in den vorangegangenen Lernvorgängen.

6. Musik als Medium allgemeiner Lernvorgänge

6.1 Hörwahrnehmung als Lernhilfe

Die Bedeutung von Hörwahrnehmung als Lernhilfe wurde insbesondere durch sonderpädagogische Untersuchungen erwiesen. Einerseits wurde Schulschwäche als Folge von Wahrnehmungsschwächen im Hörbereich nachgewiesen, andererseits konnte die Effektivität von Lernvorgängen im Hörbereich für die Verbesserung allgemeiner Lernleistungen belegt werden. Unter Schulschwäche werden die vielfältigen Erscheinungen im Sinne von Beeinträchtigungen, Lernstörungen und Behinderungen verstanden, die einem Schüler die Teilnahme am Unterricht der Regelschule so erschweren, daß eine Überweisung in eine Sonderschule als notwendig erscheint (Fritze, 1979). Abgesehen von organisch bedingten Hörschwächen, die zunächst als Lernschwäche erscheinen, und schließlich, bei einer zu späten Diagnose, bereits indirekt Lerndefizite verursachen, zeigt die sonderpädagogische Literatur vielfältige Parallelität von Lernschwäche und Wahrnehmungsschwäche auf (Kanter, 1970; Reinartz, 1973; Iben, 1974); die Annahme ist verbreitet, daß Schulschwäche zumindest teilweise durch Wahrnehmungsschwäche mitbedingt sei (Schmalohr, 1968).

Eine exemplarische Untersuchung von Ch. Fritze prüft an schulschwachen Kindern des Primarbereichs, in welchem Umfang nach einer Unterrichtsphase in auditiver Wahrnehmung ein Lernzuwachs feststellbar ist und ob – hier tritt die Untersuchung in den Bereich allgemeiner Lernvorgänge – diese Förderung auditiver Wahrnehmung Transfer-Effekte auf Konzentration und Lautdiskrimination erkennen läßt. Die Versuchspersonen sind 190 Kinder im Alter von sieben bis elf Jahren aus einer Sonderschule für Lernbehinderte und aus Schulkindergärten; die Vergleichbarkeit dieser Versuchspersonen mit Schülern der Vergleichsgruppen wurde durch vorausgegangene Tests gesichert. Der Unterricht in auditiver Wahrnehmung für die Experimentalgruppen erfolgt zwei- bis dreimal wöchentlich ein halbes Jahr lang; ihm liegen Materialien der hörbaren Umwelt (Umweltschall, Musik, Sprache) zugrunde (vgl. Fritze u.a., 1976). Die sorgfältig im einzelnen durchgeführte statistische Auswertung sowie die Interpretation der Ergebnisse ergeben in der Zusammenfassung: Die Versuchspersonen im Schulkindergarten zeigen im speziellen Test Auditive Wahrnehmung einen signifikanten Lernzuwachs gegenüber der Vergleichsgruppe, deren ebenfalls festgestellte Verbesserungen allerdings zeigen, daß der Lernzuwachs der Experimentalgruppe nicht ausschließlich auf die spezielle Förderung zurückzuführen ist; die Versuchspersonen in der Vorstufe der Lernbehindertenschule belegen mit einem höchstsignifikanten Prä-Posttest-Unterschied der Experimentalgruppe, dazu mit Bestätigungen durch spezielle Tests, die Wirksamkeit der speziellen Förderung in bezug auf auditive Wahrnehmung und Lautdiskrimination; die Versuchspersonen aus dem 3. Schuljahr der Lernbehindertenschule zeigen mit höchstsignifikantem Lernzuwachs sowohl in auditiver Wahrnehmung wie Lautdiskrimination und Konzentration die besten Ergebnisse. Man darf den Versuch insgesamt als Bestätigung dafür ansehen, daß Unterricht im Bereich auditiver Wahrnehmung bei lernbehinderten Schülern nicht nur die Leistungsfähigkeiten in auditiver Wahrnehmung selbst, sondern auch in bezug auf Lautdiskrimination und Konzentration zu verbessern vermag (Fritze, 1979; vgl. Fritze, 1974).

Eine umfassende neuseeländische Untersuchung von E. Sharman ist auf die Möglichkeit der Verbesserung von Lese- und Sprechleistungen durch Musikunterricht gerichtet. Die Untersuchung basiert auf besonderen angelsächsischen Forschungstraditionen: der Untersuchung des Zusammenhanges von Unterscheidungsfähigkeit für Klänge und Buchstaben (McDonald, 1975), der Steigerung des Hör-Gedächtnisses (Staples, 1971) oder auch der Auge-Ohr-Koordination (Zinar, 1976). Zahlreiche Beobachtungen liegen hier vor, die darauf verweisen, daß musikalisches Lernen transferable Effekte enthält (Whiton u.a., 1975). Dazu treten spezielle Studien über die Verbesserung der sprachlichen Fähigkeiten behinderter Kinder durch Umgang mit Musik (Seybold, 1971; Cartwright und Huckaby, 1972; Madsen u.a., 1975). E. Sharmans Untersuchung an 45 Kindern im Alter von sechs Jahren prüft, ob Kindern, die zu Beginn des Leseunterrichts spezielle Lernschwierigkeiten zeigen, durch besondere Programme geholfen werden kann. Die Versuchspersonen werden dafür in vier Gruppen (mit jeweiligen Kontrollgruppen) eingeteilt; Gruppe A erhält ein besonderes Musik- und Leseprogramm, in Gruppe B wird ein Programm mit Lesen und szenischem Spiel eingesetzt, in Gruppe C wird kunsterzieherisch gearbeitet; Gruppe D bleibt ohne besonderes Programm. Die besonderen Programme finden dreimal pro Woche und insgesamt zwanzigmal statt. Vor und nach diesem besonderen Unterricht werden Experimental- und Kontrollgruppen speziellen (gleichbleibenden) Tests in Lesen und Schreiben unterzogen; dazu werden Elternbefragungen zum allgemeinen Verhalten der Versuchskinder einbezogen. Analysiert man das spezielle Musik- und Leseprogramm, so lassen sich im einzelnen Aufgaben für Hörwahrnehmung, Hörgedächtnis und für die Deutlichkeit der Sprachlaute unterscheiden, Übungen zur Koordination gehörter und geschriebener Worte, zur geklatschten oder gespielten Repetition rhythmischer Muster, zum Singen mit Lernwörtern und Übungssätzen, zur graphischen Notation von Gehörtem, zur Tonhöhen-Unterscheidung, dazu tritt Instrumentalspiel und instrumentale Erfindung; insgesamt geht es um praktischen sprachlichen und musikalischen Umgang, nicht um theoretische Belehrung. Das Ergebnis der Untersuchung ist, daß die Kinder mit musikalisch-sprachlichem Lernprogramm in allen Abschluß-Tests bessere Leistungen zeigen als die Kinder, die mit einem nur-sprachlichen Programm, mit kunsterzieherischen Aktivitäten und ohne Spezialprogramm unterrichtet wurden (Sharman, 1981). Auch E. Schwappacher kann experimentell die Effektivität akustischer Trainingsprogramme im sprachlichen Bereich und an Intelligenzkategorien nachweisen (Schwappacher, 1975).

Es gibt weitere Versuche, die Musik und Persönlichkeitsmerkmale in geringerem Maße konkretisieren. Zwei Versuche, über die W.J. Revers berichtet, prüfen den Einfluß der elementaren Musik- und Bewegungserziehung auf die Entwicklung von Intelligenz und Kreativität bei Schulkindern; sie gehen auf die Dissertationen von J. Dantlgraber (1970) und K. Oberborbeck (1970) zurück. Sie sind methodisch wegen der großen Zahl der beteiligten Faktoren sowie der Schwierigkeit der Eingrenzung nicht unproblematisch, bedeuten aber dennoch unter musikpädagogischem Aspekt inhaltliche und methodische Anregung. J. Dantlgraber vergleicht Kinder von zehn bis zwölf Jahren mit und ohne Unterricht am Salzburger Orff-Institut (25 bzw. 27) und vergleicht dazu Kinder im Alter zwischen fünf und sechs Jahren (15 bzw. 16), die für bzw. nicht für den Besuch des Orff-Institutes vorgesehen sind. Zur Untersuchung von Kreativität und Intelligenz wird der Rorschach-Test verwendet. Bei den jüngeren Kindern (die also noch keinen Orff-Unterricht haben) zeigen sich hinsichtlich der Kreativität keine Unterschiede. Bei den älteren Kindern sind dagegen klare Unterschiede (Signifikanz auf dem 1%-Niveau) zugunsten der Kinder zu erkennen, die an elementarer Musik- und Bewegungserziehung teilgenommen haben; das gleiche Bild ergibt sich hinsichtlich des Intelligenzunterschiedes. Wie vorsichtig mit diesen Ergebnissen umzugehen ist, zeigt sich auch darin, daß die ähnlich angelegte Untersuchung von K. Oberborbeck, die auf die Rolle der Phantasie in der Beziehung zu Intelligenz und Kreativität zielt und mit dem Hamburg-Wechsler-Intelligenz-Test für Kinder arbeitet, für die Versuchsgruppe (mit Musik- und Bewegungserziehung) und die Kontrollgruppe (ohne Musik- und Bewegungserziehung) bei den Mittelwerten der Intelligenzquotienten keine signifikanten Unterschiede feststellen kann (Revers und Rauhe, 1978).

6.2 Musik als Medium sozialen Lernens

In wenigen Bereichen der Musikpädagogik ist die Diskrepanz zwischen Dauerhaftigkeit wie Verbreitung einer Meinung und gesichertem Wissen über den Gegenstand so groß wie hier. Insbesondere im Zuge der Reformpädagogik und ihrer Restauration ist die Modevokabel von der gemeinschaftsbildenden Kraft der Musik zu einem bestimmenden Ziel musikalischer Lehre ausgeufert. Doch die Frage, ob, auf welche Weise, unter welchen Bedingungen und mit welcher Dauer der Wirkung Musik als Medium sozialen Lernens dienen könne, ist bisher noch kaum differenziert gestellt, geschweige denn Anstoß systematischer Untersuchung geworden. Bisher fand lediglich Ideologiekritik statt.

Auch in der psychologischen Literatur findet man eher allgemeine Aussagen. R. Shuter empfiehlt das Zusammenspiel in der musikalischen Ausbildung, weil es für die soziale Entwicklung wichtig sei (Shuter, 1968). D.K. Antrim spricht von dem hohen erzieherischen Wert der Musikausbildung unter Berufung auf Beobachtungen an einem Kinderorchester, Alexander Blackmans Orchester; die in diesem Orchester mitwirkenden Kinder zeigten sich ihren gleichaltrigen Mitschülern auch in Aspekten des sozialen Verhaltens überlegen (wobei die wohl anzunehmende, nichtintendierte vorangegangene Auslese außer Blick blieb; Antrim, 1963). Auch bei A.W. Rowe gibt es beschreibende Verweise auf soziale Effekte des Umganges mit Musik. Schüler, die (nach Aufforderung) in den Pausen ihre Lieblingsplatten gemeinsam hören und diskutieren, zeigen positive Veränderungen in sozialer Hinsicht auch in anderen Fach- und Interessengebieten (Rowe, 1959).

Insgesamt wäre der Begriff des sozialen Lernens auch in der Musikpädagogik weiter zu fassen als es bei tradierten Vorstellungen von Musik als einem Mittel zur Befähigung des Lebens in Gemeinschaft geschieht. Soziales Lernen meint vielmehr die Aneignung von Verhaltensweisen, die wir von anderen Menschen lernen und dann vollziehen, um uns besser in unserer sozialen Umwelt zurechtzufinden (Bandura und Walthers, 1963). Durch soziales Lernen lernen wir sowohl Verhaltensweisen, die für das soziale Verhalten bedeutsam sind, als auch das Ablegen von Verhaltensweisen, die soziale Adaption verhindern. Unsere offene Frage heißt, ob Musik bei solchen sozialen Lernvorgängen medial wirksam wird, und vor allem: ob bei solchen medialen Funktionen musikalisches Lernen unterstützt oder eher behindert wird. Der tradierte erzieherische Auftrag an Musik, etwas für Gemeinschaft zu tun, hat den Blick für die Klärung der musikpädagogischen Aspekte sozialen Lernens nachhaltig verstellt.

6.3 Musik als Verstärkung von Belehrung

In eine weitere Dimension von Musik als Medium allgemeinen Lernens verweist die alte Praxis, Belehrung durch Liedtexte zu vermitteln. Diese Praxis beruht auf der Annahme, daß durch die Verbindung mit Singen, mit eigenem Singen des Schülers, die Belehrung eine Verstärkung erhält; bis heute nimmt man an, daß diese gesungene Lehre tiefer, unbewußter, bereitwilliger vom Schüler übernommen wird, wohl weil die affektive Beteiligung beim Singen stärker sein könnte als bei verbaler Belehrung. Seit eh und je wird darum religiöse, moralische, politische und soziale Belehrung in Kinder- und Schullieder eingebunden. Und seit eh und je spielt darum der Lied-Kanon für die Schule bzw. die Zulassung bestimmter Liederbücher eine Rolle in der Kulturverwaltung.

Die Kinder- und Schullieder der einzelnen Epochen weisen fast alle pädagogische Tendenzen auf, sie zeigen im geschichtlichen Verlauf, wie die sich wandelnden religiösen und weltlichen Erziehungsziele der jeweiligen Zeit, die für erstrebenswert erachtete Haltung, dem Kind über das Singen nahe gebracht werden. Die Lutherzeit hat zahlreiche Lieder mit der Absicht religiöser Belehrung hervorgebracht; M. Luther selbst widmete sein besonderes Interesse den geistlichen Volksliedern, in denen die geistliche Lehre durch konkrete Inhalte und dramatisiertes Geschehen veranschaulicht und damit auch kindlichem Verständnis zugänglich wird. Das Singen geistlicher Lieder bleibt durch das 16. und 17. Jahrhundert die wesentliche Methode religiöser Unterweisung für Kinder. Beispielhaft sind die „nicht nur für christliche Hausväter, sondern auch für Kinder bestimmte(n)" Lieder von N. Hermann. Im Pietismus des 18. Jahrhunderts setzt sich die Absicht der religiösen Belehrung des Kindes mit Hilfe des Liedes fort, gemäß der Grundhaltung des Pietismus in enger Verquickung von religiöser Lehre und Tugendunterricht; um das Singen der oft schwer verständlichen Lieder für die Kinder zu erleichtern, beschränkt man sich in der Auswahl der Melodien auf eine kleine Zahl, der alle Texte angepaßt werden. J. Mattheson protestiert gegen die Manier „geistlicher Versmacher", die „brav auf einen Gesang 40 bis 50 Texte schmieden, jeder von einem halben Schock Strophen". Ch.F. Gellert begründet in der Aufklärungszeit das Tugendlied für Jugend und Kinder; seiner einfachen Ausdrucksweise gelingt es, bei aller Rationalität, dem Gemüt des Kindes nahezukommen, zumal seinen Dichtungen vielfach bekannte Melodien unterlegt werden. Er findet zahllose Nachahmer, die mit Liedern Kinder und Jugendliche zu tugendhaftem Lebenswandel zu erziehen versuchen. Von den Gedichten Ch.F. Weißes endet keines ohne moralische Belehrung; er schildert Tugend und Laster, vermittelt Kenntnisse, Fremdwörter und Begriffe. Sie werden von J.A. Scheibe vertont, dessen Prinzip die programmatische Nachzeichnung der im Text gegebenen Affekte durch Melodie und Begleitung ist. J.A. Hiller, ästhetisch auf dem Boden der Berliner Liederschule stehend, geht es um Einfachheit und Verständlichkeit für Kinder; doch ist sein Kinderlied gemäß dem weiterreichenden Ziel, im deutschen Volk die Sangeskunst zu fördern, zugleich Vorstufe für kunstvolles Singen. Die mit J.A. Hiller einsetzende Hinwendung zu einer dem Kind entsprechenden Einfachheit des Liedes wird – nach epigonalen Sammlungen (G.G. Hunger, W. Burmann, G.C. Claudius) – bei J.F. Reichardt, J.A.P. Schulz schließlich zu einer Blüte einfacher, künstlerisch individueller Liedkompositionen gemäß den Stilkategorien der Berliner Liederschule. Nicht mehr die Moral, die Musik selbst ist der Zweck des Liedes; doch die mit der Melodie in Einklang stehende Sprache vermittelt ein Bild des Kindes und seiner Umwelt, das dem Menschenbild der Zeit entspricht und es dem Kinde weitergibt. Ebenso entspricht J.A.P. Schulz mit „Liedern im Volkston“, mit dem „Schein des Bekannten“, den Bedürfnissen des kindlichen Singens wie dem gewünschten Erziehungsziel. Die im 18. Jahrhundert gewonnenen einfachen, individuellen Kinderlieder, dem Kind gemäß bildend und zugleich künstlerisch geformt, finden im 19. Jahrhundert nur flache Nachahmung in den sog. kindertümlichen Liedern (mit wenigen kunstvolleren Ausnahmen beispielsweise bei Hoffmann von Fallersleben), dem Kind die Sicherheit einer einfachen, heilen Welt vermittelnd. Die Gegenwart kann eine große, sehr differenzierte Produktion von Kinderliedern verzeichnen; sie reicht von der verbalen oder (selteneren) musikalischen Aktualisierung traditioneller Kinderlieder und deren epigonaler Imitation über Kinderschlager und vertonte Kunstpoesie für Kinder (J. Ringelnatz, H. Arp, R. u. P. Dehmel, J. Krüss, J. Guggenmos; u.a.), die voller Anregung für kindliche Phantasie stecken, bis zum Kinder-Protestsong und emanzipatorischen Kinderliedern mit der Absicht politischer Erziehung. Kinder- und Schullied stellen das Singen in alter Tradition in den Dienst allgemeiner Belehrung (Abel-Struth, 1977 a).

Die musikalische Verstärkung der Belehrung im Kinder- und Schullied dient hier auch dem sozialen Lernen; das Kinderlied ist Modell eines musikalischen Materials, das der Sozialisation dient. Als Medium von Sozialisation setzt es durch den Zusammenhang von Hören–Bewegen–Sprechenlernen bereits im ersten Lebensjahr des Kindes an. Sprach- und Singrhythmen dienen hier zur Verstärkung motorischer Lernprozesse (Lieder zum Laufenlernen), doch im besonderen dient sprachlicher Klang als Verstärkung bei dem Erlernen der Sprache. Der kindlichen Sprachentwicklung (Stern, 1965; vgl. Stern, 1981) entspricht die Bevorzugung von klanglichen Elementen der Sprache, wie sie für das Kinderlied (wobei nicht zwischen gesprochenem und gesungenem Gebrauch von Reimen unterschieden wird) konstitutiv ist; dies belegen nicht nur die zahlreichen Klangwörter in Kinderliedern, sondern auch die Verse mit Vokal-Dominanzen, die Klangspielereien in Neckversen, die Formbildung durch Klangassoziationen (wie in Kettenreimen) und die auffallende Dominanz von paarigen Endreimen. Wie rhythmisiertes und singbares Kindermaterial auch weitere Prozesse des Spracherwerbs begleitet, belegen vor allem die sog. Unsinn-Verse, die auf Verbesserung der konsonantischen Artikulation zielen. Angewendet auf die früheste Lernphase für Sprechen (aber nur hier und nicht pädagogisch retardierend bei Schulkindern) haben klanglich-rhythmische Materialien zur Verstärkung des sprachlichen Lernprozesses heute neue sozialisatorische Relevanz gewonnen, weil die große Bedeutung des Sprache-Lernens in der frühen Phase aufgezeigt wurde, nämlich die Determinierung des Lernens durch das Sprachvermögen (Bernstein, 1959), die positive Korrelation zwischen Artikulationsfähigkeit im Alter von sechs bis acht Monaten und dem IQ im Alter von drei Jahren sowie zwischen entwickelter Artikulationsfähigkeit und sprachlicher Kommunikationsfähigkeit (Oevermann, 1966).

Stehen hier Enkulturationsprozesse (im Sinne des Erwerbs von Technik des Sprechens, System der Sprache und Lernfähigkeit) im Vordergrund, so ist daneben eine große Gruppe von Kinderliedern erkennbar, die auf Sozialisation in ihrem engeren Sinne zielen: auf Vermittlung elementarer Sozialregeln, auf Vertrautmachen mit der Umwelt, auf Einübung in gewünschte soziale Verhaltensweisen, auf Einführung in soziale Normen und Werte. Sie reichen von den zahlreichen Liedern über Tisch-Manieren, das Vertrautmachen mit Verhaltensmustern der Umwelt und Antizipation von Erwachsenenrollen (Kinderpredigt, Handwerker-Lieder, Hochzeits-Lieder) bis zur Einübung geschlechtsspezifischer Verhaltensweisen. Die Geschichte des Kinderliedes zeigt auf, daß die durch die Lieder vermittelten Normen und Wertungen Wandlungen unterworfen sind, daß sich aber das Prinzip, durch Musik für Kinder zu deren Sozialisation beizutragen, als stabil erwies. Das gleiche gilt für das Schul- und Jugendlied, das beispielsweise bei Ch.F. Gellert und seinen Nachfolgern in das Tugend-Modell der Aufklärung einübt, und nach 1900 ein von der Ideologie der Jugendbewegung inspiriertes Verhaltensmuster für Jugend standardisiert, für das Vorstellungen von Gemeinschaft, Reinheit, Einfachheit charakteristisch sind. Sozialisation, hier im weitesten Sinne als Lernen des Verhaltens verstanden, durch das ein Kind Mitglied sozialer Gruppen wird, kann mit Hilfe musikalischer Mittel offensichtlich in einer im einzelnen nicht bekannten Weise unterstützt, vielleicht sogar besonders gefördert werden. Daß zeitgenössische Kinder- und Jugendlieder traditionelle Sozialisationsschemata ironisieren, bricht die Geschichte der sozialisatorischen Funktion dieser Lieder nicht ab; denn diese zeitgenössischen Lieder verfolgen zugleich mit der Negierung traditioneller Normen die Festigung einer neuen Norm im Sinne von Anti-Normen. Die durch Kinder- und Jugendlieder vermittelten Normen und Wertungen sind zwar Wandlungen unterworfen, aber das Prinzip, Musik als Medium in der Sozialisation einzusetzen, scheint sich als recht stabil zu erweisen (Abel-Struth, 1974 b und c und 1977 a).

6.4 Musik als psychohygienische Lernhilfe

Die Musikpädagogik befindet sich bei dieser Thematik nicht nur in der Schwierigkeit, die psychohygienische, musikalische Lernhilfe auch nicht annähernd konkretisieren zu können; ihr steht hier auch die Zurückhaltung, wenn nicht Abwehr, all derjenigen entgegen, die das alte, vielfältige und oft pathetische Zerreden der Wirkungen „der Musik" auf „die menschliche Seele" fürchten. Solche Wirkungen kann indessen keiner leugnen, wenn sie auch kaum belegbar sind. Die im letzten Jahrzehnt stark angewachsene medizinische Spezialliteratur spricht von Therapie-Erfolgen bei psychisch erkrankten Menschen durch den Einsatz von Musik bzw. mit Hilfe praktischen Umganges mit Musik (Teirich, 1958; Schwabe, 1974; vgl. Bibliographie in Schwabe, 1974). Die Anthropologie fragt mit ihrer Reflexion der Bedeutung der Künste für den Menschen letztlich ebenso nach den für den Menschen offensichtlich kaum zu entbehrenden Funktionen der Künste. W. Bärsch (1973) beschreibt sie aus unterschiedlichen Bedürfnissen des Menschen für sein „individuelles Selbstsein" und sein „Über-sich-hinaus-sein". Ein solches Bedürfnis ist – in Ergänzung zu rationaler Teilhabe – das menschliche Bedürfnis nach emotionalen Beziehungen und Erleben von Lust, das Bedürfnis nach über funktionale Zuordnungen hinausgehender Mitmenschlichkeit, nach über die Vielheit der „Sachen" hinausreichenden Sinnfragen und Möglichkeiten eigener Gestaltung des Lebens. Die Künste – und jeder tut sich schwer mit der Formulierung solcher Generalisierungen – bieten in ihrer unerhörten Vielfalt und ihrer in Sache wie menschlichem Wahrnehmen und Erleben liegenden unermeßlichen Differenziertheit an, Ich und Welt rational wie über das Rationale hinaus darzustellen und zu deuten.

Damit ist die Aufgabe vorgezeichnet, die zumindest seit Plato mit viel Wechselhaftigkeit der Denkinhalte, -ebenen und -methoden der Schule und insbesondere den künstlerischen Fächern zur Erfüllung übergeben ist. Die richtigen Relationen zwischen Vorstellungen allgemeiner pädagogischer Planung, die auf einen sich irgendwie schon einstellenden Erfolg der irgendwie stattfindenden Begegnungen vor allem des jungen

Menschen mit Musik hoffen, und fachlich-musikalischen Intentionen, die auf der Basis von Können und Kennen ein spezifisch musikalisches Verhalten ansteuern, sind noch nicht gefunden; die Pendelbewegungen zwischen den Auffassungen sind groß und heftig und erklären sich aus historischen wie professionalen Unterschieden, doch auch aus den widersprüchlichen Denkmodellen über das Verhältnis zwischen ratio und Kunst. Hinter dem Jahrhunderte alten Vermuten über die Bedeutung der Musik für den Menschen und der gegenwärtigen musiktherapeutischen Eskalation steckt sicher vieles, das in allgemeinen Lernvorgängen Bedeutung im Sinne psychohygienischer Lernhilfe haben könnte. Konkrete Hinweise auf solche Lernhilfen sind bisher allerdings fast nur in medizinischer Literatur zu finden und lassen die Frage der Übertragbarkeit auf die normale Lernsituation letztlich noch offen. Musiktherapeutische Maßnahmen zielen auf Motivation zu Entscheidung und Handlung, Aktivierung der Gestaltungsfähigkeit, Überwindung kommunikativer Störungen, Verbesserung des Selbstvertrauens mit einer Steigerung des Antriebsgeschehens, Einflußnahme auf starres Festhalten an vorgeprägten Erlebnismustern bis zur Herausbildung neuer Einstellungen, Regulierung von Fehlspannungen im körperlichen wie psychischen Bereich, Unterstützung emotionaler Aktivierung oder auch Überwindung neurotisch gestörter Erlebniseinschränkung. Da wir wissen, daß die Übergänge zwischen Störung und Erkrankung gleitend sind und in jeder Schulklasse heute gefährdete Kinder zu vermuten sind, wird die Musikpädagogik – und dies kann sie nur gemeinsam mit Medizin und Psychologie klären – in Zukunft konkreter zu prüfen haben, welche Beiträge sie als psychohygienische Lernhilfe zu leisten vermag, um damit auch von diesem besonderen Ansatz aus Musik als Medium allgemeiner Lernvorgänge besser zu begreifen und zu realisieren.

In der jüngsten Vergangenheit ist, von der Musikpädagogik ausgehend, der Musikunterricht in sonderpädagogischen Einrichtungen nicht nur zunehmend als Aufgabe, sondern auch als spezielles Forschungsgebiet erkannt worden. Für die musikpädagogische Praxis sind diese Ansätze von der zweifachen Absicht bestimmt, einerseits Kindern in Sonderschulen die vollen musikalischen Lernmöglichkeiten zu bieten, andererseits aber auch besondere Möglichkeiten der Musik zur Hilfe bei unterschiedlichen Arten der Behinderung einzusetzen. Die spezielle musikpädagogische Forschung dieses Bereichs (vgl. systematische Bibliographie in Kemmelmeyer und Probst, 1981) läßt nicht nur die Möglichkeiten der Konkretisierung alter Traditionen der Musik als psychohygienischer Lernhilfe erkennen, sondern auch differenzierte Aussagen zu menschlichen Verhaltensänderungen durch Musik von grundsätzlicher Bedeutung. Musik als psychohygienische Lernhilfe stellt praktisch und wissenschaftlich in der gegenwärtigen Musikpädagogik einen Bereich dar, dem zunehmend Bedeutung und Interesse zuwächst; die ersten Handbücher und Dokumentationen belegen Breite und Intensität der Arbeit (Finkel, 1979; Kemmelmeyer und Probst, 1981). Die sich stets durchdringenden Ansätze sind: diagnosespezifische Musiktherapie im medizinischen Sinne, ausgehend von einem diagnostizierten Krankheitsbild und die Indikation nach einer speziellen Methode verlangend, und pädagogische Musiktherapie, die vom üblichen Musikunterricht (wenn sich die Behinderung nicht auf musikalisches Verhalten auswirkt) bis zu speziellen musikalischen Hilfen, ausgerichtet nach Art, Ausprägung und Grad der jeweiligen Behinderung, reicht. Hier haben vor allem musikalische Bewegungserziehung, Gruppenmusizieren und musikalische Improvisation besondere Aufgaben psychohygienischer Hilfe mit musikalischen Mitteln übernommen.

Kapitel IV
Ergebnisse des Musik-Lernens

1. Musikalische Einstellungen als Lernergebnisse

1.1 Musikbezogene Rollen

Musikalische Einstellungen, Verhaltensbereitschaften zu in sich ähnlichen Reaktionen gegenüber Gemeinsamkeiten in musikbezogenen Sachverhalten, lassen sich nie direkt beobachten, sondern nur aus Verhaltensweisen erschließen. Die Aneignung solcher musikalischen Einstellungen findet meist durch ungeplante, unbewußte Lernvorgänge von der frühen Kindheit an bis in das Jugendalter hinein statt. Die Entstehung musikalischer Einstellungen und ihre Auswirkungen auf musikalisches Verhalten beschäftigen die Musikpädagogik in zunehmendem Maße. Eines der hier anstehenden musikpädagogischen Probleme ist es, die durch den Lernvorgang der Einstellungsaneignung entstehenden Lernergebnisse zu fassen, die Verhaltensweisen zu konkretisieren, in denen sich die erworbene musikalische Einstellung niederschlägt. Eine völlige Separierung von auf Einstellungen beruhenden Verhaltensweisen, der Ausschluß von durch andere Lernvorgänge gewonnenen Verhaltensaspekten, bereitet methodisch erhebliche Schwierigkeiten.

Zunächst wird hier der Versuch unternommen, musikbezogene Rollenfixierungen als Lernergebnisse im Sinne von Verhaltensweisen als beobachtbaren Niederschlag stattgehabter Einstellungs-Lernvorgänge aufzuweisen; es werden geschlechtsspezifische musikalische Verhaltensweisen betrachtet, in bezug auf Musik erkennbare Unterschiede der männlichen und der weiblichen Rolle. Die Sozialwissenschaften haben den Begriff der Rolle eingeführt und einen definitorischen Konsensus hergestellt, demgemäß Rollen „Bündel von Erwartungen (sind), die sich in einer gegebenen Gesellschaft an das Verhalten der Träger von Positionen knüpfen". Rollen bedeuten Richtschnuren des Verhaltens; das Vorhandensein einer Rolle läßt einen Rollenträger wissen, was von ihm erwartet wird. R. Dahrendorf bestimmt drei Merkmale des Rollenbegriffes: Rolle ist ein vom Einzelnen prinzipiell unabhängiger Komplex von Verhaltensvorschriften, der Inhalt einer Rolle wird nicht vom Einzelnen, sondern von der Gesellschaft bestimmt und verändert, und Rollen sind Bündelungen von Verhaltenserwartungen, die dem Einzelnen mit einer gewissen Verbindlichkeit des Anspruchs begegnen, so daß er sich ihnen nicht ohne Schaden entziehen kann (Dahrendorf, 1967). Die Jugendsoziologie hat die Bedeutung der Eltern für die Rollenzuweisung ihrer Kinder dargestellt, die Einwirkung der Motive der Eltern auf die der Kinder, die Auswirkungen auf die Wahl von Schule, Freundeskreis und Jugendorganisationen; einem Kind oder Jugendlichen wird durch die Eltern, durch die Familie, eine bestimmte Rolle hinsichtlich seiner Ausbildung, seiner Berufserwartungen, aber auch hinsichtlich seiner Stellung in der Familie „angesonnen" (Stouffer, 1962; Kob, 1963; Rosenmayr, 1969). Die Erziehungswissenschaften haben daraus die Bedeutung der Sozialisation bestimmt; die Sozialisation als der Prozeß der Eingewöhnung in die für eine Gesellschaft gültigen Normen vermittelt auch die Rolle bzw. Rollen, deren Erfüllung von dem Kind und dem Jugendlichen erwartet werden (Wurzbacher, 1963; Fend, 1972; Walter, 1973–1975; Nave-Herz, 1977; Hurrelmann und Ulich, 1980).

Es gibt unterschiedliche Arten von Rollen; eine von ihnen ist die Geschlechtsrolle. In dem Prozeß des Rollenerwerbs im Rahmen der Sozialisation lernen Jungen und Mädchen auch das von ihnen eben als Junge oder Mädchen erwartete Verhalten. Zu diesen spezifischen Erwartungen an die männliche und die weibliche Sozialgruppe gehören auch jeweilige Eigenarten des musikalischen Verhaltens. Diese geschlechtsspezifischen musikalischen Verhaltensweisen, in dem sozialen Vermittlungsprozeß männlicher und weiblicher Rollen enthalten und übereignet, sind beobachtbare Ergebnisse stattgefundener Lernvorgänge im Bereich der Einstellungen. Für den gesamten Komplex der geschlechtsspezifischen Rollen von Mann und Frau ist jedoch mitzudenken, daß die Diskussion darüber, was angeboren und was durch Umwelt bestimmt ist, zwar zu dem Konsensus der zahlreichen beteiligten Forschungsgruppen geführt hat, daß der Mensch sowohl Ergebnis seiner Erbanlagen wie seiner Umwelt ist. Man weiß auch, daß Erb- und Umweltfaktoren nicht additiv, sondern interaktionell zusammenwirken, daß wahrscheinlich zu Beginn einer Stammesgeschichte die genetischen Faktoren dominieren, im weiteren Verlauf der Stammesgeschichte dagegen die Lernwirkungen evolutionieren. Doch es ist bis heute noch nicht möglich, angeborene und anerzogene Faktoren des menschlichen Verhaltens aufzuschlüsseln. Demgemäß lassen sich auch bei „typisch männlichen“ und bei „typisch weiblichen“ Verhaltensweisen, damit auch bei solchen die auf Musik bezogen sind, Faktoren, die durch Lernvorgänge erworben werden, nicht mit Sicherheit von angeborenen Faktoren trennen (Hübsch und Reininger, 1931; Schlesinger, 1933; Hansen, 1965; Dannhauer, 1973).

Unterschiede der musikalischen Verhaltensweisen von Jungen und Mädchen sind in großer Zahl und mit hohem Grad an Übereinstimmung nachgewiesen worden. Der Umfang der Untersuchungsmaterialien erklärt sich daraus, daß bei Prüfungen musikalischer Fähigkeiten in der Regel eine geschlechtsspezifische (wie auch eine altersspezifische) Auswertung erfolgt. Eine vergleichende Interpretation der vorhandenen Daten unter dem Aspekt geschlechtsspezifischer Unterschiede wurde bisher noch nicht vorgenommen; sie stellt eine spezielle und umfangreiche Forschungsaufgabe dar. Bei aller Begrenztheit der Aussagefähigkeit ausgewählter Einzeluntersuchungen dürfen wohl doch – hypothetisch – einige Tendenzen gezeigt werden. Die erste ist, daß in Tests musikalischer Leistungsfähigkeiten die geschlechtsspezifischen Unterschiede gering sind. Betrachtet man beispielsweise den Bentleyschen Test, so ergeben die Daten, daß im Gedächtnistest keine nennenswerten Unterschiede zwischen den Ergebnissen der Jungen und Mädchen erkennbar sind, daß ebenso im Test zur Tonhöhenunterscheidung kein bedeutsamer Unterschied festzustellen ist. Zusammenfassend für den gesamten Test wird hinsichtlich des Einflusses des Geschlechtes ausgesagt, daß die Ergebnisse für insgesamt 590 Jungen und 566 Mädchen zwischen acht und zwölf Jahren keinen Anhaltspunkt für einen solchen Einfluß ergeben; der Durchschnittswert der Jungen liegt bei 30.1 Punkten, die Mädchen erreichen im Durchschnitt 30.9 Punkte (Bentley, 1973 a). Als zweite Tendenz darf angesehen werden, daß in einem speziellen Bereich, dem Singen, auffällige geschlechtsspezifische Unterschiede zutage treten. Mehrere Untersuchungen (Gould, 1969; Bentley, 1973 a; Roberts und Davies, 1975) zeigen, daß unter den Versuchspersonen, die nach Meinung der Lehrer Singprobleme haben, die männlichen gegenüber den weiblichen weitaus überwiegen, und zwar bereits im Alter von vier Jahren und nachgewiesen bis zum Alter von achtzehn Jahren. Diese Unterschiedlichkeit der Singleistungen kann Ursache unterschiedlicher Ergebnisse in der musikalischen Gesamtbewertung von Jungen und Mädchen werden, so bei G. Révész, der melodische Reproduktionsaufgaben in seinen Test einbezieht (Révész, 1982).

Während bei musikalischen Leistungsmessungen, außer bei vokaler Reproduktion, tendenziell von geringer Unterschiedlichkeit zwischen Jungen und Mädchen gesprochen werden kann, ergibt sich ein völlig anderes Bild, wenn man nach dem Grad der geschlechtsspezifischen Unterschiede bei musiksozialen Verhaltensweisen fragt. F. Klausmeier zeigt 1968 mit Daten aus einer Befragung von 622 Jungen und 418 Mädchen im Alter von vierzehn bis zwanzig Jahren gerade in diesem musiksozialen Bereich erhebliche Verhaltensunterschiede zwischen den Geschlechtern auf. Jungen hören mehr Musik als Mädchen, sowohl bei den Schularbeiten als auch bei der beruflichen Arbeit; doppelt soviel Jungen als Mädchen besitzen eigene Musikgeräte. Mädchen ziehen dagegen häufiger als Jungen den Konzertsaal der technisch vermittelten Musik vor, Mädchen spielen häufiger ein Instrument, erhalten mehr Instrumentalunterricht und singen lieber. Auch hinsichtlich der musikalischen Präferenzen werden geschlechtsspezifische Unterschiede festgestellt; das Interesse der Jungen ist stärker auf Schlagermusik gerichtet, bei den Mädchen werden in höherem Maße Volkslieder, Volksmusik und klassische Musik genannt. Die Befragung nach den familiären Bedingungen ist aufschlußreich: Brüder singen selten zusammen, Mädchen werden durch Brüder am Singen gehindert; musikalische Interessen der Jungen werden von außerfamiliären Bindungen bestimmt, bei Mädchen zeigt sich Musik als enger an die Familie gebunden (Klausmeier, 1968).

Auch D. Wiechell belegt mit den Ergebnissen einer Befragung von 2281 Mädchen und 2376 Jungen im Alter von zwölf bis zwanzig Jahren auffällige geschlechtsspezifische Unterschiede des musikalischen Verhaltens. Daß sie inhaltlich nicht kongruent sind mit den Unterschieden, die F. Klausmeier feststellte, spricht für die Abhängigkeit dieser musikalischen Verhaltensweisen von zeitspezifischem sozialem Kontext; denn zwischen der Mitte der fünfziger Jahre, dem Erhebungszeitraum F. Klausmeiers, und den siebziger Jahren, als D. Wiechell ihre Daten erhob, vollzogen sich grundlegende Veränderungen der musiksozialen Situation, die das an sich bleibende Prinzip geschlechtsspezifischer Unterschiede des musikalischen Verhaltens inhaltlich modifizieren. Gemäß D. Wiechell hören die Mädchen mehr Schlager als die Jungen (Verhältnis 57 : 43); Mädchen an Real- und Berufsschulen sind vor allem Publikum für Soft-Rock, während die Jungen den Hard-Rock präferieren. Für das Musik-Hören während der Schularbeiten zeigt sich nun kein geschlechtsspezifischer Unterschied mehr, aber in der Einstellung zur Lautstärke; Jungen tendieren zu höherer Lautstärke. Gerade bei den Hörgewohnheiten ist jedoch der Überlappung geschlechtsspezifischer und schichtenspezifischer Unterschiede besondere Aufmerksamkeit zu widmen. Die höhere Zahl von Mädchen in Chor und Orchester gegenüber einer höheren Zahl von Jungen in Beatbands hat sich für den Zeitraum zwischen F. Klausmeier und D. Wiechell als dauerhafter geschlechtsspezifischer Unterschied erwiesen. Bei der Beliebtheit einzelner Hits zeigen sich keine geschlechtsspezifischen Unterschiede, das Fan-Verhalten ist bei Mädchen wesentlich häufiger zu beobachten als bei Jungen (Wiechell, 1977). Betreffs Chorsingen und Instrumentalunterricht gibt es internationale Bestätigungen geschlechtsspezifischer Unterschiede: Mädchen singen häufiger im Chor und nehmen häufiger an Instrumentalunterricht teil. Diese Unterschiede zeigen sich auch bei Jungen und Mädchen, in deren Elternhaus in gleichem Maße instrumental musiziert wird (Thackray, o.J.).

Die Beobachtung geschlechtsspezifischer musikalischer Präferenzen kann eine alte Tradition vorweisen. Schon E. Walker stellt für Mädchen im zweiten Schuljahr eine bei gleichaltrigen Jungen nicht zu beobachtende Bevorzugung von Wiegenliedern fest, vom fünften Schuljahr an nur bei Mädchen die Vorliebe für sentimentale Lieder; im achten Schuljahr lieben Mädchen sentimentale Lieder, während Jungen nun sowohl Märsche wie sentimentale Lieder mögen. Bei formal-ästhetischen Urteilen zeigen

Jungen und Mädchen in den ersten vier Schuljahren keine Unterschiede, doch vom fünften bis achten Schuljahr geben Jungen mehr formal-ästhetische Urteile ab als Mädchen, während Mädchen in der Feinfühligkeit und Sicherheit der Beurteilung den Jungen der gleichen Stufe überlegen sind. Bei Mädchen wird auch eine größere Vorliebe für Melodien in Moll festgestellt und daraus gefolgert, daß das weibliche Geschlecht „wohl überhaupt eine größere Neigung zu einer psychischen Reaktion nach der Seite der Rührung" zeige, „während die Knaben noch mehr das frische Draufgängertum lieben" (Walker, 1927).

Variationen dieser Ergebnisse geschlechtsspezifischen musikalischen Verhaltens, in verdächtiger Nähe zu verbreiteten Denkklischees über männliches und weibliches Verhalten stehend, werden durch Untersuchungen mit unterschiedlichen methodischen Ansätzen erbracht, die auf ihre Weise Wege in einen komplizierten und methodisch unterschätzten Forschungszweig aufschließen. H. Elsner zeigt, daß Mädchen mehr „Singgelegenheiten" wahrnehmen als Jungen und insgesamt singfreudiger sind als Jungen (Elsner, 1972). Geschlechtsspezifische Unterschiede in bezug auf Singen erbringen auch die Untersuchungen E. Klusens über bevorzugte Liedtypen und zur Situation des Singens in der Bundesrepublik Deutschland; Frauen kennen mehr Lieder und nehmen mehr Singgelegenheiten wahr. Wenn sich auch für E. Klusen keine getrennten Gruppen von Frauen- und Männerliedern ergeben, so zeigen sich doch auch in seinen Ergebnissen unterschiedliche Liedpräferenzen. Als von Frauen bevorzugt erscheinen Abendlieder, Weihnachtslieder mehr kindlichen Charakters, sanftere geistliche oder weltliche Lieder aus der Jugendbewegung bzw. aus der von ihr beeinflußten Schulmusikreform um 1925, während Männer kräftige geistliche oder weltliche Lieder aus der ungebrochenen Tradition des 19. Jahrhunderts häufiger nennen (Klusen, 1970, 1971 und 1975). Die gleichen Tendenzen unterschiedlichen musikalischen Geschmacksurteils bei männlichen und weiblichen Versuchspersonen zeigen sich auch bei Musikrezeption. W. Kral, K.H. Rudloff und M. Teiner, die speziell Kinder der ersten und zweiten Schulstufe untersuchen, kommen zu dem Ergebnis, daß in der musikalisch-akustischen Rezeptionsfähigkeit keine statistisch signifikanten Unterschiede zwischen Jungen und Mädchen nachzuweisen sind, aber bei den Hörpräferenzen Unterschiede zutage treten: Mädchen bevorzugen gegenüber den Jungen statistisch signifikant sentimentale Musik. Die Autoren fragen sich – und treffen damit unser Problem –, ob das Auftreten dieser spezifischen Verhaltensweisen biologisch bedingt sei oder anerzogenes Rollenverhalten manifestiere (Kral u.a., 1973). Auch P. Brömse und E. Kötter weisen den gleichen geschlechtsspezifischen Unterschied musikalischen Verhaltens, die Bevorzugung des sentimentalen Schlagergenres von Mädchen gegenüber Jungen, nach; Folklore und elektronische Musik werden dagegen von den Jugendlichen beider Geschlechter übereinstimmend rezipiert (Brömse und Kötter, 1971). W. Wildgrube belegt für männliche und weibliche Musikhörer Unterschiede in Struktur und Intensität der Gefühlsregungen bei denselben Stücken (Wildgrube, 1974).

Die Reihe der Fakten ließe sich ergänzen und fortsetzen, doch erscheint es schon als berechtigt, als die bestimmende Tendenz der Untersuchungsergebnisse zu bezeichnen, daß geschlechtsspezifische Unterschiede von musikalischen Verhaltensweisen weniger im Bereich musikalischer Leistungsfähigkeiten – hier sind sie allein in der Singfähigkeit nachgewiesen worden – als vielmehr im Bereich musikalischer Einstellungen vorhanden sind. Gerade die Aneignung von Einstellungen erfolgt jedoch in großenteils unbewußt bleibenden, durch das soziale Umfeld sich vollziehenden Lernvorgängen, die in gesellschaftliches Verhalten einüben; die musikalische Einstellungen vermittelnden Lernvorgänge stehen im Kontext der Lernvorgänge zur Aneignung sozialer Rollen. Es stellt sich die Frage, inwieweit die geschlechtsspezifischen Unterschiede musikalischer Verhaltensweisen integrierter Bestandteil erlernter männlicher und weiblicher Rollen sind, inwieweit mit der Aneignung der Geschlechtsrollen das jeweilige geschlechtsspezifische musikalische Rollenverhalten mitgelernt wird, das in den Lernergebnissen der nach Geschlecht verschiedenen musikalischen Verhaltensweisen beobachtbar wird.

An unterschiedlichen Materialien läßt sich zeigen, wie für die beiden unterschiedlichen Geschlechtsrollen konditioniert wird. Dies sind zunächst umfangreiche Forschungsergebnisse aus verschiedenen Bereichen, vor allem aus Biologie, Psychologie und Soziologie. Ohne Einzelergebnisse zu überschätzen, ist doch bedenkenswert, daß schon bei Säuglingen erhebliche Unterschiede in den Erziehungsstrategien der Eltern für Jungen und Mädchen zu beobachten sind. Sie reichen von der Bevorzugung attraktiver, neuartiger Reizmuster für männliche Säuglinge, der Bevorzugung optischer Materialien für Jungen und akustischer Materialien für Mädchen (Bossard, 1945; Oakley, 1972; Moss, 1973) über frühzeitige Unterschiede in der Förderung von Selbständigkeit bei kleinen Jungen (Lehr, 1972) und Unterordnung bei kleinen Mädchen (Belotti, 1975) bis zu Unterschieden im Spielzeug gemäß Geschlechtsunterschieden (Dannhauer, 1973; Belotti, 1975) und den geschlechtsspezifischen Unterschieden in den frühen Spielformen, insbesondere den Rollenspielen (Hübsch und Reininger, 1931). Schulbücher und Medien setzen die frühe Erziehung durch die geschlechtsspezifischen Rollenmodelle von Junge und Mädchen, Mann und Mutter fort (Silbermann und Krüger, 1971). Für viele Lerngebiete ist bereits gezeigt worden, wie diese frühe geschlechtsspezifische Rollenfixierung wirksam wird; besondere Aufmerksamkeit fanden diese Auswirkungen geschlechtsspezifischer Rollen auf politischem Gebiet (Hyman, 1959; Dawson und Prewitt, 1969) und auf dem Gebiet allgemeiner Leistungsorientierung (Gottschaldt, 1980).

Ein Quellenmaterial, aus dem man (auch) die erzieherischen Strategien zur Einübung in geschlechtsspezifische Rollen ablesen kann, sind die deutschen Kinderlieder, ein musikalisches Sozialisationsmittel par excellence (Abel-Struth, 1974 d). Diese Rolleneinübung beginnt schon mit Wiegenliedern wie „Schlaf, Kindlein schlaf", die das Kind nicht nur an die Rollenverteilung von (aushäusigem) Vater und (wartender) Mutter gewöhnen, sondern für Mädchen wie Jungen die soziale Situation von der Kinder hütenden Mutter tradieren. Die Zuchtlieder („Die Rute, die Rute, was macht man damit? Man klopft die Buben. Warum nicht die Mädchen? Das wär' eine Schand, die folgen von selber und spinnen Gewand") üben in das von Jungen und Mädchen erwartete Verhalten ein. Auch Spottlieder sprechen eine unmißverständliche Sprache: „Müller, Müller, Mahler, Buben kost'n Taler, Mädchen kost'n Taubendreck, schafft mir nur die Mädchen weg!" (Böhme, 1897). Die pädagogisch empfohlenen Kinderliedtexte sind voller Rollenmuster; die Jungen sind wacker und unternehmungslustig, die Mädchen still und tugendhaft („Ohne Sitten ist kein Mädchen wohlgelitten; still und tugendhaft zu seyn macht die kleinen Mädchen fein!"; Burmann, 1777). Das zeitgenössische Kinderlied hat diese tradierten Rollen aufs Korn genommen und fragt: „Wer sagt, daß Mädchen dümmer sind?" (Kuhnke, 1973). Das Kinderlied ist insgesamt ein beachtliches Hilfsmittel zur Einübung in die geschlechtsspezifischen Rollen, die eine Gesellschaft an ihre Kinder vermitteln möchte.

Die Materialien, die die gesellschaftliche Absicht und Lenkung zur frühzeitigen Aneignung der männlichen wie der weiblichen Geschlechtsrolle belegen, sind höchst umfangreich. Manche lassen eine besondere Relevanz für das Erlernen auch musikalischer geschlechtsspezifischer Rollen erkennen, beispielsweise die Materialien zur unterschiedlichen Handhabung frühkindlicher Verbalität nach Geschlechtern (Dannhauer, 1973; Belotti, 1975). Doch ist auch die Vermittlung von spezifisch musikalischen geschlechtsspezifischen Rollen aus der musikpädagogischen Literatur zu belegen. Die Unterschiedlichkeit der Zielvorstellungen für den Musikunterricht von Jungen und Mädchen reicht weit in die Geschichte zurück, ursprünglich bestimmt durch die nur Jungen vorbehaltenen musikalischen Aufgaben in der Kirche. Dies bildet eine Tradition unterschiedlichen musikalischen Anspruches an Jungen und Mädchen. Musikalisch-inhaltliche Unterschiede des Musikunterrichts für Jungen und Mädchen im Interesse eines unterschiedlichen Erziehungszieles für die Geschlechter zeigt J.J. Rousseau an Emile und Sophie (Rousseau, 1907–1913). Das gleiche Prinzip verfolgte die Schule des 19. Jahrhunderts mit der Auswahl unterschiedlicher Lieder für Jungen und Mädchen. Die dabei bestimmenden Aspekte nennt L. Erk im Vorwort seines „Deutschen Liedergartens", einer Liedsammlung für Mädchenschulen: „Das Mädchen muß der Vaterlands-, Wander-, Jägerlieder usw. entbehren, darum haben wir ihm einigen Ersatz zu gewähren versucht durch Blumenlieder" (Erk, 1852–1863). Die Unterschiedlichkeit geschlechtsspezifischen musikalischen Rollenverständnisses reicht von den Schülern bis zu den Lehrern. Noch 1907 wird in preußischen Prüfungsbestimmungen für künftige Gesanglehrer von den männlichen Kandidaten eine Komposition verlangt, von den weiblichen dagegen nur die Umarbeitung eines vorgegebenen Satzes (Güldner, 1913). Das Quellenmaterial für diesen Bereich geschlechtsspezifischer musikalischer Rollen ist ergiebig, erste monographische Studien liegen vor (Krille, 1938), teilweise auch mit dem Vorwurf der Benachteiligung der Frauen verbunden (Rieger, 1981).

Die dargestellten Fakten der Unterschiede männlicher und weiblicher musikalischer Verhaltensweisen erscheinen im rollentheoretischen Zusammenhang als Lernergebnisse im Sinne von durch wenig bewußte Lernvorgänge angeeignete Rollen in bezug auf Musik. Es sind Lernergebnisse, die – neben anderen, auf gleiche Weise im sozialen Feld erworbenen Lernergebnissen – die musikalische Einstellung bestimmen können. Geschlechtsspezifische musikalische Rollen wurden unter den für Einstellungen relevanten Lernergebnissen herausgegriffen, weil sie als Verhaltensweisen beobachtbar sind und damit einen Beleg für die frühe Entstehung musikalischer Lernergebnisse mit ihrer weiterwirkenden Bedeutung abgeben können. Daß sie auffällig nur in einem einzigen Bereich musikalischer Leistungsfähigkeiten nachweisbar sind, dem Singunterschied zwischen Jungen und Mädchen, im übrigen aber auf den Umkreis musikalischer Einstellungen begrenzt bleiben, berechtigt zu der Frage, ob auch der Singunterschied als Rückfluß stattgehabter früher Unterschiedlichkeit von Singerwartungen an Jungen und Mädchen und damit aus elterlicher Einstellung erklärbar sein könnte. Geschlechter-Stereotype von „männlich" und „weiblich" (Hofstätter, 1966) wirken wohl nicht nur auf die Präferenzen für musikalische Stilgruppen ein, damit das männliche und weibliche Urteil beeinflussend, sie können ebenso auf die elterliche Singerziehung von Jungen und Mädchen einwirken und Lust oder Unlust am Singen bewirken. Unbewußte positive und negative Sanktionen vermögen diese Lernvorgänge zu bewegen und die nach Geschlechtern unterschiedlichen Ergebnisse zu erklären, die damit als Teil geschlechtsspezifischer Rollenaneignung mit besonderem Bezug zu Musik anzusehen sind. Doch erlauben die Belege für die Aneignung geschlechtsspezifischer musikalischer Rollen im Sinne von musikalischen Verhaltensweisen als Lernergebnissen die Frage nach der Entstehung weiterer musikalischer Verhaltensweisen, die ebenfalls nicht allein vorgegeben, sondern in einem näher zu bestimmenden Grad eben auch Lernergebnis sein können.

1.2 Musikbezogene Werthaltungen

Wie die musikbezogenen Rollen so sind auch die Werthaltungen gegenüber Musik Lernergebnisse aus den wenig bewußt sich vollziehenden Lernvorgängen, in denen der Mensch vor allem durch Anregung aus seinem sozialen Umfeld Einstellungen, auch musikalische Einstellungen gewinnt. In der praktischen Musikpädagogik begegnet man musikbezogenen Werthaltungen in jeder Unterrichtsstunde. Sie kommen in musikalischen Werturteilen, der Lehrer wie der Schüler, zum Ausdruck. Die Musiklehrer leben recht und schlecht mit diesen musikalischen Werturteilen. Die einen nehmen die musikalischen Werturteile ihrer Schüler als höhere Gewalt, die Material, Ziele und Ablauf des Musikunterrichts bestimmt, die anderen versuchen die Werturteile der Schüler gemäß ihren eigenen zu ändern, viele sind bemüht, sich durch Analyse der Begründbarkeit musikalischer Werturteile anzunähern, wohl wissend um die schwierige Problematik, in die sie sich hier verstricken (Dahlhaus, 1970).

Diese musikpädagogischen Probleme führen tief zurück in Wertphilosophie wie Wertpsychologie, reichen ebenfalls in die Werte-Diskussion der Soziologie und sind zusätzlich kompliziert durch die Probleme der Musik als Wert und die Eigenarten musikalischen Lernens. Hier sei nur einführend an die Unterschiedlichkeit der Ansätze in den verschiedenen Disziplinen erinnert. In der Wertphilosophie stehen Fragen des Wertmaßstabes an. Wertmaßstab kann das subjektive Lustgefühl, die Befriedigung eines Bedürfnisses beispielsweise durch Musik sein, damit zu Subjektivismus und Relativismus des Wertes führend. Der Wertmaßstab kann auch aus der Wertphänomenologie gewonnen sein, das Wesen des Wertes in seiner objektiven Geltung begründend; diesem entnimmt das den Wert erfassende Subjekt Aufgaben der Verwirklichung des Wertes, den Auftrag, dem Wert gemäß zu denken, zu urteilen wie zu handeln. Aus traditioneller wertphilosophischer Sicht haben Personen, Dinge, Handlungen nicht an sich Wert, sie erhalten ihn vielmehr erst dadurch, daß wir zu ihnen in Beziehung treten und sie beurteilen. Um dies zu können, ist es notwendig, sie auf ideale Gebilde zu beziehen und an diesen zu messen; diese idealen Gebilde werden als Werte bezeichnet und bilden ein Wertsystem, das unabhängig von Subjektivität ist und absolute Geltung hat. Gegenstand der Wertpsychologie sind die seelischen Vorgänge bei Wertungen, auch ihre Voraussetzungen und ihre typischen Ausprägungen. Aus Sicht der Soziologie sind Werte die Vorstellungen, die sich eine Gesellschaft mehr oder weniger bewußt zu eigen gemacht hat und die das Verhalten des Menschen mitbestimmen, die einer Gruppe oder einem Menschen mehr oder weniger bewußt das gebieten, was wünschenswert sei. Das Wertsystem wird verstanden als das in den verschiedenen Gesellschaften vorhandene Gefüge der jeweils anerkannten Werte. Dieses kulturspezifische Wertsystem befähigt die daran orientierten Menschen, sich für solche Verhaltensweisen in kulturellen Situationen zu entscheiden, die als richtig angesehen werden; der Mensch selbst vermeint richtig zu denken und zu fühlen. Das Zurechtfinden in einem fremden kulturellen Bereich ist so schwierig, weil das kulturspezifische Wertsystem nicht vertraut ist, und es darum dem Menschen nun schwer fällt, seine Entscheidung für die richtige Verhaltensweise zu treffen. Die hohe Bedeutung der Familie bei der

Vermittlung des Wertsystems ist umfassend nachgewiesen worden (Claessens, 1972).

Die Vermittlung der Werte einer Gesellschaft wie auch deren Einstellung zu Werten hat eine umfangreiche erziehungswissenschaftliche Literatur hervorgebracht. Neben Jugend-Untersuchungen (Kesselring, 1919; Jaide, 1961; Bertlein, 1964) und der Problematisierung der Werterziehung (Breslauer u.a., 1978; König, 1978) liegt ein Schwerpunkt auf Fragen der Entwicklung von Werthaltungen. Die zahlreichen Untersuchungen und Zusammenfassungen zeigen in Übereinstimmung, daß erst mit der Pubertät Werthaltungen möglich werden. Doch schon das Kleinkind erlebt Werte, allerdings nicht im Sinne einer internalisierten Werthaltung, sondern als Objektqualität, auch als „operativer Wert“ bezeichnet (Morris, 1956). Das Objekt ist der Träger des Wertes, das Objekt hat Wert, wenn es dem kleinen Kind Befriedigung verschafft. O. Kroh spricht demgemäß von der ökonomisch-vitalen Bevorzugung, vom affektiven Wertschätzen des kleinen Kindes (Kroh, 1940), H. Remplein von vitalen Annehmlichkeits- und Nützlichkeitswerten (Remplein, 1965). Diese früheste Art des Wertens entspringt organischen Spannungs- und Entspannungszuständen. Doch schon gegen Ende des ersten Lebensjahres beginnt sich das Wertverhalten des Kindes zu ändern, nämlich wenn das soziale Lernen einsetzt; jetzt erfährt das Kind Zustimmung und Ablehnung, Lohn und Strafe, und merkt, ob die Umgebung sein Wertverhalten, seine Wertwahl, billigt oder nicht. Während zuerst die kindliche Wertwahl nur in dem Kind selbst liegt, beginnt sie sich mit dem Einsetzen des sozialen Lernens an der Umgebung zu orientieren (Oerter, 1966). Mit der weiteren Entwicklung der kognitiven Funktion lernt das Kind zunehmend, Werte im Sinne anzustrebender Ziele zu internalisieren, Werthaltungen zu entwickeln, daraus Urteil zu bilden. Man nimmt an, daß diese als individuell empfundene Werthaltung weitgehend durch die umgebende Kultur determiniert wird. Immer mehr bilden sich Werte auch als Begriffe heraus, die das Verhalten des heranreifenden Menschen steuern. H. Rempleins ebenso vereinfachende wie verdeutlichende zeitliche Reihenfolge der Werteentwicklung (Annehmlichkeits- und Nützlichkeitswerte, Wissenswerte und Erkenntniswerte) sieht erst den Heranwachsenden in der Vorpubertät als fähig an, Erkenntniswerte zu bilden (Remplein, 1965). Entscheidend ist, daß, abgesehen von den frühesten Annehmlichkeits- und Nützlichkeitswerten, alle Werte schon von der frühen Kindheit an in die Werthaltungen eingehen; in der Pubertät erst kommt es zur Auseinandersetzung mit Wertauffassungen bzw. mit den bisherigen Autoritäten für die Wertauffassung. Nun werden neue Autoritäten bestimmend; für den Jugendlichen sind es zumeist die Gruppen der Gleichaltrigen, unter deren Einfluß auch die Werthaltungen heute wohl fast regelhaft Veränderungen unterworfen werden.

Solche, aus entwicklungspsychologischem Stufendenken erwachsenen Vorstellungen rufen sofort die Frage wach, ob und inwieweit die Wertentwicklung anderweitigen Determinationen unterliegt. Hier gebührt der Frage der epochalpsychologischen Determinante in der Wertentwicklung besondere Aufmerksamkeit; denn über idealtypischen Vorstellungen von Wertentwicklung, gebildet aus Erfahrungen der Vergangenheit, wird leicht die Eigenart der aktuellen Phänomene zu stark im Vergleich mit tradierten Vorstellungen und einem daraus gewonnenen Maßstab dargestellt. Gerade die Wertproblematik des heutigen Jugendlichen wird man nur unter epochalpsychologischem Aspekt verstehen können. Die Gesellschaft von heute ist eine andere als die der ersten Jahrzehnte unseres Jahrhunderts; die Wertbasis, die Hierarchie der tragenden Werte, die Werthaltung haben sich gegenüber früheren Zeiten offensichtlich geändert. Die empirische Sozialforschung hat Daten erbracht, die Trends erkennen lassen, die sich vor allem auch in der jugendlichen Werthaltung niederschlagen. Beschrieben wurden vor allem Phänomene wie der Rückgang der Wertschätzung beruflich-leistungsorientierter Haltungen zugunsten „privatistisch-hedonistischer Haltungen", Rangreduktion von Aufstiegsstreben und Unternehmungslust zugunsten einer Einstellung auf Wohlstandsdenken und öffentlicher Daseinsvorsorge, die Rangerhöhung extravertierter gegenüber introvertierter, kontemplativer Haltungen (Kmieciak, 1976).

Vor diesem Hintergrund ist der vielgenannte Rückgang ästhetischer Werthaltungen zu sehen. Der ästhetische Wert spielt heute gemäß den experimentellen Untersuchungen R. Oerters im Erleben der Heranwachsenden keine große Rolle: Er wird im Durchschnitt aller Altersstufen als unwichtigster Wert eingeschätzt, doch wächst seine Bedeutung mit zunehmendem Alter (Oerter, 1966). Daß dieses Ergebnis wahrscheinlich in hohem Maß zeit- und schichtspezifisch abhängig ist, zeigt ein Blick in die historische Jugendpsychologie E. Sprangers, die von der gymnasialen Oberstufe der zwanziger Jahre ausgeht. Hier wird es als charakteristisch für die Jugendphase angesehen, daß nun eigenes Werten beginnt, „weil eigenes Sinnerleben und eigenes Urteilen eingesetzt hat . . . Es beginnt eigenes Kunstschaffen . . . mit den Entwicklungsjahren (erwacht) das eigentliche Kunsterleben, das sich über einfache Sinnenfreude und Gegenstandslust erhebt". Hier erhält auch der musikalische Wert Raum: „Der durchschnittlich begabte Jugendliche gewinnt erst mit den Pubertätsjahren der Musik einen eigentlichen seelischen Gehalt ab" (Spranger, 1930). Gegenwärtige Schriften zum ästhetischen Verhalten von Jugendlichen lassen die Einschätzung eines ästhetischen Wertes bei Jugendlichen in völlig anderem Licht erscheinen. Der Jugendliche ist in der Regel heute nicht auf „eigenes Kunsterleben" eingestellt, sondern sucht Entlastung, Gruppennähe, Ausdrucksmöglichkeit. Musik ist begehrt, aber nicht als ästhetischer Wert, sondern zur Steigerung, auch zur Normierung von Lebensgefühlen, von Liebe, Traurigkeit, Naturempfindung, Bewunderung und Ablehnung. Musik hat als ästhetischer Wert für den Jugendlichen von heute weitgehend an Interesse verloren. Es geht ihm vielmehr darum, seine eigene und seine altersspezifische Welt abzugrenzen. Man darf sagen, daß Musik für den Jugendlichen von heute weniger ästhetischer Wert als vielmehr sozialer Zweck ist (Baacke, 1968 und 1972; Hartwig, 1980). Doch die ästhetischen Werthaltungen sind differenziertere Phänomene als der Niederschlag in einzelnen Verhaltensweisen erkennen läßt. Zudem sind die historischen Dimensionen für einen Vergleich noch zu wenig erschlossen. Ein erster Blick auf das musikalische Verhalten verschiedener Jugendgenerationen zeigt bereits, daß man schwerlich von einer gleichbleibenden ästhetischen Werthaltung bei Jugendlichen über die Zeiten hinweg sprechen kann; Milieu und Epoche sind mit Sicherheit Determinanten menschlicher Werthaltung (Engelmayer, 1978). Die in besonders hohem Maße erforschte Entwicklung moralischer Werthaltungen bei Kindern und Jugendlichen belegt jedoch, daß die epochal- wie auch die milieupsychologische Relativität von Werthaltungen zwar vorhanden ist, daß sie aber auch nicht überschätzt werden darf. Die jugendspezifische Gesetzlichkeit in der Entwicklung des Wertbewußtseins scheint – nach F. Weinert – stets gültig zu sein (Weinert, 1967).

Alle diese Ansätze, Denkmodelle, Beobachtungen schlagen in der Musikpädagogik irgendwie zu Buche, doch weniger aus Beschreibungen heraus abwägend als vielmehr das Einzelne herausgreifend und die spezielle Denkweise forcierend. Zunächst hat man sich auf einen äußerst eingeengten Wertbegriff eindiskutiert. Wenn auch die Zahl der

Bedeutungsvarianten des Wertbegriffes hoch liegt (nach R. Lautmann, 1969, lassen sich allein in Fachpublikationen 180 solcher Varianten nachweisen) und dadurch der Wertbegriff, auch durch die Vielzahl synonym gebrauchter Begriffe, schwer abgrenzbar ist, so ist dennoch im musikpädagogischen Bereich darum von einer Einengung zu sprechen, weil man hier im wesentlichen auf die Objekt-Dimension des Begriffes abgestellt hat, auf Musik als Wert; es ist ein objektionaler Wertbegriff, demzufolge der Wert eine realen Gegenständen zugehörige oder zugesprochene Qualität darstellt. Er wird auch als externaler Wertbegriff gegenüber dem internalen (personalen) Wertbegriff bezeichnet (Rockeach, 1973). Der Wert, auf ein Objekt bezogen, liegt darin, wieviel und welches Erlebnis das Objekt vermittelt, wieviel sonst nicht zu gewinnende Erkenntnis (Oerter, 1966). Die Verhaftung musikpädagogischen Wertdenkens an den Objekt-Wert Musik führte zu der folgenreichen Verquickung von Musikunterricht mit der – im Ursprung methodologischen – sozialwissenschaftlichen Werte-Diskussion, zu der kurzschlüssigen Übernahme hypothetischer Wertfreiheit und deren Umsetzung als Aufhebung der Werte in einem aktuell erscheinenden musikalischen Material-Pluralismus. In einer komplexen, künftig gründlicher zu analysierenden Weise werden aktuelle Formeln der musikalischen Wertfreiheit verstärkt durch Abwehr traditioneller Formeln wie „wertvolle Musik", „musikalisches Bildungsgut" u.a. Denn wie alle Objektwerte ist auch Musik als Wert in der Bildungstradition intentional verknüpft mit Bildungswerten, sittlichen Pflichtwerten; der Wert von Musik lag in der Tradition auch darin, daß sie wie alle künstlerischen Werte zu Bildung und Formung des Menschen beitragen sollte. Die musikpädagogische Konzentration des Wertdenkens auf den Objekt-Wert von Musik verquickte Musik in der Vergangenheit mit Bildungswerten und macht sie in der Gegenwart, durch die Verquickung mit einer mißverstandenen Wertfreiheit, musikdidaktisch vogelfrei.

Die Verquickung objektbezogenen Wertdenkens mit mißverstandener Wertfreiheit führte zu einer weitreichenden materialen Verwirrung des Musikunterrichts: hier die Klage über den Verlust musikalischer Werte, dort Beschwerde über die Verweigerung der Gleichheit alles Hörbaren. Der bequemste Weg durch diese Verwirrungen hindurch wird durch die Zauberformel vom musikalischen Pluralismus eröffnet. Tatsächlich gehört die Bindung des musikalischen Objekt-Wertes an das musikalische Bildungsgut in das Denken einer vergangenen Epoche. Mit den ewigen Werten von einst wurde auch Musik Teil einer zersprungenen Welt, die heute von den gesellschaftlichen Mächten zu einem neuen Muster durcheinandergerüttelt wird. Doch die Musik als Objekt-Wert muß dabei nicht verloren gehen. Vielleicht ist es nur die Bindung an traditionelle Bildungswerte, deren Verlust auch den einst angebundenen musikalischen Wert beeinträchtigt. Wahrscheinlich geht Musik in der Gegenwart eine engere Bindung mit Sozialwerten ein. Die Beobachtung der jungen Generation legt dies nahe. Wenn Kinder Klavierunterricht abbrechen möchten, lehnen sie vielleicht gar nicht das Klavierspielen ab, sondern die von dem Lehrer verkörperte Werthaltung, die zu der musikalischen Werthaltung der Gleichaltrigen in Widerspruch steht. Wenn Jugendliche die sog. E-Musik auspfeifen, dann ist es der an diese angebundene Bildungs- und Traditionswert, gegen den sie protestieren; das beobachtbare Verhalten ist in hohem Maße aus dem mit dem musikalischen Objekt-Wert intentional verknüpften Sozial-Wert zu erklären. Für Jugend, für junge Menschen in ihrer Gruppe, auch für die persönliche Entwicklung des einzelnen Jugendlichen hat Musik einen hohen Stellenwert, doch eben in dieser Bindung an die in der gegenwärtigen Gesellschaft dominierenden Sozialwerte. Es gibt Belege für die Bedürfnisse des heutigen Menschen nach musikalischen Werten, auch wenn sie – m.E. eben durch eine neue Bindung an Sozialwerte – in so veränderter Weise erscheinen. Der Musikpädagoge hat sich die Frage zu stellen, wie er in diese alternativen musikalischen Werte von heute die Wertsubstanz musikalischer Werke einbringen kann.

Der traditionelle musikpädagogische Weg in Richtung einer Werterziehung ist ebenfalls vom musikalischen Objektwert her konzipiert. Man möchte durch die bessere Kenntnis des Objektes auch zum Sinn für den Wert des Objektes Musik führen. Die Absicht ist, durch verbesserte sachliche Ausbildung zur Versachlichung des musikalischen Urteils zu führen. Die dafür entwickelten Strategien haben mitunter Erfolge gezeigt. Es konnte nachgewiesen werden, daß durch sachspezifische Information und systematische Lernsequenzen die Schülerurteile über Musik positiv zu beeinflussen sind (Schmidt, o.J. [1975]; Bastian, 1980). Mitunter soll es auch gelingen, Schüler durch Sachinformation an jugendspezifischer Musik auch für schwierige Musik mehr zu interessieren. Man hat auch versucht, vor dem Hintergrund der Wertproblematik musikalische Werte als Unterrichtsgegenstand zu behandeln. Aufforderungen zu Geschmackserziehung in der musikpädagogischen Geschichte zeigen, daß das Problem alt ist. Seit M. Alt wird es auch beschrieben (Alt, 1935), in jüngster Zeit auch monographisch angesetzt (Linke, 1977). Ein umfassendes Schrifttum im Bereich musikalischer Unterrichtslehre begründet insbesondere höranalytischen Musikunterricht auch unter dem Aspekt der Hinführung des Schülers zu einem auf Sachkenntnis beruhenden musikalischen Urteil.

Doch die beobachtbaren Phänomene verweisen darauf, daß die Ursachen musikalischer Verweigerung unter den Jugendlichen der Gegenwart tiefer reichen als eine sachinformative Strategie. Das musikpädagogische Problem sind die den musikalischen Werturteilen zugrunde liegenden musikbezogenen Werthaltungen, ihre Entstehung in kaum bewußt verlaufenden Einstellungs-Lernvorgängen, ihre Auswirkung auf die Lernbereitschaft für sachbezogene musikalische Lernvorgänge, die Möglichkeiten der Veränderung solcher früh und fest angeeigneten Werthaltungen in bezug auf Musik und deren Feststellung in veränderten musikalischen Werturteilen. Musikalische Werthaltungen sind Lernergebnisse aus fern vom Musiklehrer sich abspielenden Lernvorgängen. Aber diese musikalischen Lernergebnisse bestimmen Aufmerksamkeit, Interesse, Lernbereitschaft, Intensität des Lernens, Sachgedächtnis – alles, was der Musiklehrer in seinem Musikunterricht anbietet, wird durch die ästhetische Werthaltung seiner Schüler, die in alle Lernbereitschaft eingeht, zu Erfolg oder Mißerfolg gewendet. Die musikalischen Werthaltungen gehen in die musikalische Motivationsstruktur des jungen Menschen ein, werden für seine musikalischen Verhaltensweisen und sein musikalisches Lernverhalten bestimmend, übernehmen die Steuerung der individuellen musikalischen Lernvorgänge aller Art.

Der Schüler hat (soziale) Angst, als Beethoven-Freund angesehen zu werden. Der Musiklehrer scheint mitunter Angst zu haben, nicht als Popfan angesehen zu werden. Die bisher vor allem auf den Objekt-Wert von Musik und die Begründung des musikalischen Urteils durch Sachinformation eingestellte Musikpädagogik wird wohl mehr als bisher die musikalischen Werthaltungen als Lernergebnisse vorausgegangenen Werte-Lernens in den Blick nehmen müssen. Deren durch frühen Erwerb und mehr unbewußte Aneignung aus dem sozialen Umfeld tiefe Verankerung im jungen Menschen wird schwerlich durch pädagogische Anpassung, durch Abholen oder durch kognitive Aufklärung des Schülers zu verändern sein. Der Musiklehrer kann kaum in Konkurrenz treten zu der musikalischen Konsumgenügsamkeit der massenmedialen Gesellschaft. Er benötigt zunächst Einsicht in die Regelhaftigkeiten musikalischer Einstellungs-Lernvorgänge und in die Eigenart der hier entstehenden Lernergebnisse, vor allem in ihrer Bedeutung für das Lernverhalten seiner Schüler in allen sonstigen musikalischen Lernvorgängen. Die praktischen Konsequenzen verweisen auch hier auf die Bedeutung des musikalischen Lernbeginns mit jungen Kindern, auf die Respektierung emotionaler Hinwendung junger Menschen zu Musik, auf den Aufbau der für Musikhören vorauszusetzenden Erwartungsmuster und entsprechender Erlebnisfähigkeit, die stärkere Einbeziehung der sozialen Bedürfnisse junger Menschen. Es wird nicht leicht sein, diese berechtigte Berücksichtigung jugendspezifischer Werthaltungen abzugrenzen gegen solche Kräfte und Triebe, die mit großer Dynamik den Jugendlichen bedrängen, die aber keine Wert-Qualität aufweisen. Gerade der Musiklehrer war in der Phase der Schülerdominanz des Unterrichts, die den lehrerzentrierten Unterricht ablöste, in Gefahr, solche jugendlichen Triebe und Bedürfnisse mit Haltungen gleichzusetzen und darüber den Unterrichtsauftrag auch von Musik nicht konkret zu verwirklichen. Die Aktualitätszwänge für Unterricht haben insgesamt dem jungen Fach Musikpädagogik noch nicht genügend Raum zu grundlegenden Auseinandersetzungen mit seiner speziellen Dimension der Werteproblematik gelassen.

2. Unterscheidungsfähigkeiten[3] für rhythmisch-metrische Merkmale

2.1 Akzentverhältnisse

Das Forschungsinteresse im Bereich der sog. rhythmischen Fähigkeiten hat sich besonders auf Fähigkeiten zur Unterscheidung von Akzentverhältnissen und Fähigkeiten der körperlichen Reproduktion gerichtet. Die Beobachtung der Fähigkeiten in bezug auf Tempo- und Tondauerverhältnisse tritt demgegenüber zurück. Die beim musikalischen Hören beanspruchten Fähigkeiten zum Unterscheiden von Akzentverhältnissen sind einerseits Fähigkeiten zum Identifizieren von Taktarten und andererseits Fähigkeiten, durch die Untergruppierungen, rhythmische Muster, wahrgenommen werden können. Die Forschungsansätze dieses Bereiches wenden sich beiden Aufgaben zu und verwenden vor allem Methoden der Reproduktion und der Identifikation an Vergleichspaaren. Hinsichtlich des Prüfungsmaterials ist die Unterscheidung „reiner" Rhythmen gegenüber rhythmisch-melodischen Mustern von erheblicher Bedeutung.

Die Erforschung rhythmischer Fähigkeiten von 3–6jährigen Kindern durch R. Leibold zielt auf Feststellungen zur Entwicklung der Unterscheidungsfähigkeit für Rhythmen in den ausgewählten Jahrgangsstufen. Die Untersuchungen R. Leibolds beschränken sich auf die Feststellung produktiver und reproduktiver Leistungen, und zwar nur mit „reinen" Rhythmen und „Bewegungsrhythmen". R. Leibold betont den Vorzug der „reinen" Rhythmen, da sie gut übersehbar und einfach seien. Die rhythmischen Reproduktionsversuche R. Leibolds, die hier zur Aussage über die rhythmische Unterscheidungsfähigkeit 3–6jähriger Kinder herangezogen werden, werden mit Vor- und Nachklopfen rhythmischer Teile durchgeführt: viermaliges (für die Versuchsperson unsichtbares) Vorklopfen auf einem Stuhl, sofortiges Nachklopfen des Versuchskindes, viermalige Wiederholungsmöglichkeit, nochmaliges Vorklopfen des gleichen Rhythmusteiles auf einem Tisch, sofortige Reproduktion durch das Kind, Wiederholungen und nochmaliges Vorklopfen, abschließendes „Transponieren" in Händeklatschen. Die Ergebnisse weisen einen deutlichen Unterschied der insgesamt 58 Versuchskinder nach Altersstufen auf. Während die 3jährigen Kinder noch keinen Rhythmus wiedergeben können, reproduzieren alle 5jährigen Kinder mindestens einen der vorgegebenen Rhythmen. Zielrichtung R. Leibolds bleibt jedoch die Konturierung einer ontogenetischen Entwicklungsreihe für Rhythmen. Durch vergleichende Beobachtungen seiner Reproduktionsversuche, auch seiner Produktionsversuche und an Kinderliedmaterial, kommt er zu einer Reihung, die mit einem Sukzessiv-Rhythmus im geraden Takt beginnt; die ersten ungeradtaktigen Beispiele erscheinen noch vor solchen geradtaktigen Beispielen, die Intensitätsakzente aufweisen. Erst nachdem die beiden „Rhythmengeschlechter" (gerade und ungerade) eine erste Festigung beim Kind erfahren haben, folgt eine weitere genetische Stufe (nach Leibold), auf der Intensität als rhythmusbildendes Moment verwendet wird. Der in der Musikdidaktik gerne

3) Teil 2–5: Veränderte und erweiterte Fassung meines Literaturberichtes: Musikalische Hörfähigkeiten des Kindes. In: Abel-Struth, S.; Groeben, U.: Musikalische Hörfähigkeiten des Kindes. Mainz 1979. S. 70 ff. = Musikpädagogik, Forschung und Lehre. Hrsg. von S. Abel-Struth. Bd. 15

als besonders leicht an den Anfang gestellte Zweiertakt (mit Intensitätsakzent auf der ersten Taktzeit) ist aus der Sicht R. Leibolds ein sehr schwerer und genetisch später Rhythmus (Leibold, 1936).

Auch die Untersuchungen von M. Stamback sind auf die Klärung einer Altersstufigkeit der Leistungen des Kindes in der Unterscheidung rhythmischer Muster gerichtet. Sie arbeitet mit 6–9jährigen Kindern, die rhythmische Muster nachklopfen. Sie stellt um das sechste Lebensjahr eine auffallende rhythmische Leistungssteigerung fest, zwischen sechs und neun Jahren eine weitere gleichmäßige Steigerung. 6jährige Kinder können zwar eine begrenzte Folge von Schlägen wiedergeben, können aber rhythmische Untergruppierungen nicht integrieren. Nach dem Alter von acht Jahren gibt es kaum ein Kind, das ihre Muster fehlerhaft wiedergibt, Kinder im Alter von neun Jahren bewältigen auch schon recht schwierige rhythmische Reproduktionsaufgaben (Stamback, 1960).

R. Wagners Test unterscheidet sich von den genannten Versuchen dadurch, daß er nicht auf Altersstufen, sondern auf die Folge der rhythmischen Ereignisse zielt, wie sie vom Kinde nachvollzogen werden kann. R. Wagner ermittelt in Vortests eine Reihung nach Schwierigkeitsgraden und unterzieht anschließend seine 6–10jährigen Probanden mit Reproduktionsaufgaben dieser Reihung. Dies ist die Reihenfolge: Gerade Metren, ungerade Metren, Punktierung, 6/8-Takt, Synkope. Die (allerdings im einzelnen nicht belegten) Feststellungen R. Wagners über die Ergebnisse bei 5000 Kindern besagen, daß schon die 6jährigen Kinder mit ihren Fehlleistungen in der 30%-Grenze bleiben, die Leistungsfähigkeit gemäß Alter stetig zunimmt und Mädchen den Jungen in der Leistung um 1½ Jahre in der Entwicklung voraus sind. So ungenau die Angaben im einzelnen sind, so ist doch dem Ansatz selbst besondere Aufmerksamkeit zu schenken; hier wird ein Kontinuum nach zunehmendem Schwierigkeitsgrad angesetzt, das in Nachuntersuchungen didaktisch relevante Ergebnisse bringen könnte (Wagner, 1970). Die gleiche Intention spricht aus M. Pflederers mit je acht Kindern im Alter von fünf und acht Jahren durchgeführtem Versuch mit gerad- und ungeradtaktigen Beispielen. Es wird mit sechs auf der Handtrommel gegebenen (reinen) Rhythmen und zwei am Klavier gespielten Liedern gearbeitet. Bei den Trommelbeispielen können nur 29% der 5jährigen Kinder richtig antworten, doch 54% der 8jährigen Kinder. In beiden Gruppen werden die am Klavier gespielten Liedbeispiele besser nach ihrer Taktart erkannt: von 44% der 5jährigen Kinder und von 75% der 8jährigen Kinder (Pflederer, 1964).

Die Methode der Identifikation mit Vergleichspaaren ist vielfach in Tests eingesetzt worden. Die Fähigkeit, unterschiedliche Metren erkennen zu können, prüfen die Tests von R. Wagner (Wagner, 1970) oder auch E. Gordon (Gordon, 1965), wo der Proband bei 40 Musikbeispiel-Paaren feststellen muß, ob die Paare in gleichem oder verschiedenem Takt stehen. Auch bei der Prüfung der rhythmischen Unterscheidungsfähigkeiten i.e.S. wird mit Vergleichspaaren gearbeitet, wobei auch Konzentrations- und Gedächtnisleistungen implizit geprüft werden. Durch C.E. Seashore werden 30 Paare aus 5–7 Tönen in 2/4-, 3/4- und 4/4-Takt unter dem Aspekt verglichen, ob sie gleich oder ungleich sind. Von der höchsterreichbaren Punktzahl von 30 erreichen die 10–11jährigen Kinder im Durchschnitt 22.6, die 12–14jährigen 24 und die 15–22jährigen 26.5 Punkte. Bei 10jährigen Kindern ist damit in der Regel schon ein beachtliches Unterscheidungs- und Gedächtnisvermögen auf rhythmischem Gebiet vorauszusetzen (Seashore, 1960 und 1966). Die von A. Bentley mit relativ ähnlichen Aufgaben als „Rhythmus-Gedächtnistest" für die Altersgruppen von sieben bis vierzehn Jahren gewonnenen Durchschnittswerte zeigen eine Entwicklung der Punktzahlen von 3.9 bei 7jährigen Kindern, 5.5 bei

8jährigen, 5.7 bei 9jährigen, 6.4 bei 10jährigen, 6.9 bei 11jährigen, 7.3 bei 12jährigen, 8.0 bei 13jährigen und 8.8 Punkten bei 14jährigen Kindern (die Höchstpunktzahl 10 wird auch von Musikgraduierten nicht erreicht; der Durchschnitt der Erwachsenen liegt bei 8.6 Punkten). Die Extremwerte A. Bentleys zeigen auf, daß vom achten Lebensjahr an eine stetig wachsende Zahl von Kindern die Höchstpunktzahl der Altersgruppe zu erreichen vermag (Bentley, 1966 und 1973 a).

Einen frühen Versuch zur Prüfung der Fähigkeit zur Unterscheidung von Tonakzentverhältnissen hat G. Révész unternommen, der mit 63 Jungen und Mädchen im Alter von sieben bis zwölf Jahren durchgeführt wurde. Er ist besonders aufschlußreich, weil er Leistungen im nur-rhythmischen und im rhythmisch-melodischen Bereich vergleicht. Von den zwölf 2–3taktigen Nur-Rhythmen (nach zunehmender Schwierigkeit geordnet, mit ungeradem Takt, Synkopen, Triolen, Pausen) bringen die Kinder folgende Leistungen:

Anzahl der gelösten Aufgaben:	12	11	10	9	8	7	6	5	4	3	2	1	0
Gelöst von:	2	5	10	5	12	11	7	7	3	1	0	0	0

Die zunächst nur rhythmisch gegebenen Beispiele werden nun in einfachstem melodisch-harmonischen Zusammenhang wiederholt. Es ist offensichtlich, daß diese Aufgabe wesentlich größere Schwierigkeiten bereitet:

Anzahl der gelösten Aufgaben:	12	11	10	9	8	7	6	5	4	3	2	1	0
Gelöst von:	1	0	1	2	4	1	14	12	7	7	7	7	4

Doch eine Beobachtung von G. Révész, die die Besonderheit rhythmischer Fähigkeiten im Gesamt der sog. musikalischen Fähigkeiten ankündigt, ist, daß „musikalisch stärker veranlagte Kinder“ sich umgekehrt verhalten; „von solchen können manche auch die ersten Aufgaben erst dann lösen, wenn sie die durch die Geräusche gegebenen Rhythmen melodisch auffaßten“. G. Révész erklärt diese Beobachtung damit, daß bei rhythmisch-melodischen Beispielen das Rhythmische von dem Gesamt isoliert aufgefaßt und abstrahiert werden muß, was für weniger musikalische Kinder schwer ist, während es sich bei musikalisch stärker veranlagten Kindern gerade umgekehrt verhält (Révész, 1920).

2.2 Tempoverhältnisse

Die Prüfung der Fähigkeiten, unterschiedliche musikalische Tempoverhältnisse und Tondauerverhältnisse zu erkennen, nimmt gegenüber Prüfungen der Fähigkeit zur Unterscheidung von musikalischen Tonakzentverhältnissen und der Beobachtung körperlicher Bewegung im Zusammenhang mit Musik sehr viel geringeren Raum ein. Die Erfahrungen in der Praxis ergeben das wohl einheitliche Bild, daß unterschiedliche musikalische Tempoverhältnisse von den Kindern bei Eintritt in den Kindergarten in der Mehrzahl bewegungsmäßig bereits nachvollzogen werden können und mit einfachen Übungen die grobe Gegensätzlichkeit von „ganz langsam“ und „ganz schnell“ bald zu Tempodifferenzierungen geführt werden kann. H. Neugebauer berichtet von ihrem Sohn, daß er ein „schnelles Gedudel“ äußerte, wenn die Klaviermusik, der er zuhörte, Läufe brachte (Neugebauer, 1929). H. Moog beobachtet im Zusammenhang der Koordinationsfähigkeit für Musik und Bewegung, daß 3jährige Kinder zwar nur in geringem Maße (etwa 10%) Musik und Bewegung in genaue zeitliche Übereinstimmung bringen können, in der gleichen Altersstufe jedoch die meisten bewegungsmäßig grobe Unterschiede zwischen langsam und schnell mitvollziehen können. Bei 4- und 5jährigen Kindern beobachtet H. Moog einige, die schon in der Lage sind, ihre repetierten Bewegungen den verschiedenen Tempi musikalischer Darbietungen anzupassen (Moog, 1968). G.A. Il'ina beobachtet, daß bei Kindern zwischen drei und elf Jahren die älteren aufgrund der besseren körperlichen Reaktionsfähigkeit einen Tempowechsel besser bewegungsmäßig aufgreifen als die jüngeren Kinder. Doch bleibt im Zusammenhang der Fähigkeit, Unterschiede des musikalischen Tempos zu hören, im Blick zu behalten, daß auch ihre Versuchskinder im Alter von drei Jahren demnach doch zumindest teilweise Tempounterschiede wahrnehmen und lediglich deren bewegungsmäßige Realisierung Schwierigkeiten bereitet (Il'ina, 1968).

Neben der Methode, an der körperlichen Reproduktion die Hörfähigkeit für unterschiedliche Tempi zu beobachten, wurden in Tests auch Identifikationsmethoden verwendet. Im Musical Aptitude Profile E. Gordons werden für die Altersstufen von zehn bis achtzehn Jahren Normen auch für die Fähigkeit des Hörens von Tempounterschieden festgestellt (sie gehören zu der Aufgabengruppe der rhythmischen Vorstellungsfähigkeit); die Testpersonen hören vierzig Paare von Tonbeispielen und haben zu erkennen, ob diese Paare in gleichem oder unterschiedlichem Tempo dargestellt werden, und ob im Falle eines Unterschiedes das zweite Stück des Beispielpaares langsamer oder schneller als das erste Stück dargestellt wurde (Gordon, 1965).

Gelegentlich wird auch geprüft, ob Kinder „Tempo halten können“. Hier zeigt sich eine deutliche Altersstufenabhängigkeit. H.M. Williams u.a. prüfen die Fähigkeit, ein gegebenes Metrum gleichmäßig mitzuvollziehen, indem sie Kinder die Schläge einer Seashore-Rhythmusmaschine mitklatschen lassen. Bei der einfachsten Aufgabe, gleichmäßigen Schlägen im Abstand von einer halben Sekunde, scheitern etwa 75% der 3jährigen Kinder und 25% der 5jährigen Kinder; von den 6jährigen Kindern können nur noch 4% die Aufgabe nicht lösen (Williams u.a., 1932). G.E. Morehead und D. Pond beobachten die Fähigkeit, einen regelmäßigen monotonen Schlag selbst zu produzieren. Sie finden, daß Kinder um das Alter von vier Jahren sich gegenüber dieser Aufgabe unterschiedlich verhalten: Es gibt Kinder, die beharrlich regelmäßige Schläge geben, und andere, die weder genau repetieren noch eine Symmetrie zeigen, aber doch zu einem grundlegenden Pulsschlag in Bezug stehen können (Morehead und Pond, 1942). Doch gibt es andererseits Beobachtungen an einzelnen Kindern mit Belegen dafür, daß schon 1–2jährige Kinder das Tempo halten können (Shinn, 1907).

2.3 Tondauerverhältnisse

Die Unterscheidung unterschiedlicher Dauer von Tönen wurde von C.E. Seashore mit 50 Tonpaaren geprüft (elektronisch erzeugte Töne, 440 Schwingungen, Differenzen von 0,30 Sek., 0,20 Sek., 0,15 Sek., 0,125 Sek., 0,10 Sek., 0,075 Sek., 0,05 Sek.). Von den maximal erreichbaren 50 Punkten erreicht bei C.E. Seashore die jüngste Gruppe der 10–11Jährigen im Durchschnitt 31.8 Punkte, die 12–14Jährigen erreichen 34.9 Punkte, die 15–22Jährigen 40.3 Punkte (Seashore, 1966). Musikdidaktisch von wesentlich größerer Relevanz ist eine Versuchsanordnung M. Pflederers. Sie prüft, ob die Kinder die Veränderung von Tondauern wahrnehmen, nicht an Einzeltonpaaren, sondern an viertaktigen melodischen Phrasen. Diese werden jeweils zweimal vorgespielt, doch verdoppelt sich bei der Wiederholung die Dauer eines jeden Tones. Von acht 5jährigen Kindern sind vier in der Lage, die Melodie trotz der Veränderung der Tondauern wiederzuerkennen; die anderen Kinder, ebenfalls vier, nehmen an, bei der Wiederholung eine andere Melodie gehört zu haben. Bei 8jährigen Kindern sind sieben erfolgreich. Zwei von ihnen erkennen, daß die Melodie zuerst zweimal so schnell ist wie bei der Wiederholung. Was für die 5jährigen Kinder noch nicht möglich war, zeigt sich bei diesen beiden 8jährigen Kindern erstmals: Sie können die Zeitmaße vergleichen und ein aus der Sache begründetes Urteil abgeben (Pflederer, 1964).

2.4 Spezielle methodische Probleme

Die speziellen Probleme der Feststellung von Unterscheidungsfähigkeiten für rhythmisch-metrische Merkmale beginnen mit der Separierung einzelner dieser Fähigkeiten, wie sie hier – gemäß erkennbaren Forschungsschwerpunkten – nach Fähigkeiten für Akzent-, Tempo- und Tondauerverhältnisse vorgenommen wurde. Denn hinter einer solchen Systematik verbirgt sich ein Bündel vieler, schwer abgrenzbarer Einzelfähigkeiten, die insgesamt das ausmachen, was man zusammenfassend und großzügig als „rhythmische Fähigkeit" bezeichnet. Die einzelnen Forscher haben diese „rhythmische Fähigkeit" als Gesamt daher von sehr unterschiedlichen Ansätzen aus zu fassen gesucht. R. Thackray zielt auf Verbesserung unseres Wissens über die Veränderung der rhythmischen Wahrnehmungsfähigkeit bei zunehmendem Alter. Er arbeitet mit den sechs Einzelfähigkeiten Zählen, Taktfestigkeit, Lang-Kurz-Unterscheidung, Stark-Schwach-Unterscheidung, Vergleich von Rhythmen und Phrasierung und kann – bei unterschiedlichen Graden der Verbesserung je nach Einzelfähigkeit – dennoch insgesamt die Verbesserung im Alter von acht bis fünfzehn Jahren belegen (Thackray, 1969 und 1972). Auch R.M. Drake zeigt die Unterschiedlichkeit der Leistungszunahme bei verschiedenen rhythmischen Einzelfähigkeiten; zusammenfassend stellt er für die rhythmische Gesamtentwicklung den schnellsten Fortschritt im Alter von elf bis zwölf Jahren fest, dazu die Verlangsamung der Entwicklung ab dem vierzehnten Lebensjahr (Drake, 1957). Wieviel Problematik einstweilen noch in allen Separierungen einzelner rhythmischer Fähigkeiten hinsichtlich ihrer Aussagefähigkeit für „die rhythmische Fähigkeit" steckt, zeigen eindrucksvoll Versuche von A.T. Hickman; sie zeigen die Abhängigkeit der Urteile von Grundtempi, von der Tonlage der rhythmischen Beispiele und schließlich auch von der Dauer der Pausen zwischen den einzelnen rhythmischen Impulsen (Hickman, 1969 und 1970).

Doch auch die Methoden zur Untersuchung rhythmisch-metrischer Fähigkeiten sind zu bedenken. Es sind vor allem drei Methoden, die immer wieder eingesetzt werden: körperliche Reproduktion, Reproduktion mit Geräten oder mit Instrumenten und Identifikation (bei Vergleichsaufgaben). Alle drei Methoden geben hinsichtlich der Aussagefähigkeit der durch sie gewonnenen Resultate reichlich Probleme auf. Bei allen Reproduktionsversuchen bleibt zu berücksichtigen, daß für das Reproduzieren besondere Fähigkeiten notwendig sind, deren geringe Ausbildung verdecken kann, daß die gehörsmäßige Unterscheidungsfähigkeit zwar vorhanden ist, doch eben (noch) nicht reproduktiv aktualisiert werden kann. Bei allen Interpretationen von Ergebnissen aus reproduktiven Methoden im Zusammenhang mit Hörfähigkeiten ist darum einerseits die mögliche Diskrepanz zwischen Hör- und Reproduktionsfähigkeiten, dazu aber auch der Schwierigkeitsgrad der aus methodischen Gründen verwendeten Reproduktionsaufgaben zu bedenken. Auch die methodische Verwendung der Identifikation metrisch-rhythmischer Beispiele, die Feststellung von Gleichartigkeit oder Ungleichartigkeit bei Vergleichen, gibt spezielle methodische Probleme auf, weil eine gänzlich andere Fähigkeit mitgeprüft wird, nämlich das musikalische Gedächtnis.

Im Zusammenhang mit den Bedingungen der Reproduktion für das Kind ist auch die immer wieder erörterte und widersprüchlich beantwortete Frage zu sehen, ob sich rhythmische Fähigkeiten beim Kind früher entwickeln als melodische Fähigkeiten, oder ob die Reihenfolge umgekehrt oder auch bei den verschiedenen Kindern unterschiedlich sein kann. W. Stern spricht von dem Eindruck, den Rhythmus auf junge Kinder mache, weil er – anders als die Melodie – mit allen Sinnen und Bewegungsorganen aufgenommen werden könne (Stern, 1981). Auch G. Révész spricht 1946 von der besonderen Bedeutung des Rhythmus für das junge Kind, weil er – auch er sieht hier den Unterschied gegenüber der Melodie – biologisch begründet sei (Révész, 1982). Andererseits beschreibt H.D. Wing, daß seine kleine Tochter schon reine Melodietöne singen konnte, als sie noch, trotz aller Bemühung, lange Tondauern verkürzte. H.D. Wing stellt fest, daß junge Kinder bereits „Ringel Rangel Rosen" sauber singen können, bevor sie noch in der Lage sind, ihren Bewegungsrhythmus mit dem musikalischen Rhythmus zu koordinieren (Wing, 1941, zit. nach Shuter, 1968). Bei allem Erwägen der Frage, ob rhythmische oder melodische Fähigkeiten früher beim Kind auftreten, wird man darum einerseits von tradierten Vorurteilen Abstand zu nehmen haben, doch wird man andererseits vor allem die Schwierigkeiten der aufgegebenen Reproduktion im Bewegen und Singen zu berücksichtigen sowie die vorausgegangenen musikalischen Erfahrungen einzubeziehen haben. Denn sowohl die Reproduktionsfähigkeiten wie die rhythmisch-metrischen Unterscheidungsfähigkeiten selbst sind Ergebnisse von bereits vollzogenem Lernen.

3. Unterscheidungsfähigkeiten für melodische Merkmale

3.1 Melodische Reproduktion

Die Versuche, an vokaler Reproduktion die melodische Unterscheidungsfähigkeit des Kindes zu prüfen, sind zahlreich. Bei allen Versuchen zur melodischen Reproduktion tritt zu den Fähigkeiten der melodischen Unterscheidung auch der Bereich der Fähigkeiten zur vokalen Wiedergabe hinzu. H. Meissner sprach darum bereits von einem musikalisch-motorischen Spezialgedächtnis: der inneren Reproduktion und dem aktiven Singen (Meissner, 1914/15). Die Notwendigkeit, die Relationen zwischen Singfähigkeit und Fähigkeit melodischer Unterscheidung im Blick zu behalten, wird seitdem immer wieder in methodischen Auseinandersetzungen mit Untersuchungen aus dem Bereich der melodischen Fähigkeiten des Kindes betont (Smith, 1914; Wolner und Pyle, 1933; Petzold, 1966; u.a.). Denn die Schwächen der vokalen Wiedergabefähigkeit (die hier bereits im Zusammenhang der Singschwäche behandelt wurden) können die tatsächliche Leistung des melodischen Unterscheidens verdecken. Um die spezifische Vielfalt der angesprochenen Fähigkeiten (auch) beim Reproduzieren und deren Zusammenhang bewußt zu halten, wird in der Literatur, vor allem bei S. Bimberg, für diese Bündelung von Fähigkeiten die Bezeichnung „Melodiebewußtsein“ verwendet (Bimberg, 1955 und 1963).

Die Untersuchungen mit Einbeziehung melodischer Reproduktion sind äußerst zahlreich; sie setzen schon früh, zu Beginn unseres Jahrhunderts, intensiv ein. Der Schwerpunkt des Forschungsinteresses liegt auf der Frage nach der Entwicklung der Singfähigkeit des Kindes. Die Methode ist verhältnismäßig einheitlich: Kindern wird melodisches Material zum Nachsingen aufgegeben, und nach Jahrgangsstufen wird ausgezählt, welche Leistungen die Kinder vollbringen können. Das melodische Material reicht von Tonleitern über Lieder zu melodischen Modellen. Für die Beurteilung aller vokalen Reproduktionsleistungen zur Feststellung der Singfähigkeit ist bewußt zu halten, daß den Kindern Aufgaben gestellt werden, die sowohl das gehörsmäßige Aufgreifen und demgemäßes melodisches Unterscheidungsvermögen fordern als auch die Singfähigkeit als solche und das Gedächtnis für das vorgegebene melodische Beispiel.

In einem frühen Versuch von W.S. Monroe wird geprüft, ob eine Entwicklung der Fähigkeit, Tonleitern singen zu können, erkennbar ist. Tatsächlich zeigt sich, außer einem erheblichen Unterschied zwischen Jungen und Mädchen, ein deutlicher Anstieg der geprüften Fähigkeit von 3jährigen zu 6jährigen Kindern. Vor allem ist auffällig, daß in allen getesteten Altersstufen ein leichtes Kinderlied von mehr Kindern nachgesungen werden kann als die Tonleiter (Monroe, 1903).

G. Révész, dem das Nachsingen eines Liedes und das Erkennen von Intervallen als „am besten geeignet zur Erprobung des musikalischen Sinnes“ schien, stellt 59 Kindern die Aufgabe, die vier melodischen Kurzteile des Schumannschen „Abendsterns“ (op. 73 Nr. 1) nachzusingen. Die Kinder erhalten Nachhilfen durch mehrfache Wiederholungen und die Begleitung. Von den 7–12jährigen Kindern können nur 18% alle vier Melodieteile richtig reproduzieren, doch auch von diesen elf Kindern lösen nur fünf schon nach einer bis drei Darbietungen die Aufgabe fehlerfrei (Révész, 1920). Ein etwas besseres Ergebnis bringen die Versuche von E.N. Drexler. Mit 23 Kindern im vorschulischen Alter (Durchschnittsalter viereinhalb Jahre und durchschnittlicher IQ von 123) übt er in fünfzehn Lerneinheiten von je fünfzehn Minuten zwei ihnen unbekannte Lieder. Danach sind sechs Kinder in der Lage, diese Lieder völlig korrekt wiederzugeben. Die Analyse der aufgenommenen Versuche der Kinder nach Anzahl der falsch gesungenen Töne und gemäß Auszählung der Fehler nach Intervallen zeigt, daß die Anzahl der falsch gesungenen Töne mit zunehmendem Alter abnimmt, ebenso die Neigung, auf einer Tonhöhe stehen zu bleiben. Aufsteigende Intervalle, bereits aufsteigende Sekunden, fallen schwerer als absteigende. Mit zunehmendem Alter wächst die Fähigkeit, auf- und absteigende Sekunden richtig wiederzugeben. Auffällig ist, daß Terzen leichter zu singen sind als Sekunden. Die mit der Untersuchung der Kinder verbundene Elternbefragung, von der E.N. Drexler Aussagen über den häuslichen musikalischen Hintergrund erhoffte, belegt vor allem die Schwierigkeit der Fragestellung im musikalisch sozialisatorischen Bereich, dazu das Ergebnis, daß die Bedeutung der Reproduzierfähigkeit der Mütter doppelt so hoch liegt wie die der Väter. Das Verhältnis des IQ zu der melodischen Reproduzierfähigkeit der Kinder erweist sich als wenig bedeutsam, ebenso bleibt der geschlechtsspezifische Unterschied ohne Signifikanz (Drexler, 1938). Bei A. Gesell und F. Ilg wird versucht, die Phasen der Entwicklung der Nachsingfähigkeit festzustellen. Kinder im Alter von zwei Jahren singen nur einzelne Phrasen und diese gewöhnlich nicht mit den richtigen Tonhöhen. 3jährige Kinder singen schon ganze Lieder, doch ebenfalls noch nicht mit korrekten Tonhöhen. Bei 4jährigen Kindern stellen die Autoren den Beginn der Reproduktion einiger vollständiger Lieder mit genauen Tonhöhen fest (Gesell und Ilg, 1952 und 1962).

Zu den neueren Untersuchungen, die auf Feststellung der melodischen Unterscheidungsfähigkeit in der Reproduktion des Kindes zielen, gehören die von B.M. Teplov und R. Petzold. B.M. Teplov stellt als erste Stufe die Fähigkeit fest, eine melodische Kontur zu unterscheiden und wiederzugeben. Erst als zweite Stufe entwickelt sich die Fähigkeit, die Intervalle korrekt zu treffen (Teplov, 1966). Sehr umfassend ist der Versuch von R.G. Petzold, ein Langzeitversuch mit mehr als 500 Kindern, die während ihrer ersten sechs Schuljahre in Schulen von Wisconsin beobachtet und jährlich geprüft werden. Als Prüfungsmaterial werden melodische Muster, die man als aus Schulliedern vertraut ansah, verwendet. Die Kinder haben diese Muster nachzusingen. Als zweite Aufgabe haben die Kinder eine viertaktige Phrase nach zweimaligem Hören zu singen; die Aufgabe wird so oft wiederholt, bis das Kind die viertaktige Phrase zweimal hintereinander fehlerfrei singen kann. Doch nach zehnmaligem Versuch wird jeweils abgebrochen. Als Ergebnis stellt R.G. Petzold fest, daß sich die Leistungen der Kinder mit steigendem Alter stetig verbessern, daß aber die Entwicklung bei älteren Kindern sich verlangsamt. Die signifikantesten Unterschiede treten im Alter zwischen sechs und sieben Jahren auf. Die Aufgaben werden insgesamt als sehr schwierig empfunden. Selbst im sechsten Schuljahr kann nur ein Drittel der Kinder die Aufgabe beim zehnten Versuch lösen, in der vierten Klasse sind es nur acht von 90 Kindern. Schüler, die in der ersten Klasse hohe oder niedrige Ergebnisse zeigen, bleiben auch in den nachfolgenden Klassen auf dem gleichen Leistungsniveau (Petzold, 1966). A. Bentley hat im Rahmen seiner schon genannten Beobachtung monotaler Kinder eine spezielle Untersuchung zu der Frage des Zusammenhanges von Singfähigkeit, Tonhöhenunterscheidung und Gedächtnis geleistet; er stellt fest, daß die monotonalen Sänger gegenüber den normalen Sängern schwächere Fähigkeiten für Tonhöhenunterscheidung und in bezug auf Gedächtnis zeigen (Bentley, 1963 und 1966).

3.2 Tonlagenverhältnisse

Die Versuche in diesem Bereich der musikalischen Hörfähigkeiten des Kindes zielen auf Klärung der Frage, welchen feinsten Unterschied der Lage zweier Töne Kinder der einzelnen Altersstufen wahrnehmen können. Es wird in der Regel mit dem Vergleich von Tonpaaren geprüft. Einer der frühesten Versuche zur Tonhöhenunterscheidung, die Arbeit von J.A. Gilbert, wurde zwar nur mit einer geringen Zahl von Versuchspersonen unternommen, zeigt aber bereits die Ergebnisse, die auch von den späteren, zahlenmäßig wesentlich umfangreicheren Versuchen erbracht werden. J.A. Gilbert prüfte jeweils zehn Kinder bzw. Jugendliche im Alter von sechs bis neunzehn Jahren. 6jährige Kinder hören nach J.A. Gilbert im Durchschnitt den Unterschied von Dreiachteltönen, 7jährige Kinder nehmen den Unterschied von Drittel-, 8jährige von Viertel-, 9jährige Kinder schließlich den Unterschied von Achteltönen wahr. Im Alter von zehn bis vierzehn Jahren hören Kinder den Unterschied von Zehnteltönen. Zusammenfassend stellt J.A. Gilbert fest, daß die Unterscheidungsfähigkeit für Tonhöhen bei Kindern von sechs bis neun Jahren sich zweimal so schnell entwickelt, wie die im Alter von neun zu neunzehn Jahren: Bis auf drei Versuchspersonen können alle den Unterschied von einem halben Ton wahrnehmen (Gilbert, 1892/1893).

Die gleiche Methode der Untersuchung und tendenziell die gleichen Ergebnisse finden wir auch in den Normwerten von Seashore-Test und in dem Bentley-Test. In beiden Tests wird mit Tonpaaren gearbeitet. Der Proband versucht zu erkennen, ob der jeweils zweite Ton höher oder tiefer als der vorangegangene Ton des Tonpaares ist oder ob er diesem gleich ist. Von den in C.E. Seashores Tonhöhen-Test erreichbaren 50 Punkten sind die Normwerte für die Gruppe der 10–11jährigen Probanden 31.7 Punkte, für die 12–14jährigen Probanden 35.5 Punkte und für die 14–22jährigen Probanden 40.4 Punkte. Bei A. Bentleys gleichartigem Tonhöhen-Test liegt die höchste erreichbare Punktzahl bei 20. Die von A. Bentley festgestellten Normwerte führen von 8 Punkten (sieben Jahre), 8.8 Punkten (acht Jahre), 9.7 Punkten (neun Jahre), 10.4 Punkten (zehn Jahre), 11.1 Punkten (elf Jahre) zu 12.3 Punkten (zwölf Jahre), 12.7 Punkten (dreizehn Jahre) und 13.5 Punkten (vierzehn Jahre). Die prozentual höchste jährliche Zunahme der Punktzahlen liegt demgemäß mit 6% zwischen dem elften und zwölften Lebensjahr (Seashore, 1966; Bentley, 1973 a).

Die Kritik an den beiden Tests insgesamt, die die an den beiden Tonhöhen-Tests impliziert, ist hinlänglich bekannt (vgl. Pfaff, 1968; de la Motte-Haber, 1977); sie richtet sich gegen die (fast ausschließliche) Konzentration auf das sensorische Vermögen, den Anspruch, Aussagen über die sog. musikalische Begabung des einzelnen Probanden oder sogar über dessen instrumentale Eignung zu geben (Seashore) wie auch gegen die Eichung C.E. Seashores, nachdem sich grundsätzliche Unterschiede der Normen (geschlechtsspezifische Unterschiede) zwischen den USA und der Schweiz ergeben haben. Dennoch wird man in aller Vorsicht in unserem Zusammenhang, der melodischen Unterscheidungsfähigkeit bei Kindern, festhalten dürfen, daß die Normwerte beider Tests für diese spezielle Fähigkeit die Aussage erlauben: Die Unterscheidung von Halb- und Vierteltönen ist bereits unter zehn Jahren eine leichte Aufgabe; nach A. Bentley erreichen mit zehn Jahren 50% der Kinder die Fähigkeit, einen Unterschied von 6 Hz (Achtelton) wahrnehmen zu können. Vierteltöne (12 Hz) kann schon die Mehrzahl der Siebenjährigen wahrnehmen. Unverkennbar ist auch in den Norm-Werten beider Tests die stetige Zunahme der Fähigkeit der Tonhöhen-Unterscheidung mit zunehmendem Alter: A. Bentley stellt zwischen sieben und vierzehn Jahren eine jährliche Zunahme der Fähigkeit zur Tonhöhenunterscheidung zwischen 2% (Mindestzunahme) und 6% (Höchstzunahme) fest; zwischen sieben und vierzehn Jahren erfolgt insgesamt eine Verbesserung der Tonhöhenwahrnehmung um 30% für die Unterschiede von 26, 12 und 8 Hz (bei 3 Hz ist die Verbesserung auf 10% begrenzt). Erwachsene weisen gegenüber 14jährigen Probanden in der Punktzahl nur noch einen Unterschied von 4% auf. Bei C.E. Seashore (dessen Test mit Zehnjährigen beginnt) liegt zwischen den Gruppen der Zehn- bis Elfjährigen und der Zwölf- bis Vierzehnjährigen ein Punktunterschied von 3.8 Punkten, zwischen der letztgenannten Gruppe und den Fünfzehn- bis Zwanzigjährigen ein Punktunterschied von 4.9 Punkten. A. Bentley geht zusammenfassend davon aus, daß die meisten Kinder zwischen sieben und vierzehn Jahren einen Tonhöhenunterschied von einem Viertelton (12 Hz bei 440 Hz) richtig wahrnehmen können und etwa die Hälfte der Zehn- und Elfjährigen und die meisten Zwölfjährigen in der Lage sind, einen Achtelton-Unterschied richtig zu erkennen (Bentley, 1966).

Daß die Leistungsfähigkeit von Kindern im Bereich melodischen Hörens in der Regel unterschätzt wird, belegen auch neuere Versuche wie die von D. Sergeant. Er prüfte 7–12jährige Kinder. Mit Rücksicht auf die verbalen Möglichkeiten der Altersstufe arbeitet er mit fünf Tönen, von denen einer in der Tonhöhe abweicht. Das Hören des abweichenden Tones ist auf einer Bilderleiste bekanntzugeben. Von den insgesamt dreißig Items liegen die Ergebnisse der 7jährigen Kinder bei 15.5 Punkten, die der 12jährigen bei 22.72 Punkten (Sergeant, 1979).

Die spezielle Frage, welche Intervalle für das Kind leichter oder schwerer zu hören sind, haben O.K. Duell und C. Anderson untersucht. Von 168 Kindern des Grundschulalters sind hier 30% nicht fähig, einen Halbtonschritt als Differenz zu erkennen, während nur 4% unfähig sind, bei einer Sexte den Tonhöhenunterschied zu hören. Doch wird man bei dieser Untersuchung die Methode genauer zu prüfen haben, insbesondere den Anspruch an die sprachliche Ausdrucksfähigkeit der geprüften Kinder, denn die Kinder hatten gleich oder verschieden anzugeben und wurden zudem in der Klasse geprüft (Duell und Anderson, 1967). Daß gerade bei Prüfungen der Tonhöhenwahrnehmung das Verständnis der Begriffe bei Kindern im Vorschulalter und im ersten Schuljahr bedeutsam werden kann, zeigen die Untersuchungen von D.K. Taebel und N. van Zee. D.K. Taebel läßt den Begriff der Tonhöhe an der Transposition einer kleinen Terz nachweisen. Während alle Kinder (Vorschulalter und erstes und zweites Schuljahr) die Aufgabe für Lautstärke begrifflich lösen können, die Aufgaben für Tempo und Tondauer im ersten und zweiten Schuljahr befriedigend gelöst werden, kann die begriffliche Aufgabe für Tonhöhe nur im ersten Schuljahr befriedigend absolviert werden. D.K. Taebel nimmt an, daß die Einübung in Begriffe zu einem zu frühen Zeitpunkt Kinder verwirren könne, daß sie beispielsweise den Begriff „höher" im räumlichen und im musikalischen Sinn durcheinanderbringen werden (Taebel, 1974). Auch in den Versuchen von N. van Zee zeigt sich, daß Begriffe für Dauer besser geleistet werden als die Begriffe für Tonhöhen. N. van Zee kommt zu dem Ergebnis, daß es erheblich schwerer fällt, Unterschiede zu erklären als sie wahrzunehmen (van Zee, 1976). Die vorhandene Wahrnehmungsfähigkeit bei gleichzeitiger Unfähigkeit, sprachlich das Wahrgenommene ausdrücken zu können, belegen auch die Versuche von F.M. Andrews mit N.C. Deihl (1967) und von E. Laverty (1969).

Im Rahmen ihrer Untersuchungen zur melodischen Tonvorstellung bei 3–5jährigen Kindern prüft C.R. Scott drei verschiedene Fähigkeiten: die Fähigkeit, das Tonlagenverhältnis zwischen vier verschiedenen Tonhöhen festzustellen (davon drei Töne nahe beieinanderliegend); die Fähigkeit, melodische Bewegungslinien nachzuvollziehen; die Fähigkeit, die Größe von Intervallen (nicht die Bestimmung) anzugeben. C.R. Scott entwickelt eine spezielle Methode für ihre Versuche. Den Kindern steht eine Art Tablett mit Kästchen und Fächern zur Verfügung, in die von den Kindern die Lösungen eingeordnet werden. Sie können jeden Stimulus mehrfach abrufen. Die Hörfähigkeiten für Tonlagenverhältnis und Melodiekurve werden an 30 Kindern untersucht, die Fähigkeit für Intervallhören an 12 Kindern. Das richtige Lagenverhältnis der Töne zueinander können 37% der Kinder bestimmen, die melodischen Kurven verfolgen 17% der Kinder richtig, die Größe der Intervalle wird von 16% der Kinder richtig bestimmt. Die 4–5jährigen Kinder sind in allen Leistungen den 3–4jährigen Kindern überlegen. Die Autorin sieht selbst, daß die Höraufgaben recht willkürlich formuliert wurden, doch darf man ihr beistimmen, wenn sie abschließend die beachtliche Leistungsfähigkeit der 3–5jährigen Kinder für melodisches Hören hervorhebt und zur Berücksichtigung dieses Grades von Fähigkeiten beim kindlichen Musik-Lernen auffordert (Scott, 1979).

D. Sergeant hat die Frage, ob der Tonlage der Darbietungen, der Entsprechung mit der Stimmlage der Versuchspersonen, bei Wahrnehmungsleistungen besondere Bedeutung zukommt, in seinem Versuch an 7–12jährigen Kindern geprüft. Er verwendet bei drei Versuchen, einem rhythmischen, einem Versuch mit melodischer Tonänderung und einem Versuch zur Tonhöhenunterscheidung, jeweils drei verschiedene Tonebenen (abwärts vom kleinen g, vom kleinen a zu c", oberhalb von c"). Während D. Sergeant bei dem ersten Versuch beobachten kann, daß die Leistungen auf der mittleren und der hohen Lage signifikant unterschiedlich sind, lassen sich bei den beiden weiteren Versuchen keine Unterschiede feststellen. D. Sergeant folgert daraus, daß die Theorie eines Vokalbezuges (vocalisation as a substructure) für Unterscheidungsaufgaben zutreffen könne, jedoch wohl kaum im Zusammenhang mit kognitiven Leistungen (Sergeant, 1979). Auch B.D. Williams untersucht, ob im Material spezielle Einflußfaktoren der Unterscheidungsfähigkeit liegen. Er verändert in seinen Experimenten Klangfarbe oder Lautstärke und findet, daß Kinder sowohl im zweiten wie im fünften Schuljahr steigende Tonhöhenveränderung empfinden, wenn ein Ton von leise zu laut oder von dünner zu angereicherter Klangfarbe übergeht (Williams, 1977).

D.B. Williams prüft auch die Frage, ob die Größe der Intervalle bestimmend für die kindliche Wahrnehmung melodischer Muster sei, und zwar mit Kindern der zweiten Klasse und der fünften Klasse. Es zeigt sich, daß bei der Wiedergabe die Fehlerzahl umso höher liegt, je kleiner das Intervall ist. Das gleiche Ergebnis erbringen auch die Versuche von N. van Zee an 80 Kindern im Vorschulalter, für die sich ebenfalls die kleinsten Intervalle als die schwierigsten erweisen (van Zee, 1976). Er stellt einen Unterschied von 38% zwischen dem richtigen Erkennen einer Quarte und einer kleinen Sekunde fest. Er arbeitet mit einer speziellen Apparatur; das einzelne Kind kann durch Knopfdruck bekanntgeben, ob die Musik steigt, fällt oder gleich bleibt. Zusätzliche Ergebnisse von D.B. Williams sind: Die Leistungen verbessern sich entscheidend, wenn ein dritter Ton zugefügt wird, und: Die Kinder hören besser, wenn die melodischen Beispiele im Bereich des Umfanges ihrer Stimme liegen (Williams, 1977).

3.3 Melodik

Das besondere Interesse musikpädagogischer Forschung geht über die nur sensoriellen Leistungen im melodischen Bereich hinaus und ist auf die Fähigkeiten des Kindes im Hören von Melodik, d.h. melodisch-rhythmischer Formen, gerichtet. Gewiß ist die parameterisolierte musikpsychologische Forschung methodisch einfacher und vor allem zuverlässiger. Doch musikalisches Lernen vollzieht sich an komplexer Musik, auch schon in ihren einfachsten melodisch-rhythmischen Formen, und fragt gerade nach den Beobachtungen in diesem Bereich.

Eine Methode, die Hörfähigkeiten von Kindern für Melodik im musikalischen Zusammenhang zu prüfen, ist die Identifikation von Liedern. Hier gibt es frühe Beobachtungen von G.W. Silverstolpe. Er stellt bei seinen eigenen Kindern (zwei Jahre, sieben Monate und fünf Jahre) die Fähigkeit fest, Lieder nur an ihrem Rhythmus zu identifizieren (Silverstolpe, 1926). Eine jüngere, umfassendere Untersuchung zum gleichen Fragenkreis hat W. Schwan vorgelegt. Sie gibt Kindern im vorschulischen Alter (drittes bis sechstes Lebensjahr) die Aufgabe, ein Lied nur an seiner Melodielinie wiederzuerkennen, also aus einer rhythmisch gestaltlosen Melodie die rhythmisch gebundene Gestalt herauszuhören und auf diese Weise das (gut bekannte) Lied zu identifizieren. Die nächste Aufgabe wird umgekehrt gestellt; nur der Rhythmus eines Liedes wird geklatscht. Als letzte Aufgabe soll ein bekanntes Lied, das mit einer völlig umgestalteten Melodie vorgesungen wird, von den Kindern unter dem Aspekt beurteilt werden, ob sie dieses Lied ebenso zu singen gewohnt seien. Das Ergebnis ist: 75% der Kinder vermögen ein ihnen bekanntes Lied auch in der rhythmisch gestaltlosen Melodie zu erkennen. Nur vom gegebenen Rhythmus aus lösen lediglich 46% der Kinder die Aufgabe. Doch folgert W. Schwan bereits, daß man zwar hier ersehe, daß die tradierte Auffassung, Rhythmen seien für Kinder leichter zu erfassen als Melodien, nicht zutreffe, aber auch die Meinung, daß die Melodieauffassung leichter sei, läßt sich nicht aus dem Ergebnis ableiten. Denn bei der dritten Aufgabe, der Identifikation der veränderten Liedmelodie, bemerken 70% der Kinder nicht, daß ihnen keineswegs die ihnen bekannte Melodie vorgesungen wurde, sondern eine veränderte. W. Schwan erklärt ihr Ergebnis mit der Dominanz des Textes, dem Sprachrhythmus und dem Inhalt, auf den sich das Interesse der Kinder dieser Altersstufe ausschließlich richtet und den sie innerlich mitvollziehen (Schwan, 1955). Die Frage, ob rhythmische oder melodische Fähigkeiten früher auftreten, zieht sich durch die psychologische Literatur. H.D. Wing teilt in seiner Dissertation die Beobachtung mit, daß Kinder Lieder schon mit korrekten Tonhöhen wiedergeben können, wenn sie in den Notenwerten noch ungenau sind. Auch er spricht von dem Vorurteil der frühen rhythmischen Fähigkeiten des Kindes, das auf Verwechslung von rhythmischen Fähigkeiten und motorischen Reaktionen beruhe (Wing, 1941).

M. Pflederer prüft im Rahmen ihrer Versuche, ob und inwieweit Kinder Veränderungen einer Melodie wahrnehmen. Sie experimentiert sowohl mit melodischen als auch mit rhythmischen Veränderungen und Veränderungen der Begleitung. Bei ihrem Versuch mit melodischen Veränderungen an einer Melodie zeigt sich, daß die Kinder zwar die melodische Bewegungsrichtung eines melodischen Musters behalten und beurteilen können, aber nicht die intervallischen Verhältnisse. Es gibt dabei keine allzu großen Unterschiede zwischen den Ergebnissen von 5jährigen und von 8jährigen Kindern. Der Versuch mit der rhythmischen Veränderung belegt, daß die Kinder hier Schwierigkeiten haben, die Melodie wiederzuerkennen; ihre Aufmerksamkeit konzentriert sich auf das rhythmische Geschehen. In dem Versuch mit wechselnder Begleitung wird eine Melodie viermal mit jeweils anderer Begleitung gegeben; in einer der Fassungen verändert sich auch die Melodie. Nur wenige Kinder der kleinen Versuchsgruppe bemerken, daß die Melodie unverändert bleibt und nur die Begleitung sich ändert. Schon unter den 5jährigen Kindern gibt es zwei, die das einzige Beispiel mit Veränderung der Melodie erkennen können. Auch hier ist der Leistungsunterschied zwischen den 5jährigen und den 8jährigen Kindern auffallend gering (Pflederer, 1964). In diesem Zusammenhang ist ein Ergebnis A. Bentleys aus den Vortests zu seinem Musikalitätstest recht aufschlußreich. A. Bentley stellt fest, daß der rhythmische Standort eines Tones das Erkennen seiner melodischen Veränderung beeinflußt. Wenn die melodische Veränderung auf einem langen oder rhythmisch exponierten Ton liegt, wird sie besser erkannt als in der Kombination mit einer unterteilten Gruppe oder auf einer unbetonten Zählzeit (was den Psychologen veranlaßt, in dem Haupttest die melodischen und rhythmischen Fähigkeiten getrennt zu testen, während den Musikpädagogen gerade die in der Kombination erkennbaren Regelhaftigkeiten interessieren; Bentley, 1973 a).

Solche Kombinationen sind in anderen Tests versucht worden. Im Musical Aptitude Profile E. Gordons überwiegen die musikalischen gegenüber den sensoriellen Aufgaben. Sein Subtest Melodie ist ein Test zur Feststellung der Unterscheidungsfähigkeit für melodische Variation. Sein Subtest Harmonie zielt auf die Feststellung der Unterscheidungsfähigkeit für melodische Variation in der Zweistimmigkeit (Gordon, 1965). Auch der Untertest Melodie-Auffassung des Musikleistungstestes von R. Wagner testet nicht die Fähigkeit der Tonhöhenunterscheidung, sondern die Unterscheidungsfähigkeit für motivische Melodieteile. Der Proband hat zu unterscheiden zwischen melodischer Dreiklangsfolge, stufiger Melodie und melodischer Bewegung in verschiedenen Tongeschlechtern. Bei den 6jährigen Kindern bleiben die Fehlleistungen in der 30%-Grenze; sie sind „in der Regel" fähig, Melodien in Pentatonik und Pentachordik, im Quintumfang und in Stufenschritten zu erfassen. Die Leistungsfähigkeit steigert sich nach R. Wagner erheblich zwischen sieben und acht Jahren und steigert sich auch im neunten Lebensjahr. Zwischen Jungen und Mädchen zeigt sich ein Leistungsunterschied von ein bis zwei Jahren (Wagner, 1970).

Die hier stets mitgeprüfte melodische Gedächtnisfähigkeit ist vielfach speziell untersucht worden. A. Zenatti untersucht das Gedächtnis für Tonfolgen aus drei, vier und sechs Tönen in verschiedenen Altersstufen; ihre Ergebnisse zeigen eine deutliche Zunahme der melodischen Gedächtnisfähigkeiten bei zunehmendem Alter. 5,6 – 5,9jährige Kinder können dreitönige Tonfolgen (gemäß Aussage der Versuchspersonen) zu 25% wiedererkennen, 8,4 – 9,10jährige Kinder bereits zu 47,9%. Bei 10,3 – 13,5jährigen Kindern liegen die Wiedererkennensleistungen bei 67,1%, bei Erwachsenen bei 80,9%. Die Beispiele mit vier und sechs Tönen werden von jeweils geringeren Zahlen an Versuchspersonen wiedererkannt (Zenatti, 1969). A. Bentley stellt die stärkste Steigerung im Alter von acht bis neun Jahren fest (Bentley, 1966). H.D. Wing nennt als Zeitraum für die rascheste Entwicklung der Fähigkeit, kurze Tonfolgen direkt nach dem Hören sich wieder vorstellen zu können, die Altersphase zwischen acht und elf Jahren (Wing, 1941). Die Versuche mit der Gedächtnisfeststellung durch Nachsingen bringen bezeichnenderweise andere Ergebnisse. R. Petzolds Versuche mit 500 Kindern der ersten sechs Schuljahre mit aus Liedern herausgelösten Tonfolgen, die von den Kindern nach dem Vorspiel über Tonband nachzusingen waren, zeigen die auffälligsten Veränderungen im Alter von sechs bis sieben Jahren. Auch der Versuch R. Petzolds mit viertaktigen Phrasen erweist sich als höchst schwierig. Obwohl die Versuchspersonen die Phrase bis zu zehnmal hören und versuchen können, gelingt es auch den Kindern im Alter von elf Jahren zu zwei Dritteln nicht, die Phrase zu lernen. Im Alter von neun Jahren können nur acht von neunzig Kindern die Phrase lernen (Petzold, 1966). Auch die Versuche von G.E.R. Burroughs und J.N. Morris mit einer zwölftönigen Phrase, durchgeführt mit 100 Kindern im Alter von dreizehn und mehr Jahren, offenbaren, daß melodisches Gedächtnis schwer fällt; nur wenige Kinder können die Aufgabe lösen. Ein einmal zugelegter Fehler wird zudem von der Versuchsperson beibehalten (Burroughs und Morris, 1962). Es darf abschließend auch auf den bereits im Zusammenhang des Lernvorganges Musikrezeption genannten Frankfurter Hörversuch mit drei melodisch-thematischen Musikabschnitten erinnert werden. Signal-Thematik, Crescendo-Decrescendo-Thematik und Cantabile-Thematik, unregelmäßig, doch musikalisch logisch in eine Klavierimprovisation eingebettet, konnten von 5–7jährigen Kindern bereits beim ersten Hören mit hohen Zahlen erkannt werden, die Fähigkeiten schon des jungen Kindes zur Unterscheidung von Melodik in komplexer Musik eindrucksvoll belegend (Abel-Struth und Groeben, 1979).

3.4 Spezielle Probleme melodischer Produktion

In einem Bericht über melodische Unterscheidungsfähigkeiten sind auch Forschungen zur kindlichen melodischen Produktion einzubeziehen, weil die melodische Erfindung des Kindes nicht allein originärer Natur ist, sondern ebenso auf Hörerfahrungen beruht. Man wird von Wechselwirkungen zwischen dem individuellen Repertoire des Kindes und den Hörerfahrungen aus seiner musikalischen Umgebung auszugehen haben. In der neueren Forschung wird betont, daß diese Wechselwirkung höchst unterschiedlich sein kann; ob eigenes Repertoire oder Umgebung die größere Rolle spielen, hängt sowohl vom Kind wie auch von seiner Umgebung ab (Gardner u.a., 1979).

In der älteren melodischen Forschung dominieren noch Vorstellungen von genuiner, originär melodischer Erfindung des Kindes. H. Werner geht, ebenso wie nach ihm F. Brehmer (1925), davon aus, daß Kinder über eine ursprüngliche, von vorausgegangener Erfahrung unabhängige Fähigkeit originaler melodischer Erfindung verfügen. Er schließt von seiner Auswertung der Erfindungen von 45 Versuchskindern im Alter von knapp drei bis fünf Jahren alles Material aus, in dem er Ähnlichkeiten mit bekannten Melodien zu erkennen glaubt, und strebt die Aufstellung einer Ontogenese musikalischer Erfindung an; er findet fünf Entwicklungsstufen der melodischen Erfindung des Kindes, mit der kleinen Terz beginnend (Werner, 1917). A. Nestele erkennt zwar, daß es sich bei den melodischen Äußerungen von Kindern nicht um völlig originale, unbeeinflußte Äußerungen handeln könne, zielt aber ebenfalls auf Feststellungen hinsichtlich einer melodischen Urform, die Rückführung auf die Urzelle der Melodik (Nestele, 1930). F. Metzler wertet 800 auf Tonband gesungene melodische Improvisationen von Grundschulkindern aus und bildet auf der Grundlage dieses Materials seine Melodietypen; sie führen von der ersten und primitivsten Struktur, der engstufigen Gleitmelodik, über chordische zu tonischen Strukturen und zur Einbeziehung von Halbtonschritten. Auch F. Metzlers Interesse gilt noch dem Versuch eines Nachweises der genetischen Abfolge dieser Strukturen. In der Literatur (vgl. Kötter, 1971) wurde zu Recht kritisiert, daß die gemeinsamen Merkmale kindlicher Melodieerfindung, aus denen F. Metzler Typen bildet, eben auch übernommenes Material sind, also aus vorangegangenen Hörerfahrungen stammen. Melodische Erfindung des Kindes wird folglich stets dann Gegenstand eines Berichtes über Hörfähigkeiten, wenn sie nicht als Material für die Aufstellung melodie- oder entwicklungsgeschichtlicher Reihen, sondern vielmehr als Material musikalischer Sozialisationsforschung angesehen wird, d.h. wenn untersucht wird, welche gehörsmäßig aufgenommenen melodischen Muster das Kind (früher) gelernt hat und (nun) in seinen melodischen „Erfindungen" verwendet (Metzler, 1961 und 1962).

Solche Beobachtungen sind gegenwärtig noch rar. Bei R. Wagner findet sich ein Ansatz. Der Text

„Neunundneunzig Schneider, die wiegen hundert Pfund,
und wenn sie das nicht wiegen, dann sind sie nicht gesund"

wird Kindern zur melodischen Improvisation übergeben. Die Ergebnisse werden individuell festgehalten. Doch die Kategorien, mit denen die Ergebnisse der melodischen Kindererfindungen geprüft werden, haben eine gänzlich andere Zielrichtung als bei den historischen Untersuchungen. Es sind: Formale Symmetrie mit dem Text; Bezug zu pentatonischen Formeln; Bezug zu Durformeln; Tongeschlecht; Schlußbildung. Daß die Versuchsergebnisse recht weit formuliert sind, liegt auch an der erheblichen methodischen Problematik des Ansatzes, der in der Sache jedoch eine Anregung bedeutet. Von den 6jährigen Kindern improvisieren mehr als 33% im Sinne brauchbarer Kinderliedmelodien, 14% beschränken sich auf Pentatonik. Die 7jährigen Kinder wählen zu 50% Dur, ein Großteil produziert mit Vorder- und Nachsatz, 20% übertragen bekannte Melodien auf den Text, 18% verwenden pentatonische Weisen. Bei 9jährigen Kindern tritt die Pentatonik zurück. Hier klingt die Fragestellung an, die für den Musikpädagogen wesentlich ist: Wie zeigt sich bei dem Kind in der melodischen Improvisation die Aneignung der melodischen Muster seiner Umgebung? (Wagner, 1970). Beobachtungen zu dieser Produktion auf der Basis vorangegangener Lernergebnisse gibt es schon aus den dreißiger Jahren, bei G. Schünemann (1930) und bei R. Wicke, der darauf verweist, daß nach der ersten Ausprägung von Intervallen zunehmend das Musikgut der Umgebung aufgenommen und in Liedproduktionen des Kindes wiedergegeben wird (Wicke, o.J. [1931]).

4. Unterscheidungsfähigkeiten für harmonische Merkmale

4.1 Harmonisches Hören

Angesichts der Fülle von erlernten Einzelfähigkeiten, die beim Hören der harmonischen Dimension von Musik mitwirken, läßt sich die Beschränkung auf wenige gleichbleibende Forschungsansätze nicht übersehen. Sie richten sich im wesentlichen auf Fähigkeiten des harmonischen Hörens i.e.S., Gefühl für Tonalität und Analysefähigkeiten für Akkorde bzw. Klangdichte. Der Schwerpunkt liegt auf der Prüfung von Fähigkeiten des harmonischen Hörens, der Unterscheidungsfähigkeit für Harmonien. Deren Prüfung beim Kinde ist eigenartig konzentriert auf ein spezielles Verfahren: die Beobachtung der Reaktion des Kindes bei Veränderungen von Liedbegleitungen. Man hat in Versuchen solche Veränderungen auf verschiedene Weise durchgeführt: Man hat das Tongeschlecht gewechselt, Rückungen der Begleitung um einen halben Ton vorgenommen oder auch mehrere unterschiedliche Begleitungen des gleichen Liedes angeboten. Wahrscheinlich liegt in diesem Verfahren, bei dem Kinder schon wegen des Klangvolumens von Kakophonien keine Ablehnung zeigen, die Ursache der tradierten Auffassung, daß die harmonische Entwicklung des Kindes erst spät einsetze und ein frühes entsprechendes Lernangebot sinnlos sei. Die Beobachtung, daß junge Kinder auch bei Halbtonrückungen zwischen Melodie und Begleitung kein Mißfallen zeigen, galt als Beleg dafür, daß Kinder Variationen einer harmonischen Begleitung, selbst den Wechsel in Disharmonie, noch nicht erkennen können, und demgemäß zu schließen sei, daß sich harmonische Fähigkeiten später und langsamer als rhythmische und melodische Fähigkeiten entwickeln. Die Autorität der Auffassung von der harmonischen Spätentwicklung des Kindes ist vermutlich verstärkt oder sogar begründet worden durch das entwicklungspsychologische Konstrukt der musikalischen Entwicklung des Kindes. Bei Autoren wie W. Stern, W. Hansen und H. Hetzer gibt es zahlreiche Aussagen, die davor warnen, daß zu frühes Hinführen zu Erwachsenen-Musik die kindliche Freude am Singen stören könne, daß damit die kindliche Musikfreudigkeit, d.h. der Kindergesang, erlahme, daß Kinder sich gegen gute Musik wehren usw. (Hetzer/Ameln, 1933; Hansen, 1965; Stern, 1981). Daß in einer musikalischen Umwelt ohne technische Medien den Kindern kaum Material zum harmonischen Lernen angeboten wurde, mag dieses Bild mitbestimmt haben, das jedoch nun durch neuere Versuche (vgl. Höchel, 1960), vor allem auch durch neue Methoden (vgl. Hair, 1973), Veränderungen erfahren hat.

Die Betrachtung der Forschungsergebnisse zu der Frage des harmonischen Hörens beim Kinde ergibt demgemäß zunächst ein Kontinuum auffallender Übereinstimmungen. Zuerst griff wohl H. Rupp die Frage auf, ob Kinder „falsche" Verknüpfungen und Begleitungen von „richtigen" in Dur und Moll zu unterscheiden vermögen. Seine Versuche mit 6½–7jährigen Kindern erbringen als Ergebnis, daß Kinder – darunter auch solche, die bereits eine zweite Stimme halten können – kakophone Begleitungen nicht als befremdlich empfinden. Bei seinen eigenen beiden Kindern stellt H. Rupp fest, daß sie bei Kinderliedern („Kommt ein Vogel geflogen"; „Fuchs, du hast die Gans gestohlen") weder einen Trugschluß noch die Verschiebung der Begleitung um einen Halb-und einen Ganzton als falsch bezeichnen (Rupp, 1915). Bei G. Schünemann ist nachzulesen, daß 4–8jährige Kinder wenig Interesse an Harmonie bekunden.

G. Schünemann gibt als Ergebnis seiner Versuche bekannt, daß die Kinder dieser Altersstufe eine auffallende Gleichgültigkeit gegenüber richtigen oder falschen Begleitstimmen zeigen (Schünemann, 1930). R. Wicke experimentiert ebenfalls mit der Rükkung der Begleitung einer Melodie um einen halben und um einen ganzen Ton nach oben und unten, und zwar bei 6jährigen Kindern. Es bestätigen sich bei R. Wicke die Ergebnisse H. Rupps: Die Kinder lassen keine besonderen Reaktionen erkennen (Wicke, o.J. [1931]). Von B. Franklin wird in Forschungen über die harmonischen Hörfähigkeiten des Kindes konstatiert, daß der Festigung des Tonalitätsgefühles die Hörfähigkeiten für Tonhöhe und für Konsonanz vorausgehen, aber nicht die Fähigkeit für gleichzeitiges horizontales und vertikales Hören (Franklin, 1956). C.W. Valentines Untersuchungen zielen zwar auf Präferenzen, implizieren aber Aussagen über die harmonischen Fähigkeiten von Kindern im Alter von sechs bis vierzehn Jahren. Mit 200 Versuchskindern stellt C.W. Valentine fest, daß vor dem Alter von etwa neun Jahren konsonante Harmonien gegenüber dissonanten nicht bevorzugt werden. Erst im Alter von elf Jahren erregen dissonante Harmonien in der Regel mehr Mißfallen als Gefallen. Um das Alter von zwölf oder dreizehn Jahren beobachtet C.W. Valentine Wandlungen hinsichtlich der (harmonischen) Präferenzen, die er als parallel zu dem Verhalten von Erwachsenen bezeichnet (Valentine, 1962). H. Moog wiederholt nochmals das Experiment mit der Rückung der harmonischen Begleitung bei jungen Kindern und bestätigt die vorausgegangenen Beobachtungen: Die Kinder zeigen bei „falschen" Begleitungen keinerlei Mißfallen. Demgemäß stellt H. Moog (1968) zusammenfassend fest, daß Kinder im vorschulpflichtigen Alter noch keine Harmonien erleben, daß sie mindestens bis zum Ende des sechsten Lebensjahres für Harmonien taub seien, wahrscheinlich auch noch eine geraume Zeit darüber hinaus. H. Moog begründet diese Meinung damit, daß die Kinder eben nicht im geringsten Maße ein Mißfallen bei Kakophonien zeigen. Auch R. Shuter schließt sich diesen Auffassungen an und hält fest, harmonische Unterscheidungs- bzw. Präferenzfähigkeit (appreciation of harmony) könne sich nicht entwickeln, bevor ein Kind fähig sei, sowohl einer Baß- als auch einer Melodiestimme zuzuhören (Shuter, 1968).

Doch zeigen bereits die Versuche von S. Belaiew-Exemplarsky von 1926, daß Äußerungen der Kinder und tatsächliches Unterscheidungsvermögen im Bereich des harmonischen Hörens nicht gleichgesetzt werden können. S. Belaiew-Exemplarsky stellt bei ihren 6½–7½jährigen Versuchskindern als „zwingenden Eindruck" fest, daß ihnen Harmonik als Begleitung sowie der Dur-Moll-Unterschied völlig gleichgültig seien; ein beliebiger Zusammenklang wirke nur durch sein Volumen, während seine harmonische Struktur die Kinder nicht im mindesten interessiere. Bei Kindern, die ein Jahr älter sind, beobachtet sie eine Tendenz, ein Moll-Stück als etwas Rascheres wahrzunehmen. In einem weiteren Versuch geht S. Belaiew-Exemplarsky der Frage nach dem Einfluß des Konsonanzgrades der Begleitung nach: Die gleiche Weise wird in Dur und Moll und dann kakophon begleitet. 38% der Kinder hören keinen Unterschied zwischen den drei Varianten; zudem ist keine Reaktion der Kinder zu erkennen, die darauf schließen läßt, daß die kakophone Fassung die besondere Aufmerksamkeit der Kinder erregt. S. Belaiew-Exemplarsky folgert daraus, daß das harmonische Element für Kinder keineswegs dieselbe Bedeutung besitze wie für Erwachsene. Die Aufforderung zu einer Bewertung der drei dargebotenen Möglichkeiten erbringt jedoch, daß die Antwort: „Es war dieselbe Musik", keineswegs bedeutet: „Sie hat mir gleich gut gefallen". Deutlich wird zunächst, daß Dur wesentlich stärker als Moll bevorzugt wird (sechs Kinder gegenüber einem Kind). Der Vergleich zwischen Dur und Kakophonie ergibt: Vier Kinder für Dur und fünf Kinder für Kakophonie. Aus den Antworten geht hervor, daß die Kakophonie intensives Vergnügen, ästhetische Bewunderung hervorruft. Zusammenfassend stellt S. Belaiew-Exemplarsky aufgrund ihrer Versuche für den Bereich des harmonischen Hörens bei Kindern fest: Harmonie wird von Kindern anders als von Erwachsenen wahrgenommen; die Änderung der Harmonie bewirkt keine entsprechende Änderung des Eindrucks; die Entwicklung der harmonischen Hörfähigkeit geht langsam vor sich; wahrscheinlich wirkt die Kakophonie auf Kinder dieser Altersstufe nur durch die größere Klangfülle (sie scheint lauter zu klingen) und den stärkeren Reiz, der die Erregung verstärkt und dadurch Genuß gewährt (Belaiew-Exemplarsky, 1926).

A. Zenatti ist der Frage der Präferenz von Konsonanz oder Dissonanz mit einem Versuchsmaterial aus Akkorden und Ausschnitten aus zeitgenössischer Musik nachgegangen. Auch hier bedient sie sich einer speziell den Möglichkeiten junger Kinder angepaßten Methode: Zwei Kunstblumen werden eingesetzt, die in der Mitte elektrische Birnen enthalten, die unterschiedlich aufleuchten. Den Kindern wird erklärt, daß eine der Blumen die schöne Musik, die andere die häßliche Musik höre, daß aber die schöne Musik nicht jedesmal von derselben Blume gehört werde. Die Musikbeispiele werden paarig, einmal in konsonanter, dann in dissonanter Form gegeben, jedes Paar zweimal in wechselnder Reihenfolge. Die Kinder haben herauszufinden, welche Blume bei dem jeweiligen Item für die schöne Musik aufleuchtet. Sieht man von der impliziten sozialisatorischen Wirkung des Versuchs hinsichtlich der Einstellung für konsonante und dissonante Musik einmal ab, so ist doch das altersstufenspezifische Ergebnis hier aufschlußreich. Die 201 Kinder befinden sich im Alter von vier bis zehn Jahren. Bei den Jungen und Mädchen ergibt sich im Alter von sieben Jahren eine signifikante Bevorzugung der Konsonanz. Anschließend prüft A. Zenatti den Einfluß der Erfahrung auf die kindliche Unterscheidungsfähigkeit zwischen konsonanten und dissonanten Akkorden. Erst mit sieben Jahren erreicht die Hälfte der Kinder das Erfolgskriterium (neun richtige Antworten). Diese Kinder werden nochmals hinsichtlich ihrer Präferenz geprüft. Die in der Unterscheidung erfolgreichen 4–5jährigen Kinder zeigen eine hochsignifikante Steigerung der Anzahl konsistenter Urteile für Konsonanz. Die Ergebnisse der 6–7jährigen Kinder verändern sich nicht signifikant (Zenatti, 1974).

Die durch Forschungsergebnisse von Beginn des Jahrhunderts bis zur Gegenwart, durch entwicklungspsychologisches Denken gestützte und verfestigte Auffassung, daß Kinder vor dem neunten Lebensjahr sich einer falschen Harmonisierung gegenüber indifferent verhalten, daß vor allem die harmonische Hörfähigkeit sich spät entwickle und entsprechende Lernsequenzen für harmonisches Hören des Kindes darum sinnlos seien, diese auch heute noch in der Musikdidaktik wirksame Auffassung über das harmonische Hören bei Kindern, ist gleichwohl häufig Einwendungen begegnet. G. Révész verweist auf Kinder von sechs bis acht Jahren, die bereits gut Dur und Moll unterscheiden und sogar Melodien am Klavier harmonisieren können (Révész, 1982). Inzwischen steht man allgemein den aus den Forschungen gefolgerten Auffassungen betreffs des harmonischen Hörens des Kindes mit zunehmender Skepsis gegenüber, vor allem wegen der niedrigen Zahl der jeweiligen Versuchspersonen, doch auch wegen der angewendeten Materialien und Befragungsmethoden (Kleinen, 1970 b; Kötter, 1971). E. Kötter verweist darauf, daß das Ausbleiben von Mißfallensäußerungen bei Dissonanzen zwar darauf beruhen könne, daß die Kinder tatsächlich diese Dissonanzen nicht bemerken; doch sei bewußt zu halten, daß es sich um eine Annahme, nicht um eine nachgewiesene Tatsache handle. E. Kötter macht am gleichen Ort auch auf die Möglichkeiten eines Verdeckungseffektes aufmerksam, der dadurch zustande kommen könne, daß bei den Versuchen in der Regel sehr bekannte Kinderlieder verwendet wurden (Kötter, 1970).

Von der tradierten Methode, harmonische Hörfähigkeiten des Kindes vor allem durch Rückungen der harmonischen Begleitung und sprachliche Äußerungen der Kinder über Gefallen oder Mißfallen der verschiedenen Begleitungen zu prüfen, sind jüngere Berliner Versuche abgerückt. Als neue methodische Gesichtspunkte werden nun die harmonischen Leistungen des Kindes im Zusammenhang mit seinem eigenen Singen, also in der praktischen Musiziersituation, und im Rahmen von Lernanstößen für das harmonische Hören in den Vordergrund gestellt. S. Bimberg weist in seiner Dissertation über die Hör- und Singfähigkeit in Dur und Moll nach, daß Kinder mit größerer Sicherheit Übergänge nach Dur und Moll (und umgekehrt) singen, wenn sie akkordisch begleitet werden (Bimberg, 1953). Diese Ergebnisse werden gestützt durch eine weitere Arbeit von S. Bimberg (1956) und die Untersuchungen von R. Lutowsky (1958) über das einstimmig begleitete Singen. Besonders anregend sind die experimentellen Untersuchungen von L. Höchel über die harmonische Hörfähigkeit des Kindes in den ersten drei Schuljahren. Er führt seine Versuche mit 97 Kindern des ersten bis dritten Schuljahres und 28 Kindern aus einem Kindergarten durch. Die Altersspanne reicht von fünf Jahren, elf Monaten bis zu zehn Jahren und fünf Monaten. Musikalisches Experimentiermaterial ist das Kinderlied „Grün sind alle meine Kleider". Die Versuchskinder haben es zu einer vokalen Begleitung vom Tonband (Frauenstimme) und zu einer Klavierbegleitung zu singen. Es wird beobachtet, wie sich die (einzeln) singenden Kinder bei harmonischen Abweichungen, die während der jeweiligen Begleitungen erfolgen, verhalten. In einer zusätzlichen Versuchsreihe hören die Kinder zu, ohne mitzusingen und werden (gemäß traditioneller Methode) nach der Präferenz der unterschiedlichen Begleitungen befragt. L. Höchel teilt als Ergebnis mit, daß bei allen Versuchskindern harmonische Hörfähigkeiten nachgewiesen werden konnten. Das Niveau der harmonischen Hörfähigkeit hänge von Umfang, Intensität und Art der vorangegangenen musikalischen Betätigung, von der Höhe der Konzentrationsfähigkeit und vom Entwicklungsstand des analytischen Denkens ab. Er hält ferner fest, daß die Entwicklungslinien der Fähigkeiten, melodische und harmonische Fehler aus entsprechenden musikalischen Abläufen herauszufinden, keine wesentlichen Unterschiede zeigen, folglich das tradierte Ergebnis von der das musikalische Hören 6–8jähriger Kinder bestimmenden melodischen Hörfähigkeit nicht haltbar sei. Als Ergebnis der methodischen Unterschiedlichkeit seiner Versuchsreihen betont er nachdrücklich, daß Untersuchungsmethoden für harmonische Hörfähigkeiten von Kindern dieser Altersstufe, die reine Hörversuche sind und sich nur auf Befragung beschränken, ungenau bzw. unbrauchbar seien. Wesentlich dürfte vor allem sein, daß die Versuchsergebnisse von L. Höchel darauf verweisen, daß schon Kinder der ältesten Kindergartengruppe harmonische Hörfähigkeiten zeigen, wenn sie im Zusammenhang entsprechender eigener musikalischer Tätigkeit zu aktualisieren sind (Höchel, 1960). Die Lösung von tradierten Methoden und Auffassungen betreffs der harmonischen Hörfähigkeit von Kindern verdeutlicht auch der Ansatz H.J. Hairs. Sie prüft die Fähigkeit, ausgewählte Akkorde unterscheiden zu können, und die Fähigkeit, Melodieton und Akkord als zusammenpassend (oder nichtpassend) erkennen zu können. Kinder des ersten Schuljahres zeigen bei diesen beiden Aufgaben unterschiedliche Leistungen; während sie Akkorde (I, I_6, V_7 und $V_{3/4}$) zu 84% richtig unterscheiden können, bereitet ihnen die Zuordnung von Melodieton und Akkord Schwierigkeiten (Hair, 1973).

Die tradierte Auffassung der späten und langsamen Entwicklung der harmonischen Hörfähigkeiten des Kindes ist damit in Frage gestellt. Bei entsprechenden Prüfungsmethoden können sich solche Fähigkeiten schon am Ende des vorschulischen Alters zeigen. Offensichtlich sind auch die harmonischen Hörfähigkeiten wie die rhythmischen und melodischen Fähigkeiten von Hörerfahrungen und daraus entstehenden Erwartungsschemata im Sinne bereits vorliegender Lernergebnisse abhängig. Darum ist mitzubedenken, daß die frühen Untersuchungen noch nicht in einer von musiktechnischen Medien bestimmten Umwelt angestellt wurden, die jungen Kinder demgemäß kaum harmonische Hörerfahrungen gewinnen konnten. Daß der vielleicht daraus zu erklärende Rückstand harmonischer Hörleistungen des Kindes gegenüber seinen rhythmischen und melodischen Leistungen didaktisch gerade durch Verzögerung eines harmonischen Angebotes, durch Förderung des einstimmigen, unbegleiteten Singens und sparsame Angebote an komplexer Musik beantwortet wurde, hat diesen Rückstand eher vergrößert als gemindert. Manche heutige Erfahrung in der Praxis spricht dafür, daß die einfachen harmonischen Schemata der Konsummusik bei jungen Kindern bereits vorhanden sind. Wir wissen noch nicht, in welchem Alter und unter welchen Hörbedingungen sie beim Kind vorausgesetzt werden können, auch nicht, ob unter den gegenwärtigen musikalischen Umweltbedingungen bei Kindern noch die gleiche Unbefangenheit gegenüber Kakophonien zu erwarten ist wie zu Anfang des Jahrhunderts. Sicher ist, daß Kinder im Kindergarten und in Vorklassen für komplexe Musik mit Einbezug der harmonischen Dimension Vergnügen und analytisches Vermögen zeigen (vgl. Abel-Struth und Groeben, 1979). Auf welche Weise die Fixierung auf die einfachen harmonischen Schemata der Konsummusik vielleicht nur bei Kindern noch vermieden werden kann, bleibt offen, ebenso die Frage, ob durch Neue Musik die Gewöhnung an die tradierten Erwartungsschemata aufgehalten werden kann, – doch ebenso die Frage, ob der Durchgang durch die traditionellen harmonischen Erwartungsschemata vielleicht für die Ausbildung und Differenzierung des harmonischen Hörvermögens notwendige Voraussetzung ist.

4.2 Tonalitätsgefühl

Wie frühzeitig Fähigkeiten des harmonischen Hörens beim Kinde begegnen können, zeigen auch die wenigen Versuche zum Tonalitätsgefühl des Kindes, die ein frühes Bedürfnis nach dem Grundton bzw. dessen früh vollzogenes Erlernen belegen. Die Untersuchungen zum Gefühl für Tonalität setzen, wie die Untersuchungen des harmonischen Hörens des Kindes, bereits in den zwanziger Jahren ein, und zwar meist im Zusammenhang mit der Prüfung melodischer Fähigkeiten. G. Révész macht 1920 auf das Phänomen aufmerksam, daß Kinder bei der Aufforderung, eine Terz als Zweiklang nachzusingen, regelmäßig die Quinte beifügen, den gebrochenen Zweiklang also zum gebrochenen Dreiklang erweitern; hier äußert sich im Bedürfnis, den Grundton anzufügen, ein Bedürfnis nach Tonalität (Révész, 1920). Das auf solchem Bedürfnis nach Tonalität basierende Tonalitätsgefühl ist offensichtlich – auch nach Altersstufen – unterschiedlich ausgeprägt.

Die Ergebnisse der frühen Untersuchungen sind widersprüchlich. W. Kühn gibt Kindern Melodien und fordert sie auf, irgendeinen tieferen Ton zu singen. Es werden durchweg Töne produziert, die der Tonalität der gehörten Melodie angehören. Dies leisten bereits Kinder im sechsten und siebten Lebensjahr (Kühn, 1919). Während hier also früh Tonalitätsgefühl beobachtet wird, stellt O. Reimers im Rahmen seiner Untersuchungen des Tonalitätsgefühles fest, daß die Stufe des Erlebens von Harmonie, des tonalen Systems, ungefähr im zehnten bis elften Lebensjahr erreicht werde (Reimers, 1927). Zum gleichen Ergebnis kommt E. Walker bei der Beobachtung des Einflusses von Intervallspannungen. Er schließt aus der Kritik von Schülern ab dem 5. Schuljahr an Terzschlüssen auf das nun stärkere Empfinden für die Tonalität (Walker, 1927). Differenzierte Beobachtungen gibt es bei G. Schünemann und A. Nestele. G. Schünemann beschreibt die Entstehung des Tonalitätsgefühles aus den Hörerfahrungen in der musikalischen Umwelt und vergleicht den Erwerb des Tonalitätsgefühles mit dem Erwerb der Sprachbetonung. Mit den Melodien, die das Kind hört, prägt sich auch die Beziehung der Töne zum Grundton dem kindlichen Gehör ein. Da Kleinkinder zunächst alle nur denkbaren Zwischenstufen und Beziehungen beim „Singen" ausnutzen, erweisen sie, daß sie noch kein tonales Empfinden haben; sie erwerben es durch die Einwirkungen der Umgebung – in Analogie zur Sprache. Aufgrund seiner eigenen Beobachtungen sagt G. Schünemann aus, daß sich das tonale Empfinden zwischen dem vierten und achten Lebensjahr festigt. Schwankungen und Unsicherheiten gehen hier zunehmend in deutlichere Tonalität über, wenn auch noch nicht alle Kinder rein intonieren können (Schünemann, 1930). A. Nestele, der im Rahmen seiner Untersuchungen der kindlichen Melodik ebenfalls beobachtet, daß einige Kinder beim Singen die Abwärts-Terz zum Durdreiklang erweitern, schließt daraus, daß bei diesen Kindern bereits ein „Tonalitätsgefühl" vorhanden sei. A. Nesteles Untersuchung basiert auf der Beobachtung von 120 Kindern, die jedoch in Vorversuchen unter dem Aspekt ihrer musikalischen Fähigkeiten, insbesondere ihrer Singfähigkeit („vor allem aber ungehemmte Sänger"), ausgewählt worden waren. Sie waren drei bis fünfzehn Jahre alt; nur zwölf Kinder befanden sich im vorschulischen Alter. A. Nesteles besonderes Interesse gilt der fallenden Kleinterz im kindlichen Singen, die er als „Urzelle der Melodik" sieht. Auch wenn diese fallende Kleinterz vom Kind ohne Beifügung des Grundtones gesungen wird, ist die Ruhelage und Schlußwirkung auf dem letzten Ton der fallenden Kleinterz für A. Nestele (deutlich im Viertonmotiv c'' - d'' - c'' - a') nur eine relative; der Grundton schwingt bereits „keimhaft" mit. A. Nestele setzt demgemäß bereits dort Tonalitätsgefühl voraus, wo eine Melodie tonal empfunden wird. Denn „intendiert ist die Tonika längst, bevor sie akustische Wirklichkeit wird" (Nestele, 1930).

S. Bimberg hat tonale Fähigkeiten in einem Singversuch geprüft; die Kriterien sind: Mollterz aufwärts und abwärts mit und ohne Sexte. S. Bimberg sieht mit seinen Versuchen den Beweis als eindeutig erbracht an, daß Singen von Dur-Moll-Zusammenhängen auf gleichem Grundton (also im Variantverhältnis) Kindern und Erwachsenen tatsächlich Schwierigkeiten bereite, dagegen der tonale Zusammenhang von Dur und Moll im parallelen Verhältnis von Kindern und Erwachsenen richtig gesungen werden kann. Der Übergang von Moll nach Dur wird als leichter angesehen (ist besser singbar) als der Übergang von Dur nach Moll (Bimberg, 1963). A. Zenatti prüft im Rahmen ihrer Untersuchungen speziell die tonalen Fähigkeiten des Kindes und stellt eine deutliche Steigerung der Entwicklung dieser Fähigkeit vom achten Lebensjahr an fest. Einen speziellen Versuch widmet sie der „tonalen Akkulturation". Sie arbeitet mit 239 Jungen und Mädchen im Alter von fünf bis zehn Jahren. Doch ihr Material ist nun einerseits tonal und andererseits atonal (bei gleichbleibender Bewegung). Im Ergebnis A. Zenattis ist der geschlechtsspezifische Unterschied auffallend. Vollzogene tonale Akkulturation zeigt sich bei den Jungen signifikant im Alter von sechs Jahren, bei Mädchen erst, wenn sie älter als acht Jahre sind. Wenn auch, was vielleicht durch die unterschiedliche Aufgabenstellung bedingt ist, die Beobachtungen nicht voll übereinstimmen, so ergeben sich doch deutliche und häufige Resultate dahingehend, daß Tonalitätsgefühl im Grundschulalter vorhanden ist, hier die tonale Akkulturation also bereits stattgefunden hat (Zenatti, 1969 und 1970). In einem späteren Versuch arbeitete A. Zenatti mit zwei Melodien („Das Lied, das dem Hund gefiel", und „Das Lied, das dem Pferd gefiel"). Zunächst wird die Fähigkeit des Kindes geprüft, diese beiden Melodien unterscheiden zu können; für richtige Unterscheidungen bei vielfachem Vorspielen können Spielmarken gewonnen werden, von denen insgesamt zehn das Erreichen des Erfolgskriteriums zeigen. Anschließend werden die Kinder in drei Gruppen nach Alter und Erreichen des Erfolgskriteriums eingeteilt; die erste Gruppe erhält nun die beiden Melodien in pentatonischer Tonfolge, die zweite in tonaler und die dritte in atonaler Folge. Wieder ist, nun in den unterschiedlichen melodischen Modifikationen, jeweils zwischen den beiden verschiedenen Melodien zu unterscheiden, wieder wird – nach einem differenzierten System – als Erfolgskriterium die Zahl von zehn richtigen Antworten gesetzt, doch zusätzlich mit einem Punktsystem bewertet, das anzeigt, wieviel Vorspielitems zum Erreichen der richtigen Antwort nötig waren. Das Alter der Probanden liegt zwischen viereinhalb und zehn Jahren. Bei der Unterscheidung pentatonischer und tonaler Fassungen der Melodien ergeben sich keine signifikanten Unterschiede. Das gleiche Ergebnis zeigt sich bis zum Alter von sechs Jahren bei der Unterscheidung pentatonischer und atonaler Fassungen. Doch im Alter von sechs bis sieben Jahren können die Jungen pentatonische und tonale Melodien signifikant leichter erkennen als die atonalen. Bei den Mädchen setzt diese Entwicklung später ein. Für ältere Kinder erweist sich die Augabenstellung als nicht schwierig genug, um signifikante Unterschiede zu ergeben (Zenatti, 1973).

Gründliche Versuche zum Tonalitätsgefühl des Kindes sind M. Imberty zu danken. Er richtet seine Untersuchungen auf die Frage, inwieweit Kinder in der Lage seien, die Tonika mit einem Schlußgefühl zu verbinden. Kinder unter sechs Jahren sehen eine Melodie als abgeschlossen an, wenn sie aufhört, gleich auf welcher Tonstufe dies geschieht. Zwischen dem sechsten und dem achten Lebensjahr fängt das Kind an, den Unterschied zwischen einem Ganz- und einem Halbschluß zu erkennen. Modulationen werden umso besser wahrgenommen, je weiter die neue Tonart entfernt liegt. Im Alter von zehn bis zwölf Jahren beobachtet M. Imberty keine Veränderungen; doch er stellt auch Erwachsene fest, die keine höhere Leistungsfähigkeit für Tonalitäten zeigen (Imberty, 1969). B. Franklin zählt Tonalitätsgefühl zu den bei der Feststellung von Musikalität zu testenden Fähigkeiten. Zur Prüfung der Fähigkeit gibt er, ausgehend von der Voraussetzung, daß eine Melodie immer auf der Tonika schließe, den Probanden kurze zweiteilige Melodien, die beim Versuch vor dem Schlußton abbrechen. Der Proband erhält den Auftrag, den Schlußton zu ergänzen. Singt er den Grundton oder einen der Töne des Tonika-Akkordes, gilt dies als Beleg für vorhandenes Tonalitätsgefühl. B. Franklin weist nach, daß Kinder schon im Alter von sechs bis neun Jahren Tonalitätsgefühl zeigen (Franklin, 1956).

4.3 Akkordanalyse (Klangdichteanalyse)

Als Fähigkeit der Akkordanalyse werden in der Literatur zwei sehr unterschiedliche Fähigkeiten verstanden, einerseits die Fähigkeit zur Feststellung der Zahl der gleichzeitig erklingenden Töne und andererseits die Fähigkeit zur Feststellung der intervallischen Relationen zwischen den gleichzeitig erklingenden Tönen bis hin zur Fähigkeit, die harmonische Struktur eines Akkordes zu erkennen. G. Révész unterscheidet demgemäß zwischen „Erkennung" und „Analyse" bzw. zwischen der Wahrnehmung von Einheit und Mehrheit gegenüber Analyse und Heraushören der Einzeltöne aus einem Zusammenklang. Er beschreibt die besonderen Bedingungen bei konsonanten und dissonanten Zusammenklängen und stellt fest, daß mit zunehmender Zahl der Komponenten und mit zunehmendem Konsonanzgrad das Auseinanderhalten der Töne eines Akkordes schwieriger werde. Auch die Fähigkeit der Analyse hängt außer von Aufmerksamkeitsgrad und Übung von der Lage der Akkorde, der Zahl der Komponenten und der harmonischen Struktur eines Mehrklanges ab. Die Fähigkeit, aus einem Akkord die Zahl der Einzeltöne herauszuhören, wird unterschieden von der Fähigkeit, diese Einzeltöne als Glieder eines bestimmten Tonverhältnisses aufzufassen (Révész, 1982).

In seiner frühen Schrift „Prüfung der Musikalität" beschreibt G. Révész Versuche zur Analyse von Zweiklängen sowie von Drei- und Mehrklängen. Der Versuch mit Zweiklängen wird an 58 Kindern zwischen acht und zwölf Jahren durchgeführt. Sie haben die Aufgabe, die Einzeltöne der an Klavier oder Harmonium gegebenen Zweiklänge nachzusingen. Die Zweiklänge reichen von großer Sekunde bis zu großer Septime. 12% der Kinder können alle, 55% mehr als die Hälfte der Aufgaben richtig lösen. G. Révész beobachtet, daß die Wiedergabe fast ohne Ausnahme von unten nach oben erfolgt, dazu, daß eine Tendenz besteht, den Zweiklang zu einem Dreiklang zu ergänzen; bei großer und kleiner Terz ist es die Regel, die Quinte hinzuzufügen. In den Versuchen mit Dreiklängen zeigt sich ein deutlicher Unterschied zwischen konsonanten und dissonanten Dreiklängen. Bei den konsonanten Dreiklängen lösen 43% der Kinder alle Aufgaben richtig. Gleichzeitig ist jedoch die Zahl der Kinder, die keine der Aufgaben lösen können, unverhältnismäßig hoch; sie liegt bei 15%. G. Révész schließt aus der Tatsache, daß die Dreiklänge nicht in ihre tatsächlichen Komponenten zerlegt, aber die Töne des Dreiklanges auch in veränderter Lage gesungen werden, daß die Kinder den Dreiklang nicht durch Zerlegung in die Komponenten, sondern durch den charakteristischen Gesamteindruck erkennen, was wiederum nur solchen Kindern möglich sei, die an praktischen Umgang mit Dreiklängen gewöhnt sind. Dem entspricht das völlig andere Ergebnis mit dissonanten Dreiklängen. Nur 7% der Kinder können hier alle Aufgaben lösen, die Nullfälle steigen auf 31%. Insgesamt ist für G. Révész die Analysefähigkeit für Zwei- und Mehrklänge ein Symptom für Musikalität (Révész, 1920). Tatsächlich weist er bei einer achtjährigen Beobachtung eines musikalischen Wunderkindes ungewöhnliche Leistungen gerade hinsichtlich der Analyse dissonanter Mehrklänge bis zu dreizehntönigen Mehrklängen nach (Révész, 1925).

A. Bentley prüft in seinem Akkordanalysetest 7–14jährige Kinder auf die Fähigkeit hin, aus Mehrklängen mit zwei, drei und vier Tönen die jeweilige Zahl der Töne herauszuhören. Die von A. Bentley gewonnenen Durchschnittswerte für jede Altersgruppe zeigen zunächst einen besonders niedrigen Durchschnittswert für 7jährige Kinder (Höchstwert 20), des weiteren eine sehr geringe jährliche Zunahme zwischen sieben und zehn Jahren; erst nach dem zwölften Lebensjahr liegen diese jährlichen Zuwachsraten höher (10 Jahre: 3,5%; 11 Jahre: 8,5%). Die Beobachtung der Extremwerte erweist jedoch auch, daß schon 11% der 7jährigen Kinder mehr als die Hälfte der Aufgaben lösen können. Offensichtlich gibt es hier innerhalb der Altersgruppen ein beachtliches Gefälle, d.h. es gibt eine Gruppe von Kindern, die Akkorde wesentlich genauer analysieren können als die Mehrzahl ihrer Altersgenossen. Es wäre wichtig, die musikalische Lerngeschichte solcher leistungsstarken Kinder zu verfolgen, um die Bedeutung der erbrachten Leistung besser verstehen zu können. A. Bentley folgert aus diesem Ergebnis, daß sich die Fähigkeit, Akkorde nach der Zahl der beteiligten Töne zu analysieren, relativ spät und langsam entwickle und empfiehlt entsprechende Unterrichtsaufgaben erst für Kinder von elf Jahren ab (Bentley, 1973 a).

R. Wagner prüft unter der Zielangabe Sinn für Klangqualität mehrere verschiedene Hörfähigkeiten, darunter auch die Fähigkeiten, die Zahl der am Klang beiteiligten Töne zu nennen und einen oder mehrere Töne aus diesem Klang nachzusingen (im Inhaltsverzeichnis wird der gleiche Versuch unter der Bezeichnung Klang-Analyse [Hör- und Gedächtnisleistung] angegeben). Die sehr zusammengefaßte Mitteilung der Testergebnisse könnte ein weiterer Beleg für die späte und langsame Entwicklung klanganalytischer Fähigkeiten sein. 6jährige Kinder können die Aufgaben R. Wagners gemäß seiner Mitteilung nicht lösen, die 7jährigen Kinder bleiben unter der 30%-Grenze; erst bei 9jährigen Kindern beobachtet R. Wagner eine merkliche Leistungsverbesserung (Wagner, 1970).

Ein Frankfurter Versuch zur Höranalyse von Klangdichte-Unterschieden wurde entwickelt, weil praktische Erfahrungen gegen die schwachen Leistungen der Kinder in den frühen Untersuchungen sprechen; ein besonderes Interesse richtete sich darauf, ob durch Verzicht auf reproduktive Methoden eine verbesserte Leistung auf dem speziellen Gebiet zutage treten würde. Der mit 180 Kindern im Alter von fünf und sechs Jahren durchgeführte Versuch baut darum methodisch auf einem graphischen Verfahren auf: drei Karten, auf denen drei unterschiedliche Dichtegrade (Einzelton, wenige Töne, sehr viele Töne) graphisch dargestellt sind. Aufgrund der schwachen Leistungen der Kinder unter zehn Jahren in den früheren Untersuchungen werden die Aufgaben für die Versuchskinder im Eingangsstufenalter auf die einfachsten Möglichkeiten von Klangdichtegraden abgestellt: insgesamt zehn Aufgaben mit unregelmäßigem Wechsel von Einzelton, wenigen Tönen und sehr vielen Tönen. Diese Aufgaben lassen sich nunmehr für die geprüfte Altersstufe als leicht bewerten. Vor allem erweisen sich die Aufgaben „Einzelton“ und „Sehr viele Töne“ als so gut lösbar, daß die Relation der richtigen zu den falschen Einstufungen 6 : 1 beträgt. Für die Aufgabe „Wenige Töne“ wird freilich nur ein Durchschnittswert von 54,2% ermittelt. An diesem Ergebnis mag vorerst noch der Standort der Akkorde aus wenigen Tönen innerhalb der Beispielreihe mitgewirkt haben, vor allem das Faktum einer Repetition, die für die Kinder wahrscheinlich zu unerwartet ist. Weiterführende Versuche könnten verbesserte Auskünfte über die Leistungsfähigkeit auf dem Gebiet der Akkordanalyse erbringen, wenn graphische Methoden auch bei akkordisch differenzierteren Mehrklängen in den verschiedenen Altersstufen eingesetzt werden (Abel-Struth und Groeben, 1979).

Spezielle Versuche zur Feststellung der gehörten Zahl von Tönen bei unterschiedlichen Zusammenklängen sind A.T. Hickman zu danken. Die Versuche wurden mit mehr als tausend kleinen Kindern im Alter von acht bis vierzehn Jahren durchgeführt. Verhältnismäßig einheitlich für alle Altersstufen zeigt sich, daß die größeren musikalischen Intervalle (von der Oktave abwärts bis zur übermäßigen Quarte) einen großen Unterschied der Wahrnehmung, von äußerst stimmigen zu äußerst unstimmigen Antworten, erbringen. Übereinstimmende Antworten ergeben sich am häufigsten bei Oktave, kleiner Septime und reiner Quinte. Die große Sexte wird als der Zusammenklang gehört, der mehr Töne als irgendein anderer enthält (Hickman, 1969 und 1970).

5. Unterscheidungsfähigkeiten für klangliche Merkmale

5.1 Lautstärke

Die Unterscheidungsfähigkeit für verschiedene Lautstärkegrade ist bisher – wie auch die Unterscheidungsfähigkeit für Klangfarben – nur wenig geprüft worden. Dies ist auffallend; denn gerade die Unterscheidungsfähigkeiten für Lautstärke und Klangfarbe werden in der musikmethodischen Literatur für Elementar- und Primarbereich, vor allem seit den sechziger und siebziger Jahren, in besonders hohem Maße als Lernziele aufgestellt.

C.E. Seashore hat die Unterscheidungsfähigkeit für unterschiedliche Lautstärke in seine Tests einbezogen. Die Versuchspersonen haben bei 50 Tonpaaren zu unterscheiden, ob der jeweils zweite Ton lauter oder leiser als der vorangegangene Ton ist. Die elektronisch erzeugten Töne (440 Schwingungen) differieren in der Lautstärke um 4,0 Dezibel (Tonpaare 1–5), 2,5 Dezibel, 2,0 Dezibel, 1,5 Dezibel, 1,0 Dezibel bis zu 0,5 Dezibel in den Tonpaaren 41–50. Das Mittel der Leistungen (bei 50 erreichbaren Punkten) liegt für die 10–11jährigen Kinder bei 36.3 Punkten, für die 12–14jährigen Kinder bei 38.6 Punkten und für die Jugendlichen und Erwachsenen (15–22 Jahre) bei 42.8 Punkten (Seashore, 1966).

Im Zusammenhang der allseitigen Bestätigung der besonders frühen Fähigkeiten des Kindes, Lautstärkegrade richtig unterscheiden zu können, ist auf den Zusammenhang mit dem sprachlichen Ausdrucksvermögen zu verweisen. Kindern sind die Bezeichnungen für Lautstärkegrade offensichtlich durch den Sprachgebrauch ihrer Umgebung wesentlich früher vertraut als Bezeichnungen für Tonhöhen- und Tondauerunterschiede (vgl. Williams u.a., 1932; Riley und McKee, 1963). Dies bestätigen die Untersuchungen zur Entwicklung der Begriffe Lauter, Schneller, Höher und Kürzer von D.K. Taebel; die Aufgaben zur Lautstärke können schon im Kindergarten begrifflich gelöst werden, im ersten Schuljahr werden – mit zusätzlich zu diskutierenden Unterschieden – auch die weiteren begrifflichen Aufgaben befriedigend absolviert (Taebel, 1974). Auch methodisch differenzierter angelegte Untersuchungen altersspezifischer Leistungsfähigkeiten für Tonhöhen, Tondauer und Lautstärke, die verbale Reaktionen mit zusätzlichen sichtbaren Reaktionen kombinieren, zeigen die besonders frühe Leistungsfähigkeit in der Unterscheidung von Lautstärken; stets wird auf Diskrepanzen zwischen Hörfähigkeit und sprachlicher Ausdrucksfähigkeit aufmerksam gemacht (Andrews und Deihl, 1967; Laverty, 1969).

Über die Interessenrichtung der Kinder auf dem dynamischen Sektor gibt auch eine Unterrichtsbeobachtung von B. Dopheide Auskunft: Starke dynamische Unterschiede in Musikwerken beeindrucken Kinder offenbar weniger als die bei einer Demonstration vorgeführte Leistung, auf einem Instrument gerade noch hörbare Lautstärkeunterschiede hervorrufen zu können. Doch wird zugleich deutlich, daß diese feinen Unterschiede im leisen Bereich eben doch hörbar waren (Dopheide, 1976). Praktische Beobachtungen verstärken die Neigung zu der Auffassung, daß schon junge Kinder hohe Leistungen auf dem Gebiet der Lautstärkeunterschiede zeigen können, wenn diese bewegungsmäßig mitvollzogen werden oder wenn das Vokabular für den sprachlichen Ausdruck vorhanden ist. Der Verzicht auf Einübung in sprachlich-begriffliche Ausdrucksweise verführt mitunter zur Unterschätzung dieser Hörfähigkeiten für Dynamik und demgemäß zu viel zu leichten Aufgabenstellungen für dynamische Unterscheidung in Elementar- und Primarbereich.

5.2 Instrumentalfarbe

Die Fähigkeit zur Unterscheidung von Instrumentalklängen ist für Kinder im vorschulischen Alter durchweg belegt. Von G. Schünemann an hat sich überall erwiesen, daß die Kinder dieser Altersstufe ihre Aufmerksamkeit vielfach primär auf Instrumentalklänge richten, in hohen Prozentzahlen bekannte Instrumente unterscheiden können und nach Demonstrationen umgehend ihr Repertoire erweitern. Die Aufmerksamkeit für Klangfarben ist so hoch, daß sie bei Wahrnehmungsaufgaben blockierend wirken kann. Eine detaillierte Aufarbeitung dieser Ergebnisse wäre für die Musikdidaktik des jungen Kindes von größtem Nutzen. Denn in der Praxis werden die Kinder in der Regel unverändert durch zu leichte Höraufgaben unterfordert.

C.E. Seashore testet auch die Unterscheidungsfähigkeit für Klangfarbe (timbre) mit 50 Tonpaaren; die Versuchsperson hat zu entscheiden, ob der zweite Ton im Vergleich zum ersten von unterschiedlicher oder gleicher Klangfarbe ist. Der Unterschied der Klangfarben beruht darauf, daß bei einem Ton mit 180 Schwingungen und dessen fünf ersten Obertönen bei der Wiederholung Intensitäten im Obertonbereich verändert werden. Bei 50 erreichbaren Punkten bewegt sich das Mittel von 31.6 (10–11jährige Kinder) über 35.2 (12–14jährige Kinder) zu 38.6 Punkten (15–22jährige Jugendliche bzw. Erwachsene; Seashore, 1966).

Ein Frankfurter Versuch zur Höranalyse verschiedener Instrumente zielt gegenüber den vorhandenen Testaufgaben auf die Identifikation von Instrumentalfarben in komplexen musikalischen Zusammenhängen. Zehn Musikabschnitte, die innerhalb von etwa 20 Sekunden von Blechbläsern, auf dem Klavier oder auf Streichinstrumenten dargestellt werden, werden Kindern der Eingangsstufe (N = 175) vorgespielt. Die Methode ist auch hier nicht verbaler, sondern graphischer Art. Die Kinder verfügen über einen Satz von Abbildungen der gefragten Instrumente und geben jeweils das für zutreffend angesehene Bild ab. Die Aufgabe erweist sich als zu leicht: Das Klavier wird von 92,2% der Kinder identifiziert, Streichinstrumente erkennen 83,2% der Kinder und Blechblasinstrumente 78,4%. Schüler der E II (zweite Klasse der Eingangsstufe) erweisen sich als signifikant besser als die um ein Jahr jüngeren Kinder der E I (Abel-Struth und Groeben, 1979). Welche offenen Fragen hinsichtlich der Methode noch in dem Komplex der Klangfarbenidentifikation stecken, läßt eine Pilotstudie von C.R. Scott zu ihren Untersuchungen über die Tonvorstellung erkennen. Sie prüft die Präferenzen 3–5jähriger Kinder in bezug auf sechs Sopraninstrumente: Trompete, Xylophon, Violine, Klarinette, Klavier und Sinuston. Ihr Ergebnis, daß die Versuchskinder in hohem Maße das Xylophon bevorzugen und der Sinuston an die letzte Stelle der Rangskala tritt, impliziert vor allem die Frage nach der Bedeutung der Vertrautheit mit einem Instrument, des eigenen Umganges mit dem Instrument, für seine Bewertung (Scott, 1979).

Wie die Unterscheidungsfähigkeiten für Lautstärkegrade sind auch die Fähigkeiten des Kindes für die Unterscheidung von Instrumentalklängen in der Forschung wenig aufgegriffen worden. Eine gewisse Diskrepanz zwischen musikdidaktischen Interessen des Elementar- und Primarbereiches und den Forschungsinteressen ist nicht zu verkennen. Einerseits wirkte hier wohl mit, daß eine verhältnismäßig hohe Leistungsfähigkeit bei der Unterscheidung von Lautstärkegraden und Instrumentalfarben schon bei jungen Kindern als Ergebnis vorangegangenen Lernens gegeben ist, eine auf die Feststellung von besonderen Merkmalen der musikalischen Begabung gerichtete Forschung sich also hier weniger betroffen fühlte. Doch andererseits haben das Forschungsdefizit und der Mangel an Aussagen ein Ausweichen in viel zu leichte Aufgaben der Lautstärke- und Klangfarben-Unterscheidung für Kinder legitimiert und damit in der Musikdidaktik des Primarbereiches Probleme der Unterforderung heraufgeführt.

6. Methoden zur Feststellung von Lernergebnissen

6.1 Methoden der Lernerfolgsfeststellung

Lernerfolgsfeststellung und ihre Methoden sind in der Musikpädagogik bei weitem nicht so populär wie die Erhebung von Meinungen über Musikunterricht. Wo es eine alte Tradition gibt, daß sich erfolgreicher Unterricht zuverlässig an Schulchor und Schulorchester ablesen lasse, konnte sich ein Verständnis für Belege von Unterrichtseffektivität durch Kontrollen und Messungen im Klassenunterricht nur mühsam einstellen. Doch die Messung von Lernerfolgen ist auch insgesamt noch jung; erst seit den sechziger Jahren haben die Fragen um eine objektivierte Feststellung von Lernerfolgen der Schüler das wissenschaftliche Interesse nachhaltig angestoßen. Eine allgemeine, schulpraktische Entwicklung war wohl die Ursache: die allseitige Unzufriedenheit mit der Notengebung in der Schule, die man immer mehr als ungerecht und fragwürdig erkannte. Über reale individuelle Lernfortschritte sagen die Benotungen bei mündlichem Abfragen wie auch bei Klassenarbeiten wenig aus, und noch weniger tragen solche Noten zur Prognose der künftigen Schülerentwicklung bei. Auch die seit der Mitte des Jahrhunderts sich so stark ausbreitenden standardisierten Testverfahren leisten dies nicht, in keinem Schulfach; die mit so viel pädagogischer Hoffnung verfolgte Testentwicklung entfernte sich mit zunehmender Exaktheit immer weiter von der Schule. Wahrscheinlich hat auch die Curriculum-Entwicklung der sechziger Jahre das Bedürfnis nach methodischer Hilfe zur Feststellung des realen Effektes beim unterrichtlichen Verfolgen der hier gesetzten Ziele geweckt. Man bemühte sich um Versachlichung bei der Feststellung von Lernleistungen, um die Benotungsvorgänge in der Schule rationaler, vorurteilsfreier durchführen zu können. H. von Hentig schrieb in diesen Jahren, daß unser Bildungswesen nichts nötiger habe, als seine intuitiven, dilettantischen, vorurteilsgetränkten Beurteilungsverfahren durch Messungen zu ersetzen (von Hentig, 1970).

Überblickt man heute die traditionellen Methoden zur Feststellung von Lernergebnissen und die neu entstandenen Verfahren, so darf man nach dem Grad der Exaktheit grob in drei Gruppen einteilen. Eine erste Gruppe bilden die traditionellen schriftlichen und mündlichen Prüfverfahren in der Schulklasse, von den Klassenarbeiten bis zur Leistungseinschätzung aufgrund eines mündlichen Schülerbeitrages reichend. Solche Benotungen sind als Methode zur Feststellung von Lernergebnissen die am wenigsten exakte. Wie zufällig, wie vorurteilsabhängig solche Bewertungen von Leistungen sein können, war vielfach Gegenstand wissenschaftlicher Untersuchung. Aufsätze werden von verschiedenen Lehrern verschieden beurteilt (Kötter und Grau, 1965), auch die gleichen Lehrer geben verschiedene Noten, wenn sie im Abstand von wenigen Monaten die gleiche Arbeit nochmals korrigieren (Eells, 1930). Die Mittelgruppe hinsichtlich des Grades an Exaktheit der Leistungsmessung und -bewertung bilden die zahlreichen, in den beiden vergangenen Jahrzehnten ausgearbeiteten Versuche, durch detaillierte Aufgabenstellungen und vorgegebene Bewertungskategorien zu objektiveren Methoden der Leistungsbewertung zu finden. In diese Gruppe gehören vor allem die informellen Tests, die der Lehrer in einer speziellen Unterrichtssituation entwickelt oder aus einem Schulbuch übernimmt. Auch die sog. Normarbeiten, die bereits an größeren Probandenzahlen überprüft wurden, bevor sie für Klassenunterricht zur Verfügung stehen, gehören zu dieser Gruppe. Die letzte Gruppe von Feststellungsmethoden für Lernleistungen bilden die standardisierten Tests, die die Bedingung der Differenzierungsmöglichkeit, der Verläßlichkeit und der diagnostischen Valenz erfüllen; nur diese Tests bieten normbezogene Vergleichswerte, zu denen die Testwerte des einzelnen Schülers in Bezug gebracht werden können.

Bei uns besteht eine alte Tradition und Autorität dieser standardisierten musikalischen Leistungstests. Dieser hochspezialisierten Testentwicklung sind zahlreiche musikalische Normwerte zu danken, vor allem für Jahrgangsklassen ab dem 10. Lebensjahr. Doch die Tests zeigen ein Problem: Sie sind fast alle auf Unterscheidungsleistungen des Gehörs bezogen, und zwar insbesondere auf solche Leistungen, die Unterscheidungsfähigkeiten an einzelnen Tönen betreffen. Das Verhältnis dieser musikalischen Leistungstests zum Musikunterricht in der Schule blieb immer ein wenig künstlich, weil die getesteten Leistungen so wenig mit dem tatsächlichen Geschehen im Musikunterricht zu tun haben. Sie dienen der Feststellung von musikalischen Leistungen, in denen sich auch vieljährige Lernergebnisse von schulischem wie außerschulischem Musikunterricht niederschlagen können; doch für den Lernerfolg eines speziellen (feinen) Zieles der Musikstunde sind solche Tests nicht zuständig. Die standardisierten Tests für musikalische Unterscheidungsfähigkeiten sind ein hochentwickeltes und hochdifferenziertes Instrumentarium zur Feststellung von individuellen Leistungsfähigkeiten im Vergleich zur Leistungsnorm der Altersstufe. Ihre Herkunft aus dem Bereich der musikalischen Begabungsforschung, ihre ursprüngliche Intention, einer Prognose künftiger musikalischer Entwicklung sowie auch der Rentabilitätsfrage eines individuellen (instrumentalen) Musikunterrichts zu dienen, verweist bereits auf schulferne Fragestellungen. Soviel Wissen über musikalische Leistungsfähigkeiten, soviel Einsichten auch in die hier wirksamen Regelhaftigkeiten wir der Methode und den durch sie gewonnenen Forschungsergebnissen verdanken – der Grad an Exaktheit der Methode, der in diesen Tests in seiner wohl höchsten Ausprägungsmöglichkeit erreicht ist, steht nicht in Relation zu der Effektivität für die Feststellung von Lernerfolg durch die konkrete Veranstaltung von Musikunterricht.

6.2 Lernziel-orientierte Lernerfolgsmessung

Auch in der Musikpädagogik hat man sich darum der lernziel-orientierten Dimension der Lernerfolgsmessung zugewendet. Wahrscheinlich liegen hier, in der Orientierung an dem Bezug zwischen einem operationalisierten Lernziel und dem Grad der Annäherung des einzelnen Schülers an die konkreten Merkmale dieses Lernzieles, weiterreichende musikpädagogische Möglichkeiten als in der traditionellen Orientierung an musikalischen Gruppennormen. Voraussetzung sind jedoch immer definierte und präzisierte musikalische Lernziele und ihre Ordnung zu einer hierarchischen Folge. Denn die prinzipiellen allgemeinen Ziele sind stets normative Setzungen im Interesse einer gewünschten gesellschaftlichen Auswirkung der Ziele, viel zu weit und allgemein gefaßt, um einer empirischen Kontrolle der Erfüllung des Lernzieles zugänglich sein zu können. Nur die feinen Lernziele, die Detail-Lernziele, sind an die konkrete Sache angebunden; wenn sie operational definiert werden, d.h. so genau beschrieben werden, daß mit dem Ziel auch die Bewältigung des Zieles, die dem Ziel impliziten Fähigkeiten des Lernenden erweisbar werden, dann lassen sich Meßinstrumente entwickeln, mit deren Hilfe feststellbar wird, ob der einzelne Schüler dieses detaillierte Ziel wirklich erreicht hat. Nur diese operationalisierten Feinziele enthalten die methodische Möglichkeit, ein aufgestelltes Ziel und das Erreichen oder Nicht-Erreichen des Zieles in Relation zu bringen. Operationalisierung von Lernzielen bedeutet praktisch, daß ein Lernziel nicht nur inhaltlich-thematisch aussagt, was gelernt werden soll, sondern daß es dazu die konkreten Fähigkeiten beschreibt, an denen sich erweist, ob ein Schüler den Inhalt bewältigt hat. Ein operationalisiertes Lernziel gibt an, welche Fähigkeiten der Schüler durch eine gezielte Unterweisung erwerben soll. Je deutlicher das Lernziel beschrieben ist, d.h. je konkreter die nachzuweisenden Fähigkeiten genannt werden, desto besser kann ein Beurteilungsmaßstab entwickelt werden, mit dem diese Fähigkeiten gemessen werden. Die Operationalisierung von konkreten Lernzielen (objectives) für Musikunterricht ist darum Voraussetzung aller Lernerfolgsmessung von Musikunterricht; die weitreichenden gesellschaftlichen Zielverallgemeinerungen (aims) bieten methodisch nicht die Möglichkeit zur Feststellung von Lernerfolg (Strittmatter, 1971; Füller, 1974; Abel-Struth, 1978 b). Die Polemik gegen operationalisierte Lernziele, die man mitunter als Drosselung aller künstlerisch-musisch-humanen Möglichkeiten des Musikunterrichts sieht, beruht auf dem Mißverständnis des Ersatzes allgemeiner Ziele durch operationalisierte Ziele. Die beiden Zielgruppen haben verschiedene Funktionen. Doch vielleicht sollte man, über die Funktion der operationalisierten Ziele zur Feststellung von Lernerfolg hinausführend, auch deren weitere Chance in den Blick nehmen: daß durch operationalisierte Ziele manche Zufälligkeit des Musikunterrichts, auch manche mangelnde Vorbereitung des Musiklehrers in der Hoffnung auf irgendeinen inneren Sinn der Musikstunde, eben durch ein konkretes Ziel für die einzelne Musikstunde korrigiert werden könnte.

Der Weg zu operationalisierten Lernzielen für den Musikunterricht ist von verschiedenen Ansätzen her eingeschlagen worden. Meines Wissens ist R. Colwell die erste Arbeit zur Methodologie musikalischer Evaluierung von Musikunterricht zu danken (Colwell, 1970). Die amerikanische musikpädagogische Forschung hat inzwischen die Thematik vielfältig weitergeführt und methodisch eine spezielle musikpädagogische Unterrichtsbeobachtung entwickelt (Froehlich, 1977, 1979, 1981; vgl. Bibliographie in Froehlich-Rainbow, 1984). Ein schlüssiger, praxisbezogener Beitrag ist C.K. Madsen und T.L. Kuhn zu danken (Madsen und Kuhn, 1978). Bei uns machte zuerst K.E. Eicke auf das methodologische Problem aufmerksam, einige Erfahrungen aus der amerikanischen Entwicklung referierend (Eicke, 1970 b, 1972, 1973 a und b). Die grundsätzliche methodologische Diskussion ist nur wenig aufgegriffen und weitergeführt worden (Hörmann, 1982); vielleicht haben außer der Skepsis an den Möglichkeiten einer sinnvollen Verwendung im Musikunterricht auch die Schwierigkeiten der Aufstellung operationalisierter musikalischer Lernziele die Entwicklung aufgehalten. Am stärksten haben sich schulbuchbezogene Aufgabenkataloge und Tests entwickelt (Neuhäuser u.a., 1973 und 1975; Breckoff u.a., 1974). Für sie ist charakteristisch, daß sie an die Inhalte des jeweiligen Schulbuches angeglichen sind und nach Teilabschnitten prüfen, ob die jeweiligen Lernziele erreicht wurden. Die Vorteile solcher Tests (i.w.S.) liegen auf der Hand. Tatsächlich hat der lernende Schüler Gelegenheit, selbst ein konkretes Bild zu erhalten, bis zu welchem Maße er den absolvierten Stoff tatsächlich rezipierte. Für den Lehrer liegen die Vorzüge des Verfahrens darin, daß er fertige Testbündel vorfindet, ihm also zunächst die Mühe eigener Prüfungsverfahren abgenommen wird. Die Ergebnisse kann er auf ökonomischere Weise als etwa bei der traditionellen Hausarbeit auswerten, vor allem aber gewinnt er ein objektiveres Bild von dem Lernerfolg des einzelnen Schülers, da er bei solchen Tests durch Auszählen eine objektive Vergleichsmöglichkeit zur Verfügung hat. Bei durchgängigen Fehlern im Klassentest gewinnt er dazu rasch Kriterien für Fehler, die durch seine eigene Lehrweise verursacht wurden; die Tests zeigen dem Lehrenden Korrekturnotwendigkeiten im Interesse der Verbesserung des von ihm betreuten Musikunterrichts. Doch auch die Einschränkungen, die solche Verfahren dem Musikunterricht auferlegen, dürfen nicht übersehen werden. Die den Schulbüchern beigegebenen Tests können nur sinnvoll eingesetzt werden, wenn der Musikunterricht inhaltlich genau dem Schulbuch folgte, wenn der Lehrer sich streng Inhalten und Reihenfolge des eingesetzten Schulbuches anschloß.

Im Rahmen jüngerer musikpädagogischer Forschungsansätze wird mit Lernerfolgsmessungen verschiedener Art gearbeitet. Beispiel eines langfristigen Schulversuches ist ein Dortmunder Projekt, das speziell Einzelziele und demgemäße Lernschritte für Instrumentalunterricht an Gesamtschulen verfolgt (Gundlach, 1972, 1974 a und 1980). E. Klusen unternahm einen Versuch der Erfolgskontrolle im Musikunterricht mit Hilfe einer Befragungsmethode. Das Lernziel ist umfassend: Einem musikalisch vollständig unvorgebildeten Oberklassenjahrgang der Hauptschule soll Zugang zum musikalischen Kunstwerk vermittelt werden. Der in Vor- und Nachtest eingesetzte (gleichbleibende) Fragebogen zielt auf Feststellung der Veränderung affektiver Komponenten zu gehörten Musikwerken nach einer Hör-Lernsequenz. Das (negative) Ergebnis ist, auch angesichts einer zu geringen Probandenzahl und Zufälligkeiten der Lernsequenz, nicht entscheidend; doch der methodische Ansatz verdiente Ausbau und Weiterführung (Klusen, 1972). Dazu liegen Versuche zur Entwicklung informeller Tests nach Erarbeitung einzelner Werke vor (Meierkord, 1981). Auch ein Versuch zur Steigerung höranalytischer Fähigkeiten im Rahmen der Frankfurter Hörversuche mit 5–7jährigen Kindern darf hier genannt werden. Das musikalische Hör-Lernziel wird in diesem Versuch im Sinne einer Operationalisierung festgelegt auf die Fähigkeit zur Unterscheidung von drei extrem unterschiedlichen musikalischen Thematiken (Signal-Thematik, Crescendo-Decrescendo-Thematik und Cantabile-Thematik), die, eingebettet in ein Tonband mit Klavierimprovisation, den Schülern der Versuchs- und einer Vergleichsgruppe nach einer festgelegten vierwöchigen Lernsequenz zur Verbesserung der Hörfähigkeiten für komplexe Musik (nur für Schüler der Versuchsgruppe) vorgespielt werden und von den Kindern mit Hilfe einer graphischen Methode zu identifizieren sind; der Unterschied an Lernzuwachs zwischen den beiden Gruppen erweist sich als signifikant (Abel-Struth und Groeben, 1979).

Motor informeller Tests im Musikunterricht der Schule wurden die Lehrpläne der Länderkultusministerien. Der Vergleich des Stellenwertes, den die einzelnen Bundesländer den Musiktests im Klassenunterricht geben, wäre einer speziellen Untersuchung (auch unter Berücksichtigung der jeweiligen Intentionen) wert. In den Hessischen Rahmenrichtlinien für das Fach Musik werden Kontrollen bzw. Lernzielkontrollen von der Primarstufe an vorgesehen (Der Hessische Kultusminister, 1975/1976). In den Rahmenrichtlinien Primarstufe Musik wird die Funktion der Kontrollen beschrieben: „Die Kontrollen (im Sinne von lernzielorientierten Überprüfungen, Beurteilung der erworbenen Qualifikationen) beziehen sich nicht allein auf die Schüler, da deren Leistung von der Sachkenntnis und den pädagogischen Fähigkeiten des Lehrers abhängt. Das betrifft besonders die Auswahl von Musikbeispielen. Diese ‚Kontrollen' machen die notwendige Reflexion auf den Unterrichtsverlauf und dessen Effizienz möglich". Die ganze Problematik solcher durch Lehrpläne verordneten Kontrollen zeigt sich in den nachfolgenden inhaltlichen Ausführungen der Kontrollen wie beispielsweise bei Anfängen analytischen Hörens: „Verbale, mimische und gestische Äußerungen über Erkennen, Wiedererkennen oder Benennen; richtige Zuordnung optischer Hilfen; Kontrolle der Auswahl von Musikbeispielen durch den ausgelösten Grad der Motivation". Ganz abgesehen von der nun Lichtjahre betragenden Entfernung von exakten Meß- und Bewertungsverfahren ist in solchen Mißverständnissen betreffs informeller Tests im Musikunterricht die Ursache skeptischer Einstellung gegenüber Feststellungsmethoden für Lernerfolg im Musikunterricht zu suchen und damit auch einer – weiteren – Verunsicherungsquelle des Musiklehrers. Die Praxis des Musikunterrichts ist hier zu rasch auf neue Verfahren umgestellt worden, deren theoretische Kriterien noch nicht für die spezielle Aufgabe im Fach Musik entwickelt waren. W. Schmidt-Brunner verweist zu Recht auf die Gefahren allzu formalistischen Zwanges bei der Einbeziehung von Lernerfolgskontrollen in die Lehrplanung und auf Gefahren der Verselbständigung von Unterrichtsgegenständen im Interesse ihrer Operationalisierung (Schmidt-Brunner, 1976 b).

Wenn sich somit auch die Arbeit an Methoden zur Feststellung von Lernerfolg im Musikunterricht noch als weites Feld erweist, so bleibt doch hinter aller Warnung vor vorschneller Durchführung in der Schulklasse das musikpädagogische Interesse am Ausprobieren dieser Methoden und an Versuchen zu ihrer Verbesserung unverkennbar. Die hier liegenden Möglichkeiten zur Versachlichung der Beurteilung von Schülerleistungen und zur Erweiterung des Wissens über Lernvorgänge im Musikunterricht sind erkannt worden (Lohmann, 1982). Man darf diese Feststellungsmethoden, die zusammengefaßt heute in der Regel als Evaluierung bezeichnet werden, im Anschluß an eine umfangreiche erziehungswissenschaftliche Literatur (Flanders, 1970; Bloom u.a., 1971; Gaude und Teschner, 1973; Rapp u.a., 1974) als den systematisch vollzogenen Prozeß bezeichnen, durch den man feststellt, in welchem Maße Schüler Lernziele erreicht haben. Methodisch schließt Evaluierung sowohl Messung als auch andere Verfahrensweisen der Beobachtung und Beschreibung ein; im Begriff der Evaluierung sind quantitative Messung wie qualitative Beschreibung wie Bewertungsaspekte enthalten. Zwei grundsätzlich verschiedene Formen der Evaluierung sind zu unterscheiden: die Evaluierung von Schülerleistungen, die Feststellung des Lernerfolges des Schülers in bezug auf ein vorgegebenes Ziel, und die Evaluierung des Zielsystems, des Lehrplanes selbst, die Feststellung der Erreichbarkeit und Brauchbarkeit von Zielen und Zielsystemen, der Kalkulation der Lernschritte und der Verständlichkeit der Lehrhilfen.

Feststellungsmethoden für Lernerfolge gewinnen im theoretischen Umfeld musikalischen Lernens eine besondere Bedeutung. Sie liegt darin, daß Lernen als ein Prozeß im Lernenden nur durch Beobachtung von Veränderungen der Verhaltensweisen indirekt festgestellt werden kann. Die als hypothetische Konstrukte zu verstehenden musikalischen Lernvorgänge können nur an den Ergebnissen, den beobachtbaren Verhaltensänderungen konkret werden. Und andererseits: Dadurch, daß einzelne musikalische Verhaltensänderungen beobachtbar sind, kann Einblick in die Prozesse zunehmenden Hörens, Wissens, Verstehens auf musikalischem Gebiet gewonnen werden. Hier liegt die Stärke des Ausgangs von musikalischem Lernen: daß es die Möglichkeit gibt, das was man nun musikalische Entwicklung, Fortschritt musikalischer Leistungsfähigkeit oder eben auch musikalischen Lernprozeß und musikalisches Lernergebnis nennen möge, methodisch zu erschließen. So verstandene Evaluierung musikalischen Lernens bietet der musikpädagogischen Praxis die Chancen einer besseren Einsicht in die Möglichkeiten musikalischen Fortschreitens der Schüler, bietet der musikpädagogischen Forschung Möglichkeiten, das Wissen über die Bedingungen und Eigenarten des musikalischen Lernens zu erweitern und zu vertiefen und bietet zudem die sinnvolle Kontaktmöglichkeit zwischen musikpädagogischer Praxis und musikpädagogischer Forschung. Doch man darf nicht verabsolutieren; es gibt gewiß auch innere musikalische Lernvorgänge gegenüber den faßbaren, und diese inneren Lernvorgänge sind in ihren Etappen auf dem Weg zum musikalischen Lernergebnis der Beobachtung kaum zugänglich.

Als Funktionen der Evaluierung im Musikunterricht darf man zusammenfassend demgemäß festhalten: Evaluierung bietet zunächst die Möglichkeit, den Effekt von Musikunterricht zu erkennen. Insbesondere der Musiklehrer selbst kann erkennen, was seine Schüler erfaßt haben und wo Lücken blieben. Für die Schüler selbst bedeutet Evaluierung die Rückmeldung über seine Mitarbeit; er gewinnt eine Möglichkeit, Lücken erkennen und schließen zu können. Für die Beurteilung der Schülerleistungen gibt sie dem Lehrer ein objektiveres Instrument zur Hand als es etwa traditionelle Klassenarbeiten darstellen; solche objektivierenden Beurteilungen der Schülerleistungen können bis zur Entscheidungshilfe etwa für die Aufnahme zusätzlichen Instrumentalunterrichts reichen. Vor allem scheinen aber Evaluierungen Möglichkeiten zu bieten, musikalische Lernziele auf ihre Realisierungsmöglichkeiten hin zu prüfen, die Vielzahl der zu ihrer Verwirklichung notwendigen Teilziele und Lernschritte zu bedenken und damit das Musik-Curriculum zu konkretisieren. Für die musikpädagogische Unterrichtsforschung stellt Evaluierung zahlreiche hochbedeutsame Aufgaben zur Feststellung der Effektivität von Unterrichtsmethoden, von Lehrstilen, von Lehrmitteln und der Einflußnahme der zahlreichen Bedingungsfaktoren des Musikunterrichts.

Der entscheidende Aspekt der Verbesserung der Feststellungsmethoden von Lernerfolg liegt in der Operationalisierung der Lernziele zu beobachtbaren Kategorien. Auch hier gilt im Bereich des musikalischen Lernens wieder, daß nicht alle Unterrichtsgegenstände für solche Operationalisierung geeignet sind. Gerade die langfristigen Lernziele wie die Verbesserung von Sing- und Spieltechnik und das, auch ohne Operationalisierungsabsichten bereits rundum komplexe Ziel des deshalb didaktisch nur umschlichenen Lernzieles musikalisches Verständnis, erweisen sich bei Versuchen, sie in kleine faßbare Lernschritte mit konkreten Detailzielangaben zu zerlegen, als höchst sperrig. Aber dies muß nicht den Blick verschließen für die zahlreichen musikalischen Lernziele insbesondere des kognitiven Bereiches, von der Erarbeitung der Musiklehre bis zum analytischen Hören und stilistischen Erkennen reichend, die sehr wohl Operationalisierungsmöglichkeiten enthalten. R. Mager leistete hier im Zuge der Entwicklung von programmiertem Unterricht, der eben auf „Zielanalyse" beruht, Pionierarbeit (Mager, 1971 und 1975). Wenn auch ausgerechnet sein Beispiel zur Lernzielentwicklung „Musikverständnis entwickeln" ist und die von ihm für das „Endverhalten" genannten Verhaltensmerkmale eher einen Gegenbeweis für Möglichkeiten der Lernzieloperationalisierung auf musikalischem Gebiet darstellen, so geben seine Schriften doch eine Fülle von Anregungen zum „Zerlegen" von Lernzielen in kleinste beobachtbare Teile. Eine äußerst umfangreiche erziehungswissenschaftliche Literatur hat die Arbeit an dem Zusammenhang von Lernzielen und Erfolgskontrollen weitergeführt (vgl. Bibliographie in Boeckmann, 1974).

6.3 Ansatzmöglichkeiten der biographischen Methode

Musik-Lernen ist ein Prozeß, ein langer, über das ganze Leben eines Menschen andauernder und ein von unzähligen Bedingungsfaktoren abhängiger Prozeß, die sich zudem während des individuellen Lebens ständig wandeln. Durchschnittszahlen von musikalischen Leistungen auf verschiedenen Altersstufen sagen zwar über Lernergebnisse aus; eine Lernerfolgsmessung kann eine Feststellung über erfolgten oder nicht erfolgten Lernfortschritt in begrenztem Zeitraum und unter bestimmten Bedingungen treffen. Doch den Musikpädagogen interessieren auch die Ursachen, die dazu führen, daß der einzelne Schüler unter dem Durchschnitt bleibt oder ihn zu überschreiten vermag. Außer den Bedingungen, die im Schüler vorgegeben sind, interessieren ihn die Faktoren aus dem individuellen Lern- und Lebensumfeld, deren Veränderbarkeit Chancen für die Verbesserung der Ergebnisse des Musik-Lernens enthalten könnte. Doch wie kann man im Lernergebnis solche Faktoren methodisch erfassen und nachweisen, um das Typische aus ihnen erschließen zu können? Eine Möglichkeit planmäßiger Feststellung im individuellen Rückblick ist die spezifische Abwandlung einer Methode, die in den Sozialwissenschaften als biographische Methode seit mehr als einem halben Jahrhundert eingeführt ist (auch als Methode persönlicher Dokumente oder Methode menschlicher Dokumente bezeichnet). Nach speziellen Ansätzen in den zwanziger Jahren in Polen wurde die biographische Methode in der deutschen Psychologie (Thomae, 1952; Bühler, 1959) und vor allem auch von der amerikanischen Sozialpsychologie (Allport, 1942; Lindzey, 1968) aufgegriffen. Eine umfassende Darstellung der biographischen Methode hat J. Szczepanski geleistet (Szczepanski, 1974). Die Probleme, zu deren Lösung die biographische Methode eingesetzt oder herangezogen wird, sind „psychische Haltungen und Veränderungen auf dem Hintergrund der verschiedenen gesellschaftlichen Strukturen, in denen sie auftreten“ (Szczepanski, 1974); die biographische Methode wird demgemäß auch für wesentlich umfassendere Probleme vorgesehen als es etwa die Faktenfeststellung, die Beschreibung äußerer Merkmale eines Phänomens, wäre; sie zielt über die Beschreibung sozialer Fakten hinaus auf die Erklärung sozialpsychologischer Prozesse. Nach einer Phase der Dominanz sozialwissenschaftlicher Forschungstechniken, die Fakten, Einstellungen und Meinungen isoliert feststellten, gewinnt die biographische Methode gerade wegen dieser Erklärungsmöglichkeiten, die durch die Kontexte der psychischen und historischen Prozesse sowie der Sozialstrukturen gegeben werden, heute neue Bedeutung. Denn die Eigenart der biographischen Methode der Sozialwissenschaften beruht darauf, daß biographische Dokumente, menschliche Äußerungen über Beteiligung an Ereignissen oder länger währenden Geschehnissen, zur Beschreibung wie Erklärung dieser Vorgänge planmäßig ausgewertet werden. Voraussetzung ist ein Kategoriensystem, beispielsweise auf der Basis eines Problem-Indexes zur Selektion der in den biographischen Dokumenten steckenden Informationen, aus denen anschließend charakteristische Phänomene und ihre Bedingungsfaktoren herausgelöst und gegebenenfalls – wenn sich typische Phänomene abzeichnen – als theoretisches Erklärungsmodell formuliert werden.

Die Abgrenzung des Materials, das als persönliches Dokument gelten kann, ist in unterschiedlicher Weise vorgenommen worden. Doch es besteht Übereinstimmung darin, daß ein Dokument nur dann als persönliches Dokument bezeichnet werden kann, wenn zu den Ereignissen, die es behandelt, menschliche und persönliche Züge des Beteiligten in seinen Ansichten bezüglich der Ereignisse zum Ausdruck kommen.

Dies bedeutet, daß ein persönliches Dokument als Material der biographischen Methode sich auf einen Vorgang beziehen sollte, der Teilnehmer eine persönliche Stellungnahme dazu abgibt, ohne daß er darum selbst Verfasser des Dokumentes oder Mittelpunkt der Vorgänge sein muß, von denen das Dokument handelt (Gottschalk u.a., 1945). Für Forschungen mit der biographischen Methode können demgemäß als persönliche Dokumente herangezogen werden: vor allem Autobiographien, Tagebücher, Memoiren, Aussagen und Korrespondenzen, letztlich jede beliebige Niederschrift, die bewußt oder unbewußt Informationen über den Schreiber gibt. Auch Interviews können als persönliches Dokument angesehen werden, wenn der Interviewer weder beeinflußt noch interpretiert. In den Sozialwissenschaften begegnet man der Einengung auf solche Dokumente, die über die persönliche Aussage des Einzelnen hinaus die Teilnahme an einer sozialen Situation einschließlich der Meinung darüber aufweisen, und der Forderung, daß stets nur mehrere Dokumente zu gleichen Erfahrungen als Forschungsmaterial geeignet sind, da erst durch die Vielzahl von Aussagen zum gleichen Gegenstand ein typischer Sachverhalt erkennbar wird.

Die Frage der Zuverlässigkeit der Methode ist in den Sozialwissenschaften vielfach erörtert worden. Neben der Grundsatzfrage, ob persönliche Dokumente als Quelle sozialer Erkenntnis dienen können (was beispielsweise E. Durkheim ausschloß), wird auch gefragt, ob aus subjektiven Äußerungen, wie sie in persönlichen Dokumenten vorliegen, tatsächlich objektive Aussagen ableitbar seien. J. Szczepanski u.a. plädieren für diese Möglichkeit vor dem Hintergrund eines sozialwissenschaftlichen Konzeptes, das in der sozialen Wirklichkeit gleichermaßen objektive Kulturwerte und subjektive Wertungen erkennt: „Die Ursache eines sozialen oder individuellen Phänomens ist niemals ein anderes soziales oder individuelles Phänomen für sich allein genommen, sondern immer die Verbindung einer sozialen und einer individuellen Äußerung" (Thomas und Znaniecki, 1958); Gewohnheiten des Einzelnen sind Ausdruck von sich in der Gesellschaft vollziehenden Prozessen, dies legitimiert eine Verfahrensweise, die aus persönlichen Dokumenten Schlüsse zieht. Denn jeder Autor eines solchen Dokumentes ist Teil eines Sozialmilieus, das sein Bewußtsein formt; kennt man den Inhalt dieses Bewußtseins, so kann man die in diesem Milieu wichtigen Bestrebungen aufdecken (Sczcepanski, 1974).

Biographik im Zusammenhang mit Musik ist – sieht man einmal von der erbaulichen literarischen Gattung ab – ein Forschungszweig historischer Musikwissenschaft, der die Deutung musikalischer Werke im Sinne „tönender Biographie" versucht, und Komponistenbiographie als tragenden Grund musikalischer Werkinterpretation versteht (Dahlhaus, 1975). Die musikwissenschaftliche Biographik hat, auch wenn man ihre älteren Vorläufer außer Betracht läßt und ihren Beginn in die erste Hälfte des 19. Jahrhunderts legt, vielfache Wandlungen durchlaufen. Sie blieb aber stets geschichtliche Forschung, auch wenn sie den Musiker „und sein Zeitalter" zu fassen suchte, auch wenn sie romantisch (und idealisierend) dem Wesen des musikalischen Künstlers nachzuspüren oder philologisch minutiös seine gesamte Umwelt zu durchforschen suchte. Dabei glaubt man schon bei H. Abert die musiksoziologischen Ansatzmöglichkeiten fassen zu können, wenn er am Beispiel der Mozart-Biographien die zeitliche Begrenztheit des Mozart-Bildes der verschiedenen Biographen anspricht und repetiert, „daß auch in der Musik die Biographien großer Meister mindestens alle fünfzig Jahre neu geschrieben werden sollten" (Abert, 1920). So viel von zeitgebundener Auffassung fügt ein Chronist zu; doch wieviel zeit- und gesellschaftsspezifisches Denken bestimmt demnach auch die Autobiographie eines Musikers.

Fragt man nun, in welcher Hinsicht eine spezifische Abwandlung der biographischen Methode für die Musikpädagogik sinnvoll werden und ob das von der historischen Musikwissenschaft erschlossene Material dabei mitwirken könne, so sind zunächst musikpädagogische Problemstellungen aufzuzeigen, die mit Hilfe anderer Methoden noch nicht ihrer Lösung näher gebracht werden konnten; sie zeigen sich zahlreich und wesentlich im Problemfeld der Ergebnisse musikalischen Lernens. Denn während sich durch Befragung und Messung zwar Fakten (wie Unterrichtsdauer), Beurteilungen (etwa des Musiklehrers) und Leistungsfähigkeiten (beispielsweise für Tonunterscheidung) feststellen lassen, können zentrale Probleme wie die frühe musikalische Prägung, individuelle Wandlungen der musikalischen Einstellung durch personelle, situative, soziale Umstände, musikalische Schlüsselerlebnisse positiver und negativer Art, Ursachen der eigenen musikalischen Meinung, der Wandel der musikalischen Wünsche in Altersphasen, der Wandel auch der Beurteilung des musikalischen Unterrichts und der Faktoren der Urteilsbildung, der Zusammenhang mit Musikleben und Freundeskreis und vieles mehr mit Befragung und Messung schwerlich gefaßt werden. Diese Phänomene sind individuell wesentlich differenzierter als ein genormtes Erhebungsverfahren erfassen kann, sie reichen zudem in unbewußte oder als sehr privat empfundene Bereiche. Damit sind zugleich auch Grenzen des Interviews genannt, das zudem im wesentlichen Moment-Aufnahme darstellt. Man wird darum zusammenfassend sagen dürfen, daß der Einsatz der biographischen Methode in der Musikpädagogik bei solchen Problemstellungen sinnvoll erscheint, die vor allem unbewußte Vorgänge musikalischen Lernens, die Komplexität des musikalischen Lernens, langfristige Vorgänge und Veränderungen in Altersphasen sowie Zusammenhänge zwischen allgemeinen kulturellen Phänomenen und individuellen Einstellungen betreffen.

Das biographische Material, das der Musikpädagogik zur methodischen Auswertung zur Verfügung steht, ist besonders groß. Es liegen Musiker-Biographien vor, Auto- wie Fremdbiographien, wobei im Blick auf musikalisches Lernen schon die Unterschiede der Phänomene bei Komponisten, Solisten, Orchester-Musikern, Musiklehrern, Pop-Musikern usw. – auch im historischen Vergleich und im internationalen Vergleich – aufschlußreich sein könnten. Auch an biographische Materialien wie die von Preisträgern des Wettbewerbs „Jugend musiziert“ ist zu denken. Historische Musiker-Biographik bieten auch Nekrologe wie Lexikographie. Dazu tritt jedoch die gesamte literarische Autobiographik, die nicht erst seit Goethe Freud und Leid häuslichen Instrumentalunterrichts kommentiert. Auch die Tagebuch-Literatur ließe sich auswerten. Doch trotz dieser günstigen Ausgangslage wird die Musikpädagogik für ihre Probleme auch biographische Dokumente selbst veranlassen, auch in ausgewählten Gruppen und mit Anweisungen, damit bestimmte Themen berücksichtigt werden. Vor allem für Interviews und veranlaßte Niederschriften ist zusätzlich eine Unterscheidung nach Art der Äußerung des Befragten zu berücksichtigen; die Äußerung kann im Sinne einer Chronik, der Selbstverteidigung, des Bekenntnisses und einer Selbstanalyse erfolgen (Shaw, 1966).

Die biographische Methode wäre jedoch in der Musikpädagogik nur (unzureichender) Ersatz anderer Erhebungsmethoden, wenn die Auswertung auf Auszählung von Fakten beschränkt bleibt oder ein Dokument gemäß historischer Methode quellenkritisch prüft. In Musiker-Autobiographien ist unter Umständen die Chronologie im Lernprozeß für den Musikpädagogen weniger interessant als eine im Vergleich zutage tretende zeitspezifische Rollenauffassung, die den Autor veranlaßt, das besonders frühe Auftreten der musikalischen Fähigkeiten zu belegen, zu verharmlosen, wie hart man übte, den Musikunterricht als komisch darzustellen usw. Auch bei den gezielten, erbetenen Niederschriften ist aufschlußreicher als die Feststellung weiterer Beschwerden über den Musikunterricht in der Schule eine Auswertung unter dem Aspekt, wie stark an dieser Ablehnung Sachgründe und soziale Gründe der Anpassung an einen Trend beteiligt sind. Durch die Auswertung sollen vor allem Tendenzen und ihre Ursachen, Bedeutungen, die „beigemessen" werden, die Herkunft von Bewertungen gefaßt werden, Verbindungen individueller und sozialer Phänomene, Anpassungsprozesse, Verbindungen zwischen Situation und Bewußtseinsinhalt des Einzelnen, letztlich Wechselwirkungen zwischen dem Einzelnen, seinen Gewohnheiten wie Abhängigkeiten und der Musik. Um jedoch von den biographischen Dokumenten bis zu Aussagen und Hypothesen zu gelangen, ist Voraussetzung, daß die Auswertung planmäßig, nach vorgegebener Problemstellung und demgemäß bereitgestelltem Kategoriensystem, geschieht und der wissenschaftliche Rang des Ergebnisses formuliert wird. Die Gefahr dabei ist, daß subjektive Aussagen aus Dokumenten verallgemeinert werden, doch ist andererseits durchaus die Möglichkeit gegeben, Gesetzmäßigkeiten musikalischen Verhaltens in biographischen Materialien abzustecken. Zumindest werden neue Materialien über musikalisches Lernen, auch in der historischen Dimension, faßbar und spezielle musikpädagogische Problemstellungen durch jeweilige Auswertungen des Materials hypothetisch reicher ausgestattet, wenn nicht möglicherweise der Theorie näher gebracht. Bei zahlreichen Fragen wird eine Kombination mit anderen, auch statistischen Methoden sinnvoll sein.

Kapitel V
Musik-Lehren

1. Intentionen musikalischer Lehre. Zieltheoretischer Ansatz [4)]

1.1 Wissenschaftstheoretische Perspektiven

Für den pädagogischen Umgang mit Musik ist bestimmend, daß er auf Ziele gerichtet ist, Ziele, die in der Regel diejenigen, die Unterricht politisch verantworten, in Korrespondenz mit Fachvertretern angeben; sie werden mehr oder weniger im Einklang mit denjenigen verfolgt, für die der pädagogische Umgang mit Musik veranstaltet wird. Dies ist leicht gesagt, enthält aber eine Fülle schwieriger Probleme. Denn wieviel und was alles wurde im Lauf einer langen Geschichte von vielen und unterschiedlichen gesellschaftlichen Gruppen zum Ziel von Musikunterricht erklärt! Wie wenig konkret sind die großen pädagogisch-musikalischen Ziel-Ideen von der Antike bis zu unserem Jahrhundert, wie wechselhaft sind die Erziehungsaufträge an Musik und wie widersprüchlich sind Zielangaben der Lehrpläne verschiedener Zeiten! Man kann verstehen, daß ein Musiklehrer vor dieser Fülle allgemeiner, wechselnder, gegensätzlicher, oft praxisferner Zielaussagen ratlos wird, daß mancher vor lauter Bäumen den Wald, die konkrete Aufgabe des Musikunterrichts, nicht mehr sieht.

Dies erklärt Intensität und Ausmaß des praxisbezogenen Ansatzes musikpädagogischer Ziel-Auseinandersetzungen. Denn die Ziele, zu denen musikalisches Lehren führen soll, bestimmen in der praktischen Musikpädagogik die Planung des Unterrichts, sind Maßstab aller Handlungen im Unterricht und entscheiden über Material, Arbeitsformen und Methoden. Darum hat die Unterrichtslehre des Faches Musik in Geschichte und Gegenwart die Ziele des Musikunterrichts stets als ihr zentrales Thema angesehen. Gemäß der jeweiligen historischen Situation werden Ziele des Musikunterrichts gesucht oder neu formuliert, eine für die Unterrichtspraxis notwendige Aufgabe mit langer wechselvoller Tradition, in der Regel verbunden mit der Kritik an den jeweils zur Ablösung gestellten älteren Zielen für Musikunterricht. Diese für die Unterrichtspraxis benötigten und unverzichtbaren Ziel-Angaben sind Normgebungen; wie jedes Unterrichtsfach hat auch das Fach Musik aufgrund geltender Normen die spezifische Norm dessen anzugeben, wohin das musikalische Lehren und Lernen führen sollen. Die Ziel-Angaben dienen der Bekanntgabe dessen, was sein soll, was durch Musikunterricht erreicht werden soll. So sehr man sich bemüht, für die Ermittlung dieser Ziel-Angaben wissenschaftliche Methoden zu entwickeln, so muß man doch die grundsätzliche Einschränkung einer solchen Möglichkeit einsehen. Ziele auch des Musikunterrichts werden stets am stärksten durch Postulate der jeweiligen gesellschaftlichen Mächte bestimmt. Die Ziele für das Fach Musik sind daher als Konstrukte auf normativer Basis anzusehen. Sie entstehen durch Setzung, d.h. sie sind nicht Ergebnis der Anwendung wissenschaftlicher Methode, sondern Ergebnis von Absichten innerhalb eines gesellschaftlich vorgegebenen Spielraumes. Ihre Autorität kann institutionell veranlaßt sein, doch niemals aus ihrem Wahrheitsgehalt abgeleitet werden.

Ein anderer musikpädagogischer Ansatz zu Zielfragen, der zieltheoretische Ansatz, ist gegenüber der praxisbezogenen Diskussion noch schmal; er ist nicht auf Ablösung

4) Stark kürzende Zusammenfassung mit Veränderungen meiner Schrift: Ziele des Musik-Lernens. Teil I: Beitrag zur Entwicklung ihrer Theorie. Mainz 1978 = Musikpädagogik, Forschung und Lehre. Hrsg. von S. Abel-Struth. Bd. 12

und Aufstellung von Zielen, sondern auf den Gewinn von Erkenntnissen im Gegenstandsbereich der Ziele des Musikunterrichts gerichtet. Er stellt den Zusammenhang des nachprüfbaren und in sich widerspruchsfreien Wissens über Ziele des Musikunterrichts dar, eine Beschreibung und Problematisierung aller Aspekte des Ziel-Denkens. Der Sinn einer solchen Theorie-Bildung für Musik-Lehrziele liegt darin, daß ein System von Aussagen ohne Wertung gegeben wird, das zunächst das Gesamt der Aspekte in überschaubaren Zusammenhang bringt. Dies ist von Bedeutung für Praxis und Forschung. Die Praxis gewinnt eine Orientierungshilfe, die bei raschen und gegensätzlichen Entwicklungen die Eigenart der einzelnen Ziel-Intention erkennbar werden und Ziel-Interessen erfassen läßt. Dem Musiklehrer wird vor allem durch das Gesamt der historischen Ziel-Erfahrungen das System des Möglichen und die Verantwortung seiner eigenen wertenden Auswahl und Akzentuierung oder auch seiner Abstriche bewußt gehalten. Für die Forschung gibt eine Ziel-Theorie die verbesserte Möglichkeit der Hypothesen-Ableitung und damit des Einbaus neuer Stufen im fortlaufenden Prozeß des Erkenntnisgewinns über musikalische Lehrziele. Je weiter theoretische Teilstücke entwickelt sind, je dichter das System ihrer Hypothesen ist, umso deutlicher wird konzeptionelle Einseitigkeit musikalischer Lehre erkennbar. Der theoretische Ziel-Ansatz kann jedoch vor allem aufzeigen, daß die Ziel-Diskussion des Faches fast nur von Ziel-Aufstellungen und Ziel-Kritik beherrscht wird. Dieser Produktionszwang und notgedrungen daran anschließende Kritikzwang hat die fachlichen Kapazitäten stark beansprucht. Die Arbeit an der Ziel-Theorie könnte durch Verbesserung der Einsicht in die Ziel-Erfahrungen und Ziel-Probleme manche Umwege ersparen, weil Dogmen und Defizite erkennbar werden (Abel-Struth, 1978 b; Ott, 1980).

Die Unterscheidung von zielpraktischer und zieltheoretischer Aussage-Ebene im Zusammenhang mit dem Zielproblem ist wichtig. Denn die Verwischung des Unterschieds führt zu Blindheit gegenüber der Normativität der gesetzten Ziele, obwohl Normativität hier legitim ist, wenn sie nur als solche bewußt ist. Die Verwischung des Unterschieds führt jedoch auch zu falschen Erwartungen an die wissenschaftliche Auseinandersetzung mit Zielen. Man meint, einer Wissenschaft des musikalischen Lernens und Lehrens müsse es möglich sein, Ziele geben zu können, und verkennt, daß gerade dies wissenschaftlicher Methode von Haus aus widerspricht; die objektivierende Aussage-Ebene dient nicht der Produktion von Zielen, sondern der Erkenntnis ihrer Eigenarten und Bedingungen. Die direkt auf die Praxis gerichtete Aussage-Ebene hat die Aufgabe der Ziel-Setzung und der Entwicklung der entsprechenden Lehre. Die untersuchend-theoretische Aussage-Ebene arbeitet mit wissenschaftlichen Methoden, um der Praxis mehr Transparenz und Orientierung zu ermöglichen.

1.2 Ziel-Aufstellung

Ziele haben im Musik-Lehrplan bzw. Musik-Curriculum die Funktion, anzugeben, wohin das musikalische Lernen führen soll; sie sagen dem Lehrenden, welches Resultat der Unterricht erbringen soll. Für alle Verfahrensweisen zur Aufstellung von Zielen des Musikunterrichts gilt methodisch gesehen das gleiche: Kein Verfahren ist in der Lage, Ziele umfassend oder auch nur zureichend auf wissenschaftliche Weise zu bestimmen oder logisch zu deduzieren. Die musikalische Lehre arbeitet mit Zielen, die gesetzt sind, die auf Traditionen, Auffassungen, Vermutungen oder auch Interessen beruhen.

Insbesondere ist deutlich, daß es keine Methode gibt, die die logische Ableitung eines fachlichen Zieles aus einem allgemeinen Ziel erzieherischer oder politischer Art ermöglicht; durch die spekulative Zusammenschau mit allgemeinen Zielen entsteht leicht der Eindruck einer wissenschaftlichen Begründung des „abgeleiteten" fachlichen Einzelzieles, eine Schein-Deduktion, die für die Praxis Schein-Autorität gewinnen kann. Alle erkennbaren Aufstellungs-Verfahren können trotz Bemühung um theoretischen Anschluß und Anwendung empirie-naher Methoden das entscheidende Problem, die Ablösung einer normativ setzenden Aufstellung von Zielen durch objektiv ableitende Aufstellungs-Methoden, nicht lösen. Die Kenntnis der einzelnen Aufstellungs-Verfahren ist notwendig, um Ziele besser beurteilen zu können; sie zeigen die Herkunft eines Zieles, den Denkzusammenhang, aus dem es stammt, die Intentionen, die zu seiner Aufstellung führten (Abel-Struth, 1978 b und 1979 a).

Sehr alt, in die Antike zurückreichend, ist das Verfahren, Ziele im Zusammenhang mit Musik-Lehren dadurch zu gewinnen, daß für Musik eine ihr grundsätzlich zugehörige bildende Wirkung auf den Menschen vorausgesetzt wird, und demgemäß das Ziel der angenommene Vollzug dieser bildenden Wirkung der Musik ist. Ziele werden aufgestellt unter der vorausgesetzten Annahme der Humanisierung durch Musik und mit der Intention, die den Menschen bildende Kraft der Musik einzusetzen. Man geht von einem idealen Menschenbild aus; die Erwartung an die Musik zur Erfüllung dieses Menschenbildes gibt zugleich das an, was Sinn und damit Ziel für alle Begegnungen mit Musik, insbesondere des jungen Menschen sein soll. Diese Ideal-Bilder des Menschen, denen Musik dienen soll, sind einerseits zeitgebunden. Doch darüber hinaus werden auf gleiche Weise, als Erwartung an Musik, auch Ziele aufgestellt, die unabhängig von solchen Leitbildern in der überzeitlich verstandenen Idee der Humanität der Musik wurzeln. Solche aus einer musikimpliziten Bildungs-Erwartung in ihrem weitesten Sinn herrührenden Ziele begegnen heute vor allem in allgemeinen Proklamationen und Denkschriften des Erziehungsbereiches, in Präambeln von Richtlinien oder Kongreß-Geleitworten. Häufig sind dabei die Übergänge zwischen Aussagen über die Wirkung von Musik und Aufträgen für menschliche Erziehung durch Musik fließend. Der Zusammenhang zwischen den aus Ideen bildender Wirkung der Musik aufgestellten Zielen und dem gesellschaftlichen Prestige der Schulmusik ist unverkennbar. Der Versuch eines Nachweises, daß zwischen musikalischer Bildungsidee und technischen Einzelzielen ein deduktiver Zusammenhang bestehe, wird gar nicht unternommen. Die musikimplizite bildende Wirkung und das demgemäße generelle Ziel erscheinen als so selbstverständlich, daß damit jedes nachgeordnete Einzelziel als gar nicht begründungsbedürftig, sondern als grundsätzlich legitimiert angesehen zu werden scheint.

Eine ebenfalls alte, zumindest in die frühmittelalterliche Lehre der Musiktheorie zurückreichende Methode musikalischer Ziel-Aufstellung besteht darin, die Systematik von Musiktheorie, später auch von musikalischer Formenlehre und Musikgeschichte, in Ziele und Zielsystematik für Musikunterricht umzusetzen. In allen Ländern gibt es Schulbücher, die als musikalische Lernziele eine Auswahl und Reduzierungen aus dem großen Sachbereich der Musik und gemäß der hier vorgenommenen Ordnungen aufstellen. Natürlich haben die auf solche Weise gewonnenen musikalischen Ziele viele Vorzüge: Sie sind konkret, lassen übergeordnete, umfassende Stoff-Angaben und daraus (in einer als Ableitung auffaßbaren Methode) auch die Aufstellung nachgeordneter Detail-Ziele zu. Doch zeigt die Prüfung dieses gerade in traditionellen Schulbüchern so bevorzugten Prinzips auch Mängel seiner Eignung als Methode musikalischer Lehrziel-Aufstellung. Ein solcher Mangel ist zunächst, daß jedes so gewonnene Ziel von Haus aus mehr Reduzierung von musikalischem Stoff als spezifisches musikalisches Propädeutikum ist. Die durch Transfer von musikologischer Systematik entstandenen musikalischen Ziele sind immer belastet damit, daß sie Verzicht auf die Fülle und Differenziertheit des Gesamtstoffes sind. Dies gilt auch für die praktischen Ziele des Amateurs in Gesang und Instrumentalspiel, die immer im Schatten des eigentlichen Zieles, der Perfektion des Professionalisten stehen. Doch das zentrale Problem dieses Aufstellungs-Verfahrens ist die Dominanz der Inhalts-Komponente in den so gewonnenen Zielen, durch welche die Frage nach den angestrebten musikalischen Fähigkeiten im wesentlichen unberücksichtigt bleibt. Der Subjekt-Bereich, nämlich der lernende Mensch, wird nur dem Anschein nach, aber nicht real berücksichtigt; denn die stoffliche Reduzierung sagt ja noch nichts über Lernvoraussetzungen und Lernbedingungen aus. Für Nicht-Musikpädagogen, die im künstlerischen oder musikologischen Bereich tätig sind, erscheint musikalisches Lehren oft als ganz unproblematisch, weil man vom einfachen Transfer musikalischer Technik und musikalischer Stoffe auf Kinder ausgeht. Bei der Aufstellung von Zielen nur durch Transfer von musiktechnischer und musikstofflicher Systematik bleibt jedoch das eigentliche Konstituens musikalischen Lernens und Lehrens, der Subjekt-Objekt-Bezug, aus dem Blick. Es ist eine zusätzliche und gemeinsame Aufgabe von Musikologie und Musikpädagogik, in der musiktheoretischen Systematik und ihrer Stoff-Fülle die als Inhalte für musikalisches Lernen sinnfälligen Phänomene der Musik, auch im Blick auf die unterschiedlichen Zielgruppen musikalischen Lernens, aufzuzeigen und in den Zusammenhang mit den durch die musikalische Lehre angestrebten Fähigkeiten zu bringen.

Ein besonders weit verbreitetes und folgenreiches Verfahren für die Aufstellung von Zielen für Musikunterricht ist die Übernahme von erzieherischen Zielen. Es handelt sich um allgemeine, als sinnvoll bewertete Verhaltensweisen, die (auch) im Musikunterricht angestrebt werden sollen, nicht nur durch die dem Lehrer jeden Faches prinzipiell aufgegebene erzieherische Funktion, sondern als das bestimmende Ziel von Musikunterricht. Der Grad der Reflexion betreffs der Erreichbarkeit solcher erzieherischen Intentionen mit Hilfe musikalischer Inhalte ist unterschiedlich; häufig wird diese Frage gar nicht gestellt. Die Tradition auch dieses Verfahrens ist alt. M.T. Pfeiffer und H.G. Nägeli adaptierten die Elementar-Methode Pestalozzis so wörtlich für ihre Gesangbildungslehre, nämlich durch Isolierung von „Elementen" auch der Musik in Tondauern, Tonhöhen usw., daß der Blick auf die Musik selbst verstellt wurde. Der Anschluß an Arbeitsschule und „Selbsttätigkeit" ließ Musikpädagogen auch für Musik das Selbertun über das Verstehen stellen. Die Adaption der Ziele einer Erziehung zu Gemeinschaft läßt das Volkslied zum Ziel von Musikunterricht avancieren. Von besonders langer und nachhaltiger Auswirkung werden unter Bezug auf Entwicklungspsychologie aufgestellte Ziele, die auf dem Grundgedanken beruhen, daß die von der Entwicklungspsychologie vertretene (und dort differenzierte) Auffassung einer sich nach vorgegebenen Gesetzmäßigkeiten vollziehenden Entwicklung des Kindes und des Jugendlichen ihre Parallele in einer vorgegebenen musikalischen Entwicklung habe. Die Ziele des Musikunterrichts werden demzufolge zu Etappen einer (mehr angenommenen als erfahrenen) „natürlichen" musikalischen Entwicklung nach Altersstufen. J.J. Rousseau hat erstmals für altersstufenspezifische musikalische Ziele ein Lehrkontinuum entwickelt. Solche Adaption von Erziehungs-Zielen für Musikunterricht hat in der Geschichte der Musikpädagogik immer wieder stattgefunden. Das anstoßgebende Theorem wechselt, aber das Prinzip der Adaption und der vermeintlichen Autorität neuer Zielangaben wegen Berufung auf erzieherisch empfohlene Theoreme bleibt stets gleich. Auch die gegenwärtigen Ziele für Musikunterricht haben mit der raschen Adaption neuer Ziel-Formeln der Erziehung zwar eine fachliche Reform angestrebt, aber darüber mitunter das Gesamt und das Spezifikum der eigenen Ziele des Musikunterrichts vernachlässigt. Die Adaption erzieherischer Theoreme als Methode musikalischer Ziel-Aufstellung impliziert zumindest die Gefahr, das Objekt Musik zu verkürzen und spezifisch musikalische Fähigkeiten aus dem Blick zu verlieren. Die Analyse der zahlreichen erkennbaren Adaptionsvorgänge in der Zielgeschichte der Musikpädagogik ist eine offene Aufgabe des Faches. Das besondere Problem dieser Erziehungsaufträge übernehmenden Verfahrensweise zur Aufstellung musikalischer Lehrziele tritt jedoch bereits hervor: Es ist die für Musikunterricht gegebene Notwendigkeit des aktuellen Anschlusses an die erzieherischen Theoreme seiner Zeit und die zugleich immer wieder neugegebene Schwierigkeit, einen effektiven Zusammenhang zwischen diesen Theoremen und musikalischen Inhalten zu finden. Sicher dürfte dabei sein, daß die Berufung auf die erzieherischen Theoreme nur einen Anschein von theoretischer Legitimation gibt; denn die so gewonnenen Ziele sind gesetzte Ziele, gewünscht von erzieherischen Instanzen, ohne erwiesene Realisierbarkeit mit musikalischen Mitteln. Musik-Ziele bedürfen der ständigen Reflexion aus aktuellem gesellschaftlich-erzieherischem Denken, aber nicht als eilige Adaption und Pseudo-Deduktion, sondern mit inhaltsbezogener Modifizierung und Kennzeichnung ungesicherter Ziel-Erwartungen.

Die Methode der Ziel-Aufstellung durch Konkretisierung des Resultates beruht auf der Formulierung der spezifischen musikalischen Fähigkeit, die der Schüler erwerben soll; sie erfolgt in drei unterschiedlichen Ziel-Formen: den operationalen Ziel-Definitionen, den Zielen für programmiertes Lernen und den Lernziel-Hypothesen. Die operationale Definition eines Zieles will die höchstmögliche Präzision der Beschreibung dieses Zieles, seine Überführung in eine meßbare Größe. Als Merkmale einer eindeutigen Ziel-Beschreibung nennt R. Mager die Bestimmung des Endverhaltens (man muß entnehmen können, was der Lernende tun oder ausführen können muß, um zu zeigen, daß er das Ziel erreicht hat), die genauere Bestimmung des Endverhaltens (durch Anzeigen der Bedingungen, unter denen der Schüler den erfolgreichen Abschluß seines Lernens zeigen soll) und die Bestimmung des Beurteilungs-Maßstabes (zumindest durch Benennung der unteren Grenze für das noch annehmbare Verhalten; Mager, 1975). Bei einer Ordnung nach Präzisionsgraden ist das operationalisierte Lernziel das Ziel mit dem höchstmöglichen Präzisionsgrad. Das Dilemma der Operationalisierung musikalischer Ziele ist, daß sich zwar einzelne, engbegrenzte musikalische Leistungen annähernd operationalisieren lassen (darauf beruhen die Aufgaben für musikalische Leistungstests). Doch für Musikunterricht ist als Ziel nicht das Mini-Ziel in Form einer isolierten Detail-Leistung charakteristisch, sondern der Lernfortschritt in einem komplexen Zusammenhang des Tuns, Hörens, Begreifens und dies an vielfältigen Materialien. Dies introduziert dem musikalischen Ziel so komplexe Eigenschaften, daß Operationalisierung in der Regel gerade für musikalische Ziele als nicht der Sache gemäß erscheinen muß. Doch schließt dies nicht die vielen Möglichkeiten aus, Ziele in gegenwärtigen Ziel-Aufstellungen für Musikunterricht in höherem Maß als üblich konkret zu definieren (Füller, 1974). Programmierte Musik-Unterweisung stellt, unter dem Ziel-Aspekt betrachtet, die Aufstellung einer Folge operationalisierter Ziele mit fortschreitender Schwierigkeit dar; nur die Beschreibung von Zielen eines Programmes mit feststellbaren Eigenschaften läßt überhaupt eine zielgerichtete Programmierung zu sowie eine Kontrolle darüber, ob der jeweilige Schritt des Programmes erfolgreich absolviert wurde. Die programmierte Unterweisung in Musik hat einen wesentlichen Beitrag zur Operationalisierung musikalischer Ziele geleistet, hat sich aber im wesentlichen auf die Konkretisierung musikalischer Lernschritte beschränkt und Fragen der Lernkontrolle noch offengelassen. Insgesamt ist wohl das Potential des Möglichen für musikalisches Lernen und Lehren durch operationalisierte Ziele und programmierte Unterweisung noch nicht annähernd ausgeschöpft. Die entscheidende Anregung, Ziele durch Bildung von Hypothesen zu formulieren, ist R.M. Gagné zu danken. Er faßt Lernziele als veri- oder falsifizierbare Hypothesen auf, dies im Sinne erfahrungswissenschaftlicher Methode: Wenn Unterricht in der Weise A veranstaltet wird, dann wird Ziel B erreicht. Die Lernziel-Hypothese wird definiert als Beschreibung von Fähigkeiten in bestimmten Bereichen menschlicher Aktivitäten, die vom Schüler erwartet und unter bestimmten Lernbedingungen erworben werden. Die Lernziel-Hypothese steht damit einerseits im umfassenden curricularen Ziel-Mittel-Zusammenhang und ist andererseits in ihrem Erfolg kontrollierbar. R.M. Gagnés eigene Feststellung, daß „vielleicht die wichtigste Implikation dieser Methode ... darin (liegt), daß die anzuzielende Lernart und die erforderlichen Lernbedingungen enorm geklärt werden", macht offenkundig, daß wir es bei R.M. Gagné nicht mehr mit einer isolierten Ziel-Aufstellungsmethode, sondern mit einem Versuch der Objektivierung des Lernprozesses insgesamt zu tun haben. Demgemäß wird zunehmend auf den Zusammenhang zwischen einer auf die Entdeckung neuer Ziele gerichteten Curriculumforschung und einer unterrichtstechnologischen Forschung, die neue Lehrmethoden nach rationalem Verfahren entwickelt, verwiesen. Die bestimmende Tendenz ist, Ziele weniger auf Grund empirischer Verfahren festzulegen, sondern vielmehr auf Grund empirischer Bewährung die Prozesse zu verbessern, mit denen Ziele gesucht, formuliert und entschieden werden sollen (Gagné, 1970). Auch hier liegen wesentliche Aufgaben musikpädagogischer Unterrichtsforschung.

Die Ziel-Aufstellung mit Hilfe von Analysen ist vielfach versucht worden. Als analytische Methoden der Lernziel-Aufstellung für Musik werden hier alle Verfahren zusammengefaßt, die musikalische Ziele dadurch zu gewinnen versuchen, daß das gesamte Gebiet der Musik und das Bedingungsgefüge des Verhaltens zu Musik analysiert wird und diese Analyse für eine Ziel-Aufstellung im Fach Musik Verwendung findet. Die Ursprünge des Verfahrens, mit Hilfe von Analysen zur Aufstellung von Zielen zu gelangen, liegen in der amerikanischen Curriculum-Forschung. Die ersten Verfahren zur Analyse entstanden in und nach dem ersten Weltkrieg in den USA. Man analysierte Aktivitäten, zerlegte bestimmte Tätigkeiten in ihre Elemente, ordnete sie nach ihrer Häufigkeit und verwendete die gewonnenen Daten als Basis für Lehrziele. Die analytischen Verfahren wurden in den USA für alle Curriculum-Determinanten, die Gesellschaft, die Kultur, das Kind durchgespielt, bei wachsender Einsicht in die Unmöglichkeit einer methodisch ausreichenden Lösung. Analytische Verfahren zur Lehrziel-Aufstellung im ästhetischen Bereich haben ebenfalls in den USA eine alte Tradition. Im deutschsprachigen Gebiet sind zahlreiche unterschiedliche Analyse-Ansätze zur musikalischen Ziel-Aufstellung zu erkennen, unterschiedlich nach dem postulativen Grad der Ziel-Konsequenzen aus dem analytischen Befund. Neben anspruchsvolle Versuche, das Gesamt des deutschen Musiklebens analytisch zu strukturieren, treten analytische Verfahren, die nur auf Teile des musikalischen Feldes gerichtet sind. Das Problem aller Analysen und daraus erschlossener Ziele für Musikunterricht liegt darin, daß die Möglichkeit von Ziel-Konsequenzen aus analytischen

Befunden von vornherein begrenzt ist, aber dennoch leicht zu Postulaten führt. Der postulative Charakter solcher Ziel-Konsequenzen aus Analysen wie aus Befragungen wird verstärkt durch die weitverbreitete Neigung, vor allem bei Nicht-Musikpädagogen, dem Musikunterricht den recht publikumswirksamen Vorwurf zu machen, daß er die Realitäten des Musiklebens zu wenig berücksichtige, d.h., daß Analyse-Ergebnisse nicht zureichend für die Ziel-Vorstellungen von Musikpädagogik herangezogen werden. Unter Berufung auf Ergebnisse teil-analytischer Erhebungen wurden bereits Ziele aufgestellt, die vom „Abholen des Schülers in seiner gewohnten aktuell-musikalischen Umwelt" bis zur Dominanz neuer Ziel-Postulate gemäß der Real-Situation des Musikkonsums führen. Die eigentliche Bedeutung der analytischen Verfahren für Ziel-Aufstellung im Fach Musik liegt jedoch nicht im Produzieren von Zielen, sondern in der Latenz für Ziele, d.h. in der Vergrößerung und Verbesserung des Wissens, das bei Ziel-Setzung und Ziel-Untersuchung zugrunde gelegt werden kann (Ettl, 1969; vgl. Eicke, 1973 a und b).

In den Jahren 1976/77 ist in die musikpädagogische Diskussion der Ziel-Aufstellung der Vorschlag eingebracht worden, auf das im voraus festgelegte Ziel für Musikunterricht im Interesse einer handlungsorientierten, flexiblen, kommunikativen Unterrichtsplanung und -durchführung zu verzichten; es handelte sich um eine Parallelisierung erziehungswissenschaftlicher Ansätze. So unterscheidet H. Moser zwischen „behavioristischen (geschlossenen) Lernzielen" gegenüber „offenen Lernzielen", die „eher als Unterrichtsintentionen denn als Ziele im eigentlichen Sinne zu charakterisieren (sind) und . . . für Unterrichtsprozesse Inhalt-Handlungs-Einheiten an(geben)" (Moser, 1974). Hier wird das Augenmerk vom angestrebten Endverhalten weg und auf den Unterrichtsprozeß gelenkt. In aller Vorsicht ist in den Blick zu nehmen, daß die Auffassung von Musik als Kommunikationsphänomen wesentlich mehr als der traditionelle Kunstwerkbegriff auf den zieloffenen, handlungsorientierten Ansatz musikalischen Lernens verweist. Diese Überlegungen führen letztlich auf J. Dewey zurück. Seine Gleichsetzung von „zielklarem Handeln" mit „verständigem Tun" führte ihn zu dem Schluß, daß ein Ziel nicht starr sein dürfe, „es muß – biegsam – den Umständen angepaßt werden", „muß sich in eine Methode des Zusammenwirkens mit den Bestätigungen der zu Erziehenden umsetzen lassen" (Dewey, 1949). Der heutige Ansatz einer zielflexiblen Handlungsorientierung ist wohl auch Reaktion auf behaviorale Ziel-Operationalisierung, die im Interesse der Meßbarkeit des Lernerfolges die Komplexität des Lernvorganges einschränkt, und durch das Abkappen nichtgeplanter Wendungen des Unterrichts gerade dessen kreatives Potential drosselt. So ist auch der Ansatz einer zielflexiblen Handlungsorientierung im Gesamt der Methoden der Ziel-Aufstellung für Musik-Lernen unter dem Aspekt der Relativierung einseitiger technologischer Zielformulierungen zu sehen, insbesondere als neuer Versuch, die auseinanderstrebenden Einzelziele des Musikunterrichts im affektiven, kognitiven und psychomotorischen Bereich zwar nicht als definierte Ziele, aber in „dynamischem Zusammenwirken" und im Handeln wieder zu vereinen. Dies müßte kein Gegensatz zu konkret formulierten Zielen in dafür geeigneten Aufgaben musikalischen Lernens und Lehrens sein.

1.3 Ziel-Systematik

Es wurde vielfach versucht, die Lehrziele des Faches Musik zu gliedern und einen Ordnungsrahmen für sie zu schaffen. Doch wie bei der Aufstellung der Ziele für Musikunterricht ist auch bei ihren Ordnungsansätzen unverkennbar, daß es eine Menge von Vorschlägen gibt, aber wenig distanzierte Beschreibung dieser Vorschläge und der hier wirksamen Prinzipien. Aus diesem Mangel resultiert, wie bei der Ziel-Aufstellung, auch hinsichtlich der Ziel-Gliederungen Unsicherheit; die fachliche Geltung des einzelnen Ansatzes ist schwer erkennbar (Abel-Struth, 1978 b und 1979 a).

Der Sinn von Ziel-Systematik (auch) für die Lehre der Musik ist, den theoretischen Zusammenhang der verschiedenen Ansätze für Ziel-Ordnungen herzustellen und damit Bezugsmöglichkeiten für die einzelnen Entwürfe zu schaffen. Eine Ziel-Ordnung von alter Tradition und demgemäß weitverbreiteter Selbstverständlichkeit sortiert die Ziele für Musik gemäß Funktion in zwei verschiedene Gruppen: Es ist einerseits die Gruppe der allgemeinen Erziehungs- und Bildungsziele und andererseits die der speziellen fachlichen Ziele. Die allgemeinen Ziele dienen als Leitlinie für alles Lernen, als Leitbild aus dem gesellschaftlich-politischen Denken der Epoche, die material-sachlichen Ziele streben das Lernen der Sache selbst an. Eine solche Ordnung von Zielen gemäß ihrer Funktion ist in den Erziehungswissenschaften mehrfach beschrieben worden. Die von K.H. Flechsig u.a. vorgenommene Ordnung gemäß Funktionen von Zielen führt zu einer Unterscheidung nach drei Klassen: 1. Leitideen (im wesentlichen Markierung pädagogischer oder ideologischer Positionen durch Lernziele), 2. inhaltliche Bestimmungen (bereits in kulturelle Zusammenhänge und Systeme gebrachte Lernziele) und 3. Aufgabenbeschreibungen (Lernziele, die Auskunft geben über Aufgaben und Situationen und die durch Lernen erworbene Kompetenz für diese; Flechsig u.a., 1972).

Die Ziel-Ordnung nach unterschiedlichen Zielfunktionen wiederholt sich in der Unterscheidung der Entscheidungsebenen für Ziele. Am deutlichsten ist für die allgemeinen Leitziele und die spezifischen, sachbezogenen Unterrichtsziele erkennbar, daß sie auf verschiedenen Entscheidungsebenen entstehen. Die allgemeinen Leitziele sind im Zusammenhang politischer Intentionen zu sehen; sie werden von Gremien aufgestellt, die von Kulturverwaltungen eingesetzt werden, in der Regel wohl in der Erwartung, daß von den Mitgliedern dieser Gremien Entscheidungen im Sinne des politischen Auftraggebers getroffen werden. Die Aufstellung sachbezogener Unterrichtsziele liegt dagegen in der Regel bei Fachleuten. In jedem Falle stehen hinter den Entscheidungen über allgemeine Ziele politisch-gesellschaftliche Kräfte, die auf einer höheren, d.h. mächtigeren Entscheidungsebene stehen als diejenigen Gruppen und Persönlichkeiten, die über Sachziele entscheiden. Demgemäß wirkt sich eine Einflußnahme der Entscheidungsebene für allgemeine Ziele häufig auch auf untere, fachliche Entscheidungsebenen aus.

Die unterschiedliche Funktion von Zielen findet eine weitere Parallele in der Gliederung nach unterschiedlichen Graden der Präzision der Zielformulierung. In der amerikanischen Curriculum-Forschung werden die allgemeinen Ziele als aims bezeichnet, die speziellen sachbezogenen Unterrichtsziele heißen objectives. In der deutschsprachigen erziehungswissenschaftlichen und fachdidaktischen Literatur hat sich eine Unterscheidung in Richtziele, Grobziele und Feinziele ausgebreitet. Richtziele sind Lernziele mit einem sehr geringen Präzisionsgrad, Grobziele weisen einen mittleren Präzisionsgrad auf; Feinziele entsprechen in ihrem Präzisionsgrad operationalisierten

Lernzielen. In der Musikpädagogik läßt sich unter historischem Aspekt immer wieder eine Neigung erkennen, im Interesse des Anschlusses an politisch-gesellschaftliche, allgemeine Ziele die Präzisierung der speziellen, sachbezogenen Ziele zu vernachlässigen.

Unter dem Aspekt der hierarchischen Ordnung der Ziele sind zwei prinzipiell verschiedene Gruppen von Ziel-Ordnungen erkennbar. Die erste Gruppe bilden allgemeine Ordnungen, in denen keine durchgehende Rangfolge zu erkennen ist, in denen verschiedene Ziel-Komplexe ohne kontinuierlichen Zusammenhang nebeneinandergestellt werden. Dabei werden in der Regel auch Ziele der künstlerischen Bereiche einbezogen, je nach Art des strukturierenden Prinzips als technischer, ästhetischer, musischer oder künstlerischer Lehrbereich aufgefaßt. Es handelt sich um allgemeine Ziel-Reihungen, deren einzelne Bereiche durch das bestimmende Strukturierungsprinzip eine intentionale Verbindung untereinander haben, die jedoch nicht eine hierarchische Ordnung im Sinne eines Lernkontinuums darstellen. Allgemeine Lernziel-Ordnungen vermögen durch Einbeziehung auch des musikalischen Bereiches zur Aufstellung von Zielen für Musikunterricht zu führen. Dabei kann jedoch ein unvollständiger, ausschnitthafter Musikbegriff zu Einseitigkeit der fachlichen Lehre führen. Die Einordnung von Musik-Zielen in allgemeine Ziel-Ordnungen enthält demgemäß gleichermaßen die Gefahr von Dogmatismus wie die Chance der Aktualisierung.

Die zweite Gruppe sind die sog. Taxonomien. Als Taxonomien werden im erziehungswissenschaftlichen Bereich solche Klassifikations-Schemata für Ziele bezeichnet, die hierarchisch im Sinne einer sequenziellen Ordnung angelegt sind. Eine „ranghöhere" Lernziel-Klasse schließt jeweils „rangniedrigere" Lernziele ein. Innerhalb der Taxonomien ist zu unterscheiden nach Taxonomien für gewünschte Lernresultate wie den sog. Bloomschen Taxonomien (Bloom, 1973; Krathwohl u.a., 1975) und Taxonomien, wie der von R.M. Gagné, die vom Lernprozeß und seinen Bedingungen ausgehen (Gagné, 1980). Wie die Taxonomien im Bereich der Biologie die Möglichkeit geben, die unterschiedlichen Beziehungen zwischen den verschiedenen Arten, Gattungen, Klassen usw. festzustellen und zu verstehen, so sollen sie im Bereich von Lernen und Lehren der Ordnung von Zielen dienen und durch diese Ordnung deren besserem Verständnis. Die jüngeren Ziel-Taxonomien gehen von einer dreigegliederten Nominalskala, der Gliederung in einen kognitiven, einen affektiven und einen psychomotorischen Lernbereich aus, und beschränken sich jeweils auf einen dieser Bereiche. Diese Taxonomien wurden vor allem in der amerikanischen Curriculum-Forschung auf musikalische Lernziele angewendet, so von E. Simpson (1946), J.P. Guilford (1958), R.H. Dave (1963), R. Colwell (1970) und D.R. Krathwohl u.a. (1975). In den R.M. Gagnés Ansatz aufgreifenden Lernprozeß-Taxonomien liegt das hierarchische Prinzip im wesentlichen in der zunehmenden Komplexität von Lernzielen einer gemeinsamen Klasse. Allgemeine Lernprozeß-Taxonomien sind Lern-Hierarchien im Sinne eines kontinuierlichen Lernablaufes, in dem der nachfolgende Lernschritt jeweils das erfolgreiche Absolvieren des vorangegangenen Lernschrittes voraussetzt. Der Ansatz R.M. Gagnés ist wegen seiner Ausrichtung auf das lernlogische Kontinuum ein noch viele Möglichkeiten bietendes Denkmodell (Gagné, 1970).

Doch sind in der Musikpädagogik auch zahlreiche Versuche unternommen worden, speziell vom Bereich musikalischen Lernens und Lehrens aus eine bregrenzte Ordnung der Ziele für dieses Lernen und Lehren vorzunehmen. Bei aller Vielfalt der Ordnungs-Ansätze grenzen sich zwei grundsätzlich verschiedene Verfahrensweisen gegeneinander ab. Für die erste ist charakteristisch, daß praktische Aufgaben, jeweils für spezielle Gebiete des Musikunterrichts, aneinandergereiht werden, gewöhnlich nach zunehmenden Schwierigkeiten geordnet. Man darf dieses Verfahren, unterschiedliche Ziele für Musikunterricht mit oder ohne kontinuierliche Ordnung nach Schwierigkeiten zu reihen, als das zahlenmäßig produktivste Gebiet musikdidaktischer Arbeit bezeichnen. Die Kapitelfolgen von Schulbüchern für den Musikunterricht aller Zeiten gehören ebenso hierher wie der „Überblick" über Aufgaben des Musikunterrichts in den zahlreichen Unterrichtslehren des Faches, vor allem vom Beginn des 19. Jahrhunderts bis zur Gegenwart. Charakteristische Beispiele für dieses Verfahren liefern auch die amtlichen Richtlinien und Bildungspläne für das Fach Musik in den einzelnen Bundesländern. Auf die generalisierte Präambel mit allgemeinen Zielen folgt hier in der Regel eine Reihung der Ziele für die verschiedenen musikalischen Unterrichtsgegenstände. Schließlich ist auch auf die gegenwärtigen Ziel-Reihungen für Teilbereiche des Musikunterrichts zu verweisen, wo gemäß Teilkonzepten Ziele gereiht werden; sie sind nicht immer als Ziele deklariert, vielfach implizieren die inhaltlichen Gliederungspunkte die zugrundeliegenden Zielintentionen. Viele gegenwärtige Musikdidaktiker haben auf diesem Gebiet wesentliche Beiträge geleistet.

Für das zweite Verfahren ist charakteristisch, daß nicht einzelne, praktische Aufgaben aneinandergereiht werden, sondern der viel schwierigere Versuch unternommen wird, das Gesamt der anstehenden Aufgaben abstrahiert zu fassen und in logischen Zusammenhang zu bringen, um dadurch Einzelziele nach ihrer Intention und Bedeutung besser erkennbar zu machen. Sie gehen von musikalischen Fähigkeiten aus, an die musikalische Inhalte gebunden sind. Sie stoßen häufig auf in der Sache liegende Grenzen, stellen aber dennoch wesentliche Beiträge musikpädagogischer Ziel-Ordnung dar, da sie von der speziellen Aufgabe, dem musikalischen Lernen und Lehren, ausgehen; mit abstrahierenden Gliederungen wird das Gesamt der Ziele und ihrer Beziehungen untereinander erkennbar gemacht. In dieser Absicht wird man vor allem das Raster-Modell musikalischer Verhaltensweisen von D. Venus (1969), das Modell der Unterrichtsfelder von H. Antholz (1976 a) sowie das Modell musikalischer Funktionsfelder von M. Alt (1977; vgl. Gieseler, 1972) verstehen dürfen, auch einen zusammenfassenden Versuch von K. Füller (1974).

Die aktuelle Problematik der musikspezifischen Ziel-Systematik läßt sich, bei aller Vielzahl und Vielfalt offener Fragen, auf ein zentrales Problem zurückführen; es tritt zutage, wenn man die Unterscheidung nach Ziel-Funktionen (in Verbindung mit der Unterscheidung nach Entscheidungs-Ebenen und Präzisionsgraden) beobachtet, die Nicht-Möglichkeit eines deduktiven Zusammenhanges zwischen Zielen unterschiedlicher Funktion, insbesondere zwischen allgemeinen und spezifisch musikbezogenen Zielen. Dieser Unterschied der Funktion allgemeiner und spezieller Ziele wird nicht bewußt gehalten; er wird vielmehr in einer hierarchischen Ziel-Ordnung mit (anscheinender) Möglichkeit der Ableitung spezieller Ziele von den allgemeinen Zielen verdeckt. Die traditionellen aims für musikalisches Lernen sind allseits desillusioniert; jeder weiß, daß die im traditionellen Bildungsdenken verankerten Hoffnungen auf musikalische Bildungswirkungen schwerlich nachzuweisen sind. Aber neue aims sind nachgerückt. Man schwankt zwischen Anpassung an die Autorität der von der Erziehungswissenschaft (als offensichtlich legitimem Sprecher der Gesellschaft) aktualisierten aims mit ihrem Anspruch an Musik und Resignation angesichts der mangelnden Effektivität der darauf bezogenen praktischen Unterrichtsaufgaben. Die Befreiung von dem (respektierten, aber gar nicht notwendigen) Zwang, die konkreten musikalischen Unterrichtsziele aus den aims „abzuleiten", kann die unbefriedigende Tradition, die musikalischen Inhalte und Verhaltensweisen aus allgemeinen Zielen begründen zu wollen, beenden und einen großzügigeren, indirekten geistigen Zusammenhang der sachlichen Aufgaben mit Situation und Denken unserer Gesellschaft wieder herstellen.

1.4 Ziel-Typologie

Um die Vielzahl und die formale wie inhaltliche Vielfalt der Ziele des Musikunterrichts darstellen zu können, wird abschließend eine Ziel-Typologie entwickelt; es werden Ziel-Typen gebildet, aus deutlich abgrenzbaren und historisch dauerhaften Intentionen für musikalisches Lernen gewonnene Muster, die einer Gruppe von Zielen zugrunde liegen.

Eine erste Gruppierung abgrenzbarer musikbezogener Ziel-Vorstellungen sind die „idealen Ziele". Bestimmendes Merkmal des Typus ist, daß er an ein Idealbild des Menschen gebunden ist, das werthaft mit Musik angestrebt wird. Dieses Idealbild hat zwar kaum reale Chancen, ist aber doch mehr als Utopie; denn es ist Richtmaß für das, was angezielt wird. Ein Leitbild, in dem Musik hohen Rang hatte, war das sog. klassische Bildungsideal, vielfach als Bildungsideal schlechthin verstanden. Die Idee der inneren Vervollkommnung des Menschen durchzieht das Schaffen der klassischen Dichter und Denker und ihrer Generation, ästhetische Erziehung ist der Weg zur Humanisierung und Musik einer ihrer unverrückbaren Werte. Dieses Denken hat die Pädagogen und Musikpädagogen des 19. Jahrhunderts beflügelt. Doch die idealen Ziele können auch in einer anderen typischen Weise erscheinen, nämlich unabhängig von Leitbild-Fixierungen, allein auf die Idee des humanen Sinnes von Musik gerichtet. Dieser Humanum-Typus der Ziele pädagogischen Umganges mit Musik geht davon aus, daß Musik Möglichkeit ist zu Verstehen und Auslegen menschlicher Existenz. Für diesen Humanum-Typus idealer Ziele gibt es aus der Vergangenheit eine Fülle philosophischer Begründungen, in der Gegenwart zunehmend musikpädagogische Postulate, die hermeneutischen Ansatz und psychologische Argumentation (wie der durch Musik möglichen Balance kognitiver und affektiver Verhaltensweisen) verbinden. Dem Typus der idealen Ziele des Musik-Lernens ist für seine beiden Prägungen, dem Typus des Leitbildes in fixierten Bildungs-Idealen wie dem Typus des offenen Humanum, eigentümlich, daß er generalisierend aufgestellt und unpräzis formuliert ist. Die darum erhobenen Vorwürfe treffen nicht recht, denn dieser Ziel-Typus zielt ja von Haus aus nicht auf Konkretion im Detail, sondern auf Leitbild oder Richtmaß für ein Streben. Doch bleibt im Blick zu behalten, daß durch die allgemeine Formulierung sowohl die Gefahr der Leerformel wie der ideologischen Wendung besteht. Die Verquickung der idealen Ziele mit traditionellem Bildungsdenken, ihre generalisierende Formulierung und ihren Setzungscharakter hat man dem idealen Ziel-Typus vielfach zum Vorwurf gemacht. Doch haben diese idealen Ziele in der Vergangenheit zweierlei bewirkt: zum einen, daß Musik trotz immer weiter fortschreitender Säkularisierung Schulfach blieb, weil das bestimmende Denkmodell (zumindest im Konzept) einen hohen Stellenwert der Musik in der Erziehung voraussetzte, und zum anderen, daß aus internationaler Sicht deutscher Musikpädagogik wegen ihres Zusammenhanges mit dem deutschen Idealismus und musikalischer Klassik zunächst ein erheblicher Prestige-Vorsprung eingeräumt wurde. Die idealen Ziele erweisen sich als äußerst einflußreich für das Ansehen der Musikpädagogik. Doch wir haben mit der Überwindung bildungstheoretischer Autorität die Immunität der alten idealen Ziele musikalischen Lernens und Lehrens aufgehoben. Man wird den Zusammenhang zwischen idealen Zielen und dem Stellenwert von Schulmusik nicht aus dem Blick verlieren dürfen.

Der zweite Typus, der „materiale Ziel-Typus", richtet seine Intention vor allem auf das musikalische Material, seine auditive, technische und kognitive Bewältigung. Für diesen materialen Ziel-Typus ist das Objekt Musik und seine Bewältigung die bestimmende Intention; die Voraussetzungen des Subjektes bleiben im Hintergrund. Der materiale Ziel-Typus weist bis in heutige „Musik-Lehre", „Formen-Lehre", in „Musikgeschichte im Überblick" und Instrumental-Lehrbücher. Die Spanne der materialen Ziele reicht von technischen Trainings-Zielen bis zu hochkomplexen, sachgerichteten Analyse-Zielen. Ungeachtet des gemeinsamen Prinzips, der Ziel-Aufstellung aus den Ansprüchen des Materials, lassen sich vielfach in der Geschichte der Musikpädagogik Polarisierungen in der Ausprägung von mehr technisch-stofflichen gegenüber mehr kognitiv-ästhetischen Ziel-Postulaten erkennen. Diese Polarisierungen führen bis zur Verkennung der gegenseitigen Bedingtheit und bis zu polemischen Konfrontierungen von Musik-Machen und Musik-Wissen. In der mit dem Namen H. Kretzschmars verknüpften musikpädagogischen Reform vor dem ersten Weltkrieg war das Austarieren von „musikalischem Verständnis" und Erwerb von Technik zur Klärung der Zielvorstellungen eine entscheidende Aufgabe. H. Kretzschmar fordert: „Die Klavierpädagogik muß sich entschließen, wieder die allgemein-musikalischen Ziele über die rein pianistischen zu stellen. Das ist die erste Forderung, die erfüllt werden muß, wenn die allgemeine Verbreitung des Klavierunterrichts zum Segen und nicht zum Schaden der deutschen Kultur ausschlagen soll" (Kretzschmar, 1903 a). Und für die nachfolgende Kestenberg-Reform stellt rückblickend L. Kestenberg in einem seiner letzten Vorträge fest: „Wir haben der These des Musisch-Schöpferischen eine Antithese im Musikalisch-Technischen entgegengestellt, und wir wagen es, beide zu einer These hinzuführen, die in der Musikerziehung ihren Gipfel findet" (Kestenberg, 1961). Diese zweite musikpädagogische Reform konnte das Problem in der Theorie als gelöst ansehen; auch im speziellen Instrumentalunterricht war das nur technisch-materiale Ziel als zu beschränkt erkannt und zu einem weitreichenden Ziel umfassender musikalischer Bildung auf der Basis zuverlässiger Beherrschung des material-spezifischen Könnens und Wissens begriffen worden. Doch lassen sich auch heute noch fortdauernde Pendelbewegungen zwischen Betonung der Notwendigkeit technisch-stofflicher Ziele als Basis allen Musik-Verstehens und Ablehnung solcher technisch bestimmten materialen Ziele aus Rücksicht auf musikalische Einstellungen und auf sog. Motivation für Musik erkennen, wobei diese Rücksicht leicht umschlägt in Verzicht auf Sachkenntnis. Die gegenwärtige Musikpädagogik sieht auch die sozialisatorischen Probleme materialer Ziele des Musik-Lernens. Mit dem festen Lehrgang und im vorgegebenen Musiksystem, an dem und mit dem gelernt wird, vollzieht sich zugleich die Gewöhnung an die im Material gegebenen Normen und Regeln, die Prägung von Einstellungen betreffs Gebrauch und Wertung von Musik.

Dem dritten, dem „medialen Ziel-Typus", gehören solche Ziele an, die nicht das der Sache gemäße Verhalten und Lern-Resultate im Sachbereich der Musik vordringlich anstreben, sondern Musik vor allem als Medium außermusikalischer Ziele einsetzen. Hier geht es um den Erwerb allgemeiner Verhaltensweisen, in die ein spezifisches musikalisches Verhalten einbezogen wird; Musikunterricht wird geplant und veranstaltet, um vordringlich außer- oder auch teil-musikalische Ziele zu erreichen. Die außermusikalischen Ziele, das allgemeine Verhalten, sind die bestimmende Intention; das einbezogene musikalische Verhalten ist graduell unterschiedlich an Musik selbst orientiert. In jedem Falle wird aber Musik nur ausschnitthaft, wie es dem allgemeinen Ziel zweckdienlich erscheint, verwendet. Gegen die idealen Ziele, wo Musik als Humanum genuin Bestandteil des Erziehungs-Zieles ist, sind die medialen Ziele dadurch abzugrenzen, daß sie einen konkreten Zweck ansteuern, der letztlich Zweck einer bestimmten Gruppe ist, von Staat, Kirche, weltanschaulicher Gemeinschaft. Mediale Ziele rücken eine außermusikalische Intention in den Vordergrund und mediatisieren Musik, machen sie zum bloßen Mittel, ohne dabei von dem gesamten Phänomen Musik, seinen bestimmenden Merkmalen auszugehen. In der Gegenwart breiten sich mediale Ziele immer stärker aus. Desillusionierung und Bedeutungsverlust idealer Ziele haben wohl eine Lücke entstehen lassen, in die die zweckdienlichen medialen Ziele aus aktuellen gesellschaftlichen Übereinkünften eintreten. Die medialen Ziele werden in der Regel für das jeweilige spezielle Programm separat aufgestellt, werden aber auch vielfach mit praktischen (materialen) Zielen des Musik-Lernens kombiniert, die man als geeignet zur Realisierung des jeweiligen Programmes ansieht. Unterschiedliche Erziehungsabsichten hofft man, mit Hilfe von Musik verwirklichen zu können, Aufträge religiöser und politischer Erziehung wurden an den Musikunterricht delegiert. Dem medialen Ziel-Typus sind auch sozialpädagogische Absichten mit Musik, auch ihr therapeutisch-kompensatorischer Einsatz zuzuzählen. Alle diese medialen Programme für Musik enthalten Möglichkeiten der Hilfe mit Musik. Daß junge Menschen zu dieser Aufgabe in so starkem Maße hinstreben, spricht nur für sie. Aber andererseits wird zunehmend gesehen, daß es höchst fragwürdig ist, ob man menschliche Fähigkeiten durch Mittel entwickeln kann, ohne deren Inhalte der Sache gemäß konkret zu berücksichtigen (Klafki, 1967).

Eine solche Ziel-Typologie läßt die Gegensätzlichkeiten zwischen den im pädagogischen Umgang mit Musik herrschenden Ziel-Intentionen, die daraus resultierenden Meinungsverschiedenheiten und Spannungen verstehen. Hohe ideale Ziele, konkrete Anforderungen des Materials und erzieherische Aufträge unterschiedlicher Art an die Musik, gemischt mit neuen gesellschaftlichen Erwartungen – dies gibt dem pädagogischen Umgang mit Musik das spezifische Problem seiner Ziel-Intentionen auf. Der erste Schritt zu seiner Lösung ist, die hier wirksamen Regelhaftigkeiten zu fassen und zu beschreiben, damit sie immer mehr durchschaut werden. Daraus resultieren Möglichkeiten, Art und Herkunft neuer Zielvorstellungen für den pädagogischen Umgang mit Musik zuordnen und besser beurteilen zu können.

2. Planung musikalischer Lehre

2.1 Zum Problem der Lehrpläne

Die Bezeichnung Lehrplan, die auf den ersten Blick als Planung von Lehre deutlich bestimmt erscheint, läßt bei einigem Nachdenken erkennen, daß sie doch mindestens in drei unterschiedlichen Auffassungen im allgemeinen wie im fachlichen Sprachgebrauch begegnet. Man versteht unter „Lehrplan" vor allem die amtlichen Regelungen, mit denen die Lehre in den Schulen vorgeschrieben wird. Doch auch die Planung des einzelnen Lehrers für einen Zeitabschnitt oder eine bestimmte Gruppe wird als Lehrplan oder besser Lehrplanung bezeichnet. Im weitesten Sinne wird die Bezeichnung Lehrplan bei J. Dolch gebraucht, der mit seinem „Lehrplan des Abendlandes" die gesamte historische Dimension von den Vorstufen des geplanten Lehrens über antike Pläne nach natürlichem und göttlichem Gesetz, mittelalterliche Strukturierung des Glaubens und Wissens und frührationalistische Ordnungsgedanken des Humanismus bis zum Beginn erster Schulordnungen im 16. Jahrhundert umgreift und durch die Schulgeschichte der folgenden Jahrhunderte führt, damit dem Lehrplan im Sinne eines Planes zur Lehre abendländischer Geistesgüter nachspürend (Dolch, 1982). Dazu gibt es neben der Bezeichnung Lehrplan auch weitere, die in gleichem oder ähnlichem Sinne gebraucht werden: die Bezeichnungen Bildungsplan, Stoffplan, Richtlinien wie auch Curriculum. Stets geht es darum, daß für die Lehre Ziele vorgegeben sind, die nun – wenn auch auf unterschiedliche Weise – in Planung für die Lehre umgesetzt werden sollen.

Daß für Lehre ein Plan notwendig sei, wird in der Geschichte der Pädagogik stets gesehen, wenn auch nicht unangefochten. Die Notwendigkeit wird mit unterschiedlichen Argumenten begründet. Man geht vor allem davon aus, daß eben gerade die Planmäßigkeit das Wesen von Lehre ausmache; die Lehrgegenstände müssen aufeinander aufgebaut sein, kein wichtiger Gegenstand darf versäumt oder an falscher Stelle eingeordnet sein und vor allem ist Zusammenhang durch den Plan zu gewährleisten. Nur durch einen allgemein gültigen Lehrplan kann ein Lehrer- und Schülerwechsel zwischen Schulen reibungslos durchgeführt werden. Auch die Fortführung des Schülers von Klasse zu Klasse ist nur mit Hilfe eines über die gesamte Schulzeit geltenden Planes zu leisten. Der Lehrplan ist zudem das Mittel, durch das die für Erziehung verantwortlichen Instanzen, vor allem der Staat, die Ziele für den Unterricht festschreiben. Man weiß, daß Lehrpläne zwar Zielen dienen, daß das Erreichen dieser Ziele aber von zahlreichen personellen und situativen Bedingungen abhängt und nicht zuverlässig vorauszusagen ist.

Das zentrale Problem aller Lehrpläne ist, daß man zur Aufstellung eines solchen Lehrplanes wissen muß, was für die Lehre richtig und sinnvoll ist, und in welcher Reihenfolge man diese „Lehrgüter" am besten anordnet; doch eben dies ist nicht auf eindeutige, wissenschaftlich gesicherte Weise möglich, sondern von Auffassungen abhängig. Die Unterschiedlichkeit dieser Auffassungen bei den Gruppen, die ein berechtigtes Interesse an dem Lehrplan haben, ist von Haus aus gegeben. Der Staat denkt an einen bestimmten Typus des Staatsbürgers, den er erziehen will, die Wirtschaft will über den Lehrplan Einfluß auf die Ausbildung ihrer künftigen Mitarbeiter nehmen, die Fachwissenschaften wünschen ihre Forschungsergebnisse in den Lehrplänen zu verankern, die Lehrer selbst verfechten Auffassungen auf Grund ihrer Lehrerfahrungen oder weltanschaulichen Gebundenheit, die Eltern möchten auf den Lehrplan Einfluß nehmen, ganz zu schweigen von den Schülern, die ebenfalls über den Lehrplan ihre Erwartungen an Schule verwirklichen möchten. Aus dem Problem der Auswahl und Ordnung der Lehrstoffe in einem Lehrplan wird damit ein Machtkampf; die politisch mächtigen Gruppen sind in der Lage, über den Lehrplan ihre Auffassung von Erziehung der jungen Generation durchzusetzen. Lehrpläne sind ein politisches Mittel. Dies erklärt die Aufregung um Lehrpläne auch in der Tagespresse, die Polemik um Lehrpläne in der Fachliteratur; je politischer sich die Erziehungswissenschaft einer Epoche versteht, umso intensiver wird sie die weltanschauliche Diskussion um die schulischen Lehrpläne führen. Darüber geraten dann anthropologische, psychologische, historische und fachspezifische Dimensionen des Lehrplans leicht ins Hintertreffen. In solchen Phasen potenziert sich die immanente Polarität der erzieherischen und der sachlichen Dimension der Lehrpläne und wächst zu der Gefahr, die Inhalte, die Sache des Unterrichts, zu verkürzen und diese nicht durch sich selbst, durch ihre Eigenart, in Lernvorgängen sprechen zu lassen (Wilhelm, 1969).

Die Geschichte der Lehrpläne ist Niederschlag des Wechsels herrschender Denkmodelle in Form von Lehrplänen. Dies gilt kaum in der Anfangszeit der Lehrpläne der neueren Schulgeschichte, dem Beginn der Schulordnungen im 16. Jahrhundert. Diese hatten zunächst das Problem einer ersten Ordnung der Lehrstoffe zu bewältigen. Die Schulfächer werden begründet, die Verteilung der Stoffe auf Unterrichtsstunden, Klassen und Schulbücher vollzogen. Dieser Anfang ist geprägt von einem gewaltigen Planungs- und Ordnungswillen. Für das 17. Jahrhundert ist die Aufnahme von Sachwissen in die Lehrpläne und die langsame Einbeziehung von Methoden in die Lehrpläne bestimmend. Daraus entsteht die das Lehrplan-Denken so beschäftigende Auseinandersetzung mit der Frage, ob Lehrpläne Lehrstoffe bestimmen, oder ob sie die „Bildungsgüter“ beschreiben, die der Menschenbildung zu dienen vermögen. Hatte man zunächst „nur“ lehren wollen, so will man nun „bilden“. J.H. Pestalozzis Gedanken der Menschenbildung und die neuhumanistischen Hoffnungen individueller Bildung schlagen sich im Lehrplan als Absicht nieder, den Prozeß der Bildung mit Hilfe von „Bildungsgütern“ zu planen, einen „Bildungsplan“ zu erstellen. Dies führt in der jüngeren Vergangenheit zu einer „Didaktik als Bildungslehre“, in der „die Bildungsdisziplinen . . . in ihrer Verbindung den Inhalt der Bildung“ ausmachen und der Lehrplan zur „Organisation der Bildungsinhalte“ wird (Willmann, 1957). E. Weniger erkennt bereits in diesem Konzept das Ringen der gesellschaftlichen Mächte und die Doppelfunktion des Staates, der einerseits Schiedsrichter im Kampf dieser Mächte ist, andererseits aber selbst Interessen vertritt (Weniger, 1971).

Die „Bildungsreform als Revision des Curriculum“, von S.B. Robinsohn (1969) angestoßen, stellt im Rahmen dieser knappen Konturierung der allgemeinen Lehrplan-Entwicklung die Absage an die Autorität des traditionellen Bildungskanons aus kultureller Überlieferung, die Hinwendung zu Verhaltensweisen des Lernenden und die Aufforderung zu demokratischen, objektivierten Aufstellungsverfahren dar. Dies hat die Lehrplan-Diskussion in unserer Zeit in den Mittelpunkt der Didaktik und darüber hinaus in die öffentliche Diskussion gebracht. Es gibt ernsthafte Bemühungen zur Curriculum-Revision, Beschreibung ihrer Möglichkeiten und Grenzen (Achtenhagen und Meyer, 1972), Bemühungen um Überschaubarkeit der Entwicklungen (Müller-Wolf und Classen-Bauer, 1975), es gibt politische Heftigkeiten, weil man hinter der Ablehnung der Bildungs-Autoritäten von gestern sehr wohl Bestrebungen politischer Machtgruppen von heute erkennt, und es gibt Berge von ideologischen

Curriculum-Reformschriften, ausgelöst durch die Aufforderung zu permanenter Reform der Lehrpläne. Dies hat zu einer allgemeinen Verunsicherung hinsichtlich der gegenwärtigen Curriculum-Situation geführt, wobei vor allem die „Lehrplan-Sprache“, eine gespreizte, pseudotheoretische Didaktik fern der Unterrichtsrealität mit Aufplustern von Denkvorschriften statt sachlicher Regelung des Notwendigen, viel Sand ins Getriebe der auch für unsere Zeit nicht verzichtbaren Aktualisierung der Lehrpläne brachte. Doch wird man über solcher, inzwischen populär gewordener Kritik an der Lehrplan-Reform nicht übersehen dürfen, daß durch die Anstöße unserer Zeit die Fragwürdigkeiten der Lehrplan-Erstellung und -Autorität in einem vorher nicht gekannten Maß in das fachliche Bewußtsein traten. Allerdings haben sich die Gegensätze von Lehrplan-Offenheit und Lehrplan-Stabilität, von Lehrplan-Macht und Lehrplan-Objektivität noch nicht recht eingependelt; auch gehen die Auffassungen hinsichtlich dessen, was zur Lehrplan-Objektivierung mit wissenschaftlichen Mitteln möglich oder nicht möglich sei, bzw. dessen, was hier als Wissenschaft oder Vorwissenschaft anzusehen sei, auseinander.

2.2 Geschichte des Musik-Lehrplans

In den einzelnen Schulfächern, so auch der Musik, spiegelt sich die allgemeine Lehrplan-Problematik in ihren geschichtlichen Konstellationen wider. Doch wie auch manche anderen Schulfächer hat das Fach Musik mit seinem Lehrplan zusätzlich die Wandlungen fachlichen Denkens und gesellschaftlicher Einstellungen zu diesem Fach zu bewältigen; die allgemeine Lehrplan-Problematik potenziert sich für Musik durch zusätzliche Interessengruppen mit ihren Erwartungen und deren Verquickung mit politischen Machtgruppen. Hier spielen vor allem auch die unterschiedlichen Werturteile über Musik ein. Die Konstruktion neuer Musik-Lehrpläne ist darum zunehmend durch komplexe Anforderungen aus dem Verhältnis zur Sachwissenschaft, aus kulturell-gesellschaftlichen Veränderungen und Rückwirkungen aus der Lehrerausbildung, aus massenmedialen Lenkungen öffentlichen Bewußtseins wie durch zunehmende Anerkennung von materialen Schülerpräferenzen zu einem das Schulfach Musik bedrängenden Problem geworden (Bohnenkamp u.a., 1966; Bund-Länder-Kommission, 1977). In den immer gegensätzlicher gewordenen Erwartungen an den Musik-Lehrplan liegt die Ursache fachlicher Spaltungen; die Unterschiedlichkeit in Curriculum-Positionen wurde fast gleichbedeutend mit fachlichen Positionen, curriculare Entscheidungen avancierten zu Erkenntnisinteressen, mitunter gesellschaftliche Macht und wissenschaftliche Methode verwechselnd. Denn auch der Musik-Lehrplan ist politische Entscheidung, zielt auf Durchsetzung von Reformintentionen, die, mögen sie noch so vernünftig fundiert sein, immer auch nach Wegen suchen, den Widerstand derjenigen zu überwinden, deren Interessen sie beeinträchtigen (Loch, 1980). Die Musik-Lehrpläne sind eine Herausforderung an die Musikpädagogik. Doch die Erfüllung der Aufgabe erhält ihr Niveau weniger durch Durchsetzung im Anschluß an Machtgruppen als durch Bemühung um höchstmögliche Objektivität und sachliche Vernunft, um ständige Reform und Verzicht auf Mode.

Zur Geschichte der Musik-Lehrpläne legten G. Braun, die sog. Kestenberg-Reform betreffend, U. Günther (von der Kestenberg-Reform bis zum Ende des Dritten Reiches) und E. Kraus (für die Zeit von 1900 bis 1952) Dokumente und Einführungen vor (Braun, 1957; Kraus, 1957; Günther, 1967). Dazu treten die Lehrplan-Verweise in den musikpädagogischen Geschichtswerken. Die Darstellung der historischen Entwicklung in Dokumenten mit Kommentaren vom 19. Jahrhundert bis zur Gegenwart ist E. Nolte zu danken (Nolte, 1975 a, 1982 a und in Vorbereitung a und b). Der seit 1810 zum obligatorischen Unterrichtsfach in den preußischen Volksschulen erklärte Gesangunterricht wurde, da ein einheitlicher Lehrplan fehlte, zunächst durch Verfügung der regionalen Schulbehörde geregelt. Eine erste allgemeine Regelung auch des Gesangunterrichts erfolgte durch die drei Regulative von 1854. Hier erhält das Singen seine zentrale Stellung; es soll sowohl nach Noten wie nach dem Gehör betrieben werden; die gebräuchlichsten Kirchenmelodien wie eine reiche Anzahl guter Volkslieder, auch „Vaterlandslieder", sind in diesem Gesangunterricht zu erlernen (Die drei Preußischen Regulative, 1854; Stiehl, 1855; von Rönne, 1855; Centralblatt, 1859; Schüßler, 1954; Krueger, 1970; Jeismann, 1977; Gundlach, 1982). Hier beginnen politische Erziehungsaufträge für Musikunterricht. In der 1855 erscheinenden Schulkunde für evangelische Volksschullehrer von K. Bormann werden die Regulative bereits kommentiert und in ihren Konsequenzen für die Lehrer und die Lehrerausbildung dargelegt (Bormann, 1855). Die sog. Falkschen Bestimmungen von 1872 sind vor allem durch ihre weltanschauliche Neutralisierung des Gesangunterrichts bedeutsam geworden; doch gebührt auch Verweisen wie in den Vorschriften für Seminaristen, daß diese zum Verständnis von Meisterwerken zu erziehen seien, mehr Aufmerksamkeit (Sering, 1885; Kehr, 1886; Sering, 1901; Gieße, 1961).

Einen entscheidenden inhaltlichen Fortschritt der Musik-Lehrplanung stellen die preußischen Erlasse von 1914 dar, weil hier neben der traditionellen Forderung nach Lust am Singen und Freude am deutschen Volkslied auch für die Volksschule das Ziel der Freude „an edler Musik überhaupt" aufgestellt wird. Mit den sog. Kestenberg-Erlassen, den neuen Musik-Lehrplänen der zwanziger Jahre für alle musikpädagogischen Bereiche, werden die Musik-Lehrpläne erstmals Dokument des Widerstreites von erzieherischen und sachlichen Zielen. Wie in der musikpädagogischen Geschichtsschreibung erkannt, durchdringen sich in diesen Plänen Sachansprüche der Musik und Erwartungen der die Reform-Ideen der Zeit vertretenden politischen, sozialen und fachlichen Gruppen. Mit diesen „Reform-Lehrplänen" beginnt auch für die Musikpädagogik in ihren verschiedenen Arbeitsbereichen von Kindergarten bis Berufsausbildung der Machtkampf um Durchsetzung des „richtigen" Programmes über den Lehrplan. Zwischen 1933 und 1945 werden die Musik-Lehrpläne zum Mittel ideologisch-politischer Indoktrination über Musik. Für alle Schultypen werden durch das Reichsministerium für Wissenschaft, Erziehung und Volksbildung neue Richtlinien erlassen, die jugendbewegte Ideologien nutzen und mit rassischen, nationalen und politisch-erzieherischen Zielen und Materialien verbinden. Die Reinigung von diesen nationalsozialistischen musikpolitischen Lehrplan-Intentionen nach 1945 bedeutet für die Schulmusik nach 1945 zugleich auch eine Restauration der Musik-Lehrpläne der zwanziger Jahre. Über die Lehrplan-Formulierungen aus den zwanziger Jahren wiederholt sich nach dem zweiten Weltkrieg nochmals eine musisch-jugendbewegte Musikpädagogik vor allem in den Schulen und in der Lehrerausbildung.

Doch in den sechziger Jahren geraten, angestoßen durch die allgemeine Curriculum-Revision wie die besondere ideologiekritische Wende in der Musikpädagogik, auch die Musik-Lehrpläne in Bewegung. Die Bewegung ist heftig, schwappt über, und ist doch notwendig. Eine neue intensive Diskussion kommt in Gang, voller Gegensätze. Die alte Methoden-Diskussion wird abgelöst durch die Lehrplan-Diskussion; die dabei entbrennende Ziel-Diskussion ist, auch in der Heftigkeit, der vorangegangenen Diskussion vergleichbar. Nicht mehr das Wie des Musikunterrichts, sondern das Was und Wohin bestimmen die Diskussion in so starkem Maße, daß man mitunter das gesamte Fach Musikpädagogik mit dieser Diskussion gleichsetzt.

Versucht man in der musikpädagogischen Literatur seit den sechziger Jahren, in den neuen Musik-Curricula selbst wie in den zahllosen sie aufgreifenden, diskutierenden, kommentierenden und materialiter ergänzenden Beiträgen Entwicklungsschritte oder bestimmende Schwerpunkte zu finden, so wird man zunächst die inhaltlichen Innovierungen hervorzuheben haben. Bisher vernachlässigte musikalische Lehrgebiete werden als Ziele aufgestellt, „eingeplant" und für Musikunterricht aufbereitet: Moderne Musik, Jazz, populare Musik, seit den zwanziger Jahren durchaus als Aufgabe bewußt, werden nun nachdrücklich als inhaltliche Innovationen in den Vordergrund gestellt; gleichzeitig werden traditionelle Inhalte wie das Singen zurückgenommen. In zahlreichen Schriften werden Versuche unternommen, mit neuen Klassifikationen die Lehrinhalte des Musikunterrichts neu zu ordnen (Füller, 1974). Die Suggestion neuer Musik-Lehrpläne ist so stark, daß auch Bereiche wie die Musikschulen, die bisher ohne Lehrpläne arbeiteten, nun beginnen, detaillierte Pläne (im Sinne von Stoffplänen) zu erstellen (Verband deutscher Musikschulen, o.J.). Man beginnt, die Entstehung von Musik-Lehrplänen zu beobachten und Forderungen für die künftige Lehrplan-Entwicklung, deren Transparenz, Versuchsspielraum und Form zu entwickeln (Gundlach, 1975; Küntzel, 1975).

Neben der Revision der musikalischen Lehrinhalte und ihrer neuen formalen Ordnung wird besonders folgenreich, daß gerade zum Zeitpunkt der Robinsohnschen Forderungen, bei der Revision des Curriculum verhaltenswissenschaftliche Begriffe und Einsichten einzubeziehen, eine „Unterweisung im Musikhören" erscheint, die „die fünf vorrangigen Verhaltensweisen gegenüber der Musik" als „gleichgewichtige, eigenständige Unterrichtsinhalte" in der schulmusikalischen Arbeit einsetzt. Was der Autor D. Venus (1969) wohl eher als methodische Hilfe empfehlen wollte, wird in der Hand fixer Curriculum-Produzenten rasch zum System neuer musikalischer Lehrinhalte; der Fünfer-Raster musikalischer Verhaltensweisen, der Produktion von Musik, der Reproduktion von Musik, der Rezeption und Transposition von Musik sowie der Reflexion über Musik, breitet sich über die Musik-Lehrpläne aus. Der Ansatz ist höchst bedeutsam, aber er ist wohl noch nicht austariert. Denn einerseits ist es gewiß ein wesentlicher innovatorischer Anstoß für musikpädagogisches Denken, daß man sich von der alleinigen Bestimmtheit durch „musikalische Bildungsgüter", durch das Objekt Musik, löst und den Blick auf das Musik lernende Subjekt zu richten beginnt. Doch andererseits ist der Raster der fünf musikalischen Verhaltensweisen zu weitmaschig und ungesichert; die musikalischen Gegenstände mit ihren subtilen, nicht leicht zu erlernenden Eigenarten rutschen durch die Maschen. Die Notwendigkeit eines Ausgleiches zwischen den Bedingungen des Musik lernenden Menschen und den Regelhaftigkeiten des musikalischen Materials und seiner geschichtlichen Herkunft wird jedoch von nun an zunehmend als Aufgabe weiterer Lehrplan-Entwicklung des Faches Musik bewußt.

Solche Wünsche sind in einem weiteren wesentlichen Anstoß der Musik-Lehrpläne enthalten, der oft mißverstandenen „Curriculum-Spirale" J.S. Bruners. Bei J.S. Bruner gilt für jeden Fach-Lehrplan, daß er von dem fundamentalen Verständnis dieses Faches her aufzubauen sei, daß er sich aus den tragenden, seine Struktur ausmachenden Prinzipien gewinnen läßt: „Spezifische Sachverhalte oder Fertigkeiten zu lehren, ohne ihre Stellung im Kontext des entsprechenden Wissensgebietes klar zu machen, ist in mehrfacher Hinsicht unwirtschaftlich", denn es macht es dem Schüler schwer, vom Gelernten auf das später Erfahrene hin zu verallgemeinern und läßt erworbenes Wissen bald wieder vergessen. J.S. Bruners zentrale Hypothese ist, daß „jedem Kind in jedem Stadium seiner Entwicklung jeder Lehrgegenstand in einer intellektuell ehrlichen Form beigebracht werden kann", und daß daraus folge, „daß ein Curriculum auf die wichtigen Anliegen, Prinzipien und Werte abstellen muß, welche eine Gesellschaft der dauernden Beachtung seitens ihrer Mitglieder für wert erachtet". Die grundlegenden Themen sind für J.S. Bruner ebenso einfach wie durchschlagend, man muß lernen, sie in immer komplexeren Formen zu gebrauchen; das Curriculum als Spirale kommt immer wieder auf diese Grundformen zurück: „der Unterschied liegt im Niveau, nicht in der Art der Tätigkeit" (Bruner, 1974 und 1980). Das Mißverständnis dieser Überlegungen hat in manchen Musik-Lehrplänen zu Pseudo-Wissenschaftsorientierung und Verfrühungen geführt; doch der Anstoß geht dahin, auch schon für jüngere Kinder den Kontakt zur Sache selbst, zu den zentralen Themen des Faches, herzustellen. Dazu darf für Musik-Lehrpläne der Aspekt der kontinuierlichen Übung einzelner musikalischer Fähigkeiten, die Beachtung des stetigen Fortschrittes im Interesse auch der Erfolgsgefühle der Schüler, nicht länger aus dem Blick bleiben. Insgesamt darf man wohl sagen, daß die Musik-Lehrpläne sich den neuen Anregungen weit geöffnet haben, daß allerdings das Pendeln zwischen allgemein-erzieherischen und fachlichen Schwerpunkten, das sich in unserer Zeit auch in einem Pendeln zwischen Verhaltens- und Inhaltsaspekten zeigt, der Lehrplan-Entwicklung des Faches Musik in der Gegenwart noch nicht die ausreichende Konkretion und Übersichtlichkeit ermöglichte.

2.3 Musikpädagogische Lehrplan-Forschung

Die Einsicht, daß eine völlig objektivierte Lehrplan-Erstellung nicht möglich ist, und die Aufgabe in einer höchstmöglichen Objektivierung und sachlichen Vernunft liegt, bei ständiger Offenheit für Reformaufgaben im Zusammenhang der kulturellen Veränderungen einer Epoche, zeigt die Möglichkeiten und Grenzen (auch) musikpädagogischer Lehrplan-Forschung auf: Sie kann analysieren, beschreiben und im Vollzug beobachten, aber sie kann keinen Musik-Lehrplan aufstellen oder als „richtig" verantworten. Die musikpädagogische Lehrplan-Forschung kann Grundlagen erbringen, durch die vorhandene Musik-Lehrpläne transparenter und neue Lehrpläne verantwortbarer werden können.

Am Beginn der Lehrplan-Forschung für das Fach Musik steht die Erschließung der historischen Quellen und der aktuellen Lehrplan-Materialien. Dieser Aufgabe dienen die vorgelegten Untersuchungen und Dokumentationen (Braun, 1957; Kraus, 1957; Günther, 1967; Nolte, 1975 a, 1982 a und in Vorbereitung a und b). Auch der gegenwärtige Stand in den einzelnen Bundesländern wurde synoptisch dargestellt (Zimmerschied, 1981), ebenso wurde die Aufstellung der Stundenzahlen für Musikunterricht vorgenommen (Stundentafel, 1977). Dazu wurden schulstufenspezifische Untersuchungen vorliegender Musik-Lehrpläne, insbesondere hinsichtlich ihrer historischen und reformerischen Anteile vorgenommen (Abel-Struth, 1969; Gundlach, 1974 b; Venus, 1974 und 1976; Ehrenforth und Richter, 1975; Schmidt-Brunner, 1976 b; Dokumentation, 1977). Die Probleme der Lehrplan-Forschung des Faches Musik wurden in Form weitreichender Forschungsentwürfe (Ettl, 1969), gründlicher Problematisierung

(Eicke, 1973 b; Noll, 1974) sowie in pragmatischer Absicht angegangen (Schumann, 1975). International gesehen hat die spezifische Lehrplan-Forschung auch für das Fach Musik einen hohen Stellenwert; hier werden Fragen von den Methoden der Ziel-Aufstellung für Lehrpläne bis zur Messung der Effektivität von Musik-Lehrplänen in enger Verbindung mit musikpädagogischer Unterrichtsforschung untersucht (Petzold, 1973).

Bei uns sind die Aufgaben der Lehrplan-Forschung im Fach Musik eher im Hintergrund geblieben. Als vordringlich werden die Probleme der Innovation der Lehrinhalte des Faches empfunden und die Entwicklung von Klassifikationen für die musikalischen Lehrinhalte. Doch über solche pragmatischen Entscheidungen und ihre Reflexion hinaus ist die Erforschung der Lehrplan-Bedingungen heute, wo zunehmend Machtgruppen über Lehrpläne zu entscheiden versuchen, dringlicher denn je. Es gilt, eben diese Mechanismen nachzuweisen und zu beschreiben, Einflüsse zu analysieren, die Ursprünge inhaltlicher Eingriffe aufzuzeigen; über die historischen Entwicklungslinien hinaus sind die Quellen gegenwärtiger Lehrplan-Änderungen transparent zu halten. Dazu sind heute textanalytische Arbeiten an den Lehrplänen notwendig geworden, die Desillusionierung von Schlagworten wie von den Relationen zwischen Vorschrift und Konkretisierungsmöglichkeiten. Nur durch Kontakt mit der Grundlagenforschung vermag musikpädagogische Lehrplan-Forschung zu klären, ob die für die Klassenjahrgänge aufgestellten Ziele angebracht sind. Durch Einsatz von Methoden der Lernerfolgsmessung ist feststellbar, ob aufgestellte Lehrpläne effektiv sind. Nach einer Phase der Klage über die Revisionsbedürftigkeit der Musik-Lehrpläne, über veraltete Wissensbestände und Lehrgüter, ist nur durch Lehrplan-Forschung Versachlichung der Musik-Lehrpläne und ihrer Innovationen möglich, um musikalische Gegenstände, musikalische Verhaltensweisen und ihre Realisierung in musikalischen Lernvorgängen für die Lehre im Zusammenhang zu planen. Damit wird musikpädagogische Lehrplan-Forschung zu einem höchst komplizierten Forschungsgegenstand, aber zugleich zu einem der wichtigsten des musikpädagogischen Erkenntnisinteresses.

3. Prinzipien musikalischer Lehre

3.1 Prinzip des musikalisch Kindgemäßen

Die musikalische Lehre wird – in Korrespondenz mit anderen Lehrgebieten – von historisch verhältnismäßig durchgängigen, in den verschiedenen Epochen unterschiedlich akzentuierten Lehrprinzipien bestimmt. Sie wurden bisher noch kaum insgesamt bedacht oder im einzelnen betrachtet. Hier wird ein erster Versuch der Konturierung einzelner besonders wirksamer musikalischer Lehrprinzipien unternommen. Als eines solcher Prinzipien musikalischer Lehre wird man wohl das Prinzip des musikalisch Kindgemäßen ansehen dürfen. Dieses Lehrprinzip des musikalisch Kindgemäßen geht davon aus, daß im Rahmen des allgemein Kindgemäßen auch eine spezifisch musikalische Eigenart des Kindes vorauszusetzen und in der musikalischen Lehre zu berücksichtigen sei. Die Aufforderung, in der Lehre der Musik bei Kindern kindgemäß zu verfahren – in unterschiedliche sprachliche Bezeichnungen gekleidet –, ist in der Geschichte des Faches lang und weit verbreitet. Die Forderung nach musikalischer Kindgemäßheit der Lehre wird vor allem an das hier einzusetzende musikalische Material gestellt, wobei die Vorstellungen von einer Musik, die als kindgemäß verstanden wird, stark variieren. Auch hinsichtlich der Arbeitsformen im Umgang mit Musik meldet das Prinzip des musikalisch Kindgemäßen besondere Forderungen an, vor allem nach verstärkter Berücksichtigung körperlicher Bewegung, musikalischer Selbsttätigkeit und Erfindung. Ebenso steht die Warnung vor zu viel kognitiven Anteilen des pädagogischen Umganges mit Musik im Gefolge des Lehrprinzips vom musikalisch Kindgemäßen. Vor solchem Hintergrund wird verständlich, daß das musikpädagogische Lehrprinzip des Kindgemäßen eine Formel ist, die jeder anders verwendet und jeder anders versteht, eine Formel, die als Forderung leicht gesagt ist, deren Inhalte aber schwer zu bestimmen und demgemäß subjektiv interpretierbar sind.

Gewiß ist, daß der Gedanke viel älter ist als die Dogmatisierung zum Lehrprinzip. J.J. Rousseau geht auch bei seinen musikpädagogischen Überlegungen von der Natur des Kindes aus, und J.H. Pestalozzi spürt liebevoll die Freuden auf, die Musik dem kleinen Kind bereiten könne. Auch schon A. Comenius zeigt Müttern für ihre kleinen Kinder spezielle musikalische Möglichkeiten, die von der Beobachtung der musikalischen Eigenart des kleinen Kindes ebenso zeugen wie von dem Wunsch, die für diese Altersstufe geeigneten musikalischen Vergnügungen und Lernanreize bekanntzugeben. Daß eine musikpädagogische Einstellung auf das Kindgemäße im 19. Jahrhundert voll ausgebreitet war, zeigen Lehrschriften (Michaelis, 1804/1805), zahlreiche Kinderlied-Sammlungen und das Lebenswerk von Pädagogen wie F. Fröbel (Kurz, 1984).

Das musikpädagogischem Denken seit Jahrhunderten immanente Mitbedenken kindlicher Eigenart für das Lehren der Musik entwickelte sich zu Beginn unseres Jahrhunderts, im Zuge der Reformpädagogik, zu einem dominierenden Lehrprinzip. Die Reformpädagogik steht in einer besonders nahen Beziehung zum Kind, immer wieder wendet man sich in den Schriften gerade aus dem Umkreis der musischen Bewegung in inniger Weise dem Kind zu. Die Ursache dieser in der Geschichte der Pädagogik zuvor nicht verzeichneten Hinwendung zum Kind ist vor allem darin zu suchen, daß das Musische den neuen Menschen zu bilden versucht und das Kind die Hoffnung auf diesen neuen Menschen verkörpert. Gewiß haben Pädagogen vorangegangener Jahrhunderte der Eigenart des Kindes nachgespürt, seiner Natur, und Lehrer haben auf die dem Kind gemäße Art von Erziehung und Unterricht verwiesen (Dietrich, 1982). Aber erst das 20. Jahrhundert wird zum „Jahrhundert des Kindes"; erst jetzt ruft eine E. Key Eltern zu, im Kind den im neuen Jahrhundert zu bildenden neuen Menschen zu erkennen. Diese Konzentration pädagogischen Denkens auf das Kind, nur der gegenwärtigen Dominanz des Jugendlichen vergleichbar, wird verstärkt durch den in musischem Denken gültigen Begriff der Künste. Die wieder heraufbeschworene Einheit der Künste, insbesondere der Bewegung, Sprache und Musik, steht den natürlichen Ausdrucksbedürfnissen des Kindes nahe. Musisches Denken sieht das Kind als Inbegriff verwirklichter Einheit der Künste. Die psychische „Ganzheit" des Kindes findet eine Entsprechung in der „Ganzheit der Künste".

Die Anstöße verdichteten sich zu der sog. Bewegung „Vom Kinde aus". Zum Schlüsselwerk wird das Buch E. Keys, das der „Bewegung" den Namen gibt und zwischen 1902 und 1926 allein in deutscher Sprache sechsundzwanzig Auflagen erreicht. E. Key spricht die Hoffnungen ihrer Zeit auf einen neuen Menschen durch die richtige Erziehung des Kindes aus: „Ruhig und langsam die Natur sich selbst helfen lassen und nur sehen, daß die umgebenden Verhältnisse die Arbeit der Natur unterstützen, das ist Erziehung". Zurückkehrend zu J.J. Rousseau warnt sie vor der Unterdrükkung des eigenen Wesens des Kindes; auch sie fordert auf, der „Anweisung der Natur zu folgen und einzusehen, daß das größte Geheimnis der Erziehung gerade darin verborgen liegt – nicht zu erziehen". Für sie ist es „das größte Verbrechen der gegenwärtigen Erziehung gegen das Kind", wenn man das Kind nicht in Frieden läßt. Sie möchte dem Kind eine im äußeren wie im inneren Sinne schöne Welt schaffen, in der es wachsen kann. E. Key gibt keineswegs einen antiautoritären Freibrief, ihre Warnung gilt der pädagogischen Beherrschung des Kindes, die sein eigenes Wesen unterdrückt. Dieses eigene Wesen des Kindes, seine eigene unendliche Welt, will sie schützen, damit das Kind seinen Weg finden kann (Key, 1926). L. Gurlitt prägt die neue Bezeichnung einer „natürlichen Erziehung", die von einer durch die Natur gegebenen Determination des einzelnen Kindes ausgeht, die man als Erzieher zu respektieren habe. Die Entwicklung jedes einzelnen Menschen kann nur seiner Natur gemäß erfolgen, das Spiel ist das Mittel, mit dem das Kind den Geboten seiner Entwicklung folgt. M. Montessori gibt in einer vom Kind ausgehenden Pädagogik der Erziehung der Sinne und der Selbsttätigkeit zentrale Bedeutung (Montessori, 1928). B. Otto entwickelt den Begriff des natürlichen Unterrichts, weist die Schule auf ihre schädlichen Wirkungen hin, ihre Verstöße gegen das „Grundprinzip der natürlichen Methode", die Nutzlosigkeit des frühen Lesens und Schreibens für Kinder, und setzt sich für den „Gesamtunterricht", das „Grundprinzip der Hauslehrerschule" ein, dem Ausgang von der Welt als Gesamtheit, der dem Schüler alle Initiative überläßt; auch hier ist das natürliche Wachstum der Schüler das bestimmende Argument (Otto, 1912; vgl. auch Otto, 1928).

In dieses Netzwerk von reformerischen Anstößen und Reaktionen ist auch die Musikpädagogik der Zeit einbezogen. Die Eigenart kindlichen Verhaltens zu Musik und mit Musik, das augenscheinliche Vergnügen des Kindes an Musik, verstärken die Vorstellungen von einer Musik des Kindes, einer Musik vom Kinde aus. Das Kindgemäße im Umgang mit Musik tritt in das allgemeine pädagogische Bewußtsein, die Musik des Kindes wächst zum zentralen Bereich in jener für das Kind und seine Entwicklung umhegten eigenen Welt. Musik tritt auch deshalb in den Vordergrund des pädagogischen Interesses der Zeit, weil sich das Prinzip des Kindgemäßen an Musik so erfreulich zeigen läßt, und in der Musik des Kindes eine Koordination mit weiteren Lehrprinzipien der Zeit, die mit dem Prinzip des Kindgemäßen verwandt sind, so leicht zu verwirklichen ist. Die Bedeutung, die auf solche Weise der musikalischen Pädagogik zuwächst, erhält zusätzliche Verstärkungen durch den hohen Sinn der Künste in der musischen Bildung, den Rang der Musik als bildender Kraft. Die in musischem Denken begründete Einheit der Künste führt die Musik zurück in die Gemeinsamkeit mit den Künsten der Sprache und der Bewegung, der Wunsch musischer Bildung nach Weckung der schöpferischen Kräfte des Menschen scheint sich in der Musik, im musikalischen Erfindungs-Spiel, verwirklichen zu lassen. Der pädagogische Gedanke des Kindgemäßen verwandelt im Zusammenspiel mit musischem Denken den gesamten vorschulischen und schulischen Musikunterricht. Das singende, tanzende, spielende Kind wird zum Leitbild. Untersuchungen, Lehrschriften, Materialien und Lehrpläne überschlagen sich, dieses Leitbild zu propagieren und in die musikpädagogische Praxis zu übertragen. Der im gleichen Zeitraum vor dem Hintergrund zahlreicher Untersuchungen der musikalischen Fähigkeiten des Kindes, vor allem von G. Schünemann (1930) und R. Wicke (o.J. [1931]), vorläufig zusammengefaßte Ansatz musikalischer Entwicklungstheorie verstärkte die Vorstellungen von der musikalischen Eigenart und Geschlossenheit der musikalischen Welt des Kindes und machte, bis in die Restaurationszeit hinein, das Bild von den sich organisch entfaltenden musikalischen Kräften des Kindes mit den Konsequenzen eines „kindgemäßen" Musikunterrichts fachpopulär.

Für die praktische Ummünzung reformpädagogischer Bemühungen, auch musikalisch auf ein Denken vom Kind aus zurückzuführen, sorgen Lehrpläne, Lehrwerke und Unterrichtsmaterialien, die die großen Gedanken der Zeit zur Bildung eines neuen Menschen über die Erziehung des Kindes handfest in Aufträge für Musikunterricht umsetzen. Das Prinzip des musikalisch Kindgemäßen wird bestimmend für die neue Grundschule und strahlt über die gesamte Volksschule aus. Wenn der Lehrer in den preußischen Volksschul-Richtlinien für den Musikunterricht von 1927 aufgefordert wird, „die im Kinde ruhenden musikalischen Kräfte und Anlagen zu entwickeln", wenn das dem Kind vertraute musikalische Material des Kinderliedes und -spieles empfohlen und der Lehrer zur Erhaltung der dem Kind eigenen „Einheit von Leben, Singen und Spielen" angehalten wird (Nolte, 1975 a), dann steht dahinter ein vom musikalisch Kindgemäßen ausgehendes Lehrdenken. Um dieses Lehrprinzip gruppiert sich alsbald eine Fülle von praktisch-methodischer Literatur, die Singen, Bewegungserziehung mit Musik, Spiel an elementaren Instrumenten, Erfindungsspiele u.a. mit immer neuen Materialien versorgt, seit den siebziger Jahren auch durch die Methodisierung von Geräuschen und Klängen aus „der musikalischen Umwelt des Kindes" verstärkt. Das Lehrprinzip des musikalisch Kindgemäßen brachte Konzepte aller Art für das Musizieren des Kindes hervor, es bestimmt in hohem Maße bis heute die Musikdidaktik des Kindes; das als musikalisch kindgemäß Angenommene wird mit Zielen des ersten musikalischen Lernens gleichgesetzt.

Eine besondere, spezieller zu untersuchende Bedeutung kommt in den Verknüpfungen musischen und musikalisch-pädagogischen Denkens dem Theorem des Spiels zu. Das Spiel, Form kindlichen Umganges mit der Welt und kindlicher Äußerung zur Aneignung der Welt, erscheint als Modell musischen Zuganges zu den Künsten; im Kinderlied, seiner Verbindung von Singen, Spielen, Tanzen sieht man die verlorene heile Welt, die letzte Zuflucht des Volksliedes. An der gelösten Bewegung des Kindes, das sich „völlig der Lust des bewegten Spieles seiner Glieder hingibt", entwickelt O. Haase die „musische Qualität" des Elementaren, am Kind die das Musische bestimmenden „kleinen Wunder der Welt" zeigend (Haase, 1951). Früh wird das pädagogische Postulat nach mehr Spiel für das Kind aufgestellt: „Das Spiel der Kinder muß, wie es ihre Natur verlangt, endlich wieder als die wichtigste, ernsteste, notwendigste Lebensbestätigung der Kinder in sein volles Recht eingesetzt werden" (Gurlitt, 1909). Pädagogische Psychologen beschreiben Formen und Lernaspekte des Spiels (Groos, 1922; Hetzer, 1969 und 1974); diese Literatur ist inzwischen zu einer kaum noch überschaubaren Fülle angewachsen (vgl. Bibliographie in Kluge, 1980). Weitausgreifende phänomenologische Arbeiten zur Eigenart von Spiel und Spielen (Buytendijk, 1933 und 1973; Huizinga, 1956) und spieltheoretische Beiträge (Scheuerl, 1969) ragen aus dieser Literatur heraus. In der Musikpädagogik wird das Spiel offenkundig immer noch stark allein im Zusammenhang des musikalisch Kindgemäßen wie auch musikalischer Selbsttätigkeit gesehen. Das Spiel, der Weg des Kindes in die Welt, wo scheint es sich sinnfälliger zu verwirklichen als im musikalischen Singen und Spielen? Daß man, gerade wegen der heutigen Offenheit des Verhaltens zu den Künsten, neu über das musikalische Spiel und das Musik-Spielen nachdenken muß, zeigen neuere Arbeiten wie H. Heckhausens „Entwurf einer Psychologie des Spielens" (Heckhausen, 1964).

Ende der sechziger Jahre setzte eine Gegenströmung gegen das Prinzip des Kindgemäßen ein. Die „elementare Tatsache, daß das Kind in einer Eigenwelt lebt, ist zur Grundlage der Schulpädagogik gemacht worden", kritisiert Th. Wilhelm (1969). Die sich in den sechziger Jahren auch im Bereich musikalischer Lehre entwickelnden Tendenzen gegen das Prinzip des Kindgemäßen fanden in der Aussage des „Strukturplans" von 1970 eine abwägende, in der Folgezeit aber wohl überinterpretierte Korrektur einseitiger Überschätzung des Prinzips der Kindgemäßheit: „Das Kriterium des 'Kindgemäßen' reicht nicht mehr aus, um Maßstäbe für den Unterricht in der Schule setzen zu können" (Deutscher Bildungsrat, 1970). Die Aussage des „Strukturplans" ist im Zusammenhang des ihn bestimmenden Prinzips der Wissenschaftsorientierung zu verstehen, der ebenfalls gerne überinterpretierten Auffassung, daß auch für das Grundschulkind Unterrichtsgegenstände nicht propädeutisch zu verkürzen seien; sie sollen vielmehr so gelehrt werden, daß durch die Orientierung an dem wissenschaftlichen Stand der Sache der nachfolgende Unterricht nur graduell anspruchsvoller, aber keineswegs grundsätzlich neu den Gegenstand fortführen könne. In der Gegenwart wird das Kindgemäße als pädagogischer Gegenstand auf neue Weise gesehen. Die Grundschulpädagogik gebraucht heute mehr die Bezeichnung Kindorientierung, einen zusammenfassenden Begriff für das Kindgemäße, das Schüler-Individuelle und das Zeitspezifische (Lichtenstein-Rother, 1982). Tiefes pädagogisches Verständnis spricht aus E. Sprangers Wendung der Parole „Alles vom Kinde aus" zu „Alles zum Kinde hin". Sie soll zum Ausdruck bringen, daß jeder Lehrstoff zunächst in die Eigenwelt des Kindes hineingetragen werden muß, „die ebenso durch die Individuallage wie die seelische Intimität, ebenso durch die Lebensalterstruktur wie den Widerklang der pädagogischen Begegnung im Gemüte bestimmt ist" (Spranger, 1960).

In der gegenwärtigen praktischen Musikpädagogik stellt sich die Musik des Kindes noch kontrovers dar. Das Prinzip des musikalisch Kindgemäßen wird in seiner traditionellen Weise vor allem in Kindergärten weitergeführt, auch in der Grundschule, die sich mitunter noch als „musikalischer Schonraum" versteht, in schlichtem Singen, elementarem Instrumentalspiel oder regressiven Geräusch-Spielen verharrend. Doch haben sich ebenso die völlig andersartigen Vorstellungen von frühem Instrumentalunterricht wie auch von der Öffnung der gesamten musikalischen Welt bereits für das Kind ausgebreitet. Die Auffächerung des Lehrprinzips des musikalisch Kindgemäßen darf wohl nicht den Blick darauf verstellen, daß noch wenig abgeklärt wurde, was musikalisch als kindgemäß und was als naiv-retardierend anzusehen ist, was musikalischer Lernanreiz für das Kind und was musikalische Überforderung ist. Der Ansatz des musikalisch Kindgemäßen in den zwanziger Jahren war wohl insgesamt realistischer, als es die Übertreibungen der Restauration nach dem zweiten Weltkrieg erkennen ließen. Die fachlich-musikalische Ausbildung der Kinder und die Bekenntnisse zur Bedeutung des musikalisch Kindgemäßen vertrugen sich. Allgemeine wie auch spezifisch musikalische Unterrichtslehren und -materialien der zwanziger Jahre erkennen bereits die Spannung zwischen dem „subjektiven Leben, das uns im Kinde begegnet und der objektiven Kultur, in die es hineinwächst" (Weise, 1970). Man sollte die verbreitete Auffassung, die musikalische Lehre der zwanziger Jahre sei allzu einseitig dem Prinzip des Kindgemäßen gefolgt, kritischer prüfen. Auch in F. Jödes Lehrwerk „Das schaffende Kind in der Musik" steht hinter generalisierten Themen und naivisierender Lehrsprache ein nicht zu unterschätzender Sachanspruch (Jöde, 1928). Sachgemäße Arbeit und Rücksicht auf das Kind wurden nicht als Gegensatz, sondern vielmehr als integrierbar angesehen.

Die Relation von Kind und musikalischer Sache, bereits ein historisches Problem, beschäftigt uns bis heute. Was dem einen als angemessener Sachanspruch erscheint, ist für den anderen bereits überzogene Wissenschaftsorientierung; und was hier als Naivisierung der Lehre angesehen wird, bedeutet dort eine gebotene Rücksichtnahme auf kindliche Eigenart. Für die Lehre der Musik verschärfen sich die Probleme, weil man gerade diesem Fach doch wenigstens den Freiraum des Spiels gegenüber der „Überforderung" des Kindes durch andere Schulfächer erhalten möchte. Und wenigstens Musik soll doch für das Kind von „Wissenschaftsorientierung" freigehalten werden! Musikalische Möglichkeiten und Neigungen, Bedeutung früher musikalischer Einstellungen und rechtzeitiger musikalischer Erfahrungen geraten dabei leicht aus dem Blick, zumal Unter- und Überforderung indviduell höchst unterschiedlich liegen, und der Stil der musikalischen Lehre ein so entscheidender Faktor in der Anleitung eines „kindgerechten" musikalischen Lernens ist. Insgesamt ist in den Blick gerückt, daß die Erweiterung des Wissens über die musikalischen Fähigkeiten des Kindes und seine musikalische Eigenart ein Zurückhalten des Kindes in eigenem, reduziertem Musikmaterial und einfachsten musikalischen Aktivitätsformen nicht mehr gestatten (Abel-Struth, 1982 c und 1984 c). Auch musikalisch strebt das Kind in die Erwachsenenwelt; das musikalische Lehrangebot kann ihm auf diesem Weg entscheidende Hilfen bieten. Für das Lehrprinzip des musikalisch Kindgemäßen sind heute weniger die Komponenten der Materialreduzierung und der Aktivitätenbeschränkung charakteristisch; bestimmende Komponenten eines aktuellen, kindorientierten, musikalischen Lehrprinzips sind vielmehr Stil und Methode des Musikunterrichts speziell für Kinder. Die sich hier eröffnenden Aufgaben sind für den Lehrer nicht einfach und verlangen darum seine spezifische methodische Ausbildung.

3.2 Prinzip des musikalisch Volkstümlichen und des Popularen

Das Lehrprinzip des musikalisch Volkstümlichen reicht in die Geschichte der Musikpädagogik zurück, während das musikalisch Populare erst in der Gegenwart prinzipielle Ansprüche in der musikalischen Lehre anmeldete. Das musikalisch Volkstümliche weist als Prinzip der Lehre drei Aspekte auf, einen materialen, einen der

Umgangsweise mit musikalischem Material und einen methodischen Aspekt. Unter materialem Aspekt ist für das Lehrprinzip des musikalisch Volkstümlichen charakteristisch, daß Volksmusik, vokale wie instrumentale Volksmusik, Material von Musikunterricht wird. Volksmusik, definiert „als Musik der seelisch-gesellschaftlichen Grundschichten der Bevölkerung", aber auch der „Allgemeinheit, soweit sie sich von diesen Schichten nicht wesentlich unterscheidet" (Wiora, 1957), meint Musik, die aus den „Grundschichten" stammt oder von ihnen in produktiver Weise angeeignet wird. Durch die Bearbeitung, sei es durch Komponisten oder auch Pädagogen, kann Volksmusik zu einem „zweiten Dasein" geführt werden. Bestimmend bleibt, auch in der Lehre, eine Vorstellung von Volksmusik als einem Material, das von Haus aus den Grundschichten des Volkes eigen ist, jedem verständlich ist, die Lebensgewohnheiten des Volkes widerspiegelt, vom Volk selbst handelt, im Volk gebraucht wird. Auch die besondere Art des Umganges mit Musik, die Bindung an Funktionen in Alltag, Unterhaltung und Fest, Freizügigkeit in Besetzung, Umgang mit dem Stück sowie betreffs der Qualität der Wiedergabe, sind in das Lehrprinzip des musikalisch Volkstümlichen eingegangen. Unter methodischem Aspekt ist festzuhalten, daß volkstümliches Musikmaterial als Ansatz für die Erklärung von Musiklehre und Formenlehre herangezogen wird, auch zur Einführung in musikethnologische Phänomene.

Zwischen dem Lehrprinzip des musikalisch Volkstümlichen und musikalischer Volksbildung ist sorgfältig zu unterscheiden. Gerade die hohe Zeit musikalischer Volksbildung, das 19. Jahrhundert, zeigt die Verschiedenartigkeit der Denkweisen auf. J.H. Pestalozzis grundlegender Gedanke der Volksbildung, auf eine Verbesserung sozial-ökonomischer Lebensbedingungen des Volkes durch eine allen, nicht mehr nur den höheren Ständen offene Bildung, bezieht Musik als eine Bildungsmöglichkeit des Volkes ein. Musikalische Volksbildung soll im Sinne J.H. Pestalozzis die menschlichen Grundkräfte entfalten helfen, insbesondere die Grundkräfte des Gemütes. Musikalische Volksbildung hofft, durch Musikunterricht und Chorwesen zur Bildung des Volkes zu führen. Die Hoffnung auf den „Einfluß der Musik auf die Bildung eines Volkes" (Schulz, vgl. Hahne, 1965) führt in großzügiger Zusammenschau von Menschenbildung, Ästhetik und Methodik des Musikunterrichts (Nägeli, 1809 und 1983; vgl. Abel-Struth, 1970) zur Begründung von Musikpädagogik. Das musikalisch Volkstümliche ist hier nicht Lehrprinzip, sondern Durchgang zu Kunstverständnis und Menschenbildung. Die viel kritisierte Elementarisierung der Musik in der Gesangbildungslehre M.T. Pfeiffers und H.G. Nägelis verfolgt eben gerade die Absicht, durch Sicherung der Grundlagen in Musiktheorie und Gesangtechnik die Chancen „höherer" musikalischer Bildung zu erschließen und aus dem nur Volkstümlichen herauszuführen (Pfeiffer und Nägeli, 1810). Nicht nur wegen der als anrüchig empfundenen Texte der Volkslieder, sondern im Interesse der angestrebten höheren musikalischen Bildung verwahren sich viele Gesangdidaktiker des 19. Jahrhunderts gegen das Eindringen des Volksliedes in die Schulgesangbücher. F.W. Koch will gemäß dem Vorwort seiner „Gesanglehre" von 1814 mit seinen Singstücken eben nicht nur die „unsittlichen", sondern auch die „geistlosen Volkslieder" verdrängen (Koch, 1814). Die Darstellungen der Geschichte der Schulmusik im 19. Jahrhundert belegen den langwierigen Konflikt der Schulmusik um Volkslied-Verweigerung und Volkslied-Empfehlung in dieser Epoche der Schulmusik (Widmann, 1878; Stahl, 1913; Schipke, 1913; Epstein, 1929; Schünemann, 1968). In jüngerer Zeit hat W. Gundlach am Beispiel der Schulliederbücher von L. Erk die langsame Volkslied-Öffnung der Schulmusik gezeigt und damit zugleich ein Exempel der Schwierigkeiten gegeben, die eine begriffliche Unterscheidung nicht nur von Volksliedern und volkstümlichen Liedern, sondern auch die Abgrenzung von „Schulliedern“ und „Schulkinderliedern“ bereiten (Gundlach, 1969). Doch es ist im Blick zu behalten, daß auch die zahllosen Treff-Methoden der gleichen Zeit, so unmusikalisch und lehrhaft-penetrant sie sein mögen, niemals den Musikunterricht im Interesse irgendeiner musikalischen Volkstümlichkeit prostituieren; sie wollen auch dem Volksschüler über das Treffsingen den selbständigen Zugang zur großen Musik eröffnen. Man denke daran, daß noch ein G. Rolle von der musikalischen Volkskraft spricht und im Schulgesang „die wichtigste Grundlage für das Verständnis und die Pflege der Tonkunst in den breiten Schichten des Volkes“ sieht (Rolle, 1924). Das Ziel musikalischer Volksbildung ist demgemäß von dem Lehrprinzip des musikalisch Volkstümlichen sorgfältig abzuheben, auch wenn in der Auseinandersetzung mit dem Volkslied als Material des Musikunterrichts bereits in der Epoche musikalischer Volksbildung die Konturierung des musikalisch Volkstümlichen als Lehrprinzip beginnt.

Der entscheidende Anstoß für den Einsatz volkstümlichen Materials im Musikunterricht, für das musikalisch Volkstümliche als Lehrprinzip, ging jedoch von der Ende des 19. Jahrhunderts einsetzenden Kulturkritik aus. Sie bringt, eingebettet in eine Fülle reformerisch-pädagogischer Gedanken, auch eine Rückbesinnung auf das Einfache, Grundständige, auf das als echt angesehene Volkhafte. Das Volkstümliche gewinnt Eigenständigkeit, volkstümliche Bildung entwickelt sich als eigene pädagogische Aufgabe (Glöckel, 1964), die Eigenart der Volksschule wird in der Vermittlung dieser volkstümlichen Bildung gesehen (Seyfert, 1931). Schon in den zwanziger Jahren beginnt eine Revision. Unter dem Einfluß der Berufs- und Arbeitspädagogik, vor allem auch durch die Entwicklung von Erwachsenenbildung, weitet sich der Blick: Von den einfachen Materialien volkstümlicher Bildung wird ein Weg gebahnt zu speziellen Veranstaltungen, die Erwachsenen in ihren nachschulischen Bildungs- und Lernbemühungen helfen.

Im musikalischen Bereich zeigte H. Kretzschmar das zentrale Problem des Volkstümlichen auf. Volksmusik und höhere Tonkunst sind kein Gegensatz, sie sind eine Stufenfolge; der Zugang zu niederen Stufen ist leicht, der zu höheren schwierig, und dies zeigt die musikpädagogische Aufgabe auf. H. Kretzschmar plädiert für die Förderung volkstümlicher Musik, damit jedermann sich musikalisch betätigen kann. Aber ebenso sollen Volk und große Kunst einander nicht fremd werden; er hält daran fest, „daß wir, wie wir eine einheitliche Sprache besitzen, so auch zu einer einheitlichen Kunst gelangen können“. Dem einfachen Mann soll geholfen werden, daß volkstümliche Musik wieder mehr gepflegt wird, aber ebenso soll ihm der Zugang zu den großen Musikwerken eröffnet werden: „Das muß auch in der Musik wieder ermöglicht werden, wenn nicht beide Teile, Volk und höhere Tonkunst, auf die Dauer Schaden leiden sollen“ (Kretzschmar, 1973 a).

Obwohl auch in den zwanziger Jahren Volksmusikschulen wie Volkskonzerte die Richtung musikalischer Volksbildung in einem zum Kunstwerk reichenden Sinn von Volkstümlichkeit der Musik verfolgen, tritt doch durch die mächtige musikalische Jugendbewegung, so sehr sie zunehmend Ansprüche an ihr musikalisches Material stellte, zunächst das einfache Volkslied in den Mittelpunkt volkstümlicher Musikpflege, vor allem in der Jugend (Hensel, 1923 a und b). H. Breuers Lob des Volksliedes im Vorwort des „Zupfgeigenhansl“ zeigt die Gründe der nun emphatischen Liebe zum Volkslied. Das Volkslied ist das Neue, Ursprüngliche, das sich „aus dem Wuste jener rasch verwelkenden Geschöpfe, stolz, wie der herrliche Rosenbaum sein Dornenholz über die niederen Gräslein reckt“, „es ist die unmittelbarste Sprache von allem unseren

Erleben", „unsere ehrlichste Sprache", es gibt „Umgang mit einem natürlichen Menschen", ist „volles, ganzes Menschentum". Und es heilt das so verletzte deutsche Nationalgefühl, stellt „deutsches Werden, deutsche Träume, deutsche Volksseele dar" (Breuer, 1940; vgl. Speiser, 1977).

Die musikalische Jugendbewegung hat das „echte" Volkslied ausgegraben, hat auf dem Weg über den jugendbewegten Lehrer das Volkslied zum Material der schulischen Lehre werden lassen, dem Lehrprinzip des musikalisch Volkstümlichen ein ausgewähltes Material zur bestimmenden Komponente gebend. In den ersten beiden Jahrzehnten unseres Jahrhunderts breitet sich die Volksliedbegeisterung des Wandervogels weit aus, immer neue Aspekte des Singens erschließend. Gerade mit Volksliedern ließen sich Geselligkeit aller Art, die Feste des Jahres- und Lebenslaufes ausschmücken. Für die Jugendlichen gibt das Lied die Möglichkeit, ein Bekenntnis zur eigenen Altersgruppe abzulegen, Opposition gegen andere Gruppen zu zeigen; in der Jugendkultur erfüllt das Volkslied sozialpsychologische Bedürfnisse, gibt Gelegenheit, Gemeinschaft zu erleben, mit anderen gemeinsam etwas zum Ausdruck bringen zu können, es schafft Erinnerung an die nationale Vergangenheit wie Hoffnung auf die Zukunft und befriedigt durch Empfinden von Natur und Einfachheit. Das Lehrprinzip des musikalisch Volkstümlichen nutzt die Einbettung des Volksliedes in verstärkende Begleitphänomene und seine materialen Motivationsmöglichkeiten. Mit dem Erscheinen des ersten „Jenaer Liederblattes" (1917) beginnt der Weg in die Chorarbeit, in die ambitionierte Musikpflege: „Indem ich das Volkslied als Kunstprodukt gewürdigt wissen will, trete ich für den mehrstimmigen Gesang mit vielen Gleichgerichteten ein", schreibt F. von Baußnern in seinem Vorwort (von Baußnern, o.J. [1917]). In der gleichen Absicht gründet W. Hensel 1923 die „Finkensteiner Singwochen", die von den „Finkensteiner Blättern" begleitet werden; auch hier geht es um Hilfen zur Verbesserung der Volksliedpflege in der Jugend. Es erscheinen die klassischen Liederbücher der musikalischen Jugendbewegung: W. Hensels „Aufrecht Fähnlein" (Hensel, 1941), F. Jödes „Musikant" und sein „Kanon" (Jöde, 1950 und 1959). F. Jöde veranstaltet 1924 die erste „Reichsführerwoche der Musikantengilde", ruft 1925 die staatlichen Lehrgänge für Volks- und Jugendmusikpflege an der Berliner Akademie ins Leben und hält 1926 seine erste „Offene Singstunde" ab, mit dem Ziel, „von der Jugendmusikbewegung aus die Wiedererweckung des deutschen Volksliedes durch die aktive Teilnahme des ganzen Volkes am Volksgesang . . . zu fördern" (Jöde, 1954 b).

Da viele Mitglieder der musikalischen Jugendbewegung Lehrer sind oder werden, überträgt sich die Volksliedbegeisterung der Zeit auf die Schulmusik, zumal durch die Freundschaft zwischen L. Kestenberg und F. Jöde auch die Verbindung zur Lehrplan-Reform besteht. Hier finden wir nun das Lehrprinzip des musikalisch Volkstümlichen in allen Aspekten ausgeprägt. Der materiale Schwerpunkt auf Kinderlied und Volkslied wird in dem schulischen Lehrplan der Volksschule vorgeschrieben: „Die Grundlage des Gesangunterrichts bilden das Volkslied und das volkstümliche Lied", heißt es lapidar in dem Kestenbergschen Volksschullehrplan von 1927. In den Vorschlägen für den Kontakt zwischen Schulmusik und öffentlichem Musikleben liegt – obwohl gerade L. Kestenberg auch Kammermusik und Konzertbesuch empfiehlt – die Anregung zur Verwirklichung volkstümlicher Umgangsweisen mit Musik („Es können auch Sing- und Musikgemeinschaften gebildet und der Musikpflege des Heimatortes dienstbar gemacht werden. Chorvereine und Kirchenchöre finden ihre fruchtbaren Keime im Boden der Schulmusik"). Und vor allem wird für die Schule der methodische Aspekt des musikalisch-volkstümlichen Lehrprinzips aufgewertet. In den Empfehlungen des

Volksschullehrplanes von 1927 für musikgeschichtlichen und musikformalen Unterricht wird als Methode der Ausgang von zuvor erarbeiteten Liedern angegeben. Auch die Musiklehre soll an Liedmaterial erarbeitet werden. Das Volkslied ist nicht nur Singmaterial, es wird darüber hinaus im Zuge der musikpädagogischen Reform der zwanziger Jahre zum methodischen Hilfsmittel für Veranschaulichung und Erklärung musikalischer Phänomene.

Wie in den Jahren von 1933 bis 1945 das Prinzip des musikalisch Volkstümlichen in politische Erziehung umgewandelt wird, läßt sich an F. Reuschs Darlegungen zum Volkslied „im Dienste der Volksgemeinschaft" zeigen, das er als Ansatzpunkt „für den Wandel der Anschauungen und Unterrichtsmethoden in der Musikerziehung der Zukunft" sieht: „Das Volkslied ist für die Jugend nicht das überkommene Kulturgut, das sie 'pflegt', weil sie ein historisches oder rein ästhetisches Interesse daran hätte, sondern das Volkslied ist die scharfe Klinge in der kämpferischen Auseinandersetzung der Generationen und im Ringen um die eigene Lebensgestaltung". Demgemäß treten politisches Volkslied und Soldatenlied in den Mittelpunkt seiner Erörterungen, versehen mit einem ästhetischen Glaubensbekenntnis: daß nicht etwa die musikalische Linienführung, sondern die unmittelbare Erlebniskraft die Schönheit und schlagkräftige Wirkung der Lieder bestimme. Dazu wird A. Rosenbergs bekannter Satz zitiert: „Das höchste Kunstwerk des Abendlandes ist nicht ein 'Schönes', sondern das Werk, welches das Äußere mit seelischer Stoßkraft durchsetzt". Dem Erzieher wird gesagt, was er bei den neuen politischen Volksliedern erkennen soll: daß es von den ewigen Dingen, von der Natur, von deutscher Seele und dem deutschen Menschen kündet, daß es in lebendiger Beziehung „zum Ringen um Volkwerdung und Volksordnung" steht, und daß es „die mythische Bindung schafft zwischen dem Einen, der durch seine Tat deutsches Schicksal gewendet hat, und dem Volk, das seinem Führer gläubig folgt". Musikalische Volkstümlichkeit gibt sich in der nationalsozialistischen Zeit den Anschein eines musikalischen Lehrprinzips („Es wird die Zeit kommen, daß der Schulmusikunterricht – ebenso wie der Laienmusikunterricht – in Ziel und Methode auf den Lied- und Musizierformen echter Volks- und Gemeinschaftsmusik aufgebaut wird"; Reusch, 1938). Doch in Wirklichkeit wird das Prinzip des musikalisch Volkstümlichen zum Mittel politischer Erziehung.

Während sich in den zwanziger Jahren volkstümliche Musikpflege im außerschulischen Raum entwickelt und von hier aus ein schulmusikalisches Lehrprinzip langsam entsteht, zeigt sich das musikalisch Volkstümliche als schulisches Lehrprinzip in der Restauration nach dem zweiten Weltkrieg in voller Blüte, nun durch ein überaus umfangreiches Schrifttum verbreitet. Das exemplarische Plädoyer für das Volkslied in der Schule nach dem zweiten Weltkrieg schreibt H. Otto unter dem Titel „Volksgesang und Volksschule". Die Volksschule erhält ihre eigene musikalische Aufgabe: Es ist die „usuelle Schicht" der allgemeinen Musikkultur. Er geht von der „einhelligen Zustimmung" aus, „daß innerhalb der Volksschule die Musik im wesentlichen mit dem Volksliede und durch das Volkslied zu erklingen habe". Das Volkslied ist Material des Singens – H. Otto greift tief in die Volksliedforschung zurück, um melodische Möglichkeiten des Volksliedes systematisch darstellen zu können – und bietet zugleich, als in der Tiefe wirkende Kraft der Kunstmusik, „mannigfaltigstenAnschauungsstoff für systematische Musiktheorie". Doch H. Otto greift auch den alten musischen Gedanken wieder auf, daß über die Schule die Wiederbelebung des Volksgesanges einzuleiten sei, damit der Schüler Volksgesang „als überpersönlich lebenden Geist" mitleben könne, damit die „Verelendung unserer Zeit Hilfe" erfährt; Volkslied hat „Keime zu entwickeln und

Keime zu setzen" (Otto, 1957 und 1959). Praktischer Umgang mit Musik, Musik in Funktion, Musizieren mit einfachen musikalischen Materialien, Nähe zu volkstümlichen Formen der Musikpflege bestimmen die Schulmusik, unterstützt von einer Flut volkstümlicher und historischer, meist anspruchsloser Spielmusik. Unter den zahlreichen Schriften der Restaurationszeit, die das Volkslied als methodisches Vehikel zu musiktheoretischem Unterricht benutzen, ist O. Daubes „Vom Singen zum Hören" typisch, wo „das Lied als Mikrokosmos der musikalischen Ordnungen" erscheint und als Anschauungsmittel für die Phänomene der Musik systematisch entwickelt wird (Daube, 1957; vgl. Daube, 1959). Alle Aspekte des musikalisch Volkstümlichen als Lehrprinzip sind nun voll in der Schule ausgebreitet, die Schulmusik bestimmend.

Zweifellos hypertrophiert das Lehrprinzip des musikalisch Volkstümlichen in der praktischen Musikpädagogik nach 1945, der Zeit der Restauration. Und so extrem es als Material, musikalische Umgangsweise und als Methode im musikpädagogischen Schrifttum der Zeit gefeiert wird, so übertrieben wird es anschließend, im Zeichen der Ideologiekritik, verdammt. Den Angriffspunkt bieten die Volkslied-Texte, an denen sich tatsächlich ohne allzu großen geistigen Aufwand zeigen läßt, daß sie im wesentlichen auf eine vorindustrielle Welt gerichtet sind, und diese Welt als so heil erscheinen lassen, daß nicht nur wir Nachfahren Bedenken haben, ob es solche heile Welt je gab, sondern auch mit Recht anzunehmen ist, daß schon die Zeitgenossen den Kontrast zwischen dem heilen Lied und dem Unheil des täglichen Lebens kannten, ja sogar dessen Sinn verstanden. Doch die musikalische Ideologiekritik fragt in diesem Falle nicht nach den Träumen der Menschen, sondern legt den Finger auf die Herkunft der Liedautoren, Fehlerhaftigkeiten der Liedausgaben, Klischees im Aufbau der Liederbücher, doch vor allem auf die didaktische Überschätzung des Volksliedes und die Schwächen seiner Texte (Segler und Abraham, 1966).

Die hier beginnende Hinlenkung auf das Musikwerk selbst als die Aufgabe des Musikunterrichts führt in der kurzen Phase der Kunstwerk-Reform des Schulfaches Musik zu einer radikalen Abwendung vom musikalisch-volkstümlichen Lehrprinzip. Die bestimmende Musikdidaktik der Zeit von M. Alt unterscheidet aber doch zwischen dem Unbehagen, das aus der steigenden Unglaubwürdigkeit des Volksliedes rührt, und dem Verfall der „Singkunst", der man nicht länger zusehen dürfe. M. Alt fordert für den Bereich der „Reproduktion im Musikunterricht": „Eine neue kunstwerkliche Konzeption wird diesem Verfall der Singkunst, der künstlerischen Werkwiedergabe und dem Verzicht auf die Kunstformen der Vokalmusik entgegenwirken können. Es geht um die Wiedereinsetzung des 'Übens' im Sinne künstlerischer Wiedergabe". M. Alt will die künstlerische Reproduktion in ihr Recht einsetzen; nicht die Gesangtechnik des 19. Jahrhunderts und nicht volkstümlicher Singgebrauch, sondern das kunstwerkliche Prinzip bestimmt nun die Musikdidaktik. Das musikalisch-volkstümliche Lehrprinzip behält nur so weit Gültigkeit, als es in Material und Wiedergabe allgemein-künstlerische Qualitäten nachweisen kann. Usuelles Singen sieht M. Alt nur noch als „Nebenziel im Musikunterricht", empfiehlt aber dennoch, es am Rand des Musikunterrichts beizubehalten, weil er „auf diese naturhafte Grundlage der musikalischen Unterweisung nicht ganz verzichten" möchte; der Sinn des umgangsmäßigen Singens liegt darin, daß es die naturhaften Wurzeln des Singens beim künstlerischen Nachgestalten auffrischen kann. Dazu: „Keine Instanz wird den Musikunterricht aus der Verantwortung entlassen können, den geringen Bestand an echter umgangsmäßiger Kunst zu tradieren und ihn dem Leben von morgen zu erhalten". Der methodische Ansatz der zwanziger Jahre, Musiktheorie und Werklehre vom Lied aus zu erarbeiten, bleibt bei M. Alt noch voll erhalten („Wenn man dann . . . einen Begriff von dem kunstvollen und stimmigen Miteinander der verschiedenen Gestaltungs- und Ausdruckselemente im Hörwerk geben will, gehe man vom Notenbild eines künstlerisch erarbeiteten und durchgestalteten Liedes aus“ (Alt, 1977).

Während das musikalisch-volkstümliche Lehrprinzip demgemäß zwar ideologiekritisch desillusioniert und bei M. Alt noch in seinen grundlegenden Funktionen für die Schulmusik anerkannt, aber doch im wesentlichen durch das Kunstwerk als Material und musikalischer Umgang abgelöst wird, kann man es von den siebziger Jahren an kaum noch als vorhanden ansehen. Im Zeichen einer musikdidaktischen Reform, die Musik als Möglichkeit von Verhaltensänderung sieht, erhalten Singen und Spielen die Funktion eines der eigenen Befreiung dienenden Tuns und Beobachtens. Nicht Tradierung von Material und Einsicht in die Struktur von musikalischem Material ist wesentlich, sondern die Möglichkeit, sich selbst mit seiner Stimme Ausdruck geben zu können, und die Regelhaftigkeiten des Singens in der Umwelt zu durchschauen. Das Prinzip des musikalisch Volkstümlichen scheint seine Zeit hinter sich zu haben. Singen sucht nicht nach Gemeinschaft durch das gemeinsame Lied, sondern wird tiefenpsychologisch interessant: „Als Motivation des Singens können wir daher annehmen, daß der aggressive Schrei, überwiegend aber das libidinöse Lallen und die Kraft des lustvollen Schreiens die Basis alles menschlichen Singens ist“, faßt F. Klausmeier zusammen (Klausmeier, 1978), während das „Liedermagazin“ den Aspekt der Beobachtung des Tuns im Singen programmatisch herausstellt: „Am Lied kann jeder erfahren, in welch vielfältigen Abhängigkeiten er lebt“ (Breckoff u.a., 1975 b). Die Frage des musikalisch Volkstümlichen als Prinzip der Lehre ist in der Schule aus dem Blick geraten, läuft zurück auf die (allerdings zahlenmäßig außerordentlich beachtenswerten) Bedürfnisse des erwachsenen Musikfreundes nach Mitwirkung in Chören und instrumentalen Ensembles.

Vielleicht lebt das Prinzip des musikalisch Volkstümlichen in der Schule fort in der aktuellen Ausbreitung des musikalisch Popularen? Tatsächlich wird damit argumentiert, daß Popular-Musik die aktuelle Fortsetzung dessen sei, was allgemein musikalisch zugänglich und akzeptiert wird, daß sich in Bands musikalische Aktivität erfülle und die Musiklehre sich an dem motivierenden Material popularer Musik noch auf angenehmste Weise lernen lasse. Niemand wird dem gelegentlichen Anteil popularer Musik am Musikunterricht etwas entgegenstellen wollen. Doch gibt es unter dem Druck popsüchtiger Schüler auch bereits den als Discjockey tätigen Lehrer; aus dem gelegentlichen Einsatz popularer Musik avanciert „das Populäre“ zum bestimmenden Anteil von Musikunterricht. Die Frage, ob „das Populäre“ die aktuelle Ablösung des volkstümlich-musikalischen Lehrprinzips darstelle, ist darum für den Musiklehrer von heute nicht nur ein drängendes, sondern ein mitunter bereits verdrängtes Problem geworden.

Als die drei bestimmenden Aspekte des musikalisch-volkstümlichen Lehrprinzips erwiesen sich Material, Umgangsweisen und unterrichtsmethodische Verwendbarkeit. Auch wenn Probleme musikalischer Regression bei zu langem und zu einseitigem Einsatz des musikalisch Volkstümlichen im Blick zu behalten sind, so läßt sich doch – bei didaktisch bewußtem Einsatz durch den Musiklehrer – die musikpropädeutische Funktion, die dieses Lehrprinzip zu erfüllen mag, nicht übersehen. Volkstümliches Musikmaterial impliziert – bei aller Gefahr oder Notwendigkeit musikalischer Normierung – den direkten Umgang mit den elementaren Dimensionen der Musik, es gibt eigene Stimm- und Spielerfahrung, veranschaulicht musikalische Phänomene,

Möglichkeiten direkten Zuganges zum Musikwerk erschließend. Die gegenwärtige populare Massenmusik gewinnt ihre Wirksamkeit gerade durch elektrotechnische Veränderungen, auch die Stimme des Menschen manipulierend. Der Schüler begegnet ihr in wesentlich höherem Maße rezipierend als spielend, als sekundäre Erfahrung. Sie reizt Emotionen auf, blinde Emotionen, zwingt zu weiterem Konsum. Sie ist Stimulans, nicht Aneignung. Die Übertragung der Aspekte des musikalisch-volkstümlichen Lehrprinzips auf populare Musik erscheint darum als schwieriger, als es in mancher kurzschlüssigen Musikdidaktik heute erscheinen mag. Populare Musik vermag wegen ihrer Andersartigkeit letztlich keine Propädeutik für musikalisch schwierige Musik zu leisten, die vermutete Hinführungsmöglichkeit wird wohl Täuschung sein. Wer schwer Zugang zu komplexer, schwieriger Musik findet, wird ihn nach raschen Stimulierungseffekten popularer Massenmusik wohl noch schwerer finden; der Zugang erfährt eine zusätzliche Blockierung.

Populare Musik ist schwieriger Musik so wesensfremd, daß beide sich nicht ergänzen können, sie stellen einen ungelösten Widerspruch dar: „Sie hängen nicht zusammen etwa derart, daß die untere (der beiden Sphären der Musik) eine Art volkstümlicher Propädeutik für die obere ausmachen oder, daß die obere ihre verlorene kollektive Kraft von der unteren ausborgen könnte ... Zwischen Unverständlichkeit und Unentrinnbarkeit ist kein Drittes" sagt Th.W. Adorno, der das Problem auch unter dem Aspekt der Regression des Hörens behandelt: „Die hörenden Subjekte büßen mit der Freiheit der Wahl und der Verantwortung nicht bloß die Fähigkeit zur bewußten Erkenntnis von Musik ein, die von je auf schmale Gruppen beschränkt war, sondern trotzig negieren sie die Möglichkeit solcher Erkenntnis überhaupt ... Sie sind nicht kindlich, wie etwa eine Auffassung es erwarten möchte, die den neuen Hörtyp in Zusammenhang bringt mit der Einbeziehung ehedem musikfremder Schichten in das Musikleben. Sondern sie sind kindisch: ihre Primitivität ist nicht die des Unentwickelten, sondern des zwerghaft Zurückgestauten". Th.W. Adorno spricht von Regression, weil populare Musik als Gelegenheit verstanden wird, vor einer anderen Musik zu flüchten, und weil die Rolle, die Massenmusik im psychologischen Haushalt ihrer Opfer spiele, eine regressive sei. Denn: „Sie werden nicht nur von Wichtigerem abgezogen, sondern in ihrer neurotischen Dummheit konfirmiert, ganz gleichgültig, wie ihre musikalischen Fähigkeiten zur spezifisch musikalischen Kultur früher gesellschaftlicher Phasen sich verhalten" (Adorno, 1982 c). Jede Musik, die sich in der Nähe solcher Merkmale befindet, kann von Haus aus propädeutische Funktionen in musikalischen Lernvorgängen nicht erfüllen, sie wirkt durch sich, als Material hemmend auf musikalisches Lernen ein. Man wird darum schwerlich daran festhalten können, daß das traditionelle Lehrprinzip des musikalisch Volkstümlichen auch mit dem Material gegenwärtiger Massenmusik fortgeführt werden könne. Material, Umgangsweisen wie methodische Möglichkeiten erfüllen nicht die Erwartungen eines Propädeutikums für schwierige Musik – die man vielleicht auch in Wirklichkeit gar nicht erfüllen möchte.

3.3 Prinzip musikalischer Selbsttätigkeit

Bis zur Gegenwart hat die praktische Musikpädagogik dieses Lehrprinzip als gerade für Musikunterricht besonders zuständig angesehen, und bis heute wird dieses Lehrprinzip, gern auch als Schüleraktivität bezeichnet, assoziiert mit praktischen musikalischen

Tätigkeiten und gewertet als ebenso sachgerecht wie stimulierend (Lemmermann, 1984 a). Im Vergleich zu der traditionsreichen und umfassenden erziehungswissenschaftlichen Bestimmung und Diskussion der „Selbsttätigkeit" verkürzt die Musikpädagogik mit ihrer Beschränkung musikalischer Selbsttätigkeit auf musikpraktische Aktivitäten die methodischen Möglichkeiten dieses Lehrprinzips.

Die Tradition des erziehungswissenschaftlichen Begriffes der Selbsttätigkeit ist zunächst erhellend für die musikpädagogische Tendenz, „eigentätig sein" und „schöpferisch sein" mitunter gleichzusetzen. Der Ursprung dieser Tendenz kommt aus einer frühen theologisch-pädagogischen Auffassung menschlicher Selbsttätigkeit im Sinne eines von Gott gegebenen Auftrages; die Selbsttätigkeit ist – wie beispielsweise bei A. Comenius dargestellt – ein Auftrag des Schöpfers, in der Selbsttätigkeit bringt der Mensch den schöpferischen Willen Gottes in der Welt zum Vollzug (Ludwig, 1970). Den spezifisch pädagogischen Begriff der Selbsttätigkeit finden wir bei J.J. Rousseau wie bei J.H. Pestalozzi. Selbsttätigkeit wird zur Voraussetzung künftiger Lebenstüchtigkeit, wird als eine im Menschen wohnende Strebekraft beschrieben, als die Fertigkeit, ohne die Kenntnis – mit den Worten J.H. Pestalozzis – ein „schreckliches Geschenk" wäre. Bei A. Diesterweg und F. Fröbel beginnen die für die Musikpädagogik so bedenkenswerten Verweise auf die sinnerschließende Dimension des pädagogischen Begriffes der Selbsttätigkeit. A. Diesterweg fordert den Lehrer auf, daß er den Schüler durch Fragen in Bewegung setzt, eben dadurch seine Selbsttätigkeit weckt und damit zur Auffindung und Erzeugung neuer Gedanken und Erkenntnisse anleitet (Diesterweg, 1958). Doch vor allem für F. Fröbel ist charakteristisch, daß Selbsttätigkeit des Kindes und Schülers immer auf Sinnerfassung gerichtet wird; eine nur formale Kräfteübung würde den Begriff der Selbsttätigkeit bei F. Fröbel nicht treffen.

Durch die pädagogische Reformbewegung um die Jahrhundertwende und insbesondere durch ihre Entwicklung in den zwanziger Jahren unseres Jahrhunderts wird Selbsttätigkeit zum dominierenden Lehrprinzip für alle schulischen Unterrichtsfächer erhoben. Vornehmlich die sog. Arbeitsschulbewegung wird zum Träger dieses Lehrprinzips. Die „Arbeitsschule" wird hier als Gegenpol der „Lernschule" des 19. Jahrhunderts verstanden, Selbsttätigkeit wird damit zugleich zum Gegenpol von Stoffrezeption. Hier dringt auch der Terminus Aktivität in die pädagogische Diskussion ein. In einer auf Selbsttätigkeit gerichteten Schule soll der Schüler zur persona agens werden und der Lehrer zugleich seine dirigierende Funktion aufgeben; der Schüler soll aus der bisherigen „Passivität" in der Übernahme der „Bildungsgüter" zur „Aktivität", zum „Erlebnis der Freiheit des Schaffens, das den Weg zur freien Persönlichkeit offenlegt", gebracht werden. H. Gaudig definiert Selbsttätigkeit als ein „Handeln aus eigenem Antrieb, mit eigenen Kräften, auf selbstgewählten Bahnen, zu frei gewählten Zielen". Die Ziele, die damit in der Arbeitsschule verfolgt werden, sind Gesinnung, Kraft (i.S. einer funktional-formalen Bildung) und Erwerb von Technik geistiger Arbeit („In der Arbeitsschule . . . ist das Ziel, daß die Gesinnung, die Kraft, die Technik gewonnen wird, die zur geistigen Arbeit erforderlich sind"; Gaudig, 1922). G. Kerschensteiner entwickelt Stufen der Selbsttätigkeit: als erste Stufe das Erfassen des Problems, als zweite Stufe die Vermutung der Lösungswege, in der nun beginnenden Innenschau als dritte Stufe die Prüfung der Vermutungen und als vierte Stufe die Verifikation. Er definiert die das Prinzip der Selbsttätigkeit verwirklichende Arbeitsschule als diejenige Schule, „die durch ihre Methoden und durch die Art ihres ganzen Betriebes die immanenten Bildungswerte ihrer Bildungsgüter auslöst" (Kerschensteiner, 1953). Über die Arbeitsschulbewegung hinaus breitet sich das Prinzip der Selbsttätigkeit auch in anderen Schulmodellen der Schulreform aus. P. Petersen fordert für seine Schulen Gruppenarbeit, weil diese besonders die Selbsttätigkeit des Kindes ermögliche; der Gruppenunterricht soll „fruchtbare Situationen" schaffen, in denen sich die Schüler im Interesse eines „wahrhaft bildenden Unterrichtes" die Bildungsinhalte möglichst selbsttätig erarbeiten sollen (Petersen, 1963).

Die Musikpädagogik übernahm schon vor dem ersten Weltkrieg das Lehrprinzip der Selbsttätigkeit, sowohl mit praktischen (Blensdorf, 1913) wie mit theoretisch-methodischen Beiträgen (Wicke, 1912). Diese Empfehlungen der Selbsttätigkeit für den Musikunterricht werden aus dem gedanklichen Anstoß der Arbeitsschul-Bewegung entwickelt; R. Wicke beginnt das Vorwort seiner Schrift von 1912 mit dem Verweis, daß seine Arbeit in der Absicht entstanden sei, „den Ideen der Arbeitsschule die der musikalischen Erziehung ergänzend einzuordnen". Das Verständnis von musikalischer Selbsttätigkeit ist hier völlig anders als das der zwanziger Jahre, das jedoch bestimmend wurde. Das im Zusammenhang der Arbeitsschulbewegung entwickelte Verständnis musikalischer Selbsttätigkeit zielt darauf, daß Musikunterricht dem Schüler die Chance gibt, im Umgang mit musikalischem Material selbsttätig und selbständig Musik verstehen zu lernen; der Akzent liegt auf der Selbständigkeit im Umgang mit Aufgaben und auf dem Ziel des Musik-Verstehens.

Die arbeitsschulgemäße Entwicklung musikalischer Selbsttätigkeit und Selbständigkeit zeigt R. Wicke in Beispielen aus dem melodischen, rhythmischen wie harmonischen und formalen Bereich. Prinzip ist stets der Umgang mit Ausschnitten aus musikalischem Material, ein Hantieren an Material, das singend, bewegend, musizierend oder schreibend erfolgt; gemäß den Arbeitsschulgrundsätzen wird der Sprache als Denk- und Ausdrucksmittel besonders Raum gegeben. Der arbeitende, praktische Umgang mit musikalischem Material führt stets zu einem Ziel musikalischer Elementarlehre. Selbsttätigkeit wird zur Technik musikalischer Erfahrung, durch die schließlich die künstlerische Form erfaßt werden kann (Wicke, 1912). In seiner späteren Arbeit über „Psychologie und Musikerziehung" von 1930 stellt R. Wicke die Frage nach dem Zusammenhang von Arbeitsunterricht und Erlebnis, sehr wohl den Konflikt zwischen seinem arbeitsschulgemäßen Ansatz und dem sich vollziehenden musischen Einbruch erkennend („hin und wieder findet sich auch jetzt noch auf musikerzieherischem Gebiete die Meinung, planmäßige Arbeit und methodische Begründungen ständen dem ursprünglichen Musizieren entgegen"). Er plädiert erneut – nun mit psychologischer Begründung – für Arbeitsaufgaben und Arbeitsgrundsätze im Musikunterricht des Kindes, die zwar kindertümlich, aber sachgerecht gehalten sind. Musikunterricht ist Arbeit am musikalischen Material selbst, Gestaltung im musikalischen Material, Erfahrung an musikalischen Inhalten; an den Sachverhalten offenbaren sich die Gesetzmäßigkeiten des musikalischen Geschehens, das „Erlebnis" der sachlichen Notwendigkeit wird der Untergrund für das spätere Erkennen gesetzmäßiger Zusammenhänge der Musik (Wicke, 1930; vgl. Wicke, 1928 a). Die Gedanken R. Wickes wurden in höherem Maße rezipiert als die musikpädagogische Geschichtsschreibung erkennen läßt; spätere Schriften wie die von E. Dahlke zum „Arbeitsprinzip im Schul-Musikunterricht" verschweigen in der Bibliographie zur Sache seinen Namen (Dahlke, 1930).

Unter dem Einfluß musischen Denkens wird der Begriff der Selbsttätigkeit gerade für das Fach Musik in der Schule völlig verändert. Musische Theoreme der Ganzheit, des Erlebens und der Gemeinschaft, musische Orientierung an einer Musik in Funktion und einer Pädagogik vom Kinde aus sowie eine jugendbewegte Utopie der Erneuerung der Gesellschaft durch Gemeinsamkeit in elementarem musikalischem Tun deuten den aktuellen Begriff der Selbsttätigkeit um durch die gewünschten Aspekte des praktischen Tuns, der materialen Rücksicht auf Möglichkeiten solchen praktischen Tuns und seine pädagogische Zielträchtigkeit für die musikalische Erlebnisfähigkeit des Einzelnen und die erhoffte musikalische Gemeinschaft. In den Versuchen, das Wesen des Musischen zu beschreiben, führt die Suche „nach der rechten Weise des Unterrichtens", nach einer Form, „die aus den schöpferischen Quellkräften der menschlichen Seele stammt, die den zyklischen Lauf alles Lebens erkannt hat und die, zum dritten, um die motorischen Konsequenzen jedes Lernvorganges weiß, also auf Eigentätigkeit in der Freiheit zielt" (Haase, 1951). „Wer . . . nicht tätig in der Musik lebt, der kann sie auch nicht hörend erleben", die musikalische Grundlehre soll sich zu einer musischen Grundlehre ausweiten, diese „setzt . . . das eigene Tun und Erfinden frei, macht heimisch in den 'heiligen Anfängen', aus denen allein wieder neue Größe erwachsen kann", lehrt G. Götsch. Das „Vorgeformte" lähmt die Gestaltungskräfte, „nur im Selbertun" können Maßstab und Urteilskraft gewonnen werden (Götsch, 1956). Hier werden die Vorstellungen der musischen Bewegung über musikalische Selbsttätigkeit formuliert, die seit den zwanziger Jahren das Lehrprinzip der Selbsttätigkeit im Musikunterricht zu bestimmen begannen: die Verquickung von musikalischer Selbsttätigkeit und musikalischer Erfindung, die Entwicklung von musikalischer Selbsttätigkeit als Prämisse musikalischen Hörens und Verstehens und schließlich das Vorurteil des Primates musikalischer Aktivität vor musikalischer Rezeption im Musikunterricht, das schließlich einen Th.W. Adorno zu der zornigen Kritik am Musikanten veranlassen sollte, der dem Musizieren Vorrang über die Musik selbst gebe, dem das Fideln wichtiger sei als das, was er geigt (Adorno, 1982 b). Musikalische Selbsttätigkeit wird durch das Mißverständnis musischen Denkens von Selbständigkeit zu Praktizismus verändert, die musikalische Umgangsweise erhält Zielcharakter.

Die Denkweise des „Musikanten", ihr musikpädagogischer Niederschlag in den Veränderungen des Begriffes musikalischer Selbsttätigkeit, beginnen mit L. Kestenbergs Programm zu „Musikerziehung und Musikpflege": „Überall tritt an die Stelle des zu erlernenden Stoffes die eigene Arbeit, die selbsttätige Erfindung" (Kestenberg, 1921). In den preußischen Richtlinien für den Musikunterricht in den Volksschulen von 1927 ist „die Freude am eigenen Singen und Musizieren" bereits die selbstverständliche „Voraussetzung für die spätere Teilnahme am Musikleben", wie ebenso „die Anregung der kindlichen Phantasie zu eigenem musikalischen Erfinden und Gestalten" als „das sicherste Mittel der Erziehung zu innerem Erleben musikalischer Ausdruckswerte und musikalischen Gestaltens" angegeben wird (Nolte, 1975 a), ein Glied in der Kette staatlich autorisierter Behauptungen, die musikpädagogische Lehrprinzipien hervorbringen oder verändern. Hier liegen die Quellen der bis heute wirksamen vorwiegend praktizistischen Bestimmung des Lehrprinzips der Selbsttätigkeit in der Musikpädagogik. Aus musischem Denken entsprungen, potenziert in den Jahren der Restauration, legen sie den Begriff musikalischer Selbsttätigkeit auf praktische musikalische Aktivitäten fest, den ursprünglichen kognitiven Anteil, den Anstoß für den Lernenden zu selbständigem Erarbeiten und Sinn-Finden, vernachlässigend. Aus dem Lehrprinzip musikalischer Selbständigkeit wird das musikpädagogische Dogma des Primats musikalischen Tuns.

In der Musikpädagogik fehlt noch die historische Darstellung und Analyse des für ihre Praxis so dominanten Lehrprinzips der musikalischen Selbsttätigkeit. Darum sind die Probleme dieses Lehrprinzips in der Praxis zwar teilweise bewußt, doch werden sie mehr durch Bekenntnis und Ablehnung, durch pro und contra, entschieden, als durch situatives Abwägen und Differenzieren. Problematisch wurde für die praktische Musikpädagogik vor allem der Gegensatz solcher musikalischer Selbsttätigkeit, gleichgesetzt mit musikalischer Aktivität, zu Musikrezeption, die man als passive musikalische Verhaltensweise ansah. Diese Polarisierung entstand wohl als musikpädagogische Parallele zu einer als passiv angesehenen, stoffbezogenen Lehre im 19. Jahrhundert gegenüber einer neuen, auf Schüleraktivität gerichteten Lehre im Gefolge der Reformpädagogik, insbesondere der Arbeitsschulbewegung. Tatsächlich läßt sich jedoch dieser allgemein-pädagogische Gegensatz kaum auf Musik-Machen und Musik-Hören übertragen; jeder dieser musikalischen Verhaltensbereiche kann sowohl passive wie aktive Dimensionen entwickeln.

Tiefer reicht das Problem, daß sich durch die als Aktivität aufgewerteten Musizierweisen in der praktischen Musikpädagogik eine Beschränkung auf Reproduktion im Sinne schlichtester Sachbewältigung ausbreitet, mitunter auch Beschränkung auf musikalisches Tun ohne tatsächliche Sachbewältigung; dadurch wird das musikalisch Aktiv-Sein höher bewertet als die musikalische Einsicht des Schülers, der Sinn des musikalischen Tuns geht mitunter über dem Tun selbst verloren. Die hier liegenden Gefahren für Musikunterricht werden durch die ideologiekritischen Schriften der fünfziger und sechziger Jahre aufgezeigt. Doch die Warnung davor, das musikalisch Selbsttätig-Sein an sich bereits als Qualität anzunehmen und seinen Sinn aus dem Blick zu verlieren, ist auch heute wieder notwendig.

Es gilt wieder auf die bestimmende Komponente der Fähigkeit zu Sinndeutung durch Selbsttätigkeit gerade für den musikpädagogischen Bereich zu verweisen. In allen musikalischen Lernvorgängen ist es grundlegendes Lehrprinzip, musikalische Selbsttätigkeit des Schülers zu entwickeln, wenn darunter verstanden wird, daß der Schüler nicht einfach eine Technik oder ein Wissen übernimmt, sondern sich vielmehr durch einen selbständigen geistigen Akt das zu Lernende aneignet. Aneignung, auf alle Lernvorgänge bezogen, setzt die Selbsttätigkeit des Schülers voraus. Aktivitätspädagogik von heute will die aus innerem Antrieb hervorgerufene Schüleraktivität (Aebli, 1980). Auch in der Musikpädagogik ist es die Kunst des Lehrenden, „die Selbsttätigkeit des Schülers . . . nicht im Anwenden, sondern im selbsttätigen Erarbeiten der Einsicht am elementaren Modellfall“ zu fördern, die „aus der Fragehaltung hervorgewachsene sinngerichtete Selbsttätigkeit . . . (als) angemessene Form kindlicher und jugendlicher Aktivität“ zu entwickeln (Klafki, 1964 a). Das Lehrprinzip musikalischer Selbsttätigkeit stellt dem Musiklehrer die methodische Aufgabe, das Interesse des Schülers für den musikalischen Lerngegenstand zu wecken, Problembewußtsein für die anstehende Frage und Erwartung, Spannung hinsichtlich des zu Hörenden oder zu Musizierenden. Nur dadurch kann musikalische Selbsttätigkeit wieder vom bloßen Tun zum Entdecken musikalischer Eigenart und des Sinnes von Musik führen. Seit den siebziger Jahren gibt es unterrichtspraktische Arbeiten, die diesen Weg, musikalische Selbsttätigkeit mit dem Ziel der Einsicht in musikalische Phänomene, bewußt einschlagen (Meyer-Denkmann, 1972; Paynter und Aston, 1972).

3.4 Das fächerübergreifende Prinzip

Erst in unserem Jahrhundert entwickelten sich nachdrücklich Intentionen, über Delegation von Aufträgen an Musikunterricht hinaus weiterreichende Zusammenhänge von Musik mit anderen Fächern herzustellen. Davon verspricht man sich vor allem eine Verbesserung allgemeiner erzieherischer Einwirkung. Für solche Versuche haben sich unterschiedliche Formen und vor allem viele unterschiedliche Bezeichnungen entwickelt; das verbindende Prinzip ist das des Übergreifens mehrerer Lehrgebiete, die im Kanon der Lehrfächer in der Regel separiert erscheinen. Historischer Vorläufer des fächerübergreifenden Lehrprinzips mit Einbeziehung der Musik ist die frühe Kombination von Religions-und Singunterricht; singend erlernten die Schüler über die Texte der Kirchenlieder die Religionslehre. Die moralische Erziehung über die Kinderlieder der Aufklärung stellt die säkularisierte Variante des Verfahrens dar. In jüngerer Zeit hat sich auch der Fremdsprachenunterricht der stützenden Hilfen des Singens bedient. Doch diese fächerübergreifenden Formen von Unterricht setzen Musik mehr oder weniger nur als Mittel zur Verfolgung ihrer eigenen Lernziele ein.

Erst mit der Reformpädagogik beginnen in unserem Jahrhundert Versuche, durch das fächerübergreifende Prinzip den Unterricht, die ganze Schule, grundlegend zu verändern. Das fächerübergreifende Prinzip begegnet uns hier, in den musikpädagogischen Überlegungen der Reformpädagogik, im Zusammenhang von „Gesamtunterricht“ bzw. „Ganzheitsunterricht“. J. Dolch hat eine Unterscheidung für diese beiden Arten von Unterricht empfohlen, wonach als „Gesamtunterricht“ insbesondere der ungefächerte Übergangsunterricht vom freien Spiel des Kindes zum gebundenen Schulleben in den ersten beiden Schuljahren zu verstehen ist; als „Ganzheitsunterricht“ wird ungefächerter Unterricht auf höherer Stufe verstanden, der von einer umfassenden Sacheinheit ausgeht und bereits erworbene Fähigkeiten für diese Sacheinheit einsetzt (Dolch, 1965). Doch in dem reformpädagogischen Denken erhält die von B. Otto ausgebreitete Bezeichnung Gesamtunterricht zusätzliche Komponenten. Vor allem ist der Gesamtunterricht „in vielen Hinsichten das gerade Gegenteil von allem, was man bisher Unterricht genannt hat“. Die Initiative geht vom Schüler aus, der bestimmt, was und wie lange etwas behandelt werden soll. Die Beschränkung auf Fächer ist aufgehoben, „die Welt steht als Gesamtheit vor uns, und wir suchen, uns als Gesamtheit ihrer zu bemächtigen“. Es wird nicht vom Unterrichtsfach aus gedacht, sondern von Themen aller Art, die der Schüler aussucht (Otto, 1912 und 1928).

Für musisches Denken ist das fächerübergreifende Prinzip Voraussetzung einer neuen Schule, die nicht mehr von dem „Willen zur Höchstleistung“ als der „Geißel dieser Zeit“, von der Aufgliederung der Fächer bestimmt ist. „Aus dem Spiegel, den die Schule vor diesen allmächtigen Zeitgeist gestellt hat, blicken uns die Fächer, die Schulfächer, an, zwischen zwölf und zwanzig“, klagt O. Haase, um dann das Bild einer Schule zu entwerfen, „die aus den schöpferischen Quellkräften der menschlichen Seele stammt, die den zyklischen Lauf allen Lebens erkannt hat und die, zum dritten, um die motorischen Konsequenzen jedes Lernvorganges weiß, also auf die Eigentätigkeit in der Freiheit zielt“. Als das zentrale Übel der Schule erscheint der gefächerte Unterricht, „dessen heimlicher Diktator der Enzyklopädismus und dessen Regierungsorgan der Stundenplan ist“. Für die Schule, die musischem Geiste entspricht, werden stattdessen drei „Elementarformen“ gezeigt: der freie Gesamtunterricht, das Training der formalen Fertigkeiten und Kulturtechniken und die Gestaltung von Vorhaben, verteilt auf den Lauf des Jahres gemäß dem Rhythmus der Arbeit und der Jahreszeiten (Haase, 1951).

Neben dieser musischen Bestrebung, die traditionelle Herrschaft von Fächern durch Gesamtunterricht aufzuheben bzw. einzudämmen, hat sich aus musischem Denken auch ein Prinzip für die Schule entwickelt, das man als fachumgreifendes Bildungsprinzip bezeichnet. Hier geht es um die musischen Bereiche, die nicht als getrennte Fächer, sondern eben fachumgreifend, als musische Erziehung, in der Schule wirksam werden sollen. Der Sinn des Musischen, das eigene Gestalten, die Entwicklung schöpferischer Kräfte, kann gemäß dieser musischen Denkweise nicht in den einzelnen künstlerischen Unterrichtsfächern, auch nicht mit Querverbindungen zwischen den Fächern erfüllt werden, sondern nur als ein alle Fächer umgreifendes Bildungsprinzip; die ursprüngliche Einheit der musischen Kräfte glaubt man durch solche Verbindung in einer neuen Erziehung wieder herstellen zu können.

Für die preußische Reform der Musikerziehung in den zwanziger Jahren, tief verankert in der musischen Bewegung der Reformpädagogik, wird das fächerübergreifende Prinzip – nicht frei von Egozentrie – als Möglichkeit gesehen, Musik auch über andere Fächer auszubreiten. L. Kestenberg gibt in seinem Programm für „Musikerziehung und Musikpflege" die Richtung an: „Es ist viel vom Gesang, vom Tonwort, Lied und Choral die Rede, doch wird der Kern der musikalischen Erziehung, die Durchdringung des gesamten Unterrichts mit musikalischen Ideen und Elementen nur gestreift. Hier liegt aber die Wurzel des musikalischen Erziehungsproblems ... Über die wenigen Gesangstunden hinaus kann Musik als willkommene Erfrischung und Belebung das Gleichmaß der Wissensfächer unterbrechen und im Turn- wie im Zeichenunterricht zur Weckung und Ergänzung elementarer Begriffe und Übungen beitragen ... Die Musik kann jeden Unterrichtstag durchdringen". Diese Skizze für die Volksschule wird ergänzt durch den Vorschlag für die höhere Lehranstalt: „Ausgehend von der eigentlichen Musikstunde kann die Erziehung zum musikalischen Fühlen und Verstehen getragen werden in den Geschichts- und Kulturunterricht, in den Unterricht im Deutschen, in Physik, Turnen usw." (Kestenberg, 1921).

In den Reform-Lehrplänen der zwanziger Jahre finden sich bereits vorsichtigere Formulierungen. Für die höheren Schulen wird nun von planmäßigem „Zusammenarbeiten mit den anderen Fächern" gesprochen und der Musiklehrer zur „Knüpfung der natürlichen Verbindungsfäden zu den verschiedenen Unterrichtsgebieten" aufgefordert, die er schon bei der Auswahl des vokalen und instrumentalen Stoffes berücksichtigen soll (Nolte, 1975 a). Dieses Thema, die „Grenzen und Möglichkeiten der Querverbindung" (Moser, 1931 a), spielt in der musikpädagogischen Diskussion der zwanziger Jahre eine zentrale Rolle. Allein die Schulmusikwoche Dresden 1928 (Zentralinstitut für Erziehung und Unterricht, 1928) bringt in ihrem Methodik-Teil sechs Vorträge zu dem Thema der Querverbindungen, darunter den abwägenden Beitrag K. Metzners, der auf das Konzentrationsproblem für den Musikunterricht als Voraussetzung der Querverbindungen zu anderen Fächern verweist (Metzner, 1928). Es gibt auch bereits in den zwanziger Jahren Warnungen vor einer nur stofflichen Behandlung der Querverbindungen (statt der Verbreiterung der Bildungsfundamente, vor allem auch in der Ausbildung des Musiklehrers). H.J. Moser sieht als letzten und feinsten Sinn aller „Querverbindungen" von und zu Musik, „daß der Geist der Musik auch außer allem Singen und Geigen über und zwischen jedem Unterricht schwebte, webte und 'Harmonik' schüfe" (Moser, 1931 a). Bestimmender Gedanke dieser auf Zusammenwirken mit anderen Fächern zielenden Lehre der Musik ist, daß man – wobei unterschiedliche Ebenen gesehen werden – inhaltliche Verbindungen zwischen verschiedenen Fächern herstellen möchte; diese Verbindungen hypertrophieren im Zusammenhang musischen Denkens gerne zu einer ganzheitlichen Durchdringung der Schule durch die Künste und einem Harmonisierungswunsch durch den Geist der Musik.

Ideen und Formen fächerübergreifenden Lehrens aus den ersten Jahrzehnten unseres Jahrhunderts sind in der gegenwärtigen Lehre der Musik wiederzufinden – mehr oder weniger modifiziert gemäß zwischenzeitlichen Entwicklungen. Es gibt eine Konzeption polyästhetischer Erziehung, die Gedanken musischer Ganzheit der Künste mit Akzent auf eigener Erfindung und Gestaltung weiterführt. Sie impliziert gesamtkünstlerischen Unterricht, respektiert Notwendigkeiten einer teils fachspezifischen, teils fachübergreifenden Durchführung; weiterführende Intentionen aus der ästhetischen Situation der Gegenwart sind die Bemühungen um eine zwischen ästhetischem Wertanspruch und sozialer Wertwirklichkeit angelegte Erziehung aller Sinne durch alle Künste, der Ausgang von einer grundlegenden „Allgemeinbildung des 'sinnlichen Bewußtseins' (als) Zentrum, Drehscheibe und Umschlagplatz für alle Unternehmungen . . ., die das ästhetische Verhalten des Menschen betreffen" (Roscher, 1976 und 1984). In die gleiche Richtung weisen manche „Projekt-Entwicklungen", wenn sie auch mitunter vor allem die mangelnden musikalischen Voraussetzungen bei Schülern zu berücksichtigen scheinen (Kohlmann, 1978).

Als ein über Sache und Fach hinausgreifender Ansatz wird des weiteren für die Gegenwart die Verknüpfung der musikalischen Thematik mit der sozialen charakteristisch. „Es geht nicht um Musik allein, also um einen Bereich, der für sich existiert, sondern um das, was unsere gegenwärtige Gesellschaft als Musik versteht, produziert und konsumiert; es geht ferner um die Wirkungen, die Musik in verschiedenen Gesellschaftsgruppen auslöst", geben die „Sequenzen" einleitend bekannt (Arbeitsgemeinschaft Curriculum Musik, 1971). Wie die Bielefelder Laborschule „Arbeit und Spiel, Lernen und Leben, Forschung und Unterricht, Pflicht und Interesse, Schule und Gemeinde, Installation und Unterrichtsmedium" in einem sieht (von Hentig, 1971), so will auch die „Erfahrungserschließende Musikerziehung", daß „die aktivische Auseinandersetzung mit der Umwelt als umfassendes 'methodisches Mittel'" begriffen werden soll. Ein „nur" in musikalische Phänomene einführender Musikunterricht hat zu wenig Wirkung auf die Verhaltensänderung des Schülers. Auch hier vollzieht sich das Hinausgreifen des Faches Musik nicht mehr im Sinne von Kooperation mit anderen Schulfächern oder als Zusammenschluß von Schulfächern. Das fächerübergreifende Lehrprinzip realisiert sich vielmehr dadurch, daß – wie auch andere Fächer – das Schulfach Musik seine Orientierung aus der gesellschaftlichen (Musik-) Wirklichkeit gewinnt: „'Gesellschaftliche Musikwirklichkeit', das Gesamt musikbezogen wirksamer Ausschnitte von Gesellschaft, wird somit zum Bezugs- und Zielfeld einer Erziehungsarbeit, die musikalische Erfahrung aufklärt und ihr den Rahmen für weitere Tätigkeit erschließt. Sie ist die Begrenzung, aber auch die Quelle für die Bereicherung musikalischer Erfahrung, die dem Schüler erschlossen werden muß" (Nykrin, 1978).

Die gegenwärtigen Richtlinien gehen im Trend unverkennbar von Musikunterricht als Fachunterricht aus. Fächerübergreifende Aspekte sind rar, aber vor allem für die Grundschule in einzelnen Bundesländern vorgesehen (Günther, 1982); es wird insbesondere auf die Zusammenarbeit mit Fachlehrern für Deutsch, Kunst, Werken und Sport sowie auf Möglichkeiten der rhythmisch-musikalischen Erziehung verwiesen. Die Frage der Berücksichtigung fächerübergreifender Lehre in Musik-Lehrbüchern und musikalischen Unterrichtslehren bedarf besonderer analytischer Untersuchungen, vor allem auch unter dem Aspekt des sprachlichen Austausches, der Verwendung neuer Termini wie „interdisziplinärer Unterricht" und „Unterrichtsprojekt".

Das Problem fächerübergreifender Lehre liegt auf der Hand: Es ist die Spannung zwischen übergreifenden künstlerisch-pädagogisch-gesellschaftlichen Absichten und den Sacherfordernissen der Lehre des einzelnen Faches, auch der Musik. Es besteht auch die schon in den Jahren der preußischen Reform erkannte Gefahr, stoffliche Nachbarschaft zu überschätzen und darüber die Eigenart der einzelnen Künste aus dem Blick zu verlieren. Die Fülle der fachübergreifenden Arbeitsmöglichkeiten im Musikunterricht, die aktuelle Thematik, die sich hier anbietet, bringt leicht die grundlegende Arbeit an der musikalischen Sache selbst ins Hintertreffen. Auch pragmatische Probleme eines fächerübergreifenden Unterrichts mit Musik sind in den Blick zu nehmen. R. Schmitt schneidet, wohl sehr zu Recht, die Frage an, ob durch fächerübergreifenden Unterricht nicht die Gefahr der Verdrängung und Reduzierung fachspezifischer Aufgaben entstehe, ob nicht auch durch fehlende Fachkompetenz in den einzubeziehenden Lehrgebieten unzulässiger Dilettantismus sich ausbreite und vor allem: ob nicht durch fächerübergreifenden Unterricht aufs neue musische Bildungskonzeption mit allen Gefahren neuer Ideologisierung in den Musikunterricht eindringen könne (Schmitt, 1982).

4. Konzepte musikalischer Lehre

4.1 Rhythmisch-musikalische Erziehung

Die in der Musikpädagogik noch offenstehende Systematik und Beschreibung musikalischer Lehrkonzepte wird hier mit der Darstellung einzelner gegenwärtiger Konzepte eingeleitet, beginnend mit dem Konzept der rhythmisch-musikalischen Erziehung. Die sog. rhythmisch-musikalische Erziehung ist ein Konzept musikalischer Lehre, das in den Beginn unseres Jahrhunderts zurückreicht und im Verlauf seiner Geschichte bereits manche Modifikation, hinsichtlich der Zielvorstellungen in der Lehre wie der Ausbildung und Berufserwartung der Lehrenden, erfuhr. Das Konzept fand auch unterschiedliche Bezeichnungen; „das Rhythmische" erscheint in unterschiedlichen Wortverbindungen mit Musik und Bewegung („Rhythmisch-musikalische Erziehung", „Rhythmik", „Bewegungserziehung", „Rhythmisch-musikalische Bewegungserziehung" u.a.). Die Titel der zahlreichen Publikationen aus dem Bereich rhythmisch-musikalischer Erziehung belegen den Wandel wie die Austauschbarkeit der Bezeichnungen des Konzeptes. Die Literatur weist eine weite Spanne von Versuchen theoretischer Grundlegung bis zu praktisch-methodischen Beispielsammlungen auf. Ähnliche wie andere Konzepte, beispielsweise die von C. Orff und Z. Kodály, entwikkelte auch dieses Konzept ein spezielles Lehr- und Ausbildungsgebiet.

Der große Anreger des Konzeptes ist E. Jaques-Dalcroze. Seit 1892 am Genfer Konservatorium Solfège und Harmonielehre unterrichtend, erfährt er in der Praxis die Lücken an Tonvorstellung, die traditioneller Gehörbildungsunterricht hinterläßt, sucht nach Hilfen für das Ohr beim Hören von Musik und findet in der Bewegung den Helfer des Gehörs. Aus seinen Erfahrungen entwickelt er ein System der Bewegungsschulung zu Musik. Diese „Rhythmische Gymnastik" führt er auf der Solothurner Tagung der schweizerischen Tonkünstler von 1905 vor, zugleich auch bereits „Vorschläge zur Reform des musikalischen Schulunterrichts" unterbreitend (Jaques-Dalcroze, 1905, 1907 und 1922). Von dem Mißerfolg seiner sorgfältig ausgetüftelten Gehörübungen enttäuscht, sucht er nach neuen Wegen und gelangt zu dem Ergebnis, daß „man nicht allein das Ohr und die Stimme des Kindes üben (solle), sondern alles, was an den rhythmischen Bewegungen seines Körpers teil hat; alles, was, wie Muskeln und Nerven, unter der Einwirkung der natürlichen Impulse mitschwingt, sich spannt und entspannt". Und er beginnt zu träumen „von einer musikalischen Erziehung, worin der Körper selbst die Rolle des Vermittlers zwischen den Tönen und unserem Denken spielen und das unmittelbare Instrument unserer Gefühle werden würde. Die Empfindungen des Ohrs würden dabei verstärkt durch alle diejenigen der mannigfaltigen Organe, die in uns mitzuschwingen und mitzuklingen vermögen. Die Atmung würde die Rhythmen der Phrasen skandieren, das dynamische Spiel unserer Muskeln diejenigen, die uns die musikalische Erregung diktiert, in Bewegung umsetzen. Das Kind würde mithin in der Schule nicht nur lernen, richtig und taktsicher zu singen und zu hören, sondern auch richtig und rhythmisch sich zu bewegen und zu denken" (Jaques-Dalcroze, 1922). E. Jaques-Dalcroze ist ein pragmatischer Erneuerer des Gehörbildungsunterrichts, der Körperbewegung als Kriterium für das Gehörte einsetzt und die pädagogische Aufmerksamkeit vom Notenbild auf das Gehörte verlagert (Jaques-Dalcroze, 1906/1907). Doch sein Ansatz reicht zugleich in tiefere Bereiche des Musikalischen. Er sucht mit seinen Schülern das „Bewegtsein" durch

Musik, das für ihn Voraussetzung des Verstehens von Musik ist; sein Ziel ist die Entfaltung des Menschlichen und Künstlerischen durch Musik und Bewegung (Jaques-Dalcroze, 1916/1917 und 1922).

Vor allem durch Vorführungen mit seinen Schülern kann E. Jaques-Dalcroze in ganz Europa Aufmerksamkeit für seine „Methode" erwecken. In einer Zeit der Lösung von den starren Traditionen des Musikunterrichts und der musikalischen Ausbildung mußten seine Reform-Ideen und ihre Umsetzung mit jungen, bewegungsbegeisterten Schülern zum Inbegriff musikalischer Erneuerung werden. Ein Glücksfall für die Entwicklung des Konzeptes rhythmischer Erziehung wird die Gründung der Hellerauer „Bildungsanstalt für Musik und Rhythmus", in der seit 1911 Studierende und Interessenten aus aller Welt mit E. Jaques-Dalcroze arbeiten können, gemeinsam mit ihm die „Methode" ausbauend. Der erste Weltkrieg bereitet der Arbeit in Hellerau ein Ende; doch kann E. Jaques-Dalcroze sie von 1915 ab in einem eigenen Institut in Genf bis zum Jahre 1948 fortführen. Nach zeitgenössischen Berichten muß trotz ihrer kurzen Dauer von der Hellerauer Bildungsstätte eine ungewöhnliche Ausstrahlung ausgegangen sein; über den engeren Kreis der Spezialisten hinaus finden sich hier Persönlichkeiten des Musiklebens und der literarischen Welt ein (Bildungsanstalt Jaques-Dalcroze, 1911–1913; Bekker, 1912; Dohrn, 1912). In den Hellerauer Jahren zwischen 1911 und 1914 entsteht die rhythmisch-musikalische Erziehung gemäß den schöpferischen Ideen von E. Jaques-Dalcroze.

Schon die Zeitgenossen erkennen den Zusammenhang der sich ausbreitenden rhythmisch-musikalischen Erziehung mit den pädagogischen Reformbestrebungen der Zeit (Storck, 1912). „Rhythmus" ist eine in den reformpädagogischen Schriften vielfach gebrauchte Bezeichnung, eingesetzt in ihrem weitesten Sinne für die vielfältigen bewegenden Phänomene im Sein von Natur, Mensch und Kunst. Dieses weite rhythmische Geschehen im Sinne des Kräftespiels allen Lebens wird in reformpädagogischem Denken als Möglichkeit menschlicher Bildung empfunden und empfohlen; rhythmisches Geschehen bewegt, ordnet und bindet. „Das Zyklische" als Kategorie des Musischen beruht auf der menschlichen Möglichkeit rhythmischen Verhaltens; die musische Kategorie des „Elementaren" zeigt O. Haase an dem „Entzücken der Sinne" an den Bewegungen des Kindes, das sich „völlig der Lust des bewegten Spieles seiner Glieder hingibt, gelöst und locker, rund und schön, durch nichts gesteuert als durch die strahlende Freude und den jauchzenden Überschwang" (Haase, 1951). In einem umfangreichen Schrifttum wird „die pädagogische Bedeutung des Rhythmus" entwikkelt (Kügler, 1954). Dem Künste wie Schulfächer verbindenden reformpädagogisch-musischen Denken entspricht es auch, daß Rhythmik auf unterschiedlichen Gebieten wirksam wird. Tänzer wie I. Duncan, R. von Laban und M. Wigman nehmen Anregungen rhythmisch-musikalischer Erziehung auf (von Laban, 1922; vgl. Blensdorf, 1931; Günther, 1962; Keetman, 1979). In der „Neuen Gymnastik" verweist vor allem R. Bode auf eine Bewegungserziehung, die der Ganzheit von Körper, Geist und Seele dienen solle (Bode, 1925 und 1953 a und b). Die sich schon in der Anfangszeit rhythmisch-musikalischer Erziehung abzeichnende Tendenz der Verzweigung in verschiedene Arbeitsgebiete zeigt gegenwärtig Spezialisierungen von künstlerischer Bewegungserziehung bis zu Choreographie und Regie hin, als pädagogische Bewegungserziehung vor allem in der Früh-, Sozial- und Heilpädagogik sowie als Bewegungserziehung in der praktischen Musikpädagogik mit dem traditionellen Ziel der Gehörbildung; eine sich vor allem erzieherisch verstehende praktische Musikpädagogik führt in der Gegenwart auch die frühen reformpädagogischen Bestrebungen in unterschiedlicher Bindung an gegenwärtige Zielintentionen weiter.

In den theoretischen Ansätzen des Konzeptes rhythmisch-musikalischer Erziehung ist der Ausgang von den speziellen Arbeitsgebieten, mitunter auch der Zwiespalt zwischen den unterschiedlichen Intentionen mit dem Wunsch ihrer Versöhnung im Lebenswerk eines Autors, erkennbar. E. Feudel, der Rhythmik von ihren Anfängen her verbunden (Feudel, 1926) und mit zahlreichen Schriften ihrer Entwicklung dienend, betont stets die musikpädagogischen Möglichkeiten rhythmisch-musikalischer Erziehung. Hier sieht sie „die Begegnung zwischen den Kräften und Gesetzen der Musik und dem Menschen, der diese Kräfte und Gesetze in sich wiederfindet, mit ihnen gestaltet und von ihnen selbst wieder geformt wird". Darum eben ist für sie „Rhythmik" in der Musikpädagogik der Bereich, der „alle Bedingungen eines tätigen Musikerlebens" in vollkommener Weise vereinigt, ist für sie das Bewegungserlebnis „unentbehrlich für die Vertiefung und Verinnerlichung des Musikempfindens", ist „Rhythmik" der naturgegebene Ansatzpunkt, „von dem aus eine streng künstlerische, das heißt auf das Erlebnis der Kunst gerichtete Musikerziehung einzusetzen hat" (Feudel, 1956). In den späteren Schriften E. Feudels tritt zunehmend die erzieherische Komponente in den Mittelpunkt. Sie entwickelt eine spezielle Systematik des Konzeptes rhythmisch-musikalischer Erziehung, in der Bewegung als Reaktion auf Eindrücke aus Zeit, Raum, Kraft und Form dargestellt wird, und betont: „An die Stelle der rhythmisch-musikalischen, auf das Fachliche begrenzten Methode trat die Idee der körperlich-geistigen rhythmischen Erziehung, die allen Schichten des Volkes zugute kommen" muß (Feudel, 1965). In der „Dynamischen Pädagogik" wird die systematische Gliederung des Lehrstoffes rhythmischer Erziehung nach Zeit, Raum, Kraft und Form Grundlage einer Anleitung für rhythmisch-musikalische Erziehung in der Schule, wobei aus ihrer Sicht die Grenzen zwischen den Fächern der Schule in Fluß geraten oder hinfällig werden; dynamische Pädagogik wird „als Bindeglied zwischen Geist und Körper angesehen und in den Prozeß des Lernens und Lehrens grundsätzlich einbezogen", und zwar im Dienste eines höchsten Erziehungszieles, und dies ist für E. Feudel „der harmonische, in sich selbst gefestigte, aufrechte und gottesfürchtige Mensch" (Feudel, 1980).

Gegenwärtige theoretische Ansätze rhythmisch-musikalischer Erziehung setzen sachlich-beschreibend an, auch die historische Dimension einbeziehend (Erdmann, 1968, 1975, 1976, 1978 und 1982; Bünner und Röthig, 1979). Die tradierte Bindung an erzieherisches Denken wird in der Regel postulativ übernommen („Und der Rhythmiker ist in erster Linie Erzieher. Sein Anliegen ist es, den Menschen zu rhythmischem Bewußtsein und Verhalten zu verhelfen"). Bei A. Erdmann wird auch die Tradition der „Idee der Rhythmik als Unterrichtsprinzip" fortgeführt, die Tradierung der Aufgaben des Lehrenden, Menschen die Einbindung in übergeordnete Gesetze spüren zu lassen (Erdmann, 1975). E. Erdmann unternimmt dagegen einen Versuch, den theoretischen Ansatz rhythmisch-musikalischer Erziehung aus ideologischen und terminologischen Traditionen zu lösen und erste Verbindungen zu ästhetischen, psychologischen und curricularen Denkweisen der siebziger Jahre herzustellen (Erdmann, 1976). Der theoretische Ansatz von R. Konrad verweist auf die Sache Musik unter dem Aspekt ihrer körperlichen Umsetzung. Doch er setzt sich von der „mechanistischen Rhythmik" E. Jaques-Dalcrozes ab und betont zum Stellenwert körperlichen Umganges mit Rhythmik, Metrik und Form für musikalische Qualifizierungsprozesse die impliziten ästhetischen, pädagogischen, kreativen, kommunikativen und therapeutischen Wirkungen der Musik für denjenigen, der sich körperlich mit Musik beschäftigt (Konrad, 1979). In späteren Beiträgen R. Konrads klingen Verbindungen der Rhythmik mit Tendenzen der Gegenwart an, die den menschlichen Körper als Ausdrucksmittel verstehen, als Chance körperlicher Ausdrucksgebung und Gestaltung, die die „Störung des Leibseins" als „Teil der Entfernungsproblematik" der Gegenwart auffassen und rhythmisch-musikalische Erziehung in den Zusammenhang des Leibverständnisses der Psychotherapie bringen (Konrad, 1983 und 1984).

M. Scheiblauer hat bereits in den zwanziger Jahren der rhythmisch-musikalischen Erziehung den Weg in die Heilpädagogik eröffnet. Nach ihrem Rhythmikexamen in Hellerau (1911) wird sie 1912 an das Zürcher Konservatorium berufen; dort beginnt sie, anders als E. Jaques-Dalcroze, der vornehmlich mit Jugendlichen und Erwachsenen arbeitete, sich vor allem Kindern im Vorschul- und Schulalter zuzuwenden, bald insbesondere solchen Kindern, die besondere Hilfe benötigen. Sie beginnt mit Gehörlosen und Blinden, arbeitet bald auch mit bewegungsgestörten, konzentrationsschwachen und verhaltensauffälligen Kindern. Von Zürich aus breitet sich die Scheiblauer-Rhythmik international aus. Heute ist rhythmisch-musikalische Erziehung mit der Heilpädagogik eng verbunden (Feudel, 1953; Reckling, 1965; Tauscher, 1967; Neikes, 1969; Zuckrigl u.a., 1976; Krimm von Fischer, 1978; Hoellering, 1979; Pflüger, 1979).

In der methodischen Literatur für die praktische Musikpädagogik überlappen sich in der Regel die unterschiedlichen Intentionen und Arbeitsgebiete rhythmisch-musikalischer Erziehung. Die Zahl der praktischen Beiträge, die Lehrern und Erziehern Anleitungen zur Verwirklichung des Konzeptes rhythmisch-musikalischer Erziehung in der Unterrichtssituation geben, ist groß und bisher noch nicht bibliographisch erfaßt. Sie beginnen mit „Präparationen" (Boepple, 1910) und „Leitfäden" (Keil, 1916) bereits im Umkreis von E. Jaques-Dalcroze. Es gibt Autoren, die den Akzent auf die Bewegungsübung legen (Glathe-Seifert, 1961; Sieler, 1964; Glathe, 1976). Für andere Autoren steht die Intention im Vordergrund, durch Bewegung musikalische Phänomene vorstellbar zu machen, die Bewegung zur Erarbeitung von Musiklehre einzusetzen (Jacob, 1964; Tauscher, 1976). In anderen Publikationen ist die Verbindung mit elementaren Instrumenten und Tanz bestimmend (Berzheim und Meier, 1979); dazu wird auch der erhoffte Beitrag für allgemeines Lernen zur zentralen Aufgabe musikalischer Bewegungserziehung (Zöller, 1975). Eine recht alte Tradition rhythmisch-musikalischer Erziehung besteht im vorschulischen Bereich, vielfältige Möglichkeiten des Spiels aus Musik und Bewegung entwickelnd (Tauscher, 1932; Sieler, 1968 und 1971; Steiner, 1975–1976; Steiner und Engel, 1980). Auch die Möglichkeiten der Rhythmik in der Schule wurden früh erkannt (Pfisterer, 1953). Die Vielfalt der praktischen Arbeitsmöglichkeiten, auch mit besonderem Blick auf die Jugendmusikschulen, zeigt der Bericht über eine „Arbeitstagung für Rhythmiklehrer, Psychologen und Erzieher aus der allgemeinen und speziellen Pädagogik", die 1958 in der musischen Bildungsstätte Remscheid stattfand (Krause, 1959). Die Weite der praktischen Beiträge zur rhythmisch-musikalischen Erziehung läßt gegenwärtig ein Konzept erkennen, das sich zunehmend von ideologisierenden Ansprüchen löst und für spezielle Aufgaben in verschiedenen pädagogischen Bereichen, auch in Verbindung mit Musik und mit musikalischen Zielen, differenzierte methodische Möglichkeiten entwickelt.

Die innere Bindung rhythmisch-musikalischer Erziehung an die reformpädagogischen zwanziger Jahre zeigt sich auch darin, daß im Zuge der Reform-Verordnungen „Rhythmik" bereits 1923 als selbständiger musikpädagogischer Berufszweig bei der neuen Privatmusiklehrerprüfung einbezogen wird. In der Folgezeit richten mehrere deutsche Musikhochschulen und Institute Rhythmik-Seminare zur Ausbildung von „Rhythmikern“ ein; einige haben hohes Ansehen durch ihre differenzierten Ausbildungsangebote erlangen können. Nach einem ersten Zusammenstoß deutscher Rhythmik-Lehrer bereits 1915 wurde 1926 der „Deutsche Rhythmikbund e.V.“ gegründet. Er wurde in der nationalsozialistischen Zeit der Reichmusikkammer zugeordnet, konnte sich 1948 neu konstituieren und schließlich 1964 als „Bundesverband Rhythmische Erziehung e.V.“ seine jetzige Gestalt gewinnen.

4.2. Kodálys Konzept

In dem umfangreichen Kodály-Schrifttum und der Kodály-Bibliographie (Brezinová, 1970) pflegt man zunehmend das Bild eines dreigeteilten Z. Kodály: Man unterscheidet zwischen dem Komponisten, dem Volksmusikforscher und dem Musikpädagogen Kodály. Wie jüngst (1982) die internationale Budapester Konferenz zum 100. Geburtstag des großen Ungarn zeigte, birgt diese die Arbeitsgebiete Z. Kodálys getrennt angehende Denkweise nicht nur die Gefahr, den inneren Zusammenhang der Schaffensgebiete Z. Kodálys zu vernachlässigen; es zeigen sich sogar konkurrierende Tendenzen, zu denen gerade die Musikpädagogen beitragen, wenn sie Z. Kodálys musikpädagogisches Wirken idealisierend und überhöhend herausheben, und Methode und Organisation vor die künstlerische Leistung des großen Musikers stellen, der Kunstwerke (auch) für die praktische Ausführung durch Kinder schuf.

Als den Kern des Konzeptes von Z. Kodály darf man wohl die Kongruenz von Material, Zielvorstellung und Unterrichtsmethode ansehen. Denn es geht von dem ungarischen Volkslied aus, mit dessen Hilfe musikalische Vorstellungsfähigkeit erworben wird und auf dem ein systematischer Lehrgang des Singens und der Gehörbildung beruht. Weiterreichende Sachziele und weitergreifende pädagogische Hoffnungen schließen sich an, doch Stabilität und innere Logik von Material, Ziel und Methode sichern in ihrer Abstimmung aufeinander zunächst einen pragmatischen Ausbildungsgang. Die in deutscher Sprache vorliegenden vierzehn Hefte der „Chor-Schule“ Z. Kodálys lassen den materialen Weg nachvollziehen, der mit Kinderliedern in schlichter Stufenmelodik und einfachen Taktarten beginnt und, systematisch musikalische Phänomene anreichernd, in höchst anspruchsvolle Mehrstimmigkeit führt (Kodály, o.J.). Nach dem ersten Singen nach dem Gehör im Kindergarten wird auf der Grundlage vokaler Beherrschung entsprechenden Liedmaterials mit Hilfe von Handzeichen und relativen Tonnamen musikalische Vorstellungsfähigkeit und Kenntnis erworben. Singen bleibt die Basis musikalischer Erarbeitung bis in die instrumentale Berufsausbildung hinein.

Das Geheimnis des Lehrkonzeptes ist jedoch nicht nur dieser Material, Tonvorstellung und sachgerechte Methode zu einem Lehrgang von hoher Systematik vereinende musikdidaktische Weg, sondern die – wenigstens ursprünglich gegebene – Chance einer durchgängigen Verwirklichung. Dank der musikalischen Autorität Z. Kodálys konnte nicht nur ein durchgängiger Lehrgang vom Kindergarten bis zur Hochschule eingeführt, sondern dieses stabile Kontinuum auch in der gesamten Breite einer nationalen Musikpädagogik stabilisiert werden. Z. Kodály erkannte die Bedeutung des musikalischen Beginns im Kindergarten und fand in K. Forrai eine Mitarbeiterin, die für alle Kindergärten des Landes in Material und Methode die Basis weiterführenden musikalischen Lernens schuf. Nicht nur die Aneignung von Liedern, sondern auch Übungen zur gründlichen Einprägung der melodischen und rhythmischen Elemente stehen auf dem musikalischen Programm der Kindergärten. Die besondere melodische Struktur des ungarischen Kinderliedes, die Verquickung von pentatonischen, Dur- und Moll-Teilen, kommt diesem vokalen Beginn besonders entgegen. Mit dem Eintritt in die Schule setzen Notenschreiben und Notenlesen ein, unverändert an heimische Folklore gebunden und mit methodischer Hilfe der Solmisation. Doch von höchster Bedeutung wird gerade für die Schulmusik, daß für das ganze Land ein fester musikalischer Plan gilt; die Musiklehrer sind an einen allseits gültigen Lehrplan gebunden, an einheitliche Musiklehrbücher, übereinstimmende Stundenzahlen und die gleiche Lehrmethode, ein System, das scharf kritisiert wurde und doch zu vergleichenden Überlegungen herausfordert. Schulen mit erweitertem Musikunterricht, auch bereits für Kinder im Grundschul-Alter, geben zusätzliche schulische und berufsvorbereitende Möglichkeiten im Fach Musik. Doch auch wer solche „Programmierung" von Musikunterricht nicht gutheißen kann, wird aus den detaillierten Hinweisen zur Erarbeitung von Formenlehre, Harmonielehre, Transposition wie Instrumentalspiel viele methodische Anregungen, gerade in der Kombination von Singen und notenschriftlicher Übung, gewinnen können. Die Wertschätzung von Musikunterricht für Kinder rührt aus der verbreiteten Annahme seiner erzieherischen Bedeutung, die (auch) in Ungarn Gegenstand empirischer Untersuchungen wurde (Kokas, 1970; Hurwitz u.a., 1975).

Der Name Z. Kodálys ist eng mit dem Namen B. Bartóks verbunden; seit 1905 die beiden jungen Komponisten in die ungarischen Dörfer reisten, um Volksmusik aufzunehmen, nennt man ihre Namen zusammen. Beide sind durch die nationale Musik ihrer Heimat geformt, beide erlebten die Möglichkeit, aus ältesten Elementen der Musik ihrer Heimat erneuernd auf die Kunstmusik ihrer Zeit wirken zu können. B. Bartók wurde über die Klaviermusik zum Musikpädagogen. Doch Z. Kodály wurde über Sprache und Lied zum Erneuerer der gesamten ungarischen Musikpädagogik: Er schuf ein systematisches Lehrsystem und wurde darüber hinaus zum Musikpolitiker. Er vermochte überzeugend die Bedeutung der Musik und der Musikpädagogik für sein Land, für die Menschen aufzuzeigen, er fand Worte für die erzieherische Bedeutung der Musik, er schuf über seine Musikpädagogik internationale Verbindungen, gestützt auf seine so überzeugend wirkenden Worte einer über die Grenzen hinausreichenden Humanisierung durch Musik (Kodály, 1983). Wegen dieses über Praxis und Organisation hinausführenden weiten musikpädagogischen Gedankenfluges Z. Kodálys verwahrt man sich oft dagegen, von einer Kodály-Methode zu sprechen. Man habe bemerkt, schreibt E. Szönyi mit Zurückhaltung, „daß die ungarische Musikpädagogik eigentlich keine Kodály-Methode ist, sondern eher eine Philosophie, eine Lehre über die Rolle der Musik in der Gesellschaft, im Leben des Kindes, des Jugendlichen, des Erwachsenen" (Szönyi, 1973).

Doch mit dieser „Philosophie" stellt sich uns die Frage nach der historischen Position Z. Kodálys im Nachdenken über pädagogischen Umgang mit Musik. Das Bekenntnis zu den hohen erzieherischen Zielen aller Musikpädagogik, die Hinwendung schon zum kleinen Kind, rücken Z. Kodály zweifellos in die Nähe der musischen Bewegung; das Charisma seiner Persönlichkeit, der methodische Ausgang vom Wort lassen ihn mit C. Orff vergleichen. Diese Beziehungen bedürfen noch einer speziellen Analyse. Doch erscheint es als problematisch, nur wegen der übereinstimmenden Betonung von Volksmusik und praktischem Musik-Machen Z. Kodály und L. Kestenberg in Zusammenhang zu bringen (Halmos, 1977). Für den Musiker Z. Kodály ist doch wohl ein hoher musikalischer Leistungsanspruch und demgemäß der methodische Rückgriff auf die Solmisation so bestimmend, daß Übereinstimmungen mit Intentionen der musikalischen Jugendbewegung eher verbal bleiben. Auch weicht er doch wohl in seiner (sachlichen) Begründung für den musikpädagogischen Einsatz des Volksliedes erheblich von den (ideologischen) Aussagen über Volkslied-Singen in den Kreisen der musikalischen Jugendbewegung ab, ganz zu schweigen von seinem in der Sache wie im Umfang so kontinuierlich-systematischen Ansatz praktischer Musikpädagogik, der von Kindergarten bis Erwachsenenbildung (Kodály, 1966 und 1967) einen wesentlich höheren Grad von Realität erreicht als die Kestenbergschen Richtlinien und Erlasse.

Die spezielle musikpädagogische Literatur über Z. Kodály ist bereits höchst zahlreich und vielfältig. In seiner ungarischen Heimat haben vor allem seine Schüler seine Ideen, doch auch ihren Niederschlag im ungarischen System des Musikunterrichts beschrieben und analysiert (Kokas, 1970; Dobszay, 1972; Szárai, 1972; Kolár, 1972/1973; Choksy, 1974). Aus der deutschsprachigen Literatur über Z. Kodálys musikpädagogisches Wirken und das nach ihm genannte Lehrkonzept sind vor allem die Übersetzungen ungarischer Standardwerke, der grundlegenden Arbeit von E. Szönyi (1973) und des von F. Sandor herausgegebenen Sammelbandes (Sandor, 1966), hervorzuheben, dazu Schriften zu speziellen musikpädagogischen Wirkungsbereichen Z. Kodálys (Schollum, 1961/1962; Gabor, 1962; Friss, 1964–1968; Kraus, 1967; Mayer, 1974). E. Halmos ist eine grundlegende Darstellung der Kodályschen Intentionen für die Musikpädagogik zu danken, ein Versuch, diese Intentionen in musikdidaktisches Denken der Gegenwart einzuordnen (Halmos, 1977). Die – im Vergleich zur Bundesrepublik Deutschland – besonders starke Ausbreitung des Kodály-Konzeptes in den USA belegt die große Zahl der dort erschienenen praxisbezogenen Schriften und Untersuchungen (Ringer, 1970; Winters, 1970; Wheeler und Raebeck, 1972; u.a.). Die Methode wurde auch speziell für englische Schulen bearbeitet und hinsichtlich ihres Erfolgs beobachtet; es wird von beachtlichen Lernergebnissen bei singschwachen Kindern berichtet (Vajda, 1974).

4.3 Das Orff-Schulwerk

Den Kern des Orff-Schulwerks bilden die fünf zwischen 1950 und 1954 von C. Orff und G. Keetman veröffentlichten Bände (Orff und Keetman, o.J. a [1950–1954]). Um diesen Kern entwickelte sich eine Fülle von praktischen Einzelausgaben gemäß Stil und Prinzipien des Orff-Schulwerkes. Dazu entstanden modifizierte Schulwerk-Ausgaben in (gegenwärtig) siebzehn verschiedenen Sprachen, wurden Schallplatten und Filme zum Schulwerk hergestellt. Eine kaum noch überschaubare Literatur begleitet das Schulwerk, theoretischen Fragestellungen nachgehend (Preussner, 1963; Thomas, 1977), musikdidaktisch reflektierend (Keller und Reusch, 1954) wie praktisch-methodisch ausbauend (Regner, 1970; Keetman, 1981). Auch C. Orff selbst hat begründend und erläuternd zu dem Schulwerk Stellung genommen (Orff, 1963 und 1976). Die Fülle der Literatur zum Orff-Schulwerk wurde teilweise in speziellen Bibliographien erfaßt (Hochschule Mozarteum, 1972).

Die Geschichte des Orff-Schulwerks beginnt lange vor der Publikation der fünf Kern-Bände. Als der junge C. Orff 1924 mit D. Günther in der Münchner Luisenstraße eine Schule für moderne Körper- und Tanzerziehung eröffnet, die so berühmt gewordene Günther-Schule, findet er die Möglichkeit, Vorstellungen der Verbindung bzw. Einheit von Sprache, Musik und Tanz zu realisieren und zu erproben, Fragen, die den Komponisten C. Orff bewegen: er spürt musikalischen Möglichkeiten in Sprache und Bewegung nach, sucht die Künste gesamtkunstwerklich zu einen und in Szene zu bringen. Das Schulwerk ist immer im Kontext seiner künstlerischen Absichten zu sehen; ein frühes Einführungsheft C. Orffs für sein Schulwerk entsteht schon in den dreißiger Jahren, in zeitlicher Nähe zur Arbeit an den „Carmina Burana". Die sprachrhythmische Sensibilität des Komponisten ist die Inspiration des Pädagogen. Die Konkretisierung der fünf Schulwerk-Bände beginnt erst 1948, angestoßen durch Schulfunk-Sendungen des Bayerischen Rundfunks, 1949 dank der Unterstützung E. Preussners erprobt mit regelmäßigen Schulwerk-Kursen für 8–10jährige Kinder am Mozarteum in Salzburg. Die gemeinsame Arbeit C. Orffs und G. Keetmans am Mozarteum kann zu der zwischen 1950 und 1954 erfolgenden Veröffentlichung der Schulwerk-Bände führen, die für alle nachfolgenden Einzelausgaben Richtschnur werden.

Auch die jüngere Geschichte des Orff-Schulwerks ist nicht denkbar ohne die Institutionalisierung am Salzburger Mozarteum. 1961 wird am Mozarteum die Zentralstelle und das Seminar des Orff-Schulwerks eröffnet, das sich mit den großzügigen Raummöglichkeiten in einem eigenen Orff-Institut (1963) schließlich voll den Möglichkeiten der Verbreitung des Orff-Schulwerks in alle Welt und seiner Weiterentwicklung widmen kann. Eine 1972 erstellte erste Dokumentation der Entwicklung des Orff-Institutes (Hochschule Mozarteum, 1972) läßt die zugleich systematische wie höchst lebendige Ausweitung der Angebote des Orff-Institutes erkennen. Der Lehrkörper wird erweitert und differenziert, die Unterrichtsfächer werden spezialisiert, Sommerkurse und Sonderkurse werden eingerichtet, die Auslandskontakte mehren sich rasch. Dazu wird eine Gesellschaft der „Förderer des Orff-Schulwerkes" (1961) gegründet, ein Jahrbuch wird eingeführt (seit 1962), die Schulwerk-Informationen erscheinen (seit 1964), Rundfunk-Sendereihen und Fernsehfilme beginnen (seit 1965), mit dem Sommer 1965 beginnen die fremdsprachigen Sommerkurse. Stetig werden die internationalen Kontakte ausgebaut, weitere Schallplatten und Filme belegen die Lebendigkeit der Arbeit des Orff-Institutes, das auch zum Modell musikpädagogischer public relations wird.

Das Orff-Schulwerk als Lehrkonzept zu charakterisieren ist schwierig, weil zwischen den Absichten von C. Orff/G. Keetman, den pädagogischen Erwartungen ihrer Interpreten und der pädagogischen Wirklichkeit kein Einklang besteht. Für die Absichten C. Orffs und G. Keetmans ist zunächst der Ausgang von alten Kinderliedern im Fünftonraum bestimmend, weil das Kind in diesem, „ihm mental entsprechenden Bezirk . . . am leichtesten zu eigener Ausdrucksmöglichkeit gelangen (kann), ohne der Gefahr einer Anlehnung an die überstarken Vorbilder anderer Musik ausgesetzt zu sein". Die weitere Absicht ist, dem Kind „ein zweckentsprechendes Instrumentarium" zum „Eindringen in diese frühe Klangwelt" bereitzustellen. Als „grundlegend" wird stets die rhythmische Arbeit gesehen, doch auch diese beginnt mit der Sprechübung („Am Beginn aller musikalischen Übung, der rhythmischen wie der melodischen, steht die Sprechübung"). Über diesen bestimmenden Absichten von C. Orff und G. Keetman sind in der Wirklichkeit pädagogischen Umganges mit den elementaren Instrumenten weitere Absichten der Urheber aus dem Blick geraten: daß man von Anfang an auch „musikalische Aufzeichnung" einbeziehen solle, daß das Spielen auch der einfachsten Instrumente „richtige Anleitung und Übung" voraussetzt, und „Klangsinn und Einfühlung im Zusammenspiel . . . besonders geweckt und geschult werden" müssen.

Musikpädagogisch schwer zu knacken ist die Nuß von der Grundlage dieses elementaren sprachlich-rhythmisch-klanglichen Spielens „für alles spätere Musizieren und Interpretieren" im Sinne von „wahrem Verständnis für musikalische Sprache und Ausdruck, die hier, wie in einer Fibel, erstlingshaft gebildet werden" (Orff und Keetman, o.J. b [1950]). Differenzierte Probleme musikalischer Lehre werden hier „überspielt". Denn es ist letztlich höchst fragwürdig, ob musikalische Transfermöglichkeiten zwischen elementarem Liedgut oder Instrumentalspiel und Musikverstehen bestehen, der Weg vom Tun zum Erkennen verliert sich in ungewisse Ferne; vor allem ist es aber die musikalische Improvisation an elementaren Instrumenten, die die Schulwerk-Interpreten in den Mittelpunkt der Lehre mit dem Orff-Schulwerk rückten, die nicht immer zum Wohl der musikalisch Lernenden ausschlug. Doch es war gerade diese Hoffnung auf „musikalische Kreativität", die den Musiklehrern an den Schulen zur Ausrüstung mit den Schulwerk-Instrumenten verhalf. Die Verbindung von Sprache, Musik und Bewegung, die klanglichen Möglichkeiten mit elementaren Instrumenten, auch die Modelle einfacher Liedbegleitungen und Spielstücke, dies kann in Elementarbereich und Grundschule musikalisch und methodisch in der Hand eines dafür ausgebildeten Lehrers und vorsichtig dosiert höchst anregend und produktiv sein; doch die einseitige Verwendung, die Verabsolutierung zu elementarer Musikerziehung und Musik für Kinder, machen das Orff-Schulwerk zum Problem.

Der Ursprung des Orff-Schulwerks im musikpädagogischen Denken der musischen Bewegung ist unverkennbar. Er zeigt sich bereits im Ausgang von der Einheit der Künste, der alten musischen Einheit von Sprache, Musik und Bewegung. Auch die Betonung des Elementaren, des Kindgemäßen, die Rückbeziehung auf das elementare Material des Kinderliedes und die einfachen Klänge und Formen sprechen für diese innere Bindung. Alle Lehrprinzipien des Faches, die vor allem durch musisches Denken geprägt oder akzentuiert wurden, sind für das Lehrkonzept Orff-Schulwerk bestimmend: Nach dem Prinzip des musikalisch Kindgemäßen sind es ebenso die Lehrprinzipien musikalischer Selbsttätigkeit und des fächerübergreifenden Unterrichts. Wenn W. Keller das Orff-Schulwerk als einen musikalischen Beitrag zur Grundlegung einer zeitgemäßen Allgemeinerziehung sieht (Keller und Reusch, 1954), so spricht daraus die von Haus aus auf Erziehung gerichtete musische Denkweise. Vielleicht hat C. Orff selbst diese musische Rückbindung gemeint, als er in seiner Dokumentation zum Orff-Schulwerk davon sprach, daß er seine Ideen einer elementaren Musikerziehung nicht als neu empfinde: „Es war mir nur vergönnt, diese alten unvergänglichen Ideen aus heutiger Sicht neu anzusprechen und ihre Verwirklichung anzugehen" (Orff, 1976). Diese musische Dimension des Orff-Schulwerks wurde in der Literatur immer wieder angesprochen (Liess, 1955; Preussner, 1962), doch noch nicht systematisch entwickelt.

C. Orffs Aufforderung, das Schulwerk immer wieder zu erneuern und fortzuführen, haben die verdienstvollen Mitarbeiter des Salzburger Orff-Institutes stets beherzigt, allen voran B. Haselbach, H. Regner und W. Keller. Besonders hervorzuheben ist der Ausbau der Tanzerziehung mit der Hinwendung zu rhythmischer Bewegungserziehung bei gleichzeitiger methodischer Ausarbeitung für den Elementarbereich (Haselbach, 1971 a und b). Einen besonderen Schwerpunkt, literarisch reich entwickelt, fand der sozialpädagogisch-musiktherapeutische Ansatz (Keller, 1971; Wolfgart, 1971). H. Regner entwickelte die Verbindung zu den Medien, damit das Orff-Schulwerk in aller Welt einführend (Regner, 1964–1968).

4.4 Das Suzuki-Schulwerk

Ausgang und Mitte des Suzuki-Schulwerks ist ein von Sh. Suzuki entwickelter Lehrgang im Violinspiel; dieser Lehrgang erhielt einen allgemeinen Erziehungs-Hintergrund und wurde auf weitere Instrumente (Klavier, Violoncello, Flöte und Viola) transferiert. Die Entwicklung des von Sh. Suzuki inspirierten und ausgearbeiteten Konzepts begann nach 1928 in Japan, als Sh. Suzuki nach Berliner Studien bei K. Klingler in seine Heimat zurückkehrte. Die Institutionalisierung des Suzuki-Konzepts beginnt mit der kleinen Musikschule in Matsumoto, die Sh. Suzuki 1945 zu der heutigen Talent Education School auszubauen begann. Ein bereits umfangreiches spezielles Schrifttum, meist von Sh. Suzuki persönlich autorisiert, eingeleitet oder ergänzt, dazu Filme und Bildmaterial von einer großen Zahl gemeinsam geigender kleiner Japaner, haben das Suzuki-Konzept bereits international weit bekannt gemacht. Zunächst fand das Konzept besonders in den USA Interesse, was Spezialschriften (Keraus, 1973; Suzuki, 1973) und Diskussionen in Fachzeitschriften zeigen (Colyer, 1972/1973; Gabowitz, 1974/1975; Nickels, 1974/1975; Lipmann, 1979/1980; Bigler, 1980/1981). Auch in der Bundesrepublik Deutschland hat die Auseinandersetzung mit diesem speziellen Konzept außerschulischen Instrumentalunterrichts eingesetzt (Suzuki, 1977 a und b; Lützen, 1978 und 1979; Verband deutscher Musikschulen, 1980). Einführende Schriften sind die deutschsprachige Ausgabe von Sh. Suzukis programmatischer Schrift „Erziehung ist Liebe“ (Suzuki, 1975) und die Beschreibung des Konzepts „aus europäischer Sicht“ von B. Steinschaden und B. Zehetmair (1982). Ähnlich dem Orff-Schulwerk wird auch das Suzuki-Schulwerk auf grundlegenden Bänden (10) aufgebaut, die von Schallplatten, Kassetten, Ensemble-Heften sowie zusätzlichen Lehrwerken für andere Instrumente umgeben sind (Suzuki. o.J.).

Der zentrale Lehrgang des Violinspiels beruht auf dem Prinzip einer systematischen Reihenfolge grundlegender Fähigkeiten des Violinspiels. Zunächst werden Körper- und Geigenhaltung festgelegt, und zwar äußerst genau; Beschreibungen und Abbildungen zeigen dem Violinlehrer die Unterschiede richtiger und falscher Haltung beim Violinspiel. Genau so sorgfältig wird in die Bogenhaltung eingeübt und die für den einzelnen Schüler passende Geige ausgesucht. Das praktische Spiel auf der Violine beginnt mit rhythmischen Motiven bei gleichbleibender Tonhöhe (leeren Saiten); sie dienen der richtigen Streichbewegung. Die bereits vertrauten rhythmischen Motive werden, nun mit Tonhöhenunterschieden verbunden, auch zu den ersten Übungen für das Aufsetzen der Finger verwendet. Beginnend mit dem ersten Finger werden kontinuierlich immer mehr Finger einbezogen, bis Tonleiterausschnitte mit vier Tönen gespielt werden können. Systematisch wird zum ersten Lied der Violinschule gebracht; von dort aus führt der Weg durch einen festen Kanon von kleinen Liedstücken, stets genau auf dem Gelernten aufbauend und in kleinen Schritten, in genau dosierter Zunahme der Schwierigkeiten, zu Spielstücken. Sh. Suzuki komponierte kleine Stückchen, um die unterschiedlichen Bereiche des Violinspiels, die technischen Anforderungen in Strich, Tonbildung und Fingersatz sowie den Fortschritt im musikalischen Material speziell und aufeinander abgestimmt fördern zu können. Besondere Bedeutung wird dem Spiel ohne Noten beigemessen, (wobei Sh. Suzuki auf den Bezug zur „Muttersprach-Methode“ verweist), um die Konzentrationsfähigkeit der Kinder zu schulen. Man hat wohl mit Recht auf die mediale Komponente dieses Trainings verwiesen.

Doch diese Fakten des Violin-Lehrganges geben doch nur ein unvollständiges Bild dessen, was das Suzuki-Konzept intendiert und auch erwiesenermaßen zu leisten vermag. Jeder, der Kinder spielen sieht und hört, die nach den Richtlinien des Suzuki-Konzepts unterrichtet werden, kann beobachten, daß hier ein erstaunlich frühes und offensichtlich auch für viele Kinder erreichbares Violinspiel realisiert wird, von vergnügten Kindern, die Spaß an den gemeinsam vorgetragenen Stücken haben, die ihre kleinen Geigen sicher handhaben und mit diesen als besonders schwierig angesehenen Instrumenten leicht und natürlich umzugehen vermögen. In diesem frühen Beginn des Violinspiels nicht bei speziell ausgewählten Kindern, sondern als Möglichkeit aller, die dazu Lust haben, ist eine erste Eigenart des Konzeptes zu sehen; schon im Alter von zweieinhalb Jahren kann mit dem Unterricht begonnen werden. Dazu tritt als weitere Eigenart, daß die Bedeutung der Übung voll anerkannt wird. Nur durch ständige, konzentrierte Übung kann eine Befähigung zum Violinspiel entwickelt werden; von selbst kann sie nicht entstehen. Die Beständigkeit der Übung führt zur Fähigkeit des Violinspiels, das bewußte Arbeiten an Schwierigkeiten, die Geduld. Charakteristisch ist auch die ständige Beteiligung der Eltern. Dazu wird ein regelmäßiger Wechsel von Einzelunterricht und Unisono-Spiel in großen Gruppen eingehalten; dem gemeinsamen Spiel wird hohe motivatorische Bedeutung beigemessen. Aber auch diese pädagogischen Regeln allein machen nicht hinreichend die Eigenarten der Suzuki-Arbeit deutlich. Jeder Schritt in dem Kontinuum zum Erlernen des Geigenspiels erhält seine stärkste Kraft durch die ständige Demonstration menschlicher Liebe zur Musik, die verbunden ist mit Verweisen auf die Wirkungen der Musik für die körperliche und geistige Entwicklung des Kindes.

Diese Mischung von früher, strenger Übung, offensichtlichem Geschäftssinn des Sohnes eines Geigenfabrikanten und höchsten Idealen ist für den jugendbewegungsgeprüften deutschen Musikpädagogen nicht leicht nachzuvollziehen. Für Sh. Suzuki ist das Konzept widerspruchsfrei: „Der Sinn, schon mit sehr kleinen Kindern zu beginnen, ist zwar zum einen die ungeheure Lernfähigkeit in diesem frühen Alter – vorzugsweise ab drei Jahren –, aber zum anderen sollen grundlegende Werte, die dem Kind im ganzen Leben Hilfe und Standfestigkeit geben können, vermittelt werden" (Steinschaden und Zehetmair, 1982). Denkweise und Sprache Sh. Suzukis neigen zu Emphase und Pathetik, vielleicht zu Idealismus: „Mein Herz ist übervoll von dem Wunsch mitzuhelfen, daß alle auf dieser Erde geborenen Kinder gute, glückliche Menschen werden, Menschen mit hervorragenden Fähigkeiten. Ich habe mein Leben und meine ganze Tatkraft vollständig diesem Ziel verschrieben, denn meine Entdeckung hat mir gezeigt, daß jedes Kind ohne Ausnahme mit dieser Möglichkeit geboren wird" (Suzuki, 1975). Sh. Suzuki betont stets, daß sein Konzept auf Theorien verzichte, daß es auf Umsetzung in der Praxis ausgerichtet sei. Dem entspricht, daß er seine Beobachtungen in der Praxis – beispielsweise die frühe Lernfähigkeit des Kindes, die Parallelen zwischen musikalischem Lernen und muttersprachlichem Lernen, die konzentrierenden Möglichkeiten des Instrumentalspiels – als eigene Entdeckungen ansieht, ohne je einen Bezug zu längst etabliertem musikpädagogischem Erfahrungswissen oder gar zu musikpädagogischer Forschung herzustellen.

Der Erfolg des Suzuki-Konzepts beruht wahrscheinlich auf zwei verschiedenen Komponenten: dem beobachtbaren Erfolg seines handfesten, auf frühem Beginn und systematischer Übung beruhenden Violin-Lehrgangs sowie der verstärkenden Wirkung einer philanthropisch-pädagogischen Ideologie der Erziehung und Humanisierung durch frühen Umgang mit Musik. Auch die charismatische Persönlichkeit Sh. Suzukis und die publikumswirksamen Demonstrationen geigender Kinder tun wohl ein übriges. Die pragmatische Komponente, die systematische, durch Erfolg motivierende Arbeitsweise, ist in der deutschen Diskussion ein besonders beachtenswerter Anstoß; erste Versuche der Einbindung in die gegenwärtige Instrumentaldidaktik, beispielsweise durch die Einbeziehung deutscher Liedmaterialien und verstärkte Berücksichtigung von Musiklehre und Gehörbildung, haben begonnen (Steinschaden und Zehetmair, 1982). Die philantropisch-pädagogische Komponente, im Ausland sicher weniger verbraucht als im deutschen Mutterland der Reformpädagogik, läßt eine Untersuchung der Begegnungen Sh. Suzukis im Berlin der zwanziger Jahre – wie der von ihm gern zitierten mit A. Einstein – als offene Aufgabe erscheinen. Doch stecken vor allem in der Beobachtung des Violinunterrichts nach Sh. Suzuki in Japan und in Westeuropa, der Analyse der Unterschiedlichkeit der Bedingungsfaktoren in verschiedenen Erziehungssystemen (beispielsweise Konzentrationsfähigkeit und Übungsbereitschaft betreffend), anregende Aufgaben vergleichender Musikpädagogik.

4.5 Das Yamaha-System Musik und Erziehung

Nicht nur indirekt, wie das durch die Herkunft des Begründers Sh. Suzuki im Zusammenhang mit einer der größten Geigenbaufirmen der Welt zu sehende Suzuki-Schulwerk, sondern offen und direkt zeigt sich das Yamaha-System Musik und Erziehung als Glied eines Industrieunternehmens, der Firma Yamaha. Man sieht in Japan in diesem Zusammenhang eines musikpädagogischen Konzepts mit einem Wirtschaftsunternehmen kaum ein Problem; offenkundig ist man eher bereit, die Vorzüge einer solchen Verbindung für die praktische Musikpädagogik anzuerkennen. Die Finanzkraft der Firma Yamaha begründet sich nicht nur auf der mit modernster Fließband-Ausrüstung betriebenen Produktion von Klavieren und Flügeln. Hier werden auch Tasteninstrumente mit elektronischer Tongebung hergestellt, in Serienproduktion und zu verhältnismäßig geringen Preisen, dazu auch Fahrzeuge verschiedenster Art bis zu Segelschiffen. Der japanische Instrumentenhandel stellt die instrumentale Parallele dar zu der umfassenden wirtschaftlichen Expansion Japans; Yamaha-Instrumente sind über die ganze Erde verbreitet, führende internationale Pianisten haben das Lob der Instrumente verkündet. Nach Erhebungen von 1965 lag die monatliche Produktionsziffer für Klaviere und Flügel bei Nippon Gakki und der mit ihr verbundenen Yamaha-Gruppe bei 8500 Instrumenten, während vergleichsweise die größte deutsche Klavierfirma etwa 6000 Instrumente produzierte, aber innerhalb eines Jahres. Dazu wurden monatlich von Nippon Gakki 1500 elektrische Orgeln und 20000 Harmonium-Instrumente produziert. Die Exportziffer für 1965 lag bei 10000 Klavieren und Flügeln (Borris, 1967).

Nippon Gakki vertreibt nicht nur Klavierinstrumente, sondern sorgt zugleich für den Unterricht auf diesen Instrumenten. 1965 unterhielt Nippon Gakki in Japan allein 5000 Musikschulen für Kinder, in denen 250000 Kinder unterrichtet wurden. Die ersten Yamaha-Musikschulen der USA begannen 1965 ihre Arbeit. Im ersten Jahr des Bestehens stiegen die Schülerzahlen von 60 auf 500; schon 1966 gab es in den USA hundert Schulen mit rund 10000 Kindern. Der Unterricht in diesen Schulen ist verhältnismäßig billig, die Honorare für die Lehrkräfte liegen ebenfalls niedrig, steigen aber je nach künstlerischer Leistungsfähigkeit der Lehrer. Besonderer Wert wird – wie bei Sh. Suzuki – auf den Beginn des Unterrichts im frühen Kindesalter gelegt; die Yamaha-Kurse beginnen in der Regel mit Fünfjährigen. Die Organisation der Musikschulen liegt meist bei den Instrumentenbaufirmen, doch gibt es auch Möglichkeiten des Anschlusses an Schulen und Ausbildungsinstitutionen (Borris, 1967).

Zu Recht wird darauf verwiesen, daß der japanische Boom des Instrumentalspiels und -kaufs im Zusammenhang des japanischen Systems der Schulmusik zu sehen ist (Zimmerschied, 1983). Denn Instrumentalspiel gehört in Japan zu den Unterrichtsgegenständen auch der Schule. Dazu werden (soweit man selbst beobachten konnte) vor allem kleine Tastenspiele und die Blockflöte herangezogen, Instrumente, die alle Kinder der Klasse spielen lernen; die Violine tritt demgegenüber zurück, auch wenn in den zahlreichen Schulorchestern schon der Grundschule die Streichergruppen voll besetzt sind. Der Musikunterricht in der Schule entwickelt und fördert die Liebe zum Instrumentalspiel. Daß die Kinder auch wirklich spielen können, wird vor allem dadurch möglich, daß auch in der Lehrerausbildung Instrumentalspiel Pflichtfach ist und die Präsenzpflicht der Lehrer in der Schule, über die Unterrichtszeit hinaus, zusätzliche instrumentale Hilfen für den einzelnen Schüler ermöglicht. Doch Ursachen des Erfolges schulischen Instrumentalspiels sind auch in den allgemeinen Verhaltensweisen zu suchen. In der japanischen Schule ist es möglich, daß im gleichen Raum mehrere verschiedene Kindergruppen unabhängig voneinander an zwei verschiedenen Materialien üben, und daß – wie auch bei Sh. Suzuki – der pädagogische Grundgedanke von allen, die an der Erziehung der Kinder beteiligt sind, respektiert wird: daß der Umgang mit Musik gut für Kinder sei, daß man etwas für sein Kind versäumt, wenn man ihm Musik vorenthält. Musik ist allseits anerkannter Bereich der Erziehung – mit dieser Prämisse wird hier offensichtlich auch das musikalische Können zur Selbstverständlichkeit für alle Schulkinder.

Das Yamaha-System Musik und Erziehung beruht auf diesen kommerziellen und pädagogischen Voraussetzungen. Seine Realität sind die von dem Yamaha-Konzern produzierten Tasteninstrumente, seine Idealität gibt die nationale Überzeugung von dem Zusammenhang zwischen Musik und Erziehung. Die Organisation leistet die Yamaha Music Foundation in Tokio, die die Yamaha-Musikschulen schuf (1954). Über das japanische Mutterland hinaus bestehen Yamaha-Musikschulen heute bereits in 30 Ländern; in der Bundesrepublik Deutschland ist die Entwicklung noch schmal geblieben, da Musikschulen anderen Typs dominieren. G. Kawakami, Präsident der Yamaha-Foundation, schildert unter der Überschrift „Music Education for the Public Good", daß er es als Chef einer Firma für Musikinstrumente als seine soziale Pflicht ansah, Musikschulen zu gründen, damit so viel Leute als möglich die Freude an Musik kennen lernen können; er gründete die Foundation, damit eine nicht-gewerbliche Institution sich der erzieherischen Aufgabe unabhängig zuwenden könne. Als die zentralen Aufgaben der Yamaha Music Foundation nennt G. Kawakami die Erforschung des Yamaha-Systems und seine weitere Entwicklung, die Ausbildung von Musiklehrern, die Musik populär machen können, und schließlich die Förderung allgemeiner musikalischer Veranstaltungen (Kawakami, 1981).

Der Unterricht in den Yamaha-Schulen beginnt mit 5jährigen Kindern und reicht gegenwärtig bis zum vierzehnten Lebensjahr. Im Mittelpunkt steht das Tasteninstrument, doch wird weniger spezielle Spieltechnik als vielmehr eine allgemeine musikalische Befähigung angesteuert. Die Kinder lernen musikalische Phänomene hörend zu erkennen und zu spielen; das Tasteninstrument wird zur Veranschaulichung dieser musikalischen Phänomene verwendet. Gruppenunterricht und Gruppenmusizieren auf Tasteninstrumenten gilt die besondere Aufmerksamkeit. Wie bei Sh. Suzuki werden die Eltern einbezogen, wie das Suzuki-Schulwerk basiert auch das Yamaha-

System auf der allseits anerkannten und vorausgesetzten Auffassung von der grundlegenden Bedeutung der Musik für alle Erziehung. Ein entscheidender Unterschied zwischen den beiden japanischen Modellen liegt darin, daß das Yamaha-System von Anfang an mit Notenschrift arbeitet, während Sh. Suzuki zunächst nach dem Gedächtnis spielen läßt. Doch vor allem zielt das Yamaha-Modell mit Singen und Improvisieren mehr als das Suzuki-Modell auf eine über das instrumentale Training hinausweisende Musikalisierung.

4.6 Didaktische Interpretation von Musik als Lehrkonzept

Die auf Verstehen von Musik zielenden Bemühungen musikalischer Lehre werden gegenwärtig mit dem Terminus didaktische Interpretation von Musik belegt, den K.H. Ehrenforth 1971 als musikpädagogischen Begriff zu begründen versuchte; er wurde seitdem von ihm und von Ch. Richter in zahlreichen Beiträgen, vor allem in der Fachzeitschrift „Musik und Bildung", nachdrücklich vertreten, wobei sich K.H. Ehrenforth vor allem auf Verknüpfungen mit hermeneutischem Denken und Ch. Richter stärker auf die praktische Anwendung des adaptierten musik-hermeneutischen Konzepts in der Lehre einstellte. Die zentralen Schriften zum Thema sind K.H. Ehrenforths Arbeit über „Verstehen und Auslegen" (Ehrenforth, 1971) und Ch. Richters „Theorie und Praxis der didaktischen Interpretation von Musik" (Richter, 1976).

K.H. Ehrenforths Ausgang ist die musikbezogene Hermeneutik, die er – abgrenzend gegen H. Kretzschmars inhaltsästhetischen Ansatz – als philosophisch-erkenntnistheoretische Erörterung von Voraussetzung, Bedingung und Struktur des Verstehens und Auslegens von Musik auffaßt. Sein Mentor ist H.G. Gadamer, dessen Grundzüge einer philosophischen Hermeneutik in „Wahrheit und Methode" (Gadamer, 1965) als gedankliche Substanz der Ehrenforthschen Entwicklung einer Lehre vom musikalischen Verstehen dienen. Insbesondere wird ein wissenschaftstheoretischer Ansatz H.G. Gadamers aufgegriffen, die Kritik an dem Wahrheits- und Objektivitätsanspruch neuzeitlicher Wissenschaftslehre; das Kunst- und Geschichtsverständnis H.G. Gadamers wird als Beleg dafür zitiert, daß es Erfahrensweisen der Wahrheit gibt, die nicht an Maßstäben und Erkenntnisbegriff der Naturwissenschaften zu messen seien. Die Erfahrung von Kunst wie von Geschichte erfolge nicht in der Gegenüberstellung von Objekt und dem für sich seienden Subjekt; das Objekt erhalte sein eigentliches Sein dadurch, daß es zu Erfahrung werde und das erfahrende Subjekt verwandle. Auch das Verstehen von Musik wird zu einem wirkungsgeschichtlichen Vorgang. K.H. Ehrenforth sieht dieses Verstehen, gemäß seiner Auffassung geisteswissenschaftlicher Erkenntnismöglichkeit, mehr an erfahrendes Verstehen, denn an analysierende Beobachtung angebunden; „die Verstehensstruktur entspricht der eines Gespräches zwischen 'Subjekt' und 'Objekt'". Seine Charakteristik dieses Gespräches als „nicht einlinig auf ein 'Objekt' hin ausgerichtet, sondern kreisend" gerät unversehens in die Nähe des musischen Menschen von O. Haase, der „sich nicht linear, sondern zyklisch" bewege (Haase, 1951). Der „hermeneutische Zirkel" wird zum Anschauungsmodell der dargelegten Verstehensstruktur; er gilt für das Verstehen des Einzelnen aus dem Ganzen wie des Ganzen aus dem Einzelnen, gilt für die Geschichtlichkeit des Verstehens und die Verstehensstruktur zwischen Subjekt und Objekt, Vorverständnis und fragende Erwartung einerseits, korrigierende Antwort und Rückfrage andererseits, die Bewegung zwischen Verstehenshorizont des Subjektes und dem Anspruch des Objektes (Ehrenforth, 1971).

Natürlich ist didaktische Interpretation von Musik ein Begriff, der zunächst alle Interpretation von Musik in belehrender Absicht und mit geplantem Vorgehen umfaßt; die didaktische Interpretation von Musik nach Ehrenforth-Richter stellt im Rahmen der Lehre von Musik ein Konzept dar, das theoretische und praktische Eigenart beansprucht. Sein theoretischer Ansatz liegt in der Berufung auf die in der Hermeneutik vorgegebene zirkelhafte Grundstruktur des Verstehens in ihrer dort vorgegebenen Übertragung auf Kunst. Die hermeneutische Verstehensstruktur wird als Merkmal dieser speziellen didaktischen Interpretation von Musik dahingehend formuliert, daß Werkanspruch und Höreinstellung, musikalische Sache und Musik erfahrender Mensch unmittelbar verknüpft werden: „Die Eigenständigkeit der didaktischen Interpretation von Musik liegt nun darin, daß sie weder das Musik- bzw. Werkverständnis voraussetzen noch den Sachanspruch des zu interpretierenden Werkes rücksichtslos zur Geltung bringen kann, sondern daß sie den Hörer voll im Auge behält und ihn dort 'abholt', wo er nach Hörerwartung und Rezeptionsvermögen vermutet werden muß". Rezeptionspsychologische Untersuchung und werkbezogene Faktorenanalyse werden als „Eckpfeiler" dieser Lehre gesehen, doch so, „daß keiner dieser Forschungsbereiche isoliert betrachtet werden darf" (Ehrenforth, 1971). Den theoretischen Anspruch dieses Ansatzes belegt K.H. Ehrenforth nochmals in seinem jüngsten Beitrag zur didaktischen Interpretation von Musik, indem er sie als „theoretische Grundlegung der laienorientierten Vermittlung von Musik" bezeichnet (Ehrenforth, 1982). Man darf zustimmen, daß Aspekte der Eigenart menschlichen Zuganges zu Musik aus hermeneutischer Sicht beschrieben werden. Wenn jedoch das Bekenntnis zur Hermeneutik so weit führt, daß ein psychologischer und musikpädagogischer Grundbegriff wie der der Wahrnehmung als Beleg für kybernetische und behavioristische Verengung angeführt wird, „herabgedrückt auf die Ebene eines sensorischen Materialismus", und didaktische Interpretation verstanden wird als Chance, nach solcher „Epidemie", die „bekanntlich auch die Musikdidaktik heimgesucht" habe, „dem Begriff seine Würde wiederzugeben" (Ehrenforth, 1982), offenbart diese theoretische Grundlegung didaktischer Interpretation von Musik Gefahren der Einseitigkeit durch Ausschluß von Erkenntnismöglichkeiten bezüglich des Verstehens von Musik.

Diese spezifische theoretische Grundlegung musikalischen Verstehens ist von Haus aus auf Anwendung in der Lehre angelegt. Es wird von dem „Auftrag" der didaktischen Interpretation von Musik (zur Verknüpfung von Sache und Mensch) gesprochen, von der Notwendigkeit der Entwicklung von mehr Orientierungs- und Verständnishilfen, von dem „Willen" zu einer didaktisch eingestellten Verbalinterpretation, die den Hörer „abholt". Didaktische Interpretation von Musik ist eine „Zentralaufgabe" praktischer Musikpädagogik, ihr entscheidender Ansatz (Objekt und Subjekt aufeinander zu beziehen) wird als „Muß" bezeichnet, die Fruchtbarkeit praktischer Musikpädagogik wird an die Bedingung geknüpft, daß man gemäß didaktischer Interpretation von Musik die Begegnung zwischen Mensch und Musik ermöglicht, ja, didaktische Interpretation von Musik „garantiert" die Richtigkeit im dialektischen Spannungsfeld der Musikerfahrung (Ehrenforth, 1971). Auch in späteren Arbeiten wird die gedankliche Vorgabe in Aufgabe und Postulation gewendet. Didaktische Interpretation von Musik hat die Aufgabe, Ansprüche des Hörers und der Musik in gleicher Weise im Auge zu behalten, sie soll verhindern, daß analytischer Zugriff oder individuelle Identifikation so bestimmend werden, daß kein Dialog möglich wird (Ehrenforth, 1982). Das aus hermeneutischem Denken entwickelte Konstrukt des Musikverstehens dient als theoretische Autorität für die Empfehlung, daß praktische Musikpädagogik sowohl den Menschen wie die Musik zu sehen habe – wo nun tatsächlich die Probleme musikalischer Lehre beginnen.

K.H. Ehrenforth hat einige Hinweise darauf gegeben, wie solche Aufgaben einer didaktischen Interpretation von Musik zu erfüllen seien. Bei der zentralen Aufgabe der Initiative und Hilfe für das Gespräch zwischen Hörer und Werk ist hinsichtlich des Werkes Strukturanalyse und Deutung zu leisten, hinsichtlich des Hörers Raum zu schaffen für persönliche Erfahrung und Aneignung. Und nun wird freimütig eingeräumt, daß „das persönliche Interesse des Hörers methodisch kaum einzuplanen" sei; dem interpretierenden Lehrer kann nur empfohlen werden, daß er über „Grundkenntnisse von psychologischen und soziologischen Erwartungs- und Rezeptionskategorien bei der mit einem Musikwerk konfrontierten Gruppe" verfüge, daß er den richtigen Interpretationsstil finde, daß er persönliche Meinungen zu ihrem Recht kommen lasse, auch sein eigenes Verständnis des Werkes einbringe. Immer wieder wird darauf verwiesen, daß das Subjekt, der Hörer, „im Spiel" bleiben müsse, für das Werk geöffnet werde, daß er begleitet und behutsam korrigiert werde, daß die Geschichtlichkeit nicht nur des Werkes, sondern auch des Hörers einzubeziehen sei (Ehrenforth, 1971). Jeder wird solche unterrichtsmethodischen Vorschläge akzeptieren, wenn auch die offene Frage, das Hörverhalten des Lernenden in seinem weitesten Sinne, durch hermeneutisches Denken nicht konkretisiert werden kann. Musikpädagogisches Grundlagen-Wissen (und Einsicht in die Methoden seines Erwerbs) sind tatsächlich Voraussetzung auch einer didaktischen Interpretation von Musik.

Ch. Richter versucht bereits mit seiner Schrift von 1976 unterrichtspraktische Möglichkeiten der didaktischen Interpretation von Musik zu entwickeln. Doch weicht er dabei in seinem theoretischen Ausgang recht erheblich von K.H. Ehrenforth ab. Er verläßt die Lehre des Verstehens und entwickelt „Erfahrung" als Schlüsselbegriff des Konzepts, und zwar in einem „spezifisch didaktischen Sinn, weniger im traditionell verengten Sinn der Philosophie und der Wissenschaft". Das gemäß „Etymologischem Wörterbuch" von F. Kluge vorausgesetzte Verständnis von Erfahrung als „'ursprünglich durchdringen' in einen Bereich, der schon jenseits der verstandenen Sache liegt, dort, wo er 'Welt' repräsentiert und 'Weltverstehen' eröffnet", wird aufgrund seiner impliziten Vermittlungsqualitäten didaktisch gedeutet. Erfahrung wird zur Bezeichnung für den Weg durch das Verständnis einer Sache hindurch, in das Selbstverstehen dessen, der sich um die Sache bemüht, und zu den allgemeinen Wahrheiten, die die Sache preisgibt. Als die speziellen Vorzüge dieses Erfahrungsbegriffs für eine Theorie der didaktischen Interpretation von Musik sieht Ch. Richter drei Vorteile: den übergreifenden Charakter von Erfahrung, der außer kognitiven auch motorische und affektive Möglichkeiten der Musikerschließung enthält; die Doppelseitigkeit von Erfahrung, die die Bewegung der Objektivierung mit derjenigen der Selbsterfahrung und Internalisierung zusammenfasse; und schließlich die Möglichkeit der Schlüsselfrage, welche Erfahrung die spezielle Sache Musik ermögliche als Koinzidenz von Aussagen über Musik und das mögliche Verhalten zu ihr (Richter, 1976). Eine spätere Formulierung strukturiert didaktische Interpretation aus Sicht des Erfahrungsbegriffs als „musikalisch-materiale und musikalisch-technische Erfahrungen des Gegenstandes" (den Sachverhalt), „allgemein-musikalische Erfahrungen" (die Wirkung) und „übergreifend-allgemeine Erfahrungen, die die Sache oder die Beschäftigung mit ihr auslösen können" (sachübergreifende Erfahrungen). Erfahrung wird hier auch als Begriff verstanden, der „genau den Weg des Musiklernens" bezeichne (Richter, 1978 b).

Vor diesem theoretischen Hintergrund versucht Ch. Richter, das Konzept der didaktischen Interpretation von Musik modellhaft in die Praxis zu übertragen. Er entwirft ein Schema, in dem ein „Bereich der Erfahrung" über eine „didaktische Brücke" mit einem „Bereich der Vermittlung" verbunden wird. Dabei liegt die Vorstellung zugrunde, daß der Mangel an Verbindung zwischen der Sache Musik und ihrer Vermittlung aufgehoben werde, wenn die Erfahrungen mit der Sache derart als Unterrichtsthemen formuliert werden, „daß das an der Sache zur Erscheinung gelangt, was sie von sich, von ihren Außenbedingungen . . . und von Selbstverstehen vermitteln" kann (Richter, 1976). Die beiden Musikbeispiele, G. Ligetis „Continuum" und J. Haydns Quartett op. 76 Nr. 2 mit den an ihnen entwickelten „Unterrichtsthemen aus der Erfahrung", könnte man auch als Exkurse zu relevanten musikästhetischen Themen bezeichnen, weniger auf tatsächlicher Annäherung zweier „Lebenszusammenhänge" beruhend als vielmehr auf der Grundlage vorzüglicher Sachanalyse den Musiklehrer auch auf die Vieldimensionalität der Lebenszusammenhänge des Subjektes wie des Objektes verweisend.

Der Ansatz der didaktischen Interpretation von Musik als Lehrprinzip hat seine historische Bedeutung vor allem in dem Rückverweis auf Musik selbst und die in ihr liegenden Möglichkeiten des Verstehens und der Erfahrung. Diese Akzentuierung ist aus der historischen Situation der siebziger Jahre verständlich, als (notwendige) Reaktion auf die Tendenz der damaligen Schulmusik, sachferne Verhaltensziele der Schüler zu forcieren. Das Konzept Ehrenforth-Richter ist letztlich ein Konzept der Musiklehrer-Ausbildung für Schulen; es ist ein Versuch, dem Musiklehrer eine theoretische Grundlegung für seine Lehre der Musik zu geben, die der Musik wieder ihren Raum gibt und sie aus ihrem eigenen Lebenszusammenhang den Lebenszusammenhängen der Menschen annähern möchte. Offen bleibt die Konkretisierung dieser postulierten Annäherung der Lebenszusammenhänge von Musik und Mensch in der Theorie; hier kann nur die Öffnung für die Vielfältigkeit wissenschaftlicher Methoden zur Klärung des Annäherungsprozesses weiterhelfen. Den Vollzug der Annäherung in der praktischen Musikpädagogik haben geschickte Musiklehrer stets als ihre zentrale Aufgabe gesehen; methodische Materialien für den Unterricht mit Höranalysen, die über Werkanalyse hinaus auch die Analyse des Hörens einplanen, sind ein Versprechen (Richter, 1982), dessen Einlösung die praktische Musikpädagogik benötigt. Auch die Frage des Zusammenhangs von Theorie und Praxis in dem Ehrenforth-Richterschen Konzept didaktischer Interpretation von Musik, die Frage der Möglichkeiten, aus einer didaktischen Definition der Begriffe des Verstehens und der Erfahrung Anweisungen für die Praxis abzuleiten – und dies ist das Konstituens des Konzeptes –, bedarf noch manchen Nachdenkens (vgl. Dahlhaus, 1975).

4.7 Zur Eigenart der Konzepte musikalischer Lehre

Die Bezeichnung Konzept ist so allgemein und weitreichend, daß sie in der begrifflich noch sehr offenen Lehre der Musik in jenem Bereich zwischen Praxis und Theorie als vorläufiger Ordnungsbegriff vielfältig brauchbar ist. Die Spanne der Bedeutungen reicht von dem fest organisierten Lehrgang mit postulativ-allgemeiner Präambel bis zu differenzierter Begründung mit exemplarischem praktischen Beispiel. Konzepte sind mehr oder weniger ausgearbeitete Entwürfe für Einzelgebiete praktischer Musikpädagogik mit unterschiedlich präziser Begründung oder „Philosophie", von Unterrichtsmethodik bis zum theoretischen Ansatz reichend.

Konzepte dienen als Ausrichtungs-, Planungs- und Ausführungshilfe musikalischer Lehre. Ihre Funktion ist die Hilfe für die musikalische Lehre durch ein über die einzelne Unterrichtsstunde hinausreichendes System, das die Lehre inhaltlich einbindet, die praktische Durchführung strukturiert und mit unterschiedlichem Grad an Konkretion methodisch anlegt. Konzepte stehen in der Regel in generellem Zusammenhang mit Denkbewegungen ihrer Zeit, die sie lehrbezogen umdenken, das Einzelne herauslösend und akzentuierend und für Musik und ihre Lehre zubereitend. Ihre Dauerhaftigkeit ist unterschiedlich. Sie können kurzlebig sein oder sich, verdeckt durch lediglich terminologische Änderungen, prolongieren; Zusammenhänge mit dem Ursprung – wie beispielsweise dem des Orff-Schulwerks in der Reformpädagogik – können dabei in Vergessenheit geraten. Die Publikationsform der Konzepte ist unterschiedlich. Sie können als Schulbuch, als Folge von Arbeitsmaterialien oder als Lehrbuch erscheinen; gegenwärtig werden gerne Lehrbuch, Schulbuch sowie Materialsammlung zum „Paket" kombiniert. Auch Aufsätze können konzeptionelle Bedeutung erlangen. In welcher Weise amtliche Lehrpläne populäre Konzepte aufgreifen und verstärken, zeigt die Geschichte der Lehrpläne und Richtlinien für den schulischen Musikunterricht.

Das besondere Problem der Konzepte musikalischer Lehre ist ihre vielfach zu beobachtende Entfernung von umfassenderen theoretischen Zusammenhängen. Denn sie sind auf aktuelle Umsetzung gerichtet, sind Antwort auf offene Erwartungen der Lehrenden und gehen darum vielfach nicht auf die historische und systematische Klärung ihrer Eigenart ein. Dies hat zur Folge, daß Konzepte, die in der Regel Teilkonzepte für spezielle Unterrichtsgegenstände, Altersstufen oder für spezielle Aufgaben sind, zur Ziel-Richtung der musikalischen Lehre einer Zeit usurpieren und damit sowohl Übertreibung wie Vernachlässigung auslösen können, vor allem aber die ständige Wechselhaftigkeit von Musikunterricht verursachen, ihn in das „Wechselbad didaktischer Meinungen" tauchen (Noll, 1982).

Vor allem aber verführen Konzepte mit ihrer Berufung auf aktuelle Strömungen und Einzelaspekte mitunter zu Verwechslung mit musikpädagogischer Theorie; man neigt dazu, solche Berufung auf andernorts entwickelte Denkmodelle bereits als logische Basis zur Deduktion musikpädagogischer Theorie zu verstehen. Mitunter scheint es, als würden Konzepte Stellvertreter-Funktionen für die musikpädagogische Theorie wahrnehmen. Ein circulus vitiosus tritt zutage: Weil keine Theorien vorgegeben sind, lassen sich die Konzepte für die musikalische Lehre nicht zuordnen, nicht bewerten, ja schwer überhaupt als solche erkennen; dadurch hyperthrophieren Konzepte zu Scheintheorien und verstellen den Blick für die Notwendigkeit von Theoriebildung. Doch rasche Produktion von Konzepten bei Mangel an Theorie bedeutet für die Unterrichtspraxis ein Risiko; es breitet sich Anfälligkeit für aktuelle Leih- oder auch Leitbegriffe aus, gefördert durch deren autoritäre Neigungen, denn nur vorhandene Theorie bedeutet die Möglichkeit, solche neuen Leihbegriffe unter dem Aspekt eigener Sache abzuklopfen. Die Verwechslung von Konzept und Theorie führt aber auch deshalb zu Vernachlässigung von Theorie, weil die Raschheit und mangelhafte Abklärung scheintheoretischer Konzepte Ablehnung aller Theorie zur Folge haben kann. Man merkt die Künstlichkeit unkritisch übernommener Begriffe, die zu Schlagworten degenerieren, spürt das Defizit an solider gedanklicher Begründung, das Auswälzen von pseudo-theoretischem Schwulst – und reagiert mit pauschaler Ablehnung aller musikpädagogischen Theorie, damit deren weiterer Entwicklung neue Hürden errichtend. Doch wäre es eben auch Funktion musikpädagogischer Theorien, Bezugsmöglichkeit und Maßstab für musikdidaktische Konzepte zu sein, um Beurteilung und Auswahl für den Musikunterricht zu versachlichen.

Die Berufung der Konzepte auf andernorts und in andersartigen Zusammenhängen entwickelte Gedankengänge dient oft auch der Begründung einer speziellen Zielintention des Konzeptes. Es gerät dabei leicht aus dem Blick, daß die Zielintentionen für Musikunterricht auf solche Weise in die Gefahr von Einseitigkeit geraten. Nur durch Denken vom eigenen umfassenden Gegenstandsbereich aus kann jedoch für das Zieldenken der Kontakt zu den aktuellen Strömungen einer Zeit hergestellt und sachgemäß relativiert werden; Berufung auf andernorts entwickelte Theorie kann nicht Wissen und Argumentation aus dem musikpädagogischen Zusammenhang ersetzen. Die Konzepte musikalischer Lehre haben daher stets die Schwierigkeit, daß sie durch Mangel an genuiner Theorie sowie durch den diesen Mangel überspielenden Anschluß an anderwärts entwickelte Denkweisen die eigene Position innerhalb musikpädagogischen Denkens unzureichend reflektieren, daß diese auch von ihren Rezipienten nicht erkannt werden kann. So entsteht leicht eine unkritische Konsumentenhaltung gegenüber Konzepten musikalischer Lehre. Wenn in der Praxis ein Konzept die von ihm geweckten Hoffnungen nicht erfüllt, so erschallt bald der Ruf nach dem „neuen Konzept“. Doch wer Probleme des Musikunterrichts mit einem neuen Lehrkonzept lösen möchte, initiiert oft nur die nächste Krise. Man möchte in der ständigen Aufeinanderfolge neuer Konzepte und dem Mangel an monographischer Darstellung historischer Konzepte, die Zusammenhänge aufzeigen könnte, Ursachen der Tradition musikalischer Lehrprobleme sehen.

Die Konzepte erscheinen mitunter als die einzig akzeptable „Musikpädagogik“, weil sie – anscheinend – direkt Erwartungen der praktischen Musikpädagogik zu erfüllen vermögen. Sie geben Gelegenheit, sich bei Unterrichtsentscheidungen (und visitierten Lehrproben) auf Gedrucktes zu berufen, erweisen sich als Wundertüte mit immer neuen Überraschungen und geben ein bißchen die Geborgenheit in der alten Musikmethodik zurück. Doch wehe, wenn sich konzeptionelle Vorschläge in der Unterrichtspraxis als unrealistisch erweisen, – dann bricht Groll gegen „wissenschaftliche Musikpädagogik“ auf.

5. Musik als Lehrstoff

5.1 Musik als Lehrstoff

Der Lehrstoff, die inhaltliche Komponente von Lehre, wurde im Wechsel pädagogischer Geschichte unterschiedlich bezeichnet. Von alter Tradition und weitverbreitet sind die Bezeichnungen Lehrgut und Bildungsgut, herkommend aus Vorstellungen von feststellbaren Bildungsgehalten, aus der Annahme des Bildenden eines solchen „Gutes", seiner Bildung erschließenden Wirkung; die Bezeichnung Bildungsgut sagt, daß aus der Kultur ein „Gut" ausgewählt wird, das die junge Generation bilden soll. Die Bezeichnung Lehrstoff ist demgegenüber neutraler; sie impliziert, daß zwecks Lehre ein bestimmter Stoff ausgewählt wird. Das Interesse der Fachpädagogiken wie auch der Musikpädagogik an Lehrstoff-Problemen ist vor allem pragmatischer Art; Fragen der methodischen Erschließung musikalischer Lehrstoffe für den Unterricht stehen im Vordergrund, in enger Nachbarschaft mit werkanalytischen Vorbereitungen. Der Lehrstoff als Gegenstand mehrdimensionaler wissenschaftlicher Beschreibung ist dagegen noch kaum entdeckt; nur wenige Ansätze gelten der Entwicklung von Instrumenten der Lehrstoff-Analyse (Schott, 1975).

Demgemäß ist die Gleichsetzung von Lehrstoff und Lehrziel weit verbreitet. Gerade im Musikunterricht wird so häufig ein einzelnes Stück – zum Praktizieren, zum Hören – als Ziel einer Unterrichtsstunde aufgefaßt, daß „materiale Ziele" als eine spezielle Zielgruppe zu registrieren sind. Darum ist eine vorläufige Abgrenzung zwischen Lehrstoff und Ziel vorzunehmen. Lehrstoff meint in der Regel eine inhaltlich-stoffliche, auf Material bezogene Komponente, während die Bezeichnung Ziel „angezielte" Fähigkeiten des Lernenden meint, für die ein Lehrstoff eingesetzt wird; musikalischer Lehrstoff ist ein Materialbegriff, musikalisches Lehrziel ist ein Verhaltensbegriff. Die genaue Kenntnis eines einzelnen Stückes, sein Verstehen in einer altersstufengemäßen Weise, ist ein musikalisches Ziel, nicht das einzelne Musikstück selbst. Die vorzügliche Analyse eines musikalischen Lehrstoffes, eines Stückes, durch den Lehrer, ist zwar eine gute Voraussetzung für das Erreichen angestrebter Ziele im Unterricht, kann dies aber nicht garantieren.

Damit deuten sich die Probleme an, die im Bezug des Lehrstoffes zu anderweitigen Faktoren erfolgreicher Lehre liegen. In vergangenen Zeiten zog man sich hier gern auf das schlichte Dreieck Lehrer - Schüler - Lehrstoff zurück. Es sagt zumindest aus, daß Lehrer und Lehrstoff allein nichts bewerkstelligen können ohne „entsprechenden" Bezug zum Lernenden. Damit tritt der musikalische Lehrstoff in die „Faktorenkomplexion" zwischen Lehrenden und Lernenden ein, den komplexen, so schwer zu klärenden Prozeß von Lernen und Lehren im Unterricht. Ein musikalischer Lehrstoff erfüllt seine Funktion nur dann, wenn er zum musikalischen Lernmaterial wird. Dies bedeutet für den Musiklehrer, daß er außer der sachgerechten Analyse seines musikalischen Lehrstoffes in seinen Unterricht auch das Wissen einzubringen hat, ob und wie sein ausgewählter musikalischer Lehrstoff Bedingungen musikalischen Lernens entspricht, welchen musikalischen Lernvorgang er fördert und zu welchen Ergebnissen musikalischen Lernens er führen soll. Das macht Musik als Lehrstoff in hohem Maße von Wissen über Persönlichkeitsfaktoren, über Altersstufen, musikalische Leistungsmöglichkeiten und Interessen, von zahlreichen situativen Aspekten, darunter auch solchen der materialen, instrumentalen und vor allem technischen Ausstattung abhängig, und gibt dem einzelnen Musiklehrer für jede Stunde erhebliche Schwierigkeiten auf, den gerade geeigneten musikalischen Lehrstoff oder vielmehr eine Folge geeigneter musikalischer Lehrstoffe zur Verfügung zu halten. Das zentrale Problem des musikalischen Lehrstoffes ist seine Auswahl, die normative Entscheidung darstellt, aber doch nach beschreibbaren und analysierbaren Maßstäben verlangt. Geht man davon aus, daß Musik als Lehrstoff nur dann sinnvoll ist, wenn sie zugleich Lernstoff ist, dann sind bei der Auswahl von Musik als Lehrstoff zumindest zwei Maßstäbe anzulegen: der Sach-Maßstab (des Objektes) und der Lernmaßstab (des Subjektes). Kulturphilosophie und Erziehungswissenschaften haben im Lauf der Geschichte eine Reihe von Kriterien zur Stoff-Auswahl aus den kulturellen Bereichen für die Lehre hervorgebracht, anregend und klärend, aber doch auch die Abhängigkeit der Auswahlkriterien von nicht-sachlichen Gegebenheiten aufzeigend. Gerade im musikalischen Bereich wird dabei auch die Wechselhaftigkeit der Dominanz von Objekt- bzw. Subjekt-Maßstäben erkennbar.

Für die Auswahl des musikalischen Lehrstoffes war bis über die Mitte unseres Jahrhunderts hinaus das Kriterium des Besten verbreitet, bestimmt von Vorstellungen, daß das menschlich Große, die überragende Wertgestalt auch aus dem Reich der Musik, den jungen Menschen beeindrucken, bilden könne. Wenn „das Große einmal durch die junge Seele mit ganzer eindrucksvoller Gewalt hindurchgegangen" ist, dann kann man darauf vertrauen, „daß sie stark und weit genug geworden ist, um unserer Zeit zu geben, was diese Zeit fordert. Wer aber nur mit den zerstreuten Materialien unserer täglichen Gegenwart in Berührung gekommen ist, der hat zwar allerhand geschaut und erlebt, aber er hat die Formkraft nicht erfahren, die aus solchen Materialien erst personales geistiges Dasein macht" (Spranger, 1950). „Das Klassische", schon bei O. Willmann als das Beste für die Lehre angesehen (Willmann, 1957), bleibt bis zu E. Weniger das Vorbildliche für Bildungsaufgaben, der Konzentrationspunkt in der Vielfalt (Weniger, 1962). Vor diesem Hintergrund steht auch das klassische große Musikwerk mit seiner Funktion in der musikalischen Lehre. Nichts ist krasser als der Gegensatz solcher Auswahl für die musikalische Lehre gegenüber einer von S.B. Robinsohn und H. von Hentig vertretenen Lehrstoff-Auswahl auch des Faches Musik. Wenn für die Auswahl eines Bildungsgutes „die Funktion eines Gegenstandes in spezifischen Verwendungssituationen des privaten und öffentlichen Lebens" als entscheidendes Kriterium erachtet wird (Robinsohn, 1969 und 1970), dann gewinnen Musik in der Werbung und akustische Umweltgeräusche bestimmende Positionen als musikalische Lehrstoffe. Auch der musikalische Lehrstoff ist zeitabhängig, und dies in umso höherem Maße, als er bisher keine fachdidaktischen Kriterien von verhältnismäßiger Stabilität zu entwickeln vermochte.

Dazu zeigt sich bei dem musikalischen Lehrstoff jedoch auch eine unverkennbare Abhängigkeit disziplinärer Art. Eine von historischer Musikwissenschaft bestimmte Denkweise sieht den musikalischen Lehrstoff als (ausgewählte, reduzierte) Parallelisierung dort entwickelter Fachsystematik, von sog. Musikkunde über sog. Formenlehre in die sog. Instrumentenkunde reichend. Eine vorwiegend pädagogische Denkweise bringt dem musikalischen Material jedwedes Opfer im Interesse musikalischen Kindervergnügens; hier hat pädagogische Musik als Komposition und Bearbeitung ihren Ausgang. Die Polarisierung dieser Denkweisen findet inzwischen ihren Niederschlag in unterschiedlichen Vorstellungen von musikalischen Lehrstoffen nach Schultypen. Man schreckt nicht davor zurück, die sozialpädagogische Musik als den geeigneten musikalischen Lehrstoff für die gesamte Grund-, Haupt-, Real- und Sonderschule zu empfehlen, was pragmatisch ausschaut, aber letztlich wohl nicht nur unsozial, sondern auch ein bißchen inhuman gedacht ist; richtige Musik soll nach diesem Denkmodell wohl dem Gymnasium und der Sekundarstufe II vorbehalten bleiben. Populär wurde die musikästhetische Attacke gegen alle pädagogischen Reduzierungen des autonomen Kunstwerks. Alles Zuschneiden der Sache auf die Rezipierenden hin beschreibt Th. W. Adorno als die „immanente Unwahrheit der Pädagogik", weil sie rein sachliche Arbeit um der Sache willen ausschließe: „Dadurch allein schon dürfen die Kinder unbewußt sich betrogen fühlen. Nicht bloß geben die Lehrer rezeptiv etwas bereits Etabliertes wieder, sondern ihre Mittlerfunktion als solche, wie alle Zirkulationstätigkeiten vorweg gesellschaftlich ein wenig suspekt, zieht etwas von allgemeiner Abneigung auf sich" (Adorno, 1982 d). Insgesamt erweist sich der Musikbegriff der Musikpädagogik bei historischer Untersuchung als wechselhaft und von anderweitigen Denkzusammenhängen abhängig (Abel-Struth, 1968; Nolte 1975 b und 1982 b). Polarisierungen wie Wechselhaftigkeiten weisen auf die unzureichende Aufarbeitung des Lehrstoff-Problems der Musik, die ungeklärten Relationen zu musikalischen Lernvorgängen, den Mangel an Unterscheidung zwischen der „Vehikel-Funktion" des Lehrstoffes Musik (Soltis, 1971) und dem höchsten Lernziel des Verstehens von Musik.

Angesichts der musikalischen Stoffülle und der geringen Zeit für musikalische Lehre in der Schule bleibt die Auswahl des musikalischen Lehrstoffes, die Auseinandersetzung mit den hier vertretbaren Kriterien der Auswahl, eine schwierige Aufgabe, zumal bei dieser Auswahl die Relationen zu Bedingungen und Vorgängen musikalischen Lernens herzustellen sind. Beschränkung und Konzentration sind unvermeidbar. Doch ist es aus Sicht des Objektes Musik wohl unverzichtbar, daß deren tragende Phänomene gemäß ihrer sachlichen Wahrheit dem Schüler zu vermitteln sind und dies für alle Auswahl von musikalischem Lehrstoff bestimmend ist. Dies ist nach Alters- und Kognitionsstufen zu modifizieren, schließt aber aus, daß bestimmten Altersstufen, etwa dem Grundschulalter, oder bestimmten Schultypen, etwa der Hauptschule, komplexe Musik vorenthalten oder sachlich unzureichend vermittelt wird.

Ein weiteres, viel diskutiertes Auswahlkriterium ist das Exemplarische, das „ein umfassenderes Etwas ... durch ein herausgehobenes Beispiel repräsentiert" (Scheuerl, 1964). Ein musikalischer Lehrstoff ist als exemplarisch anzusehen, wenn er typische Phänomene von Musik zeigen kann. Doch über das Zweckmäßige hinaus möchte man auch für den exemplarischen musikalischen Lehrstoff annehmen, daß er für den einzelnen Lernenden eine exemplarische Erfahrung darstellen, eine besondere Betroffenheit auslösen kann; ein exemplarischer musikalischer Lehrstoff ist nicht nur Exempel aus der Fülle des Möglichen, sondern vor allem auch Verbesserung der individuellen Lernchance (Wagenschein, 1959).

Durch W. Klafki und seine Theorie kategorialer Bildung werden die Kriterien des Elementaren und des Fundamentalen für die Auswahl von Lehrstoffen akzentuiert. „Das Elementare" wird verstanden als das Konkrete, Besondere, an dem etwas Allgemeines gezeigt und begrifflich festgehalten werden kann, während „das Fundamentale" tragende Kräfte der Grundbereiche unseres geistigen Lebens meint, Sinn von Welt- und Lebenszusammenhang. Das Elementare (auch im Bereich der Musik) herauszufinden, das im Besonderen das Allgemeine zu konkretisieren vermag, wird als stoffliches Auswahlkriterium empfohlen; das Fundamentale entzieht sich der direkten Lehrintention, wenn es auch der Lehrer für die Lernenden anzustreben versucht. Vor allem formuliert aber W. Klafkis „kategoriale Bildung" den wechselseitigen Bezug von Objekt und Subjekt, von Lehrstoff und Lernendem; die „doppelseitige Erschließung“ zeigt den Platz des Lehrstoffes zwischen Lehren und Lernen (Klafki, 1964 a).

5.2 Die sprachliche Vermittlung musikalischer Lehrstoffe

Eines der Hemmnisse musikpädagogischer Entwicklung ist das hartnäckige Verfechten der Auffassung, daß musikalisches Können und sachwissenschaftliche Kenntnis nur mit methodischer Geschicklichkeit, vielleicht zuzüglich einiger Lehrregeln, zu kombinieren sei – und schon habe man eine gute musikalische Lehre. Aber musikalische Materialbeherrschung und -kenntnis plus deren Darbietung als Lehre erbringt eben noch keinen Unterrichtserfolg; außer dem dafür notwendigen Wissen über musikalisches Lernen werden auch die bedingenden Faktoren der lehrenden Vermittlung unterschätzt. Einer dieser Faktoren ist die sprachliche Vermittlung musikalischer Lehrstoffe.

Das spezielle Problem musikalischer Lehrsprache darf man in der Diskrepanz zwischen hochentwickelter, auf differenzierter Systematik beruhender Fachsprache und naiver „Sprachlosigkeit“ des Kindes wie des ungeschulten Laien gegenüber musikalischem Geschehen suchen. In der musikalischen Unterrichtslehre hat man auf verschiedene Weise versucht, diese Diskrepanz abzubauen. Von alter Tradition sind die sog. kindertümlichen Bezeichnungen für Phänomene der Musik, entstanden aus dem Vorurteil, musikalische Fachbegriffe seien für Kinder zu schwer, sowie aus der Intention, durch „ansprechende“ Bezeichnungen affektive Bindungen an Musik zu verstärken. Wir befinden uns hier in dem sprachlichen Bereich der „Nasenbienchen“, „Zaubernoten“, der „Drillinge“ (statt Triolen) wie der „Lauf- und Gehnoten“; auch der Sprachstil mancher biographischen Informationen über Musiker für den Unterricht, in Schulbuch wie Schallplattenhülle, verweist auf die gutgemeinten Ausflüge musikalischer Lehrsprache in „das Kindertümliche“. Ansätze zur Lösung lehrsprachlicher Probleme im Fach Musik gruppieren sich auch um die Einübung in den vereinfachten Gebrauch einzelner Grundbegriffe des Faches („Eine Sonate ist ...“) oder um Aufforderungen, gänzlich auf die musikalische Fachsprache zu verzichten und sich frei, umgangssprachlich, sprachschöpferisch über Musik zu äußern; dies ist der Bereich der sog. freien Schüleräußerungen über Musik. Auch die pädagogische Ehrenrettung popularisierender Fachliteratur, die Verweise auf Hilfen durch sprachlich-biographisches Quellenmaterial (Loos, 1981), zählen zu den Versuchen, den Schwierigkeiten des Sprechens über Musik gerade in der musikalischen Lehre zu begegnen. Die Diskrepanz zwischen spezieller Begrifflichkeit und allgemeiner Aussagefähigkeit über Musik wird als Problem musikalischer Lehre empfunden, wurde aber noch wenig systematisch bedacht und noch nicht untersucht.

Daß die Untersuchung der Sprache musikalischer Lehre bisher noch kaum als musikpädagogische Aufgabe erkannt wird, mag daher rühren, daß gerade im Musikunterricht von Arbeitsphasen auszugehen ist, in denen musiziert wird oder die Musik selbst „spricht“. Aber auch diese Phasen des Musikunterrichts sind von sprachlichen Aktivitäten des Lehrenden umgeben, von Arbeitsanweisungen, Einführungen, Hinweisen wie von nachfolgender Erklärung und Weiterführung. Doch bleibt über diese umgebenden sprachlichen Aktivitäten des Lehrenden hinaus seine Sprache entscheidendes Medium des musikalischen Lehrstoffes; über die Sprache vermittelt der Musiklehrer den zu lernenden Sachverhalt, verhilft er zur Einsicht in das anstehende musikalische Geschehen. Forschungsaufgaben im Bereich der Sprache musikalischer Lehre beginnen mit der Beobachtung des Sprachgebrauchs, zielend auf die Feststellung von Regelhaftigkeiten im Gebrauch musikalischer Lehrsprache bei speziellen Unterrichtsgegenständen, für Altersstufen, nach Schultypen, nach Ausbildung des Lehrers, auch die fachliche Prägnanz der Lehrsprache, die Deutlichkeit der Lehraufträge einschließend. Offene Themen liegen auch bei den unterschiedlichen Zeitanteilen von Lehrersprache und Schülersprache im Musikunterricht, auch im Vergleich zu den entsprechenden Zeitanteilen in anderen Fächern, die bereits ermittelt wurden (Schultze und Schleiffer, 1965); auch die Zeitanteile verschiedener musikalischer Arbeitsformen gegenüber sprachlichen Teilen wären – ohne Wertung – zu prüfen. Diese wenigen Beispiele mögen hier für die Fülle offener Aufgaben in der Beobachtung des Sprachgebrauchs musikalischer Lehre sprechen.

Doch das spezielle musikpädagogische Forschungsinteresse an der musikalischen Lehrsprache wäre vor allem auch auf die Vermittlungskomponenten zu richten. Leistet die musikalische Lehrsprache eine verständliche, ökonomische, treffende Erklärung des anstehenden musikalischen Sachverhaltes? In welchen zeitlichen Relationen stehen Erwartungen an eigenes Finden der Schüler und sprachliche Hilfe des Lehrenden? Werden Hilfen der Veranschaulichung genutzt? Gibt es Ablenkungen durch technische Defizite? Beruht Mißerfolg auf mangelndem Verstehen der Lehrsprache? Beruhen Verstehensschwächen auf ungeklärten Fachbegriffen, auf Mangel an Erklärung, auf Mangel an Demonstration, auf mangelnder Stringenz der Unterrichtsführung? Jede einzelne dieser Fragen bedarf sorgfältiger Operationalisierung, um untersuchbar zu werden. Aber die Sammlung der hier anstehenden Forschungsthemen vermag bereits aufzuzeigen, welche hohe Bedeutung der Verbesserung unseres Wissens über die musikalische Lehrsprache gebührt – bereits die hypothetische Fassung der Merkmale musikalischer Lehrsprache könnte hilfreich sein.

In den Erziehungswissenschaften gewinnt die Sprache des Lehrers in Reflexion wie Untersuchung zunehmend Aufmerksamkeit. Insbesondere führten W. Loch, H. Paschen und G. Priesemann in das Problemfeld um „die Sprache der Pädagogik und die Pädagogik der Sprache“ ein (Loch, 1968; Loch und Priesemann, ab 1970). Man versucht Kriterien einer „didaktischen Sprachgestaltung“ zu gewinnen, die Prägnanz der sprachlichen Struktur als ein solches Kriterium hervorhebend (Clauß, 1954). G. Priesemann entwickelt in seiner „Theorie der Unterrichtssprache“ Aspekte der Eigenart von Unterrichtssprache als Vermittlungssprache zur Fachsprache (Priesemann, 1971). D. Spanhel macht auf einen in engem Zusammenhang mit dem Sprachverhalten des Lehrers stehenden Sachverhalt aufmerksam, den er „Lernökonomie“ nennt (Spanhel, 1977). Mit der beginnenden empirischen Unterrichtsforschung entwickelte sich das Lehrerverhalten, einschließlich seines sprachlichen Anteils, zu einem vielversprechenden Forschungsansatz. Die Fülle der offenen Fragen wird zunehmend bewußt.

Auch die Lehrsprache im Musikunterricht verdient mehr und methodisch ansetzende musikpädagogische Aufmerksamkeit. Wenn sich im Rahmen psychologischer Intelligenzforschung übereinstimmend zeigt, in welchem Maße sprachliche Bezeichnung und Einsicht in deren systematischen Ort Lernen fördern, so ist zunächst nach der pädagogischen Berechtigung kindertümlicher sprachlicher Umwege musikalischen Lernens zu fragen. Die Bedeutung musikalischer Einstellungen für alle musikalischen Lernvorgänge stellt die Frage nach den sprachlichen Ursachen musikalischer Barrieren bei Jugendlichen und Erwachsenen und nach der Möglichkeit, deren Aufbau durch rechtzeitige Anleitung mit sachlich-fachlicher sprachlicher Anleitung zu verhindern.

Gerade der rasche zeitliche Ablauf musikalischen Geschehens macht die direkte Faßbarkeit musikalischer Phänomene durch eine präzise, sachgemäße Lehrsprache notwendig. Gerade ein unverändert von musischen Intentionen bestimmtes Schulfach wie die Musik verführt den Musiklehrer leicht zu einem Warten auf den Schüler, dessen eigene Äußerung, dessen eigene Vorstellung von Unterrichtsablauf. Eine zunehmende Abklärung der Eigenarten musikalischer Lehrsprache als Vermittlungssprache für musikalischen Lern- und Lehrstoff, ihrer Übereinstimmungen mit hochdifferenzierter Fachsprache wie ihrer Abweichungen davon, könnten diese Lehrsprache zu einem Mittel werden lassen, das musikalisches Lehren sachlicher und zeitökonomischer macht. Wird sogleich Sorge wach, daß damit der Musikunterricht nur auf Zweck und Effektivität hin gerichtet werden solle? Diese Sorge überdeckt mitunter gerade für den Musikunterricht, daß die Anstrengung des Lehrers die Erleichterung der Schüler bedeutet. Hier ist gründliche Untersuchung nötig, beginnend mit der Beobachtung lehrökonomischer und nicht-lehrökonomischer sprachlicher Verhaltensweisen des Musiklehrers bei der Vermittlung seiner musikalischen Lehrstoffe.

Kapitel VI
Musiklehrer

1. Musikpädagogische Berufe. Historische Herkunft

1.1 Lehrer im öffentlichen Schulwesen mit Fach Musik

Die berufliche Herkunft des Schulmusiklehrers führt zurück in den städtisch-kirchlichen Bereich. Wenn auch im Rahmen der unterschiedlichen Beiträge zur Geschichte der Schulmusik eine Fülle von Einzeldaten erschlossen wurde, so gibt es doch erst wenige monographische Beiträge zur Geschichte des Lehrers für Musik in der Schule. Dissertationen zeigen historische Situationen der Lehrerausbildung, insbesondere der Musikausbildung an Lehrerseminaren auf, beobachtet im Umkreis führender Musikpädagogen wie B.C.L. Natorp und L. Erk, die an diesen historischen Ausbildungsstätten für schulische Musiklehrer wirkten (Schattner, o.J.[1961]; Gundlach, 1969; Niederau, 1970; Vogelsänger, 1973). 1975 wird eine Dissertation vorgelegt, die einen Schwerpunkt auf die Professionalisierung des Musiklehrers an der höheren Schule im 20. Jahrhundert legt (Holtmeyer, 1975). Man darf jedoch wohl, trotz des mageren Bestandes an spezieller Untersuchung, versuchen, einige symptomatische Erscheinungen der Berufsgeschichte des Lehrers für Musik an Schulen aufzuzeigen.

Wie Volksschule und höhere Schule ursprünglich verschieden angelegt sind, so werden auch die Lehrer an Volksschulen und die Lehrer an höheren Schulen vom Beginn moderner Schulgeschichte an in zwei Gruppen geschieden. Sie entstammen in der Regel verschiedenen Bildungsschichten und vertreten recht unterschiedliche Intentionen; der Volksschullehrer versteht sich wohl von Haus aus stets mehr als Erzieher, während der Lehrer an der höheren Schule vor allem auf die Weitergabe eines speziellen Wissens, für das er wissenschaftliche Studien absolvierte, gerichtet ist. Vom späten 19. Jahrhundert an werden Volksschule wie höhere Schule in sich differenziert und einander genähert, dies aus der beginnenden Vorstellung heraus, daß die Schulen zwar unterschiedlich seien, aber doch insgesamt ein geschlossenes Schulwesen darstellen. Von 1920 ab gibt es für alle Kinder in der Grundschule erstmals einen gemeinsamen schulischen Beginn. Viele Versuche der Annäherung werden unternommen, zuletzt mit der Gesamtschule. Doch für die Lehrer gelten unverändert unterschiedliche Ausbildungs- und Besoldungsregelungen, mitunter für gleiche Aufgaben. Im wesentlichen ist auch heute für den Lehrer an Hauptschulen pädagogisches Denken dominant, für den Lehrer an Gymnasien der sachwissenschaftliche Ausgang. Es gibt gewiß gleitende Übergänge in der Absicht wie in der Realität, doch die typischen Unterschiede der Intentionen, unverändert in Studiengängen und Prüfungen enthalten, lassen sich auch heute nicht leugnen.

Durch den künstlerischen Gegenstand, die Musik, hat sich diese Unterschiedlichkeit für die Lehrer der Musik an beiden Schularten gewiß nicht eingeebnet. Zunächst ist jedoch festzuhalten, daß man von einem Musiklehrer im Sinne eines Lehrers, der speziell für sein Fach ausgebildet ist, in beiden Schularten ursprünglich nicht sprechen kann. Da bis gegen 1800 sowohl Fachmusiker wie Dilettanten ihre musikalischen Fähigkeiten und Kenntnisse in der Regel im Einzelunterricht bei einem Privatlehrer erwerben, ist für die beiden Musiklehrer-Gruppen die fachliche musikalische Ausbildung im Prinzip gleich bzw. in gleichem Maß von Zufällen abhängig, auch die Beurteilung der musikalischen Lehrfähigkeit. Der tatsächliche Unterschied zwischen dem Musik unterrichtenden Volksschullehrer und dem gymnasialen Lehrer für Musik liegt nur darin, daß letzterer Vorlesungen an einer Universität hörte, insbesondere wohl philosophischer oder ästhetischer Art, auch in Theologie oder Jura. Dieser Umstand verdient besondere Beachtung: Nicht der Grad künstlerischer Leistung, sondern die Tatsache eines akademischen Studiums, einer theoretischen Ausbildung, die Aneignung einer spezifisch akademischen Denk- und Arbeitsweise, unterschied den Musik unterrichtenden Lehrer am Gymnasium von dem an der Volksschule. Die Eigenart des Berufs eines Lehrers der Musik an einer höheren Schule lag ursprünglich nicht in seiner besonderen künstlerischen Leistungsfähigkeit, sondern in der in anderen Bereichen erworbenen geistigen Bildung. Demgemäß wurde von dem Kantor an der evangelischen Lateinschule des 16. Jahrhunderts erwartet, daß er auch andere Fächer als Musik unterrichten könne, und war bei der Einstellung des Kantors der akademische Grad eines Magisters geschätzt; diese (außermusikalische) Bildung trug zum Ansehen des Kantors bei.

Das Amt des Gesanglehrers in der Volksschule wird im 19. Jahrhundert mit Ämtern in der Kirche offiziell verquickt. Gleichzeitig manifestiert sich der im Zuge der Ausbreitung Pestalozzischer Ideen verstärkte Erziehungsauftrag des Volksschullehrers zunehmend gerade im Gesanglehrer der Volksschule; im humanerziehlichen Bildungsauftrag der Musik, zu realisieren durch den Gesanglehrer, sammeln und verstärken sich die Aufträge, mit Hilfe von Musik zu erziehen, angestoßen sowohl von hohen Gedanken über den Bildungswert der Musik für den Menschen, als auch in der Absicht musikalischer Volksbildung (Euterpe, 1841 ff.). Hier beginnt die Tradition der Delegation wenig faßbarer Erziehungsziele in den Gesangunterricht, wohl auch seine Funktion als erzieherisches Alibi für die mehr sachbetonte Arbeit in anderen Schulfächern. Wir haben hier den neuzeitlichen Beginn der Erziehungsaufträge an Musikunterricht vor allem in der Volks- und Hauptschule, die mit sozialpädagogischen Aufgaben für den Musikunterricht der Hauptschule unvermindert in der Gegenwart fortgeführt werden.

Für den Lehrer, der im 19. Jahrhundert an der höheren Schule Musik unterrichtet, ist entscheidend, daß in dem preußischen Reglement von 1831 Prüfungsbestimmungen für Kandidaten des Lehramtes an höheren Schulen erlassen werden, die Musik nicht zu dem Kanon der Fächer zählen, in denen eine Fakultas erworben werden kann. Von recht weitreichender Nachwirkung, zumindest in der Denkweise, dürfte auch gewesen sein, daß im 19. Jahrhundert, nachdem das vorangegangene Jahrhundert die Ablösung von der theologischen Ausbildung und die Einrichtung des ersten Lehrstuhles für Pädagogik gebracht hatte, Pädagogik und Didaktik als Teil der Philologie gesehen werden. Um 1800 wird die Notwendigkeit solcher pädagogischen Kenntnisse zunehmend erkannt, der pädagogische Bereich wird in die Abschlußprüfungen einbezogen; an Gymnasien richtet man pädagogische Seminare ein. Doch der pädagogische Ansatz bleibt Teil der Philologie, die Bezeichnung Philologe gilt für die Gymnasiallehrer aller Fächer und wird wesentlich später auch auf den Musikphilologen angewendet. Als nicht unwesentlich ist im Blick zu behalten, daß Pädagogik als Randgebiet der Philologie verstanden und demgemäß im Bewußtsein des Gymnasiallehrers verankert wird. Daß es sich hier jedoch um ein eigenes Wissens- und zunehmend auch Forschungsgebiet handelt, ist im Philologie- und Gymnasialbereich nur langsam und mit Vorbehalt rezipiert worden; gerade diese Verkennung ist wohl auch schuld daran, daß die Pädagogik im Gymnasialbereich nicht recht effektiv werden wollte. Doch die Vorstellung hat sich bis heute erhalten, daß man Pädagogik nebenbei studieren und ohne weitere Transfer-Komplikation einfach an ein Gymnasialfach anschließen könne.

Die Berufsgeschichte des schulischen Musiklehrers im 20. Jahrhundert zeigt nun eine, angesichts der Vorgeschichte, seltsame Verkehrung. Der Beruf des Volksschullehrers wird bestimmt von der in der Reichsverfassung von 1919 erstmals anerkannten Notwendigkeit einer neuen, akademischen Lehrerbildung. Über die in Preußen 1926 eingeführten Pädagogischen Akademien mit viersemestrigem Studium (Bayern und Baden-Württemberg behalten die alten Seminare bei) und die nach 1945 entwickelten Pädagogischen Hochschulen mit sechssemestrigem Studium setzt sich (zu unterschiedlichen Zeitpunkten in den einzelnen Bundesländern und in unterschiedlicher Konsequenz) durch, daß die Ausbildung des Lehrers der Grund-, Haupt- und Realschulen an Wissenschaftlichen Hochschulen erfolgt. Im Zuge der allgemeinen Umstellung der Volksschullehrer auf eine wissenschaftliche Ausbildung und einen auf wissenschaftlicher Denkweise beruhenden Beruf mit selbständiger Begründung der beruflichen Handlungen erhält nun der Lehrer mit dem Fach Musik an Grund-, Haupt-und Realschulen eine Ausbildung, deren Modell zumindest das einer wissenschaftlichen Ausbildung ist.

Der Gymnasiallehrer mit dem Fach Musik, dessen Privileg bisher gerade darin bestand, in wissenschaftlichen Fächern akademisch ausgebildet zu sein, erhält zum gleichen Zeitpunkt seinen neuen entscheidenden Schwerpunkt im künstlerischen Bereich; nach der Übergangslösung einer Prüfung für Gesanglehrer und -lehrerinnen an den höheren Lehranstalten in Preußen von 1910 tritt 1922 in Preußen die Prüfungsordnung für das künstlerische Lehramt an höheren Lehranstalten in Kraft. Sie korrigiert zwei tradierte Mißstände des Berufes, einen künstlerischen und einen sozialen. Die Sicherung der künstlerischen Qualifikation erscheint als notwendig, um endlich den spezifisch musikalisch ausgebildeten Fachmann in die Kollegia der höheren Schulen zu bringen; entscheidendes Kriterium werden die Anforderungen im „Hauptfach Instrumentalspiel“, das nach der alten Prüfungsordnung von 1910 nur als methodisches Hilfsmittel diente, nun aber, in der neuen Prüfungsordnung, auf „die technisch virtuose, künstlerisch vollkommene Beherrschung des gewählten Instrumentes“ zielt (Nolte, 1975 a). Der korrekturbedürftige soziale Aspekt des Berufes war der Status der Musiklehrer wie auch der Kunsterzieher innerhalb der Gymnasialkollegia. Wer sich nach der neuen Prüfungsordnung von 1922 für das künstlerische Lehramt an höheren Schulen qualifiziert, kann nun (wofür bereits das Beamtendiensteinkommensgesetz von 1920 die Voraussetzungen geschaffen hatte) den wissenschaftlichen Fachlehrern gleichgestellt werden. Diesem Zweck, der Gleichrangigkeit mit den Gymnasiallehrern anderer Fächer, dazu wohl auch der Einsatzfähigkeit in der Schule, dient die Empfehlung einer Prüfung in einem anderen wissenschaftlichen Fach als Haupt- oder Zusatzfach, das 1928 zur Pflicht gemacht wird. Die Studien in zentralen wissenschaftlichen Disziplinen, ursprünglich im Rang einer tatsächlichen akademischen Ausbildung für den Gesanglehrer an Gymnasien, regredieren in den zwanziger Jahren zu einem Alibi zwecks Gleichrangigkeit mit den Gymnasiallehrern anderer Fächer, wenn auch zusätzliche Vorlesungen in Philosophie noch empfohlen werden. So sehr angesichts der unterschiedlichen individuellen Initiativen in wissenschaftlichen und künstlerischen Bereichen sowohl bei Volksschullehrern wie bei Gymnasiallehrern Verallgemeinerungen ungerecht sein können, so ist doch die Verkehrung der historischen Verhältnisse durch die Reformen der zwanziger Jahre unseres Jahrhunderts festzuhalten: Der Volksschullehrer gewinnt an akademischer Ausbildung, während der gymnasiale Musiklehrer an akademischer Ausbildung verliert. Der Gymnasiallehrer gewinnt dafür an systematischer künstlerischer Ausbildung, während diese wiederum beim Volksschullehrer rapide absinkt, nicht zuletzt deshalb, weil der Kreislauf Schule – Lehrerausbildung nicht funktioniert.

Vor diesem Hintergrund werden manche Schwierigkeiten des heutigen Musiklehrers an Schulen verständlicher. Zunächst haben sich die Tendenzen zunehmender Verbesserung der wissenschaftlichen Ausbildung der Lehrer an Grund-, Haupt-, Real- und Sonderschulen und zunehmender künstlerischer Ansprüche an den Musikstudienrat verstärkt. Heute sehen beide Berufsgruppen die jeweiligen Defizite, die ihnen durch die Entwicklung der zwanziger Jahre entstanden sind. Die Musikhochschulen drängen darauf, auch wissenschaftliche Hochschulen zu werden, wissenschaftliche Professuren und Promotionsrecht zu erhalten, um ihr Defizit in diesem Bereich wieder auszugleichen, und die Vertreter der Musiklehrerausbildung an wissenschaftlichen Hochschulen sind vielfach damit beschäftigt, Hochschullehrern anderer Fächer zu erklären, daß für eine Musiklehrerausbildung Gebiete wie Instrumentalunterricht konstitutiv sind und schwerlich in Vorlesungsform realisiert werden können. Während die Lehrer aller anderen Fachgebiete sich im 20. Jahrhundert durch gemeinsame Ausbildungs-Institutionen stetig einander annähern, haben sich die Musiklehrerberufe für Schulen durch institutionelle Trennung der Ausbildung und die jeweilige Umgebung, die wissenschaftliche oder künstlerische, weiter voneinander entfernt. Doch auch hier zeichnet sich die Einsicht ab, daß es zwischen den Extremen ein in sich differenziertes gemeinsames Feld der offenen Übergänge geben könne. Ein wachsendes Bewußtsein für die Ursachen der Verhärtung durch Fixierung auf Künstlerrollen oder – umgekehrt – auf Erzieherrollen und die bewußte, innere Professionalisierung des Musiklehrers, könnten die (durch die damals notwendige preußische Reform entstandenen) Polarisierungen mildern und das Modell eines Musiklehrers an Schulen mit künstlerischem sowie wissenschaftlichem Grundstudium und individueller Wahl von Schwerpunkten als möglich erscheinen lassen.

1.2 Private Musiklehrer

Die Berufsgeschichte des privaten Lehrers der Musik, in höfisch-aristokratischen Kreisen beginnend, ist verquickt mit der des schulischen, doch vor allem mit der Berufsgeschichte des (zusätzlich unterrichtenden) Musikers. Zur Monographie des privaten Musiklehrers liegen erste Arbeiten mit berufs- und sozialgeschichtlichem Ansatz vor (Lüdecke, 1958; Roske, 1978 und 1985).

Die Lehrbücher und Unterrichtsmaterialien für den privaten Musikunterricht erreichen zwar nicht das Ausmaß der Lehrschriften für den Musikunterricht der Schule, bilden aber ebenso den Schwerpunkt der bisherigen Reflexionen und Diskussionen betreffs des speziellen Bereichs. Die darüber vernachlässigten Gebiete der Geschichte des privaten Musiklehrers reichen von der Untersuchung des Einkommens, des soziomusikalischen Status eines privaten Musiklehrers, der unterschiedlichen Typen nach Haupt- und Nebentätigkeit, der Wandlungen des sozialen Standes seiner Arbeitgeber, der Institutionen für privaten Musikunterricht und der Berufsbezeichnungen über die Untersuchung der Herkunft, Ausbildung, Bildung und der speziellen beruflichen Qualifikationen bis zu den Fragen der wechselnden Wertschätzung des privaten Musikunterrichts und den verschiedenen sozialen Ursachen des Wandels der Unterrichtsgebiete, später der Instrumentenwahl.

Die moderne Geschichte des privaten Musiklehrers beginnt, als im 16. Jahrhundert die bisher dem höfisch-fürstlichen Bereich vorbehaltene Anleitung zum Musizieren auch von reichen Patrizierfamilien beansprucht wird. Die Sorgfalt, die man der Erziehung der Kinder hier angedeihen läßt (im Interesse deren künftiger gesellschaftlicher Position), schließt zunehmend ein, daß sie auch privaten Musikunterricht erhalten. Schon im 16. Jahrhundert breitet sich, im Zusammenhang mit dem wachsenden Bedürfnis nach Selbstmusizieren, privater Musikunterricht auch im Bürgertum aus, wenn auch erst am Ende des 18. Jahrhunderts und zu Beginn des 19. Jahrhunderts die höfische Musikkultur zugunsten der bürgerlichen endgültig abdankt (Finscher, 1968). Der Lehrer, der den privaten Musikunterricht erteilt, ist noch im 17. Jahrhundert weitgehend Musiker und Lehrer in einer Person. Erst um 1700 mehren sich Anhaltspunkte, die darauf schließen lassen, daß sich einzelne Musiker bei entsprechender Nachfrage ausschließlich dem Lehrberuf widmen; doch gibt es auch bereits im 17. Jahrhundert Musiker, die nur vom Unterrichten leben (Roske, 1978 und 1985).

Das 18. Jahrhundert ist die Zeit, in der sich der Beruf des privaten Musiklehrers in der Form ausprägt, die bis in unser Jahrhundert Geltung behielt. Voraussetzung dieser Ausprägung des Berufes im 18. Jahrhundert ist die gesellschaftliche Entwicklung, die bei breiten Schichten des Bürgertums den Wunsch nach musikalischem Unterricht wach werden läßt. Das im Zuge aufgeklärten Denkens sich ausbreitende bürgerliche Bildungsstreben, Säkularisierung und häusliche Geselligkeit schaffen den freien Raum für eine lebendige bürgerliche Musikpflege, die zu ihrer Entfaltung des privaten Musiklehrers bedarf. Die durch den Wandel der Musikanschauung bedingte Verbürgerlichung der Musik bringt Formen der Musikpraxis und des Musikunterrichts hervor, die um 1750 Züge modischen Zwanges zeigen (Salmen, o.J. [1969]). Mit der Entwicklung der bürgerlichen Musikkultur konnte parallel der Beruf des privaten Musiklehrers entstehen (Preußner, 1935). Die sich dabei ausprägenden charakteristischen Merkmale des Berufes sind: die Form des Unterrichts als Einzellektion, das Elternhaus des Schülers als Unterrichtsort, als Honorar eine von Ort und Konkurrenzen, offensichtlich aber auch von dem Grad der Anerkennung des Lehrers als Künstler abhängige, fast nur auf Absprache beruhende Summe. Grundlegende Züge der Rollenproblematik dieses Musiklehrers heben sich bereits ab. Seine soziale Rolle ist labil, weil er stundenweise für Geld arbeitet und in der Regel von Haus zu Haus gehen muß. Auch sein Berufsbewußtsein ist wenig geklärt; denn er soll zwar unterrichten, wird aber doch mehr nach künstlerischer Reputation als nach pädagogischem Erfolg honoriert. Die Gegenstände dieses häuslichen Musikunterrichts reichen weit über Gesang und Instrumentalfächer hinaus, sie umfassen alle Gebiete der Musik, vor allem auch Generalbaßlehre und Komposition. Bei aller zeitspezifischen Besonderheit der „Privat-Music" des 18. Jahrhunderts darf man doch festhalten, daß sich in dieser Zeit die prinzipielle Unterscheidung zwischen privatem und schulischem Musikunterricht einspielt, die bis ins 20. Jahrhundert zur konsequenten Scheidung zwischen Privatmusiklehrer (für allen außerschulischen Musikunterricht) und schulischem Musiklehrer (für den Musikunterricht an allgemeinbildenden Schulen) führt.

Das 19. Jahrhundert gilt gemeinhin als Blütezeit des privaten Musikunterrichts. Tatsächlich hat sich in dieser Phase der Beruf des privaten Musiklehrers stark ausgebreitet, unterstützt durch die Einführung der Gewerbefreiheit. Das 19. Jahrhundert ist auch die Phase der beginnenden Entwicklung einer Berufsorganisation privater Musiklehrer. Hinsichtlich der Unterrichtsgegenstände beginnt die Verengung auf Gesang und Instrumentalspiel. Unter sozialem Aspekt ist die Entstehung wirtschaftlicher Schwierigkeiten unverkennbar; die Zahl der privaten Musiklehrer ist hoch, doch die gesellschaftlichen Veränderungen im Zuge der Industrialisierung beginnen das Interesse für privaten Musikunterricht zu reduzieren (Lüdeke, 1958). Dazu bedeuten die sich seit Mitte des 19. Jahrunderts ausbreitenden Musikinstitute eine Gefährdung der wirtschaftlichen Existenz freier Musiklehrer (Lüdeke, 1958; Sowa, 1973); angesichts der Notlage der Berufsgruppe wird bereits von einem musikalischen Proletariat gesprochen (Sowa, 1974). Die „Blütezeit" des privaten Musikunterrichts im 19. Jahrhundert zeichnet sich immer deutlicher ab als eine Phase der Ausweitung des breiten Angebotes an Instrumental-, vor allem Klavierunterricht bei gleichzeitigem Niedergang der wirtschaftlichen Bedingungen für den privaten Musiklehrer (Roske, 1981). Seit Mitte des 19. Jahrhunderts setzen Bemühungen ein, die Situation wirtschaftlich, fachlich und pädagogisch zu bessern. Es sind die Bemühungen, die bis auf J. Matthesons Forderung nach „Auffsicht" im „Musicalischen Patrioten" von 1728 zurückgehen, und in den zwanziger Jahren unseres Jahrhunderts, in der sog. Kestenberg-Reform, zum Erfolg führen – zumindest aus damaliger Sicht.

Für den Beginn unseres Jahrhunderts sind Klagen über den Niedergang des privaten Musikunterrichts sowie Erlasse und Prüfungsordnungen für die Lehrer in diesem Bereich charakteristisch. Tatsächlich wächst die Nachfrage nach privatem Unterricht in Musik in solchem Maße, daß jeder, der nur ein wenig musikalische Ausbildung vorzuweisen hat, mit Schülern rechnen kann – mit Schülern nun, deren Eltern die künstlerischen Fähigkeiten des Musiklehrers ihrer Kinder wenig zu beurteilen vermögen, die aber dennoch ihren Kindern die Teilhabe am Prestige einer allgemeinen musikalischen Bildung zu ermöglichen wünschen. L. Kestenberg spricht von „Pfuschern und Scharlatanen", vom „Tummelplatz der fragwürdigsten Elemente" (Kestenberg, 1921). Im 19. Jahrhundert erschienen nur wenige Verfügungen für den musikalischen Privatunterricht, man drängte nicht auf einen Unterricht nur durch konzessionierte Lehrer. Noch 1908 wurde im Zentralblatt für die gesamte Unterrichtsverwaltung in Preußen ein Eingreifen in den privaten Unterrichtsbetrieb (einbezüglich der Musik) als nicht erforderlich angesehen (Braun, 1957). Doch nun, 1919, wird durch Erlaß die Aufsicht auch über den privaten Musikunterricht eingeführt; die Erlaubnis zur Erteilung von Privatunterricht in der Musik wird von Unterrichtserlaubnisscheinen abhängig gemacht, die von der Schulaufsichtsbehörde nur erteilt werden, wenn entsprechende Fähigkeiten vorhanden sind. Mit dem Erlaß vom 3. 5. 1922 (Aufsicht über den Privatmusikunterricht) wird die Registrierung der Musikschulen und der einzelnen Privatmusiklehrer eingeleitet. Was L. Kestenberg in seinem Programm für „Musikerziehung und Musikpflege" bereits 1921 angekündigt hatte, nämlich eine obligatorische staatliche Prüfung der Privatmusiklehrer, weil diese die einzige Handhabe „zur Gesundung des Unterrichtswesens", zum Schutz vor dem Überhandnehmen des musikalischen Pfuschertums biete, wird schließlich mit dem Ministerialerlaß über den Privatunterricht in der Musik vom 2. 5. 1925 verwirklicht; erstmals werden die Belange der privaten Musiklehranstalten, der Ausbildung und Prüfung der Privatmusiklehrer geregelt. Die Prüfung wird auf ein instrumentales Hauptfach festgelegt, in dem hohe Anforderungen gestellt werden; gemäß diesem Hauptfach etabliert sich der staatlich geprüfte Musiklehrer als Klavierlehrer oder Violinlehrer usw. Trotz hoher Ansprüche auch in Musiktheorie, Gehörbildung und Musikgeschichte fehlt diesen Fächern das Gewicht des Hauptfaches, das allein die künftige Tätigkeit ausmacht. Es entsteht ein Privatmusiklehrer, der auf sein Instrument, dessen künstlerischen Anspruch, die eigene künstlerische Fähigkeit auf diesem Instrument, konzentriert ist, in anderen musikalischen Bereichen, vor allem der Musiktheorie und Musikgeschichte, dagegen nur noch im Ausnahmefall lehrfähig ist, und der auf die eigentliche musikpädagogische Aufgabe bei Kindern nur durch einen sehr unterschiedlichen, noch wenig gesicherten Methodik-Unterricht vorbereitet wird.

Die Folgen des Erlasses von 1925 begleiten den privaten Musiklehrer bis in die Gegenwart. Die staatliche Prüfung wird heute zwar von vielen künftigen Musiklehrern abgelegt, aber der gestellte instrumental-künstlerische Anspruch hält ihre Zahl insgesamt viel zu niedrig. Doch da es unverändert keine gesetzliche Maßnahme gibt, die die Erteilung von privatem Musikunterricht durch Nicht-Fachleute unterbinden könnte, und der Mangel an geprüften Lehrkräften überhandnahm, können heute auch an Institutionen, die mit öffentlichen Mitteln unterstützt werden, Lehrkräfte ohne die spezielle fachpädagogische Qualifikation tätig sein. Auch die inhaltliche Festlegung, der Primat des Hauptinstrumentes, reicht bis in die Gegenwart, obwohl manche Versuche zur inhaltlichen Differenzierung der Ausbildung und Prüfung unternommen wurden.

Die entscheidenden Anstöße zur Differenzierung der Tätigkeit des privaten Musiklehrers sind den Musikschulen zu danken (auch Jugendmusikschulen, Volksmusikschulen). Diese Musikschulen haben von den zwanziger Jahren bis zur Gegenwart eine wechselvolle inhaltliche Entwicklung absolviert, insbesondere eine langsame Ablösung vom gemeinschaftsbetonten Musizieren vollzogen; neuere Tendenzen weisen allerdings inzwischen auf die Wiederbelebung sozial verstandenen Musizierens popularer Art in Musikschulen. Die Zahl der Musikschulen hat sich, nach stetiger Zunahme seit den zwanziger Jahren, in den siebziger Jahren fast explosionsartig ausgeweitet. Nach ursprünglicher Distanz zwischen privaten Musiklehrern und ihren Kollegen an Musikschulen, die sich bis zu konkurrierenden Ideologien steigerte, hat sich vor allem in den vergangenen beiden Jahrzehnten zunehmend eine Annäherung vollzogen. Sie hat pragmatische Hintergründe; denn die Lehrer an Musikschulen können, dank institutioneller Sicherungen und öffentlicher Bezuschussung ihrer Institutionen, mit mehr sozialer Sicherheit rechnen als die allein ihr „Gewerbe" betreibenden Privat-Musiklehrer. Recht zahlreich sind auch Doppeltätigkeiten; man unterrichtet an einer Musikschule und hat zugleich einen privaten Schülerkreis. Im Zuge dieser Entwicklung hat die Bezeichnung privater Musiklehrer an Verbreitung verloren. Es bürgerten sich die Bezeichnungen freier Musikerzieher oder -lehrer ein, man spricht auch vom außerschulischen Musiklehrer oder vom Musikschullehrer. Die Veränderung im Sprachgebrauch belegt den sozialen Wandel, die rückläufige Bewegung eines tatsächlich privaten Musikunterrichts; doch wirkt sich hier auch die häufige Doppelfunktion des heutigen privaten Musiklehrers aus. Von der Ausbildung her gesehen ist die Gruppe dieser Musiklehrer letztlich homogen geblieben; alle werden durch das Studium auf eine instrumentale Unterrichtstätigkeit außerhalb der allgemeinbildenden Schule, deren Musikunterricht ergänzend und spezialisierend, vorbereitet.

2. Zur Professionalisierung des Musiklehrers

2.1 Historische Professionalisierungsbestrebungen

Wie die Berufsgeschichte der Musiklehrer zeigt, gibt es vor dem 19. Jahrhundert Musiker, die „auch" Stunden geben, und Lehrer, die ihre Schüler „auch" musikalisch traktieren. Der Gedanke, daß man für solches Stundengeben und das Schulehalten in Sachen Musik etwas Pädagogisches lernen und können solle, ruht noch im Schoß der Zukunft. Während im 18. Jahrhundert Musiker und Musiklehrer ohne weiteres identisch sein können, die künstlerische Leistung die Befähigung zum Unterrichten prinzipiell einschließt (wobei sich die Querelen auf standespolitische und obrigkeitliche Befugnisse betreffs der Erteilung der Unterrichtserlaubnis konzentrieren), entwickelt sich im 19. Jahrhundert nicht nur eine berufsständische Trennung zwischen Musikern und Musiklehrern, sondern auch die zusätzliche innerhalb der Berufsgruppe nach Funktionen innerhalb und außerhalb der Schule. H. Kretzschmar formuliert wohl erstmals in den „Musikalischen Zeitfragen" den neuen Stand der Entwicklung, als er Unterrichtende und Fachmusiker nebeneinanderstellt, bei den Unterrichtenden zusätzlich bereits nach Funktionen im schulischen und im privaten Bereich unterscheidend (Kretzschmar, 1903 a und b).

Doch dies sind keineswegs zielstringente Vorgänge, sondern vielmehr langwierige Prozesse mit einander widerstrebenden Tendenzen der beteiligten Interessengruppen. Diese Prozesse reichen weit in die musikpädagogische Geschichte zurück und spiegeln sich noch heute in zahlreichen Widersprüchlichkeiten. Dies zeigt beispielsweise der Prozeß der „Verberuflichung" (Daheim, 1969) im musikalischen Elementarbereich. J.A. Comenius und J.H. Pestalozzi legen das Singen mit kleinen Kindern den Müttern ans Herz, F. Fröbel empfiehlt das kindliche Singen den Müttern wie den Kindergärtnerinnen im gleichen Maße, L. Kestenberg verabschiedet eine erste Verordnung über die musikalische Ausbildung der Kindergärtnerinnen, und heute geht der Trend bereits zur Delegation von musikalischen Fachlehrern in den Elementarbereich; die historischen Exempel treffen in der gegenwärtigen Diskussion aufeinander. Die aus der Geschichte kommenden Widersprüchlichkeiten, ja Wirrnisse, zeigen sich in den zahllosen Überschneidungen von Qualifikationen, Status, Tätigkeiten und Beschäftigungsweisen der verschiedenen Gruppen, die Musik lehren. Neben dem speziell ausgebildeten privaten Musiklehrer unterrichtet mit den gleichen Aufgaben auch der Orchestermusiker wie der Militärmusiker. Der für musikalische Gruppenarbeit ausgebildete Schulmusiklehrer sieht sich Sozialpädagogen gegenüber, die Gruppenmusizieren empfehlen und anleiten, in Musik-Kursen für junge Kinder arbeiten Klavierlehrer wie Kindergärtnerin.

Das Problem, in das wir hier geführt werden, ist gemäß berufssoziologischem Begriff das der Professionalisierung. In der überaus umfangreichen Literatur zur Professionalisierung erscheinen drei Merkmale als bestimmend für den Begriff: die Spezialisierung eines Wissens, die Durchdringung eines Berufs mit entsprechendem systematischem Wissen und der Versuch einer Berufsgruppe, ein höheres, gesellschaftliches Ansehen zu gewinnen. Man verweist vielfach auf die früh durchgeführte Professionalisierung von Theologen, Medizinern und Juristen, die anschließende Bildung der Professionen des Physikers, des Apothekers, des Lehrers bis hin zu heutigen Professionalisierungsbestrebungen etwa bei sozialpädagogischen Berufen oder auch bei Managern. Als Kriterium für Professionalisierung hebt sich offensichtlich am deutlichsten die Anwendung einer intellektuellen Technik aufgrund einer formalen Ausbildung mit Entwicklung einer sozial anerkannten, klar abgegrenzten Gruppe ab (Daheim, 1969).

In der Geschichte des Lehrers der Musik lassen sich zahlreiche Tendenzen einer zunehmenden Professionalisierung erkennen. Wie viele Parallelen zu den Kunst-Lehrern zu finden sind, zeigt die hier ansetzende kunstpädagogische Dissertation von W.A. Reiss (1981). Die Berufsgeschichte des privaten Musiklehrers gibt für das 18. Jahrhundert Belege dafür, daß die künstlerische Leistungsfähigkeit, der Nachweis eines speziellen Könnens wie auch Niveaus, kritisch geprüft wird; die künstlerische Reputation wirkt sich auf das Honorar aus. Für den Musiklehrer in Schulen wie für den privaten Musiklehrer zeigen im 19. Jahrhundert die Gründung von Berufsorganisationen den für Professionalisierungsbestrebungen typischen Versuch des Zusammenschlusses der Berufsgruppe an. Fortschreitende Professionalisierung belegt auch die zunehmende Zahl von Memoranden und Satzungen für musikalische Ausbildungsstätten (Sowa, 1973; Hemming, 1977) sowie die Ausbreitung von Fachzeitschriften für Lehrer im Fach Musik. Das sprunghafte Ansteigen musikalischer Unterrichtslehren im 19. Jahrhundert belegt im Zusammenhang der Professionalisierung das Streben nach Spezialisierung eines professionellen Wissens. Vor allem zeichnet sich aber in der Auseinandersetzung um die Anwendung der Gewerbefreiheit für privat Unterrichtende im Fach Musik das Bestreben ab, durch Sicherung des fachlichen Anspruchs zugleich einen wirtschaftlichen Schutz der Gruppe der Fachleute zu erreichen.

Auch der Wandel der Berufsbezeichnungen für diejenigen, die Musik unterrichten, ist ein Kriterium sich vollziehender Professionalisierung; die Entwicklung lief auf die Bezeichnung Musiklehrer zu. Noch im 19. Jahrhundert war, wie bereits ein Blick auf die in den Musiklexika der Zeit verwendeten Bezeichnungen nur für Musiklehrer an Schulen erkennen läßt, ein vielfältiges Repertoire in Gebrauch. Neben dem „Musiklehrer" und dem „Cantor", der zahlenmäßig noch am meisten vorkommt, gibt es beispielsweise den „Gesangslehrer", den „Kapellmeister", den „Musikdirektor", den „Musikmeister", den „Musikus", den „Singlehrer", auch den „Sängermeister", den „Singmeister", den „Tonlehrer", auch den „Präceptor" wie den „Professor der Musik" (Zimpell, 1979). Auch für den privaten Musiklehrer, der allerdings sehr unterschiedlicher musikalischer Herkunft war, ist für das 16. bis 18. Jahrhundert eine Vielzahl von Berufsbezeichnungen belegt, bereits unter dem Aspekt von Professionalisierung geordnet nach „Musikern von Profession", „Neben-Informatores" sowie „Privatmusici" und „Clavierlehrer" (Roske, 1978). In unserem Jahrhundert, in direktem Zusammenhang mit der Regelung der entsprechenden Ausbildungen und Abschlüsse, haben sich die Berufsbezeichnungen auf den Privatmusiklehrer (später auch freier Musiklehrer oder gemäß Beschäftigungsart Musikschullehrer), den Schulmusiker (womit ein wenig unbedacht nur der Musik-Studienrat der höheren Schule bezeichnet wird) und den Lehrer mit Fach Musik an Grund-, Haupt-, Real- und Sonderschulen zentriert.

H. Kretzschmar leitet alle fachlichen und formalen Bestrebungen des 19. in das 20. Jahrhundert hinüber; L. Kestenberg bleibt ihre konsequente Zusammenfassung und Realisierung durch das preußische Reformprogramm der zwanziger Jahre vorbehalten. Aus dem historischen Abstand unserer Zeit gesehen stellen die Kestenberg-Erlasse betreffs der Aufsicht über den Privatunterricht als Schutz vor musikalischem Pfuschertum, seine Prüfungsordnung für das künstlerische Lehramt an höheren Schulen wie die beginnende Akademisierung des Musik unterrichtenden Lehrers an Volksschulen die

Konkretisierung der Professionalisierungsbestrebungen des 19. Jahrunderts für Musiklehrer dar; die Spezialisierung des musikalischen Könnens, die Durchdringung des Berufes mit entsprechendem systematischem Wissen über Musik und Musikerziehung, die Unterscheidung von drei Musiklehrer-Gruppen mit jeweils eigenen Studiengängen und Prüfungen, verbunden mit der Absicht, damit auch Status und Sozialprestige der Musiklehrer zu sichern, weisen die sog. Kestenberg-Reform (vor dem Hintergrund inhaltlicher Wünsche an das musikalische Lernen aller Bereiche) letztlich als den Vollzug der seit dem 18. Jahrhundert anstehenden Professionalisierungsbestrebungen der privaten und schulischen Musiklehrer aus. Dies bestätigt auch die in den zwanziger Jahren sich auffällig verstärkende Entwicklung des musikpädagogischen Verbandswesens, spezieller Institutionen und der Tagungen für Musiklehrer.

Die sog. Kestenberg-Reform mußte darum in ihrer Zeit als die Erfüllung aller tradierten Hoffnungen der Musiklehrer erscheinen; die Profession des Musiklehrers wurde im Bildungswesen verankert, in drei speziellen Formen durch Aufgabe, Ausbildung und Prüfung festgelegt, mit neuen sozialen Status-Chancen durch Anhebung der allgemeinen und speziellen Ausbildungsvorschriften versehen und durch Organisation und Publikation in ihrem Zusammenschluß zur Berufsgruppe verstärkt. Die ständigen Forderungen nach wissenschaftlicher Musikpädagogik in den zwanziger Jahren, von L. Kestenberg selbst durch den Vorschlag eines musikpädagogischen Forschungsinstitutes im Rahmen der gewünschten musikpädagogischen Akademie unterstützt (Kestenberg, 1921), sind im Zusammenhang der Professionalisierungstheorie als der charakteristische Versuch zu interpretieren, durch Spezialisierung und Systematisierung eines fachlichen Wissens die Professionalisierung der musikpädagogischen Berufsgruppe zu fördern. Auch die Entwicklung einer emphatisch-postulativen Literatur um das Schlagwort Erziehung durch und zu Musik gibt sich bei Interpretation unter dem Aspekt der Professionalisierung als ein Versuch zu erkennen, die hohe gesellschaftliche Bedeutung der Profession „Musikerzieher“ zu demonstrieren. Alle Ereignisse und Intentionen zusammen können die außerordentliche, bis heute währende Popularität der sog. Kestenberg-Reform (im Fach), ihre kaum angefochtene Autorität (während doch um sie herum die musikalische Jugendbewegung heftig attakkiert wurde) erklären. Doch wir haben heute weiter zu fragen, wir haben Eigenart und Konsequenzen der durch die Kestenberg-Reform eingeleiteten Professionalisierung der Berufsgruppe der Musiklehrer und ihrer Fixierung auf eine Trias musikpädagogischer Berufe unter den gegenwärtigen gesellschaftlichen Bedingungen zu beobachten.

2.2 Merkmale der Berufsrolle

Eine Möglichkeit, Probleme der Professionalisierung des Musiklehrers aufzuschließen, bietet die Analyse der Berufsrolle des Musiklehrers. Als Berufsrolle bezeichnet man die Erwartungen, die auf einen bestimmten Beruf gerichtet werden, und die auf alle übertragen werden, die diesen Beruf ausüben. Erwartungen an einen bestimmten Beruf werden in mehreren verschiedenen Gruppen, den sog. Bezugsgruppen, entwickelt; sie können untereinander in hohem Maße differieren. Auch die Berufsgruppe selbst hat Erwartungen an ihren Beruf, die wiederum zu den Erwartungen einzelner oder auch vieler anderer Gruppen der Gesellschaft in Widerspruch stehen können. Jede dieser Bezugsgruppen faßt jedoch ihre Ansprüche als verbindlich auf, obwohl ihre Erwartungsansprüche vielfach kaum reflektiert sind, aus alten Normen fernliegender oder andersartiger Zusammenhänge stammen können und in der Regel auch nach ihrer Herkunft kaum bewußt sind. Ein subtiles, ebenfalls wenig bewußtes System von Sanktionierungen der verschiedenen Bezugsgruppen versucht die einzelnen Vertreter des Berufs, und über sie die ganze Berufsgruppe, zur Erfüllung der Erwartungen, zu konformem Rollenverhalten zu bringen. Vor diesem theoretischen Hintergrund (der hier nur skizziert werden konnte) tritt das Dilemma der Musiklehrer-Rolle deutlich hervor. Auf den Musiklehrer richten sich die Erwartungen zahlreicher und unterschiedlicher Bezugsgruppen: der Künstler, die ihn ausbilden, der Wissenschaftler, die in der Ausbildung mitwirken, des Lehrerkollegiums der Schule, der Behörde, der Musikfreunde unserer Gesellschaft, der Öffentlichkeit, der Medien, der Musikverbände, der Musikwirtschaft und, last not least, der Eltern und der Schüler. Diese Vielzahl von Erwartungen und die daraus erwachsenen Widersprüchlichkeiten treffen die Musiklehrer in einer Phase eigener Erwartungsdiskrepanzen, zumal auch die konstituierte Trias der musikpädagogischen Berufszweige mehr nach Eigenarten (mit Konkurrenztendenzen) als nach Gemeinsamkeit zu neigen scheint. Die mitwirkenden Sanktionierungen sind kaum bewußt, abgesehen vielleicht von dem Kündigungsrecht der Schülereltern. Sie liegen versteckt und umso wirksamer in Aktualisierungszwängen, Lehrplanvorschriften, Kotau vor Ratschlägen älterer Disziplinen, Bedürfnis nach Anerkennung von Autoritäten oder Verleugnen von Pädagogik aus Besorgnis vor Rückwirkungen wegen des geringen Prestiges dieses Faches.

Versucht man, die Unterschiedlichkeit der Erwartungen an Musiklehrer auf einige zentrale Aspekte zurückzuführen, so fällt gewiß zunächst die Diskrepanz der Erwartungen an Musik und Lehren ins Auge. Denn die Zusammensetzung von Musik und Lehrer zu der Bezeichnung Musiklehrer, die so einleuchtend zu sein scheint, löst durch die Möglichkeit einer ganz unterschiedlichen Gewichtung der beiden Ausgangsbezeichnungen vielfältige, ja gegensätzliche Erwartungen an den Musiklehrer-Beruf aus. Für die einen scheint ebenso selbstverständlich zu sein, daß, wenn man sein musikalisches Handwerk nur beherrsche, das Lehren sich schon ergebe, wie für andere, daß jeder, der vor allem Kinder und Jugendliche unterrichtet, von pädagogischem Wissen und Können ausgehen müsse. Es dominiert – aus Tradition oder aus Prinzip? – die Tendenz, die künstlerische Leistung über die pädagogische zu stellen. Künstler sein, konzertieren, ist Statussymbol für den Musiklehrer. Wie alt unser Problem ist, mag der Stoßseufzer eines Stadtsekretärs von Hadersleben aus dem Jahre 1766 belegen: „Der verstorbene Organist war zum Informiren nicht aufgelegt. Gleichwol hatte er damit genug zu thun, und er würde gewiß allein dabei an diesem ohnehin ziemlich wohlfeilen Orte sein gutes auskommen gefunden (haben), wenn es ihm nich(t) an der Geschicklichkeit und den Gaben gefehlt hätte, die zum glücklichen Unterricht auf dem Clavier nothwendig sind“ (zit. nach Roske, 1978).

Die Unterschiedlichkeit der Erwartungen an den Musiklehrer-Beruf tritt nicht nur in der beschriebenen prinzipiellen Differenz bei der Bewertung künstlerischer und pädagogischer Aufgaben zutage. Sie findet, am intensivsten in den zwanziger und dreißiger Jahren unseres Jahrhunderts, auch eine Zuspitzung durch Übertragung erzieherischer Aufgaben an den Musiklehrer. Entsprechende Aussagen sind zahlreich in den Schriften L. Kestenbergs und F. Jödes zu finden; L. Kestenberg faßt knapp zusammen mit der Formel „Mit dem Musiker geht der Erzieher“, der er erläuternd zufügt, daß den musikalischen Reformen die Bestrebungen „junger, begeisterungsfähiger Erzieher“ zur Seite stehen, daß es um „ein gemeinsames Schaffen im Dienste der künstlerischen und sozialen Pflichten“ gehe (Kestenberg, 1922). Gegenwärtige sozialpädagogische Erwartungen an den Musikunterricht in Grund- und Hauptschulen stellen die Aktualisierung der musikalisch-erzieherischen Denkweise dar (Ehrenforth, 1981 a und b).

Historisch älter ist eine weitere Spannung in den Erwartungen an den Musiklehrer; es ist die unterschiedliche Beurteilung des Verhältnisses zwischen Musik und Wissenschaft für seine Ausbildung und seinen Beruf. Wissenschaftliche Ausbildung als akademisches Studium, vor allem der Theologie, dann der Philosophie, war ursprünglich die Bedingung, die einem Musiklehrer die Lehrtätigkeit im Fach Musik an einer höheren Schule ermöglichte, lief aber dort zurück auf ein beliebiges sog. wissenschaftliches Schul-(Bei-)Fach; andererseits wurde sie bei dem ursprünglich vom akademischen Studium ausgeschlossenen Volksschullehrer als ein breiter humanwissenschaftlicher Studienteil aufgebaut. Erst seit den zwanziger Jahren unseres Jahrhunderts ist die künstlerische Ausbildung die Unterscheidungskategorie zwischen privaten Musiklehrern und Musiklehrern an höheren Schulen einerseits und andererseits Musiklehrern an Grund- und Hauptschulen. Die Unterschiedlichkeit der Auffassungen über die Eigenart des Musiklehrerberufes (und ihr Niederschlag in Ausbildungsordnungen und Anstellungsregeln) hat sich in bezug auf die Gewichtung der wissenschaftlichen und künstlerischen Anteile der Ausbildung so polarisiert, daß eine grundlegende Erhebung zur Musiklehrerausbildung in der Gegenwart bei ihrer Veröffentlichung den Titel „Musiklehrerausbildung in der Bundesrepublik Deutschland im Spannungsfeld zwischen Wissenschaft und Kunst“ erhielt (Klinkhammer und Weyer, 1977).

Die Erwartungen an diejenigen, die Musik lehren, sind außerordentlich unterschiedlich – dies ist die Ursache einer tiefreichenden Rollenunsicherheit innerhalb dieser Berufsgruppe. In der erziehungswissenschaftlichen Literatur gibt es zahlreiche Untersuchungen dieses Phänomens (vgl. Bibliographie in Nave-Herz, 1977). Th.W. Adorno beschreibt nicht freundlich, aber treffend die Ursache der Rollenunsicherheit des Lehrers: „Das Problem der immanenten Unwahrheit der Pädagogik ist wohl, daß die Sache, die man betreibt, auf die Rezipierenden zugeschnitten wird, keine rein sachliche Arbeit um der Sache willen ist. Diese wird vielmehr pädagogisiert“. Hier sieht Th.W. Adorno die Ursachen einer spezifischen déformation professionnelle und einer gewissen gesellschaftlichen Abneigung gegenüber dem Lehrer. Darum eben ist die „geistige Bildung“ des Lehrers so wichtig, eine planvolle wissenschaftliche Arbeit nötig, die Grund legen kann zu einer geistfreundlichen Haltung, die sich im Schüler fortzusetzen vermag (Adorno, 1972). Die spezifische Spannung zwischen Wissenschaft und Lehren, die die Lehrerrolle insgesamt kompliziert, verstärkt sich beim Lehrer der Musik durch die künstlerischen Ansprüche und die Vieldimensionalität der wissenschaftlichen Aspekte. Man darf abschließend die Hypothese wagen, daß die Berufsrolle des Musiklehrers in besonders hohem Maße unsicher ist, weil sie von Erwartungen zahlreicher und widersprüchlicher sozialer und beruflicher Bezugsgruppen, diese aus Kunst, Wissenschaft und pädagogischen Strömungen, bestimmt wird; diese Bezugsgruppen können ihre Erwartungen deshalb besonders nachhaltig entwikkeln, weil die Musiklehrer selbst als berufliche Gruppe keine feste Berufsrolle entwikkelt haben und darum für Erwartungen von Bezugsgruppen, auch wenn diese auf Normen gemäß deren eigenen Interessen beruhen, besonders anfällig sind. Historisch gesehen ist festzuhalten, daß die sog. Kestenberg-Reform zwar in entscheidender Weise, vor allem durch die Fixierung dreier musikpädagogischer Berufszweige, die Professionalisierung des Musiklehrers förderte, doch offensichtlich noch nicht das Pendant einer deutlichen Berufsrolle des Musiklehrers zu entwickeln vermochte.

2.3 Zum Berufsbewußtsein

Aus gegenwärtiger Sicht scheint ein Widerspruch darin zu liegen, daß lange Professionalisierungsbestrebungen für die berufliche Position eines Lehrers der Musik, in der preußischen Reform vor allem durch L. Kestenberg zu krönendem Abschluß gebracht, offensichtlich nicht das Pendant einer deutlichen Berufsrolle des Musiklehrers zu schaffen vermochten. Die langsam gewachsenen und im heutigen Musikleben rezipierten Merkmale fortschreitender Professionalisierung des Musiklehrers, insbesondere des Ausbildungs- und Prüfungswesens, des Verbandswesens und im Bereich fachlicher Publikation, konnten keine annähernd verbindliche Berufsrolle für den Musiklehrer sichern; die Erwartungen, die Musiklehrer selbst und die andere soziale wie auch spezielle berufliche Gruppen auf Musikunterricht richten, sind in hohem Maße wie auch grundsätzlich unterschiedlich und haben die Konturen der Musiklehrer-Rolle so verwischt, daß unschwer andere Berufsgruppen die Rolle übernehmen und den Musiklehrerpart spielen können.

Die Ursache dieser Diskrepanz zwischen dem Professionalisierungserfolg einerseits und einer unsicheren Berufsrolle des Musiklehrers andererseits liegt in der Zielrichtung der bisherigen Professionalisierungsbestrebungen. Denn diese waren durchweg statusbezogen; sie zielten auf Feststellung einer hohen künstlerischen Leistungsfähigkeit, auch auf Sicherung eines akademischen Anteils, um dadurch das soziale Ansehen und die wirtschaftliche Sicherung der Musiklehrer zu verbessern. Das deutlichste Beispiel ist der Musikstudienrat, dem durch statusbezogene Professionalisierung die Gleichrangigkeit im gymnasialen Kollegium verschafft wurde, während bei dem privaten Musiklehrer durch die gegenläufige Gewerbefreiheit die erhoffte Status-Verbesserung in wesentlich engeren Grenzen blieb. Diese statusbezogene Professionalisierung führt in der Gegenwart zu weitreichenden Konsequenzen. Der hohe künstlerische Anspruch in der Ausbildung der künftigen Musikstudienräte, der bereits durch eine Aufnahmeprüfung bei Studienbeginn gesichert werden soll, hält die Zahl der Bewerber klein und siebt künstlerisch hochbegabte Studenten aus, die ihr Examen zwar zwecks existentieller Sicherung ablegen, im übrigen aber weniger Interesse an einer Musiklehrer-Position als an einer künstlerischen Position haben; dies reduziert bis heute die Zahl der Musiklehrer an höheren Schulen und ist die Ursache von erheblichem Ausfall an Musikunterricht. Der recht hohe künstlerische Anspruch in Ausbildung und Prüfung des privaten Musiklehrers, hier zentriert auf das Instrument, hat ebenfalls die Zahl derer, die diesen Beruf ausüben, zu niedrig werden lassen. Der Beruf des privaten Musiklehrers ist heute, auch durch den immens gewachsenen Bedarf der Musikschulen, ein ausgesprochener Mangelberuf. Eben dadurch (und weil der gesetzliche Schutz fehlt) können andere Berufe mit Teilqualifikationen, aber auch in hohem Maß ohne Qualifikationen, in das musikpädagogische Feld eindringen. Die historische Professionalisierung des Musiklehrers, zielend auf Status-Verbesserung durch hohen Anspruch künstlerischer Abschlüsse, hat die parallele Ausprägung der Musiklehrer-Rolle behindert, weil sie einerseits im Interesse eben des Status künstlerische oder auch akademische Anteile, die Rollennähe zu anderen Berufspositionen, in den Vordergrund stellte, und darüber die Einstellung auf die berufliche Aufgabe, den pädagogischen Umgang mit Musik in seiner Vielfalt der Aufgaben, ins Hintertreffen geraten ließ. Die in hohem Maße statusbezogenen historischen Professionalisierungsbeiträge erschwerten die Ausprägung der spezifischen Berufsrolle des Musiklehrers.

Es scheint, als habe die Kestenberg-Reform mit dem Schwerpunkt der Professionalisierung auf künstlerischer und wissenschaftlicher Spezialisierung der Ausbildung zwecks Status-Verbesserung der Musiklehrer weiterreichende bzw. tieferreichende Professionalisierungsmöglichkeiten übersehen. Fragt man Musiklehrer nach ihrem Beruf, erhält man häufig die Antwort: Pianist, Cellist usw. Tatsächlich legen ja auch viele eine zusätzliche künstlerische Reifeprüfung ab. Andererseits heißt die erste Frage berufsfremder Personen an den Musiklehrer in der Regel: Welches Instrument spielen Sie? Schulklassen respektieren ihren Musiklehrer mehr, wenn er ein guter Instrumentalist ist (Bitterlich, 1974), Eltern und Kollegen beurteilen den Musiklehrer der Schule nach Schulkonzerten, für den privaten Musiklehrer ist Mitwirkung bei öffentlichen Konzerten unverändert das beste Aushängeschild. Ebenso kann man stolzen Verweisen auf die Wissenschaftlichkeit der Ausbildung bei Musiklehrern begegnen. Dies heißt jedoch insgesamt, daß Musiklehrer das Prestige ihres Berufes – für sich selbst wie bei anderen – vor allem durch die Zugehörigkeit zu künstlerischen oder auch wissenschaftlichen Bereichen gewinnen. In erstaunlich geringem Maße ist es offensichtlich die eigentliche berufliche Aufgabe selbst, die Qualität der musikalischen Lehre und die Kenntnisse in deren theoretischem Umfeld, die das berufliche Prestige bestimmt.

Hier tritt das Professionalisierungsdefizit der Kestenberg-Reform zutage: die nicht erreichte Bildung von Berufsbewußtsein. Während die statusbezogene „äußere" Professionalisierung vollzogen wurde, unterblieb die aufgabenbezogene „innere" Professionalisierung, die Ausbildung des Berufsbewußtseins der Musiklehrer. Es scheint sich sogar mitunter eine Sperre gegenüber einem Berufsbewußtsein als Musiklehrer entwikkelt zu haben, die in der Negativ-Einstellung gegenüber allem „Pädagogischen" zum Ausdruck kommt. Es gibt Hochschullehrer für Musikpädagogik, die – aus Prestige-Denken, aus Mangel an Wissen? – diesem Lehrgebiet aus dem Wege gehen (dem sie doch ihre Berufung an eine Hochschule verdanken) und lieber (eine Art von) Musikwissenschaft lehren; es gibt auch Musiklehrer, die peinlich berührt sind, wenn sie nicht als Musiker, sondern als Lehrer angesprochen werden. Die Berufsbezeichnung Musiklehrer hat sich zwar eingebürgert, aber die Integration von Musik und Lehrer zu einer von spezifischem Berufsbewußtsein bestimmten Profession Musiklehrer hat sich noch nicht allseits und überzeugend vollzogen. Der Mangel an solcher „inneren" Professionalisierung ist die entscheidende Ursache der Rollenunsicherheit des Musiklehrers. K. Storck machte schon darauf aufmerksam, daß im Musikunterricht nicht der Künstler, sondern der Pädagoge seine Befähigung nachzuweisen habe (Storck, 1911). Auch H. Abert fordert in der Sprache seiner Zeit Einsicht in die pädagogische Aufgabe: „Der Musiklehrer muß sich vor allem dessen bewußt sein, daß es sich bei seinem Lehrfach nicht in erster Linie um die Vermittlung eines bestimmten Quantums von Lehrstoff handelt, nicht um ein Einpauken von außen her, sondern um ein Erwecken von innen heraus" (Abert, o.J. [1922]). Und gewiß hat auch L. Kestenberg selbst vorausgesehen, daß sich bei einer Ausbildung gemeinsam mit künftigen Solisten und Orchestermusikern, bei dem gleichen Hochschullehrer, der den künftigen Künstler anleitet, das Berufsbewußtsein des späteren Musiklehrers schwerlich entwickeln könne, als er eine musikpädagogische Akademie vorschlug, die ausschließlich auf musikalische Lehrberufe vorbereiten solle (Kestenberg, 1921). P. Hindemiths Mahnung sei hier nicht vergessen, daß man jeden Pianisten und Geiger so erziehe, als hätte er Aussicht, ein Horowitz oder Heifetz zu werden (Hindemith, 1959).

Berufsbewußtsein des Musiklehrers zu entwickeln und zu festigen, Prestige-Gewinn durch die Qualität der Lehrtätigkeit als solcher zu ermöglichen, beruhend (auch) auf spezifisch musikpädagogischer Einsicht, ist demgemäß die Möglichkeit einer „inneren“ Professionalisierung, die in Ergänzung der „äußeren“ Professionalisierung schließlich Rollensicherheit des Musiklehrers begründen könnte. Dies meint keineswegs ein „Mehr“ an Musikpädagogik, sondern ein „Besser“ der Musikpädagogik, damit sich aus Wissen und musikpädagogischer Denkfähigkeit Einsicht in die spezifischen beruflichen Aufgaben entwickelt. Dafür ist eben der Zusammenhang des Lehrgebietes Musikpädagogik notwendig. Es gehört zu den Voraussetzungen, aus denen sich das Berufsbewußtsein des Musiklehrers entwickeln kann. Damit er, wie P. Hindemith (1959) mit Ethos und Pathos formuliert, seine Profession nicht „auf dem Ressentiment des verhinderten Konzertvirtuosen“ gründet, sondern darauf, „in der menschlichen Gesellschaft ein moralischer Faktor von nicht nur spezial-beruflicher Bedeutung zu sein“, d.h. zu dem musikalischen Können Berufsbewußtsein als Musiklehrer gewinnt, einschließlich Verantwortungsgefühl und Selbständigkeit angesichts offener Aufgaben (Abel-Struth, 1981 a). Bei einer künftigen Aufarbeitung dieser Probleme ist auch der Zusammenhang des Berufsbewußtseins der Musiklehrer mit allgemeinen Wandlungen des Lehrerbewußtseins zu beachten (Hopf, 1974).

3. Die Ausbildung für musikpädagogische Berufe

3.1 Zur Ausbildungsgeschichte

Wie die Berufsgeschichte des Musiklehrers, so wurde auch die Geschichte der Berufsausbildung des Musiklehrers bisher von der musikpädagogischen Historiographie vernachlässigt. Auch dieser Forschungsgegenstand blieb im Schatten aktuell-didaktischer Erörterungen, obwohl doch diese ihrerseits in Inhalt und theoretischem Niveau in nicht zu geringem Maße von Kenntnis und Analyse der geschichtlichen Herkunft abhängig sind. In Standardwerken musikpädagogischer Geschichtsschreibung wie G. Schünemanns „Geschichte der deutschen Schulmusik“ wird die spezielle Frage nicht gestellt (Schünemann, 1968), in gegenwärtigen musikpädagogischen Publikationen gibt es Modellbeschreibungen und Reformvorschläge für Ausbildungsänderungen, jedoch in der Regel ohne Anschluß an die historische Entwicklung und die aus ihr zu gewinnenden Erfahrungen sowie ohne entsprechende Strukturierung übergreifender Zusammenhänge.

Die Geschichte der Berufsausbildung der Musiklehrer beginnt mit Ausbildungen unterschiedlicher Art in Musik. Diese musikalischen Ausbildungen unterscheiden sich nach kirchlicher oder höfischer Aufgabe, ebenso nach dem Grad künstlerisch-praktischer und musiktheoretischer Ansprüche und sind in hohem Maße von ständischen und regionalen Bedingungen abhängig. Doch jede dieser Ausbildungen in Musik für einen Musikberuf impliziert von Haus aus auch die künftige Befähigung zum Unterrichten in Musik; jede Art von Musikausbildung wird zugleich Ausweis für eine Betätigung als Musiklehrer. Noch um 1700 geht J. Kuhnau in seinem „Musicalischen Quack-Salber“ nicht von unterschiedlichen Musikberufen aus, sondern nur von Status-Unterschieden, wenn er den Musikus entweder in einer „Bestallung“ sieht oder „von der Information“ leben läßt. Besondere Regelungen regionaler Musikergenossenschaften und zunftähnlicher Musikerorganisationen, die ihren Mitgliedern das Erteilen von Musikunterricht verbieten oder es nur auf ihre Mitglieder beschränken, belegen letztlich ebenso, daß der Beruf der des Musikers ist und der Unterricht eine ihm mögliche Betätigung, die gemäß jeweiligen Standesinteressen untersagt oder ausgeführt werden kann. Eine spezielle Ausbildung als Voraussetzung zu solcher musikalischer Lehrtätigkeit steht hier nicht zur Debatte, es geht nur um die standespolitische und obrigkeitliche Macht der Entscheidung, ob ein Musiker unterrichten darf oder nicht (Roske, 1978). Auch in dem städtisch-kirchlichen Berufskreis des Musikers, zu dem die Schulkantoren zählen, wird die Frage einer Berufsausbildung speziell für die Lehrtätigkeit nicht gestellt (Petzold, 1971). Zudem sind die Grenzen zwischen städtisch-kirchlichem und höfischem Berufskreis des Musikers nicht geschlossen; es kann – nach berühmtem Beispiel – aus einem Kapellmeister ein Kantor werden, wobei das musikalische Können, aber nicht die spezifische Ausbildung für das Lehren gefragt ist. Wahrscheinlich gilt für beide Berufskreise, was für höfische Orchestermusiker im 18. und frühen 19. Jahrhundert in Deutschland nachgewiesen wurde: daß Landeskinder eine handwerkliche Ausbildung in Städten, insbesondere Residenzstädten mit Musikleben, erhalten können und in der Regel später hier, im Umkreis des jeweiligen Hofes, verbleiben (Mahling, 1971). Diese Ausbildung, in der Regel in der eigenen Familie beginnend, wird im Rahmen der Schule und durch zusätzlichen privaten Unterricht in Instrument,

Singen und Theorie (auch im Rahmen von Stadtpfeifereien) weitergeführt. Man lernt „die Musik", später mehr ein spezielles Instrument; doch eine besondere Ausbildung im Hinblick auf eine Lehrtätigkeit stellt sich nicht als Problem.

Im 19. Jahrhundert vollzieht sich nicht nur die Trennung zwischen Musikern und Musiklehrern, sondern auch die zusätzliche zwischen Lehrern für Musik an Schulen und privaten Musiklehrern. Preußen führt „Gesang" als Pflichtfach in der Volksschule ein und errichtet allein zwischen 1810 und 1820 elf neue Seminare mit entsprechender Berücksichtigung der Ausbildung künftiger Lehrer für Gesangunterricht in der Schule. Nach allerhöchster Order vom 17. 5. 1811 wird eine Musikbehörde eingerichtet, die für die Verbindung von Kirchen- und Schulmusik Sorge zu tragen hat, dazu für die Privilegierung des Gesangs in den Schulen und für Prüfungen von Kantoren und Organisten. Das Königlich-Akademische Institut für Kirchenmusik in Berlin nimmt als „Musikalische Bildungsanstalt" seine Ausbildungstätigkeit auf. Es erteilt Unterricht in Singen, Klavierspiel, Orgelspiel, Generalbaß und Kontrapunkt. „Daneben ist das Fehlen einer Stunde für Elementargesang und Methodik weniger bemerkt worden; auch in Zukunft glaubt man wohl dergleichen 'Elementarisches' voraussetzen zu können", bemerkt bereits M. Schipke in seiner „Geschichte des deutschen Schulgesanges" von 1913. Das erklärte Ziel der neuen Institution ist neben der Beförderung der Kirchenmusik die Ausbildung von Organisten und Musiklehrern an Gymnasien und Schullehrer-Seminaren. Die Geschichte des Institutes im 19. Jahrhundert spiegelt in typischer Weise das Hin und Her um die Einführung von Ausbildungsgegenständen wider, die speziell für den Beruf eines Musiklehrers als bedeutsam erscheinen. Nachdem unter K.F. Zelter Anweisungen zur Lehrmethode zumindest vorgesehen werden, versucht sein Nachfolger A.W. Bach (der einem A.B. Marx vorgezogen worden war) zu erreichen, daß die Studierenden nicht nur Choral- und Chorgesang kirchlichen Inhalts treiben, sondern auch „mit der Bildung und Leitung eines kunstgerechten Chors" bekanntgemacht werden. Die Auflagen der Behörden betonen demgegenüber immer wieder, daß die entscheidende Aufgabe in der Beförderung des liturgischen Chorgesanges liege (Martens, 1928/1929).

Doch nicht nur die Mühsal der Einführung spezieller Ausbildungsteile für den Beruf des Musiklehrers zeigt sich in der hier beginnenden Fixierung eines Ausbildungsplanes, der noch aus der Tradition der Identität von Musiker (Kirchenmusiker) und Musiklehrer lebt. Hier entsteht auch die so dauerhaft gewordene Gleichsetzung der Musiklehrer für die höhere Schule mit Seminar-Musiklehrern für die künftigen Volksschullehrer; eine Ausbildung für Musikunterricht an höheren Schulen gilt als ausreichende Befähigung für die Anleitung musikalischer und musikpädagogischer Studien künftiger Volksschullehrer und begründet eine bis in die Gegenwart reichende Gegenseitigkeit enttäuschter Erwartungen. Die Festlegungen wirken umso nachhaltiger, als das Berliner Programm auf weitere Institute, wie beispielsweise in Breslau, Regensburg und Würzburg, übertragen wird. Dabei werden die mangelhaften musikalischen Vorkenntnisse der Seminaristen zum besonderen Problem, wie spezielle Studien zur Seminarausbildung im Bereich der Musik belegen (Gundlach, 1969; Niederau, 1970; Vogelsänger, 1973; Hamann, 1976).

Vor dem Hintergrund dieser Traditionen und Ausbildungsschemata ist die Bedeutung H. Kretzschmars zu sehen. Er beginnt das 20. Jahrhundert der Musiklehrer-Ausbildung mit Verweisen in den „Musikalischen Zeitfragen", daß für die Ausbildung der Volksschullehrer Seminarmusiklehrer nötig seien, „die die Natur der Kinderstimme genau kennen, und die es verstehen, die Jugend bei den musikalischen Elementen zu fesseln und durch die Elemente lernfreudig zu machen", die wirkliche Gesangpädagogen sind; für den Gesanglehrer an höheren Schulen fordert er, im Anschluß an den wissenschaftlich gebildeten Kantor der alten Lateinschule, ein Studium, das den Gesanglehrer den übrigen Schulkollegen in Bildung und Stellung ebenbürtig mache, „die den Gegenstand im Geiste der Schule und im Einklang mit ihren Ideen und Interessen zu behandeln wissen". Die private musikalische Unterweisung erhält bei H. Kretzschmar nicht nur ihre spezifische Funktion neben der Schule und über die Schularbeit hinaus; er vertritt für den Privatlehrer in Musik auch die Einführung eigener staatlicher Prüfungen, um dem Pfuschertum im Privatunterricht zu begegnen und dem Publikum wenigstens eine „Warnungstafel" aufzustellen (Kretzschmar, 1903 a).

Die Bedeutung der Reformen der zwanziger Jahre für die Musiklehrer-Ausbildung liegt darin, daß die im 19. Jahrhundert langwierig und kompliziert sich anbahnenden Bestrebungen zur Professionalisierung der Ausbildung der Musiklehrer nach einer ersten inhaltlichen Konkretisierung bei H. Kretzschmar nun, in einem politisch günstigen Augenblick, als Reformprogramm einer neuen Regierung in musikpolitische Entscheidung umgesetzt werden. Schon 1920 werden die Gesang- wie auch die Zeichenlehrer an höheren Lehranstalten den anderen wissenschaftlichen Fachlehrern gleichgestellt. Die 1922 in Kraft tretende Prüfungsordnung für das künstlerische Lehramt an höheren Schulen regelt durch ihren Anspruch, daß die Ausbildung in Gegenständen und Anforderungen der für andere Fächer an höheren Schulen entspricht. In den Jahren 1924 bis 1926 werden die bisherigen Seminare für die Ausbildung der Volksschullehrer geschlossen. An ihre Stelle treten mit Erlaß von 1926 die Pädagogischen Akademien. Wer an einer solchen Pädagogischen Akademie zu studieren wünscht, muß sich einer Prüfung seiner musikalischen Kenntnisse, auch der Fähigkeiten in Blattsingen und Instrumentalspiel, unterziehen. Musik ist Pflichtgebiet der Lehrerausbildung für Volksschulen (Kittel, 1957; Beckmann, 1968). Auch Ausbildung und Prüfung der Privatmusiklehrer werden neu geregelt. Bereits 1919 wird durch Erlaß (Aufsicht über privaten Unterricht, Musikunterricht usw.) die Erlaubnis zur Errichtung von privaten Musikschulen und zur Erteilung von Privatunterricht von Unterrichtserlaubnisscheinen abhängig gemacht. Nachdem 1922 durch Erlaß auch die Aufsicht über den Privatmusikunterricht geregelt worden ist, erscheint 1925 ein Ministerialerlaß über den Privatunterricht in Musik. Hier wird erstmals eine Prüfung der Privatmusiklehrer geregelt, zu der der Kandidat nur nach viersemestrigem Besuch eines Seminars für Privatmusikerziehung zugelassen wird.

Nach der langen Vorgeschichte der Bemühungen um die Entwicklung der Musiklehrer-Ausbildung erscheinen diese Reform-Erlasse als Krönung aller Hoffnungen des 19. Jahrhunderts, als Anbruch einer paradiesischen Zeit musikalischer Lehre. Die Fachliteratur der zwanziger Jahre und die Rückerinnerungen an diese Zeit verraten Stolz auf die Reform der Musiklehrer-Ausbildung und sind voller Hoffnung darauf, nun ein sicheres Gebäude für die praktische Musikpädagogik errichtet zu haben. Die Schaffung des Studienganges für einen Musiklehrer der höheren Schule, gleichberechtigt neben den Studienräten anderer Fachgebiete wirkend, erfüllt die Musikpädagogen-Generation der zwanziger Jahre mit besonderer Genugtuung; dies ist angesichts der historischen Mißachtung des Standes innerhalb der Schulkollegia aus der Sicht der damaligen Zeit voll verständlich (Kestenberg und Günther, 1925; Martens, 1928; Moser, 1928, 1929 und 1956; Oberborbeck, 1929). Ebenso erfüllt die Errichtung der Pädagogischen Akademien mit Befriedigung; hier wird schließlich für alle künftigen Volksschullehrer in der Ausbildung der musikalische Anteil sichergestellt, und zwar ein spezifisch pädagogisch eingebundener musikalischer Ausbildungsanteil. Über diese Lehrerbildung mit ihrer musikalischen Pflicht-Komponente glaubt man, den entscheidenden Fortschritt in die allgemeine musikalische Volksbildung vollzogen zu haben (Kühn, 1925; Esser, 1927; Moser, 1929; Becker, 1930). Auch nach der Umlenkung der NS-Kulturpolitik, nach Krieg und gesellschaftlichem Wandel bleibt das durch die sog. Kestenberg-Reform der zwanziger Jahre geschaffene Konzept der Musiklehrer-Ausbildung, die hier begründete Trias unterschiedlicher Musiklehrer-Berufe für Volksschule, höhere Schule und privaten Instrumentalunterricht, ein musikpädagogisches Tabu, auch in der Gegenwart.

Doch im Rückblick wird zunehmend deutlich, daß in den Ausbildungsmodellen für Musiklehrer im Zuge der Kestenberg-Reform tiefreichende Wurzeln unserer gegenwärtigen Schwierigkeiten liegen (Abel-Struth, 1981 a). Zunächst erweist sich, daß die Pädagogischen Akademien die vorgesehene musikalische Ausbildung für alle Lehrer nicht realisieren können, weil durch den Musikunterricht der höheren Schule das notwendige Minimum an musikalischer Vorbildung nicht zu gewährleisten ist. Als in den fünfziger Jahren die Umleitung in Pädagogische Hochschulen, in den sechziger und siebziger Jahren die Umleitung aller Lehrerausbildung in wissenschaftliche Hochschulen vollzogen und Musik als Pflichtfach der Lehrerausbildung aufgehoben wird, entsteht das außerordentliche und in seiner Tragweite noch immer nicht voll erkannte quantitative und qualitative Defizit der Musikausbildung künftiger Lehrer an Grund-, Haupt- und Realschulen: Die Schulmusik erbringt viel zu wenige und nur unzureichend vorgebildete Studenten für das Fach Musik; die Zahl der Studenten, die Musik an Volksschulen unterrichten wollen, sinkt rapide. Für die Ausbildung der Musiklehrer an höheren Schulen werden die Anforderungen im Hauptfach Instrumentalspiel von einschneidender Bedeutung. Während die Prüfungsordnung von 1910 Instrumentalspiel nur als methodisches Hilfsmittel ansieht, schlägt das Pendel nun zum anderen Pol; die neue Prüfungsordnung für das künstlerische Lehramt der zwanziger Jahre verlangt die technisch-virtuose und künstlerisch vollkommene Beherrschung des gewählten Instrumentes. Die Ausbildung für das künstlerische Lehramt wird eine verdeckte Künstler-Ausbildung, die Absolventen streben zu künstlerischen Leistungen und möglichst auch Berufen; der Lehrberuf wird leicht zum zwar die Existenz sichernden, aber ungeliebten Ersatz für den eigentlich erwünschten Beruf des Künstlers. Zudem wird eine fast nicht mehr überbrückbare Kluft zu der Ausbildung der Musiklehrer an Grund-, Haupt- und Realschulen aufgerissen, da für die erheblich höhere Zahl dieser Studenten eine in gleichem Maße anspruchsvolle künstlerische Ausbildung nicht ermöglicht wird, letztlich wohl sogar nicht realistisch wäre. Auch die Ausbildung der Privatlehrer für Musik beruht mit hohen künstlerischen Anforderungen im Instrumentalspiel auf dem Leitbild des Künstlers. Das Erbe der Kestenberg-Reform für die Ausbildung in musikpädagogischen Berufen ist daher nicht nur der Mangel an innerer musikpädagogischer Professionalisierung, verbunden mit der Tradierung des Künstler-Leitbildes auch für musikpädagogische Berufe, sondern auch die unzureichende musikalische Berufsvorbildung durch die Schulmusik (Abel-Struth und Roske, 1980) und die Polarisierung der beiden Studiengänge für Musiklehrer an Schulen.

3.2 Die gegenwärtige Ausbildungssituation; Diskrepanzen zwischen Ausbildung und Aufgaben

Die Ausbildung der Musiklehrer, im 19. Jahrhundert langsam als spezielle zusätzliche Aufgabe für Musiker erkannt, die sich als Lehrer der Musik betätigen möchten, und – bei ständiger Überschneidung in der Praxis – bereits nach Aufgaben in Schule und Privatunterricht geschieden, wird durch die sog. Kestenberg-Reform auf eine Trias musikpädagogischer Studiengänge festgelegt. Vor dem Hintergrund der Ausbildungsgeschichte des Musiklehrers und ihrer durch das Reform-Konzept der zwanziger Jahre fixierten Musiklehrer-Trias erscheint die Gegenwart zunächst als Fortführung dieses Reform-Ausbildungskonzeptes: mit einem am Künstler orientierten Studiengang für Musiklehrer an Gymnasien bzw. an der Sekundarstufe II, einem um die rechten Relationen von Musik, Wissenschaft und Erziehung sich mühenden Studium der Lehrer für Musik an Grund-, Haupt-, Real- und Sonderschulen und einem fast ausschließlich auf instrumental-künstlerische Leistung gerichteten Studium für Instrumentallehrer im schulbegleitenden Bereich. Die institutionelle Trennung der Studiengänge nach solchen in künstlerischen und solchen in wissenschaftlichen Hochschulen hat die jeweils künstlerische oder wissenschaftliche Dominanz der einzelnen Studiengänge und ihre Separierung gegeneinander nur verstärkt. Trends zur Wissenschaft in künstlerischen Hochschulen und Bekenntnisse zur künstlerischen Leistung in pädagogischen und wissenschaftlichen Hochschulen können wohl kaum stabile Brücken bilden; die künstlerischen wie die wissenschaftlichen Hochschulen sind jeweils von Haus aus in Rahmenbedingungen intentionaler, personeller wie auch ökonomischer Art gezwungen, die nur im Ausnahmefall kooperativen Erfolg versprechen können.

Die gegenwärtigen Probleme der Ausbildungssituation, verfestigt durch historische Verordnungen und institutionelle Zwänge, auch durch manche Vorurteile und Prestigebedürfnisse, werden durch eine umfassende Literatur zur Musiklehrerausbildung nicht unbedingt einfacher; die überaus zahlreichen Entwürfe und Vorschläge bilden einen – kaum noch überschaubaren – Schwerpunkt gegenwärtiger fachlicher Publikationen. Daraus darf man ordnende Einzelvorschläge und strukturierte Gesamtdarstellungen hervorheben (Freitag, 1969; Hopf, 1971; Binkowski, 1975; Jakoby, 1982). Dazu wurden spezielle Modelle entwickelt und erörtert (Rauhe, 1971 a; Höhnen u.a., 1978). Zahlreich sind die Diskussionsbeiträge, die die Ausbildung von Musiklehrern im Zusammenhang der Studienreform erörtern (Jakoby, 1971; Günther und Jakoby, 1972; Rauhe, 1972 b und 1974 a; Günther und Rauhe, 1974; Noll, 1976 a und b).

Ein besonderer literarischer Schwerpunkt entstand durch die Diskussion der einzelnen Studienbereiche in der Ausbildung des Musiklehrers. Die gesamte historische Professionalisierungsproblematik und die Unterschiedlichkeit der Rollenerwartungen betreffs des Musiklehrers schlagen sich hier, in den Unterschieden der Auffassung hinsichtlich der künstlerischen, fachwissenschaftlichen und fachdidaktischen Studienanteile nieder. In die Mitte der Probleme führen die Sammelschriften „Fachdidaktik in Forschung und Lehre" (Timmermann u.a., 1972 c), „Musikdidaktik in der Lehrerausbildung" (Schmidt, 1974 a) und ein Sammelband zur Entwicklung neuer Ausbildungsgänge für Lehrer der Sekundarstufen I und II (Höhnen u.a., 1978). Jeweils spezielle Schriften vertreten die Anteile von Praxisbezug (Brügmann, 1975; Pape, 1976; u.a.), Musikpädagogik bzw. Musikdidaktik (Schmidt, 1974 b; Schmidt-Brunner, 1978 b; u.a.), historischer Musikwissenschaft (Stephan, 1970; Niemöller, 1976) und systematischer Musikwissenschaft (de la Motte-Haber, 1976) in der Ausbildung der Musiklehrer. Dazu werden Fragen begleitender Praktika erörtert (Schmidt-Brunner, 1976; u.a.) und Kataloge der Ausbildungsaufgaben erstellt (Benker, 1974; Schmidt, 1974; u.a.). Umfassend wurden schließlich spezielle Arbeitstagungen den einzelnen Studienbereichen und ihrer jeweiligen Funktion innerhalb der Lehrerausbildung im Fach Musik gewidmet und als Dokumentationen der weiteren Diskussion anheimgestellt (Gieseler und Klinkhammer, 1978, 1980 und 1982). Die Notwendigkeit der Korrespondenz der Studienteile wird zumindest für die Ausbildung der schulischen Musiklehrer erkannt. Doch auch die Notwendigkeit der Intensivierung jeden Studienteiles wird gesehen. Das führt zu Konkurrenzen und prolongiert manchen schon historischen Widerstreit der Meinungen (Kühn, 1921); das jeweilige fachliche Selbstverständnis der Gebiete und ihre berufsbezogenen Studienanteile konnten noch kaum geklärt und noch nicht in realisierbaren Zusammenhang gebracht werden.

Doch die gesellschaftlichen Veränderungen wirken sich auf die Erwartungen an Berufe aus; auch der Beruf des Musiklehrers steht in komplexem Zusammenhang mit in der jeweiligen Gesellschaft, in ihren unterschiedlichen Gruppen entstehenden und andrängenden Bedürfnissen. Berufe und die Ausbildungsregelungen für diese Berufe sind nicht feste, bleibende Größen, sie wandeln sich vielmehr in ständiger Anpassung an historisch-gesellschaftliche Veränderungen. Die Geschichte der Berufe zeigt, daß diese Anpassungsprozesse von Ausbildungen und Berufen schwierig und langwierig sind. Berufsbilder und Ausbildungsmodelle neigen dazu – und dies dient durchaus der Abklärung und Sicherung von beruflichem Können und Wissen – sich zu verfestigen, ja zu verselbständigen. Erst wenn die gesellschaftlichen Veränderungen zwingend werden, kommen auch Berufe und ihre Ausbildungsordnungen in Bewegung; ein in der Regel langfristiger Prozeß zwischen Starrheit des Beharrens und Neuerungssucht läuft an, aus dem unter großen Mühen, ja Kämpfen, ein neues Berufsbild und Ausbildungsreformen geboren werden (Hessel, 1968). Wie nach den beiden Weltkriegen und den nachfolgenden gewaltigen wirtschaftlichen und kulturellen Veränderungen das gesamte pädagogische Denken, das Bild vom Lehrer und die Lehrerausbildung in unterschiedliche und schwierige Reformprozesse eintraten, so hat sich – wenn auch weniger spektakulär – die Erwartung an Musik und an Musikunterricht gewandelt.

Eine Folge dieser sich vollziehenden Wandlungen ist die Ausbreitung von Nicht-Musiklehrern in musikpädagogischen Tätigkeiten. Es fehlt nicht an historischen Vorbildern dafür, daß Musikunterricht durch „Musiklehrer" ohne Ausbildung und Abschluß erteilt wird. Doch diese erteilten recht und schlecht Musikunterricht, während die neuen Nicht-Musiklehrer neue musikpädagogische Tätigkeiten ausüben, für die Musiklehrer nicht ausgebildet werden, und die sie in der Regel auch nicht als ihre Aufgabe ansehen. Solche musikpädagogischen Freiräume beginnen im Elementarbereich, wo – trotz wachsender Einsicht in die musikpädagogische Schlüsselsituation dieser Altersstufe – Sozialpädagogen mit keiner oder unzureichender musikalischer und musikpädagogischer Ausbildung tätig sind. Über die Vorklassen reicht die Lücke ins Schulwesen hinüber, wo im Primarbereich, der alten Grundschule, kaum Lehrer zu finden sind, die die hier so dringliche Aufgabe einer musikalischen Grundausbildung anleiten können; auch im schulbegleitenden Bereich, in den Musikschulen, hat sich das Gebiet der musikalischen Grundausbildung überall als neue Lehraufgabe durchgesetzt, doch ebenfalls ohne entsprechend ausgebildete Lehrer. Der schulbegleitende Bereich ist nicht nur durch die Musikschulen so stark ausgeweitet worden (denen es auch an spezifisch musikpädagogisch ausgebildeten Musikschulleitern fehlt); eine Fülle von

Aufgaben entsteht auch in der Kinder- und Jugendgruppenarbeit der Kirchen (die sich heute nicht mehr aufs Singen beschränken möchten), in kommunalen Kinderhorten und Jugendhäusern, in den Musikwochen der Verbände und Vereine, den Nachwuchsgruppen von Laienchören und -spielgruppen. Auch manche Jugendlichen erwarten (unausgesprochen) Hilfe bei der Popularmusik, für Kinder- und Jugendkonzerte werden Fachleute gesucht, auch im Musikschulfunk und im Fernsehen stehen aktuelle musikpädagogische Aufgaben außerhalb der Schule offen. Im Musikalienhandel kann man mit seinem Einkauf auch praktische Anleitung erhalten. In der Erwachsenenbildung ist neben den tradierten Einrichtungen der Laienmusik, den Chören und Instrumentalvereinigungen, das Musikangebot der Volkshochschulen entscheidend ausgebaut worden, gibt es Musikwochen und Wochenendkurse spezieller Vereine und ist vor allem durch das musikalische Angebot über technische Medien das Bedürfnis nach erläuternden Hilfen gewachsen. In alle diese offenen musikpädagogischen Aufgaben strömen Nicht-Musiklehrer ein, neben einem anderweitigen Beruf oder im Rahmen eines allgemeinen pädagogischen Berufes eben auch Musik einbeziehend und vermittelnd.

Hier offenbart sich eine außerordentliche Diskrepanz zwischen traditioneller musikpädagogischer Berufsausbildung und offenen Aufgaben der Gegenwart. Die dank der Kestenberg-Reform künstlerisch hochqualifizierte Berufsgruppe der Musiklehrer bevorzugt in der Regel künstlerische Aufgaben. Man wünscht vor allem fortgeschrittene Instrumentalschüler – je begabter, desto besser. Lehrer für das künstlerische Lehramt im Fach Musik scheuen sich zunehmend, ihren Ausbildungsberuf in der Schule auszuüben, weil er zu unmusikalisch sei; sie suchen sich künstlerisch befriedigendere Tätigkeiten. Auch die Berufsgruppe der Musiker, die nach alter Tradition zusätzlich unterrichtet, sieht ihre Aufgabe im künstlerisch anspruchsvollen, instrumentalen Bereich; Orchestermusiker, Kirchenmusiker, Militärmusiker, die, alte Traditionen weiterführend, ihren eigentlichen Beruf durch Stundengeben komplettieren, betätigen sich fast nur in diesem instrumentalen Bereich und im Blick auf instrumental-künstlerische Perfektion. Die Nachfrage nach Instrumentalunterricht ist groß, die Berufsgruppen der Musiker und der instrumentalen Musiklehrer können den Bedarf nicht annähernd stillen. Aber darüber wird die musikpädagogische Präsenz in den neuen, offenen Aufgaben unserer Zeit leicht übersehen.

In diese offenen Aufgaben strömen die Vertreter musikpädagogischer Teil- und Randberufe ein, die in der Regel erhebliche Defizite an musikalischer und musikpädagogischer Ausbildung aufweisen. Man wird nie verallgemeinern dürfen: In allen musikpädagogischen Teil- und Randberufen wie bei Amateuren gibt es stets vorzügliche „Musiklehrer" mit Gespür für Menschen und ihre musikalischen Wünsche. Aber dennoch wird man grundsätzlich festhalten müssen, daß die Erweiterung und Differenzierung der musikpädagogischen Aufgaben in der Gegenwart die Trias der traditionellen Musiklehrerberufe längst überholt hat, daß sich musikpädagogische Teil- und Randberufe in großer Zahl ausbreiten und ihrerseits beginnen, Ziele musikalischen Lernens und Arbeitsweisen gemäß eigener Vorstellung oder eigenem Können zu verändern, während die ausgebildeten Musiklehrer sich auf künstlerische Hoffnungen zurückziehen und manchen aktuellen, elementaren, ungewohnten Wunsch des Menschen unserer Zeit nach Musik als außerhalb ihrer Verantwortung ansehen. Die als so wesentlich erkannten neuen musikpädagogischen Aufgaben, das musikalische Lernen im Elementarbereich, die schulbegleitende musikalische Jugendarbeit, die Differenzierung einer zeitgemäßen musikalischen Erwachsenenbildung, die Medienarbeit, geraten in Gefahr, ihre musikalischen Chancen zu verschenken. Bei aller Einsicht in das Eigenrecht hohen künstlerischen Anspruchs, den letztlich nur von hier aus sich erschließenden Sinn von Musik selbst, muß doch die künftige Mithilfe bei der musikalischen Konsolidierung der heftig sprießenden musikpädagogischen Teil- und Randberufe und deren Einbindung von der musikpädagogischen Berufsausbildung stärker bedacht werden. Die musikpädagogischen Erwartungen haben sich geändert, das Berufsfeld ist in Bewegung geraten und stellt der musikpädagogischen Berufsausbildung – bei allem Verständnis für die Sperrigkeit der Verbindung künstlerischer Leistung, popular-musikalischer Wünsche und frühkindlicher Sing- und Spielfähigkeiten – neue Aufgaben im Sinne einer alle Altersstufen, Sozialsituationen und Musikinteressen umfassenden musikpädagogischen Präsenz.

Die Kestenbergsche Krönung historischer Professionalisierungsbestrebungen der Musiklehrer ist vom heutigen musikpädagogischen Berufsfeld überholt worden. Neben den neuen Tätigkeiten mit musikpädagogischen Implikaten zeichnen sich auch bereits neue Ausbildungsangebote ab. Fachschulen und Fachhochschulen entwickeln eigene musikpädagogische Berufsbilder mit einer eigenen musikbezogenen Unterrichtslehre (Seidel, 1976 b). Das Laienmusizieren hat für seine Leiter selbst Prüfungsverordnungen in die Hand genommen (Suder, 1983). Eine berufsbegleitende Ausbildung in der sog. musikalischen Früherziehung des Paritätischen Bildungswerkes richtet sich an Kinderpflegerinnen, Erzieher, Sozial- und Heilpädagogen sowie an Mitarbeiter in Musikschulen; sie erstreckt sich über einen Zeitraum von etwa einem Jahr und umfaßt vier Seminarphasen und drei Praxisphasen. Gerade im Bereich der sog. musikalischen Früherziehung haben zahlreiche Institutionen Ausbildungsprogramme und Seminarangebote entwickelt (Verband evangelischer Ausbildungsstätten für Sozialpädagogik, Caritasverband, Internationaler Arbeitskreis für Musik, Pestalozzi-Fröbel-Verband). Dazu gibt es neue Studiengänge in Hochschulen, wie sie beispielsweise an der Wissenschaftlichen Hochschule Hildesheim für „Kulturpädagogik" und „Gesamtkünstlerische Erziehung", an der Hamburger Musikhochschule für den „Musikalischen Animateur" und Popularmusik oder an der Pädagogischen Hochschule Esslingen für „Spiel- und Theaterpädagogik" entwickelt wurden. Die Kurzlebigkeit mancher neuer Studienordnungen warnt allerdings auch vor zu rascher Anpassung und weist auf die Notwendigkeit der fachlichen Beobachtung der Neuansätze (Koellreutter, 1975; Günther und Noll, 1976), ihre Einbindung in den umfassenden musikpädagogischen Zusammenhang, der allein die Reform der Kestenberg-Reform gewährleisten kann.

Das zentrale Problem musikalischer Berufsausbildung in der Gegenwart liegt in der Verfestigung einiger weniger Tätigkeitsbereiche, über denen die Fülle der aktuellen Aufgaben vernachlässigt wird. Die traditionelle Musiklehrer-Trias reicht nach Zahl und Ausbildung schon längst und bei weitem nicht mehr aus, um alle Wünsche nach musikalischem Lernen in allen Altersgruppen unserer heutigen Gesellschaft zu erfüllen. Es fehlt an Leitern für die Gruppen der Amateurmusik, an musikalischen Helfern in Jugendhäusern, Kulturzentren, an Musiklehrern, die Jugendliche bei ihren popularmusikalischen Wünschen und Bedürfnissen musikalisch zu fördern vermögen, es fehlt in kirchlichen Gemeinden wie kommunalen und staatlichen Behörden an musikpädagogischen Helfern und Beratern, Volkshochschulen wie Fachschulen suchen Musikpädagogen. Die hier liegenden Ausbildungsprobleme, ihr Zusammenhang mit Gesellschafts-, Kultur-und Bildungspolitik sind erkannt, doch institutionell noch wenig umgesetzt worden: „Studienziele, -inhalte und -methoden sind zu überdenken und an der wünschenswerten Funktion von Musik und Musikpädagogik in der gegenwärtigen Gesellschaft zu orientieren" (Jakoby, 1977; vgl. auch Deutscher Musikrat, 1975 und 1978).

3.3 Institutionen für die musikpädagogische Berufsausbildung

Die Ausbildung für musikpädagogische Berufe findet an mehreren unterschiedlichen Institutionen statt; es sind Musikhochschulen bzw. Akademien, Konservatorien oder gleichgestellte Institutionen, Universitäten, Pädagogische Hochschulen, Gesamthochschulen, Fachhochschulen und Fachschulen. Jede dieser Institutionen prägt gemäß ihren besonderen Intentionen und Aufgaben den jeweils in ihr verankerten musikpädagogischen Studiengang. Dadurch wird die fachliche Diskussion musikpädagogischer Berufsausbildung zusätzlich kontrovers belastet.

An den Musikhochschulen werden künftige schulische Musiklehrer für die Sekundarstufen I und II ausgebildet; dazu sind Musikhochschulen – neben den Akademien – zuständig für die Ausbildung der privaten (freien) Musiklehrer. Die heutigen Hochschulen für Musik sind meist aus Musikschul- bzw. Konservatoriumsgründungen des 19. Jahrhunderts hervorgegangen. Die wechselhafte Geschichte der führenden deutschen Musikhochschulen von ersten Ausbildungskursen zur voll ausgebauten Hochschule für Musik ist in Monographien nachzulesen (Langhans, 1871; Knetschke, 1893; Kliebert, 1904; Siebs, 1911; Röntsch, 1918; Schipke, 1922; Braunfels, o.J. [1930]; Schünemann, 1931 a; u.a.). Die Darstellung der Geschichte der deutschen Musikhochschulen blieb bruchstückhaft (Schering, 1918; Braunfels o.J. [1930]). Wesentliche Daten der Entwicklung der deutschen Musikhochschule sind das Jahr 1824, das Gründungsjahr der Münchner Akademie der Tonkunst, das Jahr 1843, als F. Mendelssohn Bartholdy das Leipziger Konservatorium gründete, und das Jahr 1850, das Jahr der Gründung des Konservatoriums Köln durch F. Hiller. Doch setzt man den Beginn der deutschen Musikhochschulen in der Regel auf 1869, das Jahr, in dem mit der Königlichen Hochschule für Musik in Berlin die erste fachlich umfassende Musikhochschule neuer Prägung gegründet wurde. Sie beginnt mit wenigen Meisterklassen, die sich um das Wirken J. Joachims scharen, erweitert sich laufend durch die einzelnen musikalischen Fachgebiete instrumentaler und vokaler Art, schließlich auch durch Chor-, Opern- und Schauspielschule. Weitere Berliner Institutionen für musikalische Berufsausbildung wie das Institut für Kirchenmusik und die Akademische Meisterschule für Komposition blieben ausgeklammert; die Musikhochschule zeigt sich von ihrem Ursprung her als Institution der Berufsausbildung für musikalische Reproduktion, auf Spitzenleistungen in der Interpretation von Musik abgestellt.

Diese speziell musikalisch-reproduktive Ausrichtung der deutschen Musikhochschule wird schon um die Jahrhundertwende als Problem erkannt; im Zuge des Eindringens reformpädagogischer Ideen und Hoffnungen auf Wirkungen einer allgemeinen Musikerziehung erscheint die virtuose Ausrichtung der Musikhochschulen als Einseitigkeit. H. Kretzschmar vertritt in seinen zahlreichen Aufsätzen eine neue, zusätzliche Aufgabe für Musikhochschulen: Sie könne nicht nur auf technische Perfektion des einzelnen Studenten zielen, sondern habe dem künftigen Musiker das Gesamt der musikalischen Kunst und deren Wurzeln in elementaren Bereichen der Musik zu zeigen, habe ihn auch zum Träger einer musikerzieherischen Verantwortung zu erziehen. L. Kestenberg macht sich auch hier zum Wortführer der neuen Gedanken: „Auch sie (die Hochschule) steht im Dienst einer umfassenden künstlerischen Idee und will das Allgemein-Musikalische, das Menschlich-Lebensvolle über Virtuosentum und Einseitigkeit stellen. Hier wie überall kommt viel, wenn nicht alles darauf an, die Musik als wirkende Kraft und Teil unseres Menschentums zu erfassen . . . Die Grundidee ist auch hier: die allgemeine musikalische Ausbildung in Zusammenhang mit dem Studium des Spezialfaches zu bringen" (Kestenberg, 1921). Wie stark man die Gegensätze zwischen traditioneller Hochschule und Reformvorschlägen schon zu Beginn des Jahrhunderts empfand, zeigt nicht nur H. von Bülows zornige Bezeichnung der Berliner Hochschule als „Hochmutsschule", sondern auch das Beispiel P. Bekkers, der in seiner zeitgenössischen Beschreibung des deutschen Musiklebens dem Hochschulproblem breiten Raum gibt. Er begrüßt die langsame Wandlung von der Einzelfachausbildung „zu einer umfassenderen, auf das ganze Musikertum des Zöglings einwirkenden musikalischen Allgemeinbildung", und empfiehlt „vorurteilsfreie Vielseitigkeit des Anschauungsunterrichts und planmäßige Erweiterung des geistigen Gesichtskreises unter Einfügung eines historisierenden Zuges" und vor allem „eine noch breitere gesellschaftliche Grundlage": „Unsere Hochschulen liegen auf Inseln inmitten des Lebens. Sie haben zu viel in sich eingesogen von dem Geist der akademischen Lehrverfassung . . . Die Erkenntnis aber der musikalischen Gesellschaftsform ist hier noch nicht durchgedrungen, hat sich noch nicht in pädagogische Werte umgesetzt" (Bekker, 1916). Die Einpassung musikpädagogisch-gesellschaftlicher Denkweisen an das traditionelle Virtuosenideal hat sich an den Hochschulen für Musik in unterschiedlicher Weise vollzogen. Die Entwicklung von Schulmusikabteilungen und Privatmusiklehrerseminaren an den einzelnen Hochschulen, mitunter auch der Aufbau von Rhythmik-Seminaren oder Seminaren für Volks- und Jugendmusik, die neuen Erwartungen an die Instrumentallehrer der Musikschulen – all dies hat organisatorisch wie im Trend zu Differenzierungen grundsätzlicher und gradueller Art geführt, doch noch nicht zur Entwicklung eines zusammenhängenden Feldes musikalisch-pädagogischer Berufsausbildungen mit Respektierung unterschiedlicher Schwerpunkte und zeitökonomischer Organisation der Durchlässigkeiten.

Die Ausbildung der Lehrer, die in Grund-, Haupt-, Real- und Sonderschulen Musik unterrichten, wird nach dem zweiten Weltkrieg über Pädagogische Hochschulen und akademische Zwischenlösungen in den meisten Bundesländern in wissenschaftliche Hochschulen, in Universitäten und Gesamthochschulen, übergeleitet. Die universitäre Ausbildung schulischer Musiklehrer hat Schwerpunkte im wissenschaftlichen Bereich; dieser wird durch die Möglichkeit der Teilhabe an dem weiten wissenschaftlichen Angebot einer Universität verstärkt. Das künstlerische Studium wird in der universitären Ausbildung gegenwärtig von vornherein eingeschränkt, weil hier eine Überprüfung musikalischer Eingangsvoraussetzungen auf hochschulrechtliche Schwierigkeiten stößt und dadurch auch Studenten ohne zureichende private Vorbildung in Musik zum Studium zugelassen werden. Die wissenschaftlichen Hochschulen bieten, wissenschaftliche Musikpädagogik einbeziehend in die Vielfalt wissenschaftlicher Fächerangebote, dem Musiklehrer in der universitären Berufsausbildung die Möglichkeit der rechtzeitigen Anlage eines Magister- und Promotionsstudiums auch mit dem Hauptgebiet Musikpädagogik. Diese in der Regel als Aufbaustudium zu verstehenden Studien geben die Möglichkeit der Ausbildung von fachspezifischem, wissenschaftlichem Nachwuchs. Dieser Ausbildung kommt angesichts der gegenwärtigen Probleme besondere Bedeutung zu. Die alte Denkweise, daß Musik unterrichten könne, wer sie nur selbst beherrsche, hat sich fortgesetzt in der Denkweise, daß die Ausbildung des Musiklehrers anleiten könne, wer nur selbst viel von Musik versteht. Dies ist unbenommen: Künstlerische wie musikwissenschaftliche Anteile der Ausbildung des Musiklehrers sind grundlegend und unverzichtbar. Doch wie die hier tätigen Hochschullehrer jeweils Spezialisten sind, nämlich ihres Instrumentes, des Tonsatzes, der Musikgeschichte, so sollte auch der Hochschullehrer der Musikpädagogik sein Selbstverständnis eben in dieser musikpädagogischen Spezialisierung finden. Wie die Hochschullehrer der künstlerischen und der musikwissenschaftlichen Studienteile des Musiklehrers auf ihren Spezialgebieten besonders ausgebildet sind bzw. hier ihre akademischen Grade erworben haben, so benötigt eben auch der Hochschullehrer der Musikpädagogik eine spezifische Qualifikation, erworben durch spezielles Studium (sinnvollerweise parallel zu seiner künstlerischen und musikwissenschaftlichen Ausbildung oder an diese anschließend) und nachgewiesen durch einen speziellen Abschluß.

Das Hochschulfach Musikpädagogik, zunächst gleichgesetzt mit Ausbildung von Musiklehrern, wird zunehmend als Hochschuldisziplin neben anderen gesehen, als eigenes Gebiet der Lehre und Forschung. Diese Unterscheidung zwischen Lehrerausbildung und Hochschuldisziplin sollte umso bewußter getroffen werden, als viele Musiklehrer nach dem ersten Examen weiterzustudieren wünschen, weil sie keine Stelle bekamen; aber auch: weil sie musikpädagogisch auf den Geschmack gekommen sind. Die Möglichkeiten für neue zusätzliche oder spezielle Abschlüsse, in der Regel an wissenschaftlichen Hochschulen, sind Magisterprüfung und Promotion. Die Differenzierung des musikpädagogischen Lehrangebotes an wissenschaftlichen Hochschulen ist eine Antwort auf den Bedarf an ausgebildeten Musikpädagogen für viele Tätigkeiten innerhalb des Musiklebens, vom Musikschulfunk über Verlagsarbeit bis zu musikpädagogischen Aufgaben an Fachschulen, Fachhochschulen und Hochschulen. Die Studiengänge für diese Ausbildungen stellen neue, über die musikpädagogische Ausbildung von Schulmusiklehrern hinausreichende, den beschriebenen Differenzierungen innerhalb des musikpädagogischen Berufsfeldes entsprechende Aufgaben. Für das Musikbedürfnis der heutigen Gesellschaft ist Vielseitigkeit der Ausbildungsrichtungen in umfassenden Ausbildungssystemen für Musik und ihre Fachgebiete notwendig, doch jeweils gebunden an gemeinsame Respektierung musikalischer und wissenschaftlicher Qualifikation, und ebenso an konkrete Befähigung zu pädagogischem Umgang mit Musik.

3.4 Berufsfeld-Analyse als musikpädagogische Methode

Die Musikpädagogik hat sich – schon seit den sechziger Jahren – mit den Fragen ihres Berufsfeldes auseinandergesetzt, und zwar von verschiedenen Ansätzen aus. Zunächst entstand eine große Zahl von Einzelforschungen zu speziellen Fragen des Musiklehrers und seiner Ausbildung. Vielfach versucht man die (als Rückblick erfragten) Wünsche der Musiklehrer an Ausbildung und Tätigkeit zu fassen (Helms, 1971; Brömse, 1977; Bastian, 1981 a; Körner, 1982; Helms, 1982) oder auch aus eigenen Erfahrungen, beispielsweise mit Musikreferendaren, Schlüsse zu ziehen (Haas, 1982). Musikalische Leistungen und Interessen des Lehrers werden geprüft (Baier, 1971 und 1972) und – nicht frei von heiterem Erstaunen angesichts des Möglichen – der Versuch einer Typologie der Musiklehrer unternommen (Schmidt, 1982). Auch die Frage nach

Situation und Berufschancen der Hochschulabsolventen wird aufgegriffen (Distler-Brendel, 1982). Methodische Versuche zur Klärung der anstehenden Probleme stecken in der Analyse des musikpädagogischen Lehrangebotes nordrhein-westfälischer pädagogischer Hochschulen (Darius, 1976), einem Vergleich von Ausbildungsordnungen mit Schulrichtlinien des Faches Musik (Rauhe und Rehlich, 1978; Rauhe, 1982) sowie in den Untersuchungen zum Berufsbild des Musiklehrers (Schulten, 1976 und 1979).

Ein weiterer, auf Klärung des musikpädagogischen Berufsfeldes zielender Ansatz sind die Berufsbeschreibungen. Die von der Bundesanstalt für Arbeit herausgegebenen Blätter zur Berufskunde (Blätter zur Berufskunde, 1955 ff.) haben neben zahlreichen Einzelheften für Musikberufe auch mehrere für musikpädagogische Berufe publiziert; neben den Berufsblättern für Musiklehrer an Gymnasien und Realschulen sowie für private Musiklehrer wurden auch bereits Berufsblätter für musikverwandte Kulturberufe veröffentlicht, zu denen man neben den Erziehern, Sozialpädagogen und Diplompädagogen auch die Lehrer an Grund-, Haupt- und Sonderschulen zählt. Auch der Dozent an Ausbildungsstätten für Musikberufe erhielt bereits ein berufskundliches Heft (Jakoby, 1976). Alle diese Hefte und ihre Aufgliederung stellen ihrerseits Material für berufsfeldanalytische Untersuchungen dar. Dies gilt auch für die zusammenfassende, den Musiklehrer einbeziehende Darstellung „Musikstudium in der Bundesrepublik" (Kraus, 1982).

In das methodische Zentrum musikpädagogischer Berufsfeld-Analyse führen die Erhebungen zur Situation von Musikberufen, einschließlich musikpädagogischer Berufe. Pionierarbeit leistete hier der Deutsche Musikrat. Er beginnt 1962 mit Erhebungen zu Musikberufen und ihrem Nachwuchs (Sass und Wiora, 1962), die mit einer Denkschrift „Gefahren für das deutsche Musikleben und Wege zu ihrer Überwindung" umgehend in kulturpolitische Forderung umgesetzt wurden (Deutscher Musikrat, 1964). Die Erhebungen werden – mit Vergleichsbetrachtung zu den vorangegangenen Erhebungen – in den Jahren 1965 bis 1967 fortgeführt (Sass, 1969). Es folgt 1981 eine wesentlich knappere „Bedarfsanalyse Musikberufe". Hier wird für die musikpädagogischen Berufe der große Bedarf an Musikschullehrern verschiedenen Typs dargestellt, dazu die Ausbildungssituation für Musiklehrer an Musikakademien und Konservatorien, der Bedarf an Musiktherapeuten und der Fehlbestand an Musiklehrern an allgemeinbildenden Schulen gemäß den Feststellungen von D. Zimmerschied (1978); auch der große Bedarf an Musikpädagogen im Bereich der Laienmusik wird zahlenmäßig erfaßt (Deutscher Musikrat, 1981). Erweitertes und aktualisiertes Zahlenmaterial zu musikalischer Bildung und Ausbildung, einschließlich Musikwissenschaft sowie zu Musikberufen, wurde zuletzt in der umfassenden Studie zur Kulturpolitik, „Musik, Statistik, Kulturpolitik", erstellt im Auftrag des Bundesinnenministeriums, des Deutschen Musikrates und des Bundesverbandes der Deutschen Instrumentenhersteller, vorgelegt (Fohrbeck und Wiesand, 1982).

Die Schwierigkeit von Berufsfeld-Analyse als musikpädagogischer Methode liegt weniger im Mangel an statistischem Material als vielmehr in der spezifischen Kategorienentwicklung zur Erhebung eines tatsächlich für das musikpädagogische Berufsfeld aussagefähigen Materials. Versuche dazu setzen früh ein (Kraus u.a., 1969). Vor allem haben die Erhebungen und synoptischen Aufbereitungen von R. Klinkhammer und R. Weyer den Blick auf spezifisch musikpädagogische Berufsfeldfragen gerichtet (Klinkhammer und Weyer, 1976 und 1977). Exemplarisch sind Forschungen an der Musikakademie Warschau. Im Rahmen eines umfassenden Projektes zur Erstellung sozialpsychologischer Monographien polnischer Musiker (das im Zusammenhang der in Polen besonders entwickelten biographischen Forschungsmethode zu sehen ist) wird auch die Berufslaufbahn von Absolventen der Instrumental-Fakultät der Warschauer Akademie verfolgt, wobei neben Sozialfaktoren, der Relation zwischen Ausbildung und beruflicher Anforderung und anderem auch die beruflichen Tätigkeiten beobachtet werden. Schon bevor ein Berufsdiplom erworben wird, üben 96% der Versuchspersonen voll oder gelegentlich einen Musikberuf aus; die meisten beginnen bereits im Alter von sechzehn Jahren, mit musikalischen Tätigkeiten Geld zu verdienen. Für die erste Zeit nach dem Erwerb des Diploms erbringt die Studie als charakteristisch, daß die Mehrzahl der Musiker mehr als eine musikberufliche Beschäftigung ausübt. Am meisten begegnet die Kombination Musiklehrer plus Mitglied eines Kammerensembles plus Solist, sowie die Kombination Orchestermusiker plus Musikschullehrer plus Kammerensemble. Die Wiederholung der Befragung bei denselben Versuchspersonen nach fünf Jahren fördert eine professionelle Stabilisierung zutage; sie zeigt sich in der zunehmenden Wahl nur einer einzelnen musikalischen Aktivität (Jankowska, 1980).

Die vielen offenen Aufgaben musikpädagogischer Berufsfeld-Analyse zeichnen sich ab: die Feststellung des Bedarfs an musikpädagogischen Positionen in Ausbildungsinstitutionen, in Volkshochschulen, in den Medien, durch Auszählung der Zahl von Berufsangaben bei Musikern in Erhebungsmaterialien, durch Feststellung der Erwartungen an Musiklehrer gemäß Stellenanzeigen (wobei bereits der Vergleich der gewählten Publikationsorgane aufschlußreich ist) sowie der Erwartungen im Hochschulbereich gemäß Stellenausschreibungen. Höhe und Art des Bedarfs an musikbezogenen Lehrtätigkeiten kann auch die personelle Besetzung im Bereich der Freizeitpädagogik zeigen, auch eine Erhebung betreffs des Anteils von Musiklehrern gegenüber anderen Berufsgruppen mit künstlerischer oder wissenschaftlicher Ausbildung in musikpädagogischen Positionen, beispielsweise im Musikschulfunk, in der Musikausbildung von Kindergärtnerinnen usw. Zu analysieren sind auch die Tagungsberichte der Berufsverbände für Musikpädagogen unter dem besonderen Aspekt der Förderung oder Ablehnung neuer beruflicher Aufgaben, ebenso die Studienordnungen für die verschiedenen musikpädagogischen Ausbildungsrichtungen wie auch für die sich ausbreitenden berufsbegleitenden Studien, die auf eine musikpädagogische Teiltätigkeit zielen. Berufsfeld-Analyse, als musikpädagogische Methode eingesetzt, könnte zur rechtzeitigen Diagnose von Diskrepanzen zwischen musikpädagogischer Ausbildung und musikpädagogischen Aufgaben beitragen.

Kapitel VII
Musikunterricht

1. Bildungspolitischer Rahmen

1.1 Vorschulischer Bereich

Der in der Gegenwart bei bildungspolitischen Maßnahmen und Diskussionen verwendete Rahmen für alle praktische Musikpädagogik des Kindes und des Amateurs geht grob von verschiedenen Altersstufen aus, innerhalb deren institutionell gegliedert wird. Die jüngste Altersgruppe bildet den vorschulischen Bereich mit seinen verschiedenartigen Einrichtungen des ersten musikalischen Lernens. Das vorschulische musikalische Lernen des Kindes beginnt im Elternhaus und im Kindergarten. Neben die Kindergärten (kommunal, konfessionell oder privat) traten in den vergangenen Jahrzehnten der Bildungsreform in einigen Bundesländern Schulkindergärten, Vorklassen oder Eingangsstufen (5–7jährige Kinder). Dazu wurden auch spezielle Musikkurse für Kinder ab vier Jahren an Musikschulen entwickelt. Der Bereich vorschulischen Musik-Lernens heißt in der Sprache der Schul- und Bildungsorganisation Elementarbereich und wird im fachlichen Sprachgebrauch auch als musikalischer Beginn oder als musikalische Früherziehung (an Musikschulen) bezeichnet. Dem weitgefaßten Begriff des Lernens entsprechend meint vorschulisches Musik-Lernen sowohl die frühen lautlichen Äußerungen und Nachahmungen, die zufälligen Anreize der Umwelt-Musik wie die ersten musikalischen Hilfen der Erzieher und den Beginn von Fachunterricht. In der Musikpädagogik wurde in den letzten Jahrzehnten die grundlegende und prägende Bedeutung, die Notwendigkeit eines rechtzeitigen musikalischen Lernbeginns zunehmend bewußt, nachdem seit Beginn des 20. Jahrhunderts spezielle Forschungen in hoher Übereinstimmung spezifische musikalische Lernmöglichkeiten des jungen Kindes, sowohl Einstellungen wie Leistungen betreffend, aufzeigten (Kötter, 1979; vgl. Bibliographie in Abel-Struth und Groeben, 1979).

Diese Einsicht reicht weit in die Geschichte der Musikpädagogik zurück; man erinnere sich der Hinweise eines A. Comenius, eines J.H. Pestalozzi, eines C.F. Michaelis. Vor allem in der Instrumentaldidaktik wurden viele Beobachtungen aufgezeichnet, die erkennen lassen, daß früher Instrumentalunterricht ein entscheidender Faktor ist – oder zumindest sein kann – für das Niveau der späteren instrumentalen Fähigkeiten und der Entscheidung für einen Musikerberuf. Doch auch die schulische Musikdidaktik hat schon seit Jahrhunderten darauf hingewiesen, daß die Begegnung des Kindes mit Musik nicht früh genug erfolgen könne. Diese Empfehlung wurde stets mit Argumenten aus zwei verschiedenen Denkzusammenhängen begründet: zum einen damit, daß Musik in der frühen Phase der Kindheit einen bedeutsamen Beitrag zur allgemeinen Bildung des Kindes leisten könne, eine hartnäckig tradierte, wenn auch schwer belegbare Auffassung (Aubigny von Engelbrunner, 1803), und zum anderen damit, daß man Musik eben frühzeitig erlernen müsse, um sie später ausüben und Vergnügen an ihr gewinnen zu können. Bisher liegt noch kein monographischer Ansatz zur geschichtlichen Darstellung des musikalischen Lernens junger Kinder vor.

Der Weg der praktischen Verwirklichung von historischen Postulaten bis zu einem umfassenden Curriculum vorschulischen Musik-Lernens ist schwer zu bahnen. Welcher Wechsel allein hinsichtlich des Materiales für das Singen des Kindes! Das moralische Kinderlied der Aufklärung, das „naturgemäße“ Lied für Kinder von F. Fröbel, die Entdeckung der „echten“ Kinderreime und Kinderlieder im Zuge der volksliedbegeisterten zwanziger Jahre, die politischen Kinderlieder der nachfolgenden

Jahrzehnte – all dies zeigt als die durchgängigen Intentionen für Kinder-Singen erzieherische bzw. sogar manipulative Absichten auf. Erst im Zuge der sog. Kestenberg-Reform, der umfassenden inhaltlichen und organisatorischen Neugestaltung des gesamten musikalischen Unterrichts- und Ausbildungswesens Preußens nach dem ersten Weltkrieg, wird erstmals durch Erlaß die „Musikpflege in den Seminaren und Lehrgängen zur Ausbildung von Kindergärtnerinnen und Hortnerinnen" dahingehend geordnet, daß die Erzieher des kleinen Kindes künftig in Gehörbildung, Atem-, Sprech- und Singerziehung, in Musiktheorie, rhythmischer Erziehung, Formenlehre und Musikgeschichte auszubilden sind. Eine anschließende Berliner Tagung zur „Musikpflege im Kindergarten" (1929) läßt erstmals ein umfassendes Konzept für das musikalische Lernen im Kindergarten erkennen (Braun, 1957).

Für dieses nur im Zusammenhang reformpädagogischer Ideen zu verstehende Konzept ersten musikalischen Lernens des Kindes ist die Bevorzugung alles „Kindgemäßen" charakteristisch: Kinderreime, pentatonische Singformeln, elementare Instrumente, Bewegungsspiel und Kindertanz bestimmen die Praxis. Eine Gegenbewegung gegen dieses Programm breitet sich in den sechziger und siebziger Jahren aus; angeregt von einem allgemeinen bildungspolitischen Interesse an frühem Lernen gerät auch das frühe musikalische Lernen des jungen Kindes in eine Welle enthusiastischer Bestrebungen. Bestimmend ist der Gedanke, daß frühes Lernen von besonderer Bedeutung für die Entwicklung der Lernfähigkeit ist, daß diese Lernfähigkeit früher vorhanden ist als bisher angenommen, und daß die ungleichen Lernvoraussetzungen der Kinder im Elternhaus durch eine frühe gemeinsame Lernmöglichkeit, ein gleiches Lernangebot für alle Kinder, ergänzt werden könne, allen Kindern die gleiche Chance bietend. Die Hoffnungen haben sich inzwischen relativiert; das Verhältnis von Anlage und Umwelt wird wieder realistischer gesehen (Dammann und Prüser, 1981). Doch wenn man auch die hier geltenden Relationen und Regelhaftigkeiten nicht im einzelnen fassen kann, sicher ist, daß das musikalische Anregungspotential der Umwelt ein entscheidendes Stimulans für das Kind sein kann, und die frühzeitige geplante Hilfe durch Erzieher gerade bei von Hause aus benachteiligten Kindern Lernbereitschaft und Lernfähigkeit auch auf musikalischem Gebiet steigern kann. Die Probleme und methodischen Aspekte instrumentaler Früherziehung haben eine umfangreiche spezielle Literatur hervorgebracht (Szende, 1981; u.a.).

Dazu haben sich Tendenzen entwickelt, die Musik medial für allgemeines Lernen im vorschulischen Bereich einzusetzen, mit Hilfe von Musik die allgemeinen pädagogischen Zielintentionen für das frühe Lernen zu unterstützen. Die Musik wurde als ein Feld vielfältiger Möglichkeiten der Durchdringung musikalischer und allgemeiner Ziele entdeckt. Aufmerksamkeit, Konzentration, Unterscheidungsfähigkeiten verschiedener Art sollen mit Hörmaterial ausgebildet werden; die Umwelt, der die Neugier und Lernlust des Kindes gilt, enthält mit ihren Hör-Komponenten Lernchancen durch Beobachten, Fragen, Experimentieren, Messen, Vergleichen. Allgemeine, mit Hilfe von Musik erreichbare Ziele frühen Lernens liegen auch im physischen Bereich, wo rhythmisch-musikalische Bewegungserziehung und elementares Instrumentalspiel die Grob- und Feinmotorik fördern, und Singen wahrscheinlich auf die Atmung, gewiß aber auf die Sprechfähigkeiten (Lautbildung und Artikulation) einwirkt. Möglichkeiten der Musik liegen wohl auch im emotionalen Bereich, wo Chancen des Ausdrückens, vielleicht auch der Selbstbestätigung liegen können. Vor allem auch für den Bereich sozialen Lernens verspricht man sich durch die in Gruppen zu vollziehenden musikalischen Arbeitsformen, das Singen und das instrumentale Musizieren, erzieherische Hilfen.

Heute zeigen sich die Gegensätze zwischen tradiertem entwicklungspsychologischem Denken und neuer Absicht frühzeitiger Verbesserung der Lernfähigkeiten mit Hilfe von Musik durch unterschiedliche Akzente entweder auf „kindgemäßem" Umgang mit Musik oder auf dem Einsatz von Musik als Medium sozialen Lernens. Bestimmend dürfte aber doch die Einsicht sein, daß ein Kind nur mit Kinderliedern und Klangimprovisationen musikalisch unzureichend angeregt wird, und daß es auch sozial kaum gefördert wird, wenn das Zusammenspiel musikalisch schlecht ist. Das Curriculum für das vorschulische Musik-Lernen zielt darum auf eine der Altersstufe gemäße, aber geplante Arbeit in den drei zentralen Lernbereichen: dem praktischen Musizieren, der Ausbildung von Tonvorstellung und der Erfahrung komplexer Musik. Diese drei Lernbereiche werden als gleichrangig angesehen, wenn auch unterschiedlich gewichtet wird (Auerbach, 1971; Abel-Struth, 1975 c und 1981 b; Wucher, 1977; u.a.).

Wenn auch der vorschulische Bereich musikalischen Lernens im allgemein- wie musikpädagogischen Denken stets als Aufgabe bewußt war, so entwickelte er sich doch erst in unserem Jahrhundert, konsequent im letzten Jahrzehnt, in seiner inhaltlichen wie bildungsorganisatorischen Eigenart zum festen Bestandteil des musikpädagogischen Unterrichtssystems. Dies belegen die Berichte über spezielle Kongresse der siebziger Jahre (Noll und Suder, 1974; New Zealand Council, 1975; Abel-Struth, 1979 c) wie auch die zahlreichen, immer rascher sich vermehrenden Lehrschriften und Bändchen speziell für das erste musikalische Lernen. Der Bedeutungszuwachs des vorschulischen Bereiches musikalischen Lernens spiegelt sich auch in den raschen, vielfältigen Bemühungen um zusätzliche Einrichtungen für das erste musikalische Lernen des Kindes. „Kurse" bieten heute Volkshochschulen, die Kirchen, Verbände und auch der Musikalienhandel an. Eine spezifische Ausbildung für Lehrtätigkeiten mit Musik im vorschulischen Bereich wird noch kaum als Notwendigkeit erkannt; auch die musikalische Ausbildung der Kindergärtnerinnen und Erzieher zielt auf deren (eigentlich in der Schule zu absolvierende) eigene musikalische Grundausbildung, doch kaum auf die spezielle Lehraufgabe und ihre Methodik. Neue Teil- und Randberufe interessieren sich für die hier offenliegenden Aufgaben; zusätzliche Ausbildungen, berufsbegleitende Studienmöglichkeiten werden angeboten und zeigen der Musikpädagogik die Notwendigkeit großzügiger Einbindung neuer musikalischer Lehraufgaben und dafür anstehender Ausbildungsaufgaben auf. Vor allem ist nun auch als musikpädagogische Aufgabe bewußt geworden, daß Eltern Anregungen für den musikalischen Umgang mit ihren Kindern gerade in der vorschulischen Phase benötigen (Merget, 1976; Phillips, 1979).

1.2 Schulwesen

Der Musikunterricht in den Schulen der Bundesrepublik (Valentin und Hopf, 1975) ist in die Realität des Schulwesens eingebunden (Petrat, 1979; u.a.) und von Fakten bestimmt, die nur aus der Geschichte des Schulwesens verständlich werden. Dies beginnt mit dem Musikunterricht der Grundstufe (Primarbereich). Jeder sieht die Notwendigkeit einer sachgerechten, kontinuierlichen musikalischen Grundausbildung sechs- bis zehnjähriger Kinder. Aber das Gesetz über die Einführung einer vierjährigen Grundschule für alle ist noch verhältnismäßig jung (1920). Notwendigkeit und Eigenart des Musikunterrichts dieser Grundstufe haben im allgemeinen Bewußtsein noch keinen festen Platz. Auch in der musikalischen Fachwelt sieht man den Musikunterricht der Grundstufe (wie auch den musikalischen Beginn im vorschulischen Bereich) noch mehr als eine Art „Vor-Propädeutik" an, die den Fachmann eher zu Wohlwollen als zu eigener Mitarbeit veranlassen kann. Diese Einstellung schlägt sich in der musikalischen Ausbildung der Grundstufenlehrer nieder, die einerseits im Zuge der Entwicklung des Fachlehrers auch einen Lehrer mit einem Schwerpunkt Musik für die Grundstufe disponierte, andererseits aber bis heute diesen Musik-Grundstufenlehrer kaum spezifisch ausbildet. In der Mittelstufe (Sekundarstufe I, Hauptschule, Realschule) stellt sich bezüglich des Musikunterrichts das besondere Problem, daß dieser Altersstufe inhaltlich recht gleichartige Aufgaben gestellt, die dafür eingesetzten Musiklehrer aber sehr unterschiedlich ausgebildet werden. Dieses Problem eskaliert in der Oberstufe (Sekundarstufe II, Berufs- und Fachschulen), wo einerseits Musikunterricht durch einen gymnasialen Musiklehrer, andererseits überhaupt kein Musikunterricht und keine entsprechende Musiklehrerausbildung stattfinden. Für Sonderschulen, die zahlreich und differenziert für behinderte Kinder eingerichtet wurden, hat man zusätzlich für die verschiedenen Arten der Behinderung speziellen Musikunterricht, getragen von dafür ausgebildeten Musiklehrern, zu entwickeln begonnen. Auch in Privatschulen, beispielsweise den Waldorfschulen, sind besondere Auffassungen betreffs des Musikunterrichts zu beobachten.

Während musikalische Hochbegabungen unter Kindern und Jugendlichen vor allem durch Wettbewerbe mit Förderungspreisen öffentliche Hilfe erfahren, kommt der Musikunterricht für alle, wie ihn nur das Schulwesen vermitteln kann, in hohem Maß zu kurz. Dies wird vor allem an Stundentafeln und bei der Handhabung der Unterrichtskapazitäten aufgezeigt. In der Grundstufe sind in der Regel zwei Stunden Musik vorgesehen, in der Mittelstufe etwa eine Stunde, in der Oberstufe fällt, vielfach modifiziert, der Wahlfreiheit von Fächern großenteils auch diese eine Stunde Musik aus dem Stundenplan zum Opfer. Obwohl die Stundentafel für die Grundschulen wöchentlichen Musikunterricht vorsieht, erhalten wegen des Mangels an Musiklehrern in der Grundschule mehr als die Hälfte aller Grundschulkinder überhaupt keinen Musikunterricht; der stattfindende Musikunterricht wird größtenteils durch musikalisch nicht zureichend qualifizierte Lehrer erteilt. Wegen Mangel an Musiklehrern kann auch in den Hauptschulen die größere Zahl der in den Stundentafeln vorgesehenen Musikstunden nicht gegeben werden. In der Oberstufe von Gymnasien ist die Wahlmöglichkeit des Faches Musik die bestimmende Tendenz. Wenn eine solche Wahlmöglichkeit – bei ausreichender Schülerzahl – gegeben werden kann, verspricht sie dem Schüler mit dem Leistungsfach Musik vier bis sechs Wochenstunden Musik; doch eine „ausreichende" Schülerzahl mit Schwerpunkt Musik kommt nur selten zustande. Für Mittelstufe und gymnasiale Oberstufe heißt zudem die Realität: Bei Lehrermangel wird der Musiklehrer gern nach seinem zweiten Fach gefragt, d.h. der Musikunterricht ist stets in Gefahr auszufallen. Die Forderungen der Fachvertreter und der Verbände und Gremien, die sie vertreten, heißen:

in den Stundentafeln eine ausreichende Stundenzahl für Musik und zwar kontinuierlich durch alle Klassen,

mehr Sonder-Möglichkeiten zu vertieftem Musik-Lernen in der Schule (dies auch im Hinblick auf eine spätere Berufswahl als Musiklehrer oder als Berufsmusiker),

regionale Einrichtung allgemeinbildender Schulen mit erweitertem Musikunterricht,

im Primarbereich für alle Schüler eine sachgerechte musikalische Grundausbildung,

Angebote für das Musik-Lernen in berufsbildenden Schulen,

Einrichtung von Spezialräumen mit moderner technischer Ausrüstung für den Klassenunterricht in Musik (Höranlage, elektro-akustische Experimentieranlage, moderne Projektionsgeräte),
Bereitstellen eines Probenraumes für Musiziergruppen sowie von Mehrzweckräumen für Arbeitsgemeinschaften,
genügend Leihinstrumente und spezielle Übzellen (Berücksichtigung bei der Bauplanung).

Das Nachdenken über die inhaltliche und methodische Aktualisierung unserer Schulmusik ist voll in Bewegung; zahlreiche Tagungen fördern die Diskussion, ein überaus reiches Schrifttum gibt immer neue Anregungen, ein dichtes Netz von Fortbildungsveranstaltungen aller Art dient dem lebenslänglichen Studium. Der einzelne Musiklehrer in der Schule kann dadurch im Rahmen der eher zu weit gefaßten amtlichen Richtlinien eigene Initiativen entwickeln und seinen Unterricht flexibel gestalten. Dem Schulsingen, einst auf Liederwerb, Blattsingen und Veranschaulichung musikalischer Elementaria beschränkt, wurden als neue Dimensionen vokale Erfindung, Textanalyse, Stilanalyse, auch ein sozialpsychologischer, ein ethnologisch-vergleichender und ein sozialwissenschaftlicher Ansatz der Beobachtung des Singverhaltens erschlossen. Das Instrumentalspiel in der Schule hat neben traditionellen Formen wie Spielgruppen (für leichte, meist volkstümliche Spielmusik) und Schulorchester (mit Blick auf das „richtige" Orchester) auch Reproduktionsversuche zur Einführung in kompositorische Prinzipien, auch Pop- und Jazzgruppen, Bands aller Art und Gruppen für musikalische Improvisation entwickelt, die allerdings eine Gefahr des neuen „Verspielens" von Musik erkennen lassen. In Schulen mit verstärktem Musikunterricht, die noch gering an Zahl sind, gibt es auch Instrumentalunterricht für Schüler; dem gleichen Zweck dienen verschiedene Formen der Kooperation mit Musikschulen.

Doch die Entscheidungsfrage schulischen Musikunterrichts gibt das Musikwerk selbst auf. Die Auffassungen darüber, in welchem Maße und in welcher Weise es im Unterricht behandelt wird, sind höchst unterschiedlich. Werkanalyse, eingebettet in die Vermittlung musikhistorischen und musiktheoretischen Wissens, bestimmt den Unterricht am Musikwerk im traditionellen Gymnasium. Die Auffassung, daß man dem Schülerinteresse am besten Rechnung trage, wenn er an Beispielen popularer Musik musikalische und musiktechnische Phänomene kennenlerne, reicht in alle Schultypen. Für manche Musiklehrer ist die Beobachtung von Funktionen der Musik der bestimmende Ansatz, für andere die systematische Ausbildung der Hörfähigkeiten. Gewiß sind inhaltliche Verquickungen möglich, aber dennoch führte die Unterschiedlichkeit, wenn nicht Gegensätzlichkeit der Auffassungen zu Verunsicherung der Schulmusik, zumal auch Trends zu verzeichnen sind, die Musik nicht als Lernfach, sondern als Kompensation und Therapie sehen. Es gibt eine offene Diskussion der Probleme und vielfältige Bemühungen um einen sachgemäßen und den musikalischen Wünschen des Menschen gerecht werdenden Musikunterricht in der Schule. Doch ist es nicht leicht, die Balance zwischen Offenheit für alle Musik, einem konkreten Lehrangebot und den psychisch wie sozial bedingten Eigenarten des jugendlichen Verhaltens zu Musik zu halten. Die Tradition der Werkinterpretation im Musikunterricht wird umfassend und mit hohem Anspruch weitergeführt (Schmidt-Brunner, 1979).

Die ständige Auseinandersetzung des Faches Musik mit seinen Unterrichtsgegenständen findet im wesentlichen in der Schulmusik und in der Ausbildung der Musiklehrer für die Schulen statt. Hier spiegelt die Fachgeschichte zurück, daß einzelne musikalische Unterrichtsgegenstände Neigung zeigen, andere Unterrichtsgegenstände zu usurpieren, daß sogar Arbeitsformen und Materialien, die bestimmenden Unterrichtsgegenständen zugeordnet sind, Tendenzen zur Verselbständigung zeigen; wie einst das Lieder-Lernen den Unterrichtsgegenstand Singen und darüber hinaus den ganzen Musikunterricht dominierte, so gab es auch eine Phase, wo graphische Notation über die Hörhilfe hinaus Tendenzen zum bestimmenden Unterrichtsgegenstand erkennen ließ. Besondere Aufmerksamkeit gebührt aber wohl den Tendenzen, aktuelle Prinzipien oder Theoreme aus pädagogischem oder soziologischem Denken direkt, ohne Auseinandersetzung mit den Differenzierungsnotwendigkeiten eben an den musikspezifischen Unterrichtsgegenständen, in den schulischen Musikunterricht zu transferieren. Durch solche kurzschlüssige Übertragung sachfremder Prinzipien, mitunter scheintheoretisch begründet durch ein neues musikdidaktisches Konzept, sind mitunter die musikalischen Unterrichtsgegenstände nicht nur verändert worden, sondern auch völlig aus dem Blick geraten. So hat die „Eigentätigkeit" einmal den Blick auf Musikrezeption verstellt und die „Verhaltensänderung" die Übung von Singstimme und Tonvorstellung außer Kurs gesetzt.

Die Schulmusik hat, um den vielfältigen Interessen der Schüler und den schulorganisatorischen Möglichkeiten gerecht werden zu können, nicht nur die Unterschiedlichkeit ihrer verschiedenen Unterrichtsgegenstände für das weiteste Ziel einer allmählichen Hinführung zu Musik abzuwägen, sie hat auch für diese Unterrichtsgegenstände jeweils die Rückwirkungen zeitbedingter pädagogischer Strömungen aufzufangen. Dies ist die Ursache chronischer Unsicherheit der Schulmusik hinsichtlich der Unterrichtsgegenstände ihres Faches, die allerdings wohl niemals so weit führen dürfte, daß die musikalischen Unterrichtsgegenstände durch rasch transferierte Lehrprinzipien und modische Konzepte völlig aus dem Blick geraten. Die Geschichte der Schulmusik ist auch eine Geschichte der Bevorzugungen und Vernachlässigungen musikalischer Unterrichtsgegenstände im Wechsel der außermusikalischen Denkströmungen.

Hinsichtlich der Unterrichtsmethodik der Schulmusik hat sich unser Denken zur Gegenwart hin entscheidend gewandelt. Je mehr Musik selbst und Auseinandersetzung mit dem Musikleben Gegenstand von Musikunterricht werden, desto weniger scheinen Methoden angebracht zu sein; denn Methodisierung bedeutet die Gefahr der Drosselung emotionaler Hinwendung zu Musik, Gängelung auf dem individuellen Weg zu Musik. Doch kann solche Einsicht nicht zum Freibrief für unmethodischen, d.h. im Ergebnis zufälligen Musikunterricht werden. Aus der detaillierten Methode wurde die methodische Planung, die einerseits langfristig über einen größeren Zeitraum hinweg und andererseits für die einzelne Unterrichtsstunde gilt. Gerade für das musikalische Lernen mit seinen wenigen, aber nur durch langes Training erreichbaren Zielen, ist die langfristige, methodische Planung Voraussetzung für Lernerfolg. Die methodische Planung der Einzelstunde beruht darauf, daß das Detailziel konkretisiert und stringent, bei mehrfachem Wechsel von Arbeitsformen und Material, angegangen wird. Es breitet sich zunehmend die Einsicht aus, daß im Unterricht die einfache Darlegung werkspezifischer Eigenarten die Mehrzahl der Schüler weniger anspricht als eine Folge von Lernschritten, die von dem für das Ohr auffälligsten Phänomen ausgeht. Auf der Basis der Sachlogik plant der Lehrer die einzelne Stunde nach Regeln der Lernlogik. Eine so verstandene methodische Planung des schulischen Musikunterrichts kann nicht mehr auf feste Methoden zurückgreifen, erfordert aber um so mehr methodische Phantasie. Die hier anstehenden Fragen sind das spezielle Thema der Unterrichtslehre des Faches Musik, wo sie in einem höchst umfangreichen und höchst differenten Schrifttum erörtert werden.

1.3 Schulbegleitender Bereich

Der schulbegleitende Bereich ist, von der Altersgruppe her gesehen, die außerschulische Parallele zur Schulmusik; doch inhaltlich ist dieser Bereich völlig andersartig als die (sich allerdings immer mehr anpassende) Schulmusik; sie ergänzt diese durch in viele verschiedene Richtungen weisende Angebote von höchst unterschiedlichem fachlichem Anspruch, von individuellem Instrumentalunterricht bis zu jugendspezifischen musiksozialen Umgangsformen der Gegenwart reichend.

Die älteste Form musikalischen Lernens im außerschulischen Bereich ist der wöchentliche, zu honorierende Privatunterricht, der in der Regel als Instrumentalunterricht stattfindet, und heute – entgegen seinen geschichtlichen Ursprüngen – kaum noch der Musiktheorie gilt noch sie einbezieht. Die den Unterricht erteilenden Musiklehrer sind speziell auf einem Instrument ausgebildet (mit unterschiedlicher Ergänzung durch weitere künstlerische, musiktheoretische und musikpädagogische Fächer) und werden seit 1925 staatlich geprüft. Die außerschulischen Musiklehrer unterrichten privat und/oder im Rahmen unterschiedlicher vertraglicher Möglichkeiten (vor allem als Angestellte oder mit vereinbartem Stundendeputat) an Musikschulen und Konservatorien. Eine stärkere Berücksichtigung von über das Instrumental-Training hinausreichenden Fächern, die Öffnung des Blickes für neue Aufgaben von heute, mitunter auch schon in Angriff genommen, würde dem schulbegleitenden musikalischen Bereich nutzen. Zur stärksten Bastion außerschulischen, fachgerichteten Musik-Lernens haben sich die Musikschulen entwickelt, Einrichtungen, die unabhängig vom allgemeinbildenden Schulwesen (darum „außerschulisch“) Schüler in einem oder mehreren musikalischen Fächern unterrichten.

Neben diesem auf fachlicher Anleitung und instrumental-künstlerischen Zielvorstellungen beruhenden Musikunterricht bietet der schulbegleitende Bereich jedoch weitere, in die offene Musikszene reichende Möglichkeiten der Begegnung mit Musik. Sie sind zahlreich, vor allem in Großstädten, verdienen aber insgesamt noch mehr Beachtung und Förderung, wohl auch mehr fachliche und musikpädagogische Phantasie, um zwischen dem Jugendkonzert als Hauptprobe und der popularen Sensation mehr Attraktivität und Effektivität entwickeln zu können. Die besonderen Theater- und Konzertaufführungen für Schüler, nur selten mit speziellen Programmen für Kinder oder für Jugendliche, liegen in der Regie der die Ensembles finanziell tragenden Länder und Städte. Als sehr erfolgreich erweisen sich Veranstaltungen, in denen führende Dirigenten ihren jungen Hörern Musik darbieten und dazu auch erklären können. Zunehmend setzt sich die Musikpädagogik, nach frühen Anregungen zu Beginn des Jahrhunderts, mit den Bedingungen und Möglichkeiten der Kinder- und Jugendkonzerte auseinander (Große-Jäger, 1979; mit bibliographischen Angaben). Pädagogisch besonders verdienstvoll ist die Arbeit der zahlreichen Verbände für Musik-Amateure, der Verbände für Chöre, für verschiedene Instrumental-Ensembles, vor allem für Blasmusik und volkstümliche Musik, auch für Liebhaber-Orchester. Denn diese Verbände haben ein Interesse daran, Nachwuchskräfte für ihre Gruppen zu gewinnen; sie bieten Kindern und Jugendlichen Gelegenheit, pragmatisch das lernen zu können, was in Ensembles benötigt wird. Damit wird in weiten Kreisen der Bevölkerung die Freude am Singen und Musizieren weitergegeben. Wie die Zahl dieser Amateur-Musiker, so liegt auch die ihrer Jugendgruppen hoch, erweitert auch durch kirchliche Musik-Ensembles. Auch Vereine und Gesellschaften zur Musikpflege haben teilweise ihren Schwerpunkt in der musikalischen Jugendarbeit. Besonders haben sich

„Musikwochen" und Wochenendkurse bewährt; sie sind über das ganze Jahr verteilt und finden so starkes Interesse, daß längst nicht alle Wünsche nach Teilnahme erfüllt werden können.

Doch neben diesen noch halb-geplanten, oft auch bezuschußten musikalischen Angeboten für Kinder und Jugendliche breitet sich eine spezifische Jugendmusik aus, für die charakteristisch ist, daß sie von Jugendlichen als eigener Bereich aufgefaßt wird, in dem man unter sich bleibt und vor allem an sog. Popular-Musik interessiert ist (Kaiser, 1983; Klüppelholz, 1983). Dieser Bereich der popularen Jugendmusik ist durch sein Ausmaß, aber auch durch eine noch nicht konsequent ausgetragene Diskussion der hier anstehenden Verquickung psychisch-sozialer und ästhetisch-pädagogischer Phänomene gegenwärtig ein sehr ernstgenommenes Problem musikalischen Lernens und Lehrens. Die Beschäftigung der Jugendlichen mit popularer Musik ist nur bei einer kleinen Gruppe reproduktiver Art, es sind 3–3,5% der Jugendlichen (Blaukopf, 1974); wesentlich höher liegt die Zahl der Jugendlichen, die populare Musik nicht spielen, sondern hören. In Erhebungen zum Verhalten Jugendlicher in der Freizeit hat sich das Hören popularer Musik in hoher Übereinstimmung als beliebteste Beschäftigung ergeben. Das Vergnügen an popularer Musik nimmt in den musikalischen Umgangsweisen im schulbegleitenden Bereich heute den größten Raum ein; Jugendheime, Kulturzentren und Diskotheken geben den Raum.

1.4 Erwachsenenbildung

Die allgemeine Neigung, pädagogischen Umgang mit Musik nur für Kindheit und Jugendalter anzunehmen, doch die Erwachsenen auszulassen, ist die Ursache, daß die Musik der Amateure bis heute im musikpädagogischen Schrifttum nur auffallend gering berücksichtigt wurde. Chorwesen und öffentliches Musizieren sind zwar Gegenstände musikhistorischer wie musiksoziologischer Betrachtung und Untersuchung, die Volkshochschule hat pädagogische Theorien inspiriert; doch die Musikpädagogik hat ihre spezifischen praktischen wie wissenschaftlichen Aufgaben in diesem Sektor ihres Unterrichtssystems noch wenig wahrgenommen. Es mehren sich aber die Anzeichen, daß die hier liegenden vielfältigen musikpädagogischen Aufgaben und die Notwendigkeit des Kontaktes mit den pädagogischen Forschungen zur Erwachsenenbildung (Groothoff, 1976; Kürzdörfer, 1981; Schulenburg, 1981; u.a.) zunehmend erkannt werden.

Amateure, die zusammen singen oder instrumental musizieren, sind weit in die Geschichte zurück zu verfolgen und in den verschiedensten Kulturen zu beobachten. Das musikpädagogische Interesse an Chor und Orchester für Amateure galt bisher vor allem der musikalischen Leistungsfähigkeit und der für Amateur-Ensembles geeigneten Literatur; die zahlreichen Wettbewerbe und die Verbandszeitschriften legen dafür beredtes Zeugnis ab. Doch immer stärker hat man sich auch Fragen der musikalischen Ausbildung bzw. Fortbildung der Leiter von Chören und instrumentalen Ensembles zugewendet. Hier liegen wesentliche offene Aufgaben, deren Lösung gewiß nicht ein Einheits-Musiklehrer ist, sondern der musikalische Amateur, der in seiner musikalischen Landschaft zu Hause ist, das spezielle musikalische Handwerk beherrscht und musikalisch wie pädagogisch so geschult ist, daß er auf offene musikpädagogische Aufgaben in der Amateurmusik seiner Umgebung selbständig einzugehen vermag (Suder,

1983). Es wäre auch mehr Wissen über die Zusammensetzung der Ensembles, die Gründe der Fluktuation, die musikalische Einstellung der Mitglieder (und Nichtmitglieder), die Auswirkung gesellschaftlicher Meinung über Amateur-Musik u.a. zu erschließen. Die Bildung von Chören zum bestimmenden oder zusätzlichen Zweck, religiöse oder politische Lehre singend zu manifestieren und auszubreiten, verweist auf mediale Zielsetzungen auch für die Musik der Amateure, eine ebenfalls noch offene Aufgabe der Beschreibung und Analyse. Eine Statistik des Standes der Musizierpraxis der Amateure sowie die Darlegung der besonderen Probleme und Notwendigkeiten der Amateurmusik ist W. Suppan zu danken (Suppan, 1977).

Der zweite Pfeiler der Musik der Amateure ist das sog. öffentliche Musikleben, eine Bezeichnung, die alle Möglichkeiten der Musikrezeption zusammenfaßt, die von unterschiedlichen Institutionen (privater bis öffentlicher Art) dem Musikfreund angeboten werden. Die zahlreichen historischen Darstellungen dieses Bereiches haben die langsame Demokratisierung von Konzert und Oper im Detail aufgearbeitet, die Entwicklung aus geschlossenen höfischen zu den der Allgemeinheit offenstehenden Formen, deren tatsächliche Demokratisierung durch neu entstandene musikalische Mediengepflogenheiten und deren sozialpsychologische Zwänge bis heute keineswegs verwirklicht werden konnte. Die Statistik des Theater- und Konzertlebens liegt in zusammengefaßter Form vor (Abel-Struth u.a., 1977), ebenso die Darlegung der im Abonnement- und Repertoire-System liegenden speziellen Probleme (Krellmann, 1977). Das musikpädagogische Interesse an dem öffentlichen Musikleben hat sich bisher vor allem auf die Einführung der Schüler in das Musikleben gerichtet, durch gemeinsamen Konzert- und Opernbesuch der Schulklasse, sowie auf die Beförderung des Musiklebens zum Unterrichtsgegenstand. Der spezielle musikpädagogische Ansatz, die Besonderheiten des musikalischen Lernens der Erwachsenen, seine besonderen Bedingungen, dominanten Vorgänge und möglichen Ergebnisse, fand bisher kaum Interesse; eine Ausnahme bildet die beginnende Publikumsforschung (Reinecke, 1973; Dollase u.a., 1978).

Der historische Beginn musikpädagogischen Denkens für den erwachsenen Musikfreund liegt bei H. Kretzschmar, der mit seinen Aufsätzen über „Volkskonzerte" (Kretzschmar, 1910 c), „populäre Musikerbiographien" (Kretzschmar, 1910 b) und vor allem durch seine grundlegende Auseinandersetzung mit „Volksmusik und höherer Tonkunst" (Kretzschmar, 1973 a) zentrale musikpädagogische Probleme dieser Altersgruppe ins Gespräch brachte, angestoßen wohl durch die zu seiner Zeit sich neu entzündenden Volksbildungsideen. Die der Musikpädagogik unserer Zeit gestellte „volksbildnerische" Aufgabe durch Konzert und Oper, durch „Musik in den Massenmedien Rundfunk und Fernsehen" (Schmidt, 1976 b und 1983 a) ist in dem vollen Ausmaß ihrer konkreten musikpädagogischen Unterrichts- und Forschungsaufgaben noch nicht annähernd erkannt worden, wenn auch die Probleme einer zugleich medien- und sachgerechten Bearbeitung von Musik zunehmend die Frage nach dem Rezipienten aufwerfen (Pauli, 1977).

Die Volkshochschule, die man als dritten Pfeiler einer musikalischen Unterrichtung des Amateurs sehen möchte, hat in den zwanziger Jahren durch H. Mersmann ein Programm für „Musikerziehung in der Volkshochschule" erhalten (Mersmann, 1925). Es ist in seiner Zielrichtung auf Hilfen zum Musikverstehen aus dem Geist seiner Zeit geboren und setzt sich mit Kursen „Zur Einführung in ..." bis in die Gegenwart fort. Dieses Programm entspricht in seiner inhaltlichen Intention dem Kestenbergschen Entwurf für Musik in der Volkshochschule, niedergelegt in der Denkschrift „Musikerziehung und Musikpflege" (Kestenberg, 1921): „... Die von der höheren Schulbildung ausgeschlossene große Zahl der Lerneifrigen unseres Volkes" soll die Möglichkeit erhalten, „sich neben der Berufsarbeit weiterzubilden und einzuholen, was ihnen in der Schule nicht gegeben werden" konnte. L. Kestenberg empfiehlt die Vermittlung der zum Verständnis musikalischer Werke notwendigen Kenntnisse, warnt aber bereits in weiser Voraussicht vor der Nachahmung akademischer Vortragsreihen; dem Hörer soll Gelegenheit zur Frage, zur Diskussion gegeben, ihm soll die Chance zur produktiven Mitarbeit, auch bei der Auswahl und Darbietung der Musikbeispiele, geboten werden. Heute sind die Volkshochschulen zunehmend auch Träger von Chören und Instrumental-Ensembles geworden, fungieren auch als Konzertveranstalter, bezuschussen Kurse sog. musikalischer Früherziehung ebenso wie instrumentalen Gruppenunterricht.

Insgesamt gesehen stellen die Volkshochschulen die Institutionalisierung der sog. Erwachsenenbildung dar, eines historisch umfassend aufgearbeiteten und dokumentierten Arbeitsbereiches (vgl. Bibliographie in Reble, 1981). Diese geschichtliche Erschließung erweist die enge Koppelung (auch) der Erwachsenenbildung an soziale und politische Entwicklungen. Erwachsenenbildung beginnt in der großen Volksbildungsbewegung des 18. Jahrhunderts als Emanzipation des Bürgertums, sie wird im Zusammenhang der Arbeiterbewegung des 19. Jahrhunderts zu der Bestrebung der Arbeiterbildung. In der ersten Hälfte unseres Jahrhunderts führen romantisierende Ideen der sog. Reformpädagogik mit Hoffnungen auf eine alles erneuernde Volksbildung zur Gründung der Volkshochschulen. In der Gegenwart treffen in den bundesdeutschen Volkshochschulen sehr unterschiedliche Programme aufeinander. Ziel ist der „mitbürgerliche Mensch" (Borinski, 1954), ist Bildung aus Menschlichkeit (Ballauff, 1958), ist die anthropologisch-psychologische Begründung des „Menschen in Mündigkeit und Reife" (Pöggeler, 1970). Ein Kontrastprogramm zu diesen Ansätzen bedeuten alle Zielvorstellungen für Volkshochschulen, die den Effekt von Erwachsenenbildung für die berufliche Bildung in den Vordergrund stellen (Dikau, 1968). Erhebungen von 1957 (Schulenburg u.a., 1976), von 1966 (Strzelewicz u.a., 1972) sowie von 1973 (Schulenburg, 1978), die W. Schulenburg vergleichend darstellt, zeigen anhand von insgesamt zehn Kategorien für Meinungen über die Aufgaben der Volkshochschule auf, daß sich ein schon in den fünfziger Jahren deutlicher Trend der Bevorzugung berufsbildender Angebote 1973 auffällig verstärkt hat. Beispielsweise werden „Kurse für Berufsfortbildung" 1973 von 69% gewünscht (gegenüber 60% von 1958), ein „planmäßiges Studium einzelner Fachgebiete" 1973 von 58% (1958: 51%); allgemeinbildende Kurse wie „Beschäftigung mit der Frage nach dem Sinn des Lebens" (1958: 21%; 1973: 9%) oder „Bereicherung durch künstlerisches Erleben" (1958: 14%; 1973: 9%) verlieren dagegen an Interesse (Schulenburg, 1981). Vor diesem allgemeinen Hintergrund wird deutlich, daß der musikpädagogische Ansatz der Volkshochschulen gegenwärtig noch mehr im Sinne einer Übernahme anderweitig angesiedelter Funktionen denn als eigenes Konzept zu verstehen ist. Ausnahmen bilden erste Einrichtungen zum Erwerb berufsbezogener Qualifikationen (zur Lehrtätigkeit im musikalischen Elementarbereich) oder auch der Beginn einer Musikdidaktik für Eltern (Merget, 1976). Doch zeichnen sich auch erste konzeptionelle Ansätze „musikalischer Andragogik" ab (Holtmeyer, 1983); in den angelsächsischen Ländern sind Angebote für berufsbezogene Qualifikationsmöglichkeiten auch im Fach Musik an Volkshochschulen bereits weiter fortgeschritten, ebenso die entsprechenden Möglichkeiten in Open Universities.

Während für die sog. musikalische Erwachsenenbildung und ihre Möglichkeiten im Rahmen von Volkshochschulen wenig musikpädagogische Eigenart und nur in geringem Maße musikpädagogische Reaktion auf aktuelle Entwicklungen erkennbar sind, breitet sich im musikpädagogischen Abseits ein rasch wachsendes, vielseitiges Feld musikimpliziter Freizeitpädagogik für Erwachsene aus. Die Musikpädagogik ist immer noch mehr auf „Musikpflege" zentriert, wie sie in der „Deutschen Musikpflege" von 1925 umrissen wurde (Fischer, 1925); die Zukunft der Oper wurde hier ebenso reflektiert wie Hausmusik, öffentliche Musikbücherei, Volkskonzert, Volksgesang, Musikbetrieb und Arbeitermusikpflege. Der heute gern gebrauchte Terminus Musik im Alltag (Brinkmann, 1980) verweist darauf, daß Beschreibung und Untersuchung nun auch die einst volksbildnerisch degoutanten musikalischen Genres einbeziehen. Doch das Phänomen der Freizeit, in den Sozialwissenschaften ein Gegenstand differenzierter empirischer Forschung mit fortgeschrittener Theoriebildung (Giesecke, 1974; Hammerich, 1974; Scheuch, 1977; Eichler, 1979; Huck, 1980) und von den Erziehungswissenschaften in den pädagogischen Konsequenzen dargestellt (Langewiesche, 1980; Reulecke, 1980), hat in der Musikpädagogik stark sozialpädagogische Züge angenommen. Mit Beginn der achtziger Jahre setzt eine Flut von Schriften ein, die Musik nicht mehr unter dem Aspekt musikalischer Bildung und musikalischen Verstehens behandeln, sondern als Chance menschlichen Zusammenseins und Aufgabe sozialpädagogischer Ausbildung und Betätigung (Seidel, 1980; Hübner, 1981). Auch im Bereich der Freizeit-Forschung und praktischer Freizeitpädagogik zeichnen sich offene Aufgaben der Musikpädagogik ab, praktischer wie wissenschaftlicher Art.

2. Die Unterrichtsgegenstände der Musik

2.1 Singen

Die Unterrichtsgegenstände des Faches Musik, didaktische Konzentrate der Musik, die sich im Verlauf der musikpädagogischen Geschichte herausbildeten, dienen alle der Hinführung zur Musik, erfüllen aber in den musikalischen Lernvorgängen verschiedene Funktionen und werden mit jeweils spezifischen musikalischen Zielen und Materialien verbunden. Sie sind inhaltlich, terminologisch und nach Gewichtung stark historischem Wechsel und ideologischen Wertungen unterworfen und bedürfen gerade deshalb einer Bewußthaltung aus der Sache selbst. Die Beschreibung der musikalischen Unterrichtsgegenstände erscheint als notwendig, um den grundlegenden Katalog der Gegenstände des Musikunterrichts insgesamt bewußt zu halten, damit in der jeweils aktuellen Diskussion die Substanz gewahrt bzw. grundlegende Veränderungen erkennbar werden und zu begründen sind, bevor ganze Musik-Lehrpläne umgestellt werden.

Singen ist der älteste Unterrichtsgegenstand des Schulfaches Musik. Seine Geschichte ist mitunter identisch mit der Geschichte der Schulmusik. Alle Wandlungen der Zielvorstellungen des Faches und der Lehrprinzipien des Musikunterrichts, dazu eine Fülle spezieller Konzepte begleiten diese weit zurückreichende Geschichte des Unterrichtsgegenstandes Singen. Alter und Dominanz des Singens als Unterrichtsgegenstand des Faches Musik haben ihre besonderen Gründe: Mit Singen konnte man zu allen Zeiten über die Texte der aufgegebenen Lieder erzieherische Absichten zu realisieren versuchen und darüber hinaus gewünschte Denkweisen festigen. Wechselnd dient das Lieder-Singen in der Schule daher der Vermittlung religiöser, moralischer wie auch politischer Lehren. Am Beginn steht die Verbreitung religiöser Lehre in den von der Kirche eingerichteten Schulen. Mit Hilfe des Gesanges wird die christliche Lehre um so sicherer aufgenommen und gefestigt; doch stellen die zur eigenen Belehrung unterrichteten Schüler auch zugleich die Chorsänger in den Kirchen. Auch im Zuge der Reformation verfolgt der Singunterricht in den Schulen den gleichen doppelten Zweck: die Vermittlung der neuen Lehre und Ausbildung musikalischen Personals für kirchliche Aufgaben.

Schon früh werden Methoden eingeführt und verfeinert, die auf Lieder-Lernen und Entwicklung von Tonvorstellung zielen. Asiatische wie frühe arabische Kulturen haben offensichtlich bereits Tonsilben-Systeme gekannt, ebenso die Arbeit mit Handzeichen (die ägyptische Hieroglyphe für Singen ist die Hand). Im europäischen Raum gab Guido von Arezzo ein frühes System zum Singen nach Zeichen, die Solmisation (Lange, 1899/1900; Preußner, 1939; Wiora, 1956; Hickmann, 1957). Die Suche nach möglichst einfachen Verfahren zum Erlernen des Singens nach Zeichen, Buchstaben und Ziffern (Koch, 1814) reicht mit zum Teil recht komplizierten Modellen bis in unser Jahrhundert. Besonders verbreitet war die Tonika-Do-Methode (Hundoegger, 1908 und o.J.; Wenz, 1950) und ein melodisch weiterreichendes Verfahren von C. Eitz (1924). Im musikpädagogischen Schrifttum der ersten Hälfte unseres Jahrhunderts werden mehrfach zusammenfassende Darstellungen der Hilfsmethoden für Blattsingen und Tonvorstellung unternommen (Greß und Witzke, 1928; Schünemann, 1929; Kühn, o.J. [1931]). Mit diesen Methoden zum Erlernen des Blattsingens tritt der Unterrichtsgegenstand Singen mit dem Unterrichtsgegenstand Gehörbildung/Musiklehre in Kontakt; mit dem Singen wird zugleich das Ziel der Vorstellungsfähigkeit für Elementaria der Musik verfolgt. Doch vermutlich war in der Unterrichtspraxis der Anteil systematischer Gehörbildung am Singunterricht nicht allzu hoch, und gewiß war er sehr wechselhaft. Theoretiker des Faches haben immer wieder auf die Bedeutung der Gehörbildung im Singunterricht verwiesen (Natorp, 1820 und 1824). Das tut in der Sprache ihrer Zeit bereits die Pestalozzi-Schule (Pestalozzi, 1808). M.T. Pfeiffer und H.G. Nägeli widmen in ihrer „Gesangbildungslehre nach Pestalozzischen Grundsätzen" von 1810 der „Notirungskunst" ein besonderes Kapitel; sie sehen in ihr „das wahre Culturmittel der Kunstanschauung". Auch die Kritiker der Gesangbildungslehre (Löbmann, 1908) haben die Wertschätzung des Notendiktates bei Pfeiffer-Nägeli ausdrücklich von ihren sonstigen Einwänden ausgenommen. Sehr viel später hat beispielsweise auch der als Exponent traditioneller Singdidaktik in der Schule geltende G. Rolle die Gehörbildung als Domäne des Gesangunterrichts angesehen (Rolle, 1924).

Rückblickend zeigt die Geschichte des Unterrichtsgegenstandes Singen bis zum 19. Jahrhundert, daß von altersher die Intentionen des Liederwerbs und des Schön-Singens verfolgt wurden, dazu die Absicht, mit Singen Gehörbildung und Musiklehre zu treiben, eine Absicht, die wohl stets vorhanden war, doch in der Schulpraxis höchst abwechslungsreichen Zufällen der Lehrerausbildung, des methodischen Geschicks und der Anerkennung der Obrigkeit ausgesetzt war. Bestimmend für den Rang des Schulfaches Singen, und dies blieb letztlich im 19. Jahrhundert der entscheidende Aspekt aller Bewertung schulischen Singens, war die Hoffnung auf Musik als Mittel der Menschenbildung. „Das Wesentliche bei der Sache, das wir durch einen allgemeinen guten Gesangunterricht erreichen wollen, bleibt demnach die mehrere Befähigung im Allgemeinen für das Verstehen und den veredelnden Genuß der Musik. Wir wollen dadurch der Menge einen neuen Sinn zu neuen Empfindungen, Anschauungen und Erkenntnissen, eine neue Welt von Gefühlen, einen neuen Himmel von Freuden und Seligkeiten aufschließen", sagt G. Hientzsch (1827), ein Jahr später gefolgt von A. Diesterwegs Begründung des hohen Wertes des Gesangunterrichts als Mittel der Menschenbildung, „für die Ausbildung des Gemüts und des religiösen Sinnes im Menschen, für das Erkenntnisvermögen durch den Einfluß des Gemüts auf dasselbe und durch den würdigen Gehalt der Gesänge für die Gesittung und disziplinarische Haltung in der Schule" (Diesterweg, 1828).

Das Material des schulischen Singens im 19. Jahrhundert ist zunehmend das „Schullied", das mit der Ausbreitung der Aufklärungsideen das zuvor allein herrschende Kirchenlied ablöst. W. Gundlach entwickelt für das Schullied in der Zeit des Philantropinismus einen systematischen Ansatz, demgemäß für das Schullied als Oberbegriff die musikalischen Kriterien der Einfachheit, Leichtfaßlichkeit und Volkstümlichkeit und die textlichen Kriterien des sowohl Kindgemäßen wie Belehrenden gelten. Dazu wird zwischen Schulliedern im engeren Sinne und Übungsliedern unterschieden. Die Schullieder i.e.S. haben vor allem das Schulleben, von der Schulprüfung bis zum Dank an den Lehrer, zum Inhalt, die Übungslieder sind speziell für den musikalischen Lehrgang komponierte Lieder mit konkreten stofflichen Aufgaben (Gundlach, 1969). Doch dringt in diesen intensiv erzieherischen Bestand von Schulliedern seit Beginn des 19. Jahrhunderts das Volkslied ein. Seit F.M. Böhmes Hinweis, daß L. Erk der erste gewesen sei, der das Volkslied in die Schule einführte (Erk, 1893/1894), hat sich diese Meinung hartnäckig gehalten, wohl vor allem durch die Übernahme in die weitverbreitete „Geschichte des Volksliedbegriffes" von J. von Pulikowski (1933) und in G. Schünemanns „Geschichte der deutschen Schulmusik" (1968). Doch macht andererseits schon M. Schipke (1913) aufmerksam, daß L. Erk hier nicht der Primat zukomme; so geben beispielsweise schon A. Zarnakk (1818), der Breslauer Lehrerverein (1821) und J.G. Hientzsch (seit den zwanziger Jahren des vorigen Jahrhunderts) „Deutsche Volkslieder mit Volksweisen für die Volksschulen" heraus, Schulliederbücher mit wesentlich mehr Volksliedern als sie in den Erkschen Liederbüchern für Schulen zu finden sind.

Die Funktion des Gesangunterrichts für die Menschenbildung ist sein Rückhalt und sein Prestige; dies spricht aus allen Lehrplänen und offiziellen Verlautbarungen, jeweils mit charakteristischen Modifikationen. In der Stiehlschen Regulative von 1854 wird als Hauptzweck des Singunterrichts die Bildung des Gefühls genannt, „und durch diese der Einfluß auf Gewöhnung und Kräftigung des Willens . . . Er ist daher eines der wesentlichen Mittel des erziehenden Unterrichts, durch dessen richtige und ununterbrochen fortgesetzte Anwendung auch das roheste Gemüth für sanftere Gefühle zugänglich gemacht, ihrem Einflusse hingegeben und an eine Unterordnung unter allgemeine Gesetze bei gemeinsamer Tätigkeit mit Andern gewöhnt werden kann" (Stiehl, 1855). Die Falkschen Bestimmungen von 1872 schließen mit patriotischen Zusätzen an: „Der gute Gesangsunterricht ist ein wesentlicher Faktor in der Erziehung. Er veredelt das Gemüt, er bildet den Sinn für das Schöne und gibt dem Kinde einen Liederschatz ins Leben mit, der ihm nicht nur in allen Verhältnissen des Lebens zum Trotz und zur Freude gereicht, sondern auch geeignet ist, schlechte und sittenverderbende Lieder aus dem Volke zu verdrängen. Darum muß auch die Auswahl der zu übenden Gesänge eine sorgfältige sein. Vorzüglich sind Volkslieder, und zwar Vaterlands-, Kriegs-, Turn- und solche Lieder zu wählen, welche den Mut und eine edle Gesinnung zu wecken, geeignet sind" (Nolte, 1975 a). Und Kaiser Wilhelm II. spricht 1895: „Deutsches Lied und deutscher Sang haben allezeit auf die Veredelung der Volksseele einen segensreichen Einfluß ausgeübt und die Nation in Treue gegen Gott, Thron, Vaterland und Familie gestärkt" (Wilhelm II., Rede vom 29. 1. 1895, zit. nach Schoppe, 1909; vgl. Lemmermann, 1984 b).

Durch die musikalische Jugendbewegung erhält das Singen neuen Sinn, neues Material und neue Funktionen im Unterricht. Das Singen wird in Zusammenhang mit dem „neuen Menschen" gebracht, der dem Singen Richtung gibt und selbst umgekehrt durch Singen zu diesem neuen Menschentum gelangt. Das „neue" Material für das Singen ist nun das Volkslied, einschließlich des Kinderliedes. H. Breuer beginnt die Reihe der Lobpreisungen des Volksliedes: „es ist die unmittelbarste Sprache von allem unserem Erleben . . . unsere ehrlichste Sprache" (Breuer, 1940); für H. Breuer ist das Volkslied Mittel zur Genesung der Gesellschaft. W. Hensel will durch das Aufzeigen des echten Volksliedes einen „Spiegel deutschen Wesens" vorhalten (Hensel, 1931 und 1964). Auch für W. Hensel ist das Volkslied Mittel der Menschenbildung, noch dazu ein national-politisches. Rückblickend begründet E. Pfannenstiel, führender Singdidaktiker der musikalischen Jugendbewegungszeit, H. Breuers Weg zum Volkslied mit „dem Grundmenschlichen, dem Lebensechten, dem Urständigen des Liedes" und verpflichtet die Schulmusik auf das Volkslied: „Wenn uns etwas aufgegeben ist in der Singerziehung, so muß es zuerst dieses sein: dem Kinde in seinem Singen und dem Liede jenes Stils zu lauschen, den uns das Erbe übermachte . . . Hier liegt die Verantwortung der Schule . . . Um Grundwerte geht es, darum daß uns das Lied gesund und lauter erhält, daß wir so unverfälscht, so ernst und andächtig, so gelöst und heiter im Singen sind, wie es das Menschentum ist, das aus dem Liede zu uns spricht, und daß wir uns auch dem beugen, was Wortaussage und Weisenform des Liedes bekunden" (Pfannenstiel, 1953). Die Zahl der Schriften ist groß, die diese Verquickung von dem erzieherischen Ziel eines neuen Menschentums mit dem Singen von Volksliedern zeigen; im Zuge der Einwirkung musikalischer Jugendbewegung der zwanziger Jahre auf die Schule erhalten Singen und Volkslied eine Schlüsselposition – sie scheinen die Erziehung des neuen Menschen zu garantieren. Man übersieht mitunter, daß F. Jöde 1918 noch einschränkend feststellte, daß das „neue Aufleben im Volksliede erst einen halben Schritt zur Musik" bedeute, „bei dem man nicht halt-macht, ohne umzufallen; daß es zwar auf dem Wege zur Musik liegt, aber trotz der neuen Gesinnung, die aus ihm spricht, noch nicht im eigentlichen Sinne selbst Musik ist" (Jöde, 1924; vgl. Moser, 1931 c).

Die neuen Funktionen, die das Volkslied in dem nun als Musikunterricht bezeichneten Schulfach erhält, sind der Einsatz im Schulleben, die Entwicklung von Gemeinschaft, die Verwendung als Material für Musiklehre und für musikgeschichtlichen Unterricht; dafür hat man einen „Schatz echter Volkslieder" zu verwenden. Vielleicht wurde auch noch nicht deutlich genug herausgearbeitet, wie vorsichtig die Lehrpläne der preußischen Reform angesichts des Volkslied-Soges ihrer Zeit formuliert sind. In dem Teilkapitel Gesangunterricht des Volksschulplanes von 1927 wird zunächst unvermindert Sprech- und Stimmschulung empfohlen, wird generalisiert von dem Material eines „wertvollen Liedgutes" gesprochen und der Akzent auf schönes, ausdrucksvolles Singen gelegt. In dem Kapitel Liedgut wird betont: „Die Grundlage des Gesangunterrichts bilden das Volkslied und das volkstümliche Lied"; in dem abschließenden Katalog wird anschließend auch die Gruppe der Kunstlieder aufgeführt (Nolte, 1975 a). Es wäre einer speziellen Untersuchung wert, die Abgrenzung zwischen Volkslied-Schwärmerei der musikalischen Jugendbewegung und Tendenzen der Zurückhaltung gegenüber solchen Trends in der Musikpädagogik der Zeit vorzunehmen. Denn auch L. Kestenberg argumentiert für Ziele des Musischen in der neuen Schulmusik, doch ohne Berufung auf das Volkslied (Kestenberg, 1921).

Für die Zeit zwischen 1933 und 1945 ist der politische Mißbrauch des Singens in der Schule charakteristisch, die Infiltration nationalsozialistischer Absichten und Haltung über Liedtexte und musikalische Struktur des neuen „Liedgutes". Das Volkslied wird Mittel einer Erziehung, die das nationale Element einsetzt, um Führungsansprüche der Nation über die nationalen Grenzen, über das Denken anderer Menschen hinweg in jungen Menschen zu wecken: „Denn das Lied, dieser edle, unversiegbare Quell deutschen Volkstums, es verbindet wie ein klingendes Spruchband die Landschaften und Stände unseres Volkes innerhalb und außerhalb der politischen Grenzen unseres Reiches", und – unter Berufung auf W.H. Riehl –: „Je reicher und tiefer die Idee des Volkes im politischen Leben zur Geltung kommen wird, um so herrlicher wird sich auch das deutsche Lied entfalten". Auch Äußerungen, daß das Volkslied für die Jugend „nicht das überkommene Kulturgut" sei, sondern „die scharfe Klinge in der kämpferischen Auseinandersetzung der Generationen und im Ringen um die eigene Lebensgestaltung" (Reusch, 1938), sind für diese Phase deutscher Geschichte weniger im Sinne eines Generationskonfliktes als eben zur Herausforderung der Jugend zu interpretieren, sich für nationalsozialistische Absichten einzusetzen. Schon 1933 bezeichnet R. Schäfke Musik als den „Inbegriff alles dessen, was zur seelisch-geistigen Gemeinschaft des Volkes erzieht" und schließt: „Daher ist der Staat auch der berufene Zensor des Musiklebens. Er hat die Volksweisen zu überwachen und auszuwählen" (Schäfke, 1933). Und der Musikpädagoge W. Kühn verrät die Aufgabe von Musikunterricht, indem er Singen „nicht um der Musik willen" empfiehlt, sondern weil „in den Kampfliedern und wahren Volksliedern . . . das Seelentum unserer werdenden

Volksgemeinschaft mitschwang" (Kühn, 1939). Dies sind die Intentionen betreffs des Schulsingens, die sich entsprechend in den Richtlinien für die Schulmusik niederschlugen. Der enge Zusammenhang mit den Richtlinien der preußischen Reform ist unverkennbar, umso deutlicher heben sich Einlassungen wie die folgende aus den Richtlinien für die Volksschulen von 1939 ab: „Aus der großen Fülle deutschen Liedgutes der Vergangenheit und Gegenwart ist das völkisch und musikalisch Wertvolle herauszusuchen ... Das eigentliche Kirchenlied scheidet im Musikunterricht aus". U. Günther hat in der umfangreichen Dokumentation seiner Schrift über die Schulmusikerziehung in der Zeit des Nationalsozialismus die Quellen zugänglich gemacht (Günther, 1967).

Die musikpädagogische Restauration nach dem zweiten Weltkrieg hat, wie breit diskutiert wurde, zwar diese nationalsozialistischen Intentionen aus dem Musikunterricht, seinen Richtlinien und Materialien, herausgelöst; ihr gelingt jedoch nicht die Entwicklung eines der neuen Zeit entsprechenden Programmes für das Singen in der Schule. Die Zeit der musikpädagogischen Restauration ist auf dem Gebiet des Schulsingens ein Rückzug auf Volkslied-Singen. F. Jöde holt neu zur Verteidigung des Singens aus: „1945 vollzog sich dann aus dem Zusammenbruch heraus der Neuaufbruch der singenden und musizierenden Jugend zum Dienst. Aber was vorher Angelegenheit der Jugend allein gewesen war, zeigte sich nun als Angelegenheit des ganzen Volkes unter Führung der Jugend. Und so sang es aus den Trümmern heraus ... Und wieder haben wir uns ans Werk gemacht, haben noch einmal begonnen, die Ältesten, die Jüngeren und die Jüngsten, sind nicht vor der Zeit geflohen mit unserm Liede, sondern haben versucht, uns in der Zeit mitten ins Herz hineinzusingen" (Jöde, 1954 b). Der Repräsentant des Schulsingens in der Zeit der Restauration, H. Otto, sieht Volksgesang als Ziel der Musikerziehung, will die Volksschule zurückbinden an die „usuelle Schicht" der allgemeinen Musikkultur. Wiederbelebung des Volksgesanges wird der Musikerziehung in der Volksschule zum „materialen Ziel" gesetzt (Otto, 1957). Das hinter solchen Formeln stehende Problem der „Gebrauchsmusik" hat die Musikpädagogik bis heute nicht gelöst. Mit dem neuen Vorzeichen des Popularen hat sich der Ansatz mit modifizierten Zielintentionen und alten Problemen über alle Schultypen ausgebreitet.

Th.W. Adorno hat mit seiner „Kritik des Musikanten", mit seiner unverbrämten Forderung, daß Musikpädagogik immer nur auf Musik selbst zu zielen habe, auch auf die Position des Singens in der Schulmusik nachhaltigen Einfluß genommen. Seine Argumentation, die vor allem an der Selbsttäuschung einer Vermenschlichung durch Musikerziehung anknüpft, verpflichtet das Singen in der Schule auf die entfaltete Kunstmusik: „Die alte Gesangspädagogik ist nicht minder fragwürdig als das Gemeinschaftssingen heute: auch die Verfügung über die Stimme als Organ ist zu wecken bloß an der Darstellung bedeutender Vokalwerke" (Adorno, 1982 a). Hier ist der Ausgang der zahlreichen ideologiekritischen Schriften zum Schulsingen, eröffnet mit „Musik als Schulfach" (Segler und Abraham, 1966) und einer um die Mitte der sechziger Jahre sich konturierenden Kunstwerk-Didaktik, die sich gedanklich immer wieder auf Th.W. Adorno bezieht: „Die nur bedingte Gültigkeit des Satzes, Musikmachen sei besser als Musikhören, ist angezeigt, wenn die in den letzten Volksschulklassen erreichbare Sing- und Musizierleistung, die sich nur im Volkslied oder allenfalls in einfachster volksliedgebundener ‚Jugendmusik' zu manifestieren vermag, hinter der musikalischen Erlebniserwartung und Bewußtseinsstufe der Jugendlichen so weit zurückbleibt, daß Entmutigung und Unlust zur Volksliedallergie und -ablehnung führen" (Antholz, 1976 a).

M. Alt gab Volkslied und Singen in der musikalischen Kunstwerk-Didaktik den neuen Ort: „Usuelles Singen aber kann bei einer kunstwerklichen Konzeption nur noch als Nebenziel im Musikunterricht vertreten sein . . . Die naturhaften Wurzeln des Singens aufzufrischen beim künstlerischen Nachgestalten, darin liegt der Sinn des umgangsmäßigen Singens im neuen Musikunterricht . . . Das Volkslied (wird) frei verfügbar für die kunstmusikalische Übung. Es übernimmt nun die Funktion des Bildungsgutes, das der fachlichen Leistung in musikalischer Übung und Lehre dient. Diese Transposition in die ästhetische Dimension, ins Fachmusikalische, vermag heute noch am ehesten die Überlieferung des Volksliedes mit zu gewährleisten" (Alt, 1977).

Die Geschichte des Schulsingens ist bisher mehr unter musikhistorischem und methodischem Aspekt geschrieben worden (Sannemann, 1904; Schipke, 1913; Stahl, 1913; Epstein, 1929) als mit Blick auf die Bedingungen durch zeitgebundenes Denken und pädagogische Modelle. Vielleicht wäre ohne dieses Defizit in der Gegenwart der Unterrichtsgegenstand Singen nicht so völlig in Meinungen und neuen Aufträgen untergegangen. Denn technisch gutes Singen, Einsatz von Liedern für Gehörbildung und Musiklehre oder auch Musikgeschichte, dies ist heute weder in der Praxis die Regel noch in der Theorie bedeutsam. Neue Aspekte, als Detail und Zusatz anregend, haben das Erlernen von Singen als technisch-musikalisches Können und den Einsatz des Singens zur Einführung in die Musik überdeckt. Die neuen Anregungen liegen auf dem Gebiet improvisatorischer oder besser explorativer Praktiken; Kinder sollen lernen, mit der Stimme Geräusche nachzuahmen, mit der Stimme selbst Geräusche zu erfinden (wobei das Niveau entsprechender zeitgenössischer Kompositionen nicht immer erreicht wird). Neue Richtlinien für Musik (Hessen) betonen vokale Produktion in der Schulklasse. Die vokale Äußerung soll zudem vor allem als menschliche Ausdrucksmöglichkeit sozialpädagogische Hilfen bringen. Singen kann heilen, weil es „direkter Ausdruck des Ichs" ist (Seidel, 1976 a). Doch auch die Veränderung des Verhältnisses zum Lied wird nun Aufgabe im Unterricht. Das „Liedermagazin" informiert den Schüler „über historische Bezüge und gesellschaftliche Wirkungen und gibt Impulse zu einer Auseinandersetzung". Hier wird ein neues Lernen am Lied intendiert, das – dosiert und kombiniert angewendet – den Schüler von traditionellen sozialisatorischen Singzwängen befreien und neue Funktionen des Singens erschließen könnte (Breckoff u.a., 1975), wenn zugleich auch das Singen selbst wieder gelernt würde.

2.2 Instrumentalspiel

Das Instrumentalspiel hat, abgesehen von frühen Ausnahmen wie den Schulkonzerten der philanthropischen Schulen, erst in unserem Jahrhundert seinen festen Platz in der Schulmusik erhalten. Es begegnet in verschiedenen Intentionen: als Versuch der Realisierung von Instrumentalunterricht in der Schule, zur Förderung gemeinsamen Musizierens wie auch in der Absicht, mit Hilfe von Instrumentalspiel Gehörbildung und Musiklehre zu betreiben, dies auch im experimentellen Sinne. Stets war in der Schulmusik bewußt, daß Schüler gern mit Instrumenten musizieren. Im Laufe der Wandlungen der Schulmusik in unserem Jahrhundert werden die verschiedenen Intentionen für Instrumentalspiel gemäß geltenden Lehrprinzipien und dominierenden Konzepten modifiziert und recht unterschiedlich akzentuiert. Doch es ist zugleich schulmusikalische Tradition – wobei auch praktische Gründe entscheidend mitwirken werden –, daß Lied und Singen beim praktischen Musizieren in der Schule den Vorrang vor dem instrumentalen Bereich haben, obwohl doch für den instrumentalen Bereich spricht, daß das Phänomen Musik vor allem als Instrumentalmusik faßbar wird (Günther, 1964).

Daß Instrumentalunterricht ein vorzüglicher Weg in alle Musik und alles Musikverständnis ist, hat in der Schulmusik stets den Wunsch genährt, Unterricht auf Instrumenten in das Lehrprogramm aufnehmen zu können. Doch die Realisierung hat stets auch große Schwierigkeiten bereitet, aus finanziellen wie schulorganisatorischen Gründen, und ließ sich in der Bundesrepublik nur in Ausnahmefällen realisieren. Nach historischen Vorläufern in den Musischen Gymnasien Ende der dreißiger Jahre ist heute schulischer Instrumentalunterricht selbst in Modellklassen mit verstärktem Musikunterricht (Baden-Württemberg), die wöchentlich drei bis vier Stunden Musikunterricht erhalten, nicht durch die Behörde zu finanzieren und bleibt der Hilfe der Eltern überantwortet. Die Zusammenarbeit mit Musikschulen bietet fachliche und organisatorische Hilfen (Wehrle, 1975). Ein wissenschaftlich begleiteter Schulversuch in Dortmund stellt positive Ergebnisse einer Motivationsphase für Instrumentalunterricht durch eigenes Experimentieren, Information und Demonstrationen fest (Gundlach, 1974 a). Auch ein Vorschlag des Deutschen Musikrates von 1971, durch Koordination von Schule und Musikschule in Ganztagsschulen den Schülern einen wahlfreien Instrumentalunterricht anzubieten, hat noch wenig gefruchtet, ebenso blieben die Vorschläge, bei Schulneubauten entsprechende Fachräume, Übzellen und Instrumentenparks vorzusehen, ohne rechten Effekt. Wie Beobachtungen zeigen, gibt es ausländische Modelle des Instrumentalspiels in Schulen, die nachdenkenswert sind. Da Instrumentalspiel als Schwerpunkt in der amerikanischen Schulmusik angesehen wird, und die Schulen ihren Ehrgeiz in die Unterhaltung unterschiedlicher Ensembles aller Art legen, hat sich bei den Eltern der Schüler große Bereitwilligkeit entwickelt, Instrumente zu finanzieren. Die Schulmusiker helfen und organisieren in loser Form den notwendigen Unterricht für die Mitglieder der von ihnen geleiteten Ensembles. Auch in australischen und japanischen Schulen ist bei loser Organisation des instrumentalen Unterrichts in der Schule große Effektivität der schulischen Instrumentalensembles zu beobachten.

M. Alt hat dazu dem Instrumentalunterricht in der Schule die Aufgabe der musikalischen Begabtenförderung bzw. Elitebildung gegeben, gemäß der Verpflichtung, dem überdurchschnittlich Begabten eine über das Mittelmaß hinausgehende Entwicklung zu sichern. Er plädiert für einen über den Musikunterricht hinausführenden instrumentalen Gruppenunterricht, dem er den gleichen Ort in der Schule geben möchte wie Chor, Orchester, Schuloper und Arbeitsgemeinschaften. Denn mehr als durch das unmittelbare Singen werde beim Instrumentalspiel die Ausdrucksfähigkeit in einen außerkörperlichen Klangträger projiziert und damit objektiviert. Die dazu in harter Übung zu erwerbende Technik bringe einen höheren Bewußtseinsgrad des Vollzugs als das Singen, zumal dieser sich am meist höheren Anspruch der Instrumentalmusik zu bewähren habe: „Die Bereitschaft zum künstlerisch gesteigerten Einsatz wird hier also in einem ungleich stärkeren Maße gefordert als beim Singen“ (Alt, 1977). Diese Gedanken einer in der Schulphase notwendigen musikalischen Begabtenförderung durch Instrumentalunterricht sind wohl in der Diskussion bisher nicht gebührend vertreten worden.

Die in der instrumentalen Schulmusik im Vordergrund stehende Förderung gemeinsamen Musizierens widerspiegelt die Wandlungen schulmusikalischen Denkens im Zeichen wechselnder Lehrprinzipien und gegensätzlicher Konzepte. Die

Musik-Richtlinien der preußischen Reform sowohl für die höhere Schule (1925) wie für die Volksschulen (1927) empfehlen den Zusammenschluß aller Schüler, „die sich im Privatmusikunterricht eine gewisse Fertigkeit im Instrumentalspiel angeeignet haben" (Lehrpläne für Volksschulen; Nolte, 1975 a). Für beide Schularten wird als besondere Aufgabe dieser Ensembles hervorgehoben, daß sie zur Begleitung von Vokalmusik heranzuziehen seien. Für die höhere Schule wird dazu auch die – für eine schallplattenfreie Schule wesentliche – Funktion der Veranschaulichung von musikalischen Beispielen nach Form, Stil und Epoche hervorgehoben. Mit diesen Richtlinien wird über die Orchestertradition der alten Gymnasien hinaus gemeinsames Instrumentalspiel nun auch in die Volksschule getragen.

Zwar wird auch in diesen preußischen Richtlinien der zwanziger Jahre über die Aufgaben vokaler wie instrumentaler Ensembles im Schulleben gesprochen. Es gibt auch den direkten Auftrag, mit Musizier-Ensembles über Schulfeste und Elternabende, über den Kreis der Schule hinaus die Musikpflege zu fördern. Doch der in der außerschulischen musikalischen Jugendbewegung so inflationierte Auftrag der Pflege musikalischer Gemeinschaft durch gemeinsames Musizieren bleibt in der Planung der schulischen Aufgaben im Hintergrund. Erst in der Restaurationsphase nach 1945 wird der Aspekt des Gemeinschaftsmusizierens voll in die Schulmusik eingebracht, in fast rührender Weise mitunter an die Lehraufgaben der Schule angeschlossen: „Die großen erzieherischen Werte, die das Gemeinschaftsmusizieren in sich birgt, wurden (früher) kaum erkannt. Heute aber weiß man die pädagogischen Ziele, die damit erstrebt und erreicht werden können, nach Gebühr zu schätzen. Das Zusammenspiel erfordert Pünktlichkeit, Gründlichkeit und Konzentration, es verlangt Unterordnung unter einen Gesamtwillen und hebt so das Gemeinschaftsgefühl . . . Wir finden hier also strengste Zusammenarbeit aller, Unterordnung unter einen Willen, somit eine Gemeinschaftsarbeit zum Zwecke einer einzigen Gesamtleistung und Gesamtwirkung" (Schloder, 1964).

In dem didaktischen Kunstwerk-Konzept M. Alts wird „Reproduktion" als erstes der vier Funktionsfelder des Musikunterrichts angeführt, gefolgt von „Theorie", „Interpretation" und „Information". M. Alt gibt dem schulischen Instrumentalspiel wegen einer – wohl als Reaktion auf die Singbegeisterung der Jugendbewegung zu erklärenden Abnahme der Singlust in der Jugend – besonderes Gewicht und stellt die instrumentale Reproduktion in der Schule vor allem in den Dienst des Werkverständnisses. Daß M. Alt im Zusammenhang instrumentaler Reproduktion insgesamt die Bedeutung des Instruments auf dem Weg zu gesteigertem künstlerischen Einsatz wie Verständnis einschließlich der dafür notwendigen Übung (im Gruppenunterricht der Schule) betont, bringt zum Ausdruck, daß er instrumentales Zusammenspiel nur auf der Basis zuverlässigen Könnens und bereits erworbener künstlerischer Ausdrucksfähigkeit als sinnvoll erachtet (Alt, 1977).

In welchem Maße einzelne Instrumente, ihre Bevorzugung oder Vernachlässigung, ideologisch abhängig sein und damit Instrumentenwahl des Schülers wie schulmethodischen Einsatz des Lehrers beeinflussen können, zeigt die musikpädagogische Geschichte am deutlichsten am Beispiel der zwanziger Jahre; das Klavier wird hier als mechanistisch und seelenlos angesehen, während die Laute zum Symbol „organischer Gesinnung" avanciert, die auch der Blockflöte die hervorragende pädagogische Position verschafft (Böhle, 1982). In besonderem Maße ist auch das instrumentale Zusammenspiel immer mehr zum Wechselspiel verschiedenster Vorstellungen geworden. Schulmusikers Traum vom richtigen Schulorchester kann nur noch an wenigen

Schulen mit Sekundarstufe II verwirklicht werden, wenn Kollegium und Eltern zu Verständnis und Hilfsbereitschaft finden. Der traditionelle Zielgedanke musikalischer Werkerschließung ist zu graduell recht unterschiedlichen Versuchen geworden, in Phänomene der Musik mit Hilfe von Instrumenten einzuführen. Die Spanne reicht von Kombination kompositorischer Versuche mit Werkanalyse (Paynter und Aston, 1972) über Versuche, mit Hilfe von Improvisation in neue Musik einzuführen (Meyer-Denkmann, 1972) bis zur Beschränkung auf musikalische Erfindung in der Gruppe, wo schließlich mitunter die therapeutische Absicht den musikalischen Sinn überdeckt. Andererseits haben sich auch in Schulen Gruppen gebildet, die guten Jazz zusammen spielen oder sich auf sog. populare Musik spezialisierten; hier geht es weniger um Erschließung von Musikverständnis als um musikalische Betätigung in der Gruppe.

Der Einsatz von Instrumentalspiel im Gehörbildungs- und Musiklehre-Unterricht war wohl stets ein zweischneidiges Schwert. Sicher ist auf diese Weise die elementare Musiklehre praktikabel zu vermitteln; die Schüler lernen kontinuierlich Noten, spielen und hören sie zugleich. Es gibt zweifellos – wie einst beim Ziffern-Singen und bei Tonika-Do – Musiklehrer, die mit solchen Verfahren gute Lernerfolge haben. Dennoch ist mitzubedenken, daß die Bindung einer ganzen Klasse an ein Instrument, meist die Blockflöte, den instrumentalkünstlerischen Anspruch dieser Schulklasse in der Regel einebnet. Wie M. Alt sagt: „Wenn aber klassenweise etwa an einem Volksinstrument gemeinsame Primitivübungen vollführt werden, besteht die ernste Gefahr, daß der echte Drang zum Instrument abgetötet oder doch vorzeitig und unter Niveau abgesättigt wird“ (Alt, 1977).

2.3 Improvisatorische Praktiken

Auch improvisatorische Praktiken sind ein Unterrichtsgegenstand des Faches Musik, ein junger Beitrag im Katalog dessen, was im Musikunterricht zu erfüllen sei. Nicht nur die Bezeichnungen dieses Unterrichtsgegenstandes wechseln ständig; sie begannen mit Aufgaben für „das schaffende Kind“ und seine „schöpferischen Kräfte“ und fächerten sich bald in „musikalische Erfindung“, „Improvisation“, „musikalische Kreativität“, „Exploration“ und „polyästhetische Erziehung“ auf. Auch die Funktion improvisatorischer Praktiken im Musikunterricht wechselt zwischen der eines eigenen Unterrichtsgegenstandes und solchen eines Arbeitsprinzips zur Erarbeitung anderweitiger Aufgaben. Musikalische Improvisation impliziert von Haus aus definitorische Probleme. Man sieht Improvisation heute nicht mehr als – durch den Gegensatz zum Begriff der Komposition – primär negativ bestimmte Vokabel, sondern erkennt, insbesondere vor dem Hintergrund außereuropäischer, historischer und moderner Musik, die Eigenart improvisierter Musik in der Art der Darstellung gegenüber der gedanklichen Substanz, die in der komponierten, notierten Musik gilt. Die in musikalischer Improvisation mitwirkenden Formelvorräte werden dem Begriff eingefügt, wenn auch die gleichzeitige Betonung der für Improvisation vorausgesetzten Spontaneität zwar akzeptiert, aber kaum erklärbar wird (Dahlhaus, 1979).

Improvisatorische Praktiken im Musikunterricht sind nicht nur nach Wechselhaftigkeit ihrer Benennung und Funktionen (Bresgen, 1983), sondern auch nach den jeweils verfolgten Zielintentionen, nach Grad von Wertschätzung und Ablehnung sowie Verquickung mit außermusikalischen Ereignissen eine höchst bunte Unternehmung; auch die musik-improvisatorischen Praktiken sind ein Spiegelbild der Wechselfälle musikpädagogischer Reformen. Nach historischen Vorläufern von geringer Wirksamkeit, die schon um 1800 vor dem Spielen nach Noten das Musizieren aus dem eigenen Kopfe vertraten (Horstig, 1800/1801), oder wie F. Fröbel improvisierte Singgespräche zwischen Erziehern und Kindern empfahlen, tritt erst in unserem Jahrhundert, im Gefolge reformpädagogischer Strömungen, das Improvisieren als Unterrichtsgegenstand in den Musikunterricht ein. Während in den Texten der Kretzschmar-Reform noch kein Wort über musikalische Improvisation zu finden ist, wirkt sich in den Richtlinien der preußischen Reform für alle Schularten ein neues pädagogisches Denken aus, das vom Eigenleben des Kindes ausgeht, und statt stofflichen Lernens Erlebnisse im freien Umgang mit Musik in allen Kindern zu wecken versucht. In den Musik-Richtlinien für die höhere Schule von 1925 wird „die Anregung der Phantasie zu eigenem musikalischem Erfinden" als „das sicherste Mittel zu innerem Erleben musikalischer Ausdruckswerte und musikalischen Geschehens" bezeichnet; Musikunterricht in der Mittelschule (1925) und in der Volksschule (1927) folgen mit Vokabeln wie „Pflege kindlicher Schaffensfreude auf musikalischem Gebiet" und „Anregung der kindlichen Phantasie zu eigenem musikalischen Erfinden und Gestalten" (Nolte 1975 a).

Der dominierende, aktive Musikdidaktiker der preußischem Reform, F. Jöde, wird in seinen Schriften zum Propagandist musikalischer Erfindung im schulischen Musikunterricht: „Suchen wir aber nach einem Weg an das Wunder der Schöpfung heran, so wird er vielleicht am ehesten in eigener schaffender Arbeit . . . zu finden sein", schreibt F. Jöde, und fährt in bescheidener Weise fort: „Und es steht zu hoffen, daß in der Beschreitung dieses Weges überhaupt erst das Empfinden für die letzte Unerreichbarkeit aufwacht und uns zu einem letzten Abstandsgefühl und einer selbstgesuchten Bescheidung vor dem Kunstwerk führt" (Jöde, 1928). Die von F. Jöde in der Musikpädagogik ausgebreitete Bezeichnung „schöpferische Kräfte" übernimmt E. Pfannenstiel: „Die neuzeitliche Schule kann Weg und Ziel nicht anders denken als durch Entwicklung der schöpferischen Kräfte im Kinde". Das heißt auf musikalischem Gebiet: „Musik soll nicht als Stoff gelernt und geübt, sondern geschaffen werden. Auf den Schulunterricht übertragen bedeutet diese Forderung: kein Lernen an sich an totem Tonstoff und kein Üben an sich mit totem Tonstoff, sondern der Versuch, jeden erklingenden Ton, jede Verbindung von mehreren Tönen, jede ‚Übung', jedes Lied zu formen, gleichsam als neu zu schaffen" (Pfannenstiel, 1929). Obwohl schon in den zwanziger Jahren Kritik an Naivität und Übertreibung des Konzeptes laut wird (Stoverock, 1930), breitet sich doch die Formel von den schöpferischen musikalischen Kräften des Kindes über die Schulmusik aus, verstärkt durch Charisma und Agilität ihres Urhebers. Die Zeit von 1933 bis 1945 zeigt, wie im Zeichen eines umfassenden politischen Prinzips auch ein schlichtes musikpädagogisches Lehrprinzip, das der Anleitung zu freier musikalischer Improvisation, betroffen wird. Andere neue Denkmodelle der musikpädagogischen Reform der zwanziger Jahre wie das der Eigentätigkeit und der Gemeinschaft werden in der nationalsozialistischen Musikpädagogik nur noch stärker akzentuiert, denn das Singen, insbesondere der den politischen Absichten dienenden Liedtexte, und seine affektiv-verstärkenden Wirkungen fördern die nun pädagogisch empfohlene Haltung des jungen Menschen. Doch die improvisatorischen Praktiken stehen den disziplinierenden Absichten des Musikunterrichts dieser Zeit entgegen; sie werden aus dem von der preußischen Reform übernommenen Reformpaket herausgenommen oder zumindest stark reduziert: „musikalische Erfindungsübungen sind . . .

nur da am Platze, wo sie sich zwanglos aus dem Übungszwecke ergeben" (Günther, 1967). F. Ritzel macht aufmerksam, daß sich diese abwehrende Verfahrensweise gegenüber improvisatorischen Praktiken im Musikunterricht auch in anderen diktatorisch angelegten politischen Systemen wiederholt (Ritzel, 1979).

Während in der nationalsozialistischen Ära die Fachliteratur voller Bedenken gegenüber improvisatorischen Praktiken im Musikunterricht steckt und die Kritik über die hier entstehende Ehrfurchtslosigkeit gegenüber komponierter Musik die musikpädagogische Stirn runzelt, wird die Zeit der musikpädagogischen Restauration nach dem zweiten Weltkrieg zu einer Blütezeit der Improvisation im Musikunterricht. Nun gibt es keinen Musik-Lehrplan mehr ohne die Vokabel „schöpferisch", das Orff-Schulwerk und seine Improvisationsmodelle werden die genormte Pseudo-Erfindungsübung in unseren Schulen, der Lobgesang musikalischer Erfindungsspiele für Kinder breitet sich in der deutschen Musikpädagogik aus, wenn auch hinter vorgehaltener Hand bald über Bordunismus und Neotralalismus gespottet wird. Hier setzt mit kräftigen Worten Th.W. Adorno an, dessen Kritik des (jugendbewegten) Musikanten zugleich der musikpädagogischen Restauration ins Stammbuch geschrieben ist (Adorno, 1982 b). Die Auswirkungen der weitgreifenden Kritik an diesem Erbe der musikpädagogischen Reform der zwanziger Jahre zeigen sich in der 1968 erschienenen Musikdidaktik M. Alts, der den improvisatorischen Praktiken im Musikunterricht im Rahmen seiner Systematik kein eigenes „Funktionsfeld" einräumt. Er handelt sie vielmehr innerhalb des Funktionsfeldes Musiktheorie ab, damit seiner Auffassung Gewicht gebend, daß „das Prinzip des Denkens und Übens in Modellen", auf das sich musikalische Improvisation in der Nachfolge C. Orffs verengte, „zur Erweckung des Sinnes für die verschiedenen Ausdrucks- und Gestaltwerte der musikalischen Darstellungsmittel" vorrangig einzusetzen sei; die „Weckung der schöpferischen Kräfte des Kindes", einer der zentralen Gedanken der musikpädagogischen Reform der zwanziger Jahre, wird durch M. Alt auf „ein letztes Rückzugsgebiet im Bereich der Elementarübung" verwiesen (Alt, 1977).

Vielleicht liegen in solchen, die Unterrichtsgegenstände des Faches immer wieder auf die musikalische Sache selbst zurückführenden Auffassungen M. Alts die Gründe dafür, daß seine „Didaktik der Musik" schon Ende der sechziger Jahre nicht in gebührendem Maße gewürdigt wurde. Denn in dieser Phase setzt eine völlige Neuorientierung der Schulmusik ein, die insbesondere auch Aspekte improvisatorischer Praktiken im Musikunterricht betrifft. Zunehmend werden nun dem Musikunterricht Aufgaben gestellt, für deren Lösung gerade die improvisatorischen Praktiken besonders gute Möglichkeiten zu bieten scheinen. Von Ende der sechziger Jahre an ist ein die reformpädagogische Begeisterung an den schöpferischen musikalischen Kräften des Kindes weit übertreffender musikpädagogischer Enthusiasmus für musikalische Kreativität zu verzeichnen. Er verfolgt unterschiedliche Intentionen, weit gespannt von therapeutisch-kompensatorischen bis auch zu künstlerischen. Bestimmend dürften aber wohl solche Zielvorstellungen sein, die auf ein verändertes Verhalten zu Musik gerichtet sind: Nicht das musikalische Werk ist hier die Mitte des Musikunterrichts, sondern die Fähigkeit des Menschen, sich in einer vielfältig-unübersichtlichen Welt des Hörbaren zurechtfinden zu können. H. von Hentigs Postulat einer „Fähigkeit, das Wahrnehmen und Gestalten der eigenen Umwelt zu genießen, zu kritisieren, zu verändern" hat – wenn auch wenig an musikalischem Material durchdacht – auf eine angepaßte musikalische Kreativität der Alltagsgeräusche Einfluß genommen (von Hentig, 1970). Doch wirken auch die Veränderungen der modernen Musik selbst auf solche musikpädagogischen Zielvorstellungen ein, ihre Lösung von strengen Formen, ihre Neigung zu offenen Klangexperimenten. Ebenso wirkt sich eine Wandlung des erzieherischen Denkens aus: Immer mehr wird statt Wissen die Fähigkeit zum Lernen betont, damit auch für musikalisches Lernen Tendenzen zum experimentellen, explorativen Umgang mit Musik verstärkend. Dazu wird in der Therapie verhaltensgestörter Menschen die Möglichkeit einer Hilfe durch Musik, insbesondere durch die lösenden Wirkungen improvisatorischer Ausdrucksmöglichkeit mit instrumentalen, doch auch mit vokalen Mitteln gesehen. All dies verbindet sich mit Versuchen, neue Musik, populare Musik und polyästhetische Realisationen durch Anstöße kreativen Umganges mit musikalischen Mitteln für eine Aktualisierung des Musikunterrichts zu nutzen. Eine Fülle von literarischen Anregungen für einen auf die Wunder von musikalischer Kreativität setzenden Musikunterricht breitet sich aus. Zugleich werden Probleme der musikalischen Kreativität Gegenstand fachliterarischer Erörterung (Noll, 1971 und 1972; Lehr, 1974; Stiefel, 1976; Roscher, 1978; Gundlach u.a., 1980), dazu auch Ansätze einer Methodik der Improvisation (Könecke, 1982). Hervorzuheben ist eine umfassende Untersuchung musikpädagogischer Rezeption der Kreativitätsforschung von S. Vollmer, die nach gründlichen Begriffsstudien und Darlegung der unterschiedlichen Kreativitätstheorien die Musikpädagogik auf die Dimensionen musikalischer Kreativität aufmerksam macht, die von instrumental-vokalen Techniken (die unverändert in der Schule an unzureichenden Voraussetzungen scheitern) weiterleiten in die Ausbildung musikalisch-kreativen Denkens im Musikunterricht (Vollmer, 1980).

2.4 Gehörbildung und Musiklehre

Jedes der beiden Gebiete und erst recht ihr Zusammenspiel enthält eine Fülle von Problemen. Sie beginnen mit der Frage, was für jeden Schüler auf dem Gebiet der Gehörbildung leistbar und auf dem Gebiet von Gehörbildung und Musiklehre notwendig sei; und sie reichen bis zu der alles Musikverständnis betreffenden Frage, ob und in welchem Maße Tonvorstellung und Musiktheorie Voraussetzung eines sinnvollen Umganges mit Musik sind. Ihre Zusammenfassung zum kombinierten oder sogar integrierten musikalischen Unterrichtsgegenstand impliziert die Prämisse, daß Gehörbildung ohne die Begrifflichkeit und Systematik der Musiklehre unvollständig bleibt, und daß Musiklehre ohne gleichzeitige Gehörbildung ebenfalls untauglich sei. Doch so viel auch für diese Prämisse spricht – und darum wird sie hier an den Ausgang gestellt –, so wird man doch auch auf diesem Gebiet noch manche Differenzierung durch genauere Untersuchung erfahren können.

Der Unterrichtsgegenstand kombinierter Gehörbildung und Musiklehre hat eine lange schulmusikalische Tradition. Im außerschulischen Bereich hat der einstige Unterricht in Musiktheorie für den Musikliebhaber seine Bedeutung bis zur Vergessenheit eingebüßt; ein wesentliches musikalisches Bildungsgebiet ging damit verloren. Im Instrumentalunterricht setzt man voraus, daß durch Instrumentalspiel zugleich das Gehör gebildet und die Lehre der Musik erworben werde – eine recht optimistische Annahme, die durch Nachlässigkeit der methodischen Integration in den Instrumentalunterricht oft genug Ursache auch instrumentaler Frustration des Eleven wird. In der musikalischen Berufsausbildung mußten sich beide Gebiete im Interesse ihrer grundlegenden Bedeutung für alle musikalische Berufsausübung spezialisieren und mit hohem Anspruch in sich differenzieren. Es gibt auch das spezielle Ausbildungsfach mit Abschluß, doch kaum berufliche Einsatzmöglichkeiten, es sei denn wiederum in der Berufsausbildung.

Die schulmusikalische Tradition des kombinierten Gehörbildungs- und Musiklehreunterrichts reicht bis zu den Anfängen eines Unterrichts im Blattsingen zurück; es besteht ursprünglich ein enger Anschluß an den Unterrichtsgegenstand Singen. Die Geschichte des schulischen Singens ist ein hartnäckiger Kampf, den Schülern Blattsingen beizubringen, d.h. ihre Tonvorstellung so auszubilden, daß Lieder nicht mehr nur nach dem Gehör, sondern aus dem Notenbild gelernt werden können. Die immer neuen Methoden für die Aneignung von Tonvorstellung legen Zeugnis ab für die Bemühung der Musiklehrer um Gehörbildung im Gesangunterricht; doch die Berichte der die Schulaufsicht führenden Konsistorialräte stellen die „gekonnten" Lieder fest. Offensichtlich ist es möglich, Kinder im Musikunterricht so weit zu fördern, daß sie nach Noten singen können, d.h. ihr Gehör auszubilden und dies mit der Kenntnis der Elementaria der Musiklehre zu kombinieren. Doch erfordert diese Kombination außerordentliches Geschick und Können des Musiklehrers, ganz zu schweigen von der notwendigen Kontinuität des Musikunterrichts und der allgemeinen Anerkennung der gestellten Aufgabe. Aber solche Voraussetzungen sind in der Regel nicht gegeben. Historisch gesehen muß man jedoch festhalten, daß zumindest die Absicht stets bestand, alle Kinder über das Blattsingen zu einem ausgebildeten Gehör und zu Kenntnissen in der elementaren Musiklehre zu führen. Daß ein solches Ergebnis jedoch selten zu verzeichnen war, und zwar so selten, daß die ursprüngliche Absicht nicht mehr bewußt ist, zeigt das Programm der preußischen Reform der zwanziger Jahre unseres Jahrhunderts, das für sich beansprucht, Gehörbildung erstmals in die Schulmusik aufgenommen zu haben. Denn die Umbenennung von Gesangunterricht in Musikunterricht wird stets auch damit begründet, daß eben nicht mehr nur gesungen werden solle. Aber man hat gerechterweise daran zu erinnern, daß so berüchtigte Singdidaktiker wie beispielsweise G. Rolle unmißverständlich erklären: „Die Domäne des Gesangsunterrichts ist zunächst die Gehörbildung, er lehrt hören, und das ist sein erstes Ziel, das Ohr muß die Töne auffassen und unterscheiden lernen nach Höhe, Dauer und Stärke, also in tonischer, rhythmischer und dynamischer Beziehung" (Rolle, 1924).

Wie in Reformen üblich, hat auch die preußische Reform der zwanziger Jahre manches für sich als Verdienst gebucht, was längst gedacht war. Doch lassen die ungenauen Formulierungen der Reform-Texte auch die Interpretation zu, daß erst nun tatsächlich Aspekte von Tonvorstellung unabhängig vom Singen gemeint sind. Wenn L. Kestenberg in der Denkschrift von 1921 von „Erwecken der musikalischen Elementarbegriffe" spricht, von „Klangvorstellung und Tonerlebnis", wenn die Notenschrift „als Notbehelf für das Festhalten von Tönen" bezeichnet und zugleich ihre Vorteile und Nachteile angesprochen werden, dann kann man darin die Lösung musikpädagogischen Denkens von der lang tradierten Identifizierung von Blattsingen und Tonvorstellung erkennen. Dies bestätigt sich auch in der konsequenten Trennung zwischen Gesang und Gehörbildung in den Lehrplan-Richtlinien, z.B. denen für die Volksschule von 1927. Unter Gesangunterricht wird hier von Singelust, Liedgut, dem schönen, ausdrucksvollen Singen und stimmtechnischen Übungen gesprochen, doch nicht von Blattsingen oder Gehörbildung. Vielmehr wird der Gehörbildung nun ein eigener Absatz eingeräumt, der zur Aufgabe stellt: „Auf allen Stufen ist das Auffassen und Erkennen musikalischer Tonfolgen zu pflegen. Die Kinder sind daran zu gewöhnen, musikalische Eindrücke aus ihrer Umwelt bewußt aufzunehmen. Es sollte dahin gestrebt werden, daß möglichst viele Kinder leichte Motive und einfache Lieder sich vorstellen und niederschreiben können". In einem weiteren speziellen Absatz Notenschrift wird allerdings die Separierung von Singen und Gehörbildung/Musiklehre wieder aufgehoben. Hier wird betont, daß die Kinder lernen sollen, „leichte Lieder nach Noten selbständig erarbeiten" zu können und beim Austritt aus der Grundschule mit den einfachen musikalischen Elementen vertraut zu sein (Nolte, 1975 a).

Insgesamt wird man feststellen müssen, daß der Unterrichtsgegenstand Gehörbildung/Musiklehre zwischen den zwanziger und den siebziger Jahren an Bedeutung erheblich eingebüßt hat. Das zeigt ein Vergleich musikpädagogischer Handbücher von einst und heute. Während K. Roeseling 1931 im „Handbuch der Musikerziehung" das Problem, die praktischen Aufgaben, die Konkretisierung nach Altersstufen und vielfältige praktische Anregungen zur Realisierung von Gehörbildung mit Musiklehre darstellt (Roeseling, o.J. [1931]), behandeln die Handbücher unserer Zeit die Thematik gar nicht oder höchst spärlich. Im „Handbuch der Schulmusik" zeigt die Sammelbezeichnung Hörerziehung die Mühsal des heutigen Musiklehrers, das Vielerlei zwischen Formenlehre, Gehörbildung und Werkhören in einen effektiven Lehrgang zu bringen (Breckoff, 1975); ein paralleles „Handbuch des Musikunterrichts für Musikschullehrer und freie Musikerzieher" stellt lapidar fest: „Natürlich muß sich der Musiklehre-Unterricht nun nach dem zu erlernenden Instrument richten" (Gebhardt, 1970 b). Die Anteile von Gehörbildung/Musiklehre in den gegenwärtigen Lehrplänen der einzelnen Bundesländer und die Berücksichtigung des Gebietes in den zahlreichen Schulbüchern und Lehrbüchern bedarf einer speziellen Analyse. Doch wird man bei uns von einem Trend der Verallgemeinerung von Gehörbildung/Musiklehre sprechen dürfen, Tendenzen, diesen Unterrichtsgegenstand weniger in eigenen, konkreten Lehrgängen als vielmehr eingebettet in Hör- und breitere Projektaufgaben „nebenher" zu behandeln oder auch durch allgemeine Orientierungsaufgaben im Bereich der Wahrnehmung von Geräuschen und Klängen zu ersetzen. Andererseits gibt es fest strukturierte Lehrgänge wie den Lehrgang der „Chor-Schule" Z. Kodálys (Kodály, o.J.) oder auch Buchprogramme zur „Einführung in das Notenhören" wie das von E. Woll (Woll u.a., 1971). Insgesamt scheint heute der Unterrichtsgegenstand Gehörbildung/Musiklehre nicht die seiner Bedeutung gemäße Berücksichtigung zu finden. Dabei ist wahrscheinlich weniger die gern unterschätzte Leistungsfähigkeit der Schüler die Ursache als eine allgemeine Verlagerung der didaktischen Intentionen auf Entspannung und Kompensation durch die Künste; die weiterreichende Aneignung grundlegender musikalischer Fähigkeiten und Kenntnisse tritt demgegenüber heute in recht vielen Schulen zurück.

2.5 Hörausbildung für komplexe Musik

Musikhören und die Ausbildung dafür sind als Gegenstand von Musikunterricht mit zahlreichen Bezeichnungen belegt worden, denen zunächst gemeinsam ist, daß sie nicht primär Gehörbildung im Sinne der Entwicklung von Tonvorstellung meinen, sondern den Bereich von Musikunterricht, der auf Fähigkeiten des Hörens komplexer Musik, geformter musikalischer Abläufe zielt. Für diesen Unterrichtsgegenstand wird vor allem die Bezeichnung musikalische Hörerziehung verwendet; zunehmend begegnen auch die Bezeichnungen Musikhören, Werk-Hören, Ausbildung musikalischer Hörfähigkeiten, Behandlung von Musik im Unterricht, Lernsequenzen zum Musikhören u.a. Diesen Bezeichnungen ist gemeinsam, daß sie auf den Begriffs-Anteil Erziehung verzichten. Vermutlich liegt in dem Wunsch, die Verquickung der Fähigkeiten des Musikhörens mit Erziehung zu lösen, eine der Ursachen, nach neuen Bezeichnungen für diesen Lernbereich zu suchen, wobei die allgemeine Zurückhaltung, im Zusammenhang musikalischen Lernens von Erziehung zu sprechen, mitwirken wird. Denn selbst wenn man den Erziehungsbegriff in seinem weitesten Sinne als Handlung des Erziehers für angestrebte Änderungen der psychischen Disposition des zu Erziehenden auffaßt, bleibt doch im Unterricht für die Verbesserung der Hörfähigkeiten eines Lernenden zunächst die systematische Übung im Sinne von Ausbildung des Hörvermögens für komplexe Musik bestimmend. Als weitere Bezeichnungen für den Unterrichtsgegenstand begegnen Verbindungen mit dem Wahrnehmungsbegriff, so beispielsweise akustische Wahrnehmung und auditive Wahrnehmung; die Wahl dieser Bezeichnungen für unseren Bereich kündigt an, daß über Musik hinaus alles mit dem Gehör Wahrnehmbare als Gegenstand von Musikunterricht angesehen werden soll. Die Entscheidung für die Bezeichnung auditive Kommunikation verweist auf eine sozial gerichtete Zielvorstellung im Zusammenhang auch des Musikhörens im Musikunterricht. Da, wie auch die Zusammensetzung mit dem Begriff der Erziehung, Wortverbindungen von Hören mit Wahrnehmung und Kommunikation bereits inhaltliche, konzeptionelle Entscheidungen implizieren, wird hier für diesen Unterrichtsgegenstand, in der Bemühung um eine Bezeichnung nur aus der Sache selbst, die Bezeichnung Hörausbildung für komplexe Musik eingesetzt.

Die Geschichte des Unterrichtsgegenstandes Hörausbildung für komplexe Musik ist jung. Die Wendung zu Musik selbst ist wohl vor allem der Ausbreitung musiktechnischer Geräte zu verdanken, die die Voraussetzungen zur Demonstration von Musikbeispielen im Zusammenhang des Unterrichtsplanes schaffen. Doch die Vorgeschichte dieser musikdidaktischen Hinwendung zur Musik reicht in die Schulkonzerte der philantropischen Schulen und bringt zumindest seit der Mitte des vorigen Jahrhunderts deutliche Forderungen hervor. Damals führende Musikdidaktiker sahen – schon rund 70 Jahre vor der sog. Kestenberg-Reform – gerade in dieser Umstellung von Sing- auf Musikunterricht den Kern ihrer Reformvorschläge (Lange, 1841; Schilling, 1852). Das didaktische Abwägen von Gesang- und Musikunterricht zieht sich durch die Literatur der zweiten Hälfte des 19. Jahrhunderts (vgl. Ramann, 1868; Loehner, 1886) bis zu den Schulmusikwochen zu Beginn des 20. Jahrhunderts, als H. Abert in einem grundlegenden Vortrag über „Musik und Schule" darauf hinweist, daß „das gute musikalische Hören" bisher zu wenig Aufmerksamkeit gefunden habe (Abert, o.J. [1922]). Es begegnet bei H. Kretzschmar in der Variante, daß keineswegs „alle Deutschen Musikanten, ... aber alle Deutschen musikalisch werden" sollen (Kretzschmar, 1973 c), um sich dann – nach neuerlicher didaktischer Bevorzugung der musikalischen Eigentätigkeit im Zusammenhang der sog. Kestenberg-Reform – durch Th.W. Adornos „Kritik des Musikanten" aufs neue in der musikdidaktischen Diskussion auszubreiten (Adorno, 1982 b). Die damit ausgelöste Polarisierung von Tun und Hören wurde in den vergangenen Jahren zunächst aufgehoben durch Aufzeigen der gegenseitigen Abhängigkeit von Ausüben und Verstehen, von M. Alt als „Grundaxiom musikalischer Bildung" bezeichnet (Alt, 1964) sowie durch Darlegung methodischer Möglichkeiten zur Intensivierung der Hörerziehung auf der Basis des Musizierens (Rauhe, 1965). Doch das Pendel schlägt immer wieder auch heftiger aus. Einerseits wird

„Hören als das Grundverhalten zu Musik" angesehen (Venus, 1969), als „das entscheidende Regulativ . . ., das jeglichen Umgang mit Musik prägt" (Rauhe, 1971 b). Andererseits zeigt sich im Gefolge von musiktherapeutischen und sog. Kreativitätskonzepten eine neue Neigung zur Beschränkung nur auf musikalisches Tun, die mit Verweisen auf die mehr sozialpädagogischen Aufgaben der Musik in der Hauptschule auch Züge neuer musikalischer Unterscheidung nach Schultypen annimmt: Singen und Spielen in der Hauptschule, in weiterführenden Schulen dazu auch Hörausbildung und musikalisches Wissen. Die Fülle des im öffentlichen Musikleben und über die Medien angebotenen musikalischen Hörmaterials, das zunehmend suchtähnlicher werdende Bedürfnis vor allem von Kindern und Jugendlichen nach Hörmusik, haben indessen die musikdidaktische Diskussion des Musikhörens überrollt.

Das Material der Hörausbildung für komplexe Musik hat ebenfalls seine eigene Geschichte, verquickt mit jeweiligen musikdidaktischen Konzepten. Als in den zwanziger Jahren die entscheidende Umstellung von Sing- auf Musikunterricht erfolgt, wirkt – und dies reicht bis in die Gegenwart – das Denkmodell vom alles musikalische Lernen begründenden Lied so intensiv nach, daß das gesungene Lied, vor allem das Volkslied, als der Zugang auch zum musikalischen Werk erscheint. „Vom Volkslied zum Kunstwerk" wird die bestimmende „Methode", zu verstehen im Sinne eines Lehrganges, der von gesungenem Material aus Phänomene des musikalischen Kunstwerks erschließt und zwar vornehmlich formale; Liedform, Rondo und ein Blick auf die Variation werden eröffnet, die Singbarkeit des Papageno-Liedes entscheidet über die „Zauberflöte" als Opernbeispiel. Es wäre zu prüfen, ob das Verfahren, musikalische Phänomene an Pop-Musik zu erklären und von daher zu komplizierter Musik führen zu wollen, die aktuelle Ablösung der alten „Vom Volkslied zum Kunstwerk-Methode" ist. Die Kritik an dieser Methode rührt vor allem auch aus Bedenken hinsichtlich der qualitativen Unterschiedlichkeit eines musikalischen Phänomens je nach musikalischem Zusammenhang.

Als Musik selbst, komponierte, differenzierte Musik, zunehmend als Material musikalischen Lernens erschlossen wird, entwickeln sich unterschiedliche, wenn auch nicht allzu scharf abgegrenzte Auffassungen über die Auswahl des musikalischen Materials für den Unterricht. In Nähe zu Schemata der sog. Formenlehre entwickelt sich ein Lehrgangsmodell „Vom Leichten zum Schweren", beginnend wiederum mit Liedformen und Rondo, vielfach den Schüler im Material des „kleinen Kunstwerks" belassend, heute bereits als später Niederschlag des traditionellen Denkschemas einer kindgemäßen Musik erkennbar. Eine Weile hält sich auch ein mehr biographischer Ansatz für die Auswahl musikalischen Lernmaterials in der Diskussion. Hier mischen sich in einer mitunter recht musikfernen Weise Versuche einer Motivierung des Schülers durch Akzent auf der Künstlerpersönlichkeit, dem Komponisten, dem Interpreten, eine psychologisch berechtigte Hoffnung, über den Künstler Zugang zur Sache Musik zu erschließen, wobei anekdotische Vergnügung des Schülers und Naivisierung musikalischer Kunst didaktisch legitimiert scheinen. Im Zusammenhang pädagogisch-psychologischer Auseinandersetzung mit jugendlicher Kulturpubertät, mit der Diskussion des (gymnasialen) ästhetischen Schwärmers (Spranger, 1930; vgl. auch Spranger, 1956 a und b), treten für die Auswahl von Musikstücken auch Möglichkeiten der Sinnfindung in Musik, der Ergriffenheit durch Musik in den Vordergrund; man durfte Musik lieben.

Das Kunstwerk-Konzept ist mit der sog. Kestenberg-Reform in die Diskussion musikalischer Lehre eingetreten. Aus historischem Abstand darf man heute sagen, daß es in den zwanziger Jahren als Gegenpol zu dem damals aktuellen musischen Konzept existiert, längst nicht so populär wie dieses, mitunter undeutlich auch in musische Vorstellungen verquickt. Daß die Gegenpoligkeit von musischem Konzept und Kunstwerk-Konzept schon in den zwanziger Jahren bewußt ist, zeigt rückblickend L. Kestenberg in einem seiner letzten Vorträge, wenn er sagt: „Wir haben der These des Musisch-Schöpferischen eine Antithese im Musikalisch-Technischen entgegengestellt" (Kestenberg, 1961). Repräsentant eines umfassend begründeten und differenziert ausgebreiteten Kunstwerk-Konzeptes wird erst M. Alt. Er beruft sich auf Th.W. Adorno, der die musische Restauration der fünfziger Jahre mit Ermahnungen „zur Musikpädagogik" attackierte: Der Zweck musikalischer Pädagogik sei es, daß Schüler Werke verstehen lernen, nur durch die Erfahrung der Werke hindurch, nicht durch selbstgenügsames, blindes Musizieren vermöge Musikpädagogik ihre Funktion zu erfüllen (Adorno, 1982 d). Aus solcher Kritik und Postulation wird bei M. Alt ein musikpädagogisches Konzept, bestimmt durch die „Orientierung am Kunstwerk"; Werkauslegung erhält die Schlüsselstellung in einer neuen einheitlichen Konzeption, die alle „musikalischen Übungskomplexe durchfluchten und auflichten, neu vermessen und neu gewichten" soll. Die vier grundlegenden Funktionsfelder des Musikunterrichts, „Reproduktion", „Theorie", „Interpretation" und „Information", sind demgemäß umzufunktionieren. „Reproduktion" und „Theorie" sind einzupolen auf erhöhte künstlerische Anforderungen, „Interpretation" (im Sinne von Werkauslegung) ist didaktisch zum Mittelpunkt des Musikunterrichts zu entwickeln und „Information" hat über die sachlogische Steuerung des Unterrichtsganges zu kritischem Musikbewußtsein zu führen.

Man würde allerdings M. Alts konzeptionelle Intentionen mißverstehen, wenn sein Kunstwerk-Konzept nur im Sinne von Unterricht in Musikgeschichte und Formenlehre aufgefaßt würde. M. Alt hat auch den Blick auf die Möglichkeiten des lernenden Schülers gerichtet, indem er Methoden der Werkinterpretation im Ansatz darlegt sowie Hörfähigkeiten des Schülers diskutiert und typisiert. Ebenso hat M. Alt stets auf die Aufgabe des Musikunterrichts verwiesen, emotionale Werte der Musik zu pflegen und die Musik in „ein griffiges Koordinatensystem musikologischer, geschichtlicher, kulturräumlicher und gesellschaftlicher Art" zu stellen, Situationen und Ideologien der heutigen Musikwelt zu analysieren. Es geht M. Alt letztlich um die allseitige geistige Befragung des musikalischen Kunstwerkes, seine Erkenntnis im größeren geistigen Zusammenhang wie in der speziellen sozialen Situation. Er hat, von der Zeit gedrängt, noch nicht alle Widersprüche seines Konzeptes von der zentralen Stellung des musikalischen Kunstwerkes im Musikunterricht bereinigen können, „kleines Kunstwerk" und Formenlehre wollen sich noch nicht recht mit psychologischer Grundlegung und Einsicht in die Sozialproblematik verbinden. Doch entscheidend wirkt seine Aufforderung zur Versachlichung des Musikunterrichts im Sinne einer „Rückbindung" an die Musik selbst, eben nicht nur im fachlich-technischen Sinne, sondern als die allein überzeugende Eingliederung der Musik als Kultur- und Geistesmacht, nicht als Reduktion nur auf die rationalen Elemente der Musik, sondern zugleich in Offenheit für die „dialektische Spannung zwischen Geist und Emotion" in der Beziehung zwischen Mensch und Musik. M. Alt hat – wenn auch gerade in einer Phase allergischer Reaktionen auf alle Vermutung von Allgemeinbildung, auf Rang von „Kulturgütern" und musikalische Rationalität – das musikalische Kunstwerk als Material und Ziel des Unterrichtsgegenstandes Hörausbildung für komplexe Musik eingebracht (Alt, 1977).

Für die Diskussion des Materials für musikalisches Hören-Lernen haben die siebziger Jahre manche neuen Vorschläge entwickelt. Zeitgenössische Musik wird insbesondere von G. Küntzel als „günstige methodische Einstiege" begründet und als Ansatz mit besonderer Eignung für die Erschließung geschichtlicher und sozialer Verflechtungen empfohlen (Küntzel, 1969). In gleicher Weise geht Th. Warner über eine nur materiale Verjüngung hinaus, wenn er Neue Musik als Paradigma des modernen Bewußtseins ansieht (Warner, 1970). Tiefer führt H.Ch. Schmidt in die grundsätzliche Spannung zwischen dem heutigen Schüler und modernen musikalischen Kunstwerken (Schmidt, 1983 b). Insgesamt rückt im Zuge eines allgemeinen Interesses an der Motivation des Schülers die Frage in den Vordergrund, wie man dem Schüler wieder ein wenig mehr Spaß am Musikunterricht machen könne; die Diskussion des Materials für musikalisches Lernen verlagert sich von „lerngeeigneter" Musik auf „motivierende" Musik. Sicher hat die (quantitativ unterschiedliche) Einbeziehung popularer Musik aller Genres in das Material musikalischen Lernens hier, in der Hoffnung auf Motivation der Schüler für weiterführendes Lernen, eine Ursache (Rebscher, 1973). Auch das Verpacken musikalischen Materials in aktuelle Unterrichtsprojekte (das ganze Schülerjahrgänge mit vorzüglicher Information über Werbemusik bei Verzicht auf klassische Sinfonik hervorbrachte) weist in diese Richtung; bestimmende Intention ist hier, musikalisches Material lernend in Zusammenhang mit seinen Funktionen zu erfahren (Helms, 1981). Die letztlich entscheidenden Anstöße erhält der Unterrichtsgegenstand Hörausbildung für komplexe Musik jedoch durch die Methodik. Die alte musikkundliche Methode der Lehrerinformation mit nachfolgender Hörbestätigung beim Schüler („Aha-Methode") wird zunehmend abgelöst durch das Verfahren, ein musikalisches Phänomen selbst improvisierend zu realisieren und zu gestalten, um es dann umso leichter in Musikwerken hörend wiederzuerkennen (Paynter und Aston, 1972). Am nachhaltigsten hat sich die Methode graphischer Notation ausgebreitet (Venus, 1969). Sie bietet zahlreiche Möglichkeiten, je nach Höraufgabe mit gemäßen graphischen Zeichen Gehörtes zu veranschaulichen und damit besser differenzieren und besprechen zu können, führt dazu auch zum besseren Verständnis der Notenschrift hin. Mit Recht wird jedoch bereits davor gewarnt, daß – was gewiß nicht in der Absicht des Initiators lag – diese überaus nützliche Methode zu einem Ziel musikalischen Lernens usurpiert. Auch eine Methode des vergleichenden Hörens zeichnet sich ab.

In der gegenwärtigen Diskussion des Unterrichtsgegenstandes Hörausbildung für komplexe Musik tritt zunehmend der Bezug zwischen Mensch und Musik, Subjekt und Objekt, in den Vordergrund. Die zunächst nur das Objekt, seine Umsetzung in Unterricht bedenkende Musikdidaktik, fragt jetzt – in sehr verschiedener Intention – nach dem Musik rezipierenden Menschen. Dies zeichnet sich schon in der Musikdidaktik von H. Antholz ab, der für Introduktion in Musikkultur als Ziel von Musikunterricht zwischen der Einführung „in die objektive Musikkultur der Gegenwart und in die subjektive Musikkultur als Hörkultur" unterscheidet (Antholz, 1976 a). Dazu gelten besondere didaktische Überlegungen der Situation junger Menschen im Zeitalter der Medienkultur, für die nicht Festlegung auf bestimmte musikalische Werte, sondern Eröffnung innerer Entscheidungsfreiheit Voraussetzung ist. Die traditionelle Sicht der Bildungskraft von Musik aktualisiert sich hier in Richtung auf die ebenfalls in ihr liegende Möglichkeit, den Menschen zu Entscheidungskraft zu führen. Die Aufgabe der Hörerziehung wird kategorial aus Wesen und Wirkung ihres Gegenstandes sowie aus der Situation des jungen Menschen abgeleitet. Dies Problem der didaktischen

Konkretion der als konstitutiv erachteten Beziehungen zwischen Hörer und Musik ist die Bürde sowohl aller „didaktischen Interpretation“ von Musik (Ehrenforth, 1971; Richter, 1976) wie aller Handlungsorientierung (Rauhe u.a., 1975).

Wenn somit heute für den Unterrichtsgegenstand Hörausbildung für komplexe Musik erkannt wird, daß Rezeptionsbereitwilligkeit und -fähigkeit des Lernenden bei einem Unterrichtserfolg entscheidend mitwirken, so ist doch noch viel zu tun, um solche Erkenntnis zum Nutzen des Hörunterrichts einsetzen zu können. Abgesehen von den Lücken des Wissens über Hörfähigkeiten für komplexe Musik fehlt es in auffälligem Maß an Lernkontinua für eine musikalische Hörausbildung. Das historisch-formale Materialkontinuum und der abwechslungsreiche Motivationsunterricht verstellen den Blick auf ein Lernkontinuum zur Hörausbildung an Musikmaterial aller Zeiten und Stile. Der vom Objekt Musik, seiner Geschichte und seinen Formen, ausgehende Unterricht hat den Vorzug, in Wissen und System auf die musikwissenschaftliche Arbeit zurückgreifen zu können; doch der Nachteil ist, daß der lernende Schüler, seine Hörfähigkeiten für komplexe Musik, kaum berücksichtigt werden. Die Lernkontinua für die verschiedenen Fähigkeiten musikalischen Hörens, die eine musikalische Hörausbildung konstituieren, sind noch wenig entwickelt — angesichts des jungen Alters dieses Unterrichtsgegenstandes und der raschen Entwicklung der musiktechnischen Möglichkeiten von Hörmusik nicht verwunderlich —, aber sie sind, angesichts der bereits entstandenen musikalischen Defizite, außerordentlich notwendig geworden.

2.6 Das öffentliche Musikleben

Das Musikleben selbst als Gegenstand von Musikunterricht, dieser jüngste Beitrag zum Katalog der Unterrichtsgegenstände der Schulmusik, ist noch wenig abgeklärt. Einerseits besteht die Absicht, die Schulmusik wieder enger — wohl vor allem durch praktische Beiträge zum kommunalen Musikleben — als Glied des Musiklebens in das öffentliche Bewußtsein zu rücken. Andererseits hat sich eine informative Absicht herausgebildet: Der Schüler soll durch den schulischen Musikunterricht Kenntnis erhalten von den Angeboten, der Organisation, den Bedingungsfaktoren des öffentlichen Musiklebens, seiner Fülle und seiner Vielfalt. Sowohl hinter der praktischen als auch hinter den informativen Absichten steht die Hoffnung, die künftigen Erwachsenen zur Teilhabe an dem öffentlichen Musikleben anzuregen. Darum werden auch bereits — doch noch nicht annähernd ausreichend — besondere musikalische Veranstaltungen für Schüler der verschiedenen Altersstufen eingerichtet; berühmte Dirigenten und Interpreten als kommentierende Musiklehrer haben in Kinder- und Jugendkonzerten starke Anziehungskraft bewiesen. Mit gutem Grund werden auch zunehmend von Verbänden der Laienmusikpflege Kinder- und Jugendgruppen eingerichtet, um zur praktischen Mitwirkung in den Angeboten für musikalische Laien hinzuführen.

Der informativ angelegte Unterrichtsgegenstand öffentliches Musikleben erhielt Anstoß und inhaltliches Gewicht durch Th.W. Adornos Darstellung der Musik (auch) als „soziale Tatsache“ (Adorno, 1980), seiner sozialwissenschaftlich ansetzenden Erklärung der sozialen Tatsache Musik in ihrem engen Zusammenhang zugleich mit der ökonomisch-kulturpolitischen Aufklärung über die soziale Tatsache Musik. Für alle aufklärerischen Bestrebungen der Ende der sechziger Jahre einsetzenden Curriculum-

Reform wird durch die Formel der sozialen Tatsache Musik für das neue Musik-Curriculum der Inhalt vorgegeben. Was von Th.W. Adorno an sozialen Mitbedingungen der Musik aufgezeigt wird, in den Kompositionen, in den Regelhaftigkeiten musikalischer Produktion und Reproduktion, in den sozialen Gruppen des Musiklebens und ihren Verhaltensweisen, in Rezeption wie Ökonomie, all dies erweist eine rasch erkannte und umgesetzte Eignung für einen neuen und aufklärenden Musikunterricht am Gegenstand Musikleben.

Als erstes Schulbuch für das Fach Musik baut „Musik aktuell" seine Systematik auf diesem Ansatz auf, sich dabei auf das „Prinzip der psychischen Nähe" berufend. Musik aus dem Lautsprecher, Musik in der näheren Umgebung, in Schulen, in Kirchen, im Theater, im Konzert, als Kammermusik, als technisch erzeugte Musik, in der popularen und der internationalen Dimension, wird, durchaus kombiniert mit Informationen zur Sache Musik, Teilgebiet dieses auf Aufklärung über das Musikleben zielenden neuen Unterrichtsgegenstandes des Faches: „Die sozialen, psychischen, ökonomischen und politischen Dimensionen des Kulturphänomens Musik dürfen nicht weiterhin aus dem Musikunterricht ausgeklammert bleiben. Sie müssen die bisher allein übliche historische Betrachtungsweise ergänzen" (Breckoff u.a., 1974). Auch in Unterrichtslehren, nun mitunter speziell auf die Aufgaben des Musikunterrichts in Gesamtschulen zielend, treten die unterschiedlichen Aspekte der sozialen Tatsache Musik in den Vordergrund, bewußt die Abwendung von den historischen pädagogischen Intentionen musikalischer Unterrichtsgegenstände durch die soziale Tatsache Musik in die politische Aufgabe wendend: „So hat Musikunterricht nicht die Aufgabe ein abgeschlossenes Bild von Musik zu vermitteln, sondern er ist Teil einer Erziehung zur Freiheit, die als normative Entscheidung vorgeordnet ist" (Segler, 1972).

Über solcher Akzentuierung übersieht man leicht, daß der Unterrichtsgegenstand öffentliches Musikleben zwar als soziale Tatsache Musik Aktualität und politische Brisanz erhielt, aber als informative Aufgabe des Musikunterrichts in der Schule doch auch schon früher gesehen wurde. Zumindest wird in den beiden klassischen Musikdidaktiken von M. Alt und H. Antholz die Informationspflicht des Musiklehrers auch für diesen Bereich angesprochen. M. Alt beschreibt im Rahmen des Funktionsfeldes Information die Aufgaben von soziologischem Funktionswissen, von Umweltlehre wie auch von Gesellschaftslehre der Musik. Der Sinn, den M. Alt solchen Informationen gibt, mutet recht aktuell an: „Die kritischen Einsichten in die soziologischen, kulturpolitischen und politischen Hintergründe der Musik und des Musiklebens sollten heute mit dem Jugendlichen in elementarisierter Form aufgearbeitet werden, damit er sich seine geistige Freiheit gegenüber den Tagesmeinungen um die Kunst und den manipulierten kulturpolitischen Trend bewahren kann . . . Der Musikunterricht sollte einen Teil beitragen zu solcher musikalischer Aufklärung und Bewußtseinssteigerung, da die besten Tendenzen der heutigen Musikpädagogik nicht ankommen können gegen gewisse ideologische Verkrustungen in der heutigen Gesellschaft" (Alt, 1977). H. Antholz schließt sich diesen informativen Aufgaben über das Musikleben an, damit durch den Musikunterricht der junge Mensch „als 'Empfänger' von Musik mit ihren breit gestreuten 'Sendern', deren Einrichtungen und Veranstaltungen, Wirken und Wirkung, Produzenten und Konsumenten, kurz: mit dem öffentlichen 'Musikwesen' bekannt" gemacht werden kann (Antholz, 1976 a).

3. Arbeitsmittel für den Musikunterricht

3.1 Das Schulbuch für Musik. Geschichte, Funktionen, Analyse-Verfahren

Die Arbeitsmittel für den Musikunterricht begannen mit einfachen technischen Geräten für die Lehre der Akustik und mit Theoretiker-Schriften. Die alten Lehrtexte dienten der Verbreitung besonderer Lehren; der Text war Vertreter des nicht anwesenden Urhebers. Die alten Latein- und Klosterschulen bedeuteten die einzige Möglichkeit zum Studium der Texte, auch der musikalischen Lehrschriften. Doch von einem Schulbuch im heutigen Sinne spricht man erst, wenn man die spezielle Produktion auf dem Buchmarkt meint, die eigens für die Schule geschieht und spezielle Funktionen im Unterricht erfüllen soll. Blickt man in die Geschichte des Schulbuches zurück (Kopp, 1965; Rommel, 1968; Tischer, 1969), so tritt die Pioniertat von A. Comenius hervor, der mit dem „orbis pictus" erstmals ein bebildertes Buch für Kinder mit dem Zweck der schulischen Belehrung verfaßt, dabei auch Bilder mit musikalischer Thematik einbeziehend. Die allgemeine Entwicklung des Schulbuches bringt eine immer stärkere Dominanz von Information und ihrer Tradierung, von graphischen Veranschaulichungshilfen und schließlich von methodischen Texten zwecks eigener Arbeit und Übung des Schülers. In der Entwicklung des Schulbuches für Musik verfestigten sich zunächst zwei Formen: das Schulgesangbuch und der (musiktheoretische) Traktat, Schulbücher also zur praktischen Übung und zur Information. Die Geschichtsschreibung dieses Bereiches der Musikpädagogik steht noch aus, mit Dissertationen zu textanalytischen Themen setzte die Detailforschung ein.

Erst im 20. Jahrhundert beginnt auch für das Fach Musik eine differenzierte Entwicklung von Schulbüchern, mit sprunghaftem Anstieg seit Ende der sechziger Jahre. Was die gesamte Entwicklung des Schulbuches bestimmt, gilt auch für das Musik-Schulbuch; das zuvor auf Praxis und Sache gerichtete Schulbuch wird zum Träger von Konzepten, deren rascher Wechsel immer wieder neue Schulbuch-Produktionen auslöst. Theoretiker dominieren als Verfasser von Schulbüchern, bestrebt, den Wandel gesellschaftlichen Denkens musikdidaktisch zu fassen und in den Musikunterricht einzubringen. Für die Lehrer in der Schule sind eigene Lehrerbände zu Schulbüchern nötig, um das jeweils neue Konzept für den Musikunterricht zu begründen, vor allem auch, um die zeitliche Diskrepanz zwischen Ausbildung des Musiklehrers und neuen Konzepten für den Musikunterricht zu mindern. Die musiktechnische Entwicklung ermöglicht die Produktion zusätzlicher Musikmaterialien auf Kassette, Bändern oder Schallplatten. Neue Aufgaben des Musikunterrichts werden mit besonderen Arbeitsheften für den Schüler aufgefangen. So stehen wir gegenwärtig vor Schulbüchern für Musik, die komplette Systeme aus Schulbuch, Lehrerhandbuch, Musikmaterial und Arbeitsheften darstellen. Der minutiöse Bezug aller Lehrwerkteile aufeinander bedeutet jedoch zugleich auch die Verfestigung von Lehrsystemen durch das Musik-Schulbuch, die der Initiative des Lehrers nicht gerade dienlich ist und bei Lehrerwechsel leicht Verwirrung schaffen kann. Die Schulbuch-Entwicklung im Fach Musik führt gegenwärtig in die „geschlossene Lehre" an Hand eines vom Musiklehrer ausgewählten Systems. Umso mehr hat man heute über die Funktionen des Schulbuches für Musik nachzudenken. So berechtigt die Warnung ist, daß der Lehrer durch Unterrichtsmaterialien zum Vollstrecker normierter Planungsmodelle werden kann

(Lemmermann, 1984 a), so ist das Schulbuch von Haus aus eben doch als Träger von Lehrfunktionen anzusehen (Hacker, 1980 a und b). Es liegt weniger am Autor als vielmehr am Lehrer selbst, in welchem Maß er das Schulbuch zum Gängelband werden läßt. Die Entwicklung zu eng verfugten Mediensystemen für Musikunterricht bedeutet allerdings Verführung, wenn nicht Zwang zu solchem Gebrauch von Schulbüchern. Darum ist zu unterscheiden: Schulbücher sind auch im Fach Musik nicht Lehrer-Ersatz, doch sie können verschiedene Lehrfunktionen übernehmen, wobei Binnendifferenzierungen nach Inhalt und angesprochener Altersstufe gelten; Schulbücher für Teilgebiete wie das Singen haben prinzipiell und graduell andere Lehrfunktionen als Schulbücher für den Gesamtstoff einer Klasse oder gar einer ganzen Schulstufe.

Eine wesentliche Funktion des Schulbuches im Fach Musik liegt in der Disposition von Praktizier-, Anschauungs- und Anhörmaterial, auch von Quellentexten und Bildmaterial für den Musikunterricht. Das Schulbuch bzw. die erweiterten Medien stellen für den Musikunterricht Materialien bereit, die für den Lehrer manchmal recht schwer und nur unter großem Zeitaufwand beschafft werden können, die für den Unterricht Konkretisierung und Veranschaulichung bedeuten, sachliche Besprechung und Vergleich ermöglichen. Mit der Bereitstellung solcher Materialien übernimmt das Schulbuch für Musik eine Funktion des Lehrers, die Funktion der Materialdisposition, ohne die ein aktueller, vielseitiger Musikunterricht heute schwerlich vorstellbar ist. Eine zweite Funktion des Schulbuches in unserem Fach ist die der Sachstrukturierung. Das Schulbuch gliedert das Riesengebiet der Musik für den Musikunterricht und bringt es in ein inhaltliches Kontinuum, ein höchst schwieriges Unterfangen, das in voller Objektivität kaum zu leisten ist. Ganz abgesehen von unvermeidbaren Schwierigkeiten der Stoffauswahl mit Einebnung der sachimmanenten Differenzierungen wird hier auch bereits „Konzeption" möglich; man kann die Sachstrukturierung eines Musik-Schulbuches beispielsweise als historisches Kontinuum, als Einführung in Werkgattungen, als langsame Erschließung zunehmender formaler und satztechnischer Differenzierung, als Reihung nach Institutionen des Musiklebens oder auch sogar von den musikalischen Lernbedingungen der Schüler her vornehmen — alles berechtigte Möglichkeiten, sofern man sie als eine neben anderen kennzeichnet und die nicht-dominanten Prinzipien einbezieht.

Das Musik-Schulbuch hat auch spezielle Funktionen einerseits für den Lehrer und andererseits für den Schüler zu erfüllen. Für den Lehrer hat es gerade im Fach Musik besondere Materialfunktionen. Auswählend aus unterschiedlichen Lehrmaterialien findet er Anregungen für den „Einstieg" in sein Stundenthema, für Unterrichtsimpulse, für Materialkombinationen, Aufgaben und Übungsanweisungen; das einzelne Schulbuch bietet Lehrhilfen für den Ablauf der einzelnen Unterrichtsschritte zum Unterrichtsziel hin. Vielfältig sind die Anregungen für den Lehrer in Schulbüchern, die er in die besonderen Situationen seines Unterrichts übertragen kann, um die Chancen seiner Lehrtätigkeit durch Abwechslung, Spaß und interessantes Detail zu erhöhen. Hier berührt sich die Materialfunktion des Schulbuches mit seiner Motivierungsfunktion für den Schüler, die sich zusätzlich besonders in der äußeren Aufmachung des Schulbuches auch im Fach Musik auswirkt. Ob ein Schüler gern zu seinem Musikbuch greift, hat sicherlich Bedeutung für seine Einstellung zum Fach Musik. Hier hat in unseren Schulbüchern für Musik eine recht lebendige Bewegung begonnen; immer mehr tritt an die Stelle bunter Noten und naiver Kinderlied-Bebilderung das aktuelle Foto, das moderne Layout, dem Schüler ein Bild von Musik erschließend, das in seine Zeit und seine Welt paßt. Schließlich ist auch noch die Übungsfunktion des Schulbuches zu nennen; es kann Übungsaufträge verschiedener Art zur Festigung eines Lehrgebietes enthalten, die – in Verbindung mit einem Kontrollsystem – zugleich den Lernerfolg feststellen können. Auch die Funktion des Schulbuches als Verbalisierungshilfe ist zu nennen, als Hilfe bei Abstraktionsprozessen des Schülers; Konkretheit, systematische Darstellung, Benennung und Sacherklärung im Schulbuch erscheinen mitunter für den Schüler sicherer als der mündliche Lehrervortrag bzw. als das gerade in den Begriffen und Sacherklärungen wechselhaftere Unterrichtsgespräch.

Doch hinter diesen unterrichtspraktischen Funktionen des Musik-Schulbuches steht auch bei uns die weiterreichende Frage nach der Ziel- und Inhaltsfunktion des Musik-Schulbuches. Gerade die Entwicklung vom unterrichtspraktischen Lehrbuch zum Träger von Lehrkonzepten, die Mitwirkung von Fachspezialisten und hauptamtlichen Fachdidaktikern, mußte das Schulbuch für Musik mehr und mehr dazu herausfordern, das als richtig angesehene neue Konzept auf ein Schulbuch in Musik zu übertragen oder sogar direkt ein Konzept als Schulbuch zu verfassen. Solche Schulbücher des Faches Musik sind gelegentlich nur die Kontroverse zu einem vorangegangenen Schulbuch, dessen Konzept abgelehnt wird. Lehrmedien „sind nicht nur Hilfsmittel der methodischen Gestaltung des Unterrichts bzw. des Lernvollzuges . . ., sondern Ziel und Inhaltsträger“, bestätigt W. Klafki (1976), während J. Bruner auf den Sachbereich des Schulbuches zurückverweist, wenn er, im Interesse des Lernenden, das Schulbuch wieder mehr „von dem fundamentalen Verständnis des Faches her aufgebaut“ sehen möchte, „das sich aus den tragenden, seine Struktur ausmachenden Prinzipien gewinnen läßt“ (Bruner, 1980). Ist das Schulbuch im Fach Musik ein erprobtes Sachbuch oder der Motor musikdidaktischen Fortschrittes? Erhält der Schüler eine „sichere“ Sachinformation, für ihn ausgewählt und ausgestattet, oder hat er mit dem Schulbuch teil an der Bewegung im Fach, an gesellschaftlichem Denken über das Fach und an im Schulbuch ausgetragenen Kämpfen und Siegen fachdidaktischer Gruppen? Solche Fragen führen zum Kern gegenwärtiger Schulbuch-Diskussionen unseres Faches.

Die zentralen Probleme beginnen mit dem Abwägen von Unterrichtsmotivation und Sachaufgabe, von didaktischer Aktualität und inhaltlicher Solidität. Ein methodisches Problem der neuen Schulbücher und ihrer zugehörigen Medienpakete liegt in der strengen Festlegung, aus der der einzelne Lehrer kaum ausbrechen kann; es scheint, als werde die Funktion der Disposition gegenüber einer überhandnehmenden Planungsfunktion vernachlässigt, als werde durch allzu feste und auch zu lange und zu intensiv verzahnte Lernsequenzen das Schulbuch zum Ersatz des Musiklehrers, nicht zu seinem Helfer. Die Autorität des gedruckten Textes, das hohe Können der Autoren, die didaktische Beredsamkeit und die materiale Vorzüglichkeit nehmen manchem jungen Lehrer die Courage, frei mit dem Schulbuch zu arbeiten – oder sie verleiden den jungen Lehrern das Schulbuch! Dazu tritt eine verbreitete Schwäche vieler neuer Schulbücher in Musik: Über dem speziellen Konzept und dessen Fixierung gerät das Fundamentum der musikalischen Unterrichtsgegenstände aus dem Blick, ganz zu schweigen von dem Mangel an Differenzierungsmöglichkeiten für unterschiedliche Interessengruppen in der einzelnen Klasse. Das größte Problem für Schulbücher im Fach Musik liegt darin, daß sie mehr auf Durchsetzung von Konzepten als auf Sicherung der unverzichtbaren Unterrichtsgegenstände im Fach Musik gerichtet sind. Vielleicht sehen manche Schulbuchautoren dies gar nicht mehr als die Aufgabe des Schulbuches an. Die entscheidende Aufgabe aller Schulbücher müßte auch im Fach Musik zu leisten sein: die Verbindung von sachlich fundiertem, anregendem Arbeitsbuch mit Anstößen zur

Teilhabe am aktuellen Geschehen und mit Chancen des Lehrers, frei und selbständig mit einem solchen Musik-Schulbuch arbeiten zu können. Ein zusätzliches Problem gibt schließlich die staatliche Kontrolle der Schulbücher auf, denn diese hat inhaltliche Rückwirkungen (Müller, 1977); staatliche Curricula können Schulbuchautoren veranlassen, mit Blick auf die Zulassung des Buches in bestimmten Bundesländern inhaltliche Zugeständnisse zu machen und entsprechende Konzepte zu repetieren und zu verabsolutieren.

Die kritische Auseinandersetzung mit Schulbüchern ist, abgesehen von frühen Anstößen (von Sallwürk, 1917), ein junges Arbeitsgebiet; als Forschungsaufgabe schienen Schulbücher kaum attraktiv zu sein. Erst mit den sechziger Jahren setzt international (Black, 1967) und in der Bundesrepublik das Interesse an Schulbuch-Analyse ein, das nun auch, angesichts konzeptioneller Darlegung in den Schulbüchern, sinnvoll wird. Ein erster Schwerpunkt entwickelt sich auf der Analyse historischer und politischer Aspekte in deutschen Schulbüchern (Kühl, 1973; Neumann, 1974; Tewes, 1979). Entscheidende Anstöße erhält die Schulbuch-Analyse durch die methodische Entwicklung systematischer Inhaltsanalyse (Bessler, 1970; Silbermann, 1974), die bald als methodische Möglichkeit der Ideologiekritik eingesetzt wird (Ritsert, 1972). Die Erziehungswissenschaften erkennen rasch diese methodischen Chancen einer Analyse von Unterrichtsinhalten und insbesondere von Schul- und Lehrbüchern (Rumpf, 1971; Schallenberger, 1973; Mickel, 1976; Bung, 1977).

In der Musikpädagogik richtet sich das analytische Interesse an Schulmaterialien zunächst auf Schulliederbücher. Nach einem gewichtigen, doch in Vergessenheit geratenen Vorläufer (Lange, 1867) und Postulaten nach Aktualisierung (Kraus, 1965; Wilbert, 1965) in unserer Zeit bedeutet H. Seglers und L.U. Abrahams Auseinandersetzung mit Liederbüchern in „Musik als Schulfach" zwar noch nicht eine systematische Analyse, aber doch eine erste umfassendere inhaltliche Auseinandersetzung mit den durch Liederbücher in den schulischen Musikunterricht getragenen Liedtexten unter ideologiekritischen Aspekten (Segler und Abraham, 1966). Seit den siebziger Jahren mehren sich Untersuchungen an Schulbüchern für Musik. Neben allgemeineren Betrachtungen (Weinitzschke, 1971) werden vor allem inhaltliche Auseinandersetzungen mit musikdidaktischen Konzepten an Hand von Schulbüchern für Musik durchgeführt (Hopf, 1978); R. Ross zeigt Möglichkeiten systematischer Inhaltsanalyse mit statistischen Methoden an Musikschulbüchern seit 1970 (Ross, 1982). Schulbücher dienen als methodische Möglichkeit der Konzept-Analyse. Dazu gibt es analytische Ansätze, die Schulbücher für Musik unter speziellen Fragestellungen prüfen (Fischer, 1974; Abegg, 1980). In methodische Fragestellungen der Schulbuch-Analyse dringen die Arbeiten von W. Heise und H. Hopf (1973), W. Dotzauer (1980) und vor allem E. Nolte (1975 b und 1982 b) vor, der mit der Analyse des Musikbegriffes in didaktischen Konzepten eine zentrale Struktur textanalytisch verfolgt. Durch E. Noltes Analyse werden zwei grundsätzlich verschiedene musikdidaktische Positionen aus gegensätzlichen Auffassungen des Musikbegriffes deutlich.

Auf zwei Schulbuch-Analysen im Fach Musik ist besonders aufmerksam zu machen; beide stammen aus Ansätzen ideologiekritischer Textanalyse, beide führen diese nun umfassend und systematisch an Musik-Schulbüchern durch. E. Kokemohr prüft mit einem sorgfältig entwickelten Analyse-Instrumentarium, ob die Darstellungsform eines Musik-Schulbuches dessen dogmatische oder undogmatische Rezeption beeinflussen kann. Dogmatische Rezeption wird definiert als Unfähigkeit, zwischen Information und Informationsquelle unterscheiden zu können, bei der

Bewertung von Information nur die Skala Richtig – Falsch zu verwenden und Information aufgrund der Affinität zu Autoritäten und nicht aufgrund von Argumentationen anzunehmen. E. Kokemohr weist nach, daß alle von ihr untersuchten Schulbücher für Musik graduell unterschiedlich, aber unverkennbar potentielle Dogmatisierungen der Schüler darstellen (Kokemohr, 1976 und 1979). F. Hoffmann geht in ihrer Dissertation den Ideologisierungsimplikaten in den einzelnen Sachgebieten der Musik-Schulbücher nach, insbesondere in der Musikgeschichte und in den gewählten Musikbeispielen. Bereits die Behandlung der Musiklehre wird wegen der in den Schulbüchern zu findenden (und wohl kaum vermeidbaren) Simplifizierung als ideologisch entlarvt. Vor allem wird in den musikgeschichtlichen Teilen der Schulbücher durch Aufdeckung von Normen und Bindungen an „bürgerliche Musikgeschichte" auf Schritt und Tritt Ideologisierungspotenz der Musik-Schulbücher entdeckt. Hier wird Schulbuch-Analyse zum Mittel eigener Setzungen und bedarf selbst wieder einer Ideologie-Analyse (Hoffmann, 1974).

Die Schulbuch-Analyse im Fach Musik steht noch in den Anfängen. Wenn sie – in Kontakt mit allgemeiner Schulbuch-Forschung (Schallenberger, 1973 und 1976) – von breit ansetzenden zu speziellen Methoden, von ideologiekritischen auch zu sachspezifischen Fragestellungen blickt, öffnet sich ein für die musikpädagogische Praxis wesentliches und methodisch vielfältiges Forschungsgebiet. Über inhaltliche und historische Fragen hinaus stehen auch Beobachtungen in der Praxis an, etwa zu Textverständlichkeit, zum Schwierigkeitsgrad gestellter Aufgaben, zu Arbeitsmöglichkeiten mit dem Schulbuch, zum Einsatz durch Lehrer, doch auch zur typographischen Gestaltung, zu den verschiedenen Lehrfunktionen, zur Gewichtung der Lehrgebiete, zu Werkauswahl, Sachanspruch und Sprachgebrauch. Voraussetzung weiterreichender Ergebnisse ist die Konkretisierung und Eingrenzung beobachtbarer Kategorien für die Analyse eines Schulbuches (oder für Analyse und Vergleich mehrerer Schulbücher im Fach Musik) an Stelle einer „Individual-Analyse", die mehr die eigene Bewertung eines Buches zum Ausdruck bringt, ohne jedoch methodische Analyse zu sein.

3.2 Schallplatten

Musikschallplatten sind von Haus aus auch Mittel zum musikalischen Lernen; doch zusätzlich gibt es das speziell für den Musikunterricht hergestellte Arbeitsmittel Schallplatte. Mit der Musikschallplatte erhielt jedermann die Chance, sich gewünschte Musik zur gewünschten Zeit und am gewünschten Platz zugänglich zu machen, durch wiederholtes Hören genauer studieren, durch eigenes Programm informative Zusammenstellungen herstellen, Werke und Interpretationen vergleichen zu können. Für den Musiklehrer bedeutet die Schallplatte nichts Geringeres als die erstmals in der Geschichte des Musikunterrichts eröffnete Chance, fast alle Musik verfügbar zu haben, für alle Ziele des Musikunterrichts das musikalische Material in allen Dimensionen zeigen zu können.

Bereits in der frühen Geschichte der Schallplatten-Produktion entwickelte sich die Tendenz, auch solche Schallplatten und Schallplattenreihen zu produzieren, die musikalisches Material für Unterrichtszwecke auswählen und in eine feste Reihenfolge bringen; der Musiklehrer wird durch diese Schallplatten in Ziel und Gliederung seiner Stunde festgelegt, ein Verfahren, das dem einen bequem, dem anderen problematisch erscheint. Die beiden klassischen Schallplattenreihen für den Musikunterricht sind eine

„Musikkunde in Beispielen", die M. Alt in Zusammenarbeit mit der Deutschen Grammophon-Gesellschaft um 1960 initiierte und betreute, und die Serie „Schulproduktion Musik" (um 1970) des Institutes für Film und Bild in Wissenschaft und Unterricht, München. Beide Reihen sind verbunden mit gründlichen Textheften, die, formal-historisch angelegt, dem Musiklehrer Wissen zurückrufen und systematisch verfügbar machen. Aus historischer Sicht sind sie Beiträge zu einem Musikunterricht im Sinne der Kunstwerk-Reform der sechziger Jahre; sie sind so angelegt, daß der Musiklehrer seine Schüler sicher zu Werkkenntnis, Formenlehre und musikalischer Stilgeschichte führen kann.

Neben diesen bereits in Methode umgesetzten musikpädagogischen Schallplatten gibt es eine riesige Zahl von Angeboten des Marktes zur musikalischen Anregung der Kinder. Es gibt hier die klassischen Kompositionen für Kinder in mehrfachen Aufnahmen, es gibt Kombinationen „leichter" Stücke, denen man besondere Eignung für Kinderohren zuschreibt, es gibt die (motivierenden) Platten junger Preisträger bei Instrumentalwettbewerben, Platten mit Schulwerken und Kinderliedern, gesungen von berühmten Kinderchören, und natürlich auch die Platten mit Kinderschlagern. Auch instrumentenkundliche Schallplatten erfreuen sich großer Beliebtheit. Eine schmale didaktisch-methodische Literatur hat sich mit dem Einsatz dieser Schallplatten im Musikunterricht zu befassen begonnen (Sowa, 1968; Pätzig, 1969; Kleinen, 1970 a; Prowznik, 1973).

Die jüngere fachliche Entwicklung hat einen neuen Weg eingeschlagen: das Medienpaket. Seit den siebziger Jahren kombinieren zahlreiche Autoren ihre Lehrwerke für den Musikunterricht mit Schallplatten bzw. Kassetten, die alle Musikmaterialien verfügbar halten, die in dem jeweiligen Lehrwerk exemplarisch angesprochen werden. Oft werden außerdem auch Schülerhefte und Arbeitshefte beigegeben. In Zeiten unzureichender Ausbildungsmöglichkeiten sind solche Hilfen dem jungen Lehrer willkommen. Aber sie helfen ihm wenig dabei, selbständig seine Aufgaben lösen zu lernen; es wird wohl auch nicht genügend bedacht, daß die getreue Nachahmung eines Lehrpaketes scheitern kann, weil die situativen Bedingungen andersartig sind. In der gegenwärtigen Unsicherheit betreffs der Musikmaterialien für den Unterricht ist die Vertiefung der methodischen Möglichkeiten mit Platten und Kassetten ins Hintertreffen geraten. Doch geben auch die Organisationsmöglichkeiten dieser Arbeitsmittel im Rahmen einer Schule Schwierigkeiten auf, auch die erheblichen Kosten technisch befriedigender Wiedergabe-Einrichtungen in Klassen- und Spezialräumen.

Im außerschulischen Bereich erfreut sich ein neuer Schallplattentyp zunehmender Beliebtheit: die Sing-mit- und Spiel-mit-Schallplatte. Wie Erhebungen zeigen (Klusen, 1980), dienen solche technischen Materialien nicht nur dem häuslichen Singen und Musizieren, sie strahlen vielmehr bis in die Kindergärten, doch auch in die Schulmusik aus. Man genießt es, zu einer vorgegebenen instrumentalen Begleitung singen zu können; Instrumentalisten nutzen die Chance, durch die Schallplatte den fehlenden Begleiter oder die fehlenden Ensemblestimmen vorzüglich im Haus zu haben. Besonderer Beliebtheit erfreuen sich vor allem in Kindergarten und Schule auch Platten, die Tanz- und Bewegungsmusik für Gruppen bereitstellen. Liederschallplatten übernehmen zunehmend auch Liederbuch-Funktionen: Kindergärtnerinnen und Lehrer lernen Lieder nach Platten, d.h. über das Gehör – was offensichtlich für viele leichter ist als das Lieder-Lernen nach Noten. Der Markt hat sich der „pädagogischen" Schallplatten voll bemächtigt. Es liegt am Musiklehrer selbst, ob er für seinen Unterricht eigene Entdeckungszüge in die durch Schallplatten erschlossene Vielfalt der Musik und ihre

Vergleichsmöglichkeiten unternimmt und frei diesen Reichtum für die jeweiligen Ziele seines Musikunterrichts vor den Schülern ausbreitet und ordnet.

3.3 Filme

Der Allgemeinplatz betreffs der Musik, nämlich daß sie zum Hören und nicht zum Sehen da sei, wird zwar immer wieder durch visuelle Kunststücke von Television-Musik bestätigt. Doch wie in allem schulischen Unterricht (Krauß, 1972) könnten auch im Musikunterricht Filme manche Chancen verbesserter und wohl auch erleichterter Information und Einsicht bieten. Doch der Film spielt gegenwärtig im Musikunterricht nur eine relativ unbedeutende Rolle. Es gibt einige Filme für den Musikunterricht, die sich einen Platz in den Schulen erobert haben: Die Verfilmung von „The Young Peoples Guide to the Orchestra" und weitere popular-musikalische Einführungen in die Instrumentenkunde. Doch vor allem durch das Institut für Film und Bild in Wissenschaft und Unterricht in München und über das Institut für wissenschaftlichen Film in Göttingen stehen viel reichhaltigere Materialien zur Verfügung; die Landesbildstellen verhelfen zur Beschaffung der Filme für die Vorführung in Schulen. Diese weiterreichenden Film-Materialien werden noch längst nicht voll genutzt. Die Musik-Sendungen des Fernsehens, wenn auch nicht gerade alle, bedeuten ein zusätzliches Film-Angebot auch für Musikunterricht.

Versucht man einen Überblick über das vorhandene Material zu gewinnen, so zeigt sich zunächst eine große Gruppe von Filmen zur sachlichen Information. Hier gibt es zahlreiche Filme zur Instrumentenkunde, darunter eine höchst lebendige Einführung in einzelne Instrumente in der englischen Reihe „We Make Music" und neuerdings immer mehr Filme zur Einführung in die musikalisch relevante Elektronik. Eine zweite große Gruppe bilden die zahlreichen Künstlerfilme, beginnend mit Filmen über P. Hindemith bei einer Orchesterprobe, Filmen über C. Orff, I. Strawinsky bis zu den historischen französischen Filmen über J.Ph. Rameau und C. Debussy führend. Eine schon kleinere Gruppe von Filmen versucht, Phänomene von Musik mit filmischen Mitteln zu erklären. Die Versuche reichen von Beispielen, die einer musikalischen Tanzform zugeordneten Tanzschritte darzustellen, bis zu höchst sensiblen, assoziativen Deutungen von Musik durch Farben und Formen, zu Filmen zur Demonstration von Jazz wie zu in Frankreich zahlreicheren Versuchen, Kompositionen mit Poesie (C. Franck und Verse von V. Hugo) oder Kompositionen mit Bildern (J.S. Bach und Bilder von G. Braque) zu verdeutlichen. Das soziale und politische Umfeld der Musik ist – solche Präferenzen sind wohl aus regionalen Bedingungen zu erklären – vor allem im kanadischen und australischen Programm zu finden; aber auch bei uns gibt es Filmbeiträge zu dieser Gruppe, beispielsweise die gefilmte Ansprache von J. Goebbels zur Bach-Händel-Schütz-Feier 1935 in der Berliner Philharmonie. Eine noch kaum für den Musikunterricht genutzte Gruppe von Filmen stellen die zahlreichen Filme über Musik fremder Kulturen dar; das Göttinger Institut für wissenschaftlichen Film hat einen speziellen Katalog dieser Materialien vorgelegt. Als letzte Gruppe von Filmen sind die hochschuldidaktischen Materialien zu nennen, mit viel Orff-Schulwerk, auch über die Suzuki-Methode, beispielsweise auch über die musikalische Entwicklung des Kindes. Diese wenigen Beispiele können nur als Verweis auf die Fülle vorhandener Filmmaterialien für den Musikunterricht dienen (Abel-Struth, 1975 b).

Jeder kennt die technischen und organisatorischen Schwierigkeiten, die zu bewältigen sind, wenn er einen Film in seinem Unterricht vorführen möchte. Mancher wird auch zögern, weil er dem praktischen Musizieren angesichts seiner geringen Zahl an Musikstunden keine Zeit rauben möchte. Aber man wird wohl doch dem Film für den Musikunterricht, auch den Produktionsaufgaben, mehr musikpädagogische Aufmerksamkeit entgegenbringen müssen. Wenn man auch nicht übersehen darf, daß der Film durch die Faszination des bewegten Bildes die Aufmerksamkeit eben visuell absorbiert, so erhöht wohl doch diese Faszination auch Vergnügen und Interesse an der Sache; sie könnte verstärkend auf die musikalische Einstellung wirken. Schüler sehen gerne Filme; ein Film ist ein guter Ausgang, wenn man Schüler für Musik interessieren möchte. Auch die Chancen der Veranschaulichung musikalischer Gegenstände liegen wahrscheinlich hoch. Denn die Aufgabe, musikalisches Hörvermögen auszubilden, trägt immer die didaktische Not des Mangels an Anschauungshilfe, die vielleicht doch eine erhebliche Lernbarriere für Schüler im Fach Musik bedeutet. Gerade in Anfänger-Situationen musikalischen Lernens läßt sich wohl die Anschauungsschwäche des Musikhörens durch visuelle Hilfen stützen; die Möglichkeiten reichen bis zu gefilmten Partiturausschnitten. Die Veranschaulichung realer Situationen des heutigen Musiklebens mit filmischen Mitteln könnte dem Schüler eigenes und fremdes Musik-Verhalten vielleicht sogar besser durchschaubar machen als das Mit-Drin-Sein; Filme könnten die „wirkliche Realität“ statt des die Gruppe bestimmenden Ausschnittes zeigen, könnten auch Vergleiche mit der Realität anderer Kulturen besser zeigen als es die vergleichende Analyse von Musikbeispielen oder der Versuch des Singens fremder Folklore vermögen. Doch damit eröffnen sich auch die aktuellen Aufgaben für eine musikpädagogische Filmproduktion – die jedoch mehr Film als Pädagogik sein sollte, um die Schüler tatsächlich zu erreichen.

3.4 Musikschulfunk

Der Schulfunk ist mit der Entwicklung des Hörfunks eng verknüpft (Goslich, 1971; Flottau, 1972); die Ausbreitung des Hörfunks seit den zwanziger Jahren war von Anfang an mit der Diskussion über Möglichkeiten eines Schulfunks verbunden. Nach M. Nestel-Begiebing (1972) gibt es seit 1924 in Deutschland einen Schulfunk. Man erkennt früh die besonderen Chancen des Schulfunk-Angebotes für den schulischen Musikunterricht (Heinitz, 1928; Mann, 1931; Westdeutscher Rundfunk, 1974), auch speziell in der Grundschule (Grüger, 1931). Rückblickend fällt der rasche und intensive Einsatz damals führender Musikpädagogen, Musiker und Musikhistoriker für das neue Medium Musikschulfunk auf (Mersmann, 1928/1929 und 1930; Scherchen, 1930; Kestenberg u.a., 1931).

Die bisherige Schulfunk-Tradition läßt bereits eine vorsichtige Betrachtung auch des Musikschulfunks unter historischem Aspekt zu; dabei heben sich recht unterschiedliche Auffassungsweisen über Funktionen und Konzeptionen des Musikschulfunks ab, auch Wandlungen, die Methode des Einsatzes im Unterricht betreffend. Da der Musikschulfunk in der Zeit eines musisch bestimmten Musikunterrichts zunächst allen Vorbehalten gegenüber dem Einbruch von Technik in den Musikunterricht ausgesetzt ist, beginnt die Literatur mit Verweisen auf die methodischen Möglichkeiten dieser neuen Einrichtung „im Dienst der Schulmusikpflege“ (Fischer, 1928; Heinitz, 1928). Nach dem zweiten Weltkrieg entwickeln sich Erwartungen auf aktive Mitarbeit der Hörer (von Irmer, 1958) wie auf die „Zulieferung" geschlossener informativer Materialien aus Musikgeschichte und Werkinterpretation an die Schulen. Die methodische Diskussion kreist demgemäß um die Frage, wie solche Sendematerialien in den Unterricht einzuordnen seien. Man plädiert für die Schulfunksendung im Sinne einer Dienstleistung für den Lehrer und für eine Konzeption frei von allen Ablenkungen des Schülers durch technische Besonderheiten (Bornemann, 1948; Keidel, o.J. [1950]). Der Musikschulfunk ist vor allem auf die Funktion musikalischer Angebote zur Auswahl des Musiklehrers gerichtet.

In der Folgezeit entwickelt sich jedoch im Schulfunk stärker der Wunsch nach „direkter" Begegnung mit dem Hörer. Es entstehen Wunschkonzerte für Schüler über Schulfunk; Schüler wirken in Schulfunk-Konzerten mit (Rogge, 1968), auch Diskussionsveranstaltungen laufen über den Schulfunk (von Irmer, 1966). Der „Funklehrer" tritt neben den Schullehrer. Dazu erwachen aber auch Wünsche nach Entwicklung funkspezifischer Gestaltung der Schulfunk-Sendungen (Weber, 1961; Dotzauer, 1973; von Baußnern, 1978). Die schulisch relevanten Inhalte von Musikgeschichte, Instrumentenkunde wie Folklore werden „im Sinne einer gestalteten Einheit, die auch nur im Zusammenhang und als Ganzes gehört werden soll", produziert (Weber, 1971). Daraus entwickelt sich eine Vielzahl unterschiedlicher konzeptioneller Lösungen des Musikschulfunks, die W. Graetschel in einer Typologie der Konzeptionen ordnet; demgemäß sind heute vor allem Dokumentation, Enrichment-Sendung, Kontext-Sendung und direct teaching zu unterscheiden. Als Gestaltungsformen sind Dialogform, Hörspiel, Feature, Interview und Reportage verbreitet (Graetschel, 1975); doch geben die vielfältigen Themen, die der Musikschulfunk vermitteln kann, über solche Typen der Konzeption und der Sendegestaltung hinaus eine Fülle immer neuer Möglichkeiten.

Das spezifische Problem des Schulfunks ist die Relation der beiden Komponenten Schule und Funk. Noch bis in die sechziger Jahre hinein steht der Auftrag der Schule im Vordergrund. Dies mag im einzelnen auch von der personellen Besetzung des Schulfunks abhängen; während in den zwanziger Jahren der Musikschulfunk zunächst Sache der Musikabteilungen der Sender ist, haben in der Folgezeit spezielle Schulfunk-Abteilungen diese Aufgabe übernommen, zunehmend dafür auch speziell vorgebildete Sachbearbeiter gesucht. Durch diese personelle Konstellation hat der Schulfunk eine Entwicklung in Richtung auf eine „gemeinsame Aufgabe von Schule und Funk" genommen, gerichtet auf das Konzept: „Die Themenführung des Musikschulfunk-Programmes ergibt sich aus der klar umrissenen Aufgabenstellung der allgemeinen Schulmusik-Erziehung". Diese Parallelisierung von Musikschulfunk und Schulmusik konnte in den sechziger Jahren dazu führen, daß unter den „wichtigsten Aufgaben des Musikschulfunks" auch „Erziehung zum Selbstmusizieren" genannt wird, und zwar unter Berufung auf eine „Denkschrift zur Notlage der Schulmusikerziehung" von 1951, die eben auf solche Notwendigkeiten der Weckung und Förderung von Fähigkeiten zum Selbstmusizieren verweist (von Irmer, 1964). Hier wird die Aufgabe der sinnvollen Abgrenzung von schulmusikalischer Parallelisierung und Eigenständigkeit des Musikschulfunks faßbar; denn gewiß wird die Schulmusik vom Musikschulfunk nicht Beiträge erwarten, die über Funk gerade schwieriger zu realisieren sind als im Schulunterricht und, weil sie dem Schulfunk nicht gemäß sind, hier auch nicht wirklich überzeugend vertreten werden können. Die musikpädagogische Fragestellung betreffs des Musikschulfunks zielt auf die gerade mit den Mitteln des Funks besser zu leistenden Hilfen für musikalisches Lernen und auf die nur mit solchen Mitteln möglichen Beiträge.

Probleme einer engen Ankoppelung des Musikschulfunks an die Schulmusik rühren auch aus Eigenarten der Musikdidaktik. Der Transfer aktueller fachdidaktischer Diskussionen in den Schulfunk, dessen Redakteure von Haus aus – auch bei musikpädagogischer Vorbildung – an Aufträge und Regelhaftigkeiten des Funks gebunden sind, führt leicht zu Gefahren musikdidaktischer Zufälligkeit und fachpopulärer Einseitigkeit; dies zeigen die Schulfunkhefte. Mit guten Gründen wird daher dazu aufgefordert, das Zusammenwirken von Schule und Funk auch für den Musikunterricht neu zu bedenken und durch wissenschaftliche Begleitung von Schulfunksendungen zu klären, welche Unterrichtsfunktionen der Schulfunk tatsächlich übernehmen kann (Fuchs, 1971). Doch gerade seitens der Praxis wird unverändert betont, daß die Schulfunksendung auch bei Vorbereitung und Gestaltung des Musikunterrichts helfen solle (Teubert, 1974). Man möchte angesichts der Gefahr einer Didaktisierung des Musikschulfunks auf einen Rat K. Webers von 1969 zurückverweisen: „Für die Qualität des Schulfunks ist entscheidend, daß er bei allem Durchdenken von der pädagogischen Seite her vor allem guter Rundfunk ist. Wenn er das, vielleicht durch die Wahl des Themas, nicht sein kann, sind für Lehrer und Schüler andere Hilfsmittel besser" (Weber, 1969).

Der Einsatz des Musikschulfunks stellt besondere schulorganisatorische Aufgaben. Die entscheidende Hilfe bieten der Sendeplan und die Beihefte zu den Schulfunksendungen, die – mit wenigen Ausnahmen – alle Sender über ihre Schulfunkabteilungen zur Verfügung stellen. Diese Materialien geben Gelegenheit, geeignete Sendungen für den eigenen Lehrplan der Klassen rechtzeitig vorsehen zu können, auch den Inhalt und den Aufbau der Sendungen bereits annähernd zu überschauen. Der in der Schule so schwer realisierbare Direktempfang wird in der Praxis ersetzt durch den häuslichen Mitschnitt der Sendung, der den Einsatz der Sendungen zum geeigneten Zeitpunkt ermöglicht. Dazu verfügen die Landesbildstellen über Ausleih-Kopien. Diese organisatorischen Bedingungen sind Voraussetzung eines effektiven Einsatzes von Schulfunk-Sendungen, bedeuten allerdings auch nicht unerheblichen Zeitaufwand für den Lehrer. Dazu ist die rechtliche Situation zu beachten. Das Urheberschutzgesetz gestattet Schulen „einzelne Vervielfältigungsstücke von Werken, die innerhalb einer Schulfunksendung gesendet werden, durch Übertragung der Werke auf Bild- oder Tonträger herzustellen". Doch: „Die Bild- oder Tonträger dürfen nur für den Unterricht verwendet werden. Sie sind spätestens am Ende des laufenden Schuljahres zu löschen, es sei denn, daß dem Urheber eine angemessene Vergütung bezahlt wird". Manche Sender bieten mit einer Voraussendung dem Musiklehrer die Gelegenheit, die für den Unterricht vorgesehene Sendung zunächst selbst konkret kennen zu lernen.

Die methodischen Aspekte des Einsatzes von Schulfunk-Sendungen haben die allgemeine Pädagogik erheblich beschäftigt (Heinrichs, 1958 und 1972; Dahlhoff, 1971; Nestel-Begiebing, 1972; Armbruster und Hertkorn, 1979). Stets wird darauf verwiesen, daß der Erfolg einer Schulfunksendung davon abhänge, wie der Lehrer die von ihr ausgehenden Impulse umsetze und auswerte. Gewiß ist die methodische Geschicklichkeit des Lehrers entscheidend für den Erfolg einer Schulfunksendung. Nur aus seiner Kenntnis und Berücksichtigung der einzelnen Klasse, dazu durch spezielle Vorarbeiten, kann gesichert werden, daß Thema, Material, Intentionen und Anspruch der Sendung für die Unterrichtssituation sinnvoll sind. Die methodische Einplanung durch den Lehrer, sein Zeitplan, seine Materialbeigaben, seine Arbeitsaufforderungen an die Schüler werden erheblich bei Erfolg oder Mißerfolg einer Musikschulfunk-Sendung mitwirken. In der neueren methodischen Literatur gibt es minutiöse Ausarbeitungen zur Methodik des Musikschulfunks

(Graetschel, 1975; Dotzauer, 1982 b), die weniger zur genauen Nachahmung, aber doch als Denkanstöße beim Einsatz des Musikschulfunks hilfreich sein und gedankenlosem Ablauf von Sendungen in der Musikstunde vorbeugen können.

Doch man wird über solcher Rückversicherung des Musikschulfunks beim verantwortlichen Lehrer auch dessen fachliche Situation in Zukunft stärker mitzubedenken haben. Nicht die einzelne „Rosine“ macht einen guten Musikunterricht, sondern die umfassende Begegnung mit Musik, und die kontinuierliche Übung und Differenzierung im Umgang mit Musik. Angesichts der „unerhörten“ musikalischen Materialresourcen des Funks scheint es berechtigt zu sein, eher aus deren Öffnung und der didaktisch-dramaturgischen Kombination und Gestaltung dieser funkischen Materialien Anregungen des Musikschulfunks zu erwarten als aus (noch) einem musikdidaktischen Reformkonzept. Die Beliebtheit des Musikschulfunks gerade außerhalb des schulischen Bereiches läßt die Frage stellen, ob die künftige Entwicklung der Medien neben der jetzt mit dem Musikschulfunk identifizierten musikalischen Erwachsenenbildung auch weitere spezifische Möglichkeiten eines musikpädagogischen Funks zutage fördern könnte.

Der Schulfunk wird zunehmend Gegenstand wissenschaftlichen Interesses. Die Geschichtsschreibung begann (Heinrichs, 1956), die frühen Quellen des Schul- und Bildungsfunks in Deutschland wurden dokumentiert (Halefeldt, 1976). Dazu entstehen Dokumentationen unter speziellen Aspekten (Nestel-Begiebing, 1971, 1974 und 1977), unter denen eine internationale Dokumentation „Schulfunk in Europa“ hervorzuheben ist (Löhr, 1978). Auch die Archivierung von Schulfunksendungen wurde in Angriff genommen (Institut für Film und Bild in Wissenschaft und Unterricht, 1975), ebenso beginnt der internationale Vergleich (Dimény, 1978). Die Analyse der Schulfunkverwendung im Unterricht ist zum Dissertationsthema geworden (Steinforth, 1980).

3.5 Instrumente, technische Medien, methodische Hilfsmittel

Im Laufe der Geschichte wurde für die Musikpädagogik ein ganzes Arsenal von Arbeitsmitteln entwickelt, die von Haus aus als methodische Hilfe für den Musiklehrer konzipiert wurden, dazu aber auch zusätzliche Funktionen künstlerischer oder musiktechnischer Art erfüllen können. Eine solche funktionale Vielseitigkeit zeigen zunächst auch Musikinstrumente, die außer ihrer Funktion zur Musik-Wiedergabe teilweise auch als Arbeitsmittel Verwendung finden. Dies gilt insbesondere für das sog. elementare Instrumentarium, das in Elementarbereich und Grundstufe ein vorzügliches Arbeitsmittel zur Veranschaulichung musikalischer Phänomene abgibt, zugleich aber auch zum Musizieren selbst dient. Wo die genaue Grenze zwischen beiden Funktionen verläuft, ist von konzeptionellen Vorstellungen für das musikalische Lernen abhängig. Über die elementaren Instrumente hinaus sind letztlich alle Musikinstrumente im Musikunterricht auch als Arbeitsmittel einsetzbar, für Gehörbildung, elementare Musiklehre, Akustik wie Improvisation.

Eine methodische Wende des Musikunterrichts brachten die technischen Medien mit sich. Der gesamte Bereich der elektroakustischen Einzelgeräte und Großanlagen hat in der Pädagogik zur Begründung von unterrichtsbezogener Medienforschung (Dohmen, 1973; Boeckmann, 1978) geführt, zu „Medientaxonomien“ (Issing und

Knigge-Illner, 1976) sowie zu zahlreichen mediendidaktischen Konzepten (Armbruster und Hertkorn, 1978; Hagemann und Tulodziecki, 1978). In der Musikpädagogik wurde die Thematik nicht nur grundsätzlich und untersuchend (Schmidt, 1976 b; Klusen, 1980), sondern auch mit speziellen musikdidaktischen und -methodischen Ansätzen aufgegriffen (Detlefsen, 1958; Kleinen, 1970 a; Simons, 1978; Schwenk und Messe, 1978; Dotzauer, 1982 a; u.a.). Dieses Schrifttum gibt dem Musiklehrer vielfältige Möglichkeiten, sich in die Technik der elektroakustischen Medien und methodischen Möglichkeiten ihres Einsatzes gerade im Musikunterricht einzuarbeiten.

Die Besonderheit dieser Medien im Musikunterricht liegt darin, daß sie zusätzliche Funktionen über die Arbeitshilfe hinaus entwickelt haben. Die Musiktechnik ist heute nicht mehr nur Arbeitsmittel des Musikunterrichts, einsetzbar zu Reproduktion und Information, sondern zugleich auch Unterrichtsgegenstand (Heise, 1975). Mit den Geräten wird auf unterschiedlichem Niveau auch Musik erfunden; sie werden zur Entwicklung von Montagen und Collagen verwendet. Hier hat sich in der praktischen Musikpädagogik ein weites Feld von Möglichkeiten eröffnet, die helfen können, gerade Jugendliche über die Musiktechnik auch an musikalische Phänomene heranzuführen und eine musikalische Praxis aktuellen Stils zu entwickeln (Kleinen und Lägel, 1974). Auch für spielerisch-gestaltende Aufgaben, nicht fern von musischen Traditionen, werden die musiktechnischen Geräte inzwischen vielfältig eingesetzt (Roscher, 1976 und 1984).

Mit der Entwicklung der elektronischen Medien, ihrer Perfektion und Ausbreitung nach dem zweiten Weltkrieg, wurde für den Musikunterricht eine ganz neue Dimension von Arbeitsmitteln erschlossen. Sie bedeuten für den Musikunterricht eine außerordentliche Chance – nicht nur durch ihren aktuell-technischen Reiz, sondern auch durch ihre methodischen Möglichkeiten. Ihrem breiten Einsatz in Schule und Hochschule stehen die hohen Kosten solcher musiktechnischen Ausrüstungen, aber auch Mangel an entsprechender Ausbildung der Lehrer und schulische Organisationsschwierigkeiten entgegen. Sehr zu Recht wird auf die Notwendigkeit verwiesen, daß in jeder Schule ein medienspezifisch eingerichteter Musikraum zur Verfügung stehen sollte, um die Möglichkeiten der neuen elektronischen Arbeitsmittel optimal einsetzen zu können. Gerade auch weil die Schüler selbst und ihre Familien zu Hause in der Regel über modernste musiktechnische Ausrüstungen verfügen, erwachsen dem Musiklehrer zusätzliche Schwierigkeiten, wenn er für seinen Musikunterricht in der Schule nicht auf entsprechende Technik zurückgreifen kann (Venus, 1971; Heise, 1972). Die besonderen methodischen Aufgaben, die der Musiklehrer im Umgang mit diesen Musikmedien als Arbeitsmittel zu bedenken hat, finden zunehmend Aufmerksamkeit in der Fachliteratur. Den Anstoß gab die Bundesschulmusikwoche 1968 in Hannover, die dem Thema „Der Einfluß der technischen Mittler auf die Musikerziehung unserer Zeit" gewidmet war (Kraus, 1968).

Auch an methodischen Hilfsmitteln (Huber, 1965) steht für den Musikunterricht ein recht umfangreiches Angebot bereit. Filz- und Magnettafeln bieten Hilfen für die Entwicklung von Tonvorstellung und für Noten-Lernen. Auch für das Hören komplexer Musik sind methodische Hilfsmittel entwickelt worden (Venus, 1969; u.a.). Spezialliteratur hilft bei der Einarbeitung in Techniken mit dem Overhead-Projektor (Meier, o.J. [1972]) und bei der Herstellung von Arbeitstransparenten (Armbruster und Hertkorn, 1977). Lücken im Bereich der methodischen Hilfsmittel sind noch in der Bereitstellung von Partiturausschnitten zum Mithören und von Dias zu den zentralen musikalischen Unterrichtsbereichen zu beobachten. Der Reiz der neuen Aufgaben verdeckt mitunter die Lücken im Bereich traditioneller Arbeitsmittel für den Musikunterricht, insbesondere der Schulbuch-Analyse für das Fach Musik. Auch die Beschreibung von Schallplatten und Filmen für den Musikunterricht zeigt noch viele offene Aufgaben. Das weite Feld zwischen kommerziellem Diktat und pädagogischer Gängelung durch detailliert festgelegte Material- und Kommentarsequenzen läßt noch viele Fragen erkennen und bietet für Musikpädagogen in der Integration von technischen Möglichkeiten und Kenntnis der musikalischen Lern-und Lehrbedingungen eine Fülle konkreter Arbeitsmöglichkeiten.

4. Institutionen für Musikunterricht

4.1 Musikschulen und Konservatorien

Die gebräuchlichen Bezeichnungen für Institutionen, an denen Musikunterricht und berufliches Musikstudium stattfinden, sind Musikschule, Konservatorium, Akademie und Hochschule. Diese Bezeichnungen werden jedoch nicht systematisch gebraucht; dazu haben sich spezielle Typen innerhalb der einzelnen Gruppen gebildet. Man darf daher nur davon ausgehen, daß die Bezeichnung Hochschule allein Institutionen zur musikalischen Berufsausbildung vorbehalten ist. Akademien und Konservatorien sind Institutionen, die heute meist Möglichkeiten zum Musikunterricht des Amateurs mit beruflichen Ausbildungsgängen verbinden. Musikschulen sind Institutionen nur für Kinder- und Amateurunterricht in Musik, doch wird zunehmend auch der Anspruch berufsvorbereitender Arbeit erhoben. Geschichtlich gesehen sind im deutschsprachigen Raum Musikschulen verschiedener Art und Konservatorien die ältesten Einrichtungen für Musikunterricht, von Haus aus frei von scharfer Trennung zwischen Amateurunterricht und beruflicher Vor- wie Ausbildung. Im 20. Jahrhundert wurde dazu ein neuer, spezifischer Typus der Musikschule entwickelt. Auf Grund historischer Entwicklung und gegenwärtiger Situation ist bei Institutionen für den Musikunterricht der Amateure zwischen Musikschulen und Konservatorien einerseits sowie „neuen Musikschulen" andererseits zu unterscheiden.

Musikschulen und Konservatorien sind Einrichtungen außerhalb des allgemeinbildenden Schulwesens, in denen mehrere Schüler in einem oder mehreren musikalischen Fächern unterrichtet werden. Den Beginn dieser Einrichtungen darf man vermutlich in Italien suchen, wo im 16. Jahrhundert in Neapel und Venedig Konservatorien belegt sind. In Neapel richtete man für Jungen nach dem Vorbild der Klerikalseminarien Konservatorien ein, in denen die Bestimmung galt, daß die Zöglinge durch Almosensammlung zu ihrem Unterhalt beitragen sollten. Dieses Almosensammeln wurde mit Singen (gemäß dem Kurrende-Modell) verbunden. Die Zöglinge hatten außerdem kirchliche Funktionen wahrzunehmen. Daraus erwuchs die Notwendigkeit, musikalischen Unterricht durchzuführen. Dies verschaffte den ursprünglich als Waisenhäuser eingerichteten Konservatorien auch zahlende Musikschüler. Praktische Notwendigkeiten und Erwartungen der zahlenden Musikschüler führten zu spezieller Förderung derjenigen, die sich als musikalisch begabt erwiesen. Eine parallele Entwicklung vollzog sich in den venezianischen Mädchenkonservatorien (di Giacomo, 1924 und 1928; Hucke, 1961).

Die Anfänge institutionalisierten Musikunterrichts in Deutschland werden von G. Sowa dargestellt. Bei uns verdichteten sich offensichtlich im Ausgang des 18. Jahrhunderts Forderungen und Programme, musikalische Ausbildungsinstitutionen außerhalb der Schule zu schaffen. Repräsentanten der Entwicklung sind K.G. Horstig, der durch Singschulen und neue kindgemäße Gesangsmethoden zur Hebung der Gesangskultur beitragen will, wie auch J.A. Hiller, der in Leipzig eine Singschule gründet und auf eigene Kosten unterhält, die gleichfalls auf Verbesserung der Singgepflogenheiten gerichtet ist (Sowa, 1973). In Frankreich wird Ende des 18. Jahrhunderts (1784) eines der traditionsreichsten Konservatorien Europas gegründet, die Ecole Royale de Chant et de Déclamation, das heutige Pariser Conservatoire National de Musique; diese Einrichtung dient ursprünglich der Ausbildung von Opernsängern, wird jedoch bereits 1793 zum Institut National de Musique erweitert, an dem die besten Musiker Frankreichs für den künstlerischen Nachwuchs bereitstehen (Pierre, 1900).

Mit Beginn des 19. Jahrhunderts zeigen sich vielfältige Bewegungen in der Entwicklung der deutschen Musikschulen und Konservatorien. Die vorgelegten Pläne ergeben ein buntes Bild. E. Wagner entwickelt mit Aufruf und Einladung an alle Deutschen einen Plan, mit Hilfe von Kunstschulen das deutsche Kunstleben neu zu beleben; er plädiert für eine Kunstschule als Nationalschule, eine „Schule des Kunstgeschmacks in seiner höchsten Freiheit". Unter dem Anonym D.K. wird 1810 ein Plan zur Errichtung musikalischer Konservatorien in Deutschland veröffentlicht; in drei Altersklassen, beginnend mit Kindern von fünf bis zehn Jahren, sollen Schüler die musikalische Ausbildung erhalten, die auf ein Studium an der Fakultät der bildenden Künste vorbereitet. Dazu werden weitere Schulvorschläge für spezielle Aufgaben entwickelt: für die ästhetische Bildung des Komponisten, für eine allgemeine Kunstanstalt, für eine höhere Singanstalt (die den Bühnennachwuchs vorbereitet), für eine Normal-Musikschule (die in das Kreuzfeuer der Kritik gerät, weil nicht Singen und Instrumentalspiel, sondern Satztechnik als Ausgang musikalischer Ausbildung gesehen wurde), für eine höhere Bildungsanstalt für Kantoren und Organisten. Man sieht, wie bereits hier der Keim gelegt wird zu einer bis heute währenden Vielfalt der Auffassungen, die spezielle Intentionen vor den Konsensus einer umfassenden gründlichen musikalischen Vorbildung bzw. Ausbildung stellen (Sowa, 1973). Dazu treten noch mancherlei persönliche Vorstellungen von Musiklehrern zur Verwirklichung ihrer methodischen wie auch ökonomischen Intentionen durch Schulgründungen. Besondere Aufmerksamkeit finden die Pläne von C.F. Zelter und A.B. Marx. C.F. Zelter entwirft einen allgemeinen, grundsätzlichen Plan, bestimmt von der Vorstellung, das gesamte Musikerziehungswesen staatlich zentralisiert und organisiert zu entwickeln und zu sichern (Schünemann, 1932). Auch A.B. Marx drängt mit seinen Plänen zur Organisation des Musikwesens im preußischen Staat von 1832 und 1848 auf staatliche Verantwortung und Durchführung einer institutionalisierten Musikpädagogik, wobei er zwischen den Ausbildungswesen für Künstler und für „Musikbeamte" (zu denen auch die Lehrer zählen) unterscheidet (Marx, 1848; vgl. Roske, 1985). Die Quellen, die zunehmend erschlossen werden, erlauben die zusammenfassende Aussage, daß sich im 19. Jahrhundert bereits die Einsicht abzeichnet, Musiklehrer seien an Institutionen mit speziellen Regelungen auszubilden.

Vor diesem Hintergrund der Aufrufe, Pläne und Denkschriften ist das Aufblühen musikpädagogischer Institutionen im 19. Jahrhundert zu sehen. Monographische Arbeiten und lokale Geschichtsschreibung haben diesen Prozeß in einem außerordentlich umfangreichen Schrifttum belegt (Schaal, 1958), wenn auch die Konturen der Entwicklung noch wenig hervortreten. Die Bezeichnungen für die so zahlreich sich ausbreitenden Institutionen sind vielfältig; neben „Musikschule" und „Konservatorium" gibt es die Bezeichnungen Bläserschule, Ripienschule, Musikkonservatorium, Musikinstitut, Erziehungsinstitut, Bürgermusikschule, Musikakademie wie auch Normal-Musikschule, Klavierschule, Kompositionsschule u.a. Die Bezeichnungen demonstrieren teilweise spezielle Intentionen, werden aber nicht systematisch gebraucht. Es bilden sich regionale Schwerpunkte heraus, Unterschiede der rechtlichen Grundlegung je nach Trägerschaft durch Vereine, kommunale oder staatliche Behörden und vor allem gemäß Zielrichtungen. Offensichtlich beginnt sich in dieser Zeit die institutionelle Trennung nach Aufgaben einer allgemeinen musikalischen Volksbildung, einer fachlich akzentuierten Amateur- und Berufsausbildung, der Kantoren-, Organisten- und

Lehrerausbildung sowie des Hochschulstudiums herauszubilden (Sowa, 1973). Besonderheiten wie die Kombination künstlerischer und wissenschaftlicher Ausbildung in den von L. Ramann entwickelten Instituten (Ramann, 1898) wurden in diesem Prozeß der institutionellen Normierung aus dem Blick verloren.

Die im 19. Jahrhundert so zahlreich entstehenden Institutionen für Musikunterricht nehmen demgemäß eine höchst unterschiedliche Entwicklung. Teilweise erwachsen aus ihnen bis heute bestehende hochangesehene Konservatorien, die wiederum in staatliche Hochschulen umgewandelt werden oder sich aus kleinen staatlich finanzierten Institutionen zu staatlichen Hochschulen weiterentwickeln. Die für das deutsche Musikleben so bestimmend gewordenen Ausbildungsstätten in Köln, Leipzig, Breslau, Königsberg und Berlin sind auf frühe Institutionalisierungen zu Beginn des 19. Jahrhunderts zurückzuführen. Zwischen Musikschulen und Konservatorien bahnt sich langsam eine Scheidung an. Musikschulen heißen mit Schwerpunkt solche Einrichtungen, die einer breiteren musikalischen Vorbereitung des Amateurs dienen, während Konservatorien nicht nur musikalisch Berufs- und Amateurausbildung vereinen, sondern auch im Bereich musikalischer Amateurausbildung einen strengeren fachlichen Standard beanspruchen. Demgemäß kann L. Kestenberg in seiner Denkschrift von 1921 feststellen: Unter dem Namen Musikschulen „sind Anstalten zusammenzufassen, die nicht das Ziel verfolgen Berufsmusiker auszubilden ... Als Konservatorien sind Anstalten zu bezeichnen, in denen Dilettanten und auch Berufsmusiker unterrichtet werden. Neben dem Instrumental- und Gesangsunterricht sind theoretische Fächer obligatorisch. Außerdem haben die Konservatorien das Recht, Seminare zur Vorbereitung auf die staatliche Prüfung einzurichten. Der Unterricht soll die Allgemeinbildung möglichst berücksichtigen". Die daraus entstandene Konfliktsituation zwischen Musikschulen und Konservatorien (Cahn, 1979) ist bis heute noch nicht voll bewältigt; die aus der Reform der zwanziger Jahre hervorgegangenen Musikschulen neuen Typs, zunächst bewußt ein Gegenprogramm gegen das traditionelle Konservatorium, haben sich gegenwärtig wieder stärker der sachbezogenen Aufgabenstellung der Konservatorien angenähert.

4.2 Die neue Musikschule [5)]

Die Musikschulen haben sich gegenwärtig zur stärksten Bastion außerschulischen Musikunterrichts entwickelt. Es sind Einrichtungen, die unabhängig vom allgemeinbildenden Schulwesen (darum „außerschulisch") mehrere Schüler in einem oder mehreren musikalischen Fächern unterrichten. Im weiteren Sinne sind auch Konservatorium, Musikinstitute usw. als Musikschulen zu bezeichnen, wenn auch bereits im 19. Jahrhundert eher private Einrichtungen für den Instrumental- und Gesangunterricht von Amateuren Musikschulen (Privatmusikschulen) heißen, während die staatlich oder städtisch finanzierten Institute für die berufliche künstlerische Ausbildung vorwiegend die Bezeichnung Konservatorium oder Akademie führen. Im Zusammenhang der Reformpädagogik, insbesondere der musikalischen Jugendbewegung, erfolgt eine Unterscheidung zwischen neuen und traditionellen Musikschulen. Die neuen, im

5) Veränderte und erweiterte Fassung meines Beitrages: Musikschulen. In: Die Musik in Geschichte und Gegenwart. Hrsg. von F. Blume. 16 Bde. Kassel u.a. 1949 ff. Bd. 16. Kassel 1979. Spalte 1324 ff.

Zusammenhang der Jugendmusikbewegung entstandenen Musikschulen sind abzugrenzen als Musikschulen im engeren Sinne; diese dienen allein der Jugend- und Amateurmusik. Demgemäß wird in den zwanziger Jahren für sie die Bezeichnung Musikschulen für Jugend und Volk (Jöde, 1954 a) eingeführt, ebenso breiten sich die Bezeichnungen Volksmusikschule (Kestenberg, 1921) und Jugendmusikschule aus. Die Bezeichnungen verdeutlichen, was unter diesen neuen Musikschulen zu verstehen ist: Sie vermitteln eine spezifische Musikpflege für Amateure, mit der Betonung auf Singen, Zusammenspiel, Volksmusik und eigens komponierter Jugendmusik, und sehen sich als Gegenpol einer Konservatoriumsausbildung in Musik, die den Amateur der gleichen Instrumental-Didaktik unterzieht wie den beruflichen Nachwuchs.

Die 1966 vollzogene Umbenennung des Verbandes der Jugend- und Volksmusikschulen in Verband deutscher Musikschulen (VdM) zeigt eine Umorientierung der Zielintentionen für die neuen Musikschulen auf. Die Aufgaben der technischen Ausbildung am Instrument erhalten wieder stärkere Akzente; sie werden integriert in die ursprünglich dominanten Aufgaben musikalischer Breitenarbeit (Kurse in musikalischer Früherziehung und musikalischer Grundausbildung) und der Laienmusikpflege (Musizier-Arbeitsgemeinschaften). Die Abgrenzung der neuen Musikschulen gegenüber den historisch älteren Einrichtungen für Amateur-Musikunterricht, in der ersten Hälfte des 20. Jahrhunderts emphatisch postuliert, verlor bis in die beginnenden achtziger Jahre durch diese Umorientierung inhaltlich zunehmend an Bedeutung. Erkennbare Einschnitte sind der Abbau des Sing-Primates bei gleichzeitigem Bedeutungsgewinn des Instrumental-Unterrichts. Ein deutlicher konzeptioneller Wandel zeigt sich auch darin, daß Instrumental-Spiel nicht vorrangig dem Gemeinschaftsmusizieren dient, sondern instrumentale Ausbildung und Ensemble-Musizieren gleichbedeutend erscheinen. Demgemäß hat auch das in der traditionellen Jugendmusikschule ausgeklammerte (und dem Privatunterricht überlassene) Klavier nun einen gleichrangigen Platz neben den übrigen Ausbildungsinstrumenten erhalten. Dieser konzeptionelle Wandel der deutschen Musikschulen ist zugleich auch Annäherung an die internationale Entwicklung der Musikschulen, in der Musikschulen vor allem die Funktion der vorberuflichen Ausbildung übernahmen. Die seit einigen Jahren zunehmende Förderung des neuen Ensembles für Percussion, Folklore, Jazz und Popular-Musik aller Art bedeutet vielleicht eine nochmalige Kurs-Änderung auf neue (alte?) musiksoziale Aufgaben der heutigen Musikschule (Berlemann u.a., 1975).

Die Geschichte der neuen Musikschule setzt ein mit der 1905 von A. Greiner gegründeten Städtischen Singschule Augsburg. In § 1 der Satzung wird als Zweck der Singschule genannt: „Sie setzt sich die Heranbildung ihrer Schüler zu brauchbaren Sängern zur Aufgabe und sucht Freude und Verständnis für edlen Gesang in weite Kreise der Bevölkerung zu tragen" (Greiner, 1924). Aus dem Anstoß A. Greiners entsteht durch die Gründung zahlreicher weiterer Singschulen in anderen Städten und die Errichtung eines Deutschen Singschullehrer- und Chorleiterseminars in Augsburg die sog. Singschulbewegung; 1952 wird der organisatorische Zusammenschluß zum Verband der Singschulen vollzogen. Wenn auch A. Greiner selbst die in den zwanziger Jahren entstehenden Musikschulen für Jugend und Volk als etwas anderes, Neues ansah, als eine Neuschöpfung Norddeutschlands gegenüber der Singschul-Tradition Süddeutschlands, so treten doch heute, aus historischer Sicht, die Gemeinsamkeiten von Singschule und neuer Musikschule deutlich hervor und lassen die Singschulen als speziellen Ansatz der Musikschulentwicklung in der ersten Hälfte des 20. Jahrhunderts verstehen. Denn bereits in A. Greiners Konzept wird — auf der Basis gemeinsamen vokalen Musizierens – neben den Zielen Ton- und Stimmbildung sowie Liedstudium als nicht weniger vordringliche Aufgabe die musikalische Förderung insgesamt angesprochen und immer wieder ausdrücklich die Doppelaufgabe der stimmlichen und musikalischen Erziehung betont, und diese als Angebot auch für Schüler aus ökonomisch benachteiligten Schichten.

Die entscheidenden Impulse der Entwicklung von Musikschulen für Jugend und Volk kommen aus der von der Reformpädagogik getragenen musikalischen Jugendbewegung. Die Gedanken einer „tätigen Anteilnahme an der Musik in allen Schichten unseres Volkes" (Jöde, 1954 a) und dies im Interesse einer Reform des gesamten Musiklebens und einer allgemeinen Menschenbildung durch Musik, lösen das Bestreben aus, Musikschulen zu schaffen, in denen „Jugend und Volk" in geeigneter Weise der Zugang zur Musik erschlossen werden könne. Dies wird erstmals 1921 programmatisch von L. Kestenberg in der Denkschrift „Musikerziehung und Musikpflege" formuliert. In dem Kapitel über Musikschulen (in dem unter diesem Titel noch private Einrichtungen für Instrumentalunterricht sowie Hochschulen und Akademien abgehandelt werden) gilt ein Teilkapitel der Volksmusikschule als einer der wichtigsten Aufgaben für Städte und Gemeinden. L. Kestenberg beschreibt hier bereits die inhaltlichen und organisatorischen Merkmale einer Musikschule, einschließlich ihrer sozialen Aspekte und der des Lehrpersonals; er unterscheidet drei Typen von Volksmusikschulen: die Singschule (was den inneren Zusammenhang mit der Singschulbewegung belegt), die Instrumentalschule, für die ausdrücklich bereits die Integration technischer und musikalischer Ausbildung gefordert wird, und die rhythmisch-gymnastische Schule (Kestenberg, 1921).

F. Jöde greift den Musikschul-Gedanken mit der ihm eigenen Emphase auf. Mit seiner Berufung als Methodik-Lehrer für Schulmusik an die Akademie für Kirchen- und Schulmusik in Berlin (1. April 1923) ist die Errichtung einer Jugendmusikschule an der Akademie für Kirchen- und Schulmusik in Charlottenburg verbunden. Daß die Berufung F. Jödes an die Berliner Akademie ausdrücklich mit der besonderen Aufgabe versehen wird, die Kräfte und Formen der musikalischen Jugendbewegung für die Musik der Schule nutzbar zu machen (Jöde, 1929), löst die langandauernde enge Verquickung nicht nur von Jugendbewegung und Schulmusik, sondern auch die bis zur Identität reichende mit der Jugendmusikschul-Bewegung aus. Die Angaben zu Zweck und Arbeitsgliederung im Statut der Charlottenburger Jugendmusikschule bringen dies zum Ausdruck: „Die Jugendmusikschule bezweckt die Wiedererweckung einer edlen Volksmusik durch gründliche, über den Rahmen des heutigen Schulmusikunterrichtes hinausgehende Musikunterweisung und gemeinsame Pflege des durch sie erworbenen Kulturgutes ... Der Klassenunterricht umfaßt Stimmerziehung (Sprecherziehung, Tonbildung, Stimmhygiene), allgemeine musikalische Erziehung und Ausbildung im Einzel- und Chorgesang. In der Instrumentalklasse wird das Spiel von Streichinstrumenten, Flöte und Laute gelehrt. Außerdem wird vokales und instrumentales Zusammenmusizieren in kleineren und größeren Gruppen gepflegt. Alle Spielleute nehmen am Klassenunterricht teil, weil ein isolierter Instrumentalunterricht ohne die Grundlage der allgemeinen Musikerziehung und des Singens unfruchtbar bleibt" (Jöde, 1954 a). F. Jödes Schrift „Musikschulen für Jugend und Volk" von 1924 belegt, daß die Jugendmusikbewegung die entscheidenden Impulse für die Entstehung der Musikschulen für Jugend und Volk in den zwanziger Jahren gab, und zwar unter volksbildnerischem Aspekt („auf daß Musik und Volk wieder zueinander finden"), unter materialem Aspekt (durch die Akzentuierung von Volksmusik und einer spezifischen „Jugendmusik") und besonders unter konzeptionellem Aspekt (hinsichtlich der Bevorzugung von Instrumenten für umgangsmäßiges Musizieren bei gleichzeitiger Vernachlässigung des Klaviers, der Betonung des Singens, des Zusammenspiels und durch die Vernachlässigung kognitiver Aufgaben des Musik-Lernens). Die von F. Jöde vorgenommene Unterscheidung in „Jugendmusikschule" und „Volksmusikschule" ist nicht inhaltlicher Art, sondern bezieht sich auf unterschiedliche Altersstufen; die Volksmusikschule „hat eine Stätte zu sein, in der die schulentlassene Jugend und Erwachsene jeden Alters, beiderlei Geschlechts und jedes Berufes die Möglichkeit finden, in gemeinsamer Arbeit der Musik zu dienen" (Jöde, 1954 a).

Von 1923 bis 1933 entstehen, zuerst in Hamburg, Karlsruhe, Magdeburg, in Neukölln und Bremen, schließlich vor allem nach Nord- und Mitteldeutschland reichend, eine ganze Reihe von Volksmusikschulen (Jöde, 1954 b). Sie breiten sich nach 1933 rasch und weit aus, denn sie werden im Zuge der nationalsozialistischen Musikpolitik für die politische Erziehung der Jugend mit Hilfe von Lied und Musik ausgenutzt. Die in zahlreichen Groß- und Mittelstädten entstehenden Musikschulen werden staatlich bezuschußt, organisatorisch mit nationalsozialistischen Jugendorganisationen verknüpft und inhaltlich im Interesse nationalsozialistischer Jugenderziehung umfunktioniert. 1938 wird eine entsprechende Vereinbarung über die Errichtung von Musikschulen für Jugend und Volk zwischen Reichserziehungsministerium und Reichsjugendführung getroffen. 1939 folgt eine von dem Reichsminister für Wissenschaft, Erziehung und Volksbildung getragene Vereinbarung mit zuständigen kommunalen Stellen u.a., daß „im Interesse einer einheitlichen außerschulischen Musikerziehung der Jugend und der musikalischen Schulung der Erwachsenen . . . in allen kulturell wichtigen Städten" Musikschulen errichtet werden sollen (Hemming, 1977). Dem folgt, daß nach Kriegsende 1945 die Arbeit der Musikschulen für Jugend und Volk zunächst eingestellt wird.

1950 veröffentlicht W. Twittenhoff seine Schrift „Neue Musikschulen" (Twittenhoff, 1950). Im gleichen Jahr stellt eine Arbeitsgemeinschaft von Musikerziehern unter Leitung von H. Mersmann im Entwurf „Richtlinien für die Errichtung von Musikschulen (Jugend- und Volksmusikschulen)" auf. Dies ist ein Neubeginn, eine Abwendung von der politisierten Musikschule des NS-Regimes, doch aus heutiger Sicht noch keine inhaltlich neue Musikschule; man knüpft an das Modell der Jugendmusikschule der zwanziger Jahre an. Bei W. Twittenhoff sind die drei Hauptsäulen wiederum Singen, rhythmische Erziehung, elementares Musizieren; das Neue liegt für ihn in der „organischen Verbindung der verschiedenen überkommenen Schultypen". Demgemäß möchte er unter „Musikschulen" nur solche Schulen verstanden wissen, „die für die gesamte Breite der Jugend- und Volksmusikerziehung zuständig sind"; damit entfällt die Unterscheidung von Musikschulen für verschiedene Altersstufen (Twittenhoff, 1950). Auch in der Schrift von W. Twittenhoff und P.F. Scherber über „Idee und Wirklichkeit der Jugendmusikschule" werden die didaktischen Prinzipien der traditionellen Jugendmusikschule weitergeführt: „Die in den Jugend- und Volksmusikschulen erstrebten und angewandten Formen des Gruppenunterrichts, des gemeinsamen Singens und Musizierens entspringen dem besonderen Charakter einer Institution, die den Belangen des Laientums dienen will ... In den Unterrichtsplan der Jugendmusikschulen sollten alle jene Instrumente bevorzugt einbezogen werden, die ein gemeinsames Musizieren für Laien und Kinder ermöglichen, ohne daß jahrelanges Üben vorausgehen muß ... Singen und Musizieren, möglichst unterbaut und ergänzt durch rhythmische Erziehung, Bewegungsspiel und Tanz, bilden eine Einheit". Die schulorganisatorischen Materialien der Schrift zeigen, daß nach der Aufhebung der Altersstufenbegrenzung nur der verwaltungsmäßige Ausbau der Schulen mit Klärung anstehender rechtlicher Fragen in Angriff genommen wurde (Twittenhoff und Scherber, 1956).

Die inhaltliche Wandlung von der jugendbewegten Jugendmusikschule zur neuen Musikschule ist ein langsamer Prozeß. Als der bedeutsamste Schritt auf dem Weg zur modernen Musikschule erscheinen der „Strukturplan" und das „Lehrplanwerk" des Verbandes deutscher Musikschulen. Sie sichern die Kontinuität des musikalischen Ausbildungsganges innerhalb der Musikschule, die Korrespondenz der einzelnen musikalischen Unterrichtsfächer und die sachlichen Anforderungen innerhalb der einzelnen Fächer. Die sich vollziehende konzeptionelle Wandlung zu einer inhaltlich neuen Musikschule läßt sich aus dem Beginn des Strukturplanes für Musikschulen (revidierte Fassung von 1973) ablesen: „Musikschulen sind Bildungseinrichtungen für Kinder, Jugendliche und Erwachsene. Ihre Aufgaben sind die musikalische Grundausbildung, die Heranbildung des Nachwuchses für das Laien- und Liebhabermusizieren, die Begabtenfindung und Begabtenförderung sowie die evtl. Vorbereitung auf ein Berufsstudium". Eine solche Musikschule stellt durch die Verbindung von aktualisiertem Konservatorium für Amateure (durch Lehrpläne, Zwischenprüfungen usw.) und Volks- und Jugendmusikschule (durch Grundausbildung und ergänzendes Zusammenspiel) tatsächlich einen neuen Typus von Musikschule dar. In beachtlicher Team-Arbeit sind die grundlegenden Strukturen dieser neuen Musikschule, der Gesamt-Lehrplan und die Lehrpläne der einzelnen Fachgebiete systematisch und konkret entwickelt wie festgelegt worden (Müller-Bech und Stumme, 1973; Auerbach u.a., 1974; Wucher, 1974; Berlemann u.a., 1975; Wucher u.a., 1979).

Die meisten neuen Musikschulen der Bundesrepublik sind in dem Verband deutscher Musikschulen (VdM) organisiert, der ihre Interessen wahrnimmt. Man hat dort auch gemeinsame Regelungen entwickelt, an die alle dem Verband angehörenden Musikschulen gebunden sind (Strukturplan und Lehrplanwerk). Klar- und Festlegungen aller Details von Aufnahme, Unterricht, Lehrbedingungen, Finanzierung, Organisationsformen, Trägerschaft, Beschäftigungsverhältnissen usw. haben die Bedingungen für Einrichtung und Finanzierung von Musikschulen geklärt und damit erleichtert. Es gibt heute Musikschulen mit kommunaler Trägerschaft, in der Regel dem Kultur-, Schul- oder Jugenddezernat zugeordnet. Dazu gibt es Musikschulen als eingetragenen Verein. Musikschulen mit kommunaler Trägerschaft haben den Vorteil größerer Sicherheit für Leiter, Lehrkräfte und Bestand der Schule, aber den Nachteil geringerer Beweglichkeit in der Finanzierung und Stellenplanung. Schulen, die von einem eingetragenen Verein getragen werden, haben den Vorteil größerer finanzieller und damit organisatorischer Beweglichkeit, doch den Nachteil geringerer Sicherheit durch schwächeres Engagement der Kommune und damit des geringeren Anreizes für Leiter und Lehrkräfte, an einer solchen Schule tätig zu sein. Während in dem ersten Jahrzehnt nach der Gründung des VdM die Musikschulen mit Trägerschaft durch einen eingetragenen Verein überwogen, haben seit den sechziger Jahren, als zunehmend die Musikschulen als öffentliche Aufgabe erkannt wurden, die Kommunen immer häufiger die Trägerschaft von Musikschulen übernommen; gemäß Stand vom 1. Januar 1973 hatten 66,6% der Musikschulen kommunale Träger, 30,7% waren private Einrichtungen. Der Trend weist auf Zwischenformen durch Beteiligung der Kommunen an Vereinen. Eine überaus tatkräftige und engagierte Lobby hat mit Dokumentationen und kulturpolitischen Initiativen das öffentliche Interesse an den Musikschulen der Bundesrepublik ständig intensiviert.

Die Musikschulen können nicht den Musikunterricht an allgemeinbildenden Schulen ersetzen, weil sie immer nur eine kleine Gruppe aus der gesamten Schülerzahl betreuen können; nach Mitteilung des Verbandes deutscher Musikschulen von 1982 sind von allen Schülern zwischen sechs und fünfzehn Jahren etwa 6,2% in Musikschulen. Mit anderen Worten: 93,8% aller Schüler dieser Altersstufe erhalten eine Unterrichtung über Musik allein durch die allgemeinbildende Schule. Das Verhältnis zwischen Musikschulen und Musikunterricht in allgemeinbildenden Schulen ist darum niemals als Konkurrenz zu verstehen; es wird vielmehr von einem unterschiedlichen musikalischen Lernangebot bestimmt. Wenn man (generalisierend) als Zielintention des Musikunterrichts in allgemeinbildenden Schulen ansieht, daß alle Schüler in Musik eingeführt werden, so ist der Musikschule die Aufgabe gestellt, das dem einzelnen Schüler ergänzend anzubieten, was in der Schulklasse bzw. im Schulkurs nicht möglich ist: den Unterricht auf Instrumenten. Inhaltliche Überschneidungen zwischen beiden Institutionen ergeben sich dadurch, daß einerseits in Musikschulen Vorbereitungsveranstaltungen in Klassenform bester Bestandteil des Lehrprogrammes sind (musikalische Früherziehung und Grundausbildung) und andererseits in allgemeinbildenden Schulen Instrumentalunterricht organisiert oder gefordert wird, um auch praktische Musikübung betreiben zu können. Solche Überlappungen können je nach örtlichen Gegebenheiten sinnvoll oder notwendig sein; sie sind jedoch als solche in der Diskussion zu halten, um dem Musikunterricht in den allgemeinbildenen Schulen nicht den Boden zu entziehen, und um den sozialen Status der Instrumentallehrer nicht zu gefährden (Gundlach, 1973). Unter sozialem Aspekt ist ein bedeutsamer Unterschied zwischen Musikschule und allgemeinbildender Schule in den Blick zu nehmen. Die Musikschule unterrichtet eine Auswahl von Schülern gegen Gebühr, die allgemeinbildende Schule nimmt dagegen einen Erziehungsauftrag für alle Schüler, als Schulpflicht staatlich geregelt und beaufsichtigt, wahr. Die in die Musikschule aufgenommenen Schüler stellen jedoch weniger eine Auswahl unter dem Aspekt sog. musikalischer Begabung (die im Aufnahmealter komplex mit allgemeinen Faktoren und vorausgegangener Hilfe im Elternhaus verknüpft ist) als vielmehr eine Auswahl gemäß sozialer Situation dar. Für Schüler ohne diese sozial bedingten Chancen bleibt die allgemeinbildende Schule die einzige Möglichkeit musikalischen Lernens und eventueller Begabungsfindung. In personeller Hinsicht sind Musikschule und allgemeinbildende Schule seit Beginn der Musikschulentwicklung verknüpft, da Lehrer der allgemeinbildenden Schulen vielfach nebenamtlich in Musikschulen tätig sind, insbesondere im Klassenunterricht und als Leiter von Musiziergruppen. Im Zuge der Hochschulentwicklung zeichnen sich Möglichkeiten ab, Gemeinsamkeiten der Ausbildung für Musikschullehrer und Schulmusiklehrer in den Studiengängen zusammenzufassen und Examensteile zu koordinieren.

In einigen europäischen Ländern hat die Musikschulbewegung sehr früh eingesetzt. Den Beginn in der Schweiz macht die Volkssingschule Basel (1923). In Österreich bilden sich in den frühen dreißiger Jahren Musikschulwerke in F. Jödes Sinn: Ausgehend von einer Hochschule wurde jeweils eine ganze Reihe von Musikschulen einer Landschaft institutionell zusammengefaßt. Das Aufnahme-Alter ist in den europäischen Ländern unterschiedlich. Finnland, die Bundesrepublik und die Schweiz nehmen bereits vor dem Schuleintritt auf, die Sowjetunion mit dem siebten Lebensjahr. In der Sowjetunion und der Deutschen Demokratischen Republik wird die Aufnahme von einer Eignungsprüfung abhängig gemacht. Ziel der Musikschulausbildung ist übereinstimmend das Erlernen eines Instrumentes. Die dem Instrumentalunterricht vorausgehenden Kurse sind unterschiedlich und beruhen auf Singen/Gehörbildung, Solfège/Blockflöte oder nur Solfège vor und neben dem Instrumentalunterricht. Die Schulen in Osteuropa werden vorwiegend staatlich getragen, in den übrigen europäischen Ländern überwiegt kommunale Trägerschaft oder Mitfinanzierung. Demgemäß ist der Besuch der Musikschulen in den osteuropäischen Ländern in der Regel gebührenfrei oder nur mit geringen Gebühren belastet, während die westeuropäischen Musikschulen Schulgeld erheben. Den Musikschulen aller europäischen Länder ist ein außerordentlicher Lehrermangel gemeinsam, da das Bedürfnis nach Instrumentalunterricht in allen Ländern immer mehr ansteigt, der sozio-ökonomische Status der Musikschullehrer aber bisher nur langsam gehoben und gesichert wurde und daraus Lehrermangel resultiert (bei dem jedoch auch weitere Ursachen mitwirken).

Die neuen Musikschulen wurden bisher nur vereinzelt im Zusammenhang beschrieben (Abel-Struth, 1979 b), doch liegt eine umfassende historische Dokumentation vor (Hemming, 1977). Dazu gibt es eine Fülle historischer und aktueller Einzelbeiträge, didaktischer wie teilweise auch beschreibender Art (vgl. Bibliographie in Abel-Struth, 1979 b und in Wucher u.a., 1979).

5. Untersuchungen zu Realsituation und Beurteilung des Musikunterrichts. Beginn vergleichender Forschung

5.1 Erhebungen zur Realsituation des Musikunterrichts

Die Erhebungen zur Realsituation des Musikunterrichts haben ihre historischen Vorläufer in Klagen über Schwierigkeiten mit dem Musikunterricht; diese reichen weit in die Geschichte zurück. Sie sind so zahlreich und intensiv, daß man die Geschichte des Musikunterrichts als ein Kontinuum von Klagen und Anklagen schreiben könnte, durchsetzt von hoffnungsvollen und beschwörenden Reformvorschlägen zur Behebung der Schwierigkeiten, über die man Klage führt. Die zu niedrige Stundenzahl für Musikunterricht, sein geringes Prestige, als falsch erachtete Ziele oder Methoden des Musikunterrichts, die unzureichende musikalische oder pädagogische Befähigung der Musiklehrer und die Unlust der Schüler werden immer wieder als Schwierigkeiten des Musikunterrichts beklagt. Die Klagen nehmen einen erstaunlich breiten Raum in der Fachliteratur der Vergangenheit ein. Doch nur einmal hatte eine solche Klage spektakulären Erfolg. Als H. Kretzschmar, getragen von der künstlerischen und wissenschaftlichen Autorität seiner Leistungen und seiner Ämter, die Behörden auf „Ein englisches Aktenstück über den deutschen Schulgesang" (Kretzschmar, 1910 a) aufmerksam macht, werden nationaler Stolz und amtlicher Ehrgeiz geweckt und Voraussetzungen einer inhaltlich umgreifenden und rechtlich abgesicherten musikpädagogischen Reform geschaffen. Die Tradition der Klagen, vor allem über Stundentafeln, Ziele und Lehrerausbildung im Fach Musik, hat sich in der Gegenwart fortgesetzt. Doch hat kein zeitgenössisches Memorandum, kein Notruf und keine Denkschrift Öffentlichkeit und Behörden jemals wieder so beschäftigt wie H. Kretzschmars Griff in englische Akten.

Doch wie ist die reale Situation des Musikunterrichts? Eine Fülle von Fragen eröffnet sich, sowohl den schulischen wie auch den privaten Musikunterricht betreffend. Man weiß, daß viel Musikunterricht in den Schulen ausfällt, mehr noch in den Hauptschulen als in den höheren Schulen. Man kennt den besonderen Mangel an Musiklehrern in der Grundschule, beobachtet vielfach, daß Musiklehrer mehr in ihrem zweiten Fach als in Musik eingesetzt werden, daß bei Kürzungsnotwendigkeiten zuerst der Musikunterricht abgesetzt wird, daß für musiktechnische Ausstattung nur unzureichende Mittel zur Verfügung stehen. Und vor allem zeigt jeder Blick in die Praxis des schulischen Musikunterrichts, daß Lehrer und Schüler über die Unterrichtsgegenstände des Faches Musik recht unterschiedlicher Meinung sind. Doch man wüßte all dies gern konkreter. Wieviel Musikunterricht ist in den Stundentafeln der Bundesländer für die einzelnen Schultypen und Altersstufen vorgesehen? Wieviel davon fiel in welchem Zeitraum aus? Wieviele Schulen haben musiktechnische Ausstattungen, wie alt sind diese? Wie werden Musiklehrer eingesetzt? Wie sehen die Zensuren in Musik aus? Wieviele Schüler wählen Musik ab? Welche Unterrichtsgegenstände wurden behandelt, bis zu welchem Ergebnis wurde geführt? Und wo liegen Unterschiede zwischen der deutschen und der internationalen Situation?

Auch wenn man die Hemmnisse der Erschließung amtlicher Daten und die Mühsal der Erhebung durch Befragung der Betroffenen kennt, bleibt ein Erstaunen darüber, wie angesichts der Vielzahl der Klagen die Feststellung entsprechender Daten zur Realsituation des Musikunterrichts vernachlässigt blieb. Erhebungen gruppieren sich bisher nur um einige wenige Fragestellungen. Verdienstvolle Einzelforschungen mit geringer Zahl der Befragten oder regionaler Begrenzung bahnen die ersten Wege in die Erschließung konkreten Wissens über die Realsituation des schulischen Musikunterrichts. Vor allem durch Befragung von Schülern und Lehrern versucht man zu klären, wieviel des in Stundentafeln vorgeschriebenen Musikunterrichts überhaupt stattfindet. G. Kleinen stellt für 278 Hauptschüler des 8. und 9. Schuljahres fest, daß 34% regelmäßig Musikunterricht erhalten, 29% mit Unterbrechung, 31% selten; 6% der Schüler erhalten überhaupt keinen Musikunterricht (Kleinen, 1971). Diese Zahlen können jedoch für die Realsituation nur bedingt herangezogen werden; denn die Auskünfte wurden von Musiklehrern erteilt und beziehen sich daher auf Schulen, die einen Musiklehrer haben, also von Haus aus überdurchschnittliche Werte erwarten lassen. Befragungen, die direkt mit Schülern durchgeführt wurden, erbringen demgemäß wesentlich niedrigere Zahlen für stattgehabten Musikunterricht. W. Pape, der 1972 in Nordrhein-Westfalen und Hessen 1507 Schüler des 8. und 9. Schuljahres über Musikunterricht befragt, stellt fest, daß 44,6% der Schüler „regelmäßig, jede Woche" Musikunterricht erhalten, 31,1% „ohne Unterricht in letzter Zeit" blieben und 23,8% „unregelmäßig, nicht jede Woche" Musikunterricht haben (Pape, 1973 und 1974). In A. Silbermanns Befragung geben von 420 Schülern insgesamt 117 an, keinen Musikunterricht in der Schule zu erhalten (Silbermann, 1976). J. Eckhardt und H.E. Lück befragen 900 Schüler, alle 10 Jahre alt und älter. Dadurch, daß bei dieser Erhebung die Befragten zu etwa gleichen Teilen auf Haupt-, Real- und gymnasiale Schulen verteilt sind, ergibt sich die Möglichkeit eines Vergleichs der Realsituation des Musikunterrichts nach Schultypen. Insgesamt 20% der befragten Schüler geben an, keinen Musikunterricht in der Schule zu erhalten; diese verteilen sich mit 37,5% auf Hauptschulen, 0% auf Realschulen und 21,9% auf Gymnasien.

Das Gefälle nach Schultypen im Angebot an Musikunterricht wiederholt sich in den Befragungsergebnissen, die Zahl der wöchentlichen Musikstunden betreffend: Insgesamt erhalten 25,8% der befragten Schüler zwei Wochenstunden Musikunterricht, doch dies sind nur 4,9% der Hauptschüler und 1,3% der Realschüler gegenüber 77% der Gymnasiasten. J. Eckhardt und H.E. Lück fragen auch nach dem Ausfall der im Stundenplan angegebenen Musikstunden und den Ursachen des Stundenausfalls. Nur 29,2% der befragten Schüler geben an, daß keine Musikstunde ausfiel, während 61,9% antworten, daß „ab und zu mal eine Musikstunde ausgefallen" sei und 8,9%, daß „viele Musikstunden ausgefallen" seien. Die angegebenen Gründe für den Stundenausfall sind: „Wir hatten keinen Lehrer" (37,3%), „Der Musikunterricht wurde für ein anderes Fach verwendet" (12%) und „Ich weiß nicht warum" (50,7%). Auch hier werden wieder auffällige Unterschiede nach Schultypen festgestellt; in den Hauptschulen ist die Begründung des Unterrichtsausfalls wegen Fachlehrermangel mit 58,2% überdurchschnittlich hoch vertreten (Eckhardt und Lück, 1976 b).

Eine Erhebung zur Situation in Schulen für Lernbehinderte ist F. Amrhein zu danken. Er befragt im Juni 1980 in 22 ausgewählten Schulen für Lernbehinderte des Landes Hessen insgesamt 1208 Schüler der Klassen 7, 8 und 9. Auf die Frage nach dem Musikunterricht in den unteren Klassen (gemäß Erinnerung) geben 43% der Schüler an, daß sie „meistens regelmäßig" Musikunterricht erhielten, daß der Musikunterricht weniger regelmäßig war, erinnern 23%, und 34% kreuzen an, daß der Musikunterricht „oft ausgefallen" sei. Für das laufende Schuljahr jedoch geben die Schüler bekannt, daß nur 19% regelmäßig Musikunterricht hatten und 42% keinen Musikunterricht; bei 20% der Schüler ist der Musikunterricht manchmal, bei 19% ist er oft ausgefallen (Amrhein, o.J. [1981] und 1983).

Eine häufig beklagte Schwäche des Musikunterrichts ist der durch Lehrerwechsel bedingte Mangel an Kontinuität. Um darüber Daten zu gewinnen, wurde im Rahmen einer Untersuchung der musikalischen Eingangsvoraussetzungen künftiger Lehrer mit dem Fach Musik bei Studienbeginn die Frage nach der Anzahl der Musiklehrer von Klasse 5 bis 13 einbezogen. Von insgesamt 65 Befragten geben 40% an, in dieser Zeit Musikunterricht durch drei verschiedene Musiklehrer erhalten zu haben; 10,8% haben einen Musiklehrer gehabt, 23,1% zwei Musiklehrer, 13,8% geben an, durch vier Musiklehrer unterrichtet worden zu sein, 10,8% durch 5 Musiklehrer und 1,5% durch sechs Musiklehrer. Diese Zahlen, die auf den ersten Blick nicht wesentlich negativer erscheinen als die für andere Schulfächer, sind jedoch dadurch zu relativieren, daß in den letzten beiden Schuljahren 36,5% überhaupt keinen Musikunterricht in der Schule erhielten, 14,9% nur ein Jahr; damit bezieht sich die Zahl der Musiklehrer für mehr als die Hälfte der Befragten (51,4%) nur auf die Klassen 5 bis 11 bzw. 5 bis 12 (Abel-Struth und Roske, 1980).

Die vorliegenden Einzeluntersuchungen zeigen die Malaise der Realsituation unseres schulischen Musikunterrichts, den Stundenausfall, den Lehrermangel, den häufigen Lehrerwechsel, auch den Mangel an Fachräumen und moderner technischer Ausstattung. Die jüngste musikpädagogische Forschung geht über die Erhebung der Negativa des Musikunterrichts hinaus und stellt Fragen nach Ursachen und internen Zusammenhängen der Realsituation des Musikunterrichts, eine musikpädagogische Unterrichtsforschung i.w.S. erschließend und durch Separierung bestimmender Variablen von Musikunterricht einem unterrichtstheoretischen Ansatz dienend. K. Graml und W. Reckziegel leisten den exemplarischen Beitrag zur Elterneinstellung hinsichtlich Musik und Musikunterricht. Ohne zu verallgemeinern, kommt doch die sozial bedingte Unterschiedlichkeit der Elterneinstellungen zutage, zeigen sich sozial bedingte Unterschiede gegenüber „Hindernisargumenten“ und das Nachlassen des elterlichen Musikinteresses für das Kind, wenn dieses aus dem Grundschulalter hinauswächst. Die differenziert angelegte Untersuchung führt mit Relationen zwischen Eltern und Kindern, Elternmeinungen über musikalische Begabung, Auswirkungen elterlichen Instrumentalspiels, Stellenwert der elterlichen Erinnerungen an den eigenen Musikunterricht u.a. tief in die konkreten Probleme um Musikunterricht und die hinter den Fakten stehenden Ursachen seiner Realsituation (Graml und Reckziegel, 1982). Ebenso ist die Studie von H. Schaffrath, E. Funk-Hennigs, Th. Ott und W. Pape zur Situation des Musikunterrichts und der Musiklehrer an allgemeinbildenden Schulen besonders hervorzuheben. Sie stellt den Musiklehrer in den Mittelpunkt, weit ausgreifend die Daten sammelnd, die Aufschlüsse über Ausbildung und Tätigkeit des Musiklehrers, seine Arbeitsbedingungen im schulischen Musikunterricht (von der Ausstattung bis zu innerschulischen Aktivitäten) und seine fachlich-didaktischen Positionen geben. Im Ansatz ist hier der Versuch unternommen, den Musiklehrer im Zusammenhang von Variablen des Musikunterrichts zu beobachten; mit den am Musiklehrer gewonnenen Daten werden Strukturen und Probleme von Musikunterricht faßbarer (Schaffrath u.a., 1982).

5.2 Befragungen zur Beurteilung des Musikunterrichts

Jeder Musiklehrer hat – wie alle Lehrer – den Wunsch, daß seine Schüler gern in den Unterricht kommen, daß es ihm gelingt, die Zustimmung der Schüler zum Unterricht zu erlangen, die nicht nur sein Lehren, sondern auch das Lernen der Schüler zu beflügeln vermag. Das Bestreben, mehr über Konsens wie auch Dissens zwischen Lehrenden und Lernenden zu erfahren, hat in den vergangenen Jahren zu systematischer Erhebung von Beurteilungen des Musikunterrichts geführt; in besonders hohem Maße ist dabei das „Schülerurteil" über Musikunterricht festgestellt worden. Wir möchten wissen, was die Schüler vom Musikunterricht halten, welche Erwartungen sie hegen, was sie gern tun, wie sie rückblickend über Unterrichtsgegenstände, den Unterrichtsstil oder auch die Effektivität des Unterrichts urteilen. Der Musiklehrer wird an der Beurteilung des Musikunterrichts durch seine Schüler nicht vorbeigehen, auch wenn der Wunsch, den Schüler abzuholen, mitunter wie die Geschichte vom Jockel ausgeht. Doch beginnt sich auch Verständnis dafür auszubreiten, daß Beurteilung und Wünsche des Schülers nicht identisch mit Unterrichtsplanung sind; diese hat auch außerhalb der momentanen Schülereinstellung liegende Aspekte musikalischen Lernens zu beachten und zu berücksichtigen. Zudem ist im Blick zu behalten, daß in Beurteilungen, gerade auch durch junge Menschen, stets Suggestion der Fragestellung und Anpassung an Gruppenmeinungen einfließen.

Das Interesse an der Beurteilung des Musikunterrichts durch Schüler hat uns einiges Wissen darüber vermittelt, wie Musikunterricht von Schülern gesehen wird. In zahlreichen Erhebungen wurde Schülern die Frage nach dem Grad der Beliebtheit des Musikunterrichts in der Schule gestellt. Die dafür eingesetzten Methoden sind mündliche und schriftliche Befragung sowie der Schüleraufsatz. Die Urteile der Schüler über ihren Musikunterricht sind durchweg in hohem Maße negativ. Es fehlt jedoch an weiterführenden Untersuchungen, die diese Negativ-Urteile unter dem Aspekt der gewählten Fragestellungen und allgemeiner Meinungstrends prüfen. In der Regel wird mit Bewertungsskalen gearbeitet. Nach der Befragung G. Kleinens schließen sich 65% der befragten Hauptschüler der mittleren Position („Es geht") an (Kleinen, 1971). Auch in der nordrhein-westfälisch/hessischen Befragung W. Papes gibt mehr als die Hälfte der Schüler (51,7%) an, daß der Musikunterricht „einigermaßen" gefalle, schließt sich also einer mittleren Position an; 38,4% gefällt der Unterricht gut und 9,9% überhaupt nicht.

W. Pape ermittelt in der gleichen Befragung einen auffällig hohen Unterschied zwischen Jungen und Mädchen; Mädchen schätzen den schulischen Musikunterricht deutlich positiver ein (24,1% der Mädchen gefällt der Musikunterricht gut, doch nur 14,3% der Jungen) – ein weiterer Hinweis darauf, wieviele verdeckte Variablen hinter solchen Schülerurteilen verborgen sind (Pape, 1974). Auch A. Silbermann, der in seiner Schülerbefragung zur Beurteilung des schulischen Musikunterrichts mit fünf Kategorien arbeitet, erhält die höchste Ziffer für die mittlere Position „manchmal interessant, manchmal langweilig"; man sollte aber auch im Blick behalten, daß bei W. Pape wie bei A. Silbermann der positive Pol der Beurteilungen wesentlich stärker belegt wird als der negative. Die – allerdings mit 15 Befragten zahlenmäßig nicht ausreichende Lehrerbefragung A. Silbermanns zum gleichen Gegenstand – bringt zwar mit der Dominanz der mittleren Position die Entsprechung von Schüler- und Lehrermeinung, weicht aber mit der höheren Belegung des Negativ-Pols gegenüber dem Positiv-Pol von der tatsächlichen Bewertung der Schüler ab (Silbermann, 1976). J. Eckhardt und H.E. Lück vergleichen die Stellungnahmen zu der Frage, ob das Schulfach Musik interessant sei, nach Schülergruppen. Während das Gesamtergebnis den gleichen Trend wie die bereits genannten Befragungen zeigt, weichen Schüler aus Musischen Gymnasien und mit gleichzeitigem Unterricht in Musikschulen und Konservatorien mit ihrem Urteil ab: Sie beurteilen den schulischen Musikunterricht in wesentlich höherer Zahl als „sehr interessant“ und „ziemlich interessant“ und nur in verschwindend geringer Zahl als „ziemlich langweilig“ und „sehr langweilig“; die positiven Urteile liegen zusammen fast so hoch wie das mittlere Urteil der Mehrheit. J. Eckhardt und H.E. Lück haben in ihrer Erhebung zur Beliebtheit des Faches Musik bei Schülern auch die Rangfolge von neun Schulfächern erfragt („Welche Fächer machen Dir in der Schule am meisten Spaß?“). Musik erhält den sechsten Rangplatz (nach Sport, Mathematik, Kunst, Geschichte, Erdkunde) vor Deutsch, Physik und Religion (Eckhardt und Lück, 1976 a).

Die Gründe negativer Beurteilung schulischen Musikunterrichts konzentrieren sich auf zwei: das im Unterricht eingesetzte Musikmaterial und Berücksichtigung der verschiedenen Unterrichtsgegenstände. Doch berechtigen auch hier Einzeläußerungen zu der Vermutung, daß die Befragungen mitunter Antworten im Denkklischee herausfordern und mit differenzierteren Methoden unterschwellige Denkweisen zutage treten und das Bild verändern könnten. Negative Schülerurteile über Musikunterricht im Zusammenhang des Musikmaterials sind stets indirekte Forderungen nach mehr Popularmusik im Musikunterricht der Schule. W. Pape hat in seiner Untersuchung von 1974 sorgfältig Schülerurteile und Anteiligkeit von Schlager- und Popularmusik in Relation gebracht. Schüler, denen der Musikunterricht nicht gefällt, finden zu 32% den Unterricht „unmodern“ (was in der Sprache des Schülers unzureichende Berücksichtigung von Schlager und Popmusik meint), weitere 27% möchten im Unterricht „nur Popmusik hören“, 21% finden den Musiklehrer langweilig (was ebenfalls material- und nicht persönlichkeitsbezogen gemeint sein kann), weitere 13% möchten im Musikunterricht „nur Schlager hören“; nur 6% der Schüler mißfällt der schulische Musikunterricht, weil man nicht gern singt, nur 3%, weil man kein Instrument spielen kann. Das gleiche Bild ergibt sich bei der Relation von Positiv- und Negativ-Urteil über Musikunterricht im Zusammenhang der Anteiligkeit von Schlager- und Popularmusik im Unterricht. Schüler, denen der Musikunterricht gut gefällt, geben zu 88,2% an, daß Schlager im Unterricht behandelt werden, zu 71,8%, daß Popmusik im Unterricht behandelt wird. Die vielfach erfragten Rangfolgen musikalischer Gattungen bei Schülern bringen die Bestätigung dieser Schülererwartungen an Musikunterricht. Die Rangliste W. Papes dürfte symptomatisch sein. Aufgefordert, die Musikarten zu benennen, die nach dem Wunsch des Schülers im Mittelpunkt des Musikunterrichts stehen sollten, wird angegeben: Popmusik (51,6%), deutsche Schlager (16,9%), ausländische Schlager (8,1%), Volkslieder (4,1%), Protestsongs (3,4%), Tanzmusik (2,2%); alle weiteren Nennungen liegen darunter, z.B. klassische Musik (mit 1,7%). Die zusätzlichen Fragen nach Musikarten, die im Musikunterricht an zweiter und dritter Stelle stehen sollen, bringen keine Veränderung des Bildes (Pape, 1974). Auch bei allgemeiner Fragestellung ist stets die Mehrheit der Schüler für Beat-, Pop- und Jazzmusik als Material des Musikunterrichts (Gröning, 1970; Eckhardt und Lück, 1976 a und b; Wiechell, 1977).

Die gleiche Tendenz des Schülerurteils über schulischen Musikunterricht zeigen auch Schülerbefragungen zur Rangfolge der Unterrichtsgegenstände des Faches Musik. A. Silbermann zählt Realangaben zu Unterrichtsgegenständen im Musikunterricht, dazu die Wunschangaben auf. In den Realangaben treten mit hoher und ziemlicher Häufigkeit das Vorspielen des Lehrers, das gemeinsame Singen und „Noten lesen und schreiben" auf. Die Wunschangaben der Schüler zielen mit Abstand am stärksten darauf, daß „der Lehrer ... Schallplatten mit Beat-, Rock- und Jazz-Musik laufen" läßt und bespricht. Die nächstfolgende Ziffer betrifft den gleichen Wunsch, doch sollen die Platten ohne Besprechung durch den Lehrer vorgeführt werden. Mit Abstand folgen Wünsche nach gemeinsamem Musizieren, Instrumentenvorführung und -besprechung und die Vorführung und Besprechung von Schallplatten mit klassischer Musik. Musikgeschichte und Lehrervorspiel erhalten nur niedrige Rangplätze, ebenso „gemeinsames Singen"; ganz am Schluß der Liste steht „Noten lesen und schreiben". Als Ausgangsmaterial zu Studien über die Rolle des Musiklehrers bietet sich die von A. Silbermann in der gleichen Untersuchung erhobene Rangfolge der Unterrichtsgegenstände der Schulmusik an, wie sie von den Eltern der Schüler angegeben wird. Hier steht nun „Noten lesen und schreiben" an erster Stelle, gefolgt von „gemeinsamem Singen"; den niedrigsten Platz in der Rangfolge der Unterrichtsgegenstände bei den Eltern erhält die Vorführung und Besprechung von Beat-, Rock- und Jazzplatten. Das ganze Dilemma des Musiklehrers, die Widersprüchlichkeit der auf ihn gerichteten Erwartungen, wird durch einen solchen Zahlenvergleich offenkundig. Auch die Rangfolge, die die Lehrer selbst für die musikalischen Unterrichtsgegenstände angeben, ist – allerdings bei sehr geringer Zahl der Befragten – zumindest in der Tendenz aufschlußreich; während Schüler und Eltern mit hohen Ziffern die extremen Positionen angeben, ziehen sich die Lehrer mit der Mehrzahl der Antworten auf die mittlere Kategorie („teils/teils") zurück. Doch macht die (bedauerlicherweise) verschiedenartige Formulierung der Kategorien bei Schülern und Eltern gegenüber den Musiklehrern eine vergleichende Aussage nur sehr vage möglich (Silbermann, 1976). Die Rangfolge der Unterrichtsgegenstände bei Schülern erbringt im übrigen stets das gleiche Bild. Bei J. Eckhardt und H.E. Lück erbringt der Vergleich der Realsituation und der Schülerwünsche, daß trotz des höchsten Anteils von Beat-, Pop- und Jazzmusik der höchste Prozentsatz der Schüler (35%) diesen Unterrichtsgegenstand noch mehr berücksichtigt haben möchte. Demgegenüber wünschen 9,5% der Schüler mehr Einbeziehung klassischer Musikbeispiele und deren Besprechung, 10% wünschen mehr Instrumente kennenzulernen, 8,5% wollen mehr musizieren und 8% mehr singen. Musikgeschichte (6%) und Musiktheorie (2,5%) folgen am Ende der Skala der Schülerwünsche. Auch eine weitere Erhebung der beiden Autoren zu der Frage „Was gefällt Dir gut am Musikunterricht in der Schule?" erbringt die Rangfolge: Beispiele der Beat-, Pop- und Jazzmusik hören und durchsprechen (30,93%); Singen (20,08%), Experimentieren (Komponieren, Tonbandaufnahmen machen; 14,37%); mit Instrumenten in der Gruppe musizieren (12,33%); Beispiele der klassischen Musik (Opern, Sinfonien usw.) hören und durchsprechen (5,23%); Musikgeschichte betreiben (einzelne Komponisten, Stilrichtungen wie Barock, Romantik, Neue Musik), also einen Einblick in unsere Musikliteratur verschaffen (5,07%); mit Instrumenten einzeln musizieren (4,49%); die Beschaffenheit der Instrumente kennenlernen (4,17%); Musiklehre betreiben (Notenschrift, Intervalle, Tonleitern, Dreiklänge usw.; 3,33%). Die Gegenfrage „Was möchtest Du im Musikunterricht in der Schule nicht so gerne machen?" und die daraus gewonnene Rangfolge bestätigen die Wunschliste; Musiklehre, klassische Musik und Musikgeschichte erhalten jetzt die höchsten Ziffern und nur ganz wenige Schüler (jeweils um 3%) geben an, daß Beat-, Pop- und Jazzmusik sowie Gruppenmusizieren nicht in der Schule gewünscht werden (Eckhardt und Lück, 1976 a; vgl. Hagstedt u.a., 1980).

Dennoch tauchen hier manche Widersprüche auf, beispielsweise zum Experimentieren mit Musik, die besonderer Untersuchung bedürfen. Auch W. Pape kommt zwar betreffs der Rangfolge der Unterrichtsgegenstände im Trend zu gleichen Ergebnissen. Doch erbringt seine Differenzierung der Ergebnisse nach Schülern ohne und mit Musikunterricht einen auffälligen Unterschied: Schüler mit (schulischem) Musikunterricht lehnen Notenlesen und Tonleiterlernen in noch höherem Maße ab als Schüler ohne Musikunterricht. Die Erklärung, daß diese Schüler die Nutzlosigkeit des Notenkönnens bereits erfahren haben (weil sie weder Instrumente spielen noch bei Pop-Gruppen die Benutzung von Noten beobachten können), gibt weiteren Aufschluß über Probleme interner Unterrichtszielsetzung und -gestaltung (Pape, 1974). Doch die Schüler scheinen schon recht gut zu wissen, welche Antworten von ihnen erwartet werden bzw. welche Antworten im Gruppeninteresse liegen. Denn wenn nicht in Schwarz-Weiß-Kontrasten nach Material- und Unterrichtsgegenstands-Präferenzen gefragt wird, sondern mit einer Vielzahl von Bereichen im Rahmen des Musikunterrichts gearbeitet wird (Freischen, 1971; Noll, 1973), ist offenkundig auch mit differenzierteren Ergebnissen zu rechnen. Auch F. Amrhein (o.J. [1981] und 1983) verweist mit seiner Auswertung auf diffizile Verquickungen zwischen Regelmäßigkeit des schulischen Musikunterrichts und präferierten Unterrichtsgegenständen.

Solche Einzelbeobachtungen zielen zunächst auf Differenzierung von Schülermeinungen durch offene Fragen. Bei einer Untersuchung der Meinung von Oberstufenschülern über den Musikunterricht, durchgeführt mit dem Verfahren des Schüleraufsatzes, begegnet D. Zimmerschied dem Vorwurf, daß Musik als Schulfach nicht gefällt, weil man in der Unterstufe nichts gelernt habe, „und dann soll man plötzlich aus Opern etc. alles Mögliche heraushören und -lesen" (Zimmerschied, 1971). Aus noch größerem zeitlichen Abstand, als Erinnerung von Studenten an ihren schulischen Musikunterricht, fallen die Beschwerden über die methodische Ungeschicklichkeit der Musiklehrer auf und über die unzureichenden äußeren Umstände des Musikunterrichts (Zimmerschied, 1970). J. Eckhardt und H.E. Lück geben Auszüge aus Gruppendiskussionen mit Schülern über Musikunterricht, die tiefer in tatsächliche Gründe gegenwärtiger Skepsis führen als die klischierten Antworten auf Fragen zu Musikmaterial und Unterrichtsgegenständen. U.a. heißt es: „Was die Leute im Musikunterricht wirklich lernen, ist so gut wie nichts, es ist rausgeschmissene Zeit"; „Selbst das Notenlesen habe ich in der Schule nicht gelernt"; und: „Die Leute werden in den ersten Jahren so abgeschreckt, sie kriegen einen Haß auf den Musikunterricht – es ist unbeschreiblich". Auch die Frage beider Autoren, welches Fach in der Grundschule am meisten Spaß gemacht habe, führt zu aufschlußreichen Aspekten; nur 5% der Schüler geben Musik als dieses Fach an – doch wieviele Grundschüler hatten überhaupt Musikunterricht und konnten eine Vorliebe, die meist prägende, dauerhafte Vorliebe, aus dieser Phase gewinnen (Eckhardt und Lück, 1976 a)? G. Portugall, dessen Befragung auch für die Deutsche Demokratische Republik die weit überwiegende negative Einstellung der Schüler (hier aus den Klassen 9 und 10) zum Musikunterricht erbringt, erkennt in den Schülerargumentationen drei dominierende Aspekte. Zunächst führen Schüler ihr eigenes Wissen und Können, auch persönliches Interesse an Musik an. Die zweite große Gruppe der Argumente betrifft die Qualität des Musikunterrichts, seine Inhalte und die Persönlichkeit des Musiklehrers. Eine dritte Gruppe von Argumenten bezieht sich auf die Bedeutung des Musikunterrichts für Beruf und Leben. Wenn diese Voraussetzungen, musikalische Vorbildung, guter Unterricht und die Absicht musikalischer Berufsausbildung, gegeben sind, dann sprechen sich Schüler für Musikunterricht aus; der höchste Prozentsatz an positiver Argumentation für Musikunterricht kommt dabei zustande, wenn die Schüler sich auf einen guten Musikunterricht beziehen können (Portugall, 1965 a und b). Auch in dem Material K. Grönings spielt über Musikmaterial und Unterrichtsgegenstände hinaus in den methodisch offenen Antworten die Qualität des Unterrichts eine entscheidende Rolle; dann gibt es sogar Argumente für das ansonsten so unbeliebte Notenlesen („Notenwerte müssen anschaulicher gelehrt werden"; „Mir hat es gefallen, auch wenn es nicht immer interessant war, daß wir so viel über die Noten gelernt haben, so daß wir auf Anhieb auf einem Instrument spielen konnten"; Gröning, 1970).

Daß die Beurteilung des Musikunterrichts durch Schüler mit Fragen nach bevorzugten Musikarten und Grad der Beliebtheit auch nicht annähernd ausgeschöpft wird, und daß zudem Beurteilungen durch Schüler in hohem Maße von Trends abhängig sind und hier methodische Sicherungen notwendig sind, belegt auch eine Frankfurter Untersuchung an Studienanfängern. Künftige Lehrer mit Fach Musik werden bei Studienbeginn auch über ihre Meinung zum zurückliegenden schulischen Musikunterricht befragt. Die Qualität des Musikunterrichts wird von 66 Versuchspersonen, die zwischen 1 (hervorragend) bis 5 (völlig unzureichend) bewerten können, mit einem Mittelwert von 3.24 angegeben; dabei ist auffallend, daß der Mittelwert bei männlichen Versuchspersonen 3.72, bei weiblichen dagegen 2.76 ist, d.h., daß der Musikunterricht der männlichen Schüler entweder schlechter ist oder mit strengerem Maßstab beurteilt wird als der der weiblichen Schüler. Besonders aufschlußreich jedoch ist, daß die Beurteilung der Qualität des Musikunterrichts eine Parallele in der Beurteilung des systematischen Aufbaues des Musikunterrichts findet. Die Skala reicht hier von 1 (konsequent aufbauend) über 2 (weitgehend kontinuierlich) und 3 (wechselnd) zu 4 (kaum kontinuierlich) und 5 (überhaupt nicht kontinuierlich). Das Ergebnis ist ein Mittelwert von 3.42 für das Gesamt der Befragten, für die männlichen Versuchsteilnehmer 3.79, für die weiblichen 3.08. Doch aufschlußreicher ist die zahlenmäßige Übereinstimmung in den jeweils fünf vorgegebenen Graden, die belegt, daß negative Beurteilung der Qualität des Musikunterrichts in hohem Maße auf unzureichender Kontinuität im Musikunterricht beruht. Wie stark zeitspezifische Vorstellungen über Aufgaben des Musikunterrichts die Erwartung des Schülers an Musikunterricht und damit seine Beurteilung bestimmen, zeigt (bei insgesamt sieben Kategorien und Möglichkeit der Mehrfachnennung) die hohe Prozentzahl für die Aufgabe „Schüler anleiten, sich selbst musikalisch-kreativ auszudrücken" (78,4%) gegenüber der niedrigen Prozentzahl für die Aufgabe „Geschichtliches und aktuelles Fachwissen vermitteln" (27,0%; Abel-Struth und Roske, 1980).

Bei der Beurteilung der Bedeutung von Musikunterricht spielen offensichtlich bei Schülern auch Nützlichkeitserwägungen eine erhebliche Rolle. Dies belegt u.a. eine spezielle Untersuchung von P. Michel. Er prüft an Aufsätzen die Meinung von Schülern der 9. und 10. Klasse zu den Fragen: „Warum habe ich Musikunterricht?" und „Hat die Musik für mein späteres Leben Bedeutung?"; die Aufsatzmethode wird bei 140 der 607 befragten Schüler durch explorative Methoden ergänzt, um tiefer in individuelle Überlegungen eindringen zu können. 21,2% aller befragten Schüler erklären Musik als vollkommen gegenstandslos für ihre zukünftige Lebensgestaltung und Lebensperspektive und halten deshalb eine aktiv-geistige Auseinandersetzung mit ihr und so auch den Musikunterricht für überflüssig. 11,4% sehen die Beschäftigung mit Musik als nicht unbedingt notwendig an, während die große Zahl von 38% in der Musik „das Kontemplative, das Genießerische, den unterhaltenden Faktor" sieht und darum Bemühung um tieferes Verständnis von Musik als überflüssig erachtet. Wie notwendig tieferreichende Untersuchungen aller Schüleraussagen gerade über Musik aber sind, wieviel Denkklischees sich in Schülerantworten auswirken können, belegt das knappe Drittel der Schüleraussagen bei P. Michel, die sich positiv zu Musikunterricht äußern mit typischen Antworten wie: „Die Musik gehört zum gesellschaftlichen Leben der Menschen“ oder „Die Musik trägt mit ihren tiefgreifenden Gefühlen zur Erziehung des Menschen bei“. P. Michel selbst faßt diese Schüleraussagen zusammen: „Diesen Schülern ist durch systematische und methodisch gediegene Arbeit, aber auch durch die positive Einflußnahme anderer Erziehungsträger klargeworden, daß die Musik wertvolle Impulse und Motive auszustrahlen und das Lebensgefühl zu erhöhen vermag . . . (Es) dominiert bei einer solchen positiven Einstellung zur Musik und zum Unterricht das Lernen aus gesellschaftlichem Erfordernis, die Identifikation mit unseren gesellschaftlichen Normen und kulturpolitischen Zielsetzungen“ (Michel, 1969).

Es ist unverkennbar, daß nicht nur die individuelle Auffassung, sondern insgesamt das Prestige, das eine Gesellschaft einem Gebiet wie dem Musikunterricht gibt, sich in den Aussagen von Befragten niederschlägt, damit wohl zugleich potenzierend auf die Meinungsbildung zurückwirkend. Das Prestige des Musikunterrichts ist nur gering. R. Loch erfährt durch seine Befragung 14jähriger Schüler, daß 25% den Kunstunterricht für wertlos halten und als Zeitverschwendung ansehen, daß 39% der Schüler von Volksschulen in Städten und 45% der Schüler aus ländlichen Volksschulen die Meinung vertreten, die Funktion des Kunstunterrichts sei es, sich auszuruhen und Blödsinn machen zu können (Loch, 1971). Bei W. Papes Befragung sind es „nur“ 6,5% aller Befragten, die den Musikunterricht für überflüssig halten. Besondere Aufmerksamkeit verdient W. Papes Nachweis des direkten Zusammenhangs zwischen negativer Einstufung der Funktion des Musikunterrichts und der Durchführung von Musikunterricht: Unter seinen 99 Schülern, die Musik als Schulfach für überflüssig halten und als Zeitverschwendung ansehen, hatten 54,5% in der vorangegangenen Zeit keinen Musikunterricht; von denen, die Musikunterricht als Gelegenheit zur Erholung von anderen Stunden ansehen, hatten 32% keinen Musikunterricht (Pape, 1974). A. Silbermann differenziert bei seiner in fünf Kategorien zu beantwortenden Frage an Eltern nach der Wichtigkeit von Musik als schulischem Unterrichtsfach nach Schultypen. Für die Eltern überwiegt offensichtlich in allen Schultypen die positive Beurteilung der Wichtigkeit, die beiden Positiv-Kategorien und die Mittelkategorie sind weitaus am häufigsten belegt; die Negativ-Kategorien sind für Realschule und Gymnasium stärker belegt als für Grund- und Hauptschule. Während in den Lehrerantworten das Unterrichtsfach Musik in der Grundschule mit Abstand höchste Bedeutung erhält, ist bei den Eltern offensichtlich die Bedeutung des rechtzeitigen Musikunterrichts in der Grundschule nicht bekannt oder nicht anerkannt (Silbermann, 1976). Auffällig ist, daß die im gleichen Zeitraum und im gleichen Bundesland durchgeführte Befragung von J. Eckhardt und H.E. Lück zu einem völlig anderen Ergebnis kommt. Bei der Frage an die Eltern nach der Wichtigkeit des Musikunterrichts nach Schultypen erhält hier die Grundschule den höchsten Punktwert (3.27), dicht gefolgt von der Hauptschule (3.13); für die Oberstufe des Gymnasiums erhält die Wichtigkeit des Musikunterrichts von den Eltern den niedrigsten Punktwert (2.76; Eckhardt und Lück, 1976 a und b). Insgesamt bleibt die hohe Zahl der Schülerbefragungen gegenüber wenigen Eltern- und den fast ganz vernachlässigten Lehrerbefragungen über Musikunterricht zu beachten. Eine historisch-biographisch angelegte Musiklehrerbefragung von N. Linke zeigt eine erstaunliche Nähe der Lehrerurteile über Musikunterricht aus drei Generationen (Linke, 1982).

Indirekte Aussagen sprechen wahrscheinlich deutlicher über Prestige oder Prestigemangel des schulischen Musikunterrichts. W. Brändle verweist mit seinem Bericht über die Abwahl des Faches Musik in der Oberstufe der höheren Schule auf Unterschiede der Fächer Kunsterziehung und Musik; bei der Begründung der Abwahl des Faches Musik verweisen Schüler auf den Mangel an sichtbarer, greifbarer Leistung in Musik, die Chancen, im Kunsterziehungsunterricht ungezwungener, individueller, konkreter und abwechslungsreicher arbeiten zu können, die stofflichen Belastungen des Musikunterrichts und die dennoch niemals ausreichende Zeit, will man sich auch nur in ein einzelnes Werk gründlich und befriedigend einarbeiten (Brändle, 1965). Aufschlußreich ist das Ergebnis der Überprüfung des Zusammenhanges von Abwahl des Faches Musik in der Oberstufe und Freizeitwert des Faches, die D. Wiechell vornimmt. Freizeitwert einer Beschäftigung und Ansehen des entsprechenden Schulfaches erweisen sich beim Vergleich der Fächer Kunsterziehung und Musik als im umgekehrten Verhältnis stehend; Kunsterziehung wird in der Oberstufe weitaus mehr als Fach gewählt, Musik hat den wesentlich höheren Freizeitwert. D. Wiechell vermutet zu Recht, daß Musik eben darum auch nicht als Schulfach gewählt werde – denn dies impliziert die Aufforderung, technische Kompetenz zu erwerben. Die Entscheidung, Musik abzuwählen, wäre demgemäß kein Indiz für mangelnde Beliebtheit von Musik, höchstens für die mit dem Schulfach Musik verbundene und dem Freizeitwunsch nach Musik widerstrebende Vorstellung von Musikunterricht (Wiechell, 1977).

Ein Indikator für das Prestige eines Faches sind auch die Zensuren; je höher die Durchschnittsquote in einem Fach liegt, desto geringere Bedeutung hat die einzelne gute Note. Nach A.D. Hopp und G.A. Lienert steht die durchschnittliche Musiknote hinter der Note für Religion an zweiter Stelle (Hopp und Lienert, 1965). Daß die Musiknote wenig über den Schulerfolg aussagt, wird von W. Knoche belegt: Gleich gute Schüler können unabhängig von einer guten oder schlechten Musiknote in gleicher Weise „sitzenbleiben" (Knoche, 1969). Die Daten von E. Weingardt zeigen, daß die Note „sehr gut" im Fach Musik von Sexta bis Oberprima deutlich zunimmt (Weingardt, 1954). Alle diese Daten sprechen dafür, daß die Musiknote und damit das Fach Musik im Fächerkanon der Schule und in der Beurteilung der Schüler keine hohe Bedeutung hat.

Das Prestige des schulischen Musikunterrichts erweist sich insgesamt als ein wesentlich komplizierteres Geschehen, als einfache Fragen nach Beliebtheit des Musikunterrichts bei dem Schüler und die Feststellung der von ihm präferierten Unterrichtsmusik und Unterrichtsgegenstände erkennen lassen. Zahlreiche Faktoren wirken mit, von der Stellung des Faches im Stundenplan bis zur unterschwelligen Auswirkung gesellschaftlicher Trends, von Räumen und Sachausstattung bis zum Schulkonzert. Prestigefaktoren des Musikunterrichts bei Schülern, Eltern und Lehrern, dazu bei Kollegen an der Schule und Hochschullehrern des Ausbildungsinstitutes, sind in hohem Maße verschieden und nehmen dennoch ständig Einfluß, werden mehr oder weniger unbewußt von den Gruppen übernommen. S. Bitterlich zeigt, daß sogar ein gut geführtes Musikheft prestigebildend bei Eltern und Kollegium wirken kann (Bitterlich, 1974). Schulchöre und -orchester sind in wesentlich höherem Maße prestigebildende Faktoren als die methodisch vorzügliche Musikstunde. In verschiedenen Schulen hat das Prestige des Faches Musik unterschiedliche Tradition. Ein schwer faßbarer, aber höchst bedeutsamer Faktor der Prestigebildung des Schulfaches Musik ist der allgemeine gesellschaftliche Trend. Ebenso schwer faßbar, aber nicht weniger bedeutsam für die Zukunft des Musikunterrichts in der Schule ist die Diskrepanz zwischen den honorierten Faktoren des Musiklehrer-Verhaltens und den tatsächlich den Schüler fördernden Leistungen eines Musiklehrers. Nur das Bewußtsein dieses komplizierten Zusammenspiels in Realsituation und Beurteilung des Musikunterrichts kann den Musikunterricht im Interesse der Schüler versachlichen und die Entwicklung entsprechend differenzierter Forschungsmethoden fördern.

5.3 Zur methodischen Situation vergleichender Musikpädagogik

Innerhalb der Erziehungswissenschaften hat sich, nach einer langen, in das vorige Jahrhundert zurückreichenden Tradition, eine vergleichende Erziehungswissenschaft entwickelt, die sich als pädagogische Disziplin versteht. Mit vergleichenden Methoden werden „Einrichtungen und Verfahren in unterschiedlichen Erziehungssystemen in der Absicht beobachtet und analysiert, Aufschlüsse über die Bedingungen zu gewinnen, unter denen sie funktionieren und sich fortentwickeln, über die ihnen zugrunde liegenden Zielvorstellungen und ihre Wirkungen“. Durch vergleichende Analyse sollen „Probleme identifiziert und diagnostiziert, Antworten hypothetisch formuliert und durch systematische Untersuchung regelmäßiger Zusammenhänge im Felde variierender Systeme überprüft und erhärtet“ werden. Man hofft, auf diese Weise auch mehr Transparenz des eigenen Bildungswesens gewinnen, insbesondere gewohnte Prinzipien und Strukturen in Frage stellen wie gesicherte Informationen und Einsichten ermitteln zu können (Robinsohn, 1970). Die internationale wie die nationale Bibliographie vergleichender Erziehungswissenschaft sind bereits außerordentlich umfangreich (vgl. Bibliographie in Robinsohn, 1970).

Diese sehr weite Fassung der Intention vergleichender Erziehungswissenschaft hat wohl in die Anfänge einer sog. vergleichenden Musikpädagogik eingespielt. Ihre Aufgaben wurden noch kaum bestimmt, doch wird die Bezeichnung zunehmend gebraucht; in gleichem Sinne wie vergleichende Musikpädagogik wird auch die Bezeichnung komparative Musikpädagogik verwendet. Die weite und noch vage Auffassung vergleichender Musikpädagogik erlaubt auch die Zuordnung aller Arbeiten zu diesem Bereich, die musikpädagogische Sachverhalte des eigenen Landes in der historischen Dimension vergleichend angehen, die „vertikal vergleichen“. Ebenso können die Arbeiten einbezogen werden, die „horizontal vergleichen“, die innerhalb des eigenen Landes einzelne Regionen oder musikpädagogische Sachverhalte in einzelnen Regionen vergleichen. Diesen Ansatz haben beispielsweise R. Klinkhammer und R. Weyer mit dem regionalen Vergleich der Musiklehrerausbildung in der Bundesrepublik Deutschland verfolgt (Klinkhammer und Weyer, 1977). Doch können in vergleichender Musikpädagogik auch vertikale und horizontale Dimension methodisch kombiniert werden.

Vergleichende Musikpädagogik versteht sich jedoch gegenwärtig in der Musikpädagogik offenkundig vor allem im Sinn von „ausländischer Musikpädagogik“. Wohl die meisten Arbeiten zur vergleichenden Musikpädagogik sind deutschsprachige Darstellungen der Musikpädagogik eines anderen Landes, in der historischen Dimension arbeitend (Cherbuliez, 1944) und systematisch die gegenwärtige Situation beschreibend (Sandor, 1966; Kälin, 1976; Rieger, 1977). Auch die jüngsten Beiträge zum Thema vergleichender Musikpädagogik im Rahmen der wissenschaftlichen Tagung der Bundesfachgruppe Musikpädagogik von 1981 verstehen sich als Information über das musikpädagogische System des Herkunftslandes (Froehlich, 1982; Halmos, 1982; Peschl, 1982; Rieger, 1982). Doch zeigt der Diskussionsbericht der Tagung in den Fragen der Teilnehmer die Immanenz vergleichender Intentionen, hier zentriert auf die wachsende und beunruhigende Einsicht des hohen Grades von Abhängigkeit nationaler musikpädagogischer Systeme von den politisch-gesellschaftlichen Gegebenheiten des einzelnen Landes, die bis zu der Frage führt, ob der theoretische Ansatz des Vergleichs sich nicht auf die politische Dimension beschränken könne (Gieseler und Klinkhammer, 1982).

In den fünfziger und sechziger Jahren unseres Jahrhunderts erhielt die vergleichende Musikpädagogik erstmals Impulse international vergleichender Art; diese waren jedoch noch kaum methodisch-wissenschaftlich gerichtet, sondern informativ-politisch. Diese Impulse sind der nach dem zweiten Weltkrieg wiederbegründeten Internationalen Gesellschaft für Musikerziehung (ISME) und ihrem damaligen Generalsekretär E. Kraus zu danken. In enger Zusammenarbeit mit der UNESCO wünschte man sich Musik als Mittel der Verständigung zwischen den Völkern, vor allem zwischen Ost und West. Kontakte zwischen den Musikpädagogen der verschiedenen Länder und Kontinente wurden aufgenommen, ein großes Bedürfnis nach gegenseitiger Information führte zu einer umfassenden Berichterstattung über die nationalen musikerzieherischen Entwicklungen (Kraus, 1958). L. Kestenberg brachte wohl die manche bewegenden Empfindungen bei der ersten internationalen Wiederbegegnung der Musikpädagogen in seinem Grußwort zur Kopenhagener ISME-Konferenz von 1958 treffend zum Ausdruck: „So fern ich Ihnen auch heute zu meinem innigen Bedauern sein muß, so nahe fühle ich mich doch jedem einzelnen von Ihnen, so brüderlich möchte ich jeden von Ihnen an mein Herz drücken und zeigen, wie sehr wir durch Musik zu einer Einheit verschmelzen können“ (Kestenberg, 1958).

Diese emotional-politische Komponente läßt auch die nachfolgenden ISME-Konferenzen zur Heerschau internationaler Musikpädagogik werden. Musikpädagogen der ganzen Erde treffen sich in zweijährigem Abstand zu einer weltweiten Demonstration nationaler Leistungen, zur internationalen Präsentation eines zwar in seinen Ergebnissen, doch nicht in der Mühsal des Weges anerkannten Fachgebietes. Aber hinter der öffentlichen Demonstration beginnt langsam die fachliche Konturierung einer vergleichenden Musikpädagogik. Zunächst geht es um recht pauschale Darlegungen des internationalen Standes der Musikpädagogik, getragen von pädagogischer Absicht: eine solche Kundgebung soll Musiklehrern und Studenten einen Überblick über die internationale Musikpädagogik verschaffen, soll als „Blick nach draußen“ Aufmerksamkeit für außernationale Lösungen wecken, soll die Eigenarten des nationalen Systems und seiner Bedingtheiten bewußt machen. Vergleichende Musikpädagogik versteht sich als Beitrag zur praktischen Musikpädagogik, zu deren Anregung und Reflexion (Kraus, 1960, 1962 und 1963). Doch bereits die Wiener ISME-Konferenz von 1962 steht nicht nur unter dem Thema „Vergleichende Musikerziehung“; sie bringt auch erstmals methodisch vergleichende Studien, so zum Gruppenunterricht auf Instrumenten in verschiedenen Ländern (Berger, 1962) und zur elementaren Musikerziehung in verschiedenen Ländern (Reich, 1962; Schoch, 1962). Die hier zutage tretende Begrenzung auf Vergleich innerhalb der unterschiedlichen politischen Blöcke soll mit den gleichthematischen, auch musikpädagogischen Fragestellungen an die Musikkultur in der Sowjetunion und in der Bundesrepublik Deutschland (Dahlhaus und Ordschonikidse, 1982) überwunden werden (Druskin, 1982, und Jakoby, 1982; Abel-Struth, 1982 c, und Kabalewski, 1982).

Mit Beginn der sechziger Jahre wächst das Verständnis dafür, daß vergleichende Musikpädagogik ein wesentliches fachliches Forschungsgebiet darstelle. Allerdings stehen unverändert inhaltlich-thematische Überlegungen vor den methodologischen. E.A. Cykler entwickelt als die drei Bereiche vergleichender musikpädagogischer Forschung: den Vergleich einzelner Gegenstände des Musikunterrichts (wie der Schul- und Lehrbücher), das Studium ausländischer musikpädagogischer Systeme, ermöglicht durch den Austausch von Musiklehrern und Stipendien, und schließlich die Auswertung medialer Aufzeichnungen des Musikunterrichts verschiedener Länder. Er hebt als Aufgabe vergleichender Musikpädagogik hervor, daß sie nicht nur Informationen über Praxis und Methodik der Musikerziehung sammeln, sondern auch ihre historischen, pädagogischen, psychologischen und ästhetischen Grundlagen systematisch vergleichen solle (Cykler, 1962).

Einen Schritt weiter auf eine methodisch vorgehende vergleichende Musikpädagogik zu bedeuten die beiden Buchpublikationen von W. Gieseler und E. Halmos, die vergleichende Musikpädagogik als Beschreibung eines ausländischen musikpädagogischen Systems bzw. Konzeptes mit dadurch abhebbarer Charakteristik der Eigenarten deutscher Musikpädagogik durchführen. W. Gieseler gibt eine Darstellung der Musikpädagogik in den USA, zentrierend auf die Beziehungen zwischen Musikpädagogik und allgemeiner Erziehung, Lehrerbildung, Curricula, Didaktik, Methodik, Aktivitäten und situative Bedingungen. Sein anschließender Vergleich mit der deutschen Musikpädagogik trifft wahrscheinlich in der Beurteilung einiger wesentlicher Aspekte der Unterschiede beider musikpädagogischer Systeme zu. In großem Wurf werden schulorganisatorische Eigenarten der Schulmusik beider Länder verglichen, Unterschiede der Musiklehrerausbildung und -position. Der Schwerpunkt liegt auf dem didaktischen Vergleich, wobei den Unterschiedlichkeiten der Denktraditionen amerikanischer und deutscher Schulmusik besondere Aufmerksamkeit gewidmet wird. Die praktisch-pädagogische Intention vergleichender Musikpädagogik wird von W. Gieseler weitergeführt; der Blick auf ein fremdes System soll lehren, das eigene System besser zu verstehen (Gieseler, 1969). E. Halmos behandelt die musikpädagogische Konzeption Z. Kodálys im Vergleich mit modernen curricularen Theorien. Der Vergleich wird als Gegenüberstellung von inhaltlich entsprechenden Zitaten aus Kodályschen Schriften und aus der deutschen Curriculum-Diskussion sowie musikdidaktischer Literatur vor allem seit den fünfziger Jahren durchgeführt. Die abschließende Feststellung, daß einem Mann wie Z. Kodály, „der nie pädagogische Forschung explizit betrieben hat, Curriculumforschung als solche nie gekannt hat, aber als Kenner der Musik, Kenner der politischen und kulturellen Entwicklung seines Landes, Freund seines Volkes und interessiert an dessen Bildung, die Verbesserung des schulischen Musikunterrichts eher gelang als einer mit wissenschaftlichem Apparat unternommenen Curriculumforschung“, läßt nicht nur das methodische Problem von Textanalyse, sondern auch einer darauf beruhenden vergleichenden Musikpädagogik erkennen (Halmos, 1977).

Die Entwicklung methodischer Verfahren vergleichender Musikpädagogik steht erst am Anfang und gibt der Musikpädagogik weitere wesentliche Aufgaben und Möglichkeiten. Das Problem der Methode liegt in der zureichenden Kategorisierung und in zuverlässigen Auswertungsverfahren der zum Vergleich anstehenden Gegenstände der Musikpädagogik. Einen auf Lernergebnisse abstellenden methodischen Vergleich führt E.A. Cykler durch (Cykler, 1971). Eine auf der Methode systematischer Unterrichtsbeobachtung beruhende vergleichende Arbeit ist R.S. Moore zu danken, der britische und amerikanische Musiklehrer im Primarbereich (Reading, England, und Eugene, Oregon) hinsichtlich ihrer für bestimmte Aktivitäten verwendeten Unterrichtszeit vergleicht. Was man erwartet, trifft nicht ein: Trotz unterschiedlicher Ausbildung unterscheiden sich die Lehrer nicht signifikant; eine Ausnahme bilden nur die rhythmischen Aktivitäten und die Körperbewegung (Moore, 1976). Langsam beginnt sich die Einsicht in die Notwendigkeiten eines differenzierenden Instrumentariums für die Durchführung vergleichender Musikpädagogik auszubreiten.

Kapitel VIII

Lehren für die Erteilung von Musikunterricht

1. Methodik des Musikunterrichts [6)]

1.1 Geschichte

Die Geschichte der Methodik des Musikunterrichts beginnt, als erstmals ein Verfahren festgelegt wird, das Schüler in einem psychisch und sachlich bedachten Kontinuum zu einem vorgegebenen Ziel musikalischen Lernens führen soll. Gewiß hat schon der Instrumentalunterricht im klassischen Altertum auf Zielvorstellungen und Lehrerfahrungen beruht (Marrou, 1957), ebenso geschah die Vermittlung der Musiklehre, wie die Lektüre der klassischen Quellen zeigt, auf systematische Weise. Man hat die unterschiedlichen Ansichten betreffs der Reihenfolge der einzuführenden Töne bzw. Intervalle im frühen Mittelalter bereits als Methoden bezeichnet (Smits van Waesberghe, 1969). Doch wird recht übereinstimmend der Beginn der Methodik des Musikunterrichts bei Guido von Arezzo gesehen. Dies ist deshalb berechtigt, weil Guido von Arezzo erstmals ein Ziel musikalischen Lernens aufstellt und begründet, nämlich das Singen nach Noten statt des Gedächtnissingens, und dafür verstreute Ansätze der Notenschrift und methodische Möglichkeiten ihrer Vermittlung an Schüler systematisch zusammenfaßt und durchführt.

Die Ausbildung musikalischer Vorstellungsfähigkeit, vielfältig verquickt mit Erfordernissen der Kirchenmusik, Hoffnungen auf Blattsingen und Erwartungen an Musiktheorie, ist das älteste Ziel musikalischen Lernens in der Schule. Es hat demgemäß besonders zahlreiche und vielfältige Methoden entwickelt. In der Vergangenheit haben unter ihnen die Blattsing-Methoden den weitaus größten Raum eingenommen; die Musiklehrer haben sich immer wieder darin versucht, über Jahrhunderte hinweg probierte man Systeme aus Silben, aus Buchstaben, aus Ziffern und mit Handzeichen, auch Kombinationen aus sprachlichen und motorischen Mitteln, um das Problem des richtigen Treffens der Töne und Halbtöne zu lösen. Im 18. Jahrhundert tritt die Ziffernmethode in den Vordergrund, angeregt durch J.J. Rousseau, der der französischen Akademie eine empfehlende Denkschrift unter dem Titel „Project conçernant de nouveaux signes pour la musique“ vorlegt. In Deutschland setzt sich J.A.P. Schulz für die Ziffernschrift zur Erleichterung des Notenlesens ein. J.J. Rousseaus Anregungen wirken lange nach. Noch Anfang des 19. Jahrhunderts beruft sich der Methodiker J.F.W. Koch in seiner auf Ziffern beruhenden „Gesanglehre“ auf ihn (Koch, 1814). Auch im Umkreis der Musikmethodiker um J.H. Pestalozzi findet die Ziffernmethode vielfältige Anwendung und Modifikation (insbesondere bei B.Ch. Natorp, 1820 und 1824, und C.A. Zeller, 1810).

Im 19. Jahrhundert bewegt zwar die Idee der musikalischen Volksbildung das Nachdenken über musikalisches Lernen, aber die Praxis ist bestimmt von der Auseinandersetzung um Methoden für das Ziel des Blattsingens. In England wirken J. Mainzer und J.B. Logier, dazu J. Hullah; S.A. Glover und J. Curven beginnen mit Verbindungen von Tonsilben und Handzeichen zu arbeiten. In Frankreich tritt insbesondere G.L. Bocquillon (genannt Wilhelm) mit einer Methode hervor, die Handzeichen als Tondenkmittel einsetzt. In Deutschland brodelt die methodische Auseinandersetzung um den Ausgang von den Elementen, den Ausgang vom Lied, um Pro und Kontra der

6) Gering veränderte Fassung meines Beitrages: Methodik des Musikunterrichts. Geschichte, Begriffsfeld und Theorie. In: Methoden des Musikunterrichts. Hrsg. von W. Schmidt-Brunner. Mainz 1982. S. 30 ff.

Ziffernschrift, um die „Volksgesangtonschrift" J.W.F. Thomascicks und den Vorschlag Th. Krauses zu „Wandernoten". Weitreichende Bedeutung gewinnt die Entwicklung der Tonika-Do-Methode durch A. Hundoegger, beruhend auf vielerlei vorausgegangenen methodischen Erfahrungen zur Entwicklung von Tonvorstellung, Handzeichen und Tonsilben kombinierend. Dieses System wird zu Beginn des 20. Jahrhunderts auch von Vertretern der musikalischen Jugendbewegung übernommen; das sehr viel differenziertere System von C. Eitz findet Anerkennung, aber wenig Verbreitung (Hundoegger, 1908 und o.J.; Eitz, 1911 und 1924).

In unserem Jahrhundert erfährt das Ziel, die musikalische Vorstellungsfähigkeit auszubilden, besondere Modifikationen. Es entwickelt sich eine Zielskala unterschiedlicher Ansprüche an den Grad der Ausbildung des Tonvorstellungsvermögens, von der Fortführung des tradierten Zieles der Blattsing-Fähigkeit bis zur gelegentlichen Preisgabe allen „Notenlernens". Konsequent zielt das Kodály-Konzept perfekte Tonvorstellung an. Z. Kodálys relative Solmisation hat Gemeinsamkeiten mit der Tonika-Do-Methode (relative Tonnamen), doch wird zu Recht darauf verwiesen (Halmos, 1977), daß bei Z. Kodály der Grundtonbezug offener ist und die Methode ein abgeschlossenes Ausbildungs-Kontinuum darstellt. Auch Lehrbücher für unsere gegenwärtige Primarstufe versuchen im Rahmen einer Grundausbildung elementare Musiklehre mit Gehörbildung im Sinne einer grundlegenden Ausbildung von Tonvorstellung zu sichern. Besondere Arbeitsmittel sollen Lernhilfen geben, so Glockentürme mit Flanelltafeln, Magnettafeln, auch ein „Zauberstab" und „bunte Noten" werden eingesetzt. Für die musikalische Grundausbildung in Musikschulen entwickelte man ein spezielles Glockenspiel; in den Schulen verstärkt sich das Interesse an den Yamaha-Keyboards. Doch nachdem zunehmend die Argumente für eine großzügigere Auslegung des Zieles der musikalischen Vorstellungsfähigkeit Gehör finden, wendet sich das methodische Interesse der Frage zu, wie man einen allgemeinen Kontakt zum Notenbild herstellen könne, der musikalische Phänomene veranschaulichen und damit Fähigkeiten des Musikhörens stützen und verbessern kann; das konsequente Training des Notensingens, der Beleg melodisch-rhythmischer Vorstellung, bleibt hier dem Schüler erspart. Für dieses veränderte Ziel wurde die sogenannte graphische Notation als methodische Hilfe entwickelt. Sie besteht bereits in vielen Varianten, vom graphischen Kürzel bis zur kalligraphischen Ersatzkreation reichend. Graphische Notation wird inzwischen auch in vielfältiger Weise eingesetzt. Sie dient im Elementar-und Primarbereich als Vorstufe zur Notenschrift, hilft komplexe Musik darzustellen und zu analysieren und gibt Vorlagen zur musikalischen Improvisation ab.

Das zweite tradierte Ziel der Schulmusik, Singen und Instrumentalspiel, läßt unter historisch-methodischem Aspekt Schwerpunkte auf technischen Hilfen, doch Lücken gerade auf schulmethodischem Gebiet erkennen. Für das Schulsingen gibt es eine Fülle stimmtechnischer Anleitungen. Was der Schüler lernen soll, „ist der natürliche und schöne Gesangston, ein Ton, der locker klingt und frei von unnatürlichem Beiklang ist, der von der Tiefe bis zur Höhe gleichmäßig schön und klangvoll anspricht und der durch Ausnutzung aller vorhandenen Schallräume schallkräftig und raumfüllend ist" (Gümmer, 1962). Dafür wurde eine Systematik der Ausbildungsaufgaben tradiert, umfassend die Bereiche der Atmung, der Lautbildung, der artikulatorischen Deutlichkeit, der Resonanzentwicklung und des Lagenausgleiches. Es gibt Lehrwerke für Sprechen (Hey, 1956), für Atmen (Schlaffhorst und Andersen, 1950; Kofler, 1961), für die Pflege der Kinderstimme (Nitsche, 1952–1954), Stimmbildung am Lied (Rüdiger, 1963) und Singleitung (Klink, 1952) in großer Zahl.

Die Liederarbeitung in der Schule ist methodisch wesentlich geringer bedacht worden. Man beschränkte sich auf Liederkataloge, deren Ordnungsprinzip in der Regel auf den Textinhalten der Lieder beruht, nicht aber auf kontinuierlicher Steigerung der stimmtechnischen und musikalischen Schwierigkeiten. So fehlt es sowohl an nach musikalischem Anspruch aufgebauten Liederkontinua wie auch an systematischer Methode der Liederarbeitung im einzelnen. Die Entwicklung von Methode der Liederarbeitung wird wohl durch den Vorrang des Textes vor den musikalischen Lernaufgaben behindert; wenn Choräle, Heimatlieder, Tugendlieder usw. in bestimmter Relation und Anzahl nachgewiesen werden müssen, tritt der musikimmanente methodische Ansatz zurück. Den stabilsten methodischen Ansatz im Zusammenhang der Liederarbeitung stellen die Verquickungen von Lied und Musiklehre dar, in denen allerdings das Lied selbst mehr Anschauungs- als Singmaterial ist. E. Hentschel stellt der Pfeiffer-Nägelischen Elementarmethode noch einen zweigeteilten Musikunterricht, die Trennung in einen Elementarkursus und einen Liedkursus, entgegen. Doch bei J.G.F. Pflüger haben wir 1853 die Integration, eine „Anleitung zum Gesangunterricht in Schulen, nach den Grundsätzen der analytisch-synthetischen Methode", in der spezielle Normallieder den stufengemäßen Lehrgang sicherstellen sollen (Pflüger, 1853). Ch. H. Hohmann und F.W. Schütze vertreten den unmittelbaren Ausgang vom Lied (Schütze, 1843; Hohmann, 1889). Eine Fülle von Liederbüchern für die Schulen entsteht.

Über Jahrzehnte bereitet sich vor, was durch den Anstoß ganzheitspsychologischen Denkens schließlich in der Zeit musikalischer Jugendbewegung musikalisches Lernen am Volkslied wird: Erziehung, Singen, Stimmbildung und Musiklehre verbinden sich zu ganzheitlichem Musikunterricht am Lied (Jöde, 1924; Pfannenstiel, 1929). Nun wird musiziert und zugleich gelernt, vom Volkslied wird auch zum Kunstwerk geführt – ein in der Restauration nach 1945 dominierendes methodisches Prinzip. Die Ziele, die man dem Singen in der Schule setzt, veranlassen zwar stimmtechnische Anweisungen um schmale liedmethodische Ansätze, doch sind Brücken zwischen den speziellen Postulaten und der Singmethodik kaum geschlagen worden. Denn die Postulate für schulisches Singen zielen in der Regel vor allem auf Liedtexte und Liedfunktionen. Das gilt für das Schulsingen im Dienst der Kirche, im Dienst der moralischen Aufklärung und im Dienst des Vaterlandes oder der Politik. Auch die „jugendbewegten" Singziele zu Anfang unseres Jahrhunderts, F. Jödes Forderungen um der Gemeinschaft, des Erlebens und einer neuen Gesinnung willen zu singen, bewirken mehr materiale Auswahl als methodische Konkretion. Die Zielvielfalt im vokalen Bereich befindet sich immer noch in der Phase der Ausweitung. Stimmexperimente haben Zielcharakter gewonnen, eigenes Singverhalten wird beobachtet, die Lust, sich singend Ausdruck zu geben, wächst, die Funktionen von Liedern in unserer Gesellschaft beanspruchen das didaktische Interesse. Die Brücken zwischen Zielen und Methoden im Bereich des Singens sind auch in der Gegenwart noch nicht musikdidaktisch fundiert.

Für das Instrumentalspiel in der Schule tritt die Frage nach Methoden naturgemäß zurück, weil in der Regel die Instrumente individuell außerhalb der Schule erlernt werden. Dennoch ist auch hier auffällig, daß für das in der Schule so typische Zusammenspiel in der Vergangenheit wenig Methoden diskutiert werden. Im alten Gymnasium ist das Schulorchester der angestrebte Mittel- und Höhepunkt des instrumentalen Spiels in der Schule. Man geht davon aus, daß solches gemeinsame Musizieren der beste Weg zum Erwerb von Kenntnissen im Bereich der Musik sei, daß demgemäß möglichst viel richtige Musikliteratur im Orchester zu spielen sei. Instrumentales Musizieren gilt im wesentlichen selbst als Methode, um in Musik einzuführen; die Auseinandersetzung mit methodischen Möglichkeiten zur Entwicklung der Spielfähigkeit im Ensemble tritt demgegenüber zurück. Ansätze zur Einübung in instrumentales Zusammenspiel an einfacher Musik geraten leicht unter das Verdikt der pädagogischen Musik. In der Gegenwart haben sich neue Praktiken instrumentalen Ensemblespiels in der Schule entwickelt. Sie zielen weniger auf Einübung von Musikstücken, auf Parallelen zu öffentlichen Konzerten, als vielmehr auf Bedürfnisse des Schülers. Hier wird jugendspezifische Musik gespielt, wird experimentiert und dem jugendlichen Bedürfnis nach musikalischem Ausdruck Raum gegeben. Auch auf diese Weise kann Musik selbst erschlossen werden (Paynter und Aston, 1972), können auch Wege in experimentelle neue Musik gefunden werden. Doch letztlich ist auch hier das Musizieren ein methodischer Versuch, zu Musik zu führen, ohne selbst Methode entwickelt zu haben. Wie das schulische Singen zeigt auch das instrumentale Musizieren in der Schule Ziel-Labilität, doch vor allem unreflektiertes Ziel-Selbstbewußtsein: daß nämlich Singen wie instrumentales Musizieren in jedem Falle die beste Methode für musikalisches Lernen sei. Die Konkretisierung methodischer Kontinua eben dafür bleibt offen.

Die Methodik des Unterrichts für die verschiedenen Instrumente ist die Domäne des außerschulischen Musikunterrichts. Unterschiede der Zielvorstellungen lassen sich aus Lehrwerken und -schriften ablesen. Im 18. Jahrhundert zielen Lehrwerke für bestimmte Instrumente weniger auf eine Einführung in die jeweilige spezielle Instrumentaltechnik als vielmehr auf eine Einführung in die Musik mit Hilfe des jeweiligen Instrumentes. Im 19. Jahrhundert tritt die Anweisung für instrumentale Technik in den Vordergrund; die Etüde ist das bestimmende Lehrmaterial. In unserem Jahrhundert hat sich die Einsicht ausgebreitet, daß das Verständnis des musikalischen Werkes selbst der Impuls des instrumentalen Spieles sei; doch bereitet es Schwierigkeit, die methodische Mitte zwischen instrumentaler Technik und musikalischer Entwicklung des Schülers zu finden. Hinter solchen Differenzierungen der Zielvorstellung instrumentalen Unterrichts bleibt die Methodik der einzelnen Stunde und der Übaufträge in das Dunkel der individuellen Stile des Einzelunterrichts gehüllt. Doch ist eine methodische Wendung zu den besonderen Erfordernissen des Instrumentalunterrichts für Kinder, auch junger Kinder, erkennbar, ebenso ein Ansatz zur methodischen Organisation von Gruppenunterricht und zur Regelhaftigkeit für den Ablauf der einzelnen Stunde (Gebhardt, 1970 a). Es gibt auch Versuche, Kontakte zu methodischen Vorschlägen des erziehungswissenschaftlichen Bereiches herzustellen, beispielsweise die Empfehlung der Prinzipien der Anschaulichkeit, der Schüleraktivität, der Lebensnähe, der Erfolgssicherung und -übung sowie der Stufengemäßheit als „didaktische Grundsätze des Klavierunterrichts" (Goebels, 1970). An der (für jedes Instrument) außerordentlich hohen Zahl der „Schulen" läßt sich der methodische Trend erkennen, den systematischen technischen Lehrgang an Musik selbst durchzuführen, aus Musik die Notwendigkeit technischer Übung abzuleiten. Mit wachsender Grundlagenforschung zu Bewegungsvorgängen (Wagner, 1975, 1979 und 1981) und psychologischen Bedingungen des Übens entstehen auch erste differenzierte, methodische Ansätze (Ribke, 1982). Zentren der methodischen Diskussion des Instrumentalunterrichts sind gegenwärtig der VdM (Verband deutscher Musikschulen) und der VDMK (Verband deutscher Musikerzieher und konzertierender Künstler). Die spezielle instrumentalmethodische Literatur aus Geschichte und Gegenwart ist außerordentlich umfangreich (vgl. Bibliographie Instrumentalpädagogik–Gruppenunterricht in Berg-Rohlfs, 1979).

Die Ausbildung der Fähigkeiten zum verstehenden Hören von Musik hat im schulischen Musikunterricht der Gegenwart besonders hohe Bedeutung erlangt. Dieses Ziel ist historisch das jüngste und methodisch das ärmste. Der traditionelle Ansatz ist die schülergerechte Werkanalyse; die zukünftige Hoffnung ist die systematische Ausbildung der für das Ziel konstitutiven, doch schwer abgrenzbaren verschiedenen Hörfähigkeiten. Zwischen diesen Polen liegt eine Fülle von materialabhängigen Zielvorstellungen (Neue Musik, Popularmusik, Klassische Standardwerke u.a.), von soziologisch inspirierten Zielvorstellungen („Musikkonsum durchschauen"), auch von solchen, die sozialpsychologische („Identifikation mit Schlagerhelden abbauen") oder erzieherisch-therapeutische Intentionen verfolgen („psychische Nähe"). Wir sind noch weit davon entfernt, diesen jüngsten Zielbereich musikalischen Lernens pragmatisch schulischen Lernmöglichkeiten zu erschließen. Demgemäß konnten sich bisher im Lernbereich des musikalischen Hörens kaum Methoden im eigentlichen Sinne des Wortes ausprägen, zumal die didaktische Diskussion des Musikhörens in eine Phase methodischer Abstinenz fiel. Die tradierte Aufgabenfolge im musikkundlichen Unterricht, nämlich erst dem Lehrer zuhören und anschließend gemäß dessen Information aus Musik angekündigte Phänomene heraushören, wird gerne als „Aha-Methode" ironisiert. Ein in Einzelmaterialien entwickelter methodischer Ansatz ist der Vergleich. Hier wird ein musikalisches Phänomen durch die Beobachtung von Gleichartigkeit und Unterschiedlichkeit in verschiedenen Stücken aufgezeigt (Schmidt-Brunner, 1982 b). Von den zwanziger Jahren her gibt es den bereits genannten methodischen Ansatz „Vom Volkslied zum Kunstwerk", der seine aktuelle Ablösung in dem Verfahren „Von Pop-Musik zum Musikwerk" gefunden hat. Ein anderer methodischer Ansatz nutzt das Interesse an Künstler-Biographien, um Schüler durch die Entwicklung affektiver, personaler Bezüge zu Musikern auch für deren Musik zu interessieren; er regressiert jedoch vielfach zur Anekdoten-Methode.

Besondere Beachtung verdienen wohl die Versuche, die Schwierigkeiten des Hörens musikalischer Abläufe für Schüler dadurch zu erleichtern, daß diese Abläufe anschaulich gemacht werden. Das geschieht durch Übertragung in parallele Bewegungsabläufe, wobei die Erfahrungen der sog. rhythmischen Erziehung genutzt werden. Dazu gibt es Versuche, musikalische Phänomene durch eigene Improvisation mit Instrumenten deutlich zu machen, um dann umso leichter dieses Phänomen im Hörwerk erkennen zu können. Am nachhaltigsten hat sich die sog. graphische Notation ausgebreitet. Sie bietet zahlreiche Möglichkeiten, je nach Höraufgabe mit entsprechenden graphischen Zeichen Gehörtes zu veranschaulichen und damit besser differenzieren und besprechen zu können. Mit Recht wird jedoch bereits davor gewarnt, daß diese Technik zur Veranschaulichung musikalischer Vorgänge entgegen ihrer ursprünglichen Intention durch graphische Aufgaben zu einem neuen Ziel (der Schrifterfindung) usurpiert. Auch bei der methodischen Hilfe durch Übertragung in Bewegungsabläufe bleibt zu beachten, ob das methodische Mittel der Bewegung eine Arbeitsform zur Veranschaulichung musikalischer Höraufgaben bleibt oder zur Bewegungserziehung hypertrophiert.

Eine feste Methode in ihrem traditionellen Sinne kann tatsächlich angesichts der Vielgestaltigkeit musikalischer Hörmusik und der nach Musik, Ziel und Situation erforderlichen Vielfalt methodischer Wege, Mittel und Arbeitsformen für diesen Zielbereich musikalischen Lernens nicht realistisch sein. Wir stehen vor einem Berg der Aufgaben didaktischer Analyse von Musik und einem Gebirge der Fragen die musikalischen Hörfähigkeiten betreffend. Auch die sog. didaktische Interpretation von Musik bedeutet nur Auseinandersetzung mit der Gegenseitigkeit von Objekt oder Subjekt, doch keine Vertiefung konkreten Wissens hinsichtlich des Bezuges zwischen ihnen. Eine auf alle Hörmusik zutreffende, stets anwendbare und umfassende Methode ist für den Lernbereich musikalisches Hören nicht möglich. Hier kann es nur methodische Planung geben, die umso wirksamer sein wird, je mehr sie über die vorauszusetzenden musikalischen Lernfähigkeiten des Kindes und über die für das Hörziel eingesetzten musikalischen Materialien weiß, je sach- und lernlogischer die Lernschritte zum Hörziel hin vollzogen und je sinnvoller und vielseitiger Arbeitsformen und Arbeitsmittel dabei eingesetzt werden. Die Geschichte der Methoden des Musikunterrichts mündet in die offene Aufgabe der Gegenwart: die methodische Planung.

1.2 Begriffsfeld

Methodik hat (als Gebiet der Unterrichtslehre) Verfahrensweisen im Unterricht, das „Wie des Unterrichts", zum Gegenstand (Klafki, 1964 b). Für eine Methode (des Unterrichts) ist bestimmendes Merkmal, daß es sich um einen bewußt eingeschlagenen Weg eines Lehrers handelt, auf dem Schüler zu einem Lernziel geführt werden. Der Begriff Methode meint die Planung eines Lernprozesses, für den die Zielintention vorgegeben ist, eine Ordnungsfolge, deren Stufen nacheinander zu durchlaufen sind.

Dieser Begriff der Methode in seiner weitreichenden Bedeutung hat in der erziehungswissenschaftlichen Erörterung vor allem das Problem von Freiheit und Bindung des Schülers durch vorgegebene Stufen des Lernens angezeigt (Weniger, 1962; Flitner, 1965; Klafki, 1970; Schwager, 1970). Daraus entwickelte sich zunächst ein Methodenbegriff im engeren und im weiteren Sinn. In seinem engeren Sinne gebraucht, steht er für methodische Systeme, die eine spezifische Konzeption darstellen, auch für allgemeine pädagogische Prinzipien, für Arbeitsformen oder auch Sozialformen im Unterricht, für kurzfristige Verfahrensweisen und für den Einsatz bestimmter Arbeitsmittel im Unterricht. Die Geschichte zeigt für alle diese Methoden i.e.S. das Bestreben, Anspruch auf alleinige Gültigkeit zu stellen. Der Begriff von Methode in seinem weiteren Sinn meint „nur" methodische Planung, methodisches Handeln, doch nicht in starrer Festlegung, sondern situativ variabel. E. Weniger hat diesen weiteren und tieferen Sinn von Methode formuliert: „Erzieherische Methoden sind keine bloßen Techniken, keine bis ins Einzelne festgelegte Verfahrensweisen, sondern Formen menschlicher Begegnung, variabel nach Zeit, Ort, Individualität, Situation und Stimmung der Beteiligten. Auch der Unterricht als Teil der Erziehung ist keine bloße Technik, sondern er vermittelt auch in seinen elementarsten Vorgängen und Verfahrensarten Geistiges, über das nicht bloß technisch verfügt werden kann. Die Freiheit unseres methodischen Handelns gewinnen wir, indem wir die Bedingungen für das jeweilige methodische Handeln erkennen, die Voraussetzungen, unter denen die zur Wahl gestellten Methoden gelten, die Möglichkeiten, die mit dieser oder jener Methode mitgegeben sind, die ihr notwendig zugeordneten Grenzen" (Weniger, 1962). Die Entscheidung für Methode i.e.S. oder i.w.S. ist für Unterricht von hoher Bedeutung und läßt einen Trend zur Unterscheidung durch verschiedene Bezeichnungen erkennen; nur die Methode i.e.S. wird als Methode bezeichnet, während für Methoden i.w.S. die Bezeichnung methodische Planung verwendet wird.

Im musikdidaktischen Schrifttum der vergangenen Jahrzehnte begegnet kaum einmal die Bezeichnung Methode. Die Ursache dafür ist sicher in einer zunächst wenig bewußten Methodenscheu zu suchen, die auf die Methodendominanz des vergangenen Jahrhunderts folgte. Doch ist auch eine sachbedingte Ursache für diese methodische Zurückhaltung heranzuziehen, nämlich die veränderte Situation der Ziele des Musik-Lernens. In den vergangenen Jahrhunderten gab es für schulischen Musikunterricht bzw. Gesangunterricht das konkrete Ziel der Ausbildung von Tonvorstellungsfähigkeit, gekoppelt mit Blattsingübungen und Aufträgen für speziellen Liederwerb. Ein so deutlich bestimmtes und so lange gültiges Ziel konnte methodische Akribie entfachen, konnte die Entwicklung immer neuer Wege herausfordern. Inzwischen hat der schulische Musikunterricht eine Fülle neuer Ziele erhalten; es ist vor allem der Auftrag, Musik selbst zu vermitteln, ihre Formen, ihre Geschichte, ihre stilistische und ästhetische Problematik, es ist der Auftrag, jungen Menschen die Eigenarten und Regelhaftigkeiten unseres Musiklebens verständlich zu machen. Alle diese neuen Ziele sind von Haus aus sperrig gegen strenge methodische Gängelung (Erfahrungen mit nur sachlogischen Aufgabenfolgen als Ersatz-Methoden belegen dies).

Doch noch mehr macht die Kombination der unterschiedlichen Ziele des neuen Musikunterrichts, das stets anstehende kontinuierliche Ausbilden von Tonvorstellung, von Sing- und Musizierfähigkeiten, von hörendem Verstehen von Musik und Einsicht in ihre gegenwärtigen Erscheinungsweisen, den Einsatz fester Methoden unmöglich; gerade die praktischen Lernziele können ja nur durch beharrliches Üben erreicht werden, wodurch für jede Stunde der methodischen Phantasie des Musiklehrers neues Material, neue Querverbindungen, neue inhaltliche Aspekte und Abwechslung in Verfahren und Mitteln abverlangt werden. Die durch die besondere historische Situation des Musikunterrichts bedingte Methodenscheu mag dazu beigetragen haben, daß die Unterrichtslehre des Faches Musik die allgemeinen Wandlungen von der Methode im strengen engeren Sinne zu einer freieren methodischen Planung begrifflich kaum rezipierte (wobei Bezüge zwischen dieser begrifflichen Abstinenz und Mangel an methodischer Planung im gegenwärtigen Musikunterricht nicht zu übersehen sind). Hier ist jedoch unter begrifflichem Aspekt festzuhalten, daß auch für Musikmethodik die Unterscheidung zwischen der (historischen) Methode in ihrem engeren Sinne und der graduell unterschiedlich offenen methodischen Planung gilt. Diese methodische Planung kann sowohl auf die einzelne Unterrichtsstunde in Musik als auch auf eine Lernsequenz oder auf einen längeren Zeitraum bezogen sein. Von Lehrplänen bzw. Curricula unterscheidet sich diese methodische Planung dadurch, daß sie individuell ist, d.h. vom einzelnen Musiklehrer für eine ganz bestimmte Klasse in ihrer speziellen Situation vorgenommen bzw. vereinbart wird. Gegenwärtig erwacht ein neues Interesse an Musik-Methodik; man möchte dem Mangel an Konkretheit des Musikunterrichts begegnen. Die Einsicht, daß dies nicht durch Fixierung im Detail geschehen könne, hat sich ausgebreitet, doch die Wege in dem weiten Feld von Problementwicklung, methodischer Konkretion und pragmatischer Unterrichtshilfe sind schwer zu bahnen (Schmidt-Brunner, 1982 a; Gruhn und Wittenbruch, 1983).

So zurückhaltend die vergangenen Jahrzehnte im Gebrauch der Bezeichnung Methodik waren, so üppig entwickeln sich doch Bezeichnungen im Feld um Methodik; es gibt Lehreraktionen, Schüleraktionen, Interaktionen, Unterrichtsprinzipien, pädagogische Grundsätze, Lernschritte, Sozialformen u.a. Alle diese Bezeichnungen werden in der erziehungswissenschaftlichen Literatur viel, wenn auch wenig übereinstimmend gebraucht, sind hier auch auf verschiedene Weise definiert worden. Die Übertragung dieser Begriffe in die Musikmethodik bereitet große Schwierigkeiten, insbesondere für den jungen Lehrer, der oft den Auftrag erhält, die an diese Begriffe gekoppelten Aspekte in seinem Musikunterricht zu realisieren; doch der Gebrauch dieser allgemeinen methodischen Bezeichnungen steht nicht unbedingt in Relation zu dem erhofften Erfolg der Musikstunde. Die Ursache liegt darin, daß der Mensch bestimmte Umgangsweisen mit Musik entwickelt hat; dies sind insbesondere Singen und Musizieren, Hören von Musik, Bemühung um Einsicht in Phänomene der Musik und des Musiklebens, Teilhabe an den Funktionen der Musik u.a. Diese menschlichen Umgangsweisen mit Musik sind (graduell unterschiedlich nach Alter und Interesse) auch konstitutiv für musikalisches Lernen; demgemäß erscheinen sie als musikalische Arbeitsformen (auch Aktivitätsformen) im Musikunterricht. Nur um den Preis überaus künstlicher Strukturierungen scheint es möglich zu sein, die zahlreichen Bezeichnungen innerhalb des allgemeinmethodischen Begriffsfeldes mit dem für Musikmethodik konstitutiven Begriff der musikalischen Arbeitsform in systematischen Zusammenhang zu bringen. Ist gemeinsames Singen Sozialform, Schüleraktivität, Tribut für den pädagogischen Grundsatz der Eigentätigkeit? Der Anschluß an allgemeinmethodische begriffliche Ordnungen bringt den Musiklehrer leicht in Gefahr, die sachlichen Bedingungen des Umganges mit Musik zu vernachlässigen und dadurch musikalische Lernerfolge zu gefährden. Darum gebührt dem Begriff der musikalischen Arbeitsform innerhalb des methodischen Begriffsfeldes der Musikpädagogik besondere Aufmerksamkeit.

Denn auch im eigenen musikmethodischen Zusammenhang geben die musikalischen Arbeitsformen systematische Probleme auf. Die musikalischen Arbeitsformen können unterschiedliche Funktionen übernehmen; sie reichen vom methodischen Element im Sinne eines Details der methodischen Planung bis zum Teilziel einer Musikstunde, von der Sozialform bis zum Ziel allgemeinen Lernens. Die musikalische Arbeitsform Singen kann als methodisches Element zur Übung der Tonvorstellung eingesetzt werden und ebenso, mit der Aufgabe richtiger Phrasierung, sauberer Intonation, Beherrschung der Lautstärke usw. Teilziel einer Musikstunde sein. Mancher Lehrer wird gemeinsames Singen als Sozialform sehen, allgemeinen Lernerfolg durch Anregung von „Eigentätigkeit“ im Singen erhoffen oder die Liedern innewohnenden Chancen der Lösung oder Beruhigung in einer Art von Therapie nutzen wollen. Die gleiche Vielfalt an musikalischen Arbeitsformen innewohnenden Funktionen zeigt auch die sog. rhythmisch-musikalische Bewegungserziehung. Sie ist methodisches Element zur Veranschaulichung musikalischer Vorgänge, erhält Zielfunktion für die Ausbildung der Bewegungsfähigkeit, dient als Sozialform der Gruppenarbeit, ist einsetzbar in therapeutischen Aufgaben und gilt als Muster fröhlicher, befriedigender Eigentätigkeit junger Kinder. Auch das Musizieren, insbesondere das Improvisieren, läßt eine weite Spanne zwischen Arbeitsform und Ziel, zwischen methodischem Element und Sozialform erkennen.

Gerade dadurch wird die Notwendigkeit eines eigenen und abgegrenzten Begriffes der musikalischen Arbeitsform im Begriffsfeld unserer Methodik deutlich. Für diesen Begriff ist bestimmend seine Bedeutung als menschlicher Umgang mit Musik, der in die Unterrichtssituation übertragen wird. Dieser Bestimmung liegt die Überlegung zugrunde, daß die menschlichen Umgangsweisen mit Musik auch für Musikunterricht konstitutiv sind. Diese als musikalische Arbeitsformen in Unterricht übertragenen Umgangsweisen mit Musik können im Prozeß musikalischen Lernens unterschiedliche Funktionen übernehmen, vom methodischen Element bis zur Zielintention. Diese Abgrenzung eines spezifischen Begriffes der Arbeitsform für Musikunterricht ermöglicht es dem Musiklehrer, zu erkennen, welche Funktion die musikalischen

Umgangsweisen in seinem Unterricht haben, in welchem Maße er sie beispielsweise nur als Ziele einsetzt, nur als methodische Elemente gebraucht, auch ob er sie vielleicht stets nur als Ziele anderer Schulfächer wie der Leibeserziehung oder des sozialkundlichen Unterrichts auffaßt. Insbesondere aber erkennt der Musiklehrer, daß es nicht bereits Methode ist, wenn er die einzelnen musikalischen Arbeitsformen in seinem Unterricht reiht und durchführt; es ist vielmehr Aufgabe seiner eigenen methodischen Planung, nach der Konkretisierung seiner Detailziele zu prüfen, welche musikalischen Arbeitsformen zu der Realisierung der Ziele einsetzbar sind, auf welche Weise damit zugleich auch die den Arbeitsformen innewohnenden langfristigen Übungsaufgaben erfüllt und die ihnen innewohnenden Ziele und methodischen Möglichkeiten zusätzlich aufgegriffen werden können.

Der Begriff Arbeitsmittel wird in der Musikmethodik vor allem im Sinn spezifisch musikalischer Arbeitsmaterialien, der Noten, Schallplatten und Instrumente gebraucht. Doch kann man viele methodische Hilfen für den Unterricht, vor allem des Musikhörens geben, wenn man zusätzliche Arbeitsmittel zur Veranschaulichung musikalischer Phänomene einsetzt. Die graphische Notation ist als Analyseinstrument im Hörunterricht noch spezieller und konsequenter einsetzbar, ebenso sind Bild- und Lernkarten für die Jüngsten eine offene Aufgabe. Dazu gibt es viele weitere Möglichkeiten gerade für den Hörunterricht: Notentexte mit Fehlern, Polaritäten-Listen, vorgegebene Wertskalen, Taktleisten zum Mitnotieren, Notenbeispiele mit Fehl-Noten, Multiple-Choice-Vorlagen u.a. Solche Arbeitsmittel sind mühsam zu erstellen, aber sie sind die methodische Chance des aktuellen Musikunterrichts. Eine noch nicht annähernd ausgeschöpfte Fülle methodischer Arbeitsmittel liegt im Bereich der audiovisuellen Medien, im Einsatz von Filmen, Tonbändern und Arbeitsprojektoren (Schwenk und Meese, 1978). Die Notwendigkeit der begrifflichen Abgrenzung auch der Arbeitsmittel der Musikmethodik wird wegen der Tendenzen zur Zielhypertrophierung mancher Arbeitsmittel, insbesondere der graphischen Notation und der auditiven Medien, dringlich.

Solche begrifflichen Abgrenzungen sind Voraussetzung aktueller und langfristiger methodischer Planung. Eine Reihung von Arbeitsformen oder Arbeitsmitteln ist noch keine methodische Planung. Erst wenn musikalische Arbeitsformen gemäß den unterschiedlichen Zielen ausgewählt und sinnvoll eingesetzt werden, avancieren die Arbeitsformen zum Teil methodischer Planung; nur wenn eine Höraufgabe tatsächlich durch den Einsatz des Arbeitsmittels der graphischen Notation veranschaulicht werden kann, wird graphische Notation als Arbeitsmittel methodisch eingeplant. Darum erscheint es als notwendig, die einzelnen Bezeichnungen differenziert und nicht zufällig zu gebrauchen. Nicht für den Schüler, doch umso mehr für den methodisch planenden und handelnden Musiklehrer sind solche Unterscheidungen wichtig, damit Ziele stringent und zugleich abwechslungsreich, unter Berücksichtigung möglichst vieler musikalischer Arbeitsformen und Arbeitsmittel erreicht werden können.

1.3 Theorie

Zusammenfassende, ordnende, auf Theorie der Musikmethodik zielende Darstellungen sind in der Musikpädagogik bisher kaum versucht worden. Gegenüber der Vielzahl der unterrichtsmethodischen Beiträge blieben Beschreibungen der Methodik des Musikunterrichts und Analysen des unterrichtsmethodischen Problems im Fach

Musik gering an Zahl. Eine grundlegende Arbeit ist die von R. Wicke aus dem Jahre 1925, der bereits den Ziel-Methoden-Bezug und die Spannung zwischen Musik und Unterrichtsmethode konturiert (Wicke, 1925). W. Kühns „Geschichte der Musikerziehung" enthält eine historische Darstellung der Musikmethodik (Kühn, o.J. [1931]). Ein gegenwärtiger Ansatz (Schneider, 1978 und 1980) faßt unter erziehungswissenschaftlichen Aspekten zusammen. Dazu gibt es Autoren, die neue Ziele bzw. Materialien methodisieren (Wiechell, 1975; Roscher, 1976 und 1984; u.a.) oder versuchen, neue Aufgaben in methodische Ordnung zu bringen (Meyer, 1975; Lemmermann, 1978 und 1984 a). Dazu treten die neuen Bemühungen um die Entwicklung des Musik-Methodik-Problems (Schmidt-Brunner, 1982; Gruhn und Wittenbruch, 1983). Nach der Darstellung der Geschichte und des Begriffsfeldes soll hier abschließend wenigstens ansatzweise eine theoretische Strukturierung der Eigenarten von Musikmethodik und deren Erklärung versucht werden.

Als eine erste Struktur werden die Rückwirkungen pädagogischen Denkens auf die Musikmethodik nachgezeichnet. Denn die Geschichte der Methodik des schulischen Musikunterrichts ist nicht nur Chronologie der Anweisungen und Hilfen zur Durchführung von Musikunterricht; sie ist vor allem auch Geschichte der Kontakte zwischen pädagogischem Denken und Musikmethodik. Diese allgemeinmethodischen Denkmodelle haben nicht nur wechselnde Bedeutung für das Ziel-Denken musikalischen Lernens erlangt, sie haben sich auch im methodischen Bereich niedergeschlagen. Das historische Modell einer solchen Adaption ist die Gesangbildungslehre M.T. Pfeiffers und H.G. Nägelis, die aus der Elementarmethode J.H. Pestalozzis ein Verfahren für Musikunterricht ableiten, das schon von Zeitgenossen als in Widerspruch zur Sache Musik selbst stehend empfunden wird; doch die (pädagogische) Autorität J.H. Pestalozzis verhalf der Pfeiffer-Nägelischen Methode für Musik-Lernen dennoch zu Prestige und Wirksamkeit (Pfeiffer und Nägeli, 1810). Diese Wechselwirkung zwischen pädagogischem Denken und Methodik des Musikunterrichts hat seitdem eine ungebrochene, wenig durchschaute Tradition, die noch der speziellen Untersuchung bedarf. Als solche pädagogischen Denkmodelle mit musikmethodischer Auswirkung lassen sich in unserem Jahrhundert die „Selbsttätigkeit" oder die „Kindgemäßheit" ansehen, die in die Nähe methodischer Verfestigungen der Spielübung mit elementaren Instrumenten, der Improvisation mit Bordun und Ostinato sowie des uniformen Katalogs an Sing-und Spielmusik führten.

Die vielen, durch die Dominanz erziehungswissenschaftlichen Denkens mit Autorität ausgestatteten Denkmodelle unseres Jahrhunderts, von Ganzheitlichkeit zu Kreativität, dem Prinzip psychischer Nähe, Handlungsorientierung und Kompensation reichend, haben den Musikunterricht aktualisiert, haben ihn stets im Zusammenhang allgemeinen pädagogischen Denkens gehalten (Abel-Struth, 1970). Die Geschichte der Musikmethodik zeigt aber auch auf, wie autoritativ allgemeine pädagogische Prinzipien wie die Elementarlehre, die Theoreme der Selbsttätigkeit, der Ganzheit, der Kreativität, auf die Musikmethodik einwirken. Sie sind vielfach imstande, spezifisch musikalische Erfahrungen außer Kraft zu setzen und mit neuen didaktischen Konzepten zwar aktuelle Anstöße zu geben, aber zugleich auch die Sicherheit auf Erfahrung beruhender musikalischer Lernkontinua aufzuheben. Wie in allen anderen fachlichen Bereichen gilt auch in der Musikmethodik, daß die Anregungen allgemeinen pädagogischen Denkens nicht direkt übertragbar sind. Vielmehr ist auch in der Musikmethodik der eigene musikalische Zielbereich der Ausgang, die spezielle Situation des Umganges mit Musik, um methodische Möglichkeiten zu beurteilen und zu entwickeln. Allgemeine methodische Hinweise entbinden nicht von der Aufgabe, musikspezifische Methodik auszubauen und dabei stets die Präsenz der Musik selbst im Blick zu behalten.

Die nächste Struktur ist der Zielbezug der Musikmethoden. R. Wicke hat bereits 1925 in seiner Darlegung der „Methode im Schulmusikunterricht“ bei der Kennzeichnung der Aufgabe des Musikunterrichts als der Voraussetzung methodischer Reflexion angesetzt. Wie man Unterricht plant, Material dafür auswählt, Schritte anordnet und Verlauf organisiert, kann nur sinnvoll sein, wenn über das Ziel des Unterrichts bzw. der einzelnen Stunde vorweg nachgedacht und entschieden wird. Methode ist stets der (fachlichen) Erwägung von Zielen, Inhalten und materialen Erfordernissen nachgeordnet, ihre Aufgabe ist das Bedenken und Realisieren eines möglichst effektiven Weges zu dem vorausbestimmten Ziel hin. Ihre Freiheit liegt in der Vielfalt methodischer Ansatzmöglichkeiten, der Wahl geeigneter Arbeitsformen und Arbeitsmittel, der Gliederung des Weges und der Beobachtung motivierender Abwechslung. Methoden haben nur Sinn im Zusammenhang eines vorgegebenen, fachpädagogisch erwogenen Zieles.

Doch es ist nicht nur die Wahl der Methode, die von vorgegebenen musikalischen Zielen abhängt, sondern auch der Grad ihrer Festigkeit. Umgrenzte, stabile Ziele können festere Methoden an sich binden als offene, in sich differenzierte Ziele. Der Verlust an Methode im Musikunterricht des 20. Jahrhunderts ist eine Folge der notwendigen Zielveränderung und Zielexpansion. Solange Singen der Gegenstand des Musikunterrichts ist, erscheint Methode zwar nicht gerade als problemlos, aber doch als sinnvoll. Wenn jedoch komplexe musikalische Werke und Stilbereiche für den Musikunterricht bestimmend werden, ist die Frage berechtigt, ob Methodisierung hier nicht die für künstlerische Lernprozesse wesentlichere Spontaneität, Sensibilität und Intuition drosselt. Darum ist sorgfältig abzuwägen, daß einerseits tatsächlich Musik nicht in minutiös genormten Lernschritten in gleicher Weise für alle Schüler sinnvoll erschlossen werden kann, daß aber andererseits dies kein Freibrief für unmethodische Anleitung sein kann. Dies ist das besondere Problem der Musikmethodik: die Komplexität ihrer Ziele. Die methodische Planung für Musikunterricht kann gegenwärtig trotz aller curricularer Versuche nicht von einem gesicherten didaktischen „Was“ ausgehen, aus dem nur ein stringentes „Wie“ zu entwickeln wäre. Die Komplexität des Zielfeldes für musikalisches Lernen hat viele Ursachen. Sie liegen in der Musik selbst, der Schwierigkeit einer Zielsystematik des Erlebens und Verstehens von Musik. Sie liegen aber auch darin, daß gerade Singen, Musizieren und die Ausbildung musikalischer Hörfähigkeiten langwierige Übung erfordern und sich einem realisierbaren, nachweislich erreichten Lernziel für die einzelnen Unterrichtsstunden zu widersetzen scheinen. Ursachen für die musikdidaktische Zielunsicherheit sind aber auch darin zu suchen, daß die Umstellung von Sing- auf Musikunterricht historisch noch jung ist, ihre Entwicklung auf wenig Wissen über musikalische Lernvorgänge beschränkt und zudem vielfältigem Wandel der Politik, des Denkens und vor allem einer immensen musiktechnischen Entwicklung mit der Veränderung allen musikalischen Verhaltens ausgesetzt ist. Doch hat wohl auch die Abwehr führenden Lernens gerade im Fach Musik zusätzliche psychische Barrieren gegen zu viel Methode bei den Lehrenden errichtet.

Wer musikalisches Lernen in der Schule als Fach erhalten will und sich nicht auf musikalische Entspannung der Schüler beschränken lassen möchte, wird nicht auf einen geplanten Unterricht in Musik verzichten können. Die Propädeutik ist in jedem Falle planbar, ebenso sind es viele psychomotorische und kognitive Ziele am Musikwerk. Vielleicht ist E. Sprangers Typus des ästhetischen Schwärmers immer noch unterschwellig wirksam, wenn „musikalisches Verstehen" schon im Schulalter als allgemein erreichbar angesehen wird und demgemäß methodische Schonung verbreitet ist, während vielleicht doch die bis in höhere Klassen geführte methodisch straffere Vorbereitung von „musikalischem Verstehen", die Auffassung von schulischem Musikunterricht als Propädeutik des erst im Erwachsenenalter voll einsetzenden musikalischen Verstehens, eben dies möglich werden ließe. Musikalisches Verstehen ist methodisch nicht planbar, aber die Sicherung seiner Voraussetzungen im schulischen Musikunterricht wäre methodisch zu planen, wobei auch affektive Bereiche situativ differenziert einbezogen werden können. Voraussetzung einer solchen Planung ist die Klärung von Zielen für einen längeren Zeitraum wie für die einzelne Stunde, jedoch nicht in generalisierender Abstraktheit, sondern in detaillierter Konkretheit. Sowohl ein auf Dauer sinnvolles Musizieren wie die Bewältigung des Einbruchs der Menge und Vielfalt von Hörmusik sind nur durch einen Unterricht mit musikalischen Zielen in ihrer feinsten und konkretesten Form („objectives"), eingebettet in ein auf Dauer angelegtes Üben aller musikalischen Fähigkeiten, zu realisieren. Die Vielfalt der inzwischen dem Musikunterricht gesetzten Ziele kann schwerlich mit einer zusammenfassenden Methode realisiert werden. In der Gegenwart ist weniger eine Renaissance der Methodik als Einsicht in Notwendigkeiten und Möglichkeiten methodischer Planung für die Ziele der einzelnen Musikstunde wie für die über einen längeren Zeitraum gesteckten Ziele geboten.

Ein weiteres zentrales Problem (auch) der Musikmethodik liegt in der Spannung zwischen Wunsch nach Methode und Ablehnung von Methode für Musikunterricht, die sich in geschichtlichen Pendelbewegungen zwischen den Polen von Methodengläubigkeit und Methodenabwehr zeigt. In der Gegenwart wird man von einem Zusammenhang zwischen Methodenscheu im Musikunterricht und Umgehung des Terminus Methode im fachlichen Sprachgebrauch sprechen können. Die vielfältigen, mehr oder weniger als Ersatz herangezogenen Bezeichnungen für Unterrichtsorganisation verschleiern eher die für den Musikunterricht entstandenen Probleme. Gegenüber dem historisch belasteten Begriff der Methode kann der Begriff methodische Planung wohl am besten die Aufgabe der vorbereitenden Planung bei gleichzeitiger flexibler Offenheit in der Unterrichtsstunde wieder bewußt machen. Dabei ist zwischen der methodischen Planung der Einzelstunde und der methodischen Planung auf lange Frist zu unterscheiden, einem System bleibender und stetig fortschreitender Aufgaben, die im Interesse der Ausbildung grundlegender musikalischer Fähigkeiten wieder konsequenter in der Schule zu vertreten wären. Die Curricula der klingenden Worte haben wohl ein wenig die grundlegenden, langfristigen Aufgaben verdeckt, die einer über Jahre währenden, in sich geschlossenen methodischen Planung bedürfen. Aus diesen Gründen ist der Begriff der methodischen Planung zentral für moderne Musikmethodik. Er impliziert den Verzicht auf die Strenge der festen Methode i.e.S., sagt aber zugleich aus, daß auch Musikunterricht nicht ungeplant verlaufen kann. Die Qualität der methodischen Planung hat entscheidenden Anteil am Unterrichtserfolg. In verschiedenen historischen Phasen wechselt der Grad der methodischen Stringenz oder der methodischen Offenheit; es ist Aufgabe musikpädagogischer Geschichtsschreibung, solche Pendelbewegungen zu registrieren und aufzuzeigen, um methodische Übertreibungen und methodische Defizite zu verhindern. Im Rahmen der methodischen Planung sind musikalische Arbeitsformen die bestimmende Kategorie. Sie entsprechen den spezifischen menschlichen Umgangsweisen mit Musik und halten dadurch stets die Eigenart des Faches bewußt. Sie enthalten zugleich die Möglichkeit, unterschiedliche Funktionen vom methodischen Element bis zum Ziel zu übernehmen. Auf der Basis eines sicheren Gebrauchs musikalischer Arbeitsformen im Musikunterricht werden schließlich auch so autoritäre pädagogische Prinzipien wie Selbsttätigkeit und Kreativität relativiert und in ihren konkreten Zielmöglichkeiten eingesetzt werden können, auch in ihren pädagogischen Möglichkeiten, aber gesichert durch den Anspruch und die Erfahrung musikalischer Arbeitsformen. An die einzelnen musikalischen Arbeitsformen sind besondere musikalische Arbeitsmittel gebunden.

Für die einzelnen Altersstufen gibt es graduelle Unterschiede hinsichtlich der Stringenz oder Offenheit der methodischen Planung sowie betreffs der Akzentuierung von Arbeitsformen und der Auswahl von Arbeitsmitteln. Die traditionelle Methodik des Musikunterrichts hat die Methodendifferenzierung nach Altersstufen vor allem in der Weise vorgenommen, daß sie niedrigeren Altersstufen die sog. aktiven Umgangsweisen mit Musik, also Arbeitsformen praktischer Art zuordnet, während in höheren Altersstufen, vor allem in der gymnasialen Oberstufe, historische und formale Stoffe vermittelt werden. Gerade für musikalisches Lernen mit seinen zentralen langzeitigen Zielen sind die kontinuierliche Übung und die systematische Vertiefung von Können und Wissen mit einer die Altersstufen überspannenden langfristigen methodischen Planung, die konkreter als Curricula ist, Voraussetzung für Erfolg und andauerndes Interesse. Ein Unterschied nach Altersstufen kann heute auch nicht mehr hier Praktizieren – da Kognition sein. Er liegt vielmehr darin, daß jüngere Schüler mehr und einen rascheren Wechsel der Arbeitsformen und Arbeitsmittel als ältere Schüler brauchen, und daß diese altersstufengemäß modifiziert werden müssen, auch wenn Aufgaben des gleichen Bereiches behandelt werden.

Musikmethodik – damit wird eine weitere Eigenart aufgegriffen – zeigt ganz spezifische, aus den Arbeitsformen im Umgang mit Musik erwachsende Tendenzen. Wie die Betrachtung des Begriffsfeldes um Musikmethode ergab, können musikalische Arbeitsformen unterschiedliche Funktionen übernehmen. Solche Funktionen können sich jedoch auch verselbständigen und hypertrophieren. Am auffälligsten ist die Tendenz zur Ziel-Hypertrophie. Arbeitsformen wie Singen, elementares Instrumentalspiel und vor allem körperliche Bewegung neigen dazu, zum Ziel zu avancieren, ganze Konzepte auszubilden und andere Zielintentionen zu usurpieren. Das gleiche gilt auch für Arbeitsmittel wie z.B. die graphische Notation, die starke Tendenzen der Ziel-Hypertrophie zeigt. Ursache solcher Entwicklungen ist vor allem die praktische Handlichkeit der Arbeitsformen oder des Arbeitsmittels, die Chance einer funktionierenden Unterrichtsstunde und „vollbeschäftigter" Schüler. In besonders starkem Maß ist diese Tendenz bei der Integration allgemeinerzieherischer Prinzipien erkennbar, die stets dahin neigen, aus dem methodischen Bereich, in dem sie anregend und aktualisierend wirken, in den Ziel-Bereich überzuwechseln. Das pädagogische Prinzip der Kreativitätsförderung ist hier wohl das deutlichste Beispiel; was als Prinzip gerade auch bei musikalisch-kognitiven Aufgaben vorzüglich differenzierungsfähig ist, denaturiert zu einem Ziel musikalischer Improvisation, von Haus aus zu unmusikalischer Unzulänglichkeit verurteilt. Schlagworte wie Motivation, Eigentätigkeit oder auch Kreativität verdecken leicht die Ziellosigkeit einer Musikstunde, den Verzicht auf musikalischen Lernerfolg bei Schülern.

Neben der methodischen Hypertrophie ist auch eine Tendenz der Methoden-Delegation aus der Musikmethodik in andere Lern- und Erziehungsbereiche zu beobachten. An musikalische Arbeitsformen wie z.B. Gruppenmusizieren werden gerne Ziele delegiert, die außermusikalischer Art sind. Es sind Ziele wie soziales Verhalten, auch heilpädagogische Ziele. Ganz abgesehen davon, daß sie wohl schwerlich wirklich erreicht werden können, also nur Scheinziele darstellen, sind es von Haus aus musikfremde Ziele; sie sind als solche bewußt zu halten, gleich, ob man sie dennoch als Aufgabe von Musikunterricht ansieht oder nicht. Wenn nicht alles täuscht, gibt es dazu auch eine Tendenz des Methodenrücklaufs in die Musikmethodik; Sozialformen des Unterrichts, die im erzieherischen Bereich anstehen, fließen in Musikunterricht ein. Sie sind nun angereichert mit erzieherischen Wünschen an Musik; doch in der Regel geht damit die spezifisch musikmethodische Denkweise verloren. Es sollen damit nicht erzieherische Aufgaben auch des Musikunterrichts ausgeschlossen werden; man wird nur deutlich zwischen Musik-Lernen und Erziehung zu unterscheiden haben. Im methodischen Bereich bedeutet dies die Unterscheidung zwischen Musikmethoden und Musik als Methode.

Schließlich ist auf die für Musikmethodik so konstitutive Spannung zwischen Sach- und Lernlogik zu verweisen. Die traditionelle Hinführung zum Verständnis von Musik beruht auf einer werkspezifischen Aufgabenfolge. Die musikalische Logik ist hier identisch mit der Unterrichtsmethode oder ist doch zumindest bestimmend. Auch Ansätze einer didaktischen Interpretation von Musik wollen zwar den Schüler abholen, wollen auch i.S. H.G. Gadamers eine „Horizontverschmelzung"; sie gehen aber stets von der Sachklärung selbst aus. Für aktuelle methodische Planung der musikalischen Lernvorgänge ist musikalisches Sachwissen – des Lehrers – Voraussetzung. Nur aus der Fülle musikalischer Materialien kann er die methodische Planung des Musikunterrichts vornehmen; historisch-formale Vielseitigkeit des Unterrichts, die Arbeit an den musikalischen Phänomenen selbst, schafft die Voraussetzungen, um musikalisches Interesse beim Schüler wecken zu können. Doch für solche methodische Planung benötigt der Lehrer auch Wissen über die musikalischen Fähigkeiten, die er in der Altersstufe seiner Schüler durchschnittlich voraussetzen kann, er benötigt Kenntnisse über die Eignung bestimmter Materialien und Arbeitsmittel zur Steigerung einzelner musikalischer Fähigkeiten, über Bedingungen und Merkmale der musikalischen Lernvorgänge, über die Auswirkung der Verhaltensweisen des Musiklehrers, über die Bedeutung situativer Bedingungsfaktoren. Um die neuen Anforderungen unterrichtsmethodischer Planung im Fach Musik erfüllen zu können, benötigt der Musiklehrer außer Sachkenntnis auch Wissen über musikalische Fähigkeiten und musikalisches Lernen und Lehren. Voraussetzung methodischer Planung von Musikunterricht ist die Annäherung von Sach- und Lernlogik und demgemäß eine mehrdimensionale fachwissenschaftliche Ausbildung des Studenten.

Doch Sachlogik und Lernlogik werden in der Unterrichtspraxis erst dann wirksam, wenn der Musiklehrer sie mit methodischer Phantasie einsetzt. Die leichte Zugänglichkeit anspruchsloser Musik, die Affinität dieser Musik zu der physisch-psychischen Situation des Heranwachsenden, der auch die Musik betreffende gesellschaftliche Trend der Werte-Gleichgültigkeit, all dies macht es dem Musiklehrer unmöglich, Musik wie einen der anderen schulischen Unterrichtsgegenstände nur einfach zu üben und zu übermitteln. Wenn er eine in das Erwachsenenalter reichende Hinwendung und Kenntnis erreichen möchte, dann bedarf er der methodischen Phantasie, eingesetzt mit dem Gespür des Dramaturgen (Hausmann, 1959). Er hat praktisches Musizieren zu üben, hat einzelne Fähigkeiten langfristig zu fördern, hat die materiale Vielfalt der Musik selbst zu berücksichtigen und für das jeweils zielbestimmende Phänomen historisch und stilistisch exemplarische Beispiele zu finden (die auch noch der Altersstufe und der Unterrichtsdauer angepaßt sein müssen, auch mit Wechsel an Besetzung und Interpretation zusätzlichen Anreiz bieten sollen). Dafür hat er nicht nur Liedmaterial, Schallplatten, eventuell einen eigenen instrumentalen Vortrag vorzubereiten, sondern aus der Fülle der Möglichkeiten aktuelle, anregende Arbeitsmittel herzustellen, von Taktleisten über methodisch angelegte Notenbeispiele bis zu Bildmaterial, Fragebogen, Testblättern u.a. Die didaktischen Grundsatzdiskussionen sind wichtig, aber sach- und lernlogische Bezüge sowie methodische Phantasie gewiß nicht weniger.

Abschließend ist Musikmethodik in den weiterreichenden Zusammenhang der Unterrichtslehren des Faches Musik zu bringen. Die beschriebene methodische Planung des Musikunterrichts kann nicht isoliert gesehen werden, sie gehört in einen weiteren musikdidaktischen Zusammenhang, von musikpraktischen Prämissen der Lehrerausbildung über die didaktische Analyse bis zur Messung bzw. Beobachtung des Unterrichtserfolges reichend. Die musikalischen Prämissen sind im Zusammenhang der Musikmethodik besonders anzusprechen, weil der Musiklehrer, anders als die Vertreter der meisten anderen Schulfächer, außer Sachkenntnis und der Kenntnis der Fachmethodik auch spezielle Techniken beherrschen muß, um Fachmethodik realisieren zu können; dazu ist er, um Methoden einsetzen zu können, auf eine spezielle Ausstattung angewiesen. Zu diesen musikalischen Prämissen gehören vor allem die musikpraktischen Fähigkeiten des Lehrers im Singen und instrumentalen Spiel, doch noch mehr die Fähigkeiten, Singen und instrumentales Spiel anleiten zu können. Die besten Kenntnisse in Methodik nutzen nichts, wenn der Musiklehrer chorische Stimmbildung nicht beherrscht, und wenn er nicht dirigieren kann. Auch nutzen ihm die Einsichten in die Aufgaben kreativer Förderung der Schüler im Musikunterricht nichts, wenn er musikalische Improvisation nicht gemäß zunehmenden Schwierigkeitsgraden aufzubauen vermag. Für alle Methoden des Musikhörens in der Schule benötigt der Musiklehrer vor allem umfassende Werkkenntnis. Die tiefenpsychologische Untersuchung des Musiklehrers steht noch aus, die klärt, ob und wieweit manche Vorliebe für Popularmusik auf eben diesen Lücken im Bereich eigener musikalischer Werkerfahrung des Lehrers beruht. Die musikalische Ausstattung beschränkt sich in der Regel auf Musiktechnik sowie Tasteninstrumente und elementares Instrumentarium. Zur Ausstattung als Voraussetzung eines methodisch geplanten Musikunterrichts gehört aber vor allem auch die nur von jedem persönlich zu entwickelnde Sammlung der unterschiedlichsten Arbeitsmittel, beginnend mit musikalischen Lernkarten und Bildmaterialien, über modifizierte Notenblätter (mit Auslassungen, Fehlern, Zusätzen zur Korrektur beim Hören im Unterricht) bis zu didaktischen Tonbändern reichend, die eben nicht einfach überspielte Schallplatten sind, sondern didaktisch sinnvolle Zusammenstellungen zum Hören spezieller musikalischer Phänomene. Eine solche Sammlung ist Prämisse alles methodisch geplanten Musikunterrichts.

Bevor methodische Planung einsetzen kann, ist die didaktische Analyse vorzunehmen. Für den Musiklehrer besteht sie aus einem subjekt- und einem objektbezogenen Teil. Der subjektbezogene Teil erweitert sich über die allgemeinen psychisch-sozialen Beobachtungen hinaus durch die Aufgabe, die Eigenarten des musikalischen Verhaltens und die speziellen musikalischen Fähigkeiten für jeden Schüler festzustellen, auch die Verquickung der musikalischen Eigenarten mit psychisch und sozial bedingten. Sich nur zu beschränken auf die Feststellung, daß ein Schüler ein Instrument spielt oder falsch singt, heißt die Vielzahl der unterschiedlichen musikalischen Fähigkeiten, auf jeden Schüler anders verteilt, auch hinsichtlich der Ziele aus dem Blick zu verlieren und den genormten Musikkonsumenten selbst zu verschulden. Tieferreichende Kenntnisse über die musikalische Individualität seiner Schüler kann der Lehrer jedoch nur gewinnen durch sein Wissen über die menschlichen musikalischen Fähigkeiten, die Ausprägung in den verschiedenen Altersstufen, die Konditionen ihrer Veränderung, die psychisch-sozialen Hintergründe ihrer Erscheinungsweise, die optimalen Lernphasen für die einzelnen musikalischen Fähigkeiten, die Erfahrungen mit den verschiedenen musikalischen Materialien und musikalischen Lehrweisen – das heißt: durch ständige Beobachtung der Forschungsliteratur über musikalisches Lernen, seine Bedingungen, Vorgänge und Ergebnisse.

Nicht weniger wichtig ist im Rahmen der didaktischen Analyse die objektbezogene Analyse. Diese wird gern mit der im Rahmen des Studiums angeeigneten Werkanalyse identifiziert. Solche Werkanalysen sind in der Literatur reichlich vertreten, für den Musiklehrer selbst ist die Fähigkeit zum Verständnis von Werkanalysen und zum eigenen Umgang mit Analysetechniken unerläßliche Prämisse. Die objektbezogene didaktische Analyse, die Analyse von Musik für und im Unterricht vor allem in Primarbereich und Sekundarstufe I, zielt nicht auf die vollständige Aufschlüsselung eines musikalischen Werkes; auch dies mag gelegentlich einmal angestrebt sein, würde aber als Regel die Schüler langweilen und überfordern. Die Unterrichtsanalyse von Musik geht nicht von dem Ziel der vollständigen Erschließung eines bestimmten Werkes aus, sondern von einem speziellen musikalischen Phänomen, das Schüler erfahren und erkennen sollen, und für das exemplarische Musik oder Musikabschnitte herangezogen werden. Bei dieser Musik ist wesentlich, daß Schüler das jeweilige musikalische Phänomen in exemplarischer Form hörend erfassen können, daß es dominierend ist, und daß für das gleiche Phänomen weitere Werke mit formalen und stilistischen Modifikationen bereitstehen. Objektbezogene didaktische Analyse ist im wesentlichen Höranalyse an Werken, die exemplarisch für bestimmte musikalische Phänomene sind. Solche objektbezogene didaktische Analyse ermöglicht es dem Musiklehrer, Lernkontinua musikalischen Hörens für bestimmte musikalische Erscheinungen systematisch anzulegen.

Vor dem Hintergrund der musikalischen Prämissen und der didaktischen Analyse mit ihren subjektbezogenen und objektbezogenen Aufgaben kann als dritter Schritt die methodische Planung für die einzelne Stunde wie über den größeren Zeitraum erfolgen. Die methodische Kunst des Musiklehrers liegt nicht in der Beherrschung einer oder mehrerer Methoden. Sie liegt darin, im umfassenden Zusammenhang des künstlerisch, gesellschaftlich und individuell so vielfältigen musikalischen Lernens dieses systematisch zu planen und in kleinen, konkreten Zielen und realistischen Lernschritten anzuleiten. Sie liegt darin, die langfristigen Übungsziele mit ihren kaum spürbaren Etappen der Verwirklichung, die von ihnen betroffenen vielfältigen musikalischen Fähigkeiten, die Sicherung aller musikalischen Arbeitsformen, die Entwicklung aktueller Arbeitsmittel sowohl im einzelnen im Blick zu halten wie zu koordinieren und mit immer neuem musikalischem Material zu kombinieren. Methodische Planung ist optimal erfüllt, wenn der Lehrer ein Höchstmaß an musikalischen Prämissen, didaktischer Analyse, Konkretion der Ziele und Phantasie ihrer Kombination, Vielfalt des musikalischen Materiales, des Wechsels der Arbeitsformen und der spezifischen Arbeitsmittel einbringt, in denen Möglichkeiten der Messung oder Beobachtung des Lernerfolges enthalten sind, während dem Schüler lediglich musikalische Vielfalt, unterschiedliche eigene Umgangsweisen mit Musik, Abwechslung mit Arbeitsmaterialien – und die Entdeckung eigenen musikalischen Fortschrittes offenkundig werden.

2. Die musikdidaktischen Reformen

2.1 Reform durch „musikalische Volksbildung"

Für die Lehren vom Musikunterricht ist charakteristisch, daß ihre Geschichte weniger durch kontinuierliche Entwicklung, Ausweitung des Wissens und Vertiefung von Einsicht in musikalisches Unterrichtsgeschehen bestimmt wird als vielmehr durch grundsätzliche, „umwerfende" Neuansätze. Die geschichtlichen Wandlungen der Lehren vom Musikunterricht vollziehen sich auch separiert an Materialauswahl, Umgangsweise mit Musik oder Methode; doch solche Änderung im Detail rechtfertigt sich in der Regel unter Berufung auf einen Neubeginn der Lehre vom Musikunterricht, auf neue Ideen und neue Ziele. Diese in der Geschichte musikalischer Unterrichtslehre zu beobachtenden Neuansätze werden als musikdidaktische Reformen bezeichnet; die sog. Kestenberg-Reform ist die bekannteste unter ihnen. In der Fülle der erschlossenen Fakten musikpädagogischer Geschichte und der undurchsichtigen Vielfalt der Auffassungen über Musikunterricht bedeuten die musikdidaktischen Reformen des Faches Musik die Zentren von sich weit ausbreitenden Denkmodellen der Lehre vom Musikunterricht, mit ordnender Funktion beim Rückblick in die Geschichte und mit analytischer Funktion bei der Beschreibung der Gegenwart.

Die musikdidaktischen Reformen sind demgemäß die jeweiligen Verfestigungen eines Komplexes neuer Bestrebungen. Sie sind oder werden gebunden an eine musikpädagogische Autorität, an Ideen, fachliche Anweisungen oder staatliche Verordnungen und scheinen umso nachdrücklicher hervorzutreten, je zahlreicher diese Komponenten beteiligt sind. Die sich als musikdidaktische Reform verfestigenden musikpädagogischen Bestrebungen und ihre faßbaren Komponenten sind jedoch nicht nur in sich viel differenzierter, ja widersprüchlicher als das an solchen Reformen sich orientierende geschichtliche Ordnungsbedürfnis des Faches erkennen läßt; die Reformen sind zugleich auch historisch wie inhaltlich höchst weitläufig in weiterreichende geistesgeschichtliche und politische Prozesse verwoben, in diesen Dimensionen der geschichtlichen Forschung der Musikpädagogik höchst anregende Aufgaben stellend.

Erstmals zeigt sich eine breite Übereinstimmung, daß die Lehre vom Musikunterricht nun eine grundlegende Reform erfahre, in der vornehmlich durch J.H. Pestalozzi inspirierten Musikpädagogik des beginnenden 19. Jahrhunderts. Eine weitere tiefreichende und schulorganisatorisch wirksame Verdichtung neuer Vorstellungen zur musikalischen Unterrichtslehre vollzieht sich im Umkreis H. Kretzschmars; doch blieb diese Reform bisher im Schatten der direkt anschließenden sog. Kestenberg-Reform. Nach politischer Umfunktionierung in der Zeit des Nationalsozialismus und einer Restauration musischer Bewegung nach 1945 entwickelt sich aus der Ideologiekritik an musischem Denken und seiner Restauration im Laufe der sechziger Jahre unseres Jahrhunderts eine neue musikalische Unterrichtslehre um das Kunstwerk, formuliert durch M. Alt. Fast gleichzeitig mit dieser Kunstwerk-Reform vollzieht sich bereits die nächste grundlegende Änderung im Denken über Musikunterricht, eine Reform musikalischen Verhaltens über das „Curriculum" einleitend. Sie zeigt heute, in den achtziger Jahren, so vielfältige Verästelungen, daß zwar eine Beschreibung ansetzen kann, eine Beurteilung der Tragweite als Reform aber noch nicht möglich ist. Es scheint, als zeichne sich eine zunehmende Beschleunigung von Reform-Absichten ab, eine Auflösung zugleich auch in eine Fülle von Einzelkonzepten und Gruppeninteressen. Die zusammenfassende, ordnende und orientierende Reform wird wahrscheinlich gar nicht mehr angestrebt, vielleicht aus Abwehr von Entscheidung und Festlegung.

Die erste musikdidaktische Reform zu Beginn des 19. Jahrhunderts entsteht aus Anstößen der über die Aufklärung hinausstrebenden neuhumanistischen Bewegung; die hohen Bildungsideale der Dichter und Denker des klassischen Zeitalters und eine pädagogische Verdichtung und Programmatik neuen Denkens bei J.H. Pestalozzi bilden den Hintergrund einer als grundlegend empfundenen Veränderung der Lehre vom Musikunterricht. Nach den Erfahrungen einer auf Kirchengesang beschränkten Schulmusik, basierend auf der Übereinkunft von Kirche und Staat, daß Musik zur christlichen Erziehung gehöre, erwecken die neuen Ideen der Humanisierung und einer menschlichen Bildung durch Musik kühne Hoffnungen und hochfliegende Pläne einer reformbegeisterten Musikpädagogik. J.H. Pestalozzi ist die alles überstrahlende pädagogische Autorität der Zeit, er gibt Ideen und stößt Methoden zu ihrer Umsetzung in der Schule an.

Die für die Musikpädagogik entscheidende Auffassung J.H. Pestalozzis war die, daß Volksbildung auch musikalische Volksbildung einschließe. In der „Abendstunde eines Einsiedlers" faßt J.H. Pestalozzi nochmals seinen Grundgedanken von dem Zweck der Bildung zusammen; er liegt in der „Emporbildung der inneren Kräfte der Menschennatur zu reiner Menschenweisheit . . . auch der niedersten Menschen". Während vorangegangene Epochen Bildung auf die höheren Stände beschränkten, möchte J.H. Pestalozzi das ganze Volk bilden, und zwar vor allem deshalb, weil nur auf diese Weise, durch Verbesserung der Bildung des Volkes, auch eine Verbesserung seiner wirtschaftlichen und sozialen Bedingungen zu erreichen sei. Musik bedeutet für J.H. Pestalozzi einen Beitrag zur Volksbildung, weil sie Harmonie, Freude und Frohsinn zu bringen vermag, und dadurch Kunstsinn und Humanität entwickeln kann. Nach J.H. Pestalozzis Vorstellung kann Musik die Aufmerksamkeit schärfen, den Sinn für Regelmäßigkeit entwickeln, Gesetze der Ordnung zeigen, kann sie Festigkeit und Besonnenheit des Gemüts, Bildung des Herzens und Heiterkeit der Seele erzeugen. Musikalische Volksbildung ist für J.H. Pestalozzi Menschenbildung durch Musikerziehung (Pestalozzi, 1808).

Die sozialen, humanistischen und volksbildnerischen Ideen J.H. Pestalozzis sind in einen Mantel didaktisch-methodischer Überlegungen und Ratschläge gehüllt, vielfältig beschrieben und interpretiert in der erziehungswissenschaftlichen Literatur. Als zentrale Aufgaben der Erziehung in der Sicht J.H. Pestalozzis treten hervor, daß in jedem Menschen die Grundkräfte des Verstandes (Geisteskraft), des Gemütes (Herzenskraft) und der Hand (Kunstkraft) zu lebendiger Wirksamkeit zu entfalten seien. Die Methode der Elementarbildung J.H. Pestalozzis ist der Versuch eines Bildungsverfahrens, das für diese Entfaltung der Grundkräfte einen fortschreitenden Gang und Unterrichtsgrundsätze bereitstellt, die den Gesetzen menschlicher Geistesentwicklung entsprechen. Die von J.H. Pestalozzi in dieser Absicht entwickelten Unterrichtsgrundsätze sind: die Gründung allen Unterrichts auf der Anschauung, planmäßiges Ausgehen vom Nächstliegenden und Einfachen, langsames und lückenloses Fortschreiten zum Schwierigeren und Verwickelteren, Scheidung des Wesentlichen und Unwandelbaren von den zufälligen Beschaffenheiten der Dinge, Erfassen der Dinge durch örtliches Nahebringen und mit Hilfe möglichst vieler Sinne. Nur vor diesem Gesamt der von J.H. Pestalozzi entwickelten Unterrichtsgrundsätze und der sie tragenden pädagogischen Intention läßt sich beurteilen, inwieweit die Musikmethodiker im Umkreis J.H. Pestalozzis seine Absichten erfaßten und sinngemäß auf Musikunterricht übertrugen.

Diese Übertragung der Pestalozzischen Absichten und Grundsätze auf den Musikunterricht, die Parallelisierung der J.H. Pestalozzi zu dankenden neuen Erziehungsideen in einer musikerzieherischen Reform durch musikalische Volksbildung, wird in der musikpädagogischen Geschichtsschreibung vor allem an die Namen H.G. Nägelis und M.T. Pfeiffers gebunden. Sie sind die zu ihrer Zeit durch J.H. Pestalozzi selbst favorisierten „Musik-Pestalozzis". Die musikpädagogische Geschichtsschreibung registriert erstmals den Transfer eines pädagogischen Denkmodells in die Lehre vom Musikunterricht, die bereitwillige Rezeption eines außermusikalischen Modells, den Primat pädagogischer Autorität vor fachspezifischer Kritik. Denn die Schriften von H.G. Nägeli und M.T. Pfeiffer zur Gesangbildungslehre im Gefolge Pestalozzis (Nägeli, 1809; Pfeiffer und Nägeli, 1810; u.a.; vgl. auch Nägeli, 1983) finden begeistertes Echo, werden als Reform begrüßt und in die Bildungsplanung der Zeit eingefügt, obwohl sie J.H. Pestalozzis Gedanken der Elementarbildung „unmusikalisch" auslegen. Unter Berufung auf J.H. Pestalozzi wird nämlich die Musik von ihren „Elementen" aus im Unterricht gelehrt. Nacheinander werden eine Elementarlehre der Rhythmik, der Melodik und der Dynamik gelehrt und damit für die lernenden Kinder die Elemente der Musik getrennt, bevor sie schließlich im Lied der Musik selbst begegnen dürfen. J.H. Pestalozzis Empfehlung einer Elementarbildung im Sinne des Ausganges vom Einfachen zum Schwierigen führt zu einer musikalischen Unterrichtslehre, die auf Elemententrennung basiert, die das separierte musikalische Element mit dem musikalisch Einfachen verwechselt. Dazu wird J.H. Pestalozzis Grundsatz der Anschauung mißverstanden; mit dem Ausgang von der einzelnen Note wird dem Kind keine Möglichkeit einer „musikalischen Anschauung" gegeben, ihm wird aber die Chance der Vorstellung von musikalischer Bewegung verbaut. Gewiß – die Absicht ist vorzüglich: Die Kunst des Gesanges soll grundlegend geübt werden, Atmung, Tonbildung und Lautschönheit am Element angeeignet werden und schließlich am Lied – und diesem gegenüber mit Respekt – angewendet werden. Doch das Kind wird über solchen Verfahren überfordert, ihm fehlt die ursprüngliche Begegnung mit dem Singen, die Methode ist stärker als das Kind und Musik. Und mit Recht weisen darum bereits die zeitgenössischen Kritiker der Pfeiffer-Nägeli-Methode auf J.H. Pestalozzi selbst zurück, der schließlich schon die Mütter zum Liedersingen mit ihren kleinen Kindern aufforderte.

Die Pfeiffer-Nägeli-Rezeption läßt ein Phänomen erkennen, das für Reformen musikalischer Unterrichtslehre auch in späteren Beispielen nachweisbar ist: Eine Legion von Methodikern heftet sich an die Fersen des Reform-Werkes, doch weniger die Schwächen korrigierend als vielmehr gerade das leicht Organisierbare, den Aufbau der Elemente, immer neu modifizierend. Eine Fülle von Lehrbüchern entsteht, die Ziffernsysteme und Zahlnotensysteme weiter ausbauen (Widmann, 1878). Für ein ganzes Jahrhundert wird die musikalische Unterrichtslehre durch elementarisierende Methodenlehren absorbiert, nur gelegentlich unterbrochen von musikalisierenden Ansätzen. Doch selbst ein so aufgeschlossener Musikpädagoge wie L. Erk warnt davor, daß der Lehrer mit solchen schwierigen Verfahren leicht scheitern könne; er empfiehlt, doch besser bei Pfeiffer-Nägelis Grundsätzen zu bleiben. Immer breiter werden die rhythmischen und melodischen Lehrgänge der Methodiker; erfahrene Musikpädagogen wie J.G. Hientzsch und E. Hentschel raten zur Konzentration. Die Reform der „Elementarbildung" scheint zu verlaufen in einer Fülle von hochorganisierten Methodiken zur Einübung in die musikalischen Elemente.

Die zeitgenössische Kritik an der Elementarisierung kommt gegen die pädagogischen und musikdidaktischen Autoritäten der Zeit nicht an; die auf „Musikalisierung" drängenden Ansätze vermögen sich nicht durchzusetzen. So plädiert J.G.F. Pflüger, sich auf Analogien von Sprach- und Musikunterricht berufend, für eine Kombination des Elementarkurses mit einem Liederkursus; folgerichtig stellt er in der Elementarübung entgegen den Überlegungen Pfeiffer-Nägelis die Melodik vor die Rhythmik (Pflüger, 1853). Ein Methodiker wie W. Matthias bezieht einen Kursus ein, der die „im Volksgesange vorkommenden Tonverhältnisse" und ihr Notenbild einübt, damit man leichter neue Lieder lernen kann (Matthias, 1860). K.G. Hering bearbeitet schon 1807 eine Singschule für Kinder „nach einer leichten Lehrart" (Hering, 1807), F.W. Lindner spricht bereits von der „genetischen Methode" für den Musikunterricht der Kinder in der Schule (Lindner, 1805). Entscheidende Anstöße für einen „musikalischeren" Unterricht gingen von B.Ch. Natorp aus (Knab, 1933).

Rückblickend erscheint die Reform musikalischer Volksbildung als ein Mißerfolg. Alle Anregungen gehen unter in der Methodenplackerei des 19. Jahrhunderts. Darüber geraten leicht die tatsächlichen Intentionen und Anstöße der Reform aus dem Blick. Man kann sie nur vor dem Hintergrund des schlechten Standes des Schulsingens vor der Reformzeit beurteilen und der daraus herrührenden Mißachtung des Schulgesanges. Durch die Reform musikalischer Volksbildung wird die Aufmerksamkeit auf den Schulgesang gelenkt, auf die sich hier vielleicht eröffnenden Möglichkeiten der Menschenbildung (vgl. Radloff, 1921; Schattner, o.J. [1961]). Die Absicht der Schulmusik-Reformer, den Gesangunterricht zu einem künstlerischen Unterricht auf dem Gebiet des Gesanges zu machen, ist in der Etappe der Elementarisierung steckengeblieben; das hohe Ziel der Mitwirkung an Gesangwerken der Kunstmusik wird kaum erreicht. Die Auseinandersetzung zwischen den Vätern der musikalischen Elementarisierung und ihrer Opposition, der frühzeitigen Begegnung mit der Musik in Gestalt von Kinderlied und Volkslied, ist letztlich nicht Konflikt zwischen Elementarisierung und kinderfreundlicher musikalischer Unterrichtslehre, sondern eher eine erste Polarisierung unterschiedlicher Ziel- und Materialvorstellungen musikalischer Unterrichtslehre für die Volksschule: Gründliche musikalische Propädeutik im Interesse späterer musikalischer Chance steht einer frühen schlichten Einübung in kinderfreundliches (motivierendes) Singmaterial gegenüber.

2.2 Die Kretzschmar-Reform

Die erste entscheidende Wandlung musikalischer Unterrichtslehre in unserem Jahrhundert stellt die in der Geschichte des Faches über der nachfolgenden Kestenberg-Reform stets vernachlässigte Kretzschmar-Reform dar. Mehr als die durch die musikalische Jugendbewegung ideologisch orientierte und entsprechend populär gewordene Kestenberg-Reform hat H. Kretzschmar substantiell neue Gedanken in die Lehre vom Musikunterricht eingebracht. Sein Aufsatz über John Hullahs Aktenstück (Kretzschmar, 1910 a), dessen Kritik am deutschen Schulgesang, wurde zur Herausforderung deutschen Nationalstolzes und damit zum reformerischen Anstoß der Behörde. Doch darüber hinaus hat H. Kretzschmar nichts Geringeres geleistet als die Lösung des deutschen Schulgesanges von der elementarisierenden Musikmethodik des 19. Jahrhunderts und den Beginn von Musikunterricht als Propädeutik des Verstehens von Musik.

Die Quellen, aus denen H. Kretzschmar schöpft, sind die kulturkritischen Schriften des späten 19. Jahrhunderts. Von den Gedanken eines A.J. Langbehn, der in seiner Schrift

„Rembrandt als Erzieher“ für eine künstlerische Bildung plädiert, die sich mit wissenschaftlicher Bildung verbinden könne (Langbehn, 1944), führt ein direkter Weg zu H. Kretzschmars Forderung, die Musik als solche in die Schulen zu bringen. A. Lichtwarks Gründung einer Lehrervereinigung zur Pflege der künstlerischen Bildung in der Schule im Jahre 1896 lassen den gelernten Musikhistoriker und Theaterkapellmeister H. Kretzschmar, der allen Fragen des Musiklebens seiner Zeit so aufgeschlossen und schriftstellerisch aktiv begegnet, die Möglichkeiten der Musik für die menschliche Bildung, die aktuellen Chancen für die Schulmusik erkennen, zumal er durch seine doppelte Funktion als Ordinarius der Musikwissenschaft und Hochschuldirektor in Berlin in der Vermittlung von Musik seine Berufung sehen muß (Sommer, 1983).

Nach dem Paukenschlag des Grenzboten-Aufsatzes über das englische Aktenstück, diesem Lamento über den deutschen Schulgesang, dessen Wirkung seitdem keine deutsche Denkschrift mehr zu erreichen vermochte, entwirft H. Kretzschmar 1900 im Auftrag des Allgemeinen Deutschen Musikvereins zunächst ein Memorandum zur Neugestaltung der Musikerziehung. Der „mechanistischen“ Methode des Schulgesangunterrichts, die nur auf Einüben von Liedern und Chorälen zielt, wird die „systematische“ Methode entgegengestellt; sie „gründet die Arbeit auf Kenntnis und Beherrschung der musikalischen Elemente, schickt diese voraus und verlangt beim Singen der Stücke verstandesmäßige Einsicht in deren technischen Organismus . . .“ (Kretzschmar nach Kühn, 1932). Da eine solche Methode „höhere Tüchtigkeit des Lehrers“ erfordert, sieht H. Kretzschmar die Notwendigkeit eines umfassenden Reformwerkes. Er beginnt mit dem Musikteil des Lehrplanes für die höhere Mädchenschule (1908). Im gleichen Jahr wird die Ausbildung der Gesanglehrer für höhere Schulen auf drei Semester erhöht. 1909 folgt die Einrichtung von Fortbildungslehrgängen. 1910 wird eine Prüfungsordnung für Gesanglehrer und Gesanglehrerinnen in Preußen erlassen, in der erstmals detaillierte Prüfungsanforderungen für die Fachgebiete Gesang, Methodik, Theorie, Chordirektion und Musikgeschichte festgelegt werden; den berüchtigten mißglückten Sängern und gescheiterten Pianisten, die den Schülern manches Vergnügen, aber dem Berufsstand nur Schaden gebracht haben, wird das Berufsbild eines Schulmusiklehrers entgegengestellt, der für das Schulfach Musik spezielle Fähigkeiten nachzuweisen hat und dem gesunkenen Ansehen des Gesanglehrers aufhelfen soll.

Der im gleichen Jahr (1910) erlassene Musiklehrplan für die höhere Schule bedeutet die entscheidende inhaltliche Wandlung der Schulmusik. Denn hier wird nun von „Verständnis für Musik überhaupt“ gesprochen, von planmäßiger Ausbildung des Gehörs. Strenger als in der nachfolgenden Kestenberg-Reform wird die Benutzung bestimmter Methoden mit abweichenden Tonnamen, die musikmethodische Geißel des 19. Jahrhunderts, an ministerielle Genehmigung gebunden. Auch in dem 1914 erlassenen Lehrplan für die Volksschulen wird der Auftrag gegeben, zu der Freude am deutschen Volkslied die Freude „an edler Musik überhaupt“ zu wecken, werden Stimmbildung und Gehörbildung gefordert und der Beginn des Notensingens im zweiten Schuljahr vorgeschrieben (Nolte, 1975 a). Es beginnt die Anstellung von Gesangsinspektoren, die den Gesangunterricht in den Schulen überprüfen sollen. Die Mitwirkung an der amtlichen Umstellung wird begleitet von zahlreichen Aufsätzen zu speziellen Problemen des damaligen Gesangunterrichts in den Schulen, von der Aufhebung der Dispensation vom Musikunterricht bis zu der Forderung der sozialen (und demgemäß ausbildungsmäßigen) Gleichstellung der Gesanglehrer an Gymnasien. Auch seine Verweise für die Seminarausbildung zeigen H. Kretzschmar als einen seiner

Zeit vorauseilenden Kenner musikpädagogischer Praxisprobleme. Er spricht davon, daß der Lehrer auch das Lehren der Elemente der Musik verstehen müsse, und daß es wichtig sei, daß er die Schüler fesseln (d.h. motivieren) könne.

Insgesamt stellt darum H. Kretzschmars musikpädagogisches Wirken eine die Neugestaltung des Musikunterrichts und seiner Bedingungen umfassende Lehre des Musikunterrichts im Rang einer Reform dar. Für die von ihm vertretenen inhaltlichen Änderungen ist die Hinlenkung auf die Musik selbst charakteristisch. Die Sachgebiete der Musik werden in die Lehrpläne eingesetzt, die Ausbildung der Musiklehrer soll sichern, daß Musik sachgerecht von ihnen vertreten werden kann. Ist dies die Realisierung der musikalischen Volksbildung des 19. Jahrhunderts oder Ausdruck neuer Hoffnungen auf künstlerische Bildung gemäß der aufkommenden Reformpädagogik? Die Aufsätze und Lehrplantexte zeigen H. Kretzschmar als den auf das neue Jahrhundert gerichteten Reformer. Statt elementarisierender Methoden wird für die Ausbildung der Musiklehrer Kenntnis von der Eigenart der Kinderstimme verlangt, die auf der Strecke gebliebene musikalische Volksbildung wird in der gegenseitigen Respektierung von Volksmusik und höherer Tonkunst, einem für beide Bereiche fruchtbaren Kontakt weitergedacht. Die Bedeutung musikalischen Hören-Lernens wird erkannt; „Lust am Singen", „Freude am deutschen Volkslied wie an edler Musik überhaupt" und „Gemütsbildung" kündigen eine neue Sicht der Lehre vom Musikunterricht an. Auch der Zusammenhang zwischen Ausbildung der Lehrer und Anerkennung des Faches wird bereits gesehen; für den gymnasialen Musiklehrer wird die Forderung gestellt, daß ein Studium zu absolvieren sei, das den Gesanglehrer den übrigen Schulkollegen in Bildung und Stellung ebenbürtig werden lasse und die Lehre der Musik im Geist der Schule ermögliche.

Der erste Weltkrieg verurteilt den Ansatz zum Scheitern, aber auch der Mangel an Fachleuten zur Realisierung des neuen Musikunterrichts, die Schwerfälligkeit der Umstellungen in der Schule, der Mangel an Verständnis für die Bedeutung dieser neuen musikalischen Unterrichtslehre, die Musik selbst in den Unterricht bringen will und die Gleichrangigkeit der Musik (und des Musiklehrers) als Problem der Realisierung von Schulmusik erkennt. Das von H. Kretzschmar entwickelte Reform-Modell musikalischer Unterrichtslehre enthält bereits wesentliche Komponenten der anschließenden Kestenberg-Reform – vorsichtiger angesetzt, von der Sache aus formuliert und frei von reformerischem Pathos, dafür facettenreich mit wohl allen Fragen des Musiklebens und mit dem musikhistorischen Denken seiner Zeit verbunden.

2.3 Musische Reform-Bewegung und Kestenberg-Reform

Von H. Kretzschmar wurden alle inhaltlichen Reform-Aufgaben vorgezeichnet, die in den zwanziger Jahren unseres Jahrhunderts, in einem gewaltigen Ausbruch musikpädagogischer Reform-Leidenschaft, realisiert, doch zugleich auch wieder erheblich modifiziert werden. Als Kestenberg-Reform bezeichnet, geht in die musikpädagogische Geschichte ein, was tatsächlich aus Impulsen des späten 19. Jahrhunderts und Strukturierungen H. Kretzschmars zwischen 1910 und 1914 stammte. Was geschichtliche Ungunst nicht reifen ließ, wird nun, aufgegriffen von frischen politischen Kräften, inhaltlich getragen von einem die Musik erzieherisch einplanenden pädagogischen Gesamtprogramm und begünstigt durch personelle Nähe von Parteipolitik und

Musikpolitik, als die große Wende der Lehre vom Musikunterricht begrüßt und verstanden.

Die geistigen Quellen auch des musikpädagogischen Reformprogrammes der Weimarer Republik liegen in der Kulturkritik des 19. Jahrhunderts. Während die Lehre vom Kunstunterricht, die in einer Kunsterziehungsbewegung ebenfalls die Lösung vom alten Lernschul-System vollzieht, dem kritisch-reformerischen Denken des späten 19. Jahrhunderts stets nahe bleibt, gerät die musikalische Unterrichtslehre in eine besondere, wie es scheint, mancherlei Untiefen aufweisende Strömung: die musikalische Jugendbewegung. Sie stellt eine praktizistische Tendenz der aus der Kulturkritik verdichteten musischen Bewegung dar, deren Bildungsideen in die Praxis von Musikpflege und Musikunterricht tragend. Bis heute erkennbare Unterschiede der Lehren vom Kunstunterricht und vom Musikunterricht lassen sich daraus erklären, daß nur der Musikunterricht voll in die „jugendbewegten" Umsetzungsversuche geriet.

Daß gerade die Musik einen besonderen pädagogischen Weg einschlug, hat seine Ursache in ästhetischen wie pädagogischen Aspekten musischen Denkens. Unter ästhetischem Aspekt ist für musisches Denken die Einheit der drei „bewegten" Künste charakteristisch: von Musik, Sprache und Tanz. Seit E. Krieck werden diese drei Künste hervorgehoben, weil sie „einen Grad der Unmittelbarkeit in ihrer Wirkung" haben, die anderen Künsten fehle. Als Ursache dieser Unmittelbarkeit gilt, daß diese drei Künste „unmittelbar aus Bewegung kommen und Bewegung bewirken", daß sie „unmittelbare Tätigkeit (sind), die den Hörenden und Schauenden mächtig andringen, ihn unter einen Wirkungszwang nehmen, dem er sich nicht entziehen kann". Diese Künste „sind sinnlich und geistig zugleich, und gemeinsam unterstehen sie dem Rhythmus . . . Im Rhythmus kommt die Vereinigung des Eros mit dem Logos zustande" (Krieck, 1933). Die alte Einheit dieser drei Künste bringt für G. Götsch die Musik aus ihrer Absonderung heraus, stellt sie wieder „in den Zusammenhang festlichen Volkslebens" (Götsch, 1953). Musik ist für musisches Denken auch aus ihren Schwesterkünsten herausgehoben, weil sie sinnlich und geistig zugleich sei und darum große Spannweite zwischen rein physiologischer Wirkung und seelischer Erhebung besitze. Bei O. Haase, der auf das alte Quadrivium zurückgreift, wird auch die bildende Kunst in die Einheit der Künste einbezogen (Haase, 1951).

Die Bedeutung, die Musik im musischen Denken erhält, wird durch pädagogische Aspekte verstärkt. Das Musische ist, wie in der Einleitung ausgeführt wurde, eine Idee, die von Haus aus pädagogisch gerichtet ist. Der neue Mensch ist die Hoffnung musischer Bewegung; das Versagen der Menschen, der Niedergang der Gesittung, kann nur über musische Bildung zu dem neuen Menschen der Zukunft führen. Wollte das 19. Jahrhundert über verstandesmäßige Einsicht die Gesinnung bilden und den Willen zu sittlichem Handeln festigen, so sollen nun, durch die Reform und gemäß musischem Denken, die Künste dem Menschen neue Kraft geben, sein Leben neu beschwingen: „Nicht die nationale, nicht die logische, auch nicht die demokratische, sondern die musische Erziehung ist das Kernstück der Menschenbildung", sagt darum O. Haase; „sie garantiert zwar nicht, aber sie ermöglicht die Wiedergeburt der Gesittung" (Haase, 1951). Die Intensität der pädagogischen Intentionen des Musischen führt zur Bildung einer besonderen Bezeichnung, die fast identisch mit dem Musischen gebraucht wird: Musische Bildung. Die Bedeutung der Künste im Musischen, die besondere Hervorhebung der Musik und der pädagogische Auftrag der Künste in der musischen Bildung, auch hier wieder insbesondere der Musik, führen zu der historisch einmaligen Konstellation, daß die Musik im Reform-Denken der Zeit, in der Pädagogik der Zeit und unter allen anderen Künsten eine Vorrangstellung ohnegleichen erhält. In der Idee musischer Bildung gewinnt die Musik einen hervorragenden Platz. Die in musischem Denken sich kristallisierenden Theoreme der Ganzheit, des Erlebens und der Gemeinschaft werden stets vor allem am Beispiel der Musik dargelegt.

Diese Idee des Musischen, der ideale Auftrag der Musik, findet einen ersten praktischen Niederschlag in der Jugendbewegung. Die Jugendbewegung, eine der vielen „Bewegungen" der umfassenden, aus der Kulturkritik des 19. Jahrhunderts hervorgegangenen Reformpädagogik, verfolgt von ihren Ursprüngen her auch ein musikalisches Programm. Im Lauf der zwanziger Jahre erlangt es solche Dominanz und Eigenart, daß man auch von der „musikalischen Jugendbewegung", auch „Jugendmusikbewegung", spricht. Ihre musikpädagogischen Intentionen liegen von Haus aus im außerschulischen Bereich. Die Jugend will nach ihren eigenen Vorstellungen leben, will wandern, will ihre eigene Gemeinschaft; Singen und Lied werden zum Mittel dieses Zusammenseins, das mit eigenen Liedern und Musizierpraktiken als „musikalische Gemeinschaft" empfunden wird. „Aus eigener Bestimmung, vor eigener Verantwortung, mit innerer Wahrhaftigkeit" will diese Jugend ihr Leben gestalten, wie sie 1913 bei dem Treffen der Freideutschen Jugend auf dem Hohen Meissner bekennt. Alkohol und Nikotin werden verbannt; das Lied führt diese Jugendlichen in den Rausch ihrer Freiheit und Gemeinschaft. Von der Begründung des Wandervogels, dem Beginn mit Wandern und Singen zur Klampfe, bis zum Ende der zwanziger Jahre, der vollen musikalischen Entfaltung dieser Jugendbewegung, legt die Musikpflege in den Jugendgruppen einen weiten Weg zurück. Was als Volkslied-Singen beginnt, führt schließlich zu spezialisierten Musikgruppen für alte und neue Vokalmusik, zu aufführungspraktischen Untersuchungen, der Sammlung historischer Musik, dem Bau historischer Instrumente und zur Komposition moderner Musik für Laien. Über der Kritik an dem frühen Gemeinschaftskult, die das Singen als Mittel zum Zweck degradiert, ist aus dem Blick geraten, daß der Entwicklung innerhalb der musikalischen Jugendbewegung diese in künstlerische und wissenschaftliche Bereiche führenden musikalischen Anstöße zu danken sind.

Doch die Idee des Musischen, die Hoffnung auf Verwirklichung des neuen Menschen durch Musik, breitet sich über die musikalische Jugendbewegung auch in der Schule aus; die Führer außerschulischer Jugendgruppen, oft zugleich auch Lehrer, tragen ihre Absicht auch in die Klassenzimmer, schreiben Lehrwerke und drängen auf Reform der Schulmusik. Die sog. Kestenberg-Reform ist auch der Niederschlag dieser Absichten, die Festlegung eines neuen Denkens über die Musik in der Erziehung in Denkschrift und Verordnung. L. Kestenberg gibt mit seiner Denkschrift die zusammengefaßte Lehre von neuem Musikunterricht und neuer Musikpflege (Kestenberg, 1921) und führt, wie vor ihm H. Kretzschmar, auf der Verwaltungsebene systematisch die Umstellung durch. Schon als Student in der Bildungsarbeit der SPD tätig, entwikkelt er sich zu dem äußerst aktiven musikalisch-politischen Spezialisten seiner Partei, der nach dem Ende des ersten Weltkriegs sogleich als künstlerischer Beirat und Referent für musikalische Angelegenheiten in das preußische Ministerium für Wissenschaft, Kunst und Volksbildung berufen und – im Kontext der musikpolitischen Aktivitäten – auch Professor für Musikerziehung wird. Damit beginnt 1922 der Ausbau des Institutes für Kirchenmusik in Berlin zur Akademie für Kirchen- und Schulmusik, gefolgt von der Reihe der sog. Reformerlasse: der Prüfungsordnung für das künstlerische Lehramt an höheren Schulen (1922), der Regelung des Musikunterrichts an höheren Schulen (1924), der Ordnung der staatlichen Prüfung für Organisten und dem Erlaß über Privatunterricht in Musik (1925), den Bestimmungen über Musikunterricht an Mittelschulen (1925), den Richtlinien für den Musikunterricht an Volksschulen (1927) und schließlich den Richtlinien für die Musikpflege in den Ausbildungsstätten für Kindergärtnerinnen (1928; Nolte, 1975 a; vgl. Braun, 1957).

Bei der Beschreibung der mit der sog. Kestenberg-Reform verbundenen Lehre vom Musikunterricht ist es schwierig, die Absichten für den Musikunterricht und die Realität des Musikunterrichts, die sich durch unzureichende Bedingungen, Übertreibung und Mißverständnis, durch Ideologisierung und Konzepthascherei ergibt, auseinanderzuhalten. Die Lehre vom Musikunterricht empfiehlt die Hinwendung zum Kind, das Eingehen auf seine musikalische Eigenart. Doch dies kann in der Schulpraxis zu Kindertümelei, zu Verhaftung des Kindes in einer naiven Welt im Warten auf die erhoffte eigene Entfaltung seiner musikalischen Kräfte führen. Die Lehr-Empfehlung, die eigenen schöpferischen Kräfte des Kindes zu pflegen, bringt den Musikunterricht in die Gefahr unverbindlicher Spielereien. Man stellt das Volkslied und das eigene Musizieren in den Mittelpunkt, um von der stofflichen Vermittlung der Musik zu befreien; doch vielfach wird daraus ein Verharren in anspruchslosem Musizieren und, schlimmer, Beschränkung nur auf einfachste Musik. Die Entdeckung historischer Musik, das Faible für historische Instrumente, verführen zu musikalischer Einseitigkeit, zur Blockierung des Sinnes für musikalische Vielfalt. Besonders nachhaltig wirkt jedoch wohl der schlagwortartige Gebrauch der von der musischen Bewegung bewußt nicht ausdefinierten Theoreme Ganzheit, Erlebnis und Gemeinschaft und die Ausbreitung der Formel Erziehung zu und durch Musik. Schlagworte und Formeln öffnen das Tor für die subjektive Auslegung des Lehr-Auftrages der Musik in der Schule. Hoffnungen auf eine sich irgendwie einstellende Erziehung durch Musik können sowohl zu einem begeisternden Musikunterricht wie auch zu Lehr-Dilettantismus führen. Die Umbenennung von „Gesangunterricht" in „Musikunterricht" verdeckt die Fortführung der Dominanz des Singens. Die Hoffnungen auf die musikalische Ausbildung der Volksschullehrer an Pädagogischen Akademien scheitern an der Unzulänglichkeit der schulischen Vorbildung, L. Kestenbergs Musikpädagogische Akademie bleibt ein Traum. Der Musikstudienrat wird geschaffen – doch ist das Konzept richtig? Vielleicht gewinnen wir erst heute genügend Abstand zur Beurteilung der Kestenberg-Reform.

Die außerordentliche Vitalität und Aktivität L. Kestenbergs, gepaart mit politischem Durchsetzungsvermögen, dazu die reformwillige Zeit nach dem ersten Weltkrieg und die breite musisch-pädagogische Aufgeschlossenheit für Musik – dies alles zusammen sichert der Kestenberg-Reform ihre breite Auswirkung; dazu tritt die Autorität der amtlichen Regelungen der jungen Weimarer Republik für das Fach Musik. Vielleicht liegt die entscheidende Schwäche der Reform darin, daß der Unterschied zwischen musischen Ideen und praktischen Erfordernissen von Unterricht außer Blick geraten; man will die begeisternde Idee des Musischen für die Schule realisieren, damit wohl weder dem Musischen noch dem Musikunterricht dienend. Die grundlegende Kestenberg-Arbeit ist noch zu schreiben, die dem vorsichtig stets die Sache Musik betonenden L. Kestenberg gerecht wird und seine Formel der Erziehung zu und durch Musik auf die ursprüngliche Verbindung beider Aufgaben prüft. Doch die L. Kestenbergs Modell vom Musikunterricht alsbald eilfertig überbietenden Konzepte zeitgenössischer Musikdidaktiker bringen der Schulmusik, insbesondere der Musik in der Volksschule, eher Verlust als Gewinn. Das neue Modell von der Musik in der Schule, dem Erschließen des Zuganges zur Musik und der dabei sich vollziehenden Bildung des Menschen, entfernt sich immer mehr von der musikalischen Sache selbst, sie über den volltönigen erzieherischen Gemeinplätzen verratend.

Dies löst eine Kontroverse aus, die seitdem und bis heute die gesamte praktische Musikpädagogik belastet: Es ist die Kontroverse, die einst mit dem Gegensatz von musischer Erziehung und Musikunterricht begann, und heute in dem Gegensatz zwischen sozialpädagogischer Musikpflege und Musikunterricht in etwa zu fassen ist. Durch das Mißverständnis der musikalischen Jugendbewegung, die musische Erziehung gegen Musikunterricht stellt, werden zwei völlig verschiedenartige Intentionen des Umganges mit Musik als konkurrierende Prinzipien der Musikpädagogik ständig gegeneinander gestellt, die Praxis verunsichernd und die Diskussion blockierend. Diese unterschiedlichen Intentionen werden heute verquickt mit Aspekten des Leistungsdenkens, der sog. Kreativität, der Elitebildung, der Kompensation und Therapie. Mit dem Freibrief „In der Musik kein Leistungsstreben“ wird heute in mancher schulischen Musikstunde das alte Prinzip des Musischen pervertiert und den Kindern die Möglichkeit musikalischen Lernens für das spätere Leben verbaut. Was in der Zeit musischen Überschwanges der musikalischen Jugendbewegung als Kontroverse erscheinen konnte, der Gegensatz zwischen einem fröhlichen Beschäftigen mit Musik und musikalischem Können und Wissen, wird zur Entscheidungsfrage für die Aufgabe von Schulunterricht in Musik.

Musische Bewegung und Kestenberg-Reform geraten nach 1933 in Wirren und Verwirrung nationalsozialistischen Denkens. U. Günther hat der musikpädagogischen Geschichtsschreibung die gründliche Darstellung dieses Zeitraumes beigesteuert, die Musikpädagogik als Teilbereich der Gesamterziehung im Dritten Reich wie auch die speziellen Entwicklungen im Bereich der Ausbildung, der Planung schulischer und außerschulischer Musikpädagogik (in der Hitlerjugend), der Richtlinien und Lehrpläne beschreibend (Günther, 1967). Wie die Kestenberg-Richtlinien für die Schulmusik fortgeführt und zugleich politisch tendenziell verändert werden, belegen die Volksschulrichtlinien für Musik von 1939. Die Musik soll nach wie vor „das Leben der Kinder mit Freude und Frohsinn erfüllen“, doch dazu soll sie nun „durch ihre völkische und gemeinschaftsbildende Kraft dazu mithelfen, die Kinder zu deutschbewußten Menschen zu erziehen, die sich ihrer Heimat und ihrem Volke verbunden fühlen“. In den Liederkanon ist nun „eine Anzahl von Liedern der nationalsozialistischen Bewegung“ aufzunehmen. Das deutsche Volkslied steht im Mittelpunkt, aber „das völkisch und musikalisch Wertvolle“ ist herauszusuchen; „Heimat-, Marsch-, Fahrten- und Soldatenlieder“ zählen dazu, aber „das eigentliche Kirchenlied scheidet im Musikunterricht aus“ (Nolte, 1975 a).

Doch noch bedrückender ist die Umwandlung musischen Denkens, die bereitwillige Anpassung an nationalsozialistisches Denken, im musikpädagogischen Schrifttum der Zeit. S. Günther nennt nun als erste Aufgabe einer nationalen Musikerziehung, in der „musikalischen Persönlichkeitsformung die Musikalität als eine vorhandene und vereinheitlichende Rassenanlage zu sehen“ (Günther, 1933). R. Schäfke sieht in der Volksverbundenheit die „schöpferische Urkraft alles Künstlertums“, die Tonkunst ist reinste, unverfälschte „Bewahrerin deutschen Wesens (Schäfke, 1933). Am weitesten geht W. Kühn in seiner Preisgabe musikpädagogischen Denkens an die Politik des Tages: „Was in anderthalb Jahrzehnten den Bemühungen und dem gewandten Zureden mancher ‚Jugendmusikführer‘ nicht gelungen war, war Tatsache geworden. Ein Seelentum hatte sich entfaltet, das zum Singen, zum Musizieren drängte. Nicht um der Musik willen, nein, weil instinktiv erspürt war, daß in diesem Singen (also in den Kampfliedern und wahren Volksliedern – nicht in den linear-konstruktiven Machwerken jugendbewegter Ideologen) das Seelentum unserer werdenden Volksgemeinschaft mitschwang". Musikpädagogik kann für W. Kühn nur „auf der Höhe der Zeit stehen", wenn sie „nach den Grundsätzen nationalsozialistischer Weltanschauung" ausgerichtet wird. Um die „Großartigkeit" dieser neuen Musikpädagogik zu unterstreichen, setzt sich W. Kühn von der jüngsten Vergangenheit, der Kestenberg-Reform, ab, während in Wirklichkeit Denkweise und musikalisches Programm, mit nationalsozialistischen Versatzstücken versehen, übernommen und umgemünzt werden (Kühn, 1939). Man erschrickt über der Möglichkeit – vor allem aber wegen der Bereitwilligkeit –, das musische Programm nationalsozialistisch zu wenden.

Nach 1945 erfolgt die Restauration der Kestenberg-Reform, vor allem durch die Herauslösung nationalsozialistischer Denkweise und Sprache aus der Lehrplanung. Die Hoffnungen auf einen Wiederaufbau in Freiheit entfachen zugleich die unerfüllt gebliebenen Wünsche der musischen Bewegung. Die Richtlinien für den Musikunterricht restaurieren die musische Substanz der Kestenberg-Lehrpläne. Der Musikunterricht hat wieder die Aufgabe, „die musikalischen Kräfte im Kinde zu wecken und zu entfalten", die Musikstunde will „eine Stunde seelischer Erhebung und musischer Vertiefung sein", „das eigene Singen und Musizieren der Schüler steht im Mittelpunkt", und das Kind soll wieder früh in der Musik tätig und heimisch werden, damit verhindert wird, „daß es in der Pubertätsphase abgleitet und „seine Musik im primitiven Reizklang oder leerer Tonkulisse sucht", – das Beispiel der hessischen Musiklehrpläne von 1957 mag die restaurativen Absichten der Zeit für die Lehrplanung belegen (Nolte, 1975 a).

Vor allem zeigt aber das musikpädagogische Schrifttum der Restaurationszeit, daß tatsächlich erst jetzt die musische Bewegung, die den Kestenberg-Lehrplänen inhaltlich Richtung gab, voll wirksam wird. Es erscheinen die grundlegenden Schriften zur ersten vorsichtigen Bestimmung des Musischen von O. Haase und G. Götsch (Haase, 1951; Götsch, 1953 bis 1956) und grundlegende musikdidaktische Schriften zur Umsetzung des musischen und des jugendbewegten Denkens in Schulmusik. H. Otto schreibt das exemplarische Werk zu Bedeutung und Gebrauch des Volksliedes in der Volksschule (Otto, 1957 und 1959), G. Kube und H. Pape detaillieren gemäß entwicklungspsychologischem Denken eine psychologische Grundlegung des Musikunterrichts (Kube, 1958; Pape, 1961). Auch methodische Anleitungen, aus dem ganzheitspsychologischen Ansatz heraus entwickelt, versuchen in dieser Restaurationsphase die in den zwanziger Jahren gewonnenen Erkenntnisse für Musikunterricht fruchtbar zu machen (Pape, 1959 a). Man darf zusammenfassend sagen, daß erst in der Zeit der Restauration die Kestenberg-Reform und das ihr zugrunde liegende musische Denken voll in die Lehre vom Musikunterricht einmündeten. Zur gleichen Zeit begann auch bereits die Geschichtsschreibung, die Zeit der Jugendbewegung zu beschreiben (Stephani, 1952; Wilhelm, 1963; Seidelmann, 1966); erst in der jüngeren Vergangenheit war die historische Distanz groß genug, um übergreifend die Zeit darzustellen, zu dokumentieren (Archiv, 1980; Bitterhof, 1980) und zu analysieren (Röhrs, 1977 und 1980).

2.4 „Neuorientierung am Kunstwerk"

Die Zeit der musischen Restauration nach dem zweiten Weltkrieg brachte Hypertrophierungen musischen Denkens, doch zugleich auch – aus den eigenen Reihen – Kritik an musischem Denken. Diese Selbstkritik ist so verbreitet, greift auch so breit über alle Aspekte des Musischen, daß sie im Rückblick als musischem Denken zugehörig erscheint; man will Schwächen überwinden, will verbessern, will den Wandlungen der Zeit entgegenkommen, um die Idee des Musischen zu reinigen und zu erhalten. Die eigene Kritik richtet sich frühzeitig und intensiv auf den Musikbegriff des Musischen. W. Ehmann beschreibt Musik im Sinne musischer Tradition als „die zarteste und innerlichste menschliche Äußerung", als „Spiegel des menschlichen Seelenlebens". Doch er wendet sich auch bereits gegen „romantischen Mißbrauch" von „gebundener Zweckmusik", sieht die Vernachlässigung der „reinen musikalischen contemplatio", die Neigung zum „musikalischen Museumswärter" und empfiehlt, sich mehr der zeitgenössischen Musik zuzuwenden (Ehmann, 1950). Als „gegenwärtige Aufgabe der Singbewegung" wird realistisch die Verwirklichung von Musik in der künftigen Gesellschaft entwickelt (Ehmann, 1952).

Auch Th. Warner, musisch in Denken und Sprache, Kritiker aus tiefer Resignation, aus Sorge, „ob die Sonde musischer Erziehung wirklich tief genug im Menschen angesetzt ist", warnt vor musikalischem Pseudokult, Eklektizismus und musikalischem Manierismus, verweist darauf, daß musikalisch „draußen", „in der Welt des künstlerischen Kontinuums und der vorurteilsfreien Weltsicht die wesentlichen Dinge geschehen". Die Einschränkung des Künstlerischen im musischen Denken wird aus dem Widerspruch zum Pädagogischen erklärt, aus dem – für Th. Warner – unvermeidlichen Zwang zu Akzentverlagerung und Auslassung, wenn der Pädagoge in die Bereiche der Kunst gerät (Warner, 1954). Hier bleibt die musische Kritik aus den eigenen Reihen eine Schein-Kritik; man beginnt die Schwächen des musischen Musikbegriffes zu erkennen, gibt aber doch in der Regel tradierten pädagogischen Annahmen den Vorrang, damit die praktische Musikpädagogik in einem reduzierten Musikbegriff festhaltend (Pöggeler, 1952; Messerschmid, 1954; Kamlah, 1955; Seidelmann, 1965 a und b; Sydow, 1965; Lohse, 1965; Seidenfaden, 1966). W. Wiora versucht das Problem durch die begriffliche Unterscheidung musischer und musikalischer Bildung zu lösen (Wiora, 1957).

Für die Entwicklung einer neuen musikalischen Unterrichtslehre bleibt diese Eigenkritik am musischen Musikbegriff Scharmützel, weil sie letztlich an der musikalischen Einschränkung im pädagogischen Bereich festhält; pädagogische Tradition ist stärker als ästhetische Einsicht. Die Attacke, die tatsächlich zu einer Veränderung musikpädagogischen Denkens führt, reitet Th.W. Adorno. Mit seinen unter dem Titel „Dissonanzen" zusammengefaßten Aufsätzen zur Musikpädagogik, die aus der Auseinandersetzung mit Vertretern der musikalischen Jugendbewegung und Musikpädagogen des Darmstädter Institutes für Neue Musik und Musikerziehung hervorgingen, legt er den Finger auf alle Schwächen jugendbewegter Musikpädagogik, ihre Denkweise, ihre musikalischen Aktivitäten, ihre Instrumente und vor allem ihr musikalisches Material. „Der Zweck musikalischer Pädagogik ist es, die Fähigkeiten der Schüler derart zu steigern, daß sie die Sprache der Musik und bedeutende Werke verstehen lernen; daß sie solche Werke so weit darstellen können, wie es fürs Verständnis notwendig ist; sie dahin zu bringen, Qualitäten und Niveaus zu unterscheiden und, kraft der Genauigkeit der sinnlichen Anschauung, das Geistige wahrzunehmen, das den Gehalt eines jeden Kunstwerks ausmacht", – mit diesem Satz wird die Kritik an musischem Denken konsequent auf die Praxis der Musikpädagogik übertragen, wird die Diskrepanz zwischen ästhetischem und pädagogischem Denken in Sachen Musikunterricht angegangen. Das musikalische Werk selbst wird die einzige bestimmende Kategorie für die Lehrentscheidung des Musikpädagogen. „Nirgends steht geschrieben, daß Singen not sei", wird den späten Jugendbewegten gesagt, und: „Am letzten erfüllt sich Musik dadurch, daß sie Menschen zu einer Gemeinschaft zusammenschweißt". „Daß einer fiedelt, soll wichtiger sein, als was er geigt", kritisiert Th. W. Adorno; die Musik selbst hat den Vorrang, und für Th. W. Adorno ist es ein „Kurzschluß der Jugendbewegung", „daß Musik ihr humanes Ziel nicht in sich selbst habe, sondern in ihrer pädagogischen, kultischen, kollektiven Verwendbarkeit" (Adorno, 1982 a).

Die Anstöße Th. W. Adornos richten sich nicht eindimensional auf eine neue musikalische Unterrichtslehre um das musikalische Kunstwerk – zunächst wird vor allem seine Herausforderung musikalischer Mündigkeit das aktuelle musikpädagogische Thema. Von vielen Ansätzen aus versucht man, die Lehre vom Musikunterricht auf ihre historischen Zwänge und Vorurteile aufmerksam zu machen. Die Volkslied-Texte werden zum Stein des Anstoßes (Segler-Abraham, 1966), „Musik als soziale Tatsache" ersteht als neuer Unterrichtsgegenstand (Rössner, 1972), die Faschismus-Tendenzen der musischen Bewegung werden analysiert (Hodek, 1977), die Gemeinschaftsideologie wird zum beliebten Thema (Kolland, 1979). Insgesamt bleibt die Adorno-Rezeption in der Musikpädagogik eher dem Detail verhaftet. Dies mag methodische Gründe haben (Wietusch, 1981), liegt aber wohl auch darin begründet, daß die Folgezeit sich gegen einen Zusammenhang von musikalischer Mündigkeit und musikalischem Kunstverstehen sperrt, weil musikalische Mündigkeit bequemer als breite musikalische Verhaltensfreiheit zu vollziehen und wohl auch zu lehren ist. Gedanken wie die von G. Picht verhallen mehr oder weniger ungehört: daß es zu den Paradoxien unserer musikalischen Situation gehöre, daß die fortschrittlichen Gegner der Jugendbewegung pädagogisch die Reaktion unterstützen, und umgekehrt die fortschrittliche Pädagogik der Jugendbewegung sich mit einer restaurativen und verlogenen Ästhetik verbündet habe – womit die Basis für eine musikalische Bildung verloren sei (Picht, 1963).

Aus der Kritik an der musischen Bewegung den konstitutiven Ansatz einer neuen musikalischen Unterrichtslehre vom musikalischen Kunstwerk aus entwickelt und diesen Ansatz zugleich in einen historischen und systematischen musikpädagogischen Zusammenhang gebracht zu haben, ist das Verdienst M. Alts. Daß sein Ansatz nicht ein isolierter musikpädagogischer ist, sondern von einer breiteren pädagogischen Strömung der sechziger Jahre getragen wird, belegt die gleichzeitige „Theorie der Schule" Th. Wilhelms, wo von der „hundertjährigen Metaphysik der Humanität" als Ausgang einer Schultheorie Abstand genommen wird und „Sachgebiete" in den Vordergrund rücken; an die Stelle musischer Generalisierung tritt die Sache Musik, manifestiert in musikalischen Werken (Wilhelm, 1969). Daß M. Alts Reform-Ansatz auch mehr ist als lediglich materiale Konzentration auf das musikalische Werk, belegt sein Ziel-Verweis auf das kritische Musikbewußtsein: Der „sachlogische gesteuerte Unterrichtsgang" hat auch „die wirkenden Kräfte des heutigen Musiklebens widerzuspiegeln und die Gewinnung eines kritischen Musikbewußtseins sicherzustellen". Th. W. Adornos Aufforderungen an die Musikpädagogik durchziehen M. Alts in eine musikpädagogische Grundlegung eingebettete musikalische Unterrichtslehre als roter Faden. Er verweist auf die von Th. W. Adorno beschriebenen Gefahren einer Verkrüppelung von Musikalität durch Verharren im Frühen und Primitiven: „Die Entlarvung eines solchen falschen Bewußtseins müßte eine sich selbst genügende musikpädagogische Eigenbewegung in Zukunft unmöglich machen". Hier, nicht in kurzschlüssiger Verordnung von musikalischen Kunstwerken für Schüler, liegen die wirklichen Intentionen M. Alts.

Das Gewicht, das M. Alt im Rahmen seiner Funktionsfelder des Musikunterrichts der „Interpretation" (i.S. von Werkinterpretation) gibt und seine zahlreichen praktischen Hilfen für den Musikunterricht, mit Schallplatten und Begleittexten, haben in der Rezeption seiner „Neuorientierung am Kunstwerk“ den material-inhaltlichen Aspekt in den Vordergrund treten lassen. In seiner Unterrichtslehre läßt sich auch ein Unterschied in der Gewichtung des Kunstwerks zwischen den Hauptkapiteln gegenüber dem wohl später hinzugefügten Einleitungsteil zur Situation der Musikpädagogik nicht übersehen. Doch als Erklärung seiner Vorstellungen für Musikunterricht bleibt festzuhalten: M. Alt meint das Gesamt der Musik als Gegenstand von Musikunterricht („Wenn aber Musik heute das gesellschaftliche Gefüge so durchdringt, daß die Popular- und Zivilisationsmusik dem Kind und Jugendlichen gegenwärtiger ist als die Volks- und Kunstmusik, muß diese mit wahrgenommen werden“). Er sieht darüber hinaus die Notwendigkeit, auch die Funktionen von Musik thematisch in den Musikunterricht einzubeziehen („Die Funktion der Musik im Leben überhaupt, die Musik aller Funktionszonen rückt nun in den Horizont der Schule“). Allerdings bleibt für M. Alt bestimmend, daß dem Schüler die Unterschiede innerhalb der Musik und ihrer Funktionen bewußt zu halten sind, er sieht es als Aufgabe des Musikunterrichts, „die Unterscheidungsfähigkeit für die Herkunft des Gehörten aus den verschiedenen Bereichen der Musik zu entwickeln“: Er spricht von einer „Lebenslehre“ der Musik, „die mit der Musik zu leben lehrt und damit das Verstehen der musikalischen Vielfalt“ ermöglicht.

Doch eben dafür ist notwendig, daß neben dem „Realaspekt“ auch der volle „Kunstaspekt“ der Musik zur Geltung kommt. Damit erteilt M. Alt sowohl den volkstümlichen Materialien wie den entsprechenden Aktivitäten eine Absage. Hier liegt für ihn das Versäumnis der Kestenberg-Reform, die es eben – trotz erklärter Absicht – nicht vermochte, die Musik selbst wirklich auch in die Volksschule zu bringen und damit die soziale musikalische Kluft letztlich noch vergrößerte. Der alte Gesangunterricht kann erst dann wirklich Musikunterricht werden – nach M. Alt –, wenn in allen Schulgattungen die „kunstwerkliche Konzeption“ Geltung erlangt, „in der das Werkhören und die Interpretation in Führung gehen und die Auswahl und Schichtung der Inhalte des Sachgebietes Musik vornehmen“. Das bestimmt zugleich den Rang des „Sachaspektes“ der Musik, bei dem es um den Auf- und Ausbau einer geordneten musikalischen Vorstellungswelt geht, „die in Zusammenhang mit den kunstwerklichen Bildungsformen lernend aufzufüllen ist mit den fachlichen Gegebenheiten, die den Musikbereich zu einem einsichtigen, überschaubaren Ganzen machen“.

Doch das Ziel dieser kunstwerklichen Konzeption bleibt nicht die einzelne musikalische Sache; immer wieder wendet sich M. Alt gegen „Stoffhuberei“ im Musikunterricht. Sein bestimmendes Ziel ist, daß „zu den bildenden Musikübungen und der substanziellen Erschließung exemplarischer Werke ... (der) Erwerb von analytischen und ordnenden Denkoperationen modellhafter Art“ tritt, mit dem der Schüler schließlich „des musikalischen Pluralismus tagtäglich Herr zu werden vermag“. Denn: „Dieses operative Musikdenken aktiviert und fundiert die Wahlfähigkeit“. Um dieses Ziel verwirklichen zu können, muß sich die musikalische Unterrichtslehre von ihrem „blinden Aktivitätsdrang“, von dem „Gesichtspunkt der Kind- und Jugendgefälligkeit“ lösen und alle musikalischen Übungskomplexe „durchfluchten und auflichten, neu vermessen und neu gewichten“. Dies ist der Ursprung von M. Alts Neuorientierung des Musikunterrichts am musikalischen Kunstwerk, darum sind die Unterrichtsfelder der Reproduktion und der Theorie auf erhöhte künstlerische Anforderung umzupolen, darum erhält Interpretation als Werkauslegung künftig die Schlüsselstellung, und darum erhält das Funktionsfeld der Information eine Kontrollfunktion: um sicherzustellen, daß der sachlogisch gesteuerte Unterrichtsgang auch die wirkenden Kräfte des heutigen Musiklebens widerspiegelt und kritisches Musikbewußtsein gewonnen wird. M. Alt kennt die Denkweise seiner Kritiker und hält fest: man solle solche Forderung nach kritischer Rationalität nicht mißverstehen, indem man solchen Musikunterricht als „Lernfach" verharmlose und damit seine natürliche Quickfunktion verleugne oder gar seine emotionalen Werte in Frage stelle.

Abschließend ist der sozialpolitische Aspekt dieser kunstwerklichen Konzeption M. Alts hervorzuheben. Schon der Vorwurf, daß die sog. Kestenberg-Reform letztlich nur das Auseinanderfallen des Musikunterrichts in ständische Bereiche gefördert habe, indem sie volkstümliche Bildung in der Volksschule verankert, wirkliche Kunstmusik aber den Gymnasien vorbehalten habe, zeigt die Intention der musikalischen Unterrichtslehre M. Alts auf: nämlich die „demokratische Forderung", „jeden Menschen an Kultur und Kunst teilhaben zu lassen und ihm die Gleichheit der Chancen durch eine breite Streuung der Bildung zu ermöglichen". M. Alt wendet sich gegen Bildung im Sinne einer sozialständischen Kategorie exklusiver Art, er sieht sie „auf Mitmenschlichkeit und Gesellschaftlichkeit des Menschen gerichtet und erstrebt einen Austausch zwischen den Niveaus und den unterschiedlichen Gruppen der Gesellschaft mit aufwärtsgerichteter Tendenz". Der materiale Unterschied liegt für M. Alt, lehrend in einer Zeit der ausgehenden Restauration, noch vor allem in dem Gegensatz von Volksmusik und Kunstmusik. Doch die Absicht ist entscheidend: die Aufhebung einer Unterscheidung nach Schulgattungen wie Schulstufen. M. Alt geht es darum, „nicht nur alle Musik, in allen ihren Zonen, sondern auch die ganze Musik, von der Volkskunst bis hin zu Kunstmusik, musikerzieherisch zu besorgen, und zwar gleichermaßen in allen Schulgattungen und Schulstufen" (Alt, 1977).

Die grundlegenden Gedanken M. Alts für eine Neuorientierung musikalischer Unterrichtslehre durch Öffnung für alle Musik und ihre Funktionen, bestimmt durch die volle Geltung des Kunstaspektes der Musik, gerichtet auf das Ziel kritischen Musikbewußtseins und demokratischer musikalischer Gleichheit aller Schulgattungen – diese Gedanken leben weiter in musikalischen Unterrichtslehren der Folgezeit. D. Venus sucht nach methodischen Wegen, um die Gleichgewichtigkeit der Höraufgaben gegenüber reproduktiven Aufgaben vertreten zu können (Venus, 1969). H. Antholz differenziert zwischen der „objektiven Musikkultur der Gegenwart", in die der Schüler zu führen ist, und einer „subjektiven Musikkultur als Hörkultur". Die „Instruktion" hat zum Ziel, Hörwissen wie Hörgewissen zu geben. Das Ziel der „Rezeption" ist das „sachverständige kritische Werkhören", der „Überblick über Musik in Geschichte und Gegenwart". Zu der werkadäquaten Nachgestaltung im Unterrichtsfeld „Reproduktion" tritt als Ziel der „Information" die „Orientierung in den vielfältigen Erscheinungen heutiger musikalischer Hörwelt, ihren Institutionen und Medien, Gewinnung von Ordnungsvorstellungen und Maßstäben" (Antholz, 1976 a). Wie durch M. Alt vorausgegeben, vollziehen auch diese musikalischen Unterrichtslehren die Abwendung von musischer Einschränkung der Musik und des Musik-Machens und zielen auf Versachlichung mit Hilfe der Musik selbst, vorrangig durch das musikalische Kunstwerk. Auch die jüngeren Ansätze einer „didaktischen Interpretation von Musik" bringen hermeneutische Ansätze einer „Horizontverschmelzung" von Hörobjekt und Hörsubjekt ein und empfehlen Interesse an den Bedürfnissen der Schüler; in dem Ausgang von der musikalischen Sache selbst stehen sie in der Tradition der Neuorientierung M. Alts am musikalischen Kunstwerk, mit der Forderung nach Rückführung in die „Lebenstotalität" vielleicht bereits wieder stärker zu musischem Denken neigend (Ehrenforth, 1971; Richter, 1976).

2.5 „Revision des Curriculum“

Ein Jahr vor M. Alts „Didaktik der Musik“ erschien 1967 S.B. Robinsohns Schrift „Bildungsreform als Revision des Curriculum“. Curriculum als Bezeichnung für alles, was man in der Vergangenheit Bildungskanon, Lehrgefüge oder auch Lehrplan nannte, wird die neue Zauberfomel; die Forderung nach Revision gemäß den „Erfordernissen unserer Zeit“ kann in ihrer Allgemeinheit allseitiger Zustimmung gewiß sein, und die Ankündigung, daß solche Revision nunmehr mit objektivierten Methoden vollzogen werden solle, erregt einerseits Bewunderung und andererseits Verwunderung. Mit dieser Schrift werden neue Begriffe und Formeln für die Pädagogik bereitgestellt, die, gewiß entgegen der Absicht des Autors, in den fachlichen Unterrichtslehren rasch zu Schlagworten degenerieren. Kommunikation wird Unterrichtsziel, ebenso die Bereitschaft zu Veränderung, die Erziehung zur Wahl im Konsum wird empfohlen, die rationale und kritische Einstellung zu sozialen Formen und Symbolen. Für diese pädagogischen Zielbegriffe benötigt das neue Curriculum den Rückgriff auf verhaltenswissenschaftliche Bezeichnungen und Einsichten, erhalten die Unterrichtsfächer Aufgaben der Verhaltensänderung. Kunsterziehung erhält den Auftrag, „intuitives und heuristisches Denken in disziplinierter Weise zu üben“, für alle Fächer stellt sich die Aufgabe der „Integration von Gehalten sozialer Wissensgebiete“. Die Ziele des Verhaltens erlangen Dominanz über die Gehalte einer Kultur („Die Erkenntnis, daß an Gehalten einer Kultur gebildet wird, kann nicht bedeuten, daß wir die Kriterien unserer Auswahl nicht von dem Bildungsziel, das ein Ziel des Verhaltens ist, ableiten dürfen“). Die tradierte Kultur ist nicht mehr pädagogisches Kriterium. Man spricht von „Kulturmündigkeit“; aber dies bedeutet nicht mehr Mündigkeit für eine Kultur, sondern Mündigkeit in einer Kultur (Robinsohn, 1969).

H. von Hentig ist der Vermittler der neuen Lehre in die künstlerischen Fächer, die Reihe derer fortsetzend, die Auffassungen von Kunst und Pädagogik irgendwie in Einklang zu bringen und demgemäße Unterrichtslehren anzustoßen vermögen. Kultur ist zunächst für H. von Hentig immer das, „was die Veränderung offenhält, was die Menschen in der Selbstbehauptung gegen die Sachzwänge, in der Improvisation gegenüber dem Unbekannten, in der befreienden Hypothese gegenüber dem Allzubekannten einübt und bestätigt . . . Aus cultura, die Überliefertes pflegt und in der Herrschaft erhält, wird creatio – ein Prozeß der schöpferischen Wandlung, der der Lebensgemeinschaft insgesamt dient“. Diese empirisch-schöpferische Einstellung ist es, die den Menschen in die Kunst einübt. Die Befähigung dazu muß durch Erziehung erworben werden. Darum eben muß sich Erziehung mehr auf den Prozeß als um die Leistung mühen; Kunst besteht nicht aus „Pflichtbildungsgütern“, sie läßt auch das Publikum am Experiment teilnehmen. Wieder wird die Musik zum Exempel: „Was auf den anderen Gebieten des deutschen Kulturlebens noch Ansatz, Versuch, Herausforderung ist, das hat sich in der modernen deutschen Musik zu einem hohen Grad vollendet: Hier ist das Experiment selbst zur Leistung geworden . . . Theorie und Ausübung dieser Musik sind der Ausweis einer neuen Epoche . . . An der Musik kann man ablesen, daß die bewußt herbeigeführte Veränderbarkeit und die damit verbundene Negation von vorgegebenem Sinn unsere Zeit mindestens so kennzeichnen, ja auszeichnen wie die technische Funktionalität“. Daß Interpreten an der Erschaffung eines Werkes mitwirken, daß Komponisten ihr Stück zur Improvisation zur Verfügung stellen – das ist für H. von Hentig das neue Prinzip der Kunst, so gewinnt sie „an Zufall, d.h. an Reichtum“, gewinnt sie „durch die Auffassung und Willkür des Ausführenden“. Durch die Verbindung von Technik und Abenteuer erfüllt die Kunst am besten ihr Prinzip: „nichts zur Ruhe kommen zu lassen" (von Hentig, 1969).

Der pädagogische Ausgang H. von Hentigs ist die gesellschaftliche Realität der Gegenwart, die Industriegesellschaft. Daß die Industriegesellschaft auf Mitbestimmung durch alle einzelnen angewiesen ist, hat das traditionelle Verhältnis zwischen Gesellschaft und Schule verändert. Denn Mitbestimmung kann – nach H. von Hentig – nur durch Selbstbestimmung der Individuen geleistet werden. Die Lernziele des neuen Curriculum sollen Chancen für Emanzipation und Humanisierung eröffnen, sie „werden nicht aus den vorhandenen Einrichtungen und ihren spezifischen Gegenständen, Möglichkeiten, Methoden, Bildungsprogrammen heraus entwickelt, sondern im Blick auf die Gesellschaft gesetzt". Dies bestimmt auch die Lernziele des ästhetischen Bereiches. H. von Hentig gibt die Stichworte für das, was der Schüler hier lernen soll. Es ist: „Die Fähigkeit, das Wahrnehmen und Gestalten der eigenen Umwelt zu genießen, zu kritisieren, zu verändern / Verständnis der gesellschaftlichen Bedingungen und Wirkungen ästhetischer Phänomene / Ich-Stärkung durch Sensibilisierung der Perzeption". Denn Kunst wird nicht mehr mit anerkannten Kunstwerken identifiziert, sie beginnt „vielmehr schon mit den Wahrnehmungsprozessen" und reicht „bis in die elementaren Ausdrucksmöglichkeiten, also bis zur Mode, zur Reklame, zur politischen Symbolik, zur Stilisierung oder Variation der sozialen Verhaltensformen". Kunst erhält den pädagogischen Auftrag der Exploration des Möglichen als Behauptung gegenüber der Massivität und Einseitigkeit des Wirklichen. H. von Hentigs ästhetische Lernziele bedeuten eine Absage an Kunst als zweckfreies Symbol, als „Bildungsgut und somit als Ewigkeitswert"; es gehört vielmehr zur Selbstbestimmung des Menschen, daß er Rechenschaft fordert, „warum und wofür und wie etwas gemacht ist" und vor allem auch darüber, „wie es über seine Funktion hinaus wirkt" (von Hentig, 1970).

Vielleicht realisiert sich wirklich eines Tages Mündigkeit auch darin, daß Vorschläge und Ideologien durchdacht und vor allem vor ihrer Umsetzung in pädagogische Praxis auf Folgen für die Praxis bedacht werden. Oder sogar darin, daß die Verkünder von Vorschlägen Folgen ihrer eigenen Rezeption abwägen. Wie die fünfziger Jahre der Musikpädagogik Gelegenheit gaben, die Folgen der musischen Ideen zu beobachten, so geben die siebziger Jahre das Beispiel der Auswirkung von Curriculum-Revision. Durch deren Verquickung mit weiterreichenden politischen, gesellschaftlichen und kulturellen Entwicklungen wird diese pädagogische Reform, auch im speziellen Fachbereich, zu einem so komplexen Geschehen, daß die Auswirkungen auf die musikdidaktische Curriculum-Revision allerdings schwer konkret zu fassen sind.

Veränderungen sind in mehreren Bereichen der musikalischen Unterrichtslehre zu erkennen. Knüpft man zunächst an M. Alts Unterscheidung von Kunstaspekt und Realaspekt an, so ist unverkennbar, daß nun der Realaspekt mehr Gewicht denn je erhält. Nicht nur die Funktionen von Musik, sondern auch das Reagieren des Menschen in den unterschiedlichen musikalischen Realsituationen hat sich als Unterrichtsgegenstand etabliert. Von Lehrwerken (Frisius u.a., 1972; Breckoff u.a., 1974) bis zu Lehrplänen (Hessische Rahmenrichtlinien für Musik: „Der Musikunterricht soll hinführen zu offenem, bewußtem und kritischem Verhalten gegenüber allen Erscheinungsformen und Wirkungen der Musik und ihrer Bedeutung für den Menschen und die Gesellschaft") wird dem menschlichen Verhalten zu Musik gleiches Recht wie der Musik selbst eingeräumt. Die Entwicklung führt bis zu der Entstehung eines neuen Typus von Liederbuch, in dem die Lieder mit Informationen und Anregungen versehen werden, die ein „verändertes Verhältnis zum Lied herbeiführen sollen . . . Auf neuer Ebene, befreit von den Zwängen zum Singen, mögen sich Schüler und Lehrer wieder neu den Motivationen und Funktionen des Singens zuwenden" (Breckoff u.a., 1975).

Im Zuge der Gewichtung „musikalischen Verhaltens" in einer aus der Curriculum-Revision inspirierten musikalischen Unterrichtslehre verändert sich auch der Stellenwert musikalischer Aktivitäten im Musikunterricht. Musikalische Verhaltensweisen, die man in der Nähe zu „musikalischer Selbstbestimmung" vermutet, bekommen einen hohen Stellenwert. Explorative Verhaltensweisen auf vokalem und instrumentalem Gebiet, musikalisches Erfinden, aber auch einfaches Sich-Äußern, Sich-Lösen mit musikalischen Mitteln, erhalten den Vorrang vor musikalischen Leistungen der Reproduktion. Verbunden mit sozialpädagogischen wie tiefenpsychologischen Anstößen wird Musizieren zur Möglichkeit persönlicher Ausdrucksgebung und -formung; Singen wird zum „direkten Ausdruck des Ichs", erscheint als einer der am meisten integrierten und am meisten offenbarenden expressiven Akte des Menschen (Seidel, 1976 a). In konsequenter Weiterführung wird aus diesem Ansatz musikalischer Verhaltenslösung sowohl ein politischer wie ein therapeutischer Musikunterricht. Aus politischer Sicht kann Musik einen Beitrag leisten zur Befreiung von politischen, wirtschaftlichen und geistigen Zwängen, kann mit Hilfe des Mediums Musik in neue, befreiende Verhaltens- und Handlungsweisen eingeübt werden. Musik wird ein Mittel, in dem die Veränderung des individuellen und des Gruppenverhaltens in Richtung auf mehr Freiheit geübt werden kann. Musikunterricht hat „nicht die Aufgabe ein abgeschlossenes Bild von Musik zu vermitteln, sondern er ist Teil einer Erziehung zur Freiheit" (Segler, 1972). Emanzipatorischer Musikunterricht wird identifiziert mit einem „Unterricht, der versucht, von politischen, wirtschaftlichen und geistigen Zwängen zu befreien, um ein Handeln im Sinne der eigenen Interessen zu ermöglichen" (Raith, 1973). Musikunterricht soll nicht bestehende Ordnungen imitieren, sondern Ordnungen aufdecken (Rössner, 1970). In den beginnenden achtziger Jahren verlagert sich das Interesse auf die therapeutischen Aspekte. Man möchte von Hemmungen lösen, möchte Kontaktschwierigkeiten heilen, Kommunikation anbahnen, zur Ich-Findung helfen, sozialen Randgruppen musikalisch Hilfe leisten, Musik zu allen Menschen bringen, die Hilfe benötigen, von behinderten Kindern bis zu Gefängnisinsassen. Ende 1982 zeigt sich Musiktherapie als Konsequenz eines von Verhaltensänderung zu Lebenshilfe reichenden musikpädagogischen Zieles, in Bestimmung, Zuordnung, Ausbildung und Auftrag noch voller Gegensätze.

Je mehr jedoch die musikalischen Verhaltensaspekte an Gewicht gewinnen, umso mehr treten die materialen Aspekte der Musik zurück. Die Nachordnung der Sache selbst beginnt mit S.B. Robinsohns Deklaration vom Primat der Ziele des Verhaltens; die Gehalte einer Kultur können bilden, aber nicht der Ableitung von Zielen des Verhaltens dienen. Die gleichzeitig einsetzende Wertekritik egalisiert mit der Gleichsetzung alles Hörbaren das Geräusch und das musikalische Kunstwerk. Das Vergnügen am Geräusch, Vorrecht des Säuglings, der aus der Vielfalt der Geräusche Sprache gewinnt, wird zum Motivationsfaktor des Musikunterrichts; Geräusch-Unterscheidung soll auf musikalisches Hören vorbereiten. „Alles, was man hören kann, ist potentiell Material für den Musikunterricht" (Fuchs, 1974); reich wird eine didaktische Literatur entwickelt, die „Wahrnehmungserziehung" an Geräuschen betreibt. Die Egalisierung betrifft auch die populare Musik. Die Frage nach Herkunft und Funktion unterhaltender Musik und konsumierter Musik wird verdrängt von der Forderung nach grundsätzlicher Gleichschaltung alles Hörbaren. Diese musikalische Gleichschaltung geht eine seltsame Verbindung mit dem politisch-pädagogischen Aspekt der Demokratie ein. Das Lernziel, das in der Zeit der Curriculum-Revision Verwirklichung von Demokratie meint, ist „Emanzipation", verstanden als „mehr Mündigkeit für den Bürger, mehr Urteilsfähigkeit, mehr selbstverantwortliches Handeln im Sinne der Verwirklichung von Demokratie gemäß dem Verfassungsauftrag des Grundgesetzes" (von Friedeburg, 1971). Bei M. Alt bedeutet Demokratie als Problem musikalischer Unterrichtslehre die Herausforderung, Kunstwerk-Musik für alle Schulgattungen, auch für die Volksschule endlich zu ermöglichen. Nun, in den siebziger Jahren, wird aus der Demokratisierung von Musik der musikdidaktische Auftrag, „zur Befreiung der Gesellschaft, zu ihrer Demokratisierung beizutragen, indem er (der Musikunterricht) den Musikzwang als Konsumzwang aufzuheben hilft" (Rössner, 1970). Doch Musikzwang wird in gleichem Maße an Konzertmusik wie Popularmusik aufgezeigt, die Gleichschaltung der Musik wird durch den musikdidaktischen Auftrag, die Verhaltenszwänge gegenüber Musik gleichermaßen im Konzertsaal wie im Umgang mit Pop-Musik zu zeigen, manifest. Demokratisierung ist nicht mehr, allen auch Kunstwerk-Musik zugänglich zu machen, sondern allen die Zwänge im Verhalten gegenüber aller Musik aufzuzeigen. Komplizierte Musik bleibt wenigen vorbehalten, ist in Musikhochschulen und gerade noch in der Sekundarstufe II zu Hause; für die anderen gilt „von allem etwas". Im musikalischen Bereich tut man sich mit Demokratisierung schwer.

3. Ansatz musikpädagogischer Unterrichtsforschung

3.1 Unterrichtsforschung. Gegenstand, Probleme und Funktion

Unterrichtsforschung ist ein Forschungsbereich, der zwar schon in den Beginn unseres Jahrhunderts zurückreicht, doch erst nach den fünfziger Jahren weiterreichendes Interesse in pädagogischen und psychologischen Disziplinen findet. In den letzten beiden Jahrzehnten hat sich dieses Forschungsinteresse außerordentlich intensiviert. Dies brachte – international – eine kaum noch überschaubare Zahl von Beiträgen zur Unterrichtsforschung hervor, die es schwer macht, einen Konsensus hinsichtlich dessen, was unter Unterrichtsforschung zu verstehen sei, herauszulösen. Eine negative Abgrenzung ist jedoch unverkennbar: Unterrichtsforschung meint weder vorwissenschaftliche Unterrichtslehre und -methodik noch eine Unterrichtsinhalte erörternde Didaktik.

Vor dem Hintergrund dieser Einschränkung zeichnet sich in der Entwicklung der Unterrichtsforschung eine Zentrierung auf den – zunächst allgemein gehaltenen – Gegenstand der „pädagogischen Tatsache" ab. Die Blickrichtung auf die Realität pädagogischen Geschehens im Unterricht zeigt sich bereits bei J.F. Herbart und J. Dewey, die eben darum gern als frühe Vorläufer beobachtender Verfahrensweisen im pädagogischen Feld angesehen werden. Die methodischen Pioniere sind W. Lay (1920), E. Meumann (1911), A. Fischer (1913) und vor allem P. Petersen, der seit 1924 Unterrichtsbeobachtungen durchführt. Innerhalb eines noch sehr weit gesteckten Untersuchungsprogrammes gewinnen spezielle Aspekte pädagogischer Tatsachen an Kontur, so die Beobachtung von „Grundkräften" kindlicher Entwicklung und Bildung, die Beobachtung der Persönlichkeit des Lehrers, seiner Unterrichtsführung, der Zusammenarbeit von Lehrern und Kindern und bereits auch die Beobachtung der Effektivität unterrichtsmethodischer Entscheidungen. Der Gegenstand „pädagogische Tatsache", als Schlüsselbegriff dieses beobachtenden Forschungsansatzes faßbar, schließt hier alles ein, was in und außerhalb der Schule geschieht und eine pädagogische Beziehung hat; kategoriale Systeme versuchen, diese Vielfalt faßbar zu machen (Petersen und Petersen, 1965). Hier setzt die Kritik an Gegenstand und Verfahren an: pädagogische Tatsachen seien nicht restlos in einem logischen System aufhebbar (Slotta, 1962).

Der Gegenstand der pädagogischen Tatsache wird in der weiteren Entwicklung in hoher Übereinstimmung zunehmend auf den Gegenstand Unterricht eingegrenzt. Die methodischen Bemühungen zielen zunächst vor allem auf ein Katalogisieren des unübersehbaren Feldes Unterricht. Unterrichtsforschung versucht ihren Gegenstand, den Unterricht, einzukreisen, um Forschungsstrategien gemäß dem speziellen Gegenstand entwickeln zu können. F. Winnefeld entwickelt ein katalogähnliches System zur Erfassung „didaktischer Tendenzen pädagogischer Kontakte des Lehrers". Es handelt sich um einen höchst umfangreichen Merkmalkatalog, mit dessen Hilfe kleine Beobachtungseinheiten im Unterricht teils quantitativ, teils durch „Interpretationen", teils durch Schätzung erfaßt werden (Winnefeld, 1967 und 1969). So viele offene theoretische und methodische Fragen der Ansatz auch enthält, bedeutet er doch einen weiteren Fortschritt in der Geschichte systematischer Unterrichtsbeschreibung. In dem Ansatz von R. und A. Tausch liegt der Schwerpunkt der Beobachtung auf dem Erzieher-Verhalten anläßlich Unterricht und Erziehung sowie auf der Beobachtung des Unterrichtsablaufes, wobei vor allem die Frage geprüft wird, inwieweit sich sozial-integratives Verhalten im Unterricht verwirklichen lasse. Für die Beschreibung werden eine Zeitgliederung und ein Verhaltenskatalog für Schüler sowie für Lehrer vorgegeben. Verhaltensweisen werden auf Unterrichtsziele bezogen; zwischen den Schüler- und Lehrerpositionen werden kommunikative Verhaltensweisen gemäß der Unterrichtssituation einbezogen (Tausch und Tausch, 1979). Besondere Beachtung fand ein Ansatz von W. Schulz zur Gliederung der Gegenstandsbereiche der Unterrichtsforschung; er unterscheidet zwischen Voraussetzungsprüfung, Planungsanalyse, Prozeßanalyse, Effektkontrolle und Relationsforschung (Schulz, 1972; Schulz u.a., 1973). Die gleiche Absicht, die Überschaubarkeit des Bereiches, verfolgt die Aufgabenbeschreibung für Unterrichtsforschung von W.D. Heidenreich und H.W. Heymann. Unterrichtsforschung wird gegliedert nach den Gegenständen des Lehrens und Lernens im Unterricht, den Verhaltensweisen von Lehrern und Schülern und deren Interaktionen, nach Untersuchung individueller Unterschiede bei Lehrenden und Lernenden wie auch von Variablen der Lehrinhalte (Heidenreich und Heymann, 1976). In dem international rezipierten Handbuch der Unterrichtsforschung, das mit dem Namen K. Ingenkamps verbunden ist, erfolgt die Gliederung der Forschungsaufgaben nach „zentralen Variablen“ (Unterrichtsmethoden, Unterrichtsmittel und Unterrichtsmedien, Lehrerpersönlichkeit und Lehrermerkmale), „relevanten Variablen“ (soziale Interaktionen in der Schulklasse, sozialer Hintergrund des Unterrichts) und „Umfeldvariablen“ (Klassenstufe, Unterrichtsfach; Ingenkamp und Parey, 1971–1973). Der Gegenstandsbereich der Unterrichtsforschung gewinnt an Kontur, wenn auch das Problem der „Faktorenkomplexion“ damit nicht geringer wird.

Man darf wohl mit einiger Berechtigung annehmen, daß die sog. Revision des Curriculum in den sechziger Jahren eine Blockierung erziehungswissenschaftlicher, psychologischer und fachpädagogischer Unterrichtsforschung verursachte. Die drängenden Wünsche nach zeitspezifischer und berechtigter Verbesserung der Curricula setzen die Akzente auf Hoffnungen und Intentionen, doch nicht auf Wissen und Einsicht hinsichtlich der Voraussetzungen eines Curriculum. Gipfelnd in S.B. Robinsohns programmatischer Schrift zur Revision des Curriculum (Robinsohn, 1969) erscheint Unterricht zunehmend nur als Problem seiner Ziele; die Analyse seiner Komponenten, die systematische Beobachtung seiner Phänomene büßen an Bedeutung ein. Gerade in Fachpädagogiken, von Haus auf Aktualisierung ihrer Inhalte bedacht, vermag die sog. Curriculum-Revision den Blick für die Zufälligkeit der verwendeten Daten, den Mangel an Begründung der Zielsetzungen wie an empirischer Überprüfbarkeit des Konzeptes zu trüben. Die sog. Curriculum-Revision verdeckt die Gegenstandsbereiche der Unterrichtsforschung im Interesse intendierter Veränderungen. Offensichtlich hat diese Entwicklung die Bundesrepublik heftiger als alle vergleichbaren europäischen und außereuropäischen Länder betroffen.

Doch die Kritik an der Verfahrensweise einer nur curriculumverändernden Unterrichtslehre beginnt schon in den sechziger Jahren, verbunden mit Beiträgen zur Methodologie der Unterrichtsforschung. Zunehmend gewinnen die in den Sozialwissenschaften entwickelten Beobachtungsverfahren an Beachtung, auf die R.F. Bales, gestützt auf amerikanische Forschungen, 1956 verwies (Bales, 1972). Sowohl in den Erziehungswissenschaften wie in der Pädagogischen Psychologie werden empirische Methoden und Forschungstechniken aufgelistet, beschrieben und beispielhaft vorgestellt, in der Regel verbunden mit unterrichtstheoretischen Ansätzen bzw. mit Verweisen auf die Notwendigkeit theoretischer Einbindung (Blankertz, 1966; Aust, 1968; Flechsig, 1969; Röhrs, 1971; Offermann, 1971; Biddle, 1972; Dohmen u.a., 1972; Vorsmann, 1972; Schulz u.a., 1973; Baumann, 1974; Graumann, 1974 b; Ruprecht, 1974; Bachmair, 1977; Mees und Selg, 1977; Kahl, 1978; Ziefuß, 1978; u.a.). Die Dringlichkeit rationaler Begründung pädagogischer Entscheidungen wird zunehmend hervorgehoben (Achtenhagen und Meyer, 1972), die Notwendigkeit empirisch-rationaler Verfahrensweisen (in unterschiedlich gesehener Verbindung mit hermeneutischen Verfahren) betont und konkretisiert. Die Curriculum-Revision wendet sich in die Entwicklung von Forschungsstrategien zu einer analytischen Lehrplan- und Unterrichtskritik als Überprüfung von Zielen und Aussagen über den jeweiligen Unterricht mit analytischen Methoden; hinter (vordergründigen) curricularen Nachhutgefechten entsteht auch im deutschsprachigen Raum eine umfassende und differenzierte methodologische Diskussion der Unterrichtsforschung, begleitet von einer Fülle unterschiedlicher thematischer und methodischer Ansätze (Achtenhagen und Menck, 1972).

In der Gegenwart besteht ein breiter Konsensus hinsichtlich dessen, was unter Unterrichtsforschung zu verstehen sei. Man geht von einem Begriff von Unterricht aus, der sich von allen anderen Lehr-Lernprozessen dadurch unterscheidet, daß er als Merkmale die Planmäßigkeit, die Institutionalisierung und die Professionalisierung der Lehrenden aufweist. Die diesen Unterricht bedingenden Variablen, die in ihm ablaufenden Prozesse und die aus ihnen resultierenden Ergebnisse werden als Gegenstand der Unterrichtsforschung angesehen (Achtenhagen, 1982). Es ist ein weitreichender Konsensus erkennbar, daß Unterrichtsforschung einzugrenzen sei auf Forschungen, die in systematischer Erkenntnisabsicht Unterrichtsprozesse kontrolliert beobachten und exakt aufzeichnen, ein möglichst genaues und vollständiges Bild des tatsächlichen Geschehensablaufes rekonstruieren lassen und auf dieser Basis Unterrichtsprozesse auf Ursachen, Folgen, Zusammenhänge und Gesetzmäßigkeiten hin analysieren (Vorsmann, 1972). Dies bedeutet die Eingrenzung von Unterrichtsforschung auf tatsächliches, unterrichtliches Geschehen.

Wegen der für alle Unterrichtsforschung konstitutiven Konstrukte des Lernens und Lehrens wird Unterrichtsforschung auch als Lern-Lehr- bzw. Lehr-Lernforschung bezeichnet (van Buer und Rösner, 1982). Neben der mehr oder weniger separierten Erforschung von Lernen und Lehren im Unterricht wendet sich gegenwärtig das Forschungsinteresse – wohl unter dem Einfluß sozialpsychologischen und kommunikationstheoretischen Denkens – vor allem der simultanen Berücksichtigung der Lehrer-Schüler-Interaktion zu. Unterrichtsforschung versteht sich zunehmend in einem engeren Sinne als die Erforschung speziell des Zusammenwirkens der am Unterricht beteiligten Variablen; über die Interaktion von Lehrer und Schüler hinaus treten damit auch zunehmend die inhaltlichen Variablen der Unterrichtsgegenstände in ihrer interaktionellen Mitwirkung in den Blickpunkt.

Hier zeichnen sich unterschiedliche Auffassungen des Gegenstandsbereiches der Unterrichtsforschung ab. Denn einerseits werden separierte Phänomene aus dem Unterrichtsgeschehen untersucht; diese Einzelphänomene werden aus einem mehr oder weniger vollständig erfaßten Unterrichtsgeschehen herausgelöst oder in theoretischem Zusammenhang mit Unterrichtsgeschehen behandelt. Doch andererseits wird betont, daß gerade die Faktorenkomplexion des Unterrichtsgeschehens selbst der Gegenstand von Unterrichtsforschung sei, denn „diese Faktoren des Unterrichts existieren ja nicht nur in der Isolation präskriptiven oder retrospektiven Denkens über Unterricht, sie existieren prinzipiell im konkreten Unterrichtsgeschehen selbst“ (Vorsmann, 1972). Diese Faktorenkomplexion ist das methodische Problem der Unterrichtsforschung. Auch die Unterrichtstheoretiker betonen die Komplexität der Faktoren als das konstitutive Merkmal von Unterricht, die Gleichzeitigkeit der vielen voneinander abhängigen Erscheinungen, halten fest, daß „jedes einzelne Wechselwirkungsverhältnis von der Gesamtsituation der Klasse abhängig" ist (Koskenniemi, 1971). Tatsächlich bedeutet die Isolierung einzelner Faktoren des Unterrichts die Gefahr unangemessener Bedeutungsakzentuierung und verfälschender Vernachlässigung von Mitfaktoren und öffnet damit subjektiver Interpretation der Ergebnisse Tür und Tor. Beim gegenwärtigen Stand des Wissens bedeutet wohl alle Faktoren separierende Unterrichtsforschung eine unzulässige Vorfixierung von Ursache-Wirkungsverhältnissen. Hier werden methodische Unterschiede sozialwissenschaftlicher wie psychologischer gegenüber pädagogischer Forschung deutlich. Die Fragestellungen der nicht-pädagogischen Disziplinen beziehen sich gerade auf einzelne bestimmte Faktoren (auch) im Unterrichtsgeschehen, der Unterricht selbst ist nur von sekundärem Interesse; doch in der pädagogischen Forschung ist der Unterricht selbst der Forschungsgegenstand und beansprucht in seiner Komplexität das primäre Interesse und somit die Gesamtaufnahme von Unterricht.

Angesichts des methodischen Dilemmas der Unterrichtsforschung mit ihrem Gegenstand ist eine Relativierung der Erwartungen unvermeidbar, wenn auch nicht in der methodischen Strenge experimenteller Psychologie (Süllwold, 1958). Die Gesamtaufnahme des Unterrichts ist notwendig, doch es kann sich nur um eine relative Vollständigkeit handeln; methodisch ist die möglichst vollständige Aufnahme des Unterrichts mit möglichst angemessener Berücksichtigung der Faktorenkomplexion des Unterrichts Bedingung aller Unterrichtsforschung. Führende Methodiker der Unterrichtsforschung akzeptieren die unvermeidbaren Beschränkungen und verweisen auf die methodische Bedingung von Unterrichtsforschung, zwar „die vielgestaltige Verflechtung einer Unzahl von Faktoren zu durchdringen und die Abhängigkeit des pädagogischen Geschehens von einzelnen Faktoren oder Teilkomplexen von Faktoren herauszustellen, immer selbstverständlich mit Blick auf das Ganze der Geschehensgestalt". Das Einfangen des gesamten Unterrichtsprozesses wird als „Kinderkrankheit" pädagogischer Forschung angesehen, zugleich aber auch vor der Gefahr wissenschaftlicher Fehlkonstruktion durch Nichtbeachtung der Komplexität des Unterrichtsgeschehens gewarnt (Winnefeld, 1969). Damit werden die besonderen Möglichkeiten der Methode systematischer Unterrichtsbeobachtung erkennbar. Auch für diese sieht ihr früher Theoretiker P.M. Roeder, daß sie nur einige durch die Wahl der Beobachtungskategorien begrenzte Aspekte erfassen könne, doch eben mit hypothetischen Rückschlüssen auf das Ganze des Unterrichtsgeschehens (Roeder, 1965).

Die Funktion der Unterrichtsforschung wird vielfach vor allem in der Hilfe für die praktische Pädagogik gesehen, wobei graduelle Unterschiede hinsichtlich der Direktheit der erhofften Anwendungen bestehen. Gleich ob im direkten oder indirekten Sinne verstanden – Unterrichtsforschung hat gewiß auch die Funktion, dem Lehrer Entscheidungshilfen für seinen Unterricht zu geben. In der Vergangenheit war der Lehrer zur Steuerung seines Unterrichts allein auf subjektive Beratung und Entscheidung angewiesen. Die Untersuchung der Frage, ob und in welchem Maße die „naive Unterrichtstheorie" (van Buer und Rösner, 1982) auch heute Unterricht steuert, ist ebenfalls Gegenstand der Unterrichtsforschung. Doch bleibt festzuhalten, daß tatsächlich Unterrichtsforschung Sinn und Funktion darin hat, Unterricht zu beschreiben und damit Möglichkeiten der Verbesserung von Lehrerverhalten, der Objektivität von

Unterrichtsentscheidungen und der Erhöhung von Unterrichtseffektivität vorzubereiten. Die meisten Chancen liegen jedoch wohl darin, daß über die Einbeziehung von Unterrichtsforschung in die Lehrerausbildung die Fähigkeiten des Lehrers zu seiner eigenen Beobachtung verbessert werden, vor allem auch Einsicht in die Vielfalt des Unterrichtsgeschehens wie in die Probleme von Forschung an eigenen, direkten Fragen gewonnen werden kann.

3.2 Gegenwärtige thematische und methodische Entwicklung der Unterrichtsforschung

International, ebenso in der Bundesrepublik, ist die Zahl der Beiträge zur Unterrichtsforschung so hoch, ist die Thematik so vielfältig und die methodische Differenzierung so fortgeschritten, daß eine kurze Beschreibung nur versuchen kann, thematische Schwerpunkte und bestimmende Tendenzen der Methoden zu treffen. Im thematischen Bereich ist ein Schwerpunkt der Unterrichtsforschung durch das von N.A. Flanders entwickelte Modell sozialer Interaktion entstanden. Sozialwissenschaftliche Ansätze übernehmend, wird auch die Schule als Ort sozialer Organisation verstanden und insbesondere Sozialkonflikten in der Schule nachgegangen. Dieser Ansatz zielt auf Differenzierung des Verständnisses sozialer Konflikte in der Schule durch Analyse der Techniken, mit deren Hilfe die Beteiligten mit den sozialen Konflikten in der Schule fertig zu werden versuchen; durch Analyse der verschiedenen Formen der Kontrolle und Abwehr sozialer Konflikte versucht man Aufschlüsse über deren Eigenart und Dynamik zu gewinnen. Man geht dabei davon aus, daß die sozialen Konflikte in der Schule eng mit dem Alltagsverständnis sozialer Konflikte verknüpft seien (Dahrendorf, 1962; Wellendorf, 1974). Umfassend sind auch die Untersuchungen zum Thema sozialer Interaktion, die von der Schulklasse als einer sozialen Gruppe ausgehen und in der Schulklasse Merkmalen von Gruppen nachspüren. Spezielles Interesse gilt Gruppenstrukturen in der Klasse, der Auswirkung von Kommunikationsnetzen aus Leistung und Zufriedenheit in einer Gruppe, ebenso der von Präferenz- bzw. Freundschaftsstrukturen. Befunde zu Beziehungen in der sog. Peer-Gruppe erlangten breite Bekanntheit: Die Peer-Gruppen als Sozialisationsfaktoren wurden in ähnlich hohem Maße populär wie die Daten zu schichtspezifischem Verhalten in der Schulklasse (Graumann, 1974 a; Ulich, 1977).

Vor allem dient das Modell sozialer Interaktion in der Unterrichtsforschung zur Untersuchung der Lehrer-Schüler-Interaktionen. Das Interesse der Forschung richtet sich auf die Faktoren in den Beziehungen der Lehrenden zu den Lernenden, die Interaktion faßbar werden lassen. Damit treten zugleich Merkmale des Lehrers zugunsten der Funktionen des Lehrens zurück. Zunehmend tritt in den Blick, daß Interaktionen nicht einfach die Auslösung rollenspezifischer Verhaltensmuster darstellen, sondern Handlungszusammenhänge formen (Huber und Mandl, 1982). Seit den sechziger Jahren werden mit zunehmender Differenzierung Beziehungen zwischen Schülerverhalten und Lehrerverhalten untersucht (Ryans, 1969), versucht man, Zusammenhänge zwischen speziellen Variablen des Lehrerverhaltens und solchen des Schülerverhaltens zu finden, bemüht, gerade in Hinblick auf die offenen Fragen der Praxis Auswirkungen von Variablen der Lehre auf das Leistungs- und Sozialverhalten von Schülern faßbar zu machen (Diederich, 1969; Dietrich, 1972; Grzenik, 1976).

Mit der Differenzierung des Forschungsansatzes wächst zugleich die Einsicht, daß die Fragestellung so umfassend ist, daß jede auch nur annähernd vollständige Antwort von vornherein ausgeschlossen ist. Doch dies mindert nicht die Bedeutung der Aufschlüsselung und Konkretisierung der vielfältigen Dimensionen möglicher Zusammenhänge von Lehrer- und Schülerverhalten im Unterricht, von speziellen Untersuchungen der Effekte emotionaler Wärme des Lehrerverhaltens, der Beeinflußbarkeit der „Gruppe" durch den „Gruppenleiter" im Unterricht (Withall, 1951; Flanders, 1964), der Effekte von Planung und Kontrolle, von Initiative und Abwechslung bis zu dem Effekt von Klarheit und Verständlichkeit der Darstellung des Lehrers reichend (Graumann, 1974 a und b). Die individuellen Unterschiede im Kontakt des Lehrers mit dem einzelnen Schüler bedeuten eine zusätzliche Ausweitung des so umfangreichen Forschungsansatzes (Brophy und Good, 1969). Die individuellen Unterschiedlichkeiten in den verschiedenen Dimensionen der Unterrichtsvorgänge liegen so hoch, „daß die Schlußfolgerung, es könne keinen optimalen Erziehungs- und Lehrstil des Lehrers für alle Schüler geben, unabweisbar ist" (Heckhausen, 1974 b). In einer Arbeit von M. Hofer u.a. wird ein spezielles Beobachtungsverfahren entwickelt, das die ansonsten über dem Klassengesamt vernachlässigten Interaktionen zwischen dem Lehrer und dem einzelnen Schüler fassen läßt. Der „vor der Klasse" agierende Lehrer wird angesichts der zutage tretenden Intra-Klassen-Unterschiede im Lehrerverhalten zur Fiktion; der Lehrer variiert sein Verhalten je nach Geschlecht, Rasse, sozioökonomischem Status des Schülers sowie nach Schulleistung und Typus des Schülers (Hofer u.a., 1982).

In der Unterrichtsbeurteilung als thematischem Ansatz von Unterrichtsforschung treten jedoch einige Gefahren der Untersuchungen zur Lehrer-Schüler-Interaktion zutage; sie liegen in der voreiligen Interpretation einzelner Forschungsergebnisse. Zunehmend wird erkannt, daß nicht nur die frühen Lehrertypologien, sondern auch Beobachtungsskalen Vorurteile und Fehlerwartungen bedingen (Hofer, 1974). Vor allem wird zunehmend davor gewarnt, bestimmte Lehrerverhaltensweisen mit bestimmten Schülerverhaltensweisen oder gar Effektivität von Unterricht undifferenziert zu verknüpfen; bestimmte Lehrerverhaltensweisen können auf solche Weise prinzipielle Präferenz erhalten und in der Praxis ohne Berücksichtigung personeller und situativer Faktoren erwartet und eingesetzt werden (Hörner u.a., 1978). Wie schon in den Lehrertypologien, so zeigt sich auch bei Analyseverfahren die Gefahr von Wertungen des Lehrerverhaltens; Eigenschaften, die man bei einem Lehrer für wertvoll hält, avancieren zum Leitbild und wirken sich auf Rollenerwartungen an den Lehrer aus bzw. zu Verhaltenszwängen für den Lehrer. Doch „das multifunktionale und multikausale Unterrichtsgeschehen ist zwar, so ließ sich feststellen, wesentlich von der Persönlichkeit des Lehrers mitbestimmt, klare Eignungsprinzipien, die für jede Lage gelten können, ließen sich jedoch nicht ermitteln" (Jendrowiak und Kreuzer, 1980). Die methodischen Schwierigkeiten, den Lehrer im Unterricht zu beurteilen, beginnen mit der permanenten Veränderung des gesellschaftlichen Geschehens und demgemäßen Veränderungen der Erwartung an das Lehrerverhalten, äußern sich in der Unterschiedlichkeit der Beurteilung durch beteiligte Gruppen, von den Schülern bis zum Fachwissenschaftler. Auffällig ist, daß in den Untersuchungen zur Lehrerbeurteilung im Unterricht die Beobachtung der Fachkompetenz des Lehrers und deren Auswirkung auf das Unterrichtsgeschehen offensichtlich weitgehend ausgespart bleibt.

Die Untersuchung des Lehrerverhaltens speziell – auch ohne interaktionelle Bezüge – ist ebenfalls ein thematischer Schwerpunkt der Unterrichtsforschung. Lehrerverhalten erhält in aller Erforschung von Unterricht eine zentrale Position (Ingenkamp und Parey, 1971–1973). Ursache dieser Dominanz ist wohl die Denkweise, daß Unterricht, wenn auch auf Interaktionen von Lehrern und Schülern beruhend, dennoch durch die Maßnahmen des Lehrers innerhalb der Interaktionen bestimmt werde; wahrscheinlich spielen auch forschungsmethodische Gründe ein. Die umfangreiche Erforschung des Lehrerverhaltens mit dem Lehrer als alleinigem Gegenstand wird wesentlich inspiriert durch die Frage nach dem gesellschaftlich-politischen Bewußtsein des Lehrers und dessen Wandel in den sechziger und siebziger Jahren, auf Aufklärungs- und Aktivierungsstrategien für die Ausbildung von Lehrern zielend. Diese spezifische Lehrerforschung differenziert immer feinere Einzelfragen aus (Pause, 1972; Hopf, 1974), beginnt auch zwischen direktem und indirektem Lehrerverhalten zu unterscheiden. Neben den traditionell als besonders effektiv angesehenen Verhaltensweisen des Lehrers wie dem Loben, Bestätigen und Initiieren werden schließlich auch die Klarheit der Lehrersprache, die Flexibilität des Lehrers, die Sachorientierung des Lehrers, seine Fähigkeit, Fragen zu stellen und Übung anzuregen als Kategorien des Lehrerverhaltens beschrieben und untersucht (Goeppert, 1977 b). Man entwickelt aber auch Ansätze der Theoriebildung zum Lehrerverhalten, vor allem für den Bereich der Professionalisierung des Lehrers (Döring, 1980). Mit den Untersuchungen zur Rolle des Lehrers und seinen Rollenkonflikten, die in den Unterricht einwirken (Combe, 1971; Grace, 1973; Grell, 1976; Flader, 1977), entstehen fließende Übergänge zwischen der speziellen Lehrerforschung und der Unterrichtsforschung.

Der thematische Bereich des Lehrer-Sprachverhaltens hat hohes Interesse gefunden und bereits eine eigene Geschichte innerhalb der Unterrichtsforschung entwickelt. Am Ausgang pädagogischer Überlegungen zur Sprache im Unterricht stand die Frage nach dem Bildungswert von Sprache und Methoden der Sprachbildung und Sprachpflege, eine Aufgabe, die zunehmend als Unterrichtsprinzip aller Fächer gesehen wurde. Die in der Psychologie beheimateten Untersuchungen der Sprache des Kindes stoßen die Frage nach den Möglichkeiten der sprachlichen Förderung des Kindes durch die Sprach-Umgebung des Kindes an, zunächst Probleme der sprachlichen Sozialisation des Kindes in den Vordergrund stellend, dann aber zunehmend auch die Sprache der Erzieher und Lehrer in den Blick nehmend. In den vergangenen Jahrzehnten, unter dem Einfluß der sog. linguistischen Wendung in den Sozialwissenschaften, entwickelt sich ein Forschungsschwerpunkt mit vorwiegend spiel- und kommunikationstheoretischen Ansätzen, sozialpsychologischem Denken nahestehend (Bellack u.a., 1963–1965). In diesem Bereich entsteht eine große Zahl von Einzeluntersuchungen (Ehlich und Rehbein, 1977; Goeppert, 1977 a; Martens, 1977; Rigol, 1977; Stellmacher, 1977; Switalla, 1977; Wellendorf, 1977; u.a.). Die jüngere Entwicklung der Untersuchung der Lehrersprache tendiert zur Klärung der Vermittlungskomponente der Lehrersprache im Unterricht. Aus der wachsenden Einsicht in die Bedeutung der Sprache für alle unterrichtlichen Interaktionen wendet sich das Interesse den unterschiedlichen Sprachebenen und der Bindung an Unterrichtsobjekte zu; G. Priesemann geht von einer Grobunterscheidung zwischen Umgangs- und Fachsprache aus und einer die Mitte haltenden „Unterrichtssprache“ als Form der Vermittlung. Diese Unterrichtssprache wird von ihm hypothetisch und differenziert entfaltet und mit Real-Dokumenten aus der Sprachwirklichkeit des Unterrichts konkretisiert (Priesemann, 1971). Dazu werden „Grundformen des didaktischen Sprechens“ untersucht und Instrumente entwikkelt, mit deren Hilfe die Häufigkeit des Auftretens bestimmter Sprachformen im Unterricht feststellbar wird (Spanhel, 1977). Die junge Wendung der Unterrichtsforschung zu theoretischem Bezug und theoretischer Verdichtung zeigt sich gerade in dem Bereich von Sprache und Lernen recht eindrucksvoll (Loch u.a., ab 1970). Hier werden monographische Einzelansätze entwickelt (Priesemann, 1971; Goeppert, 1977 a; Spanhel, 1977). W. Loch leistet den Ansatz einer pädagogischen Sprachtheorie, die das erkenntnisleitende Interesse, linguistische und semiotische Grundlagen, Fragestellung und Methodik sowie eine Systematik der unterschiedlichen Funktionen der Sprache in der Erziehung darlegt: ihre operative Funktion (die Frage nach dem Anteil der Sprache bei Produktion bzw. Reproduktion kultureller Sachverhalte), ihre instruktive Funktion (im Sinne spezifischer Transformation der operativen Sprachfunktion zum Lernen der Objekte), ihre kommunikative Funktion (die Sprache als Medium sozialer Interaktion) und schließlich ihre emanzipative Funktion (zur Erlangung von Mündigkeit; Loch, 1970).

In methodischer Hinsicht hat die Unterrichtsforschung nach dem Extrem curricularer Reform-Diskussionen in der jüngeren Vergangenheit, wiederum extrem, empirische Beobachtungsmethoden präferiert. Hier erwies sich der interaktionelle Ansatz von N.A. Flanders als besonders anregend; sein Instrument systematischer Beobachtung von Unterricht wurde international rezipiert. Er beginnt 1948 mit ersten Untersuchungen, stellt sein Modell der Interaktionsanalyse in den zentralen Publikationen von 1960, 1964 und 1967 vor und leistet 1970 die zusammenfassende Darstellung mit theoretischem Ansatz und umfassendem Forschungsbericht über die Arbeit der Interaktionsanalyse. Das Flanderssche Beobachtungsinstrument basiert auf festgelegtem Kategoriensystem und Kodierungsschemata zur Analyse unterrichtlicher Interaktionen. Sein System fußt auf zehn Kategorien, von denen sich sieben auf das Sprechen des Lehrers, zwei auf das der Schüler und eine Kategorie auf Redepausen und nebensächliches Reden beziehen. Die Flandersschen Kategorien (die bei guten Beobachtungsbedingungen alle drei Sekunden zu signieren sind) sind damit auf ein Unterrichtsgeschehen abgestellt, in dem sich Lehrer und Schüler in kontinuierlicher sprachlicher Kommunikation befinden. Daraus ergibt sich bereits eine Einschränkung für den Einsatz des Beobachtungsinstrumentes, zumindest in dieser Ausgangsform, gerade für Musikunterricht. In seiner Schrift von 1970 hat N.A. Flanders jedoch auch Hinweise zur Weiterentwicklung seines Ansatzes gegeben. Er zeigt Möglichkeiten der multiplen Signierung seines Basis-Kategoriensystems. Doch die Entwicklung spezifischer Kategoriensysteme unter Berücksichtigung sachspezifischer Zusammenhänge wird auch hier nicht angesprochen (Flanders, 1948, 1960, 1964, 1967 und 1970).

Das zentrale Anliegen des Beobachtungssystems nach N.A. Flanders ist die Analyse initiierender und responsiver Äußerungen in den Interaktionen zweier oder mehrerer Menschen. N.A. Flanders sieht Unterricht als spezifische Relation zwischen initiierenden und responsierenden Beiträgen von Lehrern und Schülern. Obwohl sein Beobachtungssystem von Haus aus nicht auf Bewertung von Unterricht angelegt ist, haben Kategorien wie die initiierende Schüleräußerung den Rang eines Kriteriums für „guten Unterricht" erhalten; sie wurden Beleg für den erwünschten schülerzentrierten Unterricht. Aus solchen Erfahrungen rührt die Kritik daran, daß Unterrichtsbeobachtung überinterpretiert und zu Werturteil über Unterrichtsqualität mißbraucht werden kann. Umso deutlicher tritt hier die Bedeutung einer explizierten theoretischen Basis hervor.

Die Kritik an dem Flandersschen Interaktionsmodell beruht nicht nur darauf, daß er die Beobachtung auf die verbalen und die verbal bedingten Vorgänge im Unterricht beschränkt und damit die Totalität der Schüler-Lehrerbeziehungen nicht ausreichend in den Blick genommen wird. Kritik löst auch aus, daß mit seinem Instrument „nur" beobachtbares Verhalten erfaßt werden kann, das wiederum der Interpretation des Verhaltens durch die Beobachter unterworfen ist. Dazu tritt Kritik an der Dominanz des zu beobachtenden Lehrerverhaltens und – damit verbunden – die Kritik an der geringen Zahl der berücksichtigten Variablen, die das komplexe Unterrichtsgeschehen nur unzureichend zu fassen vermögen. Die Zusammenhänge mit den in den Unterricht einwirkenden, doch außerhalb des Geschehens im Klassenzimmer liegenden Phänomenen bleiben außer Blick. Das Flanderssche Interaktionsmodell hat das Verdienst, die Aufmerksamkeit auf die zwischen Lehrern und Schülern sich vollziehenden sozialen Interaktionen gelenkt zu haben; die Unterrichtsforschung wurde auf ein Phänomen von Unterricht, das Interaktionsgeschehen, gerichtet. Wegen der traditionellen Dominanz des Lehrerverhaltens in diesem Interaktionsgeschehen wird aber zugleich auch das Lehrerverhalten in den Vordergrund der Untersuchungen gerückt. Dies führt zu spezifischen Verengungen der Fragestellungen und Ergebnisse und leistet generellen Bewertungen einzelner Lehrer- wie Schülerverhaltensweisen als positiven oder negativen Faktoren von Unterricht Vorschub. Vor allem aber gewinnt die soziale Regelhaftigkeit von Interaktion Dominanz, damit eben das unterrichtliche Gesamtgeschehen auf die soziale Interaktion beschränkend und die Vielfalt der zahlreichen sonstigen Faktoren zwischen Lehren und Lernen vernachlässigend.

Die mit N.A. Flanders in den Vordergrund der methodischen Entwicklung von Unterrichtsforschung tretende Methode systematischer Beobachtung von Unterricht ist seit den frühen Anstößen erheblich modifiziert und weit ausgebreitet worden. Sie beruht auf drei aufeinander folgenden Forschungsschritten: der Kodierung des Unterrichtsgeschehens, der Datenaufbereitung und deren mathematisch-statistischer Analyse. Das Problem des zeitlichen Ablaufs von Unterricht wird dadurch gelöst, daß die Klassifizierung in regelmäßigen oder auch unregelmäßigen Zeitintervallen erfolgt. Es handelt sich um eine spezielle Forschungstechnik, die sichtbares Verhalten klassifiziert. Reliabilität im Sinne von Unabhängigkeit der beobachteten Variablen ist bei systematischer Unterrichtsbeobachtung nur mit Schwierigkeiten zu erfüllen. Man wird zumindest nach Variablen mit geringer Abhängigkeit suchen oder in dem gewählten Verfahren die Abhängigkeiten inhaltlich-logisch berücksichtigen. Die Beachtung der Reliabilität bedeutet für den Untersuchenden die Entscheidung für ein Beobachtungssystem mit vielen Variablen und mit hohem Grad an Genauigkeit oder für ein System mit wenigen Variablen und demgemäß grober Darlegung; die Entscheidung hängt von der speziellen Fragestellung ab. Validität im Sinne des Nachweises, daß tatsächlich gemessen wurde, was man zu messen beabsichtigt, wird zum Problem, wenn man im Interesse höherer Reliabilität die Zahl der Variablen klein hält, damit aber u.U. nicht mehr Unterricht selbst mißt.

Für systematische Unterrichtsbeobachtung als Methode ist charakteristisch, daß es hier um die Beobachtung von Unterrichtsgeschehen in natürlichen Situationen geht. Unterrichtsgeschehen in natürlichen Unterrichtssituationen soll hier beobachtet und dokumentiert werden, wobei zusätzlich anderweitig erhobene Daten einbezogen werden können. Unter „natürlichen Situationen" sind zunächst solche zu verstehen, die nicht in Laboratorien stattfinden. Doch auch die Verlagerung des Untersuchungsvorganges in den Klassenraum bleibt als „natürliche Situation" nicht ohne Probleme. Sie beginnen mit der Herauslösung einzelner Klassen und einzelner Unterrichtseinheiten, zeigen sich aber auch bei jeder Herauslösung einzelner Unterrichtsvariablen. Die systematische Unterrichtsbeobachtung ist seit den sechziger Jahren in der Bundesrepublik vielfach und vielfältig eingesetzt worden (Roeder, 1965). Aus den methodisch-hochdifferenzierten Arbeiten sind – als thematische und methodische Beispiele der jüngsten erziehungswissenschaftlichen Forschung – die Untersuchungen von G. Petrat und J. Timm zu „überzufälligen Unterrichtssequenzen" zu nennen (Petrat und Timm, 1982), sowie als Beispiele fachspezifischer Arbeiten die von H.W. Heymann („Modellgeleitete Unterrichtsanalyse, verdeutlicht anhand einer Untersuchung zum Mathematikunterricht"; Heymann, 1982) und von J. van Buer und H. Rösner („Qualitative Analyse der Lehrer-Schüler-Interaktion im Englischanfangsunterricht" (van Buer und Rösner, 1982). Auch das gerade für Musikpädagogik relevante Problem, „präskriptive Theorie" operational zugänglich zu machen, wurde methodisch gründlich untersucht (Prell, 1982).

Die Dominanz empirischer Methoden in der internationalen Unterrichtsforschung ist unverkennbar; dies mag auch in dem zeitlichen Zusammentreffen der Entwicklung von Unterrichtsforschung mit einer Phase zunehmender Gültigkeit und Differenzierung empirischer Methoden in unserem Jahrhundert zusammenhängen. Doch mag bei dieser auffälligen Dominanz auch eine Rolle spielen, daß eine grundsätzliche Abwendung von einer nur präskriptiven Unterrichtslehre, auch in den neuen Gewändern curricularer Revisionen, einsetzte und die Entwicklung auf konkrete, aussagefähige Forschungen für die Bereiche von Unterricht und Erziehung drängt. Empirische Methoden lassen Hoffnungen auf Konkretisierung des unüberschaubar gewordenen Nachdenkens erwachsen, wie gleichzeitig auch eine hermeneutische Erziehungswissenschaft auf die Rückgewinnung des historischen Ausganges und Niveaus drängt.

Es mehren sich die Stimmen, die darauf verweisen, daß die nicht mehr überschaubare Fülle empirischer Arbeiten zur Unterrichtsforschung sich vielfach durch unzureichende theoretische Basis als unergiebig erwies (Zifreund, 1970; vgl. auch Zifreund, 1972), und die der weiteren Entwicklung des Forschungszweiges nur Chancen geben, „wenn die Forschungsansätze und -instrumente (sei es zur Planung, Analyse oder zur Evaluation von Unterricht) durch fortlaufende empirische und theoretische Überprüfungen konsequent weiterentwickelt und verbessert werden" (Spanhel, 1977), die auch phänomenologische Methoden wieder stärker in die Formen des Nachdenkens und der Wissensermittlung über Unterricht und Erziehung einbringen möchten. Es entstehen zunehmend Beiträge zur Entwicklung der Unterrichtstheorie. H. Maier und H.J. Pfistner entwickeln einen Ansatz, der Phänomene des Unterrichts aufarbeitet, seine Singularität, die Einmaligkeit, Einzigartigkeit von Unterricht im zeitlichen Verlauf, und seine „Epochalität", das Erschließen eines neuen „Stückchens Welt" für den Lernenden – so bescheiden dies auch sein mag. Dazu treten die Merkmale des zeitlichen Verlaufs, die Prozessualität und die Historizität, die auf die Verwirklichung in der Zeit und damit auf die distante Vergangenheit verweist. Die Merkmale werden aus der Geschichtlichkeit des Unterrichts gewonnen. Dazu werden Strukturelemente abgehoben, die in der Lernsituation liegen: daß der Lernende die Lerngegenstände in dem zu erreichenden höheren Grad an Mannigfaltigkeit sieht, verbunden mit einem personal repräsentierten Sachverhältnis, daß mit dem Lehrer der Lernpartner gegeben ist. Die Autoren grenzen ihre Phänomenologie als Methode der Unterrichtserfassung gegenüber „reiner Deskription" und „Wesensschau" ab und charakterisieren sie als „eine Methode der Materialgewinnung, die von dem beobachtbaren Unterricht ausgeht, auf die strukturale bzw. funktionale Erfassung zielt und mit diesen Einsichten legitimierte Handlungsimpulse für eine Praxis initiieren kann" (Maier und Pfistner, 1976).

Unterrichtsforschung entstand aus dem Unbehagen an der Subjektivität traditioneller Lehrentscheidungen. Empirisch-analytische Methoden sind wohl zur Korrektur dieser Traditionen unentbehrlich. Doch das Unbehagen könnte von einer neuen Unzufriedenheit über die Beziehungslosigkeit der Einzelergebnisse der Unterrichtsforschung abgelöst werden. Die sich ausbreitenden Hoffnungen auf eine wechselseitige Stärkung theoretischer Ansätze und empirisch-analytischer Verfahrensweisen hofft man (auch) an Unterrichtsforschung verstärken zu können (Loch, 1970; Priesemann, 1971; Achtenhagen, 1982). Bei der Erforschung von Unterricht geben nur empirische Methoden die Chance, den Prozeß konkreten Unterrichtsgeschehens differenziert fassen zu können. Aber dies allein kann Unterricht nicht zureichend aufklären; historische, begriffliche, phänomenologische und unterschiedliche analytische Methoden haben ihre eigenen Aufgaben bei der Erhellung der Eigenart von Unterricht. Die Leistungsfähigkeit der einzelnen Methoden für die Verarbeitung der Komplexität von Unterricht mag unterschiedlich sein. Doch im Blick auf das höhere Ziel der Theoriebildung ist jeder der Ansätze bedeutungsvoll.

3.3 Musikpädagogische Unterrichtsforschung

Auch in der Musikpädagogik hat die Einsicht in die Unzulänglichkeit der Setzungen aus der Unterrichtslehre und der letztlich ebenfalls in der Präskription verharrenden Curriculum-Revision zunehmend Unzufriedenheit über die Unzulänglichkeit des Wissens von den Regelhaftigkeiten des Musikunterrichts ausgelöst. Die Hoffnungen praktischer Musikpädagogik auf Verbesserung ihrer unterrichtlichen Entscheidungsmöglichkeiten haben sich daher in besonderem Maße auf mehr Wissen über die Bedingungen des Musikunterrichts und über die Möglichkeiten größerer Effektivität gerichtet. Seitens der wissenschaftlichen Musikpädagogik hat man durchaus diesen Erwartungen mit unterrichtsbezogenen Forschungsarbeiten zu entsprechen versucht. Es ist eine recht vielfältige Situation verschiedenartiger Forschungsthemen und -methoden entstanden, die der Betrachtung dessen, was letztlich unter musikpädagogischer Unterrichtsforschung zu verstehen sei, einige Schwierigkeiten bereitet. Eine Eingrenzung dieses musikpädagogischen Forschungsbereiches unter thematischem und methodischem Aspekt ist bisher noch nicht vorgenommen worden; die Bezeichnung Unterrichtsforschung wird demgemäß in der Musikpädagogik in recht unterschiedlichem Sinn gebraucht. Ein Zusammenhang mit entsprechenden Arbeiten in Erziehungswissenschaft und pädagogischer Psychologie wurde bisher noch nicht hergestellt. Im Anschluß an die dort erfolgte Abgrenzung wird man präskriptive Arbeiten zur Musik im Unterricht nicht dem Bereich musikpädagogischer Unterrichtsforschung zuzählen können.

Daß der Gegenstand musikpädagogischer Unterrichtsforschung der Musikunterricht sei, erscheint als triviale Aussage. Doch die thematische Vielfalt und Unterschiedlichkeit der Beiträge zu musikpädagogischer Unterrichtsforschung zeigt die Notwendigkeit der Feststellung dieses Gegenstandes Musikunterricht. Der weite Bereich der Erforschung musikalischen Lernens in seinen Bedingungen, Vorgängen und Ergebnissen, auch die schmaleren speziellen Forschungen zu den Lehrvorgängen haben gewiß im weitesten Sinne Bezug zu dem Gegenstand Musikunterricht. Sie dienen der Klärung der Grundlagen dessen, was – auch – bei der Erforschung von Musikunterricht ansteht. Hier liegt eine weitere Eingrenzung musikpädagogischer Unterrichtsforschung: Sie meint nicht Forschung, die sich als Grundlagenforschung auch auf

Musikunterricht bezieht, sondern sie meint solche Forschung, die den Musikunterricht selbst, das Unterrichtsgeschehen, zum Gegenstand hat. Verzichtet man auf eine solche Abgrenzung, so läßt sich unschwer die gesamte musikpädagogische Forschung als musikpädagogische Unterrichtsforschung deklarieren, einschließlich der historischen Forschungsdimension, die sich mit geschichtlichen Ereignissen und Bewegungen im Bereich der Musikpädagogik und damit auch bezüglich des Musikunterrichts befaßt. Durch solche Gleichsetzung musikpädagogischer Forschung mit musikpädagogischer Unterrichtsforschung entstünden nicht nur neue systematische Verwirrungen des jungen Wissenschaftsgebietes; auf diese Weise würden – und dies wiegt schwer – die zentralen Forschungsgegenstände des Faches eine Reduzierung ihrer grundlegenden Bedeutung erfahren und der Forschungsgegenstand Musikunterricht leicht seine eigene Kontur und wissenschaftliche Binnendifferenzierung verlieren. Man befindet sich in Übereinstimmung mit der allgemeinen Unterrichtsforschung, wenn man auch die musikpädagogische Unterrichtsforschung auf die spezielle Untersuchung von Musikunterricht eingrenzt, auf die Untersuchung des Geschehens im Unterricht.

Mit der Eingrenzung auf den Gegenstand Unterrichtsgeschehen im Fach Musik wiederholt und potenziert sich – durch die zusätzlichen Materialvariablen – das Problem der Faktorenkomplexion allgemeiner Unterrichtsforschung. Wie dort muß auch in der musikpädagogischen Unterrichtsforschung wegen der methodischen Komplikationen eine Relativierung der Vollständigkeit der Erfassung des Unterrichtsgeschehens akzeptiert werden. Entscheidendes Kriterium musikpädagogischer Unterrichtsforschung bleibt dabei aber die thematische Einbindung in musikalisches Unterrichtsgeschehen und die methodische Einbeziehung von Variablen des Unterrichtsgeschehens – letztlich der Bezug zu musikpädagogischer Unterrichtstheorie. Hier liegen Unterschiede gegenüber musikpsychologischen und sozialwissenschaftlichen Untersuchungen „zum" Musikunterricht. Denn: „Die Musikpsychologie untersucht psychische Prozesse mit Hilfe einer Reihe von methodischen Verfahren, die inzwischen auch in musikalischen Zusammenhängen erprobt worden sind" und überträgt „in Konsequenz der musikalischen Wirkungsforschung" den sozialpsychologischen Versuchsplan auf den Musikunterricht (Kleinen und de la Motte-Haber, 1982). Ausgang sind hier psychologische Theorie und Forschungsinteresse am psychischen Prozeß, projiziert auf Musikunterricht, doch nicht Phänomene von Musikunterricht, gesehen im Zusammenhang von Musikunterricht und aus der Sicht einer Unterrichtstheorie. Jeder Forschungsbeitrag zu den Grundlagen der Musikpädagogik ist willkommen und dankenswert. Doch stets bleibt bewußt zu halten, daß Musikunterricht nur wissenschaftlich zu klären und theoretisch zu entwickeln ist, wenn die Forschungen – auch wenn sie sich auf spezielle Gegenstände konzentrieren – das Gesamtgeschehen Musikunterricht sehen und methodisch einbeziehen. Die Übergänge sind gleitend. Auch für musikpädagogische Unterrichtsforschung gilt, daß die einzelne Untersuchung nicht das Gesamt eines aktuellen Unterrichtsgeschehens grundsätzlich zum Ausgang nehmen kann, daß sie vielmehr relative Vollständigkeit akzeptieren muß, doch dies stets – und hier liegt die bestimmende Eingrenzungskategorie musikpädagogischer Unterrichtsforschung – mit Blick auf „das Ganze der Geschehensgestalt".

Das Interesse verschiedener, vor allem psychologischer und sozialwissenschaftlicher Disziplinen an Gegenständen des Musikunterrichts führt zu recht unterschiedlichen Untersuchungsansätzen am gleichen Thema. Dies zeigt sich beispielsweise an Befragungen über Musikunterricht. Diese sind teilweise lediglich Sammlung von Äußerungen und Urteilen über Musikunterricht, gewonnen durch subjektiv als bedeutsam erachtete Fragestellungen. Sie können aber auch auf der Basis von umfassendem Wissen über Musikunterricht entwickelt sein und Bezugsvariablen aus aktuellem Unterrichtsgeschehen einbeziehen (Pape, 1974). Eine außerhalb des Kontextes von konkretem Unterrichtsgeschehen erhobene Sammlung von Urteilen bleibt am Rande dessen, was als musikpädagogische Unterrichtsforschung anzusehen wäre; denn das Außerachtlassen von Variablen konkreten Unterrichtsgeschehens nimmt den Urteilen die Aussagefähigkeit für den Musikunterricht über eine subjektive Meinungsäußerung hinaus. Das Gleiche gilt für die Schulbuch-Forschung im Fach Musik. Sie ist mit textanalytischen, ideologiekritischen und politologischen Ansätzen als Schulbuch-Analyse stets von musikpädagogischer Relevanz. Aber erst im Zusammenhang mit Variablen des Unterrichtsablaufes, mit speziellen Kategorien des Gebrauchs und der Wirkung des Schulbuches im Musikunterricht, werden Aussagen über den Musikunterricht und damit Beiträge zur musikpädagogischen Unterrichtsforschung gewonnen.

Die Bedeutung einer Unterscheidung unterrichtsrelevanter Forschung und spezifischer musikpädagogischer Unterrichtsforschung zeigt sich auch an musikalischen Lernergebnissen als Forschungsgegenstand. Die Messung musikalischer Leistungsfähigkeiten stellt musikalische Lernergebnisse fest, ermittelt mit hochentwickelten Methoden durchschnittliche Leistungsfähigkeiten für die einzelnen musikalischen Parameter. Was bei diesen Ergebnissen der einzelne Schüler durch ungeplanten Umgang mit Musik, durch häusliche musikalische Anregungen oder speziell durch seinen Musikunterricht oder gar durch spezielle Variablen dieses Musikunterrichts einbrachte, dies bleibt jedoch außer Betracht. Die musikpädagogische Unterrichtsforschung hat – und hier bildete sich bereits ein thematischer Schwerpunkt – gerade den Zusammenhang musikalischer Lernergebnisse mit Variablen des Musikunterrichts zum Gegenstand. Insbesondere die Variablen musikalisches Material und Unterrichtsmethode haben hier besondere Aufmerksamkeit gefunden und erste Aussagen über Zusammenhänge von musikalischen Lernergebnissen und Musikunterricht ermöglicht. Exemplarische Arbeiten zu Zusammenhängen von Lernergebnissen und musikalischem Material sind P. Brömse und E. Kötter sowie H.Ch. Schmidt und H.G. Bastian zu danken. P. Brömse und E. Kötter erschließen in unterschiedlichen Unterrichtssituationen Regelhaftigkeiten der Musikrezeption bei Jugendlichen (Brömse und Kötter, 1971). H.Ch. Schmidt und H.G. Bastian bringen Variablen des Materials, der Neuen Musik, mit Variablen von Unterrichtsmethode in Zusammenhang und zeigen Möglichkeiten der Veränderung des musikalischen Urteils durch Unterricht (Schmidt, o.J. [1975]; Bastian, 1980). Die Arbeit von H.G. Bastian zeigt den Fortschritt des Problem- und Methodenbewußtseins musikpädagogischer Unterrichtsforschung durch Zentrierung auf den Einfluß musikunterrichtlicher Lernvorgänge, die Ursachenforschung für Lerneffekte. Dazu ist auf zwei Versuche zu verweisen, die die Variable Methodik von Unterricht im Zusammenhang mit Lernergebnissen untersuchen, Methoden zur Steigerung musikalischen Hörinteresses und zur Steigerung höranalytischer Fähigkeiten (Abel-Struth und Groeben, 1979). Die Untersuchung von K. Graml und W. Reckziegel stellt die Einstellung der Eltern zu Musik und zu Musikunterricht in den Zusammenhang weiterer Variablen des Musikunterrichts (Graml und Reckziegel, 1982). Eine Studie von H. Schaffrath, E. Funk-Hennigs, Th. Ott und W. Pape zeigt Musikunterricht in Relation (bzw. Abhängigkeit) zu Daten des Musiklehrers, seiner Ausbildung, seiner Ausstattung, seiner schulischen und außerschulischen Aktivitäten wie seiner musikdidaktischen Position (Schaffrath u.a., 1982). Man darf festhalten, daß nicht nur der Bezug eines Gegenstandes zu Musikunterricht, sondern die Aussagefähigkeit für

Musikunterricht durch das Bedenken des Gesamtzusammenhanges Kriterium musikpädagogischer Unterrichtsforschung ist. Es wäre sogar zu prüfen, ob die Separierung eines Einzelthemas bei Vernachlässigung des Gesamtzusammenhanges bereits Ergebnisse erbrachte, die als scheinwissenschaftliche Aussagen über Musikunterricht zu der Verwirrung der praktischen Musikpädagogik beitrugen, beispielsweise die Präferenzenerfragung bei Schülern.

Ein besonderes Problem musikpädagogischer Unterrichtsforschung ist das Verhältnis zu musikpädagogischer Theorie. Deren indifferente Situation führt einerseits dazu, daß unterrichtsbezogene Forschung auf Verweise hinsichtlich der theoretischen Ausgangsposition verzichtet, oder daß andererseits fachferne theoretische Positionen zur Entwicklung der Untersuchung herangezogen werden. Der Mangel an spezifischer musikpädagogischer Unterrichtstheorie zeigt sich auch in musikdidaktischen Lehrbüchern, wo beschreibend-orientierende Ansätze zum Musikunterricht wohl fast regelmäßig in Funktionsfelder des Musikunterrichts oder Unterrichtsfelder mit eigenen Unterrichtsentscheidungen der Autoren einmünden. Doch musikpädagogische Unterrichtsforschung kann nicht theorielos ansetzen; sie muß sich der theoretischen Zugehörigkeit der eingesetzten Merkmale und Kategorien wie ihrer Hypothesen bewußt sein. Gerade für die Methode systematischer Unterrichtsbeobachtung ist der Weg in die Theorie nicht leicht; die Begriffe der Beobachtungssprache sind in der Regel kaum ausdefinierte vorlogische Bezeichnungen, die sich auf Beobachtbares beziehen und theoretischer Zuordnung große Probleme aufgeben.

So viele Probleme die musikpädagogische Unterrichtsforschung in Methode und Theorie auch aufgeben mag, so nutzt sie doch dem Musikunterricht bereits dadurch, daß sie dem Unterrichtsgeschehen festere Konturen gibt. Die durch musikpädagogische Unterrichtsforschung als deren unverzichtbare Voraussetzung verlangte Konkretisierung der Komponenten und Variablen des Unterrrichtsgeschehens bedeutet für die praktische Musikpädagogik, bestimmt von einer alten Tradition künstlerisch-erzieherischer Freizügigkeit, eine Verstärkung des Bewußtseins von den Einzelphänomenen des Musikunterrichts. Musikpädagogische Unterrichtsforschung führt zudem zu tatsächlichen Problemen des Musikunterrichts. Nach den vielen Reformen, die von außen durch Richtlinien und Curricula auf Musikunterricht Einfluß nahmen, setzt Unterrichtsforschung innen an, bei dem Unterrichtsgeschehen selbst, nicht mit der Absicht, es zu verändern, sondern um es in seinen Eigenarten deutlicher zu machen. Wieviele Möglichkeiten vertiefter Einsicht in Phänomene des Musikunterrichts durch Unterrichtsforschung im Fach Musik zu gewinnen wären, lassen schon die wenigen Ergebnisse erkennen, die bisher vorliegen.

Besondere Bedeutung kommt der musikpädagogischen Unterrichtsforschung in der Lehrerausbildung zu. Wie insgesamt in der Ausbildung von Lehrern ist auch für den künftigen Musiklehrer wesentlich, daß er durch die Methoden musikpädagogischer Unterrichtsforschung nicht nur Einblick in die Relationen von Verhaltensweisen des Lehrers und des Schülers im Zusammenspiel mit musikalischem Material erhält und dadurch Aspekte effektiven Unterrichts kennenlernt; er gewinnt durch die Beteiligung an musikpädagogischer Unterrichtsforschung auch die Möglichkeit, künftig sich selbst methodisch zu beobachten. Der Student kann zudem hier Forschungsprinzipien kennenlernen, die in direktem Zusammenhang mit seinem späteren Beruf stehen; er wird mit wissenschaftlichem Denken vertraut, das in bezug zu seinen beruflichen Problemen steht, er lernt die auf seine Tätigkeit bezogenen wissenschaftlichen Fragestellungen.

Doch abschließend: Die Abstinenz der Musikpädagogik gegenüber einem Forschungsbereich und seinen Methoden, die in Grundlagen und Zentrum der fachspezifischen Forschungsgegenstände führen und mehr oder weniger direkt die praktische Musikpädagogik betreffen, stimmt nachdenklich. Man kann zwar wiederum die Tradition antirationaler musikpädagogischer Einstellungen zitieren. Doch warum hat sich auch die jüngere engagierte musikpädagogische Forschung unterrichtsbezogener Forschungsthematik und ihrer Methodologie so lange versagt? Die Ursachen liegen wohl in der immer noch wirksamen Delegation von Forschung an andere Disziplinen und in dem Mangel an spezifisch musikpädagogischer Forschungsinstitutionalisierung an den Hochschulen wie in den musikpädagogischen Fachverbänden. Erst durch die Ausbildung eines facheigenen wissenschaftlichen Nachwuchses, der in der praktischen Musikpädagogik und in einer fachspezifischen wissenschaftlichen Ausbildung Problembewußtsein und methodologische Phantasie entwickeln kann, wird dieser zentrale musikpädagogische Forschungsbereich voll zu erschließen sein.

3.4 Systematische Beobachtung als Methode musikpädagogischer Unterrichtsforschung

Die Methode systematischer Beobachtung wurde für musikpädagogische Fragestellungen bisher nur in den USA eingesetzt. H. Froehlich-Rainbow leistete eine Beschreibung der Methode und ihrer musikpädagogischen Einsatzmöglichkeiten, verbunden mit der Darstellung der bisherigen musikpädagogischen Untersuchungen in den USA, die auf dieser Methode systematischer Beobachtung beruhen. Sie unterscheidet die inzwischen zahlreich entwickelten Beobachtungsverfahren nach ihren Kodierungsverfahren und den theoretischen Ausgangspositionen; vielfach sind gerade in den musikpädagogischen Unterrichtsbeobachtungen die theoretischen Ausgangspositionen sehr allgemein gehalten bzw. nicht zu erkennen (Froehlich-Rainbow, 1984).

Die Methode systematischer Beobachtung begegnet in der amerikanischen Unterrichtsforschung zunächst vor allem bei der Beschreibung von Unterrichtsvorgängen im Fach Musik oder zwecks Empfehlung von Unterrichtsmethoden in der Ausbildung von Musiklehrern; als bestimmend für die Fragestellung erweist sich das weite Feld des Lehrstils. Für die spezielle Beobachtung von Musikunterricht ergänzt man die Interaktionskategorien von N.A. Flanders durch musikspezifische Kategorien (Nolin, 1971; Snapp, 1978). Ch.D. Whitehill setzt die Flanders-Kategorien selbst ein, um herauszufinden, ob Lehrstil ein Kriterium für unterschiedliche Lehrqualität im Musikunterricht darstelle; Kriterium für die Effektivität des Musikunterrichts ist der musikalische Lernzuwachs der Schüler. Das Flanderssche Beobachtungssystem erweist sich in bezug auf spezifische Umgangsweisen mit Musik im Musikunterricht als geeignet, für andere (wie Musiktheorie) als unzureichend (Whitehill, 1970). Ch.D. McAdams bringt Lehrstil und Persönlichkeitsmerkmale in bezug auf Musikunterricht in Verbindung, mit differenzierten Ergebnissen nach Alter, beruflicher Erfahrung und Situation (McAdams, 1970). Beispiel einer systematischen Beobachtung von Musikunterricht, die sich speziell auf Interaktionsmuster im Musikunterricht richtet, ist die Untersuchung von A.L. Pagano, die den gleichen Lehrer in verschiedenen Altersstufen beobachtet (Pagano, 1972). Instrumentarien für die systematische Beobachtung der musikalischen Lehrtätigkeit mit Ensembles entwickeln R.E. Papke (1972) und

K. Reynolds (1975); beide stützen sich auf das Beobachtungssystem von N.A. Flanders. R.L. Erbes entwickelt ein Beobachtungssystem für sprachliche Interaktionen zwischen Lehrer und Schülern in der Probenarbeit von Schulensembles (Erbes, 1972).

Systematische Beobachtung als Methode amerikanischer musikpädagogischer Unterrichtsforschung begegnet des weiteren im theoretischen Zusammenhang von Verhaltensänderung im behavioristischen Sinne, als Beobachtung von Bekräftigungs- und Erfolgslernen. Im Zusammenhang behavioristischer Theorie wird Unterricht als Manipulation von Verhalten verstanden; die Änderung von Verhalten wird erklärt als Reaktion auf bestimmte Reize, die aber auch selbst die Funktion eines neuen Reizes übernimmt. Die Beschreibung von Unterricht basiert auf der Vorstellung einer Kettenreaktion von Handlungsabläufen aus Interaktionen von Reizen und Reaktionen. Systematische Unterrichtsbeobachtung verlangt nach Kategoriensystemen, die diese Interaktionen fassen lassen. Demgemäß sind die auf behavioristischer Theorie basierenden Beobachtungssysteme für Musikunterricht in der amerikanischen Unterrichtsforschung Systeme zur Beobachtung von Verhaltensmodifikationen. Sie werden für verschiedene Situationen von Musikunterricht entwickelt; ihnen ist die Ausgangsfrage gemeinsam, wie die Unterrichtssituation zu manipulieren sei, damit eine Verhaltensänderung eintritt. Methodische Voraussetzung behavioristischer musikpädagogischer Unterrichtsforschung ist die Operationalisierung des zu beobachtenden Verhaltens. Wegen der Fülle der hier anstehenden Variablen und der Schwierigkeit ihrer Separierung werden die Versuche als Manipulation von Einzelvariablen im Experiment durchgeführt, der Klassenraum somit als Forschungslabor aufgefaßt (womit zugleich der hypothetische Charakter der auf diese Weise gewonnenen Ergebnisse zutage tritt).

H. Froehlich-Rainbow hebt in ihrer Darstellung amerikanischer musikpädagogischer Untersuchungen mit der Methode systematischer Unterrichtsbeobachtung hervor, daß die auf behavioristischer Theorie beruhenden Untersuchungen von dem Lernen am Erfolg ausgehen und demgemäß Unterrichtsverhalten messen, das entweder positiv oder negativ verstärkend ist; dies wird vor allem auf das Verhalten des Lehrers bezogen, das den Schüler entweder positiv oder negativ verstärkt. Einen Überblick der behavioristischen Fragestellungen und Beobachtungssysteme im Fach Musik leistet C. Madsen (Madsen u.a., 1975 a). C.E. Henderson mißt den Effekt eines Lehrerpraktikums, in dem positive und negative Bekräftigungstechniken geübt werden, auf das Lehrverhalten (Henderson, 1972). Von besonderem Interesse sind Untersuchungen, die die Wirkung von Verstärkungs-Lernen auf Verhaltensweisen des Schülers prüfen. So untersucht T. Kuhn die Wirkung des Verstärkungs-Lernens auf Aufmerksamkeit, musikalische Leistung und musikalische Einstellung bestimmter Altersstufen (Kuhn, 1975), J. Forsythe vergleicht die Auswirkung auf die Aufmerksamkeit in Musikunterricht und anderen Fächern (Forsythe, 1975). Hier und in anderen Untersuchungen zeichnet sich in vorläufiger Weise ab, daß aufmerksames Verhalten der Schüler eher Ergebnis bestimmter Unterrichtsaktivitäten als Folge eines positiv oder negativ verstärkenden Lehrer-Verhaltens sein könnte.

In der musikpädagogischen Unterrichtsforschung der USA begegnet die Methode systematischer Beobachtung schließlich auch im Zusammenhang einer Synthese unterschiedlicher theoretischer Ansätze oder theoriefreier Aufstellung von Untersuchungsvariablen. Hierhin gehören zunächst zahlreiche Untersuchungen, die – gemäß dem Schwerpunkt des amerikanischen Musikunterrichts auf Gruppenmusizieren – die Fähigkeiten untersuchen, die von dem Musiklehrer als Dirigent zu erwarten sind (Daellenbach, 1970; u.a.). Bei diesen Untersuchungen, die sich in hohem Maße auf die Gestik der Musiklehrer-Studenten richten, wird in der Regel das Videoband zur Aufzeichnung des Beobachtungsmaterials eingesetzt. Besonderes Augenmerk wird auf die Beobachtung der Möglichkeiten gerichtet, mit deren Hilfe die Dirigierfähigkeiten der Lehrerdirigenten zu verbessern seien. Ein von C. Madsen und C. Yarbrough entwickeltes Beobachtungsverfahren für Chorleitung kombiniert Beobachtungskategorien in der Anwendung durch einen die Studenten beratenden Spezialisten und eigene Beobachtung; die zentralen Kategorien sind: Nutzung der Probenzeit sowie verbales und nichtverbales Verhalten des Dirigenten (Madsen und Yarbrough, 1975). Weitere amerikanische Untersuchungen außerhalb theoretischer Vorgaben mit systematischer Beobachtung wurden im Bereich des allgemeinen Musikunterrichts im Primarbereich unternommen (wo gemäß amerikanischem Musikcurriculum vor allem allgemeiner Musikunterricht stattfindet). Hier werden Beobachtungsverfahren zur Beschreibung von Lehrverhalten eingesetzt (Moore, 1976; u.a.). Dazu werden auch Verfahren zur systematischen Beobachtung der Relationen zwischen Lehrverhalten und Lernleistung im Musikunterricht entwickelt (Taebel und Coker, 1980; u.a.).

Zu der aller systematischen Unterrichtsbeobachtung immanenten Chance für Verbesserungen der Musiklehrerausbildung tritt die besondere hochschuldidaktische Möglichkeit solcher Untersuchungen, die prüfen, ob sich der Student in der Ausbildung einen speziellen Lehrstil aneignen könne. T.N. Filson prüft die Effektivität von lehrer- und schülerzentriertem Lehrstil im Musikunterricht, basierend auf den Flandersschen Kategorien, und zieht – nicht unangefochten – den Schluß, daß Lehrstil erlernbar sei (Filson, 1957). Eine Untersuchung von R.E. Verrastro mißt den Einfluß verschiedener Anleitungsmethoden betreffs lehrer- und schülerzentriertem Verhalten auf im Praktikum stehende Lehrerstudenten mit dem Ergebnis, daß zumindest die Sensibilität für verschiedene Interaktionsstile erlernbar sei, und demgemäß die Beobachtungskategorien von N.A. Flanders auch in der Musiklehrerausbildung anwendbar sein können (Verrastro, 1970). Einen Beitrag zur Entwicklung eines Selbstbeobachtungssystems für Musiklehrer und Musiklehrerstudenten legt G.L. Hedrick vor; seine Absicht ist vor allem, das System von vorgegebener Unterrichtstheorie freizuhalten. Das Beobachtungsinstrument sind 48 Mini-Unterrichtseinheiten für Elementar- und Sekundarstufenunterricht, die zu protokollieren, zu kodieren, zu analysieren und zusätzlich zu kommentieren und zu evaluieren sind. Die Ergebnisse sprechen vor allem für die Bedeutung von Selbstanalyse der Unterrichtssprache in der Musiklehrerausbildung (Hedrick, 1976).

Die aus den bestimmenden erziehungswissenschaftlichen Anstößen systematischer Unterrichtsbeobachtung zu erklärenden Akzente vor allem auf dem Lehrverhalten und den Unterrichtsmethoden in der amerikanischen Unterrichtsbeobachtung im Fach Musik lassen zunehmend die Vernachlässigung der Sache Musik in der bisherigen Unterrichtsbeobachtung erkennen. Hier unternimmt H. Froehlich-Rainbow einen Vorstoß. Sie legt spezielle Untersuchungen zur Beobachtung des Singens im Musikunterricht, zur Beobachtung der Erarbeitung rhythmischer Aufgaben und zur Beobachtung von auf Musikhören gerichteten Tätigkeiten vor. Diese Untersuchungen bedeuten einen Vorstoß in die Beobachtungsmöglichkeit von Relationen zwischen spezifischen musikalischen Unterrichtsgegenständen und ausgewählten Lehrer- bzw. Schülertätigkeiten mit ersten Einsichten in mögliche Konsequenzen für die Unterrichtseffektivität (Froehlich, 1977 und 1981).

4. Von der Unterrichtslehre des Faches Musik zu musikpädagogischer Unterrichtstheorie

4.1 Die Verschiedenartigkeit der Aussagen musikpädagogischer Unterrichtslehre und Unterrichtsforschung

Über Musikunterricht gibt es nicht nur sehr viele, sondern auch sehr verschiedenartige Aussagen. Man denke nur an die zahlreichen Anleitungen und Handreichungen für die praktische Musikpädagogik auf der einen Seite, Postulate, Ratschläge und Vorschläge, die auf subjektiven Erwartungen und Erfahrungen im Zusammenhang mit Musikunterricht beruhen, und sehe auf der anderen Seite die Aussagen, die auf Untersuchung von Musikunterricht beruhen, die methodisch gewonnene Erkenntnis zu einzelnen Phänomenen des Musikunterrichts darstellen. Zwischen diesen beiden Polen breitet sich ein weites Feld spekulativ-reflexiv-argumentativer Aussagen aus, mitunter in Beschwörung wie Polemik hinüberreichend. Diese weite Fächerung von Aussagen über Musikunterricht verweist auf die verschiedenen Erwartungsebenen für Aussagen über Musikunterricht, gibt aber zugleich der Musikpädagogik einige Probleme auf. Es sind sowohl Probleme der praktischen Musikpädagogik, für die solche Verschiedenartigkeit der Aussagen und der Mangel an jeweiliger Zuordnungsmöglichkeit Verwirrung stiften kann, als auch Probleme der Repräsentation der Musikpädagogik in Wissenschaft und Kulturpolitik, wo die ungeordnete Verschiedenartigkeit unterrichtsbezogener Aussagen weitreichende Skepsis auslöst.

Während die Aussagen über Musikunterricht in dem genannten weiten Zwischenfeld der Feststellung ihres Wahrheitsgehaltes manche Schwierigkeit bereiten, sind die Aussagen für die Unterrichtspraxis und die aus dem Forschungsbereich ohne Schwierigkeit nach Herkunft, Funktion, Bedeutung und demgemäßem Anspruch unterscheidbar. Es sind Aussagen, die entweder dem Bereich der musikpädagogischen Unterrichtslehre oder dem Bereich der musikpädagogischen Unterrichtsforschung angehören. Musikpädagogische Unterrichtslehre ist gemäß ihrem Wortsinn die Bezeichnung für alle Lehre vom Musikunterricht. Sie umfaßt die Hilfen für den Lehrenden zur Durchführung von Musikunterricht. Diese Hilfen reichen von dem Nachdenken über Ziele wie Aufgaben des Musikunterrichts und unterrichtspraktische Anleitungen bis zu den nach Schüleralter und Stoffen differenzierten methodischen Handreichungen. Musikpädagogische Unterrichtsforschung ist dagegen, entsprechend dem allgemeinen Verständnis von Unterrichtsforschung, ein Forschungsbereich, der das tatsächliche, unterrichtliche Geschehen zum Gegenstand hat, der mit Blick auf das gesamte Geschehen die den Unterricht bedingenden Variablen, die in ihm ablaufenden Prozesse und die daraus resultierenden Ergebnisse untersucht.

Musikpädagogischer Unterrichtslehre und Unterrichtsforschung ist der Bezug auf Musikunterricht gemeinsam. Doch sie erfüllen unterschiedliche Funktionen bezüglich des Musikunterrichts. Musikpädagogische Unterrichtslehre berät den Musiklehrer und bietet Hilfen für sein Lehren innerhalb des Musikunterrichts. Die Vorschläge sind direkter Art und zielen auf konkrete Anwendung in dem künftigen Musikunterricht. Musikpädagogische Unterrichtsforschung zielt auf Phänomene konkret ablaufenden Musikunterrichts und bietet dem Musiklehrer Einsichten in das musikalische Unterrichtsgeschehen an, die ihn kritischer und bewußter den eigenen Unterricht betrachten lassen. Auch musikpädagogische Unterrichtsforschung zielt auf Hilfen für den Musikunterricht, doch auf indirekte Weise und ohne Anwendungsvorschlag. Die Funktion beider Bereiche ist letztlich der Beitrag zur Verbesserung des Musikunterrichts. Die Unterrichtslehre berät für aktuelle Situationen, ohne allerdings mit Sicherheit sagen zu können, ob der vorgeschlagene Weg richtig sei und künftig richtig wäre. Die Unterrichtsforschung beschreibt und klärt Phänomene auf, um langfristig größere Sicherheiten für eigene Unterrichtsentscheidungen des Lehrers ermöglichen zu können.

Der bestimmende Unterschied musikpädagogischer Unterrichtslehre und Unterrichtsforschung ist damit methodischer Art. Die Unterrichtslehre stellt präskriptive Konzeption von Musikunterricht dar. Traditioneller Schwerpunkt aller Unterrichtslehre auch des Faches Musik ist es, praktische Unterrichtserfahrungen in ihrer Regelhaftigkeit zu fassen, auch Unterrichtsintentionen zu entwickeln, und diese als Lehre für den Unterricht weiterzugeben. Darum ist musikalische Unterrichtslehre – und zwar notwendigerweise – stets präskriptiv in dem Sinne, daß sie vorschreibt, wie ein bestimmtes Können und Wissen am besten vermittelt werden könne. Unterrichtsforschung ist dagegen Deskription und Analyse in ihrem weitesten Sinne, doch stets mit präzisen Methoden der Feststellung. Die Unterrichtslehre auch des Faches Musik ist von Intuition und Intention bestimmt; Unterrichtsforschung zielt auf Beschreibung und Präzisierung des Details von Unterricht. Die Unterrichtslehre des Faches Musik entwickelt Vorschläge für den künftig stattfindenden Musikunterricht, musikpädagogische Unterrichtsforschung beschreibt den gerade stattfindenden Musikunterricht und bereitet – mit gebührendem Verweis auf den Wandel der Situationen – die Möglichkeit von Schlüssen für künftigen Musikunterricht vor.

Sowohl die Unterrichtslehre des Faches Musik wie musikpädagogische Unterrichtsforschung produzieren Aussagen eigener Art von jeweils besonderer Bedeutung, die auf unterschiedlichen Aussage-Ebenen angesiedelt sind. Auf der Aussage-Ebene der Unterrichtslehre befinden sich alle Aussagen betreffs des Musikunterrichts, die Normen für den Musikunterricht aufstellen, die Anleitung für die Durchführung von Musikunterricht darstellen, beruhend auf subjektiven Erfahrungen oder auch Hoffnungen. Hierhin gehören auch die Aussagen, die Ziele für Musikunterricht feststellen. Für die Aussagen dieser Ebene ist der aktuelle Anschluß an gegenwärtige gesellschaftlich-pädagogische Strömungen bestimmende Intention, Hilfe für die Unterrichtspraxis, verbunden mit veränderndem Einfluß auf diese. Es ist die Ebene der Unterrichtshilfen, Postulate und Lehrpläne, wo die Auseinandersetzungen zwischen Traditionen und Reformen ausgetragen werden. Die Aussagen dieser Ebene betreffs des Musikunterrichts beruhen methodisch gesehen im wesentlichen auf Setzung. Der vorausgesetzte Zwang zur Aktualität macht es unmöglich, diese Aussagen zureichend mit strengeren Methoden zu entwickeln und zu prüfen; bis dies erfolgen könnte, wären sie oft schon überholt. Je weiter jedoch musikpädagogische Unterrichtsforschung und das umfassende Feld wissenschaftlicher Musikpädagogik entwickelt sind, desto größer werden die Chancen, Vernachlässigungen und Hypertrophierungen der musikalischen Unterrichtsgegenstände im Fortschritt der Unterrichtslehre abwägen zu können. Die theoretische Substanz dieser normierenden Aussagen für Musikunterricht ist auch heute bereits sehr unterschiedlich; sie kann sich auf unreflektierten Transport von Modevokabeln beschränken und bis zu sorgfältigen Beschreibungen und Argumentationen reichen. Wichtig ist nur, daß der Musiklehrer den Setzungscharakter der ihm übergebenen Normen und damit deren Korrekturoffenheit zu erkennen vermag.

Ebenso verfügt musikpädagogische Unterrichtsforschung über eine besondere Aussage-Ebene. Hier haben alle Aussagen ihren Ort, die auf methodisch ermittelter Erkenntnis über Musikunterricht beruhen. Die zur Gewinnung dieser Aussagen eingesetzten Methoden sind beobachtender, beschreibender, quantifizierender und analysierender Art. Auf Grund ihrer Präzision darf man von diesen Aussagen erwarten, daß sie dem Wahrheitsgehalt von Musikunterricht besonders nahe kommen, wenn auch nur im situativen Sinne. Es sind Aussagen, die nicht auf direkte Anweisung für Musikunterricht zielen, auch nicht auf Setzung von Normen und Sinnreflexion. Die hier geltenden Methoden erlauben allerdings die Untersuchung von Anweisungen, Normen und Zielreflexionen in der historischen und der situativen Dimension. Diese Aussagen zielen nicht auf Vollzug von Musikunterricht, sondern auf Erkenntnisgewinn über Musikunterricht.

Musikpädagogische Unterrichtslehre und musikpädagogische Unterrichtsforschung sind durch die Unterschiede ihrer Funktionen und ihrer Methoden und dem daraus resultierenden Unterschied des Wahrheitsgehaltes ihrer Aussagen gegeneinander abgrenzbar. Den Unterschied zu respektieren, bedeutet nicht, die mitunter aufkommenden Konflikte zwischen beiden Bereichen zu verstärken, die auf der einen Seite aus der Mißachtung der für Musikunterricht unentbehrlichen Hilfen aus der Unterrichtslehre rühren, und auf der anderen Seite aus der Verkennung der Bedingungen methodischer Forschungssorgfalt. Das tiefere Problem liegt in den Möglichkeiten der Korrespondenz beider Bereiche. Sie beginnt mit verbesserter Rezeption der Ergebnisse der musikpädagogischen Unterrichtsforschung durch die Unterrichtslehre und der zunehmenden Thematisierung tatsächlichen musikalischen Unterrichtsgeschehens durch die Unterrichtsforschung. Sie begründet sich aber wohl vor allem auf der Einsicht, daß die musikpädagogische Unterrichtslehre mit ihrer aktuell-präskriptiven Arbeitsweise und die langsam beschreibend-aufklärende musikpädagogische Unterrichtsforschung für den Musikunterricht in gleicher Weise bedeutsam sind, und daß die Chance, Unterrichtslehre durch Unterrichtsforschung entbehrlich werden zu lassen, noch in weiten Fernen liegt.

Die Schwierigkeiten liegen jedoch weniger in der Unterschiedlichkeit von musikpädagogischer Unterrichtslehre und musikpädagogischer Unterrichtsforschung mit ihren jeweiligen Aussage-Ebenen als in der – aus mißverstandener Praxis-Theorie-Annäherung zu erklärenden – Neigung, die jeweilige Eigenart beider Bereiche einzuebnen. Methodische Anleitungen für die Praxis werden gern durch verallgemeinernde Aussagen mit wissenschaftlichen Anklängen eingeleitet und dadurch in Gefahr gebracht, mit wissenschaftlich begründeter Aussage verwechselt zu werden. Die Präambeln von Lehrplänen bieten hier zahlreiche Belege. Aber auch methodisch ermittelte Untersuchungsergebnisse werden mißverstanden, wenn man sie, versehen mit „Folgerungen für die Praxis" auf der Aussage-Ebene der Unterrichtslehre ansiedelt, das Einzelergebnis damit als allgemein verbindlich überziehend. Vor allem aber wird die jeweilige Eigenart der Aussagen für die Unterrichtspraxis und der Aussagen aus Unterrichtsforschung durch die in der deutschen musikpädagogischen Tradition so überaus zahlreichen Reflexionen einzelner ausgewählter Fragen des Musikunterrichts verwischt. Sie wirken so überzeugend, weil sie auf einleuchtenden Grundhaltungen, von der Begeisterung für Musik bis zur Verantwortung für Mensch, Religion oder Gesellschaft basieren, aber eben auf herausgelösten Einzelaspekten ohne umfassenden musikpädagogischen Zusammenhang, und damit sind sie letztlich eben doch verdeckte Zielsetzung auf normierender Basis.

Daraus wird die Bedeutung der Unterscheidung von musikpädagogischen Aussage-Ebenen erkennbar. Der ungeregelte Grenzverkehr zwischen den unterschiedlichen Aussage-Ebenen ist eine der Ursachen der Verunsicherung praktischer Musikpädagogik, Ursache des historischen Kontinuums unterrichtsmethodischer Verabsolutierung wie immer wieder neuer Hoffnung auf musikdidaktische Reform, Ursache auch der Mißverständnisse um wissenschaftliche Musikpädagogik. Die jeweilige Aussage-Ebene muß für den Leser, den Musiklehrer, erkennbar sein. Gewiß ist es vor allem Aufgabe des Studiums, die Unterschiede präskriptiver und deskriptiver Arbeitsweise zu zeigen. Doch es ist auch Sache der Publikationen, den Leser nicht zur Annahme zu verleiten, er befinde sich auf einer Aussage-Ebene der Forschung, wenn er tatsächlich auf eine Aussage-Ebene der Vorschriften geführt wurde. Die konsequente Unterscheidung der Aussage-Ebenen, die Ausbreitung der Einsicht in die Unterschiedlichkeit gesetzter Meinungen und methodisch gewonnener Erkenntnisse, könnte die Diskussionen versachlichen und Fachgespräche transparenter werden lassen.

4.2 Zum Begriff Musikdidaktik

Während die Unterrichtslehre des Faches Musik und musikpädagogische Unterrichtsforschung auf Grund der jeweiligen Eigenarten ihrer Aussagen abgrenzbar sind und die Unterschiedlichkeit wie die Korrespondenz ihrer Funktionen im fachlichen Sprachgebrauch einhaltbar wäre, gibt die Musikdidaktik große Probleme auf. Ihr Bedeutungsgefälle reicht von der Gleichsetzung mit Unterrichtslehre wie auch musikpädagogischer Unterrichtsforschung bis zum Oberbegriff für das gesamte Fachgebiet, d.h. bis zur Gleichsetzung auch mit dem Begriff Musikpädagogik. Die recht umfassenden fachlichen Diskussionen um Musikdidaktik wurden insbesondere um die Arbeitsgebiete der Musikdidaktik, ihren Auftrag in der Lehrerausbildung und letztlich insbesondere um ihre wissenschaftstheoretische Position geführt (Schmidt, 1974 a und b und Schmidt-Brunner, 1978 a und b; Abel-Struth, 1975 a und 1983; Kaiser, 1976 und 1977; Nolte, 1982 b); manche Mißverständnisse um „Wissenschaftlichkeit“ und „Nichtwissenschaftlichkeit“ sind in die Diskussion eingeflossen. Daß die bisherigen Diskussionen um die Position der Musikdidaktik unbefriedigend blieben, liegt vor allem daran, daß die unterschiedlichen Bedeutungsmöglichkeiten von Musikdidaktik nicht zureichend berücksichtigt wurden. Darum ist die Klärung des Begriffes Musikdidaktik notwendig, gewiß nicht im Sinne einer Bedeutungsfestlegung, sondern vielmehr durch Aufzeigen der Ansatzmöglichkeiten und ihrer theoretischen Herkunft. Nur so kann im fachsprachlichen Gebrauch die jeweilige Auffassung in ihrer Eigenart gesehen und die Verwechslung von Diskussion der Sache mit der von Bezeichnungen vermieden werden.

Die erziehungswissenschaftliche Diskussion tradiert ihr eigenes Dilemma fachsprachlichen Umganges mit Didaktik, wobei hier noch zusätzliche Abgrenzungsprobleme zwischen einer allgemeinen Didaktik und Fachdidaktiken bestehen; es gibt eine zahlenmäßig kaum überschaubare erziehungswissenschaftliche Literatur von alter Tradition zu Abgrenzungsfragen der Didaktik. Hinter aller Vielfalt und allen historischen Wandlungen bleibt jedoch in der Regel die Wortgeschichte von Didaktik bewußt, ihr antiker Sinn als Sammlung von Lehrsätzen und dem in der Aufklärung verstärkten Glauben daran, daß in allen fachlichen Disziplinen ratio walte und es nur der richtigen Didaktik und des ihr gemäß geplanten Lebens- und Lehrganges, des

Curriculum, bedürfe, um ratio auch im Menschen zu entfalten. Seit den „Aphorismi didactici praecipui" W. Ratkes von 1629 und der „Didactica magna" des J.A. Comenius von 1657 meint Didaktik theoretische Unterrichtslehre und nimmt Didaktik auch umgangssprachlich, vor allem auch in der adjektivischen Form, die Bedeutung des Lehrhaften, die belehrende Absicht an. Gegenüber solcher rationalistischen Didaktik entwickelt sich – nicht frei von konkurrierendem Ansatz – eine neue Pädagogik, für die erziehendes Denken, die Bindung an Ideale bestimmend wird. Man kann im 19. Jahrhundert die beiden unterschiedlichen Traditionen, die auf geplante Belehrung und Ausbildung, auf Einbeziehung von Wissenschaft und auf gesellschaftliche Relevanz gerichtete Didaktik und die auf seelische und moralische Kräfte, auf Kritik von Zivilisationsschäden und Stärkung der Persönlichkeit gerichtete Pädagogik, nebeneinander wie auch gegeneinander beobachten (Timmermann, 1974).

Mit Hilfe der unterscheidenden Merkmale gemäß dem jeweiligen theoretischen Ausgangsschwerpunkt lassen sich in der außerordentlich verzweigten und an Überschneidungen reichen didaktischen Diskussion der Gegenwart mehrere verschiedene didaktische Modelle herausheben: ein bildungstheoretisches Didaktik-Modell, ein informationstheoretisches, ein curriculartheoretisches, ein strukturtheoretisches Modell und schließlich ein lerntheoretisches Modell. Das bildungstheoretische Didaktik-Modell, der geisteswissenschaftlichen Pädagogik zugehörig, beruht auf einem schwer definierbaren, doch grundsätzlich akzeptierten Spannungszusammenhang von Hermeneutik und Pragmatik, jede Intention im wechselseitigen Bezug von Theorie und Praxis sehend. Sinnfragen und ihre subjektive Entscheidung sind hier gültige Kategorien; für die Inhalte des Unterrichts werden die jeweiligen Wissenschaften zum Wahrheitskriterium. Das informationstheoretische Didaktik-Modell ist Antithese des bildungstheoretischen. In dieser Didaktik spielen Steuerung und Regelung des kybernetischen Denkmodelles die entscheidende Rolle, ihre Funktion im Prozeß des Lernens und Lehrens zwecks höchstmöglicher Effektivität bei geringstem Aufwand. Der curriculartheoretische Ansatz von Didaktik beruht wie der bildungstheoretische von Haus aus auf dem Ausgang von Bildungsinhalten, auf deren Veränderung zielend, auf Ideologiekritik und politisch-gesellschaftliche Relevanz gerichtet. Das strukturtheoretische Didaktik-Modell basiert auf der Struktur der jeweiligen Wissensgebiete, mit der Ziel-, Inhalts- und Methodenfragen verknüpft werden. Ausgang für die Lehre sind die Strukturen der jeweiligen Lerngegenstände, deren Wirklichkeit schon in der einfachsten Aneignungsweise berücksichtigt werden muß. Das lerntheoretische Modell, richtiger als lehrtheoretisches Didaktik-Modell zu bezeichnen, stellt didaktische Analyse und didaktische Konstruktion in den Mittelpunkt; Sinn didaktischer Analyse ist Erfassung und Kontrolle aller Faktoren unterrichtlichen Geschehens, die Aufklärung der Unterrichtswirklichkeit. Das bestimmende Ziel ist didaktische Konstruktion als Konstruktion von Unterricht (Kochan, 1972; Ruprecht u.a., 1976).

Die Unsicherheiten des Begriffes Musikdidaktik beruhen auf einer eigenen geschichtlichen Entwicklung, die zugleich Beziehungen zu der Herkunft des allgemeinen Didaktik-Begriffes und Verschränkungen mit der jüngeren Entwicklung unterschiedlicher didaktischer Modelle zeigt. Historische Begriffsstudien haben einige Aspekte des Sprachgebrauchs im 19. und in der ersten Hälfte des 20. Jahrhunderts aufgezeigt. So läßt sich um die Mitte des 19. Jahrhunderts erstmals eine verhältnismäßig konsequente Unterscheidung der Begriffe Musikdidaktik und Musikpädagogik in der Fachliteratur nachweisen. G. Schilling verwendet musikalische Pädagogik als Oberbegriff für den theoretischen Bereich des Faches, für Resultate der „eigenen fleißigen

Lehrarbeit, Lehrerfahrung und Lehrforschung"; die Bezeichnung musikalische Didaktik steht bei ihm für die Theorie des musikalischen Unterrichts, die allerdings nicht konsequent von Methodik abgegrenzt wird (Schilling, 1851 und 1852). Auch bei L. Ramann wird die Bezeichnung Musikpädagogik als umfassender Fachbegriff gebraucht (Ramann, 1868). Im 20. Jahrhundert überflutet der Terminus Musikerziehung den gesamten musikpädagogischen Bereich; er steht für den alten Praxis-Begriff Musikunterricht wie für die neuen Ideen einer Erziehung durch Musik – eine terminologische Verquickung, die wohl bis heute im Fachgebiet nachwirkt. Doch die spezielle Untersuchung zeigt, daß die traditionelle Bedeutung der Termini Musikunterricht (für die praktische Durchführung) und Musikpädagogik (als Oberbegriff wie als Begriff für den wissenschaftlichen Bereich des Faches) im wesentlichen erhalten bleibt; es ist vor allem der Begriff Musikdidaktik, der zurückgedrängt und verdeckt wird, weil an seiner Stelle der Terminus Musikerziehung mit seiner unklaren, weil zweifachen Bedeutung sowohl für Praxis wie für ideelle Intentionen gebraucht wird. Ein Repräsentant musikpädagogischer Erziehungsreform wie L. Kestenberg verwendet den Terminus Musikunterricht, wenn es um praktische Durchführung geht, und den Terminus Musikpädagogik im Zusammenhang von Forderungen nach Forschung und theoretischen Aufgaben. Wenn „Idee" und Praxis erzieherischer Erneuerung durch und zu Musik, die musikdidaktischen Reform-Intentionen, gemeint sind, wird von Musikerziehung gesprochen. Dies belegt seine Denkschrift, wo in Titel und Zwischenüberschriften von Musikerziehung bzw. musikalischer Erziehung, innerhalb des Textes vorwiegend von Musikunterricht und abschließend von dem musikpädagogischen Forschungsinstitut gesprochen wird (Kestenberg, 1921). Man darf in Vorsicht resümieren, daß in den Reformjahren zu Beginn unseres Jahrhunderts die Bezeichnung Musikpädagogik recht übereinstimmend im Sinne eines Oberbegriffes für das Fachgebiet wie vor allem für den engeren, wissenschaftlicher Arbeit zugewendeten Bereich des Fachgebietes verwendet wird. Die Bezeichnung Musikdidaktik tritt dagegen in der Reformzeit, entgegen den Tendenzen des 19. Jahrhunderts, entscheidend zurück; an ihre Stelle ist die Bezeichnung Musikerziehung getreten. Die spezielle Bedeutung der Musikdidaktik als Lehre vom Musikunterricht ist in dem Stellvertreterbegriff Musikerziehung kaum erkennbar (Abel-Struth, 1970).

Diese begriffliche Vorgeschichte gibt nach 1945 den Hintergrund für einen musikpädagogischen Neubeginn ab, eingebunden in den Neubeginn von Lehrerausbildung in Hochschulen. Musische Restauration läßt zu dem Begriff Musikerziehung greifen, in den neuen Institutionen der Lehrerausbildung erwartet man den Anschluß an fachdidaktische Traditionen im Sinne einer Ausbildung zum Unterrichten in bestimmten Fächern, die beginnende wissenschaftliche Arbeit greift auf die weiterreichende Bezeichnung Musikpädagogik zurück. Der Beginn an vielen Orten, die Herkunft aus verschiedenen Traditionen, der Einzug in wissenschaftliche Hochschulen, der Anschluß an internationale Entwicklungen – all dies führt in den ersten Jahrzehnten nach der Jahrhundertmitte zu schnellen, vielleicht auch vorläufig gedachten terminologischen Entscheidungen. Der großen didaktischen Wende nach der Restaurationszeit bietet sich die Bezeichnung Musikdidaktik vielseitig und vielversprechend an, sie liegt im Trend. Ihr vielfältiger Gebrauch verfestigt sich zu weiter Bedeutung, für den einen die pragmatische Lehre vom Musikunterricht und für den anderen eine umfassende musikpädagogische Wissenschaft bezeichnend, dazu Überschneidungen mit Unterrichtsmethodik und Musikerziehung einschließend. Inhaltlich hat die Musikdidaktik, nach der Jahrhundertmitte zunächst der musischen Restauration verpflichtet, in einer raschen Folge von Reform-Ansätzen den Anschluß an den gesellschaftlichen Wandel hergestellt, sich zunächst von der musisch-musikpädagogischen Musik dem Kunstwerk zugewendet, dann eine Öffnung für die Fülle des Hörbaren und der musikalischen Stilebenen vollzogen, dann sozialpädagogisch-therapeutisch die musikalischen Ausdrucksbedürfnisse des Menschen einbezogen. Die Fülle musikdidaktischer Reform-Anregungen fließt in Schul- und Lehrbücher; Analyse und monographische Darstellungen zur Musikdidaktik bleiben demgegenüber vernachlässigt.

Versucht man in der Fülle der musikdidaktischen Schriften in Nähe zu den Modellen allgemeiner Didaktik eine Strukturierung gemäß theoretischem Ausgang vorzunehmen, so tritt eine Dominanz bildungstheoretischer und curriculartheoretischer musikdidaktischer Modelle zutage. Die musikdidaktisch-bildungstheoretischen Modelle berufen sich auf den Zusammenhang von geistesgeschichtlicher Denkweise, insbesondere der hier den musikalischen Inhalten gegebenen Position, und begründen damit einen musikdidaktischen Zusammenhang zwischen Sinn von Musik und didaktisch bedachter Analyse von Musik. Die curriculartheoretischen musikdidaktischen Modelle gehen von gesellschaftlichen Realitäten aus und revidieren das Curriculum gemäß gesellschaftlichen Erwartungen insbesondere aus der Jugend. Diese beiden musikdidaktischen Modelle verbindet, daß sie von den musikalischen Inhalten für Unterricht her angelegt sind, so unterschiedlich diese musikalischen Inhalte auch jeweils beurteilt werden. Die didaktischen Modelle, die von Haus aus auf das Unterrichtsgeschehen zentriert sind, werden zwar auch angesprochen und als Forschungsaufgaben in Angriff genommen, doch in der Musikdidaktik haben sie noch wenig Gestalt angenommen. Dies ist zunächst das informationstheoretisch ansetzende Modell, das auf Ökonomie des Lern-Lehrprozesses zielt. Schon die Untersuchungsansätze in Richtung auf Effektivitätsmessung von Musikunterricht und die damit verbundene Lernziel-Operationalisierung haben in der Musikdidaktik Abwehr hervorgerufen; musische Traditionen und methodische Mißverständnisse mögen hier mitgespielt haben. Doch auch das lern-lehrtheoretische Modell ist in der Musikdidaktik recht offen geblieben; die notwendige Voraussetzung, die Faktoren des Musikunterrichts zu analysieren, um sie berücksichtigen zu können, wird zwar mit ersten Forschungsansätzen, aber noch kaum in musikdidaktischen Modell-Versuchen aufgegriffen. Eher trifft dies für strukturtheoretische Didaktikansätze zu, wenn sich auch die spezifisch didaktische Analyse von Musik noch nicht überzeugend gegenüber werkanalytischem Verfahren formulieren konnte. Ein vorsichtiger und vorläufiger Versuch, die musikdidaktischen Modelle der Gegenwart zu überschauen, zeigt die traditionelle Bindung an die (unterschiedlich verstandene) Objekt-Komponente von Musikunterricht.

Unterschiede musikdidaktischer Modelle lassen sich teilweise auch auf die theoretische Nähe zu verschiedenen Disziplinen zurückführen. Gerade die beiden dominanten Modelle gegenwärtiger Musikdidaktik könnten ihre Gegensätzlichkeit aus einem solchen Unterschied erklären; denn bildungstheoretisch orientiertes didaktisches Denken, vom bildenden Sinn der Musik und der pragmatischen Erschließung von Musik im Unterricht ausgehend, versteht sich in der Nähe der Musikwissenschaften, während curriculartheoretisch ansetzendes musikdidaktisches Denken, auf Revision im Interesse verändernder Erziehung bedacht, stärker zu erziehungswissenschaftlichem Denken tendiert. Der wechselnd-unterschiedliche Bezug zu historischer Musikwissenschaft und Erziehungswissenschaft hat die Musikdidaktik lange begleitet. Man sieht diese Spannung gern als musikdidaktische Parallele aller Fachdidaktiken und ihrer Situation zwischen der jeweiligen Fachwissenschaft und der Erziehungswissenschaft.

Noch um die siebziger Jahre konnte man auf Didaktik-Konferenzen das Nebeneinander der Auffassungen erleben, die einmal die Fachdidaktik als Teil von Fachwissenschaft, dann als Teil von Erziehungswissenschaft und schließlich auch als Bindeglied zwischen beiden Bereichen ansehen (Timmermann, 1972 a, b und c). Die Dokumentation einer Fachdidaktik-Tagung von 1972 belegt auch für Musikdidaktik das Nebeneinander solcher gegensätzlichen Auffassungen, verbunden auch mit der Auffassung einer Fachdidaktik als eigenem wissenschaftlichen Bereich (Dokumentation Fachdidaktik, 1972). Es dominiert wohl eine Auffassung von der erziehungswissenschaftlichen Verantwortung für die Fachdidaktiken; man geht gern davon aus, daß eine Allgemeine Didaktik im Zusammenhang der Erziehungswissenschaften die Grundlegung für alle Fächer leisten könne, die Fachdidaktiken jeweils nur ihren Gegenstand einpassen. Inzwischen ist die Einsicht gewachsen, daß es gewiß allgemeine Einsichten der Erziehung und des Unterrichts gibt, daß aber die Eigengesetzlichkeit der einzelnen fachlichen Unterrichtsgegenstände einer genuinen fachdidaktischen Betrachtung bedürfe.

Vor diesem Hintergrund des historischen und gegenwärtigen Sprachgebrauchs mit seinen Widersprüchlichkeiten und der musikdidaktischen Modelle mit ihren Gegensätzlichkeiten hebt sich ein vorläufiger Begriff von Musikdidaktik ab, der für die siebziger Jahre charakteristisch gewesen sein mag. Musikdidaktik wird als Teilbereich innerhalb der Musikpädagogik gesehen, der speziell mit Fragen musikalischer Bildung und des Musik-Curriculum befaßt ist. Diese Fragen werden sowohl auf der Aussage-Ebene pragmatischer musikpädagogischer Unterrichtslehre behandelt als auch auf der musikpädagogischer Unterrichtsforschung. Charakteristisch für Musikdidaktik ist, daß sie – und hier liegt ihr zentrales Problem – den Zusammenhang dieser beiden Bereiche stiften möchte und dadurch sowohl nach Unterrichtslehre wie nach Unterrichtsforschung tendieren kann oder zwischen diesen beiden Ebenen laviert. Die daraus entstehende Unterschiedlichkeit der Placierung von Musikdidaktik ist Ursache wie Folge der Unschärfe des Begriffes Musikdidaktik und der unterschiedlichen Zuordnung der Musikdidaktik zu vorwissenschaftlichen oder wissenschaftlichen Bereichen. Wer den Schwerpunkt in der Unterrichtslehre sieht, wird Musikdidaktik als nicht im engeren Sinne wissenschaftlich ansehen, wer ihn in der Unterrichtsforschung sieht, wird auch Musikdidaktik wissenschaftlichen Disziplinen zuzählen. Die größten Probleme diesbezüglich gibt jedoch das weite Zwischenfeld auf, in dem aus einzelnen Überlegungen „begründete" Folgerungen für Musikunterricht gezogen und aus andernorts entwickelten Theorien Ansätze für Musikdidaktik „abgeleitet" werden; die weite Spanne wissenschaftstheoretischer Deutungen gibt hier der Zuordnung zum nicht-wissenschaftlichen oder wissenschaftlichen Bereich einen großen Spielraum. Die Frage der „Wissenschaftlichkeit" von Musikdidaktik kann daher gegenwärtig wohl nur in dieser offenen Weise gezeigt werden. Letztlich ist wesentlich, „daß der Theoretiker auseinanderhalten muß, an welcher Stelle er steht; ob er etwas postuliert, also nicht im wissenschaftlichen Sinne zur Aussage gelangt, oder ob er untersucht, beschreibt und argumentativ begründet" (Abel-Struth, 1982 b). Hier liegt auch ein wesentlicher Ausbildungsauftrag, damit künftige Lehrer selbst ihre didaktisch-literarischen Hilfen beurteilen und demgemäß selbständige Unterrichtsentscheidungen treffen können. Wichtiger als die Frage, ob man bereit ist, die begriffsgeschichtlichen und sprachlogischen Konsequenzen der Bezeichnung Musikdidaktik zu rezipieren ist letztlich, daß man beachtet, ob man sich auf der „meinenden" oder auf der beschreibend-begründenden Ebene befindet.

Gegenüber Musikpädagogik ist Musikdidaktik gemäß deren zweifacher Bedeutung auch zweifach abzugrenzen. Wenn Musikpädagogik als Oberbegriff für alle praktische und wissenschaftliche Musikpädagogik fungiert, ist Musikdidaktik ein nachgeordneter Begriff für den speziellen Bereich der Vermittlung unterrichtsbezogenen Wissens in Musikunterricht. Gegenüber Musikpädagogik im speziellen Sinne wissenschaftlicher Musikpädagogik vertritt Musikdidaktik den Bereich, der – gestützt auf die beschriebenen unterschiedlichen Möglichkeiten von Unterrichtslehre bis zu Unterrichtsforschung – unterrichtsbezogenes Wünschen bzw. Wissen vermittelt. Es liegt jeweils an dem einzelnen Musikdidaktiker, ob und wie weit er sein Gebiet wissenschaftstheoretisch differenziert vertritt. Im Hochschulbereich stehen gegenwärtig die Begriffe Musikpädagogik und Musikdidaktik als Fachbezeichnungen oder Fachgebietsbezeichnungen nebeneinander. Der Trend geht auch hier nach Musikpädagogik als Oberbegriff für das Studium aller „musikpädagogischen" Berufe. Musikdidaktik steht zunehmend als Bezeichnung für den spezifisch berufsbezogenen, für Musikunterricht direkt ausbildenden Studienteil, Musikpädagogik auch als Bezeichnung für den speziellen fachwissenschaftlichen Studienteil, zu dem sachwissenschaftliche musikhistorische Studienteile treten. Doch begegnen in der Musiklehrer-Ausbildung auch die Bezeichnungen Musik und ihre Didaktik und Musikdidaktik als Oberbegriffe für das gesamte Studiengebiet, damit den direkten Berufsbezug unterstreichend, gerade in dieser Einschränkung angesichts der methodischen Vieldeutigkeit von Musikdidaktik nicht ohne Problem. Der wissenschaftliche Bereich um pädagogischen Umgang mit Musik und der entsprechende Studienbereich von Musiklehrern und Musikpädagogen reichen weiter als Lehre und Forschung betreffs Musikunterricht.

Die Abgrenzung zwischen Musikdidaktik und Musikmethodik wird bis in die Gegenwart hinein durch die Beschränkung der Musikmethodik auf alle Fragen zum „Wie" des Musikunterrichts vollzogen. Musikmethodik zielt vor allem auf Vorschlag und Ratschlag für die praktische Durchführung von Musikunterricht, zeigt dem Lehrer den Weg, auf dem Schüler zu Zielen geführt werden können. Aus jüngerer Sicht sind zwar Musikmethodik und Musikdidaktik abgrenzbar, zeigen aber dennoch ständig Überschneidungen, weil in jede methodische Unterrichtsentscheidung umfassende didaktische Überlegungen, vorauszusetzende Zielintentionen einwirken, weil jede methodische Planung nur auf der Basis umfassender objektbezogener wie didaktischer Analysen beruhen kann. Die Musikmethodik wird heute enger denn je im musikdidaktischen Zusammenhang gesehen. Die tradierte schlichte Gleichsetzung von Musikmethodik mit musikalischer Unterrichtslehre greift dadurch nicht mehr; die Musikmethodik ist Teil musikdidaktischen Denkens geworden.

4.3 Die offene Aufgabe: Musikpädagogische Unterrichtstheorie

Man kann auf die Unterschiedlichkeit musikpädagogischer Aussage-Ebenen verweisen, die Notwendigkeit einer Unterscheidung zeigen. Man merkt auf, weil nach langen Traditionen pragmatischer musikpädagogischer Unterrichtslehre sich musikpädagogische Unterrichtsforschung zu entwickeln beginnt. Die Musikdidaktik kann man begriffsgeschichtlich und modellanalytisch langsam klären, ihre disziplinäre Zuordnung oder Zwischenstellung bedenken, ihr methodisches Problem der Vermittlung zwischen vorwissenschaftlichen und wissenschaftlichen Aussage-Ebenen zeigen und damit vielleicht einen Beitrag zur besseren Verständlichkeit der unterschiedlichen Positionen und vor allem zum besseren Verständnis untereinander leisten. Doch die

Bedrückung bleibt, daß über allem Nachdenken und aller Mühe um methodische Unterrichtsforschung die Zeit dahingeht; die Verbesserung auch von Musikunterricht leidet unter der Langsamkeit der Forschungsentwicklung und der Ferne dieser Forschung.

Darum ist auf das Phänomen Musikunterricht selbst zurückzuführen. Musikunterricht ist ein originäres Phänomen menschlichen Denkens und Handelns. Es wird zwar erhellt aus Bekenntnissen und Postulaten, aus historischen Beschreibungen, aus Praxisanleitungen, aus persönlicher Reflexion wie empirischen Untersuchungsergebnissen. Doch vor uns liegt Stückwerk, das Phänomen Musikunterricht will sich nicht erschließen und das Detail unseres Nachdenkens und Forschens sich nicht zusammenschließen.

Man darf vielleicht bereits sagen, daß in der erziehungswissenschaftlichen Literatur der jüngsten Vergangenheit in didaktischen Zusammenhängen die Bezeichnung Didaktik immer mehr zurücktritt. Dafür ist ein zunehmender Gebrauch der Bezeichnungen Unterrichtstheorie oder auch Unterrichtswissenschaft unverkennbar. Diese Ansätze reichen wohl in die beginnenden siebziger Jahre zurück. Hier beginnen Verweise darauf, daß die Akademisierung der Lehrerausbildung mit ihrer zunehmenden Spannung von fachwissenschaftlicher und unterrichtspraktischer Ausbildung zur Dominanz des wissenschaftstheoretisch höchst vieldeutigen Begriffes Didaktik führte. Tatsächlich ist diese Dominanz eine besondere bundesrepublikanische Erscheinung. Man bezeichnet Didaktik „als ein provinzielles Übergangsphänomen von einer unüberprüften Methodik als Meisterlehre über ein stofforientiertes Reflektieren über Bildungswerte und Bildungsinhalte zu einer arbeitsteiligen Unterrichtswissenschaft" (Zifreund, 1972). Hier setzen sich Überlegungen fort, die Fachdidaktiken statt in traditioneller Erziehungswissenschaft nun in moderner Unterrichtswissenschaft zu verankern.

Für Ansätze von Unterrichtstheorie sind insbesondere M. Koskenniemi und J.S. Bruner bekannt geworden. M. Koskenniemi zielt auf Unterschied und Zusammenhang geisteswissenschaftlicher Didaktik und empirischer Unterrichtswissenschaft, auf den methodischen Aspekt der Bildung von Unterrichtstheorie (Koskenniemi, 1971). In gleicher Weise wird aus dem Umkreis lerntheoretischer Didaktik über Unterrichtswissenschaft ausgesagt, daß man Hermeneutik und Empirie nicht im Sinne einer Ziele explizierenden Didaktik und einer dafür Verfahren entwickelnden Unterrichtswissenschaft trennen könne; Hermeneutik und Empirie werden auch hier als aufeinander angewiesene Ansätze von Unterrichtswissenschaft gesehen (Schulz, 1976). J.S. Bruner weist mit einzelnen Fragestellungen und Materialien auf Brennpunkte einer Unterrichtstheorie, uns stets ins Bewußtsein rufend, daß kaum ein Bewußtsein für Notwendigkeiten einer Erkenntnisgrundlage von Unterrichtstheorie vorhanden sei (Bruner, 1974). Auch theoretische Einzelansätze, zu verstehen als Beiträge einer umfassenden Unterrichtstheorie, liegen vor, wie beispielsweise G. Priesemanns Theorie der Unterrichtssprache (Priesemann, 1971). Einen umfassenden, phänomenologisch ansetzenden Beitrag zu Grundlagen der Unterrichtstheorie und Unterrichtspraxis leisten H. Maier und H.J. Pfistner, als Kernstück „Unterricht als Lernsituation" strukturierend und beschreibend (Maier und Pfistner, 1976). Symptomatisch für die nachlassende Dominanz des Didaktik-Begriffes und seiner enzyklopädischen Inhaltlichkeit dürfte auch die zunehmende Tendenz in Handbüchern und Lexika des pädagogischen Bereiches sein, nach inhaltlich spezialisierenden Stichwörtern zu gliedern. Es ist ein Trend spürbar, den voluminösen und so unklaren Didaktik-Begriff zu umgehen und die inhaltliche Aufgabe in den Vordergrund zu rücken, die Entwicklung von Unterrichtstheorie.

Eine Theorie des Musikunterrichts liegt in weiter Ferne und mag utopische Züge tragen. Aber hier liegt die offene inhaltliche Aufgabe des musikpädagogischen Bereiches, der Musikunterricht zum Gegenstand hat. Um den Bereich von Musikunterricht überschauen, um das Detail zuordnen, um diesen Bereich lehrbar machen zu können, wäre der Zusammenhang einer Theorie des Musikunterrichts zu entwickeln. Nicht ständiger Wechsel, sondern Zusammenhang in der historischen wie in der sachlichen Dimension ist nötig, um für Unterricht und Studium Hilfen geben zu können, Sachauskunft wie Orientierung; hier wäre die Vielfalt der Verfahrensmöglichkeiten hermeneutischer und analytisch-empirischer Bereiche zu vereinen, wären Ergebnisse des Nachdenkens über Musikunterricht sowie die aus musikpädagogischer Unterrichtsforschung faßbar, vergleichbar und vor allem der Unterrichtslehre verfügbar zu halten. Hier, nicht in den ständigen Meinungsäußerungen und -gefechten, liegt unsere Arbeit.

Als Schluß:

Musikpädagogik als Forschungs- und Lehrgebiet

1. Zur Wissenschaftsgeschichte der Musikpädagogik

1.1 Zur Entwicklung wissenschaftlicher Musikpädagogik

Beiträge zur Geschichte des Musikunterrichts, die personale und regionale Quellen erschließen, sind so zahlreich, daß bereits ihre Bibliographie eine eigene Schrift erfordern würde. Ganz gering an Zahl sind dagegen solche historiographischen Beiträge, die die Geschichte des Fachgebietes Musikpädagogik im Sinne von Wissenschaftsgeschichte zum Gegenstand haben; die hier gestellte Aufgabe und ihr Sinn sind bisher noch wenig ins Bewußtsein getreten. Den Beginn einer geschichtlichen Darstellung, die das spezielle Problem einer Theorie des Musikunterrichts formuliert und deren geschichtliche Dimension, losgelöst von der pragmatischen Geschichte musikalischen Unterrichts, abhandelt, findet man bei W. Kühn; an eine ausführliche „Geschichte der Musikerziehung" schließt er ein eigenes Kapitel „Musikerziehung als Wissenschaft" an, das eine geschichtliche Darstellung der Musikpädagogik als Fachgebiet enthält. In dieser geschichtlichen Darstellung gibt W. Kühn sich selbst das historische Verdienst, in einem Vortrag auf dem musikwissenschaftlichen Kongreß in Leipzig 1925 erstmals eine „Theorie der Musikerziehung" aufgestellt zu haben. Hat W. Kühn damit zwar die Bedeutung seines generalisierend-postulativen Ansatzes ein wenig überschätzt, so ist doch festzuhalten, daß bei W. Kühn erstmals die Geschichte der Theorie des Musikunterrichts als Gegenstand eingeführt und erstmals die Notwendigkeit einer geschichtlichen Darstellung dieser Theorie gesehen wird (Kühn, 1929 und o.J. [1931]). F. Oberborbecks geschichtlicher Rückblick auf Musikerziehung als Gegenstand wissenschaftlicher Forschung erweist sich als chronologische Sammlung musikwissenschaftlicher Quellenarbeiten von musikalischer Fachlehre bis Methodik, doch ohne eine Geschichte der theoretischen Grundlegung des Musikunterrichts (Blume, 1949 ff.). 1970 wurde die Reihe „Musikpädagogik, Forschung und Lehre" mit einem Band „Materialien zur Entwicklung der Musikpädagogik als Wissenschaft" eröffnet, einem Versuch zur Wissenschaftsgeschichte der Musikpädagogik, bestimmt von der Intention, durch eine Chronographie historischer Versuche den Ursachen bisheriger Mißerfolge nachzuspüren und gegenwärtigen Ansätzen den Weg bereiten zu helfen (Abel-Struth, 1970). Es folgten Arbeiten zum musikpädagogischen Geschichtsbewußtsein (Abel-Struth, 1973 a und b; Zuber, 1977; Antholz, 1979).

Den Beginn wissenschaftlicher Musikpädagogik darf man mit gutem Grund bei H.G. Nägeli ansetzen. Versteht man Musikpädagogik als Fachgebiet in sehr weitem Sinne als eine über Anweisungen für Musikunterricht hinausreichende Reflexion, so sind H.G. Nägelis Arbeiten von 1809 und 1826 an den Anfang zu stellen. Seine Gesangbildungslehre mit M.T. Pfeiffer von 1810 wird in der Regel als seine charakteristische Leistung für die Musikpädagogik angesehen; doch wird dabei leicht übersehen, daß H.G. Nägelis Verdienste um die Musikpädagogik weit über solche methodischen Hilfen hinausreichen. Die Trias seiner „Vorlesungen über Musik" (1983), seiner „kunstwissenschaftlichen" Begründung der Gesangbildungslehre (1809) und der Gesangbildungslehre selbst (1810) stellen eine konzeptionelle Zusammenschau von Menschenbildung, Ästhetik und musikdidaktischer Systematik dar (Nägeli, 1809, 1810 und 1983). Das durch das Prestige der Schünemannschen „Geschichte der deutschen Schulmusik" (Schünemann, 1968) verfestigte Image H.G. Nägelis als Methodiker und

Volksbildner blieb bis in gegenwärtige Literatur erhalten (Schanzlin und Walter, 1949 ff.), doch weist bereits H. Löbmann auf die Bedeutung H.G. Nägelis für eine Theorie der Musikerziehung hin (Löbmann, 1908). Am umfassendsten ist in der Nägeli-Dissertation von H.J. Schattner der konzeptionelle Zusammenhang von H.G. Nägelis System der Kunstwissenschaft, der Bildung an Kunst und zu Kunsterkenntnis, aufgearbeitet, seine weit über den Musikmethodiker für J.H. Pestalozzi hinausreichende Bedeutung erkannt worden (Schattner, o.J. [1961]). H.G. Nägeli ist Theoretiker musikalischer Bildung; sein theoretischer Ansatz wird in Korrespondenz mit Ästhetik und Pädagogik entwickelt.

Während vielgerühmte musikpädagogische Autoren des 19. Jahrhunderts wie B.C.L. Natorp (1813 und 1820), J.F.W. Koch (1814) oder J.G. Hientzsch (1827) sich lediglich dadurch auszeichnen, daß sie ihre Unterrichtsverfahren zu begründen versuchen, tritt mit K.Ch.F. Krause ein Denker in die musikpädagogische Diskussion ein, der sich vor allem mit Ästhetik und darüber hinaus mit Musikgeschichte sowie Musiktheorie auseinandersetzt, außerdem eine Klaviermethodik verfaßt (1808; 1882; 1890–1902; 1937; 1938). W. Clemens stellt fest, daß bei K.Ch.F. Krause „die eigentlichen Anfänge einer wissenschaftlichen Musikpädagogik“ zu suchen seien (Clemens, 1959). Tatsächlich hat K.Ch.F. Krause Sachverhalte, die die Musikpädagogik benötigt, und zwar die zentralen Sachverhalte, erkannt und zu ihrer besseren Erkenntnis beigetragen. Darum nennt ihn auch F. Reuter als den Begründer wissenschaftlicher Musikpädagogik (Reuter, 1962), nachdem er zunächst in R. Kaden den Anfang des Faches gesehen hatte (Reuter, 1926). Auch O. Lange kann man als Begründer der Musikpädagogik auffassen. Sein ästhetischer Ansatz wendet sich zu einer Argumentation für den hohen didaktischen Stellenwert der Kunst in der Bildung des Menschen, um schließlich in Postulaten und Leitsätzen für Volksbildung und Stundentafeln zu enden; wenn auch solche Zusammenordnung von musikpädagogischer Systematik noch weit entfernt ist, so zeigte doch seine konzeptionelle Zusammenschau von Philosophie, Ästhetik, Menschenbildung und musikalischer Didaktik nachhaltige Wirkung (Lange, 1841).

Ähnliche Bemühungen im Raume zwischen Ästhetik und Didaktik mit stets nur ganz allgemeinen musikdidaktischen Vorstellungen ohne systematischen Ansatz von Musikpädagogik sind um die Mitte des 19. Jahrhunderts mehrfach unternommen worden, beispielsweise auch von A.B. Marx (1855; vgl. K.E. Eicke, 1966). In der „Musikalischen Didaktik“ G. Schillings wird dagegen konkret eine musikalische Pädagogik als Wissenschaft gefordert und der Versuch eines Systems unternommen: „Es ist dies der erste Versuch einer ausschließlich musikalischen Pädagogik; wenigstens ist mir aus dem gesamten Bereiche unserer Literatur noch kein ähnliches Werk bekannt“, betont er im Vorwort. Er begründet die Notwendigkeit einer musikalischen Unterrichtswissenschaft damit, daß die wenigsten Musiklehrer wirklich Musiker seien, „d.h. solche, die unsere Kunst in ihrem ganzen Umfange verstehen, kennen, durchdrungen und begriffen haben“, und daß noch viel weniger wirkliche Lehrer seien. Unter den Argumenten für die Notwendigkeit eines musikdidaktischen Studiums führt er an, daß der Lehrer nicht mechanisch die einmal gelernten Methoden wiederholen dürfe, daß er vielmehr – und dies sei eben nur aufgrund des didaktischen Studiums möglich – in neuen Situationen flexibel reagieren können müsse. Und als letztes Argument: Nur auf der Basis einer Theorie sei die Überwachung des Unterrichts möglich. Er bezeichnet seine Theorie für den musikalischen Unterricht als Niederlegung von Resultaten „aus Lehrarbeit und Lehrerfahrung sowie der Lehrforschung“. Als „Aufgabe unserer Wissenschaft“ sieht er es an, „die beste Anweisung . . . und die bewährtesten Grundsätze“ für die musikalische Bildung des Menschen zu finden; er stellt die als so notwendig erachtete Theorie einem Gesetzbuch für die musikalische Unterrichtskunst gleich. Die wissenschaftliche Basis gibt in Terminologie und System die allgemeine Didaktik. In deren Systematik wird der Katalog der Probleme des Musikunterrichts eingepaßt. Doch hat G. Schilling bereits die Bedeutung „der vollständigen Kenntniß des Lehrgegenstandes“ erkannt und sogar schon das Problem der Ableitung „vom Standpunkte der Pädagogik und Didaktik überhaupt her“ und der „Gründung einer ganz neuen Wissenschaft . . . im speciellen Hinblick auf unsern eigentlichen Gegenstand“ angesprochen (Schilling, 1851).

Auch L. Ramann argumentiert in ihren Schriften mehrfach dafür, daß der Musikunterricht, um sein Ziel zu erreichen, den Grundsätzen der Erziehung sich unter- und einordnen müsse. Parallel zu der Unterordnung des Unterrichtszieles in Musik unter die Grundsätze der Erziehung läuft der Anschluß an die Theorie der Erziehung: Das Bewährte der musikalischen Unterrichtsmethoden soll zusammengefaßt und „durch den Anschluß an die allgemeine Erziehungslehre erziehlich vertieft“ werden (Ramann, 1868 und 1873). Die historische Bedeutung des 19. Jahrhunderts für Musikpädagogik als Fach läßt sich mit aller Vorsicht vorläufig dahingehend zusammenfassen: Aus der Erfahrung der Schwächen eines nur nachahmenden Unterrichts entwickelt sich das Bewußtsein von der Notwendigkeit einer musikalischen Unterrichtslehre, die wissenschaftlich begründet sein soll. Der Schritt von der Praxis in die Theorie wird vollzogen; Philosophie, insbesondere Ästhetik und allgemeine Didaktik fungieren als theoretische Hilfe, werden auch bereits zusammengestellt, doch ist (außer bei H.G. Nägeli und G. Schilling) noch kein theoretischer Zusammenhang erkennbar. Musikpädagogische Wissenschaft ist vornehmlich Teilhabe an allgemeiner Didaktik, noch ohne selbständiges System; doch dessen Eigenart und Notwendigkeit wird bereits gesehen.

Zu Beginn des 20. Jahrhunderts teilt sich das Fach Musikpädagogik. Einerseits wird der didaktische Ansatz des 19. Jahrhunderts intensiviert und differenziert, andererseits entsteht musikpädagogische Forschung. Für die Fortführung des didaktischen Ansatzes sind Schriften wie die von G. Rolle und von C. Eitz charakteristisch. G. Rolle handelt in seiner „Didaktik und Methodik des Schulgesangunterrichts“ im Anschluß an die allgemeine didaktische Stoffgliederung und Terminologie die Gegenstände des schulischen Singens ab, geschieden nach Geschichte, Aufgaben, Zielen, Lehrverfahren, Lehrgang, Lehrmitteln und Lehrer; er ordnet den musikalischen Unterrichtsgegenstand Singen in das Gesamt der schulischen Bildung ein (Rolle, 1924). In noch stärkerem Maße hat C. Eitz die Aufwertung der musikalischen Methodik durch Anschluß an die allgemeine Pädagogik versucht: „Für alle Versuche, die von den besten und eifrigsten Gesanglehrern zur Besserung der Methode unternommen wurden, war es verhängnisvoll, daß die allgemeine Pädagogik als Instanz für die kritische Würdigung dieser Versuche durchaus versagte. Der Zweck dieser Arbeit ist es, die so notwendige Wechselwirkung zwischen allgemeiner Pädagogik und der Methodik des Schulgesangunterrichts herzustellen“ (Eitz, 1924). Im außerschulischen Musikunterricht entwickelt sich aus der Anregung allgemeinen didaktischen Denkens ein neues Selbstverständnis des Instrumentalunterrichts, eine Akzentverlagerung von Instrumentaltechnik auf Förderung der Musikalität; Instrumentalpädagogik erhält das neue Ziel eines Musikunterrichts mit wesentlicher Einbeziehung eines Instruments. So erläutert beispielsweise F. Loebenstein das Klavier als „musikpädagogisches Mittel“ (Loebenstein, 1960). Wird hier unter dem Einfluß pädagogischen Denkens eine neue Zielvorstellung für Instrumentalunterricht entwickelt, so führt die Anregung in anderen Lehrwerken für Instrumentalunterricht sogar bis zur Spezialisierung von

Didaktiken des Instrumentalunterrichts, so beispielsweise bei N. Lutz-Huszagh (1919).

Die Entwicklung musikpädagogischer Forschung setzt, nach wenigen frühen Beiträgen zu Ende des 19. Jahrhunderts, in den ersten drei Jahrzehnten des 20. Jahrhunderts vor allem mit psychologischen Ansätzen ein. Besonderen Einfluß auf die Musikpädagogik der zwanziger Jahre nahm die Gestaltpsychologie, nachdem Ch. von Ehrenfels melodische Zusammenhänge als Beispiel für Gestaltqualitäten gezeigt hatte (von Ehrenfels, 1890). Im Gefolge der Gestaltpsychologie entstehen, insbesondere in der Schule F. Kruegers, zahlreiche psychologische Arbeiten mit konkreten musikpädagogischen Bezügen. R. Wicke zeigt „Musikerziehung im Bildungszusammenhang und ihre psychologischen Grundlagen", entwickelt musikpädagogische Fragestellungen im Blick auf psychologische Methoden, um jedoch zugleich davor zu warnen, daß „freilich nicht die Grenzen überschritten werden können, die durch das Wesen des erzieherischen Tuns gesteckt sind, denn dieses besteht keineswegs allein in der technischen Anwendung psychologischer Forschung" (Wicke, 1931 b). R. Wicke, der zunächst Musikpädagogik als Bereich der Pädagogik sieht (Wicke, 1912), begründet sie in dem Zeitraum seiner entwicklungspsychologischen Studien auch aus ihren psychologischen Grundlagen (Wicke, 1931 a, b und o.J. [1931]), um schließlich zunehmend die Eigenart des Faches hervorzuheben (Wicke, 1955). Mit G. Schünemann beginnt die Frage nach den Methoden des Faches. Er beschreibt „experimentelle und erkenntnistheoretische Musikpädagogik". Experimentelle Musikpädagogik will, „vom Versuch ausgehend, zu einer Grundlegung der musikalischen Anlagen und Eigenschaften, der Aufnahme, Wiedergabe und Hervorbringung musikalischer Zusammenhänge (zu) gelangen". Erkenntnistheoretische Musikpädagogik versucht, nach G. Schünemann, die musikalischen Äußerungen zu verstehen, sie sinnvoll aufzufassen und höheren Kategorien einzuordnen; sie kann nur dann zu gültigen Ergebnissen gelangen, „wenn ihren Abteilungen die experimentelle Untersuchung vorangeht". Erst wenn wir eine Stelle finden, wo alle Arbeiten zusammenfließen, sagt G. Schünemann, „dann erst werden wir von einer Wissenschaft der Musikerziehung sprechen können" (Schünemann, 1927). G. Schünemann hat seine eigene Forderung in die Tat umgesetzt. In seinen beiden großen musikpädagogischen Werken, der „Geschichte der deutschen Schulmusik" (Schünemann, 1968) und der „Musikerziehung" (Schünemann, 1930) leistet er – und zwar in beiden methodischen Bereichen – Grundlagenarbeit für eine Wissenschaft der Musikerziehung; in den Einleitungen bringt er die Absicht selbst zum Ausdruck. Die methodische Polarisierung in experimentelle Ansätze einerseits und erkenntnistheoretisch-historische Ansätze andererseits ist in der Musikpädagogik bis heute wirksam geblieben.

In den zwanziger Jahren wird auch bereits das Problem musikpädagogischer Theoriebildung umrissen, vor allem durch W. Kühn. Er steuert der ersten Schulmusikwoche in Berlin ein Referat über Wesen, Probleme und Methoden der wissenschaftlichen Musikpädagogik bei. Auf dem Leipziger musikwissenschaftlichen Kongreß (1925) stellte er „Grundlinien zu einer Theorie der musikalischen Erziehung" vor, eine recht allgemeine Darlegung von Musikpädagogik als Theorie musikalischer Erziehung, die leitende Gesichtspunkte für Einordnung und Beurteilung von Methoden und Grundlagen für künftige Arbeit schaffen solle. W. Kühns theoretischer Entwurf ist in vielfacher Hinsicht widersprüchlich; einmal spricht er von dem selbständigen Erkenntnisgebiet Musikpädagogik, dann wieder sieht er Musikpädagogik als angewandte Wissenschaft (Kühn, 1925). In seiner „Führung zur Musik" widerruft er schließlich frühere

Forderungen und sieht Kulturphilosophie als entscheidende Grundwissenschaft (Kühn, 1939). Wesentlich weiter und tiefer reicht der (nicht als solcher benannte) Theorieentwurf, den R. Wicke mit seiner Arbeit „Psychologie und Musikerziehung" leistet, einem theoretischen Entwurf der Musikpädagogik auf psychologischen Grundlagen (Wicke, o.J. [1931]). Bei F. Reuter stehen systematische Überlegungen im Vordergrund. Doch trotz vieler Erklärungen über Notwendigkeiten und Möglichkeiten einer wissenschaftlichen Grundlegung der Musikpädagogik wird noch kein Zusammenhang dieses Gebietes geschaffen. In seiner „Musikpädagogik in Grundzügen" blickt er auf Akustik, Rhythmik, Psychologie und Ästhetik (Reuter, 1926), während er sich in den „Grundlagen der Musikerziehung" mit einer Unterscheidung von Musikwissenschaft und Musikpädagogik auseinandersetzt; die Musikwissenschaft ist für F. Reuter die Disziplin, die den Stoff für die Musikerziehung erarbeitet, der jedoch nach den Gesetzen der Musikpädagogik zu verbreiten sei (Reuter, 1955 und 1962). Studien zur Entwicklung der Musikpädagogik in den ersten Jahrzehnten unseres Jahrhunderts haben die einzelnen Ansätze detailliert dargestellt (Abel-Struth, 1970; Martin, 1982).

Man darf zusammenfassen, daß in den ersten drei Jahrzehnten unseres Jahrhunderts musikpädagogische Grundlagenforschung sich differenziert und zahlreich ausbreitet, erstmals methodologische und systematische Fragen gestellt, erstmals theoretische Ansätze der Musikpädagogik versucht werden. Die Forderung nach musikpädagogischer Forschung und dem wissenschaftlichen Fach Musikpädagogik wird – bis in Kreise der Reform – akzeptiert. Der Wissenschaftscharakter der Musikpädagogik wird diskutiert, bleibt jedoch im wesentlichen ohne Konsensus; trotz Forderungen nach einer autonomen Musikpädagogik schließt man sich wechselnd an Psychologie, Pädagogik, Musikwissenschaft oder auch Kulturphilosophie an. Auch die einzelnen Autoren wechseln ihre Positionen. Doch wird die Entwicklung des wissenschaftlichen Ansatzes der Musikpädagogik offenkundig auch durch antirationale Tendenzen aus der musischen Bewegung beeinträchtigt. Deren Hoffnungen auf Erziehung durch Musik haben die musikpädagogische Spezialisierung nicht gefördert, sondern umgekehrt zu einer Fixierung der Musik innerhalb des pädagogischen Systems geführt. Es beginnt die Reihe der Pädagogen, die die Künste vor dem Eindringen rationaler Elemente glauben warnen zu müssen (Luchtenberg, 1927; Litt, 1928; Kerschensteiner, 1929). Die Hinwendung zur Reform-Pädagogik trägt der musikerzieherischen Reform der zwanziger Jahre nicht nur die Akzentuierung erzieherischer Ziele auf Kosten künstlerischer Aufgaben ein, sondern auch eine antirationale Grundeinstellung zu Musik und Musikunterricht, die sich bis heute auf die Entwicklung des Faches Musikpädagogik auswirkt.

In der gegenwärtigen Entwicklung sind die in den ersten drei Jahrzehnten des 20. Jahrhunderts entstandenen Tendenzen innerhalb der Bemühungen um wissenschaftliche Grundlegung der Musikpädagogik noch zu erkennen. Es scheint, als habe die antirationale Einstellung der musischen Bewegung und ihrer Restauration außerordentlich blockierend auf die Entwicklung wissenschaftlicher Musikpädagogik gewirkt, nicht nur durch eben diese theoriefremde Einstellung, sondern auch dadurch, daß sie die bereiten theoretischen Kräfte zunächst durch die Auseinandersetzung mit den pädagogischen Modeströmungen absorbierte, daß Trends, Ideologiekritik und Wissenschaft identifiziert wurden. Doch Ende der fünfziger Jahre setzen grundlegende historische Arbeiten ein (Braun, 1957; Seidenfaden, 1966; Günther, 1967). Der musikpsychologische Ansatz der Musikpädagogik, in den zwanziger Jahren schon als unentbehrlich für die Entwicklung wissenschaftlicher Musikpädagogik erkannt, wird mit grundlegenden Arbeiten (H. Pape, 1961) und zahlreichen experimentellen Arbeiten wieder aufgegriffen. Daß auch die Grundsatzdiskussion wissenschaftlicher Notwendigkeit des Faches wieder belebt wird, ist vor allem M. Alt zu danken (Alt, 1965). Die Bemühungen um die Didaktik der Musik, im 19. Jahrhundert in enger Anlehnung an die allgemeine Didaktik konzipiert, scheinen in der Gegenwart eine neue Bahn zu verfolgen. Im Zuge einer Diskussion innerhalb der Erziehungswissenschaft über das Verhältnis von allgemeiner Didaktik zu den Fachdidaktiken hat sich zunehmend der Gedanke der Eigenart von Fachdidaktiken durchgesetzt (Klafki, 1967). Gegenwärtig zeigt die Musikdidaktik einen Trend des engeren Anschlusses an die historische Musikwissenschaft, die als Sach- bzw. Materialwissenschaft für Musikunterricht aufgefaßt wird. Der Kreis der beanspruchten Disziplinen ist entscheidend erweitert worden; nach Übernahmen aus soziologischen Denkmodellen ist vor allem sozialwissenschaftliche Methodik und sozialpsychologische Erklärung von der Musikpädagogik aufgegriffen worden. Besondere Aufmerksamkeit wird man wohl vor allem der Entwicklung der modernen pädagogischen Psychologie zuzuwenden haben. Eine aus eigenen Gegenständen entwickelte Musikpädagogik ist offen für vielfältige interdisziplinäre Korrespondenzen.

In der 1969 veranstalteten ersten öffentlichen Tagung des Arbeitskreises Musikpädagogische Forschung mit dem Thema „Empirische Forschung in der Musikpädagogik" darf man den Anstoß einer neuen, intensiven wie vielfältigen Entwicklung musikpädagogischer Forschung sehen, die durch die Überleitung großer Teile der Musiklehrerausbildung an wissenschaftliche Hochschulen und Universitäten entscheidende Förderung erfuhr. Trotz zahlreicher wissenschaftstheoretischer Probleme ist die musikpädagogische Forschung der Bundesrepublik seitdem in voller Entwicklung begriffen. Die Bindung an die Lehrerausbildung im Fach Musik ist gegenwärtig stark, doch breitet sich durch neue Aufbaustudiengänge zunehmend ein neues Verständnis von Musikpädagogik als weiterreichendem Forschungs- und Lehrgebiet an Hochschulen aus. Vor allem verstärken sich, bei allen Unterschieden des Standortes, die Vorstellungen von „einem eigenen Haus" der Musikpädagogik (Brömse, 1982). Die wissenschaftstheoretische Diskussion ist in Bewegung gekommen, auch wenn sich die Positionen noch recht separiert geben (Kaiser, 1976 und 1977; Weiß, 1977; Abel-Struth, 1980; Kleinen und de la Motte-Haber, 1983). Man bedenkt den Forschungsstand (Clemens, 1970; Antholz und Gundlach, 1975; Schmidt-Brunner, 1978), wägt Methoden (Faltin, 1977; Carlsen, 1979; Williams u.a., 1981; Abel-Struth, 1982 b) und bedenkt neu die wissenschaftlichen Studienteile in der Musiklehrer-Ausbildung (Antholz, 1976 b; Rauhe, 1976); freilich bleiben der Musikpädagogik auch heute Verweise wegen überzogener Wissenschaftlichkeit nicht erspart (de la Motte-Haber, 1975; Thiele, 1978).

Die internationale musikpädagogische Forschung konnte sich seit Beginn unseres Jahrhunderts kontinuierlich entwickeln, mit Schwerpunkt vor allem in den angelsächsischen Ländern; auch in der Deutschen Demokratischen Republik wird intensiv musikpädagogische Forschung vertreten. Die Internationale Gesellschaft für Musikerziehung (International Society for Music Education, ISME) richtete nach ihrer Gründung im Jahre 1953 eine Forschungskommission ein, die 1984 zum zehnten Mal Vertreter musikpädagogischer Forschung aus fast allen Erdteilen zu Referaten und Diskussionen zusammenführte.

Die trotz mancher Schwierigkeiten unverkennbar zunehmende Leistung und Beachtung wissenschaftlicher Musikpädagogik in der Gegenwart zeigt sich an speziellen Publikationsorganen für musikpädagogische Forschung (neben der Aufnahme auch wissenschaftlicher Beiträge in den allgemeineren musikpädagogischen Publikationen und Zeitschriften). Es sind gegenwärtig: eine von R. Jakoby herausgegebene „Schriftenreihe zur Musikpädagogik“, die von H. Hopf und H. Rauhe herausgegebenen „Schriften zur Musikpädagogik“, die „Dortmunder Beiträge zur Musik in der Sonderpädagogik“ (herausgegeben von K.J. Kemmelmeyer und W. Probst), dazu vor allem die als „Forschung in der Musikerziehung“ begonnene, dann als „Musikpädagogische Forschung“ weitergeführte Reihe des Arbeitskreises Musikpädagogische Forschung (zuletzt von W. Klüppelholz herausgegeben), die jüngst begonnenen „Beiträge zur Musikpädagogik“, die H. Große-Jäger, H.J. Kaiser und E. Nolte betreuen, und die Reihe „Musikpädagogik, Forschung und Lehre“, herausgegeben von S. Abel-Struth. Führende englischsprachige Publikationsorgane für musikpädagogische Forschung sind das Bulletin „Council for Research in Music Education“, das von dem Council of Research in Music Education der School of Music der Universität von Illinois, Urbana, betreut wird, die englische „Psychology of Music“ (R. Shuter-Dyson) und das „Journal of Research in Music Education“, das die Society for Research in Music Education der amerikanischen Music Educators National Conference herausgibt.

1.2 Aktualität und Geschichtsbewußtsein; zur musikdidaktischen Kategorie des Neuen [7)]

Jeder kennt durch sich selbst den Reiz, den „das Neue“ auszuüben vermag. Unsere Sprache charakterisiert dieses Reizhafte, das unser Verlangen nach Neuem bestimmt, durch das Wort Neugier, unterscheidet davon aber das „Interesse“, das nach Sinnzusammenhang fragt, und ebenso das tieferführende „Erkenntnisstreben“. Jeder weiß auch, wie das Wort neu in der Gegenwart in allen Bereichen inflationierte; wo es auch immer als Adjektiv beigefügt wird, führt es zum Schlagwort, von zuverlässiger Werbewirkung für Image und Verkäuflichkeit. Die suggestive Wirkung des Wortes neu ist stärker als die Frage, ob hier etwas wirklich neu ist, ob tatsächlich der Gegenstand oder nur die Bezeichnung neu ist und worin das Neue bestehe.

Über Wesen und Funktion des Neuen ist im Zusammenhang der Entwicklung des historischen Bewußtseins spätestens seit J. Möser, J.J. Winckelmann und J.G. Herder bis zur Gegenwart stets reflektiert worden. Die Begrenztheit des Historismus ist ebenso bewußt geworden wie die Problematik eines Verzichtes auf „begriffene Geschichte“ (G.W.F. Hegel), das immer raschere Tempo im Verbrauch von Neuheiten wurde ebenso erkannt wie die „konstitutive Funktion der Zukunft für jede Zeit“ (F.W.J. Schelling). Die gegenwärtige Diskussion des Neuen hat auch die Fetischisierung des Neuen und ihre Ursachen aufgezeigt: Das Neue gewinnt stets in Zeiten, die von starkem Reformwillen getragen sind, besonderes Gewicht und dies umso mehr, als in solchen reformerisch bewegten Zeiten die Orientierung an Geschichte als Ballast, als Hindernis für vorwärts drängendes Engagement erscheint. Man wird der Geschichte müde und bricht mit der historischen Kontinuität. Parallel dazu verstärkt sich in

7) Gering veränderte Fassung meines Beitrages: Die didaktische Kategorie des Neuen als Problem musikpädagogischen Geschichtsbewußtseins. In: Aktualität und Geschichtsbewußtsein in der Musikpädagogik. Hrsg. von S. Abel-Struth. Mainz 1973. S. 101 ff. = Musikpädagogik, Forschung und Lehre. Hrsg. von S. Abel-Struth. Bd. 9

Reformzeiten auch der naive Fortschrittsglauben, daß das Neue grundsätzlich die Sache verbessere. Dies führt bis zur Gleichsetzung des zeitlichen Begriffes neu mit dem Werturteil gut, also letztlich zu begrifflicher Verwechslung. Bei dieser Fetischisierung des Neuen wirkt sich auch eine ökonomische Komponente aus, der wirtschaftliche Zwang zu neuer Produktion und Produktion von Neuem. Die ständige Recherche der Publizistik nach Neuem, ihr von Haus eigen, doch durch das immens gesteigerte Tempo der technischen Kommunikationssysteme der Gegenwart angetrieben, ist Reflex des allgemeinen Zwanges zu immer Neuem, diesen zugleich potenzierend; dies gilt für Boulevard-Presse wie Fachliteratur.

Die gegenwärtige Inflation des Wortes neu in der Musikdidaktik erscheint daher als Parallele allgemeiner Fetischisierung des Neuen in unserer Zeit. In der 1966 in Bewegung gekommenen Welle musikdidaktischer Publikationen gibt es tatsächlich nur wenige Ausnahmen, die darauf verzichten, sich selbst als Innovation zu empfehlen. Demgegenüber tritt bei der Mehrzahl der Publikationen die Berufung darauf, daß hiermit eine neue Musikdidaktik vorgelegt werde, so in den Vordergrund, daß dieses Neu-Sein zunächst als die entscheidende musikdidaktische Kategorie erscheint. H. Segler und L.U. Abraham eröffnen in „Musik als Schulfach" das Vorwort mit der Hoffnung, „die endlich in Gang gekommene Diskussion um eine neue Didaktik des Faches bereichern und weitertreiben zu können" (Segler und Abraham, 1966). Auch M. Alt, vorsichtig zwischen frühfertigem Ergebnis und Auslösung einer Denkbewegung abwägend, versteht seine „Didaktik der Musik" von 1968 gemäß Vorwort als „Neuorientierung der Musikpädagogik am Kunstwerk" (Alt, 1977). Die Reihe läßt sich unschwer bis zu den jüngsten Neuerscheinungen der Musikdidaktik fortsetzen, wo das Bestreben nach Aktualisierung den Titel prägte („Musik aktuell", Breckoff u.a., 1974) und eine „grundlegend neue Konzeption" des Musikunterrichts als einzige Chance für die Beibehaltung von Musikunterricht in der Schule angesehen wird (Frisius u.a., 1971). Hier wird auch zugleich die stärkere Verpflichtung des Musikunterrichts an der Vergangenheit statt an Gegenwart und Zukunft „als die entscheidende Ursache für die unzulängliche Wirkung des Musikunterrichtes und seine allgemeine Geringschätzung heute angesehen". Auch das Lehrerhandbuch „Musik und Musikunterricht in der Gesamtschule" möchte „mit neuen Grundlegungen" die Veränderung von Inhalten, Verfahrensweisen, Organisationsformen herbeiführen (Segler, 1972).

Tatsächlich können didaktische Entscheidungen — auch die fachdidaktischen — nur unter ständigem Blick auf das getroffen werden, was die Gegenwart darstellt und aufgibt. Denn Bildungs- und Ausbildungsaufgaben lassen sich nicht über die Zeiten weg in bleibender Gültigkeit fixieren. Didaktische Effektivität hängt vielmehr davon ab, daß Lehre und Unterricht im Zusammenhang der jeweiligen geistigen und gesellschaftlichen Entwicklungen stehen. Doch zeigt sich auch in der Musikdidaktik Zwanghaftigkeit gegenüber dem Neuen, wenn sie die didaktische Kategorie des Neuen pauschal anwendet und die gedankenlose Inklusion des Positiven in das Neue nachvollzieht, wie beispielsweise in folgendem Text: es „wurde endlich klar, daß eine Reform des herkömmlichen Musikunterrichts nicht mehr ausreicht, sondern daß sich der Musikunterricht in der künftigen Schule nur noch durch eine grundlegend neue Konzeption legitimieren kann" („Sequenzen", 1971).

Wird einerseits das Wesen des Neuen in der Musikdidaktik of kaum konkretisiert, so zeigt andererseits die Analyse von Texten, daß die musikdidaktischen Erwartungen an Innovation recht verschiedenartig ansetzen. Beispielsweise wurde noch vor wenigen Jahren als das Neue für Musikunterricht vornehmlich die Neuheit des im Unterricht verwendeten Materiales verstanden. Tatsächlich muß das didaktische Engagement für dieses Neue als Material jedem einleuchten: Nur zu offenkundig zeigt sich der übliche Musikunterricht – bedingt durch vorhandene Lehrmittel oder Fähigkeit und Neigung des Lehrers – „altem“ Material verpflichtet. Nach langem Verharren in alter und pädagogischer Musik – mehr aus personellen und technischen Gründen als aus theoretischer Konsequenz – ist Neue Musik als Material des Musikunterrichts zunehmend selbstverständlich geworden, zumindest im Stand des musikdidaktischen Bewußtseins und hinsichtlich der Aufbereitung praktischer Unterrichtshilfen. Doch bedeutet neues Material auch neuen Unterricht? Die Zentrierung auf Neues in Gestalt von neuem Material bedeutet letztlich die Perpetuierung eines auf Materialvermittlung zielenden Musikunterrichts, Verhaftung an Geschichtlichkeit von Material, sei es nun eine gegenwärtige oder eine vergangene. Die Zentrierung auf das materiale Neue führt zudem zu einer pseudodidaktischen Antinomie von neuer und nicht-neuer Musik. Diese verstellt den Blick auf umfassendere didaktische Funktionen materialen Unterrichts, der keineswegs allein auf Vermittlung von Geschichte der Musik zielt, der vielmehr vor allem an Musikgeschichte objektivierte Erfahrbarkeit zum Verstehen von Gegenwärtigem werden läßt, oder auch bewußt macht, daß in nicht-neuer Musik eine vergangene Gegenwart erhalten bleibt, in der sich auch unsere eigene Gegenwart finden kann. Die musikdidaktische Konstruktion einer materialen Antinomie von neu und nicht-neu bedeutet Verharren in einer verengten, nur auf das Objekt Musik begrenzten Position, also letztlich ein längst überholtes didaktisches Prinzip.

In der musikdidaktischen Diskussion der siebziger Jahre zentriert sich das Innovationsstreben stärker auf Zielintentionen, die sich um die noch wenig ausdifferenzierten Theoreme musikalischer Sozialisation und musikalischer Mündigkeit, um Förderung des akustischen Wahrnehmungsvermögens und um allgemeine gesellschaftlich-politische Emanzipation gruppieren. Die Bezeichnung neu ist hier an Zielvorstellungen gebunden, während das Material sekundär wird, denn grundsätzlich soll alles, was die Umwelt akustisch bietet, dem Schüler in gleichem Maß und gleichem Wert aufgezeigt und durchschaubar gemacht werden. Dem Primat der Innovation durch das Ziel der Lehre entspricht es auch, daß neben den akustisch-musikalischen Materialien auch die Funktionen der Musik in gleicher Weise Lehrstoff werden. Diese Dimension der musikdidaktischen Kategorie des Neuen gibt sich unschwer als musikdidaktische Anpassung an die allgemeine Curriculum-Reform mit ihrem zentralen Ziel des mündigen Menschen zu erkennen. Schließlich sind auch Vorstellungen von Innovation des Musikunterrichts im Blick zu behalten, wo das Neue sich auf das Medium richtet, wie etwa beim Herstellen neuer Klangwerkzeuge oder Experimentieren mit elektroakustischen Geräten. Mit der experimentellen Aufforderung greift das Neue hier in den methodischen Bereich hinüber, wie andererseits neue Methodik für den schulischen Musikunterricht etwa im Zusammenhang von Kommunikation und Produktion identisch mit neuen Lehrzielen sein kann und zugleich hinausweist auf die vielleicht umfassendste Novellierung allen Unterrichts: nämlich die Ablösung traditioneller Belehrung durch die Planung von Lernsituationen, in denen der Schüler selbständig Erfahrung und Erkenntnis gewinnen kann. Bedenkt man zu dieser hier nur skizzierten Unterschiedlichkeit und Vieldeutigkeit der Vorstellungen über das Neue in der gegenwärtigen Musikdidaktik noch die spezielle Frage der rein verbalen Innovation durch Einführung neuer Bezeichnungen in die Musikdidaktik (wie musikalische Motivation, musikalische Sozialisation), beobachtet dazu auch die Praxis des Austausches von Begriffen (wie „schöpferisch“ und „kreativ“) und der Umdeutung geklärter Begriffe (wie „Wahrnehmung"), so läßt sich in Deutlichkeit die Diskrepanz erkennen, die zwischen dem Streben oder der Forderung nach Neuem und der Identifikation dieses Neuen bestehen. Dieser Mangel an Identifikation des Neuen in der gegenwärtigen Musikdidaktik kompliziert zugleich die historische Kontrolle der tatsächlichen inhaltlichen Neuheit des „neu" Genannten. Es erhellt damit, daß die musikdidaktischen Innovationen der Gegenwart begrifflicher Identifizierung, inhaltlicher Modifizierung und didaktischer Systematik bedürfen. Doch wird zugleich auch deutlich, daß – sieht man einmal von den Übertreibungen ab – die Kontroverse in der gegenwärtigen Musikdidaktik nur ihrem (populär-publizistischen) Anschein nach eine inhaltliche Auseinandersetzung über traditionellen oder fortschrittlichen Musikunterricht ist; es handelt sich vielmehr letztlich – da das Bestreben nach zeitgemäßer Verbesserung allgemein ist – um eine Auseinandersetzung über Formen der Verwirklichung zwischen plakativen Postulaten, sachlicher Integration und musikpädagogischem Bedenken.

Die bei der Betrachtung des Neuen in der gegenwärtigen Musikdidaktik aufgerissene Problematik gewinnt jedoch bei historischer Sicht eine weitere und weiterreichende Dimension. Denn bei historischer Betrachtung zeigt sich, daß musikdidaktische Schriften nicht nur heute, sondern ebenso zu Beginn des Jahrhunderts und bereits das ganze 19. Jahrhundert hindurch in auffallender Zahl und Übereinstimmung im Vorwort in Aussicht stellen, daß hiermit eine Innovation des Musikunterrichts beginne, die den Niedergang aufhalten könne. Dies ist bekannt für den Umkreis der musikalischen Jugendbewegung, deren Theoretiker mit besonderer Emphase hier eine entscheidende Reform aller Musikerziehung zu erkennen glaubten und in der Geschichte des Faches als Kestenberg-Reform etablierten. „Durch unsere Zeit geht ein Suchen nach neuen Wegen" steht am Beginn der Kestenbergschen Programmschrift „Musikerziehung und Musikpflege" (Kestenberg, 1921), und in F. Jödes Schriften wimmelt es von „neuen Menschen", „neuer Erziehung", „neuen Wegen" und Mitteilungen darüber, daß man sich „von Grund aus" von allem Bisherigen lossage (Jöde, 1924). Was heute die neue Konzeption, war dort die neue „Grundidee". Doch hat auch schon H. Kretzschmar seine in den „Musikalischen Zeitfragen" veröffentlichten Forderungen als Reformen angesehen, die dem Musikunterricht die notwendige Verbesserung bringen sollten (Kretzschmar, 1903 b), wie auch die führenden Methodiker um die Jahrhundertwende durch ihre Schriften die entscheidende Wendung des Musikunterrichts herbeizuführen glaubten: C. Eitz will mit seiner Tonwort-Methode „tief eingewurzelte Irrtümer" aufdecken und ein „durchaus neues Lehrgebäude" errichten (Eitz, 1911), und G. Rolle sieht seine „Didaktik und Methodik des Schulgesangunterrichts" als Beitrag an „zu dem gewaltigen Fortschritt" der Schulmusik, und dies im Jahre 1913 (Rolle, 1924). Auch der Moerser Seminarmusiklehrer J. Kniese klagt: „Über die Unzulänglichkeit und Reformbedürftigkeit des allgemeinen bisherigen Gesangunterrichts ist niemand mehr im unklaren", und gibt seiner Schrift sogleich den Titel „Zur Reform des Schulgesanges" (Kniese, 1912).

Doch für die Gegenwart noch bedeutsamer und aufschlußreicher ist ein Blick in die meistverbreiteten Musikdidaktiken des 19. Jahrhunderts. Hier ist es der Gedanke des Erziehens mit Hilfe der Musik, der als entscheidende Innovation musikdidaktischen Denkens begrüßt wird. Bei einer der meist gelesenen musikpädagogischen Autorinnen der zweiten Hälfte des 19. Jahrhunderts, L. Ramann, wird die neue Aufgabe des Musikunterrichts didaktisch strukturiert; doch warnt L. Ramann noch vorsichtig davor, mit der neuen Aufgabe auch willkürlich ein neues Lehrsystem aufzustellen, da die Geschichte mit der Entwicklung einer Kunst gleichzeitig auch ihre Methoden schaffe

(Ramann, 1898). Eine Autorin wie I. Loehner wendet sich dagegen wortstark gegen die bestehenden Mißstände des Musikunterrichts ihrer Zeit („Wie tief die Klagen hierüber wurzeln, welche Mißstände hierdurch im musikalischen Unterrichtsfache entstanden sind, wie zerstörend dieselben auf die musikalische Bildung zurückwirken ...“); demzufolge erhofft sie sich von einer „zeitgemäßen Methode des Unterrichts“ die entscheidende Wende (Loehner, 1886). Ihre Annahme, zu einer Erneuerung beizutragen, kommt in dem Titel ihrer Schrift von 1886 zum Ausdruck: „Die Musik als humanerziehliches Bildungsmittel. Ein Beitrag zu den Reformbestrebungen unserer Zeit ...“. Die Reihe läßt sich weiter in die Geschichte zurückführen. Auch ein Autor wie G. Schilling rügt 1852: „der Unterricht bewegt sich weder in den rechten Grenzen, noch in den rechten Formen“, und hofft, durch seine Neuerung, die didaktische Durchdringung des musikalischen Stoffes, die Verbesserung in Gang zu setzen (Schilling, 1854). Und um auch die Reform zu Beginn des 19. Jahrhunderts anzusprechen: Auch M.T. Pfeiffer und H.G. Nägeli empfinden ihre von H. Pestalozzi inspirierte Einrichtung eines methodischen Lehrgangs der Musik aus der Reihung ihrer Elemente als „eine neue Erfindung“ (Pfeiffer und Nägeli, 1810), und ein so ausgezeichneter Sachkenner der damaligen Schulmusik wie B.C.L. Natorp charakterisiert diese neue Methodik mit ihrer Zielrichtung auf die Fähigkeit des Blattsingens als „Eröffnung der neuen Periode für die musikalische Bildung in den Schulen“ (Natorp, 1820). Nichtsdestoweniger betont B.C.L. Natorp in seiner eigenen drei Jahre später erscheinenden „Anleitung zur Unterweisung im Singen“, daß seine Übungen den Zweck haben, „eine Lücke auszufüllen“, den „Mangel der ästhetischen Bildung so gut als möglich zu ersetzen“, wie auch seine Verfügungen als Kgl. Konsistorialrat sich als „Beihülfe“ verstehen, die „die Bahn zum Bessern eröffnet“ (Natorp, 1820). Dies mag ausreichen als Beleg dafür, daß die Musikdidaktik seit Beginn des vorigen Jahrhunderts eine Kategorie des Neuen tradiert, daß ihre Geschichte eine Kette sich als Reform-Entwürfe verstehender Schriften darstellt. Die eigene Auffassung von didaktischer Novität ist stets gepaart mit einem euphorischen Glauben daran, daß dieses Neue für den Musikunterricht eine entscheidende Wendung zum Besseren bringen werde, daß nun die Schulmusik auf den richtigen Weg gebracht sei. Man steht gerührt und betroffen vor dieser immer wieder neuen Hoffnung der Musikdidaktik, durch das gerade Neue dem Musikunterricht die entscheidende Wendung gegeben zu haben.

Doch offenbaren diese Belege nicht nur eine musikdidaktische Tradition ständiger sog. Reformen und einer damit verbundenen Tradition sich ständig nicht erfüllender Hoffnungen der Musikdidaktik. Die Belege lassen zugleich auch erkennen, daß bezüglich der Inhaltlichkeit des Neuen keine Bezüge zu dem inhaltlich Gleichartigen, dem bereits in der Geschichte Vorhandenen hergestellt werden. Gewiß geht es hier nicht um kleinliches Fahnden nach Prioritäten, zudem Modifizierungen und begriffliche Wandlungen, Diskrepanzen zwischen Konzeption und Realität den didaktischen Kern verhüllen und in allen Phasen didaktischen Denkens Aggression gegen gerade Vergangenes für den Ablösungsprozeß notwendiger zu sein scheint als Einsicht in Geschichte. Doch der nun gewonnene Abstand zu den musikdidaktischen Strömungen des vorigen Jahrhunderts läßt zahlreiche Mißverständnisse hinsichtlich tatsächlicher inhaltlicher Innovation zutage treten. Besonders aufschlußreich ist es, einige im musikdidaktischen Selbstverständnis eingerastete Terminierungen von Innovationen historisch zu verfolgen, wie beispielsweise die der Kestenberg-Reform zugeschriebene Neuerung, den Gesangunterricht der Schulen durch Musikunterricht abzulösen. Dieser Ansatz reicht weit ins 19. Jahrhundert zurück, nicht als Einzelfall von Progressivität, sondern als im musikdidaktischen Schrifttum verbreitetes Postulat. G. Schilling erhofft für seine „Allgemeine Volksmusiklehre“, daß fortan „nicht mehr bloß Singunterricht, sondern Musikunterricht . . . für die Schulen vorgeschrieben“ wird (Schilling, 1852). Ebenso erhofft O. Lange die Notwendigkeit, „den Gesangunterricht in der Art zu erweitern, daß an Stelle desselben ein umfassender Musikunterricht trete“ (Lange, 1841). Auch den Beginn der Gehörbildung in der Schule datiert man in der Geschichte des Musikunterrichts in der Regel auf die Reform der zwanziger Jahre, wobei gewöhnlich der Mechanismus des Spottes über alten Singunterricht und sein angeblich einziges Ziel des Liederwerbs in Bewegung kommt. Tatsächlich gibt es in der Geschichte des Musikunterrichts Intentionen, das schulische Singen konfessionellen und politischen Indoktrinationen dienstbar zu machen oder auch nur – im Sinne musikalischer Sozialisation – tradiertes Liedgut weiterzugeben; doch haben die führenden Singdidaktiker des vorigen Jahrhunderts in Deutlichkeit als Lernziel schulischen Singens die Gehörbildung bezeichnet. Das gilt von M.T. Pfeiffer und H.G. Nägeli (wie bereits die Anlage der Lehrwerke beweist) bis zu einem Singdidaktiker wie G. Rolle, der die Gehörbildung als die „Domäne des Gesangunterrichtes“ bezeichnet, als sein „erstes oberstes Ziel“ (Rolle, 1924). In der Mitte des vorigen Jahrhunderts emanzipieren Gehörbildung und Musiklehre in den Schulen in solchem Maße, daß E. Hentschel sich beklagt, man könne „in manchen Schulen vor lauter Treffübungen, Taktübungen, Notenübungen usw. kaum zu einigen Liedern und Chorälen kommen“ (Helm, 1903–1911; vgl. Hentschel, 1841–1844). Zweifellos hat die Bezeichnung Schulgesangunterricht der Musik als Schulfach ein einseitiges und damit falsches Image verschafft, das nie historisch geprüft, aber tradiert wurde. Auch das Hören komplexer Musik in der Schule ist nicht eine Errungenschaft unserer Jahrzehnte. Es reicht als musikpädagogisches Postulat bis in J.B. Basedows „Elementarwerk“ zurück (Basedow, 1785) und wird ebenfalls schon in der Mitte des vorigen Jahrhunderts für den Musikunterricht auch der Volksschule als die eigentliche Chance musikalischer Motivation angesehen; F.W. Schützes „Lehrgang für den Gesangunterricht in Volksschulen“ begründet den Beginn mit der Vorführung „wirklicher Tonstücke“ ausdrücklich damit, daß das Kind zuerst einen „Totaleindruck“ empfangen solle, bevor das Detail gelernt werde (Schütze, 1843). Auch für den vorschulischen Bereich ist das Hören komplexer Musik zumindest seit 1909 nachweisbar (Niehusen, 1909). Auch Details, die für gegenwärtiges musikdidaktisches Denken spezifisch erscheinen, erweisen sich bei historischen Studien als Repetition. So hat Th.W. Adornos „Kritik des Musikanten“ ihren Vorläufer in H. Kretzschmars Aufforderung, daß keineswegs „alle Deutschen Musikanten . . ., aber alle Deutschen musikalisch werden sollen“ (Kretzschmar, 1910 d). Ebenso ist Detail heutiger auditiver Wahrnehmungsübung in der „Allgemeinen Musikalischen Zeitung“ von 1804 vorweggenommen: „Uebe bald deinen Liebling die mancherley Schalle, Laute und Klänge zu unterscheiden, ihre Grade, ihre Beschaffenheit, ihren Entstehungsort anzugeben“, schreibt dort C.F. Michaelis (1804/1805).

Insgesamt wird deutlich, daß die Geschichtsschreibung des Musikunterrichts bisher die als Voraussetzung für alle historische Arbeit notwendige Sammlung von Fakten in Ausschnitten unternommen hat, auch nach den Zusammenhängen mit Musikanschauung und pädagogischen Richtungen verschiedener Epochen suchte, daß jedoch die monographische Darstellung der musikdidaktischen Strukturen wie Singen, Gehörbildung, Musikhören u.a. in der wechselhaften Geschichte ihrer Inhalte und Bezeichnungen noch nicht in Angriff genommen wurde; diese Lücke ist die Ursache fehlender historischer Bezugsmöglichkeiten in der Musikdidaktik und damit zugleich eine Ursache der Schwierigkeit der Identifikation des tatsächlichen Neuen und der neuen Modifikationen einer didaktischen Struktur im Interesse zeitgemäßen Musikunterrichts.

Damit reißt das Problem des Geschichtsbewußtseins in der Musikpädagogik auf. Denn die eingangs beschriebene Anpassung der Musikdidaktik an eine gegenwärtig allgemeine Fetischisierung des Neuen hat nicht nur eine lang zurückreichende Tradition des immer neu Erscheinenden und der daran geknüpften Hoffnungen einer endlichen Wende zum Besseren, sie gibt sich vielmehr auch zu erkennen als Konsequenz aus dem Fehlen einer strukturierten Geschichte der Musikpädagogik, wo das Substrat des Bedeutsamen aus der Geschichte hervorgehoben wäre, wo die umfassenden Bedingtheiten aller Arten von Musikunterricht, vorhandene Zusammenhänge und Wechselwirkungen abzulesen wären. Damit fehlt der Musikpädagogik das geschichtliche Bewußtsein im Sinne einer Erfahrung, die es ihr ermöglichen könnte, den jeweils gegenwärtigen Musikunterricht zu durchschauen. Für die heutige Situation von Musikunterricht und seine mehrfachen Deklarationen von Neuem kompliziert sich der historische Rückstand dadurch, daß nun allgemeine Geschichtsmüdigkeit herrscht und Aufarbeitung von historischer Erfahrung jetzt auf grundsätzliche Ablehnung stößt, daß zugleich auch durch publizistische Bedürfnisse nach Neuem gerade auf dem Gebiet von Kunst und Schule alles neu Erscheinende oder als neu Bezeichnete als besonders attraktiv dargestellt und begrüßt wird. Musikdidaktik beschränkt auch in der Gegenwart ihre Auffassung von neu auf das, was im geschichtlichen Kontinuum und Kontrast neu erscheint, doch sie verfügt nicht über die nur aus Geschichtsbewußtsein erwachsenden Maßstäbe für die Erfassung von Neuem im Sinne der einzigartigen Erfahrung, die es vorher nicht gab, die ereignishaft ist.

Dieser Mangel an mit den eigenen Gegenständen gewonnenen Erfahrungen, die diesen gemäß strukturiert und geordnet sind, ist eine der Ursachen einer für die Innovationsbemühungen der Musikdidaktik charakteristischen Erscheinung: ihre jeweils rasche Anpassung an zeitbestimmende Denkmodelle und die damit einhergehende Diskrepanz von musikdidaktischer Konzeption und Realität des Musikunterrichts. Auch dies gilt schon für M.T. Pfeiffer und H.G. Nägeli, die die Anregungen der allgemeinpädagogischen Theorie ihrer Zeit, der Elementarmethode Pestalozzis, so wörtlich auf den Schulgesang übertragen – nämlich durch Isolierung von „Elementen" auch der Musik in Tondauern, Tonhöhen usw. –, daß das Phänomen Musik als solches nicht mehr erkennbar sein konnte. Ebenso wird auch J.F. Herbarts pädagogisches Denken rasch und kurzschlüssig in Musikdidaktik transferiert. Sein Grundgedanke, die Ableitung des Erziehungszieles aus der Ethik, doch des dazu erforderlichen Verfahrens aus der Psychologie, schlägt sich bei den führenden Musikdidaktikern der zweiten Hälfte des 19. Jahrhunderts darin nieder, daß als oberster Zweck auch des Musikunterrichts die Ausbildung des sittlichen Charakters mit Mitteln der Musik steht und die Berücksichtigung menschlicher Entwicklungsperioden in das Verfahren einbezogen wird. In welchem Ausmaß die Musikdidaktik auch die pädagogische Reaktion auf den Herbartianismus, die Reform-Pädagogik, nachvollzogen und in einer spezifisch musikalischen Jugendbewegung potenziert hat, ist hinlänglich bekannt. Der Ausgang der Musikdidaktik von einer genuin allgemeinpädagogischen Theorie wird hier auch durch die Übernahme zentraler Leih-Theoreme wie Selbsttätigkeit, Ganzheit, „schöpferische Kräfte" offenkundig. Auch die Theorie volkstümlicher Bildung inspirierte die Musikdidaktik, indem sie das Volkslied als Material volkstümlicher musikalischer Bildung in der Schule legitimierte, ebenso die psychologische Theorie der Entwicklung, deren

Grundgedanke einer von Reifeprozessen gesteuerten entwicklungsbedingten Leistungsbereitschaft letztlich die Verengung der Schulmusik in einen pädagogischen Schonraum künstlerisch begrenzter Materialien und Praktiken verursachte und damit wahrscheinlich musikalische Retardierungen (vor allem in der Elementar- und Primarstufe) veranlaßte.

Auch in der Gegenwart lassen sich musikdidaktische Innovationen als Transfer außermusikalischer Theoreme oder auch nur einzelner Bezeichnungen nachweisen, so die Akzentuierung akustischer Wahrnehmung als Reflex des Lernens an der realen Umwelt, die Einführung von Pop-Musik als Aufnahme (motivatorischen) psychologischen Denkens, die Lernziele musikalische Sozialisation und Mündigkeit als Einfluß der pädagogischen Soziologie und der Politologie. Auch hier, bei der Beobachtung musikdidaktischer Anpassungen an außermusikalisches Denken, stehen nicht die Inhalte an sich in Frage, denn die Auseinandersetzung mit dem jeweils gegenwärtigen Denken ist für jede ihrer Zeit gemäß handelnde Fachdidaktik Voraussetzung; es geht vielmehr auch hier um die Weise der Übernahme, die, wegen des Mangels an Analyse der eigenen Sachbedingungen, an didaktischer Modifizierung gemäß der spezifischen Sache, als zu kurzschlüssig erscheint. Das musikdidaktische Perpetuum des sich immer wieder Einpassens in gerade gegenwärtige Tendenzen könnte der Schlüssel sein zum Verständnis der großen Pendelbewegungen in der Musikdidaktik, der immer wieder zu beobachtenden extremen Gegensätzlichkeit von Meinungen wie: nur Pentatonik — keine Pentatonik, nur Singen — kein Singen, nur Kunstwerk — kein Kunstwerk, nur traditionelle Musik — nur heutige Musik usf. Denn gerade anstehende Lehrmeinungen werden ja nicht durch neue Erkenntnisse überwunden, sie werden vielmehr abgelöst durch Einpassung in eine neue andernorts entwickelte Lehrmeinung. Die Autorität des jeweils Neuen wächst durch Berufung auf „wissenschaftlichen Beweis" — eben nicht genuin in der Musikpädagogik, sondern in benachbarten Denkzusammenhängen gewonnen — und löst damit abrupt das alte Neue, ohne jede Revision aus der Sache selbst, durch ein neues Neues ab. Das brachte und bringt die Musikdidaktik in Gefahr, eine Folge von Dogmen darzustellen, die extrem gegeneinanderstehen, weil sie nicht durch Erfahrung und Erkenntnis im eigenen Felde gewonnen wurden, nämlich an den Spezifika des musikalischen Lernens und Lehrens, den Bezügen zwischen Subjekt Mensch und Objekt Musik, die nicht nur jeder für sich, sondern gerade in ihren Bezügen zueinander geschichtlichen Bedingungen unterworfen sind. Mit solchem immerwährenden Anschluß an Neues kuriert Musikdidaktik an zeitbedingten Symptomen, gelangte aber kaum bis zum Herd, nämlich der Sammlung, Strukturierung und Ergänzung der Erfahrungen über pädagogischen Umgang mit Musik und seine Gegenstände. Ein circulus vitiosus wird offenkundig: Durch die Permanenz der Hoffnung, durch Neues zu verbessern, wird die Entwicklung der eigenen Theorie auf der Basis bisheriger Erfahrung verhindert, und der Mangel an eigener Theorie erschwert das Erkennen der inhaltlichen Kompetenz des gerade Neuen und seine sachgerechte Modifikation.

Was ist der Schluß aus dem Gesagten? Die Musikpädagogik hat in den vergangenen Jahren rasch zunehmende Aktivitäten entwickelt, die institutionellen Voraussetzungen der Arbeit an der musikpädagogischen Theorie sind erheblich verbessert worden. Die neuen Curricula, Unterrichtsbeobachtung an neuen Zielen, Materialien, Verfahren, Übertragungen neuer Denkansätze, stehen als aktuelle und verlockende Aufgaben im Raum. Doch wird man darüber die historische Musikpädagogik, insbesondere die Analyse der unterschiedlichen Projekte und Modelle musikalischen Lernens und

Lehrens, nicht weiterhin vernachlässigen dürfen. Aber es geht nicht nur darum, die historische Faktensammlung zu ergänzen und abzusichern. Es geht vielmehr darum, die bisher gewonnenen Erfahrungen greifbar zu machen, Verbindungen zwischen den gleichen Fragen und Lösungen in verschiedenen Zeiten herzustellen, die bleibenden Strukturen in der Musikdidaktik deutlich werden zu lassen, zu verhindern, daß Gegenwart hinter den Bewußtseinsstand einer vergangenen Zeit zurückfällt. Im Augenblick ist die Musikpädagogik noch belastet von dem Mißverständnis ihrer Geschichte als einer bloßen Erschließung historischer Ereignisse, während auch Musikpädagogik tatsächlich eines Geschichtsverständnisses bedarf, das das Substrat des Bedeutsamen aus der Geschichte heraus zu filtern vermag, das Erfahrungen aus Bedingtheiten der Relationen von Mensch und Musik als Möglichkeiten bewußt werden läßt, und durch Verstehen des bisher Wirklichen den Blick für Gegenwärtiges schärft. Die Musikpädagogik hat tatsächlich noch kaum darüber nachgedacht, daß es Geschichte nicht nur im Sinne stofflichen Wissens über historische Formen von Musikunterricht gibt, sondern vor allem als Aufzeigen von Wirkungszusammenhängen zwischen der Gegenwart und ihren Ursprüngen und damit als Möglichkeit der Reflexion der Gegenwart. Dies mag vor allem daran liegen, daß die bisherige Geschichtsschreibung der Musikpädagogik vor allem als Thema historischer Musikwissenschaft verstanden wurde, die von Haus aus mehr an historischen Materialien als an didaktischen Strukturen und Wirkungszusammenhängen interessiert ist. Doch angesichts der Nähe der Fragen des wirkungsgeschichtlichen Aspektes von Musik und nach dem musikalischen Verhalten des Menschen, angesichts der Tendenzen, das Musikleben auch als pädagogischen Prozeß zu begreifen, zeichnen sich gemeinsame Probleme von Musikwissenschaft und von Musikpädagogik ab.

Das gegenwärtige Mißverständnis von Geschichte in der Musikpädagogik und deren Lückenhaftigkeit geben sich als entscheidende Ursache für den Mangel an Entwicklung des Fachgebietes Musikpädagogik zu erkennen. Die Bildung musikpädagogischer Theorie war erschwert durch die Isolierung im immer nur gerade Gegenwärtigen und das immer kurzschlüssige Anknüpfen an gerade aktuelle Theorien. Es fehlte der Erfahrungsgewinn durch historische Wandlungen der gleichbleibenden Gegenstände Musik-Lernen und Musik-Lehren, die Strukturierung durch die Beobachtung aller Arten von Musik-Lernen unter den verschiedenartigen Bedingtheiten der wechselnden geschichtlich-gesellschaftlichen Situationen. Die Unklarheiten und Unsicherheiten der Musikdidaktik, ihre Neigung zu raschem Wechseln zwischen extremen Positionen, entstehen aus Mangel an gesicherter musikpädagogischer Theorie, die ihrerseits auf Mangel an geschichtlichem Bewußtsein zurückzuführen ist. Man fürchtet Ballast durch Geschichte und erkennt wenig den Ballast, den undurchschaute Geschichte darstellt; denn dies läßt Zufälle aufplustern, Moden überschätzen, Sicherungen aufgeben, verzerrt die notwendige Polarität von Tradition und Fortschritt und behindert letztlich durch Verunsicherung den ständigen Fluß der Aktualisierung als legitimen Auftrag aller Didaktik. Zwänge zur ständigen Produktion von Neuem drosseln die Bemühungen um Wahrheit und Präzision durch Gründlichkeit im Detail, und umgekehrt befähigen nur Kenntnisse zur Sache und geschichtliches Bewußtsein dazu, das Gegenwärtige im Vergleich zum ebenfalls Möglichen zu durchschauen. Es ergibt sich, daß sich die didaktische Kategorie des Neuen nur auf der Basis musikpädagogischen Geschichtsbewußtseins als Chance der Reform entfalten kann (Abel-Struth, 1973 a und b; Antholz, 1979).

2. Musikpädagogische Begriffsforschung

2.1 Zur Bedeutung von Begriffsklärung und Begriffssystem für die Musikpädagogik

Warum sind geklärter Begriff und ein systematisches Bezugssystem für Musikpädagogik wichtig? Es gelten die gleichen Gründe wie für alle wissenschaftlichen Fächer: Um Überlegungen verständlich zu machen, einen Vorgang beschreiben, ein Problem entwickeln, ein Faktum beurteilen, einen Forschungsansatz formulieren zu können, sind Begriffe notwendig, für die ein Minimalkonsensus besteht, die zumindest in dem Spektrum ihrer möglichen Bestimmungen bewußt sind. Jede Aussage über die Bereiche musikalischen Lernens und Lehrens setzt voraus, daß man sich auf einen Bestand verstandener Begriffe stützen kann. Die Verwendung ungeklärter Begriffe macht jede fachliche Diskussion unökonomisch, wenn nicht unmöglich, da die Voraussetzungen zu unklar sind, um stringent auf das weiterführende Problem konzentrieren zu können; weil die Ausgangsbegriffe fehlen, läßt sich das neue Problem nicht „auf den Begriff bringen" und seine Diskussion nicht sachlich durchführen. Ebenso benötigt Musikpädagogik, wie alle Fächer, ein Begriffssystem. Dessen Funktion liegt darin, daß es die fachsprachlichen Begriffe in eine Ordnung bringt, aus der eine zusätzliche definitorische Deutlichkeit zu gewinnen ist (durch den Standort), und zugleich die hierarchische Bedeutung eines Begriffes ablesbar wird (durch Über- und Nachordnungen). Zusätzlich bietet aber die Begriffssystematik die Möglichkeit, neue Begriffe zu prüfen: Durch den Standort wird nun deutlich, ob der Begriff Synonyma besitzt, ob er sich teilweise mit vorhandenen Begriffen überschneidet, ob er tatsächlich einen neuen Sinn trägt oder lediglich verbale Wandlung darstellt.

Die Notwendigkeit geklärter Begriffe und Begriffssystematik gilt besonders für Fächer, die – wie Musikpädagogik – in hohem Maße mit anderen Disziplinen verflochten sind. Ein Fach kann nur in interdisziplinäre Korrespondenzen eintreten, wenn sein eigenes Begriffssystem Relationen zu tangierenden Begriffssystemen erlaubt, d.h. wenn es die Besonderheit einer speziellen fachlichen Begriffsdeutung in den Zusammenhang einer allgemeinen Begriffsklärung zu bringen vermag. Doch ebenso kann kein Fach in interdisziplinäre Kooperationen eintreten, wenn es dies nicht auf der Basis eines begrifflichen Konsensus innerhalb seines Fachgebietes zu tun vermag, um dem Fachfremden Einsicht in das spezielle Forschungsproblem und seinen Stellenwert zu ermöglichen, die Voraussetzung jeder interdisziplinären Verständigung ist. Gerade ein Gebiet wie Musikpädagogik, das bezüglich des musikalischen Materiales mit der historischen Musikwissenschaft zu kooperieren hat und bezüglich des musikalischen Lernvorganges zahlreiche Humanwissenschaften berührt, muß geklärte Begriffe und Begriffssysteme besitzen, die seine Gegenstände, musikalisches Lernen und Lehren sowie Musikunterricht in begrifflichen Zusammenhang mit anderen Gegenstandsbereichen bringen können. Wenn auch die Terminologien nicht identisch sein müssen, so muß doch die musikpädagogische Terminologie so geklärt und akzeptabel sein, daß speziell gebrauchte bzw. facheigene Begriffe für die Herstellung überfachlicher Bezüge brauchbar sind. Das gleiche gilt für die deutschsprachige Musikpädagogik und ihren notwendigen Bezug vor allem zur englischsprachigen Musikpädagogik. Nur die geklärte Terminologie des Faches in beiden Sprachbereichen erlaubt die dringend notwendigen internationalen begrifflichen Beziehungen, die dann ihrerseits wiederum zur definitorischen Verbesserung der musikpädagogischen Terminologie führen können.

Die für alle Fachgebiete geltende Notwendigkeit geklärter Begriffe hat ihre besonderen Aspekte in Fächern mit praktischen Aufgabenbereichen. Denn die Begriffe haben hier in einem besonders hohen Maße praktische Folgen. Musikpädagogische Begriffe fließen ein in die Angaben zu Zielen, Arbeitsweisen im Unterricht, Unterrichtsstilen, in Lehrplan-Setzungen betreffs des musikalischen Materiales und der Bedeutung der musikalischen Unterrichtsgegenstände. Hier sind seltsame Umkehrungen zu beobachten. Es werden weit weniger geklärte Begriffe zur Beschreibung von Praxis eingesetzt als vielmehr ungeklärte Begriffe zur Ausrichtung von Praxis durchgesetzt; rasche Begriffe werden zu Zielsetzungen, werden zu autoritär herrschenden Leitbegriffen, bevor noch irgendeine Klärung stattfinden konnte. Statt durch das Bewußtsein einer Sache ihre Voraussetzungen zu schaffen, diese zu klären, begrifflich zu fassen und einzuordnen, hypertrophieren die vorbegrifflichen Intentionen und die praktischen Folgen. Als Kern des Problems sind Aktualitätszwänge der Zielsetzungen wie auch Absichten zur Durchsetzung ideologischer Intentionen erkannt worden. Die Ideologiekritik hat gerade an Begriffen pädagogischer Fächer eingesetzt; auch in der Musikpädagogik gibt es Ansätze begrifflicher Analysen, die auf Aufklärung von Intentionen und ihrer Denkhintergründe zielen, die auf ideologische Anteile der Fachsprache hinweisen. Es ist eine historische Erfahrung, daß der Bereich des Musik-Lernens und Musik-Lehrens eben wegen des Mangels an begrifflicher Klarheit in besonders hohem Maße ideologisch und politisch anfällig ist. Aktuelle Leitbegriffe haben immer wieder auf Musikpädagogik autoritär eingewirkt, ihre Sacharbeit gestört, ihre wissenschaftliche Verbesserung blockiert, ihre öffentliche Geltung beeinträchtigt. Ungeklärte Begriffe hatten so viel negative Auswirkung für Musikunterricht, daß ein Sperren gegen Begriffserklärung letztlich bereits Zustimmung zu Ideologisierung musikalischen Lernens darstellt.

Auch für Musikpädagogik stellt exakte Begriffsbildung das Fundament dar. Geklärte Begriffe schaffen die Voraussetzungen zur Darlegung von Problemen, von Theorien, für die Sachlichkeit von Diskussionen. Sie sind zur Ausdifferenzierung wissenschaftlicher Gedankengänge genauso notwendig wie zur Beschreibung praktischer Realsituationen. Auch für die Bekanntgabe fachlicher Probleme und Notwendigkeiten in der Öffentlichkeit benötigt Musikpädagogik geklärte Begriffe; wenn auch Umgangssprache und Fachsprache nicht identisch sind, so ist doch die umgangssprachliche Darstellung davon abhängig, daß sie auf gedankliche Klarheit (eben mit Hilfe geklärter Begriffe) des fachlichen Denkens zurückgreifen kann. Fachliche Begriffsbildung ist auch Voraussetzung aller interdisziplinärer Zusammenarbeit. Darum – insgesamt – benötigt Musikpädagogik, und zwar wegen ihrer Defizite in besonders hohem Maße, mehr Begriffsforschung. Gewiß wird sie dabei, wie alle Disziplinen, die zunehmende Klärung nicht im Sinne eines zeitlosen Besitzstandes an Begriffen zu verstehen haben; doch wird sie auch nicht mehr begriffsblind dem Zeitgeist ausgeliefert sein.

2.2 Musikpädagogische Begriffsforschung

Die Musikpädagogik hat der Untersuchung ihrer Fachsprache bisher nicht viel Interesse geschenkt. Selbst in Phasen, in denen die Notwendigkeit musikpädagogischer Forschung erkannt wird, läßt sich kaum terminologisches Problembewußtsein erkennen. Das gilt für die erste Phase musikpädagogischer Forschungsansätze in den zwanziger Jahren, deren führende Vertreter Begriffsforschung noch nicht als Aufgabe der Musikpädagogik sehen. Wie unsystematisch selbst die Fachbezeichnung erfolgt, wurde an den Schriften von G. Schünemann, R. Wicke, F. Reuter und W. Kühn nachgewiesen (Abel-Struth, 1970). Lediglich R. Wicke beklagt in einer Auseinandersetzung mit dem Gemeinschaftsbegriff „terminologische Ungründlichkeit und Wandelbarkeit" (Wicke, 1930). In der zweiten Phase musikpädagogischer Forschung, einsetzend nach dem zweiten Weltkrieg und der pädagogischen Restauration, ist ein erwachendes Bedürfnis nach geklärten Begriffen daran erkennbar, daß M. Alt 1968 seiner „Didaktik der Musik" unter den Anmerkungen eine halbe Seite für eine Begriffssystematik mit Kurzdefinitionen einräumt (die, aus widersprüchlichem Gebrauch im Text zu schließen, wohl erst nachträglich aufgestellt wurde; Alt, 1977). Doch unpopuläre Entwicklungen sind langwierig. Nur langsam sind die Reflexion der musikpädagogischen Terminologie-Problematik, historische Begriffsstudien und die Arbeit an grundlegenden begrifflichen Bestimmungen rezipiert und fortgeführt worden (Abel-Struth, 1970; Ludwig, 1970; Nolte, 1975 b, 1977, 1978 und 1982 b; Vollmer, 1980; Antholz, 1980 und 1981). Doch es zeigt sich ein wachsendes Interesse an definitorischer Arbeit. In der Fachzeitschrift „Musik und Bildung" wurde ein Versuch mit Sachwörtern unternommen (Antholz, 1977; Fischer, 1977; Rauhe, 1977 und 1978; Reinfandt, 1977 und 1978; Ehrenforth, 1977 und 1979; Noll, 1977, 1979 und 1980; Binkowski, 1977 und 1980; Richter, 1977, 1978 a, 1979 und 1980; Abel-Struth, 1978 a; de la Motte-Haber, 1978 a und b; Probst, 1978; Werner-Jensen, 1978 und 1979; Gruhn, 1979; Hunkemöller, 1979; Jenne, 1979; Wehinger, 1979; Becker, 1980; Roscher, 1980; Schmidt, 1980; Schneider, 1980), wobei sich allerdings mitunter definitorische Bemühung und didaktische Programmatik vermischten; doch der Versuch wurde nach drei Jahren eingestellt. Auch in Lexika des Faches äußern sich zunehmend Bestrebungen nach begrifflicher Bestimmung (Gieseler, 1978; Hopf u.a., 1984). In dem hier gegebenen „Grundriß der Musikpädagogik" werden Versuche mit Begriffsstudien nun auch zu Musik-Lernen, Musik-Lehren und Musikunterricht begründend an den Ausgang gestellt.

Das Verständnis für die Notwendigkeit von Begriffsklärung und Begriffssystematik in der Musikpädagogik ist gewachsen, die Arbeit hat begonnen; die Frage gilt nun den konkreten Aufgaben musikpädagogischer Begriffsforschung. Sie beginnen im historischen Bereich, bei der Feststellung des Ursprungs und der Geschichte der fachsprachlichen Begriffe. Hier sind die fachlichen Begriffe der einzelnen Epochen der musikpädagogischen Geschichte festzustellen und in ihrer historischen Bedeutung zu klären. Dazu tritt die Beobachtung der Veränderung der Bedeutung einzelner Begriffe bis zur Gegenwart. Die Geschichte musikpädagogischer Begriffe kann die Differenzierungen ihrer Bedeutung erschließen und auf die ursprüngliche Bedeutung eines Begriffes zurückführen. Der letzte Schritt bei solchen Forschungen, nach der Feststellung des pragmatischen Umfeldes und der geschichtlichen Herkunft, ist das Aufweisen der dauerhaften, bestimmenden Merkmale, die dem Begriff zugehörig sind. Die Erschließung der historischen Dimension eines Begriffes, zu seinem Verständnis und Gebrauch unerläßlich, zeigt die geschichtlichen Veränderungen eines Begriffes (einschließlich der gegenwärtigen Bedeutung) auf, Umfeld und Ursachen zeitspezifischen Gebrauchs, aktuelle Bevorzugungen und Vernachlässigungen eines Begriffes und deren Ursachen, macht Begriffsablösungen bei gleichbleibendem Gegenstand erkennbar und Stabilität oder Labilität eines Begriffes sowie seiner einzelnen Bestimmungsmerkmale.

Die historischen Forschungsaufgaben der musikpädagogischen Wort- und Begriffsforschung stehen in engem Zusammenhang mit sprachanalytischen Forschungen. Denn die Analyse der Bedeutung fachsprachlicher Begriffe geht von der Feststellung der historischen Bedeutung aus, prüft umgangssprachlichen Gebrauch eines Begriffes, analysiert die Begriffsmerkmale und deren Wandlungen und führt schließlich bis zur vergleichenden Analyse eines Begriffes in der musikpädagogischen Fachsprache sowie in der Fachsprache anderer Disziplinen. Die Analyse des Sprachgebrauchs etwa in Musik-Schulbüchern, auch in Lehrplänen, Richtlinien, fachwissenschaftlichen Schriften kann einerseits die Unterschiedlichkeit der vorausgesetzten Begriffsinhalte, eventuelle Gruppenauffassungen oder spezielle fachsprachliche Individuallösungen deutlich machen, andererseits aber auch die Einsicht in die begriffliche Realsituation der Musikpädagogik verstärken. Die methodischen Möglichkeiten reichen von der Unterscheidung umgangs- und fachsprachlichen Gebrauchs, der Feststellung von Synonyma, der Stichwortfeststellung in Lexika über Literatur- und Ideologieanalyse und Analyse von Begriffsinterpretationen bis zur Feststellung von Vieldeutigkeit und Tarnbegriffen.

Die zentrale Aufgabe der musikpädagogischen Wort- und Begriffsforschung liegt auf definitorischem Gebiet. Der geltende definitorische Konsensus ist zu erarbeiten, die Begriffe sind detailliert zu bestimmen und innerhalb ihres umgebenden Begriffsfeldes abzugrenzen, damit schließlich die geordnete und vollständige Einführung der fachsprachlichen Begriffe möglich wird, und auf der Basis von definitorischem Konsensus und begründeter Kennzeichnung der Begriffskomponenten Korrekturen des fachlichen Sprachgebrauchs herbeigeführt werden können. Damit wird die Unterscheidung zwischen begründeten Begriffen, Ausdrücken der Allgemeinsprache und Schlagwie Modeworten einer Epoche ermöglicht. Doch man wird andererseits Vorstellungen zu vermeiden haben, daß die Grundbegriffe der Musikpädagogik gegeben und nur einfach zu definieren seien. Sie sind ständig in Entwicklung begriffen, sind wechselnden Triebkräften ausgesetzt, enthalten einheitliche wie divergierende Komponenten, sind weniger Inhalte als Beziehungen zwischen Inhalten. Die Aneignung von Begriffen ist viel schwieriger und komplizierter als Merkmalsreihungen glauben machen. In der Auseinandersetzung mit Begriffen erweist sich wissenschaftliches Denken. Für die praktische Musikpädagogik sind bedachte Begriffe und ihre Rezeption Voraussetzung zur Versachlichung der Diskussion.

3. Musikpädagogische Methodologie

3.1 Zur Notwendigkeit musikpädagogischer Methodologie

Der Vergleich des musikpädagogischen Aufschwunges der zwanziger Jahre mit dem der Gegenwart will in einer seiner Dimensionen nicht recht greifen: in der wissenschaftstheoretischen Dimension. Die zwanziger Jahre ließen „Theorien“ entstehen, brachten eine Diskussion über den Wissenschaftscharakter der Musikpädagogik in Bewegung, entwarfen Systematiken und ließen das Methodenproblem wissenschaftlicher Musikpädagogik als gelöst erscheinen. Gewiß, wir sehen heute die Großzügigkeit und Unbefangenheit dieser ersten wissenschaftstheoretischen Ansätze der Musikpädagogik, die Widersprüchlichkeit der „Grundlinien zu einer Theorie der musikalischen Erziehung“ W. Kühns (Kühn, 1925), die Wechselhaftigkeit der Anpassungen an pädagogisches und musikwissenschaftliches Denken (Reuter, 1926; Wicke, o.J. [1931]) sowie die methodische Vereinfachung G. Schünemanns, der nur erkenntnistheoretische Betrachtung und (dieser vorangehende) experimentelle Methode unterscheidet (Schünemann, 1927). Doch die wissenschaftstheoretische Reflexion war in den Aufschwung der musikpädagogischen Forschung der zwanziger Jahre eingebunden, sie war selbstverständlicher Bereich der wissenschaftlichen Arbeit. Dies eben steht heute weit im Abseits, die Notwendigkeit wissenschaftstheoretischer Reflexion scheint in der gegenwärtigen wissenschaftlichen Musikpädagogik nicht drängend zu sein. Die hier unternommene Einleitung verweist darum über das spezielle Vorhaben eines Versuches zur gegenwärtigen methodologischen Situation der musikpädagogischen Forschung hinaus auch auf die Frage, ob ein solcher Ansatz zur Begründung der Notwendigkeit wissenschaftstheoretischer Reflexion unseres Faches und seiner Forschung beitragen kann.

Die sechziger Jahre brachten der praktischen Musikpädagogik grundlegende Veränderungen der Realität musikalischen Lernens und Lehrens, ihrer Intentionen und ihrer Arbeitsweisen. Auch die wissenschaftliche Musikpädagogik wandelte sich entscheidend von einer „Theorie“ des praktischen Tuns für künftige Musiklehrer zu einem nach seinem Wissenschaftscharakter suchenden Hochschulfach; die wissenschaftlich-methodische Entwicklung führte (wie im ersten Kapitel einführend beschrieben) von sich abgrenzenden, methodischen Zentren um empirische Forschung, geschichtliche Forschung und im Grad methodischen Denkens unterschiedlichen Reflexionen hin zu methodischer Differenzierung und Öffnung im Anschluß an die in der allgemeinen wissenschaftlichen Entwicklung sich abzeichnenden Methoden, Forschungstypen und Forschungstechniken.

Nun hat schon der vielzitierte G. Schünemann eine Auffassung vertreten, die statt methodischem Auseinanderdriften gerade umgekehrt methodische Versöhnung impliziert: In seiner Sicht gibt die erkenntnistheoretische Erklärung das Verstehen, das Erklären, die Folgerungen, doch dies auf Grundlagen, die mit Hilfe experimenteller Methoden gewonnen werden (Schünemann, 1927). Die hier schon in die Versöhnung implizierte Abhängigkeit erkenntnistheoretischer von experimenteller Musikpädagogik wird noch in der Gegenwart vertreten: Das erste, im Frühjahr 1981 erschienene Heft der „Psychomusicology“, eines „Journal of music cognition“, gibt in seinem einleitenden, die Position der Herausgeber D.B. Williams, J.C. Carlsen und W.J. Dowling darlegenden Statement u.a. bekannt, daß ihr Musikpädagogik einbeziehendes Journal keine Theoriebeiträge ohne empirische Basis bringen werde (Williams u.a., 1981).

Daß jedoch unser Problem nicht einfach durch methodische Hierarchie, Alternation oder schlichte Integration zu lösen ist, zeigt die weitgespannte interdisziplinäre Diskussion der methodologischen Unterschiede von Geistes- und Naturwissenschaften. Ihre spezifisch pädagogische Problematik hat in den Erziehungswissenschaften zu kontroversen Auffassungen geführt. Für W. Flitner ist die Position des für erzieherisches Geschehen verantwortlichen Pädagogen charakteristisch, der in einer „Zwischenwelt" zwischen den „Tatbeständen, auf welche Empiriker blicken, und jenen, die durch Wertphilosophie oder durch theologische oder politische Normierung gestützt erscheinen", liegt (Flitner, 1963). Methodisch versucht er zu vermitteln. Er warnt davor, den Gegensatz zwischen beiden Richtungen und ihren Methoden zu dramatisieren, und empfiehlt die gegenseitige Ergänzung der empirischen und der philosophischen Richtung, aus der er ein drittes Verfahren, das hermeneutisch-pragmatische konstruiert; dies faßt den Ausgang von der „pädagogischen Tatsache". Andere Erziehungswissenschaftler, so C. Menze, vertreten eine Position, die den Vorrang der Deutung vor dem Faktum festhält, bei der die „Zugabe" der beurteilenden Subjektivität akzeptiert wird, „denn die Reduktion im Sinne des Positivismus ist ein Akt der Selbstverstümmelung, wodurch das Pädagogische verfehlt und der Eigencharakter eben jener Disziplin aufgehoben wird, den sie zu begründen versucht". Erfahrungswissenschaftliche Methoden werden hier als Möglichkeit der Ergänzung gesehen, die aber nicht genügen, „um ein tragfähiges Fundament für eine systematische Pädagogik, die die Erkenntnis der Erziehung fördert und ihre praktischen Vollzüge einsichtig macht, zu errichten" (Menze, 1967).

Auch die Position einer nur experimentellen Pädagogik wird in den Erziehungswissenschaften vertreten, so bereits bei A. Lay und E. Meumann (Meumann, 1914; Lay, 1920), deren Ziel die experimentell gesicherte Grundlegung der Pädagogik ist; A. Lay möchte den „Wirrwarr der Meinungen" in der Pädagogik durch Ergebnisse experimenteller Forschung überwinden und E. Meumann die gesamte Pädagogik auf einem empirischen Unterbau begründen. Sie entwickeln (analog zur Psychologie) pädagogische Forschungsmethoden (Selbstbeobachtung, Fremdbeobachtung und Experiment), die A. Fischer methodologisch differenziert, reflektiert und nach ihrer Bedeutung für die pädagogische Forschung und die Ideee einer exakten Pädagogik abwägt (Fischer, 1913). In der Gegenwart hat H. Röhrs eine methodologische Position der Erziehungswissenschaften entwickelt, die nicht nur die Bedeutung der forschungsmethodologischen Fragestellung in der Erziehungswissenschaft zeigt und geisteswissenschaftliche wie empirische Methoden im Rahmen der Erziehungswissenschaften beschreibt und ausdifferenziert, sondern auch die traditionelle Alternative relativiert und methodisches Denken an Forschungsziele anbindet; letztlich greift er den Gedanken einer methodischen Gegenseitigkeit des geistesgeschichtlichen und des empirischen Denkens wieder auf („Ohne die Spannung echter Gegensätzlichkeit und die denkerische Kraft zu ihrer Überbrückung werden die eigentlichen Ergebnisse ausbleiben"; Röhrs, 1971).

Wie weit und tief unser Problem der musikpädagogischen Methodenentwicklung aber letztlich reicht, zeigt schließlich die methodologische Diskussion der Sozialwissenschaften. J. Habermas argumentiert in der „Logik der Sozialwissenschaften" gegen die Möglichkeit einer Integration von Verfahrensweisen historisch hermeneutischer Wissenschaften in erfahrungswissenschaftliches Denken (Habermas, 1971 b). In seiner Auseinandersetzung mit H.G. Gadamer und dem Universalitätsanspruch der Hermeneutik stimmt J. Habermas zwar dem hermeneutischen Grundgedanken zu, daß es in unserem Leben keinen Standpunkt außerhalb der Geschichte gebe und Auseinandersetzung mit Vergangenheit, Traditionen und Institutionen unabdingbar sei, hält aber fest, daß dieses historische Bewußtsein auch Bewußtsein seiner Historizität selbst sei, nämlich seiner Abhängigkeit von geschichtlichen und gesellschaftlichen Situationen und Interessen; Hermeneutik wird gerechtfertigt, aber zugleich in ihrem Sinn gewendet: Sie führt auf Überlieferung zurück, doch ihre wesentliche Funktion ist es, die Bedingtheit dieser Überlieferung aufzuzeigen, sie der kritischen Betrachtung zu unterziehen (Habermas, 1971 a).

3.2 Methodische Öffnung durch die Gegenstände Musik-Lernen, Musik-Lehren und Musikunterricht

Doch das methodische Kernproblem wissenschaftlicher Musikpädagogik ist zunächst die Lösung von der tradierten methodischen Fixierung. Ihren Mentorendisziplinen hat die Musikpädagogik auch methodisch viel zu danken, eine Fülle historischer Quellenerschließungen, Grundlagenforschung und erste Methodenbeiträge (Böttcher und Kerner, 1978; Faltin, 1979); doch diese sind nicht frei von der Neigung, mit der Methode auch Einfluß auf die Forschungsthematik zu nehmen. Darüber werden wesentliche musikpädagogische Fragestellungen vernachlässigt, wird musikpädagogische Forschungskapazität von der Entwicklung des eigenen Faches abgeleitet. Doch den Beweis der Wissenschaftlichkeit einer musikpädagogischen Arbeit erbringt nicht die gewählte Methode, sondern das musikpädagogische Gegenstandsbewußtsein, die umfassende Darlegung des Problems, die Differenzierung der Fragestellung und die daran angemessene Methode.

Der wissenschaftliche Gegenstand Musik-Lernen und die mit ihm korrespondierenden Gegenstände Musik-Lehren und Musikunterricht weisen nicht nur eine empirische und eine historische Dimension auf; es eröffnen sich auch weitere Methoden. In dem Forschungsbereich musikalischen Lernens tritt neben die tradierte methodische Präferenz der Leistungsmessung die ganze Vielfalt methodischer Möglichkeiten zur Erschließung der Bedingungen des Musik-Lernens, der Fragen menschlichen Umganges mit Musik, sozialen Aspekten wie Bedingungen des musikalischen Materials nachgehend. Die musikbezogenen Lernvorgänge verweisen auf Beobachtungsaufgaben, auf methodische Bezüge zu motorischen und sprachlichen Phänomenen, auf Zusammenhänge mit allgemeinen Lernvorgängen. In die Ergebnisse musikalischen Lernens sind weit über die Messung von musikalischen Leistungen hinaus die Effekte von voraus übernommenen musikalischen Einstellungen und vor allem von Lernsequenzen in den Blick zu nehmen. Die Langzeit-Dimension des musikalischen Lernens verweist auf methodische Möglichkeiten von der sozialwissenschaftlich-biographischen Methode über unterschiedliche Beobachtungsmethoden und textanalytische Verfahren bis zu tiefenpsychologischen Interview-Methoden. Wie viele offene methodische Möglichkeiten das Musik-Lehren aufweist, zeigen die Ansätze zur Beobachtung des Lehrerverhaltens, die Lehrplanforschung sowie geschichtliche und systematische Untersuchungen an Zielen und Lehrbüchern. Die Probleme um den Musiklehrer verweisen auf musikpädagogisch-sozialgeschichtliche Ansatzmöglichkeiten und musikpädagogische Berufsfeldanalyse. Die methodischen Möglichkeiten potenzieren sich für die Untersuchung des Musikunterrichts, die hier sich entwickelnden Verfahren für Beschreibung und Beobachtung. Musik-Lernen, Musik-Lehren und Musikunterricht bieten durch die Operationalisierbarkeit ihrer Details und die aus solcher Konkretion zu gewinnende Möglichkeit sachlicher Beschreibung die Chance vielfältiger methodischer Modifikation. Die methodischen Schwierigkeiten angesichts des komplexen Geschehens sind offenkundig; doch die Aufnahme der hier anstehenden Arbeit führt in die tatsächlichen musikpädagogischen Probleme.

In der Musikpädagogik (wie in allen mit Lernen und Lehren befaßten Forschungsgebieten) könnte der Versuch einer Darstellung der Methoden i.S. von Forschungsverfahren, die zur Untersuchung wissenschaftlicher Fragen eingesetzt werden, schon an der ersten Hürde, dem geltenden Wissenschaftsbegriff, zu Fall kommen. Die einleitende Erörterung der Frage, welche Methoden im Umkreis einer sich als wissenschaftlich verstehenden Fachliteratur eingesetzt werden, beschränkte sich darum auf die Beschreibung der methodischen Zentren um historische, empirische und allgemein geistesgeschichtliche Ansätze. Diese Zentrierungen zeigen ein tradiertes Problem musikpädagogischen Methodengebrauchs auf, dem eine musikpädagogische Methodologie besondere Aufmerksamkeit zu widmen hat. Es ist das Problem der Methodenanpassung; präferierte Methoden werden nicht nur gern ohne die Vorgabe fachspezifisch entwickelter Fragestellung eingesetzt, sondern sogar mit Adaption tradierter methodischer Themenbindung. So konnte in einer Phase allgemeiner Dominanz empirischer Methoden in den sechziger Jahren musikpädagogische Forschung identisch erscheinen mit empirischer Methode. Der Arbeitskreis Musikpädagogische Forschung stellte seine erste öffentliche Tagung, die in diese Phase fiel, unter das Thema Empirische Forschung in der Musikerziehung, damit die Grenzen von Methode und Forschungsgegenständen verwischend. Das schmale, methodologische Schrifttum der Musikpädagogik konzentriert sich seitdem auf Probleme der Empirie (Alt, 1969; Eicke, 1969, 1970 a, b und 1972; de la Motte-Haber, 1980; Kraemer und Schmidt-Brunner, 1983). Vor allem aber verstellt solcher unrelativierter Methodenanschluß der Musikpädagogik den Blick für die Notwendigkeit grundsätzlicher methodologischer Diskussion im Fach.

Die mit dem methodischen Anpassen einhergehende thematische Adaption musikpädagogisch relevanter Forschung beginnt sich im Zuge wachsenden musikpädagogischen Gegenstandsbewußtseins zu lösen; mit dem Interesse an spezifisch musikpädagogischen Forschungsgegenständen kommen auch Methoden in Bewegung, zeichnen sich methodische Öffnung und Differenzierung der Musikpädagogik ab. Sache musikpädagogischer Methodologie ist es, solche Zusammenhänge aufzuzeigen. Denn der Forschungsgegenstand ist auch in der Musikpädagogik Ausgang aller methodischen Entscheidungen, nur das Bewußtsein spezieller musikpädagogischer Gegenstände kann Forschungsmethoden im Interesse dieser eigenen Gegenstände einsetzen. Zunehmend wird die Vernachlässigung spezieller, zentraler Gegenstände der Musikpädagogik durch Anbindung an Mentorendisziplinen und deren Methoden erkannt, die (verständliche) Neigung zur Wahl solcher Forschungsthemen, die mit tradierten historischen oder psychologischen Methoden gut faßbar sind; gerade Gegenstände wie musikalisches Lernen, musikalisches Lehren und Musikunterricht mit ihren weitreichenden Grundlagenfragen und disziplinären Verknüpfungen bieten methodisch gesehen besonders vielfältige und anregende Forschungsmöglichkeiten. Der beschriebene Beginn methodischer Differenzierung und Öffnung der Musikpädagogik läßt die Fülle eingeführter und möglicher Denk- und Beobachtungsmethoden, Meß-und Befragungsmethoden, historischer und vergleichender Methoden erkennen. Die musikpädagogischen Gegenstände und die sich mit ihnen öffnende Methodenvielfalt können den Blick über tradierte methodische Zentren und hier etablierte Fragestellungen hinausführen und von drängenden fachlichen Problemen und Fragestellungen des Faches aus methodische Phantasie anstoßen – unter Wahrung der Ansprüche methodischer Arbeit. Letztlich kann nur der Ausgang von facheigenen Gegenständen und deren Untersuchung mit jeweils angemessenen Methoden, die gleichwohl in unterschiedliche Dimensionen führen können, solche Ergebnisse methodisch gewinnen lassen, die die facheigene Theoriebildung zu fördern vermögen. Denn in der Theoriebildung erweisen sich Gegenseitigkeit und Bezugskraft von Methoden, die aber in der Handhabung am Forschungsthema zunächst ihren eigenen Anspruch stellen müssen, am einzelnen Forschungsthema nur zum gültigen Ergebnis führen können, wenn sie gemäß allen Erfahrungen und Erfahrungsmöglichkeiten mit dieser Methode eingesetzt werden.

Man wird heute wohl in keiner wissenschaftlichen Disziplin eine bestimmte Methode für sich allein beanspruchen. Die Forschungsmethoden sind fachübergreifend, für zahlreiche Gegenstandsbereiche einsetzbar. Doch sie sind in der Regel in einzelnen Wissenschaften entwickelt worden, denen ihre Ausbildung und Verfeinerung zu danken ist, die aber zugleich mit der Ausbreitung einer Methode in andere Sachzusammenhänge auch auf Gegenstände Einfluß ausüben. Methoden sind nicht mehr an Disziplinen gebunden; doch es bleibt Aufgabe methodologischer Untersuchung, eventuelle thematische Einschüsse von Methoden aus deren Ursprungsdisziplinen im Blick zu behalten. Doch vor allem ist es Aufgabe musikpädagogischer Methodologie, auf die Vielfalt methodischer Möglichkeiten angesichts der spezifischen musikpädagogischen Forschungsgegenstände zu verweisen, damit die Frage von Studienbewerbern, ob man hier „empirisch oder historisch" promoviert werde, künftig mehr als Frage nach den methodischen Möglichkeiten zur Klärung eines den Kandidaten bewegenden musikpädagogischen Problems gestellt werde. Die Methodologie tritt als Problem und wissenschaftliche Aufgabe in die Musikpädagogik ein, zugleich in die umfassenderen wissenschaftstheoretischen Aufgaben des Faches weiterführend (Abel-Struth, 1982 b und 1983).

4. Musikpädagogische Theoriebildung

4.1 Über den Sinn musikpädagogischer Theoriebildung

Wir haben eine alte Tradition der Postulate musikpädagogischer Wissenschaft, wir haben methodisch zentrierte, ins 19. Jahrhundert zurückreichende Forschungstraditionen, doch die musikpädagogische Theoriebildung blieb bisher glücklos. Der historische Rückblick des ersten Kapitels ließ vier verschiedenartige theoretische Ansatzversuche in der Musikpädagogik erkennen: Theorie im Sinne theoretischer Grundlegung des gesamten Fachgebietes, Leihtheorien aus anderen Disziplinen, aus zeitgenössischen Diskussionen transferierte Einzeltheoreme mit unterschiedlich weitem Reflexionsumfeld und erste genuin musikpädagogische Theorieansätze. Insgesamt gesehen ist die Situation der musikpädagogischen Theoriebildung gegenwärtig unbefriedigender als die vergleichbarer Fachgebiete; dies ist vor allem darauf zurückzuführen, daß Theorieansätze um die spezifisch musikpädagogischen Erscheinungen vernachlässigt blieben und die Neigung zum Anschluß an relevant erscheinende Ansätze anderer Disziplinen dominiert. Doch solche Leihtheorien und Einzeltheoreme aus benachbarten Disziplinen können der Theoriebildung der Musikpädagogik nicht nutzen, weil sie sich nur auf Einzelheit mit Bezug zu Musikpädagogik, doch nicht auf in musikpädagogischem Zusammenhang gesehenes spezielles musikpädagogisches Phänomen richten. Die transferierten Leihtheorien und -theoreme lösen nicht nur einseitige Akzentuierung und Veränderung der am Ausgang stehenden Theorie aus, sondern entwickeln durch Übertragung auf den neuen Sachverhalt in der Musikpädagogik auch verfälschende Sichtweise mit dem Anschein theoretischer Begründung. Die Kurzschlüssigkeit des Transfers nicht-musikpädagogischer Theorien in die praktische Musikpädagogik ohne differenzierende Analyse und Reflexion von der eigenen Sache aus schafft dort die rasch wechselnden Konzepte, Lehrprinzipien und didaktischen Reformen, die durch den Schein theoretischer Ableitung als „wissenschaftlich begründet" erscheinen und daraus Reputation gewinnen. Gerade in der praktischen Musikpädagogik gerät man durch Mangel an Transparenz der eindringenden Leihtheorien und Einzeltheoreme leicht und immer wieder in den Sog andernorts entwickelter und nicht spezifisch musikpädagogisch durchdachter theoretischer Strömungen, die den Musikunterricht mit scheintheoretischen Argumenten in unsachgemäße Abhängigkeit und chronische Diskrepanz von Erwartung und Realität bringen.

Daraus erhellen bereits die zentralen Aspekte des Sinnes musikpädagogischer Theoriebildung, für den gesamten Fachbereich wie speziell für wissenschaftliche und für praktische Musikpädagogik: Zusammenhänge um spezifisch musikpädagogische Gegenstandsgebiete und Fragestellungen zu schaffen, um die sich wachsendes Wissen gruppieren und auf die sich Probleme beziehen lassen. Diese sich erweiternden Zusammenhänge des Wissens und Nachdenkens schaffen durch Bezüge untereinander zugleich Strukturen des umfassenden Fachzusammenhanges. Nur durch Entwicklung theoretischen Zusammenhanges können Defizite wie Hypertrophien an Fragestellung, Methode und Stellenwert von Forschungsergebnis erkennbar werden. In der Gegenwart ist ein neues Interesse an der Entwicklung musikpädagogischer Theorie zu beobachten. Es zeigt sich in dem Ansatz theoretischer Teilstücke teils in Form kommentierter Forschungsergebnisse (Abel-Struth, 1979 e; Kraemer und Schmidt-Brunner, 1983), teils auch in mehr begrifflich-konstruierender Form (Nolte, 1982 b).

Die Möglichkeiten musikpädagogischer Theoriebildung müssen angesichts der formal so unterschiedlichen Belege historischer Bemühungen und der gegenwärtig besonders großen Schwierigkeiten von Theoriebegriff und Theorieverständnis recht gering erscheinen. Daß die historischen Theorieansätze musikpädagogisch nicht aussagefähig wurden, lag daran, daß sie einerseits aus Mangel an musikpädagogischem Gegenstandsbewußtsein nicht an fachspezifischen Fragestellungen ansetzten, ja sogar aus fremden gedanklichen Bezugssystemen übernommen wurden. Andererseits ließ die Anbindung an programmatische, generalisierte Begriffe wie Bildung und Erziehung wenig Chancen, tatsächlich auf Kognition beruhende Aussagesysteme entwickeln zu können. Dazu ist der Theoriebegriff selbst in der gegenwärtigen wissenschaftstheoretischen Situation zunehmend in die Diskussion geraten. Diese Diskussion zu verfolgen und in der musikpädagogischen Theoriebildung mitzubedenken, verweist auf die besonderen wissenschaftstheoretischen Aufgaben auch des Faches Musikpädagogik. Hier wird vorläufig von dem Theoriebegriff H. Alberts ausgegangen, der Theorien als „mehr oder weniger komplexe Systeme allgemeiner Aussagen kognitiven Charakters" auffaßt, „die dazu verwendet werden können, Erscheinungen unserer realen Welt zu klären" (Albert, 1964). Trotz solcher weitreichenden Probleme ist es dennoch notwendig, musikpädagogische Theoriebildung weiterhin zu versuchen; sie gibt allein die Möglichkeit, das komplexe Geschehen in historischem und gegenwärtigem pädagogischen Umgang mit Musik zu klären und zu ordnen, den Raum für weiteres Nachdenken und Untersuchen bereitend. Die schwierige Entwicklung musikpädagogischer Theorie wird man jedoch kaum von der Fata morgana einer einzigen alles umgreifenden musikpädagogischen Theorie erhoffen dürfen. Wissenschaftliche Musikpädagogik wird sich wohl mehr um die Entwicklung erster theoretischer Teilstücke um einzelne musikpädagogische Phänomene (im Zusammenhang musikpädagogischer Gegenstandsbereiche) bemühen müssen, ein Unterfangen, das riesige, langwierige Aufgaben zeigt.

Der musikpädagogischen Praxis können solche theoretischen Teilstücke zwar keine anwendbaren Richtlinien geben, doch sie erfüllen einen weiterreichenden Sinn in der Verbesserung der Möglichkeiten des Musiklehrers zur Beurteilung der an ihn ergehenden Unterrichtsaufträge und -erwartungen, zur Mitwirkung an einer versachlichten, aktuellen Fachdiskussion. Der Sinn musikpädagogischer Theoriebildung für die praktische Musikpädagogik liegt darin, daß der Sog von Meinungen um Musikunterricht nachläßt und zunehmend eine begründende Argumentation vorausgesetzt wird. Es ist eine tradierte, aber wohl falsche Sichtweise, die Praxisprobleme des Musikunterrichts auf Forschungsdefizite zurückzuführen. Der einzelne Forschungsbeitrag kann keine Begründung für Normierung von Musikunterricht abgeben. Aber theoretische Zusammenhänge können Stellenwert und Eigenart von Positionen, können Fragwürdigkeit oder Berechtigung von Lehrmeinungen aufzeigen und eigenes Urteil in der Unterrichtspraxis ermöglichen.

Das gleiche gilt für die Lehre an Hochschulen. Der gegenwärtige Theoriemangel führt in der musikpädagogischen Lehre, bei aller intensiven Bemühung, häufig zu pauschalen Lehrthemen (Musikpädagogik I, Musikpädagogik II) oder zu Einübung in spezielle Methoden; auf solche Weise wird der Student entweder zu allgemein oder zu isoliert ausgebildet, er wächst nicht in den fachlichen Zusammenhang hinein. Entwickelte Theorien, auf die man in der Lehre zurückgreifen kann, können das Studium inhaltlich klarer, zeitlich ökonomischer machen und dem Hochschullehrer Gelegenheit geben, seine spezielle Thematik vor dem fachlichen Zusammenhang zu begründen. Musikpädagogik als Hochschulfach wäre auf solche Weise zu versachlichen und – auch nach unterschiedlichen Studiengängen – zu differenzieren. Vor allem aber lernt der Student durch die Arbeit an entwickelten, begründeten Theorien zwischen vorwissenschaftlichem und wissenschaftlichem Denken zu unterscheiden und auch in seinem fachlichen Bereich analytisch-argumentativ zu denken.

Die Betonung der Notwendigkeit fachspezifischer musikpädagogischer Theoriebildung meint jedoch nicht etwa die theoretische Isolierung von Musikpädagogik. Natürlich verwenden die Theorien der Musikpädagogik auch Erkenntnisse und Untersuchungsergebnisse anderer Fächer als hypothetisches Material – nicht kurzschlüssig in Praxis transferiert, sondern zur gedanklichen und empirischen Prüfung –, aber das Bezugssystem bilden immer die eigenen musikpädagogischen Gegenstände und die sie umgebenden Fragen und Probleme. Durch kritisch bedenkende Auseinandersetzung mit der theoretisch gefaßten Bewegung der Zeit, sorgfältige Prüfung aus dem musikpädagogischen Zusammenhang heraus, ist der tradierte Mißbrauch des zeiteigenen Denkens zu durchbrechen. Die Analyse der traditionellen Umgangsweise der Musikpädagogik mit Theorien und Theoremen, das Aufweisen der Irrwege der Entwicklung, ist notwendig, um die nun schon recht verfestigten Sperren musikpädagogischer Theoriebildung abzubauen und dennoch den für jede Theoriebildung unverzichtbaren Kontakt mit den Theorien der Zeit – auf höherer Ebene – herzustellen.

Der Sinn musikpädagogischer Theoriebildung liegt darin, daß nur aus dem theoretischen Zusammenhang facheigene Probleme und Fragestellungen hervortreten können; das ständig wachsende Wissen, die Vertiefung des fachlichen Nachdenkens und ideologiefreie Kontakte mit der zeitgenössischen Diskussion können nur in facheigenen Zusammenhängen eingebracht und beurteilt werden. Nur der theoretische Zusammenhang läßt Defizite und Hypertrophien der Forschung erkennen, sichert die Offenheit aller möglichen Forschungsdimensionen und methodischen Möglichkeiten. Die Bedeutung theoretischer Entwicklung auch für die interdisziplinäre Arbeit sollte gerade für ein Fach wie Musikpädagogik nicht unterschätzt werden. Vor allem aber kann nur über Konsolidierung theoretischer Arbeit in der Musikpädagogik eine fachliche Disputation möglich werden, in der man geklärte Begriffe einsetzt, Fragestellungen präzisiert, Forschungsarbeiten in Zusammenhänge bringt, Setzungen als solche kenntlich macht und dadurch insgesamt sachliche Argumentationen zur Voraussetzung der Auseinandersetzung werden können.

4.2 Theoretische Ansätze aus Musik-Lernen, Musik-Lehren und Musikunterricht

Musik-Lernen, Musik-Lehren und Musikunterricht wurden im ersten Kapitel dieses Grundrisses begrifflich eingegrenzt und als zentrale Gegenstände pädagogischen Umganges mit Musik gezeigt. Aus diesen Gegenständen wurden in den nachfolgenden Kapiteln Versuche theoretischer Teilstücke entwickelt. Viel an Wissen und Nachdenken zu jedem der Gegenstände steht noch aus, viele Probleme stecken in ihrer Binnenstrukturierung und Bezugsvielfalt. Eine Fülle von Fragen hat sich eröffnet. Wenn nun abschließend eine zusammenfassende Darstellung der gewonnenen theoretischen Ansätze aus Musik-Lernen, Musik-Lehren und Musikunterricht unternommen wird, so gewiß nur im Interesse nochmaliger Überprüfung der Möglichkeiten offener theoretischer Ansätze aus den genuin musikpädagogischen Gegenständen und im Sinn eines vorläufigen Versuches mit Hoffnung auf Korrektur und Weiterführung.

Für den theoretischen Ansatz aus Musik-Lernen werden drei Merkmal-Komplexe als konstitutiv angesehen: die Bedingungen des Musik-Lernens, die musikbezogenen Lernvorgänge und die musikalischen Lernergebnisse. Diese Komplexe dienen einer groben Strukturierung des weiten Feldes um Musik-Lernen. Der Komplex der Bedingungen musikalischen Lernens, aufgezeigt im zweiten Kapitel, umfaßt das Gesamt aller Faktoren, allgemeiner wie spezifischer musikalischer Art, die auf musikbezogene Lernvorgänge einwirken und sich in musikalischen Lernergebnissen auswirken. Die traditionell so dominierenden Bedingungsaspekte der musikalischen Begabung und der musikalischen Entwicklung werden durch einen ersten Blick auf das Gesamt der Bedingungen musikalischen Lernens relativiert; die Fragen nach den Bedingungen musikalischen Lernens reichen tiefer, gelten auch menschlichem Verhalten zu Musik, Persönlichkeits- und Umweltfaktoren, liegen in Eigenarten musikalischer Lernsituationen und im musikalischen Material selbst. Der Begriff der musikalischen Lernbedingungen verweist auf diesen großen Bereich, auch wenn es gegenwärtig nur darum gehen kann, das Feld der Bedingungen musikalischen Lernens in seiner Weite zu überblicken und vorsichtig abzustecken. Dabei heben sich als theoretische Ansatzmöglichkeiten, als Möglichkeiten beginnender Beschreibung von Regelhaftigkeiten und Problemen, die Grundtendenzen menschlichen Umganges mit Musik hervor, die sog. musikalische Begabung, die Altersbedingtheit, die Bedingtheit durch Sozialschicht und Intelligenz, die im musikalischen Material gegebenen Bedingungen und die Motivation ausmachenden Bedingungen. Von diesen Strukturen ausgehend erwiesen sich vielfältige Aspekte pädagogischen Umganges mit Musik als zusammenhängender Komplex der Bedingungen musikalischen Lernens, in vorläufiger Weise differenzier- und beschreibbar, auf das Gesamt der in musikalischem Lernen mitwirkenden Bedingungen verweisend und damit zeitabhängige Dominanz einzelner Aspekte relativierend.

Musikbezogene Lernvorgänge, der zweite konstitutive Merkmalkomplex für einen theoretischen Ansatz des Musik-Lernens, sind die Vorgänge, die sich im Lernenden abspielen, wenn — in Abhängigkeit von den Lernbedingungen — im Zusammenhang mit Musik Veränderungen seines Verhaltens entstehen. Der einzelne musikalische Lernvorgang ist nicht beobachtbar; er läßt sich nur durch die Lernergebnisse beobachten, die sich sowohl als kleine musikalische Leistungsveränderungen wie als langfristige Änderungen der musikalischen Einstellung oder der musikalischen Befähigung äußern. Musikalische Lernvorgänge sind Verhaltensänderungen im Zusammenhang mit Musik, die im ersten Lebensjahr einsetzen und bis ins hohe Alter andauern; es sind nicht nur die als Unterricht geplanten Vorgänge musikalischen Lernens, sondern auch die zahllosen ungeplant verlaufenden, über das ganze Leben sich erstreckenden Veränderungen eines Menschen im Zusammenhang mit Musik, Lernen also in pädagogischen wie in natürlichen Situationen. Schon dies impliziert, daß es nicht nur einen einzigen, sondern mehrere unterschiedliche musikalische Lernvorgänge gibt. Das allen musikalischen Lernvorgängen gemeinsame Merkmal ist der Zusammenhang mit Musik. Die unterschiedlichen Umgangsweisen mit Musik wiederholen sich in verschiedenartigen musikbezogenen Lernvorgängen; das Erlernen eines Instrumentes, die Bildung des Gehörs, ein Musikstück hörend erfassen zu lernen, musikgeschichtliche Erkenntnisse erwerben, auch eigene musikalische Vorurteile durchschauen lernen — all dies sind jeweils spezifische musikalische Lernvorgänge. Die Separierung mag künstlich erscheinen, weil sich im konkreten Vollzug jedes musikalischen Lernvorganges

Teilprozesse begegnen und überlappen. Doch diese theoretische Separierung gibt die Möglichkeit, die Vielzahl der hier möglichen Vorgänge im einzelnen zu untersuchen und in systematischen Bezug zu bringen. Dabei treten grundsätzlich oder zeitweilig vernachlässigte oder bevorzugte musikalische Lernvorgänge hervor, auch zeigt sich der Mangel an Beschreibung und Zuordnung unseres Wissens über diese unterschiedlichen musikalischen Lernvorgänge und ihre gegenseitige Beziehung. Dazu hebt sich bei einer Differenzierung der unterschiedlichen musikalischen Lernvorgänge ab, daß nicht alle musikalischen Lernvorgänge musikalische Lernergebnisse anzielen; es gibt auch musikbezogene allgemeine Lernvorgänge, in denen Musik als Medium allgemeiner Lernprozesse eingesetzt bzw. vorausgesetzt wird.

Die Untersuchung musikalischer Lernvorgänge und die theoretische Verdichtung unseres Nachdenkens und Wissens über sie führt in die Mitte der Musikpädagogik. Der hier (im dritten Kapitel) versuchte Theorie-Beitrag zu musikbezogenen Lernvorgängen erhebt keineswegs den Anspruch, alle möglichen musikalischen Lernvorgänge bereits zu fassen. Es werden jedoch erste als zentral erachtete musikalische Lernvorgänge, als charakteristisch angesehene Unterschiede musikalischen Lernens, herausgelöst. Am Beginn steht Hören als musikpropädeutischer Lernvorgang, gefolgt von Lernvorgängen im praktischen Umgang mit Musik. Ein musikalischer Lernvorgang völlig anderer Art, das Lernen vor allem in der natürlichen Situation betreffend, ist die Aneignung musikalischer Einstellungen. Eine besondere Bemühung gilt dem vernachlässigten Lernvorgang musikalische Intelligenz und dem schwierigen Lernvorgang Musikrezeption. Schließlich wird die Eigenart von Musik als Medium allgemeiner Lernvorgänge behandelt. Die musikbezogenen Lernvorgänge zeigen bei diesem theoretischen Versuch, daß viel Wissen im einzelnen vorliegt und vorzügliche Methoden zu seiner Erweiterung bereitstehen; der Beginn der Theoriebildung ist heikel, aber notwendig, nicht zuletzt im Interesse praktischer Musikpädagogik.

Der dritte konstitutive Merkmalkomplex eines theoretischen Ansatzes zu Musik-Lernen sind die musikalischen Lernergebnisse, die Auswirkungen der musikalischen Lernvorgänge; musikalische Lernergebnisse lassen sich als Veränderungen des Verhaltens auf Grund musikalischer Lernvorgänge bezeichnen, die von unterschiedlichem Ausmaß und positiv wie negativ sein bzw. bewertet werden können. Es bleibt ausgeschlossen, was sich durch natürliche Reifung vollzog, doch ist gerade dies bei musikalisch bedingten Verhaltensänderungen schwer separierbar. Der versuchte theoretische Ansatz musikalischer Lernergebnisse, vorgelegt im vierten Kapitel, unterscheidet vorläufig zwischen zwei verschiedenen Gruppen: musikalischen Einstellungen und – gemäß den hier reich vorliegenden Forschungsergebnissen – musikalischen Leistungsfähigkeiten. Musikalische Einstellungen sind Ähnlichkeiten von sozialen Verhaltensweisen in musikalischen Situationen, sozial vermittelte Stellungnahmen, die hinsichtlich des musikalischen Erlebens, Erkennens und Handelns wirksam werden. Musikalische Einstellungen bilden sich vor allem in ungeplanten Lernprozessen, doch auch in geplantem Musikunterricht; sie entstehen großenteils in der frühen Kindheit, bleiben meist unbewußt. Musikalische Leistungsfähigkeiten sind vorläufig als vorweisbares musikalisches Resultat zu definieren, mit der Möglichkeit, dieses Resultat auf einen Schwierigkeitsmaßstab zu beziehen, der die individuell aufgewendete Anstrengung beurteilen läßt, als eine Aufgabenanforderung, die die Beurteilung des individuellen Urhebers der Leistung und dessen eigener Anstrengung zuläßt. Mit dem übergeordneten Begriff des musikalischen Lernergebnisses wird hier zunächst auf die Gemeinsamkeit beider Effekte verwiesen: daß es sich in beiden Fällen um Ergebnisse musikalischen Lernens handelt. Nicht nur musikalische Leistungsfähigkeiten, auch musikalische Einstellungen sind Ergebnisse musikalischen Lernens. Die musikpädagogische Frage gilt sowohl den Erscheinungsweisen dieser beiden Arten von Lernergebnissen, doch vor allem auch ihrer Korrespondenz. Denn es darf als sicher angesehen werden, daß die musikalischen Lernergebnisse der Einstellung und der Leistungsfähigkeit in höchst vielfältigen Wechselbeziehungen stehen. Musikalische Einstellungen wirken zurück auf die Bereitschaft zu musikalischer Leistung, musikalische Leistung wirkt sich auf musikalische Einstellungen aus.

Der theoretische Ansatz für Ergebnisse des Musik-Lernens geht von dieser grundsätzlichen Unterscheidung zweier Gruppen musikalischer Lernergebnisse aus, wie auch bereits bei dem Ansatz der musikalischen Lernvorgänge die Aneignung musikalischer Einstellungen separiert wurde. Die Darstellung musikalischer Einstellungen als Lernergebnis wird an musikbezogenen Rollen und Werthaltungen versucht. Lernergebnisse im Sinne musikalischer Leistungsfähigkeiten werden zentriert um Unterscheidungsfähigkeiten für rhythmisch-metrische, melodische, harmonische und klangliche Merkmale. International gesehen ist das Wissen in allen angeführten Bereichen musikalischer Leistungsfähigkeit aufgrund langer Forschungstradition und differenzierter Methode außerordentlich umfangreich. Umso deutlicher wird hier die Lücke der Theoriebildung – der weitere Ausbau der theoretischen Teilstücke liegt zum Greifen nahe.

In den dargelegten theoretischen Ansatz aus Musik-Lernen ist nun das Musik-Lehren einzubringen. Begrifflich führen Lehren wie auch Musik-Lehren in eine gänzlich andere Situation als Lernen und Musik-Lernen, ihre Bestimmung blieb gegenüber den Bemühungen um die Klärung der Merkmale des Lernens vernachlässigt; bei Lehren wie Musik-Lehren standen und stehen vielmehr die pragmatischen Aspekte, die reale Durchführung, im Vordergrund, mit der Folge der umso stärkeren Verhaftung an präskriptiven Strukturierungen und Denkweisen. Doch lassen sich für den im fünften und sechsten Kapitel entwickelten theoretischen Ansatz des Musik-Lehrens dennoch erste Merkmal-Komplexe unterscheiden; es sind die Teilbereiche der Voraussetzungen musikalischer Lehre, der Prinzipien und Konzepte zur Durchführung musikalischer Lehre, dazu die eigenen Bereiche der Musik als Lehrstoff und des Lehrenden der Musik, des Musiklehrers.

Die Voraussetzungen musikalischer Lehre, faßbar in den Intentionen und der Planung musikalischer Lehre, zeigen durchaus Möglichkeiten methodischer Erschließung und einleitender theoretischer Zuordnung. Die Intentionen musikalischer Lehre sind einem zieltheoretischen Ansatz zugänglich, der nicht Ziele aufstellt und postuliert, sondern die Geschichte der Zielintentionen, die Verfahren von Zielaufstellung und für Zielsystematik analysiert und beschreibt. Ebenso ist die Planung musikalischer Lehre aus Geschichte und Analyse der Musik-Lehrpläne einer Erschließung und Ordnung zugänglich. Größere methodische Probleme gibt die Durchführung musikalischer Lehre auf, die bisher kaum in ihren Regelhaftigkeiten erforscht als vielmehr durch Ratschläge gelenkt wird, die Erfahrungen musikalischer Lehre, Empfehlungen, Anpassungen an zeitgebundenes Denken und hoffnungsvolle Vorstöße in Neuland vereint. Hier wird ein Anfang mit einer historischen Studie zu durchgängigen Prinzipien musikalischer Lehre unternommen. Erschwerend wirkt sich die terminologische Situation aus, der Wechsel der Bezeichnungen für die gleiche Sache, das Beibehalten von Bezeichnungen bei grundlegender Veränderung in der Sache. Die beschreibende Nachzeichnung durchgängiger musikalischer Lehrprinzipien wird an einigen als dauerhaft erkennbaren

Prinzipien versucht. Auch die für die musikalische Lehre unentbehrlichen präskriptiven Anweisungen werden auf einige als zentral erachtete Konzepte musikalischer Lehre zurückgeführt, die analysierend beschrieben und in ihrer (methodischen) Eigenart charakterisiert werden. Das Problem der Konzepte tritt zutage; es ist nicht ihre pragmatische Intention, sondern die mangelnde Kennzeichnung ihres Wahrheitsgehaltes, beruhend auf Mangel an Analyse und damit an Transparenz und Bezugsmöglichkeiten musikalischer Lehre. Hier liegen besondere Notwendigkeiten eines theoretischen Ansatzes musikalischer Lehre, zeigen sich die weiterführenden Aufgaben in dem weiten Feld der Anweisungen für musikalische Lehre und in der Aufklärung der hier waltenden präskriptiven Regelhaftigkeiten. Der versuchte theoretische Beginn um Prinzipien und Konzepte des Musik-Lehrens zeigt neben den Ansatzmöglichkeiten, die auf methodischer Untersuchung beruhen, die (unverzichtbaren) Anteile präskriptiver Art, die jedoch durch Beschreibung als solche erkennbar werden. Auch die Fragen um Musik als Lehrstoff erweisen sich als zugänglich für den spezifisch musikpädagogischen Theorie-Ansatz. Sie hatten bisher ihren Schwerpunkt in der Repetition musikalischer Werkanalyse, versehen mit graduell und quantitativ unterschiedlichem Beiwerk an methodischem Ratschlag. Doch auch die Diskussion über die Problematik des spezifisch für musikalische Lehre ausgewählten oder auch veränderten Musikmaterials befindet sich in lebhafter Bewegung. Der Meinungsstreit über die Frage, wie weit Musik autonom oder als Lehrstoff abhängig vom Lernen sei, hat sich entzündet, bevor das so wesentliche theoretische Umfeld dieses Komplexes auch nur annähernd monographisch dargestellt werden konnte. Der theoretische Ansatz strukturiert Probleme der Musik als Lehrstoff in vorläufiger Weise und vertieft eine der anstehenden Fragestellungen, die sprachliche Vermittlung musikalischer Lehrstoffe.

Doch grundlegend für die künftige Entwicklung des theoretischen Feldes um Musik-Lehren wird seine Korrespondenzfähigkeit mit dem des Musik-Lernens sein, die Möglichkeit systematischer Verknüpfung beider Bereiche. Der Rückbezug musikalischer Lehre auf musikalisches Lernen ist zwar verbal verbreitet, aber noch unzureichend konkretisiert; er ist, abgesehen von formelhaften Generalisierungen aus dem Motivationszusammenhang, noch wenig fachpopulär. Doch nur die Einsicht in das musikalische Lernen, seine Bedingungen, seine unterschiedlichen Vorgänge und seine Ergebnis-Feststellungen, in das gesamte komplexe Gefüge musikalischen Lernens, kann – vor dem Hintergrund des musikalischen Materiales – musikalische Lehre begründen. Denn es ist nicht der Lehrvorgang, der sich nach der Vorstellung und Planung des Lehrenden richtet, sondern umgekehrt der Lernvorgang, der die Lehre weitreichend bedingt. Die Tradition der Präskriptionen und Postulate hat eine Einstellung entwickelt, als sei musikalisches Lehren autonom. Die Dominanz des Lehr-Denkens mit seinen Setzungszwängen wird als Ursache von musikpädagogischem Theoriedefizit erkennbar. Denn musikalische Lehre kann sich zwar auf das System der Musik oder Ziele der Erziehung berufen und demgemäß praktische Aufgaben zum Lehrkonzept ordnen; doch nur in Korrespondenz mit dem theoretischen Ansatz des Musik-Lernens können begründbare Lehr-Entscheidungen getroffen und kann ein theoretischer Zusammenhang auch um Musik-Lehren gebildet werden. Durch den Zusammenhang mit musikalischem Lernen in all seinen Bedingungen, Vorgängen und unterschiedlichen Ergebniskonsequenzen erhält musikalisches Lehren einen neutralen Bezug und die Möglichkeit einsichtiger Entscheidungen. Im Bezug auf musikalisches Lernen, durch Abwägen seiner Bedingungen, Vorgänge und Ergebnisse, erweist sich musikalische Lehre nicht als Diktat für Musik-Lernen, sondern als Konsequenz aus Musik-

Lernen und Partner des Musik-Lernens. Doch der theoretische Ansatz des Musik-Lehrens ist nicht allein Reaktion auf Musik-Lernen; musikalische Lehre enthält auch lernunabhängige Faktoren, die sich in dem theoretischen Ansatz des Musik-Lehrens, insbesondere die Lehrerpersönlichkeit betreffend, abzeichnen und noch viele offene Fragen aufgeben.

Für den dem Musiklehrer gewidmeten eigenen theoretischen Versuch (sechstes Kapitel) liegt umfangreiches Quellenmaterial vor; Untersuchungen haben sich die Entwicklung des Berufsstandes, die Ausbildung und die gegenwärtige Tätigkeit zum Gegenstand genommen. Gerade der Musiklehrer ist in hohem Maß in wechsel- und tendenzreiche gesellschaftliche Prozesse eingebunden. Darum drängt die Erforschung der Berufsgruppe vor allem zum sozialgeschichtlichen Ansatz der Berufsgeschichte mit berufssoziologischen Kategorien. Von dem umfassenden sozialgeschichtlichen Ansatz aus gesehen ist auch der Musiklehrer als eine Sozialstruktur zu verstehen, als eine relativ dauerhafte Gruppierung von Inhabern einer gleichen beruflichen Position, die auch Träger gleicher oder verwandter Rollen sind, nach gleichen sozialen Normen, in gleichen Institutionen handeln, die in sozialer Beziehung zueinander stehen, die sich durch Gemeinsamkeiten im Handeln, Übereinstimmung der Handlungsmuster, Anerkennung gemeinsamer Ordnungsmuster, auch verbunden mit entsprechender sozialer Kontrolle, mehr oder weniger eng zusammengeschlossen haben.

In dem hier versuchten theoretischen Ansatz zum Musiklehrer wird die Gruppe der Musiklehrer im Sinn einer solchen Sozialstruktur aufgefaßt und damit ein systematischer Ansatz für die zahlreichen, hinter Geschichte und Ausbildungsfakten liegenden Beweggründe und Probleme der Lehrer der Musik gewonnen, auch ein begriffliches Instrumentarium zur Darstellung spezieller Themen wie der Berufsgeschichte, der Beschreibung schwindender oder aufstrebender Berufszweige, der Spezialisierungen für schulischen und außerschulischen, in unserer Zeit auch für den sozialpädagogischen Bereich, für die Darstellung der Ausbildungsgeschichte (mit schulischer Vorbildung, Studiendauer und verantwortlicher Institution) sowie der ökonomischen, bildungsorganisatorischen und politischen Bedingtheiten der Berufsgruppe. Die offenen Fragen reichen weiter in Probleme wie die Rollenerwartungen an Musiklehrer in den verschiedenen Bezugsgruppen, in die Zusammenhänge zwischen Sozialstatus und Ausbildungsvorschriften, das Rollenverständnis des Musiklehrers zwischen Künstler und Lehrer, zwischen Lehrer und Erzieher, zwischen Wissenschaftler und Künstler, in Fragen der Professionalisierung der einzelnen Gruppen der Musiklehrer. Vordringliche Probleme der musikpädagogischen Gegenwart werden hier faßbar als Frage nach dem Zusammenhang zwischen gesellschaftlicher Bewertung von Musik und Prestige der Musiklehrer, nach Reaktion im Berufsfeld auf Konflikte zwischen tradiertem Berufssystem und aktuellen, offenen Tendenzen.

Musikunterricht, der letzte der drei einen theoretischen Ansatz tragenden musikpädagogischen Gegenstände, ist – hochgeneralisiert – der Vollzug von Wechselbeziehungen zwischen Musik-Lernen und Musik-Lehren in geplanter, institutionalisierter und professionell angeleiteter Weise (zumindest der Intention nach). Dies ist ein geradezu phantastisch kompliziertes, dynamisches und unabsehbar zufälliges Geschehen aus Aktionen und Reaktionen der Lernenden und Lehrenden in gegenseitiger Bedingtheit, durchsetzt von Faktoren aus Material, Persönlichkeit und situativen Zufälligkeiten. Und dennoch – je mehr wir über die beiden bestimmenden Bereiche, die musikalischen „Lerner“ und die musikalischen Lehrer wissen, je näher wir den Regelhaftigkeiten ihrer Wechselbeziehung kommen, umso mehr Chancen sind gegeben,

Musikunterricht transparenter und demgemäß auch planbarer zu machen. Dieser Bestimmungsansatz könnte erste Möglichkeiten zentrierender Fragestellung für Bezug und Zuordnung bieten; er konturiert erste Aspekte der nicht vorhandenen Theorie des Musikunterrichts.

Wie Musik-Lehren ist auch Musikunterricht im fachlichen Bewußtsein vor allem ein Begriff für praktisches Geschehen in pädagogischem Umgang mit Musik. Die noch sehr allgemeine Bestimmung des Begriffes als Wechselbeziehung zwischen Musik-Lernen und Musik-Lehren gibt für den theoretischen Ansatz um Musikunterricht die Prämisse, daß nur vor dem Hintergrund der Merkmale und theoretischen Ansätze des Musik-Lernens und des Musik-Lehrens die Eigenarten dieses Wechselbezugs im Musikunterricht entwickelt werden können. Doch diese Wechselbeziehung ist nicht Addition von Wissen und Einsicht aus Bereichen des Musik-Lernens und Musik-Lehrens, sondern entwickelt in dem Zusammenspiel ihre spezifischen Merkmale, die ihrerseits wiederum auf Musik-Lernen und Musik-Lehren zurückwirken. Wir benötigen nicht nur mehr Wissen über musikalisches Lernen und Lehren, sondern gerade auch über deren Zusammentreffen im musikalischen Unterrichtsgeschehen, an musikalischen Unterrichtsgegenständen. An der Durchführung und Beobachtung des Musikunterrichts erweist sich die Relation der Eingaben aus Musik-Lernen und Musik-Lehren, hier zeigt sich, ob Hypothesen aus dem Bereich musikalischen Lernens und Curricula musikalischer Lehre an die Realität von Musikunterricht anzubinden oder illusionär sind. Die methodische Beobachtung der Wechselbeziehungen musikalischen Lernens und Lehrens im Musikunterricht könnte vielleicht manchen ausufernden Curriculumtraum auf den Boden der musikalischen Unterrichtswirklichkeit zurückholen. Im Unterricht geht es um gezielt herbeigeführtes Können, Wissen und Erkennen. Doch dies bedeutet gegenwärtig eine höchst vielfältige und widersprüchliche Argumentation hinsichtlich der Mittel, mit deren Hilfe dies geschehen könne; die Faktoren, die den Prozeß der Vermittlung dieses Könnens, Wissens und Erkennens tragen, sind nicht hinlänglich bekannt, was Theorie nicht an Sicherheit hinsichtlich der Unterricht bestimmenden Faktoren leisten kann, wird angefüllt mit den unterschiedlichsten Anweisungen aus subjektiven Erfahrungen und Spekulationen. Erst auf dem langen Weg durch musikpädagogische Unterrichtsforschung kann langsam die Faktorenkomplexion des Musikunterrichts in Einzelaspekten erschlossen werden, voller methodischer Schwierigkeiten, doch schon in kleinsten Ansätzen für die musikpädagogische Praxis hilfreich und für die Entwicklung musikpädagogischer Unterrichtstheorie Chancen weiterführender Hypothesen bietend.

Als Vorläufer des noch nicht möglichen und kaum absehbaren theoretischen Ansatzes für Musikunterricht kann gegenwärtig nur eine erste Strukturierung versucht werden, die eine ebenso grobe wie weite Gliederung des Umfeldes von Musikunterricht mit der Absicht der Konturierung zentraler, konkreter Wissensgebiete um Musikunterricht darstellt. Dazu wird hier, im siebten Kapitel, zunächst der bildungspolitisch vorgegebene Rahmen für Musikunterricht dargestellt, die vertikale Gliederung der musikalischen Angebote nach Altersstufen. Nachfolgend werden die Unterrichtsgegenstände des Faches Musik (Singen, Instrumentalspiel, improvisatorische Praktiken, Gehörbildung mit Musiklehre, Hörausbildung für komplexe Musik und das öffentliche Musikleben) beschrieben, bestimmt von der Absicht, die im Eifer der Unterrichtsdiskussion gelegentlich untergehenden, historisch dauerhaften, konkreten Gegenstände des Musikunterrichts in ihrer jeweiligen Eigenart festzuhalten. Dazu werden die Arbeitsmittel für den Musikunterricht dargestellt, die insbesondere im Bereich des Schulbuches für Musik zu analytischer Forschung anregen, sowie die in ihrer historischen Dimension erforschten Institutionen für Musikunterricht. Die zahlreichen Untersuchungen zu Realsituation und Beurteilung des Musikunterrichts werden in den Ansatz eingebracht, obwohl sie durch die Beschränkung auf Erhebungsmethoden lediglich Meinung über Musikunterricht ermitteln, doch letztlich kaum die Realsituation selbst. Die in diesem Ansatz dem Musikunterricht nachgeordneten Einzelgegenstände sind methodisch untersuchbar, lassen vielfältige Methoden zu. Sie dienen zugleich zum gegenwärtigen Zeitpunkt dazu, Aufgaben, Umfeld und Bedingungen von Musikunterricht überschaubar zu halten.

Doch von solchen Strukturierungen des Feldes um Musikunterricht, vorgenommen gemäß den gegenwärtig gebräuchlichen Ordnungsansätzen sowie den erhobenen Fakten und Meinungen, ist es noch ein weiter Weg bis zu musikpädagogischer Unterrichtstheorie. Diese trägt die Hypothek historischer Vorstellungen von Unterrichtslehre des Faches Musik und führt in zukünftige Forschungsdimensionen historischer, textanalytischer wie beobachtend-beschreibender Art, die Methodik des Musikunterrichts und die historischen musikdidaktischen Reformen aufklärend und als musikpädagogische Unterrichtsforschung i.e.S. gegenwärtiges, konkretes Unterrichtsgeschehen in Sachen Musik beobachtend und beschreibend. Musikalisches Lernen und Lehren sind jeweils eigene umfangreiche Forschungsgebiete in vielfältigen methodischen Dimensionen; die Zahl der Einzelfaktoren, Fragestellungen und Probleme ist in beiden Gebieten unüberschaubar groß. Dennoch ist es möglich, dem übergreifenden Phänomen, dem gegenseitigen Wechselspiel methodisch nachzuspüren. So komplex die hier wirksamen Regelhaftigkeiten auch sein mögen, so ist doch der komplizierte Bezug zueinander dem analytischen Eindringen nicht versperrt. Der Bestimmungsansatz für den Begriff Musikunterricht als Wechselbeziehung von Musik-Lernen und Musik-Lehren gibt diesen Aufgaben Kontur, Forschungschance und erste theoretische Aspekte. Unterricht wie auch Musikunterricht ist nicht beschreibbar nur aus der Messung seiner Ergebnisse, der Beurteilung der Betroffenen oder gar aus den Katalogen seiner Ziele oder Lernschritte. Unterricht und damit auch Musikunterricht wird theoretisch erst zugänglich durch systematische Beschreibung und Beobachtung des Geschehens in seiner zeitlichen Abfolge, durch Klärung der Regelhaftigkeiten des Unterrichtsgeschehens, eben durch Unterrichtsforschung (achtes Kapitel). Wie die zentralen wissenschaftlichen Gegenstände Musik-Lernen und Musik-Lehren zeigt auch der Gegenstand Musikunterricht, wenn gegenwärtig auch nur andeutungsweise, die Möglichkeit eines theoretischen Ansatzes, sich mit den theoretischen Ansätzen um Musik-Lernen und Musik-Lehren zu einem Entwurf musikpädagogischen theoretischen Beziehungsgefüges vorläufig und versuchsweise verbindend.

Der Versuch der Konturierung theoretischer Teilstücke, entwickelt aus den grundlegenden Fachgegenständen des Musik-Lernens und Musik-Lehrens und ihren Wechselbeziehungen im Musikunterricht, zeigt Chancen einer umfassenden Entwicklung eines theoretischen Beziehungsgefüges der Musikpädagogik auf, vielfältige Möglichkeiten, einzelne Untersuchungsergebnisse zuordnen zu können und in ihrer Position innerhalb des fachlichen theoretischen Gefüges erkennbar zu machen, das tradierte Nachdenken des Faches in den Zusammenhang der speziellen Thematik zu bringen und zu weiterer Entwicklung zu führen. Der Rahmen kann zur Aufnahme theoretischer Ausdifferenzierungen, weiterführender Untersuchungen mit vielfachen methodischen Möglichkeiten und Vertiefung des Nachdenkens dienen. Vor allem aber scheint ein solches theoretisches Beziehungsgefüge, gebildet aus theoretischen Ansätzen der zentralen Fachgegenstände des Musik-Lernens, des Musik-Lehrens und des Musikunterrichts, in der Lage zu sein, nicht nur umgrenzenden Zusammenhang und Binnengliederung zu bieten, sondern auch einen hohen Grad an Objektivierungsmöglichkeiten zu gewährleisten.

5. Musikpädagogische Systematik

5.1 Zum Sinn musikpädagogischer Systematik

Immer wieder wird in der fachlichen Diskussion erkennbar, daß eine methodisch vorzügliche Arbeit dennoch Unsicherheit, ja Ratlosigkeit auslösen kann; man weiß nicht, in welche fachspezifische Fragestellung die vorgetragene Untersuchung gehört, in welchem theoretischen Bereich sie steht, von welchen anderen Ansätzen aus das gleiche Problem bereits angegangen wurde. Studenten empfinden dies besonders stark, sie klagen über Mangel an Orientierung in der Musikpädagogik, über Fülle an Aussagen und Mangel an Grundlagen, über verbale Duplizitäten und inhaltliche Gegensätze, die sie nicht verstehen, weil sie keinen Weg durch das musikpädagogische Terrain finden können.

Tatsächlich ist in der Musikpädagogik bisher wenig Systematik entwickelt worden. Man gliedert zwar recht und schlecht das weite Feld pädagogischen Umganges mit Musik, findet immer wieder neue „Funktionsfelder“ und „Verhaltensraster“, die Lehrpläne und anstehende praktische Fragen irgendwie übersichtlich werden lassen. Doch die inhaltliche Intentionalität solcher auf die Praxis gerichteten Übersichten und Einteilungen führt auch zu so sinnlosen Gegensätzen wie Singen kontra Hören, Noten-Lernen kontra graphische Notation, E-Musik kontra U-Musik; Einteilungen gemäß aktuellen, gesetzten Kategorien implizieren leicht auch inhaltliche Entscheidung.

Der Sinn musikpädagogischer Systematik liegt tiefer und reicht weiter als solche Ordnungen. Er liegt darin, die komplexe Wirklichkeit pädagogischen Umganges mit Musik in ihrem Gesamt und als Zusammenhang aufzuschließen, die Voraussetzungen der Orientierung und Zuordnung in diesem weiten, historisch höchst wechselhaften und in der Sache höchst vielfältigen Feld zu schaffen und dies mit dem höchstmöglichen Grad an Objektivität, frei von Absichten der Veränderung des praktischen Geschehens. Musikpädagogische Systematik dient nicht musikpädagogischem Programm, sondern musikpädagogischer Transparenz. Ein Fachgebiet benötigt diesen systematischen Zusammenhang, um Erfahrungen, Erkenntnisse, einzelne Forschungsergebnisse einbringen, aber auch um die Gegensätzlichkeit von Positionen aufzeigen und verständlich machen zu können. Doch diesen Sinn kann eine solche fachspezifische Systematik nur erfüllen, wenn sie einen – spezifischen – Gegenstandsbereich nach seinem sachlichen und logischen Zusammenhang zu strukturieren und als ein Gesamt zu verbinden vermag. Nur dann ist ein fachliches System in der Lage, Details aufzufassen und in die gebührende Position zu bringen.

Solche systematischen Versuche sind nicht populär und – in bedenkenswerter Parallele dazu – auch nicht wissenschaftspopulär. In bezug auf Musik und den pädagogischen Umgang mit ihr wirken sich Tendenzen unserer Zeit gegen wissenschaftliche Distanz und ordnende Transparenz sogar potenziert aus. Doch sind Vorbehalte gegenüber einer allzu eifrigen systematischen Ordnung auch nicht völlig von der Hand zu weisen, zumal auch diese durchaus inhaltlich absichtsvoll sein kann. Allerdings trifft die gegenwärtige Abwehr von bindender Ordnung die Musikpädagogik – im Gegensatz zu älteren Disziplinen – in einer Phase, in der noch kein systematischer Minimalkonsensus vorliegt. Die (berechtigte) Abwehr einengender systematischer Ordnung wird leicht auf diesen unverzichtbaren systematischen Rahmenkonsensus übertragen, eine Minimalsystematik, die gewiß nicht zu engmaschiger Zusammenbindung und perfekter Differenzierung strebt, doch als weites, offenes System der Musikpädagogik einen grundlegenden, orientierenden Zusammenhang geben sollte. Daß eine traditionelle, fachliche Systeme sprengende, sich der interdisziplinären Vielfalt öffnende Entwicklung in Gang gekommen ist, entbindet die Musikpädagogik wohl nicht davon, zunächst die bisher versäumte grundlegende systematische Überlegung für ihr Fachgebiet zu leisten. Dies ist eine Nachhol-Aufgabe des noch jungen Fachgebietes, letztlich die Voraussetzung, um innerhalb des Faches Modifikationen, den Konsens und Dissens erkennbar machen und über das Fach hinaus Korrespondenzen ansetzen zu können.

Jedes Fachgebiet benötigt fachspezifische Systematik zumindest im Sinne solcher Rahmen-Identität. Sie ermöglicht als facheigene Differenzierung die Einsicht in das Wesentliche, das Verständnis von Binnensystematik, die Versachlichung der Diskussion und den so oft vermißten Überblick, der vor allem den Studenten Orientierungshilfe und Zuordnungshilfe für die einzelnen Studieninhalte gibt; nur ein solcher systematischer Zusammenhang gibt aber dem einzelnen Fach auch die Möglichkeit, sich gegenüber anderen Fächern verständlich zu machen. Für die Entwicklung des Fachgebietes Musikpädagogik, das gegenwärtig noch kein gesichertes Gesamtbild aufweisen kann und gerade auch darum in der wissenschaftlichen und gesellschaftlichen Diskussion unserer Zeit behindert ist, erscheint es darum als außerordentlich dringlich, auch eine solche systematische Identität zu entwickeln. Nicht zuletzt die gegenwärtige Situation der Musikpädagogik und ihre sich in der Zukunft abzeichnenden Aufgaben verlangen nach einem durch fachliche Systematik zu leistenden Überblick.

5.2 Ansatz musikpädagogischer Systematik mit Musik-Lernen, Musik-Lehren und Musikunterricht

Die Musikpädagogik konnte sich, als die moderne wissenschaftstheoretische und gesellschaftlich-pädagogische Diskussion einsetzte, noch nicht im Gesamt darstellen, sie besaß noch kein Bild von sich selbst. Zahl und Stand der wissenschaftlichen Einzelarbeiten in allen methodischen Dimensionen sind hoch, doch es gelang noch nicht, sie in ihrer musikpädagogischen Relevanz und ihren gegenseitigen Beziehungen deutlich zu machen. Der Mangel an fachspezifischem Gegenstandsbewußtsein bzw. die beschriebene Anlehnung an wissenschaftliche Gegenstände anderer, benachbarter Disziplinen wirkte nicht nur hemmend auf die theoretische Entwicklung, sondern gibt sich auch als Ursache des Mangels an Systematik zu erkennen. Der in zahlreichen historischen Begründungsversuchen des Faches Musikpädagogik zu beobachtende Trend, Forschungsgebiete der Musikpädagogik nach als bestimmend angesehenen Nachbardisziplinen zu gliedern, führte zu systematischen Versuchen in Form einer Reihung von Hilfsdiziplinen; bis in die Handbücher des Faches hinein begegnet man auch heute noch musikpädagogischen Ordnungsversuchen, gegliedert nach erziehungswissenschaftlichen, psychologischen und soziologischen „Aspekten“. Dies ergibt zwar Reihungen von relevanten Wissensbereichen, doch keinen genuin musikpädagogischen Zusammenhang im Sinne fachspezifischer Systematik.

Doch die Konturierung des Musik-Lernens mit Musik-Lehren und Musikunterricht als fachspezifischen musikpädagogischen Gegenständen bietet wohl neue Voraussetzungen für den Ansatz einer Systematik der Musikpädagogik. Diese eigenen Gegenstände binden die fachspezifischen Fragestellungen der Musikpädagogik und erweisen sich bei einem vorläufigen theoretischen Entwurf als umfassend für die bisherigen und die unzähligen offenen Fragestellungen der Musikpädagogik. Die Gegenstände Musik-Lernen, Musik-Lehren und Musikunterricht zeigen zudem unter methodologischem Aspekt Möglichkeiten des Einsatzes zahlreicher Methoden verschiedenster Provenienz und vor allem ihrer Korrespondenz in der Theoriebildung um die fachspezifischen Gegenstände. Der Ausgang der musikpädagogischen Fach-Systematik von Musik-Lernen und Musik-Lehren mit Musikunterricht gibt erstmals nach den Ordnungsversuchen mit einer Reihung von Nachbardisziplinen einen systematischen Ansatz gemäß den in der Musikpädagogik (und nur hier) bestimmenden spezifischen Gegenstandskomplexen. Die Korrespondenz mit tangierenden Disziplinen wird dadurch nicht ausgeschlossen, sie wird jedoch von genuinen musikpädagogischen Fragestellungen aus geführt.

Gemäß den drei bestimmenden musikpädagogischen Gegenstandskomplexen wurde in diesem „Grundriß der Musikpädagogik" die Systematik aus den drei Forschungsbereichen musikpädagogischer Lernforschung, Lehrforschung und Unterrichtsforschung entwickelt. Musikpädagogische Lern- und Lehrforschung fungieren auch als Grundlagenforschung für musikpädagogische Unterrichtsforschung. Die musikpädagogische Lernforschung ist auf den Lernenden gerichtet. Methodisch verhältnismäßig leicht ist es, Lernergebnisse auf musikalischem Gebiet festzustellen; dies ist in der Vergangenheit reichlich geschehen. Die gesamte Testforschung im musikalischen Bereich zielt auf Feststellung musikalischer Leistungsnormen und bietet die Chance, die individuelle musikalische Leistung zu diesen Normleistungen auf dem Gebiet der melodischen, rhythmischen, harmonischen oder formalen Leistungen in Beziehung zu bringen. Aber Lernergebnisse und Lernvorgänge sind höchst unterschiedliche Forschungsgegenstände. Der Musikpädagoge nimmt die durchschnittliche Leistung auf musikalischem Gebiet zur Kenntnis, aber sein besonderes Interesse gilt der Frage, von welchen Bedingungen, welchen Lernprozessen im Detail und langfristigen Lernvorgängen samt ihren unzähligen Variablen diese Lernergebnisse abhängig sind. Der Musikpädagoge sucht nach den Variablen, die Einfluß auf die Lernvorgänge haben. Hier liegt die Fülle musikpädagogischer Fragestellungen in bezug auf musikalisches Lernen. Zur Theoriebildung im Bereich musikalischen Lernens ist zugleich auch der ständige Kontakt mit der allgemeinen Lernforschung notwendig, die begriffliche Klärung, die Entwicklung theoretischer Teilstücke wie der Spezifika musikalischen Lernens in den einzelnen Altersstufen, in bezug auf musikalische Unterrichtsgegenstände, in bezug auf soziale, kognitive, affektive Faktoren, in bezug auf motivationale Abhängigkeiten wie auf die Vorgeschichte des individuellen musikalischen Lernens.

Die musikpädagogische Lehrforschung hat bereits Schwerpunkte auf dem Gebiet historischer Forschung entwickelt. Zielforschung, Lehrplanforschung, historische Berufsforschung sind eingeleitet worden. Die monographische Beschreibung von Lehrprinzipien und Lehrmodellen blieb dagegen schmal. Ein weiterer Schwerpunkt der Lehrforschung blieb ebenfalls bisher recht offen: die empirische Beobachtung des Lehrens. Auch auf diesem Gebiet der musikpädagogischen Lehrforschung sind Forschungsfragen in Hülle und Fülle offen, spezifisch musikpädagogische Forschungsfragen. Methoden historischer Forschung (Unterrichtslehren im Fach Musik, Lehrbedingungen, Lehrinstitutionen u.a. untersuchend), Methoden sozialwissenschaftlicher Art (das Berufsfeld des Musiklehrers betreffend) und empirische Methoden (zur Feststellung der Realitäten der Lehrsituation und des Lehrerverhaltens im Fach Musik) können zusammenwirken, um die bisher so vereinzelten Ergebnisse musikpädagogischer Lehrforschung schließlich zu ersten theoretischen Zusammenhängen zu führen.

Musikpädagogische Unterrichtsforschung ist keineswegs nur Kombination von musikpädagogischer Lern- und Lehrforschung. Ihr Gegenstand ist vielmehr das Zusammenspiel von Lernen und Lehren und die sich dabei zusätzlich und spezifisch zeigenden Variablen. Musikpädagogische Unterrichtsforschung ist methodisch nicht nur den gleichen methodischen Schwierigkeiten aus verwirrender Faktorenfülle wie alle Unterrichtsforschung ausgeliefert; sie hat zusätzlich auch noch das den Musikunterricht konstituierende Phänomen Musik in seiner originären Komplexität und seinen unterrichtsbedingten Eigenarten zu fassen. Vernachlässigt blieb hier die protokollierende Beobachtung. Auch die historische und die vergleichende Dimension stellen Aufgaben. Doch das daraus erwachsende Wissen und seine langsame Zusammenordnung können wahrscheinlich mehr Hilfe in die verfahrene Situation des gegenwärtigen Musikunterrichts einbringen als die ständig neuen Setzungen der Curricula vom grünen Tisch.

Die Anlage der Systematik wissenschaftlicher Musikpädagogik aus den Forschungsbereichen um Musik-Lernen, Musik-Lehren und Musikunterricht enthält auch eine methodische Dimension. Nur durch diesen systematischen Ansatz der Musikpädagogik werden die Forschungsdefizite gerade in den konstitutiven musikpädagogischen Bereichen erkennbar; Vernachlässigungen methodologischer Entwicklung zur Untersuchung der fachspezifischen Gegenstände treten zutage. Die beschriebenen Möglichkeiten methodologischer Öffnung durch den Ausgang von Musik-Lernen, Musik-Lehren und Musikunterricht gewinnen durch die systematische Zentrierung auf diese Forschungsbereiche thematische Kräfte, fordern Forschungsinteresse und -fantasie heraus. Durch die Entwicklung einer Systematik der Musikpädagogik wird Musik-Lernen als Herzstück wissenschaftlicher Musikpädagogik mit seinen Bezügen zu Musik-Lehren und Musikunterricht erst in vollem Maße erkennbar und damit zugleich die methodologische Weite der Möglichkeiten seiner Erforschung. Jeder der nun hervortretenden großen Forschungsbereiche um Musik-Lernen, Musik-Lehren und Musikunterricht weist weit über tradierte historische und empirische Methoden hinaus in spezielle methodische Möglichkeiten der Musikpädagogik. Durch den systematischen Ansatz aus den wissenschaftlichen Gegenstandsbereichen um Musik-Lernen, Musik-Lehren und Musikunterricht werden die methodischen Dimensionen der Musikpädagogik erst voll erschlossen.

Während die historischen Gliederungsansätze des theoretischen Feldes der Musikpädagogik nach befragten Disziplinen die Verbindung zu praktischer Musikpädagogik meist nur mühsam oder über verändernde Vereinfachungen finden ließen, zeigt der systematische Ansatz aus den genuin musikpädagogischen Forschungsbereichen um Musik-Lernen, Musik-Lehren und Musikunterricht den Zusammenhang wissenschaftlicher und praktischer Musikpädagogik auf, Gemeinsamkeiten wie Unterschiede klärend. Die Gemeinsamkeit sind Musik-Lernen, Musik-Lehren und Musikunterricht; der Unterschied ist, daß damit in der wissenschaftlichen Musikpädagogik Forschungsgegenstände, in der praktischen Musikpädagogik praktische Aufgaben bezeichnet werden. Die gemeinsamen Bezeichnungen sind die Nahtstelle zwischen musikpädagogischer Forschung und ihrer Anwendung, wenn diese auch in ihrem weitesten Sinne verstanden werden sollte: nicht als direkte Umsetzung von Forschungsergebnissen, sondern als langsamer Einfluß, Wissen und schärferes Nachdenken in gleichem Maße implizierend. Der systematische Ansatz aus den drei zentralen musikpädagogischen Forschungsgebieten ermöglicht Korrespondenzen zwischen wissenschaftlicher und praktischer Musikpädagogik und wahrt damit zugleich den systematischen Zusammenhang des gesamten, Wissenschaft und Praxis umfassenden Fachgebietes Musikpädagogik, den Unterschied der Funktionen transparent haltend.

Dazu zeigt schließlich der beschriebene systematische Ansatz die Position der Musikdidaktik. Wenn sie sich als traditionelle musikpädagogische Unterrichtslehre versteht, übernimmt sie innerhalb praktischer Musikpädagogik normierend-beratende Funktionen. Wenn sie sich als musikpädagogische Unterrichtsforschung versteht, gehört sie zu wissenschaftlicher Musikpädagogik in eben diesem speziellen Forschungsbereich. Die beginnende musikpädagogische Unterrichtstheorie erscheint in ihrer Vermittlungsfunktion zwischen musikpädagogischer Unterrichtslehre und Unterrichtsforschung als die zentrale Aufgabe der Musikdidaktik. Musikdidaktik wird in ihren Vermittlungsaufgaben niemals völlig auf Präskriptionen verzichten können; denn auf wissenschaftliche Begründung für alle unterrichtlichen Entscheidungen warten zu wollen, wäre Utopie. Doch macht es den Rang einer Didaktik auch des Faches Musik aus, in welchem Maße Wissens- und Bewußtseinsstand des anstehenden wissenschaftlichen Bereiches rezipiert und impliziert werden. Der systematische Ausgang von Musikunterricht erleichtert nicht nur eine Vermittlung zwischen wissenschaftlicher und praktischer Musikpädagogik, er trägt auch zur Klärung der systematischen Position der Musikdidaktik bei, zugleich auch die über den Forschungsbereich Musikunterricht hinausreichenden grundlegenden Forschungsbereiche Musik-Lernen und Musik-Lehren im Blick haltend.

Der systematische Ansatz aus den fachspezifischen wissenschaftlichen Gegenstandsbereichen Musik-Lernen, Musik-Lehren und Musikunterricht ließ bei der Durchführung in den vorangegangenen Kapiteln dieser Schrift in mehrfacher Hinsicht tatsächlich systembildende Kraft erkennen. Musik-Lernen und Musik-Lehren mit dem durch sie begründeten Musikunterricht stiften nicht nur – bei Wahrung der jeweils spezifischen Funktionen – Korrespondenzmöglichkeiten zwischen wissenschaftlicher und praktischer Musikpädagogik. Sie heben auch die Eigenart der Musikdidaktik hervor. Vor allem aber wird durch den Ausgang von den Gegenstandsbereichen um Musik-Lernen, Musik-Lehren und Musikunterricht die Lösung der Musikpädagogik von hemmenden Anbindungen an benachbarte Disziplinen geleistet. Die Exposition der facheigenen Gegenstandsbereiche ermöglicht die umfassende und binnendifferenzierende Systematik von Musikpädagogik, zugleich bisherige methodische Abhängigkeit durch die Weite der in den musikpädagogischen Gegenständen liegenden methodischen Möglichkeiten lösend. Mit der auf den fachspezifischen musikpädagogischen Gegenständen Musik-Lernen, Musik-Lehren und Musikunterricht beruhenden musikpädagogischen Systematik können wissenschaftliche und praktische Musikpädagogik sowie die vermittelnde Unterrichtstheorie in ihren jeweiligen Funktionen und Bedingungen einsichtig und die Orientierung über die jeweiligen Aufgaben und Möglichkeiten erleichtert werden.

6. Musikpädagogik als Lehrgebiet

Musikpädagogik ist heute als Fach an wissenschaftlichen, künstlerischen und an Fachhochschulen vertreten, teilweise wird das Fach auch als Musikdidaktik geführt. Verwirrender ist, daß mit der Bezeichnung Musikpädagogik zweierlei gemeint wird: zum einen eine ganze Studienrichtung, die Zusammenfassung aller Studiengebiete des künftigen Musiklehrers, und zum anderen nur der sog. theoretische Teil in dieser Studienrichtung, zielend auf die künftige Tätigkeit des Musik-Lehrens. In jedem Falle wird Musikpädagogik als Lehrfach auf die Ausbildung von Musiklehrern oder auch Musiklehrenden i.w.S. bezogen, wobei sowohl künstlerische wie musikwissenschaftliche Studiengebiete sowie Studiengebiete wissenschaftlicher und praktischer Musikpädagogik vorgesehen sind. Jedes dieser Studiengebiete hat spezifische Bedeutung und ist – das sei ausdrücklich betont – nicht auf Kosten eines der anderen Studiengebiete reduzierbar. Aber dieses Gesamt der Studiengebiete stellt – insbesondere in den sechssemestrigen Studiengängen – eine in hohem Maß utopische Überforderung dar. Diese Utopie ist unser Problem. Spielt man pauschal künstlerische gegen wissenschaftliche Studien aus, so verdeckt man nur die gegenwärtige Ausbildungsutopie, statt sie für die Diskussion präsent zu halten.

Vor dem Hintergrund dieser weiterreichenden Fragen ist die spezielle Problematik gegenwärtiger musikpädagogischer Lehre an Hochschulen zu sehen. Das Hochschulfach Musikpädagogik entstand aus dem Lehrauftrag in der Ausbildung von Musiklehrern. Deshalb wird heute noch Musikpädagogik an Hochschulen mit Musiklehrerausbildung identifiziert, wird Musikpädagogik an Hochschulen vor allem als ausbildungsbezogene Lehre und weit weniger als eigene Hochschuldisziplin verstanden. Doch müßte eigentlich die umgekehrte Reihenfolge gelten. Denn erst das wissenschaftlich entwickelte Fach vermag Basis von Lehre abzugeben; gerade in der Musikpädagogik, wo die Studenten der verschiedenen Studienrichtungen (Schulmusik, Privatmusik mit Musikschulen und Sozialpädagogik) zu Recht unterschiedliche Fragen an Musikpädagogik stellen, ist eine solche disziplinäre Basis als Zusammenhang notwendig. Je weiter wissenschaftliche Musikpädagogik als Disziplin entwickelt ist, umso besser kann sie die musikpädagogische Lehre für die künftigen Lehrenden mit dem Fach Musik differenziert, konkret, zeitökonomisch und stringent durchführen. Ein Fach muß existieren, wenn es im Rahmen einer Berufsausbildung gelehrt werden soll. Die Bewegungen im musikpädagogischen Berufsfeld, die sich hier neben den traditionellen Musiklehrer-Berufen abzeichnenden neuen musikpädagogischen Tätigkeiten, dazu die hochschulinternen Entwicklungen von Aufbaustudiengängen und besonderen Magisterstudiengängen im Fach Musikpädagogik, stellen zudem an das Hochschulfach Musikpädagogik weit über die Lehrerausbildung hinausreichende Anforderungen. Diese neuen Studiengänge helfen, auf aktuelle außerschulische Berufsmöglichkeiten vorzubereiten. Sie bedeuten dazu aber auch eine Chance des Faches: Erstmals können wissenschaftliche Nachwuchskräfte spezielle, zusätzliche Qualifikationen im Fach Musikpädagogik erwerben. Diese Studienmöglichkeiten sind die so dringlich gewordene Parallele zu künstlerischen Aufbaustudien und wissenschaftlichen Studienmöglichkeiten in den älteren Hochschuldisziplinen. Sie fordern von dem Hochschulfach Musikpädagogik ein spezialisiertes Lehrangebot in Musikpädagogik und führen die musikpädagogische Forschungskapazität auf ihre eigenen zentralen Fragen.

Doch stellt sich damit für Musikpädagogik als Lehrfach auch eine personelle Frage; deren Beantwortung ist besonders schwierig und bedarf noch vieler Überlegungen. Es ist die Frage, wer an Hochschulen Musikpädagogik lehrt. Die Breite der Aufgaben in der Lehre der Musikpädagogik ist die Ursache, daß – und entsprechende Erwartungen sind vorhanden – der Hochschullehrer für Musikpädagogik sowohl Künstler, wie Musikwissenschaftler, wie wissenschaftlich ausgewiesener Musikpädagoge und dazu Unterrichtsfachmann sein solle. Die Utopie der musikpädagogischen Studiengebiete setzt sich fort in der utopischen Rollenerwartung an Hochschullehrer der Musikpädagogik. Nicht jeder, der auf eine musikpädagogische Professur berufen wurde, lehrt auch Musikpädagogik; Musikgeschichte und Formenlehre „für den Unterricht" sind leichter zu lehren. Wer wirklich Musikpädagogik lehrt, der hat zwar keinen einfachen Job, doch ihm eröffnet sich unser Fach selbst mit seiner Fülle eigener Fragen und grundlegender Einsichten. Letztlich unterstreicht die personelle Problematik die Notwendigkeit der Ausbildung eines fachlichen Nachwuchses, der Gelegenheit zur Qualifikation in wissenschaftlicher Musikpädagogik bekommt, bevor er dieses Fachgebiet an Hochschulen vertritt.

Ist Musikpädagogik als Hochschulfach identisch mit Musiklehrer-Ausbildung? Wissenschaftliche Musikpädagogik ist ein Fachgebiet an Hochschulen mit Aufgaben der Forschung und Lehre wie jedes andere Hochschulfach. Sie ist nicht identisch mit Musiklehrer-Ausbildung, sondern Voraussetzung musikpädagogischer Lehre im Rahmen der verschiedenen Studiengänge mit musikpädagogischen Anteilen. Ihren Ausbildungsauftrag für Musiklehrer kann diese Musikpädagogik umso besser erfüllen, je umfassender und klarer sie musikpädagogische Probleme darzustellen vermag. Es ist nicht die Aufgabe von Musikpädagogik als Lehrfach, die praktische Musikpädagogik mit Wissenschaft zu überschütten. Es ist vielmehr ihr Sinn, in stringenter, zeitökonomischer Weise jeden künftigen Musiklehrer zu befähigen, durch Wissen und Denkfähigkeit im Bereich der Musikpädagogik selbständig urteilen und handeln zu können. Nur die Spezialisierung der Wissensermittlung aus genuin musikpädagogischer Fragestellung, Theoriebildung und Systematik vermag als sich ständig weiter entwickelndes Forschungsgebiet den Rückhalt für eine Lehre der Musikpädagogik zu geben, wie sie die Veränderungen im Musikleben und die daraus resultierende Ausweitung des musikpädagogischen Berufsfeldes immer notwendiger werden lassen. Wenn man einen wirklich selbständigen Musiklehrer wünscht, dann muß der Student gelernt haben, Fragen zu formulieren, Probleme zu entwickeln, Begriffe überlegt zu gebrauchen, er muß Verständnis für die methodischen Schwierigkeiten bei der Lösung eines Problems erwerben, größere Zusammenhänge überschauen lernen, um alle Aspekte eines Problems sehen und sich vor Einseitigkeiten bewahren zu können. Um solche musikpädagogische Lehre verwirklichen zu können, ist das zusammenhängende Fachgebiet Musikpädagogik eine Voraussetzung geworden. Insgesamt ergibt sich ziemlich viel Arbeit.

Bibliographie

Erläuterung zur Bibliographie:

Die Bibliographie enthält die Titelangaben aller im Text angesprochenen Schriften. Wenn mehrere Schriften eines Autors aus demselben Jahr anzuführen sind, werden den Publikationsdaten der Titelangaben in alphabetischer Folge Kleinbuchstaben beigefügt. Bei den Angaben innerhalb des Textes wurde in der gleichen Weise verfahren.

Verzeichnis der in der Bibliographie verwendeten Abkürzungen:

AMZ	Allgemeine musikalische Zeitung
CRME	Council for Research in Music Education
FME	Forschung in der Musikerziehung
JRME	Journal of Research in Music Education
MiU	Musik im Unterricht
MuBi	Musik und Bildung
NMZ	Neue Musikzeitung
NZ	Neue Zeitschrift für Musik
ZfMP	Zeitschrift für Musikpädagogik

Beih.	Beiheft
H.	Heft
J.	Journal
Ms.	Manuskript
mschr.	maschinenschriftlich
reprogr.	reprografisch
verb.	verbessert
verm.	vermehrt
Z.	Zeitschrift
zit.	zitiert

A

Abegg, W.: Programmusik in der Primarstufe und Sekundarstufe I. Bericht über eine Schulbuchanalyse. In: MuBi 12 (1980) H.3. S. 162 ff.

Abel-Struth, S.: Titelangaben der zitierten Schriften vgl. S. 692/693

Abert, H.: Die Musikanschauung des Mittelalters und ihre Grundlagen. Tutzing 1964 (Halle 1905)

Abert, H.: Über Aufgaben und Ziele der musikalischen Biographie. In: Archiv für Musikwissenschaft 2 (1920). S. 417 ff. Nachdruck in: Gesammelte Schriften und Vorträge. Hrsg. von F. Blume. 2. Aufl. Tutzing 1968 a (Halle 1929). S. 562 ff.

Abert, H.: Gesammelte Schriften und Vorträge. Hrsg. von F. Blume. 2. Aufl. Tutzing 1968 b (Halle 1929)

Abert, H.: Die Lehre vom Ethos in der griechischen Musik. 2. Aufl. Tutzing 1968 c (Leipzig 1899)

Abert, H.: Musik und Schule. In: Musik und Schule. Hrsg. vom Zentralinstitut für Erziehung und Unterricht Berlin. Leipzig o.J. (1922). S. 5 ff.

Achtenhagen, F. (Hrsg.): Neue Verfahren zur Unterrichtsanalyse. Düsseldorf 1982 = Studien zur Lehrforschung. Hrsg. von K.J. Klauer; H.-J. Kornadt. Bd. 22

Achtenhagen, F.; Menck, P.: Langfristige Curriculumentwicklung und mittelfristige Curriculumforschung. In: Curriculumrevision. Möglichkeiten und Grenzen. Hrsg. von F. Achtenhagen; H.L. Meyer. 3. Aufl. München 1972 (1971). S. 179 ff.

Achtenhagen, F.; Meyer, H.L. (Hrsg.): Curriculumrevision. Möglichkeiten und Grenzen. 3. Aufl. München 1972 (1971)

Adorno, Th.W.: Tabus über dem Lehrberuf. In: Th.W. Adorno: Stichworte. Kritische Modelle 2. Frankfurt a. M. 1972. S. 656 ff. = Gesammelte Schriften. Hrsg. von R. Tiedemann. Bd. 10/1

Adorno, Th.W.: Einleitung in die Musiksoziologie. 12 theoretische Vorlesungen. 3. Aufl. Frankfurt a. M. 1980 (1962)

Adorno, Th.W.: Dissonanzen. Musik in der verwalteten Welt. 6. Aufl. Göttingen 1982 a (1956) = Kleine Vandenhoeck-Reihe 28/29/29 a

Adorno, Th.W.: Kritik des Musikanten. In: Th.W. Adorno: Dissonanzen. Musik in der verwalteten Welt. 6. Aufl. Göttingen 1982 b (1956). S. 62 ff. = Kleine Vandenhoeck-Reihe 28/29/29 a

Adorno, Th.W.: Über den Fetischcharakter in der Musik und die Regression des Hörens. In: Th.W. Adorno: Dissonanzen. Musik in der verwalteten Welt. 6. Aufl. Göttingen 1982 c (1956). S. 9 ff. = Kleine Vandenhoeck-Reihe 28/29/29 a

Adorno, Th.W.: Zur Musikpädagogik. In: Th.W. Adorno: Dissonanzen. Musik in der verwalteten Welt. 6. Aufl. Göttingen 1982 d (1956). S. 102 ff. = Kleine Vandenhoeck-Reihe 28/29/29 a

Aebli, H.: Die geistige Entwicklung als Funktion von Anlage, Reifung, Umwelt- und Erziehungsbedingungen. In: Begabung und Lernen. Hrsg. von H. Roth. 12. Aufl. Stuttgart 1980 (1968). S. 151 ff. = Gutachten und Studien der Bildungskommission. Hrsg. vom Deutschen Bildungsrat. Bd. 4

Affemann, R.: Die helfende Funktion der Musik für die Entwicklung der Persönlichkeit. In: MuBi 10 (1978) H.1. S. 13 ff.

Albert, H.: Problem der Theoriebildung. In: Theorie und Realität. Hrsg. von H. Albert. Tübingen 1964. S. 3 ff. = Die Einheit der Gesellschaftswissenschaften. Hrsg. von E. Boettcher. Bd. 2

Allport, G.W.: Attitudes. In: Handbook of Social Psychology. Hrsg. von C.A. Murchison. Worcester 1935. S. 798 ff.

Allport, G.W.: The Use of Personal Documents in Psychological Science. New York 1942 = Social Science Research Council

Alt, M.: Die geistesgeschichtliche Aufgabe des Musikunterrichts. In: Musikpflege 2 (1931) H.1. S. 4 ff.

Alt, M.: Erziehung zum Musikhören. Leipzig 1935 = Handbücher der Musikerziehung. Hrsg. von G. Schünemann

Alt, M.: Praktische Hinweise zum Thema Musikerziehung und Forschung. In: MiU 46 (1955) H.1. S. 4 ff.

Alt, M.: Aufgaben der musikdidaktischen Forschung. In: Die pädagogische Hochschule. Struktur und Aufgaben. Hrsg. von der Pädagogischen Hochschule Dortmund. Ratingen 1964. S. 378 ff. Gekürzt in: MiU 55 (1964) H.6. S. 177 ff.; H.7–8. S. 238 ff.

Alt, M.: Zur wissenschaftlichen Grundlegung des Musikunterrichts. In: Fortschritt und Rückbildung in der deutschen Musikerziehung. Vorträge der 6. Bundesschulmusikwoche Bonn 1965. Hrsg. von E. Kraus. Mainz 1965. S. 64 ff.

Alt, M.: Brennpunkte musikpädagogischer Forschung. In: MiU 57 (1966) H.2. S. 45 ff.

Alt, M.: Empirische Forschung in der Musikpädagogik. In: FME. Beih. der Z. MuBi 1 (1969) H.2. S. 41 ff.

Alt, M.: Didaktik der Musik. 4. Aufl. Düsseldorf 1977 (1968)

Amrhein, F.: Fragebogenerhebung, durchgeführt im Juni 1980 an 22 ausgewählten Schulen für Lernbehinderte in Hessen (Unveröffentlichtes Material o.J. [1981])

Amrhein, F.: Die musikalische Realität des Sonderschülers. Diss. Universität Marburg 1983. Regensburg 1983 = Dortmunder Beiträge zur Musik in der Sonderpädagogik. Hrsg. von K.-J. Kemmelmeyer; W. Probst. Bd. 6

Andrews, F.; Deihl, N.C.: Development of a Technique for Identifying Elementary School Children's Musical Concepts. Cooperation Research Project 5-0233. University of Pennsylvania 1967

Angermeier, W.F.: Lernen. In: Handbuch psychologischer Grundbegriffe. Hrsg. von Th. Herrmann u.a. München 1977. S. 259 ff.

Antholz, H.: Musikpädagogik heute - Zur Erkenntnis ihrer Geschichte und Geschichtlichkeit ihrer Erkenntnis. In: Musikpädagogik heute. Hrsg. von H. Antholz; W. Gundlach. Düsseldorf 1975. S. 22 ff.

Antholz, H.: Unterricht in Musik. Ein historischer und systematischer Aufriß seiner Didaktik. 3. erweiterte Aufl. Düsseldorf 1976 a (1970) = Didaktik. Schriftenreihe für den Unterricht an der Grund- und Hauptschule. Hrsg. von W. Faber; S. Oppolzer

Antholz, H.: Wissenschaftlichkeit als Prinzip der Musiklehrerausbildung im Spiegel ihres Mißverständnisses. In: Musikpädagogik in der Studienreform. Hrsg. von G. Noll. Mainz 1976 b. S 63 ff. = FME 1976

Antholz, H.: „Musikpädagogik". In: MuBi 9 (1977) H.1. S. 28 ff.

Antholz, H.: Zur Aktualitätsproblematik in der Musikpädagogik. München; Wien 1979 = Fragmente als Beiträge zur Musiksoziologie. Hrsg. von E. Haselauer. Bd. 8

Antholz, H.: Platon oder: die mühsame Versöhnung von Philosophie und Kunst. „Die schwankenden Pfeiler musischer Erziehung". In: MuBi 12 (1980) H.12. S. 776 ff.

Antholz, H.: Aristoteles oder: die umsichtige Vermittlung von Musik und Erziehung. In: MuBi 13 (1981) H.1. S. 25 ff.

Antholz, H.; Gundlach, W. (Hrsg.): Musikpädagogik heute. Perspektiven - Probleme - Positionen. Düsseldorf 1975

Antrim, D.K.: Do Musical Talents Have Higher Intelligence? In: Etude 63 (1945). S. 127 ff.

Arbeitsgemeinschaft Curriculum Musik (Hrsg.): Sequenzen: Musik Sekundarstufe I. Beiträge und Modelle zum Musik-Curriculum. Stuttgart 1972

Arbeitskreis Forschung in der Musikerziehung: Themenkatalog für Forschungsaufgaben in der Musikerziehung. In: FME. Beih. der Z. MuBi 1 (1969) H.1. S. 34 ff.

Arbeitspapier Medienpädagogik an Fachhochschulen. In: A. Seidel: Musik in der Sozialpädagogik. Wiesbaden 1976. S. 2 Anmerkung 1 = Materialien zur Didaktik und Methodik des Musikunterrichts. Hrsg. von S. Helms u.a. Bd. 5

Archiv der Jugendmusikbewegung e.V. (Hrsg.): Die deutsche Jugendmusikbewegung in Dokumenten ihrer Zeit von den Anfängen bis 1933. Wolfenbüttel u.a. 1980

Armbruster, B.; Hertkorn, O.: Arbeitstransparente im Unterricht. Köln 1977 = Materialien zur Mediendidaktik. Hrsg. vom Kultusminister des Landes Nordrhein-Westfalen. Bd. 8

Armbruster, B.; Hertkorn, O.: Allgemeine Mediendidaktik. Köln 1978 = Materialien zur Mediendidaktik. Hrsg. vom Kultusminister des Landes Nordrhein-Westfalen. Bd. 6

Armbruster, B.; Hertkorn, O.: Schulfunk im Unterricht. Köln 1979 = Materialien zur Mediendidaktik. Hrsg. vom Kultusminister des Landes Nordrhein-Westfalen. Bd. 9

Ast, M.: Der Schulmusikunterricht. 3. auf Grund der Richtlinien vom 26. 3. 1927 umgearbeitete Aufl. des „Schulgesang". Breslau 1929 (1913/14)

Aubigny von Engelbrunner, N. d': Briefe an Natalie über den Gesang als Beförderung der häuslichen Glückseligkeit und des geselligen Vergnügens. Ein Handbuch für Freunde des Gesanges, die sich selbst, oder für Mütter und Erzieherinnen, die ihre Zöglinge für diese Kunst bilden möchten. Leipzig 1803

Auerbach, L.: Hören lernen - Musik erleben. Wolfenbüttel 1971

Auerbach, L. u.a.: Musikalische Grundausbildung. Mainz 1974 = Die Musikschule Bd. II = Bausteine für Musikerziehung und Musikpflege

Augustin, J.; Sailer, R.: Probleme der musikalischen Vermittlung von „ernster" Musik im Fernsehen. In: Musik in den Massenmedien Rundfunk und Fernsehen. Hrsg. von H.Ch. Schmidt. Mainz 1976. S. 67 ff.

Aust, S.: Die Unterrichtsforschung als Aufgabe der wissenschaftlichen Didaktik. Versuch einer Bestandsaufnahme. In: Schule aktuell 19 (1968) H.3. S. 97 ff.

B

Baacke, D.: Beat – die sprachlose Opposition. München 1968

Baacke, D.: Jugend und Subkultur. München 1972

Bachmair, G.: Unterrichtsanalyse, Verfahren und Fragestellungen zur Planung, Durchführung und Auswertung von Unterrichtsbeobachtungen. 3. Aufl. Weinheim; Basel 1977 (1974)

Bärsch, W.: Die psychohygienische Bedeutung der Künste für den Heranwachsenden. In: Die Wertproblematik der Musikdidaktik. Hrsg. von W. Krützfeldt. Kastellaun 1973. S. 78 ff.

Baier, H.: Untersuchungen zum musikalischen Erleben und Gestalten bei Volksschullehrern. In: FME. Beih. der Z. MuBi 3 (1971) H.5–6. S. 27 ff.

Baier, H.: Das Freizeitverhalten und die kulturellen Interessen des Volksschullehrers. Neuburgweier 1972

Bales, R.F.: Die Interaktionsanalyse. Ein Beobachtungsverfahren zur Untersuchung kleiner Gruppen. In: Beobachtung und Experiment in der Sozialforschung. Hrsg. von R. König. 8. Aufl. Köln 1972 (1956). S. 148 ff.

Ballauff, Th.: Erwachsenenbildung. Sinn und Grenzen. Heidelberg 1958

Bandura, A.; Walthers, R.H.: Social Learning and Personality Development. New York 1963

Barber, B.: Social-Class Differences in Educational Life-Chances. Teachers College Record 63 (1961). S. 102 ff. Zit. nach B. Berelson; G.A. Steiner: Soziale Aspekte. Weinheim 1972 = Menschliches Verhalten. Hrsg. von B. Berelson; G.A. Steiner. Bd. 2 (Human Behavior: An Inventory of Scientific Findings. New York 1964)

Bartlett, F.C.: Remembering. Cambridge 1932

Bartlett, F.C.: The Measurement of Human Skill. In: British Medical J. Nr. 4510; Nr. 4511 (1947). S. 777 ff.; S. 835 ff.

Bartlett, F.C.: Thinking. London 1958

Bartsch, K.: Stehen musikalische Begabung und wissenschaftliche Begabung in einem besonderen Verhältnis zueinander? In: Z. für angewandte Psychologie 17 (1920) H.1–3. S. 144 ff.

Bartusch, M.: Die linke Hand des Gitarristen – eine physiologische Studie. Bramsche 1981

Basedow, J.B.: Elementarwerk. Bd. 3. Leipzig 1785

Bastian, H.G.: Der Einfluß musikunterrichtlicher Lernprozesse auf Einstellungen und Werturteile 11jähriger Haupt-, Real- und Gymnasialschüler gegenüber Avantgarde-Musik. In: FME 1977. Mainz 1977. S. 158 ff. = FME 1977

Bastian, H.G.: Neue Musik im Schülerurteil. Eine empirische Untersuchung zum Einfluß von Musikunterricht. Mainz 1980 = Veröffentlichung des Musikwissenschaftlichen Instituts der Justus-Liebig-Universität Gießen. Hrsg. von E. Jost

Bastian, H.G.: Der Musikunterricht in Wunsch und Wirklichkeit. Interpretation von Teilergebnissen einer Befragung hessischer Musiklehrer. In: MuBi 13 (1981) a H.3. S. 162 ff.

Bastian, H.G.: Zusammenhänge zwischen Einstellungen zum Musikunterricht und Urteilen über neue Musik. Ergebnisse einer empirischen Untersuchung. In: Musikerziehung als Herausforderung der Gegenwart. Vorträge der 13. Bundesschulmusikwoche Braunschweig 1980. Hrsg. von K.-H. Ehrenforth. Mainz 1981 b. S. 348 ff.

Baumann, H.U.: Methoden zur quantitativen Erfassung des Unterrichtsverhaltens. Bern 1974

Bausinger, H.: Volkskultur in der technischen Welt. Stuttgart 1961

Bausznern, D. von: Musikerziehung im Schulfunk: Beispiele aus der Programmpraxis und neue Möglichkeiten. In: Schulfunk in Europa: eine Dokumentation mit Beiträgen zur Europäischen Schulfunk-Konferenz 1977. Projektleitung P. Löhr. München u.a. 1978. S. 155 ff. = Schriftenreihe des Internationalen Zentralinstituts für das Jugend- und Bildungsfernsehen H.11

Becker, C.H.: Die Pädagogische Akademie im Aufbau unseres nationalen Bildungswesens. 5. Aufl. Leipzig 1930 (1926)

Becker, P.: Hochschuldidaktik. In: MuBi 12 (1980) H.11. S. 709 ff.

Becking, G.: Der musikalische Rhythmus als Erkenntnisquelle. Augsburg 1928

Beckmann, H.-K.: Lehrerseminar - Akademie - Hochschule. Weinheim und Berlin 1968

Behne, K.E.: Zur Erfassung musikalischer Verhaltensweisen im Vorschul- und Primarbereich. In: MuBi 6 (1974) H.2. S. 103 ff.

Behne, K.E.: Musikalische Konzepte. Zur Schicht- und Altersspezifität musikalischer Präferenzen. In: FME 1975. Mainz 1975. S. 35 ff. = FME 1975

Behne, K.E.: Zur Struktur und Veränderlichkeit musikalischer Präferenzen. In: ZfMP 1 (1976) H.2. S. 139 ff.

Behne, K.-E. (Hrsg.): Musikalische Sozialisation. Laaber 1981 = Musikpädagogische Forschung. Hrsg. von K.-E. Behne. Bd. 2

Behne, K.-E. (Hrsg.): Gefühl als Erlebnis - Ausdruck als Sinn. Laaber 1982 a = Musikpädagogische Forschung. Hrsg. von K.-E. Behne. Bd. 3

Behne, K.E.: Lern- und motivationspsychologische Besonderheiten musikalischer Lernprozesse. In: Methoden des Musikunterrichts. Hrsg. von W. Schmidt-Brunner. Mainz 1982 b. S. 96 ff.

Bekker, P.: Die Dalcroze-Schule in Hellerau. Leipzig 1912

Bekker, P.: Das deutsche Musikleben. Berlin 1916

Belajew-Exemplarski, S.: Das musikalische Empfinden im Vorschulalter. In: Z. für angewandte Psychologie 27 (1926). S. 177 ff.

Bellack, A.A. u.a.: The Language of the Classroom; Meanings Communicated in High School Teaching. New York 1963-65

Belotti, E.G.: Was geschieht mit kleinen Mädchen? München 1975

Below, J.: Leitfaden der Pädagogik, enthaltend Psychologie und Logik, Erziehungslehre, Allgemeine Unterrichtslehre. Leipzig 1907 = Handbücher der Musiklehre, auf Anregung des Musikpädagogischen Verbandes zum Gebrauch an Musiklehrer-Seminaren und für den Privatunterricht. Bd. 1

Belser, H.; Roeder, P.-M.; Thomas, H. (Hrsg.): Kinder, Schule, Elternhaus. Eine Untersuchung über das englische Primarschulwesen (Plowden-Report). Gekürzte Fassung. Frankfurt a. M. 1972 (Children and their Primary Schools. A Report of the Central Advisory. In: Council for Education. Vol. 1: Report. Vol. 2: Research and Surveys. London 1967)

Benedict, R.: Urformen der Kultur. Hamburg 1963 = Rowohlts deutsche Enzyklopädie. Hrsg. von E. Grassi. Bd. 7 (Patterns of Culture. New York 1946)

Benker, H.: Pädagogisches Seminar - Inhalte der Ausbildung - Musikerziehung. In: Musikdidaktik in der Lehrerausbildung. Hrsg. von W. Schmidt. München 1974. S. 98 ff. = Fachdidaktische Studien. Hrsg. von J. Timmermann. Bd. 5

Bentley, A.: A Study of Some Aspects of Musical Ability Amongst Young Children, Including Those Unable to Sing in Tune. Universität Reading 1963 (unveröffentlichtes Ms.)

Bentley, A.: „Einstimmige“ und musikalische Befähigung. Vortrag auf der 7. Biennial Conference der International Society for Music Education 18. - 26. August Interlochen, Michigan (USA) 1966 (mschr. Ms.)

Bentley, A.: Musikalische Begabung bei Kindern und ihre Meßbarkeit. 2. Aufl. Frankfurt a. M. 1973 a (1968) = Schriftenreihe zur Musikpädagogik. Hrsg. von R. Jakoby. Bd. 1 (Measures of Musical Abilities. London 1966)

Bentley, A. u.a. (Hrsg.): The Third International Seminar on Research in Music Education. Kassel u.a. 1973 b

Bentley, R.R.: A Critical Comparison of Certain Aspects of Music Aptitude Tests. Ph. D. Diss. University of Southern California 1955

Berelson, B.; Steiner, G.A.: Forschungsmethoden/Individuelle Aspekte. 2. Aufl. Weinheim 1971 (1969) = Menschliches Verhalten. Hrsg. von B. Berelson; G.A. Steiner. Bd. 1 (Human Behavior: An Inventory of Scientific Findings. New York 1964)

Berelson, B.; Steiner, G.A.: Soziale Aspekte. Weinheim 1972 = Menschliches Verhalten. Hrsg. von B. Berelson; G.A. Steiner. Bd. 2 (Human Behavior: An Inventory of Scientific Findings. New York 1964)

Berg, K.; Rohlfs, E.: Literatur zur weiteren Information. In: Handbuch des Musikschul-Unterrichts. Hrsg. von D. Wucher u.a. Regensburg 1979. S. 451 ff.

Berger, S.: Group Tuition in Instrumental Music. A Comparative Study. In: Comparative Music Education. Education musicale comparée. Vergleichende Musikerziehung. Hrsg. von E. Kraus. Mainz 1962. S. 123 ff.

Berghaus, W. u.a.: Musik in der offenen Jugendarbeit. Regensburg 1981 = Praxisfelder, Musik und Sozialpädagogik. Hrsg. von K. Finkel. Bd. 1

Berkowitz, L.: The Development of Motives and Values in the Child. New York; London 1964

Berleburg, W. u.a.: Ensemblespiel und Ergänzungsfächer. Mainz 1975 = Die Musikschule Bd. V = Bausteine für Musikerziehung und Musikpflege

Bernstein, B.: Soziokulturelle Determinanten des Lernens. In: Soziologie der Schule. Sonderh. der Kölner Z. für Soziologie und Sozialpsychologie (1959) H.4. S. 52 ff.

Bertlein, H.: Das Selbstverständnis der Jugend heute. Eine empirische Untersuchung über ihre geistigen Probleme, ihre Leitbilder und ihr Verhältnis zu den Erwachsenen. 2. Aufl. Hannover 1964 (1960)

Bertz-Dostal, H.: Oper im Fernsehen. 2 Bde. Wien 1970/71

Berzheim, N.; Meier, U.: Aus der Praxis der elementaren Musik- und Bewegungserziehung. Singen - Tanzen - Musizieren. 3. Aufl. Donauwörth 1979 (1975) = Staatsinstitut für Frühpädagogik im Zentrum für Bildungsforschung München H.2

Besseler, H.: Das musikalische Hören der Neuzeit. Berlin 1959

Bessler, H.: Aussagenanalyse. Bielefeld 1970

Bessler, H.: Hörer- und Zuschauerforschung. München 1980 = Rundfunk in Deutschland. Hrsg. von H. Bausch. Bd. 5

Biddle, B.J.: Methoden und Konzeptionen der Unterrichtsforschung. In: Unterrichtsforschung und didaktische Theorie. Hrsg. von G. Dohmen u.a. 2. Aufl. München 1972 (1970). S. 61 ff. = Erziehung in Wissenschaft und Praxis. Hrsg. von A. Flitner. Bd. 11

Bigler, C.; Lloyd-Watts, V.: Kato Havas and Shinichi Suzuki. In: The Strad 91 (1980/81). S. 110 ff.

Bildungsanstalt Jaques-Dalcroze (Hrsg.): Der Rhythmus: Ein Jahrbuch. 2 Bde. Hellerau/Dresden 1911–13

Billroth, Th.: Wer ist musikalisch? Nachgelassene Schrift. Hrsg. von E. Hanslick. Berlin 1895

Bilz, R.: Paläoanthropologie. Der neue Mensch in der Sicht einer Verhaltensforschung. Bd. 1. Frankfurt a. M. 1971

Bimberg, S.: Untersuchungen über die Hör- und Singfähigkeit in Dur und Moll. Diss. Halle 1953

Bimberg, S.: Zur Klärung des Begriffes Melodiebewußtsein. In: Wissenschaftliche Z. der M. Luther-Universität Halle-Wittenberg 4 (1955) H.5. S. 647 ff.

Bimberg, S.: Über das Singen der Großterz aufwärts. Habil.-Schrift Berlin 1956

Bimberg, S.: Untersuchungen über das tonale Hören als eine Grundlage der Rezeption musikalischer Kunstwerke. In: Sonderbd. der Wissenschaftlichen Z. der M. Luther-Universität Halle-Wittenberg 12 (1963) H.1. S. 135 ff.

Binkowski, B.: Überlegungen zur heutigen Musiklehrerausbildung. In: Musikpädagogik heute. Hrsg. von H. Antholz; W. Gundlach. Düsseldorf 1975. S. 242 ff.

Binkowski, B.: Musik in der Lehrerausbildung. In: MuBi 9 (1977) H.9. S. 485 ff.

Binkowski, B.: Musikerziehung als Aufgabe der Erwachsenenbildung. In: MuBi 12 (1980) H.6. S. 383 ff.

Bitterhof, E.: Das Musikheim Frankfurt/Oder 1929 - 1941. Beiträge der Jugendbewegung zur preußischen Kulturpolitik; Lehrerfortbildung und Erwachsenenbildung. Burg Ludwigstein 1980 = Schriftenreihe des Archivs der deutschen Jugendbewegung. Bd. 3

Bitterlich, S.: Das Prestige des Musikunterrichts an Schulen. Hausarbeit an der Hochschule für Musik und darstellende Kunst. Wien 1974 (unveröffentlichtes Ms.)

Black, H.: The American Schoolbook. New York 1967

Blätter zur Berufskunde: Eine Dokumentation der Bundesanstalt für Arbeit. Katalog Stand 1. 8. 1980. Hrsg. von der Bundesanstalt für Arbeit Nürnberg. Gütersloh

Blankertz, H.: Pädagogische Theorie und empirische Forschung. In: Zur Bedeutung der Empirie für die Pädagogik als Wissenschaft. Hrsg. von M. Heitger. Bochum 1966. S. 65 ff. = Untersuchungen zu pädagogischen Zeitfragen. Neue Folge der Ergänzungsh. zur Vierteljahresschrift für wissenschaftliche Pädagogik H.5

Blankertz, H.: Didaktik. In: Handbuch pädagogischer Grundbegriffe. Hrsg. von J. Speck; G. Wehle. München 1970. Bd. 1. S. 240 ff.

Blaukopf, K.: Musikpädagogisches Forschungsinstitut. In: Musikerziehung 19 (1965/66) H.3. S. 203 ff.

Blaukopf, K.: Die qualitative Veränderung musikalischer Mitteilung in den technischen Medien der Massenkommunikation. In: Kölner Z. für Soziologie und Sozialpsychologie 21 (1969) H.3. S. 510 ff.

Blaukopf, K.: Neue musikalische Verhaltensweisen der Jugend. Mainz 1974 = Musikpädagogik, Forschung und Lehre. Hrsg. von S. Abel-Struth. Bd. 5

Blensdorf, O.: Erziehung zur Selbsttätigkeit im Gesangunterricht. Elberfeld 1913

Blensdorf, O.: Rhythmik und Tanz in der Musikerziehung. In: Grundfragen der Schulmusik. Hrsg. von H.J. Moser. Leipzig; Berlin 1931. S. 102 ff.

Bloom, B.S. u.a.: Handbook on Formative and Summative Evaluation on Student Learning. New York 1971

Bloom, B.S. (Hrsg.) u.a.: Taxonomie von Lernzielen im kognitiven Bereich. 2. Aufl. Weinheim u. Basel 1973 (1972) (Taxonomy of Educational Objectives. Handbook I: The Cognitive Domain. 16. Aufl. New York 1971 [1956])

Blume, F. (Hrsg.): Die Musik in Geschichte und Gegenwart. 16 Bde. Kassel u.a. 1949 ff. Bd. 9

Blume, F.: Musikforschung und Musikleben. In: Gesellschaft für Musikforschung. Bericht über den Internationalen Musikwissenschaftlichen Kongreß Bamberg 1953. Hrsg. von W. Brennecke; W. Kahl; R. Steglich. Kassel 1954. S. 5 ff.

Boardman, E.: An Investigation of the Effect of Preschool Training on the Development of Vocal Accuracy in Young Children. Diss. University of Illinois 1964

Bober, H.: Die Rolle des Affektiv-Emotionalen im Erkenntnis-Prozeß. In: Deutsche Z. für Philosophie 13 (1965) H.8. S. 948 ff.

Bode, R.: Rhythmus und Körpererziehung. Jena 1925

Bode, R.: Lehrbuch der rhythmischen Gymnastik. Frankfurt a. M. 1953 a

Bode, R.: Musik und Bewegung. 3. verm. Aufl. Frankfurt a. M. 1953 b (Kassel 1930)

Böckel, O.: Psychologie der Volksdichtung. 2. Aufl. Leipzig; Berlin 1913 (1906)

Boeckmann, K. (Hrsg.): Lernziele und Erfolgskontrolle. Bad Heilbrunn/Obb. 1974 = Klinkhardts pädagogische Quellentexte

Boeckmann, K.: Grundrisse einer theoretischen Erfassung didaktischer Medien. In: Unterrichtswissenschaft 6 (1978) H.2. S. 159 ff.

Böhle, I.: Musikinstrumente im Zeichen der reformpädagogischen Bewegungen. Diss. Universität Dortmund 1982 (vervielfält. Ms.)

Böhme, F.M.: Deutsches Kinderlied und Kinderspiel. Leipzig 1897

Boekelheide, V.E.: Some Techniques of Assessing Certain Basic Music Listening Skills of Eight and Nine Years Olds. Ed. D. Diss. Stanford University 1960

Boepple, P.: Die Elemente der Musikalität, Präparationen für den Gesangunterricht in der Volksschule; nach den Grundsätzen der Methode Jaques-Dalcroze entworfen. Lausanne u.a. 1910

Böttcher, H.F.; Kerner, U.: Methoden in der Musikpsychologie. Leipzig 1978 = Musikwissenschaftliche Studienbibliothek Peters

Bohnenkamp, H. u.a. (Hrsg.): Empfehlungen und Gutachten des Deutschen Ausschusses für das Erziehungs- und Bildungswesen 1953 - 1965. Gesamtausgabe. Stuttgart 1966

Borinski, F.: Der Weg zum Mitbürger. Düsseldorf 1954

Bormann, K.: Schulkunde für evangelische Volksschullehrer. Berlin 1855

Bornemann, A.: Der Schulfunk im Unterricht. Hamburg 1948 = Frohes Lernen H.7

Borris, S.: Musikleben in Japan in Geschichte und Gegenwart. Kassel u.a. 1967

Bossard, J.H.S.: Family Modes of Expression. In: American Sociological Review 10 (1945) Nr. 2. S. 226 ff.

Brändle, W.: Warum wird das Fach Musik abgewählt? In: Fortschritt und Rückbildung in der deutschen Musikerziehung. Vorträge der 6. Bundesschulmusikwoche Bonn 1965. Hrsg. von E. Kraus. Mainz 1965. S. 204 ff.

Bräuer, G.: Vom menschlichen Hören. In: Musikhören. Hrsg. von P. Fuchs. Stuttgart 1969. S. 27 ff. = Der Unterricht in der Grundschule. Hrsg. von M. Griebel

Braun, G.: Die Schulmusikerziehung in Preußen von den Falkschen Bestimmungen bis zur Kestenberg-Reform. Kassel; Basel 1957 = Musikwissenschaftliche Arbeiten. Hrsg. von der Gesellschaft für Musikforschung Nr. 11

Braunfels, W.: Die Hochschule für Musik. In: Handbuch der Musikerziehung. Hrsg. von E. Bücken. Potsdam o.J. (1930). S. 307 ff.

Breckoff, W. u.a.: Musik aktuell. Informationen, Dokumente, Aufgaben. 5. Aufl. Kassel 1974 (1971)

Breckoff, W.: Fragen der Hörerziehung. In: Neues Handbuch der Schulmusik. Hrsg. von E. Valentin; H. Hopf. Regensburg 1975. S. 129 ff.

Breckoff, W. u.a.: Liedermagazin. Zusammengestellt und kommentiert von W. Breckoff; G. Kleinen; H. Lemmermann; H. Segler. In Verbindung mit „Musik aktuell". Kassel u.a. 1975

Bredenkamp, K.; Bredenkamp, J.: Was ist Lernen? In: Funk-Kolleg Pädagogische Psychologie. Hrsg. von F.E. Weinert u.a. Frankfurt a. M. 1974. Bd. 2. S. 605 ff.

Brehmer, F.: Melodieauffassung und melodische Begabung des Kindes. In: Z. für angewandte Psychologie Beih. 36 (1925)

Bresgen, C.: Die Improvisation in der Musik. Wilhelmshaven 1983 = Musikpädagogische Bibliothek. Begründet von L. Kestenberg, fortgeführt von E. Preußner, fortgesetzt von W. Kolneder. Bd. 27

Breslauer, K. u.a. (Hrsg.): Werterziehung als Auftrag der Schule. Hannover 1978 = Auswahl Reihe B. Bd. 94

Breuer, H. (Hrsg.): Der Zupfgeigenhansl. 164. Aufl. Leipzig 1940 (1908)

Brezinová, M.: Zoltán Kodály (Bibliographie). Galanta 1970

Briner, A.: Hindemith und Adornos Kritik des Musikanten. In: Hindemith-Jahrbuch 1 (1971). S. 26 ff.

Briner, A.: Paul Hindemith und die Idee einer musikalischen Gemeinschaft. In: MuBi 8 (1976) H.12. S. 601 ff.

Brinkmann, R. (Hrsg.): Musik im Alltag. Zehn Kongreßbeiträge. Mainz 1980 = Veröffentlichungen des Instituts für Neue Musik und Musikerziehung Darmstadt. Bd. 21

Britton, J.: Die sprachliche Entwicklung in Kindheit und Jugend. Düsseldorf 1973 = Sprache und Lernen. Hrsg. von W. Loch; H. Paschen; G. Priesemann. Bd. 24 (Language and Learning. London 1970)

Brody, V.: The Role of Body-Awareness in the Emergence of Musical Ability: Its Application to Music Education. In: JRME 1 (1953) Nr. 1. S. 21 ff.

Brömse, P.: Interessengebiete Jugendlicher im Musikunterricht. Ergebnisse von Befragungen 14–18jähriger Schüler aus Gymnasial-, Real- und Berufsschulklassen. In: FME 1975. Mainz 1975. S. 62 ff. = FME 1975

Brömse, P.: Über die Einstellung von Lehrern zum Musikunterricht. Ergebnisse einer Umfrage in Hessen anhand von Daten der Grundauszählung. In: FME 1977. Mainz 1977. S. 108 ff. = FME 1977

Brömse, P.: Antholz über Antholz. Eine Befragung. In: Musikpädagogik. Historische, systematische und didaktische Perspektiven. Hrsg. von H.G. Bastian; D. Klöckner. Düsseldorf 1982. S. 22 ff.

Brömse, P.; Kötter, E.: Experimentelle Untersuchungen zur Differenzierungsfähigkeit beim Musikhören zehnjähriger Schüler. In: FME. Beih. der Z. MuBi 2 (1970) H.3–4. S. 37 ff.

Brömse, P.; Kötter, E.: Zur Musikrezeption Jugendlicher. Eine psychometrische Untersuchung. Mainz 1971 = Musikpädagogik, Forschung und Lehre. Hrsg. von S. Abel-Struth. Bd. 4

Brophy, J.E.; Good, Th.L.: Teacher-Child Dyadic Interaction. A Manual for Coding Classroom Behavior. Report Series Nr. 27. University of Texas at Austin 1969. Zit. nach H. Froehlich-Rainbow 1984

Brügmann, W.G.: Praxisbezogene Lehrerausbildung - Grau ist alle Praxistheorie. In: MuBi 7 (1975) H.7–8. S. 378 ff.

Bruner, J.S.: Entwurf einer Unterrichtstheorie. Berlin 1974 = Sprache und Lernen. Hrsg. von W. Loch. Bd. 5 (Toward a Theory of Instruction. Cambridge/Mass. 1965)

Bruner, J.S.: Der Prozeß der Erziehung. 5. Aufl. Berlin; Düsseldorf 1980 (1970) = Sprache und Lernen. Hrsg. von W. Loch. Bd. 4 (The Process of Education. Cambridge/Mass. 1960)

Buchhofer, B.; Friedrichs, J.; Lüdtke, H.: Musik und Sozialstruktur. Theoretische Rahmenstruktur und Forschungspläne. Köln 1974

Bücher, K.: Arbeit und Rhythmus. 6. Aufl. Leipzig 1924 (1896)

Bühler, Ch.: Das Seelenleben des Jugendlichen. 4. verb. Aufl. Jena 1927 (1925)

Bühler, Ch.: Drei Generationen im Jugendtagebuch. Jena 1934 = Quellen und Studien zur Jugendkunde. Hrsg. von Ch. Bühler. H.11

Bühler, Ch.: Der menschliche Lebenslauf als psychologisches Problem. 2. verb. Aufl. Göttingen 1959 (1932)

Bühler, Ch.; Hetzer, H.: Inventar der Verhaltensweisen des ersten Lebensjahres. In: Soziologische und psychologische Studien über das erste Lebensjahr. Hrsg. von Ch. Bühler; H. Hetzer; B.H. Tudor-Hart. Jena 1927. S. 129 ff. = Quellen und Studien zur Jugendkunde. Hrsg. von Ch. Bühler. H.5

Bühler, K.: Die geistige Entwicklung des Kindes. 6. Aufl. Jena 1930 (1918)

Bünner, G.; Röthig, P. (Hrsg.): Grundlagen und Methoden rhythmischer Erziehung. 3. verb. Aufl. Stuttgart 1979 (1971)

Buer, J. van; Rösner, H.: Qualitative Analyse der Lehrer-Schüler-Interaktion im Englischanfangsunterricht. In: Neue Verfahren zur Unterrichtsanalyse. Hrsg. von F. Achtenhagen. Düsseldorf 1982. S. 125 ff. = Studien zur Lehrforschung. Hrsg. von K.J. Klauer; H.-J. Kornadt. Bd. 22

Bundesanstalt für Arbeit (Hrsg.): Blätter zur Berufskunde. Bielefeld 1955 ff.

Bund-Länder-Kommission für Bildungsplanung und Forschungsförderung (Hrsg.): Musisch-kulturelle Bildung. Ergänzungsplan zum Bildungsgesamtplan. 2 Bde. Stuttgart 1977

Bung, P.: Systematische Lehrwerkanalyse. Untersuchungen zum Einsatz von Contentanalysen für die Lehrwerkforschung und Lehrwerkkritik. Kastellaun 1977

Burmann, G.W.: Kleine Lieder für kleine Mädchen und Jünglinge. Berlin 1877

Burroughs, G.E.R.; Morris, J.N.: Factors Involved in Learning a Simple Musical Theme. In: British J. of Educational Psychology 32 (1962). S. 309 ff.

Buytendijk, F.J.J.: Spiel von Mensch und Tier. Berlin 1933

Buytendijk, F.J.J.: Das menschliche Spielen. In: Kulturanthropologie. Stuttgart 1973 = Neue Kulturanthropologie. Hrsg. von H.G. Gadamer; P. Vogler. Bd. 4

C

Cahn, P.: Das Hoch'sche Konservatorium 1878 - 1978. Frankfurt a. M. 1979

Campbell, D.T.: Social Attitudes and Other Acquired Behavioral Dispositions. In: Psychology. A Study of Science. Hrsg. von S. Koch. New York 1963. Bd. 6. S. 94 ff.

Cantor, G.N.: Effects of Three Types of Pretraining on Discrimination Learning in Pre-School Children. In: J. of Experimental Psychology 49 (1955) Nr. 5. S. 339 ff.

Carlsen, J.C.: Problem Solving: The Role of Research. In: International Music Education. ISME Yearbook 6 (1979). S. 102 ff.

Cartwright, J.; Huckaby, G.: Intensive Preschool Language Program. In: J. of Music Therapy 9 (1972) Nr. 3. S. 137 ff.

Cassirer, E.: Wesen und Wirkung des Symbolbegriffs. Darmstadt 1958

Central-Blatt für die gesamte Unterrichtsverwaltung in Preußen. Im Auftrag der geistlichen Unterrichts- und Medicinal-Angelegenheiten und unter Benutzung der amtlichen Quellen. Hrsg. von W. Stiehl. 1 (1859) ff.

Cherbuliez, A.E.: Geschichte der Musikpädagogik in der Schweiz. Beiträge zur Entwicklung der Musikerziehung im Rahmen der schweizerischen Musik- und Geistesgeschichte bis zum Ausgang des 19. Jahrhunderts. o.O. 1944

Choksy, L.: The Kodály Method. Comprehensive Music Education from Infant to Adult. Englewood Cliffs/N. J. 1974

Claessens, D.: Familie und Wertsystem. Eine Studie zur „zweiten sozio-kulturellen Geburt" des Menschen. 3. Aufl. Berlin 1972 (1962) = Soziologische Abhandlungen. Hrsg. von F. Bülow; O. Stammer. Bd. 4

Clauß, G.: Über didaktische Sprachgestaltung unter besonderer Berücksichtigung des Lehrervortrags. Diss. Leipzig 1954

Clemens, W.: Karl Christian Friedrich Krause und seine Bedeutung als Musikerzieher. Die wissenschaftliche Grundlegung der Musikerziehung. Diss. Berlin 1959

Clemens, W.: Zur wissenschaftlichen Grundlegung der Musikerziehung. In: Gesellschaft für Musikforschung. Bericht über den Internationalen musikwissenschaftlichen Kongreß Leipzig 1966. Hrsg. von C. Dahlhaus u.a. Kassel u.a. 1970. S. 375 ff.

Colwell, R.: Musical Achievement Test. Chicago 1968 - 1970

Colwell, R.: The Evaluation of Music Teaching and Learning. Englewood Cliffs/N.J. 1970

Colyer, R.: Towards Suzuki. In: The Strad 83 (1972/73) S. 605 ff.

Combe, A.: Zur Kritik der Lehrerrolle. München 1971

Crandall, V.J. u.a.: Maternal Reactions and the Development of Independence and Achievement Behavior in Young Children. In: Child Development 31 (1960). S. 243 ff.

Cykler, E.A.: Comparative Music Education. Education musicale comparée. Vergleichende Musikerziehung. In: Comparative Music Education. Education musicale comparée. Vergleichende Musikerziehung. Hrsg. von E. Kraus. Mainz 1962. S. 47 ff.

Cykler, E.A.: A Study in Comparative Music Education: An Evaluation of Techniques Employed in Elementary and Secondary Schools in Selected Foreign Countries. H.E.W. Grant Project Nr. 8-1-074. 1971

D

Daellenbach, C.Ch.: Identification and Classification of Overt Music Performance Learning Behaviors Using Videotape Recording Techniques. Diss. University of Rochester 1970 (unveröffentlichtes Ms.). Zit. nach H. Froehlich-Rainbow 1984

Daheim, H.: Soziologie der Berufe. In: Handbuch der empirischen Sozialforschung. Hrsg. von R. König. Stuttgart 1969. Bd. 2. S. 358 ff.

Dahlhaus, C.: Analyse und Werturteil. Mainz 1970 = Musikpädagogik, Forschung und Lehre. Hrsg. von S. Abel-Struth. Bd. 8

Dahlhaus, C. (Hrsg.): Beiträge zur musikalischen Hermeneutik. Regensburg 1975 = Studien zur Musikgeschichte des 19. Jahrhunderts. Hrsg. vom Arbeitskreis Musikwissenschaft der Forschungsunternehmen der Fritz Thyssen Stiftung. Bd. 43

Dahlhaus, C.: Was heißt Improvisation? In: Improvisation und neue Musik. Hrsg. von R. Brinkmann. Mainz u.a. 1979. S. 9 ff. = Veröffentlichungen des Instituts für Neue Musik und Musikerziehung Darmstadt. Bd. 20

Dahlhaus, C.; Ordschonikidse, G. (Hrsg.): Beiträge zur Musikkultur in der Sowjetunion und in der Bundesrepublik Deutschland. Hamburg 1982

Dahlhoff, Th. (Hrsg.): Schulfunk. Zur Didaktik und Methodik. Bochum 1971 = Kamps pädagogische Taschenbücher. Bd. 50

Dahlke, E.: Das Arbeitsprinzip im Schul-Musikunterricht. 2. Aufl. Essen 1930 (1921)

Dahrendorf, R.: Elemente einer Theorie des sozialen Konflikts. In: R. Dahrendorf: Gesellschaft und Freiheit. München 1962. S. 197 ff.

Dahrendorf, R.: Homo Sociologicus: Versuch zur Geschichte, Bedeutung und Kritik der Kategorie der sozialen Rolle. In: R. Dahrendorf: Pfade aus Utopia. Arbeiten zur Theorie und Methode der Soziologie. Gesammelte Abhandlungen I. München 1967. S. 128 ff.

Dammann, E.; Prüser, H. (Hrsg.): Quellen zur Kleinkindererziehung. Die Entwicklung der Kleinkinderschule und des Kindergartens. München 1981

Danckert, W.: Personale Typen des Melodiestiles. Kassel 1933

Dannhauer, H.: Geschlecht und Persönlichkeit. Berlin 1973

Dantlgraber, J.: Kreativität und Erziehung. Über den Einfluß der elementaren Musik- und Bewegungserziehung des Orff-Schulwerkes auf die Kreativität. Diss. Salzburg 1970

Darius, P.: Die Gliederung des Lehrangebotes in der Musikerziehung an Pädagogischen Hochschulen und Studienerwartungen der Studenten. Eine empirische Untersuchung an sechs Hochschulen in Nordrhein-Westfalen. In: Musikpädagogik in der Studienreform. Hrsg. von G. Noll. Mainz 1976. S. 347 ff. = FME 1976

Darmstädter Singordnung von 1721. In: Die Schulordnungen des Großherzogtums Hessen. Hrsg. von W. Diehl. Berlin 1903 - 1905. Bd. 1. S. 239 ff. = Monumenta Germaniae Pädagogica. Schulordnungen, Schulbücher und pädagogische Miscellaneen aus den Landen deutscher Zunge. Hrsg. von K. Kehrbach. Bd. 27/28/33

Daube, O.: Vom Singen zum Hören. Das Lied als Grundlage des musikalischen Werkunterrichtes. Dortmund 1957

Daube, O.: Singendes Musizieren. 2. Aufl. Dortmund 1959 (1950)

Dave, R.H.: The Identification Measurement of Environmental Process Variables that are Related to Educational Achievement. Diss. Chicago 1963

Dawson, R.E.; Prewitt, K.: Political Socialization. Boston 1969 = The Little, Brown Series in Comparative Politics

Der Hessische Kultusminister (Hrsg.): Rahmenrichtlinien Primarstufe Musik; Sekundarstufe I Musik; Diskussionsentwurf Sekundarstufe II Musik. Wiesbaden 1975/76

Detlefsen, H. [d.i. Hans Eckert]: Das Tonbandgerät im Schulunterricht. 2. Aufl. Hamburg 1958 (1957)

Deutsch, M.; Krauss, R.M.: Theorien der Sozialpsychologie. Frankfurt a. M. 1976 (Theories in Social Psychology. New York 1965)

Deutscher Bildungsrat, Bildungskommission (Hrsg.): Strukturplan für das Bildungswesen. Stuttgart 1970

Deutscher Musikrat: Gefahren für das deutsche Musikleben und Wege zu ihrer Überwindung. Denkschrift 1964. o.O. (Hamburg) 1964

Deutscher Musikrat: Vervielfältigter Tagungsbericht der 10. Generalversammlung des Deutschen Musikrates in Stuttgart. Stuttgart 1968

Deutscher Musikrat: Musikpädagogische Studiengänge für die Lehrämter an allgemeinbildenden Schulen. In: MuBi 7 (1975) H.5. S. 217 ff.

Deutscher Musikrat (Hrsg.): Realisierungsprogramm Musik 1978. In: Deutscher Musikrat. Referate-Informationen (1978) H.38. S. 3 ff.

Deutscher Musikrat (Hrsg.): Bedarfsanalyse Musikberufe. In: Deutscher Musikrat. Referate-Informationen (1981) H.49. S. 2 ff.

Deutsches Institut für wissenschaftliche Pädagogik (Hrsg.): Lexikon der Pädagogik der Gegenwart. Münster 1930 - 1932. (Nachfolge: Lexikon der Pädagogik. Hrsg. vom Deutschen Institut für wissenschaftliche Pädagogik Münster und dem Institut für Vergleichende Erziehungswissenschaft Salzburg. Freiburg 1952 - 1955)

Deutsches Institut für wissenschaftliche Pädagogik Münster und das Institut für Vergleichende Erziehungswissenschaft Salzburg (Hrsg.): Lexikon der Pädagogik. Freiburg 1952 - 1955

Dewey, J.: Demokratie und Erziehung. 2. Aufl. Braunschweig 1949 (1929) (Democracy and Education: an Introduction on the Philosophy of Education. New York 1916)

Die drei Preußischen Regulative vom 1. 2. und 3. October 1854 über Einrichtung des evangelischen Seminar-, Präparanden- und Elementar-Schulunterrichts. Im amtlichen Auftrage zusammengestellt und zum Druck befördert. Berlin 1854

Diederich, D.: Zuhören: die häufigste Schülertätigkeit. Ein Versuch, rezeptives Schülerverhalten operational zu definieren. In: Z. für Pädagogik 15 (1969) H.5. S. 545 ff.

Die Musik in Geschichte und Gegenwart. Allgemeine Enzyklopädie der Musik. Hrsg. von F. Blume. 16 Bde. Kassel 1949 ff.

Dienelt, K.: Zur Diskussion einer „Pädagogischen Anthropologie". In: Pädagogische Rundschau 20 (1966) H.6. S. 588 ff.

Diesterweg, F.W.A.: Wert des Gesanges in der häuslichen und öffentlichen Erziehung. In: Rheinische Blätter 2 (1828). Bd. 3 H.3. S. 43 ff.

Diesterweg, F.W.A.: Der Unterricht in der Klein-Kinder-Schule, oder die Anfänge der Unterweisung und Bildung in der Volksschule. 5. verb. und verm. Aufl. Bielefeld 1952 (Crefeld 1829)

Diesterweg, F.W.A.: Wegweiser zur Bildung für deutsche Lehrer. Essen 1958 (Wegweiser zur Bildung für Lehrer und die Lehrer werden wollen. Essen 1834–35)

Dietrich, G.: Die Auswirkung von Unterrichtsstilen auf das Leistungs- und Sozialverhalten von Schülern. In: Unterrichtspsychologie der Sekundarstufe. Hrsg. von G. Dietrich. Donauwörth 1972. S. 137 ff.

Dietrich, Th. (Hrsg.): Die pädagogische Bewegung „Vom Kinde aus". 4. durchges. Aufl. Bad Heilbrunn/Obb. 1982 (1963)

Dikau, J.: Wirtschaft und Erwachsenenbildung. Ein kritischer Beitrag zur Geschichte der deutschen Volkshochschule. Weinheim 1968

Dimény, J.: Musikerziehung im Schulfunk. Das ungarische Modell. In: Schulfunk in Europa: eine Dokumentation mit Beiträgen zur Europäischen Schulfunk Konferenz 1977. Projektleitung P. Löhr. München u.a. 1978. S. 149 ff. = Schriftenreihe des Internationalen Zentralinstituts für das Jugend- und Bildungsfernsehen H.11

Distler-Brendel, G.: Zur Situation der Absolventen der Musiklehrerausbildung in Hessen. Diskrepanzen zwischen Studium und Berufschancen. In: Musikpädagogik als Hochschulfach. Hrsg. von W. Gieseler; R. Klinkhammer. Mainz 1982. S. 203 ff. = FME 1981

Dobszay, L.: The Kodály Method and its Musical Basis. In: Studia Musicologica Academiae Scientiarum Hungaricae 14 (1972). S. 15 ff.

Döring, K.W.: Lehrerverhalten: Theorie - Praxis - Forschung. Ein Lehrbuch. Weinheim; Basel 1980

Doflein, E.: Pädagogik der Musik. A: Grundsätzliches. In: E. Doflein u.a.: Pädagogik der Musik. In: Die Musik in Geschichte und Gegenwart. Hrsg. von F. Blume. Kassel u.a. 1949 ff. Bd. 10. Spalte 573 ff.

Dohmen, G.: Medienwahl und Medienforschung im didaktischen Problemzusammenhang. In: Unterrichtswissenschaft 1 (1973) H.2/3. S. 2 ff.

Dohmen, G. u.a. (Hrsg.): Unterrichtsforschung und didaktische Theorie. 2. Aufl. München 1972 (1970) = Erziehung in Wissenschaft und Praxis. Hrsg. von A. Flitner. Bd. 11

Dohrn, W.: Die Bildungsanstalt Jaques-Dalcroze. Dresden 1912

Dokumentation Fachdidaktik Musik. Beiträge von H. Ettl; K.H. Reinfandt; W. Schmidt. In: Fachdidaktik in Forschung und Lehre. Hrsg. von J. Timmermann u.a. Hannover 1972. S. 183 ff.

Dokumentation von Lehrplänen und Zusatzmaterialien für den Musikunterricht in der Grundschule (Stand: November 1976). In: Musikunterricht in der Grundschule II. Hrsg. von W. Gundlach. Frankfurt a. M. 1977. S. 139 ff. = Beiträge zur Reform der Grundschule. Hrsg. von E. Schwartz

Dolch, J.: Grundbegriffe der pädagogischen Fachsprache. 5. Aufl. München 1965 (Nürnberg 1952) = Grundbegriffe der Fachsprachen

Dolch, J.: Lehrplan des Abendlandes. Zweieinhalb Jahrtausende seiner Geschichte. Reprogr. Nachdruck. Darmstadt 1982 (Ratingen 1959)

Dollase, R. u.a.: Das Jazzpublikum. Zur Sozialpsychologie einer kulturellen Minderheit. Mainz 1978

Dopheide, B. (Hrsg.): Musikhören. Darmstadt 1975 = Wege der Forschung. Bd. 429

Dopheide, B.: Aus dem Protokoll eines Schulversuches im Fach Musik. In: Paderborner Studien (1976) H.2-3. S. 82 ff.

Dopheide, B. (Hrsg.): Hörerziehung. Darmstadt 1977 = Wege der Forschung. Bd. 459

Dotzauer, W.: Zur Theorie und Praxis des Musikschulfunks in der Sekundarstufe I. In: Aula 6 (1973) H.4. S. 351 ff.

Dotzauer, W.: Das Musikbuch. In: Das Schulbuch. Funktion und Verwendung im Unterricht. Hrsg. von H. Hacker. Bad Heilbrunn/Obb. 1980. S. 160 ff.

Dotzauer, W.: Medien im Musikunterricht. In: Methoden des Musikunterrichts. Hrsg. von W. Schmidt-Brunner. Mainz 1982 a. S. 185 ff.

Dotzauer, W.: Der Musikschulfunk. In: W. Dotzauer: Medien im Musikunterricht. S. 197 ff. In: Methoden des Musikunterrichts. Hrsg. von W. Schmidt-Brunner. Mainz 1982 b. S. 185 ff.

Dowling, W.J.; Bartlett, J.C.: The Importance of Interval Information in Long-Term Memory for Melodies. In: Psychomusicology 1 (1981) H.1. S. 30 ff.

Drake, M.R.: Manual for the Drake Musical Aptitude Tests. Chicago 1957

Drexler, E.N.: A Study of Development of the Ability to Carry a Melody at the Preschool Level. In: Child Development 9 (1938). S. 319 ff.

Druskin, M.: Ziele und Formen der Musikerziehung. In: Beiträge zur Musikkultur in der Sowjetunion und in der Bundesrepublik Deutschland. Hrsg. von C. Dahlhaus; G. Ordschonikidse. Hamburg u.a. 1982. S. 33 ff.

Dubois, C.: The People of Alor. Cambridge/Mass. 1960

Duell, O.K.; Anderson, R.C.: Pitch Discrimination Among Primary School Children. In: J. of Educational Psychology 58 (1967) Nr. 6. S. 315 ff.

Dürken, B.H.: Die Hauptprobleme der Biologie. 4. Aufl. München 1949 (1909/10)

Duerksen, G.J.: Eine Untersuchung über die Beziehung zwischen der Wahrnehmung musikalischer Prozesse und dem Gefallen von Musik. In: Hörerziehung. Hrsg. von B. Dopheide. Darmstadt 1977. S. 126 ff. = Wege der Forschung. Bd. 459 (A Study of the Relationship Between the Perception of Musical Process and the Enjoyment of Music. In: CRME 12 [1968]. S. 1 ff.)

E

Eckhardt, A.: Die neuen Medien: eine Herausforderung der Musikpädagogik. In: Musica 37 (1983) a H.1. S. 58 ff.

Eckhardt, A.: Musik- und bildungspolitische Aspekte der neuen Medien. In: MuBi 15 (1983) b H.3. S. 4 ff.

Eckhardt, J.; Lück, H.E.: Das Petitum nach dem Schulmusikunterricht. In: J. Eckhardt; H.E. Lück: Jugend und Musik. Drei musiksoziologische Untersuchungen in Nordrhein-Westfalen. Duisburg 1976 a. S. 83 ff. = Sozialwissenschaftliche Schriften. Bd. 11. Auch abgedruckt in MuBi 8 (1976) H.7–8. S. 365 ff.

Eckhardt, J.; Lück, H.E.: Jugend und Musik. Drei musiksoziologische Untersuchungen in Nordrhein-Westfalen. Duisburg 1976 b = Sozialwissenschaftliche Schriften. Bd. 11

Eells, W.C.: Reliability of Repeated Grading of Essay Type Questions. In: J. of Educational Psychology 21 (1930) Nr. 1. S. 48 ff.

Ehlich, K.; Rehbein, J.: Wissen, Kommunikatives Handeln und die Schule. In: Sprachverhalten im Unterricht. Hrsg. von H. Goeppert. München 1977. S. 36 ff.

Ehmann, W.: Erbe und Auftrag musikalischer Erneuerung. Kassel 1950

Ehmann, W.: Gegenwärtige Aufgaben der Singbewegung. Kassel 1952

Ehrenfels, Ch. von: Über Gestaltqualitäten. Leipzig 1890

Ehrenforth, K.-H.: Verstehen und Auslegen. Frankfurt a. M. 1971 = Schriftenreihe zur Musikpädagogik. Hrsg. von R. Jakoby. Bd. 4

Ehrenforth, K.-H.: Didaktik der Musik (allgemein). In: MuBi 9 (1977) H.2. S. 96 ff.

Ehrenforth, K.-H.: Didaktische Interpretation der Musik. In: MuBi 11 (1979) H.4. S. 250 ff.

Ehrenforth, K.-H.: Blick für das Ganze. Von der Verantwortung schulischer Musikerziehung für die Zukunft unserer (Musik) Kultur. In: MuBi 19 (1981) a H.3. S. 154 ff.

Ehrenforth, K.-H. (Hrsg.): Humanität, Musik, Erziehung. Mainz u.a. 1981 b

Ehrenforth, K.-H.: Wahr-Nehmung und Methode. Zum Problem einer Methodik der didaktischen Interpretation von Musik. In: Methoden des Musikunterrichts. Hrsg. von W. Schmidt-Brunner. Mainz 1982. S. 263 ff.

Ehrenforth, K.-H. (Hrsg.): Schulische Musikerziehung und Musikkultur. Vorträge der 14. Bundesschulmusikwoche Berlin 1982. Mainz 1983

Ehrenforth, K.-H.; Richter, C.: Die Lehrpläne für das Fach Musik in der S II (Studienstufe). Versuch einer Analyse. In: MuBi 7 (1975) H.11. S. 545 ff.

Eichler, G.: Spiel und Arbeit. Zur Theorie der Freizeit. Stuttgart-Bad Cannstadt 1979

Eicke, K.-E.: Der Streit zwischen Adolph Bernhard Marx und Gottfried Wilhelm Fink um die Kompositionslehre. Regensburg 1966 = Kölner Beiträge zur Musikforschung. Hrsg. von K.G. Fellerer. Bd. 42

Eicke, K.-E.: Experimentalforschung in der Musikerziehung. Kritischer Bericht über ein Internationales Seminar an der Universität Reading vom 9. – 16. Juli 1968. In: FME. Beih. der Z. MuBi 1 (1969) H.1. S. 27 ff.

Eicke, K.-E.: Erfolgsmessung im Musikunterricht. In: Bildungsziele und Bildungsinhalte des Faches Musik. Vorträge der 8. Bundesschulmusikwoche Saarbrücken 1970. Hrsg. von E. Kraus. Mainz 1970 a. S. 198 ff.

Eicke, K.-E.: Methodenprobleme der Musikalitätsforschung. In: FME. Beih. der Z. MuBi 2 (1970) b H.4. S. 10 ff.

Eicke, K.-E.: Die Evaluation des Musikunterrichts. In: FME. Beih. der Z. MuBi 4 (1972) H.7–8. S. 23 ff.

Eicke, K.-E.: Lernzielbestimmung und Leistungsermittlung im Musikunterricht – ein Problem der Curriculumforschung. In: Das Dritte Internationale Musikpädagogische Forschungsseminar Gummersbach 1972. Hrsg. von der International Society for Music Education. Research Commission. Kassel 1973 a. S. 97 ff.

Eicke, K.-E.: Probleme der Curriculumforschung. In: FME. Beih. der Z. MuBi 5 (1973) b H.9–10. S. 17

Eitz, C.: Bausteine zum Schulgesangunterrichte im Sinne der Tonwortmethode. Leipzig 1911

Eitz, C.: Der Gesangsunterricht als Grundlage der musikalischen Bildung. 2. Aufl. Leipzig 1924 (1914) = Pädagogium. Hrsg. von A. Fischer; A. Huth. Bd. 2

Elsner, H.: Singgelegenheiten 10–14 Jähriger. In: FME. Beih. der Z. MuBi 4 (1972) H.7–8. S. 31 ff.

Engelmayer, O.: Wert und Wertorientierung in der Genese der Persönlichkeit. In: Werterziehung als Auftrag der Schule. Hrsg. von K. Breslauer u.a. Hannover 1978. S. 29 ff. = Auswahl Reihe B. Bd. 94

Epstein, P.: Der Schulchor vom 16. Jahrhundert bis zur Gegenwart. Leipzig 1929 = Musikpädagogische Bibliothek. Hrsg. von L. Kestenberg H.5

Erbes, R.L.: The Development of an Observational System for the Analysis of Interaction in the Rehearsal of Musical Organizations. Unveröffentlichte Diss. University of Illinois at Urbana-Champaign 1972. Zit. nach H. Froehlich-Rainbow 1984

Erdmann, A.: Rhythmik in Kunst und Pädagogik. Rhythmisch-musikalische Bildung und Ausbildung. Ein berufskundlicher Wegweiser. 3. verb. Aufl. 1975 (1968) = Abhandlungen zur Philosophie, Psychologie und Pädagogik. Bd. 52

Erdmann, A.: Entwurf einer Neuordnung des Rhythmikstudiums an Musikhochschulen. 2. verb. Aufl. Bonn 1978 (1973)

Erdmann, A.: humanitas rhythmica. Bonn 1982 = Abhandlungen zur Philosophie, Psychologie und Pädagogik. Bd. 172

Erdmann, E.: Rhythmik - Genese eines Faches. Bonn-Bad Godesberg 1976

Erikson, E.H.: Kindheit und Gesellschaft. 3. Aufl. Stuttgart 1968 (1961) (Childhood and Society. New York 1950)

Erk, L. (Hrsg.): Deutscher Liedergarten. 3 Bde. 4. - 5. Aufl. Essen 1852 - 1863 (1846 - 1847)

Erk, L.: Deutscher Liederhort. Auswahl der vorzüglicheren Deutschen Volkslieder, nach Wort und Weise aus der Vorzeit und Gegenwart gesammelt und erläutert von L. Erk. ... neubearbeitet und fortgesetzt von F.M. Böhme. 3 Bde. Leipzig 1893 - 1894

Esser, B.: Die Musikpflege an den Staatlichen Pädagogischen Akademien Preußens und die Vorbereitung der Studierenden auf ihre Tätigkeit als Schulmeister. In: Die Musikerziehung 4 (1927) H.6. S. 163 ff.

Ettl, H.: Lehrplanforschung für das Unterrichtsfach Musik. Grundlegende Systematik und Entwurf zu einem Forschungsprojekt. In: FME. Beih. der Z. MuBi 1 (1969) H.1-2. S. 51 ff.

Euterpe. Musikalische Zeitschrift für Deutschlands Volksschullehrer. Hrsg. von E.J. Hentschel. Weißenfels. 1. Jg. 1841 - 15. Jg. 1855; 16. Jg. 1857 - 43. Jg. 1884

Ewert, O.: Begabung und Begabungsmessung. In: FME. Beih. der Z. MuBi 2 (1970) H.3-4. S. 6 ff.

F

Faltin, P.: Die Musik als Gegenstand der Psychologie, Ästhetik und Soziologie - Erkenntnistheoretische Probleme der empirischen Forschung in der Musikwissenschaft und Musikpädagogik. In: FME 1977. Mainz 1977. S. 5 ff. = FME 1977

Faltin, P.: Phänomenologie der musikalischen Form. Wiesbaden 1979 = Beih.e zum Archiv für Musikwissenschaft. Hrsg. von H.H. Eggebrecht. Bd. 18

Faltin, P.; Reinecke, H.P. (Hrsg.): Musik und Verstehen. Aufsätze zur semiotischen Theorie, Ästhetik und Soziologie der musikalischen Rezeption. Köln 1973

Farnsworth, P.R.: Sozialpsychologie der Musik. Stuttgart 1976 = Kunst und Gesellschaft. Hrsg. von A. Silbermann u.a. Bd. 6 (The Social Psychology of Music. Iowa State University Press 1969)

Fechter, P.: Die Musikalität der Unmusikalischen. In: Preußische Jahrbücher 207 (1927). S. 221 ff.

Federhofer-Königs, R.; Federhofer, H.; Oberborbeck, F.: Musikerziehung. In: Die Musik in Geschichte und Gegenwart. Hrsg. von F. Blume. Kassel u.a. 1949 ff. Bd. 9. Spalte 1105 ff.

Feis, O.: Studien über die Genealogie und Psychologie der Musiker. Wiesbaden 1910 = Grenzfragen des Nerven- und Seelenlebens. Hrsg. von L. Loewenfeld. H.71

Fellerer, K.G.: Einführung in die Musikwissenschaft. Münchberg/Ofr. 1953

Fend, H.: Sozialisierung und Erziehung. 5. Aufl. Weinheim 1972 (1969) = Studien zur Erziehungswissenschaft. Bd. 5. Allgemeine Erziehungswissenschaft

Feudel, E. (Hrsg.): Rhythmik. Theorie und Praxis der körperlich-musikalischen Erziehung. München 1926

Feudel, E.: Rhythmisch-musikalische Erziehung bei Schwererziehbaren. Hannover 1953

Feudel, E.: Rhythmisch-musikalische Erziehung. 3. verm. Aufl. Wolfenbüttel 1956 (2. veränderte Aufl. 1949; 1. Aufl. 1939 unter dem Titel Rhythmische Erziehung)

Feudel, E.: Durchbruch zum Rhythmischen in der Erziehung. 2. neubearbeitete Aufl. Stuttgart 1965 (1949)

Feudel, E.: Dynamische Pädagogik. Eine elementare Anleitung für rhythmische Erziehung in der Schule. 2. Aufl. Wolfenbüttel 1980 (1963)

Filson, T.N.: Factors Influencing the Level of Dependence in the Classroom. Unveröffentlichte Diss. University of Minnesota 1957. Zit. nach H. Froehlich-Rainbow 1984

Fink, G.W.: Musikalische Grammatik oder theoretisch-praktischer Unterricht in der Tonkunst für Musiklehrer und Musiklernende. (3.) erneuter Abdruck Langensalza 1862 (Leipzig 1836)

Finkel, K.: Musikerziehung und Musikpflege an den gelehrten Schulen in Speyer vom Mittelalter bis zum Ende der freien Reichsstadt. Tutzing 1973 = Quellenstudien zur pfälzischen Schulmusik. Bd. 1 = Mainzer Studien zur Musikwissenschaft. Hrsg. von H. Federhofer. Bd. 5

Finkel, K.: Pädagogik und Musikunterricht im Schulwesen des ehemaligen Herzogtums Pfalz-Zweibrücken nach der Reformation. Tutzing 1976 = Quellenstudien zur pfälzischen Schulmusik bis 1800. Bd. 2 = Mainzer Studien zur Musikwissenschaft. Hrsg. von H. Federhofer. Bd. 8

Finkel, K. (Hrsg.): Handbuch Musik und Sozialpädagogik. Regensburg 1979

Finscher, L.: Hausmusik und Kammermusik. In: Musik und Verlag. Hrsg. von R. Baum; W. Rehm. Kassel 1968. S. 67 ff.

Fischer, A.: Über die Bedeutung des Experiments in der pädagogischen Forschung und die Idee einer exakten Pädagogik. In: 3. Jahrbuch der Pädagogischen Zentrale des Deutschen Lehrervereins. Hrsg. von C.L.A. Pretzel. Leipzig 1913. S. 299 ff. Nachdruck in: Erziehungswissenschaft und Erziehungswirklichkeit. Hrsg. von H. Röhrs. 2. Aufl. Frankfurt a. M. 1967 (1964). S. 35 ff. = Akademische Reihe. Hrsg. von Ch. Zwingmann. Pädagogik

Fischer, H.: Musikalischer Schulfunk. In: Funk 5 (1928) H.24. S. 185 ff.

Fischer, J.L. (Hrsg.): Deutsche Musikpflege. Frankfurt a. M. 1925

Fischer, J.M.: „Prima le immagini, dopo la musica“. Überlegungen zur Geschichte und aktuellen Situation der sogenannten „E-Musik“, speziell der Oper im Fernsehen. In: Fernsehsendungen und ihre Formen. Hrsg. von H. Kreuzer; K. Prümm. Stuttgart 1979. S. 155 ff.

Fischer, W.: Lehrbücher und Materialien für den Musikunterricht in der Grundschule. Analyse – Vergleich – Kritik. In: Musikunterricht auf der Grundstufe. Hrsg. von U. Günther; W. Gundlach. Frankfurt a. M. 1974. S. 27 ff.

Fischer, W.: Didaktik des Musikunterrichts in der Primarstufe. In: MuBi 9 (1977) H.4. S. 222 ff.

Fitts, P.M.: Perceptual-Motor Skill Learning. In: Categories of Human Learning. Hrsg. von A.W. Melton. New York 1964

Fitts, P.M.; Posner, M.J.: Human Performance. Monterey, Calif. Brooks/Cole 1967. Zit. nach R.M. Gagné 1980

Flader, D.: Soziale Rolle und psychosoziale Konflikte der Rollenträger als Determinanten der Unterrichtskommunikation. In: Sprachverhalten im Unterricht. Hrsg. von H. Goeppert. München 1977. S. 115 ff.

Flanders, N.A.: Verbalization and Learning in the Classroom. In: Elementary School J. 48 (1948). S. 385 ff.

Flanders, N.A.: Teacher, Influence, Pupil Attitudes, and Achievement. University of Minnesota. Minneapolis 1960. Cooperative Research Project Nr. 397 = U.S. Office of Education. Cooperative Research Monograph Nr. 12

Flanders, N.A.: Interaction Analysis in the Classroom. A Manual for Observers. Ann Arbor/Michigan 1964 (Revidierte Fassung. Ann Arbor/Michigan 1966)

Flanders, N.A.: Interaction Models of Critical Teaching Behaviors. In: Interaction Analysis. Theory, Research and Application. Hrsg. von E.J. Amidon; J.B. Hough. Reading 1967. S. 360 ff.

Flanders, N.A.: Analyzing Teaching Behavior. Reading/Mass. u.a. 1970

Flechsig, K.H.: Die Funktion des Experiments in der Unterrichtsforschung. In: Empirische Forschungsmethoden. Hrsg. von S. Oppolzer. München 1969. S. 195 ff. = Denkformen und Forschungsmethoden der Erziehungswissenschaft. Hrsg. von S. Oppolzer. Bd. 2

Flechsig, K.H. u.a.: Probleme der Entscheidung über Lernziele (Begründung und Aufriß des Forschungsplanes zum LOT-Projekt). In: Curriculum-Revision. Möglichkeiten und Grenzen. Hrsg. von F. Achtenhagen; H.L. Meyer. 3. Aufl. München 1972 (1971). S. 243 ff.

Fleishman, E.A.: Dimensional Analysis of Psychomotor Abilities. In: J. of Experimental Psychology 48 (1954) Nr. 6. S. 437 ff.

Fleishman, E.A.; Hempel, W.E.: Factoral Analysis of Complex Psychomotor Performance and Related Skills. In: J. of Applied Psychology 40 (1956). S. 96 ff.

Flitner, A.: Soziologische Jugendforschung. Darstellung und Kritik aus pädagogischer Sicht. Heidelberg 1963 = Anthropologie und Erziehung. Hrsg. von O.F. Bollnow; A. Flitner. Bd. 7

Flitner, W.: Das Selbstverständnis der Erziehungswissenschaft in der Gegenwart. 3. Aufl. Heidelberg 1963 (1957) = Pädagogische Forschungen. Hrsg. vom Comenius-Institut. H.1

Flitner, W.: Theorie des pädagogischen Weges. 7. Aufl. Weinheim 1965 (1950)

Flottau, H.: Hörfunk und Fernsehen heute. München u.a. 1972 = Geschichte und Staat. Bd. 164/165

Fohrbeck, K.; Wiesand, A.J.: Musik, Statistik, Kulturpolitik. Daten und Argumente zum Musikleben in der Bundesrepublik Deutschland. Köln 1982 = Kultur und Staat

Foppa, K.: Lernen, Gedächtnis, Verhalten. Ergebnisse und Probleme der Lernpsychologie. Köln 1965

Forsythe, J.L.: The Effect of Teacher Approval, Disapproval, and Errors on Student Attentiveness. Music versus Classroom Teachers. In: Research in Music Behavior. Modifying Music Behavior in the Classroom. Hrsg. von C.K. Madsen; R.D. Greer; Ch.H. Madsen Jr. Columbia University 1975. S. 49 ff.

Francès, R.: Recherches éxperimentales sur la perception de la mélodie. In: J. de Psychologie normale et pathologique 47–51 (1954) Nr. 4. S. 439 ff.

Francès, R.: Le développement perceptif. Paris 1962

Francke, A.H.: Ordnung und Lehrart, wie selbige in denen zum Waisenhause gehörigen Schulen eingeführt ist, worinnen vornehmlich zu befinden, wie die Kinder in und außer der Schule in christlicher Zucht zu halten und zum Lesen, zierlichen Schreiben, Rechnen, wie auch zur Musik und anderen nützlichen Dingen anzuführen sind. In: A.H. Francke's Pädagogische Schriften. Nebst der Darstellung seines Lebens und seiner Stiftungen. Hrsg. von D.G. Kramer. 2. Aufl. Langensalza 1885 (1876). S. 107 ff. = H. Beyer's Bibliothek pädagogischer Klassiker. Hrsg. von F. Mann

Franklin, E.: Tonality as a Basis for the Study of Musical Talent. Göteborg 1956

Frega, A.L.: Rhythmic Tasks With 3, 4 and 5 Years Old Children. A Study Made in Argentine Republic After Dr. Edward Rainbows Project of Research. In: CRME 59 (1979). S. 32 ff.

Freischem, K.J.: Untersuchungen zur Einstellung des Schülers zum Musikunterricht in der allgemeinbildenden Pflichtschule. Eine Befragung von 13–17jährigen Schülern in Haupt-, Real- und Höheren Schulen. Schriftliche Hausarbeit zur 1. Staatsprüfung an der Bonner Universität 1971. Zit. nach: G. Noll: Zum Problem der Lernmotivation im Musikunterricht. In: FME. Beih. der Z. MuBi 5 (1973) H.9–10. S. 11 ff.

Freitag, W.D.: Zur Ausbildung des Schulmusikerziehers. In: MuBi 1 (1969) H.3. S. 124 ff.

Freyer, H.: Über die ethische Bedeutung der Musik. Wolfenbüttel; Berlin 1928 = Werkschriften der Musikantengilde. Hrsg. von F. Reusch. Bd. 5

Freyer, H.: Die geistige Bedeutung der Musikerziehung. In: Schulmusik und Chorgesang. Vorträge der 8. Reichsschulmusikwoche in Hannover. Hrsg. vom Zentralinstitut für Erziehung und Unterricht in Berlin. Leipzig 1930. S. 2 ff.

Freyer, H.: Einleitung in die Soziologie. Leipzig 1931 = Wissen und Bildung. Bd. 276

Friedeburg, L. von: Diskussionsentwurf zur Neuordnung der Lehrerausbildung. In: Bildungspolitische Informationen (Hessen) 1 A/71 (1971). S. 2 ff.

Friedrichs, J.: Forschungspläne zur Analyse des musikbezogenen Verhaltens in der Schule und seiner außerschulischen Determinanten. In: FME 1975. Mainz 1975. S. 7 ff. = FME 1975

Frisius, R. u.a.: Sequenzen. Musik Sekundarstufe I. Stuttgart 1972

Friss, G.: Musik und Musikerziehung in Ungarn. Zu Zoltán Kodálys musikpädagogischer Reform und ihren Auswirkungen. In: Orff-Institut. Jahrbuch 3 (1964 - 1968). S. 167 ff.

Fritze, Ch.: Untersuchungen zur Förderung auditiver Wahrnehmung bei lernbehinderten Schülern. Dipl. Arbeit Pädagogische Hochschule Dortmund 1974. Zit. nach Ch. Fritze 1979

Fritze, Ch.: Die Förderung der auditiven Wahrnehmung bei schulschwachen Schülern im Primarbereich. Theoretische und experimentelle Untersuchung. Regensburg 1979 = Dortmunder Beiträge zur Musik in der Sonderpädagogik. Hrsg. von K.J. Kemmelmeyer; W. Probst. Bd. 4

Fritze, Ch.; Probst, W.; Reinartz, A. u. E.: Hören – Auditive Wahrnehmungsförderung (Anweisungen, Arbeitsblock und Beispiel-Tonband). Dortmund 1976

Froehlich, H.: The Relationship of Selected Observational Variables to the Teaching of Singing. In: JRME 25 (1977) Nr. 2. S. 115 ff.

Froehlich, H.: Replication of a Study on Teaching Singing in the Elementary General Music Classroom. In: JRME 27 (1979) Nr. 1. S. 35 ff.

Froehlich, H.: The Use of Systematic Classroom Observation in Research on Elementary General Music Teaching. In: CRME 66–67 (1981). S. 15 ff.

Froehlich, H.: Musikpädagogische Perspektiven in den USA. In: Musikpädagogik als Hochschulfach. Hrsg. von W. Gieseler; R. Klinkhammer. Mainz 1982. S. 125 ff. = FME 1981

Froehlich-Rainbow, H.: Systematische Beobachtung als Methode musikpädagogischer Unterrichtsforschung. Mainz 1984 = Musikpädagogik, Forschung und Lehre. Hrsg. von S. Abel-Struth. Bd. 22

Fry, D.: An Experimental Study of Tone Deafness. In: Speech 12 (1948) Nr. 1. S. 4 ff. Zit. nach R. Shuter 1968

Fuchs, P. (Hrsg.): Schulfunk als musikdidaktisches Seminar = Reihe Curriculum Musik 1 (1971) H.2

Fuchs, P. (Hrsg.): Karlsruher Versuche für den Musikunterricht der Grundschule. Stuttgart 1974

Füller, K.: Lernzielklassifikation und Leistungsmessung im Musikunterricht. Weinheim und Basel 1974 = Beltz-Monographien. Erziehungswissenschaft

Furck, C.-L.: Das unzeitgemäße Gymnasium. Weinheim 1965. Zusammenfassung unter dem Titel: Reform oder Restauration des Schulwesens. In: Fortschritt und Rückbildung in der deutschen Musikerziehung. Vorträge der 6. Bundesschulmusikwoche Bonn 1965. Hrsg. von E. Kraus. Mainz 1965. S. 21 ff.

Furian, M.; Wittemann, P. (Hrsg.): Television total? Heidelberg 1982

G

Gabor, J.: Kodálys Musikpädagogik. In: Musik in der Schule 13 (1962) H.12. S. 539 ff.

Gabowitz, L.: Examining the Suzuki Approach. In: The Strad 85 (1974/75). S. 73 ff.

Gadamer, H.G.: Wahrheit und Methode. Grundzüge einer philosophischen Hermeneutik. 2. Aufl. Tübingen 1965 (1960)

Gage, N.L.: Paradigmen für die Erforschung des Lehrens. In: Pädagogische Psychologie. Hrsg. von F. Weinert. 4. Aufl. Köln u.a. 1969 (1967). S. 70 ff. = Neue Wissenschaftliche Bibliothek. Hrsg. von G. Gäfgen u.a.

Gagné, R.M.: Curriculum Research and the Promotion of Learning. In: R.W. Tyler; R.M. Gagné; M. Scriven: Perspectives of Curriculum Evaluation. Chicago 1970 = AERA Monograph Series on Curriculum Evaluation 1

Gagné, R.M.: Die Bedingungen des menschlichen Lernens. 5. neu bearbeitete Aufl. nach der 3. amerikanischen Aufl. Hannover 1980 (1969) = Beiträge zu einer neuen Didaktik, Reihe A: Allgemeine Didaktik. Hrsg. von H. Roth (The Conditions of Learning. 1977)

Gardner, H.; Davidson, L.; Mc Kernon, P.: The Acquisition of Song. A Development Approach. Paper to the National Symposium on the Applications of Psychology to the Teaching and Learning of Music, Session II. Ann Arbor/Michigan 1979

Gassner, F.S.: Universal-Lexikon der Tonkunst. Neue Handausgabe in einem Bande. Mit Zugrundelegung des größeren Werkes neu bearbeitet, ergänzt und theilweise vermehrt. Stuttgart 1849

Gaston, E.Th.: Gaston Test of Musicality. Massachusetts St. Lawrence. Kansas 1957

Gaude, P.; Teschner, W.P.: Objektivierte Leistungsmessung in der Schule. 3. Aufl. Frankfurt a. M. 1973 (1970) = Berliner Studien zur Bildungsplanung und Bildungsreform

Gaudig, H.: Die Schule im Dienst der werdenden Persönlichkeit. 2 Bde. 2. Aufl. Leipzig 1922 (1917)

Gebhardt, W.: Methoden des Instrumentalunterrichts und die Technik des Übens. In: Handbuch des Musikunterrichts für Musikschullehrer und freie Musikerzieher. Hrsg. von E. Valentin u.a. Regensburg 1970 a. S. 147 ff.

Gebhardt, W.: Praktische Musiklehre, Gehörbildung und Improvisation. In: Handbuch des Musikunterrichts für Musikschullehrer und freie Musikerzieher. Hrsg. von E. Valentin u.a. Regensburg 1970 b. S. 135 ff.

Geelhaar, A.: Vergleichende Untersuchungen zur Musikalität sehgeschädigter und normalgesichtiger Kinder. In: FME. Beih. der Z. MuBi 3 (1971) H.5–6. S. 37 ff.

Gehlen, A.: Der Mensch. Seine Natur und seine Stellung in der Welt. 7. Aufl. Frankfurt a. M.; Bonn 1962 (Berlin 1940)

Gehlen, A.: Anthropologische Forschung. 2. Aufl. Hamburg 1965 (1961) = Rowohlts deutsche Enzyklopädie. Hrsg. von E. Grassi. Bd. 138

Georgiades, Th.: Musik und Rhythmus bei den Griechen. Hamburg 1958 = Rowohlts deutsche Enzyklopädie. Hrsg. von E. Grassi. Bd. 61

Gerhartz, L.K.: Rundfunk, Musik und musikalische Produktion. In: Musik in den Massenmedien Rundfunk und Fernsehen. Hrsg. von H.Ch. Schmidt. Mainz 1976. S. 18 ff.

Geschäftsstelle des Wandervogel e.V. Oranienburg (Hrsg.): Jenaer Liederblatt. Mehrstimmige Gesänge und Lautenlieder mit Begleitung von Violine und Flöte. Leipzig o.J. (1917)

Gesell, A.; Ilg, F.: Säugling und Kleinkind in der Kultur der Gegenwart. Bad Nauheim 1952 (The Infant and Child in the Culture of Today. 2. Aufl. London 1975 [1943])

Gesell, A.; Ilg, F.: Das Kind von 5 bis 10. 4. Aufl. Bad Nauheim 1962 (1954) (The Child from Five to Ten. New York 1946)

Gesell, A.; Thompson, H.: Learning and Growth in Identical Infant Twins. In: Genetic Psychology Monographs 6 (1929). S. 1 ff.

Giacomo, S., di: I quattro antichi Conservatorii di Musica a Napoli. 2 Bde. Palermo 1924; 1928

Gibson, E.J.: The Perception of the Visual World. Boston 1950

Gibson, E.J.: Principles of Perceptual Learning and Development. New York 1969

Giesecke, H. (Hrsg.): Freizeit und Konsumerziehung. 3. Aufl. Göttingen 1974 (1968) = Paedagogica. Hrsg. von H. Giesecke; H.-G. Herrlitz. Bd. 2

Gieseler, W.: Musikerziehung in den USA im Vergleich mit deutschen Verhältnissen. Stuttgart 1969

Gieseler, W.: Einführung in die Didaktik der Musik. Köln 1972

Gieseler, W. (Hrsg.): Kritische Stichwörter zum Musikunterricht. München 1978 = Kritische Stichwörter 2

Gieseler, W.; Klinkhammer, R. (Hrsg.): Musikwissenschaft und Musiklehrerausbildung. Inhaltliche, bildungspolitische und institutionelle Perspektiven. Dokumentation einer wissenschaftlichen Tagung der Bundesfachgruppe Musikpädagogik vom 29. 9. bis 2. 10. 1977. Mainz 1978 = FME 1978

Gieseler, W.; Klinkhammer, R. (Hrsg.): Künstlerische Praxis und Musiklehrerausbildung. Dokumentation einer Wissenschaftlichen Tagung der Bundesfachgruppe Musikpädagogik vom 18. bis 20. 10. 1979. Mainz 1980 = FME 1980

Gieseler, W.; Klinkhammer, R. (Hrsg.): Musikpädagogik als Hochschulfach. Dokumentation einer wissenschaftlichen Tagung der Bundesfachgruppe Musikpädagogik vom 29. – 31. 10. 1981 in Köln. Mainz 1982 = FME 1981

Gieße, G.: Quellen zur deutschen Schulgeschichte seit 1800. Göttingen 1961

Gilbert, G.M.: Sex Differences in Musical Aptitude and Training. In: J. of General Psychology 26 (1942). S. 19 ff.

Gilbert, J.A.: Experiments on the Musical Sensitiveness of School Children. In: Studies from the Yale Psychological Laboratory 1 (1892–93). S. 80 ff.

Gillis, J.R.: Geschichte der Jugend. Weinheim 1980 (Youth and History. New York 1974)

Glathe, B.: Stundenbilder zur rhythmischen Erziehung. 5. Aufl. Wolfenbüttel 1976 (1972)

Glathe-Seifert, B.: Rhythmik für Kinder. Wolfenbüttel 1961

Gleß, D.: Untersuchungen über die Singefähigkeit bei Schulanfängern zum Zeitpunkt des Schulbeginns und über Möglichkeiten, die Singefähigkeit bei falschsingenden Schulanfängern zu entwickeln. Diss. Leipzig 1970

Gleß, D.: Zur Entwicklung der Singefähigkeit bei Kleinkindern. In: Ärztliche Jugendkunde 63 (1972) H.4. S. 289 ff.

Gleß, D.: Ein Weg zur nachholenden Entwicklung der Singefähigkeit bei falschsingenden Schulanfängern. In: Musik in der Schule 25 (1974) H.3. S. 104 ff.; S. 115

Glöckel, H.: Volkstümliche Bildung? Versuch einer Klärung. Weinheim 1964

Goebels. F.P.: Das Klavier. In: Handbuch des Musikunterrichts für Musikschullehrer und freie Musikerzieher. Hrsg. von E. Valentin u.a. Regensburg 1970. S. 159 ff.

Göpel, A.: Der Wandel des Kinderliedes im 18. Jahrhundert. Diss. Kiel 1935

Goeppert, H.: Schulunterricht als Beziehungsfalle. Kritische Anmerkungen zur Brauchbarkeit des Double-Bind-Konzeptes. In: Sprachverhalten im Unterricht. Hrsg. von H. Goeppert. München 1977 a. S. 142 ff. = Uni-Taschenbücher 642

Goeppert, H. (Hrsg.): Sprachverhalten im Unterricht. Zur Kommunikation von Lehrer und Schüler in der Unterrichtssituation. München 1977 b = Uni-Taschenbücher 642

Götsch, G.: Musische Bildung. Zeugnisse eines Weges. 3 Bde. Wolfenbüttel 1953 - 1956

Götsch, G.: Ganzheit in der Musikerziehung. In: G. Götsch: Musische Bildung, Zeugnisse eines Weges, Bd. 1. 2. Aufl. Wolfenbüttel 1953 (1949). S. 109 ff.

Götsch, G.: Denkschrift zur Errichtung einer Musischen Akademie. In: G. Götsch: Musische Bildung. Zeugnisse eines Weges. Bd. 3. Wolfenbüttel 1956. S. 99 ff.

Götsch, G.: Denkschrift zur Gründung eines „Volkshauses“ nahe Frankfurt a. O. In: Das Musikheim Frankfurt/Oder 1929–1941. Burg Ludwigstein 1980 a. S. 44 ff. = Schriftenreihe des Archives der Deutschen Jugendbewegung. Bd. 3

Götsch, G.: Ansprache zur Grundsteinlegung des Musikheims in Frankfurt/Oder am 17. September 1928. In: Das Musikheim Frankfurt/Oder 1929–1941. Burg Ludwigstein 1980 b. S. 52 ff. = Schriftenreihe des Archivs der Deutschen Jugendbewegung. Bd. 3

Gordon, E.: Musical Aptitude Profile. Boston, Mass. 1965

Goslich, S.: Musik im Rundfunk. Tutzing 1971

Gottschalch, W. u.a.: Sozialisationsforschung. Materialien, Probleme, Kritik. Frankfurt a. M. 1971

Gottschaldt, K.: Begabung und Vererbung. In: Begabung und Lernen. Hrsg. von H. Roth. 12. Aufl. Stuttgart 1980 (1968). S. 129 ff. = Gutachten und Studien der Bildungskommission. Hrsg. vom Deutschen Bildungsrat. Bd. 4

Gottschalk, L.; Kluckholm, C.; Angell, R.C.: The Use of Personal Documents in History, Anthropology and Sociology. In: Social Science Research Council 53 (1945)

Gould, A.O.: Developping Specialised Programs for Singing. In: CRME 17 (1969). S. 9 ff.

Grace, G.R.: Der Lehrer im Rollenkonflikt. Düsseldorf 1973 = Schule in der Gesellschaft. Hrsg. von H.H. Groothoff; W. Preising (Role Conflict and the Teacher. London 1972)

Graetschel, W.: Musikunterricht und Schulfunk. In: Neues Handbuch der Schulmusik. Hrsg. von E. Valentin; H. Hopf. Regensburg 1975. S. 323 ff.

Graetschel, W.: Theorie und Praxis im musikerzieherischen Wirken Josef Mainzers. Wolfenbüttel 1976 = Schriften zur Musikpädagogik. Hrsg. von H. Hopf; H. Rauhe. Bd. 2

Graml, K.; Reckziegel, W.: Die Einstellung zur Musik und zum Musikunterricht. Mainz 1982 = Musikpädagogik, Forschung und Lehre. Hrsg. von S. Abel-Struth. Bd. 6

Graumann, C.F.: Die Klasse als Gruppe. In: Pädagogische Psychologie. Hrsg. von F.E. Weinert u.a. Frankfurt a. M. 1974 a. Bd. 1. S. 473 ff. = Funk-Kolleg Pädagogische Psychologie. Bd. 1

Graumann, C.F.: Mikroanalyse des Unterrichtsverhaltens. In: C.F. Graumann; M. Hofer: Lehrerpersönlichkeit und Lehrerverhalten. In: Pädagogische Psychologie. Hrsg. von F.E. Weinert u.a. Frankfurt a. M. 1974 b. Bd. 1. S. 523 ff. = Funk-Kolleg Pädagogische Psychologie. Bd. 1

Graves, W.S.: Factors Associated with Children's Taking Music Lessons Including some Parent-Child Relationships. In: J. of Genetic Psychology 70 (1947). S. 65 ff; S. 91 ff.

Greiner, A.: Die Volkssingschule in Augsburg. Augsburg 1924

Greither, A.: Anthropologie der Musikinstrumente. In: Kulturanthropologie. Hrsg. von K. Alsleben u.a. Stuttgart 1973. S. 446 ff. = Neue Anthropologie. Hrsg. von H.G. Gadamer; P. Vogler. Bd. 4

Grell. J.: Techniken des Lehrerverhaltens. 5. Aufl. Weinheim 1976 (1974)

Greß, R.; Witzke, W.: Die Stufenmethoden (Ziffern- und Tonika-Do-Methode). In: R. Greß; W. Witzke: Der Musikunterricht in der Schule. Osterwieck; Leipzig 1928. S. 52 ff.

Gröning, C.H.: Unterhaltungsmusik in der Schule. Frankfurt a. M. 1970 = Schriftenreihe zur Musikpädagogik. Hrsg. von R. Jakoby. Bd. 3

Groos, K.: Das Spiel. Zwei Vorträge. Jena 1922

Groothoff, H.H.: Erwachsenenbildung und Industriegesellschaft. Paderborn 1976 = Uni-Taschenbücher 553

Große-Jäger, H.: Konzerte für Kinder. In: Das Orchester 27 (1979) H.7–8. S. 566 ff.

Grüger, H.: Aufgaben des musikalischen Schulfunks in der Grundschule. In: Schulfunk 5 (1931). S. 13 ff.; S. 432 ff.

Gruhn, W.: Musiksprache, Sprachmusik, Textvertonung. Frankfurt a. M. 1978 = Schriftenreihe zur Musikpädagogik. Hrsg. von R. Jakoby

Gruhn, W.: Neue Musik im Unterricht. In: MuBi 11 (1979) H.2. S. 113 ff.

Gruhn, W.; Wittenbruch, W.: Wege des Lehrens im Fach Musik. Düsseldorf 1983

Grzesik, J.: Die Steuerung von Lernprozessen im Unterricht. Heidelberg 1976 = Uni-Taschenbücher 598

Güldner, H.: Die höheren Lehranstalten für die weibliche Jugend in Preußen. Halle 1913

Gümmer, P.: Erziehung der menschlichen Stimme. Eine Hilfe für jeden der singt. 4. Aufl. Kassel; Basel 1962 (1940)

Günther, D.: Der Tanz als Bewegungsphänomen. Hamburg 1962

Günther, S.: Die musikalische Form in der Erziehung. I. Lahr 1931 = Beiträge zur Schulmusik. Hrsg. von H. Martens; R. Münnich. H.4

Günther, S.: Musikerziehung als nationale Aufgabe. Heidelberg 1933

Günther, U.: Zur Bedeutung des Instruments in Musikerziehung und Musikunterricht. Essen 1964 = Neue pädagogische Bemühungen. Hrsg. von W. Loch; J. Muth. Bd. 21

Günther, U.: Die Schulmusikerziehung von der Kestenberg-Reform bis zum Ende des Dritten Reiches. Ein Beitrag zur Dokumentation und Zeitgeschichte der Schulmusikerziehung mit Anregungen zu ihrer Neugestaltung. Neuwied; Darmstadt 1967 = Aktuelle Pädagogik. Hrsg. von H.-J. Gamm; W. Loch

Günther, U.: Fachübergreifender Musikunterricht in der Grundschule? In: ZfMP 7 (1982) H.17. S. 39 ff.

Günther, U.: Musikerziehung im Dritten Reich. In: MuBi 15 (1983) H.11. S. 11 ff.

Günther, U.; Jakoby, R.: Musik in der Lehrerausbildung. In: Musik in Schule und Gesellschaft. Vorträge der 9. Bundesschulmusikwoche Kassel 1972. Hrsg. von E. Kraus. Mainz 1972. S. 39 ff.

Günther, U.; Noll, G.: Exposé: Entwurf eines Ausbildungsmodells: Primarstufenlehrer mit zusätzlicher Fakultas für die Vorklasse im Fach Musik. In: Musikpädagogik in der Studienreform. Hrsg. von G. Noll. Mainz 1976. S. 292 ff. = FME 1976

Günther, U.; Rauhe, H. (Hrsg.): Musiklehrerausbildung an der Universität. Stuttgart 1974

Guilford, J.P.: A System of Psychomotor Abilities. In: American J. of Psychology 71 (1958) Nr. 1. S. 164 ff.

Guilford, J.P.: The Nature of Human Intelligence. New York 1967

Guilford, J.P.: Persönlichkeit. 5. Aufl. Weinheim 1971 (1964) (Personality. New York 1959)

Gundlach, W.: Die Schulliederbücher von Ludwig Erk. Köln 1969 = Beiträge zur rheinischen Musikgeschichte. Hrsg. von der Arbeitsgemeinschaft für rheinische Musikgeschichte. H.82

Gundlach, W.: Musikdidaktik im Zusammenhang versuchsbegleitender Forschung. In: Musik in Schule und Gesellschaft. Vorträge der 9. Bundesschulmusikwoche Kassel 1972. Hrsg. von E. Kraus. Mainz 1972. S. 25 ff.

Gundlach, W.: Musikschule und allgemeinbildende Schule. Ein Beitrag zur Diskussion zwischen den Institutionen. In: MuBi 5 (1973) H.6. S. 311 ff.

Gundlach, W. (Hrsg.): Instrumentalunterricht an Gesamtschulen. Zwischenbericht. Projekt der Forschungsgruppe zur wissenschaftlichen Begleitung des Gesamtschulversuches NRW der Pädagogischen Hochschule Dortmund, Sektion Musik. Dortmund 1974 a (vervielfältigtes Ms.)

Gundlach, W.: Vom Singunterricht zum Musikunterricht – Probleme des Faches Musik im Spiegel der neuen Richtlinien für den Musikunterricht der Grundschule in NRW. In: Richtlinien und Unterrichtspraxis. Regionaler Grundschulkongreß Dortmund 74. Hrsg. vom Arbeitskreis Grundschule Frankfurt a. M. 1974 b. S. 435 ff. = Beiträge zur Reform der Grundschule. Hrsg. von E. Schwartz u.a. Sonderband

Gundlach, W.: Lehrplan und Musikunterricht. In: Musikpädagogik heute. Hrsg. von H. Antholz; W. Gundlach. Düsseldorf 1975. S. 165 ff.

Gundlach, W. u.a.: Musikerfahrung mit Instrumenten. Paderborn 1980 = Schule und Weiterbildung. Reihe: Arbeitsmaterialien und Berichte zur Sekundarstufe I. Hrsg. vom Landesinstitut für Curriculumentwicklung, Lehrerfortbildung und Weiterbildung des Landes Nordrhein-Westfalen. Bd. 10

Gundlach, W.: Schulgesang im Spannungsfeld der Regulative. Zur Geschichte des Schulliedes im 19. Jahrhundert. In: Musikpädagogik. Historische, systematische und didaktische Perspektiven. Hrsg. von H.G. Bastian; D. Klöckner. Düsseldorf 1982. S. 57 ff.

Gurlitt, L.: Erziehungslehre. Berlin 1909

Gurlitt, W.: Musikwissenschaftliche Forschung und Lehre in pädagogischer Sicht. In: Bericht über den Internationalen musikwissenschaftlichen Kongreß. Bamberg 1953. Hrsg. von W. Brennecke u.a. Kassel 1954. S. 37 ff.

H

Haack, H.: Musikerziehung. In: Riemann Musiklexikon. Hrsg. von W. Gurlitt; H.H. Eggebrecht. 12. neubearbeitete Aufl. Mainz 1967 (Leipzig 1882). Sachteil. S. 605 ff.

Haas, H.: Erfahrungen mit Musikreferendaren. In: Musikpädagogik als Hochschulfach. Hrsg. von W. Gieseler; R. Klinkhammer. Mainz 1982. S. 59 ff. = FME 1981

Haase, O.: Musisches Leben. 2. Aufl. Hannover 1951 (1950) = Pädagogische Bücherei. Hrsg. von O. Haase. Bd. 19

Habermas, J.: Universalitätsanspruch der Hermeneutik. In: Hermeneutik und Ideologiekritik. Frankfurt a. M. 1971 a. S. 120 ff. = Theorie-Diskussion. Hrsg. von J. Habermas; D. Henrich; J. Taubes

Habermas, J.: Zur Logik der Sozialwissenschaften. Materialien. 2. Aufl. Frankfurt a. M. 1971 b (1967)

Hacker, H.: Didaktische Funktionen des Mediums Schulbuch. In: Das Schulbuch. Funktion und Verwendung im Unterricht. Hrsg. von H. Hacker. Bad Heilbrunn/Obb. 1980 a. S. 7 ff. = Studientexte zur Grundschuldidaktik. Hrsg. von R. Rabenstein

Hacker, H. (Hrsg.): Das Schulbuch. Funktion und Verwendung im Unterricht. Bad Heilbrunn/Obb. 1980 b = Studientexte zur Grundschuldidaktik. Hrsg. von R. Rabenstein

Hacker, W.: Allgemeine Arbeits- und Ingenieurpsychologie. Psychische Struktur und Regulation von Arbeitstätigkeiten. 2. verb. Aufl. Stuttgart u.a. 1978 (Berlin 1973)

Haecker, V.; Ziehen, Th.: Zur Vererbung und Entwicklung der musikalischen Begabung. Sonderabdruck der Z. für Psychologie. Bd. 88–90 (1922)

Hagemann, W.; Tulodziecki, G.: Einführung in die Mediendidaktik. Köln 1978

Hagstedt, H.; Hildebrand-Nilshon, M. (Hrsg.): Schüler beurteilen Schule. Analyse und Interpretation von Dokumenten zum Schulalltag aus dem Blickwinkel von Schülern. Düsseldorf 1980 = Seminar. Hrsg. vom Institut für Lehrerfortbildung Essen-Werden

Hahn, W.; Rauhe, H.: Der deutsche Schlager 1. Beiheft zur 1. Schallplatte. Wiesbaden 1970 = Aktuelle Popmusik im Unterricht. Hrsg. von W. Hahn; Th. Klein; H. Rauhe. Reihe A. Schlager - Beat - Tanzmusik

Hahne, G.: Johann Abraham Peter Schulz' „Gedanken über den Einfluß der Musik auf die Bildung eines Volkes". In: Musikerziehung in Schleswig-Holstein. Hrsg. von C. Dahlhaus; W. Wiora. Kassel 1965. S. 54 ff. = Kieler Schriften zur Musikwissenschaft. Hrsg. von der Landeskundlichen Abteilung des Musikwissenschaftlichen Instituts der Universität Kiel. Bd. 17

Hair, H.J.: The Effect of Training on the Harmonic Discrimination of Firstgrade Children. In: JRME 21 (1973) Nr. 1. S. 85 ff.

Hajos, A.: Wahrnehmung. In: Handbuch psychologischer Grundbegriffe. Hrsg. von Th. Herrmann u.a. München 1977. S. 528 ff.

Halefeldt, H.O.: Schul- und Bildungsfunk in Deutschland: Quellen 1923–1945. Frankfurt a. M. 1976 = Materialien zur Rundfunkgeschichte. Hrsg. vom Deutschen Rundfunk. Historisches Archiv der ARD. Bd. 1

Halmos, E.: Die musikpädagogische Konzeption Zoltán Kodálys im Vergleich mit modernen curricularen Theorien. Ein Beitrag zur komparativen Musikpädagogik. Wolfenbüttel 1977 = Schriften zur Musikpädagogik. Hrsg. von H. Hopf; H. Rauhe. Bd. 4

Halmos, E.: Ungarn. Leitideen - Tendenzen. In: Musikpädagogik als Hochschulfach. Hrsg. von W. Gieseler; R. Klinkhammer. Mainz 1982. S. 121 ff. = FME 1981

Hamann, F.: Die Musikerziehung an den ehemaligen Lehrerseminaren in Nieder- und Oberschlesien, Ost- und Westpreußen, Pommern und Posen nebst Biographien ihrer Musiklehrer (SML). Ein Beitrag zur deutschen Musik- und Schulgeschichte. Dortmund 1976 = Veröffentlichungen der Forschungsstelle Ostmitteleuropa. Hrsg. von A. Perlick. Reihe A. Nr. 31

Hammerich, K.: Skizzen der Genese der Freizeit als eines sozialen Problems. Dispositionen zur Soziologie sozialer Probleme. In: Kölner Z. für Soziologie und Sozialpsychologie 26 (1974) Nr. 2. S. 267 ff.

Hansberger, J.: Ansätze des kindlichen Musikverständnisses beim Hören „schwerer“ Musik. In: Der Einfluß der Technischen Mittler auf die Musikerziehung unserer Zeit. Vorträge der 7. Bundesschulmusikwoche Hannover 1968. Hrsg. von E. Kraus. Mainz 1968. S. 123 ff.

Hansen, W.: Die Entwicklung des kindlichen Weltbildes. 6. neubearbeitete Aufl. München 1965 (1938)

Harrer, G.: Grundlagen der Musiktherapie und Musikpsychologie. Stuttgart 1975

Hartje, K.: Ansätze des musikalischen Verstehens bei Kindern. In: Musik und Verstehen. Aufsätze zur semiotischen Theorie, Ästhetik und Soziologie der musikalischen Rezeption. Hrsg. von P. Faltin; H.P. Reinecke. Köln 1973. S. 87 ff.

Hartley, E.-L.; Hartley, R.-E.: Die Grundlagen der Sozialpsychologie. 2. Aufl. Berlin 1969 (1955) (Fundamentals of Social Psychology. New York 1952)

Hartmann, N.: Ästhetik. 2. Aufl. Berlin 1966 (1953)

Hartwich-Wiechell, D.: Musikalisches Verhalten Jugendlicher. In: FME 1974. Mainz 1974 a. S. 39 ff. = FME 1974

Hartwich-Wiechell, D.: Pop-Musik. Analysen und Interpretation. Köln 1974 b

Hartwig, H.: Jugendkultur. Hamburg 1980

Haselbach, B.: Orff-Schulwerk-elementare Musik- und Bewegungserziehung. In: Grundlagen und Methoden rhythmischer Erziehung. Hrsg. von G. Bünner; P. Röthig. Stuttgart 1971 a. S. 139 ff.

Haselbach, B.: Tanzerziehung. Grundlagen und Modelle für Kindergarten, Vorschule und Grundschule. Stuttgart 1971 b

Hasenclever, R.: Über die Grundsätze einer rationalen musikalischen Erziehung. Bonn 1873

Hasse, K.: Musikerziehung und Universität. In: Musikerziehung. Vorträge der Süddeutschen Tagung für Musikerziehung in Stuttgart 1928. Hrsg. von H. Keller. Kassel 1929. S. 77 ff.

Hausmann, G.: Didaktik als Dramaturgie des Unterrichts. Heidelberg 1959

Heckhausen, H.: Entwurf einer Psychologie des Spielens. In: Psychologische Forschung 27 (1964) H.3. S. 225 ff. Nachdruck in: Das Kinderspiel. Hrsg. von A. Flitner. München 1973. S. 133 ff.

Heckhausen, H.: Leistungsmotivation. In: Allgemeine Psychologie. Hrsg. von H. Thomae. Göttingen 1965. S. 602 ff. = Handbuch der Psychologie. Hrsg. von K. Gottschaldt u.a. Bd. 2

Heckhausen, H.: Faktoren des Entwicklungsprozesses. In: Pädagogische Psychologie. Hrsg. von F.E. Weinert u.a. Frankfurt a.M. 1974 a. Bd. 1. S. 103 ff. = Funk-Kolleg Pädagogische Psychologie. Bd. 1

Heckhausen, H.: Lehrer-Schüler-Interaktion. In: Pädagogische Psychologie. Hrsg. von F.E. Weinert u.a. Frankfurt a. M. 1974 b. Bd. 1. S. 547 ff. = Funk-Kolleg Pädagogische Psychologie. Bd. 1

Heckhausen, H.: Motive und ihre Entstehung. In: Pädagogische Psychologie. Hrsg. von F.E. Weinert u.a. Frankfurt a. M. 1974 c. Bd. 1. S. 135 ff. = Funk-Kolleg Pädagogische Psychologie. Bd. 1

Heckhausen, H.: Motiv und Motivation. In: Handbuch psychologischer Grundbegriffe. Hrsg. von Th. Herrmann u.a. München 1977. S. 296 ff.

Heckhausen, H.: Motivation und Handeln. Lehrbuch der Motivationspsychologie. Berlin u.a. 1980

Heckhausen, H.; Wagner, J.: Anfänge und Entwicklung der Leistungsmotivation (II.) in der Zielsetzung des Kleinkindes. In: Psychologische Forschung 28 (1965) H.3. S. 179 ff.

Heckhausen, H.; Wasna, M.: Erfolg und Mißerfolg im Leistungswetteifer des imbezillen Kindes. In: Psychologische Forschung 28 (1965) H.4. S. 391 ff.

Hedrick, G.L.: The Development of a Verbal Analysis System for Self-Evaluation of Preservice Music Teachers. Unveröffentlichte Diss. Florida State University 1976. Zit. nach H. Froehlich-Rainbow 1984

Heidenreich, W.D.; Heymann, H.W.: Lehr-Lern-Forschung. In: Z. für Pädagogik 22 (1976). S. 225 ff.

Heimann, P. u.a.: Unterricht – Analyse und Planung. 4. Aufl. Hannover 1969 (1965) = Auswahl. Hrsg. von A. Blumenthal; W. Ostermann. Reihe B. Bd. 1/2

Heinitz, W.: Experimentelle Untersuchungen über das Metrum. Ein Beitrag zur Prüfung der musikalischen Beanlagung. In: Z. für angewandte Psychologie 14 (1919). S. 90 ff.

Heinitz, W.: Rundfunk im Dienste der Schulmusikpflege. In: Musikpädagogische Gegenwartsfragen. Vorträge der 6. Reichsschulmusikwoche in Dresden. Hrsg. vom Zentralinstitut für Erziehung und Unterricht in Berlin. Leipzig 1928. S. 248 ff.

Heinlein, C.P.: A New Method of Studying the Rhythmic Responses of Children, Together with an Evaluation of the Method of Simple Observation. In: J. of Genetic Psychology 36 (1929). S. 205 ff.

Heinrichs, H.: Der Schulfunk. Geschichte, Wesen und Wirkung. Aachen 1956

Heinrichs, H.: Die Praxis des Schulfunks. Essen 1958

Heinrichs, H.: Der didaktische Ort des Schulfunks. In: Schulfunk Köln - Wege und Ziele. Hrsg. von M. Nestel-Begiebing. Köln 1972. S. 65 ff.

Heise, W.: Technische Ausstattung von Musikräumen. In: Musik und Musikunterricht in der Gesamtschule. Hrsg. von H. Segler. Weinheim 1972. S. 293 ff.

Heise, W.: Musiktechnik als Mittel und Gegenstand des Unterrichts. In: Neues Handbuch der Schulmusik. Hrsg. von E. Valentin u.a. Regensburg 1975. S. 143 ff.

Heise, W.; Hopf, H.: Kriterien zur Begutachtung von Musikbüchern. In: Das Schulbuch - Aspekte und Verfahren zur Analyse. Hrsg. von E.H. Schallenberger. Ratingen 1973. S. 185 ff. = Zur Sache Schulbuch. Pädagogische Informationen - Provokative Impulse. Hrsg. von E.H. Schallenberger. Bd. 3

Heise, W. u.a. (Hrsg.): Quellentexte zur Musikpädagogik. Regensburg 1973

Helm, J.: Gesangsunterricht in der Volksschule. In: Encyklopädisches Handbuch der Pädagogik. Hrsg. von W. Rein. 2. Aufl. Langensalza 1903–1911 (1895–1910). Bd. 3. S. 438 ff.

Helms, S.: Wünsche von Schulmusikerziehern an unsere Musikhochschulen. Ergebnis einer Umfrage. In: MuBi 3 (1971) H.3. S. 129 ff.

Helms, S.: Musik in der Werbung. Wiesbaden 1981 = Materialien zur Didaktik und Methodik des Musikunterrichts. Hrsg. von S. Helms u.a. Bd. 10

Helms, S.: Zum Lehrangebot in den musikpädagogischen Studiengängen deutscher Hochschulen. In: Musikpädagogik als Hochschulfach. Hrsg. von W. Gieseler; R. Klinkhammer. Mainz 1982. S. 40 ff. = FME 1981

Hemming, D. (Hrsg.): Dokumente zur Geschichte der Musikschule (1902–1976). Hrsg. im Auftrag des Verbandes deutscher Musikschulen. Regensburg 1977 = Materialien und Dokumente aus der Musikpädagogik. Bd. 3

Hempel, W.E.; Fleishman, W.E.: A Factor Analysis of Physical Proficiency and Manipulative Skill. In: J. of Applied Psychology 39 (1955). S. 12 ff.

Henderson, C.E.: The Effect of In-Service Training of Music Teachers in Contingent Verbal and Nonverbal Behavior. Unveröffentlichte Diss. Columbia University 1972. Zit. nach Froehlich-Rainbow 1984

Hensel, W.: Eine Streitschrift wider das falsche deutsche Lied. Kassel 1923 a

Hensel, W.: Lied und Volk. Kassel 1923 b

Hensel, W. (Hrsg.): Das aufrecht Fähnlein. Kassel 1941 (Augsburg 1923)

Hensel, W.: Von der Wiedererweckung alten musikalischen Volksgutes. In: Grundfragen der Schulmusik. Hrsg. von H.J. Moser. Leipzig; Berlin 1931. S. 85 ff.

Hensel, W.: Auf den Spuren des Volksliedes. Sprachliche und musikalische Betrachtungen als Beiträge zu seiner Wesensschau. Kleine Volksliedkunde. 2. Aufl. Kassel; Basel 1964 (1944)

Hentig, H. von: Spielraum und Ernstfall. Stuttgart 1969

Hentig, H. von: Systemzwang und Selbstbestimmung. 3. Aufl. Stuttgart 1970 (1968)

Hentig, H. von: Die Bielefelder Laborschule. Stuttgart 1971 = Sonderpublikation der Schriftenreihe der Schulprojekte Laborschule/Oberstufen-Kolleg H.2

Hentschel, E.J. (Hrsg.): Euterpe. Musikalische Zeitschrift für Deutschlands Volksschullehrer. Erfurt; Leipzig. 1. Jg. 1841-43. Jg. 1884

Herberger, R.: Empirical Investigations into the Effectiveness of Various Methods of Introducing a Concerto Movement as Used in Music Teaching in the Tenth Form (16 Years Old). Unveröffentlichtes Ms. für das Forschungsseminar der International Society for Music Education. Dresden 1980

Herder, J.G.: Sämtliche Werke. Hrsg. von B. Suphan. Berlin 1877 - 1913

Herget A.; Wolf H.: Pädagogik für Musiklehrer im Dienste der Musik als Beruf und an allgemeinbildenden Schulen, aufgebaut auf den Grundlehren der Physiologie, Psychologie, Logik und Ästhetik. Berlin o.J. (Vorrede von 1929)

Hering, C.G.: Neue praktische Singschule für Kinder nach einer leichten Lehrart bearbeitet. Erstes Bändchen. Leipzig 1807

Herrlitz, H.G. u.a.: Deutsche Schulgeschichte von 1800 bis zur Gegenwart. Königstein 1981

Herrmann, M.: Das Musikerleben blinder Kinder. Empirische Untersuchungen über die Voraussetzungen der Musikerziehung im Volksschulalter. Unveröffentlichte schriftl. Hausarbeit f. d. Lehramt an Sonderschulen. Dortmund 1968. S. 106 ff.

Herrmann, Th.: Lehrbuch der empirischen Persönlichkeitsforschung. 2. Aufl. Göttingen 1972 (1969)

Hesse, H.A.: Berufe im Wandel. Stuttgart 1968. = Soziologische Gegenwartsfragen. Hrsg. von L. Neundörfer H.25

Hetzer, H.: Spielen lernen - Spielen lehren. München 1969

Hetzer, H.: Kind und Spielzeug für jedes Alter. 14. Aufl. München 1974 (1965)

Hetzer, H.; Ameln K.: Lied und Musik im Kinderleben. Kassel 1933. Auch in: Singgemeinde 9 (1932/33)

Hetzer, H.; Tudor-Hart, B.H.: Die frühesten Reaktionen auf die menschliche Stimme. In: Soziologische und psychologische Studien über das erste Lebensjahr. Hrsg. von Ch. Bühler; H. Hetzer; B.H. Tudor-Hart. Jena 1927. S. 107 ff. = Quellen und Studien zur Jugendkunde. Hrsg. von Ch. Bühler H.5

Hey, J.: Der kleine Hey. Die Kunst des Sprechens. Hrsg. von F. Reusch. Mainz 1956 (Deutscher Gesangsunterricht. Der kleine Hey. Mainz o.J. [1886])

Heymann, H.W.: Modellgeleitete Unterrichtsanalyse – verdeutlicht anhand einer Untersuchung zum Mathematikunterricht. In: Neue Verfahren zur Unterrichtsanalyse. Hrsg. von F. Achtenhagen. Düsseldorf 1982. S. 79 ff. = Studien zur Lehrforschung. Hrsg. von K.J. Klauer; H.-J. Kornadt. Bd. 22

Hickman, A.T.: Some Preverbal Concepts in Music. In: JRME 17 (1969) H.1. S. 70 ff.

Hickman, A.T.: Experiments with Children Involving Pitch, Rhythm and Timbre. In: Research in Education 3 (1970). S. 73 ff.

Hickmann, H.: Ein Beitrag „zum Problem des Ursprungs der mittelalterlichen Solmisation". In: Musikforschung 10 (1957) H.3. S. 403 ff.

Hientzsch, J.G.: Über den Musik-Unterrricht, besonders im Gesange, auf Gymnasien und Universitäten, nebst Vorschlägen zu einer zeitgemäßen Einrichtung desselben, sowie nebenbei über Choralisten-Institute, kindliche Sängerchöre und andere Singe-Kreise und Sing-Akademien; für alle die, welche lebend oder leitend das Musikwesen in den genannten Anstalten oder Instituten zu fördern haben. Breslau 1827

Hilgard, E.R.; Bower, G.H.: Theorien des Lernens I. Stuttgart 1970 (Theories of Learning. 3. Aufl. New York 1966 [1948])

Hindemith, P.: Forderungen an den musikalischen Laien. In: Der Weihergarten (Z. d. Hauses B. Schott's Söhne Mainz) 1 (1931). S. 59 ff.

Hindemith, P.: Komponist in seiner Welt. Weiten und Grenzen. Zürich 1959 (A Composer's World. Cambridge Harvard University Press 1952)

Hirsch, H.: Poverty and Politization. New York 1971

Hirsch, H.L.; Weigmann, J.: Programmierte Einführung in die allgemeine Musiklehre. Regensburg 1979

Hitchcock, A.: The Value of Terminology in Children's Descriptions of Changes in Pitch Direction. Master's Thesis. University of Minnesota 1942

HMSO Report. Music in Schools 1960. Zit. nach R. Shuter 1968. S. 246

Hochschule für Musik und Darstellende Kunst „Mozarteum" in Salzburg, Sonderabteilung „Orff-Institut" (Hrsg.): Literaturverzeichnis: Über Leben und Werk Carl Orffs. In: 10 Jahre Orff-Institut. Eine Dokumentation. Hrsg. von der Hochschule für Musik und Darstellende Kunst in Salzburg. Salzburg 1972

Hodek, J.: Musikalisch-pädagogische Bewegung zwischen Demokratie und Faschismus. Zur Konkretisierung der Faschismus-Kritik Th. W. Adornos. Weinheim; Basel 1977 = Beltz Monographien. Erziehungswissenschaft

Höchel, L.: Untersuchungen über die harmonische Hörfähigkeit des Kindes in den ersten drei Schuljahren. 2 Bde. Diss. Berlin/Ost 1960

Höckner, H.: Musik und Gemeinschaft. In: Deutsche Musikpflege. Hrsg. von J.L. Fischer. Frankfurt a. M. 1925. S. 1 ff.

Höckner, H.: Die Musik in der Deutschen Jugendbewegung. Wolfenbüttel 1927

Höhn, E.: Geschichte der Entwicklungspsychologie und ihrer wesentlichsten Ansätze. In: Entwicklungspsychologie. Hrsg. von H. Thomae. 2. Aufl. Göttingen 1972 (1959). S. 21 ff. = Handbuch der Psychologie. Hrsg. von K. Gottschaldt u.a. Bd. 3

Höhnen, H. u.a. (Hrsg.): Entwicklung neuer Ausbildungsgänge für Lehrer der Sekundarstufen I und II im Fach Musik. Regensburg; Mainz 1978

Hoellering, A.: Zur Theorie und Praxis der rhythmischen Erziehung. Ein Grundlehrgang für Heilpädagogen und Erzieher. 7. Aufl. Berlin 1979 (1966)

Hörmann, K.: Studie zur Motivation im Musikunterricht. Ein Beitrag zur Didaktik des psychophysischen Musikverstehens. Regensburg 1977 = Perspektiven zur Musikpädagogik und Musikwissenschaft. Hrsg. von W. Gieseler; H. Hopf. Bd. 1

Hörmann, K.: Leistungen, Interessen und Zensuren im Spiegel eines Musikkenntnistests. In: ZfMP 7 (1982) H.17. S. 77 ff.

Hörner, H; Maier, H; Pfistner, H.J.: Beurteilung von Unterricht. Grundlagen, empirische Befunde, Folgerungen für die Praxis. Rheinstetten 1978

Hofer, M.: Verhaltensweisen von Lehrern und ihre Auswirkungen. In: C.F. Graumann; M. Hofer: Lehrerpersönlichkeit und Lehrerverhalten. In: Pädagogische Psychologie. Hrsg. von F.E. Weinert u.a. Frankfurt a. M. 1974. Bd. 1. S. 537 ff. = Funk-Kolleg Pädagogische Psychologie. Bd. 1

Hofer, M.; Dobrick, M.; Tacke, G.: Die Entwicklung eines Beobachtungsinstruments zur Erfassung von schülerspezifischem Lehrerverhalten im Unterricht. In: Neue Verfahren zur Unterrichtsanalyse. Hrsg. von F. Achtenhagen. Düsseldorf 1982. S. 51 ff. = Studien zur Lehrforschung. Hrsg. von K.J. Klauer; H.-J. Kornadt. Bd. 22

Hoffmann, F.: Musiklehrbücher in den Schulen der BRD. Neuwied u.a. 1974 = Arbeitsmittel für Studium und Unterricht. Hrsg. von H. Bauer u.a.

Hofstätter, P.R.: Einführung in die Sozialpsychologie. 4. neu bearbeitete Aufl. Stuttgart 1966 (1956) = Kröners Taschenausgabe. Bd. 295

Hohmann, C.H.: Praktischer Lehrgang des Gesang-Unterrichts in Volksschulen. 9. Aufl. Erlangen 1889 (Schweinfurt 1839)

Holtmeyer, G.: Schulmusik und Musiklehrer an der höheren Schule. Ein Beitrag zur Geschichte des Musikpädagogen in Preußen. Diss. Köln 1975

Holtmeyer, G.: Volkshochschule und Musik. In: MuBi 15 (1983) H.7–8. S. 35 ff.

Holzer, H.: Kinder und Fernsehen. München 1974

Hopf, A.: Lehrerbewußtsein im Wandel. Düsseldorf 1974

Hopf, H.: Zur Ausbildung des zukünftigen Musiklehrers. In: Didaktik der Musik. Vorträge und Referate im Zusammenhang mit der 17. Bundestagung des Arbeitskreises für Schulmusik und allgemeine Musikpädagogik. Hrsg. von W. Krützfeldt. Hamburg-Wolfenbüttel 1971. S. 37 ff.

Hopf, H.: Schulbuchkonzepte. In: Kritische Stichwörter zum Musikunterricht. Hrsg. von W. Gieseler. München 1978. S. 291 ff. = Kritische Stichwörter. Bd. 2

Hopf, H.; Heise, W.; Helms, S.: Lexikon der Musikpädagogik. Regensburg 1984

Hopp, A.D.; Lienert, G.A.: Eine Verteilungsanalyse von Gymnasialzensuren. In: Schule und Psychologie 12 (1965) H.5. S. 139 ff.

Horstig, K.G.: Laßt doch den Musikus selbst sprechen. In: AMZ 3 (1800/01). S. 645 ff.

Hovland, C.I.: The Effects of the Mass Media Communication. In: Handbook of Social Psychology. Hrsg. von G. Lindzey. 2. Aufl. Boston 1956 (1954). S. 1062 ff.

Hovland, C.I.; Janis, I.; Kelley, H.H.: Communication and Persuasion. New Haven, Yale University Press 1953

Huber, F.: Allgemeine Unterrichtslehre. 9. überarbeitete Aufl. Bad Heilbrunn/Obb. 1965 (Leipzig 1944) = Klinkhardts Pädagogische Abrisse

Huber, G.L.; Mandl, H.: Lehrer-Schüler-Interaktion unter dem Aspekt handlungsleitender Kognitionen. In: Neue Verfahren zur Unterrichtsanalyse. Hrsg. von F. Achtenhagen. Düsseldorf 1982. S. 185 ff. = Studien zur Lehrforschung. Hrsg. von K.J. Klauer; H.-J. Kornadt. Bd. 22

Huck, G. (Hrsg.): Sozialgeschichte der Freizeit. Untersuchungen zum Wandel der Alltagskultur in Deutschland. Wuppertal 1980

Hucke, H.: Verfassung und Entwicklung der alten neapolitanischen Konservatorien. In: Festschrift Helmut Osthoff (zum 65. Geburtstag). Hrsg. von L. Hoffmann-Erbrecht; H. Hucke. Tutzing 1961. S. 139 ff.

Hübner, I.: Kulturzentren. Gesellschaftliche Ursachen, empirische Befunde, Perspektiven soziokultureller Zentren. Weinheim 1981

Hübsch, L.; Reininger, K.: Zur Psychologie des Kinderspiels und der Geschlechtsunterschiede im Kindergartenalter. In: Z. für angewandte Psychologie 40 (1931). S. 79 ff.

Huizinga, J.: Homo ludens. Versuch einer Bestimmung des Spielelementes der Kultur. 4. Aufl. Hamburg-Reinbek 1956 (1938)

Hummell, H.J.: Psychologische Ansätze zu einer Theorie des sozialen Verhaltens. In: Handbuch der empirischen Sozialforschung. Hrsg. von R. König. Stuttgart 1969. Bd. 2. S. 115 ff.

Hundoegger, A.: Leitfaden der Tonika-Do-Methode für den Schulgebrauch. Nach dem Englischen bearbeitet und mit deutschen Liedern versehen. 2. Aufl. Hannover 1908 (1897)

Hundoegger, A.: Lehrweise nach Tonika-Do. Völlig neu bearbeiteter Leitfaden von E. Noack. 9. Aufl. Lippstadt o.J.

Hunkemöller, J.: Jazz. In: MuBi 11 (1979) H.11. S. 695 ff

Hurrelmann, K.; Ulich, D. (Hrsg.): Handbuch der Sozialisationsforschung. Weinheim u.a. 1980

Hurwitz, J. u.a.: Nonmusical Effects of the Kodály Music Curriculum in Primary Grade Children. In: J. of Learning Disabilities 8 (1975) H.3. S. 163 ff.

Hyman, H.H.: Political Socialization. 2. Aufl. New York 1969 (Glencoe 1959)

I

Iben, G.: Kompensatorische Erziehung. Analysen amerikanischer Programme. 3. Aufl. München 1974 (1971)

Il'ina, G.A.: Characteristics of the Development of Musical Rhythm in Children. In: Voprosy Psikhologii 1 (1961). S. 119 ff.

Imberty, M.: L'acquisition des structures tonales chez l'enfant. Paris 1969

Ingenkamp, K.; Parey, F. (Hrsg.): Handbuch der Unterrichtsforschung. 3 Teile. Teil 1: 3. Aufl. Weinheim; Berlin; Basel 1973 (1970). Teil 2: 2. Aufl. Weinheim; Berlin; Basel 1972 (1971). Teil 3: Weinheim; Berlin; Basel 1971 = Pädagogisches Zentrum. Veröffentlichungen. Hrsg. von C.-L. Furck. Reihe C: Berichte. Bd. 6, Teil 1 (Handbook of Research on Teaching. Chicago 1963/65)

Institut für Film und Bild in Wissenschaft und Unterricht (Hrsg.): Schulfunk. Eine Bestandsaufnahme der verfügbaren und geplanten Schulfunksendungen (Stand: Oktober 1975). Berlin 1975

Irmer, G. von: Neue Wege des Musikschulfunks. In: Rundfunk und Hausmusik. Kassel; Basel 1958. S. 48 ff. = Musikalische Zeitfragen. Hrsg. von W. Wiora. Bd. 3

Irmer, G. von: Musik im Schulfunk. In: Handbuch der Schulmusik. Hrsg. von E. Valentin. 2. Aufl. Regensburg 1964 (1962). S. 344 ff.

Irmer, G. von: Unzeitgemäße Betrachtungen über Beat-Musik. Schulfunksendung Radio Bremen 1966. Nachdruck in: H. Menzel: Jugend und Reizmusik. Frankfurt a.M. 1969. S. 40 ff. = Schriftenreihe zur Musikpädagogik. Hrsg. von R. Jakoby. Bd. 2

Issing, L.J.; Knigge-Illner, H. (Hrsg.): Unterrichtstechnologie und Mediendidaktik. Weinheim u.a. 1976

J

Jacob, K.: Musikerziehung durch Bewegung. Wolfenbüttel 1964

Jaide, W.: Eine neue Generation? Eine Untersuchung über Werthaltungen und Leitbilder der Jugendlichen. München 1961

Jakoby, R.: Die Ausbildung der Schulmusiker aus der Sicht der hochschulpolitischen Situation (Vortrag in Hannover vor der Gesellschaft für Musikforschung). In: MuBi 3 (1971) H.12. S. 607 ff.

Jakoby, R.: Dozent an Ausbildungsstätten für Musikberufe. In: Blätter zur Berufskunde. Hrsg. von der Bundesanstalt für Arbeit, Nürnberg. 4. Aufl. Bielefeld 1976. Bd. 2 11C06

Jakoby, R.: Musikalische Berufsausbildung und Nachwuchsprobleme. In: In Sachen Musik. Hrsg. von S. Abel-Struth u.a. Kassel 1977. S. 55 ff.

Jakoby, R.: Musikalische Berufsausbildung und Nachwuchsförderung in der Bundesrepublik Deutschland. In: Beiträge zur Musikkultur in der Sowjetunion und in der Bundesrepublik Deutschland. Hrsg. von C. Dahlhaus; G. Ordschonikidse. Hamburg 1982. S. 273 ff.

Jankowska, M.: The First Steps in Music Profession (ungedrucktes Ms. 1980)

Jaques-Dalcroze, E.: Vorschläge zur Reform des musikalischen Schulunterrichtes, dem Solothurner Kongreß für Musik vom 1. VII. 1905 vorgelegt. Hrsg. vom Verband schweizerischer Tonkünstler Zürich 1905 (La réforme de l'enseignement musical à l'école. Congrès de l'enseignement musical. Soleure 1905)

Jaques-Dalcroze, E.: Methode Jaques-Dalcroze. 3 Bde. Paris 1906/07

Jaques-Dalcroze, E.: Der Rhythmus als Erziehungsmittel für das Leben und die Kunst; sechs Vorträge von E. Jaques-Dalcroze zur Begründung seiner Methode der rhythmischen Gymnastik. Hrsg. von P. Boepple. Basel 1907

Jaques-Dalcroze, E.: Die Rhythmik – Unterricht zur Entwicklung des rhythmischen und metrischen Instinktes, des Sinnes der plastischen Harmonie, des Gleichgewichtes. 2 Bde. Lausanne; Leipzig 1916/17 (La rhythmique. 2 Bde. Lausanne 1916/17)

Jaques-Dalcroze, E.: Rhythmus, Musik und Erziehung. Basel 1922 (Le rhythme, la musique et l'éducation. Paris 1919)

Jeismann, K.E.: Die „Stiehlschen Regulative". In: Schule und Gesellschaft im 19. Jahrhundert. Hrsg. von U. Herrmann. Weinheim 1977. S. 137 ff.

Jendrowiak, H.W.; Kreuzer, K.J.: Lehrer beurteilen Lehrer. Düsseldorf 1980 = Schwann-Seminar. Hrsg. vom Institut für Lehrerfortbildung Essen-Werden

Jenne, M.: Außereuropäische Musik – Musikkulturen der Welt. In: MuBi 11 (1979) H.10. S. 612 ff.

Jersild, A.T.; Bienstock, S.F.: Influence of Training on the Vocal Ability of Three-Year-Old Children. In: Child Development 2 (1931). S. 272 ff.

Jersild, A.T.; Bienstock, S.F.: A Study of the Development of Children's Ability to Sing. In: The J. of Educational Psychology 25 (1934) Nr. 7. S. 481 ff.

Jersild, A.T.; Bienstock, S.F.: Development of Rhythm in Young Children. In: Child Development Monographs 22 (1935). S. 1 ff.

Jöde, F.: Musik und Erziehung. Wolfenbüttel 1924

Jöde, F.: Unser Musikleben. 2. Aufl. Wolfenbüttel 1925 (1923)

Jöde, F.: Die Kunst Bachs, dargestellt an seinen Inventionen. Wolfenbüttel 1926

Jöde, F.: Das schaffende Kind in der Musik. Zwei Teile. Wolfenbüttel 1928 = Handbücher für Musikerziehung. Hrsg. von F. Jöde. Bd. 5

Jöde, F.: Die Jugendmusikschule Charlottenburg der staatlichen Akademie für Kirchen- und Schulmusik. Wolfenbüttel; Berlin 1929 = Werkschriften der Musikantengilde, Dokumentenreihe einer deutschen Jugend- und Volksmusik. Hrsg. von F. Reusch. H.6

Jöde, F.: Musik und Gesellschaft. Eine Einleitung. In: Musik und Gesellschaft. Arbeitsblätter für soziale Musikpflege und Musikpolitik 1 (1930) H.1. S. 1 ff.

Jöde, F. (Hrsg.): Der Musikant. Lieder für die Schule. 4. Aufl. Wolfenbüttel 1950 (1922)

Jöde, F.: Musikschulen für Jugend und Volk. Ein Gebot der Stunde. 3. Aufl. Wolfenbüttel 1954 a (1924)

Jöde, F.: Vom Wesen und Werden der Jugendmusik. Mainz 1954 b = Bausteine für Musikerziehung und Musikpflege. Hrsg. von F. Jöde. Bd. 10

Jöde, F. (Hrsg.): Der Kanon. Ein Singbuch für alle. Wolfenbüttel ohne Aufl.angabe 1959 (1925)

Jopt, U.J.: Die Theorie der Leistungsmotivation aus heutiger Sicht und einige Überlegungen zu ihrer musikpädagogischen Relevanz. In: Motivationsforschung in der Musikpädagogik. Hrsg. von K.-E. Behne. Mainz 1979. S. 5 ff. = FME 1979

Josef, K.: Musik als Hilfe in der Erziehung geistig Behinderter. Berlin-Charlottenburg 1967

Jost, E.: Der Einfluß des Vertrautheitsgrades auf die Beurteilung von Musik. In: Jahrbuch des Staatlichen Instituts für Musikforschung Preußischer Kulturbesitz 1968. Hrsg. von D. Droysen. Berlin 1969. S. 65 ff.

Jost, E.: Sozialpsychologische Faktoren der Popmusik-Rezeption. Mainz 1976 = Musikpädagogik, Forschung und Lehre. Hrsg. von S. Abel-Struth. Bd. 11

Joyner, D.R.: The Monotone Problem. In: JRME 17 (1969) Nr. 1. S. 15 ff.

Jürgens, H.: Kind und Musik. In: Z. für pädagogische Psychologie 30 (1929) H.4. S. 198 ff.

Jussen, H. (Hrsg.): Handbuch der Heilpädagogik in Schule und Jugendhilfe. München 1967

K

Kabalewski, D.: Grundprinzipien und Methoden des Lehrplans im Fach Musik der allgemeinbildenden Schule. In: Beiträge zur Musikkultur in der Sowjetunion und in der Bundesrepublik Deutschland. Hrsg. von C. Dahlhaus; G. Ordschonikidse. Hamburg u.a. 1982. S. 51 ff.

Kälin, P.: Musikerziehung in der Schweiz. Frankfurt a. M. 1976 = Schriftenreihe zur Musikpädagogik. Hrsg. von R. Jakoby

Kahl, Th.N.: Unterrichtsforschung. Probleme, Methoden und Ergebnisse der empirischen Untersuchung unterrichtlicher Lernsituationen. Königstein/Ts. 1978

Kaiser, H.J.: Musikpädagogik unter wissenschaftstheoretischer Kritik. In: ZfMP 1 (1976) H.2. S. 113 ff.

Kaiser, H.J.: Wissenschaft und Wissenschaftskritik in der Diskussion. In: ZfMP 2 (1977) H.3. S. 63 ff

Kaiser, H.J.: Zum Verhältnis von Alltagswelt und jugendlicher Teilkultur. In: Musikalische Teilkulturen. Hrsg. von W. Klüppelholz. Laaber 1983. S. 35 ff. = Musikpädagogische Forschung. Hrsg. von W. Klüppelholz. Bd. 4

Kamlah, W.: Die Singbewegung und die musische Bildung. In: Die Sammlung 10 (1955). S. 606 ff.

Kanter, G.: Neuere Ergebnisse der Entwicklungspsychologie und ihre Konsequenzen für die Didaktik und Methodik der Sonderschule für Lernbehinderte. In: Z. für Heilpädagogik 21 (1970) H.5. S. 248 ff.

Kardiner, A.: The Psychological Frontiers of Society. New York 1945

Kaufmann, H. (Hrsg.): Psychologie ästhetischer Urteile. Graz 1970 = Studien zur Wertungsforschung. Hrsg. vom Institut für Wertungsforschung an der Hochschule für Musik und Darstellende Kunst in Graz. H.4

Kawakami, G.: Children are the Best Teachers. Tokio 1981

Keetman, G.: Erinnerungen an die Günther-Schule. In: Orff-Schulwerk-Informationen 23 (1979). S. 5 ff.

Keetman, G.: Elementaria: erster Umgang mit dem Orff-Schulwerk. 3. überarbeitete Aufl. Stuttgart 1981 (1970)

Kehr, C.: Abgangsprüfung in einem preußischen Schullehrerseminare. In: Pädagogische Blätter. Gotha 1886

Keidel, G.: Kleine Schulfunkpraxis. München o.J. (1950)

Keil, K.: Leitfaden für den Rhythmischen Unterricht (Methode Jaques-Dalcroze). Elementarstufe. Leipzig 1916

Keldany-Mohr, J.: Unterhaltungsmusik als soziokulturelles Phänomen des 19. Jahrhunderts. Untersuchung über den Einfluß der musikalischen Öffentlichkeit auf die Herausbildung eines neuen Musiktyps. Regensburg 1977 = Studien zur Musikgeschichte des 19. Jahrhunderts. Hrsg. vom Arbeitskreis Musikwissenschaft der Forschungsunternehmen der Fritz Thyssen Stiftung. Bd. 47

Keller, J.A.: Grundlagen der Motivation. München u.a. 1981

Keller, W.: Das Orff-Schulwerk als musikalische Lebenshilfe. In: Das Orff-Schulwerk im Dienste der Erziehung und Therapie behinderter Kinder. Hrsg. von H. Wolfgart. Berlin 1971. S. 3 ff.

Keller, W.; Reusch, F.: Orff-Schulwerk. Einführung in „Musik für Kinder"; Grundlagen und Ziele des Orff-Schulwerkes. Mainz 1954

Kelmer, O.; Stein, A.: Das Fernsehen und unsere Kinder. Ein Ratgeber für Eltern. München 1978

Kemmelmeyer, K.J.; Probst, W. (Hrsg.): Quellentexte zur pädagogischen Musiktherapie. Zur Genese eines Faches. Regensburg 1981 = Dortmunder Beiträge zur Musik in der Sonderpädagogik. Hrsg. von K.J. Kemmelmeyer; W. Probst. Bd. 1

Keraus, R.-K.: An Achievement Study of Private and Class Suzuki Violin Instruction. Diss. The University of Rochester 1973

Kerschensteiner, G.: Das musikalische Kulturgut im Bildungsverfahren. In: Schulmusikalische Zeitdokumente. Vorträge der 7. Reichsschulmusikwoche in München. Hrsg. vom Zentralinstitut für Erziehung und Unterricht in Berlin. Leipzig 1929. S. 2 ff.

Kerschensteiner, G.: Begriff der Arbeitsschule. 10. Aufl. München 1953 (Leipzig 1912)

Keßelring, M.: Untersuchungen über Ideale im höheren Jugendalter. In: Z. für pädagogische Psychologie 20 (1919) H.1. S. 12 ff.; H.2. S. 89 ff.

Kestenberg, L.: Musikerziehung und Musikpflege. Leipzig 1921. Veränderter Nachdruck: Prüfung, Ausbildung und Anstellung der Musiklehrer an den höheren Lehranstalten in Preußen. Berlin 1925 = Weidmannsche Taschenausgaben von Verfügungen der preußischen Unterrichtsverwaltung. Hrsg. von H. Güldner; W. Landé. H.13

Kestenberg, L.: Angewandte Musikpolitik. In: Berliner Tageblatt Nr. 425 vom 21.9.1922. Nachdruck in: G. Braun: Die Schulmusikerziehung in Preußen von den Falkschen Bestimmungen bis zur Kestenberg-Reform. Kassel; Basel 1957. S. 123 ff. = Musikwissenschaftliche Arbeiten. Hrsg. von der Gesellschaft für Musikforschung. Nr. 11

Kestenberg, L.: Von der Berufung des Musikerziehers. In: International Society for Music Education. Internationale Konferenz in Kopenhagen 1958. Hrsg. von E. Kraus o.O. o.J. S. 11 ff.

Kestenberg, L.: Bewegte Zeiten. Musisch-musikantische Lebenserinnerungen. Wolfenbüttel u.a. 1961

Kestenberg, L.; Günther, W. (Hrsg.): Prüfung, Ausbildung und Anstellung der Musiklehrer an den höheren Lehranstalten in Preußen. Berlin 1925 = Weidmannsche Taschenausgaben von Verfügungen der preußischen Unterrichtsverwaltung. Hrsg. von H. Güldner; W. Landé. H.13

Kestenberg, L. u.a.: Schulfunk und Musikerziehung. In: Schulfunk 5 (1931) H.13/14. S. 425 ff.

Key, E.: Das Jahrhundert des Kindes. 36. Aufl. Berlin 1926 (1902) (schwedische Originalausgabe 1900)

Kirkpatrick, W.C.: Relationships Between the Singing Ability of Pre-Kindergarten Children and Their Home Musical Environment. Diss. University of Southern California 1962

Kittel, H.: Die Entwicklung der pädagogischen Hochschulen. Berlin 1957

Klafki, W.: Das pädagogische Problem des Elementaren und die Theorie der kategorialen Bildung. 4. Aufl. Weinheim 1964 a (1959) = Göttinger Studien zur Pädagogik. Neue Folge. Hrsg. von E. Weniger. Bd. 6

Klafki, W.: Methode, Methodik. In: Pädagogisches Lexikon. Hrsg. von H.H. Groothoff; M. Stallmann. 2. Aufl. Stuttgart 1964 b (1961). Spalte 617 ff.

Klafki, W.: Probleme der Kunsterziehung in der Sicht der allgemeinen Didaktik. In: Kunstunterricht und Gegenwart. Hrsg. von H.K. Ehmer. Frankfurt a. M. 1967. S. 27 ff.

Klafki, W. u.a. (Hrsg.): Funk-Kolleg Erziehungswissenschaft: eine Einführung in 3 Bdn. Frankfurt a. M. 1970

Klafki, W.: Zum Verhältnis von Reaktion und Methodik. In: Z. für Pädagogik 22 (1976) H.1. S. 77 ff.

Klapper, J.T.: The Effects of Mass Communication. 7. Aufl. New York 1966 (Glencoe 1960)

Klauer, K.J.: Revision des Erziehungsbegriffs. Düsseldorf 1973 = Studien zur Lehrforschung. Hrsg. von K.J. Klauer und H.J. Kornadt. Bd. 5

Klausmeier, F.: Jugend und Musik im technischen Zeitalter. 2. Aufl. Bonn 1968 (1963)

Klausmeier, F.: Die Lust sich musikalisch auszudrücken. Hamburg 1978

Klausmeier, R.-G.: Pubertät und Beatmusik. In: Psyche 27 (1973) H.7. S. 643 ff.

Klein, H.: Die Finkensteiner Singwoche. Augsburg/Aumühle 1924

Kleinen, G.: Über die Verwendung von Schallplatte, Tonband, Rundfunk und Fernsehen im Musikunterricht. In: Didaktik der Musik 1969. Vorträge und Referate der 16. Bundestagung des Arbeitskreises für Schulmusik und allgemeine Musikpädagogik. Hrsg. von W. Krützfeldt. Wolfenbüttel; Hamburg 1970 a. S. 138 ff.

Kleinen, G.: Zur Entwicklung des harmonischen Hörens beim Kinde. In: MuBi 2 (1970) b. H.3. S. 131 ff.

Kleinen, G.: Pop in der Schule: Wie aktuell ist Musikunterricht? NMZ-Pilot-Study über Unterrichtsinhalte, Ausbildungsansprüche, Lehr- und Lernsituation. In: NMZ 20 (1971) Nr. 5. S. 33 ff.

Kleinen, G.: Entwicklungspsychologische Grundlagen musikalischen Verhaltens. In: Musik und Musikunterricht in der Gesamtschule. Hrsg. von H. Segler. Weinheim 1972. S. 53 ff.

Kleinen, G.: Zur Psychologie musikalischen Verhaltens. Frankfurt a. M. 1975 = Schriftenreihe zur Musikpädagogik. Hrsg. von R. Jakoby

Kleinen, G.; Lägel, H.: Tontechnik, Montagen, Collagen. Medien im Musikunterricht. Mainz 1974 = Bausteine für Musikerziehung und Musikpflege

Kleinen, G.; Motte-Haber, H. de la: Wissenschaft und Praxis. In: Systematische Musikwissenschaft. Hrsg. von C. Dahlhaus; H. de la Motte-Haber. Wiesbaden 1982. S. 309 ff. = Neues Handbuch der Musikwissenschaft. Hrsg. von C. Dahlhaus. Bd. 10

Kliebert, K.: Die königliche Musikschule Würzburg. Ihre Gründung, Entwicklung und Neugestaltung. Denkschrift aus Anlaß des 100jährigen Bestehens der Anstalt 1804-1904. Würzburg 1904

Klink, W.: Der Chormeister. Mainz 1952

Klinkhammer, R.; Weyer, R.: Einführung in die Synopse Musikpädagogik in der Studienreform. Situationsanalyse der Musikpädagogik im Tertiärbereich. Stand: Sommersemester 1975. In: Musikpädagogik in der Studienreform. Hrsg. von G. Noll. Mainz 1976. S. 33 ff. = FME 1976

Klinkhammer, R.; Weyer, R.: Musiklehrerausbildung in der Bundesrepublik Deutschland im Spannungsfeld zwischen Wissenschaft und Kunst. Regensburg 1977 = Perspektiven zur Musikpädagogik und Musikwissenschaft. Hrsg. von W. Gieseler; H. Hopf. Bd. 2

Klüppelholz, W. (Hrsg.): Musikalische Teilkulturen. Laaber 1983 = Musikpädagogische Forschung. Hrsg. von W. Klüppelholz. Bd. 4

Kluge, N. (Hrsg.): Spielpädagogik. Bad Heilbrunn/Obb. 1980 = Klinkhardts Pädagogische Quellentexte

Klusen, E.: Volkslied - Fund und Erfindung. Köln 1969

Klusen, E.: Bevorzugte Liedtypen 10-14 Jähriger. Modell einer Untersuchung. In: FME. Beih. der Z. MuBi 2 (1970) H.3-4. S. 64 ff.

Klusen, E.: Bevorzugte Liedtypen 10-14 Jähriger. Köln 1971 = Musikalische Volkskunde. Materialien und Analysen. Hrsg. von E. Klusen. Bd. 1

Klusen, E.: Erfolgskontrolle im Musikunterricht. In: FME. Beih. der Z. MuBi 7-8 (1972). S. 26 ff.

Klusen, E.: Zur Situation des Singens in der Bundesrepublik II: Die Lieder. Köln 1975 = Musikalische Volkskunde. Materialien und Analysen. Hrsg. von E. Klusen. Bd. 5

Klusen, E.: Elektronische Medien und musikalische Laienaktivität. Köln 1980 = Musikalische Volkskunde. Materialien und Analysen. Hrsg. von E. Klusen. Bd. 8

Kmieciak, P.: Wertstrukturen und Wertwandel in der Bundesrepublik Deutschland. Göttingen 1976

Knab, H.: Bernhard Christoph Ludwig Natorp. Ein Beitrag zur Geschichte der deutschen Schulmusik in der ersten Hälfte des 19. Jahrhunderts. Kassel 1933

Knapp, B.: Skill in Sport. London 1963

Kneschke, E.: Das Konservatorium der Musik zu Leipzig 1843-1893. Leipzig; New York 1893

Kniese, J.: Zur Reform des Schulgesanges. 2. Aufl. Mörs 1912 (1908)

Knoche, W.: Jungen, Mädchen, Lehrer und Schulen im Zensurenvergleich. Weinheim u.a. 1969

Kob, J.: Elternhaus und Schule. Stuttgart 1963

Koch, J.F.W.: Gesanglehre. Ein Hilfsmittel für Elementarschullehrer, durch eine einfachere Bezeichnungsart und Lehrmethode und durch eine zweckmäßige Sammlung von Singstücken einen reinen mehrstimmigen Volksgesang zu bilden. 1.H. Magdeburg 1814

Kochan, D.C. (Hrsg.): Allgemeine Didaktik - Fachdidaktik - Fachwissenschaft. 2. Aufl. Darmstadt 1972 (1970) = Wege der Forschung. Bd. 68

Kodály, Z.: Chor-Schule. Ein Lehrgang musikalischer Erziehung vom ersten Anfang bis zur Konzertreife. 14 Teile. Bonn o.J.

Kodály, Z.: Die Stellung des Volksliedes in der ungarischen Musikerziehung. In: MiU Ausgabe B 57 (1966) H.12. S. 378 ff.

Kodály, Z.: Erziehung eines Publikums. In: MiU Ausgabe B 58 (1967) H.6. S. 189 ff.

Kodály, Z.: Wege zur Musik. Ausgewählte Schriften und Reden. Hrsg. von F. Bónis. Budapest 1983

Koellreutter, H.J.: Entwurf eines „Instituts für auditive Kommunikation und angewandte Musik". Versuch einer Alternative zum Anachronismus der musikalischen Ausbildung. In: MuBi 7 (1975) H.5. S. 249 ff.

Köneke, H.W.: Methoden der Improvisation. In: Methoden des Musikunterrichts. Hrsg. von W. Schmidt-Brunner. Mainz 1982. S. 275 ff.

König, E.: Pädagogische Grundlagenprobleme der Werterziehung. In: Werterziehung als Auftrag der Schule. Hrsg. von K. Breslauer u.a. Hannover 1978. S. 80 ff. = Auswahl Reihe B. Bd. 94

Koenig, O.: Kultur und Verhaltensforschung. Einführung in die Kulturethologie. München 1970

Körner, K.: Eine Situationsanalyse des Musiklehrerstudiums aus der Sicht des Studierenden. In: Musikpädagogik als Hochschulfach. Hrsg. von W. Gieseler; R. Klinkhammer. Mainz 1982. S. 29 ff. = FME 1981

Kötter, E.: Musikpsychologische Aspekte zur Lehrplanrevision für den Musikunterricht auf der Sekundarstufe. In: Bildungsziele und Bildungsinhalte des Faches Musik. Vorträge der 8. Bundesschulmusikwoche Saarbrücken 1970. Hrsg. von E. Kraus. Mainz 1970. S. 155 ff.

Kötter, E.: Musikalische Anlagen des kleinen Kindes. Zum Stand der Forschung. In: Situation und Aspekte. Hrsg. von S. Abel-Struth. 4. Aufl. Kassel 1979 (1970). S. 26 ff. = Musikalischer Beginn in Kindergarten und Vorschule. Hrsg. von S. Abel-Struth. Bd. 1

Kötter, E.; Jansen-Heck, U.: Zum Einfluß manipulierender Information auf die Beurteilung von Popularmusik. In: FME 1977. Mainz 1977. S. 134 ff. = FME 1977

Kötter, L.; Grau, U.: Zur Bedingtheit der uneinheitlichen Benotung von Schüleraufsätzen. In: Z. für experimentelle u. angewandte Psychologie 12 (1965) H.2. S. 278 ff.

Kofler, L.: Die Kunst des Atmens. 22. Aufl. Kassel u.a. 1961 (Leipzig 1897) (The Art of Breathing as the Basis of Tone-Production. New York 1889)

Kohlberg, L.: Development of Moral Character and Moral Ideology. In: Review of Child Development Research. Hrsg. von M.L. Hoffman; L.W. Hoffman. New York 1964. Bd. 1. S. 383 ff.

Kohlmann, W.: Projekte im Musikunterricht. Weinheim u.a. 1978

Kokas, K.: Untersuchungen über die psychologischen Folgen des relativen Solmisationssystems von Kodály. Vortrag auf der 7. Konferenz der International Society for Music Education in Interlochen/Michigan 1966

Kokas, K.: Kodálys Concept of Music Education. In: CRME 22 (1970)

Kokemohr, E.: Dogmatismus als Problem der Schulbuchrezeption. Beispiel: Schulmusikbücher. Wolfenbüttel u.a. 1976 = Schriften zur Musikpädagogik. Hrsg. von H. Hopf; H. Rauhe. Bd. 3

Kokemohr, E.: Schulbücher im Vergleich. In: ZfMP 4 (1979) H.8. S. 36 ff.

Kolář, J.: Charakteristické rysy hudebně výchovné metody Zoltána Kodálye (Charakteristische Züge der musikalisch-erzieherischen Methode Zoltán Kodálys). In: Estetická výchova (1972/73). S. 38 ff. u. 44

Kolland, D.: Die Jugendmusikbewegung. „Gemeinschaftsmusik" – Theorie und Praxis. Stuttgart 1979

Konrad, R.: Rhythmus – Metrum – Form. Eine Studie für Musikpädagogen, Bewegungserzieher, Rhythmiklehrer, Tanzpädagogen. Frankfurt a. M. u.a. 1979 = Schriftenreihe zur Musikpädagogik. Hrsg. von R. Jakoby

Konrad, R.: Leiblichkeit als Grundlage rhythmischer Erziehung. In: MuBi 15 (1983) H.1. S. 4 ff.

Konrad, R.: Erziehungsbereich Rhythmik. Entwurf einer Theorie. Regensburg 1984 = Perspektiven zur Musikpädagogik und Musikwissenschaft. Hrsg. von W. Gieseler u. H. Hopf. Bd. 8

Kopp, F.: Das Schulbuch im Unterricht der Volksschule. Donauwörth 1965

Koskenniemi, M.: Elemente der Unterrichtstheorie. München 1971 = Erforschung und Veränderung der Schule (Opetuksen teorian perusaineksia. Helsinki o.J.)

Kossolapow, L.: Musische Erziehung zwischen Kunst und Kreativität. Ideologiegeschichte künstlerischer Selbstaktualisierungstendenzen im Industriezeitalter. Frankfurt a. M. 1975

Kovács, S.: Untersuchungen über das musikalische Gedächtnis. In: Z. für angewandte Psychologie 11 (1916) H.2 u. 3. S. 113 ff.

Kowalski, G. (Hrsg.): Deutsche Kultur- und Musikverbände. Berlin 1981

Kraemer, R.D.; Schmidt-Brunner, W. (Hrsg.): Musikpsychologische Forschung und Musikunterricht. Eine kommentierte Bibliographie. Mainz 1983

Kral, W.; Rudlof, K.-H.; Teiner, M.: Rezeptionsfähigkeit und Hörpräferenzen von Kindern der ersten und zweiten Schulstufe. Wien 1973 = UE report. Hrsg. von K. Blaukopf

Krathwohl, D.; Bloom, B.S.; Masia, B.: Taxonomie von Lernzielen im affektiven Bereich. Weinheim u. Basel 1975 (Taxonomy of Educational Objectives. Handbook II: The Affective Domain. New York 1964)

Kraus, E.: Wege der Erneuerung der Schulmusikerziehung seit 1900. Diss. Innsbruck 1957

Kraus, E. (Hrsg.): International Society for Music Education. Internationale Konferenz in Kopenhagen 1958. o.O. o.J.

Kraus, E. (Hrsg.): The Present State of Music Education in the World. L'état actuel de l'éducation musicale dans le monde. Washington 1960

Kraus, E. (Hrsg.): Comparative Music Education. Education musicale comparée. Vergleichende Musikerziehung. Mainz 1962

Kraus, E.: Quantität und Qualität – Breitenarbeit und Begabtenförderung in der deutschen Musikerziehung. In: Quantität und Qualität in der deutschen Musikerziehung. Vorträge der 5. Bundesschulmusikwoche Stuttgart 1963. Hrsg. von E. Kraus. Mainz 1963. S. 13 ff.

Kraus, E.: Das deutsche Schulliederbuch seit 1900. In MiU Ausgabe B 56 (1965) H.5. S. 151 ff.

Kraus, E.: Das musikerzieherische Vermächtnis Zoltán Kodálys. In: MiU Ausgabe B 58 (1967) H.6. S. 192 ff.

Kraus, E. (Hrsg.): Der Einfluß der technischen Mittler auf die Musikerziehung unserer Zeit. Vorträge der 7. Bundesschulmusikwoche Hannover 1968. Mainz 1968

Kraus, E. (Hrsg.): Musik in einer humanen Schule. Vorträge der 12. Bundesschulmusikwoche Karlsruhe 1978. Mainz 1979

Kraus, E. (Hrsg.): Musikstudium in der Bundesrepublik Deutschland. Musik, Musikerziehung, Musikwissenschaft. 6. neu bearbeitete Aufl. Mainz 1984 (1960)

Kraus, E.; Borris, S.; Twittenhoff, W.: Das musikalische Bildungswesen im Spiegel statistischer Erhebungen (Musikberufe und ihr Nachwuchs II 1968). Statistik des Deutschen Musikrates. In: MuBi 1 (1969) H.1. S. 6 ff.

Krause, H. (Hrsg.): Rhythmisch-musikalische Erziehung. o.O.o.J. [1959]

Krause, K.Ch.F.: Anleitung zum Klavierspiel. Dresden 1808

Krause, K.Ch.F.: System der Ästhetik. Leipzig 1882

Krause, K.Ch.F.: Anschauungen oder Lehren und Entwürfe der Höherbildung des Menschheitslebens. 4 Bde. Leipzig 1890–1902

Krause, K.Ch.F.: Darstellungen aus der Geschichte der Musik nebst vorbereitenden Lehren aus der Theorie der Musik. Hrsg. von A. Wünsche. 2. verb. Aufl. Leipzig 1911 (Göttingen 1827)

Krause, K.Ch.F.: Abriß der Ästhetik oder der Philosophie des Schönen und der schönen Kunst, aus dessen Nachlaß. Hrsg. von J. Leutbecher. Göttingen 1937

Krause, K.Ch.F.: Anfangsgründe der allgemeinen Theorie der Musik. Hrsg. von V. Strauss. Göttingen 1938

Krauß, H.: Der Unterrichtsfilm. Donauwörth 1972

Krech, D.; Crutchfield, R.S.; Ballachey, E.L.: Individual in Society. New York 1962

Krellmann, H.: Das öffentliche Musikleben in der Bundesrepublik Deutschland. In: In Sachen Musik. Hrsg. von S. Abel-Struth u.a. Kassel 1977. S. 9 ff.

Kretzschmar, H.: Der musikalische Privatunterricht. In: H. Kretzschmar: Musikalische Zeitfragen. 10 Vorträge. Leipzig 1903 a. S. 38 ff.

Kretzschmar, H.: Musikalische Zeitfragen. Leipzig 1903 b

Kretzschmar, H.: Ein englisches Aktenstück über den deutschen Schulgesang. In: H. Kretzschmar: Gesammelte Aufsätze über Musik und Anderes (I) aus den Grenzboten. Hrsg. von A. Heuß. Leipzig 1910 a (1881). S. 45 ff.

Kretzschmar, H.: Populäre Musikerbiographien. In: H. Kretzschmar: Gesammelte Aufsätze über Musik und Anderes (I) aus den Grenzboten. Hrsg. von A. Heuß. Leipzig 1910 b (1902). S. 433 ff.

Kretzschmar, H.: Volkskonzerte. In: H. Kretzschmar: Gesammelte Aufsätze über Musik und Anderes (I) aus den Grenzboten. Hrsg. von A. Heuß. Leipzig 1910 c (1898). S. 301 ff.

Kretzschmar, H.: Gesammelte Aufsätze über Musik und Anderes (I) aus den Grenzboten. Hrsg. von A. Heuß. Leipzig 1910 d

Kretzschmar, H.: Volksmusik und höhere Tonkunst. In: H. Kretzschmar: Gesammelte Aufsätze (II) aus den Jahrbüchern der Musikbibliothek Peters. Leipzig 1973 a (Nachdruck der Originalausgabe von 1911). S. 449 ff.

Kretzschmar, H.: Kurze Betrachtung über den Zweck, die Entwicklung und die nächsten Zukunftsaufgaben der Musikhistorie. In: H. Kretzschmar: Gesammelte Aufsätze (II) aus den Jahrbüchern der Musikbibliothek Peters. Leipzig 1973 b (Nachdruck der Originalausgabe von 1911). S. 357 ff.

Kretzschmar, H.: Gesammelte Aufsätze (II) aus den Jahrbüchern der Musikbibliothek Peters. Leipzig 1973 c (Nachdruck der Originalausgabe von 1911)

Krieck, E.: Die erzieherische Funktion der Musik. In: Musik in Volk, Schule und Kirche. Vorträge der 5. Reichsschulmusikwoche in Darmstadt 1926. Hrsg. vom Zentralinstitut für Erziehung und Unterricht in Berlin. Leipzig 1927. S. 27 ff. Nachdruck in: Krieck, E.: Musische Erziehung. Leipzig 1933. S. 1 ff.

Krieck, E.: Musische Erziehung. Wolfenbüttel; Berlin 1928 = Werkschriften der Musikantengilde. Hrsg. von F. Reusch. Bd. 4. Nachdruck in: Krieck, E.: Musische Erziehung. Leipzig 1933. S. 9 ff.

Krieck, E.: Musische Erziehung. Leipzig 1933

Kries, J. van: Wer ist musikalisch? Gedanken zur Psychologie der Tonkunst. Berlin 1926

Krille, A.: Beitrag zur Geschichte der Musikerziehung und Musikübung der deutschen Frau (1750–1820). Berlin 1938

Krimm von Fischer, C. (Hrsg.): Musikalisch-rhythmische Erziehung. 8. Aufl. Freiburg; Basel; Wien 1978 (1974) = Herderbücherei. Bd. 9015

Kroh, O.: Psychologie der Oberstufe. 5. Aufl. Langensalza 1940 (1932) = Pädagogische Untersuchungen. Reihe 5. Bd. 5 = Friedrich Mann's pädagogisches Magazin. Bd. 1362

Kroh, O.: Entwicklungspsychologie des Grundschulkindes. Neuausgabe. 2 Bde. 16.–19. Aufl. Weinheim 1967 (1958)

Krohne, H.W.: Persönlichkeitstheorie. In: Handbuch psychologischer Grundbegriffe. Hrsg. von Th. Hermann u.a. München 1977. S. 341 ff.

Krudewig, M.: Entwurf einer Elementarlehre des Bewußtseins. Köln 1949

Krueger, B.: Stiehl und seine Regulative. Ein Beitrag zur preußischen Schulgeschichte. Weinheim 1970

Kube, G.: Kind und Musik. Psychologische Voraussetzungen des Musikunterrichts in der Volksschule. München 1958 = Psychologie der Unterrichtsfächer der Volksschule. Hrsg. von W. Hansen

Kube, G.: Forderungen der Volksschule an die musikpädagogische Forschung. In: MiU Ausgabe S 57 (1966) H.3. S. 95 ff.

Kügler, E.: Die pädagogische Bedeutung des Rhythmus. Göttingen 1954

Kühn, H.: Die Musik in deutschen Rundfunkprogrammen. In: Musik in den Massenmedien Rundfunk und Fernsehen. Hrsg. von H.Ch. Schmidt. Mainz 1976 a. S. 24 ff.

Kühn, H.: Hinweise auf eine Analyse von Filmmusik. In: Musik in den Massenmedien Rundfunk und Fernsehen. Hrsg. von H.Ch. Schmidt. Mainz 1976 b. S. 120 ff.

Kühn, W.: Experimentelle Untersuchungen über das Tonalitätsgefühl. In: Beiträge zur Anatomie, Physiologie, Pathologie und Therapie des Ohres, der Nase und des Halses. Hrsg. von A. Passow; K.L. Schaefer. Bd. 13 (1919). S. 254 ff.

Kühn, W.: Grundfragen der Musiklehrerbildung. Eine Denkschrift. In: Halbmonatsschrift für Schulmusikpflege 16 (1921) H.2. S. 9 ff.

Kühn, W.: Schulmusikalische Anregungen für die Unterrichtspraxis auf der Grundlage des Arbeitsprinzips, der Produktivität und der Hermeneutik. Leipzig 1923

Kühn, W.: Grundlinien zu einer Theorie der musikalischen Erziehung. In: Bericht über den musikwissenschaftlichen Kongreß der Deutschen Musikgesellschaft in Leipzig 1925. Leipzig 1925. S. 134 ff. Nachdruck in: Die Musikerziehung. Zentralorgan für alle Fragen der Schulmusik, ihrer Grenzgebiete und Hilfswissenschaften 3 (1926) H.7–8. S. 133 ff.

Kühn, W.: Probleme der Musikerziehung in geschichtlicher Beleuchtung. In: Schulmusikalische Zeitdokumente. Vorträge der 7. Reichsschulmusikwoche in München. Hrsg. vom Zentralinstitut für Erziehung und Unterricht in Berlin. Leipzig 1929. S. 143 ff.

Kühn, W.: Geschichte der Musikerziehung. In: Handbuch der Musikerziehung. Hrsg. von E. Bücken. Potsdam o.J. (1931). S. 5 ff.

Kühn, W.: Vom Anfang der neuen deutschen musikpädagogischen Reform. In: Die Musikerziehung 9 (1932) H.10. S. 240 ff.

Kühn, W.: Führung zur Musik. Voraussetzungen und Grundlagen einer einheitlichen völkischen Musikerziehung. Lahr 1939

Kühnl, R. (Hrsg.): Geschichte und Ideologie. Kritische Analyse bundesdeutscher Geschichtsbücher. Reinbek 1973

Küntzel, G.: Musik heute und das Problem der Musikpädagogik. In: Musica 23 (1969) H.3. S. 243 ff.

Küntzel, G.: Zur Klassifikation von Lerninhalten im Musikunterricht. In: Musikpädagogik heute. Hrsg. von H. Antholz; W. Gundlach. Düsseldorf 1975. S. 174 ff.

Küppers, W.: Mädchentagebücher der Nachkriegszeit. Stuttgart 1964

Kürzdörfer, K. (Hrsg.): Grundpositionen und Perspektiven in der Erwachsenenbildung. Bad Heilbrunn/Obb. 1981

Kuhn, T.L.: The Effect of Teacher Approval and Dissapproval on Attentiveness, Musical Achievement and Attitude of Fifth-Grade Students. In: Research in Music Behavior. Modifying Music Behavior in the Classroom. Hrsg. von C.K. Madsen; R.D. Greer; Ch.H. Madsen Jr. Columbia University (USA) 1975. S. 40 ff.

Kuhnke, K. (Hrsg.): Baggerführer Willibald. Hamburg 1973

Kurth, E.: Musikpsychologie. 2. Aufl. Bern 1947 (Berlin 1931)

Kurz, J.: Vergleichende Untersuchung zur Entwicklung rhythmischer, melodischer und harmonischer Fähigkeiten unter dem Aspekt der optimalen Lernphase. Wissenschaftliche Hausarbeit im Institut für Musikpädagogik d. J.W. Goethe-Universität Frankfurt a. M. 1980 (mschr. Ms.)

Kurz, J.: Die musikpädagogischen Intentionen Friedrich Fröbels innerhalb seiner Frühpädagogik. Diss. Frankfurt a. M. 1984

Kwalwasser, J.; Dykema, P.W.: Kwalwasser-Dykema Music Tests. New York 1930

Kwalwasser, J.: Kwalwasser Music Talent Test. New York 1953

L

Laban, R. von: Die Welt des Tänzers. Stuttgart 1922

Lach, R.: Zur Geschichte des musikalischen Zunftwesens. Wien 1923 = Sitzungsberichte der Kaiserlichen Akademie der Wissenschaften in Wien. Philosophisch-historische Klasse. Bd. 199. Abhandlung 3

Langbehn, A.J.: Rembrandt als Erzieher. Berlin 1944 (Leipzig 1890) = Weltanschauliche Denker. Bd. 1

Lange, G.: Zur Geschichte der Solmisation. In: Sammelband der Internationalen Musikgesellschaft 1 (1899/1900). S. 535 ff.

Lange, R.: Der deutsche Schulgesang seit fünfzig Jahren. Ein Beitrag zur Schulbuchliteratur, Berlin 1867

Lange, O.: Die Musik als Unterrichtsgegenstand in Schulen neben den wissenschaftlichen Lehrzweigen. Berlin 1841

Langeveld, M.J.: Studien zur Anthropologie des Kindes. Tübingen 1956

Langewiesche, D.: Freizeit und „Massenbildung". Zur Ideologie und Praxis der Volksbildung in der Weimarer Republik. In: Sozialgeschichte der Freizeit. Hrsg. von G. Huck. Wuppertal 1980. S. 223 ff.

Langhans, W.: Die Königliche Hochschule für Musik zu Berlin. Berlin 1871

Langton, K.P.: Political Socialization. New York 1969 = Studies in Behavioral Political Science

Larsen, R.L.: Levels of Conceptual Development in Melodic Permution Concepts Based on Piaget's Theory. In: JRME 21 (1973) Nr. 4. S. 256 ff.

Lautmann, R.: Wert und Norm. Köln u.a. 1969

Laverty, G.E.: The Development of Children's Concepts of Pitch, Duration, and Loudness as a Function of Grade Level. Diss. The Pennsylvania State University 1969

Lay, W.A.: Experimentelle Didaktik. 2 Bde. 4. Aufl. Leipzig 1920 (Wiesbaden 1903)

Lazarsfeld, P.F.: Sociological Reflections on Business: Consumers and Managers. In: Social Science Research on Business: Product and Potential. Hrsg. von R.A. Dahl; M. Haire; P.F. Lazarsfeld. New York 1959. S. 99 ff.

Lazarsfeld, P.F.; Menzel, H.: Massenmedien und personaler Einfluß. In: Grundfragen der Kommunikationsforschung. Hrsg. von W. Schramm. München 1964. S. 117 ff. (The Science of Human Communication. New York 1963)

Lehr, U.: Das Problem der Sozialisation geschlechtsspezifischer Verhaltensweisen. In: Sozialpsychologie. Hrsg. von C.F. Graumann. Göttingen 1972. S. 886 ff. = Handbuch der Psychologie. Hrsg. von K. Gottschaldt u.a. Bd. 7. 2. Halbbd.

Lehr, W.: Kreatives Spiel mit Klängen – Verwendung von herkömmlichen Instrumenten und elektronischen Klangerzeugern. In: Musik und Individuum. Vorträge der 10. Bundesschulmusikwoche München 1974. Hrsg. von E. Kraus. Mainz 1974. S. 182 ff.

Leibold, R.: Akustisch-motorischer Rhythmus in früher Kindheit. Eine strukturpsychologische Studie. München 1936 = Arbeiten zur Entwicklungsgeschichte. Hrsg. von F. Krueger. Bd. 18

Lemmermann, H.: Musikunterricht. In: Kritische Stichwörter zum Musikunterricht. Hrsg. von W. Gieseler. München 1978. S. 259 ff. = Kritische Stichwörter 2

Lemmermann, H.: Musikunterricht. 3. verb. Aufl. Bad Heilbrunn 1984 a (1977) = Didaktische Grundrisse. Hrsg. von Th. Dietrich; J.G. Klink; H. Netzer

Lemmermann, H.: Kriegserziehung im Kaiserreich. Bd. 1: Darstellung. Bd. 2: Dokumentation. Bremen 1984 b

Lenard, H.G.: Die frühkindliche Entwicklung der Sinnesfunktionen. Vortrag in der Funkuniversität RIAS. Berlin 12/1972

Lenard, H.G.; Bernuth, H. von; Hutt, S.J.: Acoustic Evoked Responses in Newborn Infants: The Influence of Pitch and Complexity of the Stimulus. In: Electroencephalography and Clinical Neurophysiology 27 (1969). S. 121 ff.

Lenneberg, E.H.: Biological Foundations of Language. New York 1967

Leontjew, A.N.: Probleme der Entwicklung des Psychischen. Frankfurt a. M. 1973

Levin, H.: A New Perspective on Teacher Competence Research. In: Harvard Educational Review 24 (1954) H.2. S. 98 ff.

Lewin, K.: A Dynamic Theory of Personality. New York 1935

Lewis, M.M.: Sprache und geistige Entwicklung. In: Das menschliche Lernen und seine Entwicklung. Hrsg. von E.A. Lunzer; J.F. Morris. Stuttgart 1971. S. 161 ff. = Entwicklung und Lernen. Hrsg. von E.A. Lunzer; J.F. Morris. Bd. 2 (Development in Learning. Behaviour: Learning: Education II = Development in Human Learning. London 1968)

Lewis, M.M.: Sprache, Denken und Persönlichkeit im Kindesalter. 3. Aufl. Düsseldorf 1975 (1970) (Language, Thought and Personality in Infancy and Childhood. London 1963)

Lichtenstein, E.: Bildung. In: Historisches Wörterbuch der Philosophie. Hrsg. von J. Ritter; K. Gründer. Stuttgart 1971. Bd. 1. S. 937 ff.

Lichtenstein-Rother, I.: Allgemeine Probleme der Grundschule. In: ZfMP 7 (1982) H.17. S. 16 ff

Liess, A.: Carl Orff. Zürich 1955

Lindner, F.W.: Über den Gesang in der Bürgerschule zu Leipzig. In: Allgemeine musikalische Zeitung 8 (1805) H.10. S. 147 ff. H.11. S. 162 ff.

Lindzey, G. (Hrsg.): Handbook of Social Psychology. 2 Bde. 2. Aufl. Cambridge/Mass. 1968 (1954)

Linke, N.: Heilung durch Musik? Wilhelmshaven 1977 a = Musikpädagogische Bibliothek. Hrsg. von L. Kestenberg; E. Preußner; W. Kolneder. Bd. 15

Linke, N.: Wertproblem und Musikerziehung. Wolfenbüttel 1977 b

Linke, N.: Die Tätigkeit des Musiklehrers an allgemeinbildenden Schulen unter dem Gesichtspunkt der Langzeitplanung (1920–1980). Empirische Untersuchungen zur Anthropologie der Musikerziehung. Opladen 1982 = Forschungsberichte des Landes Nordrhein-Westfalen. Hrsg. vom Minister für Wissenschaft und Forschung

Lipman, F.: The Suzuki Method. In: The Strad 90 (1979/80). S. 353 ff.

Litt, Th.: Die gegenwärtige Lage der Pädagogik. In: Musikpädagogische Gegenwartsfragen. Vorträge der 6. Reichsschulmusikwoche in Dresden. Hrsg. vom Zentralinstitut für Erziehung und Unterricht Berlin. Leipzig 1928. S. 2 ff.

Ljublinskaja, A.A.: Kinderpsychologie. Köln 1975

Loch, R.: Was 14jährige Schüler vom Kunstunterricht halten. In: Allgemeiner Schulanzeiger für die Bundesrepublik Deutschland 5 (1971) H.1. S. 19 ff.

Loch, W.: Die anthropologische Dimension der Pädagogik. Essen 1963 = Neue pädagogische Bemühungen. Hrsg. von W. Loch; J. Muth. Bd. 1/2

Loch, W.: Die Sprache der Pädagogik und die Pädagogik der Sprache. In: Sprache und Erziehung. Beih. der Z. für Pädagogik (1968) H.7. S. 73 ff.

Loch, W.: Sprache. In: Handbuch pädagogischer Grundbegriffe. Hrsg. von J. Speck; G. Wehle. München 1970. Bd. 2. S. 481 ff.

Loch, W.: Einleitung des Herausgebers. In: A.R. Lurija; F.R. Judowitsch: Die Funktion der Sprache in der geistigen Entwicklung des Kindes. 4. Aufl. Düsseldorf 1977 (1970) = Sprache und Lernen. Hrsg. von W. Loch. Bd. 2

Loch, W.: Vorwort des Herausgebers. In: J.S. Bruner: Der Prozeß der Erziehung. 5. Aufl. Düsseldorf 1980 (1970). S. 7 ff. = Sprache und Lernen. Hrsg. von W. Loch. Bd. 4 (The Process of Education. Cambridge/Mass. 1960)

Loch, W.; Paschen, H.; Priesemann, G. (Hrsg.): Sprache und Lernen. Internationale Studien zur pädagogischen Anthropologie. Düsseldorf 1970 ff.

Loebenstein, F.: Klavierpädagogik. 2. neu bearbeitete Aufl. Heidelberg 1960 (1932) = Musikpädagogische Bibliothek. Hrsg. von L. Kestenberg; E. Preußner. Bd. 4

Löbmann, H.: Die Gesangsbildungslehre nach Pestalozzischen Grundsätzen von M.T. Pfeiffer und H.G. Nägeli in ihrem Zusammenhange mit der Ästhetik, der Geschichte der Pädagogik und der Musik. Ein Beitrag zur Geschichte der Musikpädagogik. Diss. Leipzig 1908

Loehner, I.: Die Musik als human erziehliches Bildungsmittel. Ein Beitrag zu den Reformbestrebungen unserer Zeit auf dem Gebiet der musikalischen Unterrichtslehre. Leipzig 1886

Löhr, P. (Projektleitung): Schulfunk in Europa. Eine Dokumentation mit Beiträgen zur Europäischen Schulfunk Konferenz 1977. München u.a. 1978 = Schriftenreihe des Internationalen Zentralinstituts für das Jugend- und Bildungsfernsehen H.11

Lohmann, W.: Ansätze zu einer objektiven Bewertung von Leistungen im Musikunterricht. Wolfenbüttel 1982 = Schriften zur Musikpädagogik. Hrsg. von H. Hopf; H. Rauhe. Bd. 10

Lohse, H.: Wirkungsbereiche und Methoden musischer Erziehung. In: Musische Erziehung in der Schule. Hrsg. von K. Seidelmann. Berlin 1965. S. 25 ff.

Loos, H.: Zur Schwierigkeit angemessenen Sprechens über Musik. In: Musikpädagogik als Hochschulfach. Hrsg. von W. Gieseler; R. Klinkhammer. Mainz 1981 = FME 1981

Loser, F.: Lehren. In: Wörterbuch der Pädagogik. Hrsg. von H. Rombach. Freiburg; Basel; Wien 1977. Bd. 2. S. 209 ff.

Loser, F.; Terhart, E.: Vorüberlegungen zu einer Theorie des Lehrens. In: Theorie des Lehrens. Hrsg. von F. Loser; E. Terhart. Stuttgart 1977. S. 10 ff.

Lovell, K.: Die Herausbildung des systematischen Denkens. In: Das menschliche Lernen und seine Entwicklung. Hrsg. von E.A. Lunzer; J.F. Morris. Stuttgart 1971. S. 245 ff. = Entwicklung und Lernen. Hrsg. von E.A. Lunzer; J.F. Morris. Bd. 2 (Development in Learning. Behaviour: Learning: Education II = Development in Human Learning. London 1968)

Luchtenberg, P.: Grundfragen einer Erziehung zur Kunst. In: Musik in Volk, Schule und Kirche. Vorträge der 5. Reichsschulmusikwoche in Darmstadt. Hrsg. von Zentralinstitut für Erziehung und Unterricht in Berlin. Leipzig 1927. S. 12 ff.

Ludwig, G.: Schöpferische Kräfte. Zur Genealogie des Begriffes. Mainz 1970 = Musikpädagogik, Forschung und Lehre. Hrsg. von S. Abel-Struth. Bd. 2

Lückert, H.-R.: Begabungsforschung und basale Bildungsförderung. In: Die Grundschule. Beih. zu Westermanns Pädagogischen Beiträgen (1967) H.2. S. 3 ff.

Lüdeke, R.: Zur Geschichte der Privatmusikerziehung im 19. und 20. Jhd. Ein Beitrag zur sozialen und wirtschaftlichen Entwicklung des privaten Musikerziehungswesens in Deutschland von der Einführung der Gewerbefreiheit bis 1920. 2 Bde. Diss. Berlin 1958

Lützen, L.: Frühinstrumentalunterricht nach Suzuki. Suzuki-Methode auch in Deutschland. In: MuBi 10 (1978) H.5. S. 326 ff.

Lützen, L.: Die „Suzuki-Methode" in Deutschland. In: Musica 33 (1979) H.3. S. 275 ff.

Lunzer, E.A.; Morris, J.F. (Hrsg.): Entwicklung und Lernen. 3 Bde. Stuttgart 1974; 1971; 1972 (Development in Learning. Behaviour: Learning: Education. London 1968)

Lunzer, E.A.: Psychologie und der Lehrer. In: Das menschliche Lernen und seine Entwicklung. Hrsg. von E.A. Lunzer; J.F. Morris. Stuttgart 1971. S. 460 ff. = Entwicklung und Lernen. Hrsg. von E.A. Lunzer; J.F. Morris. Bd. 2 (Development in Human Learning. London 1968) = Entwicklung und Lernen

Lurija, A.R.: The Role of Speech in the Regulation of Normal and Abnormal Behavior. Oxford 1961

Lurija, A.R.; Judowitsch, F.J.: Die Funktion der Sprache in der geistigen Entwicklung des Kindes. 4. Aufl. Düsseldorf 1977 (1970) = Sprache und Lernen. Hrsg. von W. Loch. Bd. 2 (Speech and Development of Mental Processes in the Child. 3. Aufl. London 1968 [1959])

Lutowsky, R.: Untersuchungen über das einstimmige begleitete Singen. Diss. Berlin 1958

Lutz-Huszagh, N.: Musikpädagogik mit besonderer Berücksichtigung des Klavierunterrichts. Leipzig 1919

M

McAdams, Ch.D.: A Comparison of Behavior Patterns of Music Teachers in Selected Universities Utilizing Interaction Analysis and the Fundamental Interpersonal Relations Orientation-Behavior Scale. Unveröffentlichte Diss. East Texas State University 1970. Zit. nach H. Froehlich-Rainbow 1984

McDonald, D.: Music and Reading Readiness. In: Language Arts 52 (1975) Nr. 6. S. 872 ff.

McGraw, M.B.: Growth. A Study of Johnny and Jimmy. New York 1935

Macke, G.: Lernen als Prozeß: Überlegungen zur Konzeption einer operativen Lehr-Lern-Theorie. Weinheim 1978 = Erziehungswissenschaftliche Untersuchungen. Bd. 7

Madsen, C.K.; Greer, R.D.; Madsen Jr., Ch.H. (Hrsg.): Research in Music Behavior. Modifying Music Behavior in the Classroom. Columbia University 1975 a

Madsen, C.K.; Madsen Jr., Ch.H.; Michel, D.E.: Use of Music Stimuli in Teaching Language Discrimination. In: Research in Music Behavior. Modifying Music Behavior in the Classroom. Hrsg. von C.K. Madsen; R.D. Greer; Ch.H. Madsen Jr. Columbia University (USA) 1975 b. S. 182 ff.

Madsen, C.K.; Kuhn, T.L.: Contemporary Music Education. Arlington Heights, Illinois 1978

Madsen, C.K.; Yarbrough, C.: The Effect of Experimental Design on the Isolation of Dependent and Independent Variables. In: Research in Music Behavior. Modifying Music Behavior in the Classroom. Hrsg. von C.K. Madsen; R.D. Greer; Ch.H. Madsen Jr. Columbia University 1975. S. 226 ff.

Mager, R.F.: Lernziele und programmierter Unterricht. 2. Aufl. Weinheim u.a. 1971 (1965) (Preparing Objectives for Programmed Instruction. San Francisco 1961)

Mager, R.F.: Zielanalyse. 2. Aufl. Weinheim u.a. 1975 (1973) (Goal-Analysis. Belmont/California 1972)

Mahling, Ch.H.: Der höfische Orchestermusiker. In: Der Sozialstatus des Berufsmusikers vom 17. bis 19. Jahrhundert. Hrsg. von W. Salmen. Kassel 1971. S. 103 ff. = Musikwissenschaftliche Arbeiten. Hrsg. von der Gesellschaft für Musikforschung. Bd. 24

Maier, H.; Pfistner, H.J.: Grundlagen der Unterrichtstheorie und Unterrichtspraxis. Beobachtungsformen, Strukturen, Systeme. 2. überarbeitete u. erweiterte Aufl. Heidelberg 1976 (1969) = Uni-Taschenbücher 599

Mainwaring, J.: Tests of Musical Ability. In: British J. of Educational Psychology 1 (1931) H.3. S. 313 ff.

Mainzer, J.: Einfluß des Gesanges auf die Gesundheit der Kinder. In: Treviris 22 (1836). Zit. nach Graetschel 1976. S. 135

Mann, H.: Wie weit sind wir im Schulfunk? In: Das Deutsche Schulwesen. Jahrbuch 1929/30. Hrsg. vom Zentralinstitut für Erziehung und Unterricht. Berlin 1931. S. 161

Manturzewska, M.: Results of Psychological Research on the Process of Music Practicing and Its Effective Shaping. Vortrag auf dem 8. Seminar der International Society for Music Education Dresden 1980 (unveröffentlichtes Ms.)

Marrou, H.J.: Geschichte der Erziehung im klassischen Altertum. Hrsg. von R. Harder. Freiburg i. Bg. 1957 (Histoire de l'éducation dans l'antiquité. 3. Aufl. Paris 1955 [1948])

Martens, H.: Gedanken über den Studiengang des Musiklehrers an höheren Schulen. In: Z. für Schulmusik 1 (1928) H.7. S. 163 ff.

Martens, H.: Entwicklung und Aufbau der Pädagogischen Abteilungen der Staatlichen Akademie für Kirchen- und Schulmusik in Berlin. In: Jahrbuch der Staatlichen Akademie für Kirchen- und Schulmusik Berlin 2 (1928/29). S. 21 ff.

Martens, K.: Zur Analyse von Sprechhandlungsstrategien im Zusammenhang mit der lenkenden Tätigkeit des Lehrers im Unterricht. In: Sprachverhalten im Unterricht. Hrsg. von H. Goeppert. München 1977. S. 224 = Uni-Taschenbücher 642

Martin, W.: Studien zur Musikpädagogik der Weimarer Republik. Ansätze einer Theorie des Musiklernens bei W. Kühn, F. Reuter, G. Schünemann und R. Wicke. Mainz 1982 = Musikpädagogik, Forschung und Lehre. Hrsg. von S. Abel-Struth. Bd. 19

Marx, A.B.: Denkschrift über Organisation des Musikwesens im preußischen Staate. In: Neue Berliner Musikz. 2 (1848) Nr. 32. S. 241 ff.; Nr. 33. S. 249 ff.

Marx, A.B.: Die Musik des 19. Jahrhunderts und ihre Pflege. Methode der Musik. Leipzig 1855

Mathews, D.K.; McDaniel, J.: Effectiveness of Using Golf-Lite in Learning the Golf-Swing. In: Research Quarterly 33 (1962). S. 488 ff. Zit. nach R.M. Gagné 1980

Matthias, W.: Praktische Singschule, oder Anleitung für Lehrer zur Ertheilung des Gesangunterrichtes in Schulen. Berlin 1860

Mayer, C.W.: Die musikpädagogische Konzeption Zoltán Kodálys. Eine systematische Darstellung der Prinzipien. In: Musik im Vorschulalter. Dokumentation der Studientagung Musikalische Früherziehung. Hrsg. von G. Noll; A.L. Suder. Regensburg 1974. S. 213 ff.

Mead, M.: Coming of Age in Samoa. New York 1928

Meder, H.: Musik im Strafvollzug. Regensburg 1981 = Praxisfelder, Musik und Sozialpädagogik. Hrsg. von K. Finkel. Bd. 2

Medick, H.: Spinnstuben auf dem Dorf. Jugendliche Sexualkultur und Feierabendbrauch in der ländlichen Gesellschaft der frühen Neuzeit. In: Sozialgeschichte der Freizeit. Hrsg. von G. Huck. Wuppertal 1980. S. 19 ff.

Mees, U.; Selz, H. (Hrsg.): Verhaltensbeobachtung und Verhaltensmodifikation. Anwendungsmöglichkeiten im pädagogischen Bereich. Stuttgart 1977

Meier, E.: Der Overhead-Projektor in seinen verschiedenen Einsatzmöglichkeiten im Musikunterricht. In: Taschenbuch der Overhead-Projektion. Hrsg. von O. Allendorf u.a. Köln o.J. (1972). S. 79 ff. = Theorie und Praxis der Unterrichtstechnologie. Hrsg. von der Akademie für Informatik und Unterrichtstechnologie e.V.

Meier, N.C.: Factors in Artistic Aptitude. Final Summary of a Ten-Year Study of a Special Ability. In: Psychological Monographs 51 (1939) Nr. 231. S. 140 ff.

Meierkord, U.: Khatschaturian: Säbeltanz. In: Musikerziehung als Herausforderung der Gegenwart. Vorträge der 13. Bundesschulmusikwoche Braunschweig 1980. Hrsg. von K.-H. Ehrenforth. Mainz 1981. S. 151 ff.

Meili, R.: Lehrbuch der psychologischen Diagnostik. 5. Aufl. Bern; Stuttgart 1965 (1951)

Meissner, H.: Beitrag zur Entwicklung des „musikalischen Sinnes“ beim Kinde während des schulpflichtigen Alters. In: Die Stimme (1914/15). S. 156 ff.; 184 ff.; 227 ff.; 248 ff.; 274 ff.; 305 ff.

Meißner, R.: Der Einfluß von Vorbildung, Vorinformation, Persönlichkeitsmerkmalen und Intelligenz auf die Beurteilung von Musik. Diss. Berlin 1977

Meißner, R.: Lernen. In: Kritische Stichwörter zum Musikunterricht. Hrsg. von W. Gieseler. München 1978. S. 158 ff. = Kritische Stichwörter 2

Meißner, R.: Zur Variabilität musikalischer Urteile. Eine experimentalpsychologische Untersuchung zum Einfluß der Faktoren Vorbildung, Information und Persönlichkeit. Hamburg 1979 = Beiträge zur systematischen Musikwissenschaft. Hrsg. von H. de la Motte-Haber. Bd. 4

Meißner, R.: Das musikalische Urteil. In: Musikpsychologische Forschung und Musikunterricht. Hrsg. von R.D. Kraemer und W. Schmidt-Brunner. Mainz 1983. S. 63 ff.

Melton, A.W. (Hrsg.): Apparatus Tests. Army Air Forces Aviation Psychology Program Research Report Nr. 4. Washington/D.C. 1947. Zit nach R.M. Gagné 1980

Mendel, H.: Musikalisches Conversationslexikon. Eine Encyklopädie der gesammten musikalischen Wissenschaften für Gebildete aller Stände. Vollendet von A. Reissmann. 12 Bde. Leipzig 1890 - 1900

Menze, C.: Wilhelm von Humboldts Lehre und Bild vom Menschen. Ratingen 1965

Menze, C.: Erziehungswissenschaft und Erziehungslehre. Eine Stellungnahme. In: Pädagogische Blätter. Heinrich Döpp-Vorwald zum 65. Geburtstag. Hrsg. von F.-J. Holtkemper. Ratingen 1967. S. 303 ff.

Menze, C.: Bildung. In: Handbuch pädagogischer Grundbegriffe. Hrsg. von J. Speck; G. Wehle. München 1970. Bd. 1. S. 134 ff.

Menzel, H.: Jugend und Reizmusik. Frankfurt a. M. 1969 = Schriftenreihe zur Musikpädagogik. Hrsg. von R. Jakoby. Bd. 2

Merget, G.: Zum Problem der musikalischen Elterndidaktik. In: MuBi 8 (1976) H.7–8. S. 387 ff.

Merriam, A.P.: The Anthropology of Music. Northwestern University Press 1964

Mersmann, H.: Musikerziehung in der Volkshochschule. In: Deutsche Musikpflege. Hrsg. von L. Fischer. Frankfurt a. M. 1925. S. 170 ff.

Mersmann, H.: Musikerziehung durch Rundfunk. In: Funk 5 (1928/29) H.23. S. 177 ff.

Mersmann, H.: Musikpädagogik im Rundfunk. In: Kunst und Technik. Hrsg. von L. Kestenberg. Berlin 1930. S. 243 ff.

Mersmann, H.: Musikhören. Frankfurt a. M. 1952

Messerschmid, F.: Musische Bildung. In: Messerschmid, F.; Haag, E.; Bartning, O.: Musische Bildung - Wesen und Grenzen. Würzburg 1954. S. 11 ff. = Weltbild und Erziehung. Hrsg. von F. Messerschmid; G. Picht; H. Waltmann. Bd. 4

Metzler, F.: Zur musikalischen Entwicklung des Grundschulkindes. In: Musik und Bildung in unserer Zeit. Vorträge der 4. Bundesschulmusikwoche Berlin 1961. Hrsg. von E. Kraus. Mainz 1961. S. 86 ff.

Metzler, F.: Strukturen kindlicher Melodik. In: Psychologische Beiträge 7 (1962) H.2. S. 218 ff.

Metzner, K.: Konzentration der Fächer für den Schulunterricht. In: Musikpädagogische Gegenwartsfragen. Vorträge der 6. Reichsschulmusikwoche in Dresden. Hrsg. vom Zentralinstitut für Erziehung und Unterricht in Berlin. Leipzig 1928. S. 165 ff.

Meumann, E.: Vorlesungen zur Einführung in die experimentelle Pädagogik und ihre psychologischen Grundlagen. 2. Aufl. Leipzig 1911 (1907)

Meumann, E.: Abriß der experimentellen Pädagogik. Leipzig; Berlin 1914

Meyer, H.: Motivation im Musikunterricht. In: MuBi 1 (1969) H.7-8. S. 327 ff.

Meyer, H.: Methodenprobleme im Musikunterricht der Sekundarstufe I. Wolfenbüttel und Zürich 1975

Meyer, W.U.: Leistungsmotiv und Ursachenerklärung von Erfolg und Mißerfolg. Stuttgart 1973

Meyer-Denkmann, G.: Struktur und Praxis neuer Musik im Unterricht. Wien 1972 = Rote Reihe. Hrsg. von F. Blasl. Bd. 43

Michaelis, C.F.: Einige Gedanken über die Vortheile der frühen musikalischen Bildung. In: Allgemeine musikalische Zeitung 7 (1804/05) H.8. S. 117 ff.

Michel, P.: Über musikalische Fähigkeiten und Fertigkeiten. Ein Beitrag zur Musikpsychologie. Leipzig 1960 = Musikwissenschaftliche Einzeldarstellungen. Bd. 12

Michel, P.: Musik und Musikunterricht im Urteil der Schüler. In: Musik in der Schule 20 (1969) H.10. S. 397 ff.

Michel, P.: Psychologische Grundlagen der Musikerziehung. 2. Aufl. Leipzig 1975 (1968) = Handbuch der Musikerziehung. Hrsg. von W. Siegmund-Schultze. Bd. 2

Mickel, W.W.: Analysekriterien für Schulbücher. In: Blickpunkt Schulbuch (1976) H.18. S. 46 ff.

Mies, P.: Die Musikerziehung in der höheren Schule. In: Handbuch der Musikerziehung. Hrsg. von E. Bücken. Potsdam o.J. (1930). S. 206 ff.

Möhl, W.: Das Problem der Falschsinger und die Stimmbehandlung während der Mutation. In: Lebensnahe Musikerziehung. Hrsg. im Auftrage des Ministeriums für Volksbildung vom Zentralinstitut für Lehrerweiterbildung. Berlin 1957. S. 17 ff.

Möller, H.J.: Musik gegen „Wahnsinn". Stuttgart 1971

Monroe, W.S.: Tone Perception and Music Interest of Young Children. In: Pedagogical Seminary J. 10 (1903)

Montessori, M.: Selbsttätige Erziehung im frühen Kindesalter. 2. Aufl. Stuttgart 1928 (1913) (Il metodo della pedagogica scientifica applicato all' educacione infantile nelle case dei bambini. Castello S. Lapi 1909)

Moog, H.: Beginn und erste Entwicklung des Musikerlebens im Kindesalter. Eine empirisch-psychologische Untersuchung. 2. Aufl. Ratingen 1967 (1963)

Moog, H.: Das Musikerleben des vorschulpflichtigen Kindes. Mainz 1968 = Bausteine für Musikerziehung und Musikpflege

Moog, H.: On the Perception of Rhythmic Forms by Physically Handicapped Children and Those of Low Intelligence in Comparison with Non-Handicapped Children. In: CRME 59 (1979). S. 73 ff.

Moog, W.; Moog, S.: Die entwicklungspsychologische Bedeutung von Umweltbedingungen im Säuglings- und Kleinkindalter. Berlin-Charlottenburg 1972

Moore, R.S.: Effect of Differential Teaching Techniques on Achievement Attitude, and Teaching Skills. In: JRME 24 (1976) Nr. 3. S. 129 ff.

Moorhead, G.E.; Pond, D.: General Observations. Santa Barbara/California 1942 = Music of Young Children. Hrsg. von G.E. Moorhead; D. Pond. Bd. 2 = Pillsbury Foundation for Advancement of Music Education

Morris, C.W.: Varieties of Human Values. University Chicago Press 1956

Morris, J.F.: Probleme des sozialen Lernens im Jugendalter. In: Das menschliche Lernen und seine Entwicklung. Hrsg. von E.A. Lunzer; J.F. Morris. Stuttgart 1971. S. 352 ff. = Entwicklung und Lernen. Hrsg. von E.A. Lunzer; J.F. Morris. Bd. 2 (Development in Human Learning. London 1968 = Development in Learning. Behaviour: Learning: Education II)

Moser, H.-J.: Die Ausbildung der akademischen Schulmusiklehrer. In: Musikpädagogische Gegenwartsfragen. Vorträge der 6. Reichsschulmusikwoche in Dresden. Hrsg. vom Zentralinstitut für Erziehung und Unterricht in Berlin. Leipzig 1928. S. 119 ff.

Moser, H.-J.: Pädagogische Akademien und Staatliche Akademie für Kirchen- und Schulmusik. In: Z. für Schulmusik 2 (1929) H.7. S. 149 ff.

Moser, H.-J.: Grenzen und Möglichkeiten der Querverbindung. In: Grundfragen der Schulmusik. Hrsg. von H.-J. Moser. Leipzig; Berlin 1931 a. S. 196 ff.

Moser, H.-J.: Persönlichkeit und Gemeinschaft in der Schulmusik. In: Grundfragen der Schulmusik. Hrsg. von H.-J. Moser. Leipzig; Berlin 1931 b. S. 55 ff.

Moser, H.-J.: Singen, Instrumentalspiel und Musiktheorie in der Schule. In: Grundfragen der Schulmusik. Hrsg. von H.-J. Moser. Leipzig; Berlin 1931 c. S. 68 ff.

Moser, H.-J.: Lage und Ziele der Musikpädagogik aus wissenschaftlicher Schau. In: Gesellschaft für Musikforschung. Bericht über den Internationalen Musikwissenschaftlichen Kongreß Bamberg 1953. Hrsg. von W. Brennecke; W. Kahl; R. Steglich. Kassel; Basel 1954. S. 27 ff.

Moser, H.-J.: Musikerziehung. In: H.-J. Moser: Musiklexikon. 4. verm. Aufl. Hamburg 1955 a (Berlin 1931) Bd. 2. S. 833 ff.

Moser, H.-J.: Musiklexikon. 2 Bde. 4. verm. Aufl. Hamburg 1955 b (Berlin 1931)

Moser, H.-J.: Der Weg der deutschen Schulmusik in der ersten Hälfte des 20. Jahrhunderts. In: Musikerziehung in der Schule. Vorträge der 1. Bundesschulmusikwoche Mainz 1955. Hrsg. von E. Kraus. Mainz 1956. S. 11 ff.

Moser, H.: Handlungsorientierte Curriculumforschung. Überlegungen zum gegenwärtigen Stand der Curriculumforschung. Weinheim 1974

Moss, H.A.: Sex, Age and State as Determination of Mother-Infant Interaction. New York 1973

Motte-Haber, H. de la: Musikalische Begabung und ihre Meßbarkeit. In: FME. Beih. der Z. MuBi 1 (1969) H.2. S. 69 ff.

Motte-Haber, H. de la: Die bildungspolitische Bedeutung des Begriffes „musikalische Begabung“. In: FME. Beih. der Z. MuBi 2 (1970) H.3–4. S. 12 ff.

Motte-Haber, H. de la: Bemerkungen über die Wendung zum Szientismus in der Musikpädagogik. In: Musikpädagogik heute. Hrsg. von H. Antholz; W. Gundlach. Düsseldorf 1975. S. 115 ff.

Motte-Haber, H. de la: Musikpsychologie. 2. Aufl. Köln 1977 (1972) = Musik-Taschenbücher Theoretica. Bd. 14

Motte-Haber, H. de la: Musiktherapie. In: MuBi 10 (1978) a. H.5. S. 347 ff.

Motte-Haber, H. de la: Psychologische Aspekte des Musikunterrichts. In: MuBi 10 (1978) b. H.3. S. 180 ff.

Motte-Haber, H. de la: Über Bedeutung und „Relevanz“ empirischer Forschung. In: MuBi 12 (1980) H.7–8. S. 460 ff.

Motte-Haber, H. de la; Emons, H.: Filmmusik. Eine systematische Beschreibung. München 1980

Motte-Haber, H. de la; Jehne, S.: Der Einfluß des Musikunterrichts auf das musikalische Werturteil von 6–10jährigen Kindern. In: MuBi 8 (1976) H.1. S. 5 ff.

Muchow, H.H.: Jugend und Zeitgeist. Hamburg 1962

Müller, W.: Schulbuchzulassung. Zur Geschichte und Problematik staatlicher Bevormundung von Unterricht und Erziehung. Kastellaun 1977

Müller-Bech, W.; Stumme, W. (Hrsg.): Situation – Meinungen – Aspekte. Mainz 1973 = Die Musikschule. Bd. II = Bausteine für Musikerziehung und Musikpflege

Müller-Freienfels, R.: Affekte und Triebe im künstlerischen Genießen. In: Archiv für die gesamte Psychologie 18 (1910) H.2. S. 249 ff.

Müller-Freienfels, R.: Psychologie der Kunst. Bd. 1. Die Psychologie des Kunstgenießens und des Kunstschaffens. 2. vollständig umgearbeitete Aufl. Leipzig; Berlin 1922–23 (1912)

Müller-Wolf, H.-M.; Classen-Bauer, J.: Curriculumentwicklung in der Bundesrepublik Deutschland. In: Westermanns pädagogische Beiträge 27 (1975) H.3. S. 149 ff.

Mull, H.K.: The Effect of Repetition Upon the Enjoyment of Modern Music. In: J. of Psychology 43 (1957). S. 155 ff.

N

Nägeli, H.G.: Die Pestalozzische Gesangbildungslehre nach Pfeiffers Erfindung kunstwissenschaftlich dargestellt im Namen Pestalozzis, Pfeiffers und ihrer Freunde. In: Wochenschrift für Menschenbildung 3. Bd. (1809) H.1. S. 3 ff. und Zürich 1809

Nägeli, H.G.: Vorlesungen über Musik. Neudruck Darmstadt 1983 (Stuttgart; Tübingen 1826)

Narr, K.J.: Beiträge der Urgeschichte zur Kenntnis der Menschennatur. In: Kulturanthropologie. Hrsg. von H.G. Gadamer; P. Vogler. Stuttgart 1973. S. 3 ff. = Neue Anthropologie. Hrsg. von H.G. Gadamer; P. Vogler. Bd. 4

Natorp, B.Ch.L.: Anleitung zur Unterweisung im Singen für Lehrer in Volksschulen. I. Leitfaden für den ersten Cursus. 4. Aufl. Essen und Duisburg 1824 (1813). II. Leitfaden für den zweiten Cursus. Essen und Duisburg 1820

Natorp, B.Ch.L.: Kleine Schulbibliothek. 5. umgearb. Aufl. Duisburg 1820 (Verzeichnis einiger auserlesener Schriften zur Anlegung einer kleinen Landschulbibliothek. Duisburg 1803)

Natorp, B.Ch.L.: Lehrbüchlein der Singekunst für die Jugend in Dorfschulen. Essen 1816

Natorp, P.: Allgemeine Pädagogik in Leitsätzen zu akademischen Vorlesungen. 3. Aufl. Marburg 1927 (1905)

Nauck-Börner, Ch.: Logische Analyse von Hörertypologien und ihrer Anwendung in der Musikpädagogik. Hamburg 1980 = Beiträge zur Systematischen Musikwissenschaft. Hrsg. von H. de la Motte-Haber. Bd. 5

Nauck-Börner, Ch.: Musikalische Begabung. In: Musikpsychologische Forschung und Musikunterricht. Hrsg. von R.D. Kraemer und W. Schmidt-Brunner. Mainz 1983. S. 15 ff.

Nave-Herz, R.: Die Rolle des Lehrers. Darmstadt 1977 = Arbeitsmittel für Studium und Unterricht. Hrsg. von H. Bauer u.a.

Neidhardt, F.: Schichtspezifische Elterneinflüsse im Sozialisationsprozeß. In: Die Familie als Sozialisationsfaktor. Hrsg. von G. Wurzbacher. 2. Aufl. Stuttgart 1977 (1968). S. 275 ff. = Der Mensch als soziales und personales Wesen. Hrsg. von G. Wurzbacher. Bd. 3

Neikes, J.L.: Scheiblauer-Rhythmik, Orthagogische Rhythmik. Nach Mimi Scheiblauer. Wuppertal 1969 = Humanethologie und Orthagogik. Hrsg. von J.L. Neikes. Bd. 2.1

Neitmann, E.: Das politische Lied im schulischen Musikunterricht der DDR. Frankfurt a. M. 1982 = Europäische Hochschulschriften. Reihe XI Pädagogik. Bd. 132

Nestel-Begiebing, M. (Schriftleitung): Westdeutscher Rundfunk (Köln): Schulfunk in eigener Sache. 3 Bde. Köln 1971; 1974; 1977

Nestel-Begiebing, M. (Hrsg.): Schulfunk Köln – Wege und Ziele. Köln 1972

Nestele, A.: Die musikalische Produktion im Kindesalter. In: Z. für angewandte Psychologie (1930) Beih. 52 = Beiträge zur Jugendpsychologie. Hrsg. von O. Kroh. Nr. 3

Neugebauer, H.: Kind und Musik. In: Z. für Pädagogische Psychologie 30 (1929) H.1. S. 46 ff.

Neuhäuser, M. u.a.: Resonanzen. Arbeitsbuch für den Musikunterricht. 2 Bde. Frankfurt a. M. 1973; 1975

Neumann, G. u.a.: Das Schulbuch als Politikum. Duisburg 1974

Newcomb, T. M.: Personality and Social Change. New York 1943

Newman, J.W.: Motivation Research and Marketing Management. Harvard University. Graduate School of Business Administration. Division of Research. Boston 1957

New Zealand Council for Educational Research (Hrsg.): Music Education for the Very Young Child. Report of the Fourth International Seminar on Research in Music Education in Christchurch/New Zealand 1974. Wellington 1975

Nickel, H.: Untersuchungen zur Bedeutung einer erhöhten Motivation für eine einzelheitliche Auffassung in der visuellen Wahrnehmung vierjähriger Kinder. In: Psychologische Rundschau 19 (1968) H.1. S. 9 ff.

Nickel, H.: Visuelle Differenzierungsfähigkeit und allgemeine geistige Begabung im Vorschulalter. In: Psychologische Rundschau 20 (1969) H.4. S. 257 ff.

Nickel, H.: Entwicklungspsychologie des Kindes- und Jugendalters. 2 Bde. 3. Aufl. Bern 1975 (1972); 1979 (1975)

Nickels, C.: In Defence of Suzuki. In: The Strad 85 (1974/75). S. 273; 275; 277; 279; 281

Niederau, H.: Musik im Lehrerseminar zu Moers. Ein Beitrag zur Lehrerbildung im 19. Jahrhundert. Köln 1970 = Beiträge zur rheinischen Musikgeschichte. Hrsg. von der Arbeitsgemeinschaft für rheinische Musikgeschichte. H.86

Niehusen, H.: Wer singt mit? Liedersammlung fürs junge Volk. Hrsg. vom Pestalozzi-Fröbel-Haus I. Hamburg 1909

Niemöller, K.W.: Untersuchungen zu Musikpflege und Musikunterricht an den deutschen Lateinschulen vom ausgehenden Mittelalter bis um 1600. Regensburg 1969 = Kölner Beiträge zur Musikforschung. Hrsg. von K.G. Fellerer. Bd. 54

Niemöller, K.W.: Historische Musikwissenschaft in der Lehrerausbildung - 10 Thesen. In: Musikpädagogik in der Studienreform. Hrsg. von G. Noll. Mainz 1976. S. 245 ff. = FME 1976

Nietzsche, F.: Morgenröte. Gedanken über die moralischen Vorurteile. Aphorismus 540. In: F. Nietzsche: Werke. Hrsg. von K. Schlechta. 6. Aufl. München 1969. Bd. 1. S. 1260

Nitsche, P.: Die Pflege der Kinderstimme. 2 Bde. Mainz 1952–1954 = Bausteine für Musikerziehung und Musikpflege. Hrsg. von F. Jöde

Nohl, H.: Pädagogische und politische Aufsätze. Jena 1919

Nohl, H.: Die pädagogische Bewegung in Deutschland und ihre Theorie. 7. Aufl. Frankfurt a. M. 1970 (1935)

Nohl, H.; Pallat, L. (Hrsg.): Handbuch der Pädagogik. 5 Bde. Langensalza 1928–1933

Nolin, H.W.: Patterns of Teacher-Student Interaction in Selected Junior High School General Music Classes. In: JRME 19 (1971) H.4. S. 314 ff.

Noll, G.: Forschungsaufgaben in der Musikerziehung. In: MiU 55 (1964) H.4. S. 105 ff.

Noll, G.: Zur didaktischen Position der musikalischen Improvisation - heute. In: FME. Beih. der Z. MuBi 3 (1971) H.5–6. S. 1 ff.

Noll, G.: Zur Kreativität als Dimension der Musikdidaktik. In: FME. Beih. der Z. MuBi 4 (1972) H.7–8. S. 16 ff.

Noll, G.: Zum Problem der Lernmotivation im Musikunterricht. In: FME. Beih. der Z. MuBi 5 (1973) H.9–10. S. 11 ff.

Noll, G.: Probleme der Unterrichts- und Curriculumforschung. In: FME 1974. Mainz 1974. S. 121 ff. = FME 1974

Noll, G. (Hrsg.): Musikpädagogik in der Studienreform. Dokumentation einer öffentlichen Tagung der Bundesfachgruppe Musikpädagogik vom 9. - 12. Oktober 1975 in der Abteilung Bonn der Pädagogischen Hochschule Rheinland. Mainz 1976 a = FME 1976

Noll, G.: Musikpädagogik in der Studienreform - Aktuelle Probleme der Musiklehrerausbildung in der Bundesrepublik Deutschland. In: Musikpädagogik in der Studienreform. Hrsg. von G. Noll. Mainz 1976 b. S. 13 ff. = FME 1976

Noll, G.: Musikerziehung im Elementarbereich. In: MuBi 9 (1977) H.3. S. 147 ff.

Noll, G.: Historische Aspekte des Musikunterrichts. In: MuBi 11 (1979) H.1. S. 43 ff.

Noll, G.: Improvisation im Musikunterricht. In: MuBi 12 (1980) H.2. S. 90 ff.

Noll, G.: Musikunterricht und das Lied im Wechselbad didaktischer Meinungen. In: Musikpädagogik. Historische, systematische und didaktische Perspektiven. Hrsg. von H.G. Bastian; D. Klöckner. Düsseldorf 1982. S. 171 ff.

Noll, G.; Suder, A. (Hrsg.): Musik im Vorschulalter. Dokumentation der Studientagung Musikalische Früherziehung Würzburg 1973. Regensburg 1974

Nolte, E.: Lehrpläne und Richtlinien für den schulischen Musikunterricht in Deutschland vom Beginn des 19. Jahrhunderts bis in die Gegenwart. Eine Dokumentation. Mainz 1975 a = Musikpädagogik, Forschung und Lehre. Hrsg. von S. Abel-Struth. Bd. 3

Nolte, E.: Musikbegriff und didaktische Konzeption. In: MuBi 7 (1975) b H.9. S. 424 ff.

Nolte, E.: Zur Terminologie in der Musikpädagogik. In: MuBi 9 (1977) H.4. S. 207 ff.

Nolte, E.: Reformpädagogische Substanz in der gegenwärtigen musikpädagogischen Theoriebildung. In: ZfMP 3 (1978) H.5. S. 37 ff.

Nolte, E.: Die neuen Curricula. Lehrpläne und Richtlinien für den Musikunterricht an den allgemeinbildenden Schulen in der Bundesrepublik Deutschland und in West-Berlin. Teil 1: Primarstufe. Mainz 1982 a = Musikpädagogik, Forschung und Lehre. Hrsg. von S. Abel-Struth. Bd. 16

Nolte, E.: Die Musik im Verständnis der Musikpädagogik des 19. Jahrhunderts. Ein Beitrag zur Geschichte der Theorie musikalischen Lernens und Lehrens in der Schule. Paderborn 1982 b = Beiträge zur Musikpädagogik. Hrsg. von H. Große-Jäger; H.J. Kaiser; E. Nolte. Bd. 2

Nolte, E.: Die neuen Curricula. Lehrpläne und Richtlinien für den Musikunterricht an den allgemeinbildenden Schulen in der Bundesrepublik. Teil 2: Sekundarstufe I. Mainz = Musikpädagogik, Forschung und Lehre. Hrsg. von S. Abel-Struth. Bd. 17 (in Vorbereitung) a

Nolte, E.: Die neuen Curricula. Lehrpläne und Richtlinien für den Musikunterricht an den allgemeinbildenden Schulen in der Bundesrepublik. Teil 3: Sekundarstufe II. Mainz = Musikpädagogik, Forschung und Lehre. Hrsg. von S. Abel-Struth. Bd. 18 (in Vorbereitung) b

Nykrin, R.: Erfahrungserschließende Musikerziehung. Regensburg 1978 = Perspektiven zur Musikpädagogik und Musikwissenschaft. Hrsg. von W. Gieseler; H. Hopf. Bd. 4

O

Oakley, A.: Sex, Gender and Society. London 1972

Oberborbeck, F.: Das Studium der Schulmusik. Der künstlerische Studienrat an höheren Schulen. In: Nachrichten der Staatlichen Hochschule für Musik in Köln 2 (1929) H.3. S. 54 ff.

Oberborbeck, F.: Musikerziehung als Gegenstand wissenschaftlicher Forschung. Ein geschichtlicher Rückblick. In: Musikerkenntnis und Musikerziehung. Dankesgaben für Hans Mersmann zu seinem 65. Geburtstag. Hrsg. von W. Wiora. Kassel 1957. S. 97 ff.

Oberborbeck, K.: Phantasie und Musikerziehung im Kindesalter. Über den Einfluß der elementaren Musik- und Bewegungserziehung (Orff-Schulwerk) auf die Phantasieentwicklung von Kindern. Diss. Salzburg 1970

Oerter, R.: Die Entwicklung von Werthaltungen während der Reifezeit. In: Erziehung und Psychologie. Beih. der Z. Schule und Psychologie 42 (1966)

Oerter, R.: Intelligenz und Kreativität. In: Handbuch psychologischer Grundbegriffe. Hrsg. von Th. Herrmann u.a. München 1977. S. 213 ff.

Oerter, R.: Moderne Entwicklungspsychologie. 18. verb. Aufl. Donauwörth 1980 (1967)

Oevermann, U.: Soziale Schichtung und Begabung. In: Z. für Pädagogik (1966) Beih. 6. S. 166 ff.

Oevermann, U.: Schichtenspezifische Formen des Sprachverhaltens und ihr Einfluß auf die kognitiven Prozesse. In: Begabung und Lernen. Hrsg. von H. Roth. 12. Aufl. Stuttgart 1980 (1968). S. 297 ff. = Gutachten und Studien der Bildungskommission. Hrsg. vom Deutschen Bildungsrat. Bd. 4

Offermann, J.: Verhältnis zwischen Lehrer- und Schüleraktivität - Unterrichtsforschung mit Hilfe statistischer Methoden. In: Beiträge zur empirischen Unterrichts- und Erziehungsforschung. Hrsg. von Th. Rutt. Ratingen u.a. 1971. S. 81 ff.

Orff, C.: Das Schulwerk. Rückblick und Ausblick. In: Orff-Institut Jahrbuch 2 (1963). S. 13 ff.

Orff, C.: Schulwerk. Elementare Musik. Tutzing 1976 = Carl Orff und sein Werk. Dokumentation. Bd. 3

Orff, C.: Literaturverzeichnis: Über Leben und Werk Carl Orffs. In: NZ 143 (1982) H.5. S. 35 ff.

Orff, C.; Keetman, G.: Orff-Schulwerk. Musik für Kinder. 5 Bde. Mainz o.J. a (1950 bis 1954)

Orff, C.; Keetman, G.: Einleitung, Hinweise und Anmerkungen. In: C. Orff; G. Keetman: Orff-Schulwerk. Musik für Kinder. Bd. 1. Mainz o.J. b (1950) o.S.

Orff, G.: Die Orff-Musiktherapie. München 1974

Ortmann, O.: On the Melodic Relativity of Tones. In: Psychological Monographs 35 (1926) Nr. 1. S. 1 ff.

Ott, Th.: Zum Problem der Zielbegründung in der Musikdidaktik. In: Einzeluntersuchungen. Hrsg. von K.-E. Behne. Laaber 1980. S. 178 ff. = Musikpädagogische Forschung. Hrsg. von K.-E. Behne. Bd. 1

Otto, B.: Die Reformation der Schule. Berlin-Lichterfelde 1912

Otto, B.: Der Lehrgang der Zukunftsschule. 3. Aufl. Berlin 1928 (1901)

Otto, H.: Volksgesang und Volksschule. Eine Didaktik. 2 Bde. Celle 1957; 1959

Otto, W.F.: Die Musen und der göttliche Ursprung des Singens und Sagens. Düsseldorf; Köln 1955

P

Pätzig, G.: Kinder hören Schallplatten. In: Musikhören. Hrsg. von P. Fuchs. Stuttgart 1969. S. 58 ff. = Der Unterricht in der Grundschule. Hrsg. von M. Griebel

Pagano, A.L.: A Study of the Classroom-Interaction Patterns of Selected Music Teachers in First-Grade and Sixth-Grade General Music Classes. Unveröffentlichte Diss. American University 1972. Zit. nach H. Froehlich-Rainbow 1984

Pannenborg, H.J.; Pannenborg, W.A.: Die Psychologie der Musiker. In: Z. für Psychologie 73 (1915). S. 91 ff.

Pape, H.: Zum ganzheitlichen Unterrichtsverfahren in der Musikerziehung. In: Vierteljahresschrift für wissenschaftliche Pädagogik 26 (1950) H.3. S. 227 ff.

Pape, H.: Erkenntnisse der modernen Psychologie und ihre Bedeutung für die elementare Musikerziehung. In: Musikerziehung in der Schule. Vorträge der 1. Bundesschulmusikwoche Mainz 1955. Hrsg. von E. Kraus. Mainz 1956. S. 64 ff.

Pape, H.: Musikpädagogik ohne Psychologie? In: Musik als Lebenshilfe. Vorträge der 2. Bundesschulmusikwoche Hamburg 1957. Hrsg. von E. Kraus. Mainz 1958. S. 116 ff.

Pape, H.: Der ganzheitliche Weg im musikalischen Anfangsunterricht. Wolfenbüttel 1959 a = Beiträge zur Schulmusik. Hrsg. von W. Drangmeister; H. Fischer. Bd. 5

Pape, H.: Gedanken zur Musikerziehung in Vorpubertät und Pubertät. In: Musik und Musikerziehung in der Reifezeit. Vorträge der 3. Bundesschulmusikwoche München 1959. Hrsg. von E. Kraus. Mainz 1959 b. S. 24 ff.

Pape, H.: Zur psychologischen Grundlegung der Musikerziehung. In: Musik in Volksschule und Lehrerbildung. Hrsg. von K. Sydow. Kassel 1961. S. 75 ff. = Musikalische Zeitfragen. Hrsg. von W. Wiora. Bd. 11

Pape, W.: Der Musikunterricht in der Sicht der Schüler. In: MuBi 5 (1973) H.5. S. 256 ff.

Pape, W.: Musikkonsum und Musikunterricht. Ergebnisse, Analysen und Konsequenzen einer Befragung von Hauptschülern. Düsseldorf 1974

Pape, W.: Untersuchung zur künstlerischen Ausbildung im Bereich des Instrumental- und Gesangunterrichts an Lehrerausbildungsstätten. (Primar- und Sekundarstufe I) – Bericht über die Ergebnisse einer Befragung. In: Musikpädagogik in der Studienreform. Hrsg. von G. Noll. Mainz 1976. S. 149. ff. = FME 1976

Papke, R.E.: An Investigation of Instrumental Music. Directors' Rehearsal Behavior Utilizing an Evaluative Instrument with Implications for Broadening Perspectives in Secondary School Instrumental Music Curricula. Unveröffentlichte Diss. Michigan State University 1972. Zit. nach H. Froehlich-Rainbow 1984

Pauli, H.: Filmmusik: ein historisch-kritischer Abriß. In: Musik in den Massenmedien Rundfunk und Fernsehen. Hrsg. von H.Ch. Schmidt. Mainz 1976. S. 91 ff.

Pauli, H.: Musik in den Massenmedien. In: In Sachen Musik. Hrsg. von S. Abel-Struth u.a. Kassel 1977. S. 21 ff.

Pause, G.: Merkmale der Lehrerpersönlichkeit. In: Handbuch der Unterrichtsforschung. Hrsg. von K. Ingenkamp; F. Parey. Teil 2. 2. Aufl. Weinheim; Berlin; Basel 1972 (1971). S. 1353 ff.

Payne, E.: Musical Taste and Personality. In: The Music Review 26 (1965) Nr. 2. S. 129 ff.

Paynter, J.; Aston, P.: Klang und Ausdruck. Modelle einer schöpferischen Schulmusikpraxis. Deutsche Fassung. Wien 1972 = Rote Reihe. Hrsg. von F. Blasl. Bd. 51 (Sound and Silence. Cambridge 1970)

Peschl, W.: Neue musikpädagogische Ansätze der Hochschule in Relevanz zur schulpraktischen Situation der Musikerziehung in Österreich. In: Musikpädagogik als Hochschulfach. Hrsg. von W. Gieseler; R. Klinkhammer. Mainz 1982. S. 107 ff. = FME 1981

Pestalozzi, J.H.: Heinrich Pestalozzi an seine Freunde über die Herausgabe einer Gesangbildungslehre. In: Wochenschrift für Menschenbildung. 2. Bd. (1808) H.3. S. 3 ff.

Peters, A.: Psychologie des Sports und der Sportlichkeit in der Massenkultur. In: Massenkommunikationsforschung. Hrsg. von D. Prokop. 2. Aufl. Frankfurt a. M. 1975 (1973). Bd. 2. S. 370 ff. = Fischer Taschenbücher. Bd. 6152. Bücher des Wissens

Petersen, P.: Führungslehre des Unterrichts. 7. Aufl. Braunschweig u.a. 1963 (Langensalza 1937)

Petersen, P.; Petersen, E.: Die pädagogische Tatsachenforschung. Paderborn 1965 = Schöninghs Sammlung pädagogischer Schriften

Petrat, G.: Schulunterricht. Seine Sozialgeschichte in Deutschland 1750–1850. München 1979

Petrat, G.; Timm, J.: Das Suchen und Auffinden überzufälliger Unterrichtssequenzen. In: Neue Verfahren zur Unterrichtsanalyse. Hrsg. von F. Achtenhagen. Düsseldorf 1982. S. 33 ff. = Studien zur Lehrforschung. Hrsg. von K.J. Klauer; H.-J. Kornadt. Bd. 22

Petzold, R.: Auditory Perception of Musical Sounds by Children in the First Six Grades. Cooperation Research Project Nr. 1051. The University of Wisconsin 1966

Petzold, R.: Lehrplanforschung in Musik. In: The Third International Seminar on Research in Music Education. Kassel u.a. 1973. S. 41 ff.

Petzold, R.: Zur sozialen Lage des Musikers im 18. Jahrhundert. In: Der Sozialstatus des Berufsmusikers vom 17. bis 19. Jahrhundert. Hrsg. von W. Salmen. Kassel 1971. S. 64 ff. = Musikwissenschaftliche Arbeiten. Hrsg. von der Gesellschaft für Musikforschung. Nr. 24

Pfaff, H.: Seashore-Test für musikalische Begabung. In: Der Einfluß der technischen Mittler auf die Musikerziehung unserer Zeit. Vorträge der 7. Bundesschulmusikwoche Hannover 1968. Hrsg. von E. Kraus. Mainz 1968. S. 140 ff.

Pfannenstiel, E.: Musikerziehung. In: Deutsche Musikpflege. Hrsg. von J.L. Fischer. Frankfurt a. M. 1925. S. 139 ff.

Pfannenstiel, E.: Die Lehrweise des Musikanten. Eine kleine Musiklehre für die Schule. Wolfenbüttel 1929

Pfannenstiel, E.: Lied und Erziehung. Wolfenbüttel 1953

Pfeiffer, M.T.; Nägeli, H.G.: Gesangbildungslehre nach Pestalozzischen Grundsätzen pädagogisch begründet von Michael Traugott Pfeiffer, methodisch bearbeitet von Hans Georg Nägeli. Zürich 1810

Pfisterer, T.: Die Möglichkeit der Rhythmisch-musikalischen Erziehung im Schulunterricht. 2. Aufl. Zürich 1953 (1948)

Pflederer, M.: The Responses of Children to Musical Tasks Embodying Piaget's Principle of Conservation. In: JRME 12 (1964) Nr. 4. S. 251 ff.

Pflederer, M.: Percept and Concept: Implications of Piaget. In: Music Educators Journal 56 (1970) Nr. 49–50. S. 147 ff.

Pflederer, M.; Sechrest, L.: Conservation-type Responses of Children to Musical Stimuli. In: CRME 13 (1968). S. 19 ff.

Pflüger, J.G.F.: Anleitung zum Gesangunterricht in Schulen. Nach den Grundsätzen der analytisch-synthetischen Methode. Leipzig 1853

Pflüger, P.-M. (Hrsg.): Rhythmus – Entspannung – Heilung. Stuttgart 1979

Phillips, J.: Gib deinem Kind Musik. München 1981 (Give your child music. London 1979)

Piaget, J.: Die Bildung des Zeitbegriffs beim Kinde. Zürich 1955 (La genèse du temps chez l'enfant. Paris 1946)

Piaget, J.: Les mécanismes perceptifs. Paris 1961

Piaget, J.: Psychologie der Intelligenz. 5. Aufl. Zürich 1972 (1948) (Psychologie de l'intelligence. Paris 1947)

Piaget, J.: Der Aufbau der Wirklichkeit beim Kinde. Stuttgart 1974 (La construction du réel chez l'enfant. Neuchâtel 1950 [1937])

Piaget, J.: Das Erwachen der Intelligenz beim Kinde. 2. Aufl. Stuttgart 1975 (1969) = Gesammelte Werke: Studienausgabe. Bd. 1 (La naissance de l'intelligence chez l'enfant. Neuchâtel 1936)

Piaget, J.: „Zum Geleit" zu: Aebli, H.: Psychologische Didaktik. 6. Aufl. Stuttgart 1976 (1962). S. 8 ff. (Didactique psychologique. Application à la didactique de la psychologie de Jean Piaget. Neuchâtel 1951)

Piaget, J.: Das moralische Urteil beim Kinde. 4. Aufl. Frankfurt a. M. 1981 (Zürich 1954) = Suhrkamp Taschenbuch Wissenschaft. Bd. 27 (Le jugement moral chez l'enfant. Paris 1932)

Piaget, J.; Szeminska, A.: Die Entwicklung des Zahlbegriffs beim Kinde. 3. Aufl. Stuttgart 1972 (1965) = Erziehungswissenschaftliche Bücherei (La genèse du nombre chez l'enfant. Neuchâtel 1941)

Picht, G.: Die Stellung der Musik im Aufbau unserer Bildung. In: Neue Sammlung 3 (1963) H.3. S. 236 ff. Nachdruck in: MiU Ausgabe B 54 (1963) H.12. S. 394 ff. Nachdruck in: G. Picht: Die Verantwortung des Geistes. Olten; Freiburg 1965. S. 151 ff.

Pierre, C.: Le conservatoire national de musique et de déclamation. Paris 1900

Pietzsch, G.: Die Musik im Erziehungs- und Bildungsideal des ausgehenden Altertums und frühen Mittelalters. Halle 1932 = Studien zur Geschichte der Musiktheorie im Mittelalter. Bd. 2

Plambeck, H.: Die gegenwärtige Situation der Schulmusikerziehung aus elterlicher Sicht. In: MuBi 8 (1976) H.7–8. S. 380 ff.

Plessner, H.: Die Stufen des Organischen und der Mensch. Einleitung in die philosophische Anthropologie. Frankfurt a. M. 1981 = Gesammelte Schriften. Hrsg. von G. Dux; O. Marquard; E. Ströker. Bd. 4

Pöggeler, F.: Musische Erziehung, ihre Geschichte, ihr Wirken, ihre Grenzen. In: Vierteljahrschrift für wissenschaftliche Pädagogik 28 (1952) H.3. S. 205 ff.

Pöggeler, F.: Der Mensch in Mündigkeit und Reife. Eine Anthropologie der Erwachsenen. 2. Aufl. Paderborn 1970 (1962)

Porter, J.: White Child. The Development of Racial Attitudes. Cambridge Mass. 1971

Portmann, A.: Entläßt die Natur den Menschen? München 1970

Portugall, G.: Die Einstellung der Schüler zum Fach Musik. In: Musik in der Schule 16 (1965) a. H.10. S. 424 ff.

Portugall, G.: Zur analytischen Arbeit der Kreisfachkommission Musik. Teil 2. In: Musik in der Schule 16 (1965) b. H.7–8. S. 284 ff.

Poulton, E.C.: On Predication in Skilled Movements. In: Psychological Bulletin 54 (1957). S. 467 ff.

Präsidium des Deutschen Musikrates (Hrsg.): Empfehlung der Kultusministerkonferenz zur Förderung der Musikpflege und der Musikausbildung. In: Referate – Informationen (1968) H.8. S. 14 ff.

Prell, S.: Operationalisierungsprobleme einer präskriptiven Theorie, dargestellt an einem Projekt aus der Unterrichtsforschung. In: Neue Verfahren zur Unterrichtsanalyse. Hrsg. von F. Achtenhagen. Düsseldorf 1982. S. 103 ff. = Studien zur Lehrforschung. Hrsg. von K.J. Klauer; H.-J. Kornadt. Bd. 22

Preußner, E.: Allgemeine Pädagogik und Musikpädagogik. Leipzig 1929 = Musikpädagogische Bibliothek. Hrsg. von L. Kestenberg. Bd. 2

Preußner, E.: Die bürgerliche Musikkultur. Ein Beitrag zur deutschen Musikgeschichte des 18. Jahrhunderts. Hamburg 1935

Preußner, E.: Solmisationsmethoden im Schulunterricht des 16. und 17. Jahrhunderts. In: Festschrift F. Stein. Hrsg. von H. Hoffmann; F. Rühlmann. Braunschweig 1939. S. 112 ff.

Preußner, E.: Allgemeine Musikerziehung. Heidelberg 1959 = Musikpädagogische Bibliothek. Begründet von L. Kestenberg; fortgeführt von E. Preußner. Bd. 1

Preußner, E.: Was ist musische Erziehung? In: Österreichische Musikz. 17 (1962) H.9. S. 406 ff.

Preußner, E.: Der Einbruch des Elementaren in Kunst und Pädagogik. In: Orff-Institut Jahrbuch 2 (1963). S. 67 ff.

Priesemann, G.: Zur Theorie der Unterrichtssprache. Düsseldorf 1971 = Sprache und Lernen. Hrsg. von W. Loch; G. Priesemann. Bd. 11

Probst, W.: Vom Zukunftbezogensein im Musikerleben. Diss. Köln 1960

Probst, W.: Musik als Unterrichtsgegenstand und therapeutisches Mittel in der Sonderpädagogik. In: Musikpädagogik heute. Hrsg. von H. Antholz; W. Gundlach. Düsseldorf 1975. S. 219 ff.

Probst, W.: Musik in der Sonderpädagogik. In: MuBi 10 (1978) H.6. S. 408 ff.

Prokop, D.: Zum Problem von Konsumption und Fetischcharakter im Bereich der Massenmedien. In: Massenkommunikationsforschung. Hrsg. von D. Prokop. 2. Aufl. Frankfurt a. M. 1975 (1973) Bd. 2. S. 9 ff. = Fischer Taschenbücher. Bd. 6152. Bücher des Wissens

Prokop, D. (Hrsg.): Massenkommunikationsforschung. 3 Bde. 4. Aufl. Frankfurt a. M. 1976 (1972); 2. Aufl. Frankfurt a. M. 1975 (1973); Frankfurt a. M. 1977 = Fischer Taschenbücher. Bd. 6151; 6152; 6343. Bücher des Wissens

Prowznik, B.: Die Schallplatte in der Musikerziehung. Wien 1973 = Rote Reihe. Hrsg. von F. Blasl. Bd. 33

Pulikowski, J. von: Geschichte des Begriffes Volkslied im musikalischen Schrifttum. Heidelberg 1933

R

Radloff, J.: Nägeli als Musikpädagoge. Diss. Würzburg 1921

Rainbow, E.L.: A Pilot Study to Investigate the Constructs of Musical Aptitude. In: JRME 13 (1965) H.1. S. 3 ff.

Rainbow, E.L.: A Final Report on a Three Year Investigation of the Rhythmic Abilities of Pre-School Aged Children. Ms. für das Forschungsseminar der International Society for Music Education. Dresden 1980 (unveröffentlichtes Ms.)

Rainbow, E.L.; Owen, D.: A Progress Report on a Three Year Investigation of the Rhythmic Ability of Pre-School Aged Children. In: CRME 59 (1979). S. 84 ff.

Raith, W. (Hrsg.): Handbuch zum Unterricht. Modelle emanzipatorischer Praxis. Starnberg 1973

Ramann, L.: Die Musik als Gegenstand des Unterrichts und der Erziehung. Leipzig 1868

Ramann, L.: Allgemeine musikalische Erzieh- und Unterrichtslehre der Jugend. 2. Aufl. Leipzig 1873 (1870). Neubearbeitete 2. Aufl. Leipzig 1898

Ramseyer, U.: Soziale Bezüge des Musizierens in Naturvolkkulturen. Bern 1970

Rapp, G.: Messung und Evaluierung von Lernergebnissen in der Schule. Bad Heilbrunn/Obb. 1974

Rauhe, H.: Hören und Musizieren als didaktisches Problem im Zeitalter der Massenmedien, aufgezeigt am Beispiel Lied–Schlager–Jazz. In: Fortschritt und Rückbildung in der deutschen Musikerziehung. Vorträge der 6. Bundesschulmusikwoche Bonn 1965. Hrsg. von E. Kraus. Mainz 1965. S. 274 ff.

Rauhe, H.: Zur pädagogischen Relevanz der Theorie von der jugendlichen Teilkultur. In: Didaktik der Musik. Vorträge und Referate der 16. Bundestagung des Arbeitskreises für Schulmusik und allgemeine Musikpädagogik. Hrsg. von W. Krützfeldt. Hamburg-Wolfenbüttel 1970. S. 20 ff.

Rauhe, H.: Hamburger Modell für die Ausbildung von Schulmusikern. In: MuBi 3 (1971) a H.3. S. 122 ff.

Rauhe, H.: Hörerziehung als Hauptaufgabe des Musikunterrichts. In: Musica 25 (1971) b H.2. S. 130 ff.

Rauhe, H.: Kulturindustrielle Sozialisierung durch Musik und ihre pädagogischen Konsequenzen, aufgezeigt am Beispiel kollektiver Identifikationsvorgänge. In: Neue Ansätze im Musikunterricht. Hrsg. von H. Rectanus. Stuttgart 1972 a. S. 5 ff. = Didaktische Studien. Hrsg. von E. Meyer

Rauhe, H.: Wege zu einer optimalen Musiklehrerausbildung in einer kooperativen oder integrierten Gesamthochschule (Diskussionsbericht). In: Musik in Schule und Gesellschaft. Vorträge der 9. Bundesschulmusikwoche Kassel 1972. Hrsg. von E. Kraus. Mainz 1972 b. S. 232 ff.

Rauhe, H.: Musiklehrerausbildung im Zeichen der Bildungsreform. In: MuBi 6 (1974) a H.4. S. 238 ff.

Rauhe, H.: Popularität in der Musik. Karlsruhe 1974 b = Musik und Gesellschaft. Hrsg. von K. Blaukopf. H. 13/14

Rauhe, H.: Sozialwissenschaftlicher Aspekt: Sozioökonomische und sozio-kulturelle Rahmenbedingungen und Bezugsfelder musikalischen Hörens und Verstehens. In: Hören und Verstehen. Hrsg. von H. Rauhe; H.P. Reinecke; W. Ribke. München 1975. S. 119 ff.

Rauhe, H.: Wissenschaftstheoretische Probleme der Entwicklung von Integrationsmodellen der Musiklehrerausbildung. In: Musikpädagogik in der Studienreform. Hrsg. von G. Noll. Mainz 1976. S. 74 ff. = FME 1976

Rauhe, H.: Musikunterricht in der Orientierungsstufe. In: MuBi 9 (1977) H.5. S. 294 ff.

Rauhe, H.: Soziologische Aspekte des Musikunterrichts. In: MuBi 10 (1978) H. 11. S. 719 ff.

Rauhe, H.: Musikpädagogik als Hochschulfach im Bezugsfeld musikalischer Studiengänge und Berufsfelder. In: Musikpädagogik als Hochschulfach. Hrsg. von W. Gieseler; R. Klinkhammer. Mainz 1982. S. 194 ff. = FME 1981

Rauhe, H.; Rehlich, G.: Ausbildungsordnungen im Vergleich mit geltenden Richtlinien für den Musikunterricht an allgemeinbildenden Schulen. In: Entwicklung neuer Ausbildungsgänge für Lehrer der Sekundarstufen I und II im Fach Musik. Hrsg. von H. Höhnen u.a. Regensburg; Mainz 1978. S. 59 ff.

Rauhe, H.; Reinecke, H.P.; Ribke, W.: Hören und Verstehen. Theorie und Praxis handlungsorientierten Musikunterrichts. München 1975

Reble, A.: Erwachsenenbildung vor dem Hintergrund von Geschichte, Bildungsverständnis und Epochalanalyse. In: Grundpositionen und Perspektiven in der Erwachsenenbildung. Hrsg. von K. Kürzdörfer. Bad Heilbrunn 1981. S. 157 ff. = Klinkhardts pädagogische Quellentexte

Rebscher, G.: Materialien zum Unterricht in Popularmusik. Wiesbaden 1973 = Materialien zur Didaktik und Methodik des Musikunterrichts. Hrsg. von S. Helms u.a. Bd. 1

Reckling, H.-J.: Rhythmisch-musikalische Erziehung in der Sprachheilschule. Berlin-Charlottenburg 1965

Reed, G.S.: Geschicklichkeit und Übung. In: Das menschliche Lernen und seine Entwicklung. Hrsg. von E.A. Lunzer; J.F. Morris. Stuttgart 1971. S. 119 ff. = Entwicklung und Lernen. Hrsg. von E.A. Lunzer; J.F. Morris. Bd. 2 (Development in Human Learning. London 1968)

Regner, H.: Das Orff-Schulwerk im Hörfunk und im Fernsehen. In: Orff-Institut. Jahrbuch 3 (1964–1968). S. 233 ff.

Regner, H.: Das Orff-Schulwerk und seine Instrumente. In: Handbuch des Musikunterrichts für Musikschullehrer und freie Musikerzieher. Hrsg. von E. Valentin u.a. Regensburg 1970. S. 125 ff.

Reich, T.: Elementary Music Education in USSR, Hungary, Czechoslovakia, Poland and Yugoslavia. A Comparative Study. In: Comparative Music Education. Education Musicale Comparée. Vergleichende Musikerziehung. Hrsg. von E. Kraus. Mainz 1962. S. 81 ff.

Reimers, O.: Untersuchungen über die Entwicklung des Tonalitätsgefühls im Laufe der Schulzeit. In: Z. für angewandte Psychologie 28 (1927). S. 193 ff.

Reinartz, A.: Lernschwache Kinder in der Grundschule – Integration oder Aussonderung? In: Die Grundschule 5 (1973) H.1. S. 29 ff.

Reinecke, H.P.: Das Musikpublikum und seine Motivationen. In: Deutscher Musikrat. Referate-Informationen 25 (1973). S. 3 ff.

Reinecke, H.P.: Musik im Original und als technische Reproduktion. In: Jahrbuch Preußischer Kulturbesitz 16 (1979). S. 83 ff.

Reinecke, H.P.: Musikalisches Verhalten und die Dynamik der frühen Kindheit. In: Jahrbuch Preußischer Kulturbesitz 1981. Berlin 1982. S. 1 ff.

Reinfandt, K.-H.: Didaktik des Musikunterrichts in der Sekundarstufe I. In: MuBi 9 (1977) H.6. S. 347 ff.

Reinfandt, K.-H.: Ästhetische Aspekte des Musikunterrichts. In: MuBi 10 (1978) H.7/8. S. 503 ff.

Reinhard, G.: Untersuchungen zur Leistungsmotivation im musikalischen Bereich. In: Motivationsforschung in der Musikpädagogik. Hrsg. von K.-E. Behne. Mainz 1979. S. 22 ff. = FME 1979

Reinhard, G.: Leistungsmotivation im musikalischen Bereich. Hamburg 1981 = Beiträge zur Systematischen Musikwissenschaft. Hrsg. von H. de la Motte-Haber. Bd. 6

Reiring, H.: Unterricht, Unterrichtslehre. In: Lexikon der Pädagogik. Hrsg. vom Deutschen Institut für wissenschaftliche Pädagogik Münster und dem Institut für Vergleichende Erziehungswissenschaft Salzburg. Freiburg 1955. Bd. 4. Spalte 717 ff.

Reiss, W.A.: Die Kunsterziehung in der Weimarer Republik. Geschichte und Ideologie. Weinheim und Basel 1981

Remplein, H.: Die seelische Entwicklung des Menschen im Kindes- und Jugendalter. 13. Aufl. München u.a. 1965 (1949) = Ernst-Reinhardt-Bücherreihe

Reulecke, J.: „Veredelung der Volkserholung“ und „edle Geselligkeit“. Sozialreformerische Bestrebungen zur Gestaltung der arbeitsfreien Zeit im Kaiserreich. In: Sozialgeschichte der Freizeit. Hrsg. von G. Huck. Wuppertal 1980. S. 141 ff.

Reusch, F.: Musik und Musikerziehung im Dienste der Volksgemeinschaft. Osterwieck 1938

Reuter, F.: Das musikalische Hören auf psychologischer Grundlage. Leipzig 1925

Reuter, F.: Musikpädagogik in Grundzügen. Leipzig 1926

Reuter, F.: Grundlagen der Musikerziehung. In: Wissenschaftliche Z. der Martin-Luther-Universität Halle-Wittenberg 4 (1955) H.3. S. 459 ff.

Reuter, F.: Grundlagen der Musikerziehung. Leipzig 1962

Revers, W.J.: Das Musikerlebnis. Düsseldorf; Wien 1970

Revers, W.J.; Rauhe, H.: Musik, Intelligenz, Phantasie. Salzburg 1978

Révész, G.: Prüfung der Musikalität. In: Z. für Psychologie 85 (1920) H.1–4. S. 163 ff.

Révész, G.: The Psychology of a Musical Prodigy. London 1925

Révész, G.: Talent und Genie. Bern 1952

Révész, G.: Einführung in die Musikpsychologie. 2. Aufl. Bern 1982 (1946)

Reynolds, K.: Modification of the Observational System for Instructional Analysis Focusing an Appraisal Behavior of Music Teachers in Small Performance Classes. In: Contributions to Music Education 3 (1975). S. 75 ff.

Ribke, J.: Musikalität als Variable von Intelligenz, Denken und Erleben. Hamburg 1979 = Beiträge zur Systematischen Musikwissenschaft. Hrsg. von H. de la Motte-Haber. Bd. 3

Ribke, W.: Zur Psychologie des Übens. In: Methoden des Musikunterrichts. Hrsg. von W. Schmidt-Brunner. Mainz 1982. S. 296 ff.

Richter, Ch.: Musik als Spiel. Orientierung des Musikunterrichts an einem fachübergreifenden Begriff. Wolfenbüttel 1975 = Schriften zur Musikpädagogik. Hrsg. von H. Hopf; H. Rauhe. Bd. 1

Richter, Ch.: Theorie und Praxis der didaktischen Interpretation von Musik. Frankfurt a. M. 1976 = Schriftenreihe zur Musikpädagogik. Hrsg. von R. Jakoby

Richter, Ch.: Didaktik des Musikunterrichts in der Sekundarstufe II. In: MuBi 9 (1977) H.7/8. S. 408 ff.

Richter, Ch.: Analyse von Musik im Musikunterricht. In: MuBi 10 (1978) a. H.10. S. 664 ff.

Richter, Ch.: Didaktische Interpretation. In: Kritische Stichwörter zum Musikunterricht. Hrsg. von W. Gieseler. München 1978 b. S. 65 ff. = Kritische Stichwörter 2

Richter, Ch.: Höranalyse. In: MuBi 11 (1979) H.3. S. 178 ff.

Richter, Ch.: Wissenschaftspropädeutik im Musikunterricht. In: MuBi 12 (1980) H.1. S. 15 ff.

Richter, Ch.: Die Aufgabe des Lehrers in einer humanen Schule. In: Humanität, Musik, Erziehung. Hrsg. von K.H. Ehrenforth. Mainz 1981. S. 203 ff.

Richter, Ch.: Methodische Ansätze der Höranalyse. Hören als Aufgabe und Ziel der didaktischen Interpretation. In: Methoden des Musikunterrichts. Hrsg. von W. Schmidt-Brunner. Mainz 1982. S. 248 ff.

Riedel, J.: Arbeitsunterweisung. 7. überarbeitete u. ergänzte Aufl. München 1964 (1951) = Das REFA-Buch. Bd. 4

Rieger, E.: Schulmusikerziehung in der DDR. Frankfurt a. M. 1977 = Schriftenreihe zur Musikpädagogik. Hrsg. von R. Jakoby

Rieger, E.: Frau, Musik und Männerherrschaft. Frankfurt a. M. u.a. 1981 = Ullstein Materialien. Bd. 35099

Rieger, E.: Musikpädagogische Situation in der DDR. In: Musikpädagogik als Hochschulfach. Hrsg. von W. Gieseler; R. Klinkhammer. Mainz 1982. S. 102 ff. = FME 1981

Riemann, H.: Grundlinien der Musikästhetik. Leipzig 1890

Riemann, H.: Grundriß der Musikwissenschaft. 4. Aufl. Leipzig 1928 (1908) = Wissenschaft und Bildung. Hrsg. von P. Herre. Bd. 34

Riemann, H.: Musiklexikon. Hrsg. von W. Gurlitt; H.H. Eggebrecht. 12. neubearbeitete Aufl. Sachteil. Mainz 1967 (Leipzig 1882)

Riesman, D.: Die einsame Masse. Hamburg 1977 (1958) = Rowohlts deutsche Enzyklopädie. Hrsg. von E. Grassi. Bd. 72 (The Lonely Crowd. New Haven. Yale University Press 1950)

Rigol, R.: Sprechtätigkeit im Unterricht. Analyse eines Protokolls. In: Sprachverhalten im Unterricht. Hrsg. von H. Goeppert. München 1977. S. 269 ff. = Uni-Taschenbücher 642

Riley, D.A.; Mc Kee, J.P.: Pitch and Loudness Transposition in Children and Adults. In: Child Development 34 (1963). S. 471 ff.

Ringer, A.L.: An Experimental Program in the Development of Musical Literacy among Musically Gifted Children in the Upper Elementary Grades, with Emphasis on the Potential Impact of Kodály-Inspired Musical Education. Washington 1970

Ritsert, J.: Inhaltsanalyse und Ideologiekritik. Ein Versuch über kritische Sozialforschung. Frankfurt a. M. 1972

Ritter, H.; Engel, W.: Genetik und Begabung. In: Begabung und Lernen. Hrsg. von H. Roth. 12. Aufl. Stuttgart 1980 (1969). S. 99 ff. = Gutachten und Studien der Bildungskommission. Hrsg. vom Deutschen Bildungsrat. Bd. 4

Ritzel, F.: „Dieser freche Blödsinn wird seit Jahren in den Schulen geduldet“ – Über Improvisation in der Musikpädagogik. In: Improvisation und Neue Musik. Hrsg. von R. Brinkmann. Mainz 1979. S. 66 ff. = Veröffentlichungen des Instituts für Neue Musik und Musikerziehung Darmstadt. Bd. 20

Roberts, E.; Davies, A.D.M.: Poor Pitch Singing. Response of Monotone Singers to a Program of Remedial Training. In: JRME 23 (1975) Nr. 4. S. 227 ff.

Robinsohn, S.B.: Bildungsreform als Revision des Curriculum. 2. Aufl. Neuwied 1969 (1967) = Aktuelle Pädagogik. Hrsg. von H.J. Gamm u.a.

Robinsohn, S.B.: Erziehungswissenschaft: Vergleichende Erziehungswissenschaft. In: Handbuch pädagogischer Grundbegriffe. Hrsg. von J. Speck; G. Wehle. München 1970. Bd. 1. S. 456 ff.

Rochlitz, F.: Verschiedenheit der Urteile über Werke der Tonkunst. In: F. Rochlitz: Für Freunde der Tonkunst. 1. Bd. Leipzig 1824. S. 178 ff.; S. 182 ff.

Rocholl, P.: Fragen der unterschiedlichen Vermittlung von Musikwerken in den Medien. In: Musik in den Massenmedien Rundfunk und Fernsehen. Hrsg. von H.Ch. Schmidt. Mainz 1976. S. 74 ff.

Rockeach, M.: The Nature of Human Values. New York 1973

Roeder, P.-M.: Versuche einer kontrollierten Unterrichtsbeobachtung. In: Psychologische Beiträge 8 (1965). S. 408 ff.

Röhrs, H.: Forschungsmethoden in der Erziehungswissenschaft. 2. verm. Aufl. Stuttgart 1971 (1968) = Urban-Taschenbücher. Bd. 111

Röhrs, H.: Die Reformpädagogik als internationale Bewegung. Bd. 2: Die progressive Erziehungsbewegung. Hannover 1977 = Das Bildungsproblem in der Geschichte des europäischen Erziehungsdenkens. Hrsg. von E. Lichtenstein; H.-H. Groothoff. Bd. 16.2

Röhrs, H.: Die Reformpädagogik als internationale Bewegung. Bd. 1: Die Reformpädagogik. Hannover 1980 = Das Bildungsproblem in der Geschichte des europäischen Erziehungsdenkens. Hrsg. von E. Lichtenstein; H.H. Groothoff. Bd. 16.1

Rönne, L. von: Das Unterrichtswesen des Preußischen Staates. 2 Bde. Berlin 1855

Röntsch, P.: Die Gründung und Errichtung des Konservatoriums. In: Festschrift zum 75jährigen Bestehen des königlichen Konservatoriums der Musik zu Leipzig am 2. April 1918. Hrsg. von P. Röntsch u.a. Leipzig 1918. S. 5 ff.

Roeseling, K.: Die Musikerziehung in der Volksschule. In: Handbuch der Musikerziehung. Hrsg. von E. Bücken. Potsdam o.J. (1931). S. 103 ff.

Rösing, H.: Zur Rezeption technisch vermittelter Musik. In: Musik in den Massenmedien Rundfunk und Fernsehen. Hrsg. von H.Ch. Schmidt. Mainz 1976. S. 44 ff.

Rösing, H. (Hrsg.): Symposium Musik und Massenmedien. München u.a. 1978

Rösing, H.: Die Bedeutung musikalischer Ausdrucksmodelle für das Musikverständnis. In: ZfMP 6 (1981) H.16. S. 258 ff.

Rösing, H. (Hrsg.): Rezeptionsforschung in der Musikwissenschaft. Darmstadt 1983 = Wege der Forschung. Bd. LXVII

Rössner, L.: Jugend und Musik. Soziologisch-politologische Aspekte des Musikunterrichts. In: Didaktik der Musik 1969. Vorträge und Referate der 16. Bundestagung des Arbeitskreises für Schulmusik und allgemeine Musikpädagogik. Hrsg. von W. Krützfeldt. Hamburg-Wolfenbüttel 1970. S. 6 ff.

Rössner, L.: Sozialwissenschaftliche Grundlagen. In: Musik und Musikunterricht in der Gesamtschule. Hrsg. von H. Segler. Weinheim u.a. 1972. S. 15 ff.

Rogge, W.: Schulmusik im Schulfunk. In: Didaktik der Musik 1967. Vorträge und Referate der 14. Bundestagung des Arbeitskreises für Schulmusik und allgemeine Musikpädagogik. Hrsg. von W. Krützfeldt. Hamburg 1968. S. 61 ff.

Rohracher, H.: Einführung in die Psychologie. 9. Aufl. Wien; Innsbruck 1965 (1946)

Rolle, G.: Didaktik und Methodik des Schulgesangunterrichts. 9. Aufl. München 1924 (1913)

Roloff, E.M. u.a. (Hrsg.): Lexikon der Pädagogik. 5 Bde. Freiburg 1913–1917 (Nachfolger Lexikon der Pädagogik der Gegenwart. Hrsg. vom Deutschen Institut für wissenschaftliche Pädagogik. Münster 1930-1932)

Rombach, H.: Anthropologie des Lernens. In: Der Lernprozeß. Hrsg. vom Willmann-Institut. Freiburg 1969. S. 3 ff. = Handbücher des Willmann-Instituts. Pädagogik

Rommel, H.: Das Schulbuch im 18. Jahrhundert. Wiesbaden-Dotzheim 1968

Rommetveit, R.: Social Norms and Roles; Explorations in the Psychology of Enduring Social Pressures. Minneapolis 1955

Roscher, W.: Polyästhetische Erziehung. Klänge, Texte, Bilder, Szenen. Köln 1976

Roscher, W.: Improvisation. In: Kritische Stichwörter zum Musikunterricht. Hrsg. von W. Gieseler. München 1978. S. 123 ff. = Kritische Stichwörter 2

Roscher, W.: Polyästhetische Erziehung. In: MuBi 12 (1980) H.5. S. 318 f.

Roscher, W.: Integrative Musikpädagogik. Neue Beiträge zur Polyästhetischen Erziehung. Teil II: Praxis und Produktion. Wilhelmshaven 1984

Rosenmayr, L.: Hauptgebiete der Jugendsoziologie. In: Handbuch der empirischen Sozialforschung. Hrsg. von R. König. Stuttgart 1969. Bd. 2. S. 65 ff.

Roske, M.: Studie zur Entwicklungsgeschichte des privaten Musikunterrichts. Wolfenbüttel 1978 = Schriften zur Musikpädagogik. Hrsg. von H. Hopf; H. Rauhe. Bd. 5

Roske, M.: Der private Klavierlehrer im 19. Jahrhundert. In: Musica 35 (1981) H.2. S. 137 ff.

Roske, M.: Sozialgeschichte des privaten Musiklehrers vom 17. zum 19. Jahrhundert. Diss. Frankfurt a. M. 1982. Mainz 1985 = Musikpädagogik, Forschung und Lehre. Hrsg. von S. Abel-Struth. Bd. 22

Ross, R.: Ziele und Inhalte in Schulbüchern für den Musikunterricht seit 1970. Eine inhaltsanalytische Untersuchung. Diss. Universität Gießen 1982 (unveröffentlichtes Ms.)

Roth, E.: Einstellung als Determination individuellen Verhaltens. Göttingen 1967

Roth, E.: Persönlichkeitspsychologie. Stuttgart 1969

Roth, H.: Empirische Pädagogische Anthropologie. In: Z. für Pädagogik 11 (1965) H.3. S. 207 ff.

Roth, H.: Pädagogische Psychologie des Lehrens und Lernens. 14. Aufl. Berlin; Hannover; Darmstadt 1973 (1957)

Roth, H.: Pädagogische Anthropologie. 2 Bde. 4. Aufl. Hannover 1976 (1966); 2. Aufl. Hannover 1976 (1971)

Roth, H. (Hrsg.): Begabung und Lernen. 12. Aufl. Stuttgart 1980 (1968) = Gutachten und Studien der Bildungskommission. Hrsg. vom Deutschen Bildungsrat. Bd. 4

Rousseau, J.J.: Emil oder Über die Erziehung. Übersetzung von E. von Sallwürk. 4. Aufl. Langensalza 1907–1913 (erste deutschsprachige Übersetzung von C.F. Cramer. Braunschweig 1789–91) = Bibliothek pädagogischer Klassiker. Hrsg. von F. Mann. Bd. 6/7 (Emile ou de l'éducation. Paris)

Rowe, A.W.: The Education of the Average Child. London 1959

Rubeli, A.: Paul Hindemiths A Cappella-Werke. Mainz 1975 = Frankfurter Studien. Veröffentlichungen des Paul-Hindemith-Instituts. Frankfurt a. M. Bd. 1

Rubinstein, S.L.: Grundlagen der allgemeinen Psychologie. Berlin 1968

Rüdiger, A.: Stimmbildung am Lied. Frankfurt a. M. 1963

Rumpf, H. (Hrsg.): Schulwissen. Probleme der Analyse von Unterrichtsinhalten. Göttingen 1971

Rupp, H.: Über die Prüfung musikalischer Fähigkeiten. In: Z. für angewandte Psychologie 9 (1915). S. 1 ff.

Ruprecht, H.: Einführung in die empirische pädagogische Forschung. Bad Heilbrunn/Obb. 1974

Ruprecht, H. u.a.: Modelle grundlegender didaktischer Theorien. 3. Aufl. Hannover 1976 (1972) = Beiträge zu einer neuen Didaktik. Reihe A. Hrsg. von H. Roth u.a.

Ryans, D.G.: Einige Beziehungen zwischen Schülerverhalten und gewissen Verhaltensweisen des Lehrers. In: Pädagogische Psychologie. Hrsg. von F. Weinert. 4. Aufl. Köln u.a. 1969 (1967). S. 323 ff. = Neue wissenschaftliche Bibliothek. Hrsg. von G. Gräfgen u.a.

S

Sallwürk, E. von: Über Art und Gebrauch der Schulbücher. Langensalza 1917 = Pädagogisches Magazin. Hrsg. von F. Mann. H.642

Salmen, W.: Haus- und Kammermusik. Privates Musizieren im gesellschaftlichen Wandel zwischen 1600–1900. Leipzig o.J. (1969) = Musikgeschichte in Bildern. Hrsg. von H. Besseler; W. Bachmann. Bd. 4 Lieferung 3

Salmen, W. (Hrsg.): Der Sozialstatus des Berufsmusikers vom 17. bis 19. Jahrhundert. Gesammelte Beiträge im Auftrag der Gesellschaft für Musikforschung. Kassel u.a. 1971 = Musikwissenschaftliche Arbeiten. Hrsg. von der Gesellschaft für Musikforschung. Bd. 24

Sandor, F.: Musikerziehung in Ungarn. Stuttgart 1966 (Zenei nevelés Magyarországon. Budapest 1964)

Sannemann, F.: Die Musik als Unterrichtsgegenstand in den Evangelischen Lateinschulen des 16. Jahrhunderts. Ein Beitrag zur Geschichte des Schulgesanges. Berlin 1904 = Musikwissenschaftliche Studien. Hrsg. von E. Ebering. H.47

Sannemüller, G.: Der „Plöner Musiktag" von Paul Hindemith. Neumünster 1976 = Quellen und Studien zur Musikgeschichte Schleswig-Holsteins. Bd. 4

Sannemüller, G.: Komponist und Musikpädagogik. In: ZfMP 2 (1977) H.4. S. 49 ff.

Sass, H.; Wiora, W. (Hrsg.): Musikberufe und ihr Nachwuchs. Statistische Erhebungen 1960/61 des Deutschen Musikrates. Mainz 1962

Sass, H. (Hrsg.): Musikberufe und ihr Nachwuchs II. Statistische Erhebungen 1965/67 des Deutschen Musikrates. Mainz 1969

Schaal, R.: Konservatorium. In: Die Musik in Geschichte und Gegenwart. Hrsg. von F. Blume. Kassel u.a. 1958. Bd. 7. Spalte 1459 ff.

Schaefer, K.L.: Demonstrationen und Versuche zur Lösung von Aufgaben eines künftigen Musikpädagogischen Forschungsinstitutes. In: Musik und Schule. Vorträge der 1. Reichsschulmusikwoche in Berlin 1921. Hrsg. vom Zentralinstitut für Erziehung und Unterricht in Berlin. Leipzig o.J. S. 87 ff.

Schäfke, R.: Schulmusik und deutsche Erhebung. In: Die Musikpflege 4 (1933) Beih. 8. S. 2 ff.

Schaffrath, H.: Einflußfaktoren im Schülerurteil. In: FME 1975. Mainz 1975. S. 101 ff. = FME 1975

Schaffrath, H.: Der Einfluß von Information auf das Musikurteil. Eine Kontextstudie am Beispiel 15jähriger Gymnasiasten. Herrenberg 1978

Schaffrath, H. u.a.: Studie zur Situation des Musikunterrichts und der Musiklehrer an allgemeinbildenden Schulen. Mainz 1982 = Musikpädagogik, Forschung und Lehre. Hrsg. von S. Abel-Struth. Bd. 20

Schallenberger, E.H. (Hrsg.): Das Schulbuch. Aspekte und Verfahren zur Analyse. Ratingen; Kastellaun 1973 = Zur Sache Schulbuch. Hrsg. von E.H. Schallenberger. Bd. 3

Schallenberger, E.H.: Studien zur Methodenproblematik wissenschaftlicher Schulbucharbeit. Kastellaun; Ratingen 1976 = Zur Sache Schulbuch. Hrsg. von E.H. Schallenberger. Bd. 5

Schanzlin, H.P.; Walter, G.: Nägeli, Hans Georg. In: Die Musik in Geschichte und Gegenwart. Hrsg. von F. Blume. 16 Bde. Kassel u.a. 1949 ff. Bd. 9. Spalte 1245 ff.

Scharwenka, X: Vorbemerkung zu den Handbüchern der Musiklehre. In: J. Below: Leitfaden der Pädagogik. 3. Aufl. Leipzig 1917 (1907). o.S. = Handbücher der Musiklehre. Hrsg. von X. Scharwenka. Bd. 1

Schattner, H.J.: Volksbildung durch Musikerziehung. Leben und Wirken Hans Georg Nägelis. Diss. Kaiserslautern o.J. (1961)

Schaub, St.; Schaub, B.: Kleine empirische Untersuchung zur Wirksamkeit handlungsorientierten Musikunterrichts auf den affektiven Lernzielbereich. In: Einzeluntersuchungen. Hrsg. von K.-E. Behne. Laaber 1980. S. 84 ff. = Musikpädagogische Forschung. Hrsg. vom Arbeitskreis Musikpädagogische Forschung. Bd. 1

Schaub, St.: Methodenbeiträge zur Erforschung des Musik-Lernens. Die Erfassung musikalischen Erlebens und musikalischer Einstellungen und deren Bedeutung für das Konzept der Musikalität. Diss. Frankfurt a. M. 1982. Mainz 1984 = Musikpädagogik, Forschung und Lehre. Hrsg. von S. Abel-Struth. Bd. 23

Scheffler, J.: The Language of Education. Springfield/Illinois 1960 = American Lecture Series Publication Nr. 409

Schelsky, H.: Die skeptische Generation. Eine Soziologie der deutschen Jugend. Düsseldorf 1957

Schenk-Danzinger, L.: Entwicklungspsychologie. 6. Aufl. Wien; München 1972 (1969) = Schriften zur Lehrerbildung und Lehrerfortbildung. Bd. 1

Scherchen, H.: Der Rundfunk in seinen Beziehungen zur Musikpflege und Musikerziehung. In: Musikpflege 1 (1930) H.1. S. 19 ff.

Schering, A.: Das öffentliche Musikbildungswesen in Deutschland bis zur Gründung des Leipziger Konservatoriums. In: Festschrift zum 75jährigen Bestehen des königlichen Konservatoriums der Musik zu Leipzig am 2. April 1918. Hrsg. von P. Röntsch u.a. Leipzig 1918. S. 61 ff.

Schering, A.: Musikalische Bildung und Erziehung zum musikalischen Hören. 4. verb. Aufl. Leipzig 1924 (1910) = Wissenschaft und Bildung. Hrsg. von P. Herre. Bd. 85

Scheuch, E.: Soziologie der Freizeit. In: Handbuch der empirischen Sozialforschung. Hrsg. von R. König. Taschenbuchausgabe. 2. neu bearb. Aufl. Stuttgart 1977 (1969) Bd. 11. S. 1 ff.

Scheuerl, H.: Die exemplarische Lehre. Sinn und Grenzen eines didaktischen Prinzips. 2. Aufl. Tübingen 1964 (1958) = Forschungen zur Pädagogik und Anthropologie. Hrsg. von O.F. Bollnow; W. Flitner; A. Nitschke. Bd. 2

Scheuerl, H. (Hrsg.): Theorien des Spiels. 10. Aufl. Weinheim 1975 (1955) = Beltz Studienbuch. Bd. 88 (1.-9. Aufl. erschienen unter: Scheuerl, H. [Hrsg.]: Beiträge zur Theorie des Spiels. 9. Aufl. Weinheim 1969 [1955] = Kleine pädagogische Texte. Bd. 23)

Schilling, G.: Musikalische Didaktik oder die Kunst des Unterrichts in der Musik. Eisleben 1851

Schilling, G.: Allgemeine Volksmusiklehre oder didaktische Darstellung alles dessen, was der Musikunterricht in sämtlichen Schulen von den Gymnasien und höheren Töchterschulen an bis herab zur geringsten Dorfschule, sowie in den verschiedenen dilettantischen Vereinen, als Liedertafeln und zur Erziehung seines eigentlichen Bildungszwecks nothwendig zu lehren hat. 2. Ausgabe Augsburg 1854 (1852)

Schilling, G. (Hrsg.): Encyclopädie der gesammten musikalischen Wissenschaften oder Universal-Lexikon der Tonkunst - Schillings Lexikon der Tonkunst. 7 Bde. 2. Aufl. Stuttgart 1840-1847 (1835-1842)

Schipke, M.: Der deutsche Schulgesang von Johann Adam Hiller bis zu den Falkschen allgemeinen Bestimmungen (1775-1875). Berlin 1913

Schipke, M.: Geschichte des Akademischen Instituts für Kirchenmusik in Berlin. Vorgeschichte und Gründung. In: Festschrift zur Feier des 100jährigen Bestehens des staatlichen Akademischen Instituts für Kirchenmusik in Berlin 1822-1922. Hrsg. von der Anstaltsleitung. Berlin-Charlottenburg 1922. S. 2 ff.

Schlaffhorst, C.; Andersen, H.: Atmung und Stimme. Hrsg. von W. Menzel. 2. Aufl. Wolfenbüttel 1950 (1928)

Schlesinger, G.C.: Heredity and Environment. New York 1933

Schloder, J.: Instrumentales Musizieren in der Schule. In: Handbuch der Schulmusik. Hrsg. von E. Valentin. 2. Aufl. Regensburg 1964 (1962). S. 213 ff.

Schlüter, J.: Begabung, Bildsamkeit, Leistung. In: Handbuch pädagogischer Grundbegriffe. Hrsg. von J. Speck; G. Wehle. München 1970. S. 71 ff.

Schmalohr, E.: Zur akustischen Durchgliederungsfähigkeit als Voraussetzung des Lesenlernens bei 4-6jährigen Kindern. In: Schule und Psychologie 15 (1968) H.10. S. 295 ff.

Schmid, K.A. (Hrsg.): Encyklopädie des gesammten Erziehungs- und Unterrichtswesens. 11 Bde. Gotha 1859-1878

Schmidbauer, W. (Hrsg.): Evolutionstheorie und Verhaltensforschung. Hamburg 1974 = Reader. Hrsg. von H.H. Röhring

Schmidt, H.Ch.: Jugend und Neue Musik. Auswirkungen von Lernprozessen auf die Beurteilung Neuer Musik durch Jugendliche. Diss. Köln o.J. (1975)

Schmidt, H.Ch.: Musik als Einflußgröße bei der filmischen Wahrnehmung. In: Musik in den Massenmedien Rundfunk und Fernsehen. Hrsg. von H.Ch. Schmidt. Mainz 1976 a. S. 126 ff.

Schmidt, H.Ch. (Hrsg.): Musik in den Massenmedien Rundfunk und Fernsehen. Mainz 1976 b

Schmidt, H.Ch.: Die Musik in der Kindersendung des Fernsehens. In: FME 1977. Mainz 1977. S. 75 ff. = FME 1977

Schmidt, H.Ch.: Entwurf einer Mediendidaktik. In: Musik und Massenmedien. Hrsg. von H. Rösing. München 1978. S. 29 ff.

Schmidt, H.Ch.: Didaktik der Filmmusik. In: MuBi 12 (1980) H.3. S. 158 ff.

Schmidt, H.Ch.: Der Lehrer im Musikunterricht. In: Musikpädagogik. Historische, systematische und didaktische Perspektiven. Hrsg. von H.G. Bastian; D. Klöckner. Düsseldorf 1982. S. 152 ff.

Schmidt, H.Ch.: Musikpädagogik und die Neuen Medien, oder: Das Kaninchen vor der Schlange. In: MuBi 15 (1983) a H.3. S. 8 ff.

Schmidt, H.Ch.: Der Widerspenstigen Zähmung: Vom zweiten Dasein der Wiener Schule in der Schule. In: Die Wiener Schule heute. Hrsg. von C. Dahlhaus. Mainz 1983 b. S. 116 ff. = Veröffentlichungen des Instituts für Neue Musik und Musikerziehung Darmstadt. Bd. 24

Schmidt, W. (Hrsg.): Musikdidaktik in der Lehrerausbildung. München 1974 a = Fachdidaktische Studien. Hrsg. von J. Timmermann. Bd. 5

Schmidt, W.: Musikdidaktik in der Lehrerbildung. In: Musikdidaktik in der Lehrerausbildung. Hrsg. von W. Schmidt. München 1974 b. S. 21 ff. = Fachdidaktische Studien. Hrsg. von J. Timmermann. Bd. 5

Schmidt, W.: Überlegungen zu einem Katalog von Studienzielen und von Themenbereichen für das Studium der Musikdidaktik. In: Musikdidaktik in der Lehrerausbildung. Hrsg. von W. Schmidt. München 1974 c. S. 90 ff. = Fachdidaktische Studien. Hrsg. von J. Timmermann. Bd. 5

Schmidt-Brunner, W.: Das studienintegrierte Praktikum – Erfahrungen und Überlegungen zu Inhalt und Organisation. In: Musikpädagogik in der Studienreform. Hrsg. von G. Noll. Mainz 1976 a. S. 223 ff. = FME 1976

Schmidt-Brunner, W.: Lehrplanentwürfe und Rahmenrichtlinien für den Musikunterricht in der Orientierungsstufe. Versuch einer synoptischen Interpretation. In: MuBi 8 (1976) b H.10. S. 489 ff.

Schmidt-Brunner, W. (Hrsg.): Musik. München 1978 a = Fachdidaktisches Studium in der Lehrerbildung. Hrsg. von J. Timmermann

Schmidt-Brunner, W.: Zum Stand der musikdidaktischen und musikpädagogischen Forschung. Konsequenzen für die Ausbildung. In: Entwicklung neuer Ausbildungsgänge für Lehrer der Sekundarstufen I und II. Modellversuch. Hrsg. von H. Höhnen u.a. Regensburg; Mainz 1978 b. S. 275 ff.

Schmidt-Brunner, W.: Werkinterpretation im Musikunterricht. Eine kommentierte Bibliographie von Unterrichtsbeispielen und Analysen. Mainz u.a. 1979

Schmidt-Brunner, W. (Hrsg.): Methoden des Musikunterrichts. Mainz 1982 a

Schmidt-Brunner, W.: Der Vergleich als methodisches Prinzip im Musikunterricht. In: Methoden des Musikunterrichts. Hrsg. von W. Schmidt-Brunner. Mainz 1982 b. S. 175 ff.

Schmitt, R.: Fächerübergreifender Musikunterricht auf der Grundschule zwischen Utopie und Wirklichkeit. In: ZfMP 7 (1982) H.17. S. 33 ff.

Schneider, E.K.: Unterrichtsmethoden. In: Kritische Stichwörter zum Musikunterricht. Hrsg. von W. Gieseler. München 1978. S. 314 ff. = Kritische Stichwörter 2

Schneider, E.K.: Unterrichtsmethoden im Fach Musik. In: MuBi 12 (1980) H.4. S. 221 ff.

Schneider, M.: Universität und Schulmusik. In: Musikpädagogische Gegenwartsfragen. Vorträge der 6. Reichsschulmusikwoche in Dresden. Hrsg. vom Zentralinstitut für Erziehung und Unterricht in Berlin. Leipzig 1928. S. 143 ff.

Schneider, M.: Primitive Music. In: New Oxford History of Music. London 1954 ff. Bd. 1. S. 1 ff.

Schneider, R.: Vorüberlegungen zu einer Anthropologie der Musik – auch in pädagogischer Absicht. In: ZfMP 6 (1981) H.16. S. 265 ff.

Schoch, R.: Comparative Studies in Elementary Music Education. In: Comparative Music Education. Education Musicale Comparée. Vergleichende Musikerziehung. Hrsg. von E. Kraus. Mainz 1962. S. 89 ff.

Schoen, M.: The Psychology of Music. New York 1940

Schönburg-Waldenburg, W.Ch. von: Ein Beitrag zur Musikrezeption von Berufsschülern und Gymnasiasten. Versuch der Ermittlung „kompensierenden“ Musikhörens. Hamburg 1976 = Schriftenreihe zur Musik. Bd. 9

Schoene, W.: Die Psychoanalyse in der Ethnologie. Dortmund 1966

Schollum, R.: Zoltán Kodály und der ungarische musikalische Volksschul-Zug. In: Musikerziehung 15 (1961/62) H.4. S. 178 ff.

Schoppe, G. (Hrsg.): Die Schulgesangfrage auf dem 4. Musikpädagogischen Kongreß. Pfingsten 1908 zu Berlin. Gütersloh 1909

Schott, F.: Lehrstoffanalyse. Ein Beschreibungssystem zur Analyse von Inhalt und Verhalten bei Lehrzielen. Düsseldorf 1975 = Studien zur Lehrforschung. Hrsg. von K.J. Klauer; H.-J. Kornadt. Bd. 11

Schramm, A.: Fünfzig Unterrichtsbegriffe aus dem 20. Jahrhundert. München 1975 = Harms pädagogische Reihe. Hrsg. von R. Renard. H.50 = Schriften für die Schulpraxis

Schröter, G.: Psychologische Grundlagen der Didaktik. Düsseldorf 1981

Schuckert, R.F.; McDonald, R.L.: An Attempt to Modify the Musical Preferences of Pre-School Children. In: JRME 16 (1968) Nr. 1. S. 39 ff.

Schünemann, G.: Experimentelle und erkenntnistheoretische Musikerziehung. In: Musik in Volk, Schule und Kirche. Vorträge der 5. Reichsschulmusikwoche in Darmstadt. Hrsg. vom Zentralinstitut für Erziehung und Unterricht in Berlin. Leipzig 1927. S. 33 ff.

Schünemann, G.: Gegenwartsfragen der Musikerziehung. In: Jahrbuch der Musikbibliothek Peters 35 (1928) a. S. 25 ff.

Schünemann, G.: Musikerziehung und Musikwissenschaft. Zusammenfassung. In: Musikpädagogische Gegenwartsfragen. Vorträge der 6. Reichsschulmusikwoche in Dresden. Hrsg. vom Zentralinstitut für Erziehung und Unterricht in Berlin. Leipzig 1928 b. S. 269 ff.

Schünemann, G.: Ursprung und Bedeutung der Solmisation. In: Schulmusikalische Zeitdokumente. Vorträge der 7. Reichsschulmusikwoche in München. Hrsg. vom Zentralinstitut für Erziehung und Unterricht in Berlin. Leipzig 1929. S. 41 ff.

Schünemann, G.: Musikerziehung. 1. Teil: Die Musik in Kindheit und Jugend. Leipzig 1930 = Handbücher der Musikerziehung. Hrsg. von G. Schünemann

Schünemann, G.: Die Gründung der Hochschule für Musik. In: Jahresbericht der königl. Hochschule für Musik in Berlin. Hrsg. von G. Schünemann. Berlin 1931. S. 9 ff.

Schünemann, G.: Carl-Friedrich Zelter, der Begründer der preußischen Musikpflege. Berlin 1932

Schünemann, G.: Geschichte der deutschen Schulmusik. 2 Bde. 3. Aufl. Reprint Köln 1968 (Leipzig 1928) = Handbücher der Musikerziehung. Hrsg. von G. Schünemann

Schüssler, H.: Das unmusikalische Kind. In: Z. für angewandte Psychologie 11 (1916). S. 136 ff.

Schüßler, H.: Die drei preußischen Regulative des Jahres 1854. In: Lebendige Schule. Frankfurt a. M. 1954

Schütze, F.W.: Lehrgang für den Gesangunterricht in Volksschulen. Dresden 1843

Schütze, F.W.: Leitfaden für den Unterricht in der Erziehungs- und Unterrichtslehre. Ein Auszug aus der evangelischen Schulkunde. 3. Aufl. Leipzig 1885 (1874)

Schulenburg, W. u.a.: Ansatz und Wirksamkeit der Erwachsenenbildung. 2. Aufl. Stuttgart 1976 (1957) = Göttinger Abhandlungen zur Soziologie und ihrer Grenzgebiete. Hrsg. von H. Plessner; H.P. Bahrdt. Bd. 1

Schulenburg, W.: Soziale Faktoren der Bildungsbereitschaft Erwachsener. Stuttgart 1978 = Schriften zur Erwachsenenbildung: Materialien zur Erwachsenenbildung. Hrsg. von der Pädagogischen Arbeitsstelle des Deutschen Volkshochschulverbandes in Frankfurt a. M.

Schulenburg, W.: Gesellschaftliche Anforderungen an die Weiterbildung – Nachfrage, Angebot und Bedarf. In: Grundpositionen und Perspektiven in der Erwachsenenbildung. Hrsg. von K. Kürzdörfer. Bad Heilbrunn/Obb. 1981. S. 74 ff. = Klinkhardts pädagogische Quellentexte

Schulten, M.-L.: Das Berufsbild des Musiklehrers. In: Musikpädagogik in der Studienreform. Hrsg. von G. Noll. Mainz 1976. S. 354 ff. = FME 1976

Schulten, M.-L.: Das Berufsbild des Musiklehrers. Hamburg 1979 = Beiträge zur systematischen Musikwissenschaft. Hrsg. von H. de la Motte-Haber. Bd. 2

Schulten, M.-L.: Musikalische Entwicklung. In: Musikpsychologische Forschung und Musikunterricht. Hrsg. von R.D. Kraemer und W. Schmidt-Brunner. Mainz 1983. S. 37 ff.

Schultze, W.; Schleiffer, G.: Arbeitszeitanalyse des Volksschullehrers und Rationalisierung des Unterrichts. Frankfurt a. M. 1965

Schulz, W.: Umriß einer didaktischen Theorie der Schule. In: Die Deutsche Schule 61 (1969). S. 61 ff.

Schulz, W.: Aufgaben der Didaktik. Eine Darstellung aus lehrtheoretischer Sicht. In: Allgemeine Didaktik – Fachdidaktik – Fachwissenschaft. Hrsg. von D.C. Kochan. 2. Aufl. Darmstadt 1972 (1970). S. 403 ff. = Wege der Forschung. Bd. 68

Schulz, W.: Unterricht zwischen Funktionalisierung und Emanzipationshilfe – Zwischenbilanz auf dem Weg zu einer kritischen Didaktik. In: Modelle grundlegender didaktischer Theorien. Hrsg. von H. Ruprecht u.a. 3. Aufl. Hannover 1976 (1972). S. 171 ff. = Beiträge zu einer neuen Didaktik. Hrsg. von H. Roth u.a. Reihe A

Schulz, W.; Teschner, W.P.; Voigt, J.: Verhalten im Unterricht. Seine Erfassung durch Beobachtungsverfahren. In: Handbuch der Unterrichtsforschung. Hrsg. von K. Ingenkamp; F. Parey. 1. Teil. 3. Aufl. Weinheim; Berlin; Basel 1973 (1970). S. 633 ff.

Schumann, O.: Aspekte einer kritischen Musikcurriculumforschung. In: Neues Handbuch der Schulmusik. Hrsg. von E. Valentin; H. Hopf. Regensburg 1975. S. 37 ff.

Schwabe, Ch.: Musiktherapie bei Neurosen und funktionellen Störungen. 3. Aufl. Stuttgart; Jena 1974 (1969)

Schwager, K.H.: Methode und Methodenprobleme. In: Handbuch pädagogischer Grundbegriffe. Hrsg. von J. Speck; G. Wehle. München 1970. Bd. 2. S. 93 ff.

Schwan, W.: Die Entwicklung der „Musikalität“ im vorschulpflichtigen Alter. In: Wissenschaftliche Z. der Martin-Luther-Universität 4 (1955) H.2. S. 265 ff.

Schwappacher, H.: Versuche zur Förderung der Diskriminationsfähigkeit durch auditives Training. Diss. Mainz 1975

Schwenk, J.; Meese, H. (Hrsg.): Audiovisuelle Medien im Musikunterricht. Stuttgart 1978 = Schriftenreihe AV-Pädagogik. Hrsg. vom Institut für Film und Bild in Wissenschaft und Unterricht. Reihe C Fachdidaktik

Schwencke, O.: Ästhetische Erziehung und Kommunikation. Frankfurt a. M. 1972

Scott, C.R.: Pitch Concept Formation in Preschool Children. In: CRME 59 (1979). S. 87 ff.

Seashore, C.E.: The Measurement of Musical Talent. In: The Musical Quarterly 1 (1915). S. 129

Seashore, C.E.: Seashore Measures of Musical Talents. Revidierte Fassung. New York 1960 (1919)

Seashore, C.E.: Seashore-Test für musikalische Begabung. Hrsg. von Ch. Butsch; H. Fischer. Bern; Stuttgart 1966

Segler, H. (Hrsg.): Musik und Musikunterricht in der Gesamtschule. Weinheim 1972

Segler, H.; Abraham, L.A.: Musik als Schulfach. Braunschweig 1966 = Schriftenreihe der Pädagogischen Hochschule Braunschweig. Hrsg. von A. Beiß. H.13

Seidel, A.: Musik in der Sozialpädagogik. Wiesbaden 1976 a = Materialien zur Didaktik und Methodik des Musikunterrichtes. Hrsg. von S. Helms u.a. Bd. 5

Seidel, A.: Zur Situation der Musikpädagogik an den Fachschulen und Fachhochschulen für Sozialpädagogik in Hessen. In: Musikpädagogik in der Studienreform. Hrsg. von G. Noll. Mainz 1976 b. S. 299 ff. = FME 1976

Seidel, A.: Soziale Kulturarbeit am Beispiel Musik. Diss. Regensburg 1980

Seidelmann, K. (Hrsg.): Musische Erziehung in der Schule. Berlin 1965 a = Schule in Staat und Gesellschaft. Hrsg. von H. Heckel; P. Seipp

Seidelmann, K.: Musische Erziehung in unserer Zeit. In: Musische Erziehung in der Schule. Hrsg. von K. Seidelmann. Berlin 1965 b. S. 1 ff. = Schule in Staat und Gesellschaft. Hrsg. von H. Heckel; P. Seipp

Seidelmann, K. (Hrsg.): Die deutsche Jugendbewegung. Bad Heilbrunn/Obb. 1966 = Klinkhardts Pädagogische Quellentexte

Seidenfaden, F.: Die musische Erziehung in der Gegenwart und ihre geschichtlichen Quellen. 2. Aufl. Ratingen 1966 (1962) = Beiträge zur Erziehungswissenschaft. Hrsg. von E. Lichtenstein

Serafine, M.L.: A Measure of Meter Conservation in Music, Based on Piaget's Theory. Diss. University of Florida 1975 = Genetic Psychology Monographs 1975

Serafine, M.L.: A Measure of Meter Conservation in Music, Based on Piaget's Theory. Unveröffentlichtes Ms. University of Texas/Austin o.J.

Sergeant, D.: Vocalisation as a Substructure for Discriminatory and Cognitive Functioning in Music: A Pilot Study. In: CRME 59 (1979). S. 98 ff.

Sergeant, D.; Roche, S.: Perceptual Shifts in the Auditory Information Processing of Young Children. In: Psychology of Music 1 (1973) H.2. S. 39 ff.

Sering, F.W.: Der Gesangunterricht in Präparanden-Anstalten. In: Pädagogische Blätter. Gotha 1885

Sering, F.W.: Über den Gesangunterricht an den deutschen Lehrerseminaren. In: NZ Leipzig 1901

Seybold, C.: The Value and Use of Music Activities in the Treatment of Speech-Delayed Children. In: J. of Music Therapy 8 (1971) Nr. 3. S. 102 ff.

Seyfert, R.: Volkstümliche Bildung als Aufgabe der Volksschule. Dresden 1931

Sharman, E.: The Impact of Music on the Learning of Young Children. In: CRME 66–67 (1981). S. 80 ff.

Shaw, C.R.: The Jack-Roller. A Delinquent Boy's Own Story. Chicago; London 5. Aufl. 1966 (1930)

Shelton, J.S.: The Influence of Home Musical Environment Upon Musical Response of First-Grade Children. Diss. George Peabody College for Teachers 1965

Shinn, M.W.: Notes on the Development of a Child. The Development of the Senses in the First Three Years of Childhood. University of California Publications 1907 = Publications in Education. Bd. 4

Shuter, R.: An Investigation of Hereditary and Environmental Factors in Musical Ability. Diss. London 1964

Shuter, R.: The Psychology of Musical Ability. London 1968

Shuter-Dyson, R.: Psychologie musikalischen Verhaltens. Mainz 1982 = Musikpädagogik, Forschung und Lehre. Hrsg. von S. Abel-Struth. Bd. 14

Siebs, Th.: Das Institut für Kirchenmusik in Breslau. In: Festschrift zur Feier des 100jährigen Bestehens der Universität Breslau. Hrsg. von G. Kaufmann. Breslau 1911. Teil 2. S. 427 ff.

Sieler, R.: Rhythmikstunden mit Kindern. Stuttgart 1964 = Sonderh. der Z. Rhythmische Erziehung

Sieler, R.: Lernen mit Musik und Bewegung. Rhythmik in der Kindervorschule. Stuttgart 1968 = Sonderh. der Z. Rhythmische Erziehung. Bd. 2

Sieler, R.: Mit Geräuschinstrumenten Musik machen - Im rhythmisch-musikalischen Vorschulunterricht. Frankfurt a. M. 1971

Silbermann, A.: Systematische Inhaltsanalyse. In: Handbuch der empirischen Sozialforschung. Hrsg. von R. König. Taschenbuchausgabe. Bd. 4. 3. verm. Aufl. Stuttgart 1974 (1962). S. 253 ff.

Silbermann, A.: Der musikalische Sozialisierungsprozeß. Eine soziologische Untersuchung bei Schülern - Eltern - Musiklehrern. In: Musikerziehung in NW. Hrsg. vom Arbeitskreis zur Reform der musikalischen Bildung. Köln 1976. S. 11 ff. = Strukturförderung im Bildungswesen des Landes Nordrhein-Westfalen. Hrsg. vom Kultusminister. H.29

Silbermann, A.; Krüger, U.M.: Abseits der Wirklichkeit: das Frauenbild in deutschen Lesebüchern. Köln 1971

Silverstolpe, G.W.: Zur Frage der „Urmelodie". In: Z. für angewandte Psychologie 27 (1926). S. 234 ff.

Simmons, R.G.; Rosenberg, M.: Functions of Children's Perceptions of the Stratification System. In: American Sociological Review 36 (1971) Nr. 2. S. 235 ff.

Simon, B. (Hrsg.): Psychology in the Soviet Union. London 1957

Simons, V.: Das Tonband als Dokument und Instrument. In: Audiovisuelle Medien im Musikunterricht. Hrsg. von J. Schwenk; H. Meese. Stuttgart 1978. S. 51 ff.

Simpson, E.: The Classification of Education Objectives, Psychomotor Domain. Urbana 1946. Zit. nach R. Colwell. In: K. Füller: Lernzielklassifikation und Leistungsmessung im Musikunterricht. Weinheim und Basel 1974

Skowronek, H.: Psychologische Grundlagen einer Didaktik der Denkerziehung. Berlin u.a. 1968

Skowronek, H.: Lernen und Lernfähigkeit. München 1969

Sloan, W.B.: The Child's Conception of Musical Scales. In: Psychological Music 1 (1973) H.1. S. 10 ff.

Slotta, G.: Die Pädagogische Tatsachenforschung Peter und Else Petersens. Weinheim 1962

Smith, F.O.: Effect of Training on Pitch Discrimination. In: Psychological Monographs 17 (1914) Nr. 3. S. 67 ff.

Smith, R.B.: The Effects of Group Vocal Training on the Singing Ability of Nursery School Children. In: JRME 11 (1963) H.3. S. 137 ff.

Smits van Waesberghe, J.: Musikerziehung. Lehre und Theorie der Musik im Mittelalter. Leipzig 1969 = Musikgeschichte in Bildern. Hrsg. von H. Besseler; W. Bachmann. Bd. 3. Lieferung 3

Snapp, D.: A Study of the Accumulative Musical and Verbal Behavior of Teachers and Students in the Fifth Grade. Unveröffentlichte Magister-Arbeit. Ohio State University 1978. Zit nach H. Froehlich-Rainbow 1984

Soltis, J.F.: Einführung in die Analyse pädagogischer Begriffe. Düsseldorf 1971 = Sprache und Lernen. Hrsg. von W. Loch; G. Priesemann. Bd. 10 (An Introduction to the Analysis of Educational Concepts. Reading/Mass. o.J.)

Sommer, H.D.: Hermann Kretzschmars „Modell" einer praxisorientierten Musikwissenschaft. Diss. Freiburg i. Br. 1983 (Ms.)

Sowa, G.: Die Schallplatte im Unterricht der Grundschule. In: Der Einfluß der technischen Mittler auf die Musikerziehung unserer Zeit. Vorträge der 7. Bundesschulmusikwoche Hannover 1968. Hrsg. von E. Kraus. Mainz 1968. S. 131 ff.

Sowa, G.: Anfänge institutioneller Musikerziehung in Deutschland (1800–1843). Regensburg 1973 = Studien zur Musikgeschichte des 19. Jahrhunderts. Hrsg. vom Arbeitskreis Musikwissenschaft der Forschungsunternehmen der Fritz Thyssen Stiftung. Bd. 33

Sowa, G.: Traum und Wirklichkeit der neuhumanistischen musikalischen Bildungskonzeption. In: FME 1974. Mainz 1974. S. 106 ff. = FME 1974

Spahlinger-Ditzig, U.: Neue Musik im Gruppenurteil. Hamburg 1978 = Beiträge zur Systematischen Musikwissenschaft. Hrsg. von H. de la Motte-Haber. Bd. 1

Spahlinger-Ditzig, U.: Motivation und Einstellungsänderung bei der Rezeption Neuer Musik. In: Motivationsforschung in der Musikpädagogik. Hrsg. von K.-E. Behne. Mainz 1979. S. 33 ff. = FME 1979

Spanhel, D.: Die Sprache des Lehrers. Grundformen des didaktischen Sprechens. 3. Aufl. Düsseldorf 1977 (1971) = Sprache und Lernen. Hrsg. von W. Loch; H. Paschen; G. Priesemann. Bd. 12

Speiser, H.: Hans Breuer – Wirken und Wirkungen. Burg Ludwigstein 1977 = Schriftenreihe des Archivs der deutschen Jugendbewegung. Bd. 2

Spitz, R.: Die Entstehung der ersten Objektbeziehungen. Stuttgart 1957

Spranger, E.: Psychologie des Jugendalters. 13. Aufl. Leipzig 1930 (1925)

Spranger, E.: Lebensformen. Geisteswissenschaftliche Psychologie und Ethik der Persönlichkeit. 8. Aufl. Tübingen 1950 (Halle 1914)

Spranger, E.: Fünf Jugendgenerationen 1900-1949. In: E. Spranger: Pädagogische Perspektiven. Beiträge zu Erziehungsfragen der Gegenwart. 4. Aufl. Heidelberg 1956 a (1950). S. 25 ff.

Spranger, E.: Jugend zwischen Sport, Film und Technik. In: MiU 47 (1956) b H.5. S. 137 ff.

Spranger, E.: Der Eigengeist der Volksschule. 4. Aufl. Heidelberg 1960 (1955)

Stadler, M.; Seeger, F.; Raeithel, A.: Psychologie der Wahrnehmung. 2. Aufl. München 1977 (1975)

Stahl, W.: Geschichte des Schulgesangunterrichts. Stuttgart 1913

Stambak, M.: Trois épreuves de rhythm. In: Manuel pour l'examen psychologique de l'enfant. Neuchâtel 1960

Staples, S.M.: A Paired Associate Learning Task Utilizing Music as the Mediator: an Exploratory Study. In: J. of Music Therapy 5 (1968) Nr. 2. S. 53 ff.

Steindorf, G.: Grundbegriffe des Lehrens und Lernens. Bad Heilbrunn/Obb. 1981

Steiner, L. (Hrsg.): Rhythmisch-musikalische Erziehung. Unterrichtsplan für Lehrer und Erzieher zur Unterweisung von Kindern ab 4 und 5 Jahren. 4 Bde. Neuhausen/Stuttgart 1975/76

Steiner, L.; Engel, J.: Rhythmische Kurzspiele für Kindergarten, Musikschule und zur Selbsterfahrung für Erwachsene. Regensburg 1980

Steinforth, H.: Schulfunkverwendung im Unterricht. Vergleichende Analyse struktureller Merkmale. Diss. Bremen 1978. München 1980

Steinitzer, M.: Pädagogik der Musik. Leipzig 1929 = Bücherei praktischer Musiklehre. Hrsg. von A. Schering

Steinschaden, B.; Zehetmair, B.: Hören und Geigen nach Suzuki. Eine Anleitung aus europäischer Sicht. Wilhelmshaven 1982 = Musikpädagogische Bibliothek. Bd. 25

Stellmacher, D.: Kommunikation und Redesituation. Zur Analyse des Sprachverhaltens von Schülern in einer soziolinguistischen Untersuchung. In: Sprachverhalten im Unterricht. Hrsg. von H. Goeppert. München 1977. S. 303 ff. = Uni-Taschenbücher 642

Stephan, R.: Der Beitrag der Musikwissenschaft zur Curriculumentwicklung. In: MuBi 2 (1970) H.6. S. 256 ff.

Stephani, R.: Die deutsche musikalische Jugendbewegung. Diss. Marburg 1952

Stern, C.; Stern, W.: Monographien über die seelische Entwicklung des Kindes. Bd. 1.: Die Kindersprache. Darmstadt 1965 (Leipzig 1920)

Stern, W.: Psychologische Begabungsforschung und Begabungsdiagnose. In: Der Aufstieg der Begabten. Hrsg. von P. Petersen. Berlin; Leipzig 1916. S. 105 ff.

Stern, W.: Allgemeine Psychologie auf personalistischer Grundlage. Haag 1935

Stern, W.: Psychologie der frühen Kindheit bis zum sechsten Lebensjahr. 11. Aufl. Darmstadt 1981 (Heidelberg 1924)

Stiefel, E.: Kreativität und Musikpädagogik. Kastellaun 1976

Stiehl, F.: Aktenstücke zur Geschichte und zum Verständnis der preußischen Regulative vom 1., 2., 3. Oktober 1854. Berlin 1855

Storck, K.: Musikpolitik. Beiträge zur Reform unseres Musiklebens. Stuttgart 1911

Storck, K.: Jaques-Dalcroze. Seine Stellung und Aufgabe in unserer Zeit. Stuttgart 1912

Stouffer, S.: Social Research to Test Ideas. Glencoe/Illinois 1962

Stoverock, D.: Die Erfindungsübung als organischer Bestandteil des Schulmusikunterrichts. Lahr 1930

Strauss, V.: Vorwort. In: K.Ch.F. Krause: Anfangsgründe der allgemeinen Theorie der Musik. Hrsg. von V. Strauss. Göttingen 1938. o.S.

Strittmatter, P.: Ansätze der Unterrichtsforschung bei der Curriculumreform. In: Musikunterricht an Gesamtschulen. Hrsg. von W. Gundlach. Stuttgart 1971. S. 18 ff. = Curriculum Musik. Hrsg. von R. Frisius u.a. H.1

Strzelewicz, W.; Raapke, H.-D.; Schulenburg, W.: Bildung und gesellschaftliches Bewußtsein. Eine mehrstufige soziologische Untersuchung in Westdeutschland. 2. Aufl. Stuttgart 1972 (1966) = Göttinger Abhandlungen zur Soziologie und ihrer Grenzgebiete. Hrsg. von H. Plessner; H.P. Balerdt. Bd. 10

Stundentafel für den Musikunterricht der Grundschule in den Bundesländern. In: Musikunterricht in der Grundschule II. Hrsg. von W. Gundlach. Frankfurt a. M. 1977. S. 143 ff. = Beiträge zur Reform der Grundschule. Hrsg. von E. Schwartz

Sturm, H.: Masse, Bildung, Kommunikation. Stuttgart 1968

Sturm, H.; Haebler, R. von; Helmreich, R.: Medienspezifische Lerneffekte. München 1972

Suder, A.L.: Prüfungsordnungen im Laienmusizieren. In: Musica 37 (1983) H.3. S. 273 ff.

Süllwold, F.: Zur Frage der Präzision und Ergiebigkeit von pädagogischen Experimenten. In: Pädagogische Forschung und pädagogische Praxis. Beiträge von H. Heckel u.a. Heidelberg 1958. S. 185 ff. = Veröffentlichungen der Hochschule für Internationale Pädagogische Forschung. Bd. 1

Süllwold, F.: Theorie und Methodik der Einstellungsmessung. In: Sozialpsychologie. Hrsg. von C.F. Graumann. Göttingen 1969. S. 475 ff. = Handbuch der Psychologie. Hrsg. von K. Gottschaldt u.a. Bd. 7. 2. Halbbd.

Sulzer, J.G.: Allgemeine Theorie der schönen Künste. 4 Teile. 3. verm. Aufl. Leipzig 1792–1799. Reprogr. Hildesheim 1967

Suppan, W.: Musikalisches Verhalten und Musikpädagogik in hochindustrialisierten Ländern. Unveröffentlichtes Ms. eines Vortrages auf der Konferenz der International Society for Music Education, Research Commission, in Mexiko City 1975

Suppan, W.: Amateurmusik. In: In Sachen Musik. Hrsg. von S. Abel-Struth u.a. Kassel 1977. S 97 ff.

Suppan, W.: Der musizierende Mensch. Eine Anthropologie der Musik. Mainz 1984 = Musikpädagogik, Forschung und Lehre. Hrsg. von S. Abel-Struth. Bd. 10

Suzuki, S.: The Suzuki Concept. An Introduction to a Successful Method for Early Music Education. Hrsg. von E. Mills; T.C. Murphy. Berkeley 1973

Suzuki, S.: Erziehung ist Liebe. Eine neue Erziehungsmethode. Hallaar 1975 (Nurtured by Love: A New Approach to Education. Hicksville/N.Y. 1969)

Suzuki, S.: Wie Japan jüngste Talente schult. Gespräch mit Suzuki über sein Erziehungsmodell. In: NMZ 26 (1977) a. S. 26 ff.

Suzuki, S.: Wie Suzuki seine Kinder lehrt. Der japanische Geiger über seine Methode. In: Instrumentenbau 31 (1977) b. S. 10

Suzuki, S.: Die Suzuki-Methode. Suzuki Violin School (10 Bde). Mainz o.J.

Switalla, B.: Verständigungskritik im Unterricht – Zur methodischen Rekonstruktion unterrichtlicher Argumentation. In: Sprachverhalten im Unterricht. Hrsg. von H. Goeppert. München 1977. S. 158 ff. = Uni-Taschenbücher 642

Sydow, K.: Zur Musikerziehung. In: Musische Erziehung in der Schule. Hrsg. von K. Seidelmann u.a. Berlin 1965. S. 52 ff. = Schule in Staat und Gesellschaft. Hrsg. von H. Heckel; P. Seipp

Szárai, M.: Zoltán Kodály, der Erzieher. In: Musik in der Schule 23 (1972). S. 465 ff.

Szczepanski, J.: Die biographische Methode. In: Handbuch der empirischen Sozialforschung. Hrsg. von R. König. Taschenbuchausgabe. Bd. 4. 3. verm. Aufl. Stuttgart 1974 (1962). S. 226 ff.

Szende, O.: Zur Didaktik und Methodik der instrumentalen Früherziehung. Mit Beispielen aus dem Geigenunterricht. Wien 1981

Szönyi, E.: Aspekte der Kodály-Methode. Frankfurt a. M. 1973 = Schriftenreihe zur Musikpädagogik. Hrsg. von R. Jakoby. Bd. 5 (Kodály's Principles in Practice. An Approach to Music Education Through the Kodály Method)

T

Taebel, D.K.: The Effect of Various Instructional Modes on Children's Performance of Music Concept Tasks. In: JRME 22 (1974) Nr. 3. S. 170 ff.

Taebel, D.K.; Coker, J.G.: Teaching Effectiveness in Elementary Classroom Music: Relationships among Competency Measures, Pupil Product Measures, and Certain Attribute Variables. In: JRME 28 (1980) Nr. 4. S. 250 ff.

Tausch, R.; Tausch, A.M.: Erziehungspsychologie. 9. neugestaltete Aufl. Göttingen; Toronto; Zürich 1979 (1963)

Tauscher, H.: Rhythmik im Kindergarten und Hort. Dresden 1932 = Praktische Musik in Kindergarten und Hort 14

Tauscher, H.: Die rhythmisch-musikalische Erziehung in der Heilpädagogik. 2. Aufl. Berlin-Charlottenburg 1967 (1964)

Tauscher, H.: Praxis der rhythmisch-musikalischen Erziehung. 3. Aufl. Berlin 1976 (Darmstadt 1952 = Beiträge zur Musikerziehung H.2)

Teirich, H.R. (Hrsg.): Musik in der Medizin. Beiträge zur Musiktherapie. Stuttgart 1958

Teubert, H.: Fragen des Praktikers an den Musikschulfunk. In: Musikunterricht auf der Grundstufe. Hrsg. von U. Günther; W. Gundlach. Frankfurt a. M. 1974. S. 67 ff. = Beiträge zur Reform der Grundschule. Hrsg. von E. Schwartz. Sonderbd.

Tewes, B. (Hrsg.): Schulbuch und Politik. Unterrichtsmedien im Spannungsfeld politischer Interessen. Paderborn 1979

Thackray, R.: An Investigation into Rhythmic Abilities. London 1969

Thackray, R.: Rhythmic Abilities in Children. London 1972

Thackray, R.: The First Report from the School Council Project: Music Education of Young Children (unveröffentlichtes Ms.) o.J.

Thiele, J.: Wissenschaftlichkeit. In: Kritische Stichwörter zum Musikunterricht. Hrsg. von W. Gieseler. München 1978. S. 342 ff. = Kritische Stichwörter 2

Thomae, H.: Die biographische Methode in den anthropologischen Wissenschaften. In: Studium Generale 5 (1952) H.3. S. 163 ff.

Thomae, H.: Das Problem der Konstanz und Variabilität der Eigenschaften. In: Persönlichkeitsforschung und Persönlichkeitstheorien. Hrsg. von Ph. Lersch; H. Thomae. Göttingen 1960. S. 281 ff. = Handbuch der Psychologie. Hrsg. von K. Gottschaldt u.a. Bd. 4

Thomae, H.: Entwicklungsbegriff und Entwicklungstheorie. In: Entwicklungspsychologie. Hrsg. von H. Thomae. 2. Aufl. Göttingen 1972 (1959). S. 3 ff. = Handbuch der Psychologie. Hrsg. von K. Gottschaldt u.a. Bd. 3

Thomas, W.: Musica poetica. Gestalt und Funktion des Orff-Schulwerkes. Tutzing 1977

Thomas, W.J.; Znaniecki, F.: The Polish Peasant in Europe and America; Monograph of an Imigrant Group. 2 Bde. New York 1958 (The University of Chicago Press. Boston 1918–20)

Thurstone, L.L.: The Measurement of Social Attitudes. In: J. of Abnormal and Social Psychology 26 (1931). S. 249 ff.

Timmermann, J.: Bericht über den Stand der Fachdidaktiken an den Universitäten der Bundesrepublik Deutschland 1971. In: Fachdidaktik in Forschung und Lehre. Hrsg. von J. Timmermann u.a. Hannover 1972 a. S. 15 ff.

Timmermann, J.: Fachdidaktik als Wissenschaft in Forschung und Lehre der Universität. In: Fachdidaktik in Forschung und Lehre. Hrsg. von J. Timmermann u.a. Hannover 1972 b. S. 46 ff.

Timmermann, J.: Didaktik – Fachdidaktik – Fachdidaktiken. In: Musikdidaktik in der Lehrerausbildung. Hrsg. von W. Schmidt. München 1974. S. 9. ff. = Fachdidaktische Studien. Hrsg. von J. Timmermann. Bd. 5

Timmermann, J. u.a. (Hrsg.): Fachdidaktik in Forschung und Lehre. Hannover 1972

Tischbein, K.H.: Streß in der Schule. In: MuBi 8 (1970) H.7–8. S. 377 ff.

Tischer, G.: Geschichte des deutschen Lesebuches von den Anfängen bis zur Mitte des 19. Jahrhunderts. Diss. Erlangen 1969

Tönnies, F.: Gemeinschaft und Gesellschaft. 8. Aufl. Berlin 1935 (1887). Reprint nach der 8. Aufl. Darmstadt 1979

Triandis, H.C.: Einstellungen und Einstellungsänderungen. Weinheim; Basel 1975 = Beltz-Studienbuch. Bd. 74 (Attitude and Attitude Change. New York 1971)

Twittenhoff, W.: Neue Musikschulen. Eine Forderung unserer Zeit. Mainz 1950 = Bausteine für Musikerziehung und Musikpflege. Hrsg. von F. Jöde

Twittenhoff, W.; Scherber, P.F.: Die Jugendmusikschule. Idee und Wirklichkeit. Mainz 1956 = Bausteine für Musikerziehung und Musikpflege. Hrsg. von F. Jöde

U

Ulich, D.: Gruppendynamik in der Schulklasse. 6. Aufl. München 1977 (1971) = Unterricht, Erziehung, Wissenschaft und Praxis. Bd. 27

Updegraff, R.; Heileger, L.; Learned, J.: The Effect of Training upon the Singing Ability and Musical Interest of Three-, Four-, and Five-Year-Old Children. In: University of Iowa Studies. Studies in Child Welfare 14 (1937). S. 83 ff.

V

Vajda, C.: The Kodály Way to Music. London 1974

Valentin, E.: Musikwissenschaft und Musikpädagogik. In: Musik und Musikerziehung in der Reifezeit. Vorträge der 3. Bundesschulmusikwoche München 1959. Hrsg. von E. Kraus. Mainz o.J. (1959). S. 107 ff.

Valentin, E.; Hopf, H. (Hrsg.): Neues Handbuch der Schulmusik. Regensburg 1975

Valentine, C.W.: The Experimentally Psychology of Beauty. London 1962

Valtin, R.: Legasthenie. Theorien und Untersuchungen. Weinheim 1970

Venus, D.: Unterweisung im Musikhören. Wuppertal 1969 = Beiträge zur Fachdidaktik. Hrsg. von J. Heinrich u.a. Bd. 8

Venus, D.: Funktionsgemäße Musikräume. In: MuBi 3 (1971) H.12. S. 611 ff.

Venus, D. u.a.: Über neuere Richtlinien für den Musikunterricht der Grundschule. In: Musikunterricht auf der Grundstufe. Hrsg. von U. Günther; W. Gundlach. Frankfurt a. M. 1974. S. 1 ff. = Beiträge zur Reform der Grundschule. Hrsg. von E. Schwartz. Sonderbd.

Venus, D.: Richtlinien und Rahmenlehrpläne für den Musikunterricht in der Grundschule. In: MuBi 8 (1976) H.1. S. 1 ff.

Verband deutscher Musikerzieher und konzertierender Künstler (VDMK) (Hrsg.): Ist Üben lehrbar? Dokumentation über die Deutsch-Österreichisch-Schweizerische Studientagung 1981. München 1982

Verband deutscher Musikschulen (Hrsg.): Lehrpläne. Regensburg o.J.

Verband deutscher Musikschulen: Modellversuche des VdM „Übertragung der Suzuki-Methode" und „Instrumentaler Gruppenunterricht" wurden abgeschlossen. In: Das Musikinstrument 29 (1980). S. 935 ff.

Vernon, M.D.: Wahrnehmung und Wahrnehmungslernen. In: Das menschliche Lernen und seine Entwicklung. Hrsg. von E.A. Lunzer; J.F. Morris. Stuttgart 1971. S. 19 ff. = Entwicklung und Lernen. Hrsg. von E.A. Lunzer; J.F. Morris. Bd. 2 (Development in Human Learning. London 1968 = Development in Learning Behavior: Learning Education II)

Verrastro, R.E.: An Experimental Investigation of Verbal Behavior Analysis as a Supervisory Technique with Student Teachers of Music. Unveröffentlichte Diss. Pennsylvania State University 1970. Zit. nach H. Froehlich-Rainbow 1984

Vidor, M.: Was ist Musikalität? Experimentell-psychologische Versuche. München 1931 = Arbeiten zur Entwicklungspsychologie. Hrsg. von F. Krueger. H.11

Vogelhuber, O. (Hrsg.): Besondere Bildungslehre. 2. Halbbd. München; Berlin 1933 = Handbuch der deutschen Lehrerbildung. Hrsg. von A. Baeumler; R. Seyfert; O. Vogelhuber. Bd. 3

Vogelsänger, S.: Musik im Lehrerseminar zu Soest (1806–1926). Lehrerbildung unter dem Einfluß von B.C.L. Natorp. Ein Beitrag zur Musikpädagogik des 19. Jahrhunderts. Hagen 1973 = Beiträge zur westfälischen Musikgeschichte. Hrsg. vom Westfälischen Musikarchiv Hagen. H.10

Voigt, A.: Musiktherapeutische Praxis. Frankfurt a. M. 1981 = Schriftenreihe des Paritätischen Bildungswerkes. Hrsg. von der Geschäftsstelle des Paritätischen Bildungswerkes. Bd. 31

Vollmer, S.: Die Rezeption des Kreativitätsbegriffs durch die Musikpädagogik. Mainz 1980 = Musikpädagogik, Forschung und Lehre. Hrsg. von S. Abel-Struth. Bd. 7

Vorsmann, N.: Wege zur Unterrichtsbeobachtung und Unterrichtsforschung. Ratingen u.a. 1972 = Henn's Pädagogische Taschenbücher. Hrsg. von E. Schmack

W

Wagenschein, M.: Zum Begriff des exemplarischen Lehrens. 2. verm. Aufl. Weinheim; Berlin 1959 (1. Aufl. in: Z. für Pädagogik 2 [1956]. S. 129 ff.)

Wagenschein, M.: Die pädagogische Dimension der Physik. Braunschweig 1962

Wagner, Ch.: Instrumentalspiel und die Frage nach der körperlichen Eignung. In: MuBi 7 (1975) H.3. S. 105 ff.

Wagner, Ch.: Physiologische Gesichtspunkte in der Instrumentalausbildung. In: Handbuch des Musikschulunterrichts. Hrsg. von D. Wucher u.a. Regensburg 1979. S. 153 ff.

Wagner, G.: Ergonomie als Hilfsmittel instrumentalpädagogischer Forschung? In: ZfMP 6 (1981) H. 15. S. 147 ff.

Wagner, R.: Die audio-visuelle Gestaltauffassung im Vorschulalter. In: Der Einfluß der technischen Mittler auf die Musikerziehung unserer Zeit. Vorträge der 7. Bundesschulmusikwoche Hannover 1968. Hrsg. von E. Kraus. Mainz 1968. S. 112 ff.

Wagner, R.: Untersuchungen zur Entwicklung der Musikalität mit Hilfe eines Musikleistungstests. München; Basel 1970

Wakenhut, R.: Messung gesellschaftlich-politischer Einstellungen. Bern 1974

Walker, E.: Das musikalische Erlebnis und seine Entwicklung. Göttingen 1927 = Untersuchungen über das ästhetische Erleben. Hrsg. von O. Kroh. H.4

Walter, H. (Hrsg.): Sozialisationsforschung. 3 Bde. Stuttgart 1973; 1975

Warner, Th.: Musische Erziehung zwischen Kult und Kunst. Berlin 1954

Warner, Th.: Neue Musik und ihre Interpretation im Unterricht. Ein hörpsychologisches und didaktisches Problem. In: Musikhören und Werkbetrachtung in der Schule. Vorträge und Berichte aus der 3. Bundestagung der Arbeitsgemeinschaft der Musikdozenten an Pädagogischen Hochschulen in Gießen 1968. Hrsg. von K. Sydow. Wolfenbüttel 1970. S. 24 ff.

Wasmund, K.: Kinder und Wahlkampf. Eine empirische Untersuchung zur politischen Sozialisation bei Viertklässlern. In: Westermanns Pädagogische Beiträge 26 (1974) H.1. S. 31 ff.

Weber, H.: Zum Beispiel: Musik. In: Schulfunk. Zur Didaktik und Methodik. Hrsg. von Th. Dahlhoff. Bochum 1971. S. 111 ff. = Kamps pädagogische Taschenbücher. Hrsg. von H. Heinrichs. Bd. 50

Weber, K.: Formen des musikalischen Schulfunks. In: Musik und Bildung in unserer Zeit. Vorträge der 4. Bundesschulmusikwoche Berlin 1961. Hrsg. von E. Kraus. Mainz 1961. S. 188 ff.

Weber, K.: Musik im Kölner Schulfunk. In: Musikhören. Hrsg. von P. Fuchs. Stuttgart 1969. S. 79 ff. = Der Unterricht in der Grundschule. Hrsg. von M. Griebel

Weber, M.: Wirtschaft und Gesellschaft. 2 Bde. 4. Aufl. Tübingen 1956 (1925) = Grundriß der Sozialökonomik. Abteilung 3

Wedel-Wolff, A. von: Geschichte der Sammlung und Erforschung des deutschsprachigen Volkskinderliedes und Volkskinderreimes im 19. Jhd. Göppingen 1982 = Göppinger Arbeiten zur Germanistik. Hrsg. von K. Müller u.a.

Wehinger, R.: Elektronische Musik. In: MuBi 11 (1979) H.12. S. 756 ff.

Wehrhan, K.: Kinderlied und Kinderspiel. Leipzig 1909

Wehrle, P.: Klassen mit verstärktem Musikunterricht in Baden-Württemberg. In: MuBi 7 (1975) H.4. S. 190 ff.

Weiner, B. (unter Mitarbeit von W.U. Meyer): Die Wirkung von Erfolg und Mißerfolg auf die Leistung. Bern; Stuttgart 1975 = Abhandlungen zur Pädagogischen Psychologie. Neue Folge. Hrsg. von F. Süllwold; F. Weinert. Bd. 5

Weiner, B.: Theorien der Motivation. Stuttgart 1976 (Theories of Motivation: From Mechanism to Cognition. Chicago 1972)

Weinert, F.: Vergleichsuntersuchung über die Entwicklung der sittlichen Werthaltung bei zwei Jugendgenerationen. In: Z. für experimentelle und angewandte Psychologie 14 (1967) H.4. S. 651 ff.

Weingardt, E.: Korrelation und Voraussagewert von Zeugnisnoten bei Gymnasiasten. München; Basel 1954

Weinitschke, L.E.: Kritische Anmerkungen zum Schulbuch für den Musikunterricht. In: MuBi 3 (1971) H.1. S. 35 ff.

Weir, M.W.; Stevenson. H.W.: The Effect of Verbalization in Children's Learning as a Function of Chronological Age. In: Child Development 30 (1959). S. 143 ff.

Weise, M.: Die Grundschule. In: Grundschulpädagogik. Hrsg. von A. Wenzel. Bad Heilbrunn/ Obb. 1970. S. 64 ff.

Weiß, G.: Musikpädagogik zwischen handlungsorientiertem Praxisbezug und wissenschaftstheoretischer Kritik. In: ZfMP 2 (1977) H.3. S. 60 ff.

Wellek, A.: Typologie der Musikbegabung im deutschen Volke. Grundlegung einer psychologischen Theorie der Musik und Musikgeschichte. München 1939

Wellek, A.: Musikpsychologie und Musikästhetik. Grundriß der systematischen Musikwissenschaft. Frankfurt a. M. 1963

Wellendorf, F.: Soziale Konflikte in der Schule. In: Pädagogische Psychologie. Hrsg. von F.E. Weinert u.a. Frankfurt a. M. 1974. Bd. 1. S. 451 ff. = Funk-Kolleg Pädagogische Psychologie. Bd. 1

Wellendorf, F.: Rituelles Handeln in der Schule. In: Sprachverhalten im Unterricht. Hrsg. von H.C. Goeppert. München 1977. S. 10 ff. = Uni-Taschenbücher 642

Weniger, E.: Didaktik als Bildungslehre. Teil 1: Die Theorie der Bildungsinhalte und des Lehrplans. 9. Aufl. Weinheim 1971 (1951)

Weniger, E.: Didaktik als Bildungslehre. Teil 2: Didaktische Voraussetzungen der Methode in der Schule. 2. Aufl. Weinheim 1962 (1960)

Wenz, J.: Musikerziehung durch Handzeichen. Wolfenbüttel 1950

Werner, H.: Die melodische Erfindung im frühen Kindesalter. Wien 1917 = Sitzungsberichte der Kaiserlichen Akademie der Wissenschaften in Wien. Philosophisch-historische Klasse. Bd. 182. Abhandlung 4

Werner-Jensen, A.: Interdisziplinärer Unterricht. In: MuBi 10 (1978) H.12. S. 793 ff.

Werner-Jensen, A.: Oper im Musikunterricht. In: MuBi 11 (1979) H.6. S. 391 ff.

Westdeutscher Rundfunk (Hrsg.): Schulfunk. 50 Jahre Rundfunk. Umgang mit Massenmedien. Köln 1974

Wheeler, L.; Raebeck, L.: Orff and Kodály Adapted for the Elementary School. Dubuque/ Iowa 1972

Whitehill, Ch.D.: The Application of Flanders' System of Classroom Interaction Analysis to General Classroom Music Teaching. Unveröffentlichte Diss. University of West Virginia 1970. Zit. nach H. Froehlich-Rainbow 1984

Whiton, M.B.; Singer, D.L.; Cook, H: Sensory Integration Skills as Predictors of Reading Acquisition. In: J. of Reading Behavior 7 (1975) Nr. 1. S. 79 ff.

Wicke, R.: Musikalische Erziehung und Arbeitsschule. Leipzig 1912

Wicke, R.: Die Methode im Schulmusikunterricht. In: Deutsche Musikpflege. Hrsg. von J.L. Fischer. Frankfurt a. M. 1925. S. 155 ff.

Wicke, R.: Das Erlebnis im Musikunterricht. In: Die Musikerziehung 4 (1927) H.10. S. 323 ff.

Wicke, R.: Das Werden der musikalischen Ausdrucks- und Erlebnisfähigkeit. In: Die Musikerziehung 5 (1928) a H.11. S. 376 ff.

Wicke, R.: Erlebnis und Arbeit im Musikunterricht. In: Musikpädagogische Gegenwartsfragen. Vorträge der 6. Reichsschulmusikwoche in Dresden. Hrsg. vom Zentralinstitut für Erziehung und Unterricht in Berlin. Leipzig 1928 b. S. 13 ff.

Wicke, R.: Das Werden der musikalischen Ausdrucks- und Erlebnisfähigkeit. In: Schulmusikalische Zeitdokumente. Vorträge der 7. Reichsschulmusikwoche in München. Hrsg. vom Zentralinstitut für Erziehung und Unterricht in Berlin. Leipzig 1929. S. 11 ff.

Wicke, R.: Gemeinschaft und Musik. In: Schulmusik und Chorgesang. Vorträge der 8. Reichsschulmusikwoche in Hannover. Hrsg. vom Zentralinstitut für Erziehung und Unterricht in Berlin. Leipzig 1930. S. 40 ff.

Wicke, R.: Die Musik in der Entwicklung des vorschulpflichtigen Kindes. In: Z. für pädagogische Psychologie 32 (1931) a. S. 397 ff.

Wicke, R.: Die Musikerziehung im Bildungszusammenhang und ihre psychologischen Grundlagen. In: Grundfragen der Schulmusik. Hrsg. von H.J. Moser. Leipzig; Berlin 1931 b. S. 8 ff.

Wicke, R.: Psychologie und Musikerziehung. In: Handbuch der Musikerziehung. Hrsg. von E. Bücken. Potsdam o.J. (1931). S. 69 ff.

Wicke, R.: Musikerziehung als Wissenschaft. In: Musik in der Schule 6 (1955) H.4. S. 145 ff. Nachdruck in: NZ 117 (1956). S. 181 ff.; 241 ff.

Widmann, B.: Die Methode des Schul- und Chorgesang-Unterrichts in ihrer geschichtlichen Entwicklung nach Quellen dargestellt. Leipzig 1878

Wiechell, D.: Didaktik und Methodik der Popmusik. Frankfurt a. M. 1975 = Schriftenreihe zur Musikpädagogik. Hrsg. von R. Jakoby

Wiechell, D.: Musikalisches Verhalten Jugendlicher. Frankfurt a. M. 1977 = Schriftenreihe zur Musikpädagogik. Hrsg. von R. Jakoby

Wietusch, B.: Die Zielbestimmung der Musikpädagogik bei Theodor W. Adorno. Darstellung und kritische Reflexion der Kritik an der musikpädagogischen Position Adornos. Ein Beitrag zur Adorno-Rezeption in der Musikpädagogik. Regensburg 1981 = Perspektiven zur Musikpädagogik und Musikwissenschaft. Hrsg. von W. Gieseler; H. Hopf. Bd. 7

Wilbert, H.J.: Sind unsere Schulliederbücher noch zeitgemäß? In: MiU 56 (1965) H.4. S. 120 ff.

Wilbert, H.J.: Die Förderung des musikalischen Gestaltungsvermögens im Kinde. Wolfenbüttel 1967 = Beiträge zur Schulmusik. Hrsg. von W. Drangmeister; H. Rauhe. Bd. 19

Wildgrube, W.: Gefühle beim Musikhören. In: FME 1974. Mainz 1974. S. 63 ff. = FME 1974

Wilensky, H.: Massengesellschaft und Massenkultur. In: Massenkommunikationsforschung. Hrsg. von D. Prokop. 2. Aufl. Frankfurt a. M. 1975 (1973) Bd. 2. S. 116 ff. = Fischer Taschenbücher. Bd. 6152. Bücher des Wissens

Wilfflingseder von Braunau, A.: Musica Teutsch der Jugent zu gut gestelt. Nürnberg 1579

Wilhelm II.: Rede vom 29. 1. 1895. In: G. Schoppe: Vorwort zu „Die Schulgesangsfrage". Vorträge des 4. Musikpädagogischen Kongresses in Berlin 1908. Hrsg. von G. Schoppe. Gütersloh 1909. S. 4

Wilhelm, Th.: Der geschichtliche Ort der deutschen Jugendbewegung. In: Grundschriften der deutschen Jugendbewegung. Hrsg. von W. Kindt. Düsseldorf 1963. S. 7 ff.

Wilhelm, Th.: Theorie der Schule. 2. Aufl. Stuttgart 1969 (1967)

Williams, D.B.: An Interim Report of a Programmatic Series of Music Inquiry Designed to Investigate Melodic Pattern Identification Ability in Children. In: CRME 50 (1977). S. 78 ff.

Williams, D.B. u.a. (Hrsg.): Psychomusicology. A Journal of Music Cognition 1 (1981) ff.

Williams, D.B.; Carlsen, J.C.; Dowling, W.J.: Psychomusicology: A Position Statement. In: Psychomusicology 1 (1981) Nr. 1. S. 4 ff.

Williams, H.M. u.a.: The Measurement of Musical Development. In: University of Iowa. Studies in Child Welfare 7 (1932) Nr. 1

Willman, O.: Didaktik als Bildungslehre. 6. Aufl. Wien; Freiburg 1957 (1872)

Willms, H.: Musiktherapie bei psychotischen Erkrankungen. Stuttgart 1975 = Musiktherapie. Bd. 1

Wing, H.D.: Musical Ability and Appreciation. Diss. University of London 1941

Wing, H.D.: Standardised Tests of Musical Intelligence. National Foundation for Educational Research. Upton Park 1961

Wing, H.D.: Tests of Musical Ability and Appreciation. In: British J. of Psychology. Monographs 27 (1971) (1948)

Winnefeld, F. u.a.: Pädagogischer Kontakt und pädagogisches Feld. 4. Aufl. München u.a. 1967 (1957) = Erziehung und Psychologie. Hrsg. von H.-R. Lückert. H.7

Winnefeld, F.: Psychologische Analyse des Pädagogischen Lernvorganges. In: Pädagogische Psychologie. Hrsg. von F. Weinert. 4. Aufl. Köln u.a. 1969 (1967). S. 51 ff. = Neue Wissenschaftliche Bibliothek. Hrsg. von G. Gäfgen u.a.

Winters, G.: The Kodály Concept of Music Education. In: Tempo 92 (1970). S. 15 ff.

Wiora, W.: Herders Ideen zur Geschichte der Musik. In: Im Geiste Herders. Hrsg. von E. Keyser. Kitzingen a. M. 1953. S. 73 ff.

Wiora, W.: Zum Problem des Ursprungs der mittelalterlichen Solmisation. In: Musikforschung 9 (1956) H.3. S. 263 ff.

Wiora, W.: Europäische Volksmusik und abendländische Tonkunst. Kassel 1957

Wiora, W.: Musische und musikalische Bildung. In: Musik im Wandel von Freizeit und Bildung. Hrsg. von W. Wiora u.a. 2. Aufl. Kassel 1958 (1957). S. 13 ff. = Musikalische Zeitfragen. Hrsg. von W. Wiora. Bd. 2

Withall, J.: The Development of the Climate Index. In: J. of Educational Research 45 (1951). S. 89 ff.

Witte, E.: Einstellung. In: Handbuch psychologischer Grundbegriffe. Hrsg. von Th. Hermann u.a. München 1977. S. 103 ff.

Wolfgart, H. (Hrsg.): Das Orff-Schulwerk im Dienste der Erziehung und Therapie behinderter Kinder. Berlin 1971

Woll, E.: Programmierte Unterweisung in der Musikerziehung. Ein Erfahrungsbericht mit zwölf Programmentwürfen in Ausschnitten. München 1968 = Schriften der Pädagogischen Hochschulen Bayerns. Hrsg. von M. Heitger; H. Schiefele

Woll, E.; Tenne, A.; Höhnen, H.: Einführung in das Notenhören. Ein Buchprogramm. Frankfurt a. M. 1971 (Dazu: Begleitschrift zum Lehrprogramm „Einführung in das Notenhören": Praxis der Programmierten Unterweisung im Musikunterricht. Frankfurt a. M. 1972)

Wolner, M.; Pyle, W.H.: An Experiment in Individual Training of Pitch Deficient Children. In: J. of Educational Psychol. 24 (1933). S. 602 ff.

Wucher, D. (Hrsg.): Dokumentation und Materialien. Mainz 1974 = Die Musikschule Bd. 2 = Bausteine für Musikerziehung und Musikpflege

Wucher, D.: Kinder finden im Spiel zur Musik. In: Dokumente zur Geschichte der Musikschule (1902–1976). Hrsg. von D. Hemming. Regensburg 1977. S. 324 ff. = Materialien und Dokumente aus der Musikpädagogik. Bd. 3

Wucher, D.; Berg, H.W.; Träder, W. (Hrsg.): Handbuch des Musikschulunterrichts. Regensburg 1979

Wurzbacher, G. (Hrsg.): Der Mensch als soziales und personales Wesen. Stuttgart 1963

Wyneken, G.: Das Kunsterlebnis. In: Musikalische Jugendkultur. Anregungen aus der Jugendbewegung. Hrsg. von F. Jöde. Hamburg 1918. S. 47 ff.

Z

Zarnakk, A.: Deutsche Volkslieder mit Volksweisen für Volksschulen. Berlin 1818

Zee, N. van: Responses of Kindergarten Children to Musical Stimuli and Terminology. In: JRME 24 (1976) Nr. 1. S. 14 ff.

Zeller, C.A.: Elemente der Musik. Königsberg 1810 = Beyträge zur Beförderung der Preußischen Nationalerziehung. Hrsg. von C.A. Zeller. Bd. 4

Zenatti, A.: Le dévelopment génétique de la perception musicale. In: Monographies françaises de psychologie 17 (1969)

Zenatti, A.: Perception mélodique et acculturation tonale. Etude expérimentale de l'influence du sexe sur les performances d'enfants agés de 5 à 10 ans. In: Sciences de l'art 7 (1970) Nr. 1; 2. S. 71 ff.

Zenatti, A.: Etude de l'acculturation musicale chez l'enfant dans une épreuve d'identification mélodique. In: J. de psychologie normale et pathologique 4 (1973). S. 453 ff.

Zenatti, A.: Perception et appréciation de la consonance musicale par l'enfant entre 4 et 10 ans. In: Sciences de l'art 9 (1974). S. 74 ff.

Zenatti, A.: Psychologische Aspekte der musikalischen Entwicklung des Kindes in Beziehung zu seiner Umgebung. In: Musikalische Sozialisation. Hrsg. von K.E. Behne. Laaber 1981. S. 64 ff. = Musikpädagogische Forschung. Hrsg. von K.E. Behne. Bd. 2

Zentralinstitut für Erziehung und Unterricht (Hrsg.): Musikpädagogische Gegenwartsfragen. Vorträge der 6. Reichsschulmusikwoche in Dresden. Leipzig 1928

Ziefuß, H.: Methoden der Unterrichtsbeobachtung. Braunschweig 1978

Zifreund, W.: Unterricht, Unterrichtsforschung. In: Handbuch pädagogischer Grundbegriffe. Hrsg. von J. Speck; G. Wehle. München 1970. Bd. 2. S. 624 ff.

Zifreund, W.: Zur Problematik fachdidaktischer Studiengänge in der Ausbildung von Lehrern. In: Fachdidaktik in Forschung und Lehre. Hrsg. von J. Timmermann u.a. Hannover 1972. S. 61 ff.

Zimmerman, M.; Sechrest, L.: How Children Conceptually Organize Musical Sounds. Cooperation Research Project Nr. 5-0256. Northwestern University 1968

Zimmerman, M.: Musical Characteristics of Children. Washington 1971

Zimmerman, M.: Child Development and Music Education. Paper Delivered at the Ann Arbor Symposium on the Application of Psychology to the Teaching and Learning of Music. Ann Arbor/Michigan 1978

Zimmerschied, D.: Blick zurück im Zorn? Studenten erinnern sich an ihren schulischen Musikunterricht. In MuBi 2 (1970) H.10. S. 428 ff.

Zimmerschied, D.: Beat-Background-Beethoven. Frankfurt a. M. 1971 = Schriftenreihe zur Musikpädagogik. Hrsg. von R. Jakoby

Zimmerschied, D.: Feststellungen zum Bedarf an Musik-Lehrern und Untersuchungen über die Motivation zur Studienwahl. In: Entwicklung neuer Ausbildungsgänge für Lehrer der Sekundarstufen I und II. Modellversuch. Hrsg. von H. Höhnen u.a. Regensburg; Mainz 1978. S. 15 ff.

Zimmerschied, D.: Die Musik-Curricula der Bundesländer und West-Berlins (Stand August 1980). In: MuBi 13 (1981) H.1. S. 39 ff.

Zimmerschied, D.: Musikerziehung in Japan aus deutscher Sicht. In MuBi 15 (1983) H.4. S. 4 ff.

Zimpell, M.: Berufsbezeichnungen für den Schulmusiklehrer, dargestellt nach Angaben der Musiklexika des 19. Jahrhunderts. Unveröffentlichte Hausarbeit im Institut für Musikpädagogik der J.W. Goethe-Universität Frankfurt a. M. 1979

Zinar, R.: Reading Language and Reading Music. Is There a Connection? In: Music Educators J. (1976) Nr. 3. S. 70 ff.

Zöller, G.: Musik und Bewegung im Elementarbereich – ein Beitrag zur Kommunikations- und Kreativitätserziehung. 3. Aufl. Donauwörth 1975 (1972) = Staatsinstitut für Frühpädagogik im Zentrum für Bildungsforschung München. H.1

Zuber, B.: Musikpädagogik und Geschichte. Zur gegenwärtigen Diskussion. In: FME 1977. Mainz 1977. S. 30 ff. = FME 1977

Zuckrigl, H.; Zuckrigl, A.; Helbling, H.: Rhythmik hilft Behinderten. Ziele und Realisationsbeispiele der rhythmischen Erziehung behinderter Kinder. München; Basel 1976

In diesem „Grundriß der Musikpädagogik" habe ich frühere Arbeiten zitiert, die nachfolgend aufgeführt werden; sie sind teilweise als Vorstudien zu dem „Grundriß der Musikpädagogik" zu verstehen. Im Text des Buches wird jeweils zusätzlich darauf verwiesen, wenn ich eine frühere Arbeit wörtlich oder verändert übernahm.

Abel-Struth, S.:
- Über die Notwendigkeit musikpädagogischer Reflexion. In: Über das Musikleben der Gegenwart. Hrsg. von R. Stephan. Berlin 1968. S. 72 ff. = Veröffentlichungen des Instituts für Neue Musik und Musikerziehung Darmstadt. Bd. 9
- Versuch über die Möglichkeiten einer Konvergenz von Musik und Pädagogik. In: FME. Beih. der Z. MuBi (1969) a H.1. S. 3 ff.
- Die Musik im Bildungsplan der Grundschule. In: Musikhören. Hrsg. von P. Fuchs. Stuttgart 1969 b. S. 8 ff. = Der Unterricht in der Grundschule. Hrsg. von M. Griebel
- Materialien zur Entwicklung der Musikpädagogik als Wissenschaft. Mainz 1970 = Musikpädagogik, Forschung und Lehre. Hrsg. von S. Abel-Struth. Bd. 1
- Versuche einer theoretischen Grundlegung des Musikunterrichts. In: Didaktik der Musik. Vorträge und Referate im Zusammenhang mit der 17. Bundestagung des Arbeitskreises für Schulmusik und allgemeine Musikpädagogik. Hrsg. von W. Krützfeldt. Hamburg; Wolfenbüttel 1971. S. 24 ff.
- (Hrsg.): Aktualität und Geschichtsbewußtsein in der Musikpädagogik. Mainz 1973 a = Musikpädagogik, Forschung und Lehre. Hrsg. von S. Abel-Struth. Bd. 9
- Die didaktische Kategorie des Neuen als Problem musikpädagogischen Geschichtsbewußtseins. In: Aktualität und Geschichtsbewußtsein in der Musikpädagogik. Hrsg. von S. Abel-Struth. Mainz 1973 b. S. 101 ff. = Musikpädagogik, Forschung und Lehre. Hrsg. von S. Abel-Struth. Bd. 9
- Musiklernen im Primarbereich. Versuch einer Ordnung der Ansätze durch ein Gesamtkonzept. In: Musikunterricht auf der Grundstufe. Hrsg. von U. Günther; W. Gundlach. Frankfurt a. M. 1974 a. S. 165 ff.
- Musikalische Sozialisation. Musikpädagogische Aspekte. In: Musik und Individuum. Musikpädagogische Theorie und Unterrichtspraxis. Vorträge der 10. Bundesschulmusikwoche München 1974. Hrsg. von E. Kraus. Mainz 1974 b. S. 60 ff.

Abel-Struth, S.:
- Über musikalische Sozialisation. Musikpädagogische Überlegung im Zusammenhang der Erforschung musikalischer Verhaltensweisen. In: FME. Mainz 1974 c. S. 29 ff. = FME 1974
- Zur musikalischen Sozialisation des jungen Kindes unter besonderer Berücksichtigung des Kinderliedes. In: Musik und Bewegung im Elementarbereich. Hrsg. vom Institut für Frühpädagogik. München 1974 d. S. 45 ff.
- Musik-Lernen als Gegenstand von Hochschul-Lehre. Zur Diskussion zwischen Fachwissenschaften und Fachdidaktik der Musik. In: Musikpädagogik heute. Perspektiven–Probleme–Positionen. Hrsg. von H. Antholz; W. Gundlach. Düsseldorf 1975 a. S. 9 ff.
- Filme für den Musikunterricht. In: MuBi 7 (1975) b H.4. S. 181 ff.
- Hörwelt und Musik. In: Die Eingangsstufe des Primarbereichs. Bd. 2/1: Spielen und Gestalten. Hrsg. vom Deutschen Bildungsrat. Stuttgart 1975 c. S. 151 ff. = Gutachten und Studien. Hrsg. von der Bildungskommission des Deutschen Bildungsrates. Bd. 48/1
- Kinderlied. In: Lexikon zur Kinder- und Jugendliteratur. Hrsg. von K. Doderer. Bd. 2. Weinheim; Basel 1977 a. S. 193 ff.
- Musik-Lernen. In: In Sachen Musik. Hrsg. in Verbindung mit dem Deutschen Musikrat von S. Abel-Struth u.a. Kassel 1977 b. S. 34 ff.
- u.a. (Hrsg.): In Sachen Musik. Kassel 1977 c
- Ansätze einer Didaktik des Musikhörens. In: FME. Beih. der Z. MuBi 4 (1972) H.7–8. S. 1 ff. Nachdruck in: Hörerziehung. Hrsg. von B. Dopheide. Darmstadt 1977 d. S. 319 ff.
- Musikalische Hörerziehung – Lernbereich musikalisches Hören. In: MuBi 10 (1978) a H.9. S. 596 ff.
- Ziele des Musik-Lernens. Teil I: Beitrag zur Entwicklung ihrer Theorie. Mainz 1978 b = Musikpädagogik, Forschung und Lehre. Hrsg. von S. Abel-Struth. Bd. 12

Abel-Struth, S.:
- Methods of Determining Aims in Music Education. In: International Music Education 1978. Hrsg. von der International Society for Music Education Mainz 1978 c. S. 92 ff.

- Ziele des Musik-Lernens. Teil II: Dokumentation. Mitarbeit von Th. Mommertz. Mainz 1979 a = Musikpädagogik, Forschung und Lehre. Hrsg. von S. Abel-Struth. Bd. 13

- Musikschulen. In: Die Musik in Geschichte und Gegenwart. Hrsg. von F. Blume. Bd. 16. Kassel 1979 b. Spalte 1324 ff.

- Musik in Kindergarten und Vorschule. Die gegenwärtige Situation. In: Situation und Aspekte. Referate des Kolloquiums Musik für Vorschulkinder. Darmstadt 1970. Hrsg. von S. Abel-Struth. 4. Aufl. Kassel 1979 c (1970). S. 17 ff. = Musikalischer Beginn in Kindergarten und Vorschule. Bd. 1

- (Hrsg.): Situation und Aspekte. Referate des Kolloquiums Musik für Vorschulkinder. Darmstadt 1970. 4. Aufl. Kassel 1979 d (1970) = Musikalischer Beginn in Kindergarten und Vorschule. Bd. 1

- Literaturbericht Musikalische Hörfähigkeiten des Kindes. In: Abel-Struth, S.; Groeben, U.: Musikalische Hörfähigkeiten des Kindes. Mainz 1979 e. S. 70 ff. = Musikpädagogik, Forschung und Lehre. Hrsg. von S. Abel-Struth. Bd. 15

- mit Groeben, U.: Musikalische Hörfähigkeiten des Kindes. Mainz 1979 = Musikpädagogik, Forschung und Lehre. Hrsg. von S. Abel-Struth. Bd. 15

- Zum Theorie-Praxis-Problem der Musikpädagogik. In: MuBi 12 (1980) H.2. S. 101 ff.

- mit Roske, M.: Schulmusik als berufliche Vorbildung. Musikalische Eingangsvoraussetzungen künftiger Lehrer mit Fach Musik bei Studienbeginn. In: MuBi 12 (1980) H.4. S. 234 ff. und S. 269 ff.

- Das Berufsbewußtsein des Musiklehrers oder Wohl und Wehe der Kestenberg-Reform. In: Musica 35 (1981) a H.2. S. 123 ff.

- Praktikum. 3. Aufl. Kassel 1981 b (1972) = Musikalischer Beginn in Kindergarten und Vorschule. Bd. 2

- Frankfurt Studies on Musical Audiation of Five to Seven Year Old Children. In: CRME 66–67 (1981). S. 1 ff.

Abel-Struth, S.:
- Methodik des Musikunterrichts. Geschichte, Begriffsfeld und Theorie. In: Methoden des Musikunterrichts. Hrsg. von W. Schmidt-Brunner. Mainz 1982 a. S. 30 ff.

- Methodik der Musikpädagogik. Versuch zur methodologischen Situation musikpädagogischer Forschung. In: Musikpädagogik. Historische, systematische und didaktische Perspektiven. Festschrift zum 65. Geburtstag von Heinz Antholz. Hrsg. von H.G. Bastian; D. Klöckner. Ratingen 1982 b. S. 39 ff.

- Der musikpädagogische Umgang mit Kindern – und seine Irrtümer. In: Musica 36 (1982) c H.4. S. 315 ff.

- Musik-Lernen und Musik-Lehren. In: Beiträge zur Musikkultur in der Sowjetunion und in der Bundesrepublik Deutschland. Hrsg. von C. Dahlhaus; G. Ordschonikidse. Hamburg 1982 d. S. 289 ff.

- Musiklernen und Musiklehren – Schlüsselbegriffe einer wissenschaftlichen Musikpädagogik. In: H.J. Kaiser: Musik in der Schule? Gespräche über Musik und Erziehung mit S. Abel-Struth u.a. Paderborn 1982 e. S. 169 ff. = Beiträge zur Musikpädagogik. Hrsg. von H. Große-Jäger; H.J. Kaiser; E. Nolte. Bd. 1

- Experiment on Music Recognition. In: Psychology of Music. Special Issue: Proceedings of the Ninth International Seminar on Research in Music Education (1982) f. S. 7 ff.

- Musikpädagogik als Wissenschaft. In: Schulische Musikerziehung und Musikkultur. Vorträge der 14. Bundesschulmusikwoche Berlin 1982. Hrsg. von K.H. Ehrenforth. Mainz 1983. S. 202 ff.

- Deutsche Ansätze musikpädagogischer Unterrichtsforschung. In: H. Froehlich-Rainbow: Systematische Beobachtung als Methode musikpädagogischer Unterrichtsforschung. Mainz 1984 a. S. 217 ff. = Musikpädagogik, Forschung und Lehre. Hrsg. von S. Abel-Struth. Bd. 22

- Allgemeine und musikpädagogische Unterrichtsforschung. Gegenstand – Methoden – Probleme. In: Kind und Musik. Hrsg. von G. Kleinen. Laaber 1984 b. S. 360 ff. = Musikpädagogische Forschung. Bd. 5

- Die Rezeption musikpädagogischer Forschung in der musikalischen Lehre der Grundschule. In: W. Gundlach (Hrsg.): Handbuch Musikunterricht Grundschule. Düsseldorf 1984 c. S. 393 ff. = Schwann-Handbuch

Sachregister

A

B

C

D

E

F

G

H

I

J

K

L

M

N

O

P

R

S

T

U

V

W

Y

Z